STATISTICS FOR BUSINESS & ECONOMICS

14th Edition

商务与经济统计

（原书第14版）

戴维·R. 安德森
（David R. Anderson）
辛辛那提大学

丹尼斯·J. 斯威尼
（Dennis J. Sweeney）
辛辛那提大学

托马斯·A. 威廉斯
（Thomas A. Williams）
罗切斯特理工学院

杰弗里·D. 卡姆
（Jeffrey D. Camm）
维克森林大学

[美]　　　　　　　　　　　　　　　　　　　　　　　　　　　　◎著

詹姆斯·J. 科克伦
（James J. Cochran）
亚拉巴马大学

迈克尔·J. 弗莱
（Michael J. Fry）
辛辛那提大学

杰弗里·W. 奥尔曼恩
（Jeffrey W. Ohlmann）
艾奥瓦大学

张建华 王健 梁邦助 ◎译

机械工业出版社
CHINA MACHINE PRESS

图书在版编目（CIP）数据

商务与经济统计：原书第 14 版 /（美）戴维·R. 安德森（David R. Anderson）等著；张建华，王健，梁邦助译 . —北京：机械工业出版社，2022.12（2024.6 重印）

书名原文：Statistics for Business & Economics，14th Edition

ISBN 978-7-111-71998-4

Ⅰ. ①商… Ⅱ. ①戴… ②张… ③王… ④梁… Ⅲ. ①商业统计 – 高等学校 – 教材 ②经济统计 – 高等学校 – 教材 Ⅳ. ① F712.3 ② F222

中国版本图书馆 CIP 数据核字（2022）第 211848 号

北京市版权局著作权合同登记 图字：01-2022-0832 号。

本书是美国辛辛那提大学的安德森教授、斯威尼教授，罗切斯特理工学院的威廉斯教授和其他四位教授合作的结晶。第 14 版在保留了以前版本的叙述风格和可读性的基础上，对内容进行了一些修订，对个别章节做了更为合理的调整，并更新了一定数量的习题。应用性强是本书的一大特色。特别地，作者精心设计了"方法""应用"和"补充练习"三种题型，并设计了起到提示、总结和建议作用的"注释和评论"，这些都体现出本书的实用特点。

本书可以作为统计相关专业的本科生、研究生的教材，也可以作为从事经济分析工作的专业人士的参考读物。

出版发行：机械工业出版社（北京市西城区百万庄大街 22 号 邮政编码：100037）

策划编辑：王洪波　　　　　　　　　　　责任编辑：王洪波

责任校对：李小宝　贾立萍　　　　　　　封面设计：姜吉龙

责任印制：单爱军

版　　次：2024 年 6 月第 1 版第 3 次印刷　　印　　刷：保定市中画美凯印刷有限公司

开　　本：214mm×275mm　1/16　　　　　印　　张：35.25

书　　号：ISBN 978-7-111-71998-4　　　　定　　价：129.00 元

客服电话：（010）88361066　68326294

版权所有·侵权必究

封底无防伪标均为盗版

　　本书是《商务与经济统计》第 14 版的国际公制版。在这一版中，我们介绍了如何使用 Excel 2016 和 JMP 学生版第 14 版进行统计分析。我们很高兴介绍两位新的合著者——辛辛那提大学的迈克尔·J. 弗莱和艾奥瓦大学的杰弗里·W. 奥尔曼恩。他们都是颇有成就的教师和研究人员，关于两位学者的更多细节请参考作者简介。

　　前言描述了我们撰写《商务与经济统计》一书的目的以及在编写第 14 版时所做的重大修改。本书的目的是向学生，主要是向那些工商管理和经济学研究领域的学生概念性地介绍统计学及其各种应用方面的知识。本书是以应用为导向，并考虑到非数学专业人员的需要而编写的，学生所需要的必备数学基础为代数知识。

　　数据分析与统计方法的应用是本书的结构及所讲述内容的一个不可或缺的部分。每种方法的讨论与展开都通过应用呈现出来，并运用统计结果解答问题、做出决策。

　　尽管本书以应用为导向，但我们还是谨慎地给出了合理的方法推导过程，并且运用了所涉及的论题通常使用的符号。因此，学生将会发现，本书为其学习高级统计学打下了坚实的基础。

　　本书向学生介绍 JMP 学生版第 14 版与 Microsoft® Excel 2016 软件包，并强调在统计分析应用中计算机软件包的作用。之所以介绍 JMP，是因为在教学和统计实践中它都是最主要的统计软件包之一；Excel 虽然不是统计软件包，但它的广泛实用性和应用性，对于学生了解这个软件包的统计性能很重要。JMP 和 Excel 的步骤在各章附录中给出，使得在更多强调计算机运用的课堂中，教师可灵活使用。

　　这个国际公制版是为美国以外的教师和学生设计的，所选例题和练习中使用的大部分计量单位已从美国惯用计量单位更改为公制单位。

第 14 版的变化

　　我们对《商务与经济统计》以前版本得到的认可与积极的反应表示感谢。因此，在这次新版修订时，我们保留了以前版本的叙述风格与可读性。全书有许多变化，旨在提高教师的教学效果。新版中的显著变化汇总如下。

内容修订

- **软件**　在这一版中，我们不再讨论 Minitab 的使用。
- **案例问题**　本版我们增加了一些新案例，使得书中的案例总数超过了 40 个。在第 2 章中增加了 1 个用图表显示的新案例；在第 5 章中增加了 2 个使用离散型概率分布的新案例；在第 6 章中增加了 1 个使用连续型概率分布的新案例；在第 11 章中增加了 1 个假设检验的新案例；在第 12 章中增加了 2 个总体比率检验的新案例；在第 16 章中更新了建立回归模型的案例；在第 18 章中增加了 1 个利用非参数方法的新案例。这些案例为学生提供了处理较为复杂的问题、分析较大数据集并以分析结果为基础准备管理报告的机会。
- **以实际数据为基础的新例题与练习**　我们继续努力以近来的实际数据和统计信息资料来更新本书的例题和练习[⊖]。本版增加了超过 160 道新例题和练习，这些新例题和练习是以实际数据和原始资料为基础的。利用《华尔街日报》《今日美国》《金融时报》以及一系列其他资料来源，我们进行了实际研究，以说明并创建练习的方式来演示商务与经济统计的多种应用。我们相信，实际数据的使用可使更多的学生对统计资料产生兴趣，帮助学生既学习统计方法，又学习其应用。本版包含超过 350 道以实际数据为基础的例题和练习。

　　⊖　如有需要，读者可向机械工业出版社索取本书所有章节习题部分中的单数题和所有章节中的附录。

特色与教学

作者安德森、斯威尼、威廉斯、卡姆、科克伦、弗莱和奥尔曼恩继续保留了以前版本中的许多特色，对学生来说重要的特色如下。

方法练习与应用练习

节后的练习分成两部分，即"方法"和"应用"。方法练习要求学生利用公式进行必要的计算，应用练习要求学生利用书中的实际资料。这样，学生首先把注意力集中在"基本问题"的计算上，然后再转向精巧的统计应用与解释。

注释和评论

在许多节的末尾提供了"注释和评论"，以帮助学生更深入地了解统计方法及其应用。"注释和评论"包括一些注意事项，如方法的局限性、对应用的建议、对其他方法的简要描述及其他事项。

本书附带的数据文件

本书所在的网站[⊖]上有200多个可供我们使用的数据文件。数据文件用 Excel 格式提供，并在附录 1A 中提供了如何在 JMP 中打开 Excel 文件的分步说明。开放源语言 R 使用的文件用 CSV（逗号分隔符）格式提供，以便于加载到 R 环境中。

感谢

我们要感谢编审的工作，他们提供的意见和建议有助于继续完善本书。他们是：

AbouEl-Makarim Aboueissa
University of Southern Maine

Kathleen Arano
Fort Hays State University

Musa Ayar
Uw-baraboo/Sauk County

Kathleen Burke
SUNY Cortland

YC Chang
University of Notre Dame

David Chen
Rosemont College and
Saint Joseph's University

Margaret E. Cochran
Northwestern State University
of Louisiana

Thomas A. Dahlstrom
Eastern University

Anne Drougas
Dominican University

Fesseha Gebremikael
Strayer University/
Calhoun Community College

Malcolm C. Gold
University of Wisconsin—
Marshfield/Wood County

Joel Goldstein
Western Connecticut State
University

Jim Grant
Lewis & Clark College

Reidar Hagtvedt
University of Alberta
School of Business

Clifford B. Hawley
West Virginia University

Vance A. Hughey
Western Nevada College

Tony Hunnicutt
Ouachita Technical College

Stacey M. Jones
Albers School of Business
and Economics, Seattle
University

Dukpa Kim
University of Virginia

Rajaram Krishnan
Earlham College

Robert J. Lemke
Lake Forest College

Philip J. Mizzi
Arizona State University

Mehdi Mohaghegh
Norwich University

Mihail Motzev
Walla Walla University

Somnath Mukhopadhyay
The University of Texas
at El Paso

⊖ 网站地址为 https://login. cengage. com。

Kenneth E. Murphy
Chapman University

Ogbonnaya John Nwoha
Grambling State University

Claudiney Pereira
Tulane University

J. G. Pitt
University of Toronto

Scott A. Redenius
Brandeis University

Sandra Robertson
Thomas Nelson
Community College

Sunil Sapra
California State University,
Los Angeles

Kyle Vann Scott
Snead State Community
College

Rodney E. Stanley
Tennessee State University

Jennifer Strehler
Oakton Community College

Ronald Stunda
Valdosta State University

Cindy van Es
Cornell University

Jennifer VanGilder
Ursinus College

Jacqueline Wroughton
Northern Kentucky
University

Dmitry Yarushkin
Grand View University

David Zimmer
Western Kentucky University

我们还要感谢对本书和前几版的构思提供有益意见和建议的许多同事和朋友。他们是：

Mohammad Ahmadi
University of Tennessee
at Chattanooga

Lari Arjomand
Clayton College and State
University

Robert Balough
Clarion University

Philip Boudreaux
University of Louisiana

Mike Bourke
Houston Baptist University

James Brannon
University of Wisconsin—
Oshkosh

John Bryant
University of Pittsburgh

Peter Bryant
University of Colorado

Terri L. Byczkowski
University of Cincinnati

Robert Carver
Stonehill College

Richard Claycombe
McDaniel College

Robert Cochran
University of Wyoming

Robert Collins
Marquette University

David W. Cravens
Texas Christian University

Tom Dahlstrom
Eastern College

Gopal Dorai
William Patterson University

Nicholas Farnum
California State
University—Fullerton

Donald Gren
Salt Lake Community
College

Paul Guy
California State
University—Chico

Clifford Hawley
West Virginia University

Jim Hightower
California State
University—Fullerton

Alan Humphrey
University of Rhode Island

Ann Hussein
Philadelphia College of
Textiles and Science

C. Thomas Innis
University of Cincinnati

Ben Isselhardt
Rochester Institute of
Technology

Jeffery Jarrett
University of Rhode Island

Ronald Klimberg
St. Joseph's University

David A. Kravitz
George Mason University

David Krueger
St. Cloud State University

John Leschke
University of Virginia

Martin S. Levy
University of Cincinnati

John S. Loucks
St. Edward's University

David Lucking-Reiley
Vanderbilt University

Bala Maniam
Sam Houston State University

Don Marx
University of Alaska,
Anchorage

Tom McCullough
University of California—
Berkeley

Ronald W. Michener
University of Virginia

Glenn Milligan
Ohio State University

Mitchell Muesham
Sam Houston State University

Roger Myerson
Northwestern University

Richard O'Connell
Miami University of Ohio

Alan Olinsky
Bryant College

Ceyhun Ozgur
Valparaiso University

Tom Pray
Rochester Institute
of Technology

Harold Rahmlow
St. Joseph's University

H. V. Ramakrishna
Penn State University at Great
Valley

Tom Ryan
Case Western Reserve
University

Bill Seaver
University of Tennessee

Alan Smith
Robert Morris College

Willbann Terpening
Gonzaga University

Ted Tsukahara
St. Mary's College of
California

Hroki Tsurumi
Rutgers University

David Tufte
University of New Orleans

Victor Ukpolo
Austin Peay State University

Ebenge Usip
Youngstown State University

Cindy Van Es
Cornell University

Jack Vaughn
University of Texas−El Paso

Andrew Welki
John Carroll University

Ari Wijetunga
Morehead State University

J. E. Willis
Louisiana State University

Mustafa Yilmaz
Northeastern University

Gary Yoshimoto
St. Cloud State University

Yan Yu
University of Cincinnati

Charles Zimmerman
Robert Morris College

感谢为我们提供"实践中的统计"特色文章的工商业界合作者，我们通过每一篇文章的来源附注认识了他们中的每个人。我们还要感谢我们的产品经理 Aaron Arnsparger，设计经理 Brandon Flotz，内容经理 Conor Allen，MPS Limited 的项目经理 Manoj Kumar，以及在本书筹备期间给予支持和编辑建议的 Cengage 的所有人。

戴维·R. 安德森

丹尼斯·J. 斯威尼

托马斯·A. 威廉斯

杰弗里·D. 卡姆

詹姆斯·J. 科克伦

迈克尔·J. 弗莱

杰弗里·W. 奥尔曼恩

ABOUT THE AUTHORS

作者简介

戴维·R. 安德森（David R. Anderson）

戴维·R. 安德森是辛辛那提大学工商管理学院定量分析系教授。他出生在北达科他州大福克斯市，在普渡大学获得学士、硕士和博士学位。安德森教授担任定量分析与运作管理系主任，并担任工商管理学院副院长。此外，他还是学院首届教学大纲的协调人。

在辛辛那提大学，安德森教授不但为商科专业的本科学生讲授基础统计学，而且还讲授研究生水平的回归分析、多元分析和管理科学课程。他也在华盛顿特区的美国劳工部讲授统计学课程。他因在教学上和对学生组织服务方面的突出成就而荣获提名与奖励。

安德森教授已在统计学、管理科学、线性规划以及生产与运作管理领域与他人合作出版了10部著作。他是一位活跃在抽样和统计方法领域的咨询顾问。

丹尼斯·J. 斯威尼（Dennis J. Sweeney）

丹尼斯·J. 斯威尼是辛辛那提大学定量分析系教授和生产力提高中心主任。他出生在艾奥瓦州得梅因市，在德雷克大学获得工商管理学士学位，在印第安纳大学获得工商管理硕士和工商管理博士学位，并成为NDEA会员。斯威尼教授曾在宝洁公司管理科学小组工作，并在杜克大学做了一年的客座教授。斯威尼教授担任辛辛那提大学数量分析系主任和工商管理学院副院长。

斯威尼教授已在管理科学与统计学领域发表和出版了30多篇论文和专著。美国国家科学基金、IBM公司、宝洁公司、美国联合百货（Federated Department Stores）、美国克罗格公司（Kroger）、辛辛那提天然气和电气公司等都曾对他的研究给予资助，这些研究的成果在《管理科学》《运筹学》《数学规划》《决策科学》等杂志上发表。

斯威尼教授在统计学、管理科学、线性规划、生产与运作管理等领域与他人合作出版了10部专著。

托马斯·A. 威廉斯（Thomas A. Williams）

托马斯·A. 威廉斯是罗切斯特理工学院商学院的管理科学教授。他出生在纽约州埃尔迈拉市，在克拉克森大学获得学士学位，在伦斯勒理工学院完成研究生学业并获得硕士和博士学位。

在进入罗切斯特理工学院商学院之前，威廉斯教授在辛辛那提大学工商管理学院从事了7年教学工作，他在那里制订了信息系统专业的本科教学计划，并且担任协调人。在罗切斯特理工学院，他是决策科学系的第一任主席。他不但讲授本科生的管理科学与统计学课程，而且讲授研究生的回归与决策分析课程。

威廉斯教授在管理科学、统计学、生产与运作管理和数学领域与他人合作出版了11部专著。他为《财富》500强中多家公司提供咨询服务，从数据分析的使用到大型回归模型的开发，都在他的工作范围之内。

杰弗里·D. 卡姆（Jeffrey D. Camm）

杰弗里·D. 卡姆是Inmar总裁、维克森林大学商学院分析副院长。他出生在俄亥俄州辛辛那提市，在泽维尔大学（俄亥俄）获得学士学位，在克莱姆森大学获得博士学位。在任职于维克森林大学之前，他曾就职于辛辛那提大学，是斯坦福大学的访问学者和达特茅斯学院塔克商学院工商管理客座教授。

卡姆博士在运营管理和市场营销的优化应用领域发表了 40 多篇论文。他的研究成果发表在《科学》《管理科学》《运筹学》《相互关系》和其他专业杂志上。在辛辛那提大学工作期间，他被命名为教学优秀的 Dornoff 成员，并在 2006 年因运筹学实践教学获得美国运筹学与管理学协会（INFORMS）奖。他是宣扬实践的坚定信徒。作为运筹学顾问，他服务于多家公司和政府机构。2005~2010 年，他担任《相互关系》总编辑，2017 年开始担任《INFORMS 教育学报》编委会成员。

詹姆斯·J. 科克伦（James J. Cochran）

詹姆斯·J. 科克伦是亚拉巴马大学应用统计教授和罗杰斯-斯皮维研究员。他出生在俄亥俄州代顿市，在莱特州立大学获得学士和硕士学位，在辛辛那提大学获得博士学位。他从 2014 年起任职于亚拉巴马大学，是斯坦福大学、塔尔卡大学、南非大学和达芬奇大学中心的访问学者。

科克伦教授在运筹学和统计方法的发展和应用方面发表了 40 多篇论文。他的研究成果发表在《管理科学》《美国统计》《统计通讯——理论与方法》《运筹学年鉴》《运筹学（欧洲版）》《组合优化》《相互关系》《统计与概率通信》和其他专业杂志上。在 2008 年他因运筹学实践教学获得 INFORMS 奖，在 2010 年获得 Mu Sigma Rho 统计教育奖。科克伦教授于 2005 年入选国际统计学会，2011 年成为美国统计协会会员。在 2014 年他获得创始人奖，并在 2015 年荣获美国统计协会的卡尔 E. 和平奖。他在 2017 年获得美国统计协会的沃勒杰出教学生涯奖，并成为 INFORMS 会员。他在 2018 年获得 INFORMS 总统奖。

他强烈主张运筹学和统计学教育应该以提高对实际问题的解决能力作为检验其有效性的方法。科克伦教授在乌拉圭的蒙得维的亚、南非的开普敦、哥伦比亚的卡塔赫纳、印度的斋浦尔、阿根廷的布宜诺斯艾利斯、肯尼亚的内罗毕、喀麦隆的布埃亚、尼泊尔的加德满都、克罗地亚的奥西耶克以及古巴的哈瓦那组织和主持教学效果研讨班。作为运筹学顾问，他服务于多家公司和非营利组织。2006~2012 年，他是《INFORMS 教育学报》总编辑和《相互关系》《国际运筹学汇刊》及《意义》的编委会成员。

迈克尔·J. 弗莱（Michael J. Fry）

迈克尔·J. 弗莱是辛辛那提大学运筹学、商业分析和信息系统教授及卡尔·H. 林德纳商学院的商务分析中心学术主任。他出生于得克萨斯州的基林市，在得克萨斯农工大学获得学士学位，在密歇根大学获得硕士和博士学位。他从 2002 年起任职于辛辛那提大学，他曾担任系主任，是林德纳的研究员。他也是康奈尔大学约翰逊商学院和英属哥伦比亚大学尚德商学院的客座教授。

弗莱教授在《运筹学》《生产和服务运营管理》《运输科学》《海军物流研究》《国际工业工程会刊》《危重病医学》和《相互关系》等杂志上发表了 25 篇研究论文。他的研究方向是将定量管理方法应用于供应链分析、体育分析和公共政策运作领域。他与许多不同的机构合作进行研究，其中包括戴尔公司、星巴克咖啡公司、美国保险集团、辛辛那提消防局、俄亥俄州选举委员会、辛辛那提猛虎队和辛辛那提动植物园。他因在运筹学实践中的杰出贡献而获得丹尼尔·H. 瓦格纳奖提名，在辛辛那提大学，他因其出色的研究和教学而获得认可。

杰弗里·W. 奥尔曼恩（Jeffrey W. Ohlmann）

杰弗里·W. 奥尔曼恩是艾奥瓦大学 Tippie 商学院管理科学副教授和亨克研究员。他出生于内布拉斯加州的瓦伦丁市，在内布拉斯加大学获得学士学位，在密歇根大学获得硕士和博士学位。他从 2003 年起任职于艾奥瓦大学。

奥尔曼恩教授致力于研究建模和决策问题的解决方案，在《运筹学》《数学与运筹学》、*INFORMS Journal on Computing*、《运输科学》《运筹学（欧洲版）》和《相互关系》等杂志上发表了 20 多篇研究论文。他与 Transfreight、LeanCor、嘉吉、汉密尔顿县选举委员会、3 支美国职业橄榄球大联盟球队有合作。由于他在本行业相关领域的出色工作，他获得了乔治·B. 丹齐克最佳论文奖，同时他因在运筹学实践中的杰出贡献而获得丹尼尔·H. 瓦格纳奖提名。

目 录

CONTENTS

第 1 章
数据与统计资料

CHAPTER

1

实践中的统计

《彭博商业周刊》[一]

纽约州，纽约市

《彭博商业周刊》（*Bloomberg Businessweek*）是世界上拥有最广泛读者的商业类杂志。除了刊登当前热门话题的特色文章外，其还有一些关于国际贸易、经济分析、信息处理和科技进展等内容的常设栏目。特色文章和常设栏目传递的信息能帮助读者及时透视时事风云变幻，以便评估其对商务和经济状况产生的影响。

几乎每一期《彭博商业周刊》都会发表一篇有关当前热门话题的深度报告，通常这些深度报告包含统计论据和概述，以帮助读者了解最新的商务和经济信息。这些文章和报告的例子包括工商业逐渐将其主要业务处理向云计算转移，美国邮政服务业面临的危机以及为什么债务危机比想象的更为严重等。另外，每一期《彭博商业周刊》都发布关于经济状况的统计资料，包括产品指数、股票价格、共同基金和利息率等。

《彭博商业周刊》还利用统计报告和统计信息来帮助管理其自身的经营。例如，一份关于订阅者的年度综述报告可以帮助公司了解订阅者的人口特征、阅读习惯、购物偏好和生活方式等。《彭博商业周刊》的管理者利用从调查中得出的统计结论更好地为订阅者和广告客户提供服务。最近对《彭博商业周刊》北美订阅者的调查数据表明，64%的订阅者因工作需要而购买了计算机。这一统计结果提醒《彭博商业周刊》的管理者：订阅者会对个人计算机发展趋势方面的文章感兴趣，而且，调查结论也会引起潜在广告客户的兴趣。订阅者因工作使用计算机有如此高的百分比，将会刺激个人计算机厂商考虑在《彭博商业周刊》上做广告。

本章我们讨论可用于统计分析的数据类型，并说明如何取得这些数据。我们将介绍描述统计和统计推断，它们是将数据转为有意义的且易于解释的统计信息的方法。

我们经常在报纸和杂志的文章中看到下列各种报道：

- 2018 年 5 月美国的失业率从上月的 3.9%下降到 3.8%，创下了 18 年来的新低，之前 6 个月失业率一直维持在 4.1%的水平（《华尔街日报》，2018 年 6 月 1 日）。
- 截至 2017 年年底，特斯拉约有 54 亿美元流动性。有分析师预测，2018 年特斯拉将消耗 28 亿美元现金（《彭博商业周刊》，2018 年 4 月 19 日）。
- 2018 年第一季度美国最大的几家银行公布了财报，其收益良好，美国银行和摩根士丹利的净利润分别为 69 亿美元和 27 亿美元（《经济学人》，2018 年 4 月 21 日）。
- 根据皮尤研究中心的一项研究，15%的美国成年人表示，他们使用过在线约会网站或手机应用程序（《华尔街日报》，2018 年 5 月 2 日）。
- 美国疾病控制和预防中心报道，仅在美国，每年由耐抗生素细菌引起疾病的病例至少有 200 万例，导致至少 2.3 万人死亡（《华尔街日报》，2018 年 2 月 13 日）。

以上报道中的数据事实（3.8%，3.9%，4.1%，54 亿美元，28 亿美元，69 亿美元，27 亿美元，15%，200 万美元，2.3 万美元）称为统计资料。在这种用法中，术语统计资料是指数据值事实，如平均数、中位数、百分数和最大值等，它们可以帮助我们了解各种商务和经济状况。然而，你将看到，统计学的研究领域或对象的内涵更加丰富。广义上讲，**统计学**（Statistics）是搜集、分析、表述和解释数据的科学与艺术。特别是在商务和经济活动中，搜集、分析、表述和解释数据旨在帮助管理者和决策者更好地理解商务和经济环境，并做出科学、正确的决策。在本书中，我们强调的是统计学在商务和经济决策方面的用途。

本章以统计学在商务和经济中的一些应用实例为开端，在第 1.2 节中，我们定义了数据这一术语的含义，并

一　感谢为"实践中的统计"提供了案例的调研管理人员 Charlene Trentham。

给出了数据集的概念；在这一节中，还介绍了变量和观测值等一些重要的术语，讨论了数量型数据和分类型数据之间的区别，并且说明了截面数据和时间序列数据的应用。在第 1.3 节中，我们探讨了如何从现有的资料来源中获得数据，或通过调查和实验研究获得新数据。在第 1.4 节和第 1.5 节中，我们论述了数据在进行描述统计和统计推断中的用途。本章的最后 4 节给出了商业逻辑分析方法的简介以及统计学在其中扮演的角色，介绍了大数据和数据挖掘、计算机在统计分析中的角色，并讨论了统计实践的道德准则。

1.1 统计学在商务和经济中的应用

如今在贸易和经济全球化的背景下，人们可以获取大量的统计信息。最成功的管理者和决策者是那些能够理解信息并有效利用信息的人。本节我们举例说明统计学在商务和经济中的应用。

1.1.1 会计

会计师事务所在对其客户进行审计时需要使用统计抽样程序。例如，一个事务所想确定列示在客户资产负债表上的应收账款金额是否真实地反映了应收账款的实际金额。通常应收账款的数量是如此之大，以至于查看和验证每一账户将花费大量的时间和费用。在这种情况下，一般的做法是审计人员选择一部分账户作为样本，通过核实样本账户的准确性，审计师得出有关列示在客户资产负债表上的应收账款金额是否可接受的结论。

1.1.2 财务

财务顾问利用各种各样的统计信息指导投资。在股票市场中，财务顾问综合了包括市盈率和股息等方面的财务数据，通过对比单只股票和股票市场平均状况的信息，就可以得出某只股票是否具有投资价值的结论。例如，2017 年标准普尔 500 公司的平均股息收益率是 1.88%，同期微软的股息收益率是 1.72%。在这种情况下，关于股息收益率的统计信息表明，微软的股息收益率比标准普尔 500 公司的平均股息收益率低。这一信息和其他有关微软的信息将有助于财务顾问做出是买、是卖还是持股的建议。

1.1.3 市场营销

零售结账柜台的电子扫描仪正用于搜集各种市场调研用的数据。例如，数据供应商尼尔森公司和 IRI 公司，从商店购买 POS 机扫描数据，经过加工处理，做出统计汇总后再出售给制造商。制造商为取得这些扫描数据，每一类产品要花费数十万美元。制造商也购买特价销售和利用店内陈列品等促销活动的数据及统计研究报告。产品品牌经理可以查看扫描资料和促销活动统计资料，从而能更好地理解促销活动和销售额之间的关系。这样的分析对制定各种产品的未来市场营销战略大有裨益。

1.1.4 生产

由于当今进入了重视质量的时代，因此质量管理是统计学在生产中的一项重要应用。各种统计质量管理图用于监测生产过程的产出。特别地，用 $\bar{x}$ 控制图可以监测平均产出。例如，假定有一台 350 毫升的软饮料罐装机，生产工人定期地从产品中选择一些罐装饮料作为样本，计算出样本罐装量的平均值。这一平均值或 $\bar{x}$ 的值标在一张 $\bar{x}$ 控制图上。当该数值位于控制上限以上时，表明产品罐装量过高；当该数值位于控制下限以下时，则表明产品罐装量不足；当 $\bar{x}$ 的值位于控制图的控制上限和控制下限之间时，这一过程称为处于"受控"状态，并且只要 $\bar{x}$ 的值落在控制图的控制上限和控制下限之间，就允许连续生产。更贴切的解释是，$\bar{x}$ 控制图能帮助确定何时必须调整和修正生产过程。

1.1.5 经济

人们经常要求经济学家对未来的经济或某一方面的发展做出预测。经济学家在进行预测时需要用到各种统计信息。例如，在预测通货膨胀率时，经济学家会利用诸如生产者价格指数、失业率和制造业开工率等指标的统计信息。这些统计指标往往要输入预测通货膨胀率的计算机预测模型中。

1.1.6　信息系统

信息系统管理员负责维护某个组织的计算机网络的日常运行。大量的统计信息帮助管理员评价计算机网络（包括局域网、广域网、网络段、内部网和其他数据通信信息）的运行状况。统计诸如系统中的平均用户数、系统中组件下载次数的比例和日常宽带使用的比例，都是统计信息的例子。这些统计信息可以帮助信息系统管理员更好地了解和管理计算机网络。

本节介绍的这些统计学应用是本书的组成部分。这些例子可使我们对统计学的广泛应用有大致的了解。为了补充这些例子，我们请求商务和经济领域的专家提供每章开篇的"实践中的统计"，以便引出每章所要讲解的内容。"实践中的统计"充分显示统计学在各种各样的商务和经济问题中的重要性。

1.2　数据

数据（data）是为了描述和解释所搜集、分析、汇总的事实和数字。将为用于特定研究而搜集的所有数据称为研究的**数据集**（data set）。表 1-1 是一个包含世界贸易组织 60 个成员信息的数据集。世界贸易组织支持国际贸易自由化，为解决贸易争端提供了商讨机制。

1.2.1　个体、变量和观测值

个体（element）是指搜集数据的实体。在表 1-1 的数据集中，每一个成员是一个个体，位于表 1-1 中的第 1 列。有 60 个成员，数据集就有 60 个个体。

变量（variable）是个体中所感兴趣的那些特征。表 1-1 的数据集有下列 4 个变量。

- WTO 身份：世界贸易组织中的成员身份，可以是成员或观察员。
- 人均 GDP/美元：某成员生产的所有商品或服务的市场总值除以该成员的总人口数，它通常用于比较成员的经济生产率。
- 惠誉评级：由惠誉国际组织⊖给出的国家主权信用评级；信用评级从最高的 AAA 到最低的 F，并且可以用 +或−来微调。
- 惠誉评级展望：未来 2 年内信用评级可能变动的方向性指标，展望可以是正面、稳定或负面。

表 1-1　世界贸易组织 60 个成员的数据集

成员	WTO 身份	人均 GDP/美元	惠誉评级	惠誉评级展望
亚美尼亚	成员	3 615	BB−	稳定
澳大利亚	成员	49 755	AAA	稳定
奥地利	成员	47 758	AAA	稳定
阿塞拜疆	观察员	3 879	BBB−	稳定
巴林	成员	22 579	BBB	稳定
比利时	成员	41 271	AA	稳定
巴西	成员	8 650	BBB	稳定
保加利亚	成员	7 469	BBB−	正面
加拿大	成员	42 349	AAA	稳定
佛得角	成员	2 998	B+	稳定
智利	成员	1 793	A+	稳定
中国	成员	8 123	A+	稳定

⊖ 惠誉国际组织是国际公认的三大统计评价机构之一，是美国证券交易委员会指定的评级机构。另外两大机构是标准普尔和穆迪投资者服务公司。

（续）

成员	WTO 身份	人均 GDP/美元	惠誉评级	惠誉评级展望
哥伦比亚	成员	5 806	BBB−	稳定
哥斯达黎加	成员	11 825	BB+	稳定
克罗地亚	成员	12 149	BBB−	负面
塞浦路斯	成员	23 541	B	负面
捷克共和国	成员	18 484	A+	稳定
丹麦	成员	53 579	AAA	稳定
厄瓜多尔	成员	6 019	B−	正面
埃及	成员	3 478	B	负面
萨尔瓦多	成员	4 224	BB	负面
爱沙尼亚	成员	17 737	A+	稳定
法国	成员	36 857	AAA	负面
格鲁吉亚	成员	3 866	BB−	正面
德国	成员	42 161	AAA	稳定
匈牙利	成员	12 820	BB+	稳定
冰岛	成员	60 530	BBB	稳定
爱尔兰	成员	64 175	BBB+	稳定
以色列	成员	37 181	A	稳定
意大利	成员	30 669	A−	负面
日本	成员	38 972	A+	负面
哈萨克斯坦	观察员	7 715	BBB+	稳定
肯尼亚	成员	1 455	B+	稳定
拉脱维亚	成员	14 071	BBB	正面
黎巴嫩	观察员	8 257	B	稳定
立陶宛	成员	14 913	BBB	稳定
马来西亚	成员	9 508	A−	稳定
墨西哥	成员	8 209	BBB	稳定
秘鲁	成员	6 049	BBB	稳定
菲律宾	成员	2 951	BB+	稳定
波兰	成员	12 414	A−	正面
葡萄牙	成员	19 872	BB+	负面
韩国	成员	27 539	AA−	稳定
罗马尼亚	成员	9 523	BBB−	稳定
俄罗斯	成员	8 748	BBB	稳定
卢旺达	成员	703	B	稳定
塞尔维亚	观察员	5 426	BB−	负面
新加坡	成员	52 962	AAA	稳定
斯洛伐克	成员	16 530	A+	稳定
斯洛文尼亚	成员	21 650	AA−	负面
南非	成员	5 275	BBB	稳定
西班牙	成员	26 617	A−	稳定
瑞典	成员	51 845	AAA	稳定
瑞士	成员	79 888	AAA	稳定
泰国	成员	5 911	BBB	稳定
土耳其	成员	10 863	BBB−	稳定
英国	成员	40 412	AAA	负面
乌拉圭	成员	15 221	BB+	正面
美国	成员	57 638	AAA	稳定
赞比亚	成员	1 270	B+	负面

在一项研究中，对每个个体的每一变量收集测量值，从而得到数据。针对某一特定个体得到的测量值集合称为一个**观测值**（observation）。如表 1-1 所示，我们看到第一个观测值（亚美尼亚）的测量值集合是成员、3 615 美元、BB-和稳定。第二个观测值（澳大利亚）的测量值集合是成员、49 755 美元、AAA 和稳定。以此类推，60 个个体的数据集有 60 个观测值。

1.2.2 测量尺度

搜集数据需要按下列几种测量尺度之一来度量：名义尺度、顺序尺度、间隔尺度和比率尺度。测量尺度决定了数据中蕴含的信息量，并为采用最适合的数据汇总和统计分析方法给出了指引。

当一个变量的数据包含了用来识别个体属性的标记或名称时，测量尺度被称为**名义尺度**（nominal scale）。例如，表 1-1 中的数据，我们看到 WTO 身份变量的测量尺度是名义尺度，因为数据"成员"和"观察员"是用来识别成员身份类型的标记。在测量尺度是名义尺度的情形中，我们可以使用数值代码，也可以使用非数字的标记。例如，为了便于数据搜集，并做好将数据录入计算机数据库的准备，对 WTO 身份变量我们可以使用数值代码：用 1 代表世界贸易组织的成员；用 2 代表观察员。即使数据是数值型的，测量尺度仍是名义尺度。

如果数据具有名义数据的性质，并且数据排序的意义明确，那么这种变量的测量尺度是**顺序尺度**（ordinal scale）。如表 1-1 所示，惠誉评级的测量尺度是顺序尺度，因为从 AAA 到 F 的评级分类可以按从最佳的信用评级 AAA 到最差的信用评级 F 排序。评级字母提供了类似名义数据的标记，但是数据还可以根据信用评级排序，这就说明测量尺度是顺序尺度。顺序尺度也可以用数值代码，例如学生在学校中的班级排名。

如果数据具有顺序数据的所有性质，并且可以按某一固定度量单位表示数值间的间隔，则这种变量的测量尺度是**间隔尺度**（interval scale）。间隔数据永远是数值型的。学生能力测验（SAT）的分数是间隔尺度数据的一个例子。例如，3 个学生 SAT 数学部分的分数分别为 620 分、550 分和 470 分，它们能够按最好到最差对数学能力进行排序。另外，分数之差是有一定意义的。比如，学生 1 的分数比学生 2 的分数多 70（=620−550）分，学生 2 的分数比学生 3 的分数多 80（=550−470）分。

如果数据具有间隔数据的所有性质，并且两个数值之比是有意义的，则这种变量的测量尺度是**比率尺度**（ratio scale）。像距离、高度、重量和时间等变量都用比率尺度来度量。比率尺度需要有一个零值，变量取零值时表示什么也不存在。例如，考虑汽车的成本，零值意味着汽车没有成本或是免费的。另外，如果我们比较成本为 30 000 美元的汽车与成本为 15 000 美元的汽车，比率值为 30 000/15 000=2，表示第一辆汽车的成本是第二辆汽车成本的 2 倍。

1.2.3 分类型数据和数量型数据

数据还可以进一步划分为分类型和数量型。归属于某一类别的数据称为**分类型数据**（categorical data），分类型数据既可以用名义尺度度量，也可以用顺序尺度度量。能够用数值大小来记录的数值称为**数量型数据**（quantitative data）。数量型数据既可以用间隔尺度度量，也可以用比率尺度度量。

分类变量（categorical variable）是用分类型数据表示的变量，**数量变量**（quantitative variable）是用数量型数据表示的变量。对某一变量应采用何种统计分析方法，取决于变量是分类变量还是数量变量[⊖]。如果变量是分类变量，则统计分析方法极其有限。我们通过记录每一类别中观测值的数目，或计算每一类别中观测值的比例来汇总分类型数据。但是，即使分类型数据用数值代码表示，对其进行加、减、乘和除等数学运算也是没有意义的。第 2.1 节将介绍汇总分类型数据的方法。

另外，对数量变量进行数学运算，可以得到有意义的结果。例如，对于数量变量，可以先求和，然后除以观测值的个数，计算出平均数。这个平均数通常是有意义的并且易于解释。一般地，当数据是数量型时，有更多的统计方法可供选择。第 2.2 节和第 3 章会介绍汇总数量型数据的方法。

⊖ 汇总数据应采用何种统计方法取决于数据是分类型数据还是数量型数据。

1.2.4　截面数据和时间序列数据

为了便于统计分析，有必要对截面数据和时间序列数据进行区分。**截面数据**（cross-sectional data）是在相同或近似相同的同一时点上搜集的数据。表 1-1 中的数据是截面数据，因为其描述了 60 个世界贸易组织成员的 5 个变量在同一时点上的情况。**时间序列数据**（time series data）是在几个时期内搜集的数据。例如，图 1-1 的时间序列是 2012~2018 年美国常规普通汽油每升的平均价格曲线。在 2012 年 1 月至 2014 年 6 月期间，每升汽油的平均价格在 0.84~1.01 美元波动；在 2014 年 6 月至 2015 年 1 月期间，价格持续下降；在 2016 年 1 月汽油每升平均价格达到最低值 0.44 美元。此后，平均价格基本呈现逐渐上升趋势。

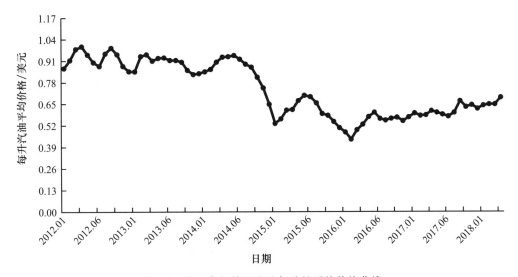

图 1-1　美国常规普通汽油每升的平均价格曲线

资料来源：Energy Information Administration，U. S. Department of Energy（美国能源部能源情报署）。

在商务与经济出版物中经常可以看到时间序列数据的图形，这些图形可以帮助分析师们了解过去发生的情况，认清其随时间变动的趋势，推测时间序列的未来水平。时间序列数据的图形有各种形态，如图 1-2 所示。稍加研究，这些图形通常易于理解和解释。例如，图 1-2a 是 2008~2018 年间道琼斯工业平均指数的图形。糟糕的经济状况迫使指数在 2008 年大幅下跌，在 2009 年 2 月出现低点（7 062 点）。之后，该指数开始长达 9 年的明显上涨，在 2018 年 1 月达到峰值 26 149 点。

图 1-2b 是 2008~2017 年间麦当劳公司的净利润图形。2008 年和 2009 年的经济衰退，实际上麦当劳公司是受益的，这期间其净利润创历史新高。麦当劳公司的净利润在经济衰落期反而增长，是由于人们减少了去相对昂贵的餐厅就餐的次数，转而寻求麦当劳提供的更便宜的替代食品。在 2010~2011 年，麦当劳公司的净利润继续创历史新高，2012 年有所下降，2013 年达到峰值。随后 3 年净利润相对较低，到 2017 年净利润增加到 51.9 亿美元。

图 1-2c 是一年期间佛罗里达州南部旅店入住率的时间序列图形。在 2~3 月，佛罗里达州南部的气候对游客有吸引力，出现 95%~98% 的极高入住率。事实上，每年的 1~4 月是佛罗里达州南部旅店典型高入住率的季节。另外，8~10 月入住率较低，最低的 50% 入住率出现在 9 月，高温以及飓风季节是这段时间入住率下降的主要原因。

注释和评论

1. 观测值是数据集中每个个体的测量值集合。观测值的个数总是与个体的个数一致，每个个体的测量值个数等于变量的个数。因此，数据项的总数是个体的个数乘以变量的个数。
2. 数量型数据可以是离散的也可以是连续的。度量可数事物多少的数量型数据是离散的（例如，5 分钟内接到电话的个数），度量不可数事物多少的数量型数据是连续的（例如，体重或时间）。

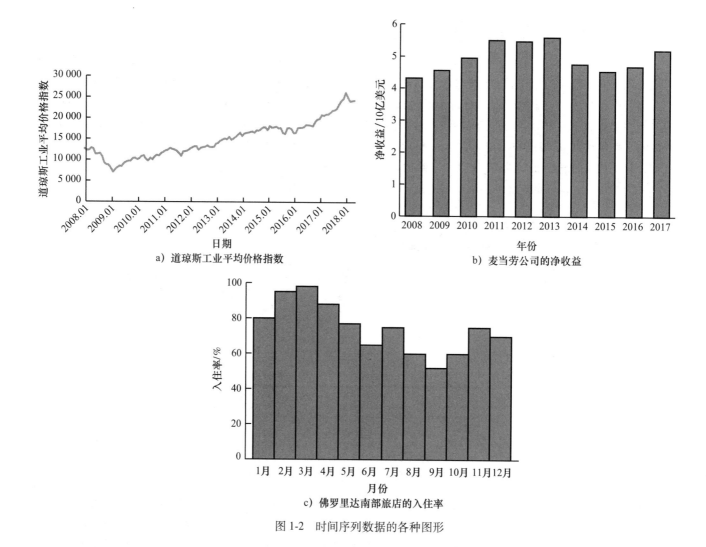

a）道琼斯工业平均价格指数

b）麦当劳公司的净收益

c）佛罗里达南部旅店的入住率

图 1-2　时间序列数据的各种图形

1.3　数据来源

数据可以从现有来源中搜集，也可以通过观测性研究或实验获得。

1.3.1　现有来源

在某些情况下，某一特定应用需要的数据已经存在。公司保存有关其雇员、客户和业务运作的各种数据库。关于雇员工薪、年龄和服务年限的数据通常可以从内部个人记录中获得；关于销售收入、广告支出、配送成本、库存水平以及产量的数据通常可以从其他内部记录中获得；绝大多数公司还保存其客户的详细资料。表 1-2 列出了一些从公司内部记录获得的数据。

表 1-2　从公司内部记录获得的数据示例

数据来源	一些典型可用数据
雇员记录	姓名、地址、社会保障号码、工资、休假天数、病假天数和奖金
生产记录	部件或产品号、生产数量、直接人工成本和原材料成本
存货记录	部件或产品号、库存单位数、重复订货水平、经济订货批量和折扣表
销售记录	产品号、销售量、区域销售量和分类客户销售量
信用记录	客户名称、地址、电话号码、信贷额度和应收账款余额
客户概况	年龄、性别、收入水平、家庭规模、地址和偏好

大量的商务和经济数据可以从专门搜集和保存数据的机构那里获得。公司可以通过付费方式使用这些来自外部的数据。邓白氏、彭博社和道琼斯公司是三家能够为客户提供大量商业数据服务的公司。尼尔森和 IRI 公司也在为广告商和制造商提供商务数据搜集和加工服务方面做得比较成功。

数据也可从各类行业协会和专门营利的机构中获得。美国旅游业协会保存各州与旅游相关的信息，如游客数量和旅游费用等，旅游行业的公司和个人会对这些数据感兴趣。研究生管理咨询委员会保存了考试成绩、学生特长和研究生培养计划等数据。对大多数这些来源的数据，用户使用时需要支付适当的费用。

互联网的持续发展，已使其成为数据和统计信息的一个重要来源。几乎所有公司都会提供公司的一般信息，如销售额、雇员数、产量、产品价格和产品说明的网站。另外，包括谷歌、雅虎在内的大多数公司专门在互联网获取有用的市场信息资料。因此，人们能从网上查阅到股票报价、餐馆菜价、工资数据等各种信息。此外，社交媒体公司（如 Twitter）提供应用程序编程接口（API），允许开发人员通过这些接口访问用户生成的大量数据。这些数据对希望了解现有和潜在客户对其产品看法的公司非常有价值。

政府机构是现有数据的另一个重要来源。例如，政府数据开放平台（DATA.GOV）网站由美国政府于 2009 年推出，旨在让公众更容易地访问美国联邦政府收集的数据。DATA.GOV 网站包含了来自美国联邦各种部门和机构的超过 150 000 个数据集，还有许多其他联邦机构维护自己的网站和数据仓库。表 1-3 列示了部分政府机构和它们能提供的一些数据。图 1-3 显示的是 DATA.GOV 网站的主页。许多州和地方政府现在也提供在线数据集。例如，加利福尼亚州和得克萨斯州维护的开放数据门户网站分别为 data.ca.gov 和 data.texas.gov，纽约市的开放数据网站为 opendata.cityofnewyork.us，俄亥俄州辛辛那提市为 data.cincinnati-oh.gov。

表 1-3　来自政府机构的一些可用数据的例子

政府机构	一些可用数据
人口普查局	人口数、家庭数和家庭收入的数据
联邦储备委员会	货币供应、信誉记录、汇率和贴现率的数据
管理和预算办公室	财政收入、支出和联邦政府债务的数据
商务部	商务活动数据、分行业总产值、分行业利润水平以及行业增长和下降的数据
劳工统计局	消费支出、小时工资、失业率、安全记录和国际统计资料
DATA.GOV	有超过 150 000 个数据集，包含农业、消费者、教育、健康和生产数据

图 1-3　DATA.GOV 主页

1.3.2 观测性研究

在一个特定情况下，观测性研究是指我们仅观测发生了什么，记录一个或多个感兴趣变量的数据，并对结果数据进行统计分析。例如，研究人员可以随机选择一组进入沃尔玛购物中心的顾客，对其进行观测，旨在收集诸如顾客购物时长、顾客性别、消费金额等变量的数据。对这些数据的统计分析可以帮助管理者确定如购物时长和顾客性别等因素如何影响消费金额。

下面是另一个观测性研究的例子。假设研究人员对调查《财富》500 强公司 CEO 的性别与以净资产收益率（return on equity，ROE）测量的公司业绩之间的关系感兴趣。为了得到这些数据，研究人员选择一些公司组成样本，记录每一家公司 CEO 的性别和 ROE，对这些数据的统计分析可以帮助确定公司业绩和 CEO 的性别之间的关系。这个例子是一个观测性研究，因为研究人员无法控制每一家被抽样公司的 CEO 的性别或 ROE。

调查和民意调查是另外两种通常用于观测性研究的例子。这些类型的研究提供的数据使我们能观测回答者的意见。例如，纽约州立法委员会的一项电话调查中，居民被问及为了提供桥梁和高速公路维修基金，是支持还是反对在州内增加汽油税。调查结果的统计分析有助于州立法委员会确定是否应该提出增加汽油税的议案。

1.3.3 实验

观测性研究和实验[一]的主要区别在于，实验是在对某些条件施加控制的情况下进行的。因此，从设计好的实验中得到的数据通常比从现有来源或进行观测性研究中得到的数据包含更多的信息。例如，一家制药公司期望了解其开发的一种新药如何影响血压。为了得到新药如何影响血压的数据，研究人员选择一些个体组成样本。对不同的个体组给予不同的剂量，然后搜集每组服药前后的血压数据。对数据的统计分析将会有助于了解新药如何影响血压。

在统计中，我们处理这类实验时通常是先确定感兴趣的特殊变量，然后控制一个或多个其他变量，以便获得它们如何影响主要变量的数据。在第 13 章中，我们将讨论适合实验数据的统计方法。

1.3.4 时间与成本问题

将数据和统计分析结果用于管理决策，管理人员必须清楚获得数据所需要的时间和成本。当必须在相对较短的时期内获得数据时，利用现有数据来源是一个比较理想的方法。如果重要的数据不容易从现有来源中获取，则必须考虑获取数据所要占用的时间和成本。在所有的情形中，决策制定者必须意识到统计分析对决策制定过程的贡献。数据搜集和统计分析所付出的成本，不应该超过利用这些信息制定更好的决策所节省的费用。

1.3.5 数据采集误差

管理人员任何时候都应牢记：统计研究中的数据是可能产生误差的。使用错误的数据也许会比不使用任何数据更糟糕。每当取得的数据值不等于真值或实际值时，就会产生数据搜集误差（真值或实际值可以通过一个正确的程序获得），这类错误可能在许多数据搜集方法中发生。例如，采访者可能会发生记录错误，如将 24 岁写为 42 岁，或者被采访者回答问题时曲解了问题并做出不正确的回答。

实验数据分析人员在搜集和记录数据时要特别小心，以确保不发生错误。可采取一些特殊措施以检查数据的内在一致性。例如，这种措施会提醒分析人员查看有关数据的准确性，如一个年龄为 22 岁的人却说自己有 20 年的工作经验。数据分析人员也应注意查看一些过大或过小的被称为异常值的数值，它们可能是有错误的数据。在第 3 章中我们将介绍一些统计学家用来识别异常值的方法。

数据搜集过程经常会发生误差。盲目地利用一切可以得到的或不认真搜集的数据，将可能产生误差并导致做出错误的决策。因此，按照正确的步骤搜集准确的数据可以确保决策信息的可信度，提高数据的利用价值。

㊀ 曾经进行过的最大规模的实验性统计研究是 1954 年美国公共卫生署的沙克脊髓灰质炎疫苗实验，该研究从全美小学 1~3 年级的学生中选出了近 200 万名儿童。

1.4　描述统计

绝大多数的媒体、公司报告和其他出版物都以读者易于理解的方式汇总和披露统计信息。将数据以表格、图形或数值形式汇总的统计方法被称为**描述统计**（descriptive statistics）。

回到表 1-1 中世界贸易组织的 60 个成员的数据集，用描述统计的方法对这一数据集中的信息进行汇总。例如，考虑未来两年内成员信用评级可能变动的方向性指标——惠誉评级展望变量，该变量用负面、稳定和正面来记录。表 1-4 给出了每一个成员惠誉评级展望数据的表格汇总，图 1-4 给出了相同数据的图形汇总，该类图形称为条形图。这些表格和图形汇总一般能使数据更容易解释。我们能很容易地从表 1-4 和图 1-4 中看到，绝大多数成员信用评级的惠誉展望是稳定，有 73.3% 的成员具有这个评级，具有负面展望的成员（20%）比具有正面展望的成员（6.7%）要多。

图 1-5 是被称为直方图的表 1-1 中人均 GDP 这个数量变量数据的图形汇总。从直方图上很容易看出，60 个成员的人均 GDP 的变动范围为 0 ~ 80 000 美元，主要集中在 0 ~ 10 000 美元，只有 1 个成员的人均 GDP 超过 70 000 美元。

表 1-4　60 个成员惠誉信用评级展望类型的频数和百分数

惠誉评级展望	频数	百分数（%）
正面	4	6.7
稳定	44	73.2
负面	12	20.0

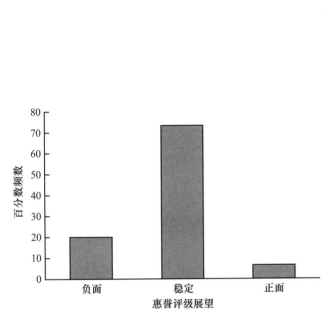

图 1-4　60 个成员惠誉信用评级展望的条形图

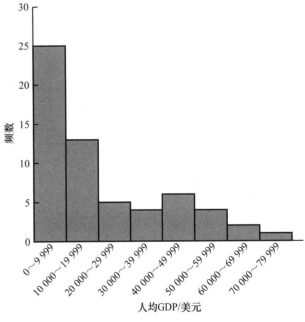

图 1-5　60 个成员人均 GDP 的直方图

除了表格和图形表示方式以外，数值型描述统计也用于汇总数据。最常用的数值型描述统计是平均数或均值。利用表 1-1 中 60 个成员的人均 GDP 数据，我们可以将 60 个成员的人均 GDP 相加再除以 60，计算出平均数。这样可得到人均 GDP 的平均数为 21 279 美元。这个平均数是对数据的中心趋势或中心位置的一个度量。

人们对于建立和展示描述统计的有效性有极大兴趣。⊖

1.5　统计推断

在很多情形下，我们需要搜集有关大的个体组（个人、公司、选民、家庭、产品和客户等）的信息。出于对时间、费用和其他因素的考虑，只能从大的个体组的一小部分中搜集数据。在特定研究中，较大的个体组称为**总**

⊖　本书第 2 章和第 3 章将集中讨论描述统计的表格、图形和数值方法。

体（population），较小的个体组称为**样本**（sample）。我们一般使用下列定义。

> **总体** 总体是在一个特定研究中所有感兴趣的个体组成的集合。
> **样本** 样本是总体的一个子集。

搜集总体全部数据的调查过程称为**普查**（census）⊖，搜集样本数据的调查过程称为**抽样调查**（sample survey）。统计学的一个主要贡献就是利用样本数据对总体特征进行估计和假设检验，这一过程被称为**统计推断**（statistical inference）。

作为统计推断的一个例子，我们考察罗杰斯工业公司所做的一项研究。罗杰斯生产用于笔记本电脑和平板电脑等可充电电子产品的锂电池。为了提高其生产的电池的使用寿命，罗杰斯想开发一种使用寿命更长而且更安全的新型固态锂电池。在这个例子中，总体定义为使用新型固态技术生产的所有锂电池。为了估计新电池的优点，用新型固态技术生产出的200块电池组成样本，并进行测试，记录每块电池在受控状态下电量耗尽前持续供电时间的小时数，样本数据见表1-5。

表1-5 罗杰斯的200块电池持续供电的小时数 （单位：小时）

电池寿命									
19.49	18.18	18.65	19.45	19.89	18.94	17.72	18.35	18.66	18.23
19.08	19.92	19.01	18.84	17.73	19.70	18.37	18.69	19.98	18.80
19.11	18.26	19.05	17.89	19.61	18.52	18.10	19.08	18.27	18.29
19.55	18.81	18.68	17.43	20.34	17.73	17.66	18.52	19.90	19.23
18.81	19.12	18.39	19.27	19.43	19.29	19.11	18.96	19.65	18.20
19.18	20.07	18.54	18.37	18.13	18.29	19.11	20.22	18.07	18.91
18.44	19.04	18.88	19.51	18.84	20.98	18.82	19.40	19.00	17.53
18.74	19.04	18.35	19.01	17.54	18.14	19.82	19.23	19.20	20.02
20.14	17.75	18.50	19.85	18.93	19.07	18.83	18.54	17.85	18.51
18.74	18.74	19.06	19.00	18.77	19.12	19.58	18.75	18.67	20.71
18.35	19.42	19.42	19.41	19.85	18.23	18.31	18.44	17.61	19.21
17.71	18.04	19.53	18.87	19.11	19.28	18.55	18.58	17.33	18.75
18.52	19.06	18.54	18.41	19.86	17.24	18.32	19.27	18.34	18.89
18.78	18.88	18.67	18.19	19.07	20.12	17.69	17.92	19.49	19.52
19.91	18.46	18.98	19.18	19.01	18.79	17.90	18.43	18.35	19.02
18.06	19.11	19.40	18.71	18.91	18.95	18.51	19.27	20.39	19.72
17.48	17.49	19.29	18.49	17.93	19.42	19.19	19.46	18.56	18.41
18.24	17.83	18.28	19.51	18.17	18.64	18.57	18.65	18.61	17.97
18.73	19.32	19.37	18.60	19.16	19.44	18.28	19.20	17.88	18.90
19.66	19.00	18.43	19.54	19.15	18.62	19.64	18.87	18.31	19.54

假设罗杰斯希望利用样本数据对用新型固态技术生产的所有电池总体的平均使用寿命进行推断。将表1-5中的200个数值相加再除以200，可以计算出电池的样本平均寿命为18.84小时。我们可以用这一样本结果估计电池总体的平均寿命是18.84小时。图1-6是罗杰斯的统计推断过程的示意图。

每当统计学家利用样本对总体的特征进行估计时，他们通常都要注明估计的质量或精确度。以罗杰斯为例，统计学家可能指出，电池总体的平均寿命的点估计值是18.84小时，边际误差为±0.68小时。这样，电池总体的平均寿命的区间估计是18.16~19.52小时。统计学家也可以指出，在18.16~19.52小时内包含总体平均数的可靠程度有多大。

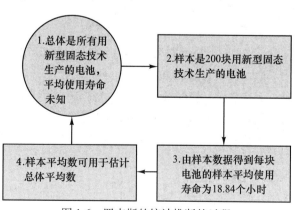

图1-6 罗杰斯的统计推断的过程

⊖ 美国政府每10年进行一次人口普查，而市场调查机构每天进行抽样调查。

1.6　逻辑分析方法

由于可利用数据的急剧增加、更具性价比的数据存储、更快的计算机处理速度，以及管理者认识到数据对了解客户和商务运作极有价值，因此根据数据驱动制定的决策有了显著增加。可以用来支持数据驱动决策的广泛技术手段就被称作逻辑分析方法。

逻辑分析方法（analytics）⊖是将数据转化为做出好决策见解的科学过程。逻辑分析方法利用数据驱动或事实基础做出决策，在做决策时它通常被认为比其他方法更为客观。逻辑分析方法的工具能通过从数据中得出的见解辅助制定决策，提高我们更准确地预测计划的能力，帮助我们量化风险，以及通过分析产生更好的选择。

逻辑分析方法可以涉及从简单的报告到最先进的优化技术（寻找最佳行动过程的算法）等多种技术。现在逻辑分析方法一般被认为包含三大类别的技术，它们是描述性分析、预测性分析和规范性分析。

描述性分析（descriptive analytics）包含描述过去发生状况的分析技术集合。这类技术的例子是数据查询、报告、描述统计、数据可视化、数据仪表板和基本的"如果……，则……"型电子表格模型。

预测性分析（predictive analytics）包含利用过去的数据建立的模型来预测未来或评估一个变量对另一个变量的影响的分析技术。例如，销售一种产品的历史数据可以用来建立一个预测未来销售的数学模型，这样的模型可以基于过去的增长和季节模式，解释产品销售的增长轨迹和产品销售季节性等因素。包装食品制造商利用零售商店的POS扫描数据，可以估计与优惠券或销售事件相关联的单位货物的销售量。调查数据和过去的购买行为可以用来预测新产品的市场占有率。这些都是预测性分析的例子。线性回归、时间序列分析和预测模型属于预测性分析，本书之后的章节将讨论这些技术。模拟是为更好地了解风险的概率论和统计计算机模型的使用，也归属于预测性分析。

规范性分析有别于描述性分析和预测性分析。其区别在于规范模型会产生一个最佳的行动过程，即规范模型的结果是最佳决策。因此，**规范性分析**（prescriptive analytics）是产生一个最佳行动过程的分析技术集合。在一组约束条件下产生最大或最小目标的解决方案的优化模型属于规范性模型。航空业营业管理的应用是规范性模型的例子，航空业用过去的购买数据作为输入模型，得到航班的定价策略，从而最大限度地提高公司收入。

统计研究如何与逻辑分析方法有关？大多数描述性和预测性分析技术来自概率论和统计学，其中包括描述统计、数据可视化、概率和概率分布、抽样以及预测建模（包括回归分析和时间序列预测）。本书讨论了其中的每一种技术。随着逻辑分析方法在数据驱动决策制定过程中的广泛应用，该方法对于分析师和管理者了解统计和数据分析的重要性更是与日俱增。公司日益注重寻求知道如何利用描述和预测模型做出数据驱动决策的数据管理者。

在本节开篇，我们提到数据越来越大的可用性是逻辑分析方法应用的一种驱动力，下一节我们讨论可用数据的迅猛增加趋势及其与统计研究的关系。

1.7　大数据和数据挖掘

由于有磁卡读卡器、条形码扫描仪和POS终端，许多机构每天可以获取大量数据。即使一个使用平板计算机来处理订单和账单的小饭店，也会收集到大量数据。大型零售公司收集的海量数据很难找出规律，并且如何有效地使用这些数据来提高效率也是一个难题。例如，大型零售商（如沃尔玛）每天获取2 000万~3 000万个交易数据，电信公司（如法国电信和美国电话电报公司）每天有超过3亿个电话记录，Visa每秒处理6 800次支付交易或每天处理近6亿次交易。储存和管理这些交易数据是一件有意义的事情。

企业现在所收集的数据除了总量和速度迅猛上升之外，类型也愈加复杂，这些数据对企业具有重要的价值：通过监控在诸如Twitter等社交媒体上发表的关于公司产品或服务的言论来收集文本数据，从客服电话（在客服电话中，你常常听到"由于质量管理，这个电话将被录音"）中收集音频数据，通过店内的摄像机收集视频数据，分析购物行为。因为将信息转换成可以分析的数据非常复杂，分析这些通过非传统来源得到的信息更为复杂。

⊖　我们采用由美国运筹学与管理学研究协会（INFORMS）提出的逻辑分析方法的定义。

更大和更为复杂的数据集通常被称为**大数据**（big data）。虽然这似乎不是大数据的一个普遍接受的定义，但是许多人认为如果将大数据作为一个数据集，则该数据集无法用常规数据处理方法进行管理、处理或在合理的时间内用常用的软件分析。许多数据分析师将大数据定义为 3V 数据：容量（volume）、速度（velocity）和种类（variety）。容量指可利用的数据量（现在用于测量的典型单位是 1TB，它等于 10^{12} 个字节）；速度指获得和处理数据的速度；种类指数据类型的多样性。

数据仓库是指获取、储存和维护数据的过程。计算和数据搜集工具可以在几秒内实现储存和检索非常庞大的数据。分析仓库中的数据可以使机构做出新的战略和较高收益的决策。例如，每当飞机起飞或降落时，通用电气公司（GE）从发动机传感器上捕获大量数据，获取这些数据使得 GE 为其客户提供重要的服务；GE 监控发动机的性能，当需要服务或可能发生问题时可以提醒客户。

数据挖掘（data mining）是研究从非常大的数据库中开发有用的决策信息的方法。利用统计学、数学和计算机科学的综合方法，分析人员在仓库中"挖掘数据"，并将其转化为有用的信息，取名为数据挖掘。数据挖掘领域的先驱 Kurt Thearling 博士将数据挖掘定义为"从（庞大的）数据库中自动提取预测性的信息"。Thearling 博士的定义中的两个关键词是"自动"和"预测性的"。数据挖掘系统使用自动程序从数据中提取信息是最有效的，而其用户仅仅需要使用一般或者模糊查询就能获取满足条件的信息。同时数据挖掘软件使揭示隐藏的预测性信息的过程自动化，而这些隐藏的信息过去是需要亲自动手进行分析的。

拥有大型客服中心的公司（如零售商、金融机构和通信公司）成为数据挖掘的主要应用者。数据挖掘成果用于帮助零售商（如亚马逊）确定已经购买了一件特殊商品的消费者，判断其是否还有可能购买一件或多件相关的商品。然后，当消费者登录公司网站并且购买一件商品时，网站利用弹出窗口来促使消费者追加购买额外的商品。在另一个应用中，数据挖掘用于确定在某个特殊的购物旅行中消费有可能超过 20 美元的消费者，然后将这些消费者划分为收到特别电子邮件赠券和定期电子邮件赠券的类型，从而在赠券到期之前促使他们进行下一次购物旅行。

数据挖掘是一门非常依赖统计方法的技术，这些统计方法有多元回归、逻辑回归和相关分析等。它创造性地综合了所有这些方法，并利用了人工智能和机器学习等计算机科学技术，因而是十分高效的。实现甲骨文、Teradata 和 SAS 等公司开发的商用数据挖掘的软件包，需要大量的时间和金钱上的投入。本书介绍的统计概念将有助于理解数据挖掘软件包中使用的统计方法，并使你更好地理解其所产生的统计信息。

由于统计模型在建立数据挖掘预测模型中扮演着重要的角色[⊖]，因此许多统计学家在建立统计模型中所关注的问题也同样适用于数据挖掘。例如，统计研究中关注的问题是模型的可靠性。适用于一个特殊样本数据的统计模型，并不意味着它同样适用于其他数据。评估模型可靠性的一个常见方法是将样本数据分为两部分：训练数据集和检验数据集。如果使用训练数据集建立的模型能准确地预测检验数据的数值，则我们认为这个模型是可靠的。数据挖掘优于传统统计学的一点是，大量的可用数据能使数据挖掘软件划分数据集，因此由训练数据集所建立的模型的可靠性可以利用其他数据来检测。从这个意义上讲，数据集的划分允许用数据挖掘来建立模型和相互关系，然后快速观察它们是否可以重复，是否适用于新的不同的数据。另外，对数据挖掘应用的一个忠告是，有这么多的数据可用，将会产生过度拟合模型的危险性，以至于可能存在误导性的联系和因果关系的结论。数据挖掘结果和附加检测的解释将有助于避免这些隐患。

1.8　计算机与统计分析

统计人员使用计算机软件进行统计计算与分析。例如，在罗杰斯工业公司的例子中（见表 1-5），如果没有计算机，那么计算 200 块电池的平均使用寿命将相当乏味。各章结尾的附录包含利用 Microsoft Excel 和统计软件包 JMP 完成该章所介绍的统计方法的详细步骤。

正如上一节所述，大数据需要特殊的数据操作和分析工具，例如，对大量数据集分布式处理的开放源代码软

⊖　在揭示数据中的关系和预测未来结果时，统计方法在数据挖掘中扮演着重要的角色。然而，数据挖掘的全部领域以及统计在数据挖掘中的应用已超出本书的范围。

件 Hadoop、开放源代码编程语言 R 和 Python，以及商用软件包 SAS 和 SPSS 都用于大数据的实践。

1.9 统计实践的道德准则

道德行为是我们在一切活动中的追求。由于统计在数据的搜集、分析、表述和说明过程中的重要作用，道德问题继而在统计中产生。在统计研究中，不道德行为的形式很多，其中包括不正确的抽样、不恰当的数据分析、误导性的图表绘制、不恰当的统计摘要使用和统计结果的片面解释，等等。

你开始做统计工作时，我们就鼓励你在数据搜集、分析、口头陈述以及书面报告中要保持公平、谨慎、客观和中立的态度。另外，作为数据的使用者，你也应该意识到他人在统计过程中产生不道德行为的可能性。当你在媒体上见到统计信息时，要持几分怀疑态度，关注这些统计信息的来源、目的和客观性。

美国统计协会——美国最高统计和统计工作者的专业组织发布报告"统计实践的道德准则"[一]，旨在帮助统计工作者做出符合道德准则的决定，并交流心得，帮助学生学会如何负责任地进行统计工作。报告包括 52 条准则、8 个主要领域，分别为：职业操守和责任感；对科学、公众、出资人、客户的责任；数据和方法的完整性；对研究课题的责任；对研究团队的同事的责任；对其他统计学家或统计从业人员的责任；对不当行为的指控的责任；对机构、个人、代理人的雇主或其他聘用的统计从业人员的客户的责任。

职业操守和责任感领域的一条准则解决的问题是多次检测直到获得理想结果的行为。例如，在 1.5 节中我们讨论了罗杰斯工业公司的一个 200 块用新型固态技术生产的锂电池的样本的统计研究，样本的平均使用寿命为 18.84 小时，由此推断出所有用新型固态技术生产的锂电池的使用寿命。然而，思考一下，由于罗杰斯只选取了一个样本，那么另外一个样本可能会提供不同的平均使用寿命，这么想不是没有道理的。

假定罗杰斯的管理层希望抽样结果能支持他们声称的新电池的平均使用寿命至少是 20 小时。再假定罗杰斯的管理层决定继续研究，不断生产并抽样检测，每次都抽 200 块用新型固态技术生产的锂电池，直到有一个样本的平均使用寿命达到至少 20 小时。如果研究重复进行许多次，最终会有一个样本（仅是偶然）给出期望的结果，从而支持罗杰斯做出的声明。在这种情形下，消费者将受到误导，认为新产品会比现在的要好。显然，这种行为是不道德的，它代表统计在实践中出现了重大的使用错误。

对科学、公众、出资人、客户的责任领域里有几条道德准则涉及数据的处理问题。例如，一位统计学家需要说明一项研究中考虑的所有数据，并对实际上使用的样本进行解释。罗杰斯最初样本中的 200 块电池的使用寿命是 18.84 小时；这比管理层希望得到的至少 20 小时的结果要小很多。现在假设在回顾了平均使用寿命为 18.84 小时的结果之后，罗杰斯剔除所有使用寿命小于或等于 18 小时的观察值，并宣称生产过程中的启动问题造成了这些电池的瑕疵。之后，样本中剩余电池的平均使用寿命就成了 22 小时。你对罗杰斯所宣布的电池的平均使用寿命是 22 小时产生过怀疑吗？

如果罗杰斯把使用寿命小于或等于 18 小时的电池剔除，只是为了提供 22 小时的平均使用寿命，那么毫无疑问这种做法就是不道德的。但是，如果这些电池的瑕疵真是由生产过程中的启动问题造成的，它们就不应该包含在分析中，进行研究的统计人员应该考虑所有的数据并对抽样的具体操作进行解释。否则，统计结果就可能产生误导，公司和统计人员都构成不道德行为。

在美国统计协会报告的共享价值部分有一条准则提出，统计从业人员应当避免任何对预测结果有倾向性的统计工作。当使用不具有代表性的样本做出声明时，这种不道德行为就会发生。例如，在美国的许多地区，饭店内是不允许吸烟的。假如烟草业的说客在允许吸烟的饭店进行调查，目的是估计赞成在饭店内允许吸烟的就餐者比例。抽样结果表明 90% 的受访者同意在饭店内允许吸烟。根据这个抽样结果，说客声称饭店所有就餐者中有 90% 的人赞成在饭店内允许吸烟。在这个案例中，我们应该指出只在允许吸烟的饭店内所做的抽样会歪曲调查结果。如果只报告该研究的这个最后结果，而不了解研究的细节（如样本是在允许吸烟的饭店内搜集的），读者就会被误导。

美国统计协会报告的涵盖范围很广，道德准则不仅适用于统计工作者，对统计信息的使用者也有效。当你从

○一 American Statistical Association "Ethical Guidelines for Statistical Practice", 1999.

事统计研究工作时，我们建议你读一读这个报告，对道德相关问题有更好的了解，并获得一些背景知识，以确保开始在实践中使用统计时，你的工作符合道德标准。

小 结

统计是搜集、分析、表述和解释数据的艺术和科学。几乎每个商务或经济专业的学生都要学习统计学课程。我们以描写商务和经济中典型的统计应用开始本章的论述。

数据是指搜集和分析的事实和数字。我们可以用四种测量尺度来取得一个特定变量的数据，它们是名义尺度、顺序尺度、间隔尺度和比率尺度。当数据用于确认个体属性的标记或名称时，相应变量的测量尺度被称为名义尺度。如果数据显示名义数据的性质，并且数据的排序是有意义的，则测量尺度是顺序尺度。如果数据具有顺序数据的性质，并且可以按某一固定度量单位表示数值间的间隔，则测量尺度是间隔尺度。如果数据具有间隔数据的所有性质，并且两个数值之比是有意义的，则测量尺度是比率尺度。

为了统计分析，数据可划分为分类型数据和数量型数据。分类型数据用标记或名称来识别每一个体属性。分类型数据既可以用名义尺度度量也可以用顺序尺度度量，既可以是非数值型的也可以是数值型的。数量型数据是表示大小或多少的数值。数量型数据既可以用间隔尺度度量也可以用比率尺度度量。只有当数据是数量型数据时，普通的算术运算才有意义。因而，适合于数量型数据的统计计算并非总适用于分类型数据。

在第1.4和第1.5节中，我们介绍了描述统计和统计推断。描述统计用表格、图形和数值方法来汇总数据。统计推断是利用样本数据估计总体特征并进行假设检验的过程。本章最后4节介绍了逻辑分析方法、数据挖掘和大数据、计算机在统计分析中的作用这些比较新的领域，并且简要描述了统计实践的道德准则。

关键术语

analytics 逻辑分析方法 将数据转化为做出好决策的科学过程。

big data 大数据 无法进行管理、处理或在合理的时间内用常用的软件分析的数据集。大数据的特征是容量大（数据量大）、高速（快速获得和处理）和多样性（可包括如视频、音频和文本等非传统数据）。

categorical data 分类型数据 用于识别每一个体属性的标记或名称。分类型数据既可以用名义尺度度量也可以用顺序尺度度量，既可以是非数值型的也可以是数值型的。

categorical variable 分类变量 用分类型数据表示的变量。

census 普查 搜集总体全部数据的调查。

cross-sectional data 截面数据 在相同或近似相同的同一时点上搜集的数据。

data 数据 描述和解释所搜集、分析和汇总的事实与数字。

data mining 数据挖掘 利用统计和计算机科学的方法从非常大的数据库中获取有用信息的过程。

data set 数据集 在特定研究中搜集到的所有数据。

descriptive analytics 描述性分析 包含描述过去发生状况的分析技术集合。

descriptive statistics 描述统计 数据的表格、图形和数值汇总的方法。

elements 个体 搜集数据的实体。

interval scale 间隔尺度 具有顺序数据的性质，并且可以按某一固定度量单位表示数值间的间隔的一种变量测量尺度。间隔数据永远是数值型的。

nominal scale 名义尺度 用数据的标记或名称来识别个体属性的一种变量测量尺度，名义数据既可以是非数值型的也可以是数值型的。

observation 观测值 对某一特定个体搜集的测量值的集合。

ordinal scale 顺序尺度 具有名义数据的性质，并且数据的顺序或等级是有意义的一种变量测量尺度。顺序数据既可以是非数值型的也可以是数值型的。

population 总体 在一个特定研究中所有感兴趣的个体组成的集合。

predictive analytics 预测性分析 利用过去数据建立的模型来预测未来或评估一个变量对另一个变量的影响的分析技术集合。

prescriptive analytics 规范性分析 产生一个最佳行动过程的分析技术集合。

quantitative data 数量型数据 表示事物大小或多少

的数值。数量型数据既可以用间隔尺度度量也可以用比率尺度度量。

quantitative variable　数量变量　用数量型数据表示的变量。

ratio scale　比率尺度　具有所有间隔数据的性质，并且两个数值之比是有意义的一种变量测量尺度。比率数据永远是数值型的。

sample　样本　总体的一个子集。

sample survey　抽样调查　搜集样本数据的调查。

statistical inference　统计推断　利用样本数据估计或对总体特征进行假设检验的过程。

Statistics　统计学　搜集、分析、表述和解释数据的艺术和科学。

time series data　时间序列数据　在几个时期内搜集的数据。

variable　变量　个体中所感兴趣的特征。

补充练习

2. 平板计算机比较公司提供各种各样关于平板计算机的信息。公司的网站使消费者容易比较不同平板计算机的使用参数（如价格、操作系统类型、显示器大小、电池寿命和中央处理器（CPU）厂商）。表 1-6 是由 10 种平板计算机组成的一个样本（Tablet PC Comparison website）。

   a. 这个数据集中有多少个体？
   b. 这个数据集中有多少变量？
   c. 哪些变量是分类变量，哪些变量是数量变量？
   d. 每个变量使用哪种类型的测量尺度？

4. 表 1-7 给出 8 种无绳电话的数据（来自《消费者报告》）。综合得分是无绳电话综合质量的一个测度，得分为 0 ~ 100。话音质量的可能等级为差、一般、好、很好和优秀。通话时间是厂商声称的完全充满电后手持机可以使用的时间。

   a. 这个数据集有多少个体？
   b. 对于价格、综合得分、话音质量和通话时间变量，哪些变量是分类变量，哪些是数量变量？
   c. 每个变量使用哪种测量尺度？

表 1-6　10 种平板计算机的产品信息

平板计算机	价格/美元	操作系统类型	显示器大小/英寸[①]	电池寿命/小时	CPU 厂商
Acer Iconia W510	599	Windows	10.1	8.5	英特尔
Amazon Kindle Fire HD	299	Android	8.9	9	德州仪器
Apple iPad 4	499	iOS	9.7	11	苹果
HP Envy X2	860	Windows	11.6	8	英特尔
Lenovo ThinkPad Tablet	668	Windows	10.1	10.5	英特尔
Microsoft Surface Pro	899	Windows	10.6	4	英特尔
Motorola Droid XYboard	530	Android	10.1	9	德州仪器
Samsung Ativ Smart PC	590	Windows	11.6	7	英特尔
Samsung Galaxy Tab	525	Android	10.1	10	英伟达
Sony Tablet S	360	Android	9.4	8	英伟达

① 1 英寸 = 0.025 4 米。——译者注

表 1-7　8 种无绳电话的数据

品牌	型号	价格/美元	综合得分	话音质量	通话时间/小时
AT&T	CL 84100	60	73	优秀	7
AT&T	TL 92271	80	70	很好	7
松下	4773B	100	78	很好	13
松下	6592T	70	72	很好	13
友利电	D2997	45	70	很好	10
友利电	D1788	80	73	很好	7
伟易达	DS6521	60	72	优秀	7
伟易达	CS6649	50	72	很好	7

6. J. D. Power and Associates 公司对最近购买汽车的车主进行调查，以了解有关新车的质量。在 J. D. Power and Associates 的初始质量调查中，其询问了下列问题：

a. 你买车还是租车？

b. 你花了多少钱？

c. 你的汽车外观的整体吸引力如何（不可接受、平均、优秀或无与伦比）？

d. 你的汽车每消耗 1 升汽油可以行驶多少公里？

e. 你对新车的综合评价如何（使用 10 分制评级，评级从 1 分的不可接受到 10 分的无与伦比）？

对每一个问题的数据是分类型的还是数量型的发表意见。

8. *The Tennessean* 是在田纳西州纳什维尔市办的一份网络报纸，该报纸每天进行调查以收集读者对当前各种问题的看法。在最近的一次调查中，762 位读者回答了以下问题："如果禁止州所得税的宪法修正案被放在田纳西州投票表决，你希望它通过吗？"可能的回答有是、否或不确定（*The Tennessean* website）。

a. 这项调查的样本容量有多大？

b. 数据是分类型的还是数量型的？

c. 对这一问题，用平均数或百分比作为数据汇总，哪种方法更合适？

d. 在回答者中，67% 的人说他们希望该修正案通过。问有多少人给出这种答复？

10. 运输统计局综合住房调查是一项年度调查，并作为美国交通运输部的信息来源。部分调查采访了调查者，并询问如下问题："机动车驾驶员在开车时是否可以手持电话接听。"可能的答案有非常同意、稍微同意、稍微反对和非常反对。对这个问题有 44 人表示非常同意，130 人表示稍微同意，165 人表示稍微反对，741 人表示非常反对（Bureau of Transportation website）。

a. 这个问题的答案提供的是分类型数据还是数量型数据？

b. 对这一问题的答案，用平均数或百分比作为数据汇总，哪种方法更合适？

c. 表示非常同意机动车驾驶员在开车时可以手持电话接听的答案占多大比例？

d. 该结果预示普遍支持还是反对机动车驾驶员在开车时可以手持电话接听？

12. 夏威夷旅游局搜集在夏威夷的游客数据。下列问题是在飞往夏威夷的航班上，向乘客分发的问卷中所征询的 16 个问题中的一部分。

• 此行是我的第几次夏威夷之旅：第 1，2，3，4……次

• 此行的主要理由是：（包括度假、惯例和蜜月等 10 种）

• 我计划住在：（包括旅店、公寓、亲戚家和露营等 11 类）

• 在夏威夷逗留的总天数

a. 被研究的总体是什么？

b. 对飞往夏威夷航班上的乘客总体，用问卷调查是一个好方法吗？

c. 对上述 4 个问题中的每一个所提供的是分类型数据还是数量型数据进行评论。

14. 下面是 Hertz、Avis 和 Dollar 这 3 家提供租车服务的公司的租车数量数据（Auto Rental News website）。

服务的汽车数量

（单位：1 000 辆）

公司	第 1 年	第 2 年	第 3 年	第 4 年
Hertz	327	311	286	290
Dollar	167	140	106	108
Avis	204	220	300	270

a. 绘制这 4 年每个租车公司租车数量的时间序列图，在同一张图上显示 3 家公司的时间序列。

b. 市场占有率最大的租车公司是哪家？对市场占有率如何随时间变动加以评价。

c. 用第 4 年的租车数据绘制条形图。这张图是依据截面数据还是时间序列数据绘制的？

16. 总部位于加利福尼亚州曼哈顿海滩的美国斯凯奇公司是高性能鞋类公司。4 年间斯凯奇的销售收入如下：

年份	销售额/亿美元
1	23.0
2	31.5
3	35.6
4	41.6

a. 数据是时间序列的还是截面的？

b. 绘制类似于图 1-2b 的条形图。

c. 你对斯凯奇 4 年来的销售变化有什么看法？

18. 关于完税、在线纳税筹划和电子申报服务，舆论研究公司对 1 021 名成年人（18 岁及以上）进行

电话随机调查。调查结果表明其中有 684 人计划电子申报他们的税务（CompleteTax Tax Prep Survey）。

a. 确定一种描述统计量，能用于估计所有使用电子申报的纳税人的百分数。

b. 调查报告说，人们最常用的报税方法是雇用会计师或职业报税人。如果有 60% 的调查者使用了这种方式，那么有多少人会雇用会计师或职业报税人？

c. 人们申报纳税常用的其他方法还有手工填报、使用在线税务服务和使用税务软件。申报纳税方法的数据是分类型数据还是数量型数据？

20. 《巴伦周刊》Big Money 对 131 名投资经理进行了一次民意调查，结果如下。

- 43% 的经理认为他们自己在股票市场操作极佳。
- 在接下来的 12 个月中，股票的平均预期回报率为 11.2%。
- 21% 的经理认为医疗健康类股票极有可能是接下来 12 个月中股票市场的主导板块。
- 当被问及预计科技股和电信股大约需要多长时间才恢复上涨时，他们的回答都是 2.5 年。

a. 列举两种描述统计。

b. 对接下来 12 个月中投资经理总体的股票平均预期回报率做出推断。

c. 对科技股和电信股恢复上涨的时间长度进行推断。

22. 由 Better Homes and Gardens 房地产有限责任公司进行的调查表明，由于邻居或社区对他们的生活方式不理想，有 1/5 的美国房主搬离或打算搬离现有住宅（Better Homes and Gardens Real Estate website）。当被问及再次寻找新住宅时，受访者优先考虑的顶级生活方式有便于驾车上下班，便于开展健康和安全服务，有友好的邻居和便利的零售商店，便于开展文化活动，便于乘坐公共交通工具和便于过夜生活及就餐。假设在科罗拉多州丹佛市的一个房地产代理机构雇用你做类似的调查，以确定现有一套住宅在该机构挂牌出售或雇用该机构帮助选定新住宅的客户优先考虑的顶级生活方式。

a. 你进行的这项调查的总体是什么？

b. 你如何搜集这项调查的数据？

24. 5 名学生期中考试成绩的样本数据如下：72，65，82，90，76。下列表述中哪一个是正确的，哪一个因太空泛而受到怀疑？

a. 5 名学生的平均期中成绩是 77。

b. 参加考试的所有学生的平均期中成绩是 77。

c. 参加考试的所有学生的平均期中成绩的估计值是 77。

d. 一半以上参加考试的学生的成绩在 70~85。

e. 如果这个样本中还包含其他 5 名学生，他们的成绩将在 65~90。

第 2 章

描述统计学 I：表格法和图形法

CHAPTER 2

实践中的统计

高露洁-棕榄公司[一]
纽约州，纽约市

高露洁-棕榄（Colgate-Palmolive）公司于 1806 年在纽约开业时，还只是一家经营香皂和蜡烛的小商店。但今天，高露洁-棕榄公司已是一家遍布世界 200 多个国家和地区，拥有超过 38 000 名员工的大公司。除了最著名的品牌高露洁、棕榄、Fabuloso 外，同时还兼营 Irish Spring 和 Ajax 等产品。

高露洁-棕榄公司在其家用洗衣粉产品的生产过程质量保证计划中使用统计学方法。一个关键问题是顾客对盒装洗衣粉数量的满意度。相同尺寸的每一个盒子里都装入相同重量的洗衣粉，但是洗衣粉所占的体积受洗衣粉密度的影响。例如，如果洗衣粉的密度较大，要达到所规定的包装重量，就只需要较少体积的洗衣粉。这样，当顾客打开包装盒时，盒子看上去显然没有装满。

为了控制洗衣粉密度过大，需要对洗衣粉密度的可接受范围加以限制。定期抽取统计样本，并测量每一个洗衣粉样本的密度。然后将汇总数据提供给操作人员，以便在需要将密度保持在规定的质量规格内时，操作人员可以采取正确的措施。

根据在一周内采集的一个容量为 150 的样本，得到密度的频数分布和直方图如右图所示。密度水平超过 0.40 上限是不可以接受的。频数分布和直方图显示，所有产品的密度小于或等于 0.40 时，操作符合质量标准。检查这些统计汇总结果的管理人员对洗衣粉产品的质量感到满意。

在本章中，我们将学习有关描述统计的表格法和图形法，包括频数分布、条形图、直方图、茎叶显示、交叉分组表等内容。这些方法的目的是汇总数据，以便使统计数据易于理解和解释。

密度数据的频数分布

密度	频数
0.29 ~ 0.30	30
0.31 ~ 0.32	75
0.33 ~ 0.34	32
0.35 ~ 0.36	9
0.37 ~ 0.38	3
0.39 ~ 0.40	1
总计	150

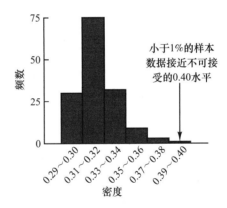

密度数据的直方图

数据可以分为分类型或数量型，**分类型数据**（categorical data）是用标签或名称来识别项目的类型。**数量型数据**（quantitative data）是表示多少或大小的数值。本章介绍的是用于汇总分类型数据和数量型数据的表格法和图形法。人们在年度报告、报纸文章和研究报告中常可以看到数据的表格和图形汇总，因此，理解它们是怎样形成的以及如何解释它们至关重要。

我们首先讨论汇总单变量数据的表格法和图形法，接下来讨论汇总两个变量数据的表格法和图形法，它们在某种程度上揭示了两个变量之间的关系。**数据可视化**（data visualization）常常用于描述汇总和表述一个数据集信息的图形显示的效用。最后一节给出了数据可视化的简介和创建有效的图形显示的指导方针。

现代统计软件提供了汇总数据和编制图形的强大功能，在本章的附录中，我们将演示如何使用一些应用广泛的统计软件来汇总数据和构建图形展示。

○ 感谢为"实践中的统计"提供了案例的高露洁-棕榄公司质量保证部经理 William R. Fowle。

2.1　汇总分类变量的数据

2.1.1　频数分布

我们从**频数分布**（frequency distribution）的定义开始，讨论如何使用表格法和图形法汇总分类型数据。

> **频数分布**
> 频数分布是一种数据的表格汇总方法，表示在几个互不重叠的组别中，每一组项目的个数（即频数）。

我们用下面的例子来说明如何编制和解释分类型数据的频率分布。可口可乐、健怡可乐、胡椒博士、百事可乐和雪碧是 5 种受欢迎的软饮料。假设表 2-1 中的数据是 50 次购买软饮料的样本数据。

表 2-1　50 次购买软饮料的样本数据

可口可乐	可口可乐	可口可乐	雪碧	可口可乐
健怡可乐	胡椒博士	健怡可乐	胡椒博士	健怡可乐
百事可乐	雪碧	可口可乐	百事可乐	百事可乐
健怡可乐	可口可乐	雪碧	健怡可乐	百事可乐
可口可乐	健怡可乐	百事可乐	百事可乐	百事可乐
可口可乐	可口可乐	可口可乐	可口可乐	百事可乐
胡椒博士	可口可乐	可口可乐	可口可乐	可口可乐
健怡可乐	雪碧	可口可乐	可口可乐	胡椒博士
百事可乐	可口可乐	百事可乐	百事可乐	百事可乐
百事可乐	健怡可乐	可口可乐	胡椒博士	雪碧

为了编制这些数据的频数分布，我们计算表 2-1 中每一种软饮料的出现次数。可口可乐出现 19 次，健怡可乐出现 8 次，胡椒博士出现 5 次，百事可乐出现 13 次，雪碧出现 5 次。这些数字汇总在表 2-2 的频数分布中。

这个频数分布汇总说明了在 50 次购买软饮料的样本中，5 种软饮料是如何分配的。它提供了比表 2-1 中的原始数据更多的内涵。观察这个频数分布，我们看到可口可乐排在首位，百事可乐居第二位，第三位是健怡可乐，雪碧和胡椒博士并列第四。频数分布还揭示了这 5 种销售量最高的软饮料受欢迎程度的信息。

表 2-2　购买软饮料的频数分布

软饮料	频数
可口可乐	19
健怡可乐	8
胡椒博士	5
百事可乐	13
雪碧	5
总计	50

2.1.2　相对频数分布和百分数频数分布

频数分布表明在几个互不重叠的组别中，每一组项目的个数（即频数）。然而，我们往往对每一组的项目所占的比例或百分比更感兴趣。一组的相对频数是属于该组别的项目个数占总数的比例。对一个有 n 个观测值的数据集，每一组的相对频数由下式给出。

> **相对频数**
> $$组的相对频数 = \frac{组的频数}{n} \tag{2-1}$$

一组的百分数频数是相对频数乘以 100。

相对频数分布（relative frequency distribution）是每一组相对频数数据的表格汇总。**百分数频数分布**（percent frequency distribution）是每一组百分数频数数据的表格汇总。表 2-3 是软饮料数据的相对频数分布和百分数频数分布。在表 2-3 中，我们看到可口可乐的相对频数为 19/50 = 0.38，健怡可乐的相对频数为 8/50 = 0.16，依此类推。从百分数频数分布中，我们看到在购买的软饮料中，有 38% 是可口可乐，有 16% 是健怡可乐，等等。我们还注意到前三类软饮料占购买量的 80%（= 38% + 26% + 16%）。

表 2-3 购买软饮料的相对频数和百分数频数分布

软饮料	相对频数	百分数频数
可口可乐	0.38	38
健怡可乐	0.16	16
胡椒博士	0.10	10
百事可乐	0.26	26
雪碧	0.10	10
总计	1.00	100

2.1.3 条形图和饼形图

条形图（bar chart）[⊖]是一种图形方法，用来描绘已汇总的分类型数据的频数分布、相对频数分布或百分数频数分布。在图形的一个轴上（通常是横轴），我们规定了用来对数据分组（类别）的标记，在图形的另一个轴上（通常是纵轴），标出频数、相对频数或百分数频数的刻度。然后，用一个固定宽度的长条绘制在每一组的标记上，将这个长条的高度延伸，直到达到该组的频数、相对频数或百分数频数。对于分类型数据，应将这些长条分隔开，以强调每一组是相互独立的事实。图 2-1 是 50 次购买软饮料情况的频数分布的条形图。注意图形是如何显示出可口可乐、百事可乐和健怡可乐成为最受欢迎的品牌的。我们可以构建一个如图 2-2 所示的排序条形图，使品牌偏好更为明显。我们将软饮料排序，最高频数在左边，最低频数在右边。

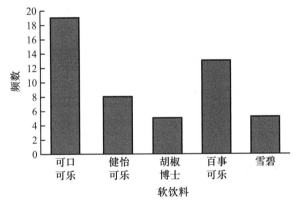

图 2-1 购买软饮料的条形图　　　　　　图 2-2 购买软饮料的排序条形图

饼形图（pie chart）是另一种描绘分类型数据的相对频数和百分数频数分布的图形方法。为了绘制饼形图，我们首先画一个圆来代表所有的数据，然后用相对频数把圆细分成若干扇形部分，这些扇形与每一组的相对频数相对应。例如，因为一个圆有 360 度，而可口可乐的相对频数是 0.38，则饼形图中代表可口可乐的扇形部分为 0.38×360 度 = 136.8 度，而代表健怡可乐的扇形部分为 0.16×360 度 = 57.6 度，对其他组进行相似的计算，就得到图 2-3 中的饼形图。显示每一个扇形部分的数值可以是频数、相对频数或百分数频数。尽管饼形图是可视化数据的常用方法，但可视化专家不建议使用它们，因为人们很难感知区域的不同。在大多数情况下，在显示分类型数据方面，条形图优于饼形图。

包含使用颜色、阴影、图例、文本字体和三维透视图的许多选项可以增加条形图和饼形图的视觉显示效果。当适度使用时，这些选项可以提供更有效的显示。但是，这并不总是实情，例如考虑图 2-4 中的软饮料的三维饼形图。将其与图 2-1 至图 2-3 中较为简单的显示相比，三维透视图没有增加新的理解。事实上，由于你不得不以一个角度观看图 2-4 中的三维饼形图，而不是直视，因此形象化可能较为困难。图 2-4 图例的使用也使你的眼睛

⊖ 在质量管理应用中，用条形图来鉴明问题最重要的原因。当条形图按高度降序顺序从左到右依次排列，最频繁发生的原因出现在第一位时，这种条形图称作帕雷托图。这种图形是以其创立者意大利经济学家维尔弗雷多·帕雷托（Vilfredo Pareto）的名字命名的。

在文本和图之间来回地移动。大多数读者发现图 2-2 的排序条形图更容易理解，因为哪种软饮料的频数最高是很明显的。

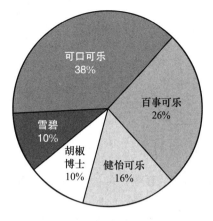

图 2-3　购买软饮料的饼形图

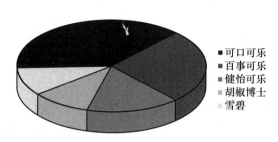

图 2-4　购买软饮料的三维饼形图

一般地，饼形图不是呈现对比的百分比的最佳途径。在第 2.5 节我们给出了创建有效的数据可视化图表的更多指导。

注释和评论

1. 在一个频数分布中，组数通常与在数据中发现的类别数相同，就像本节购买软饮料数据中的情况一样。数据只涉及 5 种软饮料，每一种软饮料定义为一个独立的频数分布组别。涉及所有软饮料的数据将需要很多类别，其中的大部分组别中只有很少的购买次数。大多数统计专家建议把频数较小的组合并到一个叫"其他"的综合组中去。只有 5%或更少频数的组通常被这样处理。

2. 在任何频数分布中，频数的总和总是等于观测值的数目。在任何相对频数分布中，相对频数的总和总是等于 1.00，在任何百分数频数分布中，百分数的总和总是等于 100。

练习

方法

2. 下面给出了一部分相对频数分布。

组别	相对频数
A	0.22
B	0.18
C	0.40
D	

a. 组别 D 的相对频数是多少？

b. 若样本容量为 200，则组别 D 的频数是多少？

c. 求频数分布。

d. 求百分数频数分布。

应用

4. 在最近的报告中，访问量最大的五个英语网站是：谷歌（GOOG）、Facebook（FB）、Youtube（YT）、雅虎（YAH）和维基百科（WIKI）。由 50 名互联网用户组成一个样本，他们访问最多的网站数据如下。

YAH	WIKI	YT	WIKI	GOOG
YT	YAH	GOOG	GOOG	GOOG
WIKI	GOOG	YAH	YAH	YAH
YAH	YT	GOOG	YT	YAH
GOOG	FB	FB	WIKI	GOOG
GOOG	GOOG	FB	FB	WIKI
FB	YAH	YT	YAH	YAH
YT	GOOG	YAH	FB	FB
WIKI	GOOG	YAH	WIKI	WIKI
YAH	YT	GOOG	GOOG	WIKI

a. 这些数据是分类型的还是数量型的？

b. 编制频数分布和百分数频数分布。

c. 以样本为依据，哪个网站的互联网用户访问量最大？哪个位居第二？

6. 尼尔森媒体研究提供了电视史上收视率前 25 名的单个节目的清单（《世界年鉴》，2012 年）。下面是制作收视率前 25 名电视节目的电视台的数据。

CBS	CBS	NBC	FOX	CBS
CBS	NBC	NBC	NBC	ABC
ABC	NBC	ABC	ABC	NBC
CBS	NBC	CBS	ABC	NBC
NBC	CBS	CBS	ABC	CBS

a. 编制数据的频数分布、百分数频数分布以及条形图。

b. 在提供收视率最高的电视节目方面，哪个电视台做得最好？比较 ABC、CBS 和 NBC 的表现。

8. 美国棒球名人堂位于美国纽约州的古柏镇（Cooper-town）。由入选名人堂的 55 名球员组成一个样本，样本数据如下所示。每一个观测值表示入选名人堂的球员的主要位置：投手（P）、接手（H）、一垒手（1）、二垒手（2）、三垒手（3）、游击手（S）、左外场手（L）、中外场手（C）和右外场手（R）。

L	P	C	H	2	P	R	1	S	S
1	L	P	R	P	P	P	P	R	C
S	L	R	P	C	C	P	P	R	P
2	3	P	H	L	P	1	C	P	P
P	S	1	L	R	R	1	2	H	S
3	H	2	L	P					

a. 用频数分布和相对频数分布来汇总数据。

b. 哪个位置的名人堂球员最多？

c. 哪个位置的名人堂球员最少？

d. 哪个外场位置（L、C 或 R）的名人堂球员最多？

e. 比较内场人数（1、2、3 和 S）与外场人数（L、C 和 R）。

10. TripAdvisor 有关于全球很多酒店的评价。在 Lakeview 酒店，有 649 名客人给出了评价，在名为 HotelRatings 的数据文件中可以找到。可能的评价有优秀、良好、中等、较差和极差。

a. 编制频数分布。

b. 编制百分数频数分布。

c. 绘制百分数频数分布的条形图。

d. 客人如何评价他们下榻的 Lakeview 酒店？

e. 由下榻在 Timber 酒店的 1 679 名客人的评价结果得到如下的频数分布：

等级	频数
优秀	807
良好	521
中等	200
较差	107
极差	44

比较 Timber 酒店和 Lakeview 酒店的评价结果。

2.2　汇总数量变量的数据

2.2.1　频数分布

正如第 2.1 节中定义的那样，频数分布是表示在几个互不重叠的组别中，每一组项目的个数（或频数）的汇总。这个定义也适用于数量型数据。然而，对于数量型数据，在定义用于频数分布的互不重叠的组别时，我们必须更加小心。

例如，考虑表 2-4 中的数量型数据，这些样本数据是一家名叫 Sanderson and Clifford 的小型会计师事务所对 20 位客户完成年末审计所需的时间。对于数量型数据，确定频数分布的组时，三个必要的步骤是：

（1）确定互不重叠组的组数。

（2）确定每组的宽度。

（3）确定组限。

我们通过编制表 2-4 的审计时间数据的频数分布来演示这些步骤。

表 2-4　年末审计时间			（单位：天）
12	14	19	18
15	15	18	17
20	27	22	23
22	21	33	28
14	18	16	13

组数　组是通过对数据规定范围而形成的，这个规定的范围用于对数据进行分组。作为一般性原则，我们建议使用 5~20 个组。如果数据项较少，只用 5 组或 6 组就可以汇总数据。如果数据项较多，通常需要较多的组。分组的目的是用足够多的组来显示数据的变异性，而不是有这么多的组却只包含很少的数据项。因为表 2-4 中的数据项相对较少（$n=20$），我们决定选择编制 5 组的频数分布。

组宽　编制数量型数据频数分布的第二步是选择组宽。作为一般性原则，我们建议每组的宽度相同⊖。因

⊖　每组的宽度相同，可减少使用者的不恰当诠释机会。

此，对组数和组宽的选择就不能独立决定。较大的组数意味着较小的组宽，反之亦然。为了确定一个近似的组宽，我们从确定数据的最大值和最小值开始。一旦确定了期望的组数，我们就可以用下面的表达式来确定近似的组宽。

$$近似组宽 = \frac{数据最大值 - 数据最小值}{组数} \tag{2-2}$$

由式（2-2）给出的近似组宽，可以根据编制频数分布的人的偏好取整为更方便的值。例如，近似组宽为9.28，可以简单地取整为10，因为10作为组宽在编制频数分布时更方便。

对于年末审计时间数据，最大值是33，最小值是12。因为我们决定用5组来汇总数据，由式（2-2）可计算出近似组宽是（33-12)/5=4.2。因此，我们决定以5天作为频数分布的组宽。

在实践中，组数和近似组宽要通过反复试验确定。一旦选定了一个可能的组数，根据式（2-2）就可以找出近似组宽。这个过程能对不同的组数反复进行。最终，分析人员利用判断来确定组数和组宽的组合，得到最佳的汇总数据的频数分布。⊖

对于表2-4中的审计时间数据，在决定了使用5组，每一组以5天为组宽后，下一步的工作就是规定每一组的组限。

组限　选择组限必须使每一个数据值属于且只属于一组。下组限定义为被分到该组的最小可能的数据值，上组限定义为被分到该组的最大可能的数据值。在编制分类型数据的频数分布时，我们不需要规定组限，因为每一数据项都会自然地落入分隔开的组内。但对于数量型数据，比如表2-4中的审计时间，组限对确定每个数据项的归属很有必要。

对于表2-4中的审计时间数据，我们对第一组选择10天为下组限和14天为上组限，该组在表2-5中记为10~14。最小数据值12包含在10~14组。然后，我们对下一组选择15天为下组限和19天为上组限。我们继续确定下、上组限，直到获得全部的5个组：10~14，15~19，20~24，25~29和30~34。最大数据值33包含在30~34组。相邻两组的下组限之差就是组宽。利用前两个下组限10和15，我们看到，组宽为15-10=5。

一旦确定了组数、组宽和组限，通过统计属于每一组的数据值的个数，我们可以得到频数分布。例如，表2-4中的数据显示，有4个值（12，14，14和13）属于10~14组。因此，10~14组的频数是4。对15~19，20~24，25~29和30~34各组继续计数过程，得到表2-5中的频数分布。利用这个频数分布，我们可以观察到：

（1）最频繁发生的审计时间在15~19天这一组，在20个审计时间数据中有8个属于这一组。

（2）只有一次审计需要30天或更多时间。

根据人们对频数分布的兴趣，可能得出其他结论。一个频数分布的价值就在于它提供了对数据的深刻理解，而直接观察原始的未经组织的数据，是无法获得这种深刻理解的。

组中值　在一些应用中，我们想知道数量型数据频数分布的组中值，**组中值**（class midpoint）是下组限和上组限的中间值。对审计时间数据，5个组的组中值分别是12，17，22，27和32。

表2-5　审计时间数据的频数分布

审计时间/天	频数
10~14	4
15~19	8
20~24	5
25~29	2
30~34	1
总计	20

2.2.2 相对频数分布和百分数频数分布

我们以与分类型数据同样的方法来定义数量型数据的相对频数和百分数频数分布。首先，我们记得，相对频数是属于一个组的观察值的比例。对于 n 个观察值

$$组的相对频数 = \frac{组的频数}{n}$$

⊖　对一个数据集，不存在最佳的频数分布。不同的人可以编制不同的，但同样可接受的频数分布。频数分布的目的是揭示自然的分组和数据的变异性。

组的百分数频数是相对频数乘以 100。

根据表 2-5 中的组频数和 $n = 20$，得到表 2-6 中的审计时间数据的相对频数分布和百分数频数分布。注意，有 0.40 或 40% 的审计需要 15~19 天时间，只有 0.05 或 5% 的审计需要 30 天或更多时间。通过使用表 2-6，我们还能够得到其他的解释和理解。

表 2-6	审计时间数据的相对和百分数频数分布	
审计时间/天	相对频数	百分数频数
10~14	0.20	20
15~19	0.40	40
20~24	0.25	25
25~29	0.10	10
30~34	0.05	5
总计	1.00	100

2.2.3 打点图

打点图（dot plot）是一种最简单的数据图形汇总方法。横轴是数据的值域，每一个数据值由位于横轴上的点表示。图 2-5 是表 2-4 中审计时间数据的打点图，3 个点位于横轴刻度 18 之上，表明有 3 次审计时间为 18 天。打点图能够显示数据的细节，且有利于比较两个或更多变量的数据分布。

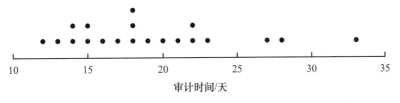

图 2-5 审计时间数据的打点图

2.2.4 直方图

直方图（histogram）是一种常用的数量型数据的图形描述方法。由先前已汇总出的频数分布、相对频数分布或百分数频数分布等资料可绘制直方图。我们将所关心的变量放置在横轴上，将频数、相对频数或百分数频数放置在纵轴上，就可以绘制一个直方图。每组的频数、相对频数或百分数频数用一个长方形绘制，长方形的底放置在横轴上，以组宽为底，以每组相应的频数、相对频数或百分数频数为高。

图 2-6 是审计时间数据的直方图。我们注意到，最大频数的组由 15~19 天这一组的长方形表示，长方形的高度表示这一组的频数是 8。这些数据的相对频数分布或百分数频数分布的直方图看起来与图 2-1 中的条形图一样，只是纵轴用相对频数或百分数频数标记。

正如图 2-6 所示，直方图中邻近的长方形是互相连接的。与条形图不同，直方图相邻组的长方形之间没有自然的间隔。这种形式是直方图的惯例。因为审计时间数据的各组表示为 10~14，15~19，20~24，25~29 和 30~34，各组间 14~15，19~20，24~25 和 29~30 有一个单位的间隔，在绘制直方图时可以消除该间隔。在审计时间数据的直方图中消除了组间的间隔，有助于说明即使数据是近似的，在第一组的下限和最后一组的上限间所有的值都是可能的。

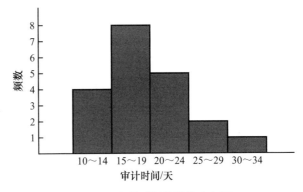

图 2-6 审计时间数据的直方图

直方图的一个最重要应用是提供了分布形态的信息。图 2-7 是四个根据相对频数分布绘制的直方图，图 2-7a 显示一个数据集的直方图有一定程度的左偏。这个直方图说明，如果图形的尾部向左延伸一些，则图形左偏。考试成绩是这种直方图的典型应用。因为没有人的考试成绩能超过 100 分，而且大部分人的考试成绩一般都在 70 分或以上，只有极少数人的成绩很低。图 2-7b 显示一个数据集的直方图有一定程度的右偏。这个直方图说明，如果图形的尾部向右延伸一些，则图形右偏。像房屋价格的数据可能是这种直方图的例子，少数昂贵的住宅造成右尾偏斜。

图 2-7c 是一个对称的直方图。在对称的直方图中，左尾和右尾的形状相同。在应用中得到数据的直方图永远不会完全对称，但许多应用中的直方图可能大致对称。SAT 分数、人的身高和体重等数据得到的直方图是大致对称的。图 2-7d 显示直方图严重右偏。这个直方图是根据一家女性服饰店一整天的销售量数据绘制出来的。在商务与经济应用中得到的数据，常常使直方图右偏。例如，房屋价格、工资、销售量等数据，常常导致直方图右偏。

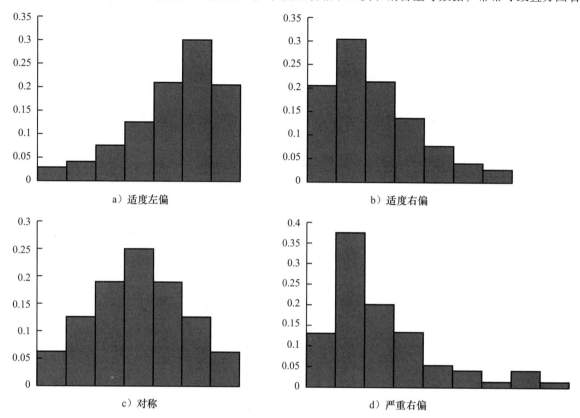

a）适度左偏   b）适度右偏

c）对称   d）严重右偏

图 2-7　呈现不同偏度水平的直方图

2.2.5　累积分布

对频数分布略加变化，可得到数量型数据的另一种表格汇总方法——**累积频数分布**（cumulative frequency distribution）。累积频数分布使用编制频率分布的组数、组宽和组限。但是，累积频数分布表示的是小于或等于每一组上组限的数据项个数，而不是表示每一组的频数。表 2-7 前两列给出了审计时间数据的累积频数分布。

表 2-7　审计时间数据的累积频数、累积相对频数和累积百分数频数分布

审计时间/天	累积频数	累积相对频数	累积百分数频数
小于或等于 14	4	0.20	20
小于或等于 19	12	0.60	60
小于或等于 24	17	0.85	85
小于或等于 29	19	0.95	95
小于或等于 34	20	1.00	100

为了解释累积频数是如何确定的，考虑"小于或等于 24"的这一组。这一组的累积频数是数据中小于或等于 24 的所有组的频数之和。对表 2-5 中的频数分布而言，10~14，15~19 和 20~24 组的频数之和为 4+8+5＝17，它表明有 17 个数据小于或等于 24。因此，这一组的累积频数是 17。另外，表 2-7 中的累积频数分布表明，有 4 次审计在 14 天内完成，有 19 次审计在 29 天内完成。

最后，我们注意到，**累积相对频数分布**（cumulative relative frequency distribution）和**累积百分数频数分布**

（cumulative percent frequency distribution）分别表示数据值小于或等于每一组上组限的数据项的比例和百分数。我们既可以对相对频数分布中的相对频数求和，也可以用累积频数除以数据项总数，来计算累积相对频数分布。用后一种方法，我们将表 2-7 中第 2 列的累积频数除以数据项总数（$n=20$），可得到第 3 列的累积相对频数分布。累积百分数频数由累积相对频数乘以 100 得出。累积相对频数和累积百分数频数分布显示，有 0.85 或 85% 的审计在 24 天内完成，有 0.95 或 95% 的审计在 29 天内完成，等等。

2.2.6 茎叶显示

茎叶显示（stem-and-leaf display）是同时用于显示数据的等级排序和分布形态的图形显示。为了说明茎叶显示的使用，考虑表 2-8 中的数据。这些数据是 Haskens 制造公司在面试时对 50 名应聘某职位的人提出 150 个能力测验问题后，回答正确的问题个数。

表 2-8 在能力测验中回答正确的问题个数

112	72	69	97	107
73	92	76	86	73
126	128	118	127	124
82	104	132	134	83
92	108	96	100	92
115	76	91	102	81
95	141	81	80	106
84	119	113	98	75
68	98	115	106	95
100	85	94	106	119

为了绘制茎叶显示，我们首先把每个数据值的高位数字排在竖线左边。在竖线右边，我们记录每个数据值的最后一位数字。根据表 2-8 中的第一行数据值（112，72，69，97 和 107），绘制茎叶显示的前 5 个数据值如下：

```
 6 | 9
 7 | 2
 8 |
 9 | 7
10 | 7
11 | 2
12 |
13 |
14 |
```

例如，数值 112 的最高位数字 11 在竖线左边，最后一位数字 2 在竖线右边。类似地，数值 72 的最高位数字 7 在竖线左边，最后一位数字 2 在竖线右边。对应每个数据值的最高位数字，继续把它的最后一位数字放置在竖线的右边，得到如下结果：

```
 6 | 9 8
 7 | 2 3 6 3 6 5
 8 | 6 2 3 1 1 0 4 5
 9 | 7 2 2 6 2 1 5 8 8 5 4
10 | 7 4 8 0 2 6 6 0 6
11 | 2 8 5 9 3 5 9
12 | 6 8 7 4
13 | 2 4
14 | 1
```

这样组织数据后，对每一行的数字排出等级顺序就简单了。排序后的茎叶显示如下：

```
 6 | 8  9
 7 | 2  3  3  5  6  6
 8 | 0  1  1  2  3  4  5  6
 9 | 1  2  2  2  4  5  5  6  7  8  8
10 | 0  0  2  4  6  6  6  7  8
11 | 2  3  5  5  8  9  9
12 | 4  6  7  8
13 | 2  4
14 | 1
```

竖线左边的数字（6，7，8，9，10，11，12，13 和 14）是茎，竖线右边的每个数字就是一个叶。例如，考虑第一行，6 是茎的值，8 和 9 是两个叶的值：

$$6 \mid 8 \quad 9$$

它表示有两个数据值的首位数字是 6，叶表示数据值是 68 和 69。类似地，第二行是：

$$7 \mid 2 \quad 3 \quad 3 \quad 5 \quad 6 \quad 6$$

它表示有 6 个数据值的首位数字是 7，叶表示数据值是 72，73，73，75，76 和 76。

根据茎叶显示，我们关注其所显示出的形态。我们用一个长方形围住每个茎的叶。这样做，我们得到下图：

```
 6 | 8  9
 7 | 2  3  3  5  6  6
 8 | 0  1  1  2  3  4  5  6
 9 | 1  2  2  2  4  5  5  6  7  8  8
10 | 0  0  2  4  6  6  6  7  8
11 | 2  3  5  5  8  9  9
12 | 4  6  7  8
13 | 2  4
14 | 1
```

将上图逆时针方向旋转 90°，所得到的图形与按 60~69，70~79，80~89 等分组的直方图非常相似。

尽管茎叶显示可能与直方图提供相同的信息，但它还有以下两个主要优点：

（1）茎叶显示易于用手绘制。

（2）在一个组内，由于茎叶显示提供了实际的数据值，因此茎叶显示能比直方图提供更多的信息。

就像频数分布或直方图没有绝对的组数一样，茎叶显示也没有绝对的行数或茎数。如果我们认为初始的茎叶显示聚集了太多的数据，我们能够把每个高位数字拆分为两个或更多的茎，从而很容易扩展茎叶显示。例如，对每一高位数字使用两个茎，我们把所有以 0，1，2，3 和 4 结尾的数据放在一行，而把所有以 5，6，7，8 和 9 结尾的数据放在另一行。下列扩展的茎叶显示⊖演示了这种方法。

⊖ 在扩展的茎叶显示中，每当茎值被重复两次时，则第一个茎值对应叶值 0~4，第二个茎值对应叶值 5~9。

```
 6 | 8  9
 7 | 2  3  3
 7 | 5  6  6
 8 | 0  1  1  2  3  4
 8 | 5  6
 9 | 1  2  2  2  4
 9 | 5  5  6  7  8  8
10 | 0  0  2  4
10 | 6  6  6  7  8
11 | 2  3
11 | 5  5  8  9  9
12 | 4
12 | 6  7  8
13 | 2  4
13 |
14 | 1
```

注意，数值 72，73 和 73 的叶值在 0~4 范围内，并且用 7 的第一个茎值来显示。数值 75，76 和 76 的叶值在 5~9 范围内，用 7 的第二个茎值来显示。这个扩展的茎叶显示与间隔为 65~69，70~74，75~79 等的频数分布很相似。

前面的例子说明了三位数数据的茎叶显示。对于超过三位数的数据，也能做出茎叶显示。例如，考虑下列数据，它们是一个快餐店 15 周的汉堡的销售数量。

1 565	1 852	1 644	1 766	1 888	1 912	2 044	1 812
1 790	1 679	2 008	1 852	1 967	1 954	1 733	

这些数据的茎叶显示如下：

叶单位 = 10

```
15 | 6
16 | 4  7
17 | 3  6  9
18 | 1  5  5  8
19 | 1  5  6
20 | 0  4
```

注意，这里用单一数字来表示每一个叶值，并且每个数据值只用前三位数字来绘制茎叶显示。在茎叶显示的顶部，我们规定了叶单位为 10。为了说明如何解释茎叶显示中的数值，考虑第一个茎值 15 以及它的叶值 6。把它们连起来，我们得到数 156。要得到原始观察值的一个近似值，我们需要把它乘以叶单位的值 10。因此，156×10 = 1 560 就是用来绘制茎叶显示的原始数据值的近似值。虽然从茎叶显示中得出精确数据值是不可能的，但是根据每个叶值使用一位数表示的惯例[○]，可以保证我们对位数较多的数据也能绘制出茎叶显示。对于没有给出叶单位的茎叶显示，我们就假设它等于 1。

注释和评论

1. 条形图和直方图本质上是同一事物，它们都是频数分布数据的图形表示。直方图是各纵条之间没有间隔的条形图。有些离散的数量型数据，各纵条之间有间隔是合适的。例如，考虑大学中注册学生的班级数，这些数据只能取整数，像 1.5 和 2.73 等的中间值是不可能存在的。对于连续的数量型数据，如表 2-4 的审计

○ 茎叶显示使用单一数字来表示每个叶。叶单位是为了得到原始数据的近似值，而在茎叶显示中应该乘以的数值。叶单位可以是 100，10，1，0.1 等。

时间，各纵条之间有间隔是不合适的。

2. 对于数量型数据，适当的组限依赖于数据的精度水平。例如，对表 2-4 中的审计时间数据，我们取整数值为组限。如果数据近似到最接近的 1/10 天（如 12.3，14.4 等），那么组限将以 1/10 天表示。例如，第一组将会设为 10.0~14.9。如果数据近似到最接近的 1/100 天（如 12.34，14.45 等），那么组限将以 1/100 天表示。例如，第一组将会设为 10.00~14.99。

3. 开口组是指只有一个下组限或上组限的组。例如，在表 2-4 中的审计时间数据中，假设有两次审计时间分别为 58 天和 65 天，我们将不再继续以 5 为组宽，将组延伸到 35~39，40~44，45~49 等，而是以一个开口组 "35 或 35 以上" 来简化频数分布，这一组的频数为 2。开口组经常出现在分布的最上端，有时开口组也出现在分布的最下端，偶尔也在两端出现。

4. 累积频数分布的最后一个数据项总等于观测值的总数。累积相对频数分布的最后一个数据项总等于 1.00，累积百分数频数分布的最后一个数据项总等于 100。

练 习

方法

12. 考虑下面的频数分布：

组	频数	组	频数
10~19	10	40~49	7
20~29	14	50~59	2
30~39	17		

编制累积频数分布和累积相对频数分布。

14. 考虑下列数据：

8.9	10.2	11.5	7.8	10.0	12.2	13.5	14.1	10.0	12.2
6.8	9.5	11.5	11.2	14.9	7.5	10.0	6.0	15.8	11.5

a. 绘制打点图。

b. 编制频数分布。

c. 编制百分数频数分布。

16. 绘制下列数据的茎叶显示，叶单位为 10。

1 161	1 206	1 478	1 300	1 604	1 725	1 361	1 422
1 221	1 378	1 623	1 426	1 557	1 730	1 706	1 689

应用

18. CBSSports.com 开发了球员总评价系统，旨在根据球员的各种进攻与防守资料，对 NBA（美国职业篮球联赛）中的球员进行评价。下面是部分 NBA 赛季中，50 名具有最高等级分的球员平均每场比赛得分（PPG）的数据（CBSSports.com 网站）。

27.0	28.8	26.4	27.1	22.9	28.4	19.2	21.0	20.8	17.6
21.1	19.2	21.2	15.5	17.2	16.7	17.6	18.5	18.3	18.3
23.3	16.4	18.9	16.5	17.0	17.1	15.7	18.0	17.7	14.6
15.7	17.2	18.2	17.5	13.6	16.3	16.2	13.6	17.1	16.7
17.0	17.3	17.5	14.0	16.9	16.3	15.1	12.3	18.7	14.6

以 10 为起点，30 为终点，2 为增量对平均每场比赛得分进行分组。

a. 编制频数分布。

b. 编制百分数频数分布。

c. 编制累积百分数频数分布。

d. 绘制平均每场比赛得分的直方图。

e. 数据是否呈现偏斜？请解释。

f. 平均每场比赛得分超过 20 分的球员占多大比例？

20. 伦敦经济学院和哈佛商学院进行了一项关于首席执行官如何度过他们的一天的研究。研究发现首席执行官每周在电话会议、商务会餐和公众活动上花费数小时时间。下表是 25 位首席执行官每周花在会议上的时间的样本数据（单位：小时）。

14	15	18	23	15
1	20	13	15	23
23	21	15	20	21
16	15	18	18	19
19	22	23	21	12

a. 每周花在会议上的时间的最小值和最大值分别是多少？

b. 以 2 小时为组宽，编制这些数据的频数分布和百分数频数分布。

c. 绘制直方图，并评价分布的形态。

22. 《企业家》杂志利用诸如增长率、场所数量、启动资金和财政稳定等工作指标对特许加盟商评定等级。美国特许加盟商 20 强的场所数量如下表所示（《世界年鉴》）。

特许加盟商	美国的场所数量
Hampton Inns	1 864
ampm	3 183
麦当劳	32 805
7-Eleven 公司	37 496
Supercuts	2 130
Days Inn	1 877
Vanguard Cleaning System	2 155
Serpro	1 522
Subway	34 871
Denny's 公司	1 668
Jan-Pro Franchising Intl 公司	12 394
Hardee's	1 901
Pizza Hut 公司	13 281
Kumon Math & Reading Centers	25 199
Dunkin's Donuts	9 947
肯德基公司	16 224
Jazzercise 公司	7 683
Anytime Fitness	1 618
Matco Tools	1 431
Stratus Building Solutions	5 018

按 0～4 999，5 000～9 999，10 000～14 999，15 000 及以上分组，并回答下列问题。

a. 编制这些顶级特许加盟商美国的场所数量的频数分布和百分数频数分布。

b. 绘制这些数据的直方图。

c. 评价分布的形态。

24. 数据文件 EngineeringSalary 包含 19 所工程学院毕业生的中位数起薪和职业生涯中期（毕业后 10 年）的中位数收入（《华尔街日报》）。据中位数起薪和职业生涯中期的中位数收入绘制茎叶显示，对你的发现加以评价。

26. Flying Pig 是马拉松比赛，每年在俄亥俄州辛辛那提举行。假设 40 名马拉松参赛者的年龄数据如下表所示。

49	33	40	37	56
44	46	57	55	32
50	52	43	64	40
46	24	30	37	43
31	43	50	36	61
27	44	35	31	43
52	43	66	31	50
72	26	59	21	47

a. 绘制扩展的茎叶显示。

b. 哪个年龄组的参赛者最多？

c. 哪个年龄出现的次数最多？

2.3　用表格方法汇总两个变量的数据

目前为止，我们已集中讨论了利用表格法和图形法对一个分类或数量变量的数据进行汇总。管理人员和决策者往往需要汇总两个变量的数据，以揭示变量间的关系。在本节，我们介绍如何编制两个变量数据的表格汇总。

2.3.1　交叉分组表

交叉分组表（crosstabulation）是一种汇总两个变量数据的方法。虽然两个变量可以都是分类变量或数量变量，但一个变量是分类变量而另一个变量是数量变量的交叉分组表最为常见。根据下面《Zagat 饭店评论》（*Zagat's Restaurant Review*）数据的应用，我们来说明后一种情形的交叉分组表。由位于洛杉矶地区的 300 家饭店组成一个样本，搜集它们的质量等级和代表性餐价数据。表 2-9 给出了前 10 家饭店的数据。质量等级是一个分类变量，等级类别有好、很好和优秀；餐价是一个数量变量，变化范围为 10～49 美元。

这一应用的数据交叉分组表如表 2-10 所示。左边栏和顶部边栏的标记确定了两个变量的组别。左边栏的标记（好、很好和优秀）对应着质量等级变量的三个组。顶部

表 2-9　300 家洛杉矶饭店的质量等级和餐价

饭店	质量等级	餐价/美元
1	好	18
2	很好	22
3	好	28
4	优秀	38
5	很好	33
6	好	28
7	很好	19
8	很好	11
9	很好	23
10	好	13
⋮	⋮	⋮

边栏的列标记（10~19 美元，20~29 美元，30~39 美元和 40~49 美元）对应着餐价变量的 4 个组。[⊖]样本中的每个饭店都给出了质量等级和餐价。因此，样本中的每个饭店都与交叉分组表中的某一列和某一行的交叉单元相联系。例如，表 2-9 中饭店 5 的质量等级为很好，餐价为 33 美元。它属于表 2-10 中第 2 行和第 3 列的单元。在编制交叉分组表时，我们只需简单地计算出属于交叉分组表每个单元的饭店数。

虽然在表 2-10 中，餐价变量使用 4 个组来编制交叉分组表，但是可以使用更少或更多的组，来构建质量等级和餐价的交叉分组表。在交叉分组表中如何对数量变量的数据进行分组的问题，与利用数量变量来编制频数分布时确定组数的问题相类似。对于这个应用，餐价变量的 4 个组被认为是揭示质量等级和餐价之间关系的合理组数。

观察表 2-10 我们看到，样本中质量等级为很好且餐价在 20~29 美元的饭店最多（64 家）。质量等级为优秀且餐价在 10~19 美元的饭店只有两家。其他频数也可以进行类似的解释。另外，我们注意到交叉分组表的右边和最后一行分别给出了质量等级和餐价的频数分布。从右边的频数分布中我们看到，质量等级为好的饭店有 84 家，很好的饭店有 150 家，优秀的饭店有 66 家。类似地，最后一行是餐价变量的频数分布。

表 2-10　300 家洛杉矶饭店的质量等级和餐价数据的交叉分组表

质量等级	餐价/美元				
	10~19	20~29	30~39	40~49	总计
好	42	40	2	0	84
很好	34	64	46	6	150
优秀	2	14	28	22	66
总计	78	118	76	28	300

用交叉分组表右边栏的行总计数除以饭店总数 300，可以得到质量等级变量的相对频数和百分数频数分布。

质量等级	相对频数	百分数频数
好	0.28	28
很好	0.50	50
优秀	0.22	22
总计	1.00	100

从百分数频数分布我们看到，有 28% 的饭店的质量等级是好，有 50% 的质量等级是很好，有 22% 的质量等级是优秀。

用交叉分组表最后一行的列总计数除以饭店总数 300，可以得到餐价变量的相对频数和百分数频数分布。

餐价/美元	相对频数	百分数频数
10~19	0.26	26
20~29	0.39	39
30~39	0.25	25
40~49	0.09	9
总计	1.00	100

注意，由于数值经过四舍五入后求和，因此列的相对频数值之和不一定精确地等于 1.00，而且百分数频数分布值之和不一定精确地等于 100。从百分数频数分布我们看到，有 26% 的饭店餐价在最低价格组（10~19 美元），有 39% 的饭店的餐价在次低价格组，等等。

⊖　在编制交叉分组表时，对数量变量进行分组可使我们将数量变量看成一个分类变量。

从交叉分组表边栏得到的频数分布和相对频数分布，可以提供每一个变量单独的信息，但它们不能提供变量间关系的任何信息。交叉分组表的主要价值在于提供了变量间关系的深刻含义。再次查看表 2-10 的交叉分组表，它揭示出较高的餐价与较高的质量等级相联系，而较低的餐价对应于较低的质量等级。

把交叉分组表中的项目转换成行百分数或列百分数，使我们对变量间关系有了更深入的了解。对行百分数，表 2-10 中的每个频数除以对应的行总计数，所得的结果显示在表 2-11 中。表 2-11 中的每一行是同一质量等级的餐价的百分数频数分布。对于质量等级最低（好）的饭店，我们看到最大的百分数是较便宜的饭店餐价是 10~19 美元，47.6% 的饭店餐价是 20~29 美元）。对于质量等级最高（优秀）的饭店，我们看到最大的百分数是较昂贵的饭店（42.4% 的饭店餐价是 30~39 美元，33.4% 的饭店餐价是 40~49 美元）。因此，我们继续看到较昂贵的餐价与较高质量等级的饭店相联系。

交叉分组表被广泛地用于考察两个变量间的关系。在实践中，许多统计研究的最终报告包括大量的交叉分组表。在洛杉矶饭店调查中，交叉分组表是基于一个分类变量（质量等级）和一个数量变量（餐价）编制的。两个变量都是分类变量或数量变量，也可以编制交叉分组表。然而，当使用数量变量时，我们首先必须对变量值划分组别。例如，在饭店这个例子中，我们将餐价划分为 4 个组（10~19 美元，20~29 美元，30~39 美元和 40~49 美元）。

表 2-11　每一个质量等级类的行百分比

质量等级	餐价/美元				
	10~19	20~29	30~39	40~49	总计
好	50.0	47.6	2.4	0.0	100
很好	22.7	42.7	30.6	4.0	100
优秀	3.0	21.2	42.4	33.4	100

2.3.2　辛普森悖论

我们常常合并或综合两个或两个以上的交叉分组表中的数据，生成一个汇总的交叉分组表，以显示两个变量的相关性。在这种情形下，从两个或多个单独的交叉分组表得到的结论与一个综合的交叉分组表数据得到的结论可能截然相反。依据综合和未综合数据得到的相反结论被称为**辛普森悖论**（Simpson's Paradox）。为了说明辛普森悖论，我们考虑一个分析两位法官在两个不同的法庭上审判案件的例子。

在过去的 3 年中，法官罗恩·勒基特和丹尼斯·肯德尔在民事庭和市政庭主持审理案件，他们判决的部分案件被提出上诉。上诉法庭对大多数上诉案件维持原来的判决，但也有部分判决被推翻。以两个变量——判决（维持或推翻）和法庭类型（民事庭或市政庭）为依据，对每位法官构建交叉分组表。然后，假设通过综合法庭类型数据将两个交叉分组表合并。综合后的交叉分组表包含两个变量——判决（维持或推翻）和法官（勒基特或肯德尔）。这个交叉分组表给出了两位法官的上诉案件被判决维持或推翻的数量。下面的交叉分组表给出了这些结果，括号中的数是其旁边对应数值的列百分数。

判决	法官		总计
	勒基特	肯德尔	
维持	129（86%）	110（88%）	239
推翻	21（14%）	15（12%）	36
总计（%）	150（100%）	125（100%）	275

观察列百分数，我们看到法官勒基特有 86% 的判决维持原来的判决，法官肯德尔有 88% 的判决维持原来的判决。从这个综合交叉分组表我们可以认为，法官肯德尔做得比较好，因为他的判决上诉后维持原来判决的比例比较高。

下面未综合的交叉分组表是勒基特和肯德尔在两类法庭审理的案件，括号中的数是其旁边对应数值的列百分数。

判决	法官勒基特		总计
	民事庭	市政庭	
维持	29（91%）	100（85%）	129
推翻	3（9%）	18（15%）	21
总计（%）	32（100%）	118（100%）	150

判决	法官肯德尔		总计
	民事庭	市政庭	
维持	90（90%）	20（80%）	110
推翻	10（10%）	5（20%）	15
总计（%）	100（100%）	25（100%）	125

从法官勒基特的交叉分组表和列百分数我们看到，他在民事庭审理的案件中有91%上诉案件维持原来的判决，在市政庭审理的案件中有85%维持原来的判决。从法官肯德尔的交叉分组表和列百分数我们看到，他在民事庭审理的案件中有90%上诉案件维持原来的判决，在市政庭审理的案件中有80%维持原来的判决。因此，当我们未综合数据时，我们看到法官勒基特有更好的记录，因为法官勒基特的判决在两个法庭中维持原来的判决的比例更高。这个结果与我们综合两个法庭数据得到的结论相矛盾。最初的交叉分组表表明法官肯德尔有较好的记录。依据综合和未综合数据得到的相反结论说明了辛普森悖论。

最初的交叉分组表是综合两个法庭单独的交叉分组表中的数据得到的。注意，对两位法官来说，上诉案件被推翻的比例在市政庭比民事庭要高。因为法官勒基特审理的案件大多数在市政庭，因此综合后的数据偏向于法官肯德尔。可是，我们观察两个法庭单独的交叉分组表时，发现法官勒基特有较好的记录。因此，对最初的综合交叉分组表，我们看到法庭类型是一个隐藏变量，当评价两位法官的记录时，它是不可忽视的变量。

由于辛普森悖论的可能性，我们应该认识到根据未综合以及综合交叉分组表数据得出的结论或解释有可能截然相反。在得出结论之前，你应该审查交叉分组表是综合形式还是未综合形式，以便提出较好的见解和结论。特别地，当交叉分组表包括综合数据时，你应该审查是否存在可能影响结论的隐藏变量，使得分开的或未综合交叉分组表提供不同的、可能更好的见解和结论。

练习

方法

28. 下列是两个数量变量 x 和 y 的观测结果。

观测次数	x	y	观测次数	x	y
1	28	72	11	13	98
2	17	99	12	84	21
3	52	58	13	59	32
4	79	34	14	17	81
5	37	60	15	70	34
6	71	22	16	47	64
7	37	77	17	35	68
8	27	85	18	62	67
9	64	45	19	30	39
10	53	47	20	43	28

a. 以 x 为行变量，y 为列变量，编制数据的交叉分组表。对 x，使用 10~29，30~49 等分组；对 y，使用 20~29，30~39 等分组。

b. 计算行百分数。

c. 计算列百分数。

d. 如果 x 和 y 之间存在相关关系，将会是什么类型的关系？

应用

30. 25 位代托纳 500 汽车赛获胜者的获胜年份和平均时速的交叉分组表如下（《世界年鉴》）。

平均时速/英里⊖	年份					总计
	1988~1992	1993~1997	1998~2002	2003~2007	2008~2012	
130~139.9	1			2	3	6
140~149.9	2	2	1	2	1	8
150~159.9		3	1	1	1	6
160~169.9	2		2			4
170~179.9			1			1
总计	5	5	5	5	5	25

a. 计算行百分数。

b. 平均时速和年份之间有显著关系吗？引发这种显著关系的原因是什么？

32. 下面的交叉分组表显示了美国 4 个地区的家庭数以及每个收入水平下的家庭数（美国人口普查局网站）。

地区	家庭收入水平/美元							家庭数/1 000 户
	15 000 以下	15 000~24 999	25 000~34 999	35 000~49 999	50 000~74 999	75 000~99 999	100 000 及以上	
东北部	2 733	2 224	2 264	2 807	3 699	2 486	5 246	21 479
中西部	3 273	3 326	3 056	3 767	5 044	3 183	4 742	26 391
南部	6 235	5 657	5 038	6 476	7 730	4 813	7 660	43 609
西部	3 086	2 796	2 644	3 557	4 804	3 066	6 104	26 057
总计	15 327	14 023	13 002	16 607	21 277	13 548	23 752	117 536

a. 计算行百分数，并确定每个地区家庭收入的百分数频数分布。

b. 在西部地区家庭中，收入水平在 50 000 美元及以上的百分数是多少？在南部地区家庭中，收入水平在 50 000 美元及以上的百分数是多少？

c. 绘制每个地区家庭数百分数频数的直方图。地区和收入水平之间有关系吗？

d. 计算列百分数。列百分数可以提供什么信息？

e. 家庭收入在 100 000 美元及以上的家庭中，来自南部的百分数是多少？来自南部的家庭中，家庭收入在 100 000 美元及以上的百分数是多少？为什么二者不同？

34. 参见表 2-12 中的数据。

a. 以行业为行，编制行业和品牌收益数据的交叉分组表。品牌收益以 0 为起点，从 25 为组宽分组。

b. 编制品牌收益数据的频数分布。

c. 关于行业和品牌收益，你能得出什么结论？

d. 以行业为行，编制行业和 1 年间价值的变化率数据的交叉分组表。1 年间价值的变化率以-60 为起点，以 20 为组宽分组。

e. 编制 1 年间价值的变化率数据的频数分布。

f. 关于行业和 1 年间价值的变化率，你能得出什么结论？

表 2-12　82 个最有价值的品牌数据

品牌	行业	品牌价值/10 亿美元	1 年间价值的变化率（%）	品牌收益/10 亿美元
埃森哲	其他	9.7	10	30.4
阿迪达斯	其他	8.4	23	14.5
安联	金融服务	6.9	5	130.8
亚马逊	科技	14.7	44	60.6
⋮	⋮	⋮	⋮	⋮
亨氏	日用消费品	5.6	2	4.4
爱马仕	汽车和奢侈品	9.3	20	4.5
⋮	⋮	⋮	⋮	⋮
富国银行	金融服务	9	-14	91.2
Zara	其他	9.4	11	13.5

⊖　1 英里 = 1 609.344 米。

2.4 用图形显示方法汇总两个变量的数据

在上一节，我们介绍了如何使用交叉分组表汇总两个变量的数据，并解释变量间的关系。在更多的情形中，图形显示对识别数据的模式和趋势更有效。

本节我们介绍探索两个变量间关系的各种图形显示。用创造性的方法显示数据可以产生强大的洞察力，并使我们将依据"常识推理"变成直观的比较、对比，并识别模式。我们从散点图和趋势线的讨论开始。

2.4.1 散点图和趋势线

散点图（scatter diagram）是对两个数量变量间关系的图形表述，**趋势线**（trendline）是显示相关性近似程度的一条直线。作为一个实例，考虑旧金山一个音像设备商店的广告次数与销售额之间的关系。该商店在过去的 3 个月内有 10 次利用周末电视广告来促销。管理人员想证实广告次数和下一周商店销售额之间是否有关系。表 2-14 给出了 10 周销售额的样本数据。

图 2-8 是表 2-14 [⊖] 中数据的散点图和趋势线 [⊖]。广告次数（x）显示在横轴上，销售额（y）显示在纵轴上。对第 1 周，$x=2$ 和 $y=50$，在散点图上按这个坐标画出该点，用相同的方法画出其他 9 周的点。注意，有 2 周做了 1 次广告，有 2 周做了 2 次广告，依此类推。

表 2-14 音像设备商店的样本数据		
周	广告次数 x	销售额 y/100 美元
1	2	50
2	5	57
3	1	41
4	3	54
5	4	54
6	1	38
7	5	63
8	3	48
9	4	59
10	2	46

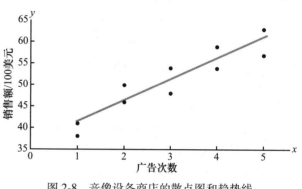

图 2-8 音像设备商店的散点图和趋势线

绘制好的散点图（见图 2-8）表明，广告次数和销售额之间存在正相关关系。较高的销售额与较高的广告次数相联系。因为所有的点并不在一条直线上，所以这种关系是不完全的。然而，这些点的分布模式和趋势线表明，其整体关系是正相关的。

图 2-9 给出了一些一般的散点图模式和它们所显示的关系类型。左图描绘了正相关关系，与广告次数和销售额的例子相似；而在中间的图中，散点图显示变量间没有明显的关系；右图显示了负相关关系，即随着 x 增加，y 趋于减少。

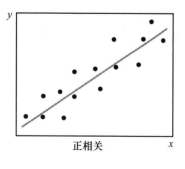
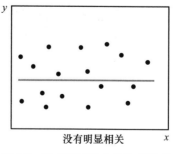
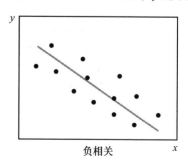

图 2-9 散点图显示出的关系类型

⊖ 因将单数题抽出放入光盘，正文会出现表号不连续现象，表 2-13 见光盘，后同。

⊖ 趋势线方程是 $y=36.15+4.95x$。趋势线的斜率是 4.95，y 轴截距（趋势线与 y 轴的交点）是 36.15。在第 14 章学习简单线性回归时，我们将详细讨论线性趋势线的斜率和 y 轴截距。

2.4.2 复合条形图和结构条形图

在第 2.1 节，我们提到条形图是描绘已汇总的分类型数据频数分布、相对频数分布或百分数频数分布的图形显示。复合条形图和结构条形图是基本条形图的扩展，用于显示和比较两个变量。将两个变量显示在同一张图上，我们可以更好地了解变量间的关系。

复合条形图（side-by-side bar chart）是对已汇总的多个条形图同时显示的一种图形显示方法。为了说明复合条形图的绘制，回忆位于洛杉矶地区的 300 家饭店组成的一个样本，以及其质量等级和餐价数据的应用。质量等级是一个分类变量，等级类别有好、很好和优秀；餐价是一个数量变量，变化范围是 10~49 美元。如表 2-10 所示的交叉分组表表明餐价数据被分成 4 个组：10~19 美元、20~29 美元、30~39 美元和 40~49 美元。我们将利用这些组来绘制复合条形图。

图 2-10 是饭店数据的复合条形图。每一个长条的灰度指明质量等级。将每一个长条高度延伸，到达每一个餐价类别产生的质量等级的频数点上。每一个餐价类别的质量等级的频数彼此相邻，使我们迅速确定如何评价一个特殊的餐价类别。我们看到最低餐价类别（10~19 美元）大部分得到好和很好等级，只有少数是优秀等级。但是，最高餐价类别（40~49 美元）却显示出很大的不同。这个餐价类别大部分得到优秀等级，有一些是很好等级，但没有好等级。

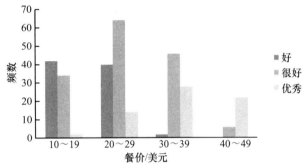

图 2-10 质量等级和餐价数据的复合条形图

图 2-10 还给出了餐价和质量等级之间关系的很好的解释。注意，随着餐价的增加（从左到右），"好"这一长条的高度在减少，而"优秀"这一长条的高度在增加。这表明随着价格的增加，质量等级趋向于更好。正如期望的那样，很好等级在中间价格类别更为突出，因为条形图中间的"很好"这一长条处于主导地位。

结构条形图是同时显示和比较两个变量的另一种显示方法。**结构条形图**（stacked bar chart）是一种条形图，其每一个长条被分解成不同颜色的矩形段，以与饼形图类似的方法显示每一组的相对频数。为了说明结构条形图，我们将使用质量等级和餐价数据汇总的交叉分组表表 2-10。

我们将表 2-10 中的某一列的每一个元素除以该列的总计数，可以将频数数据转化为列百分数。例如，78 家餐价在 10~19 美元的饭店，其中有 42 家饭店具有好的质量等级。换句话说，78 家饭店中有 53.8% 具有好的等级。表 2-15 给出了每一个餐价类别的列百分数。利用表 2-15 中的数据，我们绘制结构条形图，如图 2-11 所示。由于结构条形图以百分数为依据，因此图 2-11 甚至比图 2-10 更清楚地显示了变量间的关系。当我们从最低价格组（10~19 美元）到最高价格组（40~49 美元）移动时，"好"长条的长度在减少，而"优秀"长条的长度在增加。

表 2-15 每一个餐价类别的列百分数 （%）

质量等级	餐价/美元			
	10~19	20~29	30~39	40~49
好	53.8	33.9	2.6	0.0
很好	43.6	54.2	60.6	21.4
优秀	2.6	11.9	36.8	78.6
总计	100.0	100.0	100.0	100.0

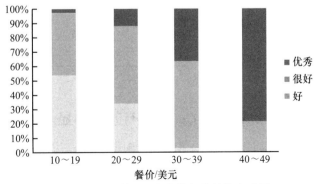

图 2-11 质量等级和餐价数据的结构条形图

注释和评论

1. 时间序列是一个变量在连续时点或连续时期上测量的观测值的序列。以横轴表示时间值，纵轴表示时间序列值的散点图，在时间序列分析中称为时间序列图。我们将在第 17 章讨论时间序列图，以及如何分析时间序列数据。

2. 结构条形图也可以用频数而不是百分数频数来显示。在这种情形中，每个长条的不同颜色段合计得到长条的整体总数，而不是整体百分数。

练 习

方法

36. 下列是两个数量变量 x 和 y 的 20 次观测结果。

观测次数	x	y	观测次数	x	y
1	−22	22	11	−37	48
2	−33	49	12	34	−29
3	2	8	13	9	−18
4	29	−16	14	−33	31
5	−13	10	15	20	−16
6	21	−28	16	−3	14
7	−13	27	17	−15	18
8	−23	35	18	12	17
9	14	−5	19	−20	−11
10	3	−3	20	−7	−22

a. 绘制出 x 和 y 之间关系的散点图。

b. 如果 x 和 y 之间有明显的关系，将会是什么类型的关系？

38. 下面是由两个分类变量 x 和 y 的数据汇总的交叉分组表，变量 x 取值低、中或高，第二个变量 y 取值是或否。

x	y		总计
	是	否	
低	20	10	30
中	15	35	50
高	20	5	25
总计	55	50	105

a. 计算行百分数。

b. 以 x 为横轴，绘制百分数频数的结构条形图。

应用

40. 文件 Snow 中存储了美国过去 30 年 51 个主要城市的气温和降雪量数据。例如，俄亥俄州哥伦布市的平均最低气温是 6.7 摄氏度，年平均降雪量为 69.9 厘米。

a. 以年平均最低气温为横轴，年平均降雪量为纵轴，绘制散点图。

b. 这两个变量之间存在相关关系吗？

c. 以散点图为依据，对看似不寻常的数据点进行评价。

42. 考虑下面的智能手机拥有者年龄的调查结果。

年龄组	智能手机（%）	其他手机（%）	没有手机（%）
18~24	49	46	5
25~34	58	35	7
35~44	44	45	11
45~54	28	58	14
55~65	22	59	19
65+	11	45	44

a. 以变量年龄组为横轴，绘制结构条形图，以显示上述调查数据的手机拥有者的类型。

b. 评论年龄和智能手机拥有者之间的关系。

c. 如果 10 年后进行调查，你期待这个调查的结果有怎样的不同？

2.5 数据可视化：创建有效图形显示的最佳实践

数据可视化是用于描述汇总和表述一个数据集信息图形显示的术语。数据可视化的目的是尽可能有效和清晰地传递数据的重要信息。在本节，我们给出创建有效图形显示的指导准则，讨论如何根据研究的目的选择恰当的显示类型，说明数据仪表板的用途，以及展示辛辛那提动植物园如何利用数据仪表板技术改进决策。

2.5.1　创建有效的图形显示

表 2-16 中的数据给出了 Gustin 化学公司去年在美国销售地区的预测或计划销售额和实际销售额。注意，有两个数量变量（计划销售额和实际销售额）和一个分类变量（销售地区）。假设我们想建立一个能使 Gustin 化学公司管理层视觉化了解每个销售地区相对于计划销售额以及所有销售地区的销售业绩的图形显示。

图 2-12 是计划销售额与实际销售额数据的复合条形图。注意，这张条形图很容易比较一个地区以及所有地区的计划与实际销售额。这个图形显示很简单，包含一个标题（也是标记）以及用不同颜色代表的两类销售额。注意，纵轴从 0 开始。四个销售地区分隔开，以表明它们是不同的，而为了便于每个地区内的比较，计划和实际销售额并列。在图 2-12 的复合条形图中，很容易看出西南地区的计划和实际销售额都是最低的，西北地区实际销售额略高于计划销售额。

创建有效的图形显示是科学也是艺术。遵循如下的一般性准则，可以增强图形显示有效地表述数据中重要信息的可能性。

- 给予图形显示一个清晰、简明的标题。
- 使图形显示保持简洁，当能用二维表示时不要用三维表示。
- 每个坐标轴有清楚的标记，并给出测量的单位。
- 如果使用颜色来区分类别，要确保颜色是不同的。
- 如果使用多种颜色或线型，当用图例来标明时，要将图例靠近所表示的数据。

表 2-16　各销售地区的计划和实际销售额

销售地区	计划销售额/ 1 000 美元	实际销售额/ 1 000 美元
东北	540	447
西北	420	447
东南	575	556
西南	360	341

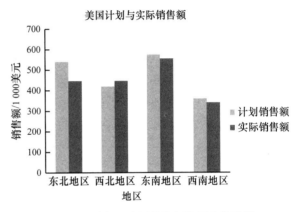

图 2-12　计划和实际销售额的复合条形图

2.5.2　选择图形显示的类型

在本章我们讨论了各种图形显示，包括条形图、饼形图、打点图、直方图、茎叶显示、散点图、复合条形图和结构条形图，为了某种目的而绘制这些图形显示类型中的一种。为了给出选择合适的图形显示类型的指导准则，现在我们给出了根据目的分类的图形显示类型的汇总。我们注意到有些图形显示类型可有效地用于实现多个目的。

用于展示数据分布的图形显示：
- 条形图　用于展示分类型数据的频数分布和相对频数分布。
- 饼形图　用于展示分类型数据的相对频数分布和百分数频数分布；通常人们不喜欢用条形图时可用饼形图。
- 打点图　用于展示数量型数据在整个数据范围内的分布。
- 直方图　用于展示数量型数据在一个区间组集合上的频数分布。
- 茎叶显示　用于展示数量型数据的等级顺序和分布形态。

用于进行比较的图形显示：
- 复合条形图　用于两个变量的比较。
- 结构条形图　用于比较两个分类变量的相对频数和百分数频数。

用于展示相关关系的图形显示：
- 散点图　用于展示两个数量变量的相关关系。
- 趋势线　用于近似表示散点图中数据的相关关系。

2.5.3 数据仪表板

数据可视化工具使用最广泛的一种是**数据仪表板**[⊖]（data dashboard）。如果你驾驶一辆汽车，你已经熟悉数据仪表板的概念。在一辆汽车中，汽车仪表板包括提供重要信息的测量仪表和其他直观显示，这些重要信息对驾驶一辆汽车非常重要。例如，用于显示车速、燃油油量、发动机温度和机油油量的仪表是确保安全和有效驾驶汽车的关键。在一些新款汽车中，为了给司机提供更有效的显示，这个信息甚至直观地显示在风窗玻璃上。对制定管理决策，数据仪表板扮演着相似的角色。

数据仪表板是一个直观显示的集合，这个直观显示用易于阅读、了解和解释的方法组织和表述用于监控公司或机构业绩的信息。就像车速、燃油油量、发动机温度和机油油量是监控汽车的重要信息一样，每一种行业有需要监控评估公司业绩状况的关键表现指标（KPI）[⊜]。库存存货、日销售额、准时交货的比例和每季度销售收入都是KPI的例子。数据仪表板应及时提供KPI（从各种可能来源）的汇总信息，这对使用者很重要，而且应该以某种方法告诉它的使用者而不是控制它的使用者。

为了说明数据仪表板在决策中的使用，我们将讨论Grogan石油公司的一个应用。Grogan石油公司在得克萨斯州奥斯汀（其总部所在）、休斯敦和达拉斯这三个城市设有办事处。Grogan石油公司位于奥斯汀办事处的信息技术呼叫中心，处理员工关于软件、互联网和电子邮件等与计算机相关问题的呼叫。例如，如果一名在达拉斯的Grogan石油公司员工有计算机软件问题，则这名员工可以联络信息技术呼叫中心申请援助。

绘制监控呼叫中心表现的数据仪表板如图2-13所示。数据仪表板结合几种显示来监控呼叫中心的KPI，展示的是从上午8点开始的当前班次数据。左上角的结构条形图展示之前每一类问题（软件、互联网和电子邮件）的呼叫次数。条形图说明本班次最初的几个小时内呼叫次数比较多，关于电子邮件问题的呼叫次数随时间推移呈现递减趋势，关于软件问题的呼叫次数在10点最多。

仪表板右上角的条形图显示呼叫中心员工在每一类问题空闲（没有呼叫工作）时间的比例。顶部的这两张图对确定最佳人员配置水平非常重要。例如，以空闲时间的比例作为度量，了解呼叫情况和系统压力状况，可以帮助信息技术经理确保有足够的专业的呼叫中心员工可供使用。

标题为"办事处的呼叫次数"的复合条形图展示了Grogan石油公司每一个办事处的每一类问题的呼叫次数。这使得信息技术经理通过位置迅速识别是否存在某种特殊类型的问题。例如，该图显示出奥斯汀办事处在电子邮件问题上有相对高的数量。如果这些问题的原因能很快被识别出来，则大多数问题可能很快就被解决。同时，我们注意到，软件问题相对高的数量来自达拉斯办事处。这里较高的呼叫次数仅仅是由于达拉斯办事处刚刚安装了新软件，导致对信息技术呼叫中心的呼叫较多。由于达拉斯办事处已提前将此事提醒信息技术经理，信息技术经理知道来自达拉斯办事处的呼叫次数将会增加，就可以增加人员配置水平以应对预期的呼叫次数的增加。

对之前收到的每一个超过15分钟的未被解决的问题，数据仪表板中间左侧的条形图展示了这些未被解决的问题中每一个的时间长度。条形图使得Grogan石油公司迅速监控主要问题案例，并决定是否需要额外资源来解决它们。T57已超过300分钟未被解决，它实际上是上一个班次遗留下来的。最后，底部的直方图展示了当前班次所有被解决的问题所用时间的分布。

Grogan石油公司的数据仪表板说明了正在运行中的仪表板的使用。数据仪表板实时更新，用于如人员配置水平的运行决策。数据仪表板也可用于战术和战略水平管理。例如，一位物流经理为了其第三方运输的实时性能和成本而监控KPI，这有助于如运输方法和运输工具的选择等战术决策。在最高水平，更具战略性的数据仪表板将使上级管理部门通过监控更加综合的财务、服务水平和利用信息能力，迅速评估公司的财务状况。

前面讨论的好的数据可视化准则适用于数据仪表板中的单个图，也适用于整个仪表板。除了这些准则之外，重要的是最大限度地减少计算机屏幕显示内容滑动的需要，避免不必要的颜色使用和三维显示，以及图与图之间使用边框以提高可读性。作为单独的图，简单的永远是最好的。

⊖ 数据仪表板也称为数字仪表板。
⊜ 关键表现指标有时也称为关键表现测度（KPM）。

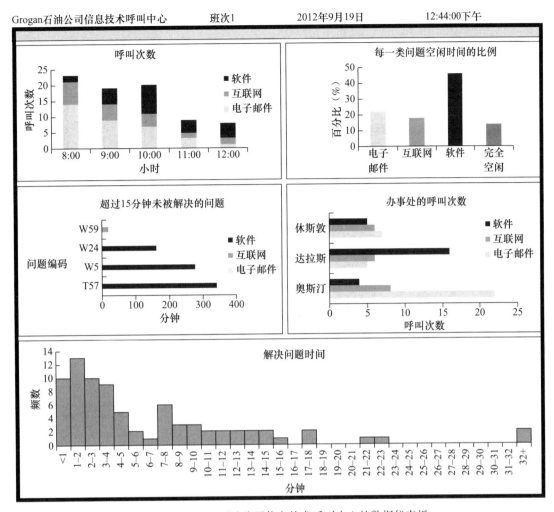

图 2-13　Grogan 石油公司信息技术呼叫中心的数据仪表板

2.5.4　实践中的数据可视化：辛辛那提动植物园[⊖]

位于俄亥俄辛辛那提市的辛辛那提动植物园是世界上第二古老的动物园。为了通过更多的数据驱动提高决策，管理者决定整合各个方面的业务，并为非技术经理和主管提供直观的方法来更好地了解他们的数据。一个复杂的因素是当时动物园很忙，管理者期望与游客现场互动，检查运营，预计正在出现或即将发生的问题。因此，在实时基础上，能监控发生的情况是决定做什么的关键因素。动物园的管理者得出处理这类问题需要数据可视化战略的结论。

由于具有使用方便、实时更新能力和 iPad 兼容性，辛辛那提动植物园决定利用 IBM Cognos 的先进数据可视化软件来实行数据可视化战略。利用这个软件，辛辛那提动植物园开发了如图 2-14 所示的数据仪表板，它能使动物园的管理者追踪下面的关键表现指标：

- 项目分析（动物园内各处的销售量和销售额）
- Geo 分解（利用游客每日在动物园各处所用时间的分布图及显示）
- 游客支出
- 收银员销售业绩
- 销售额和参观者资料与天气模式

⊖ 感谢提供了本应用的辛辛那提动植物园的 John Lucas。

- 动物园忠诚奖励计划的业绩

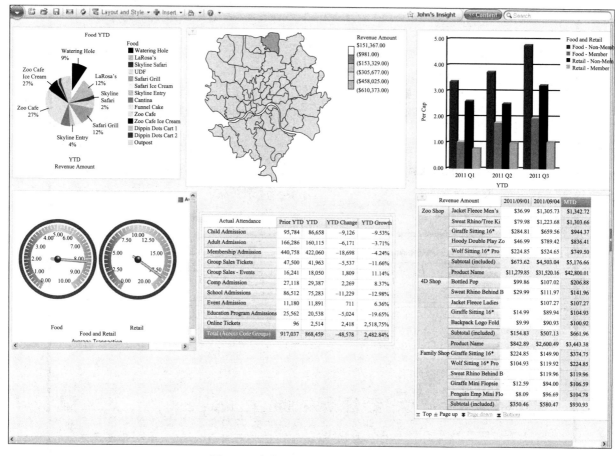

图2-14　辛辛那提动物园的数据仪表板

同时，开发的 iPad 移动应用能使动物园的管理者走到户外，在实时的基础上仍然看到和预计发生的情况。辛辛那提动物园的 iPad 版数据仪表板如图 2-15 所示，它可使管理者获取如下信息：

- 实时的游客资料，包括游览动物园的游客"类型"
- 展示动物园内项目销售预测结果的实时分析
- 动物园游客所在位置的实时分布表示

获取如图 2-14 和图 2-15 所示的数据，可使动物园的管理者在动物园内人员配置水平，天气和其他条件基础上需要储备的项目，区域人口统计基础上如何更好地实现其广告目标方面做出更好的决策。

数据可视化给动物园带来了显著的影响。在使用的第一年，系统直接负责的收入增长超过 500 000 美元，增加了动物园的游客人数，提高了游客服务水平和节约了成本。

注释和评论

1. 大多数软件适用于数据可视化，其中较为流行的软件包是 Excel、JMP、R、SAS Visual Analytics、Spotfire 和 Tableau。

2. 地理数据可视化非常强大的工具是地理信息系统（geographic information system, GIS）。GIS 在地图上使用颜色、符号和标题来帮助我们了解变量的地理分布。例如，公司对设法确定新分布中心位置感兴趣，希望通过这个新分布中心能更好地了解公司产品需求量在全美的变动情况。它可以使用 GIS 在地图上用红色区域表示高需求，蓝色区域表示低需求，没有颜色的区域表示未销售产品地区。越靠近红色高需求地区的位置，越可能是下一步考虑的好的候选地点。

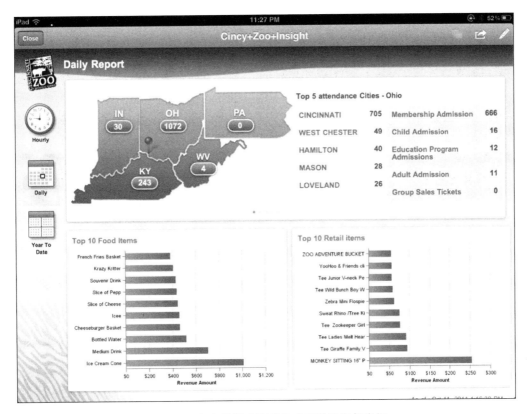

图 2-15　辛辛那提动物园 iPad 版的数据仪表板

小　结

一个数据集即使规模适中，对其原始形式的直接解释往往也是困难的。表格法和图形法提供了组织和汇总数据的方法，使人们能够揭示出数据的特征模式，并能更容易地解释数据。频数分布、相对频数分布、百分数频数分布、条形图以及饼形图是用表格和图形汇总单个分类变量数据的方法。频数分布、相对频数分布、百分数频数分布、直方图、累积频数分布、累积相对频数分布、累积百分数频数分布和茎叶显示是汇总单个数量变量数据的方法。

交叉分组表是用表格汇总两个变量数据的方法。散点图是显示两个数量变量之间关系的图形方法。我们还展示了可以用于显示和比较两个分类变量的复合条形图和结构条形图，它们是基本条形图的扩展。我们还讨论了创建有效图形显示的准则和如何选择最适合的图形显示类型；介绍了数据仪表板，说明了如何构建一个易于阅读和理解，用于监控公司业绩的数据仪表板的方法。图 2-16 是本章介绍的表格法和图形法的总结。

对于大型的数据集，在进行数据的表格和图形汇总时需要计算机软件包的帮助。在本章的附录中，我们将说明如何使用 JMP 和 Excel 来达到这一目的。

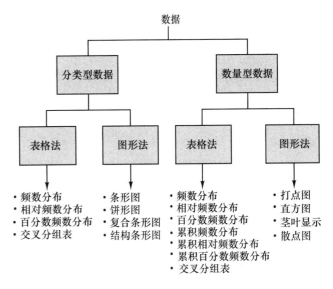

图 2-16　汇总数据的表格法和图形法

关键术语

bar graph 条形图 一种图形方法，用来描绘已汇总的分类型数据的频数分布、相对频数分布或百分数频数分布。

categorical data 分类型数据 用来识别相似项目类型的标记或名称。

class midpoint 组中值 下组限和上组限的中间值。

crosstabulation 交叉分组表 一种对两个变量的数据进行的表格汇总，其中一个变量的组用行来描述，另一变量的组用列来描述。

cumulative frequency distribution 累积频数分布 一种数量型数据的表格汇总方式，表示小于或等于每一组上组限的数据值的个数。

cumulative percent frequency distribution 累积百分数频数分布 一种数量型数据的表格汇总方式，表示小于或等于每一组上组限的数据值的百分数。

cumulative relative frequency distribution 累积相对频数分布 一种数量型数据的表格汇总方式，表示小于或等于每一组上组限的数据值的分数或比例。

data dashboard 数据仪表板 一个用易于阅读、了解和解释的方式组织和表述用于监控公司或机构业绩的直观显示集合。

data visualization 数据可视化 用于描述汇总和表述一个数据集信息的图形显示效用的术语。

dot plot 打点图 用横轴上每个数值上方的点的个数来汇总数据的一种图形方法。

frequency distribution 频数分布 一种数据的表格汇总方法，表示在几个互不重叠的组别中，每一组数据值的个数（频数）。

histogram 直方图 一种描述数量型数据的频数分布、相对频数分布或百分数频数分布的图形方法，组宽放置在横轴上，频数、相对频数或百分数频数放置在纵轴上。

percent frequency distribution 百分数频数分布 一种数据的表格汇总方法，表示在几个互不重叠的组别中，每一组数据值个数所占的百分数。

pie chart 饼形图 一种汇总数据的图形，该方法的依据是把一个圆细分为若干个扇形，使得每一组的相对频数与一个扇形相对应。

quantitative data 数量型数据 表示大小或多少的数值。

relative frequency distribution 相对频数分布 一种数据的表格汇总方法，表示在几个互不重叠的组别中，每一组数据值个数的分数或所占比例。

scatter diagram 散点图 两个数量变量之间关系的图形表示，其中一个变量用横轴表示，另一个变量用纵轴表示。

side-by-side bar chart 复合条形图 多个条形图同时显示的一种图形显示方式。

Simpson's Paradox 辛普森悖论 从两个或两个以上单独的交叉分组表得到的结论可能与将数据综合成一个单一交叉分组表得出的结论截然相反。

stacked bar chart 结构条形图 一种条形图，其每一个长条被分解成不同颜色的矩形段，以与饼形图类似的方式显示每一组的相对频数。

stem-and-leaf display 茎叶显示 一种同时用于展示数据的等级排序和分布形态的图形显示。

trendline 趋势线 表示两个变量之间近似关系的一条直线。

重要公式

组的相对频数

$$\frac{组的频数}{n} \qquad (2\text{-}1)$$

近似组宽

$$\frac{数据最大值 - 数据最小值}{组数} \qquad (2\text{-}2)$$

补充练习

44. 学生能力倾向测试（SAT）是许多学院和大学在录取决定中使用的一种标准化考试。每年大约有 100 万名高中生参加 SAT。目前 SAT 有三部分——阅读理解、数学和写作，SAT 的分数是三部分分数之和，满分是 2 400 分。一个 SAT 总分样本如下：

1 665	1 525	1 355	1 645	1 780
1 275	2 135	1 280	1 060	1 585
1 650	1 560	1 150	1 485	1 990
1 590	1 880	1 420	1 755	1 375
1 475	1 680	1 440	1 260	1 730
1 490	1 560	940	1 390	1 175

a. 编制频数分布和绘制直方图，第一组下限是 800，组宽是 200。

b. 对分布的形态进行评价。

c. 基于图形和表格汇总，关于 SAT 分数，还能得出什么观测结果？

46. 美国 50 个州的人口数据如下（《世界年鉴》）。

（单位：100 万人）

州	人口数	州	人口数	州	人口数
亚拉巴马州	4.8	路易斯安那州	4.5	俄亥俄州	11.5
阿拉斯加州	0.7	缅因州	1.3	俄克拉何马州	3.8
亚利桑那州	6.4	马里兰州	5.8	俄勒冈州	4.3
阿肯色州	2.9	马萨诸塞州	6.5	宾夕法尼亚州	12.7
加利福尼亚州	37.3	密歇根州	9.9	罗得岛州	1.0
科罗拉多州	5.0	明尼苏达州	5.3	南卡罗来纳州	4.6
康涅狄格州	3.6	密西西比州	3.0	南达科他州	0.8
特拉华州	0.9	密苏里州	6.0	田纳西州	6.3
佛罗里达州	18.8	蒙大拿州	0.9	得克萨斯州	25.1
佐治亚州	9.7	内布拉斯加州	1.8	犹他州	2.8
夏威夷州	1.4	内华达州	2.7	佛蒙特州	0.6
爱达荷州	1.6	新罕布什尔州	1.3	弗吉尼亚州	8.0
伊利诺伊州	12.8	新泽西州	8.8	华盛顿州	6.7
印第安纳州	6.5	新墨西哥州	2.0	西弗吉尼亚州	1.9
艾奥瓦州	3.0	纽约州	19.4	威斯康星州	5.7
堪萨斯州	2.9	北卡罗来纳州	9.5	怀俄明州	0.6
肯塔基州	4.3	北达科他州	0.7		

a. 以 2.5 为组宽，编制频数分布、百分数频数分布和绘制直方图。

b. 在分布中呈现出偏态吗？请解释。

c. 关于 50 个州的人口，你能得出什么观测结果？

48. 商业改进局经常收到消费者的投诉举报。在 2011 年，商业改进局收到投诉最多的行业是银行、有线和卫星电视公司、收债机构、移动电话运营商和新车经销店（《今日美国》）。一个 200 次投诉的样

本结果存在名为 BBB 的文件中。

a. 展示分行业的投诉频数和百分数频数分布。

b. 绘制百分数频数分布的条形图。

c. 哪个行业的投诉次数最多？

d. 对投诉的百分数频数分布进行评论。

50. 美国人口普查局是美国人口和经济总量数据的主要来源。下面的交叉分组表给出了家庭收入以及家长具有高中及以上学历的各种教育水平的家庭数量（单位：1 000 户）数据（美国人口普查局网站）。

教育水平	家庭收入/美元				总计
	25 000 以下	25 000 ~49 999	50 000 ~99 999	100 000 及以上	
高中毕业	9 880	9 970	9 441	3 482	32 773
学士学位	2 484	4 164	7 666	7 817	22 131
硕士学位	685	1 205	3 019	4 094	9 003
博士学位	79	160	422	1 076	1 737
总计	13 128	15 499	20 548	16 469	65 644

a. 对教育水平变量，编制百分数频数分布。家长具有硕士或博士学位的百分数是多少？

b. 对家庭收入变量，编制百分数频数分布。家庭收入在 50 000 美元及以上的百分数是多少？

c. 将交叉分组表中的数据转换成列百分数。比较家庭收入在 25 000 美元以下和 100 000 美元及以上的教育水平。在回顾列百分数的交叉分组表时，对任何感兴趣的项目加以评论。

52. 《财富》杂志公布了对 100 强公司工作的年度调查。名为 FortuneBest100 的数据文件给出了顺序、公司名称、规模和全职员工就业增长率数据，可以获得《财富》100 强公司中 98 家的就业增长率数据（《财富》杂志网站）。列标记顺序表明公司在《财富》100 强中的排名，列标记规模显示公司是小型公司（员工少于 2 500 人）、中型公司（员工在 2 500~10 000 人）或大型公司（员工超过 10 000 人），列标记增长率（%）表明全职员工就业增长率。

a. 以就业增长率为行变量，规模为列变量，编制交叉分组表。就业增长率以-10 为起点，70 为终点，10 为组宽进行分组。

b. 编制就业增长率和规模的频数分布。

c. 用（a）编制的交叉分组表，编制显示列百分数的交叉分组表。

d. 用（a）编制的交叉分组表，编制显示行百分

数的交叉分组表。

e. 对全职员工就业增长率和规模之间的关系进行评论。

54. 参见表 2-18 的数据集。

a. 以成立年份为行变量，毕业率为列变量，编制交叉分组表。成立年份以 1 600 为起点，2 000 为终点，50 为组宽进行分组；毕业率以 35% 为起点，100% 为终点，5% 为组宽进行分组。

b. 计算（a）中交叉分组表的行百分数。

c. 对这两个变量之间的关系进行评价。

表 2-18　103 所私立学院和大学的样本数据

名称	成立年份	学费/美元	毕业率（%）
美利坚大学	1893	36 697	79.00
贝勒大学	1854	29 754	70.00
贝尔蒙特大学	1951	23 680	68.00
⋮	⋮	⋮	⋮
伍佛德学院	1854	31 710	82.00
泽维尔大学	1831	29 970	79.00
耶鲁大学	1701	38 300	98.00

56. 参见表 2-18 的数据集。

a. 绘制学费和毕业率之间关系的散点图。

b. 对这两个变量之间的关系进行评价。

58. 动物园将游客分为三类：会员、学校和普通。会员类别定义为缴年费支持动物园的游客。会员会收到动物园给予的某些优惠（如商品折扣或旅行计划）。学校类别包括日托、小学和中等学校的全体从业人员和学生，这些游客会得到一个折扣比例。普通类别包括其他所有游客。动物园注意到近期参观者有所下降。为了更好地了解参观者与会员的关系，一名动物园的员工搜集了如下数据。

游客类别	参观者			
	第 1 年	第 2 年	第 3 年	第 4 年
普通	153 713	158 704	163 433	169 106
会员	115 523	104 795	98 437	81 217
学校	82 885	79 876	81 970	81 290
合计	352 121	343 375	343 840	331 613

a. 绘制全体参观者随时间变化的条形图。对数据的趋势进行评论。

b. 以年份为横轴上的变量，绘制展示游客类别的复合条形图。

c. 根据（a）和（b）的条形图，对动物园参观者发生的情况进行评论。

案例 2-1　Pelican 商店

　　Pelican 商店是 National Clothing 的一个分支，是一家在全美范围内经营女性服饰的连锁商店。最近，它举办了一项促销活动，向其他 National Clothing 商店的顾客赠送优惠券。在促销活动期内的某一天，Pelican 商店抽取了 100 名持信用卡交易的顾客组成一个样本，搜集到的数据存在名为 PelicanStores 的文件中。表 2-19 是数据集的一部分。Proprietary 卡付款方法是指使用 National Clothing 签账卡收费。使用优惠券购物的顾客定义为促销顾客，没有使用优惠券购物的顾客定义为普通顾客。因为优惠券不会派发给 Pelican 商店的普通顾客，管理者认为，持促销优惠券的顾客产生的销售额与其他顾客不同。当然，Pelican 的管理者也希望促销顾客会继续在其商店购物。

　　表 2-19 中的大多数变量不需要解释，但有两个变量需要稍做说明。

表 2-19　Pelican 商店 100 名持信用卡购物的顾客的样本数据

顾客	顾客类型	项目	净销售额/美元	支付方法	性别	婚姻状况	年龄/岁
1	普通	1	39.50	Discover	男	已婚	32
2	促销	1	102.40	Proprietary 卡	女	已婚	36
3	普通	1	22.50	Proprietary 卡	女	已婚	32
4	促销	5	100.40	Proprietary 卡	女	已婚	28
5	普通	2	54.00	万事达卡	女	已婚	34
⋮	⋮	⋮	⋮	⋮	⋮	⋮	⋮
96	普通	1	39.50	万事达卡	女	已婚	44
97	促销	9	253.00	Proprietary 卡	女	已婚	30
98	促销	10	287.59	Proprietary 卡	女	已婚	52
99	促销	2	47.60	Proprietary 卡	女	已婚	30
100	促销	1	28.44	Proprietary 卡	女	已婚	44

（1）项目：购买商品的总件数

（2）净销售额：信用卡支付的总金额

Pelican 的管理者希望使用这些样本数据，以了解其顾客的基本情况并对使用优惠券的促销活动进行评估。

管理报告

使用描述统计的表格和图形方法来帮助管理部门建立顾客档案，并对促销活动进行评估。你的报告至少应该包括以下内容。

1. 主要变量的百分数频数分布。
2. 条形图或饼形图，以显示顾客使用各种付款方法的购物数量。
3. 顾客类型（普通或促销）与净销售额的交叉分组表，对相似性与差异性进行评价。
4. 探索净销售额与顾客年龄关系的散点图。

案例 2-2　电影业

电影业是一个竞争激烈的行业，每年有超过 50 个制片厂制作出 300～400 部新电影，每部电影商业上的成功程度差异很大。首映票房收入、票房总收入、放映电影的剧院数以及电影的放映周数是衡量一部电影是否成功最常用的变量。2016 年制作的 100 部大电影的样本数据存在光盘中名为 Movies 2016 的文件中（Box Office Mojo 网站）。表 2-20 是文件中前 10 部电影的有关数据。

表 2-20　前 10 部上映电影的业绩数据

电影	首映票房收入/100 万美元	票房总收入/100 万美元	剧院数	放映周数
《星球大战外传：侠盗一号》	155.08	532.18	4 157	20
《海底总动员 2：多莉去哪儿》	135.06	486.30	4 305	25
《美国队长 3：内战》	179.14	408.08	4 226	20
《爱宠大机密》	104.35	368.38	4 381	25
《奇幻森林》	103.36	364.00	4 144	24
《死侍》	132.43	363.07	3 856	18
《疯狂动物城》	75.06	341.27	3 959	22
《蝙蝠侠与超人：正义黎明》	166.01	330.36	4 256	12
《自杀小队》	133.68	325.10	4 255	14
《欢乐好声音》	35.26	270.40	4 029	20

管理报告

使用描述统计学的表格和图形方法来了解这些变量对一部电影的成功有怎样的贡献。你的报告应该包括以下内容。

1. 四个变量中每个变量的表格与图形汇总，接着根据每个汇总告诉我们有关电影业的情况。
2. 编制票房总收入与首映票房收入之间的散点图，并讨论。
3. 编制票房总收入与剧院数之间的散点图，并讨论。
4. 编制票房总收入与放映周数之间的散点图，并讨论。

案例 2-3　皇后市

俄亥俄州辛辛那提市又称为皇后市，拥有近 29.8 万人口，是俄亥俄州第三大城市。辛辛那提的市区拥有 22 万人口。城市由市长和一个 9 人议会管理，负责城市日常运转的市政府官员向市长和市议会报告。市政府官员设立了绩效和数据分析办公室，以提高城市运转效率。这个新办公室的首要任务之一是审查前一年的开支。名为QueenCity 的文件包含前一年的开支数据，其中包括如下信息。

(1) 部门：产生费用的部门编号。

(2) 部门描述：产生费用的部门名称。

(3) 类别：开支的类别。

(4) 基金：支出费用的基金。

(5) 费用：支出总额。

表 2-21 显示出一年的 5 427 项开支的前 4 项。市政府官员想利用这些数据更好地了解城市预算是如何花掉的。

表 2-21 皇后市的年开支（前 4 项）

部门	部门描述	类别	基金	费用/美元
121	人力资源部	福利	050-GENERAL FUND	7 085.21
121	人力资源部	福利	050-GENERAL FUND	102 678.64
121	人力资源部	福利	050-GENERAL FUND	79 112.85
121	人力资源部	合同服务	050-GENERAL FUND	3 572.50

管理报告

使用描述统计学的表格和图形方法来帮助市政府官员更好地了解政府基金的支出明细。你的报告应该包括以下内容。

1. 各类别支出总额和各类别支出占总支出百分数的表格与图形显示。

2. 各部门支出总额和各部门支出占总支出百分数的表格显示，将小于 1% 的部门合并到"其他"类。

3. 各基金支出总额和各基金支出占总支出百分数的表格显示，将小于 1% 的基金合并到"其他"类。

案例 2-4 Cut-Rate 机械加工公司

Cut-Rate 机械加工公司的第 1 班领班乔恩·魏德曼正决定从哪个供应商处购买钻机，他将选择范围缩小到四个供应商：Hole-Maker 公司（HM）、Shafts & Slips 公司（SS）、Judge's Jigs 公司（JJ）和 Drill-for-Bits 公司（DB）。每一个供应商都以同样的价格提供性能相似的机器，因此，机器的效能是魏德曼先生选择供应商的唯一标准。他邀请每个供应商将一台机器运到他在印第安纳里士满的制造工厂进行测试。他在早上 8 点启动四台机器，在使用任何一台机器之前让它们预热 2 小时。预热期过后，他的一名员工将使用每台装运的机器在 25 厘米厚的不锈钢钢板上钻直径 3 厘米的孔，持续 2 小时，然后测量和记录每台机器钻孔的直径。魏德曼先生收集的数据结果如表 2-22 所示。

表 2-22 不同供应商的钻机数据

班次	时间段	员工	供应商	直径/厘米
1	10:00~12:00	阿内斯女士	HM	3.50
1	10:00~12:00	阿内斯女士	HM	3.13
1	10:00~12:00	阿内斯女士	HM	3.39
1	10:00~12:00	阿内斯女士	HM	3.08
1	10:00~12:00	阿内斯女士	HM	3.22
1	10:00~12:00	阿内斯女士	HM	3.45
1	10:00~12:00	阿内斯女士	HM	3.32
1	10:00~12:00	阿内斯女士	HM	3.61
1	10:00~12:00	阿内斯女士	HM	3.10

（续）

班次	时间段	员工	供应商	直径/厘米
1	10:00~12:00	阿内斯女士	HM	3.03
1	10:00~12:00	阿内斯女士	HM	3.67
1	10:00~12:00	阿内斯女士	HM	3.59
1	10:00~12:00	阿内斯女士	HM	3.33
1	10:00~12:00	阿内斯女士	HM	3.02
1	10:00~12:00	阿内斯女士	HM	3.55
1	10:00~12:00	阿内斯女士	HM	3.00
1	12:00~14:00	阿内斯女士	SS	2.48
1	12:00~14:00	阿内斯女士	SS	2.72
1	12:00~14:00	阿内斯女士	SS	2.99
1	12:00~14:00	阿内斯女士	SS	2.68
1	12:00~14:00	阿内斯女士	SS	2.75
1	12:00~14:00	阿内斯女士	SS	2.42
1	12:00~14:00	阿内斯女士	SS	2.92
1	12:00~14:00	阿内斯女士	SS	2.68
1	12:00~14:00	阿内斯女士	SS	2.98
1	12:00~14:00	阿内斯女士	SS	2.50
1	12:00~14:00	阿内斯女士	SS	2.45
1	12:00~14:00	阿内斯女士	SS	2.99
1	12:00~14:00	阿内斯女士	SS	2.31
1	12:00~14:00	阿内斯女士	SS	2.42
1	12:00~14:00	阿内斯女士	SS	2.91
1	12:00~14:00	阿内斯女士	SS	2.83
1	14:00~16:00	阿内斯女士	JJ	2.66
1	14:00~16:00	阿内斯女士	JJ	2.54
1	14:00~16:00	阿内斯女士	JJ	2.61
1	14:00~16:00	阿内斯女士	JJ	2.57
1	14:00~16:00	阿内斯女士	JJ	2.71
1	14:00~16:00	阿内斯女士	JJ	2.55
1	14:00~16:00	阿内斯女士	JJ	2.59
1	14:00~16:00	阿内斯女士	JJ	2.69
1	14:00~16:00	阿内斯女士	JJ	2.52
1	14:00~16:00	阿内斯女士	JJ	2.57
1	14:00~16:00	阿内斯女士	JJ	2.63
1	14:00~16:00	阿内斯女士	JJ	2.60
1	14:00~16:00	阿内斯女士	JJ	2.58
1	14:00~16:00	阿内斯女士	JJ	2.61
1	14:00~16:00	阿内斯女士	JJ	2.55
1	14:00~16:00	阿内斯女士	JJ	2.62
2	16:00~18:00	西尔弗女士	DB	4.22
2	16:00~18:00	西尔弗女士	DB	2.68
2	16:00~18:00	西尔弗女士	DB	2.45
2	16:00~18:00	西尔弗女士	DB	1.84
2	16:00~18:00	西尔弗女士	DB	2.11

（续）

（续）

班次	时间段	员工	供应商	直径/厘米
2	16:00~18:00	西尔弗女士	DB	3.95
2	16:00~18:00	西尔弗女士	DB	2.46
2	16:00~18:00	西尔弗女士	DB	3.79
2	16:00~18:00	西尔弗女士	DB	3.91
2	16:00~18:00	西尔弗女士	DB	2.22
2	16:00~18:00	西尔弗女士	DB	2.42
2	16:00~18:00	西尔弗女士	DB	2.09
2	16:00~18:00	西尔弗女士	DB	3.33
2	16:00~18:00	西尔弗女士	DB	4.07
2	16:00~18:00	西尔弗女士	DB	2.54
2	16:00~18:00	西尔弗女士	DB	3.96

根据这些结果，你建议魏德曼先生从哪个供应商处购买新机器。

管理报告

使用描述统计学的图形方法来调查每个供应商的效能。你的报告应该包括以下内容。

1. 各孔测量直径的散点图。

2. 根据这些散点图，讨论每个供应商的效能，以及在何种条件下（如有的话）供应商是可接受的。

3. 讨论在评估这些供应商的方法中可能的错误来源。

第 3 章

描述统计学 Ⅱ：数值方法

CHAPTER

3

实践中的统计

Small Fry 设计公司[一]

加利福尼亚州，圣安娜

Small Fry 设计公司成立于 1997 年，是一家设计和进口婴儿产品的公司，主要经营玩具和附属用品。公司的产品包括泰迪熊、悬挂饰物、音乐玩具、拨浪鼓和安全毯，以及设计注重颜色、材质和声音的高品质的柔软玩具。公司的产品在美国设计，在中国生产。

Small Fry 设计公司使用独立的销售代理，把产品分销给婴儿用品零售商、儿童用品及服饰商店、礼品店、大型百货商店和主要的邮购公司。目前，Small Fry 设计公司的产品遍布美国的 1 000 多个零售批发商店。

在这家公司的日常运营中，现金流管理是最重要的经营活动之一。是否能够保证公司拥有足够的现金收入，以履行目前和未来的偿债义务，决定着公司业务的成败。现金流管理的一个关键因素是对应收账款的分析和控制。通过度量未付款发票的平均期限和资金数额，管理人员能够预测现金供应和监视应收账款状态的变化。公司设置了如下目标：未付款发票的平均期限不应超过 45 天；超过 60 天的未付款发票的资金数额不应超过所有应收账款总额的 5%。

在最近对应收账款的汇总中，该公司使用了下面的描述统计量来衡量未付款发票的期限：

平均数	40 天
中位数	35 天
众数	31 天

对这些统计量的解释表明，一张发票的平均数或平均期限是 40 天；中位数表明有一半的发票已经超过 35 天没有付款；最常见的发票期限是众数，为 31 天，表明一张未付款发票最常见的时间长度是 31 天。统计汇总还显示出应收账款总额中只有 3% 超过 60 天。基于这些统计信息，管理人员可以感到满意，因为应收账款和收入现金流都处于控制之中。

在本章中，你将学到如何计算和理解 Small Fry 设计公司所使用过的一些描述统计量。除了平均数、中位数和众数外，你还将学到其他的描述统计量，比如极差、方差、标准差、百分位数和相关系数。这些数值测度将有助于读者对数据的理解和解释。

在第 2 章中，我们讨论了汇总数据的表格和图形方法。在本章中，我们将给出几种数值方法，它们提供了汇总数据的其他可选方法。

首先，我们对只包含一个变量的数据集建立数值汇总的度量方法。当数据集包含的变量不止一个时，可以对每个变量分别计算其相同的数值测度。然而，在有两个变量的情况下，我们还将建立变量间相互关系的度量。

本章我们将介绍位置、离散程度、形态和相关程度的数值度量。如果数据来自样本，计算的度量称为**样本统计量**（sample statistic）；如果数据来自总体，计算的度量称为**总体参数**（population parameter）。在统计推断中，样本统计量被称为相应总体参数的**点估计量**（point estimator）[二]。

在本章的附录中，我们将演示如何使用统计软件来计算本章介绍的数值方法。

3.1 位置的度量

3.1.1 平均数

在位置的数值度量中，最重要的大概要数变量的**平均数**[三]（mean）或平均值了。平均数提供了数据中心位置的度量。如果数据来自某个样本，则平均数用 $\bar{x}$ 表示；如果数据来自某个总体，则平均数用希腊字母 μ 表示。

[一] 感谢为"实践中的统计"提供了本案例的 Small Fry 设计公司总裁约翰·A. 麦卡锡。
[二] 在第 7 章，我们将详细讨论点估计方法。
[三] 平均数有时也称为算术平均数。

在统计公式中，我们习惯用 x_1 来表示变量 x 的第一个观测值，用 x_2 来表示变量 x 的第二个观测值，依此类推。一般地，用 x_i 来表示变量 x 的第 i 个观测值。对一个有 n 个观测值的样本，其样本平均数的计算公式如下：

样本平均数⊖

$$\bar{x} = \frac{\sum x_i}{n} \tag{3-1}$$

在式（3-1）中，分子是 n 个观测值的数值之和，即

$$\sum x_i = x_1 + x_2 + \cdots + x_n$$

希腊字母 $\sum$ 是求和符号。

为了说明样本平均数的计算，由大学的 5 个班级组成一个样本，每个班级的学生人数是：

46	54	42	46	32

我们用符号 x_1，x_2，x_3，x_4 和 x_5 分别表示这 5 个班的学生人数。

$$x_1 = 46 \qquad x_2 = 54 \qquad x_3 = 42 \qquad x_4 = 46 \qquad x_5 = 32$$

因此，为计算样本平均数，我们有

$$\bar{x} = \frac{\sum x_i}{n} = \frac{x_1 + x_2 + x_3 + x_4 + x_5}{5} = \frac{46 + 54 + 42 + 46 + 32}{5} = 44 （人）$$

班级人数的样本平均数是 44 人。

为了给出平均数的直观表述，并展示其如何受到极端值的影响，考虑如图 3-1 所示的班级人数数据的打点图。将用于绘制打点图的横轴处理成一个又长又窄的平面，在这个平面上每个点都有相同的固定权重。平均数是为了平衡打点图，我们放置在平面下方的支点或中心点。这与运动场上的跷跷板的工作原理相同，唯一不同的是跷跷板的中心点在中间，使得当一端上升时，另一端下降。在打点图上，我们根据点的位置来设置中心点。现在如果我们将最大值从 54 增大到 114，考虑平衡会发生怎样的变化。为了重新建立平衡，在新的打点图下，我们需要将支点向正方向移动。为了确定支点移动的数值，我们只要计算修改后班级人数数据的样本平均数。

$$\bar{x} = \frac{\sum x_i}{n} = \frac{x_1 + x_2 + x_3 + x_4 + x_5}{5} = \frac{46 + 114 + 42 + 46 + 32}{5} = 56 （人）$$

因此，修改后班级人数数据的平均数为 56，增加了 12 人。换句话说，为了建立平衡，在新的打点图下，我们需要将平衡点向右移动 12 个单位。

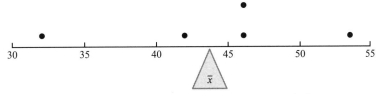

图 3-1 平均数作为班级人数数据打点图的平衡中心

下面是计算样本平均数的另一个例子。假设某大学生就业指导办公室对一个商学院毕业生的样本进行问卷调查，以获取大学毕业生起始月薪的有关信息。表 3-1 给出了收集到的数据，12 名商学院毕业生的平均起始月薪的计算如下：

$$\bar{x} = \frac{\sum x_i}{n} = \frac{x_1 + x_2 + \cdots + x_{12}}{12} = \frac{5\,850 + 5\,950 + \cdots + 5\,880}{12} = \frac{71\,280}{12} = 5\,940 （美元）$$

⊖ 样本平均数 $\bar{x}$ 是一个样本统计量。

表 3-1　12 名商学院毕业生样本的起始月薪数据

毕业生	起始月薪/美元	毕业生	起始月薪/美元
1	5 850	7	5 890
2	5 950	8	6 130
3	6 050	9	5 940
4	5 880	10	6 325
5	5 755	11	5 920
6	5 710	12	5 880

式（3-1）说明了有 n 个观测值的样本如何计算平均数。而计算总体平均数的公式也基本相同，但是使用不同的符号表示我们是对整个总体计算的。我们用 N 表示总体观测值的个数，用 μ 表示总体平均数。

总体平均数[⊖]

$$\mu = \frac{\sum x_i}{N} \tag{3-2}$$

3.1.2　加权平均数

在样本平均数和总体平均数的公式中，每个 x_i 都有相同的重要性或权重。例如，样本平均数的公式可以写成如下形式：

$$\bar{x} = \frac{\sum x_i}{n} = \frac{1}{n}\sum x_i = \frac{1}{n}(x_1 + x_2 + \cdots + x_n) = \frac{1}{n}(x_1) + \frac{1}{n}(x_2) + \cdots + \frac{1}{n}(x_n)$$

这表明样本中每一个观测值都有权重 $1/n$。虽然在实践中这种情况最常见，但有时计算平均数时会对每个观测值赋予显示其重要性的权重。以这种方式计算的平均数称作**加权平均数**（weighted mean）。加权平均数的计算公式如下：

加权平均数

$$\bar{x} = \frac{\sum w_i x_i}{\sum w_i} \tag{3-3}$$

式中，w_i 为第 i 个观测值的权重。

当数据来自样本时，式（3-3）计算的是加权样本平均数。当数据来自总体时，式（3-3）计算的是加权总体平均数，并用 μ 取代 $\bar{x}$。

作为一个需要计算加权平均数的例子，考虑下面一个在过去 3 个月中 5 次购买原材料的样本。

购买批次	价格/（美元/千克）	数量/千克
1	3.00	1 200
2	3.40	500
3	2.80	2 750
4	2.90	1 000
5	3.25	800

注意，原材料每千克价格在 2.80~3.40 美元变化，且采购数量也在 500~2 750 千克变化。假设某经理想知道原材料每千克平均价格的有关信息。因为订购数量各不相同，我们必须使用加权平均数公式。5 个每千克价格的数据分别为 $x_1 = 3.00$，$x_2 = 3.40$，$x_3 = 2.80$，$x_4 = 2.90$ 和 $x_5 = 3.25$。计算每千克价格的平均数时，要根据每个价格所对应的数量来加权。在本例中，5 个权重分别为：$w_1 = 1\,200$、$w_2 = 500$、$w_3 = 2\,750$、$w_4 = 1\,000$ 和 $w_5 = 800$。利用

⊖　样本平均数 $\bar{x}$ 是总体平均数 μ 的点估计。

式（3-3），计算加权平均数如下：

$$\bar{x}=\frac{1\,200\times3.00+500\times3.40+2\,750\times2.80+1\,000\times2.90+800\times3.25}{1\,200+500+2\,750+1\,000+800}=\frac{18\,500}{6\,250}=2.96\text{（美元/千克）}$$

于是，使用加权平均计算原材料每千克的平均价格为 2.96 美元。注意，如果不是使用加权平均数公式而是使用式（3-1）计算的话，就会得到带有误导性的结果。在这种情况下，5 个每千克价格的平均数为（3.00+3.40+2.80+2.90+3.25）/5=15.35/5=3.07 美元，夸大了每千克实际的平均价格。

在某个特殊的加权平均数的计算中，对权重的选择依赖于具体的应用。一个被大学生们所熟知的例子就是平均等级分（grade point average，GPA）的计算。在计算中，普遍使用的数值是：A 级是 4，B 级是 3，C 级是 2，D 级是 1，F 级是 0。权重就是取得每一等级的学分数[○]。在其他加权平均数的计算中，经常会使用诸如千克、美元、体积等数值作为权重。在任何情况下，当观测值的重要性变化时，分析人员必须选择能够最好地反映每个观测值重要性的权重，来计算加权平均数。

3.1.3　中位数

中位数（median）是对变量中心位置的另一种度量。将所有数据按升序（从小到大的顺序）排列后，位于中间的数值即中位数。当观测值是奇数时，中位数就是位于中间的那个数值；当观测值是偶数时，则没有单一的中间数值。在这种情况下，我们遵循惯例，定义中位数为中间两个观测值的平均值。为了方便起见，我们重新定义中位数如下。

中位数

将数据按升序（从小到大的顺序）排列：

（a）对于奇数个观测值，中位数是中间的数值。

（b）对于偶数个观测值，中位数是中间两个数值的平均值。

我们用上述定义来计算 5 个大学班级样本的班级人数的中位数。将这 5 个数值按升序排列如下：

32　　　　42　　　　46　　　　46　　　　54

由于 $n=5$ 是奇数，则中位数是中间的数值，因此，班级人数的中位数是 46 人。当我们按升序排列数据时，尽管数据中有两个观测值是 46，但我们对每个观测值单独处理。

我们再来计算表 3-1 中商学院毕业生起薪的中位数。我们首先将数据按升序排列如下：

5 710　5 755　5 850　5 880　5 880　<u>5 890　5 920</u>　5 940　5 950　6 050　6 130　6 325
中间两个值

由于 $n=12$ 是偶数，我们找出中间的两个值 5 890 和 5 920。中位数就是它们的平均值。

$$\text{中位数}=\frac{5\,890+5\,920}{2}=5\,905$$

我们用于计算中位数的方法依赖于是有奇数个观测值还是有偶数个观测值。现在，我们用 12 名商学院毕业生起始月薪来描述更具概念性和直观的方法。我们首先将数据按升序排列如下：

5 710　　5 755　　5 850　　5 880　　5 880　　5 890　　5 920　　5 940　　5 950　　6 050　　6 130　　6 325

一旦数据按升序排列，我们去掉一个极端大值和极端小值构成的数值对，直到没有更多的数值对可以去掉为止，但不能消除所有的数据。例如，在去掉最小观测值（5 710）和最大观测值（6 325）后，我们得到有 10 个观测值的新数据集。

~~5 710~~　　5 755　　5 850　　5 880　　5 880　　5 890　　5 920　　5 940　　5 950　　6 050　　6 130　　~~6 325~~

○　本节末的第 16 题给出了计算 GPA 加权平均数的一个例子。

然后，我们去掉其次剩余的最小值（5 755）和其次剩余的最大值（6 130），产生有 8 个观测值的新数据集。

~~5 710~~ ~~5 755~~ 5 850 5 880 5 880 5 890 5 920 5 940 5 950 6 050 ~~6 130~~ ~~6 325~~

继续这个过程，我们得到如下结果。

~~5 710~~ ~~5 755~~ ~~5 850~~ 5 880 5 880 5 890 5 920 5 940 5 950 ~~6 050~~ ~~6 130~~ ~~6 325~~

~~5 710~~ ~~5 755~~ ~~5 850~~ ~~5 880~~ 5 880 5 890 5 920 5 940 ~~5 950~~ ~~6 050~~ ~~6 130~~ ~~6 325~~

~~5 710~~ ~~5 755~~ ~~5 850~~ ~~5 880~~ ~~5 880~~ 5 890 5 920 ~~5 940~~ ~~5 950~~ ~~6 050~~ ~~6 130~~ ~~6 325~~

此时，已不能进行进一步的消除，否则将消除所有数据。因此，中位数恰好是剩余两个值的平均值。当有偶数个观测值时，去掉过程将永远导致有两个剩余值，这些值的平均值就是中位数。当有奇数个观测值时，去掉过程将永远导致有一个最终值，这个值就是中位数。因此，无论观测值个数是奇数还是偶数，这种方法都适用。

虽然在度量数据的中心位置时更常用的是平均数，但在某些情况下，使用中位数则更为合适[○]。平均数往往会受到异常大或异常小的数值影响。例如，假设某个毕业生（见表 3-1）的起薪为每月 15 000 美元。如果我们把表 3-1 的最高起始月薪从 6 325 美元改为 15 000 美元，再重新计算平均数，则样本平均数将从 5 940 美元变为 6 663 美元。而中位数却没有改变，仍为 5 905 美元，因为 5 890 和 5 920 还是中间的两个值。当存在异常高的起薪情况时，中位数提供了比平均数更好的中心位置度量。我们通常说，在数据集含有异常值的情况下，中位数往往更适合于度量数据的中心位置。

3.1.4 几何平均数

几何平均数（geometric mean）是一种位置的度量，它是 n 个数值乘积的 n 次方根。几何平均数记为 $\bar{x}_g$，其一般公式如下：

几何平均数

$$\bar{x}_g = \sqrt[n]{x_1 x_2 \cdots x_n} = (x_1 x_2 \cdots x_n)^{1/n} \tag{3-4}$$

几何平均数常常用于分析财务数据的增长率。在这种情形中，算术平均数或平均值会给出误导性结果。

为了说明几何平均数的用途，考虑一只共同基金过去 10 年间的年回报率或增长率，如表 3-2 所示。假设第 1 年年初在该基金投资 100 美元，我们想计算第 10 年年末的价值。我们首先计算该基金第 1 年年末的余额。由于第 1 年的年回报率为 -22.1%，则该基金第 1 年年末的余额将为

$$100 - 0.221 \times 100 = 100 \times (1 - 0.221)$$
$$= 100 \times 0.779 = 77.9 (美元)$$

注意，在表 3-2 中 0.779 被称为第 1 年的增长因子[○]。这个结果表明，用第 1 年年初在该基金的投资额乘以第 1 年的增长因子，我们可以计算第 1 年年末的余额。

该基金第 1 年年末的余额 77.9 美元，现在变为第 2 年年初的余额。由于第 2 年的回报率为 28.7%，则第 2 年

表 3-2 共同基金数据的年回报率和增长因子

年	回报率（%）	增长因子
1	-22.1	0.779
2	28.7	1.287
3	10.9	1.109
4	4.9	1.049
5	15.8	1.158
6	5.5	1.055
7	-37.0	0.630
8	26.5	1.265
9	15.1	1.151
10	2.1	1.021

○ 中位数作为位置的度量，经常用在年收入及资产价值数据的报告中。因为少数极端大的收入和资产价值将会夸大平均数，在这种情况下，中位数就是对中心位置更好的度量。

○ 每一年的增长因子等于 1 加上 0.01 乘以回报率。增长因子小于 1，表明负增长；而增长因子大于 1，表明正增长。增长因子不能小于 0。

年末的余额将为

$$77.9 + 0.287 \times 77.9 = 77.9 \times (1 + 0.287) = 77.9 \times 1.287 = 100.2573(美元)$$

注意，1.287 是第 2 年的增长因子。带入 100×0.779 或 77.9 美元，我们看到第 2 年年末的余额为

$$100 \times 0.779 \times 1.287 = 100.2573(美元)$$

换句话说，第 2 年年末的余额恰好是第 1 年年初最初的投资额与两个增长因子的乘积。这个结果可以推而广之，得到第 10 年年末的余额为最初的投资额乘以所有增长因子。

$$100 \times 0.779 \times 1.287 \times 1.109 \times 1.049 \times 1.158 \times 1.055 \times 0.630 \times 1.265 \times 1.151 \times 1.021$$
$$= 100 \times 1.334493 = 133.4493(美元)$$

因此，第 1 年年初在该基金的 100 美元投资额，第 10 年年末价值将为 133.449 3 美元。注意，10 个增长因子的乘积为 1.334 493。因此，对第 1 年年初的任何数量的投资额，我们可以计算第 10 年年末的余额为最初的投资额乘以 1.334 493。例如，第 1 年年初投资额为 2 500 美元，第 10 年年末价值将为 2 500×1.334 493 或大约 3 336 美元。

但是，过去 10 年间这项投资的平均年回报率或平均增长率是多少？我们来看如何使用 10 个增长因子的几何平均数回答这个问题。由于 10 个增长因子的乘积为 1.334 493，几何平均数是 1.334 493 的 10 次方根[⊖]或

$$\bar{x}_g = \sqrt[10]{1.334493} = 1.029275$$

几何平均数[⊖]告诉我们年收益平均以（1.029 275−1）×100%或 2.927 5%的速率增长。换句话说，对于 2.927 5%的年平均增长率，第 1 年年初在该基金的 100 美元投资额，第 10 年年末将增加到 $100 \times 1.029275^{10} = 133.4493$ 美元。

了解年回报率的算术平均数不能提供这个投资的平均年增长率是非常重要的。表 3-2 中的 10 个年增长率之和为 50.4%，因此，10 个年回报率的算术平均数为 50.4%/10 = 5.04%。一个经纪人通过声称平均年回报率为 5.04%，试图说服你投资这个基金。这个声明不仅容易误导投资人，还是错误的。平均年回报率 5.04%对应的平均增长因子为 1.050 4。因此，如果平均增长因子确实为 1.050 4 的话，第 1 年年初在该基金投资 100 美元，第 10 年年末将增加到 $100 \times 1.0504^{10} = 163.451$ 美元。但是，利用表 3-2 中的年回报率，我们看到最初的 100 美元投资额第 10 年年末的价值为 133.45 美元。这个经纪人的平均年回报率为 5.04%的声明极度夸大了该共同基金的实际增长率。这个问题是样本平均数只适合于加法过程。对于乘法过程，诸如增长率的应用，几何平均数是合适的位置度量。

在财务、投资和银行业的问题中，几何平均数的应用尤为常见，当你任何时候想确定过去几个连续时期的平均变化率时，都能应用几何平均数。其他通常的应用包括物种总体、农作物产量、污染水平以及出生率和死亡率的变化。注意，几何平均数也可以用于发生在所有时间长度的连续时期的任何数量的变化率。除了年变化率外，几何平均数也常常用于发现季度、月、周以及天的平均变化率。

3.1.5 众数

另一种位置的度量是**众数**（mode），众数的定义如下。

> **众数**
> 众数是出现次数最多的数据。

为了说明如何确定众数，我们考虑 5 个班级人数的样本。出现次数超过一次的数值只有 46。由于这个数值的出现次数为 2，是出现次数最多的数值，所以它就是众数。作为另外一个例子，考虑商学院毕业生起薪数据的样本。只有 5 880 美元是唯一出现次数超过一次的起始月薪数值。它出现的频数最多，那么它就是众数。

⊖ 使用大多数计算器或使用 Excel 中的 POWER 函数，可以计算 n 次方根。例如，使用 Excel，1.334 493 的 10 次方根＝POWER（1.334 493，1/10）或 1.029 275。
⊖ Excel 用 GEOMEAN 函数可以直接计算一系列增长因子的几何平均数。

有时出现次数最多的数值可能有两个或更多，在这种情况下，存在不止一个众数。如果在数据中正好有两个众数，我们称数据集是双众数的。如果在数据中众数超过两个，我们称数据集是多众数的。在多众数的情况下，几乎从不报告众数。因为列出 3 个或以上的众数，对于描述数据的位置并不能起多大作用。

3.1.6　百分位数

百分位数（percentile）提供了数据如何散布在从最小值到最大值的区间上的信息。对于包含 n 个观测值的数据集，第 p 百分位数将数据分割为两个部分：大约有 $p\%$ 的观测值比第 p 百分位数小；而大约有 $(100-p)\%$ 的观测值比第 p 百分位数大。

高等院校经常以百分位数的形式报告入学考试的成绩。比如，假设一名申请者入学考试的数学得到 630 分。相对于参加同样考试的其他学生，这个学生的表现如何，人们可能并不清楚。但是，如果原始的 630 分恰好对应着第 82 百分位数，那么我们就能知道：大约有 82% 的学生的成绩比他低，大约有 18% 的学生成绩比他高。

为了计算一个包含 n 个观测值的数据集的第 p 百分位数，首先，我们必须将所有数据按升序（从小到大的顺序）排列。最小值在第 1 个位置，下一个最小值在第 2 个位置，以此类推。令 L_p 表示第 p 百分位数的位置[⊖]，其计算公式如下。

> **第 p 百分位数位置**
>
> $$L_p = \frac{p}{100}(n+1) \tag{3-5}$$

一旦发现第 p 百分位数的位置，我们就计算第 p 百分位数所需的信息。

为了说明如何计算第 p 百分位数，我们来计算表 3-1 中的起薪数据的第 80 百分位数。首先我们将样本的 12 个起薪数据按升序排列：

	5 710	5 725	5 850	5 880	5 880	5 890	5 920	5 940	5 950	6 050	6 130	6 325
位置	1	2	3	4	5	6	7	8	9	10	11	12

在排序数据中，每个观测值的位置直接显示在值的下方。例如，最小值（5 710）在位置 1，下一个最小值（5 755）在第 2 个位置，以此类推。利用式（3-5）以及 $p=80$ 和 $n=12$，第 80 百分位数的位置为

$$L_{80} = \frac{p}{100}(n+1) = \frac{80}{100}(12+1) = 10.4$$

$L_{80} = 10.4$ 的解释为第 80 百分位数是位置 10 的数值与位置 11 的数值之间部分的 40%。换句话说，第 80 百分位数为位置 10 的数值（6 050）加上位置 11 的数值（6 130）与位置 10 的数值（6 050）之间差异的 0.4 倍，即第 80 百分位数是

$$第 80 百分位数 = 6\,050 + 0.4 \times (6\,130 - 6\,050) = 6\,050 + 0.4 \times 80 = 6\,082$$

现在我们计算起薪数据的第 50 百分位数。由于 $p=50$ 和 $n=12$，第 50 百分位的位置为

$$L_{50} = \frac{p}{100}(n+1) = \frac{50}{100}(12+1) = 6.5$$

由于 $L_{50} = 6.5$，我们看到第 50 百分位数是位置 6 的数值（5 890）与位置 7 的数值（5 920）之间部分的 50%，即第 50 百分位数是

$$第 50 百分位数 = 5\,890 + 0.5(5\,920 - 5\,890) = 5\,890 + 0.5 \times 30 = 5\,905$$

注意第 50 百分位数同时也是中位数。

⊖　许多方法可以用来计算样本数据的第 p 百分位数的位置。特别地，对于大型数据集，所有方法都给出相近的数值。我们这里介绍的方法是 Excel 的 PERCENTILE.EXC 函数和一些统计软件包所使用的方法。

3.1.7　四分位数

人们经常需要将数据划分为四部分，每一部分大约包含 1/4 或 25% 的观测值。这些分割点称为**四分位数**（quartiles）[⊖]，其定义是

$$Q_1 = 第一四分位数，或第 25 百分位数$$
$$Q_2 = 第二四分位数，或第 50 百分位数（也是中位数）$$
$$Q_3 = 第三四分位数，或第 75 百分位数$$

由于四分位数是一种特殊的百分位数，因此计算百分位数的方法可以用于计算四分位数。

为了说明一个包含 n 个观测值的数据集的四分位数计算，我们将计算表 3-1 中起薪数据的四分位数。之前我们得到起薪数据的第 50 百分位数是 5 905，因此第二四分位数（中位数）$Q_2 = 5\,905$。为了计算第一和第三四分位数，我们必须找到第 25 和第 75 百分位数，计算如下。

对于 Q_1

$$L_{25} = \frac{p}{100}(n + 1) = \frac{25}{100} \times (12 + 1) = 3.25$$

第一四分位数或第 25 百分位数是位置 3 的数值（5 850）与位置 4 的数值（5 880）之间部分的 0.25 倍，即

$$Q_1 = 5\,850 + 0.25 \times (5\,880 - 5\,850) = 5\,850 + 0.25 \times 30 = 5\,857.5$$

对于 Q_3

$$L_{75} = \frac{p}{100}(n + 1) = \frac{75}{100} \times (12 + 1) = 9.75$$

第三四分位数或第 75 百分位数是位置 9 的数值（5 950）与位置 10 的数值（6 050）之间部分的 0.75 倍，即

$$Q_3 = 5\,950 + 0.75 \times (6\,050 - 5\,950) = 5\,950 + 0.75 \times 100 = 6\,025$$

四分位数将起薪数据划分为四部分，每部分包含 25% 的观测值。

25% 的数据			25% 的数据			25% 的数据			25% 的数据		
5 710	5 755	5 850	5 880	5 880	5 890	5 920	5 940	5 950	6 050	6 130	6 325
		$Q_1 = 5\,857.5$			$Q_2 = 5\,905$（中位数）			$Q_3 = 6\,025$			

我们将四分位数分别定义为第 25 百分位数、第 50 百分位数和第 75 百分位数。因此，我们用和计算百分位数相同的方法计算四分位数。但是，有时也用其他方法来计算四分位数，而且根据所用方法的不同，计算出的四分位数实际值也会略有不同。不过，计算四分位数的所有方法的目的都是将数据划分为相等的四部分。

注释和评论

1. 当数据集中含有极端值时，使用中位数作为中心位置的度量比平均数更合适。有时，在存在极端值的情况下，我们使用调整平均数（trimmed mean）。从数据中删除一定比例的最大值和最小值，然后计算剩余数据的平均值，就能得到调整平均数。例如，我们从数据中删除 5% 最小的数值和 5% 最大的数值，然后计算剩余数据的平均值，就得到 5% 调整平均数。对 $n = 12$ 的起薪样本数据，$0.05 \times 12 = 0.6$。四舍五入得这个值为 1，表明 5% 调整平均数将删除一个最小的数值和一个最大的数值。用 10 个剩余观测值计算的 5% 调整平均数为 5 924.50。

2. 其他常用的百分位数是五分位数（第 20 百分位数、第 40 百分位数、第 60 百分位数和第 80 百分位数）和十分位数（第 10 百分位数、第 20 百分位数、第 30 百分位数、第 40 百分位数、第 50 百分位数、第 60 百分位数、第 70 百分位数、第 80 百分位数和第 90 百分位数）。

⊖　四分位数是一种特殊的百分位数，因此，计算百分位数的步骤可以直接用于四分位数的计算。

练习

方法

2. 考虑数据值10，20，21，17，16和12为一个样本，计算平均数和中位数。

4. 考虑下面的数据。

时期	回报率（%）	时期	回报率（%）
1	-6.0	4	2.0
2	-8.0	5	5.4
3	-4.0		

过去5个时期的平均增长率是多少？

6. 考虑数据值53，55，70，58，64，57，53，69，57，68和53的一个样本，计算平均数、中位数和众数。

应用

8. 假设一项在佐治亚州亚特兰大市的公司进行的中层管理人员独立研究，旨在将在亚特兰大市工作的管理人员的收入与全美平均水平进行比较。下面是15名中层管理人员的收入样本数据（单位：1 000美元）。

108	83	106	73	53	85	80	63	67	75
124	55	93	118	77					

a. 计算15名中层管理人员的中位数收入。假设全美公司的中层管理人员中位数收入为85 000美元，这组的中位数与全美中层管理人员的中位数比较会如何？

b. 计算平均年收入，并讨论它与（a）中计算的中位数有何不同以及为什么不同。

c. 计算第一和第三四分位数。

10. OutdoorGearLab是一家为攀岩、野营、登山和徒步旅行测试户外装备的机构。根据每种冲锋衣的透气性、耐久性、多功能性、特征、流动性和重量等，给予每种冲锋衣一个从0（最低）到100（最高）的综合评级。下面是20种最好的冲锋衣的测试结果数据。

42	66	67	71	78	62	61	76	71	67
61	64	61	54	83	63	68	69	81	53

a. 计算平均数、中位数和众数。

b. 计算第一和第三四分位数。

c. 计算并解释第90百分位数。

12. 一款新的在线多人生存游戏的创造者一直在追踪最新游戏每月的下载量。下表是今年和去年每个月的月下载量数据。

月（去年）	下载量/1 000次	月（今年）	下载量/1 000次
2	33.0	1	37.0
3	34.0	2	37.0
4	34.0	3	37.0
5	32.0	4	38.0
6	32.0	5	37.0
7	35.0	6	36.0
8	34.0	7	37.0
9	37.0	8	35.0
10	37.0	9	33.0
11	35.0	10	32.0
12	33.0		

a. 计算去年下载量的平均数、中位数和众数。

b. 计算今年下载量的平均数、中位数和众数。

c. 计算去年下载量的第一和第三四分位数。

d. 计算今年下载量的第一和第三四分位数。

e. 比较（a）~（d）中计算的去年和今年的数值。与去年相比，今年的游戏下载量说明什么？

14. 美国劳工统计局搜集各州的失业率数据，存在名为UnemploymentRates的文件中，给出了美国各州和哥伦比亚特区连续两年的失业率。为了比较去年和今年的失业率，计算去年和今年失业数据的第一四分位数、中位数和第三四分位数。这些统计量对全美国失业率两年来的变化的建议是什么？

16. 大学生的平均等级分是根据计算加权平均数得到的。大多数学校用下列数值分别代表各个等级：A（4），B（3），C（2），D（1），F（0）。州立大学的某个学生在结束了60个学分的课程学习之后，有9个学分获得A，15个学分获得B，33个学分获得C，3个学分获得D。

a. 计算这个学生的平均等级分。

b. 州立大学的学生们在前60个学分的课程学习中，应至少达到2.5个平均等级分才能被商学院录取。问该学生能被录取吗？

18. 根据工商管理硕士项目的调查，《美国新闻与世界报道》对美国的商学院进行排名。排序的依据是对商学院院长和企业招聘人员的调查，要求每一名调查对象对学院硕士项目的整体学术质量评定分数，从 1（勉强够格）到 5（杰出）。利用下表中商学院院长和企业招聘人员评定的样本数据，计算加权平均得分，并讨论。

质量评估	商学院院长	企业招聘人员
5	44	31
4	66	34
3	60	43
2	10	12
1	0	0

20. 第 1 年年初假设你在 Stivers 共同基金中投资 10 000 美元，在 Trippi 共同基金中投资 5 000 美元。随后每年年末每项投资的价值如下表所示。哪只共同

基金表现得更好？

年	Stivers 共同基金/ 美元	Trippi 共同基金/ 美元
1	11 000	5 600
2	12 000	6 300
3	13 000	6 900
4	14 000	7 600
5	15 000	8 500
6	16 000	9 200
7	17 000	9 900
8	18 000	10 600

22. 公司当前的价值是 0.25 亿美元。如果 6 年前公司的价值是 0.1 亿美元，则过去 6 年间公司的年平均增长率是多少？

3.2 变异程度的度量

除了位置的度量以外，人们往往还需要考虑变异程度即离散程度的度量。例如，假设你是一家大型制造公司的采购代理商，你经常向两个不同的供应商下订单。经过几个月的运营，你发现两个供应商完成订单所需的平均时间都是 10 天左右。二者完成订单所需时间的直方图如图 3-2 所示。尽管两个供应商的平均交货时间都是 10 天，但二者在按时交货方面是否拥有相同的可信度？注意直方图中交货时间的变异程度或离散程度，你会选择哪一家供应商呢？[⊖]

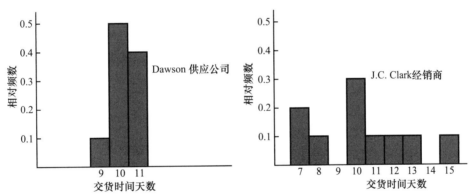

图 3-2 两个供应商完成订单所需时间的直方图

对于大多数公司来说，按时收到原材料和货物供给是很重要的。从 J. C. Clark 经销商的直方图来看，7 天或 8 天交货可能会受到称赞，但是一部分延迟到 13~15 天的交货，对于协调公司员工的安排和按时完成生产将非常困难。这个例子说明了这样一种情形，即交货时间的变异程度往往是选择供应商的最主要因素。对大多数采购代理商来说，像 Dawson 供应公司这样变异程度较小的供应商，才是较理想的供应商。

现在我们来讨论一些常用的变异程度的度量。

3.2.1 极差

极差（range）是一种最简单的变异程度的度量。

⊖ 交货时间的变异性造成按时完成生产的不确定性，本节的方法有助于测量和了解变异性。

极差

$$极差 = 最大值 - 最小值$$

我们参阅表 3-1 中商学院毕业生的起薪数据，最高起薪为 6 325 美元，最低起薪为 5 710 美元。因此，极差为 6 325 - 5 710 = 615（美元）。

尽管极差是最容易计算的变异程度的度量，但它很少被单独用来度量变异程度。其原因是极差仅仅以两个观测值为依据，因此极易受到异常值的影响。假设某个毕业生的起薪为每月 15 000 美元，在这种情况下，极差将为 15 000 - 5 710 = 9 290（美元），而不是 615 美元。如此之大的极差将不能准确地描述数据的变异程度，因为在 12 个起薪数据中有 11 个都集中在 5 710~6 130 美元。

3.2.2 四分位数间距

四分位数间距（interquartile range，IQR）作为变异程度的一种度量，能够克服异常值的影响。它是第三四分位数 Q_3 与第一四分位数 Q_1 的差值。也就是说，四分位数间距是中间 50% 数据的极差。

四分位数间距

$$IQR = Q_3 - Q_1 \tag{3-6}$$

对于起薪数据，四分位数 $Q_3 = 6\ 025$ 和 $Q_1 = 5\ 857.5$。因此，四分位数间距等于 6 025 - 5 857.5 = 167.5（美元）。

3.2.3 方差

方差（variance）是用所有数据对变异程度所做的一种度量。方差依赖于每个观察值（x_i）与平均值之间的差异，每个观察值 x_i 与平均值（对样本而言是 $\bar{x}$，对总体而言是 μ）的差称为平均数的离差（deviation about the mean）。对于样本而言，平均数的离差记为（$x_i - \bar{x}$）；对于总体而言，则记为（$x_i - \mu$）。在计算方差时，需要计算平均数的离差的平方。

如果数据来自总体，则离差平方的平均值称为**总体方差**（population variance），总体方差用希腊字母 σ^2 表示。对于有 N 个观察值的总体，用 μ 表示总体平均数，总体方差的定义如下。

总体方差

$$\sigma^2 = \frac{\sum (x_i - \mu)^2}{N} \tag{3-7}$$

大多数的统计应用需要分析样本数据。我们计算样本方差时，更希望用它来估计总体方差 σ^2。虽然关于样本方差的详细解释已超出了本书的范围，但可以证明如果样本平均数的离差平方和除以 $n-1$，而不是 n，所得到的样本方差⊖是总体方差的无偏估计。鉴于此，用 s^2 表示的样本方差（sample variance）定义如下。

样本方差

$$s^2 = \frac{\sum (x_i - \bar{x})^2}{n-1} \tag{3-8}$$

为了举例说明样本方差的计算过程，我们使用第 3.1 节的 5 个大学班级样本的班级人数数据。表 3-3 给出了数据汇总，包括平均数的离差和离差平方的计算过程。平均数的离差平方和为 $\sum (x_i - \bar{x})^2 = 256$，并且 $n-1 = 4$。所以样本方差为

⊖ 样本方差 s^2 是总体方差 σ^2 的点估计。

$$s^2 = \frac{\sum (x_i - \bar{x})^2}{n-1} = \frac{256}{4} = 64$$

表 3-3　班级人数数据平均数的离差和离差平方的计算

班级学生数（x_i）	班级人数平均数（$\bar{x}$）	平均数的离差（$x_i - \bar{x}$）	平均数的离差的平方（$x_i - \bar{x}$）^{2}
46	44	2	4
54	44	10	100
42	44	−2	4
46	44	2	4
32	44	−12	144
		0	256
		$\sum (x_i - \bar{x})$	$\sum (x_i - \bar{x})^2$

我们注意到，样本方差的单位往往会引起混淆。因为在方差的计算中，求和的数值 $(x_i - \bar{x})^2$ 都是平方，所以样本方差的单位也是平方。例如，班级人数数据的样本方差为 $s^2 = 64$（人）^{2}。方差的平方单位使得人们对于方差的数值很难找到直观的理解和诠释。我们建议把方差作为比较两个或两个以上变量变异程度的有用工具。[⊖]在变量的比较中，拥有较大方差的变量显示其变异程度也较大，而对于方差数值的进一步解释可能就没有必要了。

作为计算样本方差的另一个例子，考虑表 3-1 中 12 名商学院毕业生的起薪数据。在 3.1 节我们计算出起薪的样本平均数为 3 940。样本方差（$s^2 = 27\,440.91$）的计算过程如表 3-4 所示。

表 3-4　起薪数据样本方差的计算

起始月薪（x_i）	样本平均数（$\bar{x}$）	平均数的离差（$x_i - \bar{x}$）	平均数的离差的平方（$x_i - \bar{x}$）^{2}
5 850	5 940	−90	8 100
5 950	5 940	10	100
6 050	5 940	110	12 100
5 880	5 940	−60	3 600
5 755	5 940	−185	34 225
5 710	5 940	−230	52 900
5 890	5 940	−50	2 500
6 130	5 940	190	36 100
5 940	5 940	0	0
6 325	5 940	385	148 225
5 920	5 940	−20	400
5 880	5 940	−60	3 600
		0	301 850
		$\sum (x_i - \bar{x})$	$\sum (x_i - \bar{x})^2$

由式（3-8）

$$s^2 = \frac{\sum (x_i - \bar{x})^2}{n-1} = \frac{301\,850}{11} = 27\,440.91$$

在表 3-3 和表 3-4 中，我们列出了平均数的离差之和，也列出了平均数的离差的平方之和。对任何数据集，平均数的离差之和总是等于零。在表 3-3 和表 3-4 中，我们注意到 $\sum (x_i - \bar{x}) = 0$。由于正的离差和负的离差总是相互抵消，从而导致平均数的离差之和等于零。

3.2.4　标准差

我们定义**标准差**（standard deviation）为方差的正平方根。沿用前面的样本方差和总体方差的符号，我们以 s 表示样本标准差[⊜]，以 σ 表示总体标准差。标准差可以用以下方法由方差推导而来。

⊖　方差在比较两个或两个以上变量的变异程度时很有用。

⊜　样本标准差 s 是总体标准差 σ 的点估计。

标准差

$$样本标准差\ s = \sqrt{s^2} \qquad\qquad (3\text{-}9)$$

$$总体标准差\ \sigma = \sqrt{\sigma^2} \qquad\qquad (3\text{-}10)$$

我们记得，5 个大学班级人数的样本方差 $s^2 = 64$，因此样本标准差为 $s = \sqrt{64} = 8$。对于起薪数据，样本标准差为 $s = \sqrt{27\,440.91} = 165.65$。

将方差转为与其相对应的标准差$^{\ominus}$有什么好处？我们知道方差的单位都是平方项，例如，对于商学院毕业生的起薪数据，样本方差为 $s^2 = 27\,440.91$（美元）^{2}。由于标准差是方差的平方根，因此方差的单位美元平方就转化为标准差的单位美元。所以，起薪数据的标准差为 165.65 美元。换句话说，标准差和原始数据的单位度量相同。标准差更容易与平均数和其他与原始数据有相同测量单位的统计量进行比较。

3.2.5 标准差系数

在某些情况下，我们可能对表示标准差相对于平均数大小的描述统计量感兴趣。这一量度称为**标准差系数**（coefficient of variation）$^{\ominus}$，它通常表示为百分数。

标准差系数

$$\left(\frac{标准差}{平均数} \times 100 \right)\% \qquad\qquad (3\text{-}11)$$

对于班级人数数据，我们知道样本平均数为 44，样本标准差为 8，因此标准差系数为 $[(8/44) \times 100]\% = 18.2\%$。也就是说，标准差系数告诉我们，样本标准差是样本平均数的 18.2%。对于起薪数据，样本平均数为 5 940，样本标准差为 165.65，因此标准差系数为 $[(165.65/5\,940) \times 100]\% = 2.8\%$，它说明样本标准差仅为样本平均数的 2.8%。一般地，在比较具有不同标准差和不同平均数的变量的变异程度时，标准差系数是一个很有用的统计量。

注释和评论

1. 统计软件包和电子表格能用来计算本章所讲述的描述统计量。将数据输入工作表以后，通过一些简单的命令就能够产生所需要的结果。在本章的 2 个附录中，我们将演示如何利用 JMP 和 Excel 来计算描述统计量。

2. 标准差通常用来度量与股票和股票基金投资相关的风险。它给出了月回报率如何围绕长期平均回报率波动的度量。

3. 当使用计算器计算方差和标准差时，对样本平均数 $\bar{x}$ 和离差的平方 $(x_i - \bar{x})^2$ 进行四舍五入处理，可能会引起方差或标准差的计算误差。为了减少舍入误差，我们建议在计算的中间步骤至少保留 6 位有效数字，而所得的方差或标准差可以保留少一些的位数。

4. 计算样本方差的另外一个公式为

$$s^2 = \frac{\sum x_i^2 - n\bar{x}^2}{n-1}$$

式中，$\sum x_i^2 = x_1^2 + x_2^2 + \cdots + x_n^2$。

5. 平均绝对偏差（mean absolute error, MAE）是另一种变异程度的度量，将每个观察值与平均值之间的差异绝对值求和再除以观测值的个数计算得出。对于一个容量为 n 的样本，MAE 的计算公式如下：

$$MAE = \frac{\sum |x_i - \bar{x}|}{n}$$

$\ominus$　标准差比方差更易于解释，因为标准差与数据的单位相同。

$\ominus$　标准差系数是对变异程度的相对度量，它衡量标准差相对于平均数的大小。

对于第 3.1 节的班级人数数据，$\bar{x}=44$，$\sum |x_i-\bar{x}|=28$，因此 MAE $=28/5=5.6$。在第 17 章，你可以进一步学习 MAE 和其他变异程度的度量。

练 习

方法

24. 考虑数据值为 10，20，12，17 和 16 的一个样本，计算方差和标准差。

应用

26. 石油价格信息服务公司从全美国超过 90 000 个加油站和便利店搜集数据，得到每升无铅汽油的平均价格为 0.87 美元（MSN Auto website）。下面是位于旧金山市的 20 个加油站和便利店每升汽油价格（单位：美元）的样本数据。

| 0.95 | 0.95 | 1.27 | 0.94 | 0.94 | 0.98 | 0.96 | 0.95 | 0.99 | 0.94 |
| 0.94 | 0.95 | 0.94 | 1.05 | 1.10 | 0.97 | 0.96 | 0.99 | 0.95 | 0.94 |

　　a. 利用样本数据估计旧金山市每升无铅汽油的平均价格。

　　b. 计算样本标准差。

　　c. 将每升汽油的平均价格样本数据与美国的平均价格进行比较。关于旧金山的生活成本，你能从中得出什么结论？

28. Varatta 公司销售工业管道阀门。下表列出了公司最近一个财政年度不同销售人员的年销售额。

销售人员	销售额/1 000 美元	销售人员	销售额/1 000 美元
Joseph	147	Wei	465
Jennifer	232	Samantha	410
Phillip	547	Erin	298
Stanley	328	Dominic	321
Luke	295	Charlie	190
Lexie	194	Amol	211
Margaret	368	Lenisa	413

　　a. 计算年销售额的平均数、方差和标准差。

　　b. 在上一个财政年度，销售人员的平均年销售额为 300 000 美元，标准差为 95 000 美元。讨论最近一个财政年度与上一个财政年度年销售额之间的差异。

30. 下面的数据用于绘制直方图，这些数据分别是 Dawson 供应公司和 J. C. Clark 经销商完成订单所需的天数（见图 3-2）。

Dawson 供应公司的交货时间：

11　10　9　10　11　11　10　11　10　10

Clark 经销商的交货时间：

8　10　13　7　10　11　10　7　15　12

用极差和标准差来证明前面的观察结果：Dawson 供应公司的交货时间更一致和更可靠。

32. 《广告时代》每年编制广告费用最多的 100 家公司的名单。消费品公司宝洁常常列于首位，其每年花费高达数十亿美元。考虑名为 Advertising 的文件中的数据，它包含 20 家汽车业公司和 20 家百货业公司的年广告费用。

　　a. 每个行业广告费用的平均数是多少？

　　b. 每个行业的广告费用的标准差是多少？

　　c. 每个行业广告费用的极差是多少？

　　d. 每个行业的广告费用的四分位数间距是多少？

　　e. 根据样本以及（a）~（d）的答案，对汽车业公司与百货公司广告费用的差异进行评论。

34. 下面的数据是一所大学田径队的队员跑 0.25 英里⊖和 1 英里的时间（单位：分钟）。

　　0.25 英里的时间：0.92　0.98　1.04　0.90　0.99

　　1 英里的时间：4.52　4.35　4.60　4.70　4.50

　　　一位教练看到这个样本后认为，跑 0.25 英里的时间更具有一致性。用标准差和标准差系数来说明数据的变异性，标准差系数是否说明教练的说法成立。

3.3 分布形态、相对位置的度量以及异常值的检测

我们已经讲述了几种对数据位置和变异程度的度量方法，但对分布形态的度量往往也是重要的。在第 2 章中，我们注意到，直方图对分布形态提供了一种很好的图形描述。分布形态的一种重要的数值度量被称为**偏度**（skewness）。

　　⊖　1 英里 = 1 609.344 米。

3.3.1 分布形态

图 3-3 是根据相对频数分布绘制的 4 个直方图。图 3-3a 和图 3-3b 中的直方图呈现一定程度的偏态：图 3-3a 的直方图是左偏，它的偏度为-0.85；图 3-3b 的直方图是右偏，它的偏度为+0.85。图 3-3c 的直方图是对称的，它的偏度为 0。图 3-3d 的直方图严重右偏，它的偏度为 1.62。用来计算偏度的公式有些复杂[⊖]，但是使用统计软件很容易计算偏度。对于左偏的数据，偏度是负值；对于右偏的数据，偏度是正值。如果数据是对称的，则偏度为 0。

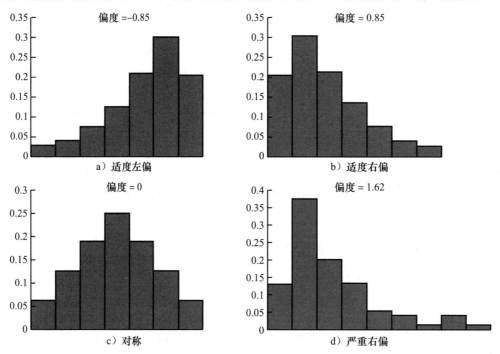

图 3-3　四个呈现不同偏度的分布的直方图

对于一个对称的分布，平均数和中位数是相等的。当数据的偏度是正值时，通常平均数比中位数要大；当数据的偏度是负值时，通常平均数比中位数要小。用于绘制图 3-3d 中直方图的数据是消费者在一家女性服饰店购物的金额。平均购物金额是 77.60 美元，中位数是 59.70 美元。少数较大的购物金额将平均数拉大，但中位数不受影响。当数据严重偏离时，中位数是位置的首选度量。

3.3.2 *z*-分数

对一个数据集，除了位置、变异程度和形态的度量外，我们还对数据集中数值的相对位置感兴趣。相对位置的度量值能帮助我们确定一个特殊的数值距平均数有多远。

利用平均数和标准差，我们可以确定任何观察值的相对位置。假设我们有一个 n 个观测值 $x_1, x_2, \cdots, x_n$ 的样本，并且假设样本平均数 $\bar{x}$ 和样本标准差 s 已经被计算出来。与任何一个数值 x_i 有关的另一个数值称为 x_i 的 **z-分数**（*z*-score）。式（3-12）是计算每个 x_i 的 z-分数的公式。

> **z-分数**
>
> $$z_i = \frac{x_i - \bar{x}}{s} \tag{3-12}$$
>
> 式中，z_i 代表 x_i 的 z-分数；$\bar{x}$ 为样本平均数；s 为样本标准差。

⊖　计算样本数据偏度的公式为：偏度 $= \dfrac{n}{(n-1)(n-2)} \sum \left(\dfrac{x_i - \bar{x}}{s} \right)^3$

z-分数往往被称为标准化数值。z-分数 z_i，能被解释为 x_i 与平均数 $\bar{x}$ 的距离是 z_i 个标准差。例如，$z_1 = 1.2$，表示 x_1 比样本平均数大 1.2 个标准差。类似地，$z_2 = -0.5$，表示 x_2 比样本平均数小 0.5 或 1/2 个标准差。当观察值大于平均数时，z-分数将大于零；当观察值小于平均数时，z-分数将小于零；z-分数等于零，则表示观察值等于平均数。

任何观测值的 z-分数都被认为是对数据集中观测值相对位置的度量。因此，两个不同数据集的观测值具有相同的 z-分数，就可以说它们具有相同的相对位置，因为它们与平均数的距离有相同个数的标准差。

表 3-5 计算了第 3.1 节中班级人数数据的 z-分数。我们已知样本平均数 $\bar{x} = 44$，样本标准差 $s = 8$。第 5 个观测值的 z-分数为 -1.50，说明它距离平均数最远，且比平均数小 1.50 个标准差。图 3-4 给出了班级人数数据的打点图，在打点图坐标轴下方有相对应的 z-分数的图形表示。

表 3-5 班级人数数据的 z-分数

班级人数 (x_i)	平均数的离差 ($x_i - \bar{x}$)	z-分数 $\left(\dfrac{x_i - \bar{x}}{s}\right)$
46	2	2/8 = 0.25
54	10	10/8 = 1.25
42	−2	−2/8 = −0.25
46	2	2/8 = 0.25
32	−12	−12/8 = −1.50

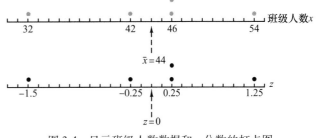

图 3-4 显示班级人数数据和 z-分数的打点图

3.3.3 切比雪夫定理

切比雪夫定理（Chebyshev's theorem）能使我们指出与平均数的距离在某个特定个数的标准差之内的数据值所占的比例。

> **切比雪夫定理**
>
> 与平均数的距离在 z 个标准差之内的数据值所占的比例至少为 $(1 - 1/z^2)$，其中 z 是大于 1 的任意实数[⊖]。

当 $z = 2$，3 和 4 个标准差时，该定理的一些应用如下：

- 至少 0.75 或 75% 的数据值与平均数的距离在 $z = 2$ 个标准差之内。
- 至少 0.89 或 89% 的数据值与平均数的距离在 $z = 3$ 个标准差之内。
- 至少 0.94 或 94% 的数据值与平均数的距离在 $z = 4$ 个标准差之内。

应用切比雪夫定理的一个实例是，假设某大学 100 名学生商务统计课期中考试的平均成绩为 70 分，标准差为 5 分。那么有多少学生的考试成绩在 60~80 分？有多少学生的考试成绩在 58~82 分？

对于 60~80 分的考试成绩，我们注意到 60 比平均数低 2 个标准差，而 80 比平均数高 2 个标准差。利用切比雪夫定理，我们知道至少有 0.75 或 75% 的观测值与平均数的距离在 2 个标准差之内。因此，至少有 75% 的学生考试成绩在 60~80 分。

对于 58~82 分的考试成绩，我们看到 $(58-70)/5 = -2.4$，表明 58 比平均数低 2.4 个标准差；而 $(82-70)/5 = +2.4$，表明 82 比平均数高 2.4 个标准差。应用切比雪夫定理且 $z = 2.4$，我们得到

$$\left(1 - \frac{1}{z^2}\right) = \left(1 - \frac{1}{2.4^2}\right) = 0.826$$

即至少有 82.6% 的学生考试成绩在 58~82 分。

3.3.4 经验法则

切比雪夫定理的优点之一就是，它适用于任何数据集而不论其数据分布的形状。的确，它可以用于图 3-3 中

⊖ 切比雪夫定理要求 $z > 1$，但 z 不一定是整数。

任何一个分布。但是在实际应用中，人们发现许多数据集具有类似图 3-5 所示的对称的峰形或钟形分布。当数据被认为近似于这种分布时，就可以运用**经验法则**（empirical rule）来确定与平均数的距离在某个特定个数的标准差之内的数据值所占的比例。⊖

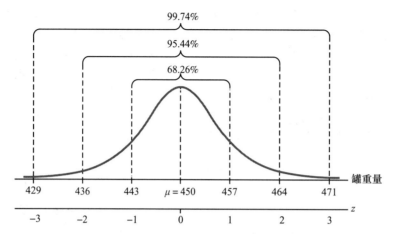

图 3-5　罐装清洁剂重量的钟形分布以及在 1，2 和 3 个标准差之内数据值的百分数

经验法则

对于具有钟形分布的数据：
- 大约 **68%** 的数据值与平均数的距离在 1 个标准差之内。
- 大约 **95%** 的数据值与平均数的距离在 2 个标准差之内。
- 几乎所有的数据值与平均数的距离在 3 个标准差之内。

例如，罐装液体清洁剂在生产线上被自动地灌注装满，灌注的重量通常具有钟形分布的特点。如果平均灌注重量是 450 克，标准差是 7 克，我们利用经验法则可以得到下面的结论：
- 大约 68% 的罐装清洁剂的灌注重量在 443~457 克之间（即与平均数的距离在 1 个标准差之内）。
- 大约 95% 的罐装清洁剂的灌注重量在 436~464 克之间（即与平均数的距离在 2 个标准差之内）。
- 几乎所有的罐装清洁剂的灌注重量在 429~471 克之间（即与平均数的距离在 3 个标准差之内）。

利用这些信息，我们可以说有多少罐装清洁剂将会⊜：
- 重量在 450~457 克之间？
- 重量在 436~450 克之间？
- 重量少于 436 克？
- 重量在 436~457 克之间？

如果我们确定正态分布关于其平均数对称，我们可以回答前面列出的每一个问题，我们可以确定如下：
- 因为罐装清洁剂的灌注重量在 443~457 克之间的比例大约是 68%，平均数 450 位于 443~457 的中点，因此罐装清洁剂的灌注重量在 450~457 克之间的比例大约是（68%）/2 或 34%。
- 因为罐装清洁剂的灌注重量在 436~464 克之间的比例大约是 95%，平均数 450 位于 436~464 的中点，因此罐装清洁剂的灌注重量在 436~450 克之间的比例大约是（95%）/2 或 47.5%。
- 我们已经确定罐装清洁剂的灌注重量在 436~450 克之间的比例大约是 47.5%。因为分布关于平均数对称，我们也知道有 50% 的罐装清洁剂的灌注重量在 450 克以下，所以罐装清洁剂的灌注重量小于 436 克的比例大约是（50%-47.5%）或 2.5%。

⊖　经验法则以正态分布为依据，该分布将在第 6 章中予以介绍。正态分布广泛应用在本书中。
⊜　利用图 3-5，可以帮助你回答这 4 个问题。

- 我们已经确定罐装清洁剂的灌注重量在 436~450 克之间的比例大约是 47.5%，前面我们也已确定有 34% 的罐装清洁剂的灌注重量在 450~457 克之间，因此罐装清洁剂的灌注重量在 436~457 克之间的比例大约 是（47.5%+34%）或 81.5%。

在第 6 章我们将学会用非整数值 z，来回答更广泛范围内的这种类型的问题。

3.3.5　异常值的检测

有时数据集中会包含一个或多个数值异常大或异常小的观测值，这样的极端值称为**异常值**（outlier）。有经验的统计人员会采取一定的步骤来识别异常值，并对它们仔细鉴别。异常值可能是一个被错误记录的数据值，如果是这样，可以在进一步分析之前把它更正。异常值也可能是一个被错误包含在数据集中的观测值，如果是这样，则可以把它删除。异常值还可能就是一个反常的数据值，它被正确地记录并且属于数据集。这种情况下，它应该被保留。

标准化数值（z-分数）可以用来确认异常值。经验法则告诉我们，对于具有钟形分布的数据，几乎所有的数据值与平均数的距离都在 3 个标准差之内。因此，在利用 z-分数来检测异常值时，我们建议把 z-分数小于−3 或大于+3 的任何数值都视为异常值。然后，对它们的准确性进行检查，以确定它们是否属于数据集。

参见表 3-5 中班级人数数据的 z-分数。第 5 项的 z-分数为−1.50，表明它距离平均数最远。但是，这个标准化数值仍在判定异常值的界限−3 到+3 之内。因此，z-分数不能表明，在班级人数数据中存在异常值。

确定异常值的另一种方法是以第一四分位数和第三四分位数（Q_1 和 Q_3）以及四分位数间距（IQR）为依据。利用这种方法，我们首先计算如下的下线和上限：

$$下限 = Q_1 - 1.5 \times IQR$$
$$上限 = Q_3 + 1.5 \times IQR$$

如果一个观测值的数值小于下限或大于上限，则被归类为异常值[⊖]。对于表 3-1 的起始月薪数据，$Q_1 = 5\,857.5$，$Q_3 = 6\,025$，$IQR = 167.5$，则下限和上限为：

$$下限 = Q_1 - 1.5 \times IQR = 5\,857.5 - 1.5 \times 167.55 = 5\,606.25(美元)$$
$$上限 = Q_3 + 1.5 \times IQR = 6\,025 + 1.5 \times 167.55 = 6\,276.25(美元)$$

观看表 3-1 中的数据，我们看到起薪数据的观测值没有小于下限 5 606.25。但是，有一个起薪 6 325 大于上限 6 276.25。因此，使用这种确定异常值的方法，6 925 被认定为异常值。

注释和评论

1. 切比雪夫定理可应用于任何数据集，并能够估计与平均数的距离在一定个数的标准差之内的最少数量的数据值。如果已知数据集近似呈钟形分布，则有更多的数据值在此范围之内。例如，经验法则告诉我们，大约有 95% 的数据值与平均数的距离在 2 个标准差之内；而切比雪夫定理仅仅告诉我们，至少有 75% 的数据值在此范围之内。

2. 在对数据集进行分析之前，统计人员经常会对数据进行各种检查，以确保其有效性。在大型研究中，记录数据或将数据输入计算机时往往会发生误差。检测异常值是检查数据有效性的一个工具。

练　习

方法

36. 考虑平均数为 500，标准差为 100 的一个样本，数据值为 520，650，500，450 和 280 的 z-分数是

多少？

38. 假设数据具有钟形分布，其平均数为 30，标准差为 5。利用经验法则来确定在下列范围之内的数据

⊖　用第一和第三四分位数以及四分位数间距确定异常值的方法，不必与依据 z-分数小于−3 或大于 3 的方法相同。可选用一种或两种方法。

所占的比例。

    a. 20~40   b. 15~45   c. 25~35

应用

40. 假设美国普通汽油每升的平均零售价为 0.91 美元，标准差为 0.03 美元，且每升汽油的零售价具有钟形分布。

    a. 每升普通汽油的零售价在 0.88~0.94 美元之间的比例是多少？

    b. 每升普通汽油的零售价在 0.88~0.97 美元之间的比例是多少？

    c. 每升普通汽油的零售价超过 0.97 美元的比例是多少？

42. 在加利福尼亚州，许多家庭用后院小屋建造家庭办公室、艺术工作室和业余爱好的储藏室。单个木制的后院建筑物的平均成本为 3 100 美元。假设标准差为 1 200 美元。

    a. 后院建筑物的成本为 2 300 美元的 z-分数是多少？

    b. 后院建筑物的成本为 4 900 美元的 z-分数是多少？

    c. 解释 (a) 和 (b) 中的 z-分数，对它们是否都被认为是异常值进行评价。

    d. 在加利福尼亚州的 Albany 建造后院小屋办公室的成本为 13 000 美元。这个建筑物是否被认为是异常值？为什么？

44. 由 10 支 NCAA 大学篮球队组成的一个样本，提供的数据如下。

获胜队	获胜队得分	失败队	失败队得分	得分差
Arizona	90	Oregon	66	24
Duke	85	Georgetown	66	19
Florida State	75	Wake Forest	70	5
Kansas	78	Colorado	57	21
Kentucky	71	Notre Dame	63	8
Louisvile	65	Tennessee	62	3
Oklahoma State	72	Texas	66	6
Purdue	76	Michigan State	70	6
Stanford	77	Southern Cal	67	10
Wisconsin	76	Illinois	56	20

    a. 计算获胜队得分的平均数和标准差。

    b. 假设所有 NCAA 比赛中获胜队的得分具有钟形分布。用 (a) 计算的平均数和标准差，估计所有 NCAA 比赛中获胜队得分在 84 分及以上的比例；估计所有 NCAA 比赛中，获胜队得分超过 90 分的比例。

    c. 计算得分差的平均数和标准差，得分差数据是否包含异常值？请解释。

3.4 五数概括法和箱形图

    以汇总统计为依据的汇总统计量和易画的图形，可以用来快速汇总大量数据。在本节，我们将演示如何使用五数概括法和箱形图来确定一个大的数据集的几个特征。

3.4.1 五数概括法

    五数概括法（five-number summary）使用下面五个数来汇总数据：

（1）最小值

（2）第一四分位数（Q_1）

（3）中位数（Q_2）

（4）第三四分位数（Q_3）

（5）最大值

    为了说明构造五数概括法，我们使用表 3-1 中的起始月薪数据。将数据按照升序排列，我们得到如下结果：

    5 710 5 755 5 850 5 880 5 880 5 890 5 920 5 940 5 950 6 050 6 130 6 325

    最小值为 5 710，最大值为 6 325。在第 3.1 节中我们已经展示了如何计算四分位数（$Q_1 = 5\ 857.5$，$Q_2 = 5\ 905$ 和 $Q_3 = 6\ 025$）。因此，起始月薪数据的五数概括为：

    5 710 5 857.5 5 905 6 025 6 325

    五数概括法表明样本中的起薪值在 5 710~6 325，中位数或中间值为 5 905；第一和第三四分位数显示有近 50% 的起薪值在 5 857.5~6 025。

3.4.2　箱形图

箱形图[一]（box plot）是基于五数概括法的数据图形汇总。绘制箱形图的关键是计算四分位数间距 $IQR = Q_3 - Q_1$。图 3-6 是起始月薪数据的箱形图。绘制箱形图的步骤如下。

（1）画一个箱体，其边界分别是第一四分位数和第三四分位数。对于起始月薪数据，$Q_1 = 5\,857.5$，$Q_3 = 6\,025$。这个箱体包含了中间 50% 的数据。

（2）在箱体上中位数的位置画一条垂线（对起薪数据，中位数为 5\,905）。

（3）利用四分位数间距 $IQR = Q_3 - Q_1$，设定界限在 Q_1 左侧的 1.5 个 IQR 处和在 Q_3 右侧的 1.5 个 IQR 处。对起始月薪数据，$IQR = Q_3 - Q_1 = 6\,025 - 5\,857.5 = 167.5$。因此，界线分别为：$5\,857.5 - 1.5 \times 167.5 = 5\,606.25$ 和 $6\,025 + 1.5 \times 167.5 = 6\,276.25$。界线以外的数据被认为是异常值。

（4）图 3-6 中的横线称作**触须线**（whisker）。触须线从箱体的边界一直画到步骤 3 计算出的界线以内的原始数据的最大值和最小值处。触须线的两个端点是 5\,710 和 6\,130。

（5）最后，每个异常值的位置用符号 * 来标出。在图 3-6 中，我们看到有一个异常值 6\,325。

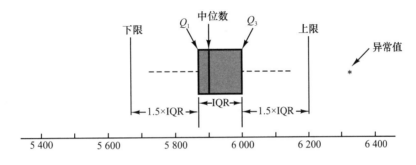

图 3-6　显示下限和上限的起薪数据的箱形图

在图 3-6 中，我们包括表示下限和上限位置的线条。画这些线是用来说明如何计算界限值以及它们的位置所在。虽然总是需要计算界限，但通常情况下，箱形图并不画出它们。图 3-7 是起薪数据箱形图的一般形状。

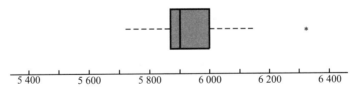

图 3-7　起始月薪数据的箱形图

3.4.3　利用箱形图的比较分析

箱形图还可以提供两组或多组的图形汇总，易于各组间的直观比较。例如，假设就业指导办公室进行一项追踪研究，以比较会计、金融、信息系统、管理和市场营销等专业毕业生的起始月薪。选择 111 名商学院新近毕业的学生组成一个新样本，每一名毕业生的专业和起始月薪数据存在名为 MajorSalary 的文件中。图 3-8 是相应各专业的箱形图。注意专业在横轴上，每一个箱形图出现在相对应专业的纵轴上。在对两个或多个组进行对比时，以这种方式展示箱形图是一个很好的图形技术。

对于图 3-8 中各专业起始月薪的箱形图[二]，你能得出怎样的观测结果？特别地，我们注意到：

[一]　箱形图提供了另外一种检测异常值的方法。但是它检测出的异常值不一定与用 z-分数检测出的异常值（即 z-分数大于 3 或小于 −3 的值）相同，可选用一种或两种方法。

[二]　在本章的附录中，我们演示如何利用 JMP 和 Excel 绘制箱形图。

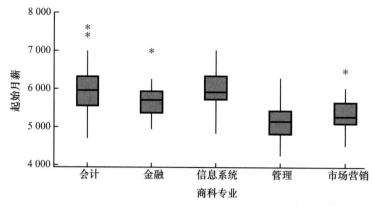

图 3-8　各专业起始月薪的箱形图

- 会计专业的起薪较高，而管理和市场营销专业的起薪较低。
- 根据中位数，会计、信息系统专业有相似和较高的中位数，金融专业次之，而管理和市场营销专业有较低的中位数。
- 会计、金融和市场营销专业存在高起薪的异常值。

基于这些箱形图，你还能想到其他的解释吗？

练习

方法

46. 考虑数据值为 27，25，20，15，30，34，28 和 25 的一个样本。用五数概括法来汇总数据。

48. 用五数概括法汇总数据：5，15，18，10，8，12，16，10 和 6，并绘制箱形图。

应用

50. 每年 1 月佛罗里达州那不勒斯举行半程马拉松比赛，比赛吸引全美以及世界各国的顶级运动员。有 22 名男子和 31 名女子参加了 19~24 岁年龄组的比赛，完成时间如下表所示。

名次	男子/分钟	女子/分钟	名次	男子/分钟	女子/分钟
1	65.30	109.03	17	128.40	132.03
2	66.27	111.22	18	130.90	133.20
3	66.52	111.65	19	131.80	133.50
4	66.85	111.93	20	138.63	136.57
5	70.87	114.38	21	143.83	136.75
6	87.18	118.33	22	148.70	138.20
7	96.45	121.25	23		139.00
8	98.52	122.08	24		147.18
9	100.52	122.48	25		147.35
10	108.18	122.62	26		147.50
11	109.05	123.88	27		147.75
12	110.23	125.78	28		153.88
13	112.90	129.52	29		154.83
14	113.52	129.87	30		189.27
15	120.95	130.72	31		189.28
16	127.98	131.67			

a. 佐治亚州 Marietta 的 George Towett 获得男子第一名，佛罗里达州 Gainesville 的 Lauren Wald 获得女子第一名。比较男子和女子第一名的成绩，如果 53 名男女运动员在一组比赛，Lauren Wald 将是第几名？

b. 男女运动员成绩的中位数各是多少？根据中位数，对男女运动员的成绩进行比较。

c. 分别用五数概括法汇总男女运动员的成绩。

d. 每个组有异常值吗？

e. 绘制两组的箱形图。男子运动员还是女子运动员比赛成绩的变异程度更大？请解释。

52. 《消费者报告》提供了遍及全美主要大都会地区对 AT&T、Sprint、T-Mobile 和 Verizon 四家公司移动电话服务的客户总体满意度得分数据。每一家公司的评分反映了客户对诸如费用、连线、掉线、静电干扰和客户支持等一系列因素的总体满意度。满意度得分为 0~100，0 表示完全不满意，100 表示完全满意。20 个大都会地区的四家移动电话服务公司的得分如下。

大都会地区	AT&T	Sprint	T-Mobile	Verizon
亚特兰大	70	66	71	79
波士顿	69	64	74	76
芝加哥	71	65	70	77

（续）

大都会地区	AT&T	Sprint	T-Mobile	Verizon
达拉斯	75	65	74	78
丹佛	71	67	73	77
底特律	73	65	77	79
杰克逊维尔	73	64	75	81
拉斯维加斯	72	68	74	81
洛杉矶	66	65	68	78
迈阿密	68	69	73	80
明尼阿波利斯	68	66	75	77
费城	72	66	71	78
菲尼克斯	68	66	76	81
圣安东尼奥	75	65	75	80
圣迭戈	69	68	72	79
旧金山	66	69	73	75
西雅图	68	67	74	77
圣路易斯	74	66	74	79
坦帕	73	63	73	79
华盛顿	72	68	71	76

a. 首先考虑 T-Mobile，得分的中位数是多少？

b. 用五数概括法汇总 T-Mobile 的数据。

c. T-Mobile 有异常值吗？请解释。

d. 用五数概括法汇总其他三家移动电话服务公司数据，各公司是否有异常值？

e. 在一张图上绘制出四家移动电话服务公司的箱形图。对四家公司的箱形图进行比较，讨论比较的结果。根据客户总体满意度，哪家是《消费者报告》推荐的最佳移动电话服务公司？

54. 美国交通运输统计局跟踪通过美国—加拿大和美国—墨西哥边境入境口岸的所有过境。包含在名为 BorderCrossings 的文件中的数据，给出了 8 月期间 50 个最繁忙的入境口岸最新公布的个人车辆过境数（四舍五入到最接近的 1 000 辆）。

a. 这些入境口岸过境次数的平均数和中位数是多少？

b. 第一四分位数和第三四分位数各为多少？

c. 用五数概括法汇总数据。

d. 数据是否包含异常值？绘制箱形图。

3.5　两变量间关系的度量

迄今为止，我们已经介绍了在同一时间对一个变量数据汇总的数值方法。但是管理者或决策者常常更关心的是两变量之间的关系。在本节我们将介绍描述两变量间关系的度量：协方差和相关系数。

首先，我们重新考虑第 2.4 节中关于旧金山音像设备商店的例子。商店经理想确定周末电视广告数与下周商店销售额之间的关系。表 3-6 是销售额的样本数据，有 10 个观测值（$n=10$），每周一个观测值。图 3-9 中的散点图显示二者是正相关关系，较高的销售额（y）对应着较多的广告次数（x）。事实上，散点图提示我们，可以用一条直线来近似表达这种关系。在下面的讨论中，我们将介绍描述两变量间线性关系度量的**协方差**（covariance）。

表 3-6　旧金山音像设备商店的样本数据

周次	电视广告数 x	销售额 y/100 美元
1	2	50
2	5	57
3	1	41
4	3	54
5	4	54
6	1	38
7	5	63
8	3	48
9	4	59
10	2	46

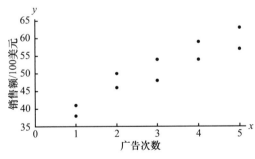

图 3-9　旧金山音像设备商店的散点图

3.5.1　协方差

对于一个容量为 n 的样本，其观测值为 (x_1, y_1)，(x_2, y_2)，$\cdots$，(x_n, y_n)，样本协方差的定义如下。

样本协方差

$$s_{xy} = \frac{\sum (x_i - \bar{x})(y_i - \bar{y})}{n-1} \tag{3-13}$$

在这个公式中，一个 x_i 与一个 y_i 相对应。我们将每个 x_i 与其样本平均数 $\bar{x}$ 的离差乘以对应的 y_i 与其样本平均数 $\bar{y}$ 的离差，再将所得的结果加总，然后除以 $(n-1)$。

在旧金山音像设备商店问题中，为了度量广告次数 x 与销售额 y 之间线性关系的强度，我们利用式（3-13）来计算样本协方差。$\sum (x_i - \bar{x})(y_i - \bar{y})$ 的计算过程如表 3-7 所示。注意到 $\bar{x}$ = 30/10 = 3 并且 $\bar{y}$ = 510/10 = 51。利用式（3-13），我们可以得出样本协方差为：

$$s_{xy} = \frac{\sum (x_i - \bar{x})(y_i - \bar{y})}{n-1} = \frac{99}{9} = 11$$

计算容量为 N 的总体协方差的公式与式（3-13）相似。但是我们使用不同的符号，表示正在处理的是总体。

总体协方差

$$\sigma_{xy} = \frac{\sum (x_i - \mu_x)(y_i - \mu_y)}{N} \tag{3-14}$$

表 3-7　样本协方差的计算

x_i	y_i	$x_i - \bar{x}$	$y_i - \bar{y}$	$(x_i - \bar{x})(y_i - \bar{y})$
2	50	−1	−1	1
5	57	2	6	12
1	41	−2	−10	20
3	54	0	3	0
4	54	1	3	3
1	38	−2	−13	26
5	63	2	12	24
3	48	0	−3	0
4	59	1	8	8
2	46	−1	−5	5
合计　30	510	0	0	99

$$s_{xy} = \frac{\sum (x_i - \bar{x})(y_i - \bar{y})}{n-1} = \frac{99}{10-1} = 11$$

在式（3-14）中我们用符号 μ_x 表示变量 x 的总体平均数，用符号 μ_y 表示变量 y 的总体平均数，用 σ_{xy} 表示容量为 N 的总体协方差。

3.5.2　协方差的解释

为了有助于对样本协方差进行解释，参见图 3-10。它与图 3-9 的散点图相同，只是在 $\bar{x}$ = 3 处有一条垂直虚线，在 $\bar{y}$ = 51 处有一条水平虚线。这两条线将图 3-10 划分为四个象限。第 Ⅰ 象限的点对应于 x_i 大于 $\bar{x}$ 且 y_i 大于 $\bar{y}$，第 Ⅱ 象限的点对应于 x_i 小于 $\bar{x}$ 且 y_i 大于 $\bar{y}$，依此类推。因此，$(x_i - \bar{x})(y_i - \bar{y})$ 的值，在第 Ⅰ 象限的点一定为正，在第 Ⅱ 象限的点为负，在第 Ⅲ 象限的点为正，在第 Ⅳ 象限的点为负。

如果 s_{xy} 的值是正的，那么对 s_{xy} 的值影响最大的点必然在第 Ⅰ 和 Ⅲ 象限。因此，s_{xy} 为正值表示 x 和 y 之间存在正的线性关系[⊖]；

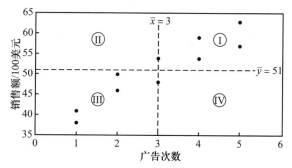

图 3-10　旧金山音像设备商店的分区散点图

也就是说，随着 x 的值增加，y 的值也增加。如果 s_{xy} 的值是负的，则对 s_{xy} 的值影响最大的点在第 Ⅱ 和第 Ⅳ 象限。因此，s_{xy} 为负值，则表示 x 和 y 之间存在负的线性关系；也就是说，随着 x 的值增加，y 的值减少。最后，如果各点在四个象限中分布均匀，则 s_{xy} 的值将接近于零，这表明 x 和 y 之间不存在线性关系。图 3-11 显示了与三种不同类型的散点图相对应的 s_{xy} 值。

再次参见图 3-10，我们可以看到音像设备商店的散点图与图 3-11 中左边的图形相似。正像我们所期望的，样本协方差 s_{xy} = 11 表示正的线性关系。

从上面的讨论中可以看出，似乎协方差是一个大的正值就表示强的正线性相关关系，一个绝对值大的负数就表示强的负线性相关关系。但是，在使用协方差作为线性关系强度的度量时，一个问题就在于协方差的值依赖于 x 和 y 的计量单位。例如，假设我们要研究人的身高 x 与体重 y 的关系。显然，无论用米还是厘米来度量身高，二者关系的强度都应该相同。但是，如果用厘米来度量身高的话，我们计算出的 $(x_i - \bar{x})$ 的数值将比用米度量时要大得多。因此，用厘米来度量身高时，式（3-13）中分子 $\sum (x_i - \bar{x})(y_i - \bar{y})$ 的数值会更大，协方差也随之变大，而事实上二者的相关关系并无变化。为了避免这种情况，我们将使用**相关系数**（correlation coefficient）对两变量间的相关关系进行量度。

⊖　协方差是两变量线性关系的度量。

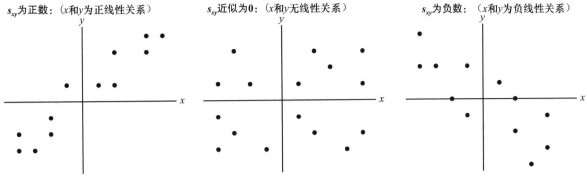

图 3-11　样本协方差的解释

3.5.3　相关系数

对于样本数据，皮尔逊积矩相关系数的定义如下。

皮尔逊积矩相关系数：样本数据

$$r_{xy} = \frac{s_{xy}}{s_x s_y}$$

(3-15)

式中，r_{xy} 为样本相关系数；s_{xy} 为样本协方差；s_x 为 x 的样本标准差；s_y 为 y 的样本标准差。

式（3-15）表明样本数据的皮尔逊积矩相关系数（通常简称为样本相关系数）的计算方法是，用样本协方差除以 x 的标准差与 y 的标准差的乘积。

现在我们来计算音像设备商店的样本相关系数。使用表 3-6 中的数据，我们可以得到两个变量的样本标准差。

$$s_x = \sqrt{\frac{\sum(x_i - \bar{x})^2}{n-1}} = \sqrt{\frac{20}{9}} = 1.49$$

$$s_y = \sqrt{\frac{\sum(y_i - \bar{y})^2}{n-1}} = \sqrt{\frac{566}{9}} = 7.93$$

现在，由于 $s_{xy} = 11$，我们可以得到样本相关系数为

$$r_{xy} = \frac{s_{xy}}{s_x s_y} = \frac{11}{1.49 \times 7.93} = 0.93$$

总体相关系数用希腊字母 ρ_{xy} 表示，其计算公式如下。

皮尔逊积矩相关系数：总体数据

$$\rho_{xy} = \frac{\sigma_{xy}}{\sigma_x \sigma_y}$$

(3-16)

式中，ρ_{xy} 为总体相关系数；σ_{xy} 为总体协方差；σ_x 为 x 的总体标准差；σ_y 为 y 的总体标准差。

样本相关系数 r_{xy} $^\ominus$ 给出了总体相关系数 ρ_{xy} 的一个估计。

3.5.4　样本相关系数的解释

首先我们考虑一个简单的样本，以说明完全正线性相关的概念。图 3-12 的散点图描述了下列样本数据 x 和 y

$\ominus$　样本相关系数 r_{xy} 是总体相关系数 ρ_{xy} 的点估计量。

之间的关系。

x_i	5	10	15
y_i	10	30	50

经过这三个点的直线显示，x 和 y 之间存在完全线性关系。为了应用式（3-15）来计算样本相关系数，我们必须先计算 s_{xy}，s_x 和 s_y。表 3-8 列出了一些计算过程。利用表 3-8 中的结果，我们得到：

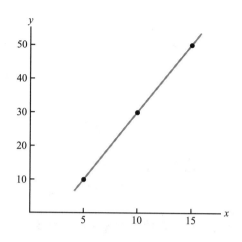

$$s_{xy} = \frac{\sum (x_i - \bar{x})(y_i - \bar{y})}{n-1} = \frac{200}{2} = 100$$

$$s_x = \sqrt{\frac{\sum (x_i - \bar{x})^2}{n-1}} = \sqrt{\frac{50}{2}} = 5$$

$$s_y = \sqrt{\frac{\sum (y_i - \bar{y})^2}{n-1}} = \sqrt{\frac{800}{2}} = 20$$

$$r_{xy} = \frac{s_{xy}}{s_x s_y} = \frac{100}{5 \times 20} = 1$$

图 3-12　描述完全正线性关系的散点图

于是，我们看到样本相关系数的值为 1。

表 3-8　样本相关系数的计算

	x_i	y_i	$x_i - \bar{x}$	$(x_i - \bar{x})^2$	$y_i - \bar{y}$	$(y_i - \bar{y})^2$	$(x_i - \bar{x})(y_i - \bar{y})$
	5	10	−5	25	−20	400	100
	10	30	0	0	0	0	0
	15	50	5	25	20	400	100
合计	30	90	0	50	0	800	200
	$\bar{x} = 10$	$\bar{y} = 30$					

一般地，我们发现如果数据集中所有的点都在一条斜率为正的直线上，则样本相关系数[注]的值为 +1。也就是说，样本相关系数的值为 +1 对应于 x 和 y 之间存在完全正线性关系。如果数据集中所有的点都在一条斜率为负的直线上，则样本相关系数的值为 −1。也就是说，样本相关系数的值为 −1 对应于 x 和 y 之间存在完全负线性关系。

现在我们假设，某个数据集的 x 和 y 存在一个正的线性关系，但不是完全线性的。r_{xy} 的值将小于 1，表示在散点图上点不全在一条直线上。随着数据集中的点越来越偏离完全正线性关系，r_{xy} 的值就变得越来越小。当 r_{xy} 等于零时，表明 x 和 y 之间不存在线性关系，r_{xy} 的值接近于零则表明弱的线性关系。

对于旧金山音像设备商店的数据，我们知道 $r_{xy} = 0.93$。因此，我们可以得出广告次数和销售额之间存在着强的线性关系。更具体地说，广告次数的增加会带来销售额的增加。

最后，我们注意相关系数提供了线性但不是因果关系的一个度量。两个变量之间较高的相关系数，并不意味着一个变量的变化会引起另一个变量的变化。例如，我们看到，饭店的质量等级和代表性餐价是正相关的。但是，单纯地提高饭店的餐价并不会提高饭店的质量等级。

注释和评论

1. 由于相关系数仅仅度量两个数量变量之间线性相关关系的强度，因此，当两个变量之间的关系是非线性的，相关系数可能接近于 0，表明没有线性关系。例如，下面的散点图表明在过去 100 天中室外的日最高

[注]　相关系数的范围是 −1～+1。当相关系数接近于 −1 或 +1 时，表示强的线性关系，而相关系数越接近于 0，线性关系越弱。

气温和受环境控制（供暖和制冷）的一个小零售商店支出的关系。

　　这些数据的样本相关系数 $r_{xy}=-0.007$，表明两个变量之间没有线性相关关系。但是，散点图给出了非线性关系的很直观的证据。因此，我们可以看到随着室外日最高气温的增加，由于需要少量暖气，受环境控制的支出先下降，然后由于需要大量制冷，支出增加。

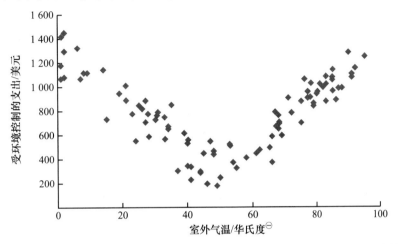

2. 虽然在评价两个数量变量的相关关系时，相关系数很有用，但其他度量如斯皮尔曼等级相关系数，可用于评价至少有一个变量是名义或顺序变量的两个变量的相关系数。我们将在第 18 章讨论斯皮尔曼等级相关系数。

练习

方法

56. 下面是两个变量的 5 次观测值

x_i	6	11	15	21	27
y_i	6	9	6	17	12

a. 绘制这些数据的散点图。

b. 散点图中表明 x 和 y 之间存在何种关系？

c. 计算并解释样本协方差。

d. 计算并解释样本相关系数。

应用

58. 运输部门对中型汽车的行驶速度和油耗进行了研

究，得到下面的数据。

计算并解释样本相关系数。

60. 罗素 1 000 是包含美国最大的 1 000 家公司的股票市场指数，以 30 家大公司的股票价格为依据。数据文件 Russell 给出了 1988～2012 年这些指数各自的年回报率（1stock1 website）。

a. 绘制这些年回报率的散点图。

b. 计算每个指数的样本平均数和样本标准差。

c. 计算样本相关系数。

d. 讨论指数之间的相似性与不同性。

行驶速度（千米/小时）	50	80	65	90	50	40	95	40	80	90
燃油效率（千米/升）	11.8	10.6	10.6	9.7	12.7	13.5	8.9	14.8	11.0	10.6

3.6　数据仪表板：增加数值度量以提高有效性

　　在 2.5 节，我们给出了用于描述汇总和表述数据集信息的图形显示效用的数据可视化术语的简介。数据可视化的目的是尽可能有效和清晰地传递数据的重要信息。数据可视化工具使用最广泛的一种是数据仪表板。数据仪表板是一个直观显示的集合，它以易于阅读、了解和解释的方式组织和表述用于监控公司或机构业绩的信息。在

───────────

　　⊖　华氏度 =（摄氏度 +32）×9/5

本节，我们演示数值度量的增加如何提高显示整体的有效性，来延伸数据仪表板的讨论。

关键表现指标（KPI）如平均数和标准差数值度量的增加，对数据仪表板来说至关重要，因为数值度量常常提供 KPI 评估的基准和目标。另外，数据仪表板也常常包括含有数值度量的图形显示，将数值度量作为显示的一个组成部分。我们必须牢记，数据仪表板的用途是以易于阅读、了解和解释的方式提供 KPI 信息。增加数值度量和利用数值度量的图表可以帮助我们实现这些目标。

为了说明数据仪表板中数值度量的使用，回顾在 2.5 节中我们介绍数据仪表板的概念时使用的 Grogan 石油公司的应用。Grogan 石油公司在得克萨斯州奥斯汀（其总部所在）、休斯敦和达拉斯这三个城市设有办事处。Grogan 石油公司位于奥斯汀办事处的信息技术呼叫中心，处理员工关于软件、互联网和电子邮件等与计算机相关问题的呼叫。绘制监控呼叫中心表现的数据仪表板如图 3-13 所示。这个仪表板的重要组成部分如下：

- 仪表板左上角的结构条形图展示过去时间内每一类问题（软件、互联网和电子邮件）的呼叫次数。
- 仪表板右上角的条形图显示呼叫中心员工在处理每一类问题或没有呼叫工作（空闲）时所用时间的比例。
- 对每一个超过 15 分钟之前收到的未被解决的问题，仪表板中间左侧的条形图展示了这些未被解决的问题中每一个的时间长度。
- 仪表板中间右侧的条形图展示了办事处（休斯敦、达拉斯、奥斯汀）的每一类问题的呼叫次数。
- 仪表板底部的直方图展示了当前班次所有被解决的问题所用时间的分布。

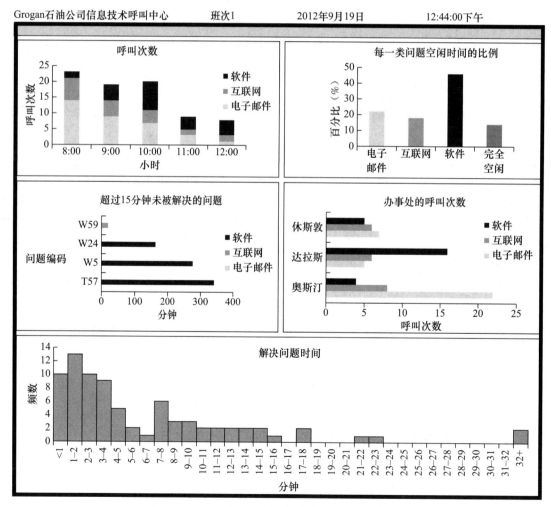

图 3-13　Grogan 石油公司信息技术呼叫中心最初的数据仪表板

为了获得呼叫中心业绩的更多内涵，Grogan 石油公司的信息技术经理决定扩充当前的数据仪表板，增加收到每一类问题（电子邮件、互联网和软件）呼叫所需要解决时间的箱形图。另外，在数据仪表板左下部分增加展示解决单个问题所用时间的图形；最后，增加每一类问题的汇总统计量和本班次前几小时中每小时的汇总统计量的显示。更新后的数据仪表板如图 3-14 所示。

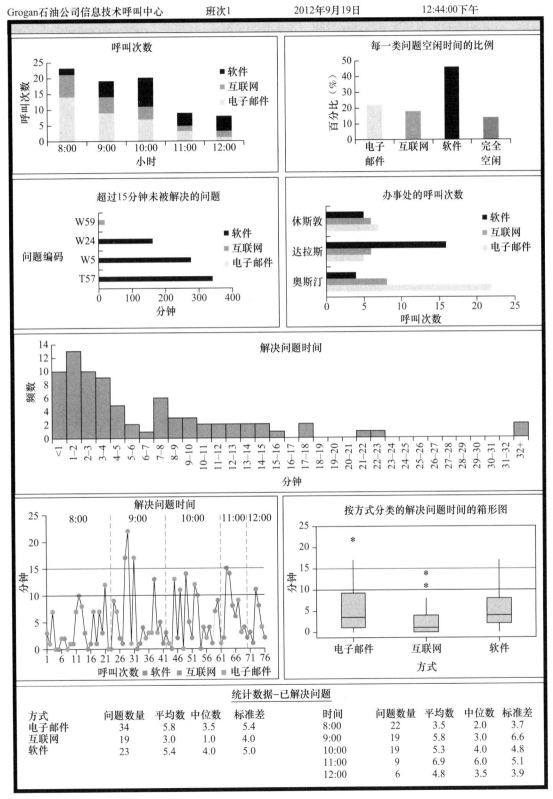

图 3-14　Grogan 石油公司信息技术呼叫中心更新的数据仪表板

信息技术中心经理制定平均 10 分钟解决一个问题的目标业绩水平或基准。此外，中心决定一个问题的解决时间超过 15 分钟是不合格的。为了反映这些基准，在解决单个问题所用时间图和收到每一类问题呼叫所需要解决时间的箱形图这两张图上，都增添了平均目标值 10 分钟的黑色横线和最大可接受水平 15 分钟的灰色横线。

图 3-14 中的汇总统计量展示：一个电子邮件问题的平均解决时间为 5.8 分钟，一个互联网问题的平均解决时间为 3.0 分钟，以及一个软件问题的平均解决时间为 5.4 分钟。因此，每一类问题的平均解决时间都比目标平均数（10 分钟）要短。

查看箱形图，我们看到电子邮件问题对应的箱形图比其他两类问题对应的箱形图要"大"。汇总统计量也显示电子邮件问题解决时间的标准差比其他类型问题解决时间的标准差大。这让我们在两张新图中仔细查看电子邮件问题。电子邮件问题的箱形图有一条延伸到 15 分钟之外的触须线，且有一个大于 15 分钟的异常值。解决单个问题所用时间图（在仪表板左下部分）展示，这是由于在 9：00 时段有两个电子邮件呼叫解决时间比目标最大时间（15 分钟）要长。这个分析使信息技术呼叫中心经理进一步审查，为什么电子邮件问题解决时间比互联网或软件问题有更大的变异性。基于这些分析，信息技术经理还可能决定审查导致这两个超过 15 分钟才被解决的电子邮件问题异常长的解决时间的工作情况。

解决单个问题所用时间图还显示当前班次第一小时时段内收到的许多呼叫解决相对较快，整个上午问题的解决时间逐渐增加。这可能是由于在本班次稍后时间有产生复杂问题的趋势，或有随时间推移而堆积的呼叫积压。尽管汇总统计量暗示在 9：00 时段提交的问题解决时间较长，但解决单个问题所用时间图显示在这个时段有两个费时的电子邮件问题和一个费时的软件问题，这可以解释 9：00 时段为什么比本班次其他时段问题的平均解决时间要长。总之，本班次报告的问题一般在 15 分钟或者更少的时间内被解决。

如 Grogan 石油公司的数据仪表板这类仪表板常常是互动的⊖。例如，当经理用鼠标或触摸屏在显示上将光标定位或指向某事时，如解决问题的时间、收到呼叫的时间以及个人和所报告问题的位置这些附加信息会出现。点击单个项目在个别情况下也可以将用户带到一个新的分析水平。

小 结

本章我们介绍了几种能用来汇总数据分布的位置、变异程度和形态的描述统计量。与第 2 章介绍的表格和图形方法不同，本章介绍的度量方法是依据数值来汇总数据的。当数值来自样本时，它们被称为样本统计量；当数值来自总体时，它们被称为总体参数⊖。下面是一些用来表示样本统计量和总体参数的符号。

	样本统计量	总体参数
平均数	$\bar{x}$	μ
方差	s^2	σ^2
标准差	s	σ
协方差	s_{xy}	σ_{xy}
相关系数	r_{xy}	ρ_{xy}

作为对中心位置的度量，我们定义了平均数、中位数、众数、加权平均数、几何平均数、百分位数和四分位数。接着，作为对变异程度或离散程度的度量，

我们介绍了极差、四分位数间距、方差、标准差和标准差系数。数据分布形态的最基本度量是偏度。偏度为负值时表示数据分布左偏，偏度为正值时表示数据分布右偏。然后我们介绍了在应用经验法则和切比雪夫定理时，如何同时使用平均数和标准差，从而对数据分布提供更多的信息，以及识别出异常值。

在第 3.4 节，我们演示了如何实施五数概括法和绘制箱形图，它们同时对数据分布的位置、变异程度和形态提供了类似的信息。在第 3.5 节，我们介绍了度量两变量间关系的协方差和相关系数。在最后一节，我们演示增加数值度量如何提高数据仪表板的有效性。

统计学软件包和电子表格可以用来计算我们讨论过的描述统计量。在本章附录中，我们演示了如何使用 JMP 和 Excel 来计算本章介绍的描述统计量。

⊖ 数据仪表板的互动功能定义为深化，它允许用户存取信息，并且越来越详细地分析。
⊖ 在统计推断中，样本统计量被称为总体参数的点估计。

关键术语

box plot 箱形图 以五数概括法为依据的一种数据的图形汇总方法。

Chebyshev's theorem 切比雪夫定理 用来陈述与平均数的距离在一个指定个数的标准差之内的数据值所占比例的定理。

coefficient of variation 标准差系数 数据相对变异程度的一种度量，是标准差除以平均数再乘以100%。

correlation coefficient 相关系数 两变量间线性关系的一种度量，其取值在-1到+1之间。接近于+1的值表示强的正线性关系，接近于-1的值表示强的负线性关系，接近于零的值表示没有线性关系。

covariance 协方差 两变量间线性关系的一种度量，正值表示正的线性关系，负值表示负的线性关系。

empirical rule 经验法则 对于具有钟形分布的数据，可用来计算与平均数的距离在1个、2个和3个标准差之内的数据值所占比例的法则。

five-number summary 五数概括法 一种用五个数值（最小值、第一四分位数、中位数、第三四分位数和最大值）来汇总数据的技术。

geometric mean 几何平均数 数据中心位置的一种度量，计算方法是n个数值乘积的n次方根。

growth factor 增长因子 1加上一段时间内增加的百分数，增长因子小于1，表明负增长；增长因子大于1，表明正增长；增长因子不能小于0。

interquartile range (IQR) 四分位数间距 数据变异程度的一种度量，它的定义是第三四分位数与第一四分位数之差。

mean 平均数 数据中心位置的一种度量，计算方法是将所有数据值加总，再除以数据的个数。

median 中位数 数据中心位置的一种度量，它是当数据按照升序排列时，处于数据中间位置的数据值。

mode 众数 数据位置的一种度量，被定义为出现次数最多的数值。

outlier 异常值 小得不正常或大得不正常的数值。

percentile 百分位数 一个数值，在数据集中至少有 $p\%$ 的观测值小于或等于该值，且至少有 $(100-p)\%$ 的观测值大于或等于该值。第50百分位数就是中位数。

point estimator 点估计 用来估计相应总体参数的样本统计量（如 $\bar{x}$, s^2 和 s）。

population parameter 总体参数 用来对总体进行综合度量的数值（如总体平均数 μ，总体方差 σ^2 和总体标准差 σ）。

quartiles 四分位数 第25百分位数、50百分位数和75百分位数分别是第一四分位数、第二四分位数（中位数）和第三四分位数。四分位数将数据集分为四个部分，每个部分包含大约25%的数据。

range 极差 数据变异程度的一种度量，它的定义是最大值与最小值之差。

sample statistic 样本统计量 用来对样本进行综合度量的数值（如样本平均数 $\bar{x}$，样本方差 s^2 和样本标准差 s）。

skewness 偏度 数据分布形态的一种度量，数据左偏的偏度为负值，数据分布对称的偏度为0，数据右偏的偏度为正值。

standard deviation 标准差 数据变异程度的一种度量，是方差的正平方根。

variance 方差 数据变异程度的一种度量，计算的依据是平均数的离差的平方。

weighted mean 加权平均数 通过给每一个观测值分配一个反映其重要性的权重而得到的平均数。

z-score z-分数 x_i 与平均数的离差 $(x_i - \bar{x})$ 除以标准差 s 得到的数值。z-分数也称为标准化数值，表示以标准差的个数度量的 x_i 与平均数的距离。

重要公式

样本平均数

$$\bar{x} = \frac{\sum x_i}{n} \tag{3-1}$$

总体平均数

$$\mu = \frac{\sum x_i}{N} \tag{3-2}$$

加权平均数

$$\bar{x} = \frac{\sum w_i x_i}{\sum w_i} \tag{3-3}$$

几何平均数

$$\bar{x}_g = \sqrt[n]{x_1 x_2 \cdots x_n} = [x_1 x_2 \cdots x_n]^{1/n} \tag{3-4}$$

第 p 百分位数位置

$$L_p = \frac{p}{100}(n + 1) \qquad (3-5)$$

四分位数间距

$$\text{IQR} = Q_3 - Q_1 \qquad (3-6)$$

总体方差

$$\sigma^2 = \frac{\sum (x_i - \mu)^2}{N} \qquad (3-7)$$

样本方差

$$s^2 = \frac{\sum (x_i - \bar{x})^2}{n - 1} \qquad (3-8)$$

标准差

样本标准差 $s = \sqrt{s^2} \qquad (3-9)$

总体标准差 $\sigma = \sqrt{\sigma^2} \qquad (3-10)$

标准差系数

$$\left(\frac{标准差}{平均数} \times 100\right)\% \qquad (3-11)$$

z-分数

$$z_i = \frac{x_i - \bar{x}}{s} \qquad (3-12)$$

样本协方差

$$s_{xy} = \frac{\sum (x_i - \bar{x})(y_i - \bar{y})}{n - 1} \qquad (3-13)$$

总体协方差

$$\sigma_{xy} = \frac{\sum (x_i - \mu_x)(y_i - \mu_y)}{N} \qquad (3-14)$$

皮尔逊积矩相关系数：样本数据

$$r_{xy} = \frac{s_{xy}}{s_x s_y} \qquad (3-15)$$

皮尔逊积矩相关系数：总体数据

$$\rho_{xy} = \frac{\sigma_{xy}}{\sigma_x \sigma_y} \qquad (3-16)$$

补充练习

62. 美国人倾向于每周多次外出就餐。一个由 20 个家庭组成的样本，上周外出就餐次数的数据如下。

| 6 | 1 | 5 | 3 | 7 | 3 | 0 | 3 | 1 | 3 |
| 4 | 1 | 2 | 4 | 1 | 0 | 5 | 6 | 3 | 1 |

a. 计算平均数和中位数。

b. 计算第一四分位数和第三四分位数。

c. 计算极差和四分位数间距。

d. 计算方差和标准差。

e. 这些数据的偏度为 0.34，对这个分布的形态进行评论。是你期望的形态吗？为什么？

f. 数据包含异常值吗？

64. 患者在艾尔帕索医生诊所的平均等候时间超过 29 分钟，而美国全国的平均候诊时间为 21 分钟。为了处理患者长时间等候问题，一些医生诊所使用了等待追踪系统来告知患者预计的等候时间。根据这些信息，患者可以调整他们的到达时间，在等候室花费少量的时间。下面是一个没有等待追踪系统的诊所样本和一个有等待追踪系统的诊所样本的患者候诊时间数据（单位：分钟）。

| 没有等待追踪系统 | 24 | 67 | 17 | 20 | 31 | 44 | 12 | 23 | 16 | 37 |
| 有等待追踪系统 | 31 | 11 | 14 | 18 | 12 | 37 | 9 | 13 | 12 | 15 |

a. 对于有等待追踪系统的诊所，患者候诊时间的平均数和中位数是多少？对于没有等待追踪系统的诊所，患者候诊时间的平均数和中位数是多少？

b. 对于有等待追踪系统的诊所，患者候诊时间的方差和标准差是多少？对于没有等待追踪系统的诊所，患者候诊时间的方差和标准差是多少？

c. 有等待追踪系统的诊所的患者候诊时间比没有等待追踪系统的诊所的短吗？请解释。

d. 只考虑没有等待追踪系统的诊所，样本中第 10 位患者的 z-分数是多少？

e. 只考虑有等待追踪系统的诊所，样本中第 6 位患者的 z-分数是多少？这个 z-分数如何与（d）中计算的 z-分数相比较？

f. 基于 z-分数，没有等待追踪系统的诊所数据包含异常值吗？基于 z-分数，有等待追踪系统的诊所数据包含异常值吗？

66. 智能手机对大多数人来说已经变得非常普遍，并且成为人们之间交流的主要方式。下面是 50 名智能手机使用者的一个样本，一个月内他们用智能手机与他人联系的时间（单位：分钟）数据如下。

353	437	431	354	444	461	464	445	384	405
458	430	469	468	424	407	374	387	367	372
404	369	446	422	441	470	417	468	436	401
394	448	387	402	357	413	460	368	390	388
416	430	445	360	435	351	352	430	464	367

a. 这个样本中与他人联系的平均时间是多少？它与研究中报道的平均数相比是怎样的？

b. 这个样本的标准差是多少？

c. 样本中有异常值吗？

68. 下面是 14 个家庭收入（单位：1 000 美元）的样本数据，根据样本回答下列问题。

49.4	52.4	53.4	51.3	52.1	48.7	52.1
52.2	64.5	51.6	46.5	52.9	52.5	51.2

a. 家庭收入样本数据的中位数是多少？

b. 根据以前的调查，5 年前家庭收入中位数为 55 000 美元。基于上面的样本数据，估计 5 年来家庭收入中位数的增长率。

c. 计算第一四分位数和第三四分位数。

d. 给出五数概括。

e. 数据中有异常值吗？

f. 利用 z-分数方法，数据中包含异常值吗？利用第一四分位数和第三四分位数的数值以及四分位数间距检测异常值的方法，是否提供相同的结果？

70. *Travel+Leisure* 杂志提供世界上 500 家最佳酒店的年度一览表。杂志给出了每一家酒店的排名，同时还对每一家酒店的规模、环境、双人间的每晚价格进行了简单的描述。美国 12 家顶级酒店的样本如下。

酒店	地点	客房数	价格（美元/晚）
Boulders Resort & Spa	菲尼克斯，亚利桑那州	220	499
Disney's Wilderness Lodge	奥兰多，佛罗里达州	727	340
Four Seasons Hotel Beverly Hills	洛杉矶，加利福尼亚州	285	585
Four Seasons Hotel	波士顿，马萨诸塞州	273	495
Hay-Adams	华盛顿，特区	145	495
Inn on Biltmore Estate	阿什维尔，北卡罗来纳州	213	279
Loews Ventana Canyon Resort	菲尼克斯，亚利桑那州	398	279
Mauna Lani Bay Hotel	夏威夷岛	343	455
Montage Laguna Beach	Laguna 海滩，加利福尼亚州	250	595
Sofitel Water Tower	芝加哥，伊利诺伊州	414	367
St. Regis Monarch Beach	达纳半岛，加利福尼亚州	400	675
The Broadmoor	科罗拉多斯普林斯，科罗拉多州	700	420

a. 客房数的平均数是多少？

b. 双人间每晚价格的平均数是多少？

c. 以客房数为横轴，每晚价格为纵轴绘制散点图。客房数和每晚价格之间相关吗？请讨论。

d. 样本相关系数是多少？关于客房数和双人间每晚价格之间的关系，这个相关系数能告诉你怎样的信息？这个结论合理吗？请讨论。

72. 职业棒球大联盟球队春训期间的记录能说明球队在常规赛中的表现吗？过去 6 年球队在春训期间的获胜率与它在常规赛中的获胜率之间的相关系数为 0.18。下面是上赛季 14 支美国职业棒球联盟球队获胜率的数据。

球队	春训	常规赛	球队	春训	常规赛
巴尔的摩 Orioles	0.407	0.422	明尼苏达 Twins	0.500	0.540
波士顿 Red Sox	0.429	0.586	纽约 Yankees	0.577	0.549
芝加哥 White Sox	0.417	0.546	奥克兰 A's	0.692	0.466
克利夫兰 Indians	0.569	0.500	西雅图 Mariners	0.500	0.377
底特律 Tigers	0.569	0.457	坦帕湾 Rays	0.731	0.599
堪萨斯 City Royals	0.533	0.463	得克萨斯 Rangers	0.643	0.488
洛杉矶 Angels	0.724	0.617	多伦多 Blue Jays	0.448	0.531

a. 春训和常规赛获胜率之间的相关系数是多少？

b. 对一支球队春训期间的记录说明球队在常规赛中的表现，你有什么结论？会出现这种情况的原因是什么？请讨论。

74. 在一个限速为 90 公里/小时的公路上行驶的汽车会受到州警察雷达系统的车速检测。下面是一个车速的频数分布。

车速（公里/小时）	频数
76~82	10
83~89	40
90~96	150
97~103	175
104~110	75
111~117	15
118~124	10
合计	475

a. 在这条公路上行驶的汽车的平均车速是多少？

b. 计算方差和标准差。

案例 3-1　Pelican 商店

Pelican 商店是 National Clothing 的一个分支，是一家在全美范围内经营女性服饰的连锁商店。最近，它举办了一项促销活动，向其他 National Clothing 商店的顾客赠送优惠券。在促销活动期内的某一天，Pelican 商店抽取了 100 名持信用卡交易的顾客组成一个样本，搜集到的数据存在名为 PelicanStores 的文件中。表 3-9 是数据集的一部分。Proprietary Card 付款方法是指使用 National Clothing 签账卡收费。使用优惠券购物的顾客定义为促销顾客，没有使用优惠券购物的顾客定义为普通顾客。因为优惠券不会派发给 Pelican 商店的普通顾客，管理者认为，持促销优惠券的顾客产生的销售额与其他顾客不同。当然，Pelican 的管理者也希望促销顾客会继续在他的商店购物。

表 3-9 中的大多数变量不需要解释，但有两个变量需要稍做说明。

（1）项目：购买商品的总件数。

（2）净销售额：信用卡支付的总金额。

Pelican 的管理者希望使用这些样本数据，以了解其顾客的基本情况并对使用优惠券的促销活动进行评估。

表 3-9　Pelican 商店的 100 名持信用卡消费的样本数据

顾客	顾客类型	项目	净销售额/美元	支付方法	性别	婚姻状况	年龄
1	普通	1	39.50	Discover	男	已婚	32
2	促销	1	102.40	Proprietary Card	女	已婚	36
3	普通	1	22.50	Proprietary Card	女	已婚	32
4	促销	5	100.40	Proprietary Card	女	已婚	28
5	普通	2	54.00	MasterCard	女	已婚	34
6	普通	1	44.50	MasterCard	女	已婚	44
7	促销	2	78.00	Proprietary Card	女	已婚	30
8	普通	1	22.50	Visa	女	已婚	40
9	促销	2	56.52	Proprietary Card	女	已婚	46
10	普通	1	44.50	Proprietary Card	女	已婚	36
⋮	⋮	⋮	⋮	⋮	⋮	⋮	⋮
96	普通	1	39.50	MasterCard	女	已婚	44
97	促销	9	253.00	Proprietary Card	女	已婚	30
98	促销	10	287.59	Proprietary Card	女	已婚	52
99	促销	2	47.60	Proprietary Card	女	已婚	30
100	促销	1	28.44	Proprietary Card	女	已婚	44

管理报告

使用本章介绍的描述统计的方法来汇总数据并评价你的发现。你的报告至少应该包括以下内容。

1. 净销售额的描述统计量和各种不同类型顾客的净销售额的描述统计量。

2. 关于年龄与净销售额之间关系的描述统计量。

案例 3-2　电影业

电影业是一个竞争激烈的行业，每年有超过 50 个制片厂制作出几百部新电影，每部电影商业上的成功程度差异很大。周末首映票房收入、票房总收入、放映电影的剧院数以及电影的放映周数是衡量一部电影是否成功的最常用的变量。2016 年制作的 100 部大电影的样本数据存在名为 Movies 2016 的文件中（Box Office Mojo website）。表 3-10 是文件中前 10 部电影的有关数据。

表 3-10　前 10 部上映电影的业绩数据

电影	首映票房收入/100 万美元	票房总收入/100 万美元	剧院数	放映周数
《星球大战外传：侠盗一号》	155.08	532.18	4 157	20
《海底总动员 2：多莉去哪儿》	135.06	486.30	4 305	25
《美国队长 3：内战》	179.14	408.08	4 226	20
《爱宠大机密》	104.35	368.38	4 381	25
《奇幻森林》	103.36	364.00	4 144	24
《死侍》	132.43	363.07	3 856	18
《疯狂动物城》	75.06	341.27	3 959	22
《蝙蝠侠与超人：正义黎明》	166.01	330.36	4 256	12
《自杀小队》	133.68	325.10	4 255	14
《欢乐好声音》	35.26	270.40	4 029	20

管理报告

使用本章介绍的描述统计的方法来了解这些变量对一部电影的成功有怎样的贡献。你的报告应该包括以下内容。

1. 四个变量中每个变量的描述统计量，接着对根据每个描述统计量得出的关于电影业的情况进行讨论。

2. 如果有，哪些电影被认为是表现优异的异常值？请解释。

3. 列出票房总收入与每一个其他变量之间关系的描述统计量，请解释。

案例 3-3　亚太地区的商学院

当前追求工商管理专业的较高学历已是一种国际性潮流。有调查表明，越来越多的亚洲人选择攻读工商管理硕士（MBA）学位，把它作为通向企业成功的一种途径。因此，亚太地区商学院 MBA 课程的申请者人数持续增加。

在整个亚太地区，有成千上万的亚洲人暂时搁置自己的事业，并花两年的时间来追求系统的工商管理教育。这些工商管理课程是十分繁重的，包括经济学、金融学、市场营销、行为科学、劳动关系、决策论、战略思想、经济法等。表 3-11 的数据集列出了亚太地区一流商学院的一些情况。

管理报告

利用描述统计学的方法来汇总表 3-11 中的数据，并讨论你的发现。

1. 对数据集中的每一个变量进行汇总。根据最大值、最小值、适当的平均数和分位数，进行评价和解释。对于亚太地区的商学院，这些描述统计量能够提供什么新的见解？

2. 汇总数据以进行下列比较：

　　a. 本国学生和外国学生学费的差别。

　　b. 要求工作经验和不要求工作经验的学校学生起薪的差别。

　　c. 要求英语测试和不要求英语测试的学校学生起薪的差别。

3. 起薪与学费有关吗？

4. 对表 3-11 的数据做出其他的图形和数值汇总，以便同他人交流。

表 3-11　亚太地区 25 所商学院的数据

商学院名称	录取名额	每个学院人数	本国学生学费/美元	外国学生学费/美元	年龄	国外学生比例（%）	是否要求GMAT	是否要求英语测试	是否要求工作经验	起薪/美元
墨尔本商学院	200	5	24 420	29 600	28	47	是	否	是	71 400
新南威尔士大学（悉尼）	228	4	19 993	32 582	29	28	是	否	是	65 200
印度管理学院（阿默达巴德）	392	5	4 300	4 300	22	0	否	否	否	7 100
香港中文大学（中国香港）	90	5	11 140	11 140	29	10	是	否	否	31 000
日本国际大学（新潟）	126	4	33 060	33 060	28	60	是	是	否	87 000
亚洲管理学院（马尼拉）	389	5	7 562	9 000	25	50	是	否	是	22 800
印度管理学院（班加罗尔）	380	5	3 935	16 000	23	1	是	否	否	7 500
新加坡国立大学	147	6	6 146	7 170	29	51	是	是	是	43 300
印度管理学院（加尔各答）	463	8	2 880	16 000	23	0	否	否	否	7 400
澳大利亚国立大学（堪培拉）	42	2	20 300	20 300	30	80	是	是	是	46 600
南洋理工大学（新加坡）	50	5	8 500	8 500	32	20	是	否	是	49 300
昆士兰大学（布里斯班）	138	17	16 000	22 800	32	26	否	是	是	49 600
香港科技大学（中国香港）	60	2	11 513	11 513	26	37	是	否	否	34 000
麦夸里管理研究生院（悉尼）	12	8	17 172	19 778	34	27	否	是	否	60 100
朱拉隆功大学（曼谷）	200	7	17 355	17 355	25	6	是	是	是	17 600
蒙纳士商学院（墨尔本）	350	13	16 200	22 500	30	30	是	是	是	52 500
亚洲管理学院（曼谷）	300	10	18 200	18 200	29	90	否	是	是	25 000
阿德莱德大学	20	19	16 426	23 100	30	10	否	否	是	66 000
梅西大学（新西兰，北帕默斯顿）	30	15	13 106	21 625	37	35	否	是	是	41 400
皇家墨尔本技术工商学院	30	7	13 880	17 765	32	30	否	是	是	48 900
Jamnalal Bajaj 管理研究院（孟买）	240	9	1 000	1 000	24	0	否	否	是	7 000
科廷理工大学（珀斯）	98	15	9 475	19 097	29	43	是	否	是	55 000
拉合尔管理科学学院	70	14	11 250	26 300	23	2.5	否	否	否	7 500
马来西亚 Sains 大学（槟城）	30	5	2 260	2 260	32	15	否	是	是	16 000
De La Salle 大学（马尼拉）	44	17	3 300	3 600	28	3.5	是	否	是	13 100

案例 3-4　天使巧克力的网络交易

天使巧克力在位于纽约州萨拉托加的工厂和零售店制造和销售优质巧克力产品。两年前公司建立了网站，并开始在互联网上销售其产品。网络销售超过了公司的期待，管理者现在考虑增加未来销售额的战略。为了了解网络消费者的更多信息，从前几个月的销售中，公司选择了 50 次天使巧克力交易组成一个样本。数据包括每笔交易的发生日期、消费者使用的浏览器类型、在网站上花费的时间、观看网页的数量以及每名消费者的消费金额，存在名为 Heavenly Chocolates 的文件中。表 3-12 是数据的一部分。

表 3-12　一个 50 笔天使巧克力网络交易的样本数据

消费者	日期	浏览器	时间/分钟	观看网页数量	消费金额/美元
1	周一	谷歌	12.0	4	54.52
2	周三	其他	19.5	6	94.90
3	周一	谷歌	8.5	4	26.68
4	周二	火狐	11.4	2	44.73
5	周三	谷歌	11.3	4	66.27
6	周六	火狐	10.5	6	67.80
7	周日	谷歌	11.4	2	36.04
⋮	⋮	⋮	⋮	⋮	⋮

（续）

消费者	日期	浏览器	时间/分钟	观看网页数量	消费金额/美元
48	周五	谷歌	9.7	5	103.15
49	周一	其他	7.3	6	52.15
50	周五	谷歌	13.4	3	98.75

天使巧克力希望用这些样本数据，来确定在线购物者是否花费更多时间、观看更多网页以及他们在浏览网站时是否消费更多。公司也希望调查销售日期和浏览器类型的效果。

管理报告

使用描述统计学的方法来了解访问天使巧克力网站的消费者信息。你的报告应该包括下面的内容。

1. 购物者在网站上花费的时间、观看网页的数量以及每笔交易的平均消费金额的图表和数值汇总。从这些数值汇总中，讨论你了解的关于天使巧克力在线购物者的情况。

2. 对每周的交易日期汇总频数、消费总额以及每笔交易的平均消费金额。根据每周交易日期数据，关于天使巧克力的交易量你能得出怎样的观察结果？请讨论。

3. 对每种浏览器类型汇总频数、消费总额以及每笔交易的平均消费金额。根据浏览器类型数据，关于天使巧克力的交易量你能得出怎样的观察结果？请讨论。

4. 绘制散点图并计算样本相关系数以探索在网站上花费的时间和消费金额之间的关系，以在网站上花费的时间为横轴。请讨论。

5. 绘制散点图并计算样本相关系数以探索观看网页数量和消费金额之间的关系，以观看网页数量为横轴。请讨论。

6. 绘制散点图并计算样本相关系数以探索在网站上花费的时间和观看网页数量之间的关系，以观看网页数量为横轴。请讨论。

案例 3-5 非洲象数量

虽然数以百万计的大象曾经漫步于非洲，但是在 20 世纪 80 年代中期，非洲国家大象的数量因偷猎受到毁灭性打击。大象是非洲生态系统的重要组成部分。在热带森林，大象在有利于新树木生长的树冠中创造林中空地。在热带稀树草原，大象减少灌木覆盖，创造有利于食草动物的环境。另外，许多植物的种子在发芽前依赖于经过大象的消化道。

现在，非洲象的状况有很大不同。一些国家采取强有力的措施有效地保护了大象。例如，肯尼亚从偷猎者手中没收了超过 5 吨的象牙并销毁，试图阻止非法象牙贸易的增长（美联社，2011 年 7 月 20 日）。而与此同时，由于为了肉类和象牙的偷猎、栖息地的丢失以及人类的战争，另一些国家的大象仍处于危险之中。表 3-13 给出了 1979 年、1989 年、2007 年和 2012 年几个非洲国家的大象数量（ElephantDatabase. org website）。

表 3-13 1979 年、1989 年、2007 年和 2012 年几个非洲国家的大象数量

国家	大象总数			
	1979 年	1989 年	2007 年	2012 年
安哥拉	12 400	12 400	2 530	2 530
博茨瓦纳	20 000	51 000	175 487	175 454
喀麦隆	16 200	21 200	15 387	14 049
中非	63 000	19 000	3 334	2 285
乍得	15 000	3 100	6 435	3 004
刚果（布）	10 800	70 000	22 102	49 248

（续）

国家	大象总数			
	1979 年	1989 年	2007 年	2012 年
刚果（金）	337 700	85 000	23 714	13 674
加蓬	13 400	76 000	70 637	77 252
肯尼亚	65 000	19 000	31 636	36 260
莫桑比克	54 800	18 600	26 088	26 513
索马里	24 300	6 000	70	70
坦桑尼亚	316 300	80 000	167 003	117 456
赞比亚	150 000	41 000	29 231	21 589
津巴布韦	30 000	43 000	99 107	100 291

1977 年成立的薛德瑞克野生动物基金会（David Sheldrick Wildlife Trust），是为了纪念自然学家戴维·莱斯利·威廉·薛德瑞克（David Leslie William Sheldrick）。他创办了肯尼亚东察沃国家公园（Tsavo East National Park），领导该国的野生动物保护和管理规划单位。薛德瑞克基金会的管理部门想知道，这些数据能显示出自 1979 年以来非洲各国大象总数的何种变动。

管理报告

使用描述统计学的方法汇总数据，并对自 1979 年以来非洲各国大象数量的变动进行评论。你的报告至少应该包括以下内容。

1. 1979~1989 年每个国家大象数据的年平均变化，并讨论在这 10 年中哪个国家大象的数量变化最大。

2. 1989~2007 年每个国家大象数据的年平均变化，并讨论在这 18 年中哪个国家大象的数量变化最大。

3. 2007~2012 年每个国家大象数据的年平均变化，并讨论在这 5 年中哪个国家大象的数量变化最大。

4. 比较 1、2 和 3 中的结果，并讨论你从这些比较中得出的结论。

第 4 章

概　　率

CHAPTER

4

实践中的统计

美国宇航局[一]
华盛顿哥伦比亚特区

美国宇航局（NASA）是美国政府的一个机构，主要负责美国民用太空计划、航空和航天研究。NASA 的载人航天探索最为著名，其任务宣言是开拓太空探索、科学发现和航空航天的未来。目前，NASA 的 18 800 名员工正在致力于设计一种新型太空发射系统，这种发射系统可以把宇航员送到之前人类从未到达过的更远的太空，为人类未来探索太空奠定基础。

虽然 NASA 的主要任务是探索太空，但是它也为世界其他国家和组织提供帮助。比如，智利科比亚波市的圣何塞铜矿发生塌方事故，33 名矿工被埋在 600 米深的地下。当务之急是尽快将这些矿工安全地带回地面，更为重要的是，营救方案必须周密设计、谨慎实施，最大可能地挽救矿工的生命。智利政府请求 NASA 提供帮助，设计救援方法。于是，NASA 派出了一个由一名工程师、两名物理学家以及一名心理学家组成的四人小组，他们是分别设计营救设备以及处理长期独处所遇到问题方面的专家。

仔细考虑各种救援方法成功与失败的概率尤为重要。由于营救条件的独特性，没有历史数据可供参考，只能由 NASA 的科学家估计主观概率。基于宇航员执行长期和短期航天任务后返回地球积累的经验，科学家估计各种救援方法在类似的情况下成功与失败的概率。NASA 估计矿工在救援舱上升中幸存的概率，指导官方选择救援方法。

与 NASA 的小组商讨后，智利官方设计的救援方法是制造一个不锈钢救援舱把矿工带上地面。救援舱长 4 米，重 419 公斤，每次可承载一名矿工。所有矿工都得救了，矿难发生 68 天后，最后一名矿工成功升井。

在本章中，你将学习概率的概念以及在各种情况下如何计算和解读概率。除了主观概率之外，你还将学习概率分配的古典法和相对频率法、概率的基本关系、条件概率以及贝叶斯定理。

管理者经常是在分析不确定性的基础上进行决策的，比如：

（1）如果提高价格，销售量下降的"可能性"有多大？

（2）某种新的装配方法提高生产效率的"可能性"有多大？

（3）某项工程如期完成的"可能性"有多大？

（4）某项新投资盈利的"可能性"有多大？

概率[二]（probability）是对事件发生的可能性的数值度量。因此，概率可以用来度量上述四个事件的不确定性程度。我们利用概率，可以度量事件发生的可能性。

事件的概率总是介于 0 到 1 之间。若事件的概率等于 0，则表明事件几乎不可能发生；若事件的概率等于 1，则表明事件几乎肯定要发生；若事件的概率在 0 和 1 之间，则代表事件发生的可能性的程度。比如说，对于"明天下雨"这一事件，如果天气预报称"降水概率几乎为 0"，则我们理解为明天几乎不可能下雨；如果天气预报称"降水概率为 90%"，则意味着极有可能要下雨；如果天气预报称"降水概率为 50%"，则有无降水的可能性是均等的。图 4-1 形象地描述了概率是如何用数值来度量事件发生的可能性大小的。

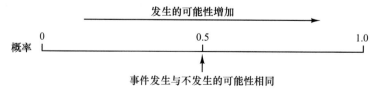

图 4-1 概率是对事件发生的可能性的数值度量

———
⊖ 感谢迈克尔·邓肯博士和美国宇航局的克林顿·克雷格，他们为"实践中的统计"提供了本案例。

⊜ 对概率的研究最早起源于 17 世纪 50 年代皮埃尔·德·费马（Pierre de Fermat）与布莱士·帕斯卡（Blaise Pascal）之间的一系列通信。

4.1 随机试验、计数法则和概率分配

在研究概率时，我们所处理的试验具有以下特征：

（1）试验结果是确定的，在许多情形下试验结果甚至在进行试验前就已经列出。

（2）在任意一次试验或者重复试验中，有且仅有一种可能的试验结果发生。

（3）试验中究竟哪种试验结果会出现，完全由偶然性决定。

我们称这种类型的试验为**随机试验**（random experiment）。

> **随机试验**
>
> 随机试验是一个过程，它所产生的试验结果是完全确定的。在任意一次试验或者重复试验中，出现哪种结果完全由偶然性来决定。

下面以抛一枚硬币的过程为例，说明随机试验所具有的重要特征。将硬币的一面称作正面，另一面称作反面。抛掷一枚硬币，硬币朝上的一面，要么是正面，要么是反面。于是，只有两种可能的试验结果——正面或者反面。在这个试验的每次重复中，仅有这两种可能结果中的一种出现。换言之，我们每次抛掷硬币后，要么观测到正面朝上，要么观测到反面朝上。任何一次试验中出现何种结果完全由偶然性或者随机变异性决定。从而，抛硬币的过程可以看作一个随机试验。

一旦确定了试验的所有可能结果，就确定了随机试验的**样本空间**（sample space）。

> **样本空间**
> 随机试验的样本空间是试验所有结果组成的一个集合。

一种特定的试验结果被称为**样本点**（sample point），它是样本空间中的一个元素。

在抛掷一枚硬币的试验中，若用 S 表示样本空间，则可以用下面的记号来表示样本空间：

$$S = \{正面，反面\}$$

抛掷一枚硬币的随机试验只有两种试验结果（样本点）。在抛掷一枚色子的试验中，试验结果为色子朝上一面的点数。显然，其试验结果多于两种，随机试验的样本空间有 6 个样本点，为：

$$S = \{1, 2, 3, 4, 5, 6\}$$

4.1.1 计数法则、组合和排列

对试验结果进行确认和计数是分配概率时必需的步骤。下面，我们讨论 3 条有用的计数法则。

多步骤试验（multiple-step experiment）　第一条计数法则适用于多步骤试验。考虑抛掷两枚硬币的试验，试验结果是两枚硬币朝上一面的图案。在这个试验中，有多少种可能的试验结果呢？掷两枚硬币的试验可以被视为一个两步骤的试验：第 1 步是抛掷第一枚硬币，第 2 步是抛掷第二枚硬币。令 H 表示正面朝上，T 表示反面朝上，则 (H, H) 表示第一枚硬币是正面朝上，第二枚硬币也是正面朝上。沿用上述记号，抛硬币试验的样本空间 S 为：

$$S = \{(H, H), (H, T), (T, H), (T, T)\}$$

于是，试验有 4 种可能的结果。此时，我们可以轻松地列出所有的试验结果。

利用多步骤试验的计数法则，我们可以确定试验结果的数目而不必将这些试验结果一一枚举。

> **多步骤试验计数法则**
>
> 如果一个试验可以看作循序的 k 个步骤，在第 1 步中有 n_1 种试验结果，在第 2 步中有 n_2 种试验结果，以此类推。那么试验结果的总数为 $n_1 \times n_2 \times \cdots n_k$。

仍考虑抛掷两枚硬币的试验，它可以被视为一个两步骤的试验。抛掷第一枚硬币有两种（$n_1 = 2$）结果，抛掷另一枚硬币也有两种（$n_2 = 2$）结果，根据计数法则共有 $2 \times 2 = 4$ 种不同的试验结果，得到 $S = \{(H, H), (H, T), (T, H), (T, T)\}$。一个抛掷 6 枚硬币的试验有 $2^6 = 64$ 种试验结果。

树形图（tree diagram）⊖是一种帮助分析多步骤试验的图形。图 4-2 是抛掷两枚硬币试验的树形图。由左到右循序经过两个步骤：第 1 步抛掷第一枚硬币；第 2 步抛掷第二枚硬币。每个步骤都有两种可能的结果——正面朝上或者反面朝上，对于第 1 步里的每一种结果，都有两个分支与第 2 步相对应。树形图右侧的每一个节点对应着试验的一种结果。从树形图左侧节点通往右侧节点的每一条路径对应着试验的一种结果。

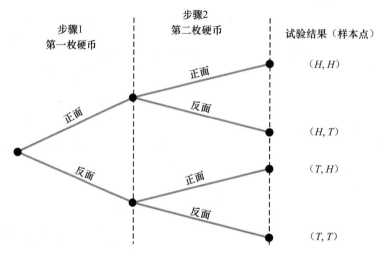

图 4-2 抛掷两枚硬币试验的树形图

现在我们看看如何利用多步骤试验计数法则分析肯塔基光电（KP&L）公司的一个扩容工程。KP&L 新建一项工程，旨在增强公司在肯塔基北部的一家工厂的发电能力。工程分为两个连续的阶段或步骤进行——阶段 1（设计阶段）和阶段 2（建设阶段）。虽然每个阶段都制定了尽可能详细的规划，但是管理人员仍然无法提前预测该项工程各个阶段完工的精确时间。对同类建筑工程的分析显示，设计阶段可能需要 2、3 或 4 个月，而建设阶段完工可能需要 6、7 或 8 个月。此外，由于对新增电力的急迫需求，管理人员计划整个工程在 10 个月内完工。

由于项目在设计阶段（步骤 1）所需时间有 3 种可能，建设阶段（步骤 2）所需时间也有 3 种可能，由多步骤试验计数法则可知，总共有 $3 \times 3 = 9$ 种试验结果。我们用一对数字来记录试验结果，比如（2, 6）表示设计阶段需要 2 个月完成，建设阶段需要 6 个月完成，即完成整个工程总共需要 $2 + 6 = 8$ 个月。表 4-1 汇总了 KP&L 问题中的 9 种试验结果。图 4-3 中的树形图表明这 9 种结果（样本点）是如何产生的。

表 4-1 KP&L 项目的试验结果（样本点）

完工时间/月		试验结果	项目总的完工时间/月	完工时间/月		试验结果	项目总的完工时间/月
阶段 1 设计	阶段 2 建设			阶段 1 设计	阶段 2 建设		
2	6	(2, 6)	8	3	8	(3, 8)	11
2	7	(2, 7)	9	4	6	(4, 6)	10
2	8	(2, 8)	10	4	7	(4, 7)	11
3	6	(3, 6)	9	4	8	(4, 8)	12
3	7	(3, 7)	10				

计数法则和树形图能够帮助管理人员确定试验结果，并确定工程完工所需时间。由图 4-3 可知，工程完工可

⊖ 如果不利用树形图，我们可能认为抛掷两枚硬币总共有 3 种试验结果：0 个正面、1 个正面和 2 个正面。

能需要 8~12 个月，在 9 种结果中有 6 种能保证工程在 10 个月内完工。除了确定试验结果，我们还要考虑如何为各个试验结果分配概率值，以便最终评估工程在预期的 10 个月以内完工的可能性有多大。

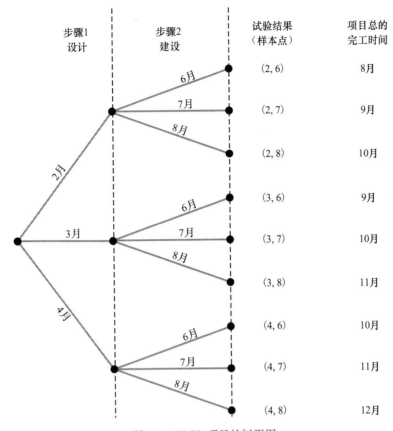

图 4-3　KP&L 项目的树形图

注：图中的 2 月表示需要 2 个月完成，3 月表示需要 3 个月完成。依此类推。

组合⊖　在从 N 项中选取 n 项的试验中，还有另一种计数法则可以用于确定试验结果的数目，我们称这种计数法则为组合计数法则。

> **组合计数法则**
>
> 从 N 项中任取 n 项的组合数为
>
> $$C_n^N = \binom{N}{n} = \frac{N!}{n!\,(N-n)!} \tag{4-1}$$
>
> 其中，$N! = N \times (N-1) \times (N-2) \times \cdots \times 2 \times 1$
>
> $\qquad n! = n \times (n-1) \times (n-2) \times \cdots \times 2 \times 1$
>
> 并且定义
>
> $$0!^{\ominus} = 1$$

下面以质检为例说明如何使用组合计数法则。假定质检人员要从 5 个零件中随机抽取 2 个零件进行检查，共有多少种不同的选法呢？此时 $N=5$，$n=2$，由式（4-1）的组合计数法则，可得：

$$C_2^5 = \binom{5}{2} = \frac{5!}{2!\,(5-2)!} = \frac{5 \times 4 \times 3 \times 2 \times 1}{(2 \times 1)(3 \times 2 \times 1)} = \frac{120}{12} = 10$$

⊖　从一个容量为 N 的总体中抽样时，可以利用组合计数法则计算样本容量为 n 的不同样本的数目。

⊖　符号"!"表示阶乘。例如，5 的阶乘记作 5! = 5×4×3×2×1 = 120。

因此，从一组 5 个零件中随机选取 2 个零件，共有 10 种可能的试验结果。如果我们把这 5 个零件分别标号为 A、B、C、D 和 E，那么这 10 种组合或试验结果分别为 AB、AC、AD、AE、BC、BD、BE、CD、CE 和 DE。

再比如，佛罗里达州彩票发行系统每周从 53 个数码中随机抽取 6 个作为本周的中奖号码。利用式（4-1）的组合计数法则，可以确定从 53 个数中随机抽取 6 个数有多少种不同的方式：

$$\binom{53}{6} = \frac{53!}{6!\,(53-6)!} = \frac{53!}{6!\,47!} = \frac{53 \times 52 \times 51 \times 50 \times 49 \times 48}{6 \times 5 \times 4 \times 3 \times 2 \times 1} = 22\,957\,480$$

组合计数法则说明，在彩票抽奖中大约有 2 300 万种不同的试验结果。购买一张彩票中奖的可能性仅为 1/22 957 480。

排列　第三种常用的计数法则是排列，当从 N 项中选取 n 项并且考虑选取的顺序时（即对于选出的 n 项，不同的选择顺序被认为是不同的试验结果），排列可用于计算有多少种不同的试验结果。

> **排列计数法则**
>
> 从 N 项中任取 n 项的排列数为
>
> $$P_n^N = n!\binom{N}{n} = \frac{N!}{(N-n)!} \tag{4-2}$$

排列计数法则与组合计数法则具有密切的联系。由于任意选取的 n 项共有 $n!$ 种不同的排序方式，从而 P_n^N 总是大于 C_n^N。

比如，在上述质量检验的例子中，质检人员从 5 个零件中随机抽取 2 个零件进行检查有多少种排列呢？此时 $N=5$，$n=2$，由排列计数法则式（4-2）可得：

$$P_2^5 = \frac{5!}{(5-2)!} = \frac{5!}{3!} = \frac{5 \times 4 \times 3 \times 2 \times 1}{3 \times 2 \times 1} = \frac{120}{6} = 20$$

因此，在考虑顺序的情况下，从 5 个零件中随机抽取 2 个共有 20 种不同的结果。如果我们把这 5 个零件分别标号为 A、B、C、D 和 E，那么这 20 种排列分别为 AB、BA、AC、CA、AD、DA、AE、EA、BC、CB、BD、DB、BE、EB、CD、DC、CE、EC、DE 和 ED。

4.1.2　概率分配

现在我们来看一看如何为试验结果分配概率。古典法、相对频率法和主观概率法是最为常用的三种方法。无论采用何种方法，都必须满足**概率分配的两个基本条件**（basic requirements for assigning probabilities）。

> **概率分配的基本条件**
>
> 1. 分配给每个试验结果的概率值都必须在 0 和 1 之间。若以 E_i 表示第 i 种试验结果，$P(E_i)$ 表示这种结果发生的概率，则有
>
> $$0 \leqslant P(E_i) \leqslant 1, \quad \text{对所有的 } i \tag{4-3}$$
>
> 2. 所有试验结果的概率之和必须为 1。对 n 个试验结果的情形，有
>
> $$P(E_1) + P(E_2) + \cdots + P(E_n) = 1 \tag{4-4}$$

古典法（classical method）　若各种试验结果是等概率发生的，适合采用古典法进行概率分配。如果某一试验有 n 个可能的试验结果，则为每个试验结果分配的概率均为 $1/n$。在这种方法下，概率分配的两个基本条件显然成立。

比如，在抛掷一枚均匀硬币的试验中，两种试验结果（正面或反面朝上）出现的可能性相等。由于两种结果中有一种是正面朝上，因此观测到正面朝上的概率为 1/2 或 0.5。同理，观测到反面朝上的概率也是 1/2 或 0.5。

再比如，在抛掷一枚均匀色子的试验中，有理由认为 6 种试验结果发生的可能性是均等的，因而为每种试验

结果分配的概率都是 1/6。若以 $P(1)$ 表示朝上的一面为 1 点的概率，则 $P(1) = 1/6$。同理，$P(2) = 1/6$，$P(3) = 1/6$，$P(4) = 1/6$，$P(5) = 1/6$，$P(6) = 1/6$。可见，上述概率都满足式（4-3）和式（4-4）这两个概率分配的基本条件：每个概率值都大于或者等于 0，并且这些概率之和为 1。

相对频率法（relative frequency method）　相对频率法适用于可以大量重复进行的试验，并且能取得试验结果发生频率的数据。比如，研究某地方医院 X 光检查科的候诊人数，在随后的 20 天中职员记录每天上午 9 点的候诊人数，得到以下结果：

候诊人数	天数
0	2
1	5
2	6
3	4
4	3
合计	20

以上数据显示，在 20 天中有 2 天没有患者候诊，有 5 天有 1 名患者候诊，等等。根据相对频率法，为"没有患者候诊"分配概率 2/20 = 0.1，为"有 1 名患者候诊"分配概率 5/20 = 0.25，为"有 2 名患者候诊"分配概率 6/20 = 0.3，为"有 3 名患者候诊"分配概率 4/20 = 0.2，为"有 4 名患者候诊"分配概率 3/20 = 0.15。相对频率法与古典法一样，显然也满足式（4-3）和式（4-4）这两个概率分配的基本条件。

主观法（subjective method）　当不能假定试验结果是等可能发生的或者无法取得相关数据时，可以采用主观法为试验结果分配概率。采用主观法为试验结果分配概率，可以利用一切可以获得的信息，比如我们的经验和直觉。当考虑所有可获得的信息后，主观法为试验结果分配一个（介于 0 和 1 之间的）概率值，用以表达各个试验结果发生的可信程度。主观法表达的是某个人认为的可信程度，因此它是因人而异的。在主观法中，不同的人可能会对同一试验结果分配不同的概率值。

主观法要求特别注意保证式（4-3）和式（4-4）这两个基本条件成立。无论某人的可信程度有多大，对每一试验结果分配的概率值都必须在 0 和 1 之间，并且所有试验结果的概率值之和必须等于 1。

例如，汤姆·埃尔斯本德和朱迪·埃尔斯本德申请购买一所住房，有两种可能的结果：

$$E_1 = 申请获得批准$$
$$E_2 = 申请被驳回$$

朱迪认为申请获得批准的可能性为 0.8，因此她令 $P(E_1) = 0.8$，$P(E_2) = 0.2$。但汤姆认为申请获得批准的可能性为 0.6，于是他令 $P(E_1) = 0.6$，$P(E_2) = 0.4$。汤姆对 E_1 概率的估计反映了他对申请获得批准持比较消极的态度。

汤姆和朱迪所分配的主观概率都满足式（4-3）和式（4-4）这两个基本条件。虽然他们二人给出了不同的概率估计，但这恰恰体现了主观概率法的个性化属性。

在商务应用中，即便在古典法或者相对频率法适用的情况下，管理人员可能仍希望提供主观概率估计。此时，将古典法或相对频率法估计与主观概率估计相结合，可得到相应概率的最佳估计⊖。

4.1.3　肯塔基光电公司项目的概率

为了深入分析 KP&L 公司项目，我们必须为表 4-1 中的 9 种试验结果分配概率。管理层基于经验和判断，认为各种试验结果并非等可能发生，因此不能使用古典法分配概率。于是，管理层决定对该公司最近 3 年同类项目的完工时间进行研究。表 4-2 汇总了对 40 项类似项目的研究结果。

⊖　贝叶斯定理（见 4.5 节）将主观确定的先验概率与其他方法得到的概率相结合，得到修正的后验概率。

表 4-2 40 项 KP&L 公司项目的完工结果

完工时间/月		样本点	以往项目数目
阶段 1 设计	阶段 2 建设		
2	6	(2, 6)	6
2	7	(2, 7)	6
2	8	(2, 8)	2
3	6	(3, 6)	4
3	7	(3, 7)	8
3	8	(3, 8)	2
4	6	(4, 6)	2
4	7	(4, 7)	4
4	8	(4, 8)	6
		合计	40

在浏览了研究结果以后，管理层决定采用相对频率法分配概率。本来，管理层可以使用主观法分配概率，但是他们觉得当前的项目与以前进行的 40 项项目十分相似，因此相对频率法更优。

在利用表 4-2 中的数据计算概率时，试验结果（2，6）表示项目在阶段 1 用 2 个月和阶段 2 用 6 个月完工，我们注意到（2，6）在 40 个项目中发生了 6 次。根据相对频率法，为这一试验结果分配概率 6/40=0.15。试验结果（2，7）在 40 个项目中也发生了 6 次，它的概率为 6/40=0.15。类似地，我们可以为 KP&L 公司项目的每个样本点分配概率（见表 4-3）。注意，符号 $P(2,6)$ 表示样本点（2，6）的概率，$P(2,7)$ 表示样本点（2，7）的概率，以此类推。

表 4-3 利用相对频率法为 KP&L 项目分配概率

样本点	工程完工时间/月	样本点的概率	样本点	工程完工时间/月	样本点的概率
(2, 6)	8	$P(2,6)=6/40=0.15$	(3, 8)	11	$P(3,8)=2/40=0.05$
(2, 7)	9	$P(2,7)=6/40=0.15$	(4, 6)	10	$P(4,6)=2/40=0.05$
(2, 8)	10	$P(2,8)=2/40=0.05$	(4, 7)	11	$P(4,7)=4/40=0.10$
(3, 6)	9	$P(3,6)=4/40=0.10$	(4, 8)	12	$P(4,8)=6/40=0.15$
(3, 7)	10	$P(3,7)=8/40=0.20$			合计 1.00

注释和评论

1. 在统计学中，试验的概念与自然科学中试验的概念稍有不同。在自然科学中，试验通常是在试验室或者人工控制的环境中进行的，目的是研究因果关系和效果。在统计学试验中，结果由概率决定。即使试验在完全相同的条件下重复进行，也可能会获得完全不同的结果。由于概率对试验结果的影响，有时也将统计学上的试验称为随机试验。

2. 在从容量为 N 的总体中无放回随机抽样时，应该采用组合计数规则来计算有多少个不同的容量为 n 的样本。

练 习

方法

2. 6 个项目组成一组，从中任取 3 项，共有多少种取法？以字母 A、B、C、D、E 和 F 分别表示这 6 项，列出所有可能的组合。

4. 考虑将一枚硬币抛掷 3 次的试验。

a. 画出试验的树形图。

b. 列出试验的各种结果。

c. 计算每种试验结果的概率。

6. 某项试验有 3 种结果 E_1、E_2 和 E_3，现将该试验重复 50 次，其中 E_1 出现 20 次，E_2 出现 13 次，E_3 出

现 17 次。请为每种试验结果分配概率。你采用哪种方法分配概率？

应用

8. 在米尔福德市，申请改变城市区划需要经过计划委员会审议和市政委员会最终决定这两个步骤后方能实现。在第 1 阶段，计划委员会审议改变城市区划的申请，并给出支持或反对的意见。在第 2 阶段，市政委员会对计划委员会的意见进行投票，批准或否决改变城市区划。假定某房地产开发商递交了一份申请，要求改变城市区划。

   a. 若将申请程序视为一个试验，则在这个试验中有多少个样本点？请列出这些样本点。

   b. 画出试验的树形图。

10. 代码搅动是一种对软件工程师和计算机程序员的效率和生产率进行度量的常用方法。通常，用一段短的时间段里程序员的代码需要被编辑的百分比来度量。程序员的代码搅动比率越高，由于误差和编程技术的低效，程序员越需要频繁地重写代码。下表中给出了 10 名计算机程序员的样本信息。

程序员	所写代码的总行数	需要编辑的代码的行数
Liwei	23 789	4 589
Andrew	17 962	2 780
Jaime	31 025	12 080
Sherae	26 050	3 780
Binny	19 586	1 890
Roger	24 786	4 005

（续）

程序员	所写代码的总行数	需要编辑的代码的行数
Dong-Gil	24 030	5 785
Alex	14 780	1 052
Jay	30 875	3 872
Vivek	21 546	4 125

   a. 对每名程序员，根据上表中数据利用相对频率法求随机选取的一行代码需要编辑的概率。

   b. 如果你随机选取一行 Liwei 的代码，这行代码需要编辑的概率是多少？

   c. 如果你随机选取一行 Sherae 的代码，这行代码不需要编辑的概率是多少？

   d. 随机选取一行代码，哪位程序员的代码需要编辑的概率最低？随机选取一行代码，哪位程序员的代码需要编辑的概率最高？

12. 某个牙膏制造商研制了 5 种不同的外包装设计。假设每种设计被消费者选择的可能性都是相等的。那么你将为每种外包装设计分配多大的概率？在一次实际试验中，要求 100 名消费者按其喜好来选择外包装设计，获得如下数据。这些数据是否能够表明每种设计被选择的可能性是相等的？解释原因。

外包装类型	被选择次数
1	5
2	15
3	30
4	40
5	10

4.2　事件及其概率

我们对术语"事件"的运用仍限于日常用语中的含义。在第 4.1 节中，我们给出了有关试验以及与之相联系的试验结果（样本点）的概念。样本点和事件是研究概率的基础。因此，下面必须给与样本点相对应的**事件**（event）一个正式的定义。这是确定事件的概率的基础。

> **事件**
> 事件是样本点的一个集合。

比如，在 KP&L 公司项目的问题中，假设项目经理所关心的是事件"整个项目可以在 10 个月以内完工"。由表 4-3 可知，有 6 个样本点 (2, 6)，(2, 7)，(2, 8)，(3, 6)，(3, 7) 和 (4, 6) 可以保证项目在 10 个月以内完工。令 C 表示事件"项目可以在 10 个月以内完工"，则

$$C = \{(2, 6), (2, 7), (2, 8), (3, 6), (3, 7), (4, 6)\}$$

如果上述 6 个样本点中的任何一种试验结果出现，则称事件 C 发生。

KP&L 公司管理层所关心的事件还包括：

$$L = 事件"项目完工时间少于 10 个月"$$

$$M = 事件"项目完工时间多于 10 个月"$$

运用表 4-3 的信息，上述事件含有以下样本点：

$$L = \{(2, 6), (2, 7), (3, 6)\} \qquad M = \{(3, 8), (4, 7), (4, 8)\}$$

对于 KP&L 公司项目，还可以定义许多其他事件，但对每一事件来说，它都是试验中若干个样本点的集合。

根据表 4-3 列出的各样本点的概率，我们可以利用下面的定义计算 KP&L 公司管理层所关心的任一事件的概率。

事件的概率

事件的概率等于事件中所有样本点的概率之和。

利用这一定义，我们可以将某个特定事件中所有样本点（试验结果）的概率相加来计算事件的概率。现在，我们来计算"项目可以在 10 个月以内完工"这一事件的概率。由于事件 $C = \{(2, 6), (2, 7), (2, 8), (3, 6), (3, 7), (4, 6)\}$，令 $P(C)$ 表示事件 C 的概率，有：

$$P(C) = P(2, 6) + P(2, 7) + P(2, 8) + P(3, 6) + P(3, 7) + P(4, 6)$$

根据表 4-3 中样本点的概率可知：

$$P(C) = 0.15 + 0.15 + 0.05 + 0.10 + 0.20 + 0.05 = 0.70$$

类似地，对于事件"项目完工时间少于 10 个月"，有 $L = \{(2, 6), (2, 7), (3, 6)\}$，从而事件的概率为：

$$P(L) = P(2, 6) + P(2, 7) + P(3, 6) = 0.15 + 0.15 + 0.10 = 0.40$$

最后，对于事件"项目完工时间多于 10 个月"，有 $M = \{(3, 8), (4, 7), (4, 8)\}$，因此

$$P(M) = P(3, 8) + P(4, 7) + P(4, 8) = 0.05 + 0.10 + 0.15 = 0.30$$

根据上述概率可知，KP&L 公司在 10 个月或 10 个月以内完成项目的概率是 0.70，完工时间少于 10 个月的概率是 0.40，而完工时间多于 10 个月的概率是 0.30。对于公司管理层所关心的其他事件，可以重复上述计算过程求得事件的概率。

只要我们能够确认一个试验的所有样本点并且为其分配概率，我们就能够根据定义来计算某一事件的概率。但是，若试验中存在大量的样本点，会使得确认样本点和分配概率这一工作变得虽然不是不可能，但却相当繁重。在本章余下的各节中，我们将介绍概率的一些基本性质，根据这些性质可以在不必知道每个样本点概率的情况下计算事件的概率。

注释和评论

1. 样本空间 S 是一个事件，由于它包含了所有的试验结果，因此其概率为 1，即 $P(S) = 1$。
2. 应用古典法分配概率时，假设试验结果是等可能发生的。在这种情况下，某一事件的概率等于这一事件所包含试验结果的数目除以试验结果总数。

练习

方法

14. 某项试验有 4 种等可能发生的结果 E_1、E_2、E_3 和 E_4。求：
    a. E_2 发生的概率是多少？
    b. 任意两种试验结果（比如 E_1 或 E_2）发生的概率是多少？
    c. 任意 3 种试验结果（比如 E_1 或 E_2 或 E_4）发生的概率是多少？

16. 在投掷一对色子的试验中，假定关注的是两枚色子朝上一面的点数之和。
    a. 共有多少种可能的样本点？（提示：利用多步骤试验计数法则。）
    b. 列出样本点。
    c. "两数之和为 7"的概率是多少？
    d. "两数之和大于或者等于 9"的概率是多少？
    e. 由于所有和数包括 6 个偶数（2，4，6，8，10 和 12）和 5 个奇数（3，5，7，9 和 11），从而偶数出现的可能性比奇数更大。你是否同意上述观点？试说明理由。

f. 你使用什么方法来分配概率？

应用

18. 《财富》杂志公布了美国 500 强企业的年度名单。500 强企业的总部位于 38 个州。下表中数据是 500 强企业数目最多的 8 个州中 500 强企业的数目（《财富》网站）。

州	公司数	州	公司数
加利福尼亚	53	俄亥俄	28
伊利诺伊	32	宾夕法尼亚	23
新泽西	21	得克萨斯	52
纽约	50	弗吉尼亚	24

假定从 500 强企业中随机选取一家公司进行跟踪调查，求：

a. 所选取的公司总部位于加利福尼亚州的概率。

b. 所选取的公司总部位于加利福尼亚州、纽约州或者得克萨斯州的概率。

c. 所选取的公司总部位于以上 8 个州之一的概率。

20. 从 14~18 岁的青少年总体中随机选取青少年进行了一项调查，询问他们认为自己能在多大年龄实现财务自由。944 名青少年对该问题的回答结果如下：

财务独立的年龄	人数
16~20 岁	191
21~24 岁	467
25~27 岁	244
28 岁及以上	42

a. 对年龄的 4 个分类，分别计算实现财务自由的概率。

b. 25 岁以前实现财务自由的概率是多少？

c. 24 岁以后实现财务自由的概率是多少？

d. 上述概率是否意味着青少年对实现财务自由的预期不太现实？

4.3　概率的基本性质

4.3.1　事件的补

给定一个事件 A，定义**事件 A 的补**（complement of A）为"所有不包含在事件 A 中的样本点"，记为 A^c。图 4-4 称为**文氏图**（Venn diagram），它用来说明补的概念。其中，矩形区域表示试验的样本空间，它包含了所有可能的样本点；圆形区域表示事件 A，它只包含了 A 中的样本点；矩形中的阴影部分是所有未包含在 A 中的样本点，记作 A^c。

在任何概率应用中，事件 A 和它的补 A^c 必有一个发生。因此，有：

$$P(A) + P(A^c) = 1$$

求解 $P(A)$，有如下结论。

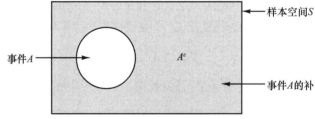

图 4-4　事件 A 的补

利用事件的补计算概率

$$P(A) = 1 - P(A^c) \tag{4-5}$$

式（4-5）表明，如果已知事件 A 的补的概率 $P(A^c)$，就能容易地计算出事件 A 的概率。

比如，假定销售经理在看完销售报告后发现，新客户的合同中有 80% 并未成交。令事件 A 表示"合同成交"，A^c 表示"合同没有成交"，该经理认为 $P(A^c) = 0.80$，利用式（4-5），有：

$$P(A) = 1 - P(A^c) = 1 - 0.80 = 0.20$$

我们可以得出结论，认为新客户的合同中有 20% 已成交。

再比如，假设某采购部门认为供货商运来的货物中无残次品的概率为 90%，利用式（4-5），我们可以推断货物中有残次品的概率为 $1 - 0.90 = 0.10$。

4.3.2　加法公式

当求两个事件中至少有一个事件发生的概率时，加法公式非常有用。也就是说，对于两个事件 A 和 B，我们

希望知道事件 A 或事件 B 或两者都发生的概率时，常常采用加法公式。

在讲述加法公式之前，我们需要首先讨论与事件关系有关的两个概念——事件的并和事件的交。对两个事件 A 和事件 B，定义**事件 A 和事件 B 的并**（union of A and B）如下：

> **两个事件的并**
> A 和 B 的并是所有属于 A 或 B，抑或同时属于二者的样本点构成的事件，记作 $A \cup B$。

图 4-5 的文氏图描绘了事件 A 和 B 的并。注意：两个圆形区域包含了属于事件 A 和事件 B 的所有样本点。这两个圆形区域是有重叠的，这说明有一些样本点是既属于事件 A 又属于事件 B 的。

定义**事件 A 和事件 B 的交**（intersection of A and B）如下：

> **两个事件的交**
> 给定两个事件 A 和 B，则 A 和 B 的交是同时属于 A 和 B 的样本点构成的事件，记作 $A \cap B$。

图 4-6 的文氏图描述了 A 和 B 的交。图中两个圆形区域相互重叠的部分即两个事件的交，由同时属于 A 和 B 的样本点组成。

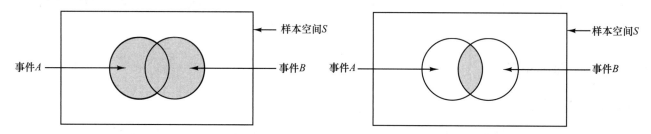

图 4-5　阴影部分是事件 A 和事件 B 的并　　　　图 4-6　阴影部分是事件 A 和事件 B 的交

下面继续介绍加法公式。**加法公式**（addition law）提供了一种计算"事件 A 发生或 B 发生或 A、B 同时发生"的概率的方法。也就是说，加法公式用来计算两个事件的并的概率。加法公式可以写成如下形式：

> **加法公式**
> $$P(A \cup B) = P(A) + P(B) - P(A \cap B) \tag{4-6}$$

直观上看，加法公式右边的前两项 $P(A) + P(B)$ 已经包含了所有（$A \cup B$）的样本点。但是由于 $A \cap B$ 内的样本点既属于 A 又属于 B，在计算 $P(A) + P(B)$ 时 $A \cap B$ 内的样本点被计算了两次，因此需从中减去 $P(A \cap B)$，对重复计算进行修正。

作为一个加法公式实际应用的例子，我们考虑一个有 50 名工人的小型装配厂。每个工人都必须按时完成工作定额，并且使所装配的产品通过最终检验。有时，一些工人由于没能按时完成工作或者因为装配的产品不合格而没有达到绩效标准。在期末的绩效考核中，生产经理发现 50 名工人中有 5 人未能按时完成工作，6 人装配的产品不合格，2 人既没能按时完成工作又存在装配不合格的问题。

令事件

$$L = \{ 没能按时完成工作 \} \quad D = \{ 装配的产品不合格 \}$$

根据相对频率法，有：

$$P(L) = 5/50 = 0.10$$
$$P(D) = 6/50 = 0.12$$
$$P(L \cap D) = 2/50 = 0.04$$

生产经理浏览了工作绩效数据后，决定在绩效考核中对所有没能按时完成工作或者装配的产品不合格的工人给予低等级。经理所关心的事件为 $L \cup D$。生产经理为事件"绩效考核是低等级"分配的概率是多少？

这个问题是如何求两个事件的并的概率。尤其是，我们希望求出 $P(L \cup D)$。利用式（4-6），有

$$P(L \cup D) = P(L) + P(D) - P(L \cap D)$$

等式右边的 3 个概率值均为已知，可得

$$P(L \cup D) = 0.10 + 0.12 - 0.04 = 0.18$$

这一结果告诉我们，若随机选取一名工人，则他的绩效考核是低等级的概率为 0.18。

考虑加法公式的另一个例子。某大型计算机软件公司人事部经理最近做了一项调查，他发现近两年内离职的公司雇员中有 30% 的人主要是因为对工资不满意，有 20% 的人是因为对分配的工作不满意，12% 的人是因为对工资和分配的工作都不满意。那么在两年内离职的公司雇员中，其离职是因为对工资不满意，对分配的工作不满意，或者二者皆有的概率是多少呢？

令事件

$$S = \{\text{公司雇员离职是因为对工资不满意}\}$$

$$W = \{\text{公司雇员离职是因为对分配的工作不满意}\}$$

已知 $P(S) = 0.30$，$P(W) = 0.20$，$P(S \cap W) = 0.12$。利用式（4-6），可得

$$P(S \cup W) = P(S) + P(W) - P(S \cap W) = 0.30 + 0.20 - 0.12 = 0.38$$

得出雇员因为工资或工作原因离职的概率为 0.38。

在结束加法公式的讨论之前，我们再来考虑一种特殊的情况——**互斥事件**（mutually exclusive events）。

> **互斥事件**
>
> 如果两个事件没有公共的样本点，则称这两个事件互斥。

当事件 A 和事件 B 中一个发生而另一个一定不会发生时，则称 A 和 B 是互斥的。因此，A 和 B 互斥的必要条件是它们的交不含有任何样本点。文氏图描述了两个事件 A 和 B 互斥的情况，如图 4-7 所示。此时，$P(A \cap B) = 0$，故加法公式可以写成下面的形式。

> **互斥事件的加法公式**
>
> $$P(A \cup B) = P(A) + P(B)$$

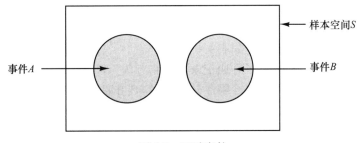

图 4-7　互斥事件

练习

方法

22. 假设样本空间包含 5 个等可能发生的试验结果 E_1、E_2、E_3、E_4 和 E_5。令

$A = \{E_1, E_2\}$　$B = \{E_3, E_4\}$　$C = \{E_2, E_3, E_5\}$

a. 求 $P(A)$、$P(B)$ 和 $P(C)$。

b. 求 $P(A \cup B)$。A 和 B 是否互斥？

c. 求 A^c、C^c、$P(A^c)$ 和 $P(C^c)$。

d. 求 $A \cup B^c$ 和 $P(A \cup B^c)$。

e. 求 $P(B \cup C)$。

应用

24. 克拉克森大学对毕业生进行了一项调查以了解他们对学校的看法。调查中的一个问题是询问受访

者在学校的经历是未达到预期、达到预期还是超出预期。调查结果表明，有4%的人没有回答，有26%的人认为未达到预期，65%的人认为达到预期。

a. 如果我们随机地选择一名毕业生，则他认为在学校的经历超出预期的概率为多少？

b. 如果我们随机地选择一名毕业生，则他认为在学校的经历达到或超出预期的概率为多少？

26. 晨星投资提供了互助基金的一些信息，包括互助基金的类型（国内产权、国际产权或固定收益）和基金的晨星评级。评级从1星（最低级别）到5星（最高级别）。假定选取25只互助基金组成一个样本，得到以下结果：

- 有16只互助基金是国内产权基金
- 有13只互助基金的评级是3星或者3星以下
- 国内产权基金中有7只的评级是4星
- 国内产权基金中有2只的评级是5星

为了更多地了解互助基金及其投资目标，假设从这25只互助基金中随机选取一只基金。试问：

a. 所选基金是国内产权基金的概率是多大？

b. 所选基金的评级是4星或5星的概率是多大？

c. 所选基金是国内产权基金并且评级是4星或5星的概率是多大？

d. 所选基金是国内产权基金或者评级是4星或5星的概率是多大？

28. 某杂志对订阅者的调查表明，在过去12个月中，45.8%的人由于工作原因租赁汽车，54%的人由于个人原因租赁汽车，30%的人由于工作和个人原因租赁汽车。

a. 在过去12个月中，某订阅者因工作或个人原因租赁汽车的概率是多少？

b. 在过去12个月中，某订阅者由于工作或个人原因未租赁汽车的概率是多少？

4.4 条件概率

某个事件发生的可能性经常会受到另一个相关事件发生与否的影响。假设事件 A 发生的概率为 $P(A)$，如果获得了新的信息确知另一个相关事件 B 已经发生了，我们希望利用这一新的信息来重新计算事件 A 发生的可能性。此时，事件 A 发生的可能性叫作**条件概率**（conditional probability），记作 $P(A \mid B)$。符号"$\mid$"用来表明我们是在事件 B 已经发生的条件下考虑 A 发生的可能性。因此，符号 $P(A \mid B)$ 读作"事件 B 发生的条件下事件 A 发生的概率"。

下面，以美国东部某大城市警察局男性和女性警官的升职情况为例，说明条件概率的应用。警察局共有1 200名警官，男性960人，女性240人。在过去的两年中，有324名警官得到升职，其中男性和女性升职情况的详细数据如表4-4所示。

表4-4 过去两年中警官升职的情况

	男性	女性	合计
升职人数	288	36	324
未升职人数	672	204	876
合计	960	240	1 200

一个由女性警官组成的委员会在浏览了升职记录以后指出，在升职过程中存在性别歧视，其依据是男性警官有288人得到升职，而升职的女性警官仅为36人。警察局官员回应称，女性警官升职人数较少并非因为性别歧视，而是因为警官中女性的数量原本就相对较少。现在我们利用条件概率，对升职中性别歧视的投诉进行分析。

令

$$M = \{某警官为男性\} \qquad W = \{某警官为女性\}$$
$$A = \{某警官得到升职\} \qquad A^c = \{某警官未得到升职\}$$

将表4-4中各项数据除以警官总人数1 200，便得出以下有用的概率信息。

随机选择一名警官，他是男性并且得到升职的概率为 $P(M \cap A) = 288/1\,200 = 0.24$

随机选择一名警官，他是男性但未得到升职的概率为 $P(M \cap A^c) = 672/1\,200 = 0.56$

随机选择一名警官，她是女性并且得到升职的概率为 $P(W \cap A) = 36/1\,200 = 0.03$

随机选择一名警官，她是女性但未得到升职的概率为 $P(W \cap A^c) = 204/1\,200 = 0.17$

上述概率值都是两个事件的交的概率，我们称之为**联合概率**（joint probability）。表4-5汇总了警官升职情况的概率信息，称为**联合概率表**。

联合概率表的边缘分别列出了每个事件的概率，即 $P(M)=0.80$，$P(W)=0.20$，$P(A)=0.27$ 和 $P(A^c)=0.73$。因为这些概率位于联合概率表的边缘，故称之为**边际概率**（marginal probability）。我们注意到，边际概率总可以由联合概率表中的联合概率按行或按列求和得到。比如，得到升职的边际概率为 $P(A)=P(M\cap A)+P(W\cap A)=0.24+0.03=0.27$。由边际概率可知，80%的警官为男性，20%的警官为女性，27%的警官得到了升职，73%的警官未得到升职。

表4-5 警官升职的联合概率表

	男性（M）	女性（W）	合计
升职（A）	0.24	0.03	0.27
未升职（A^c）	0.56	0.17	0.73
合计	0.80	0.20	1.00

联合概率 ↗
边际概率 ↗

现在我们利用条件概率进行分析，计算某位警官是男性的条件下获得升职的概率。按条件概率的表示符号，即我们想要计算 $P(A|M)$。为此，首先我们认识这一符号的简单含义。$P(A|M)$ 度量的是在事件 M（某警官为男性）已经发生的条件下事件 A（某警官得到升职）发生的概率。因此，我们需要关注的只是960名男性警官的升职情况。由于在960名男性警官中，有288名得到升职，则在某警官为男性的条件下得到升职的概率为 $288/960=0.30$。也就是说，若警官为男性，则他在过去两年之中获得升职的机会为30%。

由于表4-4中的值已给出了每一类警官的人数，因此这种方法应用起来十分简单。现在我们演示怎样直接通过事件概率，而不是使用表4-4的频数数据计算条件概率 $P(A|M)$。

已知 $P(A|M)=288/960=0.30$，将分子分母同时除以警官总人数1 200，有：

$$P(A|M)=\frac{288}{960}=\frac{288/1200}{960/1200}=\frac{0.24}{0.80}=0.30$$

由此可见，条件概率 $P(A|M)$ 可以通过 0.24/0.80 来计算。由联合概率表（见表4-5）可知，事件 A 和 M 的联合概率 $P(A\cap M)=0.24$，事件"随机选择的一名警官为男警官"的边际概率 $P(M)=0.80$。因此，条件概率 $P(A|M)$ 可以通过求联合概率 $P(A\cap M)$ 和边际概率 $P(M)$ 的比值得出，即：

$$P(A|M)=\frac{P(A\cap M)}{P(M)}=\frac{0.24}{0.80}=0.30$$

既然条件概率可以由联合概率和边际概率的比值计算得到，则对于任何两个事件 A 和 B，有如下条件概率的通用计算公式。

条件概率

$$P(A|B)=\frac{P(A\cap B)}{P(B)} \tag{4-7}$$

或

$$P(B|A)=\frac{P(A\cap B)}{P(A)} \tag{4-8}$$

文氏图可以帮助我们对条件概率有一个直观的理解。图4-8右边的圆表示事件 B，其中与事件 A 重叠的部分表示事件 $A\cap B$。可见，一旦事件 B 已经发生，则能够观测到事件 A 发生的唯一区域是事件 $A\cap B$。于是，$P(A\cap B)/P(B)$ 给出了在事件 B 已经发生的情况下事件 A 发生的条件概率。

现在回到有关女警官升职中受到歧视的问题中来。表4-5中第一行的边际概率显示，某警官升职的概率是 $P(A)=0.27$（无论该警官是男是女）。在这一投诉性别歧视的案例中，两个条件概率 $P(A|M)$ 和 $P(A|W)$ 是问题的关键。也就是说，若警官为男性，则他的升职概率为多少？若警官为女性，则她的升职概率为多少？如果这两个概率值相等，那么有关性别歧视的投诉就是毫无根据的，因为对于男女警官，有着均等的升职机会。但是，如果这

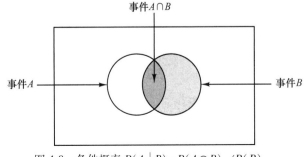

图4-8 条件概率 $P(A|B)=P(A\cap B)/P(B)$

两个条件概率不相等，则有证据表明男女警官在升职问题上被区别对待。

已知 $P(A \mid M) = 0.30$，现在我们利用表4-5中的概率值和条件概率基本关系式（4-7），在某位警官为女性的条件下计算其升职的概率 $P(A \mid W)$。利用式（4-7），其中 $B = W$，我们得到：

$$P(A \mid W) = \frac{P(A \cap W)}{P(W)} = \frac{0.03}{0.20} = 0.15$$

你由此得到了什么结论？男性警官升职概率为 0.30，是女性警官升职概率 0.15 的两倍。虽然条件概率本身并不能证明存在歧视，但条件概率的数值却成为支持女警官们投诉的有力证据。

4.4.1 独立事件

在上述例子中，$P(A) = 0.27$，$P(A \mid M) = 0.30$，并且 $P(A \mid W) = 0.15$。我们看到，警官的性别大大影响了获得升职（事件 A）的概率。特别地，由于 $P(A \mid M) \neq P(A)$，我们可以说事件 A 和 M 是相依事件，即事件 A（升职）的概率受到事件 M（警官是男性）发生与否的影响。类似地，因为 $P(A \mid W) \neq P(A)$，我们可以说事件 A 和 W 是相依事件。如果事件 A 的概率不会由于事件 M 的存在而改变，即 $P(A \mid M) = P(A)$，则称事件 A 和 M 是**独立事件**（independent events）。由此，得到如下关于两个事件独立的定义：

> **独立事件**
>
> 两个事件 A 和 B 是相互独立的，如果
>
> $$P(A \mid B) = P(A) \tag{4-9}$$
>
> 或
>
> $$P(B \mid A) = P(B) \tag{4-10}$$
>
> 否则，两个事件是相依的。

4.4.2 乘法公式

加法公式用来计算两个事件的并的概率，而乘法公式则用来计算两个事件的交的概率。乘法公式是以条件概率的定义为基础的。利用式（4-7）和式（4-8）求解 $P(A \cap B)$，便可得到**乘法公式**（multiplication law）。

> **乘法公式**
>
> $$P(A \cap B) = P(B)P(A \mid B) \tag{4-11}$$
>
> 或
>
> $$P(A \cap B) = P(A)P(B \mid A) \tag{4-12}$$

下面，我们举例说明如何应用乘法公式。通信公司提供互联网、有线电视和电话之类的服务。在一个特定城市里，有84%的家庭订购了互联网服务。令 H 表示事件"家庭订购了互联网服务"，则 $P(H) = 0.84$。此外，其还知道某个已经订购互联网服务的家庭还订购有线电视服务（事件 C）的概率为 0.75，即 $P(C \mid H) = 0.75$。那么，某家庭既订购互联网服务又订购有线电视服务的概率为多少？利用乘法公式，有：

$$P(C \cap H) = P(H)P(C \mid H) = 0.84 \times 0.75 = 0.63$$

可见，有63%的家庭既订购互联网服务又订购有线电视服务。

在结束本节之前，我们再来看一下在事件是相互独立的这一特殊情况下乘法公式的形式。当 $P(A \mid B) = P(A)$ 或者 $P(B \mid A) = P(B)$ 时，事件 A 和 B 独立。因此，对两个事件独立的特殊情况，利用式（4-11）和式（4-12）得到如下的乘法公式。

> **独立事件的乘法公式**
>
> $$P(A \cap B) = P(A)P(B) \tag{4-13}$$

为了计算两个独立事件的交的概率，我们只需简单地将它们相应的概率相乘。因此，独立事件的乘法公式提

供了另外一种判断 A 和 B 是否独立的方法，即如果 $P(A \cap B) = P(B)P(A)$，则 A 和 B 是独立的；如果 $P(A \cap B) \neq P(B)P(A)$，则 A 和 B 是相依的。

下面是独立事件的乘法公式的一个应用实例。假设根据以往的经验，一名加油站的经理已知有 80% 的顾客加油时使用信用卡。那么两名顾客加油时都使用信用卡的概率为多少？令

$$A = \{ 第一名顾客使用信用卡 \} \quad B = \{ 第二名顾客使用信用卡 \}$$

我们感兴趣的是两个事件的交（$A \cap B$）。在并无其他信息的情况下，我们有理由假设事件 A 和事件 B 是独立的，因此

$$P(A \cap B) = P(A)P(B) = 0.80 \times 0.80 = 0.64$$

总的来说，我们研究条件概率的动机在于事件之间常常是相互关联的。在这种情形下，由于事件是相依的，所以我们计算条件概率时必须采用式（4-7）和式（4-8）；如果两个事件无关，它们是独立的，则一个事件的概率就不会受到另外一个事件发生与否的影响。

注释和评论

不要混淆互斥事件和独立事件，这是两个不同的概念。两个概率不为 0 的事件不可能既是互斥事件，又是独立事件。如果两个互斥的事件之一确知已经发生了，那么另一事件不会发生，从而另一事件发生的概率降为 0，因此这两个事件是相依的。

练　习

方法

30. 假设对于事件 A 和 B，有 $P(A) = 0.50$，$P(B) = 0.60$ 和 $P(A \cap B) = 0.40$。

a. 求 $P(A \mid B)$。

b. 求 $P(B \mid A)$。

c. A 和 B 是否独立？为什么？

应用

32. 考虑下面的例子，就"你目前和家人一起生活吗？"这一问题，对美国年龄在 18～34 岁的人进行调查，受访者回答结果如下。

	是	否	合计
男性	106	141	247
女性	92	161	253
合计	198	302	500

a. 根据上述数据编制联合概率表，并根据该表回答下列问题。

b. 求边际概率。

c. 在美国，如果你是一名年龄在 18～34 岁的男性，你与家人一起生活的概率为多少？

d. 在美国，如果你是一名年龄在 18～34 岁的女性，你与家人一起生活的概率为多少？

e. 在美国与家人一起生活的人中，年龄在 18～34 岁的概率为多少？

f. 如果美国 18～34 的人中有 49.4% 是男性，你认为这是一个有代表性的样本吗？为什么？

34. 美国交通运输部公布了美国主要机场航班的准点到达率。捷蓝航空、联合航空和美国航空都是在波士顿洛根机场的 C 出口抵港，假设捷蓝航空航班的准点到达率为 76.8%；联合航空航班的准点到达率为 71.5%；美国航空航班的准点到达率为 82.2%。假定在 C 出口抵港的航班有 30% 是捷蓝航空的航班，有 32% 是联合航空的航班，有 38% 是美国航空的航班。

a. 编制联合概率表，表由 3 行（3 家航空公司）和 2 列（准点情况）组成。

b. 刚刚有通告称，航班 1382 将在 C 候机大楼 20 通道抵港，则航班 1382 准点到达的概率有多大？

c. 航班 1382 最可能属于哪家航空公司？航班 1382 属于各家航空公司的概率分别是多少？

d. 假定通告称航班 1382 将延误，则航班 1382 最可能属于哪家航空公司？航班 1382 属于各家航空公司的概率分别是多少？

36. 假设某 NBA 运动员的罚球命中率为 93%。假设在随后的一场篮球赛中，由于对方犯规，该球员获得两次罚球机会。

a. 他两次罚球都命中的概率是多少？

b. 他至少有一次罚球命中的概率是多少?

c. 他两次罚球都没有命中的概率是多少?

d. 在篮球比赛的最后时刻, 球队经常采取对对方球员故意犯规的战术以拖延比赛。通常的战术是故意对对方罚球技术最差的球员犯规。假设球队中罚球最差的队员的命中率为58%, 若他获得两次罚球机会, 请分别计算出现 (a)、(b) 和 (c) 情形的概率, 并说明为什么说对命中率58%的球员故意犯规是比对命中率93%的球员故意犯规更好的战术。假定在 (a)、(b) 和 (c) 中均是两次罚球。

38. 美国高等教育政策研究所是位于华盛顿的一家研究公司。该公司对180万名6年前享受助学贷款的学生的贷款偿付情况进行了研究 (《华尔街日报》)。研究发现, 50%的学生贷款以令人满意的方式如期偿还, 还有50%的学生贷款拖欠未偿还。

下面的联合概率表中给出的是学生贷款的状态以及学生是否取得大学学位的概率。

		大学学位		
		取得	未取得	
贷款状态	偿还	0.26	0.24	0.50
	拖欠	0.16	0.34	0.50
		0.42	0.58	

a. 求享受助学贷款的学生取得大学学位的概率。

b. 求享受助学贷款的学生没有取得大学学位的概率。

c. 已知一名学生取得大学学位, 则这名学生拖欠偿还贷款的概率是多少?

d. 已知一名学生没有取得大学学位, 则这名学生拖欠偿还贷款的概率是多少?

e. 对那些享受助学贷款的学生, 是什么影响他们从大学肄业而没有取得学位?

4.5 贝叶斯定理

在条件概率的讨论中, 我们指出在获得新的信息之后对概率进行修正是重要的概率分析手段。通常, 在开始分析时, 总是对所关心的特定事件估计一个初始或**先验概率** (prior probability)。然后, 当我们从样本、专项报告或产品检验中获取了有关该事件新的信息时, 就能根据这些新增信息计算修正概率, 更新先验概率值得到**后验概率** (posterior probability)。**贝叶斯定理** (Bayes's theorem) 提供了进行这种概率计算的一种方法。图4-9列示了概率修正过程中的步骤。

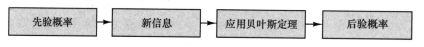

图 4-9　利用贝叶斯定理进行概率修正

下面给出贝叶斯定理的一个应用实例。假设某制造企业从两个不同的供应商处购买零件。令 A_1 表示事件"零件来自供应商1", A_2 表示"零件来自供应商2"。

目前, 该企业有65%的零件购自供应商1, 其余35%的零件购自供应商2。那么, 如果随机选取一个零件, 则我们可设定先验概率 $P(A_1) = 0.65$ 和 $P(A_2) = 0.35$。

表 4-6　两个供应商的零件质量的历史信息

	合格品率	不合格品率
供应商1	0.98	0.02
供应商2	0.95	0.05

零件的质量因货源的不同而不同, 两个供应商零件质量的历史数据如表4-6所示。如果令 G 表示事件"零件合格", B 表示事件"零件不合格", 则表4-6中的信息给出如下条件概率的值:

$$P(G \mid A_1) = 0.98 \qquad P(B \mid A_1) = 0.02$$
$$P(G \mid A_2) = 0.95 \qquad P(B \mid A_2) = 0.05$$

图4-10的树形图将这一过程描述为一个两步骤试验, 可见有4种可能的试验结果, 其中2个结果对应零件合格, 2个结果对应零件不合格。

每个试验结果都是两个事件的交, 于是可以利用乘法公式来计算概率, 比如:

$$P(A_1, G) = P(A_1 \cap G) = P(A_1)P(G \mid A_1)$$

计算联合概率的过程可借助概率树来描述, 如图4-11所示。概率树从左到右有两个分支, 步骤1每一分支的概率都是先验概率，步骤 2 每一分支的概率都是条件概率。为了求得每一试验结果的概率，我们只需简单地把通向试验结果的各分支上的概率相乘即可。图 4-11 给出了每一分支的概率以及联合概率值。

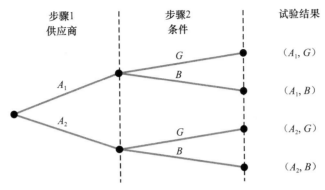

图 4-10　两个供应商例子的树形图

注：步骤 1 表明零件来自两个供应商之一。
　　步骤 2 表明零件质量是否合格。

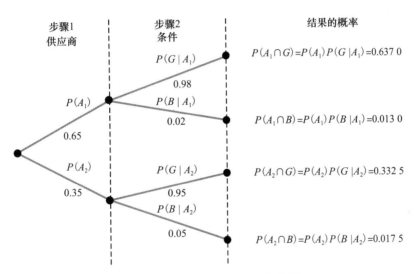

图 4-11　两个供应商例子的概率树

现在假定购自两个供应商的零件都用于加工程序中，一台机器因为遇到一个不合格零件而突然停机。那么在已知零件不合格的信息后，这个零件购自供应商 1 的概率为多少？这个零件购自供应商 2 的概率为多少？根据概率树上的信息（见图 4-11），贝叶斯定理就可用于解答这样的问题。

令 B 表示"零件不合格"，我们现在想要求后验概率 $P(A_1 \mid B)$ 和 $P(A_2 \mid B)$。根据条件概率公式，有

$$P(A_1 \mid B) = \frac{P(A_1 \cap B)}{P(B)} \tag{4-14}$$

从概率树中可见

$$P(A_1 \cap B) = P(A_1)P(B \mid A_1) \tag{4-15}$$

由于事件 B 只在两种情况下才发生（$A_1 \cap B$ 和 $A_2 \cap B$），因此有

$$P(B) = P(A_1 \cap B) + P(A_2 \cap B) = P(A_1)P(B \mid A_1) + P(A_2)P(B \mid A_2) \tag{4-16}$$

将式（4-15）和式（4-16）代入式（4-14）中，即可求得 $P(A_2 \mid B)$ 的值。在两事件的情形下，得到如下的贝叶斯定理：

贝叶斯定理[⊖]（两事件的情形）

$$P(A_1 \mid B) = \frac{P(A_1)P(B \mid A_1)}{P(A_1)P(B \mid A_1) + P(A_2)P(B \mid A_2)} \qquad (4\text{-}17)$$

$$P(A_2 \mid B) = \frac{P(A_2)P(B \mid A_2)}{P(A_1)P(B \mid A_1) + P(A_2)P(B \mid A_2)} \qquad (4\text{-}18)$$

利用式（4-17）和本例中的概率值，有

$$P(A_1 \mid B) = \frac{P(A_1)P(B \mid A_1)}{P(A_1)P(B \mid A_1) + P(A_2)P(B \mid A_2)}$$

$$= \frac{0.65 \times 0.02}{0.65 \times 0.02 + 0.35 \times 0.05} = \frac{0.0130}{0.0130 + 0.0175} = \frac{0.0130}{0.0305} = 0.4262$$

此外，利用式（4-18）可得 $P(A_2 \mid B)$：

$$P(A_2 \mid B) = \frac{0.35 \times 0.05}{0.65 \times 0.02 + 0.35 \times 0.05} = \frac{0.0175}{0.0130 + 0.0175} = \frac{0.0175}{0.0305} = 0.5738$$

在这个应用中，开始时随机选取的零件有 0.65 的概率来自供应商 1。但是，在给定零件不合格的信息以后，则这个零件来自供应商 1 的概率降低到 0.426 2。事实上，如果一个零件质量不合格，那么它就有超过一半的概率是来自供应商 2 的，即 $P(A_2 \mid B) = 0.5738$。

贝叶斯定理通常应用于如下情况，即我们希望计算后验概率的那些事件是互斥的，且它们的并构成了整个样本空间[⊖]。对 n 个互斥事件 A_1，A_2，$\cdots$，A_n，它们的并是整个样本空间，可以利用下面的贝叶斯定理计算任何后验概率 $P(A_i \mid B)$。

贝叶斯定理

$$P(A_i \mid B) = \frac{P(A_i)P(B \mid A_i)}{P(A_1)P(B \mid A_1) + P(A_2)P(B \mid A_2) + \cdots + P(A_n)P(B \mid A_n)} \qquad (4\text{-}19)$$

只要知道了先验概率 $P(A_1)$，$P(A_2)$，$\cdots$，$P(A_n)$ 以及条件概率 $P(B \mid A_1)$，$P(B \mid A_2)$，$\cdots$，$P(B \mid A_n)$，就可以利用式（4-19）来计算事件 A_1，A_2，$\cdots$，A_n 的后验概率。

表格法

表格法有助于完成贝叶斯定理中的计算。零件供应商问题的表格法，如表 4-7 所示。其中计算按以下几个步骤完成。

第一步：准备以下 3 列数据：

第 1 列——需要计算后验概率的互斥事件 A_i。

第 2 列——事件的先验概率 $P(A_i)$。

第 3 列——新信息 B 关于每个事件 A_i 的条件概率 $P(B \mid A_i)$。

第二步：在第 4 列中用乘法公式计算每一事件 A_i 和新信息 B 的联合概率 $P(A_i \cap B)$。联合概率由第 2 列的先验概率乘以第 3 列的条件概率得到，即 $P(A_i \cap B) = P(A_i)P(B \mid A_i)$。

第三步：把第 4 列中所有的联合概率加总，其和即新信息 B 的概率 $P(B)$。在表 4-7 中我们看到，某零件不合格且来自供应商 1 的概率为 0.013 0，某零件不合格且来自供应商 2 的概率为 0.017 5。由于不合格零件只能以这两种方式获得，其和 0.013 0+0.017 5 表明在这两个供应商运来的零件中出现不合格零件的概率为 0.030 5。

⊖ 至今我们仍在使用的贝叶斯定理，是基督教长老会牧师贝叶斯（Reverend Thomas Bayes，1702—1761）的原创性工作。

⊖ 如果事件的并构成了整个样本空间，则称事件为完全穷尽的。

第四步：在第 5 列，利用条件概率的基本关系计算后验概率。

$$P(A_i \mid B) = \frac{P(A_i \cap B)}{P(B)}$$

注意联合概率 $P(A_i \cap B)$ 在第 4 列中，而概率 $P(B)$ 是第 4 列的列和。

表 4-7　在两个供应商问题中计算贝叶斯定理的表格法

(1) 事件 A_i	(2) 先验概率 $P(A_i)$	(3) 条件概率 $P(B \mid A_i)$	(4) 联合概率 $P(A_i \cap B)$	(5) 后验概率 $P(A_i \mid B)$
A_1	0.65	0.02	0.013 0	0.013 0/0.030 5 = 0.426 2
A_2	0.35	0.05	0.017 5	0.017 5/0.030 5 = 0.573 8
	1.00		$P(B) = 0.030\ 5$	1.000 0

注释和评论

1. 贝叶斯定理广泛应用于决策分析中。先验概率经常是由决策者主观估计的。在取得样本信息后，计算后验概率以供决策者选择最佳策略。
2. 任何事件和它的补都是互斥的，它们的并是整个样本空间。因此，在计算某事件和它的补的后验概率时，常常采用贝叶斯定理。

练习

方法

40. 事件 A_1，A_2 和 A_3 的先验概率分别为 $P(A_1) = 0.20$，$P(A_2) = 0.50$，$P(A_3) = 0.30$，给定 A_1，A_2 或 A_3 时事件 B 的条件概率为 $P(B \mid A_1) = 0.50$，$P(B \mid A_2) = 0.40$ 和 $P(B \mid A_3) = 0.30$。
    a. 计算 $P(B \cap A_1)$，$P(B \cap A_2)$ 和 $P(B \cap A_3)$。
    b. 根据贝叶斯定理利用式（4-19）计算后验概率 $P(A_2 \mid B)$。
    c. 采用表格法根据贝叶斯定理计算 $P(A_1 \mid B)$，$P(A_2 \mid B)$ 和 $P(A_3 \mid B)$。

应用

42. 某地方银行对其信用卡政策进行审核并考虑收回部分信用卡。过去，大约有 5% 的信用卡持有者不履行债务并造成银行无法收回的坏账。因此，管理层认为某特定的信用卡持有者不履行债务的先验概率为 0.05。该银行还发现，最终履行债务的信用卡持有者会以 0.20 的概率拖欠到一个月后才支付。当然，对于不履行债务的信用卡持有者，拖欠一个月仍未支付的概率为 1。

    a. 如果某信用卡持有者已经欠款一个月以上，计算他将不履行债务的后验概率。
    b. 如果某信用卡持有者不履行债务的概率超过 0.20，银行就将收回他的信用卡。如果某信用卡持有者已经欠款一个月，则银行是否会收回他的信用卡？为什么？

44. ParFore 网站销售高尔夫装备和高尔夫服装。管理人员想要对访问网站的男性和女性提供不同的弹出报价。ParFore 网站管理人员根据过去网站访问者的样本可知，访问者中有 60% 是男性，40% 是女性。

    a. 当前访问网站者是女性的概率是多少？
    b. 假定 ParFore 网站的女性访问者中有 30% 之前访问过 Dillard 百货公司网站，男性访问者中有 10% 之前访问过 Dillard 百货公司网站。如果当前一名 ParFore 网站的访问者之前是访问过 Dillard 百货公司网站的，求该访问者是一名女性的修正概率。网站应该对男性和女性访问者分别提供专门的弹出报价吗？

小结

　　在本章，我们介绍了概率的基本概念，并举例说明如何利用概率为决策提供有用的信息。我们描述了概率如何度量事件发生的可能性的大小。此外，我们看到在计算事件的概率时，既可以将构成事件的试验结果（样本点）的概率全部相加，也可以使用概率的加法公式、条件概率、乘法公式等。我们还演示了在获得新的信息的情况下，如何利用贝叶斯定理来得到修正的后验概率。

关键术语

addition law　加法公式　加法公式用于计算两个事件的并的概率，有 $P(A\cup B)=P(A)+P(B)-P(A\cap B)$。对于互斥事件，由于 $P(A\cap B)=0$，此时加法公式简化为 $P(A\cup B)=P(A)+P(B)$。

basic requirements for assigning probabilities　概率分配的基本条件　概率分配必须满足如下两个基本条件：①对于任意一个试验结果 E_i，必须有 $0\leqslant P(E_i)\leqslant 1$。②对所有 n 个试验结果，必须有 $P(E_1)+P(E_2)+\cdots+P(E_n)=1.0$。

Bayes's theorem　贝叶斯定理　一种用来计算后验概率的方法。

classical method　古典法　一种概率分配的方法，适用于试验结果都是等可能发生的情形。

combination　组合　在从 N 个个体中选取 n 个的试验中，若不考虑个体被选取的顺序，我们对有多少种不同的选取方法感兴趣。选取的 n 个对象称为一个组合，从 N 个个体中选取 n 个个体的组合数为 $C_n^N=\binom{N}{n}=\dfrac{N!}{n!(N-n)!}$，其中 $n=0,1,2,\cdots,N$。

complement of A　事件 A 的补　由所有不包含在 A 中的样本点构成的事件。

conditional probability　条件概率　一个给定事件已经发生的条件下，另一个事件发生的概率。给定事件 B 下 A 的条件概率为 $P(A\,|\,B)=P(A\cap B)/P(B)$。

event　事件　样本点组成的集合。

experiment　试验　一个能够产生明确结果的过程。

independent events　独立事件　若两个事件 A 和 B 独立，则 $P(A\,|\,B)=P(A)$ 或 $P(B\,|\,A)=P(B)$；也就是说，事件之间相互没有影响。

intersection of A and B　事件 A 和事件 B 的交　由同时属于 A 和 B 的样本点构成的事件，记作 $A\cap B$。

joint probability　联合概率　两个事件都发生的概率，即两个事件的交的概率。

marginal probability　边际概率　在联合概率表的边缘的值，表示每个事件各自发生的概率。

multiple-step experiment　多步骤试验　可以分为循序的多个步骤的试验。如果一个多步骤试验由 k 个步骤组成，并且在第 1 个步骤中有 n_1 种试验结果，在第 2 个步骤中有 n_2 种试验结果，以此类推，那么试验结果的总数为 $n_1\times n_2\times\cdots\times n_k$。

multiplication law　乘法公式　用于计算两事件的交的概率公式，可以写成 $P(A\cap B)=P(A)P(B\,|\,A)$ 或者 $P(A\cap B)=P(B)P(A\,|\,B)$。对于独立事件，乘法公式简化为 $P(A\cap B)=P(A)P(B)$。

mutually exclusive events　互斥事件　没有共同样本点的事件，即 $A\cap B$ 为空集，从而 $P(A\cap B)=0$。

permutation　排列　在从 N 个个体中选取 n 个的试验中，若认为个体被选取的顺序非常重要，我们对有多少种不同的选取方法感兴趣。n 个对象的选取方法称为一个排列，从 N 个个体中选取 n 个个体的排列数为 $P_n^N=n!\binom{N}{n}=\dfrac{N!}{(N-n)!}$，其中 $n=0,1,2,\cdots,N$。

posterior probability　后验概率　根据新的附加信息对事件概率的修正。

prior probability　先验概率　事件概率的初始估计。

probability　概率　对某个事件发生的可能性的数值度量。

relative frequency method　相对频率法　一种概率分配的方法，适用于可以大量重复进行的试验，并且能取得各种试验结果发生频率的数据。

sample point　样本点　样本空间的元素，一个样本点代表一种试验结果。

sample space　样本空间　由所有试验结果组成的集合。

subjective method　主观法　一种以主观判断为基础的概率分配方法。

tree diagram　树形图　一种有助于直观描述多步骤试验的图形。

union of A and B　事件 A 和事件 B 的并　由所有属于 A 或 B，抑或同时属于二者的样本点构成的事件，记作 $A\cup B$。

Venn diagram　文氏图　一种抽象表明样本空间和事件运算的图形表示法，其中用矩形表示样本空间，用样本空间中的圆形表示事件。

重要公式

组合计数法则

$$C_n^N = \binom{N}{n} = \frac{N!}{n!\,(N-n)!} \qquad (4\text{-}1)$$

排列计数法则

$$P_n^N = n! \binom{N}{n} = \frac{N!}{(N-n)!} \qquad (4\text{-}2)$$

利用事件的补计算概率

$$P(A) = 1 - P(A^c) \qquad (4\text{-}5)$$

加法公式

$$P(A \cup B) = P(A) + P(B) - P(A \cap B) \qquad (4\text{-}6)$$

条件概率

$$P(A \mid B) = \frac{P(A \cap B)}{P(B)} \qquad (4\text{-}7)$$

$$P(B \mid A) = \frac{P(A \cap B)}{P(A)} \qquad (4\text{-}8)$$

乘法公式

$$P(A \cap B) = P(B)P(A \mid B) \qquad (4\text{-}11)$$

$$P(A \cap B) = P(A)P(B \mid A) \qquad (4\text{-}12)$$

独立事件的乘法公式

$$P(A \cap B) = P(A)P(B) \qquad (4\text{-}13)$$

贝叶斯定理

$$P(A_i \mid B) = \frac{P(A_i)P(B \mid A_i)}{\begin{array}{c} P(A_1)P(B \mid A_1) + P(A_2)P(B \mid A_2) \\ + \cdots + P(A_n)P(B \mid A_n) \end{array}}$$

$$(4\text{-}19)$$

补充练习

46. 《今日美国》对公主邮轮上 18 岁及以上年龄的成年人进行调查，询问他们"在假期的第几天真正感到放松"。回答 1 天之内的有 422 人，2 天的有 181 人，3 天的有 80 人，4 天的有 121 人，不会感到放松的有 201 人。

a. 有多少成年人参加了公主邮轮的调查？

b. 哪种回答的概率最大？是多少？

c. 旅行中不会真正感到放松的受访者的概率是多少？

d. 经过 2 天或更长时间后，受访者真正感受到放松的概率是多少？

48. 对 1 364 名受访者进行调查，询问他们是否通过社交媒体和其他网站发表他们对电视节目的评价，调查结果如下。

性别	是否通过社交媒体和其他网站发表他们对电视节目的评价	
	是	否
女	395	291
男	323	355

a. 受访者是女性的概率有多大？

b. 假定某个受访者是一名女性，求她通过社交媒体和其他网站评价电视节目的条件概率。

c. 令事件 $F = \{$受访者是女性$\}$，事件 $A = \{$通过社交媒体和其他网站发表对电视节目的评价$\}$。事件 F 和事件 A 独立吗？

50. 调查电视观众对某一新播出节目的评价，获得如下数据。

评价	频数	评价	频数
很差	4	高于平均水平	14
低于平均水平	8	很好	13
平均水平	11		

a. 随机选择一名观众，他对新节目的评价为"平均水平或更好"的概率为多少？

b. 随机选择一名观众，他对新节目的评价为"低于平均水平或更差"的概率为多少？

52. 对新注册的 2 018 名 MBA 学生进行一项调查，得到如下数据。

年龄组	申请的学校是否多于一所	
	是	否
23 岁及以下	207	201
24~26 岁	299	379
27~30 岁	185	268
31~35 岁	66	193
36 岁及以上	51	169

a. 随机选择一名 MBA 学生，观察学生的年龄和是否申请一所以上学校，编制联合概率表。

b. 随机选择一名申请人，其年龄为 23 岁或 23 岁以下的概率为多少？

c. 随机选择一名申请人，其年龄为 26 岁或 26 岁以上的概率为多少？

d. 随机选择一名申请人，其申请学校的数目多于一所的概率为多少？

54. 皮尤互联网与美国人生活项目（Pew Internet & American Life）进行了一项调查，调查中的一些问题涉及网络使用者对搜索引擎和其他一些网站搜集个人信息，并利用这些信息修正搜索结果或者发放定向广告的看法。其中要求受访者回答的一个问题是："如果搜索引擎持续跟踪你的搜索，并根据这些信息为你未来的搜索提供个性化服务，你对此做何感想？"有两个选项供受访者选择，一种是"不赞同，感觉这样做侵犯了自己的个人隐私"，另一种是"赞同，虽然个人信息被搜集"。按年龄段分组汇总后的频率数据见下表。

年龄	不赞同	赞同
18~29 岁	0.148 5	0.060 4
30~49 岁	0.227 3	0.090 7
50 岁及以上	0.400 8	0.072 3

a. 调查中一名受访者对这种做法不赞同的概率有多大？

b. 若一名受访者的年龄在 30~49 岁，则该受访者赞同这种做法的概率有多大？

c. 若一名受访者对这种做法不赞同，则该受访者年龄在 50 岁及以上的概率为多少？

d. 受访者对这种做法的态度是否与受访者的年龄独立？为什么？

e. 年龄在 18~29 岁的受访者和 50 岁及以上的受访者，他们对这种做法的态度有差异吗？

56. Cooper Realty 公司是位于纽约州奥尔巴尼市的一家小型房地产开发公司，主要销售民用住宅。最近，这家公司对在特定的一段时间内一座居民住宅被售出的可能性尤为关注。通过对历年该公司已售出的 800 套住宅的分析，得到如下数据。

初始定价	销售时间			合计
	30 天以下	31~90 天	90 天以上	
150 000 美元以下	50	40	10	100
150 000~199 999 美元	20	150	80	250
200 000~250 000 美元	20	280	100	400
250 000 美元以上	10	30	10	50
合计	100	500	200	800

a. 令事件 $A = \{$住宅售出时间超过 90 天$\}$，估计事件 A 的概率。

b. 令事件 $B = \{$住宅定价低于 150 000 美元$\}$，估计事件 B 的概率。

c. 事件 $A \cap B$ 的概率为多少？

d. 假设刚刚签订的合同中某住宅的定价低于 150 000 美元，则 Cooper Realty 公司需要超过 90 天的时间才能将其售出的概率为多少？

e. 事件 A 和事件 B 独立吗？

58. 美国全日制毕业生将赴海外求学作为他们受教育的一个组成部分。假设赴海外求学的学生中有 60% 是女性，没有赴海外求学的学生中仅有 49% 是女性。

a. 对于一名女性毕业生而言，她赴海外求学的概率是多少？

b. 对于一名男性毕业生而言，他赴海外求学的概率是多少？

c. 求全日制学习的男生的百分比是多少？求全日制学习的女生的百分比是多少？

60. 电邮广告中，出现最为频繁的 5 个词分别是 "shipping!" "today!" "here!" "available!" 和 "fingertips!"。许多电邮广告过滤器利用贝叶斯定理区分电邮广告和非电邮广告。假定对某个邮箱账户，每 10 封邮件中就有 1 封是电邮广告，每封电邮广告中上述 5 个最常见单词出现的频率如下：

shipping!	0.051
today!	0.045
here!	0.034
available!	0.014
fingertips!	0.014

并且假定在非电邮广告中，这 5 个单词出现的频率为：

shipping!	0.001 5
today!	0.002 2
here!	0.002 2
available!	0.004 1
fingertips!	0.001 1

a. 若一封邮件中包括单词 "shipping!"，则这是一封电邮广告的概率为多少？若一封邮件中包括单词 "shipping!"，则这不是一封电邮广告的概率为多少？包括单词 "shipping!" 的邮件应该

被标记为电邮广告吗？

b. 若一封邮件中包括单词"today!"，则这是一封电邮广告的概率为多少？若一封邮件中包括单词"here!"，则这是一封电邮广告的概率为多少？这两个单词哪一个更能说明邮件可能是一封电邮广告？为什么？

c. 若一封邮件中包括单词"available!"，则这是一封电邮广告的概率为多少？若一封邮件中包括单词"fingertips!"，则这是一封电邮广告的概率为多少？这两个单词哪一个更能说明邮件可能是一封电邮广告？为什么？

d. 从（b）和（c）的结果可见，当电邮广告过滤器利用贝叶斯定理过滤电邮广告时，什么是影响过滤效果的关键因素？

案例 4-1　Hamilton 县的法官们

　　Hamilton 县的法官每年审判成千上万的案件。被处理的案件中绝大多数不会再改变其判决，但是也有一些上诉的案件，并且这些上诉的案件中，有一些判决确实被推翻。*The Cincinnati Enquirer* 的 Kristen Del-Guzzi 对 Hamilton 县的法官在 3 年中处理的案件进行了调查，表 4-8 给出了由中级诉讼庭、民事庭、市政庭的 38 名法官处理过的 182 908 件案件的结果。其中有两名法官 Dinkelacker 和 Hogan 在 3 年之中从未在同一法庭共事。

　　报纸进行该研究的目的在于评估法官们的业绩。上诉通常主要是由法官的错误引起的，而该研究想了解哪些法官的工作表现更好，哪些法官犯的错误过多。请你帮助分析数据，利用有关概率和条件概率的知识来对法官们的业绩进行排名。你还要分析在不同法庭处理过的案件被上诉和推翻原判的可能性有多大。

表 4-8　Hamilton 县法庭处理的所有案件以及上诉和被推翻原判的情况

法官	民事庭		推翻原判案件数目
	处理案件总数	上诉案件数目	
Fred Cartolano	3 037	137	12
Thomas Crush	3 372	119	10
Patrick Dinkelacker	1 258	44	8
Timothy Hogan	1 954	60	7
Robert Kraft	3 138	127	7
William Mathews	2 264	91	18
William Morrissey	3 032	121	22
Norbert Nadel	2 959	131	20
Arthur Ney, Jr.	3 219	125	14
Richard Niehaus	3 353	137	16
Thomas Nurre	3 000	121	6
Jonh O'Connor	2 969	129	12
Robert Ruehlman	3 205	145	18
J. Howard sundermann	955	60	10
Ann Marie Tracey	3 141	127	13
Ralph Winkler	3 089	88	6
合计	43 945	1 762	199

法官	中级诉讼庭		推翻原判案件数目
	处理案件总数	上诉案件数目	
Penelope Cunningham	2 729	7	1
Patrick Dinkelacker	6 001	19	4
Deborah Gaines	8 799	48	9
Ronald Panioto	12 970	32	3
合计	30 499	106	17

（续）

法官	市政庭		推翻原判案件数目
	处理案件总数	上诉案件数目	
Mike Allen	6 149	43	4
Nadine Allen	7 812	34	6
Timothy Black	7 954	41	6
David Davis	7 736	43	5
Leslie Isaiah Gaines	5 282	35	13
Karla Grady	5 253	6	0
Deidra Hair	2 532	5	0
Dennis Helmick	7 900	29	5
Timothy Hogan	2 308	13	2
James Patrick Kenney	2 798	6	1
Joseph Luebbers	4 698	25	8
William Mallory	8 277	38	9
Melba Marsh	8 219	34	7
Beth Mattingly	2 971	13	1
Albert Mestemaker	4 975	28	9
Mark Painter	2 239	7	3
Jack Rosen	7 790	41	13
Mark Schweikert	5 403	33	6
David Stockdale	5 371	22	4
John A. West	2 797	4	2
合计	108 464	500	104

管理报告

准备一份报告对法官们的业绩进行排名。报告要包含在三个法庭中上诉和推翻原判的可能性分析。报告至少应包括以下内容。

1. 在三个不同法庭中，案件被上诉并推翻原判的概率。
2. 法官所处理的案件被上诉的概率。
3. 法官所处理的案件被推翻原判的概率。
4. 当法官处理的案件已被上诉时，最终推翻原判的概率。
5. 对每个法庭的法官进行排名。阐述你用于作为评定依据的标准，并说明理由。

案例 4-2　Rob 市场

Rob's Market（RM）是美国西南部地区的一家食品连锁店。大卫·怀特是 RM 的商务情报总监，他想要着手研究使用会员卡的顾客的购买行为。顾客在结账时扫描会员卡以便享受折扣价。使用会员卡使得 RM 能获取顾客的"销售点（POS）"数据，即顾客结账时的购物清单。怀特认为，掌握哪些商品顾客会一同购买，对于制定价格、选择策略、洞察销售额和不同力度优惠券折扣的潜在影响都是有益的。这类分析称作"购物篮分析"，它研究了顾客结账时购物篮中商品的差异。

作为一项示范性研究，怀特想要就消费者关于面包、果冻和花生酱这三种商品的购买行为进行调查。应怀特的要求，RM 的信息技术（IT）小组提供一周中 1 000 名顾客的购物数据集。数据集存放在名为 MarketBasket 的文件中，其中每名顾客包含下列变量：

- 面包：全麦、白面包、未购买
- 果冻：葡萄、草莓、原味、未购买
- 花生酱：奶油、天然、未购买

上述变量在数据集中由左到右出现，每行对应一名顾客。例如，数据集中的第一条记录是：

白面包　葡萄　未购买

这意味着第一位顾客买了白面包、葡萄果冻，但没有买花生酱。第二条记录是：

白面包　草莓　未购买

这意味着第二位顾客买了白面包、草莓果冻，但没有买花生酱。数据集中第六条记录是：

未购买　未购买　未购买

这意味着第六位顾客白面包、葡萄果冻、花生酱都没有购买。对于其他记录，有类似的解读。

怀特想要你对数据进行初步研究，以便更好地理解 RM 顾客关于这三种产品的购买行为。

管理报告

准备一份报告，深入分析使用 RM 会员卡的顾客的购物行为。报告至少应估计以下概率：

1. 随机选取的一名顾客，三种商品（面包、果冻和花生酱）都不购买的概率。
2. 随机选取的一名顾客，购买白面包的概率。
3. 随机选取的一名顾客，购买全麦面包的概率。
4. 随机选取的一名顾客，已经购买了白面包，他（她）买葡萄果冻的概率。
5. 随机选取的一名顾客，已经购买了白面包，他（她）买草莓果冻的概率。
6. 随机选取的一名顾客，已经购买了白面包，他（她）买奶油花生酱的概率。
7. 随机选取的一名顾客，已经购买了白面包，他（她）买天然花生酱的概率。
8. 随机选取的一名顾客，已经购买了全麦面包，他（她）买奶油花生酱的概率。
9. 随机选取的一名顾客，已经购买了全麦面包，他（她）买天然花生酱的概率。
10. 随机选取的一名顾客，购买白面包、葡萄果冻和奶油花生酱的概率。

第 5 章

离散型概率分布

CHAPTER

5

实践中的统计

选举中投票的等待时间 [一]

美国的选举中大多数选民都是去特定的被称作选区投票点的地点当面投票。虽然邮件投票正变得更加普遍，在俄勒冈州邮件投票已是标准的投票机制，但是俄勒冈州之外的大多数选民仍然是当面投票。那些不愿意排队投票的选民可能因此被剥夺了公民权，从而引起关注。

统计学家已经为选举建立了模型，估计到达选区投票地点的选民人数及等待时间。这些模型利用排队论领域的数学方程估计选民的等待时间。等待时间受到许多因素的影响，包括选区投票地点有多少可用的投票机器或投票亭、选举投票时间长度、选民的到达率。

收集的数据表明到达的选民人数服从名为泊松分布的概率分布。利用泊松分布的性质，统计学家可以计算任意时间段内到达的选民人数的概率。比如，令 x 为 1 分钟内到达某一特定选区投票地点的选民人数。

假定到达的选民人数的平均值为每分钟 2 人，下表给出了 1 分钟内到达的选民人数的概率。

1 分钟内到达的选民人数的概率分布

x	概率	x	概率
0	0.135 3	3	0.180 4
1	0.270 7	4	0.090 2
2	0.270 7	≥5	0.052 7

将这些概率作为输入放入统计学家的模型，就可以利用排队论估计选民在每个选区投票地点的等待时间。然后，为了控制选民的等待时间，统计学家可以建议在选区投票地点设定多少投票机器或者投票亭。

本章主要内容是离散型概率分布，比如用泊松分布模拟选区投票地点到达的选民数。除泊松分布之外，我们还要介绍二项分布和超几何分布，并说明如何利用这些分布得到有用的概率信息。

本章通过介绍随机变量和概率分布的概念，将进一步扩展对于概率的研究。随机变量和概率分布是关于总体数据的模型。所谓随机变量的值表示的是数据值，概率分布要么给出的是取某个数据值时所对应的概率，要么给出的是数据取某个或某些值时概率的计算准则。本章的重点是研究离散型数据的概率分布，即离散型概率分布。

我们将介绍离散型概率分布的两类表达形式。第一种是表格形式，其中第一列是随机变量的值，第二列是随机变量取这些值时相应的概率。第 4 章介绍的为试验结果分配概率的方法，可用于为分布分配概率。离散型概率分布的第二类表达形式是采用特定的数学函数计算随机变量取每种值的概率。我们给出了以函数形式表达的在实践中广泛应用的三种概率分布——二项分布、泊松分布和超几何分布。

5.1 随机变量

随机变量提供了用数值描述试验结果的方法。[二]随机变量的取值必须是数值。

> **随机变量**
> **随机变量**（random variable）是对试验结果的数值描述。

实际上，随机变量对每一个可能出现的试验结果赋予一个数值，随机变量的值取决于试验结果。随机变量根据取值可分为**离散型**或**连续型**。

5.1.1 离散型随机变量

可以取有限多个值或无限可数多个值（如 0，1，2，…）的随机变量称为**离散型随机变量**（discrete random

---

[一] "实践中的统计"基于 Muer Yang，Michael J. Fry，Ted Allen 和 W. David Kelton 所做的研究。
[二] 在第 4 章我们定义了试验的概念及与之相联系的试验结果。

variable)。例如，一名会计参加注册会计师（CPA）考试，考试共有 4 门课程。令试验中随机变量 x 为通过 CPA 考试的课程数，x 的取值可能是 0，1，2，3 或 4，是有限个，因此 x 是一个离散型随机变量。

下面给出离散型随机变量的另一个例子，考虑汽车到达某个收费站的试验。此时，感兴趣的随机变量 x 为一天中到达的汽车数。x 可能取整数序列 ｛0，1，2，…｝当中任何一个值。因此，x 是一个离散型随机变量，有无限多种取值。

尽管很多试验的结果都可以自然而然地用数值来表示，但有些试验的结果却不能。例如，在一项调查中设计的问题是：电视观众能否回忆起最近看到的一则电视广告中的信息。试验包括两种可能的试验结果：观众能回忆起和观众不能回忆起信息。定义离散型随机变量将试验结果数值化：如果观众不能回忆起信息，则令 $x=0$；如果观众能回忆起信息，则令 $x=1$。随机变量的数据值其实是任意的（我们也可以取为 5 或 10），但是按照随机变量的定义这些取值是可行的，即 x 给出的是对试验的每个结果的数值描述，从而 x 是随机变量。

表 5-1 给出了其他一些离散型随机变量的例子。我们注意到在每个例子中，离散型随机变量取有限多个或无限可数多个值（如 0，1，2，…）。在本章中，我们将详细讨论这些离散型随机变量。

表 5-1　离散型随机变量的例子

随机试验	随机变量（x）	随机变量的可能值
抛掷一枚硬币	朝上的一面	正面为 1，反面为 0
抛掷一枚色子	色子朝上一面的点数	1，2，3，4，5，6
与 5 位客户洽谈	下订单的客户数	0，1，2，3，4，5
医疗诊所一天的营业	前来的患者人数	0，1，2，3，…
为客户提供两种产品做选择	客户选择的产品	都不选为 0，选 A 产品为 1，选 B 产品为 2

5.1.2　连续型随机变量

可以取某一区间或多个区间内任意值的随机变量称为**连续型随机变量**（continuous random variable）。度量时间、重量、距离、温度时，其试验结果可以用连续型随机变量来描述。例如，监控打进一家大型保险公司投诉办公室的电话的情况。假定试验中感兴趣的随机变量为 $x=$ 相邻两个电话的间隔时间（单位：分钟）。随机变量的值可以是区间 $x \geq 0$ 中的任意值。事实上，x 可能取无穷多值，比如 1.26 分钟、2.751 分钟、4.333 3 分钟等。再比如，佐治亚州亚特兰大以北有一条 150 公里长的州际高速公路 I-75。亚特兰大有一个紧急救护机构，我们可以定义随机变量 x 为在 I-75 公路上下一起事故发生的位置。这时，x 是一个连续型随机变量，可以取区间 $0 \leq x \leq 90$ 上的任意值。表 5-2 还列出了其他一些连续型随机变量的例子。注意，每一个例子中，随机变量假定可以取某个区间中的任意值。我们将在第 6 章介绍连续型随机变量及其概率分布。

表 5-2　连续型随机变量的例子

随机试验	随机变量（x）	随机变量的可能值
访问一个网页的客户	客户访问网页的时长（单位：分钟）	$x \geq 0$
填充一个软饮料罐（最大容量为 360 毫升）	毫升数	$0 \leq x \leq 360$
检验一种化学工艺	反应发生时的温度（最低温度 =65℃，最高温度 =100℃）	$65 \leq x \leq 100$
在股市投资 10 000 美元	一年后的投资额	$x \geq 0$

注释和评论

一种确定随机变量是离散型还是连续型的方法，是把随机变量的值看作一条线段上的点。任意选择随机变量的两个值，假如在线段上这两点之间的所有点都可能是随机变量的取值，则该随机变量就是连续型的。

练习

方法

2. 考虑工人组装产品的试验。

    a. 定义一个随机变量,用以表示组装产品所需的时间(单位:分钟)。

    b. 随机变量可能取哪些值?

    c. 这个随机变量是离散型还是连续型?

应用

4. 美国人口普查局从东北部地区选取 9 个州。假定感兴趣的随机变量是,东北部地区 9 个州中 1 月的失业率低于 8.3% 的州的个数。试问,这个随机变量可能取哪些值?

6. 以下是一系列试验及相关的随机变量。在每一个试验中,确定随机变量的取值,并说明随机变量是离散型还是连续型的。

试验	随机变量(x)
a. 参加一个 20 道题的考试	回答正确的问题数
b. 观察 1 小时中到达收费站的汽车	到达收费站的汽车数
c. 审计 50 份税务报告	出现错误的报告数
d. 观察一名雇员的工作	在 8 小时工作日中非生产性工作的小时数
e. 称一批货物的重量	千克数

5.2 离散型概率分布

随机变量的**概率分布**(probability distribution)是描述随机变量取不同值的概率。对于离散型随机变量 x,**概率函数**(probability function)给出随机变量取每种值的概率,记作 $f(x)$。在建立离散型概率分布时,古典法、主观法和相对频率法这些分配概率的方法可得出离散型概率分布。[⊖] 用这些方法可以得到所谓的离散型概率分布表,即将概率分布用表格形式给出。

当各种试验结果对应的随机变量值是等概率时,适合采用古典法为随机变量的值分配概率。比如,在抛掷一枚色子的试验中观测朝上一面的点数。可能出现的点数为 1,2,3,4,5 或 6,并且每种结果发生的可能性是均等的。因此,若令 x 为抛掷一枚色子朝上一面的点数,令 $f(x)=x$ 的概率,则 x 的概率分布如表 5-3 所示。

采用主观法为试验结果分配概率也会得到一张表,其中有随机变量的取值及其相应概率。在主观法中,每个人根据自己的最优判断分配概率,建立概率分布。因此,与采用古典法建立概率分布不同的是,主观法得到的概率分布可能因人而异,不同的人会给出不同的概率分布。

当数据量相当大的时候,可以采用相对频率法为随机变量的值分配概率。这时,我们将数据看作总体,采用相对频率法为试验结果分配概率。采用相对频率法建立离散型概率分布得到所谓的**经验离散分布**(empirical discrete distribution)。如今很容易获取大量的数据(比如扫描数据、信用卡数据),这使得这类分布在实际中广为应用。下面我们以汽车代理商的销售量为例说明其应用。

表 5-3　抛掷一枚色子朝上一面的点数的概率分布

x	$f(x)$
1	1/6
2	1/6
3	1/6
4	1/6
5	1/6
6	1/6

采用相对频率法,我们建立 DiCarlo 汽车公司在纽约萨拉托加的汽车销售量的概率分布。历史数据显示,在过去 300 天的营业时间中,有 54 天汽车销售量为 0 辆,117 天为 1 辆,72 天为 2 辆,42 天为 3 辆,12 天为 4 辆,3 天为 5 辆。假设我们观测 DiCarlo 汽车公司一天的经营情况,试验中定义随机变量 x 为汽车的日销售量。采用相对频率法为随机变量 x 的值分配概率,建立 x 的概率分布。

在概率函数的表达式中,$f(0)$ 表示销售 0 辆汽车的概率,$f(1)$ 表示销售 1 辆汽车的概率,以此类推。由于历史数据显示,300 天中有 54 天汽车销售量为 0,于是将相对频率 54/300 = 0.18 分配给 $f(0)$,表示一天中销售 0

    ⊖ 本书第 4 章介绍了古典法、主观法和相对频率法。

辆汽车的概率为 0.18。同理，由于 300 天中有 117 天销售 1 辆汽车，表示一天中恰好销售 1 辆汽车的概率为 0.39。对随机变量的其他值，继续采用这种方法，计算得到 $f(2)$，$f(3)$，$f(4)$，$f(5)$ 的值（见表 5-4）。

定义一个随机变量及其概率分布的最大的优势在于，一旦掌握概率分布，那么确定决策者感兴趣的各种事件的概率就变得相当容易了。例如，根据表 5-4 中 DiCarlo 汽车公司的概率分布可知，一天当中最有可能卖出的汽车数量为 1，其概率 $f(1) = 0.39$。另外，汽车日销售量大于或等于 3 的概率是 $f(3)+f(4)+f(5)=0.14+0.04+0.01=0.19$。这些概率及其他信息有助于决策者掌握 DiCarlo 汽车公司的汽车销售情况。

一个离散型随机变量的概率函数必须满足如下两个条件。[一]

于是将相对频率 $117/300 = 0.39$ 分配给 $f(1)$，

表 5-4　DiCarlo 汽车公司汽车日销售量的概率分布

x	f(x)
0	0.18
1	0.39
2	0.24
3	0.14
4	0.04
5	0.01
合计	1.00

离散型概率函数的基本条件

$$f(x) \geqslant 0 \tag{5-1}$$
$$\sum f(x) = 1 \tag{5-2}$$

表 5-4 表明，随机变量 x 的概率满足式（5-1），即对于任意的 x，$f(x)$ 大于或等于零。另外，概率和为 1，故满足式（5-2）。于是，DiCarlo 汽车公司的概率函数是一个有效的离散型概率函数。

我们还可以用图形来表示 DiCarlo 汽车公司的概率分布。在图 5-1 中，横轴坐标表示 DiCarlo 汽车公司随机变量 x 的值，纵轴坐标为随机变量取这些值时相应的概率。

除了表中的概率分布，还可以用公式给出随机变量 x 的概率函数 $f(x)$。其中，$f(x)$ 给出随机变量 x 取每种值的概率。在离散型概率分布中，**离散型均匀概率分布**（discrete uniform probability distribution）是最简单的一类，其概率函数的定义见式（5-3）。

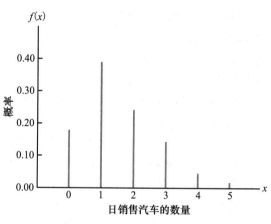
图 5-1　DiCarlo 汽车公司汽车日销售量的概率分布图

离散型均匀概率函数

$$f(x) = 1/n \tag{5-3}$$

式中，n 代表随机变量可能取值的个数。

例如，再次考虑抛一枚色子的试验，定义随机变量 x 为色子朝上一面的点数。对于这个试验，随机变量有 $n=6$ 个可能值，即 $x=1，2，3，4，5$ 和 6。前面我们已经给出了如何用表格的形式表示该试验的概率分布。由于每个值出现的概率是相等的，因此离散型均匀随机变量 x 的概率函数为

$$f(x) = 1/6 \qquad x = 1,2,3,4,5,6$$

常用离散型随机变量的概率分布通常以公式的形式给出，二项分布、泊松分布和超几何分布是其中最重要的三类分布，本章随后将介绍这三类分布。

[一]　这些条件与第 4 章中对试验结果分配概率时提出的两条基本要求类似。

练习

应用

8. 以下数据是坦帕总医院 20 天中手术室的使用情况：有 3 天只使用 1 间，有 5 天使用 2 间，有 8 天使用 3 间，有 4 天使用 4 间。

   a. 采用相对频率法，对一天中手术室的使用情况建立经验离散概率分布。

   b. 绘制概率分布图。

   c. 说明这个概率分布满足离散型概率分布的条件。

10. 从信息系统（IS）选取高级经理和中级经理组成一个样本，下表是他们工作满意度得分的百分数频率分布表。其中，工作满意度得分从 1（非常不满意）到 5（非常满意）。

    a. 编制高级经理工作满意度得分的概率分布。

    b. 编制中级经理工作满意度得分的概率分布。

    c. 一名高级经理的工作满意度为 4 或 5 的概率是多少？

    d. 中级经理对工作非常满意的概率是多少？

    e. 从整体上对比高级经理和中级经理的工作满意度。

工作满意度得分	高级经理（%）	中级经理（%）
1	5	4
2	9	10
3	3	12
4	42	46
5	41	28

12. 时代华纳有线公司为上百万用户提供电视和互联网服务。假定时代华纳有线公司的管理人员主观估计明年纽约州新用户数的概率分布如下表所示。

x	$f(x)$	x	$f(x)$
100 000	0.10	400 000	0.30
200 000	0.20	500 000	0.10
300 000	0.25	600 000	0.05

   a. 这是一个概率分布吗？请说明理由。

   b. 时代华纳有线公司新用户超过 400 000 户的概率是多少？

   c. 时代华纳有线公司新用户少于 200 000 户的概率是多少？

14. 下表是 MRA 公司第一年营业时项目预计利润 x（单位：1 000 美元）的概率分布，其中负值代表亏损。

x	$f(x)$	x	$f(x)$
−100	0.10	100	0.25
0	0.20	150	0.10
50	0.30	200	

   a. $f(200)$ 的值是多少？你怎样解释这个值？

   b. MRA 盈利的概率是多少？

   c. MRA 至少盈利 100 000 美元的概率是多少？

5.3　数学期望与方差

5.3.1　数学期望

随机变量的**数学期望**（expected value）或均值是对随机变量中心位置的一种度量。离散型随机变量 x 的数学期望的数学表达式如式（5-4）所示。

> **离散型随机变量的数学期望**[⊖]
> $$E(x) = \mu = \sum xf(x) \tag{5-4}$$

通常采用 $E(x)$ 或 μ 表示随机变量的数学期望。

式（5-4）表明，计算离散型随机变量的数学期望时，首先将随机变量的所有可能取值乘以相应的概率值 $f(x)$，然后再将结果相加。利用第 5.2 节中 DiCarlo 汽车公司汽车销售量的例子，我们演示如何计算汽车日销售量

⊖　数学期望是随机变量取值的加权平均，其中权数是概率。

的数学期望,如表5-5所示。表5-5中 $xf(x)$ 列的总和等于1.50,即汽车日销售量的数学期望为1.50辆。[一]虽然一天当中可能售出0,1,2,3,4或5辆汽车,但是在一段时间里,可以预期 DiCarlo 汽车公司平均日销售汽车1.50辆。假设一个月营业30天,我们根据数学期望1.50辆/日,可以预计汽车的月平均销售量为30×1.50=45辆。

表5-5 计算 DiCarlo 汽车公司汽车日销售量的数学期望

x	$f(x)$	$xf(x)$
0	0.18	0×0.18=0.00
1	0.39	1×0.39=0.39
2	0.24	2×0.24=0.48
3	0.14	3×0.14=0.42
4	0.04	4×0.04=0.16
5	0.01	5×0.01=<u>0.05</u>
		1.50
		$\nearrow$
		$E(x)=\mu=\sum xf(x)$

5.3.2 方差

虽然数学期望给出了随机变量中心位置的度量,但我们常常还需要度量随机变量的变异性或分散程度。正如我们在第3章中描述数据的变异性那样,现在用**方差**(variance)来描述随机变量取值的变异性。离散型随机变量方差的数学表达式如下所示。

离散型随机变量的方差

$$\text{Var}(x)=\sigma^2=\sum(x-\mu)^2 f(x) \tag{5-5}$$

如式(5-5)所示,方差公式的关键是离差($x-\mu$),它度量随机变量的某一特定值与数学期望或均值 μ 的距离。在计算随机变量的方差时,随机变量所有值的离差平方的加权求和称为方差,通常用 $\text{Var}(x)$ 或 σ^2 来表示随机变量的方差[二]。

表5-6根据 DiCarlo 汽车公司汽车日销售量概率分布,总结了计算方差的过程,方差为1.25。定义方差的算术平方根为**标准差**(standard deviation),记作 σ。汽车日销售量的标准差为:

$$\sigma=\sqrt{1.25}=1.118$$

表5-6 计算 DiCarlo 汽车公司汽车日销售量的方差

x	$x-\mu$	$(x-\mu)^2$	$f(x)$	$(x-\mu)^2 f(x)$
0	0-1.50=-1.50	2.25	0.18	2.25×0.18=0.4050
1	1-1.50=-0.50	0.25	0.39	0.25×0.39=0.0975
2	2-1.50=0.50	0.25	0.24	0.25×0.24=0.0600
3	3-1.50=1.50	2.25	0.14	2.25×0.14=0.3150
4	4-1.50=2.50	6.25	0.04	6.25×0.04=0.2500
5	5-1.50=3.50	12.25	0.01	12.25×0.01=<u>0.1225</u>
				1.2500
				$\nearrow$
				$\sigma^2=\sum(x-\mu)^2 f(x)$

标准差的单位与随机变量的单位相同($\sigma=1.118$ 辆),所以更加常用于描述一个随机变量的变异性。方差 σ^2 的单位是随机变量的单位的平方,其含义较难解释。

[一] 随机变量的数学期望不一定是随机变量的某个值。

[二] 方差是随机变量离差平方的加权算术平均,其中的权数是概率。

练习

方法

16. 下表是随机变量 y 的概率分布:

y	$f(y)$	y	$f(y)$
2	0.20	7	0.40
4	0.30	8	0.10

a. 计算 $E(y)$。　　b. 计算 $\mathrm{Var}(y)$ 和 σ。

应用

18. 过去 3 个月里, 搜集自有住房和租赁住房发生 6 小时及以上供水停水次数的数据, 见下表。

（单位: 1 000 套）

停水次数	房屋数	
	自有住房	租赁住房
0	439	394
1	1 100	760
2	249	221
3	98	92
≥4	120	111

a. 令随机变量 x 表示过去 3 个月自有住房发生 6 小时及以上供水停水的次数 ($x=4$ 表示有 4 次及以上)。编制随机变量 x 的概率分布。

b. 计算 x 的数学期望和方差。

c. 令随机变量 y 表示过去 3 个月租赁住房发生 6 小时及以上供水停水的次数 ($x=4$ 表示有 4 次及以上)。编制随机变量 y 的概率分布。

d. 计算 y 的数学期望和方差。

e. 比较自有住房和租赁住房的停水次数报告, 你有什么发现?

20. 据 Newton 汽车保险公司称, 碰撞事故保险损害赔付的概率分布见下表:

赔付金额/美元	概率	赔付金额/美元	概率
0	0.85	5 000	0.02
500	0.04	8 000	0.01
1 000	0.04	10 000	0.01
3 000	0.03		

a. 根据碰撞事故赔付金额的数学期望, 确定公司止损的碰撞保险费金额。

b. 对车辆碰撞险, 保险公司每年收取 520 美元的保险费, 求保单持有人获取保险收益的数学期望是多少? (提示: 保险收益是从保险公司取得的期望赔付金额减去碰撞险成本后的余额) 客户为什么会购买这种碰撞事故保险?

22. Carolina Industries 公司的产品月需求量存在明显差异。根据过去两年的数据, 得到公司月需求量的概率分布见下表。

需求量	概率	需求量	概率
300	0.20	500	0.35
400	0.30	600	0.15

a. 如果公司根据月需求量的数学期望来确定每月的订货量, 则该公司这种产品每月的订货量是多少?

b. 假设每单位产品的销售收入为 70 美元, 订货成本为 50 美元。如果基于 (a) 中的结果订购, 并且该产品的实际需求量为 300, 那么公司一个月的盈利或亏损是多少?

24. J. R. Ryland 计算机公司正在考虑一项厂房扩建计划, 以便能够开始生产一种新的计算机产品。公司总裁必须决定是进行中型还是大型扩建工程。新产品的需求量尚不确定, 可能出现低、中或高三种需求, 估计与这三种需求对应的概率分别为 0.20、0.50 和 0.30。在下表中, x 和 y 分别表示策划者预测中型和大型扩建工程的年利润 (单位: 1 000 美元)。

需求	中型扩建工程利润		大型扩建工程利润	
	x	$f(x)$	y	$f(y)$
低	50	0.20	0	0.20
中	150	0.50	100	0.50
高	200	0.30	300	0.30

a. 计算两种扩建方案的利润的数学期望。基于期望利润最大化的目标, 你推荐哪种方案?

b. 计算两种扩建方案的利润的方差。基于风险或不确定性最小化的目标, 你推荐哪种方案?

5.4　二元分布、协方差和金融资产组合

关于两个随机变量的概率分布称为**二元概率分布** (bivariate probability distribution)。在讨论二元概率分布时,

考虑一个二元试验是非常有用的。在一个二元试验中，每种试验结果由两个值构成，其中每个值与一个随机变量相对应。比如，在一个抛掷一对色子的二元试验中，试验结果由两个值构成，其中一个是第一枚色子的点数，另一个是第二枚色子的点数。再比如，观察金融市场上的一只股票基金和一只债券基金，记录它们在一年中的收益率。试验结果给出随机变量的一对值，其中一个值是股票基金的收益率，另一个值是债券基金的收益率。在处理二元概率分布时，我们感兴趣的往往是随机变量之间的关系。在本节中，我们将介绍二元概率分布并展示如何利用协方差和相关系数度量随机变量之间线性关系的强弱。我们还会介绍如何利用二元概率分布构造和分析金融资产组合。

5.4.1 二元经验离散概率分布

在第 5.2 节中，我们给出了 DiCarlo 汽车公司在纽约萨拉托加汽车日销售量的经验离散分布。DiCarlo 汽车公司在日内瓦还有另一家代理商。表 5-7 是日内瓦和萨拉托加两家代理商 300 天的汽车日销售量。表中最后一行（合计）的数值是我们在第 5.2 节建立 DiCarlo 汽车公司萨拉托加代理商的汽车日销售量的经验概率分布时所用的频数。右侧最后一列（合计）的数值是日内瓦代理商的日销售量频数。表中的数据是指天数，日内瓦代理商的日销售量为数据位于的行与第一列对应的那个水平，萨拉托加代理商的日销售量为数据位于的列与"萨拉托加代理商"下面一行对应的水平。比如表中的数据 33，对应的日内瓦代理商所在行的标号为 1，萨拉托加代理商所在列的标号为 2，这说明在 300 天中有 33 天萨拉托加的日销售量为 2 和日内瓦代理商的日销售量为 1。

表 5-7　DiCarlo 汽车公司日内瓦和萨拉托加两家代理商 300 天的汽车日销售量

日内瓦代理商	萨拉托加代理商						合计
	0	1	2	3	4	5	
0	21	30	24	9	2	0	86
1	21	36	33	18	2	1	111
2	9	42	9	12	3	2	77
3	3	9	6	3	5	0	26
合计	54	117	72	42	12	3	300

假定我们观察并记录 DiCarlo 汽车公司一天中的汽车销售情况，这构成一个二元试验。令 x 为日内瓦代理商售出的汽车数量，y 为萨拉托加代理商售出的汽车数量。将表 5-7 中的数据除以观测值总数（300）得到 DiCarlo 汽车公司两家代理商汽车日销售量的二元经验离散概率分布（见表 5-8）。表中最后一行给出的是 DiCarlo 汽车公司萨拉托加代理商的边际分布，右侧最后一列给出的是 DiCarlo 汽车公司日内瓦代理商的边际分布。

表 5-8 中间部分的概率值是两家代理商销量的二元概率分布。二元概率分布常称作联合概率。可见在一天当中，日内瓦售出 0 辆车，萨拉托加售出 1 辆车的联合概率为 $f(0, 1) = 0.100\,0$；日内瓦售出 1 辆车，萨拉托加售出 4 辆车的联合概率为 $f(1, 4) = 0.006\,7$，以此类推。注意，每种试验结果对应着一个二元概率。x 有 4 个可能值，y 有 6 个可能值，因此有 24 种试验结果和二元概率。

表 5-8　DiCarlo 汽车公司日内瓦和萨拉托加两家代理商汽车日销售量的二元经验离散概率分布

日内瓦代理商	萨拉托加代理商						合计
	0	1	2	3	4	5	
0	0.070 0	0.100 0	0.080 0	0.030 0	0.006 7	0.000 0	0.286 7
1	0.070 0	0.120 0	0.110 0	0.060 0	0.006 7	0.003 3	0.370 0
2	0.030 0	0.140 0	0.030 0	0.040 0	0.010 0	0.006 7	0.256 7
3	0.010 0	0.030 0	0.020 0	0.010 0	0.016 7	0.000 0	0.086 7
合计	0.18	0.39	0.24	0.14	0.04	0.01	1.000 0

假定我们想要知道 DiCarlo 汽车公司两家代理商日销售总量的概率分布、数学期望和方差，可以定义日销售总量 $s = x + y$，根据表 5-8 中的二元概率，有 $f(s=0) = 0.070\,0$，$f(s=1) = 0.070\,0 + 0.100\,0 = 0.170\,0$，$f(s=2) = 0.030\,0 + 0.120\,0 + 0.080\,0 = 0.230\,0$，以此类推。表 5-9 给出了 $s = x + y$ 的完整概率分布，并计算出数学期望 $E(s) = 2.643\,3$ 和方差 $Var(s) = 2.389\,5$。

表 5-9 计算 DiCarlo 汽车公司日销售总量的数学期望和方差

s	f(s)	sf(s)	s-E(s)	[s-E(s)]²	[s-E(s)]²f(s)
0	0.070 0	0.000 0	-2.643 3	6.987 2	0.489 1
1	0.170 0	0.170 0	-1.643 3	2.700 5	0.459 1
2	0.230 0	0.460 0	-0.643 3	0.413 9	0.095 2
3	0.290 0	0.870 0	0.356 7	0.127 2	0.036 9
4	0.126 7	0.506 7	1.356 7	1.840 5	0.233 1
5	0.066 7	0.333 3	2.356 7	5.553 9	0.370 3
6	0.023 3	0.140 0	3.356 7	11.267 2	0.262 9
7	0.023 3	0.163 3	4.356 7	18.980 5	0.442 9
8	0.000 0	0.000 0	5.356 7	28.693 9	0.000 0
		$E(s) = 2.643\ 3$			$Var(s) = 2.389\ 5$

根据二元概率分布,我们常常还想知道两个随机变量之间的关系。协方差和(或)相关系数是度量两个随机变量之间关系的有力工具。计算两个随机变量 x 和 y 的协方差的公式如下。[一]

随机变量 x 和 y 的协方差[二]

$$\sigma_{xy} = \left[Var(x+y) - Var(x) - Var(y) \right]/2 \tag{5-6}$$

已知 $Var(s) = Var(x+y)$,并且在第 5.3 节中已经计算出 $Var(y)$,在利用式(5-6)计算 x 和 y 的协方差时,还需要计算 $Var(x)$。根据 x 的概率分布(见表 5-8 右侧),表 5-10 计算出数学期望 $E(x)$ 和方差 $Var(x)$。

表 5-10 计算 DiCarlo 汽车公司日内瓦汽车代理商日销售量的数学期望和方差

x	f(x)	xf(x)	x-E(x)	[x-E(x)]²	[x-E(x)]²f(x)
0	0.286 7	0.000 0	-1.143 5	1.307 6	0.374 9
1	0.370 0	0.370 0	-0.143 5	0.020 6	0.007 6
2	0.256 7	0.513 4	0.856 5	0.733 6	0.188 3
3	0.086 7	0.260 1	1.856 5	3.447	0.298 8
		$E(x) = 1.143\ 5$			$Var(x) = 0.869\ 6$

利用式(5-6)计算随机变量 x 和 y 的协方差,得:

$$\sigma_{xy} = \left[Var(x+y) - Var(x) - Var(y) \right]/2 = (2.389\ 5 - 0.869\ 6 - 1.25)/2 = 0.135\ 0$$

协方差等于 0.135 0 表明 DiCarlo 汽车公司两家代理商的日销售量正相关。要更精确地度量二者相关关系的强弱,还可以计算相关系数。两个随机变量 x 和 y 的相关系数的计算公式见式(5-7)。

由式(5-7)可知,两个随机变量的相关系数等于协方差除以两个随机变量的标准差之积。

随机变量 x 和 y 的相关系数

$$\rho_{xy} = \frac{\sigma_{xy}}{\sigma_x \sigma_y} \tag{5-7}$$

下面,计算 DiCarlo 汽车公司两家代理商日销售量的相关系数。首先,将萨拉托加和日内瓦代理商销售量的方差开算术平方根求标准差。

$$\sigma_x = \sqrt{0.869\ 6} = 0.932\ 5$$

$$\sigma_y = \sqrt{1.25} = 1.118\ 0$$

然后计算度量两个随机变量线性关系强弱的相关系数。

[一] 在第 3 章中,我们介绍了如何根据样本数据计算协方差和相关系数。

[二] 当 $Var(x+y)$ 未知时,另一个计算 x 和 y 协方差的常用公式为:$\sigma_{xy} = \sum_{i,j} \left[x_i - E(x_i) \right] \left[y_j - E(y_j) \right] f(x_i, y_j)$。

$$\rho_{xy} = \frac{\sigma_{xy}}{\sigma_x \sigma_y} = \frac{0.135\,0}{0.932\,5 \times 1.118\,0} = 0.129\,5$$

相关系数度量两个变量之间线性关系的强弱。相关系数的值越接近于+1，表明同向线性关系越强；越接近于-1，表明反向线性关系越强；越接近于0，越表明没有线性关系。相关系数为0.129 5，表明两个随机变量之间有弱的正相关关系，其中随机变量是 DiCarlo 汽车公司两家代理商的日销售量。若相关系数为0，则我们可以得出两家代理商的日销量之间是相互独立的结论。

5.4.2 金融上的应用

下面我们看看如何将所学的内容用于建立一个金融资产组合，在收益和风险之间寻求平衡。一名理财顾问认为来年的经济形势可能有4种情形。令 x 表示大型股票基金的投资收益率，y 表示政府长期债券基金的投资收益率。针对每种经济形势，理财顾问建立了 x 和 y 的概率分布。表5-11是 x 和 y 的二元概率分布。该表为每种试验结果（经济形势）单独列出一行，每行包括试验结果的联合分布以及随机变量的取值。由于只有4个联合概率，因此表5-11的形式比 DiCarlo 汽车公司采用的表格形式要简单，DiCarlo 汽车公司采用的表格有 $4 \times 6 = 24$ 个联合概率。

表5-11　大型股票基金的投资收益率 x 和政府长期债券基金的投资收益率 y 的概率分布

经济形势	概率 $f(x, y)$	大型股票基金（%） x	政府长期债券基金（%） y
衰退	0.10	-40	30
缓慢增长	0.25	5	5
稳定增长	0.50	15	4
快速增长	0.15	30	2

利用第5.3节中计算单个随机变量的数学期望的公式，可以计算大型股票基金投资的期望收益率 $E(x)$ 和政府长期债券基金投资的期望收益率 $E(y)$。

$$E(x) = 0.1 \times (-40) + 0.25 \times 5 + 0.5 \times 15 + 0.15 \times 30 = 9.25(\%)$$

$$E(y) = 0.1 \times 30 + 0.25 \times 5 + 0.5 \times 4 + 0.15 \times 2 = 6.55(\%)$$

根据这一信息，我们可能会得出结论认为投资于股票更好。因为其收益率更高，达到9.25%。但是理财分析师建议投资者还要考虑投资的风险。收益率的标准差常常用于衡量风险。要计算标准差，必须先计算方差。利用第5.3节中计算单个随机变量的方差的公式，可以计算大型股票基金投资收益率和政府长期债券基金投资收益率的方差。

$$\text{Var}(x) = 0.1 \times (-40 - 9.25)^2 + 0.25 \times (5 - 9.25)^2 + 0.5 \times (15 - 9.25)^2 + 0.15 \times (30 - 9.25)^2$$
$$= 328.187\,5$$

$$\text{Var}(y) = 0.1 \times (30 - 6.55)^2 + 0.25 \times (5 - 6.55)^2 + 0.5 \times (4 - 6.55)^2 + 0.15 \times (2 - 6.55)^2$$
$$= 61.947\,5$$

大型股票基金投资收益率的标准差为 $\sigma_x = \sqrt{328.187\,5} = 18.115\,9$（%），政府长期债券基金投资收益率的标准差为 $\sigma_y = \sqrt{61.947\,5} = 7.870\,7$（%）。于是，我们得出结论认为投资于债券的风险更低，其标准差更小。可见，股票基金的投资收益率更高。是投资于股票基金还是投资于债券基金，这取决于投资者面对收益和风险的态度。一个积极的投资者可能会选择股票基金，因为它的收益率更高。一个保守的投资者可能会选择债券基金，因为它的风险更低。但是，除此之外还有其他的选择，我们选择投资于一个由股票基金和债券基金组成的资产组合会如何呢？

假定我们想要考虑三种投资方式：单独投资于大型股票基金，单独投资于政府长期债券基金，将资金平均分配对股票基金和债券基金各投资一半。我们已经计算出了单独投资于股票基金和单独投资于债券基金时收益率的数学期望值和标准差。现在评价第三种投资方式，建立一个资产组合，将资金平均分配，对大型股票基金和政府长期债券基金各投资一半。为了评价这个资产组合，我们从计算它的期望收益率开始。前面我们已经以 x 表示股票基金的投资收益率，y 表示债券基金的投资收益率。因此资产组合的投资收益率为 $r = 0.5x + 0.5y$（在一个资产组合中，资金一半投资于股票基金，一半投资于债券基金），要计算其期望收益率等价于计算 $E(r) = E(0.5x + 0.5y)$。表达式 $0.5x + 0.5y$ 称作随机变量 x 和 y 的线性组合。当已知 $E(x)$ 和 $E(y)$ 时，式（5-8）给出了一个便

于计算随机变量 x 和 y 的线性组合的数学期望的方法。在式（5-8）中，a 是线性组合中 x 的系数，b 是线性组合中 y 的系数。

随机变量 x 和 y 的线性组合的数学期望

$$E(ax + by) = aE(x) + bE(y) \tag{5-8}$$

由于已经计算出 $E(x) = 9.25$ 和 $E(y) = 6.55$，因此可以利用式（5-8）计算资产组合的期望值。

$$E(0.5x + 0.5y) = 0.5E(x) + 0.5E(y) = 0.5 \times 9.25 + 0.5 \times 6.55 = 7.9(\%)$$

可见，资产组合的期望投资收益为 7.9%。若投资 100 美元，则预期会收益 100×7.9% = 7.9 美元；若投资 1 000 美元，则预期会收益 1 000×7.9% = 79.00 美元，以此类推。但是，风险如何呢？正如前文所提到的，理财分析师常常用标准差度量风险。

我们的资产组合是两个随机变量的一个线性组合，因此为了评价资产组合的风险，我们需要计算两个随机变量的线性组合的方差和标准差。当已知两个随机变量的协方差时，可以利用式（5-9）计算两个随机变量的线性组合的方差。

两个随机变量的线性组合的方差

$$\mathrm{Var}(ax + by) = a^2\mathrm{Var}(x) + b^2\mathrm{Var}(y) + 2ab\sigma_{xy} \tag{5-9}$$

式中，σ_{xy} 为 x 和 y 的协方差。

由式（5-9）可知，为了计算两个随机变量的线性组合的方差，需要计算每个随机变量的方差以及两个随机变量之间的协方差，从而得到资产组合的方差。

我们已经计算出两个随机变量的方差分别为 $\mathrm{Var}(x) = 328.187\ 5$ 和 $\mathrm{Var}(y) = 61.947\ 5$，并且可以得出 $\mathrm{Var}(x+y) = 119.46$ [⊖]。因此，利用式（5-6）计算两个随机变量 x 和 y 的协方差。

$$\sigma_{xy} = [\mathrm{Var}(x + y) - \mathrm{Var}(x) - \mathrm{Var}(y)]/2 = (119.46 - 328.187\ 5 - 61.974\ 5)/2 = -135.337\ 5$$

x 和 y 的协方差为负，意味着当 x 倾向于高于其均值时，y 倾向于低于其均值，反之亦然。

可以利用式（5-9）计算资产组合收益的方差：

$$\mathrm{Var}(0.5x + 0.5y) = 0.5^2 \times 328.187\ 5 + 0.5^2 \times 61.947\ 5 + 2 \times 0.5 \times 0.5 \times (-135.337\ 5) = 29.865$$

资产组合的标准差 $\sigma_{0.5x+0.5y} = \sqrt{29.865} = 5.465\ 0\ (\%)$，它度量了股票基金和债券基金各投资 50% 的资产组合的风险。

也许我们想要对三种投资方式（单独投资于股票基金，单独投资于债券基金，建立一个资产组合将资金等额地投资于股票和债券基金）进行比较，表 5-12 给出了每种投资方式收益率的数学期望、标准差和方差。

表 5-12 三种投资方式的数学期望、方差和标准差

投资方式	收益率的数学期望（%）	收益率的方差	收益率的标准差（%）
100% 投资于股票基金	9.25	328.187 5	18.115 9
100% 投资于债券基金	6.55	61.947 5	7.870 7
资本组合（股票基金和债券基金各占 50%）	7.90	29.865	5.465 0

这些方法中你更倾向于采用哪一种？100% 投资于股票基金的期望收益率最高，但是风险也最大，标准差为 18.115 9%。100% 投资于债券基金的期望收益率最低，但是风险显然更小。50% 投资于股票基金，50% 投资于债券基金（资本组合）的期望收益率是单独投资于股票基金和单独投资于债券基金的收益率的平均值。但是，资产组合的风险比单独投资于任意一种基金的风险都要低。的确，资产组合比单独投资于债券基金的收益率高并且风险低（标准差更小）。因此，我们说投资于资产组合优于单独投资于债券基金。

⊖ 采用上一节 DiCarlo 汽车公司的例子中相同的方法，计算得到 $\mathrm{Var}(x+y) = 119.46$。

是选择投资于股票基金还是资本组合？这取决于你面对风险的态度。股票基金的期望收益率更高，不过资本组合明显风险更低，而且还有相当不错的收益。许多人愿意选择资本组合。正是股票基金和债券基金之间的协方差为负，使得资本组合的风险比单独投资于某一种基金的风险低很多。

在刚才的资产组合分析中，是50%投资于股票基金，50%投资于债券基金。对其他形式的资产组合，该如何计算其数学期望和方差呢？式（5-8）和式（5-9）可以方便地用于完成这些计算。

假定我们新建一个资产组合，25%投资于股票基金，75%投资于债券基金。新的资产组合的数学期望和方差是多少呢？该资产组合的收益率为 $r=0.25x+0.75y$，可以根据式（5-8）计算资产组合的数学期望。

$$E(0.25x + 0.75y) = 0.25E(x) + 0.75E(y) = 0.25 \times 9.25 + 0.75 \times 6.55 = 7.225(\%)$$

同理，我们可以根据式（5-9）计算资产组合的方差：

$$\mathrm{Var}(0.25x + 0.75y) = 0.25^2\mathrm{Var}(x) + 0.75^2\mathrm{Var}(y) + 2 \times 0.25 \times 0.75\sigma_{xy}$$
$$= 0.0625 \times 328.1875 + 0.5625 \times 61.9475 + 0.375 \times (-135.3375)$$
$$= 4.6056$$

新的资产组合的标准差 $\sigma_{0.25x+0.75y} = \sqrt{4.6056} = 2.1461（\%）$。

5.4.3 小结

在本节，我们介绍了二元离散概率分布。由于这种分布涉及两个随机变量，我们常常对度量变量之间的关系感兴趣。我们介绍了协方差和相关系数这两种度量方法，并演示了计算过程。相关系数越接近1或者-1，表明两个随机变量之间的关系越密切。相关系数取值接近0，则表明两个随机变量之间的关系薄弱。若两个随机变量相互独立，则协方差和相关系数都等于0。

我们还展示了如何计算随机变量的线性组合的数学期望和方差。从统计的观点来看，金融资产组合是随机变量的线性组合。实际上，这是一种我们称之为加权平均的特殊线性组合。组合系数非负并且系数之和为1。在我们给出的例子中，资产组合由股票基金投资和债券基金投资组成。以此为例，我们展示了如何计算资产组合的数学期望和方差。对于任何由两种金融资本构成的资产组合，都可以用这种方法计算其数学期望和方差。两个随机变量之间的协方差为负，这减小了资产组合的方差，大部分降低资产组合风险的理论正是基于此建议分散投资。

注释和评论

1. 式（5-8）和式（5-9）以及它们扩展到三个或者三个以上随机变量的结果，是金融资产组合构建和分析的关键。

2. 式（5-8）和式（5-9）用于计算两个随机变量的线性组合的数学期望和方差，可以扩展到三个或者三个以上随机变量的情况。式（5-8）的扩展很直接，只要在公式中加入新添加的随机变量项目就可以了。式（5-9）的扩展则更为复杂，要在公式中加入所有随机变量的两两协方差。这些扩展留待高级教材中介绍。

3. 式（5-9）中的协方差说明了为什么负相关的随机变量（不同的投资方式）能够减小方差，从而降低资产组合的风险。

练习

方法

26. 某人想要建立一个资产组合。他考虑两只股票，令 x 表示股票1的投资收益率，y 表示股票2的投资收益率。股票1的期望收益率和方差分别为 $E(x)=8.45\%$ 和 $\mathrm{Var}(x)=0.0025$。股票2的期望收益率和方差分别为 $E(y)=3.2\%$ 和 $\mathrm{Var}(y)=0.0001$。收益的协方差 $\sigma_{xy}=-3$。

a. 求股票1和股票2投资的标准差。若用标准差度量风险，哪一只股票的投资风险更高？

b. 某人用500美元投资购买股票1，求投资的期望收益率和标准差。

c. 某人建立一个资产组合，每只股票各投资50%，求投资的期望收益率和标准差。

d. 某人建立一个资产组合，70%投资于股票1，30%

投资于股票 2，求投资的期望收益率和标准差。

e. 计算 x 和 y 的相关系数，并评述这两只股票收益率之间的关系。

28. PortaCom 开发设计了一款高品质的便携式打印机，直接人工和零件成本是制造成本的两个关键组成部分。在测试阶段，公司开发出产品的雏形并对新型打印机产品进行广泛的测试。PortaCom 的工程师给出如下制造成本的二元概率分布。令随机变量 x 表示每台打印机的零件成本（单位：美元），随机变量 y 表示每台打印机的直接人工成本（单位：美元）。管理者想要根据这个概率分布估计制造成本。

零件 (x)	直接人工 (y)			合计
	43	45	48	
85	0.05	0.2	0.2	0.45
95	0.25	0.2	0.1	0.55
合计	0.30	0.4	0.3	1.00

a. 求直接人工成本的边际分布并计算其数学期望、方差和标准差。

b. 求零件成本的边际分布并计算其数学期望、方差和标准差。

c. 单位制造总成本等于直接人工成本和零件成本之和。求单位制造总成本的概率分布。

d. 计算单位制造总成本的数学期望、方差和标准差。

e. 直接人工成本和零件成本相互独立吗？为什么？如果你的结论是不独立，那么直接人工成本和零件成本之间的关系如何？

f. PortaCom 生产了 1 500 台打印机用于产品推介，总制造成本为 198 350 美元。这和你预期的一样吗？如果比你预期的偏高或者偏低，你认为是什么原因？

30. 除了第 29 题中 S&P 500 和核心债券的信息之外，摩根大通资产管理还报告了不动产投资信托（REIT）的期望收益率为 13.07%，标准差为 23.17%（摩根大通资产管理，《市场指南》）。S&P 500 和 REIT 的相关系数为 0.74，核心债券和 REIT 的相关系数为 -0.04。考虑两种投资的资产组合：一种由 S&P 500 和 REIT 组成，另一种由核心债券基金和 REIT 组成。

a. 根据所给出的信息和第 29 题，求 S&P 500 和 REIT 的协方差，求核心债券和 REIT 的协方差。

b. 建立一个资产投资组合，S&P 500 指数基金投资和 REIT 投资各占 50%。求资产组合的期望收益率和标准差。

c. 建立一个资产投资组合，核心债券基金投资和 REIT 投资各占 50%。求资产组合的期望收益率和标准差。

d. 建立一个资产投资组合，核心债券基金投资占 80%，REIT 投资占 20%。求资产组合的期望收益率和标准差。

e. 你会建议一个激进的投资者采用（b）、（c）和（d）中哪种资产投资组合？你会建议一个保守的投资者采用哪种资产投资组合？为什么？

5.5 二项概率分布

二项概率分布是一种离散型概率分布，具有广泛的应用。它与一个我们称为二项试验的多步骤试验有关。

5.5.1 二项试验

二项试验（binomial experiment）具有以下四个性质。

二项试验的性质

1. 试验由一系列相同的 n 个试验组成。
2. 每次试验有两种可能的结果。我们把其中一个称为成功，另一个称为失败。
3. 每次试验成功的概率都是相同的，用 p 来表示；失败的概率也都相同，用 $1-p$ 表示。
4. 试验是相互独立的。

如果一个试验具有性质 2、性质 3 和性质 4，我们称该试验是由伯努利⊖过程产生的。另外，如果该试验还

⊖ 瑞士人雅各布·伯努利（Jakob Bernoulli，1654—1705）是伯努利家族最杰出的数学家，发表了关于排列和组合理论以及二项式定理的概率论文。

具有性质 1，则称其为二项试验。图 5-2 给出了一个由成功和失败组成的序列，它是一个包含 8 次试验的二项试验。

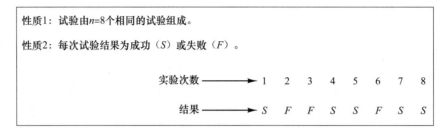

性质1：试验由n=8个相同的试验组成。

性质2：每次试验结果为成功（*S*）或失败（*F*）。

实验次数 ——————→ 1 2 3 4 5 6 7 8

结果 ——————→ *S F F S S F S S*

图 5-2 在一个由 8 次试验组成的二项试验中，由成功和失败组成的一个序列

在二项试验中，我们感兴趣的是在 n 次试验中成功出现的次数。如果令 x 代表 n 次试验中成功的次数，则 x 的可能值为 0，1，2，3，$\cdots$，n。由于随机变量取值的个数是有限的，因此 x 是一个离散型随机变量。与这一随机变量相对应的概率分布称为**二项概率分布**（binomial probability distribution）。例如，考虑抛 5 次硬币的试验，每一次都观察硬币着地时正面朝上还是反面朝上。假设我们想要计算 5 次抛掷中正面出现的次数。这个试验具备二项试验的性质吗？感兴趣的随机变量是什么？注意：

（1）试验由 5 次相同的试验组成，每次试验都是抛一枚硬币。

（2）每次试验都有两种可能的结果：正面朝上或反面朝上。定义正面朝上为成功，反面朝上为失败。

（3）在每次试验中，正面朝上和反面朝上的概率都是一样的，即 $p=0.5$，$1-p=0.5$。

（4）因为任意一次试验的结果都不影响其他各次试验（抛掷），所以各次试验（抛掷）是独立的。

于是，该试验满足二项试验的性质。感兴趣的随机变量 x 为抛掷 5 次硬币正面朝上的次数，这时 x 的可能取值为 0，1，2，3，4 或 5。

考虑另一个例子，一名保险推销员随机选择 10 个家庭进行访问。每次访问的结果无外乎两种：成功——该户购买保险，失败——该户没有购买保险。根据过去的经验，推销员已知随机选择的家庭会购买保险的概率为 0.10。它满足二项试验的性质吗？显然：

（1）试验由 10 次相同的试验组成，每一次试验是访问一个家庭。

（2）每次试验有两种可能的结果：成功——该户购买保险，失败——该户没有购买保险。

（3）每次访问中，家庭是否购买保险的概率是相同的，即 $p=0.10$，$1-p=0.90$。

（4）由于家庭是随机选择的，因此试验是独立的。

这是一个二项试验，它满足二项试验的四个性质。感兴趣的随机变量 x 是访问的 10 个家庭中购买保险的家庭数。这时，x 的可能取值为 0，1，2，3，4，5，6，7，8，9 或 10。

二项试验的性质 3 称为平稳性假设，它有时容易与性质 4（试验的独立性）混淆。为了区分二者的不同，再次考虑推销员访问家庭推销保险的例子。如果一段时间后，推销员由于疲惫而失去热情，比如到第 10 次访问时，成功（卖出保险）的概率下降到 0.05。这时，性质 3（平稳性）不能满足，从而试验不再是二项试验。即便该试验满足性质 4（即每个家庭的购买决策是独立的），但如果不满足性质 3，那么试验也不是一个二项试验。

在二项试验的应用中，常常用到一个被称为二项概率函数的数学公式，它用于计算 n 次试验中 x 次成功的概率。利用第 4 章已介绍的有关概率的概念，下面我们通过例子说明如何使用这一公式。

5.5.2 马丁服装商店的问题

考虑光顾马丁服装商店的 3 名顾客购买服装的情况。根据过去的经验，商店经理估计每名顾客购买服装的概率是 0.30。那么，在 3 名顾客中有 2 名顾客购买服装的概率是多少？

根据树形图（见图 5-3），3 名顾客中每名顾客各自做出购买决策，从而试验有 8 种可能的结果。用 S 表示成功（购买），F 表示失败（未购买），我们感兴趣的是 3 次试验（购买决策）中有 2 次成功的试验结果。接下来，

可以证明 3 次购买决策组成的试验序列是一个二项试验，它满足二项试验的四个性质：

（1）可以将试验认为是由 3 个相同的试验组成的序列，在 3 名光临商店的顾客中，每名顾客对应于一次试验。

（2）每次试验都只有两种试验结果：顾客购买（成功）或不购买（失败）。

（3）假设对所有顾客而言，顾客购买的概率（0.30）或不购买的概率（0.70）都是相同的。

（4）每名顾客的购买决策与其他顾客的购买决策相互独立。

于是，该试验满足二项试验的性质。

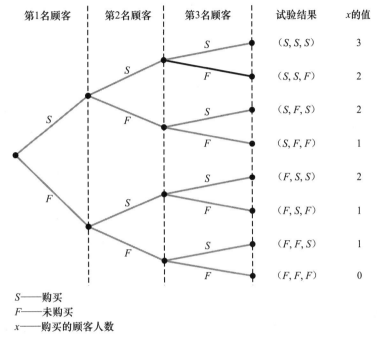

图 5-3　马丁服装商店问题的树形图

在 n 次试验中恰有 x 次成功的二项试验里，可用以下公式计算试验结果的数目：⊖

n 次试验中恰有 x 次成功的试验结果的数目

$$\binom{n}{x} = \frac{n!}{x!\ (n-x)!}$$

(5-10)

式中，$n! = n \times (n-1) \times (n-2) \cdots \times 2 \times 1$

并且定义

$$0! = 1$$

现在仍回到马丁服装商店的试验中，它涉及 3 名顾客的购买决策。式（5-10）可用来确定"有 2 人购买"的试验结果的数目，即在 $n=3$ 次试验中，有多少种方式能得到 $x=2$。由式（5-10）我们有：

$$\binom{n}{x} = \binom{3}{2} = \frac{3!}{2!\ (3-2)!} = \frac{3 \times 2 \times 1}{2 \times 1 \times 1} = \frac{6}{2} = 3$$

式（5-10）表明，成功 2 次的试验结果有 3 种。由图 5-3 可知，这 3 种结果分别是 (S, S, F)，(S, F, S) 和 (F, S, S)。

利用式（5-10），可计算出 3 次试验中有 3 次成功（购买）的试验结果的数目为：

⊖　在第 4 章中，组合公式确定从 n 个对象中选择 x 个时有多少种不同的选法。对于二项试验，组合公式计算出有多少种不同的试验结果与"n 次试验组成的序列中有 x 次成功"相对应。

$$\binom{n}{x} = \binom{3}{3} = \frac{3!}{3!\,(3-3)!} = \frac{3!}{3!\,0!} = \frac{3\times2\times1}{3\times2\times1\times1} = \frac{6}{6} = 1$$

由图 5-3 可知，只有一种试验结果是"3 次成功"，记作 (S, S, S)。

式（5-10）可用来确定 n 次试验中恰有 x 次成功的试验结果的数目。如果我们想要确定 n 次试验中 x 次成功的概率，还必须要知道其中每一个试验结果发生的概率。由于二项试验的各个试验是相互独立的，我们只需简单地将各个试验结果发生的概率相乘，就能得到某个由成功和失败所组成的特定试验序列发生的概率。

令 (S, S, F) 表示事件"前两名顾客购买而第 3 名顾客未购买"，它的概率是：

$$pp(1-p)$$

由于在每次试验中，购买的概率为 0.30，则"前两名顾客购买而第 3 名顾客未购买"的概率是：

$$0.30 \times 0.30 \times 0.70 = 0.30^2 \times 0.70 = 0.063$$

还有另外两种试验结果也会导致"2 次成功和 1 次失败"。"3 次试验中恰有 2 次成功"的概率见下表：

试验结果			试验结果	试验结果的概率
第 1 名顾客	第 2 名顾客	第 3 名顾客		
购买	购买	未购买	(S, S, F)	$pp(1-p)=p^2(1-p)=(0.30)^2\times0.70=0.063$
购买	未购买	购买	(S, F, S)	$p(1-p)p=p^2(1-p)=(0.30)^2\times0.70=0.063$
未购买	购买	购买	(F, S, S)	$(1-p)pp=p^2(1-p)=(0.30)^2\times0.70=0.063$

可见，与"3 次试验中恰有 2 次成功"对应的 3 种试验结果具有相同的概率。这一观察结果通常总是成立的。在任何一个二项试验中，n 次试验中恰有 x 次成功的所有试验序列结果都具有相同的概率。在 n 次试验中有 x 次成功的每个试验序列的概率如下：

在 n 次试验中有 x 次成功的特定试验结果的概率 $= p^x(1-p)^{(n-x)}$ （5-11）

对于马丁服装商店的问题，公式表明任何一个"2 次成功"试验结果发生的概率为 $p^2(1-p)^{(3-2)} = p^2(1-p)^1 = (0.30)^2\times0.70 = 0.063$。

式（5-10）给出一个二项试验中有 x 次成功的试验结果的数目，式（5-11）给出了 x 次成功的每个试验序列的概率，结合式（5-10）和式（5-11）得到下面的**二项概率函数**（binomial probability function）。

二项概率函数

$$f(x) = \binom{n}{x} p^x(1-p)^{(n-x)} \tag{5-12}$$

式中，x 为成功的次数；p 为每次试验中成功的概率；n 为试验的次数；$f(x)$ 为 n 次试验中有 x 次成功的概率；$\binom{n}{x} = \dfrac{n!}{x!\,(n-x)!}$。

对于二项概率分布，x 是一个离散型随机变量，概率函数为 $f(x)$，其中 $x = 0, 1, 2, 3, \cdots, n$。

以马丁服装商店问题为例，我们利用式（5-12）计算"没有顾客购买"的概率，"恰有 1 名顾客购买"的概率，"恰有 2 名顾客购买"的概率和"所有 3 名顾客均购买"的概率。计算结果汇总于表 5-13 中，它给出发生购物行为的顾客人数的概率分布。图 5-4 是它的概率分布图。

表 5-13 购物的顾客人数的概率分布

x	$f(x)$	x	$f(x)$
0	$\dfrac{3!}{0!\,3!}(0.30)^0(0.70)^3 = 0.343$	2	$\dfrac{3!}{2!\,1!}(0.30)^2(0.70)^1 = 0.189$
1	$\dfrac{3!}{1!\,2!}(0.30)^1(0.70)^2 = 0.441$	3	$\dfrac{3!}{3!\,0!}(0.30)^3(0.70)^0 = \dfrac{0.027}{1.000}$

二项概率函数可用于任何二项试验。只要试验满足二项试验的性质，并且我们已知 n 和 p 的值，那么便可使用式（5-12）计算 n 次试验中有 x 次成功的概率。

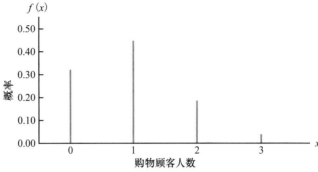

如果我们将马丁试验稍做变动，比如进入商店的顾客不是 3 名而是 10 名，由式（5-12）给出的二项概率函数仍是可用的。假定有一个二项试验，其中 $n=10$，$x=4$，$p=0.30$。从而，10 名进入商店的顾客中恰好有 4 人购物的概率是：

$$f(4) = \frac{10!}{4!\ 6!} \times (0.30)^4 \times (0.70)^6 = 0.200\ 1$$

图 5-4　购物顾客人数的概率分布图

5.5.3　二项概率表的使用

人们已经编制出数学用表，用于计算一个共有 n 次试验的二项试验中成功 x 次的概率。这些数学用表比式（5-12）使用起来更加容易和快捷。表 5-14 是从二项概率表中节选出的一部分。在使用二项概率表前，我们必须先确定二项试验中 n、p 和 x 的值。在表 5-14 的例子中，我们看到 $n=10$，$p=0.40$ 的二项试验中成功次数 $x=3$ 的概率为 0.215 0。如果你直接用二项概率函数式（5-12），也可以得到相同的答案。

表 5-14　从二项概率表中查找概率值
例：$n=10$，$x=3$，$p=0.40$，$f(3)=0.215\ 0$

n	x	p									
		0.05	0.10	0.15	0.20	0.25	0.30	0.35	0.40	0.45	0.50
9	0	0.630 2	0.387 4	0.231 6	0.134 2	0.075 1	0.040 4	0.020 7	0.010 1	0.004 6	0.002 0
	1	0.298 5	0.387 4	0.367 9	0.302 0	0.225 3	0.155 6	0.100 4	0.060 5	0.033 9	0.017 6
	2	0.062 9	0.172 2	0.259 7	0.302 0	0.300 3	0.266 8	0.216 2	0.161 2	0.111 0	0.070 3
	3	0.007 7	0.044 6	0.106 9	0.176 2	0.233 6	0.266 8	0.271 6	0.250 8	0.211 9	0.164 1
	4	0.000 6	0.007 4	0.028 3	0.066 1	0.116 8	0.171 5	0.219 4	0.250 8	0.260 0	0.246 1
	5	0.000 0	0.000 8	0.005 0	0.016 5	0.038 9	0.073 5	0.118 1	0.167 2	0.212 8	0.246 1
	6	0.000 0	0.000 1	0.000 6	0.002 8	0.008 7	0.021 0	0.042 4	0.074 3	0.116 0	0.164 1
	7	0.000 0	0.000 0	0.000 0	0.000 3	0.001 2	0.003 9	0.009 8	0.021 2	0.040 7	0.070 3
	8	0.000 0	0.000 0	0.000 0	0.000 0	0.000 1	0.000 4	0.001 3	0.003 5	0.008 3	0.017 6
	9	0.000 0	0.000 0	0.000 0	0.000 0	0.000 0	0.000 0	0.000 1	0.000 3	0.000 8	0.002 0
10	0	0.598 7	0.348 7	0.196 9	0.107 4	0.056 3	0.028 2	0.013 5	0.006 0	0.002 5	0.001 0
	1	0.315 1	0.387 4	0.347 4	0.268 4	0.187 7	0.121 1	0.072 5	0.040 3	0.020 7	0.009 8
	2	0.074 6	0.193 7	0.275 9	0.302 0	0.281 6	0.233 5	0.175 7	0.120 9	0.076 3	0.043 9
	3	0.010 5	0.057 4	0.129 8	0.201 3	0.250 3	0.266 8	0.252 2	0.215 0	0.166 5	0.117 2
	4	0.001 0	0.011 2	0.040 1	0.088 1	0.146 0	0.200 1	0.237 7	0.250 8	0.238 4	0.205 1
	5	0.000 1	0.001 5	0.008 5	0.026 4	0.058 4	0.102 9	0.153 6	0.200 7	0.234 0	0.246 1
	6	0.000 0	0.000 1	0.001 2	0.005 5	0.016 2	0.036 8	0.068 9	0.111 5	0.159 6	0.205 1
	7	0.000 0	0.000 0	0.000 1	0.000 8	0.003 1	0.009 0	0.021 2	0.042 5	0.074 6	0.117 2
	8	0.000 0	0.000 0	0.000 0	0.000 1	0.000 4	0.001 4	0.004 3	0.010 6	0.022 9	0.043 9
	9	0.000 0	0.000 0	0.000 0	0.000 0	0.000 0	0.000 1	0.000 5	0.001 6	0.004 2	0.009 8
	10	0.000 0	0.000 0	0.000 0	0.000 0	0.000 0	0.000 0	0.000 0	0.000 1	0.000 3	0.001 0

现在，我们使用表 5-14 求解马丁服装商店问题，计算 10 次试验中有 4 次成功的概率。此时，$n=10$，$x=4$，$p=0.30$，直接查二项概率表得到 $f(4)=0.200\ 1$。

尽管二项概率表易于使用，但表中不可能列出二项试验可能遇到的所有 n 和 p 值。如今根据式（5-12），我们使用计算器来计算想要的概率并不困难，尤其在试验的数目不大时。在习题中，除非题目特别要求使用二项概率表，你都应练习使用式（5-12）计算二项概率。

统计软件包也具有计算二项概率的功能。在马丁服装商店的例子中，$n=10$，$p=0.30$。图 5-5 给出了由 JMP 产生的 x 所有可能值的二项概率。注意，这些值与表 5-14 中 $p=0.30$ 所在列的值完全相同。附录 5A 给出了如何利用常用软件包计算二项概率。

x	$P(X=x)$
0	0.028 247 524 9
1	0.121 060 821
2	0.233 474 440 5
3	0.266 827 932
4	0.200 120 949
5	0.102 919 342 5
6	0.036 756 909
7	0.009 001 692
8	0.001 446 700 5
9	0.000 137 781
10	0.000 005 904 9

图 5-5　JMP 输出结果——马丁服装商店问题中的二项概率

5.5.4　二项分布的数学期望和方差

在 5.3 节我们给出了计算离散型随机变量的数学期望和方差的公式。在随机变量服从二项分布的特定情形下，已知试验次数为 n，成功的概率为 p，数学期望和方差公式得以简化，具体形式如下。

二项分布的数学期望与方差

$$E(x) = \mu = np \tag{5-13}$$
$$\mathrm{Var}(x) = \sigma^2 = np(1-p) \tag{5-14}$$

在马丁服装商店的例子中，当有 3 名顾客光顾时，利用式（5-13）计算购物顾客人数的数学期望，有：

$$E(x) = np = 3 \times 0.30 = 0.9$$

假定预计下个月马丁服装商店有 1 000 名顾客光顾，那么购物顾客人数的期望值是多少？答案是 $\mu = np = 1\,000 \times 0.3 = 300$。因此，为增加购物人数的期望值，马丁服装商店必须吸引更多顾客光顾并且（或者）提高每名到店顾客购物的概率。

在马丁服装商店的例子中，当有 3 名顾客光顾时，购物人数的方差和标准差为

$$\sigma^2 = np(1-p) = 3 \times 0.3 \times 0.7 = 0.63$$
$$\sigma = \sqrt{0.63} = 0.79$$

在随后光临的 1 000 名顾客中，购物人数的方差和标准差为：

$$\sigma^2 = np(1-p) = 1\,000 \times 0.3 \times 0.7 = 210$$
$$\sigma = \sqrt{210} = 14.49$$

注释和评论

1. 二项概率表给出了 $p \leqslant 0.95$ 的概率值。有的二项概率表可能仅给出了 $p \leqslant 0.50$ 的概率值。当成功的概率 $p > 0.50$ 时，这样的表似乎是不可用的。然而，由于 $n-x$ 次失败的概率也是 x 次成功的概率，因此这样的表仍然是可用的。当成功的概率 $p > 0.50$ 时，我们可以转而计算 $n-x$ 次失败的概率。当 $p > 0.50$ 时，失败的概率 $1-p < 0.50$。

2. 某些二项概率表是以累计形式给出的。在使用这种表计算 n 次试验中恰好有 x 次成功的概率时，必须减去上一项的值。例如，$f(2) = P(x \leqslant 2) - P(x \leqslant 1)$。

练习

方法

32. 考虑一个二项试验，其中 $n=10$，$p=0.10$。

a. 计算 $f(0)$。

b. 计算 $f(2)$。

c. 计算 $P(x \leqslant 2)$。

d. 计算 $P(x \geqslant 1)$。

e. 计算 $E(x)$。

f. 计算 $Var(x)$ 和 σ。

应用

34. 尼尔森（Nielsen）公司在做音乐 360 的调查时，对青少年和成年人分组询问他们在过去的 12 个月中是怎样听音乐的。大约有 2/3 的美国 18 岁以下的青少年回答通过谷歌公司的视频分享网站听音乐，有 35% 的青少年回答用潘多拉传媒公司的定制线上电台（《华尔街日报》）。假定随机选取 10 名青少年，询问他们如何听音乐。试问：

    a. 随机选取 10 名青少年询问他们是否用潘多拉传媒公司的线上电台听音乐，这是一个二项试验吗？

    b. 10 名青少年中没有人用潘多拉传媒公司的线上电台听音乐的概率是多少？

    c. 10 名青少年中有 4 人用潘多拉传媒公司的线上电台听音乐的概率是多少？

    d. 10 名青少年中至少有 2 人用潘多拉传媒公司的线上电台听音乐的概率是多少？

36. 当新机器正常运转时，只有 3% 的产品是废品。假设随机选取机器生产的两个零部件，我们感兴趣的是其中废品的件数。

    a. 若这个试验是二项试验，应满足哪些条件？

    b. 绘制与图 5-3 类似的树形图，说明这是一个由两次试验组成的试验序列。

    c. "恰好发现一个废品"的试验结果有多少种？

    d. 计算"没有发现废品""恰好发现一件废品"以及"恰好发现两件废品"的概率。

38. 在敌人入侵时，设计要求军事雷达和导弹探测系统发出警报。可靠性测量的是探测系统是否能发现攻击并发出警告。假设某探测系统能探测到导弹攻击的概率为 0.90，利用二项概率分布回答以下问题。

    a. 单个探测系统能够发现攻击的概率是多少？

    b. 如果将两套探测系统安装在同一地区独立工作，则至少有一套探测系统能发现攻击的概率是多少？

    c. 如果安装了三套探测系统，则至少有一套系统能发现攻击的概率是多少？

    d. 你建议使用多套探测系统吗？为什么？

40. 假定随机选取 15 名与父母共同生活的年龄在 18~34 岁的人组成一个样本，询问他们是否分担家用。

    a. 选取 15 名与父母共同生活的年龄在 18~34 岁的人构成一个二项试验吗？为什么？

    b. 如果与父母共同生活的年龄在 18~34 岁的人组成的样本中没有人分担家用，你会对研究假设产生怀疑吗？为什么？

    c. 与父母共同生活的年龄在 18~34 岁的人中至少有 10 人分担家用的概率是多少？

42. 作为研究国家国情的一部分，选取 20 名美国人组成样本。询问他们对美国的现状是否感到满意。

    a. 计算 20 名美国人中恰好有 4 人对美国的现状感到满意的概率。

    b. 计算 20 名美国人中至少有 2 人对美国的现状感到满意的概率。

    c. 在 20 个美国人组成的样本中，计算对美国的现状感到满意的人数的数学期望。

    d. 在 20 个美国人组成的样本中，计算对美国的现状感到满意的人数的方差和标准差。

5.6　泊松概率分布

在本节我们介绍一个常用的离散型随机变量，它主要用于估计在特定时间段或空间中某事件发生的次数。例如，我们感兴趣的随机变量可能是一小时内到达洗车房的汽车数，15 公里长的高速公路上需要维修的路段数目或者 100 公里长的水管有多少处发生泄漏。如果事件出现的次数满足以下两个性质，则随机变量服从**泊松概率分布**（Poisson probability distribution）⊖。

> **泊松试验的性质**
>
> 1. 在任意两个相等长度的区间上，事件发生的概率相等。
> 2. 事件在某一区间上是否发生与事件在其他区间上是否发生是独立的。

⊖ 泊松概率分布经常用来模拟排队时随机到达的数目。

泊松概率函数（Poisson probability function）由式（5-15）给出。

> **泊松概率函数**[一]
>
> $$f(x) = \frac{\mu^x e^{-\mu}}{x!} \tag{5-15}$$
>
> 式中，$f(x)$ 为事件在一个区间发生 x 次的概率；μ 为事件在一个区间发生次数的数学期望或均值；$e = 2.71828$。

对泊松概率分布，x 是一个离散型随机变量，它表示区间上事件发生的次数。由于没有对事件发生的次数指明上限，因此在概率函数 $f(x)$ 中，有 $x = 0, 1, 2, \cdots$，即随机变量的取值有无限多种可能。在实际应用中，当 x 最终取值非常大时，$f(x)$ 近似为 0。因此，对一些太大的 x 值，可忽略其发生的可能。

5.6.1 一个时间段上的例子

假定我们感兴趣的是工作日早上 15 分钟内到达一家大型医院急诊室的患者数量。如果假设在任意两个相等长度的时间段上患者到达的概率是相等的，并且在任意时间段上是否有患者到达与其他时间段上是否有患者到达是相互独立的，那么泊松概率函数是适用的。假定以上假设都成立，并且对历史数据的分析显示，15 分钟的时间段上到达患者数目的平均值为 10。这时，采用以下概率函数：

$$f(x) = \frac{10^x e^{-10}}{x!}$$

其中，随机变量 x 为 15 分钟的时间段上到达的患者数。

如果管理人员想要知道 15 分钟内恰有 5 名患者到达的概率，那么令 $x = 5$，有：

$$15\text{ 分钟内恰有 5 名患者到达的概率} = f(5) = \frac{10^5 e^{-10}}{5!} = 0.0378$$

尽管在 $\mu = 10$，$x = 5$ 处计算概率函数就可以确定这一概率，但通常查泊松概率分布表更为方便。泊松概率分布表给出了与特定的 x 和 μ 相对应的概率。为使用方便，表 5-15 是从泊松概率分布表中节选的一部分。注意，查表时我们只需知道 x 和 μ 的值即可使用泊松概率分布表。从表 5-15 可见，位于表中 $x = 5$ 的行和 $\mu = 10$ 的列交叉位置上的值就是 15 分钟内恰有 5 名患者到达的概率。从而，我们得到 $f(5) = 0.0378$。

表 5-15　从泊松概率分布表查找概率值
例：$\mu = 10$，$x = 5$，$f(5) = 0.0378$

x	μ									
	9.1	9.2	9.3	9.4	9.5	9.6	9.7	9.8	9.9	10
0	0.0001	0.0001	0.0001	0.0001	0.0001	0.0001	0.0001	0.0001	0.0001	0.0000
1	0.0010	0.0009	0.0009	0.0008	0.0007	0.0007	0.0006	0.0005	0.0005	0.0005
2	0.0046	0.0043	0.0040	0.0037	0.0034	0.0031	0.0029	0.0027	0.0025	0.0023
3	0.0140	0.0131	0.0123	0.0115	0.0107	0.0100	0.0093	0.0087	0.0081	0.0076
4	0.0319	0.0302	0.0285	0.0269	0.0254	0.0240	0.0226	0.0213	0.0201	0.0189
5	0.0581	0.0555	0.0530	0.0506	0.0483	0.0460	0.0439	0.0418	0.0398	0.0378
6	0.0881	0.0851	0.0822	0.0793	0.0764	0.0736	0.0709	0.0682	0.0656	0.0631
7	0.1145	0.1118	0.1091	0.1064	0.1037	0.1010	0.0982	0.0955	0.0928	0.0901
8	0.1302	0.1286	0.1269	0.1251	0.1232	0.1212	0.1191	0.1170	0.1148	0.1126
9	0.1317	0.1315	0.1311	0.1306	0.1300	0.1293	0.1284	0.1274	0.1263	0.1251
10	0.1198	0.1210	0.1219	0.1228	0.1235	0.1241	0.1245	0.1249	0.1250	0.1251
11	0.0991	0.1012	0.1031	0.1049	0.1067	0.1083	0.1098	0.1112	0.1125	0.1137

[一]　西蒙·泊松（Siméon Poisson）于 1802~1808 年在巴黎 Ecole Polytechnique 讲授数学。他在 1837 年发表的题目为 "*Researches on the Probability of Criminal and Civil Verdicts*" 的文章中，对被后人称为泊松概率分布的分布进行了研究。

（续）

x	μ									
	9.1	9.2	9.3	9.4	9.5	9.6	9.7	9.8	9.9	10
12	0.075 2	0.077 6	0.079 9	0.082 2	0.084 4	0.086 6	0.088 8	0.090 8	0.092 8	0.094 8
13	0.052 6	0.054 9	0.057 2	0.059 4	0.061 7	0.064 0	0.066 2	0.068 5	0.070 7	0.072 9
14	0.034 2	0.036 1	0.038 0	0.039 9	0.041 9	0.043 9	0.045 9	0.047 9	0.050 0	0.052 1
15	0.020 8	0.022 1	0.023 5	0.025 0	0.026 5	0.028 1	0.029 7	0.031 3	0.033 0	0.034 7
16	0.011 8	0.012 7	0.013 7	0.014 7	0.015 7	0.016 8	0.018 0	0.019 2	0.020 4	0.021 7
17	0.006 3	0.006 9	0.007 5	0.008 1	0.008 8	0.009 5	0.010 3	0.011 1	0.011 9	0.012 8
18	0.003 2	0.003 5	0.003 9	0.004 2	0.004 6	0.005 1	0.005 5	0.006 0	0.006 5	0.007 1
19	0.001 5	0.001 7	0.001 9	0.002 1	0.002 3	0.002 6	0.002 8	0.003 1	0.003 4	0.003 7
20	0.000 7	0.000 8	0.000 9	0.001 0	0.001 1	0.001 2	0.001 4	0.001 5	0.001 7	0.001 9
21	0.000 3	0.000 3	0.000 4	0.000 4	0.000 5	0.000 6	0.000 6	0.000 7	0.000 8	0.000 9
22	0.000 1	0.000 1	0.000 2	0.000 2	0.000 2	0.000 2	0.000 3	0.000 3	0.000 4	0.000 4
23	0.000 0	0.000 1	0.000 1	0.000 1	0.000 1	0.000 1	0.000 1	0.000 1	0.000 2	0.000 2
24	0.000 0	0.000 0	0.000 0	0.000 0	0.000 0	0.000 0	0.000 0	0.000 1	0.000 1	0.000 1

在上面的例子中，泊松概率分布的数学期望 $\mu = 10$，即 15 分钟内平均到达 10 名患者。泊松概率分布的一个重要性质是它的数学期望和方差相等，从而 15 分钟内到达患者数的方差 $\sigma^2 = 10$，标准差 $\sigma = \sqrt{10} = 3.16$。

我们的例子中时间长度是 15 分钟，这种方法对其他长度的时间段也同样适用。假定我们要计算 3 分钟内有 1 名患者到达的概率。由 15 分钟内到达患者数的期望值为 10 可得，1 分钟内到达的患者数的期望值为 10/15 = 2/3，于是 3 分钟内到达患者数的期望值为 3×2/3 = 2。令 $\mu = 2$，由下面的泊松概率函数即可求得 3 分钟内到达 x 名患者的概率：

$$f(x) = \frac{2^x e^{-2}}{x!}$$

3 分钟内恰有 1 名患者到达的概率计算如下：

$$3 \text{ 分钟内恰有 1 名患者到达的概率} = f(1) = \frac{2^1 e^{-2}}{1!} = 0.270\ 7$$

因为 5 人/5 = 1 人和 15 分钟/5 = 3 分钟，也许你会预计在 3 分钟的时间段内有 1 人到达的概率与 15 分钟的时间段内有 5 人到达的概率是相等的。但是，在前面的例子中我们已经计算得到 15 分钟内恰有 5 名患者到达的概率是 0.037 8。这与 3 分钟内恰有 1 名患者到达的概率（0.270 7）是不同的。因此，在计算不同长度时间段上的泊松概率时，必须先计算在相应区间上随机变量的平均到达率，然后再计算其概率。

5.6.2 一个长度或距离区间上的例子

下面我们介绍一个不是在一段时间区间上应用泊松概率分布的例子。假定我们关心的是高速公路在重新整修后的一个月内出现严重损坏地段的数目。假设任意两段相等长度的高速公路上出现一处损坏的概率是相等的，并且任意一段距离上是否出现损坏与另一段距离上是否出现损坏无关。因此，泊松概率分布是适用的。

假定我们知道在重新整修后的一个月内，平均每公里有 2 处受到严重损坏。求某段 3 公里长的高速公路上没有发生严重损坏的概率。由于我们感兴趣的距离长度是 3 公里，显然 3 公里长的高速公路上出现严重损坏地段数的期望值 $\mu = 2$（处/公里）×3 公里 = 6 处。根据式（5-15）可得，没有严重损坏的概率为 $f(0) = 6^0 \times e^{-6}/0! = 0.002\ 5$。因此，3 公里长的距离没有发生严重损坏的情形几乎不可能发生。事实上，这个例子说明这段路至少发生 1 处严重损坏的概率为 $1 - 0.002\ 5 = 0.997\ 5$。

练习

方法

44. 考虑一个泊松概率分布，其中 $\mu = 3$。

a. 写出相应的泊松概率函数。

b. 计算 $f(2)$。

c. 计算 $f(1)$。

d. 计算 $P(x \geqslant 2)$。

应用

46. Regional 航空公司的预订票处平均每小时接到 48 个电话。

    a. 计算 5 分钟内接到 3 个电话的概率。

    b. 计算 15 分钟内恰好接到 10 个电话的概率。

    c. 假设现在没有等待电话。如果代理人需花费 5 分钟时间才能结束目前的通话，那么在这段时间里预期有多少个等待电话？没有等待电话的概率是多少？

    d. 如果现在没有电话，接下来代理人可休息 3 分钟而不被打扰的概率是多少？

48. 一年期间，纽约市周一到周五凌晨 3~6 点共发生 11 232 起机动车事故（纽约州机动车部门网站）。

平均每小时发生 14.4 起事故。

    a. 计算 15 分钟的时段上没有事故发生的概率。

    b. 计算 15 分钟的时段上至少有 1 起事故发生的概率。

    c. 计算 15 分钟的时段上至少有 4 起事故发生的概率。

50. 据美国海洋和大气委员会（NOAA）报告，6 月科罗拉多州平均遭遇 18 场龙卷风（NOAA 网站）。（提示：6 月有 30 天）

    a. 计算每天发生龙卷风次数的平均值。

    b. 计算一天中没有发生龙卷风的概率。

    c. 计算一天中恰好发生 1 次龙卷风的概率。

    d. 计算一天中至少发生 1 次龙卷风的概率。

5.7 超几何概率分布

超几何概率分布（hypergeometric probability distribution）与二项分布联系密切。这两种概率分布主要有两处不同：在超几何概率分布中，各次试验不是独立的，并且各次试验中成功的概率不等。

对于超几何概率分布，符号 N 表示总体容量，r 表示总体中具有成功标志的元素的个数，$N-r$ 表示总体中具有失败标志的元素的个数。采用不放回抽样方法，从总体中抽取 n 个元素，**超几何概率函数**（hypergeometric probability function）用来计算在这 n 个元素中恰有 x 个元素具有成功标志，$n-x$ 个元素具有失败标志的概率。当这种试验结果出现时，我们是从总体的 r 个具有成功标志的元素中抽取 x 个，从总体的 $N-r$ 个具有失败标志的元素中抽取 $n-x$ 个。下面的超几何概率函数 $f(x)$ 给出了 n 次试验中有 x 次成功的概率。

超几何概率函数

$$f(x) = \frac{\binom{r}{x}\binom{N-r}{n-x}}{\binom{N}{n}} \tag{5-16}$$

式中，x 为成功的次数；n 为试验次数；$f(x)$ 为 n 次试验中 x 次成功的概率；N 为总体中元素个数；r 为总体中具有成功标志的元素的个数。

注意，$\binom{N}{n}$ 给出从一个容量为 N 的总体中抽取 n 个元素有多少种不同的抽取方式；$\binom{r}{x}$ 表示从总体 r 个具有成功标志的元素中抽取 x 个元素有多少种不同的抽取方式；$\binom{N-r}{n-x}$ 表示从总体 $N-r$ 个具有失败标志的元素中抽取 $n-x$ 个元素有多少种不同的抽取方式。

对于超几何概率分布，x 是一个离散型随机变量，在式（5-16）给出的概率函数 $f(x)$ 中，$x=0, 1, 2, 3, \cdots, n$。但是，只有观测到的成功次数小于或等于总体中的成功次数（$x \leq r$），并且观测到的失败次数小于或等于总体中的失败次数（$n-x \leq N-r$）时，x 的这种取值才是有效的。对一个或多个 x 值，如果这两个条件不成立，则 $f(x)=0$，即 x 取这些值的概率为 0。

为说明如何利用式（5-16），我们考虑其在质量控制中的应用。安大略电力公司生产的保险丝每盒有 12 件。假定一名质检员从一盒产品中随机选取 3 件进行检验。若这盒产品中恰好有 5 件是次品，则质检员抽出的 3 件产品中恰好发现 1 件次品的概率是多少？此时 $n=3$，$N=12$，$r=5$，$x=1$，从而：

$$f(1) = \frac{\binom{5}{1}\binom{7}{2}}{\binom{12}{3}} = \frac{\left(\frac{5!}{1!\ 4!}\right)\left(\frac{7!}{2!\ 5!}\right)}{\left(\frac{12!}{3!\ 9!}\right)} = \frac{5 \times 21}{220} = 0.477\ 3$$

现在假定我们想知道至少有 1 件次品的概率。那么，一种最简单的做法是先计算出质检员没有发现次品的概率。$x=0$ 的概率是：

$$f(0) = \frac{\binom{5}{0}\binom{7}{3}}{\binom{12}{3}} = \frac{\left(\frac{5!}{0!\ 5!}\right)\left(\frac{7!}{3!\ 4!}\right)}{\left(\frac{12!}{3!\ 9!}\right)} = \frac{1 \times 35}{220} = 0.159\ 1$$

由于 0 件次品的概率 $f(0) = 0.159\ 1$，故得到结论，至少有 1 件次品的概率是 $1-0.159\ 1 = 0.840\ 9$。因此，质检员至少发现 1 件次品的概率是相当高的。

超几何概率分布的期望值和方差如下。

$$E(x) = \mu = n\left(\frac{r}{N}\right) \tag{5-17}$$

$$\mathrm{Var}(x) = \sigma^2 = n\left(\frac{r}{N}\right)\left(1 - \frac{r}{N}\right)\left(\frac{N-n}{N-1}\right) \tag{5-18}$$

在前面的例子中，$n=3$，$r=5$，$N=12$，于是次品保险丝件数的期望值和方差是：

$$\mu = n\left(\frac{r}{N}\right) = 3 \times \frac{5}{12} = 1.25$$

$$\sigma^2 = n\left(\frac{r}{N}\right)\left(1 - \frac{r}{N}\right)\left(\frac{N-n}{N-1}\right) = 3 \times \frac{5}{12} \times \left(1 - \frac{5}{12}\right) \times \frac{12-3}{12-1} = 0.60$$

标准差 $\sigma = \sqrt{0.60} = 0.77$。

注释和评论

考虑 n 次试验的超几何概率分布，令 $p=r/N$ 表示首次试验中成功的概率。当总体容量足够大的时候，式（5-18）中的 $(N-n)/(N-1)$ 近似等于 1。于是，数学期望 $E(x)=np$，方差 $\mathrm{Var}(x)=np(1-p)$。这与二项分布的数学期望和方差的表达式相同，见式（5-13）和式（5-14）。因此，当总体容量足够大的时候，超几何概率分布可以用试验次数为 n，成功概率 $p=r/N$ 的二项分布近似表示。

练习

方法

52. 假定 $N=10$，$r=3$。计算 n 和 x 取下列值时的超几何概率。

　　a. $n=4$，$x=1$。　　　　b. $n=2$，$x=2$。

　　c. $n=2$，$x=0$。　　　　d. $n=4$，$x=2$。

　　e. $n=4$，$x=4$。

应用

54. 越来越多的购物者偏好节日去企业网站购物，比

如亚马逊。假定选取 10 名购物者组成一个小组，其中有 7 人偏爱节日期间在网上购物，有 3 人偏爱节日期间去实体店购物。从小组的 10 名购物者中选取 3 名组成一个随机样本，进一步深入研究经济如何影响人们的购物行为。

　　a. 正好有 2 人偏爱网上购物的概率是多少？

　　b. 多数人（2 人或 3 人）偏爱网上购物的概率是多少？

56. Axline 计算机公司在两个工厂生产个人电脑，一个

位于得克萨斯，另一个位于夏威夷。得克萨斯的工厂有40名员工，夏威夷的工厂有20名员工。随机选取10名员工组成一个样本，要求他们填写福利调查问卷。

a. 样本中没有夏威夷工厂员工的概率是多少？

b. 样本中有1名夏威夷工厂员工的概率是多少？

c. 样本中至少有2名夏威夷工厂员工的概率是多少？

d. 样本中有9名得克萨斯工厂员工的概率是多少？

58. 2008年10月美国国会通过了问题资产救助计划（TARP），为苦苦挣扎的美国经济提供了70亿美元的帮助。其中超过20亿美元拨给了陷入困境的金融机构，希望能增加贷款，助推经济复苏。但是，3个月过去了，美联储经调查发现，接受TARP基金的银行中有2/3收紧了商业贷款项目（《华尔街日报》）。在接受TARP基金最多的10家银行中，实际上仅有3家银行在这期间增加了贷款。

增加贷款	减少贷款
美国BB&T公司	美国银行
太阳信托银行	美国第一资本金融公司
合众银行	花旗银行
	五三银行
	摩根大通
	地区金融公司
	美国富国银行

本题的目的是，假定你随机地从这10家银行中选取3家银行进行研究，以便继续对银行贷款业务进行监督。令随机变量x表示研究中增加了贷款的银行数。

a. $f(0)$是多少？你对该值做何解释？

b. $f(3)$是多少？你对该值做何解释？

c. 计算$f(1)$和$f(2)$。求研究中增加了贷款的银行数的概率分布。x取多大值时，概率最大？

d. 至少有一家银行增加了贷款的概率是多少？

e. 计算随机变量的数学期望、方差和标准差。

小　结

随机变量是对试验结果的数值描述。随机变量的概率分布描述了随机变量取不同值的概率。对任何离散型随机变量x，可以通过概率函数来定义概率分布，记作$f(x)$。它给出了随机变量取每一个值的概率。

我们介绍了离散型概率分布的两类形式。一类是在表格中列出随机变量的值和相应的概率。我们展示了如何将分配概率的相对频率法用于建立经验离散型概率分布。我们还讨论了二元经验分布。对于二元分布，我们感兴趣的焦点是两个随机变量的关系。我们展示了如何计算协方差和相关系数度量二者的关系。我们还展示了金融资产市场收益的二元分布如何用于构建金融资产组合。

我们讨论的第二类离散型概率分布是用数学函数表示随机变量的概率。二项分布、泊松分布和超几何分布都属于这种类型。当试验满足如下性质时，可使用二项分布确定n次试验中有x次成功的概率。

1. 试验由一系列完全相同的n个试验组成。

2. 每次试验有两种可能的结果。我们将一个称为

成功，另一个称为失败。

3. 成功的概率p不随试验不同而不同，从而失败的概率$1-p$也不随试验不同而不同。

4. 试验是相互独立的。

当以上四个性质都满足时，可使用二项概率函数确定n次试验中有x次成功的概率。我们还给出了计算二项分布的期望和方差的公式。

泊松概率分布用于确定事件在特定时间段或空间中发生x次的概率。在应用泊松概率分布时，必须满足以下假设：

1. 在任意两个相等长度的区间上事件发生的概率是相等的。

2. 事件在某一区间上是否发生与其他区间上事件是否发生独立。

第5.7节介绍了第三种离散型概率分布——超几何分布。像二项分布一样，它也被用来计算n次试验中有x次成功的概率，但与二项分布不同的是，各次试验中成功的概率不同。

关键术语

binomial experiment　二项试验　具有5.5节中4个性质的试验。

binomial probability distribution　二项概率分布　一种概率分布，给出二项试验n次试验中有x次成功的

概率。

binomial probability function 二项概率函数 用来计算二项概率的函数。

bivariate probability distribution 二元概率分布 关于两个随机变量的概率分布。离散型二元概率分布给出两个随机变量的每对可能取值的概率。

continuous random variable 连续型随机变量 在某一区间或多个区间内任意取值的随机变量。

discrete random variable 离散型随机变量 有限多个取值或可数无限多个取值的随机变量。

discrete uniform probability distribution 离散型均匀概率分布 一种概率分布,随机变量取每个值的概率相等。

empirical discrete distribution 经验离散分布 一种概率分布,使用相对频率法分配概率。

expected value 数学期望 对随机变量中心位置的一种度量。

hypergeometric probability distribution 超几何概率分布 一种概率分布,当从具有 r 个"成功"元素和 $N-r$ 个"失败"元素的总体中抽取 n 次时,给出恰好有 x 次成功的概率。

hypergeometric probability function 超几何概率函数 用来计算超几何概率的函数。

Poisson probability distribution 泊松概率分布 一种概率分布,给出在一段特定时间或空间中某个事件发生 x 次的概率。

Poisson probability function 泊松概率函数 用来计算泊松概率的函数。

probability distribution 概率分布 对于随机变量的可能取值,描述概率如何分布。

probability function 概率函数 是一个记作 $f(x)$ 的函数,该函数给出离散型随机变量取特定值 x 的概率。

random variable 随机变量 对试验结果的数值描述。

standard deviation 标准差 方差的算术平方根。

variance 方差 对随机变量的变异性或离散性的一种度量。

重要公式

离散型均匀概率函数
$$f(x) = 1/n \tag{5-3}$$

离散型随机变量的数学期望
$$E(x) = \mu = \sum xf(x) \tag{5-4}$$

离散型随机变量的方差
$$\text{Var}(x) = \sigma^2 = \sum (x-\mu)^2 f(x) \tag{5-5}$$

随机变量 x 和 y 的协方差
$$\sigma_{xy} = [\text{Var}(x+y) - \text{Var}(x) - \text{Var}(y)]/2 \tag{5-6}$$

随机变量 x 和 y 的相关系数
$$\rho_{xy} = \frac{\sigma_{xy}}{\sigma_x \sigma_y} \tag{5-7}$$

随机变量 x 和 y 的线性组合的数学期望
$$E(ax+by) = aE(x) + bE(y) \tag{5-8}$$

两个随机变量的线性组合的方差
$$\text{Var}(ax+by) = a^2\text{Var}(x) + b^2\text{Var}(y) + 2ab\sigma_{xy} \tag{5-9}$$

式 (5-9) 中,σ_{xy} 是 x 和 y 的协方差。

n 次试验中恰有 x 次成功的试验结果的数目
$$\binom{n}{x} = \frac{n!}{x!(n-x)!} \tag{5-10}$$

二项概率函数

$$f(x) = \binom{n}{x} p^x (1-p)^{(n-x)} \tag{5-12}$$

二项分布的数学期望
$$E(x) = \mu = np \tag{5-13}$$

二项分布的方差
$$\text{Var}(x) = \sigma^2 = np(1-p) \tag{5-14}$$

泊松概率函数
$$f(x) = \frac{\mu^x e^{-\mu}}{x!} \tag{5-15}$$

超几何概率函数
$$f(x) = \frac{\binom{r}{x}\binom{N-r}{n-x}}{\binom{N}{n}} \tag{5-16}$$

超几何分布的数学期望
$$E(x) = \mu = n\left(\frac{r}{N}\right) \tag{5-17}$$

超几何分布的方差
$$\text{Var}(x) = \sigma^2 = n\left(\frac{r}{N}\right)\left(1 - \frac{r}{N}\right)\left(\frac{N-n}{N-1}\right) \tag{5-18}$$

补充练习

60. 汽车维修评级网站对美国和加拿大消费者进行回访并对汽车修理站进行评级。一个评级分类是关于服务结束前顾客的等待时间。随机选取位于加拿大安大略省的 40 家汽车修理站，等待时间的等级（1＝慢/拖延，10＝快/及时）汇总见下表。

等待时间的等级	汽车修理厂数目	等待时间的等级	汽车修理厂数目
1	6	6	2
2	2	7	4
3	3	8	5
4	2	9	5
5	5	10	6

a. 令 x 为等待时间的等级，求其概率分布。

b. 一家汽车修理站等待时间的等级至少达到 9 才被认为服务优质。顾客随机从这 40 家汽车修理站中选取一家，进行汽车维修服务。求所选的汽车修理站能够提供优质服务的概率。

c. x 的数学期望是多少？

d. 假定回访的 40 家汽车修理站中有 7 家是新车代理商，在这 7 家新车代理商中有 2 家等待时间的等级达到服务优质。在等待时间的等级达到服务优质方面，就新车代理商和其他类型服务供应商的可能性进行比较分析。

62. 位于亚特兰大市哈兹菲尔德-杰克逊机场的书亭出售阅读材料（平装书、报纸和杂志）和零食（花生、椒盐卷饼和糖果等）。销售点终端（POS）收集了大量消费者的购买信息。下表给出了最近 600 名顾客购买零食和报刊的数量。

		阅读材料		
		0	1	2
零食	0	0	60	18
	1	240	90	30
	2	120	30	12

a. 随机选取一名消费者，令 x 为零食购买量，y 为阅读材料购买量。根据表中数据，求 x 和 y 的经验离散型二元概率分布。求顾客购买 1 种阅读材料和 2 种零食的概率。求顾客只购买 1 种零食的概率。概率 $f(x=0, y=0)=0$，为什么？

b. 给出零食购买量的边际概率分布，并求其数学期望和标准差。

c. 求阅读材料购买量的数学期望和标准差。

d. 令 t 为零食和阅读材料购买量之和，给出 t 的概率分布并求其数学期望和标准差。

e. 计算 x 和 y 的协方差和相关系数。顾客购买零食数量和阅读材料数量之间有怎样的关系？

64. 皮尤研究中心对拥有或使用互联网、智能手机、电子邮件和固定电话的成年人进行调查，询问他们"哪一种科技手段更让其难以割舍"（《今日美国》）。回答结果为互联网占 53%，智能手机占 49%，电子邮件占 36%，固定电话占 28%。

a. 如果调查 20 名使用互联网的成年人，则有 3 人认为难以割舍互联网的概率是多少？

b. 如果调查 20 名拥有固定电话的成年人，则至少有 5 人认为难以割舍固定电话的概率是多少？

c. 如果调查 2 000 名拥有智能手机的成年人，则难以割舍智能手机的人数的期望值是多少？

d. 如果调查 2 000 名电子邮件使用者，则难以割舍电子邮件的人数的数学期望是多少？方差和标准差是多少？

66. 许多公司使用一种叫作"可接受抽样"的质量控制技术检测运来的零件、原材料等。在电子行业中，通常零件都是从供应商那里大批量购进的。检测一批零件样本，可看作一个包含 n 次试验的二项试验。每一次零件检测（试验）的结果为零件完好或损坏。假如一批零件中损坏率不超过 1%，那么 Reynolds 电子公司就会接受供应商的这批零件。假设从新近运来的一批零件中随机抽出 5 件组成样本进行检测。

a. 假设这批零件有 1% 损坏，求样本中没有零件损坏的概率。

b. 假设这批零件有 1% 损坏，求样本中恰有 1 件零件损坏的概率。

c. 如果这批零件有 1% 损坏，求样本中至少有 1 件零件损坏的概率。

d. 如果发现有 1 件零件被损坏，你会接受这批货物吗？为什么？

68. 得克萨斯州峡谷湖的 Mahoney 公司是一家定制家居建筑商，它询问那些访问其网站的人"在选择家居建筑商时，什么最重要"。可能的回答有质量、价格、消费者口碑、从业年限、特色。结果显示，有 23.5% 的受访者选择价格作为最重要的因素（Mahoney 定制家居网站）。假定选取 800 名峡谷湖地区的家居用品潜在购买者组成一个样本。

a. 你预期有多少人认为在选择家居建筑商时价格是最重要的因素？

b. 在选择家居建筑商时认为价格是最重要的因素的受访者人数的标准差是多少？

c. 在选择家居建筑商时认为价格不是最重要的因素的受访者人数的标准差是多少？

70. 一条新的自动生产线平均每天出现故障 1.5 次。由于每次故障都会增加成本，管理部门关心一天发生 3 次或更多次故障的概率。假设故障是随机发生的，任何两段相等时间段内有一次故障发生的概率相等，并且一段时间内是否发生故障与另一段时间内是否发生故障是独立的。求一天中有 3 次及以上故障的概率是多少？

72. 顾客们随机而独立地进入一家银行。每分钟顾客到来的概率都相等。假设平均每分钟有 3 名顾客到来，试问：

a. 1 分钟内恰好有 3 名顾客到来的概率是多少？

b. 1 分钟内至少有 3 名顾客到来的概率是多少？

74. 据《美国新闻与世界报道》称，排在第 7 名到第 10 名的商学院毕业生的平均成绩点数（GPA）不低于 3.50。假定从排名前十的商学院中随机选取两所。试问：

a. 正好有 1 所商学院学生的 GPA 不低于 3.50 的概率是多少？

b. 两所商学院学生的 GPA 都不低于 3.50 的概率是多少？

c. 两所商学院学生的 GPA 都低于 3.50 的概率是多少？

案例 5-1　Go Bananas! [注]

大草原谷物公司（GGG）大量制造、销售各种早餐麦片。最近，GGG 的产品发展实验室新开发了一款在大米片中加入香蕉味棉花糖的麦片。企业的市场研究部门对这款新型麦片进行了全面检验，发现一盒 480 克的麦片中香蕉味棉花糖的含量在 48~72 克时，产品最受消费者推崇。

这款 480 克一盒的新型麦片被命名为 "Go Bananas!"。在准备开始生产和销售之前，管理人员对其中香蕉味棉花糖的含量颇为关心。他们希望仔细操作，让每盒 480 克的 "Go Bananas!" 中香蕉味棉花糖的含量既不要低于 48 克，也不要高于 72 克。蒂娜·芬克尔是 GGG 的生产副总监，她建议公司每周选取 25 盒 "Go Bananas!" 组成一个简单随机样本，称量每盒产品中香蕉味棉花糖的重量。每周，GGG 记录下 25 盒产品中香蕉味棉花糖的重量低于 48 克或者高于 72 克的数目，如果样本中未达到香蕉味棉花糖重量标准的产品数量过大，则停止生产，进行调试。

在蒂娜·芬克尔和她的团队设计的生产流程中，480 克一盒的 "Go Bananas!" 中仅有 8% 不能达到香蕉味棉花糖的含量标准。经过激烈的讨论，GGG 的管理人员决定：当一周的样本中至少有 5 盒 "Go Bananas!" 没有达到香蕉味棉花糖的含量标准时，则停止生产。

管理报告

准备一份报告回答以下问题：

1. 如果生产流程运行正常，根据一周的抽样结果决定生产中断的概率是多少。请对 GGG 的管理人员决定何时中断生产 "Go Bananas!" 的策略予以评论。

2. GGG 的管理人员想要使得生产流程运行正常时中断生产 "Go Bananas!" 的概率不高于 1%。为达到这一目标，在每周的抽样中，当至少有多少盒 "Go Bananas!" 没有达到香蕉味棉花糖的含量标准时，就要中断生产？

3. 芬克尔女士提议，如果给她充足的资源，那么可以重新设计产品生产流程，当生产流程正常运行时，降低 480 克一盒的 "Go Bananas!" 中未达到香蕉味棉花糖的含量标准的产品比例。当生产流程运行正常时，如果想要使得抽出的 480 克一盒的 "Go Bananas!" 样品中，至少有 5 盒未能达到标准的概率不高于 1%，芬克尔女士必须将产品中未达到香蕉味棉花糖的含量标准的百分比降低到多少？

[注]　这是一个习语，意思是发疯、超级兴奋。文中是 GGG 的一款新产品的名字，因产品中含有香蕉味棉花糖而得名。——译者注

案例 5-2 McNeil 的汽车商场

Harriet McNeil 是 McNeil 汽车商场的业主，她认为在销售点上有顾客等待服务说明她的销售点生意兴隆，这会给人形成在她的销售点顾客对汽车需求量高的印象。但是，她也知道如果销售点上等待销售人员提供服务的顾客过多，销售人员也可能流失顾客，顾客会因不耐烦而离去。

McNeil 女士主要关心周六早晨 8 点到中午这一时间段销售人员的配备，这是 McNeil 汽车商场一周中最忙的时段。周六早上，平均每小时有 6.8 名顾客到达。整个早上，顾客以同样的频率随机到达。凭借 McNeil 的经验，她认为周六早上任意时刻如果有 2 名顾客等待服务的话，那么在汽车销售点汽车需求量高的印象和顾客因不耐烦而离去之间达到了最优平衡。

为达到周六早上任意时刻有 2 名顾客等待服务的目的，McNeil 现在需要确定应该在销售点配备多少销售人员。她知道偶尔销售点的顾客会比销售人员多 2 人以上，她能够接受这种情况发生的概率不超过 10%。

管理报告

为了达到 McNeil 女士的标准，要求你确定周六上午应该在销售点配备多少名销售人员。考虑 McNeil 女士的问题，回答以下三个问题：

1. 求周六早上到达销售点的顾客人数的分布。

2. 假定目前在 McNeil 女士的销售点周六早上有 5 名销售人员。根据问题 1 中得到的概率分布，求销售点的顾客比销售人员多 2 人以上的概率。McNeil 目前周六早上的雇用策略能实现她的目标吗？为什么？

3. 为达到 McNeil 的目标，她应该周六早上在销售点最少配备多少名销售人员？

案例 5-3 Tuglar 公司的申诉委员会

几年前，Tuglar 公司的管理者成立了申诉委员会。委员会的成员由雇员志愿组成，旨在友好解决 Tuglar 公司的管理者和雇员之间的争议。每年管理者拜访志愿为申诉委员会服务的员工，从中随机选取 10 名受访者来年为委员会提供服务。

会计部门的员工因为过去 5 年没有人为申诉委员会服务而感到沮丧。管理者向会计部门的雇员保证选择是随机的，但是这些保证未能消除其对管理者故意忽略会计部门员工的怀疑。下表汇总了最近 5 年每年申诉委员会中志愿者总数和来自会计部门的志愿者人数。

	第 1 年	第 2 年	第 3 年	第 4 年	第 5 年
志愿者总数	29	31	23	26	28
来自会计部门的志愿者人数	1	1	1	2	1

管理者已经将这些数据反馈给会计部门。根据这些数据，过去 5 年里会计部门员工未能入选申诉委员会值得怀疑吗？

管理报告

为了验证申诉委员会成员的选择程序是否随机，考虑以下问题：

1. 求被选入申诉委员会的会计部门的人数的分布。

2. 根据问题 1 中得到的概率分布，求这 5 年里每年会计部门没有人入选申诉委员会的概率。

3. 根据问题 2 中得到的概率，求这 5 年里会计部门没有人入选申诉委员会的概率。

4. 在过去 5 年里申诉委员会没有来自会计部门的员工的原因是什么？在现有选择方法下，如何提高会计部门的员工入选申诉委员会的概率？

第 6 章
连续型概率分布

CHAPTER

6

实践中的统计

宝洁公司[一]

俄亥俄州，辛辛那提市

宝洁公司生产和销售诸如洗涤剂、纸尿布、剃须刀、牙膏、肥皂、漱口水和纸巾等产品。在世界各地，它比其他日用消费品公司在各个领域拥有更多的知名品牌。

作为在决策中应用统计方法的领导者，宝洁公司雇用具有各种学术背景的人士，包括工程学、统计学、运筹学和商务背景人员。这些人士提供的定量技术主要有概率决策和风险分析、高级模拟、质量改进和数量方法（如线性规划、回归分析、概率分析）。

宝洁公司的工业化学部是脂肪乙醇的主要供应者，脂肪乙醇从诸如椰子油这样的天然原料和石油衍生物中提取。该部门想知道扩建其脂肪乙醇生产设备的经济风险和机会，于是求助于宝洁公司概率决策和风险分析领域的专家。经过对问题的建模分析，他们确定获利能力的关键在于以石油为原料和以椰子为原料的成本差异。未来成本是未知的，但是分析人员能用下列连续型随机变量对它们进行近似。

x——提取 1 磅[二]脂肪乙醇所需椰子油的成本；

y——提取 1 磅脂肪乙醇所需石油原料的成本。

由于获利能力的关键是这两个随机变量间的差，于是在分析中引入第三个随机变量 $d=x-y$。首先与专家们访谈后确定 x 和 y 的概率分布，然后根据这些信息建立价格差异 d 的概率分布。这个连续型概率分布表明，价格差不超过 0.065 5 美元的概率是 0.90，价格差不超过 0.035 美元的概率是 0.50。另外，价格差不超过 0.004 5 美元的概率只有 0.10[三]。

工业化学品部认为，将原材料价格差的影响量化是达成共识的关键。利用所得到的概率对原材料的价格差进行灵敏度分析。这种分析将为管理层的决策提供充分的依据。

使用连续型随机变量及其概率分布有助于宝洁公司对其脂肪乙醇产品的经济风险进行分析。在本章中，你将会学习连续型随机变量及其概率分布的知识，其中包括统计学中最重要的概率分布——正态分布。

在第 5 章中，我们介绍了离散型随机变量及其概率分布。在本章中，我们转向研究连续型随机变量，特别讨论了三种连续型概率分布：均匀分布、正态分布和指数分布。

离散型随机变量和连续型随机变量之间最根本的区别在于，二者在概率计算上是不同的。对一个离散型随机变量，概率函数 $f(x)$ 给出了随机变量 x 取某个特定值的概率。而对连续型随机变量，与概率函数相对应的是**概率密度函数**（probability density function），也记作 $f(x)$。不同的是，概率密度函数并没有直接给出概率。但是，给定区间上曲线 $f(x)$ 下的面积是连续型随机变量在该区间取值的概率。因此，当计算连续型随机变量的概率时，我们计算的是随机变量在某个区间内取值的概率。

由于在任一特定点上曲线 $f(x)$ 下的面积为零，这种对概率的定义意味着连续型随机变量取某一特定值的概率为零。在第 6.1 节，我们以服从均匀分布的连续型随机变量为例来说明这些概念。

本章的大部分内容致力于描述和展示正态分布的应用。正态分布是非常重要的分布，它具有广泛的适用性并且在统计推断中被广泛使用。最后，我们介绍了指数分布，在诸如等待时间和服务时间这类因素的应用研究中，常常会用到指数分布。

6.1 均匀概率分布

令随机变量 x 表示某航班从芝加哥飞往纽约的飞行时间。假定飞行时间可以取区间 [120, 140] 内的任意

⊖ 感谢宝洁公司的 Joel Kahn 先生，他为"实践中的统计"提供了本案例。

⊜ 1 磅 ≈ 0.45 千克。

⊜ 为保护数据所有权，此处所给出的价格差异是经过改动的。

值。由于随机变量 x 可以在该区间内取任意值，因此 x 不是离散型随机变量，而是一个连续型随机变量。假定有足够多的实际飞行数据可以得出结论，对于区间 [120, 140] 内的任意两个 1 分钟长度的子区间，飞行时间在这两个子区间的概率是相同的。[○]由于飞行时间在每个 1 分钟长度的子区间内是等可能的，因此称随机变量 x 服从**均匀概率分布**（uniform probability distribution）。飞行时间是服从均匀分布的随机变量，它的概率密度函数为：

$$f(x) = \begin{cases} 1/20 & 120 \leqslant x \leqslant 140 \\ 0 & \text{其他} \end{cases}$$

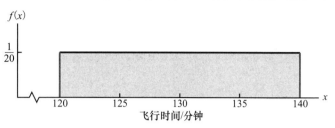

图 6-1 是这一概率密度函数的图形。一般情形下，若随机变量 x 服从均匀概率分布，则它的密度函数的公式如下。

图 6-1　飞行时间的均匀概率分布

均匀概率密度函数

$$f(x) = \begin{cases} \dfrac{1}{b-a} & a \leqslant x \leqslant b \\ 0 & \text{其他} \end{cases} \tag{6-1}$$

对于飞行时间这一随机变量，$a = 120$，$b = 140$。

对于一个连续型随机变量，正如本章开篇所提及的那样，我们仅仅考虑随机变量在某个特定区间内取值的概率。在飞行时间的例子中，一个可接受的概率问题是，飞行时间在 120~130 分钟的概率是多大？即 $P(120 \leqslant x \leqslant 130) = ?$ 由于飞行时间一定介于 120 分钟和 140 分钟之间，并且概率在这一区间上的分布是均匀的，因此我们有理由认为 $P(120 \leqslant x \leqslant 130) = 0.50$。在下一小节中，我们说明这一概率可以通过计算区间 [120, 130] 上曲线 $f(x)$ 下的面积来得到（见图 6-2）。

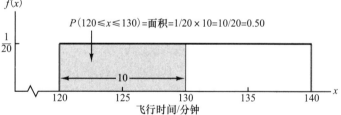

图 6-2　面积是飞行时间在 120~130 分钟的概率

用面积度量概率

观察图 6-2 中区间 [120, 130] 上曲线 $f(x)$ 下的面积，该区域是长方形，长方形的面积等于宽乘高。区间的宽等于 130 - 120 = 10，高等于概率密度函数的值 $f(x) = 1/20$，于是面积 = 宽×高 = 10×1/20 = 10/20 = 0.50。

对于曲线 $f(x)$ 下的面积和概率，你发现了什么？二者是相同的！事实上，这一结论对所有的连续型随机变量都成立。一旦确定了概率密度函数 $f(x)$，则 x 在区间 [x_1, x_2] 内取值的概率可通过计算在区间 [x_1, x_2] 上曲线 $f(x)$ 下的面积得到。

假定飞行时间服从均匀分布并将面积解释为概率，我们就可以回答许多关于飞行时间的概率问题。例如，飞行时间在 128~136 分钟的概率是多少？区间宽度是 136 - 128 = 8，高度 $f(x) = 1/20$，于是 $P(128 \leqslant x \leqslant 136) = 8 \times 1/20 = 0.40$。

注意，$P(120 \leqslant x \leqslant 140) = 20 \times 1/20 = 1$，即曲线 $f(x)$ 下的总面积等于 1。所有连续型概率分布都具有这一性质，这与离散型概率函数的概率之和必须等于 1 相类似。对连续型概率密度函数，我们还要求所有的 x 值必须满足 $f(x) \geqslant 0$，这与离散型概率函数要求 $f(x) \geqslant 0$ 是类似的。

处理连续型随机变量和离散型随机变量时，主要存在以下两方面的区别：

（1）我们不再讨论随机变量取某一特定值的概率。取而代之，我们讨论随机变量在某一给定区间上取值的概率。

○　只要概率与区间长度成比例，随机变量就是均匀分布。

（2）连续型随机变量在某个给定区间 $[x_1, x_2]$ 上取值的概率，被定义为在区间 $[x_1, x_2]$ 上概率密度函数 $f(x)$ 曲线下的面积。因为单点是宽度为零的区间，这意味着连续型随机变量取某个特定值的概率为零$^\ominus$。这也意味着，无论是否包括端点，连续型随机变量在某个区间上取值的概率是相同的。

连续型随机变量的数学期望和方差的计算与离散型随机变量类似。然而，由于计算过程涉及积分计算，公式的严格推导参见高级教程。

对于本节介绍的连续型均匀概率分布，数学期望和方差的公式如下：

$$E(x) = \frac{a+b}{2} \quad \text{Var}(x) = \frac{(b-a)^2}{12}$$

式中，a 为随机变量所能取的最小值；b 为随机变量所能取的最大值。

航班从芝加哥到纽约的飞行时间服从均匀分布，根据上面两个公式得到：

$$E(x) = \frac{(120+140)}{2} = 130 \quad \text{Var}(x) = \frac{(140-120)^2}{12} = 33.33$$

飞行时间的标准差是方差的算术平方根。于是，$\sigma = 5.77$ 分钟。

注释和评论

为了更清楚地说明为什么概率密度函数的高度不是概率，考虑一个具有下列均匀概率分布的随机变量。

$$f(x) = \begin{cases} 2 & 0 \leqslant x \leqslant 0.5 \\ 0 & \text{其他} \end{cases}$$

x 在 0 和 0.5 之间取值时，概率密度函数的高度是 2。然而，我们知道概率不可能大于 1。因此，$f(x)$ 并非 x 的概率。

练习

方法

2. 已知随机变量 x 服从区间 $[10, 20]$ 上的均匀分布。

    a. 绘制概率密度函数图。

    b. 计算 $P(x<15)$。

    c. 计算 $P(12 \leqslant x \leqslant 18)$。

    d. 计算 $E(x)$。

    e. 计算 $\text{Var}(x)$。

应用

4. 大多数计算机语言都有一个能够生成随机数的函数。在 Excel 中，RAND 函数可用于产生区间 $[0, 1]$ 上的随机数。如果令 x 表示用 RAND 函数生成的随机数，那么 x 是具有下列概率密度函数的连续型随机变量。

$$f(x) = \begin{cases} 1 & 0 \leqslant x \leqslant 1 \\ 0 & \text{其他} \end{cases}$$

    a. 绘制概率密度函数图。

    b. 生成的随机数取值介于 0.25 与 0.75 之间的概率是多少？

    c. 生成的随机数取值不大于 0.30 的概率是多少？

    d. 生成的随机数取值大于 0.60 的概率是多少？

    e. 在 Excel 工作表中的 50 个单元格中输入"= RAND()"，生成 50 个随机数。

    f. 计算（e）中生成的随机数的数学期望和标准差。

6. 盖勒普每日追踪调查发现，在年收入超过 90 000 美元的美国人中，每天可自由支配的个人开支的均值是 136 美元/天。可自由支配的个人开支包括买房、购车和固定的每月账单。令 $x=$ 每天可自由支配的个人开支，并假定其服从均匀概率密度函数为 $f(x) = 0.006\,25$，其中 $a \leqslant x \leqslant b$。

    a. 求概率密度函数中 a 和 b 的值。

    b. 这组消费者中，每天可自由支配的个人开支在 100 到 200 美元之间的概率是多少？

    c. 这组消费者中，每天可自由支配的个人开支不低于 150 美元的概率是多少？

    d. 这组消费者中，每天可自由支配的个人开支不高于 80 美元的概率是多少？

$\ominus$ 为说明随机变量取任一单点值的概率为零，参见图 6-2。比如，在单点 $x=125$ 处，$P(x=1.25) = P(125 \leqslant x \leqslant 125) = 0 \times 1/20 = 0$。

6.2 正态概率分布

正态概率分布[一]（normal probability distribution）是描述连续型随机变量的最重要的一种概率分布。正态分布有着广泛的实际应用，比如人的身高和体重、考试成绩、科学测量、降雨量以及其他类似的数值，都近似服从正态概率分布。正态概率分布也广泛应用于统计推断，而统计推断正是本书其余部分的主要内容。在这些应用中，正态分布描述了抽样可能得到的结果。

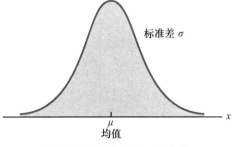

图 6-3 正态分布的钟形曲线

6.2.1 正态曲线

正态分布的形状或形态可以通过图 6-3 中钟形的正态曲线来说明。正态分布的概率密度函数是一条钟形曲线。

正态概率密度函数

$$f(x) = \frac{1}{\sigma \sqrt{2\pi}} e^{-(x-\mu)^2/2\sigma^2} \quad \text{[二]}$$

(6-2)

式中，μ 为均值；σ 为标准差；π 为 3.141 59；e 为 2.718 28。

我们观察到，正态分布具有下列特征：

（1）正态分布族中的每个分布因均值 μ 和标准差 σ 这两个参数的不同而不同[三]。

（2）正态曲线的最高点在均值处达到，均值还是分布的中位数和众数。

（3）正态分布的均值可以是任意数值：负数、零或正数。图 6-4 给出了有相同标准差，但有不同均值（-10，0 和 20）的三个正态分布。

（4）正态分布是对称的。均值左边的曲线形状是均值右边的曲线形状的镜像。曲线的尾端向两个方向无限延伸，且理论上永远不会与横轴相交。由于正态分布是对称的，从而它不是偏斜的，偏度为 0。

（5）标准差决定曲线的宽度和平坦程度。标准差越大则曲线越宽、越平坦，表明数据有更大的变异性。图 6-5 给出了有相同均值，但有不同标准差的两个正态分布。

（6）正态随机变量的概率由正态曲线下的面积给出。正态分布曲线下的总面积是 1。由于分布是对称的，曲线下方均值左侧的面积为 0.5，曲线下方均值右侧的面积也是 0.5。

（7）下面是随机变量在一些常用区间内取值的百分比[四]。

a. 正态随机变量有 68.3% 的值在均值加减一个标准差的范围内。

b. 正态随机变量有 95.4% 的值在均值加减两个标准差的范围内。

c. 正态随机变量有 99.7% 的值在均值加减三个标准差的范围内。

图 6-6 是对上述性质 a、b 和 c 的图示。

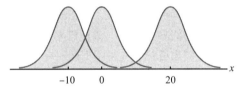

图 6-4 标准差相同但均值不同的正态分布

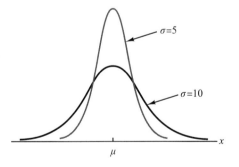

图 6-5 均值相同但标准差不同的正态分布

6.2.2 标准正态概率分布

如果一个随机变量服从均值为 0 且标准差为 1 的正态分布，则称该随机变量服从**标准正态概率分布**（standard

[一] 法国数学家棣莫弗（Abraham de Moivre）在 1733 年出版的 *The Doctrine of Chances* 中推导了正态分布。

[二] π 和 e 都是无理数，小数点右侧的数字无限不循环。这里，我们对 π 和 e 的取值保留 5 位小数。

[三] 正态曲线的两个参数 μ 和 σ，确定了正态分布的位置和形状。

[四] 这些百分比是第 3.3 节介绍的经验法则的理论依据。

normal probability distribution）。通常用字母 z 表示这一特殊的正态随机变量。图 6-7 是标准正态分布的图，它与其他正态分布有相同的形状，不同的是 $\mu=0$ 和 $\sigma=1$。

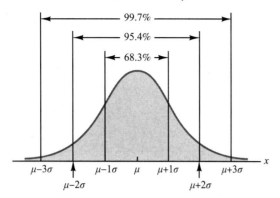

图 6-6　正态分布曲线下的面积

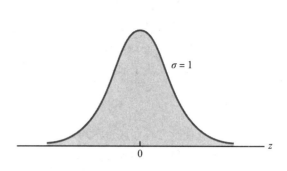

图 6-7　标准正态分布

由于 $\mu=0$ 和 $\sigma=1$，标准正态概率密度函数的公式如下，它比式（6-2）更为简单。

标准正态密度函数

$$f(z) = \frac{1}{\sqrt{2\pi}} e^{-z^2/2}$$

与其他连续型随机变量一样，可以通过计算概率密度函数曲线下的面积得出正态分布的概率。于是，为了得到正态随机变量在某个特定区间内的概率，我们必须计算在该区间中正态曲线下的面积[一]。

对于标准正态分布，正态曲线下的面积已计算出来并已编制成可用于计算概率的数学用表，分别是 z 值小于或等于均值零的面积（累积概率），z 值大于或等于均值零的面积（累积概率）。

我们需要计算三种类型的概率：①标准正态随机变量 z 小于或等于某个给定值的概率。②z 在两个给定值之间的概率。③z 大于或等于某个给定值的概率。通过几个例子，我们说明如何使用标准正态分布累积概率表来计算这三种类型的概率。

首先，说明如何计算标准正态随机变量 z 小于或等于 1.00 的概率 $P(z \leq 1.00)$[二]。这是一个累积概率，等于图 6-8 中 z = 1.00 左边正态曲线下的面积。

查标准正态概率表，与 z = 1.00 对应的累积概率等于表中行标记为 1.0，列标记为 0.00 相交处的数值。我们首先在表左侧第一列中找到 1.0，然后在表的第一行中找到 0.00。通过观察表体，我们发现 1.0 所在行和 0.00 所在列相交处的值为 0.841 3；于是，$P(z \leq 1.00) = 0.841\ 3$。下面是用于演示上述步骤的部分概率表。

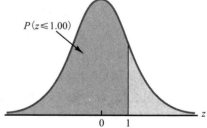

图 6-8　与 $P(z \leq 1.00)$ 对应的正态分布的累积概率

z	0.00	0.01	0.02
⋮			
0.9	0.815 9	0.818 6	0.821 2
1.0	**0.841 3**	0.843 8	0.846 1
1.1	0.864 3	0.866 5	0.868 6
1.2	0.884 9	0.886 9	0.888 8
⋮	$P(z \leq 1.00)$		

[一]　对于正态概率密度，曲线的高度是不断变化的，需要采用积分计算曲线下的面积——概率。
[二]　由于标准正态随机变量是连续的，$P(z \leq 1.00) = P(z < 1.00)$。

下面，计算 z 在区间 $[-0.50，1.25]$ 中取值的概率 $P(-0.50 \leqslant z \leqslant 1.25)$。借此演示如何计算第二种类型的概率。图 6-9 给出了相应的面积或概率。

计算这个概率值需要经过三个步骤。首先，计算 $z = 1.25$ 左边正态曲线下的面积。其次，计算 $z = -0.50$ 左边正态曲线下的面积。最后，用 $z = 1.25$ 左边的面积减去 $z = -0.50$ 左边的面积便得到 $P(-0.50 \leqslant z \leqslant 1.25)$。

为了得到 $z = 1.25$ 左边正态曲线下的面积，我们首先在标准正态概率表中找到 1.2 所在行，然后移到 0.05 所在的列。因为 1.2 所在行和 0.05 所在列相交处的数值为 0.894 4，即 $P(z \leqslant 1.25) = 0.894 4$。类似地，查表得 -0.5 所在行和 0.00 所在列相交处的数是 0.308 5，故 $P(z \leqslant -0.50) = 0.308 5$。于是，$P(-0.50 \leqslant z \leqslant 1.25) = P(z \leqslant 1.25) - P(z \leqslant -0.50) = 0.894 4 - 0.308 5 = 0.585 9$。

再举另外一个例子，说明如何计算 z 在两个给定值之间取值的概率。人们感兴趣的往往是，如何计算正态随机变量的取值在均值一定倍数的标准差范围内的概率。假定我们想要计算标准正态随机变量在均值附近一个标准差范围内取值的概率，即 $P(-1.00 \leqslant z \leqslant 1.00)$。为了计算这个概率，我们需要算出 z 取值在 -1.00 ~ 1.00 曲线下的面积。在前面我们已经得出 $P(z \leqslant 1.00) = 0.841 3$。再查表，得到 $z = -1.00$ 左边曲线下的面积为 0.158 7，即 $P(z \leqslant -1.00) = 0.158 7$。于是，$P(-1.00 \leqslant z \leqslant 1.00) = P(z \leqslant 1.00) - P(z \leqslant -1.00) = 0.841 3 - 0.158 7 = 0.682 6$。图 6-10 是这个概率的图示。

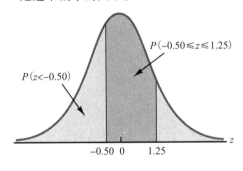

图 6-9　与 $P(-0.50 \leqslant z \leqslant 1.25)$ 对应的
正态分布的累积概率

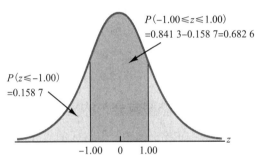

图 6-10　与 $P(-1.00 \leqslant z \leqslant 1.00)$ 对应的
正态分布的累积概率

为了说明如何计算第三种类型的概率，下面假定想要计算 z 值至少为 1.58 的概率，即 $P(z \geqslant 1.58)$。累积正态表中 $z = 1.5$ 所在行和 0.08 所在列交叉处的值为 0.942 9，于是 $P(z < 1.58) = 0.942 9$。然而，由于正态曲线下总面积等于 1，从而 $P(z \geqslant 1.58) = 1 - 0.942 9 = 0.057 1$。图 6-11 是对这种情况的一个图示。

在前面的例子中，我们演示了如何对于给定的 z 值计算概率。在某些情况下我们感兴趣的问题是给定一个概率，反过来求相应的 z 值。假定我们想要求某个 z 值，使得大于 z 值的概率为 0.10。图 6-12 是对这种情况的一个图示。

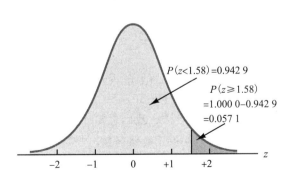

图 6-11　与 $P(z \geqslant 1.58)$ 对应的正态分布的累积概率

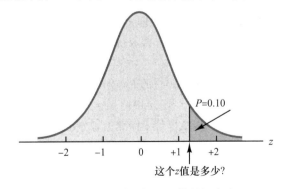

图 6-12　求 z 值，使得大于 z 值的概率为 0.10

这一问题与前面的例子正好相反。前面我们设定了感兴趣的 z 值，然后找相应的概率或面积。在本例中，我们给定概率或面积，要求找到相应的 z 值。为此，我们以不同的方式使用标准正态概率表 $^{\ominus}$。

　$\ominus$　给定某个已知的概率值，可以利用标准正态概率表反查出相应的 z 值。

标准正态概率表给出了一个特定 z 值左边正态曲线下的面积。我们已经获得的信息是，曲线上侧尾端的面积是 0.10。因此，在未知 z 值左边正态曲线下的面积是 0.900 0。查概率表发现，0.899 7 是最接近 0.900 0 的累积概率值，用于得出这一结果的部分概率表如下。

z	0.06	0.07	0.08	0.09
⋮				
1.0	0.855 4	0.857 7	0.859 9	0.862 1
1.1	0.877 0	0.879 0	0.881 0	0.883 0
1.2	0.896 2	0.898 0	0.899 7	0.901 5
1.3	0.913 1	0.914 7	0.916 2	0.917 7
1.4	0.927 9	0.929 2	0.930 6	0.931 9
⋮				

表中最接近0.900 0的概率

从表最左边一列和最上一行读 z 值，我们发现相应的 z 值是 1.28。这样 $z = 1.28$ 左边的面积近似为 0.900 0（实际为 0.899 7）$^\ominus$。根据问题最初的提法，z 值大于 1.28 的概率大约为 0.10。

这些例子说明，标准正态概率分布的累积概率表可用于求出有关标准正态随机变量 z 的概率。由此，我们可以回答两类问题。第一类问题是，指定 z 的一个或多个值，要求我们利用表确定相应的面积或概率。第二类问题是，给定一个面积或概率，要求我们利用概率表确定相应的 z 值。于是，我们需要灵活地运用标准正态概率表来回答感兴趣的概率问题。在大多数情况下，绘制标准正态概率分布图并用恰当的阴影表示相应的面积，将有助于使问题形象化，从而帮助得出正确的答案。

6.2.3　计算正态概率分布的概率

我们对标准正态分布进行了深入的研究，因为所有正态分布的概率都可利用标准正态分布来计算。也就是说，对于具有任意均值 μ 和标准差 σ 的正态分布，我们在回答有关的概率问题前，首先应将其转换成标准正态分布，然后再使用标准正态概率表和恰当的 z 值来计算所需要的概率。将具有均值 μ 和标准差 σ 的正态随机变量 x 转换为标准正态随机变量 z 的公式$^\ominus$如下。

转换为标准正态随机变量

$$z = \frac{x - \mu}{\sigma} \tag{6-3}$$

当 x 的值等于其均值 μ 时，有 $z = (\mu - \mu)/\sigma = 0$。可见，当 x 等于其均值 μ 时，对应的 z 值等于 0。现在假定 x 大于其均值一个标准差，即 $x = \mu + \sigma$。根据式（6-3），可见与之相应的 z 值是 $z = [(\mu + \sigma) - \mu]/\sigma = \sigma/\sigma = 1$。因此，$x$ 比均值大一个标准差等价于 $z = 1$。换言之，z 是以 x 的标准差为度量单位的正态随机变量 x 与其均值 μ 之间的距离。

下面以 $\mu = 10$ 和 $\sigma = 2$ 的正态分布为例，说明如何计算正态分布的概率。若想求随机变量 x 在 10~14 取值的概率，则根据式（6-3）可得，当 $x = 10$ 时，$z = (x - \mu)/\sigma = (10 - 10)/2 = 0$；当 $x = 14$ 时，$z = (14 - 10)/2 = 4/2 = 2$。于是，$x$ 在 10~14 取值的概率等价于标准正态分布随机变量 z 在 0~2 取值的概率问题。换言之，我们想要计算的概率是随机变量 x 取值位于其均值和超过均值两个标准差的值之间的概率。由 $z = 2.00$ 和标准正态概率表，可得概率 $P(z \leqslant 2.00) = 0.977 2$。由于 $P(z \leqslant 0) = 0.500 0$，我们计算出 $P(0 \leqslant z \leqslant 2.00) = P(z \leqslant 2.00) - P(z \leqslant 0) = 0.977 2 - 0.500 0 = 0.477 2$。因此，$x$ 在 10~14 取值的概率是 0.477 2。

$\ominus$　我们可以在表体中使用插值法得到与面积 0.900 0 相对应的最接近的 z 值。这样做可以给出更精确（有更多的小数位）的 z 值，$z = 1.282$。然而，在大多数实际情况中，通过简单地用最接近概率的表值便可达到足够的精确度。

$\ominus$　标准正态随机变量的公式类似于我们在第 3 章介绍的计算数据集的 z-分数的公式。

6.2.4　Grear 公司轮胎的问题

现在我们转向研究正态概率分布的应用。假定 Grear 公司刚刚开发了一种新的钢带子午线轮胎，将通过全美连锁折扣商店出售。由于这种轮胎是一种新产品，Grear 公司经理认为，提供轮胎可行驶里程的质量保证是影响产品被接受程度的一个重要因素。在最终落实轮胎行驶里程的保证政策之前，Grear 公司经理需要有关轮胎的行驶里程 x 的概率信息。

根据对轮胎的实际道路测试，Grear 公司的工程小组估计轮胎可行驶里程的均值 $\mu = 58\,400$ 公里，标准差 $\sigma = 8\,000$ 公里。另外，收集的数据表明正态分布是一个合理的假设。行驶里程超过 64 000 公里的轮胎所占的百分比有多大？换句话说，轮胎行驶里程 x 超过 64 000 公里的概率是多少？这一问题可以通过计算图 6-13 中深色阴影区域的面积来回答。

当 $x = 64\,000$ 时，有：

$$z = \frac{x - \mu}{\sigma} = \frac{64\,000 - 58\,400}{8\,000} = \frac{5\,600}{8\,000} = 0.70$$

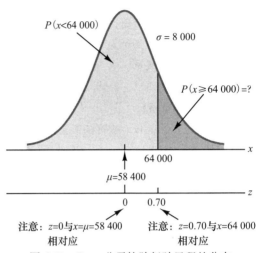

图 6-13　Grear 公司轮胎行驶里程的分布

现在，观察图 6-13 的底部，可见与 Grear 轮胎公司正态分布值 $x = 64\,000$ 相对应的标准正态分布值 $z = 0.70$。利用标准正态概率表，在 $z = 0.70$ 左边正态曲线下的面积为 0.758 0。因此，z 大于 0.70 从而 x 超过 64 000 的概率为 $1 - 0.758\,0 = 0.242\,0$。我们可以得出结论，大约 24.2% 的轮胎的行驶里程会超过 64 000 公里。

下面，假设 Grear 公司正在考虑实施一项质量保证：如果轮胎的行驶里程没有达到质量保证规定的里程，公司将以折扣价提供更换轮胎的服务。如果 Grear 公司希望达到折扣质量保证条件的轮胎不要超过总数的 10%，则应设定的质保里程为多少公里？图 6-14 是关于该问题的一个图示。

根据图 6-14，在质保里程值（未知）左边正态曲线下的面积必须为 0.10。所以，我们必须找到一个 z 值使得在它左边标准正态曲线下的面积为 0.10。利用标准正态概率表，我们看到 $z = -1.28$ 时，下尾的面积为 0.10。因此，$z = -1.28$ 是与 Grear 轮胎正态分布所希望的质保里程相对应的标准正态随机变量的值。为了求出与 $z = -1.28$ 相对应的 x 值，我们有

$$z = \frac{x - \mu}{\sigma} = -1.28$$
$$x - \mu = -1.28\sigma$$
$$x = \mu - 1.28\sigma^{\ominus}$$

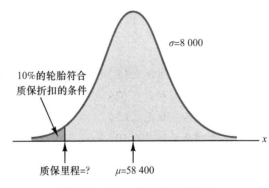

图 6-14　Grear 公司的质保折扣

因为 $\mu = 58\,400$ 和 $\sigma = 8\,000$，于是得

$$x = 58\,400 - 1.28 \times 8\,000 = 48\,160(\text{公里})$$

因此，若设定质量保证为 48 160 公里，则大约有 10% 的轮胎符合质量保证条件的要求$^{\ominus}$。根据这一信息，也许公司会把轮胎质保里程设定为 48 000 公里。

我们再次看到了概率分布在提供决策所需信息方面所起的重要作用，即一旦对某一特定应用问题确定了其概率分布，就可以取得有关问题的概率信息。概率并不直接给出决策建议，但它能提供帮助决策者更好地了解与问题相关的风险和不确定性的信息。最终，这些信息可以辅助决策者做出正确的决策。

$\ominus$　可见，质量保证里程 x 位于均值下方距离均值 1.28 个标准差的位置。

$\ominus$　符合质保条件的实际百分比为 9.68%。

练习

方法

8. 利用图 6-6，绘制均值 $\mu = 100$ 和标准差 $\sigma = 10$ 的随机变量 x 的正态曲线，在横轴上标明数值 70，80，90，100，110，120 和 130。

10. 绘制标准正态分布图，并且在横轴上标明数值 -3，-2，-1，0，1，2 和 3，然后利用标准正态分布概率表计算下列概率。

   a. $P(z \leq 1.5)$ b. $P(z \leq 1)$

   c. $P(1 \leq z \leq 1.5)$ d. $P(0 < z < 2.5)$

12. 已知 z 是一个标准正态随机变量，计算下列概率。

   a. $P(0 \leq z \leq 0.83)$ b. $P(-1.57 \leq z \leq 0)$

   c. $P(z > 0.44)$ d. $P(z \geq 0.23)$

   e. $P(z < 1.20)$ f. $P(z \leq -0.71)$

14. 已知 z 是一个标准正态随机变量，对下面各种情况求 z 值。

   a. z 左侧的面积是 0.975 0。

   b. 0 和 z 间的面积是 0.475 0。

   c. z 左侧的面积是 0.729 1。

   d. z 右侧的面积是 0.131 4。

   e. z 左侧的面积是 0.670 0。

   f. z 右侧的面积是 0.330 0。

16. 已知 z 是一个标准正态随机变量，对下面各种情况求 z 值。

   a. z 右侧的面积是 0.01。

   b. z 右侧的面积是 0.025。

   c. z 右侧的面积是 0.05。

   d. z 右侧的面积是 0.10。

应用

18. 3 年中，美国国内大盘股基金的平均收益率为 14.4%。假定基金 3 年的收益率服从正态分布，标准差是 4.4%。

   a. 一只美国国内大盘股基金，它 3 年中的收益率至少达到 20% 的概率有多大？

   b. 一只美国国内大盘股基金，它 3 年中的收益率

不高于 10% 的概率有多大？

   c. 股票收益率的排名要想进入前 10%，收益率至少要达到多高？

20. 美国汽油的平均价格为 0.99 美元/升，俄罗斯汽油的平均价格为 0.9 美元/升。假设汽油的价格服从正态分布，并且上述均值是两个国家汽油价格的总体均值，美国汽油价格的标准差为 0.07 美元，俄罗斯汽油价格的标准差为 0.05 美元。

   a. 随机选取美国的一处加油站，汽油价格低于 0.92 美元/升的概率是多少？

   b. 俄罗斯的加油站中，汽油价格低于 0.92 美元/升的加油站占多大的百分比？

   c. 随机选取俄罗斯的一处加油站，求其汽油价格高于美国汽油价格的均值的概率。

22. 假设家庭每天用于收看电视节目的平均时间为 8.35 个小时。假设每个家庭收看电视节目的时间服从正态概率分布，标准差为 2.5 小时。试问：

   a. 一个家庭用于收看电视节目的时间为 5~10 个小时的概率是多少？

   b. 若一个家庭每天收看电视节目的时间排名处于前 3%，则其每天至少收看多少个小时？

   c. 一个家庭每天收看电视节目的时间多于 3 个小时的概率是多少？

24. 据美国汽车联合会（AAA）报道，计划在劳动节周末去旅行的家庭中，其平均支出为 749 美元。假定支出的金额服从正态分布，其标准差为 225 美元。试求：

   a. 周末家庭支出低于 400 美元的概率。

   b. 周末家庭支出不低于 800 美元的概率。

   c. 周末家庭支出介于 500 美元到 1 000 美元之间的概率。

   d. 若某个家庭在劳动节周末的支出位列所有旅游计划中最贵的前 5%，其支出金额是多少？

6.3　二项概率的正态近似

在第 5.5 节我们介绍了离散型二项分布。二项试验由一系列 n 个相同的独立试验组成，每个试验有两种可能结果——成功或失败。所有的试验中成功的概率都是相同的，用 p 来表示。二项分布中随机变量是 n 次试验中成

功的次数，在 n 次试验中有 x 次成功的概率是我们关心的概率问题。

当试验次数很大时，笔算或用计算器求解二项概率函数都是很困难的。在 $np \geqslant 5$ 和 $n(1-p) \geqslant 5$ 的情况下，正态分布是对二项分布的一个简便易行的近似。当使用正态分布近似二项分布时，正态曲线中取 $\mu = np$ 和 $\sigma = \sqrt{np(1-p)}$。

下面我们举例说明二项分布的正态近似。假定历史经验表明，某公司发票出错的概率为 10%。现选取 100 张发票组成一个样本，我们想计算恰好有 12 张发票有错的概率，即想计算 100 次试验中恰好有 12 次成功的二项概率。在应用二项分布的正态近似时，令 $\mu = np = 100 \times 0.1 = 10$ 和 $\sigma = \sqrt{np(1-p)} = \sqrt{100 \times 0.1 \times 0.9} = 3$。$\mu = 10$ 和 $\sigma = 3$ 的正态分布如图 6-15 所示。

对连续型概率分布，概率是通过计算概率密度函数下方的面积得出的。因此，随机变量取任意单个值的概率为 0。为了对恰好有 12 次成功的二项概率进行近似，我们必须计算 11.5 和 12.5 之间正态曲线下的面积。其中 11.5 和 12.5 是将 12 加减 0.5 得到的，我们称 0.5 为**连续性校正因子**（continuity correction factor）。因为我们是在用一个连续分布来近似一个离散分布，从而离散型二项分布的概率 $P(x=12)$ 可用连续型正态分布的概率 $P(11.5 \leqslant x \leqslant 12.5)$ 来近似。

转换成标准正态分布后计算 $P(11.5 \leqslant x \leqslant 12.5)$，有：

$$\text{当 } x = 12.5 \text{ 时，} z = \frac{x - \mu}{\sigma} = \frac{12.5 - 10.0}{3} = 0.83$$

和

$$\text{当 } x = 11.5 \text{ 时，} z = \frac{x - \mu}{\sigma} = \frac{11.5 - 10.0}{3} = 0.50$$

利用标准正态概率表，可得曲线下方 12.5 左侧区域的面积为 0.796 7（见图 6-15）。类似地，曲线下方 11.5 左侧区域的面积为 0.691 5。这样，11.5 与 12.5 之间的面积是 0.796 7 − 0.691 5 = 0.105 2。利用正态近似可得，100 次试验中恰好有 12 次成功的概率等于 0.105 2。

再比如，在由 100 张发票组成的样本中，假定我们想计算有不多于 13 张发票出错的概率。图 6-16 中正态曲线下的面积近似等于这一概率。注意，利用连续性校正因子，根据值 13.5 计算此概率值。与 $x = 13.5$ 相对应的 z 值是：

$$z = \frac{13.5 - 10.0}{3.0} = 1.17$$

标准正态概率表显示，标准正态曲线下 $z = 1.17$ 左侧区域的面积是 0.879 0。出错次数不多于 13 次的概率约等于正态曲线下（图 6-16 中阴影部分）的面积。

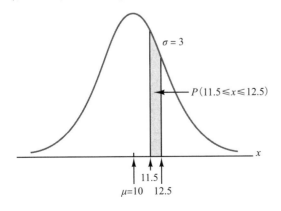

图 6-15　一个二项分布的正态近似（$n = 100$ 和 $p = 0.10$，有 12 次出错的概率）

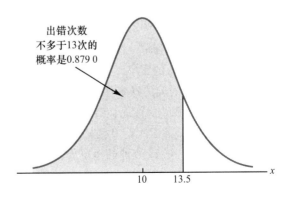

图 6-16　二项分布的正态近似（$n = 100$ 和 $p = 0.10$，出错次数不多于 13 次的概率）

练习

方法

26. 假设一个二项分布，其中 $p=0.20$，$n=100$。试问：

a. 均值和标准差各是多少？

b. 这种情况下，二项概率分布可以用正态概率分布来近似吗？为什么？

c. 恰好有 24 次成功的概率是多少？

d. 成功次数在 18~22 次的概率是多少？

e. 成功次数不多于 15 次的概率是多少？

应用

28. 虽然研究持续表明，吸烟会导致严重的健康问题，但是美国仍有 20% 的成年人吸烟。在由 250 名成年人组成的样本中：

a. 成年人中吸烟人数的期望值是多少？

b. 吸烟人数少于 40 人的概率是多少？

c. 吸烟人数在 55~60 人的概率是多少？

d. 吸烟人数不少于 70 人的概率是多少？

30. 在玩影碟和电脑游戏的人中，年龄在 18 岁及以下的人占 18%，年龄在 18~59 岁的人占 53%，年龄在 59 岁以上的人占 29%。

a. 由 800 名玩游戏的人组成一个样本，你预期多少人的年龄在 18 岁以下？

b. 由 600 名玩游戏的人组成一个样本，求年龄在 18 岁以下的人数少于 100 人的概率。

c. 由 800 名玩游戏的人组成一个样本，求年龄在 18~59 岁的人数达到或超过 200 人的概率。

6.4 指数概率分布

指数概率分布（exponential probability distribution）可用于描述诸如患者到达医院急诊科的时间间隔，装载一辆卡车所需时间，高速公路上两起重大事故发生地之间的距离等随机变量。[○]指数概率密度函数如下：

指数概率密度函数

$$f(x) = \frac{1}{\mu} e^{-x/\mu} \quad x \geqslant 0 \tag{6-4}$$

式中，μ 为期望值或均值。

作为指数概率分布的一个例子，假定在 Schips 码头装载一辆卡车所需时间 x 服从指数分布。如果装车时间的均值或平均所需时间是 15 分钟（$\mu=15$），则 x 的概率密度函数是：

$$f(x) = \frac{1}{15} e^{-x/15}$$

图 6-17 是其概率密度函数图。

6.4.1 计算指数分布的概率

与任意连续型概率分布一样，某一区间中相应曲线下的面积是随机变量在这个区间取值的概率。在 Schips 码头的例子中，装载一辆卡车花费 6 分钟或更少时间的概率 $P(x \leqslant 6)$，等于图 6-17 中从 $x=0$ 到 $x=6$ 的曲线下区域的面积。类似地，装载一辆卡车花费 18 分钟或更少时间的概率 $P(x \leqslant 18)$，等于从 $x=0$ 到 $x=18$ 的曲线下区域的面积。注意，装载一辆卡车花费在 6~18 分钟的概率 $P(6 \leqslant x \leqslant 18)$，等于从 $x=6$ 到 $x=18$ 的曲线下的面积。

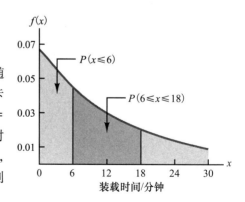

图 6-17 Schips 码头例子的指数分布

○ 在排队论中，指数分布常用于描述服务时间。

为了计算诸如刚才描述的这些指数分布，我们使用下列公式。它给出指数随机变量取小于或等于某一特定值 x_0 的累积概率。

指数分布：累积概率

$$P(x \leqslant x_0) = 1 - e^{-x_0/\mu} \tag{6-5}$$

在 Schips 码头的例子中，$x =$ 装载时间（以分钟计），$\mu = 15$ 分钟，根据式（6-5）有

$$P(x \leqslant x_0) = 1 - e^{-x_0/15}$$

因此，装载一辆卡车所用时间不多于 6 分钟的概率是

$$P(x \leqslant 6) = 1 - e^{-6/15} = 0.329\,7$$

利用式（6-5），我们计算出装载一辆卡车所用时间不多于 18 分钟的概率是

$$P(x \leqslant 18) = 1 - e^{-18/15} = 0.698\,8$$

因此，装载一辆卡车所用时间在 6~18 分钟的概率等于 $0.698\,8 - 0.329\,7 = 0.369\,1$。类似地，可以计算所用时间在任意其他区间的概率。

在上面的例子中，装载一辆卡车平均需要的时间为 $\mu = 15$ 分钟。指数分布的性质之一是，分布的均值和标准差相等。因此，装载一辆卡车所需时间的标准差为 $\sigma = 15$ 分钟，方差为 $\sigma^2 = 15^2 = 225$。

6.4.2　泊松分布与指数分布的关系

在第 5.6 节我们介绍了离散型概率分布——泊松分布。在研究一个事件在一特定时间段或空间中发生的次数时，泊松分布非常有用。泊松分布的概率函数如下

$$f(x) = \frac{\mu^x e^{-\mu}}{x!}$$

式中，μ 为在某一特定区间发生次数的数学期望或均值。连续型指数概率分布与离散型泊松分布是相互联系的，泊松分布描述了每一区间中事件发生的次数，指数分布描述了事件发生的时间间隔长度。⊖

为了举例说明这种关系，假定在一小时当中到达医院急诊科的患者人数可以用泊松分布描述，其均值为每小时 10 人。泊松概率函数给出了每小时有 x 人到达的概率

$$f(x) = \frac{10^x e^{-10}}{x!}$$

由于患者到达的平均数是每小时 10 人，则两名患者到达的时间间隔的均值为：

$$\frac{1 \text{ 小时}}{10 \text{ 人}} = 0.1 \text{ 小时 / 人}$$

于是，描述两名患者到达的时间间隔的对应分布是指数分布，其均值 $\mu = 0.1$ 小时/人，从而指数概率密度函数为：

$$f(x) = \frac{1}{0.1} e^{-x/0.1} = 10 e^{-10x}$$

注释和评论

正如我们在图 6-17 中所看到的那样，指数分布是右偏的。确实，指数分布的偏度为 2。指数分布让我们更直观地看到了偏态分布的特点。

⊖　如果到达的数目服从泊松分布，那么两次到达之间的等待时间服从指数分布。

练 习

方法

32. 考虑下列指数概率密度函数

$$f(x) = \frac{1}{8}e^{-x/8} \quad x \geq 0$$

a. 计算 $P(x \leq 6)$。　　　b. 计算 $P(x \leq 4)$。

c. 计算 $P(x \geq 6)$。　　　d. 计算 $P(4 \leq x \leq 6)$。

应用

34. 当一款手机主要用于通话时，充电电池可使用 20 个小时；当主要通过蜂窝数据上网时，充电电池使用时间下降到 7 个小时。假定上述两种情形下，电池使用时间都服从指数分布。

a. 当主要用于通话时，求手机电池使用时间的概率密度函数。

b. 随机选取一部手机，当主要用于通话时，求电池使用时间不长于 15 个小时的概率。

c. 随机选取一部手机，当主要用于通话时，求电池使用时间超过 20 个小时的概率。

d. 随机选取一部手机，当主要用于上网时，求电池使用时间不长于 5 个小时的概率。

36. Comcast 是一家全球无线通信企业，总部位于费城。它虽然以优质而可靠的服务闻名，但是仍可能定期发生不可预期的服务中断。当服务发生中断时，用户给 Comcast 办公室打电话会收到留言信息，告诉他们公司已经知道发生了服务中断故障，预计 2 个小时内能恢复服务。假设平均修理时间为 2 个小时，并且修理时间服从指数概率分布。

a. 有线服务在 1 个小时之内修好的概率是多少？

b. 维修历时 1~2 个小时的概率是多少？

c. 一名用户在下午 1 点给 Comcast 办公室打电话，用户的有线服务直至下午 5 点仍未恢复的概率是多少？

38. 波士顿消防队平均每小时收到 1.6 个 911 火警电话。假定每小时的电话次数服从泊松概率分布。

a. 求打入波士顿消防队的两个 911 电话的平均时间间隔（以分钟计）。

b. 根据（a）中的均值，求 911 电话时间间隔（以分钟计）的概率密度函数。

c. 911 电话时间间隔短于 1 小时的概率是多少？

d. 911 电话时间间隔不少于 30 分钟的概率是多少？

e. 911 电话时间间隔在 5~20 分钟的概率是多少？

小 结

本章把对概率分布的讨论推广到连续型随机变量的情形。离散型和连续型概率分布在概念上的主要区别在于计算概率的方法不同。对离散型分布，概率函数 $f(x)$ 给出随机变量 x 取各种值的概率。对连续型分布，概率密度函数 $f(x)$ 没有直接给出概率值，概率密度函数 $f(x)$ 图或者曲线下的面积才是概率。由于曲线下单个点的面积是 0，因此连续型随机变量取某一特定值的概率是 0。

我们详细介绍了三种连续型概率分布——均匀分布、正态分布和指数分布。其中，正态分布广泛应用于统计推断，并且在本书的其余内容中将有广泛的应用。

关键术语

continuity correction factor　连续性校正因子　当用连续型正态概率分布来近似离散型二项概率分布时，从 x 中加上或减去的值 0.5。

exponential probability distribution　指数概率分布　一种连续型概率分布，用于计算完成一项任务所需时间的概率。

normal probability distribution　正态概率分布　一种连续型概率分布，其概率密度函数呈钟形，由均值 μ 和标准差 σ 确定。

probability density function　概率密度函数　用于计算连续型随机变量概率的函数，用某一区间中概率密度函数曲线下的面积来表示概率。

standard normal probability distribution　标准正态概率分布　均值为 0 且标准差为 1 的正态分布。

uniform probability distribution　均匀概率分布　一种连续型概率分布，随机变量在等长度的区间上取值的概率相同。

重要公式

均匀概率密度函数

$$f(x) = \begin{cases} \dfrac{1}{b-a} & a \le x \le b \\ 0 & \text{其他} \end{cases} \qquad (6\text{-}1)$$

正态概率密度函数

$$f(x) = \frac{1}{\sigma\sqrt{2\pi}} e^{-(x-\mu)^2/2\sigma^2} \qquad (6\text{-}2)$$

标准正态随机变量的变换

$$z = \frac{x-\mu}{\sigma} \qquad (6\text{-}3)$$

指数概率密度函数

$$f(x) = \frac{1}{\mu} e^{-x/\mu} \quad x \ge 0 \qquad (6\text{-}4)$$

指数分布：累积概率

$$P(x \le x_0) = 1 - e^{-x_0/\mu} \qquad (6\text{-}5)$$

补充练习

40. 据美国大学生体育协会估计，正式公办大学的全额体育奖学金为每年 19 000 美元。假设奖学金服从标准差为 2 100 美元的正态分布。

    a. 若奖学金金额的排名位于后 10%，奖学金的金额是多少？

    b. 求整个奖学金中，金额不低于 22 000 美元的奖学金比例。

    c. 若获得排名前 3% 的奖学金，奖学金的金额是多少？

42. 去典当行抵押物品的人数可以作为衡量困难程度的一个指标。假定每天去典当行抵押物品的人数服从均值为 658 的正态分布。

    a. 假定在 3% 的日子里，抵押物品的人数不多于 610。求每天去典当行抵押物品人数的标准差。

    b. 某天当中，去典当行抵押物品人数在 600~700 人的概率是多少？

    c. 在典当行最为繁忙的 3% 的日子里，去典当行抵押物品的人数达到多少？

44. Ward Doering 自动售货公司正考虑提供一项特殊服务合同，以负担服务工作所要求的设备租赁成本。根据经验，公司经理估计年服务成本近似服从正态分布，其均值为 150 美元，标准差为 25 美元。

    a. 如果公司以每年 200 美元的价格向客户提供这种服务，则一名客户的服务成本超过合同价格（200 美元）的概率是多少？

    b. Ward 公司每项服务合同的期望利润是多少？

46. 假设某大学入学考试的考试成绩服从正态分布，其均值为 450，标准差为 100。

    a. 考试分数在 400~500 的人数占多大百分比？

    b. 假定某人得分 630，比此人考试分数高的考生的百分比有多大？比此人考试分数低的考生的百分比有多大？

    c. 如果某大学不招收分数在 480 分以下的学生，参加考试的学生中被该大学接受的百分比是多少？

48. 一种机器向容器填充某种产品，根据过去的数据已知填充量的标准差是 0.6 盎司[⊖]。如果容器中只有 2% 的容量低于 18 盎司，这种机器填充量的均值是多少？即 μ 应该等于多少？假设填充量服从正态分布。

50. 一名在拉斯维加斯赌场的黑杰克玩家得知，如果他以平均每手 50 美元赌资玩 4 小时的话，则店里提供免费房间。他的赌博策略使得在每一手中有 0.49 的概率取胜。玩家知道每小时大约赌 60 手。假定他以每手 50 美元赌资玩 4 小时。

    a. 玩家的期望收益额是多少？

    b. 玩家输掉 1 000 美元或更多的概率是多少？

    c. 玩家赢的概率是多少？

    d. 假设玩家有 1 500 美元，则他输掉所有钱的概率是多少？

52. 平均每分钟大约有 7 个人登录北美洲含早餐服务旅馆的网站。假定每分钟浏览该网站的人数服从泊松概率分布。

    a. 该网站相邻两次访问之间的平均时间间隔是多少？

    b. 给出该网站相邻两次访问之间的时间间隔所服从的指数概率密度函数。

    c. 在 1 分钟内无人访问该网站的概率是多少？

    d. 在 12 秒内无人访问该网站的概率是多少？

⊖　1 盎司 ≈ 0.028 千克。

54. 某保险索赔办公室称，两次电话呼叫的时间间隔（以分钟计）服从如下指数概率分布：

$$f(x) = 0.50e^{-0.50x} \quad x \geq 0$$

a. 两次电话之间的平均等待时间是多少？

b. 两次电话之间的时间间隔不多于 30 秒的概率是

多少？

c. 两次电话之间的时间间隔不多于 1 分钟的概率是多少？

d. 有 5 分钟或更长时间没有电话呼叫的概率是多少？

案例 6-1　Specialty 玩具公司

Specialty 玩具公司销售大量新款又有创意的玩具。经营者知道节日前是推出新款玩具的最佳时机，因为许多家庭此时都要为 12 月里的节日准备礼物。Specialty 公司发现一种新款玩具颇具市场潜力，于是决定从 10 月起将其投放市场。

为保证玩具 10 月能在商场按期到货，Specialty 公司在每年的 6 月或者 7 月向制造商下达订单。儿童玩具的需求量瞬息万变。如果一种新款玩具推出时正值市面上缺货，那么可能会有很高的销售量，从而得到大笔的利润。但是，推出一种新款玩具也可能会遇到滞销，这将使得 Specialty 公司积压大量的存货，从而不得不降价销售。因此，公司所面临的最主要的问题是，为保证节日期间的供应，应下达多大数目的订单？如果订货量太少，可能丧失销售收入；反之，如果订货量过大，则可能由于低价清货而降低利润。

Specialty 公司计划下一季度向市场推出一款名为天气熊的新产品。这种会说话的玩具熊由中国台湾地区一家公司生产。当孩子握小熊的手的时候，小熊便开口说话。内置的气压计从"天气真不错，好好玩吧"，以及"我想今天也许有雨，别忘了带伞"等五种说法中选取一种预测天气情况。产品检验发现，虽然这不是一个专门的天气预报装置，但它的预测还是相当不错的。Specialty 公司的一些管理者甚至认为，玩具熊对天气的预报可以和当地电视台的天气预报媲美。

与其他产品一样，Specialty 公司必须确定为即将到来的下一季中的节日下达多少只天气熊的订单。管理层团队成员建议准备 15 000 只、18 000 只、24 000 只或者 28 000 只。不同的订货方案说明管理层团队成员对产品的市场潜力存在相当大的分歧。生产管理部门要求你分析不同订货方案的存货出清概率，估计潜在利润并推荐一种订货方案。每个天气熊的成本为 16 美元，Specialty 公司希望以 24 美元的价格出售。如果节日过后仍有存货，Specialty 公司将以每只 5 美元的价格清仓销售。根据以往同类产品的历史销售量，Specialty 公司产品销量的资深预测专家预计天气熊的需求量为 20 000 只，需求量在 10 000 只到 30 000 只之间的概率为 0.95。

管理报告

准备一份管理报告说明下列问题，并针对天气熊产品推荐你的一种订货方案。

1. 根据销量预测专家的预测，需求量的分布近似服从正态概率分布。简略说明该分布，给出其均值和标准差。

2. 计算管理团队所推荐的订货方案的存货出清概率。

3. 在下列三种情形的销售量下，分别计算管理团队所推荐的订货方案的预计利润。最坏的情形是销售量为 10 000 只；最可能出现的情形是销售量为 20 000 只；最好的情形是销售量为 30 000 只。

4. Specialty 公司的一名经理认为产品的潜在利润很高，因此订货应该以 70% 的概率保证满足市场需求，仅需以 30% 的概率出现脱销。在这种情形下，天气熊的订货量应该是多少？在上述三种不同的销售量下，预计利润分别是多少？

5. 给出你的订货方案及其预计利润，并对订货方案的合理性做出解释。

案例 6-2　Gebhardt 电子公司

Gebhardt 电子公司生产各种各样的变压器，销售给电子设备制造商。Gebhardt 还生产一种用于几种型号的变压器上的元件，原料是长 1 米、直径 0.20 毫米的纯无氧电子（OFE）实心铜制导线。这种导线的一个缺点是，导线上的瑕疵点会降低导电性、增加故障率，而且在变压器制作完成后这个关键部件很难触及和修复。因此，Gebhardt 公司希望在制作这种元件时使用的导线基本上是无瑕疵点的。公司能够接受的是，1 米长的导线上瑕疵点的可能性低于 1/20。在制造其他部件时，Gebhardt 也会偶尔使用更短一些的同种导线，因此，用于该部件的 1 米长的导线实际上是从很长一卷直径为 0.20 毫米的实心 OFE 铜导线中随机截取的。

　　Gebhardt 公司现在考虑一个新的铜线供应商。该供应商声称，其 0.20 毫米直径的实心铜线上两瑕疵点之间的平均长度为 127 厘米。如果供应商的说法可靠，Gebhardt 现在必须确定新供应商的产品是否令其满意。

管理报告

　　评估 Gebhardt 电子公司，考虑三个问题：

　　1. 如果新供应商提供的 0.20 毫米实心 OFE 铜导线中，瑕疵点之间的平均间隔为 127 厘米。求两个相邻瑕疵点之间导线长度的分布。

　　2. 利用问题 1 中得到的概率分布，计算达到 Gebhardt 公司标准（随机选取 1 米长的新供应商的导线有瑕疵点的可能性不超过 1/20）的概率。

　　3. 要达到 Gebhardt 公司的标准，两个相邻瑕疵点之间导线的平均长度至少应该为多少厘米？

　　4. 随机选取新供应商 1 米长的导线，如果没有发现瑕疵点的可能性为 1/100，则两个相邻瑕疵点之间的平均间隔至少为多少厘米？

第 7 章

抽样和抽样分布

CHAPTER 7

实践中的统计

Meadwestvaco 有限公司[一]

康涅狄格州，斯坦福德

MeadWestvaco 公司是一家生产包装纸、铜版纸和特种纸以及特种化学制品的企业，是同行业中的领军者。公司雇用的员工超过 1.7 万名，在全世界 30 个国家有业务活动，服务的客户遍布大约 100 个国家。MeadWestvaco 内部的顾问组通过抽样为公司提供大量信息，以保证企业获得可观的产品收益，并在该行业保持竞争力。

例如，MeadWestvaco 拥有大量的森林资源，它们为公司生产多种产品提供所需的原料——树木。管理人员需要掌握关于木材及森林准确而可靠的信息，比如，森林的现有储量如何，森林以往的生长情况如何，预计森林未来的生长情况如何。MeadWestvaco 的管理人员基于这些重要问题的答案，制订未来包括树木的长期种植和采伐时间表在内的计划。

MeadWestvaco 公司拥有大量森林，它如何获取所需要的这些资源的信息呢？从遍布森林的抽样点收集数据是对公司拥有的树木总体进行了解的基础。为了确定抽样点，首先按照位置和树种将木材林分成三部分，利用地图和随机数，MeadWestvaco 的分析人员从每部分森林中选取 1/7～1/5 英亩[二]的树木组成随机样本。MeadWestvaco 公司的林务员通过从这些抽样点收集的数据了解森林的总体情况。

全体林务员参加数据的收集过程。他们两人一组定期收集每一抽样点中每棵树的信息。这些抽样数据被录入公司的森林永续存货（CFI）计算机系统。该系统所提供的报告汇总了大量数据的频率分布信息，对树木类型、现有森林储量、森林以往生产率、预计未来森林生长和储量做出统计。抽样和对抽样数据的统计汇总报告为 MeadWestvaco 有效管理森林和木材林提供了重要的保证。

本章将学习简单随机抽样和样本选择方法；还要学习如何利用统计量，比如样本均值和样本比率来估计总体均值和总体比率；此外，还将学习抽样分布的重要概念。

在第 1 章中，我们给出了个体、总体和样本的定义。

(1) 个体是收集数据的基本单位。

(2) 总体是所有感兴趣的个体的集合。

(3) 样本是总体的一个子集。

我们选取样本是为了收集推断所需的数据，并且回答关于总体的研究问题。

下面我们从两个例子开始，这两个例子都是利用抽样来回答关于总体的一个研究问题的。

(1) 得克萨斯州某个政治团体的成员正在考虑支持某候选人竞选美国参议员。政治团体领导者需要对本州登记选民中支持该名候选人的比率做一个估计。选取得克萨斯州 400 名登记选民组成一个样本，其中有 160 人对该候选人表示支持。因此，登记选民总体中支持该候选人的比率的估计值为 160/400＝0.4。

(2) 一个轮胎制造商正在考虑生产一种新设计开发的轮胎，这种轮胎行驶的里程数超过了企业现有生产线上轮胎的里程数。为了对这种新型轮胎的平均使用寿命做出估计，制造商生产了 120 个这种新型轮胎组成样本用于检测，检测结果表明样本均值为 58 400 公里。于是，该种新型轮胎总体的平均使用寿命的估计值为 58 400 公里。

抽样结果提供的仅仅是相应总体特征值的估计，认识到这一点非常重要。[三]我们并不期望登记选民总体中恰好有 40% 的人支持该候选人；同样，我们也没有期望样本均值 58 400 公里恰好是所生产的新型轮胎总体的平均里程。原因很简单，样本只包含了总体的一部分，可以预见会有抽样误差。利用恰当的抽样方法，抽样结果可以给

[一]　感谢 Edward P. Winkofsky 博士，他为"实践中的统计"提供了本案例。

[二]　1 英亩＝4 046.856m^2。

[三]　样本均值是总体均值的估计值，样本比率是总体比率的估计值。这种估计是有抽样误差的。本章给出了确定抽样误差大小的基本原则。

出关于总体特征的一个"好"的估计。那么，我们希望抽样结果好到什么程度呢？统计过程可以对此问题做出回答。

我们定义一些抽样的术语。从中抽取样本的总体叫作**抽样总体**（sampled population）。**抽样框**（frame）是用于抽选样本的个体清单。在第一个例子中，抽样总体是得克萨斯州所有的登记选民，抽样框是所有登记选民的清单。由于得克萨斯州所有登记选民的数目是一个有限的值，因此，第一个例子是从一个有限总体进行抽样的实例。在第 7.2 节中，我们将讨论如何从一个有限总体抽取一个简单随机样本。

在轮胎行驶里程的例子中，由于 120 个轮胎所组成的样本取自某一特定时点的生产过程，定义抽样总体变得尤为困难。我们可以把抽样总体看作一个由生产过程某一段特定时间段所生产的全部轮胎组成的抽象总体。从这个意义上讲，可以认为抽样总体是无限的，因此无法构建一个抽样框。在第 7.2 节中，我们将讨论在这种情形下如何抽取一个随机样本。

在本章中，我们首先说明了如何采用简单随机抽样从一个有限总体中选取样本；对由连续运行过程形成的无限总体，描述如何从无限总体中选取随机样本；然后说明如何利用简单随机抽样得到的数据计算总体均值、总体标准差和总体比率的估计值。另外，我们还介绍了抽样分布的重要概念。正如将要介绍的那样，抽样分布的知识使我们可以说明样本估计值与相应总体参数的接近程度。在最后两节里，我们还将讨论实际应用中除简单随机抽样之外的其他一些常用随机抽样方法以及大样本的抽样分布。

7.1　Electronics Associates 公司的抽样问题

Electronics Associates（EAI）的人事部经理被分派一项任务，要求为公司 2 500 名管理人员制定一份简报，内容包括管理人员的平均年薪和已完成公司管理培训计划的管理人员所占的比率。

2 500 名管理人员构成此项研究的总体，我们可以参考公司的职员记录找到总体中每个人的年薪金额和是否完成管理培训计划。总体中 2 500 名管理人员的信息数据存放在名为 EAI 的文件中。

利用 EAI 的数据和第 3 章介绍的公式，可以计算年薪数据的总体均值和总体标准差。

$$总体均值：\mu = 71\,800（美元）$$
$$总体标准差：\sigma = 4\,000（美元）$$

数据显示，2 500 名管理人员中有 1 500 人已经完成培训计划。

总体的数字特征称作**参数**（parameter），将总体中已完成培训计划的职员比率记作 p，有 $p = 1\,500/2\,500 = 0.6$。年薪总体均值（$\mu = 71\,800$ 美元）、总体标准差（$\sigma = 4\,000$ 美元）和完成培训计划的总体比率（$p = 0.6$）都是 EAI 管理人员总体的参数。

现在，假设我们无法从公司的数据库中获得 EAI 管理人员这些必要的信息。我们考虑的问题是，如果不用总体中全体 2 500 名管理人员，而是用一个样本的话，企业人事部经理将如何获取对这些总体参数的估计。假定选取 30 名管理人员组成一个样本，显然，这样比编写总体的简报要节约时间和成本。[⊖] 如果人事部经理确信，30 名管理人员的样本提供了关于总体中 2 500 名管理人员的足够信息，那么用样本比用总体来编写简报更好。首先，我们从考虑如何取得一个 30 名管理人员的样本入手，探究利用样本研究 EAI 问题的可能性。

7.2　抽样

在本节中，我们描述如何选取样本。首先，我们描述从有限总体抽样，然后描述从无限总体抽样。

7.2.1　从有限总体的抽样

在从有限总体抽样时，统计学家建议采用概率抽样，因为基于概率抽样的样本可以对总体进行有效的统计推

⊖　通常情况下，从一个样本中收集信息的成本要大大低于从总体中收集信息的成本，特别是当需要通过个人访谈来收集信息的时候。

断。若每个容量为 n 的样本以相同的概率被抽到，则称其为简单随机样本。[⊖]这是最简单的一种概率抽样，从容量为 N 的有限总体抽取容量为 n 的简单**随机样本**（simple random sample）的定义如下。

简单随机样本（有限总体）

从容量为 N 的有限总体中抽取一个容量为 n 的样本，如果容量为 n 的每一个可能的样本都以相等的概率被抽出，则称该样本为简单随机样本。

自有限总体选择简单随机样本的一种抽样流程是，使用随机数表每次只选择一个样本点，总体中的每一个体等可能被抽到。用这种方法抽得的 n 个个体满足自有限总体的简单随机样本的定义。

为了从 EAI 管理人员组成的有限总体中抽取一个简单随机样本，我们首先为每名管理人员依次标号建立一个抽样框。比如，按照管理人员姓名在 EAI 个人信息文件中出现的顺序分别为管理人员标号 1~2 500。其次，我们查随机数表[⊖]（见表 7-1）。表中第一行的每个数字 6，3，2，…，都是随机数，以相同的机会发生。由于 EAI 管理人员总体的最大标号为 2 500，是四位数，我们从表中每四位一组选择随机数[⊜]。可以从表中任意一处开始，按照任意方向机械地移动来选取随机数。我们根据表 7-1 第一行按从左到右的方向移动，得到的前 7 个四位随机数为：

6 327　　1 599　　8 671　　7 445　　1 102　　1 514　　1 807

由于表中数字是随机的，因此这些四位数也是等可能的。

采用这些四位随机数，我们现在可以将总体中每一管理人员以相等的机会选入随机样本。第一个数 6 327 比 2 500 大，与总体中任一管理人员的编号不符，于是舍弃；第二个数 1 599 介于 1~2 500，于是 EAI 管理人员名单中标号为 1 599 的管理人员第一个被选入随机样本。继续该过程，忽略 8 671 和 7 455，选择标号为 1 102，1 514，1 807 的管理人员进入随机样本。这一过程一直继续下去，直到取得由 30 名 EAI 管理人员组成的简单随机样本。

选取简单随机样本时，在 30 名管理人员被选出之前，表中先前已经出现过的随机数可能重复出现。由于该管理人员已经被选入样了，我们并不想将一个管理人员多次选入，所以忽略已出现过的随机数。这种选取样本的方式叫作**无放回抽样**（sampling without replacement）。如果我们选取样本时，对已经出现过的随机数仍选入样本，某些管理人员可能在样本中被两次或更多次地包括进来，则我们进行的是**有放回抽样**（sampling with replacement）。抽样中，有放回抽样是一种取得简单随机样本的有效途径，然而，无放回抽样更为常用。当我们提到简单随机抽样时，我们总是假定抽样是无放回的。

表 7-1　随机数表

63 271	59 986	71 744	51 102	15 141	80 714	58 683	93 108	13 554	79 945
88 547	09 896	95 436	79 115	08 303	01 041	20 030	63 754	08 459	28 364
55 957	57 243	83 865	09 911	19 761	66 535	40 102	26 646	60 147	15 702
46 276	87 453	44 790	67 122	45 573	84 358	21 625	16 999	13 385	22 782
55 363	07 449	34 835	15 290	76 616	67 191	12 777	21 861	68 689	03 263
69 393	92 785	49 902	58 447	42 048	30 378	87 618	26 933	40 640	16 281
13 186	29 431	88 190	04 588	38 733	81 290	89 541	70 290	40 113	08 243
17 726	28 652	56 836	78 351	47 327	18 518	92 222	55 201	27 340	10 493
36 520	64 465	05 550	30 157	82 242	29 520	69 753	72 602	23 756	54 935
81 628	36 100	39 254	56 835	37 636	02 421	98 063	89 641	64 953	99 337
84 649	48 968	75 215	75 498	49 539	74 240	03 4 66	49 292	36 401	45 525
63 291	11 618	12 613	75 055	43 915	26 488	41 116	64 531	56 827	30 825
70 502	53 225	03 655	05 915	37 140	57 051	48 393	91 322	25 653	06 543
06 426	24 771	59 935	49 801	11 082	66 762	94 477	02 494	88 215	27 191
20 711	55 069	29 430	70 165	45 406	78 484	31 639	52 009	18 873	96 927
41 990	70 538	77 191	25 860	55 204	73 417	83 920	69 468	74 972	38 712

　㊀　关于概率抽样的其他方法将在第 7.8 节中介绍。
　㊁　在本章的附录中，我们将说明如何用 JMP 和 Excel 从有限总体中抽取简单随机样本。
　㊂　为了可读性，表中的随机数都用五位数来表示。

（续）

72 452	36 618	76 298	26 678	89 334	33 938	95 567	29 380	75 906	91 807
37 042	40 318	57 099	10 528	09 925	89 773	41 335	96 244	29 002	46 453
53 766	52 875	15 987	46 962	67 342	77 592	57 651	95 508	80 033	69 828
90 585	58 955	53 122	16 025	84 299	53 310	67 380	84 249	25 348	04 332
32 001	96 293	37 203	64 516	51 530	37 069	40 216	61 374	05 815	06 714
62 606	64 324	46 354	72 157	67 248	20 135	49 804	09 226	64 419	29 457
10 078	28 037	85 389	50 324	14 500	15 562	64 165	06 125	71 353	77 669
91 561	46 145	24 177	15 294	10 061	98 124	75 732	00 815	83 452	97 355
13 091	98 112	53 959	79 607	52 244	63 303	10 413	63 839	74 762	50 289

7.2.2　从无限总体的抽样

有时候，我们想从总体中抽取样本，但是总体容量无限大或者总体中的个体是由一个正在运行的过程产生的，从而生成的个体数量是无限的，因此无法得到总体中所有个体的清单，这是无限总体的情形。对于无限总体，由于无法构建一个包含全部个体的抽样框，因此无法抽取一个简单随机样本。对于无限总体的情形，统计学家建议抽取一个所谓的**随机样本**（random sample）。

> **随机样本（无限总体）**
> 如果从一个无限总体中抽取一个容量为 n 的样本，使得下面的条件得到满足：
> 1. 抽取的每个个体来自同一总体。
> 2. 每个个体的抽取是独立的。
> 则称该样本是一个随机样本。

当从无限总体中抽取一个随机样本时，必须小心仔细判断。不同情形可能需要采取不同的抽取方法。我们通过两个例子来说明条件 1 "抽取的每个个体来自同一总体"和条件 2 "每个个体的抽取是独立的"的含义。

在普通的质量控制的应用中，生产过程中所生产的产品数量是无限的。抽样总体由正在运行的生产过程中生产的全部产品组成，而不仅仅由那些已经生产的产品组成。因为我们不可能列出生产的全部产品的清单，所以认为总体是无限的。更具体地，比如设计一条生产线用于生产盒装早餐麦片，早餐麦片的平均重量为每盒 680 克。为判断生产线是正常运行还是由于机器故障使得生产线的填充量过多或者不足，一位质量控制检验员定期从生产线上抽取 12 盒产品组成一个样本。

在这样一个生产操作中，选取一个随机样本时最关心的是条件 1 "抽取的每个个体来自同一总体"是否成立。为了确保这一条件成立，必须在近似相同的时点选择产品。这样才能避免检验员抽取的某些产品是在生产线正常运行时生产的，而另一些产品是在生产线非正常运行时生产的，从而使得每盒的填充量过多或者不足。在诸如这样的生产过程中，设计的生产流程应确保每盒麦片的装盒是相互独立的，从而满足条件 2，即"每个个体的抽取是独立的"。在这个假定下，检验员只需关注条件"抽取的每个个体来自同一总体"是否成立即可。

从无限总体抽取随机样本的另一个例子是，考虑由到达快餐店的顾客组成的总体。假定快餐店要求一名雇员选取顾客样本，完成一个简短的调查问卷。顾客光临快餐店是一个正在进行中的过程，因此不能得到总体中所有顾客的一个名单。于是，出于应用的目的，可以将这个正在进行过程中的总体看作无限的。如果设计一种抽样方法，使得样本中的所有个体都是餐厅的顾客并且是独立选择的，那么可以得到一个随机样本。这时，雇员应该在那些进入餐馆并就餐的人中选取，以保证满足"抽取的个体来自同一总体"的条件。如果雇员选取了那些只是为了使用洗手间而进入餐馆的人组成样本，这些人并不是顾客，违背了"同一总体"的条件。因此，如果雇员是从那些来餐馆消费的人中选取样本的话，那么条件 1 可以被满足。尤为困难的是，确保独立地选取顾客。

随机样本选择方法中的第二个条件"每个个体的抽取是独立的"是为了防止选择偏差。当雇员可以任意自由地选取顾客进入样本时，就可能发生选择偏差。此时，雇员可能更愿意选择抽取某一特定年龄段的顾客进入样本，而避免从其他年龄段的顾客中抽取。再比如，五名顾客一同前来就餐，如果雇员将他们一同选入样本，也会发生选择偏差。这样的一组顾客更易于表现出相似的特征，他们所给出的关于顾客总体的信息可能具有误导性。通过确保某一顾客的入选并不影响其他顾客的入选，则可以避免这类选择偏差。换言之，个体（顾客）的选取是独立的。

快餐店的巨头麦当劳恰好在这种情况下实施了一次随机抽样。抽样方法以一些顾客是否持有优惠券为依据，每当一名顾客出示优惠券时，将选取下一名接受服务的顾客填写一张顾客问卷调查表。因为来到麦当劳的顾客出示优惠券是随机的，并且与其他顾客是相互独立的，所以这种抽样方式确保对顾客的选取是独立的。于是，样本满足从无限总体抽取随机样本的要求。

从无限总体抽样的情况总是与某段时间正在不断运行的过程相联系。例如，生产线上生产的零部件、实验室中反复进行的实验、银行发生的交易、技术支持中心接到的电话以及进入零售店的顾客，它们都可以被看作一个从无限总体产生个体的过程。如果样本中的个体选自同一个总体，并且是独立选取的，那么样本就可以被看作一个来自无限总体的随机样本。

注释和评论

1. 在本节中，我们详细定义了两类样本：来自有限总体的简单随机样本和来自无限总体的随机样本。在本书余下的部分中，我们一般将这两类样本统称为随机样本或者样本。除非需要，在习题或者讨论中我们并不刻意区分样本是不是"简单"随机样本。

2. 在从有限总体的抽样调查中，统计学家使用的抽样方法是概率抽样。在概率抽样中，每个可能的样本都有一个已知的抽取概率，并且对样本中个体的抽取使用了随机方法。简单随机抽样就是这类方法当中的一种。在第 7.8 节中，我们将介绍其他一些概率抽样方法：分层随机抽样、整群抽样和系统抽样。在简单随机抽样中，"简单"这个词是为了保证这是一种概率抽样，每个容量为 n 的样本都以相同的概率被选取。

3. 自一个容量为 N 的有限总体选取容量为 n 的简单随机样本，有

$$\frac{N!}{n!\,(N-n)!}$$

种不同的选法。公式中，$N!$ 和 $n!$ 是第 4 章中所讲过的阶乘运算。在 EAI 问题中，$N=2\,500$，$n=30$，由上式可知，由 30 名 EAI 管理人员组成的不同简单随机样本的数目大约为 2.75×10^{69} 个。

练　习

方法

2. 假定有限总体中有 350 个个体，用下面五位随机数的后三位（比如 601，022，448，…）确定被选入简单随机样本的前 4 个个体。

98 601　　73 022　　83 448　　02 147　　34 229　　27 553

84 147　　93 289　　14 209

应用

4. 纽约证券交易所（NYSE）10 只最活跃的股票如下。

美国电话电报公司	辉瑞制药
阿尔卡特朗讯	威瑞森公司
埃克森美孚公司	通用电气
巴西国家石油公司	花旗集团
巴西淡水河谷公司	福特公司

交易当局决定从这些股票中选取 3 只组成一个样本，对交易业务进行调查。

a. 从表 7-1 第 6 列的第一个随机数开始按列向下，选择 3 只股票构成一个简单随机样本提供给交易当局。

b. 根据本节注释和评论 3 中的信息，从 10 只股票组成的清单中能选出多少个不同的样本容量为 3 的简单随机样本？

6. 由美国人口统计局出版的《全美县和市的数据》一书列示了全美 3 139 个县（市）的信息。假定一项国内研究，要从中随机选取 30 个县（市）收集数据。利用表 7-1 最后一列的 4 位随机数作为选择样本时前 5 个县（市）的编号。忽略第一位数，从后 4 位随机数 9 945，8 364，5 702 等开始。

8. 下表是道琼斯工业平均指数中的 30 种成分股。假定你想要从中选取 6 家公司组成一个样本，对管理实践进行深入研究。利用表 7-1 第 9 列中每行的前两位数字，从中选取 6 家公司组成一个简单随机样本。

1. 3M 公司	16. 英特尔
2. 美国电话电报公司	17. 强生制药有限公司
3. 苹果公司	18. 摩根大通银行
4. 波音公司	19. 麦当劳
5. 卡特彼勒公司	20. 默克制药卡夫食品公司
6. 雪佛龙公司	21. 微软
7. 思科公司	22. 耐克
8. 可口可乐公司	23. 辉瑞制药
9. 迪士尼	24. 宝洁公司
10. 杜邦公司	25. Travelers 保险公司
11. 埃克森美孚公司	26. 联合科技
12. 通用电气	27. 联合健康集团
13. 高盛投资公司	28. Verizon 公司
14. 家得宝	29. Visa
15. IBM 惠普	30. 沃尔玛

10. 说明下列情形下，哪些是从有限总体的抽样，哪些是从无限总体的抽样。当抽样总体是有限的时候，说明你是如何建立抽样框的。

a. 抽取纽约州注册驾驶员的一个样本。

b. 抽取 Breakfast Choice 公司生产的盒装麦片的一个样本。

c. 抽取某工作日通过金门大桥的汽车的一个样本。

d. 抽取印第安纳大学选修统计课的学生的一个样本。

e. 抽取某邮购业务公司处理的订单的一个样本。

7.3 点估计

我们已经描述了如何选取一个简单随机样本，现在我们回到 EAI 问题。假定已选取了一个由 30 名管理人员组成的简单随机样本，他们相应的年薪及参加管理培训计划的数据如表 7-2 所示。符号 x_1，x_2，…代表样本中第一名管理人员的年薪、第二名管理人员的年薪……在管理培训计划这一栏，已参加过管理培训计划的人员用"是"表示。

为了估计总体参数，计算相应的样本特征——**样本统计量**（sample statistic）。例如，为了估计 EAI 管理人员年薪的总体均值 μ 和总体标准差 σ，我们用表 7-2 的数据计算相应的样本统计量：样本均值和样本标准差 s。根据第 3 章中样本均值和样本标准差的公式，得样本均值为：

$$\bar{x} = \frac{\sum x_i}{n} = \frac{2\,554\,420}{30} = 71\,814（美元）$$

样本标准差为：

$$s = \sqrt{\frac{\sum_{i=1}^{n}(x_i - \bar{x})^2}{n-1}} = \sqrt{\frac{325\,009\,260}{29}} = 3\,348（美元）$$

表 7-2 30 名 EAI 管理人员组成的简单随机样本中年薪和培训计划情况的数据

年薪/美元	是否参加管理培训计划？	年薪/美元	是否参加管理培训计划？	年薪/美元	是否参加管理培训计划？
$x_1 = 69\,094.30$	是	$x_{11} = 65\,922.60$	是	$x_{21} = 65\,120.90$	是
$x_2 = 73\,263.90$	是	$x_{12} = 77\,268.40$	否	$x_{22} = 71\,753.00$	是
$x_3 = 69\,643.50$	是	$x_{13} = 75\,688.80$	是	$x_{23} = 74\,391.80$	否
$x_4 = 69\,894.90$	是	$x_{14} = 71\,564.70$	否	$x_{24} = 70\,164.20$	否
$x_5 = 67\,621.60$	否	$x_{15} = 76\,188.20$	否	$x_{25} = 72\,973.60$	否
$x_6 = 75\,924.00$	是	$x_{16} = 71\,766.00$	是	$x_{26} = 70\,241.30$	否
$x_7 = 69\,092.30$	是	$x_{17} = 72\,541.30$	否	$x_{27} = 72\,793.90$	否
$x_8 = 71\,404.40$	是	$x_{18} = 64\,980.00$	是	$x_{28} = 70\,979.40$	是
$x_9 = 70\,957.70$	是	$x_{19} = 71\,932.60$	是	$x_{29} = 75\,860.90$	是
$x_{10} = 75\,109.70$	是	$x_{20} = 72\,973.00$	是	$x_{30} = 77\,309.10$	否

为了估计总体中完成管理培训计划的管理人员所占比率 p，我们使用与之对应的样本比率 $\bar{p}$。令 x 表示样本中完成管理培训计划的管理人员的人数。表 7-2 中数据显示，$x = 19$，样本容量 $n = 30$，从而样本比率为：

$$\bar{p} = \frac{x}{n} = \frac{19}{30} = 0.63$$

通过上述计算，我们完成了被称为**点估计**的统计过程。我们称样本均值 $\bar{x}$ 为总体均值 μ 的**点估计量**（point estimator），称 s 为总体标准差 σ 的点估计量，称样本比率 $\bar{p}$ 为总体比率 p 的点估计量。$\bar{x}$、s 和 $\bar{p}$ 的数值称为**点估计值**（point estimate）。于是，对于由表 7-2 所列出的 30 名 EAI 管理人员组成的简单随机样本，71 814 美元是 μ 的点估计值，3 348 美元是 σ 的点估计值，0. 63 是 p 的点估计值。表 7-3 总结了这些样本结果，并且将点估计值与总体参数的真值做了对比。

表 7-3　30 名 EAI 管理人员组成的简单随机样本中点估计值的小结

总体参数	参数值	点估计量	点估计值
μ——年薪的总体均值	71 800 美元	$\bar{x}$——年薪的样本均值	71 814 美元
σ——年薪的总体标准差	4 000 美元	s——年薪的样本标准差	3 348 美元
p——已完成管理培训计划的总体比率	0. 60	$\bar{p}$——已完成管理培训计划的样本比率	0. 63

从表 7-3 可见，点估计值与总体参数的真值在某种程度上是有差异的。这个差异是可以预期的，因为在进行点估计时用的是来自总体的样本而不是对整个总体的普查。在第 8 章中，我们将说明如何构造区间估计，以便提供关于点估计值与总体参数差异大小的信息。

应用中的建议

本书的其余部分大都是关于统计推断的内容，点估计是统计推断的一种形式。我们使用样本统计量对总体参数进行推断。当根据样本对总体进行推断时，抽样总体和目标总体之间具有密切的对应关系是非常重要的。**目标总体**（target population）是指我们想要推断的总体，抽样总体是指实际抽取样本的总体。在本节我们描述了从 EAI 管理人员总体中抽取简单随机样本的过程，并且对这一总体的特征进行点估计，因此抽样总体与目标总体是同一个，这正是我们所期望的。但是，在其他情形下，我们并不总是容易得到具有密切对应关系的抽样总体和目标总体。

比如在游乐园的例子中，游乐园选取游客组成一个样本，了解诸如游客的年龄和游园时间这样一些特征。假定所有样本中的个体都选自同一天，而这天仅对某个企业的员工开放。那么，抽样总体应该由该企业的雇员及其家庭成员构成。如果我们想要推断的目标总体是某年夏季时游乐园的游客，那么我们面对的抽样总体与目标总体存在显著差异。在这种情形下，我们对所做的点估计的有效性产生怀疑。游乐园管理者必须明确取自某一天的样本是否可以看作目标总体的一个代表。

总之，当利用样本去推断总体时，我们应该确保所设计的研究中抽样总体与目标总体是高度一致的。良好的判断是合理应用统计方法的基础。

练　习

方法

12. 就某一问题对由 150 人组成的样本进行调查，结果为：75 人表示同意，55 人表示反对，20 人表示弃权。

    a. 总体中表示同意的人的比率的点估计值是多少？

    b. 总体中表示反对的人的比率的点估计值是多少？

应用

14. 晨星公布了 1 208 家企业的股票信息数据。这些股票中的 40 只组成一个样本，存放在数据文件 Morningstar 中，利用 Morningstar 数据集回答下列问题。

    a. 求晨星股票中达到最高评级 5 星的股票所占比率的点估计。

    b. 求晨星股票中商业风险评级高于平均水平的股票所占比率的点估计。

    c. 求晨星股票中评级不高于 2 星的股票所占比率的点估计。

16. 从美国 50 岁及以上的成年人中选取 426 人组成一个样本，询问他们"下一次总统选举中，你最关心的问题是什么？"。

    a. 研究中的抽样总体是什么？

    b. 受访者中有 350 人认为社会医疗保险是最为重要的。试估计美国 50 岁及以上的成年人中认为社会医疗保险最为重要的人所占的比率。

    c. 74% 的受访者认为教育是最为重要的。试估计认为教育最为重要的受访者有多少人?

d. 受访者中有354人认为增加就业是最为重要的。试估计美国 50 岁及以上的成年人中认为增加就业最为重要的人所占的比率。

e. 在 (b) 和 (d) 的推断中, 目标总体是什么? 与 (a) 中的抽样总体相同吗? 假定你后来获悉, 样本局限在美国退休人员协会成员中。你仍然认为 (b) 和 (d) 中的推断有效吗? 为什么?

7.4 抽样分布简介

在上一节, 我们说样本均值 $\bar{x}$ 是总体均值 μ 的点估计, 样本比率 $\bar{p}$ 是总体比率 p 的点估计。表 7-2 中的 30 名 EAI 管理人员组成一个简单随机样本, μ 的点估计值 $\bar{x}=71\ 814$ 美元, p 的点估计值 $\bar{p}=0.63$。假定我们选取另一个由 30 名 EAI 管理人员组成的简单随机样本, 得到如下点估计值:

样本均值: $\bar{x}=72\ 670$ (美元)

样本比率: $\bar{p}=0.70$

注意, 我们得到了不同的 $\bar{x}$ 和 $\bar{p}$ 的值。的确, 不能预期由 30 名 EAI 管理人员组成的第二个简单随机样本与第一个简单随机样本所得到的点估计值相同。

现在, 假定将选取 30 名管理人员组成一个简单随机样本的过程一而再, 再而三地进行下去, 每次都计算 $\bar{x}$ 和 $\bar{p}$ 的值。表 7-4 是 500 个这样的简单随机样本所得到的部分结果。表 7-5 给出的是 500 个 $\bar{x}$ 值的频数及频率分布。图 7-1 是 $\bar{x}$ 的相对频率直方图。

表 7-4　由 30 名 EAI 管理人员组成的 500 个简单随机样本的 $\bar{x}$ 和 $\bar{p}$

样本编号	样本均值/美元 ($\bar{x}$)	比率 ($\bar{p}$)	样本编号	样本均值/美元 ($\bar{x}$)	比率 ($\bar{p}$)
1	71 814	0.63	4	71 588	0.53
2	72 670	0.70	⋮	⋮	⋮
3	71 780	0.67	500	71 752	0.50

表 7-5　由 30 名 EAI 管理人员组成的 500 个简单随机样本的 $\bar{x}$ 的频数和相对频率

年薪均值/美元	频数	相对频率	年薪均值/美元	频数	相对频率
69 500.00~69 999.99	2	0.004	72 000.00~72 499.99	110	0.220
70 000.00~70 499.99	16	0.032	72 500.00~72 999.99	54	0.108
70 500.00~70 999.99	52	0.104	73 000.00~73 499.99	26	0.052
71 000.00~71 499.99	101	0.202	73 500.00~73 999.99	6	0.012
71 500.00~71 999.99	133	0.266	合计　500		1.000

在第 5 章中, 我们将随机变量定义为对试验结果的数值描述。如果我们将抽取一个简单随机样本的过程看作一个试验, 则样本均值 $\bar{x}$ 就是对试验结果的一个数值描述。从而, 样本均值 $\bar{x}$ 是一个随机变量。因此, 就像其他随机变量一样, $\bar{x}$ 有均值或数学期望、标准差和概率分布。在不同的简单随机样本中, $\bar{x}$ 的取值也有各种可能的结果, 我们称 $\bar{x}$ 的概率分布为 $\bar{x}$ 的**抽样分布** (sample distribution)。抽样分布的知识和性质使我们能够对样本均值 $\bar{x}$ 与总体均值 μ 的接近程度做一个概率度量。[⊖]

回到图 7-1, 我们需要列举出所有可能的由 30 名管理人员组成的样本, 并计算每个样本均值从而确定 $\bar{x}$ 的抽样分布。500 个 $\bar{x}$ 值的直方图是对抽样分布的一个近似。从这个近似可见, 分布形状是钟形的。我们还注意到, 绝大部分 $\bar{x}$ 的取值聚集在一起, 500 个 $\bar{x}$ 值的均值在总体均值 $\mu=71\ 800$ 美元附

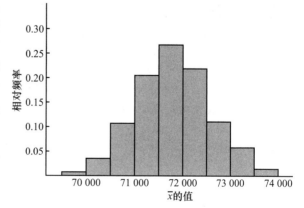

图 7-1　500 个样本容量为 30 的简单随机样本的 $\bar{x}$ 值的相对频率直方图

⊖ 在以下各章资料里, 对内容的理解能力很大程度上依赖于对本章中所介绍的抽样分布的理解和运用能力。

近。在下一节中，我们将更全面地描述 $\bar{x}$ 的抽样分布的性质。

样本比率 $\bar{p}$ 的 500 个值的相对频率直方图汇总在图 7-2 中。与 $\bar{x}$ 的情形一样，$\bar{p}$ 是一个随机变量。如果从总体中将容量为 30 的所有可能的样本都选出，并且计算每个样本的 $\bar{p}$ 值，所得到的概率分布叫作 $\bar{p}$ 的抽样分布。图 7-2 是 500 个样本的样本比率的相对频率直方图，它给出了 $\bar{p}$ 的抽样分布的一般外形特点。

在实践中，我们只从总体中抽取一个简单随机样本。在本节我们将抽样过程简单地重复进行了 500 次，仅仅是为了说明可能取得多种不同的样本，而且不同的样本得到的样本统计量 $\bar{x}$ 和 $\bar{p}$ 的值也是不尽相同的。任何特定的样本统计量的概率分布称为该统计量的抽样分布。我们将在第 7.5 节中说明 $\bar{x}$ 的抽样分布的特征，在第 7.6 节中说明 $\bar{p}$ 的抽样分布的特征。

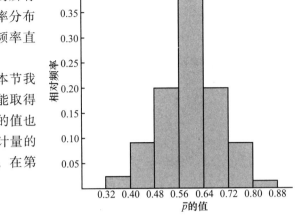

图 7-2　500 个样本容量为 30 的简单随机样本的 $\bar{p}$ 值的相对频率直方图

7.5　$\bar{x}$ 的抽样分布

在上一节中，我们说样本均值 $\bar{x}$ 是一个随机变量，称它的概率分布为 $\bar{x}$ 的**抽样分布**。

> **$\bar{x}$ 的抽样分布**
> $\bar{x}$ 的抽样分布是样本均值 $\bar{x}$ 的所有可能值的概率分布。

本节描述 $\bar{x}$ 的抽样分布的性质。与我们研究的其他概率分布一样，$\bar{x}$ 的抽样分布有均值或数学期望、标准差以及形状或形态特征。我们首先考虑 $\bar{x}$ 所有可能值的均值，即 $\bar{x}$ 的数学期望。

7.5.1　$\bar{x}$ 的数学期望

在 EAI 抽样问题中，我们看到不同的简单随机样本得出的样本均值 $\bar{x}$ 是不同的。因为随机变量 $\bar{x}$ 可能有许多不同的值，所以我们关心的是由大量简单随机样本产生的 $\bar{x}$ 的所有可能值的均值。随机变量 $\bar{x}$ 的均值是 $\bar{x}$ 的数学期望。令 $E(\bar{x})$ 表示 $\bar{x}$ 的数学期望，μ 表示我们抽取简单随机样本时总体的均值。对简单随机抽样，可以证明 $E(\bar{x})$ 与 μ 相等。

> **$\bar{x}$ 的数学期望**[⊖]
> $$E(\bar{x}) = \mu \qquad\qquad (7\text{-}1)$$
> 式中，$E(\bar{x})$ 为 $\bar{x}$ 的数学期望；μ 为总体均值。

该结果说明，对于简单随机抽样，$\bar{x}$ 的抽样分布的均值或数学期望等于总体均值。在第 7.1 节，我们看到 EAI 管理人员总体的年薪均值 $\mu=71\,800$ 美元。于是，根据式（7-1），EAI 研究中样本均值所有可能值的均值也等于 71 800 美元。

当点估计量的期望值等于总体参数时，我们称这个点估计量是**无偏的**（unbiased）。由式（7-1）可见，$\bar{x}$ 是总体均值 μ 的无偏估计量。

7.5.2　$\bar{x}$ 的标准差

采用以下记号，我们给出 $\bar{x}$ 的抽样分布的标准差的定义。

⊖　$\bar{x}$ 的数学期望等于抽样总体的均值。

$$\sigma_{\bar{x}}——\bar{x} \text{ 的标准差}$$
$$\sigma——总体标准差$$
$$n——样本容量$$
$$N——总体容量$$

可以证明，$\bar{x}$ 的标准差公式与总体是否有限有关。下面给出 $\bar{x}$ 的标准差的两个公式。

$\bar{x}$ 的标准差

有限总体　　　无限总体

$$\sigma_{\bar{x}} = \sqrt{\frac{N-n}{N-1}}\left(\frac{\sigma}{\sqrt{n}}\right) \qquad \sigma_{\bar{x}} = \frac{\sigma}{\sqrt{n}} \tag{7-2}$$

比较式（7-2）中的两个公式，我们看到对有限总体需要系数 $\sqrt{(N-n)/(N-1)}$，而无限总体则不需要该系数，通常称该系数为**有限总体修正系数**（finite population correction factor）。在许多实际抽样中，我们发现虽然总体是有限的，但容量很"大"，相对而言样本容量很"小"，这时有限总体修正系数 $\sqrt{(N-n)/(N-1)}$ 趋近于 1，可以忽略有限总体 $\bar{x}$ 的标准差与无限总体 $\bar{x}$ 的标准差之间的差别。于是，虽然总体有限，但可以用 $\sigma_{\bar{x}} = \sigma/\sqrt{n}$ 作为 $\bar{x}$ 的标准差的一个很好的近似。由此观察可以得出下面计算 $\bar{x}$ 的标准差的一般指导方针或经验法则。

计算 $\bar{x}$ 的标准差的公式

$$\sigma_{\bar{x}} = \frac{\sigma}{\sqrt{n}} \tag{7-3}$$

当①总体是无限的；②总体是有限的，但样本容量不大于总体容量的5%，即 $n/N \leqslant 0.05$ 时，上式成立。

当 $n/N > 0.05$ 时，使用式（7-2）中有限总体的公式计算 $\sigma_{\bar{x}}$。除非特别说明，本书中我们假定总体容量足够"大"，使得 $n/N \leqslant 0.05$，可以用式（7-3）计算 $\sigma_{\bar{x}}$。⊖

为了计算 $\sigma_{\bar{x}}$，必须已知总体标准差 σ。为了更加强调 $\sigma_{\bar{x}}$ 与 σ 的不同，我们称 $\bar{x}$ 的标准差 $\sigma_{\bar{x}}$ 为均值的**标准误差**（standard error）。一般地，标准误差指的是点估计量的标准差。随后我们将看到，均值的标准误差有助于确定样本均值与总体均值的偏离程度。回到 EAI 的例子中，对于 30 名 EAI 管理人员组成的简单随机样本，计算均值的标准误差。

在第 7.1 节，我们看到总体由 2 500 名 EAI 管理人员组成，年薪的标准差 $\sigma = 4\,000$ 美元。这时，总体是有限的，$N = 2\,500$。当样本容量为 30 时，有 $n/N = 30/2\,500 = 0.012$。因为样本容量小于总体容量的5%，所以可以忽略有限总体修正系数，采用式（7-3）计算标准误差。

$$\sigma_{\bar{x}} = \frac{\sigma}{\sqrt{n}} = \frac{4\,000}{\sqrt{30}} = 730.3(\text{美元})$$

7.5.3　$\bar{x}$ 的抽样分布的形式

前面关于 $\bar{x}$ 的抽样分布的数学期望和标准差的结论适用于所有的总体。$\bar{x}$ 的概率分布的形式或者形态是确定 $\bar{x}$ 抽样分布特征的最后一步。考虑以下两种情形：①总体服从正态分布；②总体不服从正态分布。

总体服从正态分布　在许多情况下，有理由假设我们抽取随机样本的总体服从正态分布或近似服从正态分布。当总体服从正态分布时，在任何样本容量下 $\bar{x}$ 的抽样分布都是正态分布。

总体不服从正态分布　当我们抽取随机样本的总体不服从正态分布时，**中心极限定理**（central limit theorem）能帮助我们确定 $\bar{x}$ 的抽样分布的形状。中心极限定理在 $\bar{x}$ 抽样分布中的应用如下所述。

⊖　问题 21 中表明，当 $n/N \leqslant 0.05$ 时，有限总体修正系数对 $\sigma_{\bar{x}}$ 的值几乎不产生影响。

中心极限定理
从总体中抽取容量为 n 的简单随机样本，当样本容量很大时，样本均值 $\bar{x}$ 的抽样分布近似服从正态分布。

图 7-3 说明中心极限定理对于三个不同总体的作用，每列对应一个总体。最上面的图显示总体都是非正态的。总体 I 服从均匀分布。总体 II 经常被称为兔耳形分布，它是对称的，但是绝大部分值落在分布的尾端。总体 III 的形状与指数分布相似，是右偏的。

图 7-3 最后三行中的图给出了当样本容量分别为 $n=2$，$n=5$ 和 $n=30$ 时抽样分布的形状。当样本容量为 2 时，我们看到每个抽样分布的外形开始呈现出与总体分布不同的外形。当样本容量为 5 时，我们看到与总体 I 和总体 II 所对应的抽样分布的形状开始看上去与正态分布的形状类似。与总体 III 所对应的抽样分布的形态虽然开始看上去与正态分布的形状类似，但仍呈现右偏。最后，当样本容量为 30 时，我们看到三个抽样分布的形态都近似于正态分布。

从应用者的角度看，样本容量应该达到多大时，我们才可以应用中心极限定理？样本容量应该达到多大时，才能够假定抽样分布的形态是近似正态的呢？统计研究人员通过分析各种总体不同样本容量下 $\bar{x}$ 的抽样分布，对该问题进行了研究。在一般的统计实践中，对于大多数应用，假定当样本容量大于或等于 30 时，$\bar{x}$ 的抽样分布可用正态分布近似。当总体是严重偏态或者出现异常点时，可能需要样本容量达到 50。最后，当总体为离散型时，正态近似中所需样本容量一般依赖于总体的比例。在第 7.6 节中研究 $\bar{p}$ 的抽样分布时，我们会对该问题进行更深入的讨论。

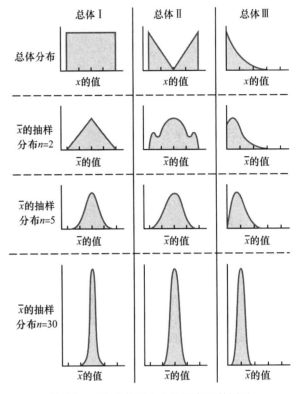

图 7-3 三个总体下中心极限定理的图示

7.5.4 EAI 问题中 $\bar{x}$ 的抽样分布

我们回到 EAI 问题中，先前给出了 $E(\bar{x})=71\ 800$ 美元，$\sigma_{\bar{x}}=730.3$。从这个角度讲，我们没有关于总体分布的任何信息，总体可能是，也可能不是正态分布。如果总体分布是正态分布，则 $\bar{x}$ 的抽样分布是正态分布；如果总体分布不是正态分布，由于我们使用的是 30 名管理人员组成的一个简单随机样本，根据中心极限定理，我们得到结论：$\bar{x}$ 的抽样分布可以用正态分布近似。在任何一种情况下，我们都很容易地得到结论：$\bar{x}$ 的抽样分布可以用图 7-4 中的正态分布描述。

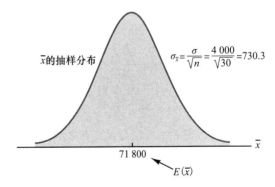

图 7-4 30 名管理人员的简单随机样本年薪均值 $\bar{x}$ 的抽样分布

7.5.5 $\bar{x}$ 的抽样分布的实际应用

当抽取一个简单随机样本，用样本均值 $\bar{x}$ 的值估计总体均值 μ 时，我们不能希望样本均值恰好与总体均值相等。我们对 $\bar{x}$ 的抽样分布感兴趣的实际原因是，它可以用来提供样本均值 $\bar{x}$ 的值和总体均值 μ 的值之间差异的概率信息。为了证明这一用途，我们仍回到 EAI 问题中去。

假定人事部经理认为当样本均值在总体均值附近 ±500 美元以内时，样本均值是总体均值的一个可接受的估计值。当然，并不能确保样本均值在总体均值附近 ±500 美元以内。事实上，表 7-5 和图 7-1 显示 500 个样本均值中有一部分与总体均值的差异是在 2 000 美元以上的。以概率的术语来讲，人事部经理关心的是如下问题：根据 30

名 EAI 管理人员组成的简单随机样本，得到的样本均值在总体均值附近±500 美元以内的概率有多大？

我们已经确定了 $\bar{x}$ 的抽样分布的性质（见图 7-4），可以用该分布回答概率问题。$\bar{x}$ 的抽样分布如图 7-5 所示。当总体均值为 71 800 美元，人事部经理关心的是样本均值介于 71 300~72 300 的概率。如图 7-5 所示的抽样分布中阴影部分的面积恰好给出了这个概率值。由于抽样分布是正态分布，均值为 71 800 美元，标准差为 730.3 美元，我们用标准正态概率表来查找此概率或面积。

我们首先计算区间右端点（72 300）对应的 z 值，并通过查表得到曲线下方该点左侧区域（左尾部）的面积。然后，我们再计算区间左端点（71 300）对应的 z 值，并通过查表得到曲线下方该点左侧区域（左尾部）的面积。从前者中减去后者，即得到所求概率。

当 $\bar{x}=72\ 300$ 美元时，有：

$$z = \frac{72\ 300 - 71\ 800}{730.3} = 0.68$$

查标准正态概率分布表，得到累积概率（$z=0.68$ 左侧的面积）等于 0.751 7。

当 $\bar{x}=71\ 300$ 美元时，有：

$$z = \frac{71\ 300 - 71\ 800}{730.3} = -0.68$$

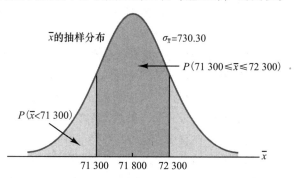

图 7-5　样本均值在总体均值附近±500 美元以内的概率

曲线下 $z=-0.68$ 左侧的面积为 0.248 3。于是，$P\{71\ 300 \leqslant \bar{x} \leqslant 72\ 300\} = P\{z \leqslant 0.68\} - P\{z \leqslant -0.68\} = 0.751\ 7 - 0.248\ 3 = 0.503\ 4$。

上述计算说明，由 30 名 EAI 管理人员组成的一个简单随机样本中，以 0.503 4 的可靠性保证样本均值 $\bar{x}$ 在总体均值附近±500 美元以内，即样本均值 $\bar{x}$ 与总体均值 $\mu = 71\ 800$ 的差异大于 500 美元的概率为 $1 - 0.503\ 4 = 0.496\ 6$。换言之，由 30 名 EAI 管理人员组成的简单随机样本中，大约有 50：50 的机会使得样本均值在认可的范围（总体均值附近±500 美元）以内，也许应该考虑增加样本容量。我们通过考虑样本容量与抽样分布的关系来研究这一可能性。[一]

7.5.6　样本容量与 $\bar{x}$ 的抽样分布的关系

假定在 EAI 的抽样问题中，我们最初选取的不是 30 名 EAI 管理人员而是 100 名 EAI 管理人员组成一个简单随机样本。直觉上，似乎样本容量越大提供的数据越多，用 $n=100$ 时的样本均值估计总体均值应该比用 $n=30$ 的样本均值估计总体均值更好。为了说明更好的程度，我们考虑样本容量与 $\bar{x}$ 的抽样分布的关系。

首先注意到 $E(\bar{x})=\mu$ 与样本容量无关，$\bar{x}$ 所有可能值的均值等于总体均值，与样本容量 n 无关。然而，均值的标准误差 $\sigma_{\bar{x}} = \sigma/\sqrt{n}$，与样本容量的平方根有关。当样本容量增加时，均值的标准误差 $\sigma_{\bar{x}}$ 减小。当 $n=30$ 时，EAI 问题中均值的标准误差为 730.3，然而当样本容量增加到 $n=100$ 时，均值的标准差减少到：

$$\sigma_{\bar{x}} = \frac{\sigma}{\sqrt{n}} = \frac{4\ 000}{\sqrt{100}} = 400$$

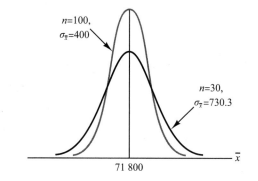

图 7-6　当 $n=30$ 和 $n=100$ 时 EAI 管理人员组成的简单随机样本中 $\bar{x}$ 抽样分布的对比

$n=30$ 和 $n=100$ 时 $\bar{x}$ 的抽样分布如图 7-6 所示。由于 $n=100$ 时的抽样分布有更小的标准误差，$\bar{x}$ 的值具有更小的变异性，比 $n=30$ 时 $\bar{x}$ 的值更接近总体均值。

[一]　$\bar{x}$ 的抽样分布可用于提供样本均值 $\bar{x}$ 与总体均值 μ 的接近程度的概率信息。

对于由 100 名 EAI 管理人员组成的一个简单随机样本，此时 $n = 100$，利用 $\bar{x}$ 的抽样分布可以计算样本均值在总体均值附近 ±500 美元以内的概率。由于抽样分布是正态的，均值为 71 800 美元，标准误差为 400 美元，由标准正态概率表可查得此概率。

当 $\bar{x} = 72\,300$ 美元时（见图 7-7），有：

$$z = \frac{72\,300 - 71\,800}{400} = 1.25$$

查标准正态概率表，得到与 $z = 1.25$ 对应的累积概率为 0.894 4。

当 $\bar{x} = 71\,300$ 美元时，有：

$$z = \frac{71\,300 - 71\,800}{400} = -1.25$$

与 $z = -1.25$ 相对应的累积概率为 0.105 6。于是，$P\{71\,300 \leqslant \bar{x} \leqslant 72\,300\} = P\{z \leqslant 1.25\} - P\{z \leqslant -1.25\} = 0.894\,4 - 0.105\,6 = 0.788\,8$。因而，随着样本容量从 30 名 EAI 管理人员增加到 100 名，样本均值在总体均值附近 ±500 美元以内的概率从 0.503 4 增加到 0.788 8。

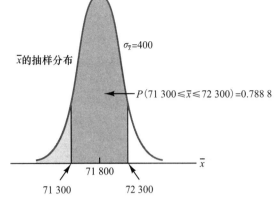

图 7-7　当样本容量 $n = 100$ 时 EAI 管理人员组成的简单随机样本的样本均值落在总体均值附近 ±500 美元以内的概率

该讨论的重点是随着样本容量的增加，均值的标准误差在减少。结果，样本容量越大，样本均值落在总体均值附近某一特定范围内的概率也越大。

注释和评论

1. 我们基于总体均值 $\mu = 71\,800$ 美元和总体标准差 $\sigma = 4\,000$ 美元是已知的事实，在 EAI 问题中得到 $\bar{x}$ 的抽样分布。然而，用于确定 $\bar{x}$ 的抽样分布所需要的总体均值 μ 和总体标准差 σ 的值通常是未知的。在第 8 章中，我们将给出当 μ 和 σ 未知时，如何利用样本均值 $\bar{x}$ 和样本标准差 s。

2. 中心极限定理的理论证明中，要求样本中的观察值是独立的。自无限总体和有限总体的有放回抽样所得到的样本，都是满足该条件的。虽然中心极限定理没有直接要求自有限总体的抽样是有放回的，但是一般统计应用中，只有在总体容量较大的情形下，才使用中心极限定理的结果。

练习

方法

18. 总体均值为 200，标准差为 50。从中抽取 $n = 100$ 的样本，并利用样本均值 $\bar{x}$ 估计总体均值。
    a. $\bar{x}$ 的数学期望是多少？
    b. $\bar{x}$ 的标准差是多少？
    c. $\bar{x}$ 的抽样分布是什么？
    d. $\bar{x}$ 的抽样分布说明什么？

20. 假定总体标准差 $\sigma = 25$，计算当 $n = 50$，100，150 和 200 时均值的标准误差 $\sigma_{\bar{x}}$。当样本容量增加时，均值的标准误差如何变化？

应用

22. EAI 抽样问题中，假定由 60 名管理人员组成一个简单随机样本。
    a. 当简单随机样本的样本容量为 60 时，简述 $\bar{x}$ 的抽样分布。
    b. 当简单随机样本的样本容量为 120 时，$\bar{x}$ 的抽样分布如何变化？
    c. 随着样本容量的增加，你认为 $\bar{x}$ 的抽样分布通常发生怎样的变化？这看上去合乎逻辑吗？为什么？

24. 据《巴伦周刊》报道，个人失业的平均时间为 17.5 周。假设由全体失业者组成的总体中，失业时间的总体均值是 17.5 周，总体标准差为 4 周。假设你想要选取 50 名失业人员组成一个随机样本进行后续研究。
    a. 求 $\bar{x}$ 的抽样分布，其中 $\bar{x}$ 是样本中 50 名失业人员的样本均值。
    b. 50 名失业人员组成的简单随机样本中，样本均值落在总体均值附近 ±1 周以内的概率是多少？

c. 50 名失业人员组成的简单随机样本中，样本均值落在总体均值附近 ±1/2 周以内的概率是多少？

26. 《华尔街日报》称，税前收入在 30 000 ~ 60 000 美元的纳税人中有 33% 在联邦所得税申报表中有分项扣减项目。这一纳税人总体的平均扣减额为 16 642 美元。假定标准差 $\sigma = 2\,400$ 美元。

a. 由这一收入组有分项扣减项目的纳税人组成一个样本，对以下样本容量，分别计算样本均值在总体均值附近 ±200 美元以内的概率，$n = 30$，50，100 和 400。

b. 当试图估计总体均值时，大样本的好处是什么？

28. 加利福尼亚州年降水量的均值为 56 厘米，纽约州年降水量的均值为 107 厘米。假定每个州年降水量的标准差均为 10 厘米。选取加利福尼亚州 30 年的降水量组成一个样本，选取纽约州 45 年的降水量组成另一个样本。

a. 求加利福尼亚州年降水量的样本均值的概率分布。

b. 对于加利福尼亚州，样本均值在总体均值附近 ±2.5 厘米以内的概率是多少？

c. 对于纽约州，样本均值在总体均值附近 ±2.5 厘米以内的概率是多少？

d. 在（b）和（c）中，哪种情形下样本均值在总体均值附近 ±2.5 厘米以内的概率更大？为什么？

30. 4 000 名雇员组成一个总体，从中选取 40 名雇员组成一个简单随机样本，用于估计平均年龄。

a. 在计算均值的标准误差时，你是否要用有限总体修正系数？为什么？

b. 若总体标准差 $\sigma = 8.2$ 年，计算均值的标准误差。计算中分别使用有限总体修正系数和不用有限总体修正系数这两种方法。当 $n/N \leq 0.05$ 时，忽略有限总体修正系数的理由是什么？

c. 雇员年龄的样本均值落在总体均值附近 ±2 年以内的概率为多少？

7.6　$\bar{p}$ 的抽样分布

样本比率 $\bar{p}$ 是总体比率 p 的点估计。样本比率的计算公式为：

$$\bar{p} = \frac{x}{n}$$

式中，x 为样本中具有感兴趣特征的个体的个数；n 为样本容量。

正如第 7.4 节所述，样本比率 $\bar{p}$ 是一个随机变量，它的概率分布称为样本比率 $\bar{p}$ 的抽样分布。

> **$\bar{p}$ 的抽样分布**
> $\bar{p}$ 的抽样分布是样本比率 $\bar{p}$ 的所有可能值的概率分布。

为了确定样本比率 $\bar{p}$ 与总体比率 p 的接近程度，我们需要了解 $\bar{p}$ 的抽样分布的性质：$\bar{p}$ 的数学期望、$\bar{p}$ 的标准差以及 $\bar{p}$ 的抽样分布的形状或形态。

7.6.1　$\bar{p}$ 的数学期望

$\bar{p}$ 的数学期望是 $\bar{p}$ 的所有可能值的均值，它与总体比率 p 相等。

> **$\bar{p}$ 的数学期望**
> $$E(\bar{p}) = p \tag{7-4}$$
> 式中，$E(\bar{p})$ 为 $\bar{p}$ 的数学期望；p 为总体比率。

由于 $E(\bar{p}) = p$，所以 $\bar{p}$ 是 p 的无偏估计量。在第 7.1 节中，我们已经注意到 EAI 的总体比率 $p = 0.6$，其中 p 表示管理人员中参加公司管理培训计划的总体比率。从而，在 EAI 的抽样问题中，$\bar{p}$ 的数学期望为 0.6。

7.6.2　$\bar{p}$ 的标准差

与样本均值 $\bar{x}$ 的标准差一样，我们发现 $\bar{p}$ 的标准差与总体是有限还是无限有关。下面给出计算 $\bar{p}$ 的标准差的两个公式。

$\bar{p}$ 的标准差

有限总体　　　　　　　　　　　　无限总体

$$\sigma_{\bar{p}} = \sqrt{\frac{N-n}{N-1}}\sqrt{\frac{p(1-p)}{n}} \qquad\qquad \sigma_{\bar{p}} = \sqrt{\frac{p(1-p)}{n}} \tag{7-5}$$

比较式（7-5）中的公式，可见不同之处仅仅在于是否使用有限总体修正系数 $\sqrt{(N-n)/(N-1)}$。

与样本均值 $\bar{x}$ 的情形一样，若有限总体的总体容量相对于样本容量足够大，有限总体与无限总体在表达式上的不同可以忽略不计。我们遵循与样本均值 $\bar{x}$ 的标准差相同的经验法则，即如果总体是有限的并且 $n/N \leqslant 0.05$，我们采用公式 $\sigma_{\bar{p}} = \sqrt{p(1-p)/n}$；然而，如果总体是有限的，但 $n/N > 0.05$，则需要采用有限总体修正系数。除非特别说明，本书中我们假定总体容量相对于样本容量很大，从而无须使用有限总体修正系数。

在第 7.5 节中，我们称 $\bar{x}$ 的标准差为均值的标准误差。一般，标准误差这一术语专指点估计量的标准差。因此，对于比率，我们称 $\bar{p}$ 的标准差为比率的标准误差。下面仍考虑 EAI 的例子，计算由 30 名 EAI 管理人员组成的简单随机样本中比率的标准误差。

在 EAI 问题中，我们已知管理人员中参加管理培训计划的总体比率 $p = 0.6$。由于 $n/N = 30/2\,500 = 0.012$，从而在计算 $\bar{p}$ 的标准误差时可以忽略有限总体修正系数。对由 30 名管理人员组成的简单随机样本，有：

$$\sigma_{\bar{p}} = \sqrt{\frac{p(1-p)}{n}} = \sqrt{\frac{0.60 \times (1-0.60)}{30}} = 0.089\,4$$

7.6.3　$\bar{p}$ 的抽样分布的形态

现在我们已经知道了 $\bar{p}$ 的抽样分布的均值和标准差，最后一步是确定抽样分布的形状或形态，样本比率为 $\bar{p} = x/n$。对于一个来自容量很大的总体的简单随机样本而言，样本中具有被关注特征的个体数目 x 是一个服从二项分布的随机变量。由于 n 是一个常数，因此 x/n 的概率等于 x 的二项概率。这就意味着 $\bar{p}$ 的抽样分布也是一个离散型概率分布，并且 x/n 取每个值的概率等于 x 的概率。

第 6 章已经证明，当样本容量足够大并且满足下面两个条件时：

$$np \geqslant 5 \text{ 和 } n(1-p) \geqslant 5$$

二项分布可以用正态分布来近似。假定上述两个条件都满足，则样本比率 $\bar{p} = x/n$ 中 x 的概率分布可以用正态分布来近似。由于 n 是一个常数，$\bar{p}$ 的抽样分布也可以用正态分布来近似。这一近似关系如下：

当 $np \geqslant 5$ 并且 $n(1-p) \geqslant 5$ 时，$\bar{p}$ 的抽样分布可以用正态分布近似。

在实际应用中，当对总体比率进行估计时，我们发现样本容量几乎总是足够大，从而允许对 $\bar{p}$ 的抽样分布进行正态近似。

回忆 EAI 的抽样问题，我们已经知道参加管理培训计划的管理人员的总体比率 $p = 0.6$。对于一个容量为 30 的简单随机样本，$np = 30 \times 0.6 = 18$，$n(1-p) = 30 \times 0.4 = 12$。因此，$\bar{p}$ 的抽样分布可以用如图 7-8 的正态分布近似。

7.6.4　$\bar{p}$ 的抽样分布的实际应用

$\bar{p}$ 的抽样分布的应用价值在于，它可以为样本比率与总体比率的差异程度提供概率信息。例如，假定在 EAI 问题中，人事部经理需要知道得到的 $\bar{p}$ 值在管理人员参加培训计划的总体比率 p 附

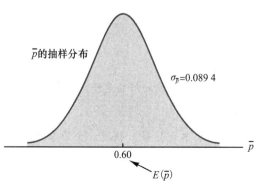

图 7-8　EAI 管理人员中参加管理培训
计划的比率 $\bar{p}$ 的抽样分布

近±0.05 以内的概率，即样本比率 $\bar{p}$ 介于 0.55~0.65 的概率。图 7-9 中深色阴影部分的面积即所求概率。既然 $\bar{p}$ 的抽样分布可用均值为 0.6，标准误差 $\sigma_{\bar{p}} = 0.089\,4$ 的正态分布近似，我们发现对应于 $\bar{p} = 0.65$ 的标准正态随机变量 $z = (0.65-0.6)/0.089\,4 = 0.56$。查标准正态概率表，可得与 $z = 0.56$ 相对应的累积概率为 0.712 3。类似地，当 $\bar{p} = 0.55$ 时，$z = (0.55-0.6)/0.089\,4 = -0.56$。查标准正态概率表，得到与 $z = -0.56$ 相对应的累积概率为 0.287 7。因此，选取一个样本，其样本比率 $\bar{p}$ 在总体比率 p 附近±0.05 以内的概率是 0.712 3-0.287 7 = 0.424 6。

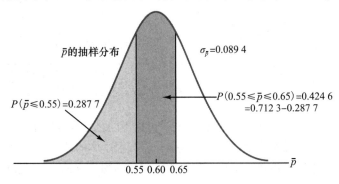

图 7-9　$\bar{p}$ 的值介于 $z = 0.55$ 到 $z = 0.65$ 之间的概率

如果我们考虑将样本容量增加到 $n = 100$，则比率的标准误差为：

$$\sigma_{\bar{p}} = \sqrt{\frac{0.60 \times (1 - 0.60)}{100}} = 0.049$$

对由 100 名 EAI 管理人员组成的样本，现在可以计算样本比率的值在总体比率 p 附近±0.05 以内的概率。由于抽样分布近似服从均值为 0.60，标准差为 0.049 的正态分布，我们可以查标准正态概率表得到该概率或面积。当 $\bar{p} = 0.65$ 时，$z = (0.65-0.6)/0.049 = 1.02$，查标准正态概率表，与 $z = 1.02$ 相对应的累积概率为 0.846 1。类似地，当 $\bar{p} = 0.55$ 时，$z = (0.55-0.6)/0.049 = -1.02$，与 $z = -1.02$ 相对应的累积概率为 0.153 9。因而如果样本容量从 30 增加到 100，那么样本比率 $\bar{p}$ 在总体比率 p 附近±0.05 以内的概率将增加到 0.846 1-0.153 9 = 0.692 2。

练习

方法

32. 总体比率为 0.4，从中选取一个样本容量为 200 的样本，用样本比率 $\bar{p}$ 估计总体比率。

   a. 样本比率 $\bar{p}$ 落在总体比率 p 附近±0.03 以内的概率是多少？

   b. 样本比率 $\bar{p}$ 落在总体比率 p 附近±0.05 以内的概率是多少？

34. 总体比率为 0.3，对下列样本容量，计算样本比率落在总体比率 p 附近±0.04 以内的概率。

   a. $n = 100$。

   b. $n = 200$。

   c. $n = 500$。

   d. $n = 1\,000$。

   e. 大样本容量的好处是什么？

应用

36. 据《华尔街日报》报道，企业家首次创业开办企业时，有 55% 的人的年龄不超过 29 岁，有 45% 的人的年龄大于 30 岁。假定选取 200 家企业组成一个样本，了解企业家的重要品质。

   a. 求 $\bar{p}$ 的抽样分布，其中 $\bar{p}$ 为企业家首次创业的年龄不超过 29 岁的样本比率。

   b. （a）中的样本比率在总体比率 p 附近±0.05 以内的概率是多少？

   c. 求 $\bar{p}$ 的抽样分布，其中 $\bar{p}$ 为企业家首次创业的年龄达到或超过 30 岁的样本比率。

   d. （c）中的样本比率在总体比率 p 附近±0.05 以内的概率是多少？

   e. （b）和（d）中的概率有不同吗？如果不同，为什么？

   f. 当样本容量为 400 时，回答（b）中的问题。概率更小吗？为什么？

38. 据《读者文摘》称有 42% 的初级保健医生认为患者接受了不必要的治疗。

   a. 假定选取 300 名初级保健医生组成一个样本，求医生中认为患者受到过度治疗的比率的抽样分布。

   b. 样本比率在总体比率 p 附近±0.03 以内的概率是多少？

   c. 样本比率在总体比率 p 附近±0.05 以内的概率是多少？

   d. 若增大样本容量，对（b）和（c）中的概率有何影响? 为什么?

40. 据美国百货制造商报道, 76% 的顾客阅读产品标签所列示的配方。假定总体比率 $p = 0.76$, 从总体中选取 400 名顾客组成一个样本。

a. 求 $\bar{p}$ 的抽样分布, 其中 $\bar{p}$ 是样本中阅读产品标签

所列示配方的顾客所占的比率。

b. 样本比率落在总体比率 p 附近 ±0.03 以内的概率是多少?

c. 当样本由 750 名顾客组成时, 回答 (b) 中的问题。

7.7 点估计的性质

在本章我们已经说明了样本统计量, 如样本均值 $\bar{x}$、样本标准差 s、样本比率 $\bar{p}$ 如何用作相应总体参数 μ、σ 和 p 的点估计量。直观上, 用这些样本统计量作为相应总体参数的点估计量是很有吸引力的。然而, 在一个样本统计量作为点估计量之前, 统计学家需要检查该样本统计量是否具有好的点估计量应具备的性质。在本节我们讨论一个好的点估计量应该具有的三条性质: 无偏性、有效性和一致性。

由于有许多不同的样本统计量可用作各种总体参数的点估计量, 因此在本节中我们采用如下这种一般的记号。

θ——感兴趣的总体参数

$\hat{\theta}$——样本统计量或 θ 的点估计量

符号 θ 是希腊字母, 读作 theta; 符号 $\hat{\theta}$ 读作 theta 尖。通常, θ 代表任一总体的参数, 比如总体均值、总体标准差和总体比率等; $\hat{\theta}$ 代表相应的样本统计量, 比如样本均值、样本标准差和样本比率。

7.7.1 无偏性

如果样本统计量的数学期望等于所估计的总体参数, 则称该样本统计量是相应总体参数的无偏估计量。

> **无偏性**
>
> 样本统计量 $\hat{\theta}$ 是总体参数 θ 的无偏估计量, 如果
> $$E(\hat{\theta}) = \theta$$
> 式中, $E(\hat{\theta})$ 代表样本统计量 $\hat{\theta}$ 的数学期望。

于是, 样本无偏统计量的所有可能值的数学期望或均值等于被估计的总体参数。

图 7-10 展示了有偏和无偏点估计量。在无偏估计量的图示中, 抽样分布均值与总体参数的值相等。此时, 由于有时点估计量大于 θ, 有时小于 θ, 因此估计的误差相抵。在有偏估计量的情形下, 抽样分布的均值大于或者小于总体参数的值。在图 7-10b 中, 由于 $E(\hat{\theta})$ 比 θ 大, 从而样本统计量以较大的概率高估总体参数值。偏离程度如图 7-10 所示。

在讨论样本均值和样本比率的抽样分布时, 我们证明了 $E(\bar{x}) = \mu$ 和 $E(\bar{p}) = p$。因此 $\bar{x}$ 和 $\bar{p}$ 都是相应总体参数 μ 和 p 的无偏估计量。

对于样本标准差 s 和样本方差 s^2, 可以证明 $E(s^2) = \sigma^2$, 因此样本方差 s^2 是总体方差 σ^2 的无偏估计量。实际上, 当我们在第 3 章中第一次给出样本方差和样本标准差的公式时, 分母是 $n-1$ 而不是 n, 用 $n-1$ 而不用 n 正是为了使样本方差是总体方差的无偏估计量。

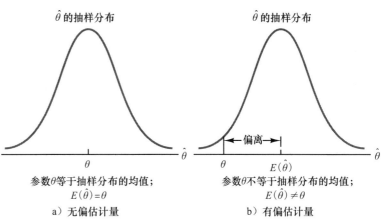

图 7-10 有偏与无偏点估计量的例子

7.7.2 有效性

假定一个简单随机样本由 n 个个体组成，给出了总体同一参数的两个不同的无偏点估计量。这时，我们倾向于采用标准误差较小的点估计量，因为它给出的估计值与总体参数更接近。称有较小标准误差的点估计量比其他点估计量更**相对有效**（relative efficiency）。

图 7-11 给出了两个无偏点估计量 $\hat{\theta}_1$ 和 $\hat{\theta}_2$ 的抽样分布。注意，由于 $\hat{\theta}_1$ 的标准误差比 $\hat{\theta}_2$ 的标准误差小，因此 $\hat{\theta}_1$ 的值比 $\hat{\theta}_2$ 的值接近参数 θ 的机会更大。[⊖]由于点估计量 $\hat{\theta}_1$ 的标准误差比点估计量 $\hat{\theta}_2$ 的标准误差小，因此 $\hat{\theta}_1$ 比 $\hat{\theta}_2$ 更相对有效，是更好的点估计量。

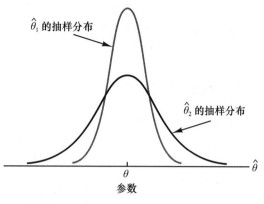

图 7-11　两个无偏点估计量的抽样分布

7.7.3 一致性

一个好的点估计应该具备的第三条性质是**一致性**（consistency）。粗略地讲，如果随着样本容量的增大，点估计量的值与总体参数越来越接近，则称该点估计量是一致的。换言之，大样本情形比小样本情形更易于得到一个好的点估计。注意，对样本均值 $\bar{x}$，我们可以证明 $\bar{x}$ 的标准误差 $\sigma_{\bar{x}} = \sigma/\sqrt{n}$。由于 $\sigma_{\bar{x}}$ 与样本容量相关，样本容量越大 $\sigma_{\bar{x}}$ 值越小，因此我们得出结论，大样本容量下所给出的点估计与总体均值 μ 更接近。从这个意义上，我们可以说样本均值 $\bar{x}$ 是总体均值 μ 的一个一致估计量。同理，我们也可以得出结论，样本比率 $\bar{p}$ 是总体比率 p 的一个一致估计量。

注释和评论

在第 3 章中，我们证明了均值和中位数是度量中心位置的两种方法。在本章中，我们只讨论了均值，因为在正态总体中总体均值与总体中位数是相等的，当从正态总体中抽样时，中位数的标准误差比均值的标准误差大将近 25%。回忆 EAI 问题，当 $n = 30$ 时，均值的标准误差 $\sigma_{\bar{x}} = 730.3$，此时中位数的标准误差大约为 $1.25 \times 730.30 = 913$。因此，样本均值更有效，以更高的概率落入总体均值附近的某一特定范围内。

7.8　其他抽样方法

作为自有限总体进行抽样的一种方法，我们已经描述了简单随机抽样，并且讨论了简单随机抽样中 $\bar{x}$ 和 $\bar{p}$ 的抽样分布的性质。除此之外，还有分层随机抽样、整群抽样和系统抽样等方法，在某些情况下，它们优于简单随机抽样。在本节我们简要介绍这些抽样方法。详细讨论见网上的第 22 章。[⊖]

7.8.1　分层随机抽样

在**分层随机抽样**（stratified random sampling）中，总体中的个体首先被分成称作层的组，总体中的每一个体属于且仅属于某一层。由抽样设计者自行进行层的划分，比如按照部门、位置、年龄、产业类型等进行划分。当每一层内的个体都尽可能地相似时，得到的结果最佳。图 7-12 是将一个总体分成 H 层的图示。

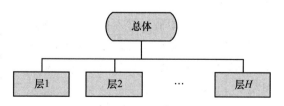

图 7-12　分层随机抽样的图示

分层以后，从每一层抽一个简单随机样本。将每层的样本的结果合并起来，利用公式对感兴趣的总体参数进行估计。分层随机抽样的值依赖于层内个体的同质性。如果层内的个体是同质的，该层有较低的方差，那么在相

⊖　当自正态总体抽样时，样本均值的标准误差比样本中位数的标准误差要小，因此样本均值比样本中位数有效。
⊖　本节对除简单随机抽样以外的其他抽样方法做一个简介。

对小的样本容量下便可获得层特征的一个好的估计。如果各层是同质的，那么分层随机抽样方法能在较小的样本容量下得到与简单随机抽样同样精确的结果。

7.8.2　整群抽样

在**整群抽样**（cluster sampling）中，总体中的个体首先被分成称作群的单个组，总体中的每一个个体属于且仅属于某一群（见图 7-13）。以群为单位抽取一个简单随机样本，抽出的群的所有个体组成一个样本。当群中的个体不同质时，整群抽样得到的结果最佳。在理想的状态下，每一群是整个总体小范围内的代表。整群抽样的值依赖于每一群对整个总体的代表性。如果所有的群在这个意义上是同质的，则抽取小量的群就可以得到关于总体参数的好的估计。

图 7-13　整群抽样的图示

整群抽样的基本应用之一是区域抽样，其中群为街区或以其他方式定义的区域。整群抽样通常比简单随机抽样或分层随机抽样所需样本容量要大。然而，事实上当派一个采访员去一个样本群（如城市路口）时，该方法可以在相对短的时间内获得许多样本观察值，从而节约费用。因此，该方法可以在更低的总成本下获得更大量的样本。

7.8.3　系统抽样

在某些抽样情况下，特别是对那些容量很大的总体，如果采取先找到一个随机数再计数，或在总体个体的清单中查找相应的个体来选取一个简单随机样本的话，是非常费时的。简单随机抽样的另一种替代方法为**系统抽样**（systematic sampling）。例如，如果希望从含 5 000 个个体的总体中选取样本容量为 50 的样本，我们从总体每 5 000/50 = 100 个个体中选出一个为样本点。在系统抽样情形下，即在总体清单的前 100 个个体中随机选取一个，然后从第一个已选出的个体开始，依次向下，在总体清单中每隔 100 个个体选取一个为样本点。实际上，从第一个选取的个体开始向后每隔 100 个个体选取一个作为样本点，便通过机械地在总体中移动得到 50 个样本点。通常，采用这种方法比用简单随机抽样方法来选取 50 个样本点要容易些。由于第一个被选中的个体是随机的，通常假定系统抽样具有简单随机抽样的性质。当总体中个体的排列是按照个体的随机顺序排列时，这一假设尤其适用。

7.8.4　方便抽样

以上讨论的抽样方法均属于概率抽样方法，从总体中选出的个体以已知的概率入选样本。概率抽样的优点在于样本统计量的抽样分布通常是已知的。本章所给出的简单随机抽样的公式可用于确定抽样分布的性质。于是，对基于样本结果推断总体时所产生的误差，可利用抽样分布做出概率解释。

方便抽样（convenience sampling）是一种非概率抽样方法。顾名思义，样本的确定主要是基于简便。样本中所包括的个体不是事先确定或按照已知概率选取的。例如，一名教授在某所大学做一项调查，由于学生中的志愿者已准备好并且参加该项调查无需或几乎不需要成本，故选择由他们组成样本。类似地，一个监督员可以从许多货运板条箱中随便选取橙子调查运输质量。显然，给每个橙子标签，用概率抽样方法是不现实的。再比如，野生动物营地的样本以及消费者研究中志愿者的面板数据都是方便样本。

方便抽样的优点在于，样本选择和收集数据相对容易。然而，从其对总体的代表性来讲，它不能用于估计样本的"拟合性"。一个方便样本可能得到好的结论，也可能不能。没有统计上公认的方法可用于对抽样结果的质量进行概率分析和推断。有时，研究者将概率抽样中所设计的统计方法用于方便抽样，认为可以将方便抽样视为概率抽样。然而，这种观点尚未得到认可，我们在用方便抽样的结果对总体进行推断时，在解释上要谨慎。

　　[⊖] 当每层中个体的方差相当小时，分层随机抽样的效果最好。
　　[⊜] 当每群是总体一个小范围的代表时，整群抽样的效果最好。

7.8.5 判断抽样

另一种非概率抽样方法为**判断抽样**（judgment sampling）。在这种抽样方法中，由对研究总体非常了解的人主观确定选择总体中他认为最具代表性的个体组成样本。通常，这种方法在选取样本时相对容易。例如，报告者可抽样两个或三个议员，认为这些议员的想法反映了全体议员的普遍意见。然而，抽样结果的质量依赖于选择样本的人的判断。同样，基于判断抽样对总体进行推断时，下结论的时候要特别小心。

注释和评论

当自有限总体进行抽样时，我们推荐采用下列概率抽样方法：简单随机抽样、分层随机抽样、整群抽样或系统抽样。对这些方法，有公式可用于评判抽样结果与总体特征的接近程度——"拟合度"。对方便抽样或者判断抽样而言，则不能评判抽样结果的"拟合度"。因而，对于由非概率抽样方法得到的结果，在解释上要特别小心。

7.9 大数据和抽样分布的标准误差

统计推断的目的是使用样本数据快速而低成本地了解总体的某些特征。因此，重要的是我们期望样本代表被调查的总体。在实践中，单个样本不可能完美代表我们抽样的总体，两者总是在一定程度上有所不同。样本不能代表总体的原因有二：抽样误差和非抽样误差。

7.9.1 抽样误差

样本不能代表抽样总体，或者说随机样本与抽样总体有差异，其中一个原因是**抽样误差**（sampling error）。如果我们在同一样本容量下反复从总体中采用概率抽样方法抽取独立的随机样本，那么平均来说样本是总体的代表。这正是随机选取样本数据的合理性。然而，随机选取样本数据并不能确保任意一个样本是总体的完美代表；当我们随机选取一个样本时，不能期望样本中的数据总是完美代表抽样总体。当我们选取一个随机样本时，抽样误差是不可避免的。当我们不想承担对总体进行普查的费用，而选取一个随机样本时，我们必须接受这种风险。

当利用样本数据估计总体均值 μ 和总体比率 p 时，如式（7-2）和式（7-5）所示，样本均值 $\bar{x}$ 和样本比率 $\bar{p}$ 的抽样分布的标准误差是对抽样误差的潜在反应。随着样本容量 n 的不断增大，极端值对统计量的潜在影响减小，于是样本产生的统计量的潜在值的波动不断减小，即抽样分布的标准误差就减小了。因为当利用样本数据估计总体均值 μ 和总体比率 p 时，标准误差是对抽样误差的潜在反应，所以对于极端大的样本容量，抽样误差的潜在反应微乎其微。

7.9.2 非抽样误差

虽然随着样本容量 n 的增大，抽样分布的标准误差不断减小，但是这并不意味着我们能够得到结论：极大的样本总是能够提供总体的可靠信息，这是因为抽样误差并不是样本不能代表目标总体的唯一原因。除了抽样误差之外，导致样本与总体不同的原因还有**非抽样误差**（nonsampling error）[⊖]。

考虑 PenningtonDailyTimes.com（PDT）在线新闻服务的问题。由于 PDT 的主要收入来源为广告销售收入，这家新闻服务机构为了提高其广告销售业绩，打算收集访问其网站的访问者行为的样本数据。潜在的广告客户愿意在访问时间较长的网站上发布广告，并向其支付一定的广告费用。因此，PDT 的管理者对消费者登录 PDT 网站的时长感兴趣。广告客户还关心 PDT 网站登录者点击网站广告的频率，因此 PDT 也对 PenningtonDailyTimes.com 网站的访问者是否点击了网站上的任何广告感兴趣。

PDT 应该向谁收集数据？应该收集目前 PenningtonDailyTimes.com 的访问者数据，还是尝试吸引新的访问者并收集他们的数据？如果收集新访问者的数据，它是否应该估测它从竞争对手的网站吸引来的访问者或不经常访问

⊖ 抽样和普查中都可能发生非抽样误差。

在线新闻网站的访问者在其网站上花费的时间。对这些问题的回答取决于 PDT 的研究目的。企业是试图评估目前的市场，还是评估其能从竞争对手那里吸引到的潜在访问者，抑或评估那些不经常从在线新闻网站获取新闻的个人对这个全新市场的潜力？如果研究目的和抽样总体不一致，那么 PDT 收集的数据无助于企业达到其研究目的。这类误差称作**覆盖误差**（coverage error）。

即使样本来自合适的总体，当目标总体中部分个体的代表性在样本中被系统地低估或高估时，也可能发生非抽样误差。这可能是因为研究设计有缺陷，或者是因为总体中的部分个体过于偏好或者排斥做出响应。假定 PDT 设置了一个弹出式问卷，当访问者离开 PenningtonDailyTimes.com 时弹出问卷。对那些安装了弹出窗口拦截器的访问者，其代表性会被低估；对那些没有安装弹出窗口拦截器的访问者，其代表性会被高估。如果 PenningtonDaily-Times.com 的访问者中，那些安装了弹出窗口拦截器的访问者的行为与没有安装弹出窗口拦截器的访问者的行为是不同的，那么试图利用这样的样本对 PDT 网站全体访问者的行为进行研究，结论可能是有误导性的。这类误差称作**无应答误差**（nonresponse error）。

非抽样误差的另一个潜在来源是对感兴趣的特征度量不准确。如果 PDT 提出的问题模棱两可或者让访问者难以理解，访问者的回答可能不能准确表达他的想法。例如，PDT 的问题是 "PenningtonDailyTimes.com 的新闻故事引人注目和准确吗？" 如果访问者认为 PenningtonDailyTimes.com 的新闻故事引人注目但有错误，或者认为 PenningtonDailyTimes.com 的新闻故事准确但沉闷，访问者可能不知道该如何回答。如果问题的提出有导向性或者倾向性，也会产生类似问题。例如，PDT 的问题是 "许多读者发现，PenningtonDailyTimes.com 的新闻故事引人注目又准确。你认为是这样吗？" PDT 在实际问题之前所做的限定性陈述可能会导致访问者偏向于正面回答。当访问者给出否定的回答，也会导致对感兴趣的特征测量不准确，这可能由于访问者的记性不好或者不愿意诚实作答。这类误差称作**测量误差**（measurement error）$^{\ominus}$。

非抽样误差可能将偏误引入利用样本得到的估计中，决策者利用样本数据在决策过程中会受到这种偏误的影响。不管样本容量是大还是小，当我们利用样本数据了解抽样总体时，我们都必须关注抽样的局限性。虽然随着样本容量的增大，抽样误差减小，但是即便是极端大的样本容量，非抽样误差仍然是不可避免的，因此，样本不能完美代表总体。抽样时，必须谨慎确保数据收集过程中非抽样误差尽可能地小。按照下列步骤，可以做到这一点。

- 在选取抽样数据之前，首先仔细定义目标总体，然后设定数据收集程序以便从目标总体进行概率抽样。
- 仔细设定数据选取程序，培训数据收集人员。
- 在最终数据收集之前，对数据收集程序进行预检验，识别和修正非抽样误差的潜在根源。
- 如果可以利用某个重要的数值型变量的总体水平上的信息，确保样本能代表总体的数量特征，则采用分层随机抽样。
- 如果总体可以被分成异质的组或者群，则采用整群抽样。
- 如果可以利用某个重要的数值型变量的总体水平上的信息，确保样本能代表总体的数量特征，则采用系统抽样。

最后，我们应该认识到每个随机样本（甚至是极端大的随机样本）都不可避免地会有一定程度的抽样误差，要剔除所有非抽样误差的潜在根源是不现实的。理解抽样的这些局限性，使我们在解读和利用样本数据对目标总体得出结论时更加求真务实。

7.9.3　大数据

据估测，目前世界范围内每天产生大约 2.5 百万兆字节的数据。从 1992 年的每天世界范围内产生 10 亿兆字节数据，到 1997 年的每小时世界范围内产生 10 亿兆字节数据，再到 2002 年的每秒世界范围内产生 10 亿兆字节数据，这是一个巨大的飞跃。每分钟，平均有 216 000 个帖子被发到 Instagram 上，有 204 000 000 封电子邮件被发送，有 12 小时的视频被上传到 YouTube，有 277 000 条推文被发到 Twitter 上。毫无疑问，现在大数据的生成势不

$\ominus$　由访问者引致的误差，或者数据记录和准备中的误差是另外类型的非抽样误差，这类误差分别称作访问者误差和操作误差。

可挡，而且预计这种趋势将会继续下去。

上面的每一种情况生成的数据集都非常大或复杂，以至于当前的数据处理能力和分析方法不足以分析这些数据。因此，上面的每种情况都是大数据的一个例子。除此以外还有很多其他的大数据来源。例如，传感器和移动设备传输大量的数据，互联网活动、数字处理和社会媒体互动也产生了大量的数据。

数据量增长如此之快，以至于我们必须扩展词汇表来描述数据集的大小。几年前，千万亿字节的数据量就让人感觉意想不到地大，但现在我们已经用尧字节来描述数据。表7-6汇总了描述数据集容量的术语。

表 7-6　描述数据集规模的术语

字节数量	计量单位	名称	字节数量	计量单位	名称
$1\,000^1$	KB	千字节	$1\,000^5$	PB	拍字节
$1\,000^2$	MB	兆字节	$1\,000^6$	EB	艾字节
$1\,000^3$	GB	十亿字节	$1\,000^7$	ZB	泽字节
$1\,000^4$	TB	万亿字节	$1\,000^8$	YB	尧字节

7.9.4　理解什么是大数据

产生大数据的过程可以用四个属性或维度来描述，即四个 V：

- **体积**（volume）——生成的数据的量。
- **变异性**（variety）——生成的数据在结构和类型上的多样性。
- **真实性**（veracity）——生成的数据的可靠性。
- **速度**（velocity）——数据生成的速度。

四个属性中只要有任何一个属性单独成立，就足以产生大数据。这些属性如果同时出现，产生的数据量可能会非常大。技术进步和电子（通常是自动化的）数据收集的改进，使得在相对较短的时间内收集数百万甚至数十亿的观测值变得轻而易举。企业正在以前所未有的速度收集越来越多的数据。

为理解大数据带来的挑战，我们考虑大数据的结构维度。大数据可以是**高数据**（tall data），一个数据集有如此多的观测值，以至于传统的统计推断没有什么意义。例如，消费品生产商每天收集数百万条社交媒体帖子中表达的情绪信息，以更好地了解消费者对其产品的看法。这些数据是包含了情绪信息（变量）的数百万（随着时间的推移，数据甚至可达数十亿）社交媒体帖子（观察值）。大数据也可以是**宽数据**（wide data），一个数据集有太多的变量，同时考虑所有的变量几乎是不可行的。例如，一张高分辨率的图像可以包含数百万或数十亿像素。人脸识别算法所使用的数据包含图像中的每个像素，将像素与其他像素进行比较试图找到匹配图像。因此，这些算法利用了数百万或数十亿像素（变量）的特征来处理相对较少的高分辨率图像（观测值）。当然，大数据可以既是高数据又是宽数据，这种情况下，结果数据集将会极端大。

统计是理解大数据中信息的有用工具，但在运用统计分析大数据时，我们必须谨慎。重要的是，当我们将统计应用于大数据时，我们要了解其局限性并据此调整我们的结论。由于高数据是商业中大数据最常用的形式，在本节的其余部分我们专注讨论这种结构的数据。

7.9.5　大数据对抽样误差的影响

我们再考虑 PenningtonDailyTimes.com（PDT）在线新闻网站的数据收集问题。由于 PDT 的主要收入来源于广告销售收入，PDT 管理者对其网站的访问者的登录时长感兴趣。由历史数据可知，PDT 估计其网站的访问者的登录时长行为的标准差 $s = 20$ 秒。由表7-7可见，访问 PDT 网站的个人所花费时长的样本均值的抽样分布的标准误差如何随着样本容量的增大而减小。[⊖]

⊖　100万或者更多访问者组成一个样本，似乎是不现实的。但是，2016年3月亚马逊网站的访问人数已经超过9 100万（quant-cast.com，2016年5月13日）。

表 7-7　当 $s=20$ 时不同样本容量 n 下样本均值 $\bar{x}$ 的标准误差

样本容量	标准误差 $s_{\bar{x}}=\dfrac{s}{\sqrt{n}}$	样本容量	标准误差 $s_{\bar{x}}=\dfrac{s}{\sqrt{n}}$
10	6. 324 56	1 000 000	0. 020 00
100	2. 000 00	10 000 000	0. 006 32
1 000	0. 632 46	100 000 000	0. 002 00
10 000	0. 200 00	1 000 000 000	0. 000 63
100 000	0. 063 25		

假定 PDT 还想从访问者的样本中收集登录者是否点击某广告的信息。由历史数据可知，过去网站的访问者中有 51% 的人点击了此广告信息，$\bar{p}=0.51$ 用于估计标准误差。表 7-8 中给出了随着样本容量的增大，网站的访问者中点击了此广告信息的样本比率的抽样分布的标准误差的下降情况。

表 7-8　当 $p=0.51$ 时不同样本容量 n 下样本比率 $\bar{p}$ 的标准误差

样本容量	标准误差 $s_{\bar{p}}=\sqrt{\bar{p}\,(1-\bar{p})\,/n}$	样本容量	标准误差 $s_{\bar{p}}=\sqrt{\bar{p}\,(1-\bar{p})\,/n}$
10	0. 158 08	1 000 000	0. 000 50
100	0. 049 99	10 000 000	0. 000 16
1 000	0. 015 81	100 000 000	0. 000 05
10 000	0. 005 00	1 000 000 000	0. 000 02
100 000	0. 001 58		

在 PDT 的例子中，给出了样本容量和标准误差之间的关系。由表 7-7 可见，样本均值的标准误差随着样本容量的增大而减小。当样本容量 $n=10$ 时，样本均值的标准误差为 6. 324 56；当样本容量增加到 $n=100\,000$ 时，样本均值的标准误差减少到 0. 063 25；当样本容量为 $n=1\,000\,000\,000$ 时，样本均值的标准误差减少到仅为 0. 000 63。由表 7-8 可见，样本比率的标准误差也是随着样本容量的增大而减小。当样本容量 $n=10$ 时，样本比率的标准误差为 0. 158 08；当样本容量增加到 $n=100\,000$ 时，样本比率的标准误差减少到 0. 001 58；当样本容量为 $n=1\,000\,000\,000$ 时，样本比率的标准误差减少到仅为 0. 000 02。在表 7-7 和表 7-8 中，样本容量 $n=1\,000\,000\,000$ 时的标准误差是 $n=10$ 时的标准误差的万分之一。

注释和评论

1. 无论采用概率抽样方法还是非概率抽样方法，都可能产生非抽样误差。方便抽样和判断抽样这种非概率抽样方法，通常由于选择样本数据的方式而使得样本数据具有非抽样误差。因此，概率抽样方法比非概率抽样方法更受欢迎。
2. 当抽取非常大的样本时，有理由相信样本容量至少是总体的 5%，即 $n/N \geqslant 5\%$。这种情况下，在计算用于置信区间和假设检验的抽样分布的标准误差时，有必要使用有限总体修正因子。

练　习

方法

42. 总体均值为 400、标准差为 100。从中抽取 $n=100\,000$ 的样本，并利用样本均值 $\bar{x}$ 估计总体均值。
    - a. $\bar{x}$ 的数学期望是多少？
    - b. $\bar{x}$ 的标准差是多少？
    - c. $\bar{x}$ 的抽样分布是什么？
    - d. $\bar{x}$ 的抽样分布说明什么？

44. 从 $\bar{p}=0.75$ 的总体中抽取一个样本容量为 100 000 的样本。求：
    - a. $\bar{p}$ 的数学期望是多少？
    - b. $\bar{p}$ 的标准差是多少？
    - c. 给出 $\bar{p}$ 的抽样分布。
    - d. $\bar{p}$ 的抽样分布说明什么？

应用

46. 据美国劳动统计局（BLS）报道，在小型私人机构工作并且至少服务 10 年的蓝领和服务业雇员每年的平均休假时间为 100 小时，年休假时间的总体标准差为 48 小时，在随后的研究中，BLS 想要从这个总体中选取 15 000 个雇员组成一个样本。

　a. 求 $\bar{x}$ 的抽样分布，其中 $\bar{x}$ 是自总体选取的 15 000 名雇员组成样本的样本均值。

　b. 来自总体的 15 000 名雇员组成一个简单随机样本，求样本均值在总体均值附近 ±1 小时以内的概率为多少？

　c. 假定在小型私人机构工作并且至少服务 10 年的蓝领和服务业 15000 名雇员组成的样本中，每年的平均休假时间与总体均值 μ 的差异多于 1 小时。根据（b）中结果，你如何解读上述

情况？

48. Colossus.com 公司的董事长认为，公司 42% 的订单来自过去曾经在 Colossus.com 购物的顾客。从过去 6 个月的订单中选取 108 700 份组成一个随机样本，用于估计重复购买的订单所占比率。

　a. 假定 Colossus.com 公司董事长的想法是正确的，总体比率 $p=0.42$。研究中 $\bar{p}$ 的抽样分布是什么？

　b. 求样本比率 $\bar{p}$ 在总体比率 p 附近 ±0.1% 以内的概率是多少？

　c. 求样本比率 $\bar{p}$ 在总体比率 p 附近 ±0.25% 以内的概率是多少？评价此结果与（b）中计算的概率值的区别。

　d. 假定过去 6 个月的 108 700 份订单组成的样本中，重复购买的订单所占比率与总体比率的差异超过 1%。你对此结果如何解读？

小　结

在本章，我们给出了抽样和抽样分布的概念。我们说明了如何从有限总体抽取一个简单随机样本，和如何从无限总体抽取一个随机样本，利用收集的样本数据可以对总体参数进行点估计。由于不同的样本给出了不同的点估计量的值，因此点估计量，比如 $\bar{x}$ 和 $\bar{p}$ 都是随机变量。这些随机变量的概率分布叫作抽样分布。我们特别描述了样本均值 $\bar{x}$ 和样本比率 $\bar{p}$ 的抽样分布。

在考虑 $\bar{x}$ 和 $\bar{p}$ 的抽样分布的特征时，我们证明了 $E(\bar{x})=\mu$ 和 $E(\bar{p})=p$。因此，$\bar{x}$ 和 $\bar{p}$ 是无偏估计量。在给出估计量的标准差或标准误差的公式后，我们给出了 $\bar{x}$ 和 $\bar{p}$ 的抽样分布服从正态分布的必要条件。其他抽样方式还包括分层随机抽样、整群抽样、系统抽样、方便抽样和判断抽样，对此我们也进行了讨论。最后，我们讨论了大数据的概念和极大的样本容量如何影响均值和样本比率的抽样分布。

关键术语

big data　大数据　一类数据集，数据量大或数据复杂，无法用标准数据处理技术和典型的桌面软件进行处理。

central limit theorem　中心极限定理　一个定理，当样本容量很大时，可以用正态分布近似 $\bar{x}$ 的抽样分布。

cluster sampling　整群抽样　一种概率抽样方法，先将总体分成若干群，然后以群为单位进行简单随机抽样。

consistency　一致性　点估计量的一个性质，随着样本容量的增大，点估计值与总体参数越来越接近。

convenience sampling　方便抽样　一种非概率抽样方法，基于简便选个体组成样本。

coverage error　覆盖误差　一类非抽样误差，由于研究目标和抽样总体不一致所导致的误差。

finite population correction factor　有限总体修正系数　当从有限总体而非无限总体抽样时，$\sigma_{\bar{x}}$ 和 $\sigma_{\bar{p}}$ 的公式中出现的项 $\sqrt{(N-n)/(N-1)}$。根据经验法则，当 $n/N \leqslant 0.05$ 时一般可以忽略有限总体修正系数。

frame　抽样框　抽取样本时所用的个体清单。

judgment sampling　判断抽样　一种非概率抽样方法，基于研究人员的判断选择个体组成样本。

measurement error　测量误差　一类非抽样误差，对目标总体的特征度量不正确所导致的误差。

nonresponse error　无应答误差　一类非抽样误差，总体中部分个体的代表性在样本中被系统地低估或高估时所导致的误差。

nonsampling error　非抽样误差　除了抽样误差之外，导致样本统计量的值（比如样本均值、样本标准差或样本比率）与相应总体参数的值（总体均值、总

体标准差或总体比率）不同的误差。非抽样误差包括但不限于覆盖误差、无应答误差、测量误差、访问者误差和操作误差。

parameter　参数　总体的数值特征，如总体均值 μ、总体标准差 σ、总体比率 p 等。

point estimate　点估计值　点估计量的值，在一个特定实例中用来作为总体参数的估计值。

point estimator　点估计量　提供总体参数点估计的样本统计量，如 $\bar{x}$、s 或 $\bar{p}$。

random sample　随机样本　如果从无限总体中抽取一个容量为 n 的样本，使得下面的条件得到满足：①抽取的每个个体来自同一总体；②每个个体的抽取是独立的。则称该样本是一个随机样本。

relative efficiency　相对有效性　对同一总体参数的两个无偏的点估计量，称有更小标准差的点估计量更有效。

sampling distribution　抽样分布　一个样本统计量的所有可能值构成的概率分布。

sampled population　抽样总体　抽取样本的总体。

sample statistic　样本统计量　一种样本特征，如样本均值 $\bar{x}$、样本标准差 s、样本比率 $\bar{p}$ 等。样本统计量的值用于估计相应总体参数。

sampling error　抽样误差　一类误差，由于用随机样本估计总体参数，导致样本统计量的值（比如样本均值、样本标准差或样本比率）与相应总体参数的值（总体均值、总体标准差或总体比率）不同的误差。

sampling without replacement　无放回抽样　一个个体一旦被选入样本，就从总体中剔除，不能再次被选入样本。

sampling with replacement　有放回抽样　一个个体被选入样本后仍然放回总体中。先前被抽到的个体可能再次被选入样本，从而在样本中多次出现。

simple random sample　简单随机样本　从容量为 N 的有限总体中抽取容量为 n 的一个样本，使得样本中的每一个个体都以相同的概率被抽到。

standard error　标准误差　点估计量的标准差。

stratified random sampling　分层随机抽样　一种概率抽样方法，先将总体分成若干层，然后在每层中进行简单随机抽样。

systematic sampling　系统抽样　一种概率抽样方法，从前 k 个个体中随机选一个，然后往后每隔 k 个个体选取一个个体进入样本。

tall data　高数据　数据集所包含的观测值非常多以至于传统的统计推断几乎没有意义。

target population　目标总体　进行统计推断（比如点估计）的总体。目标总体应该与相应的抽样总体尽可能相似，这在统计推断中尤为重要。

unbiased　无偏性　点估计量的一个性质，此时点估计量的数学期望等于所估总体参数的值。

variety　变异性　生成的数据在结构和类型上的多样性。

velocity　速度　数据生成的速度。

veracity　真实性　生成的数据的可靠性。

volume　体积　生成的数据的量。

wide data　宽数据　数据集包含的变量非常多，同时考虑所有的变量几乎是不可行的。

重要公式

$\bar{x}$ 的数学期望

$$E(\bar{x}) = \mu \tag{7-1}$$

$\bar{x}$ 的标准差（标准误差）

有限总体　　　　　　无限总体

$$\sigma_{\bar{x}} = \sqrt{\frac{N-n}{N-1}}\left(\frac{\sigma}{\sqrt{n}}\right) \qquad \sigma_{\bar{x}} = \frac{\sigma}{\sqrt{n}} \tag{7-2}$$

$\bar{p}$ 的数学期望

$$E(\bar{p}) = p \tag{7-4}$$

$\bar{p}$ 的标准差

有限总体　　　　　　　　无限总体

$$\sigma_{\bar{p}} = \sqrt{\frac{N-n}{N-1}}\sqrt{\frac{p(1-p)}{n}} \qquad \sigma_{\bar{p}} = \sqrt{\frac{p(1-p)}{n}} \tag{7-5}$$

补充练习

50. 杰克·劳勒是一名金融分析师，他想要准备一篇关于美国个人投资者协会（AAII）影子股票投资组合的文章。在影子股票投资组合中，30 家企业的名单在名为 ShadowStocks 的数据文件中。劳勒想要从这些企业中选取 5 家组成一个简单随机样本，对企业的管理实践进行访谈。

a. 在数据文件中，影子股票企业在 Excel 工作簿的 A 列，B 列为每个企业生成一个随机数。利用这些随机数，为劳勒选取 5 家企业组成一个简单随机样本。

b. 生成一组新的随机数，利用这些随机数选取 5 家企业组成一个新的简单随机样本。你所选出的企业与（a）相同吗？

52. Foot Locker 用每平方米的年销售额来衡量商铺的绩效。目前，每平方米的年销售额达到 4 060 美元。管理层要求你对 64 家商铺组成的一个样本进行研究。Foot Locker 共有 3 400 家商铺，假设商铺每平方米的年销售额的总体标准差为 800 美元。

a. 选取 Foot Locker 的 64 家商铺组成一个样本，求样本均值 $\bar{x}$ 的抽样分布，其中 $\bar{x}$ 是每平方米年销售额的样本均值。

b. 样本均值在总体均值附近 ±150 美元以内的概率为多少？

c. 假定你得到的样本均值为 3 800 美元，求样本均值不高于 3 800 美元的概率。你认为这个样本是由低业绩的异常店铺组成的吗？

54. 扣除必要的补助金后，南加州大学（USC）的平均费用为 27 175 美元。假定总体标准差为 7 400 美元，从总体中抽取 60 名 USC 学生组成一个简单随机样本。

a. 均值的标准误差是多少？

b. 样本均值大于 27 175 美元的概率是多少？

c. 样本均值在总体均值 $\bar{x}$ 附近 ±1 000 美元以内的概率为多少？

d. 若样本容量增大到 100，则（c）中的概率为多少？

56. 某研究人员调查结果表明，均值的标准误差为 20，而总体的标准差为 500。试问：

a. 调查中的样本容量为多大？

b. 点估计量落在总体均值 μ 附近 ±25 以内的概率为多大？

58. 15% 的澳大利亚人吸烟，通过颁布法律严格禁止将商标印在香烟包装上，澳大利亚希望将吸烟者的比例减少到 10%。选取 240 名澳大利亚人组成一个样本，根据样本回答下列问题。

a. 试求 $\bar{p}$ 的抽样分布，其中 $\bar{p}$ 是吸烟的澳大利亚人的比率。

b. 样本比率 $\bar{p}$ 在总体比率 p 附近 ±0.04 以内的概率是多少？

c. 样本比率 $\bar{p}$ 在总体比率 p 附近 ±0.02 以内的概率是多少？

60. 想要登广告的人与互联网服务商以及搜索引擎签订合同后将广告放在网站上，并根据点击其广告的潜在顾客的数目支付费用。不幸的是，仅仅为了提高广告收入而发生的欺诈性点击行为已经成为一个严重的问题。据《商业周刊》报道，登广告的人中有40% 认为他们是欺诈性点击的受害者。假定选取 380 名登广告的人组成一个简单随机样本，以便更多地了解欺诈性点击对他们的影响。求：

a. 欺诈性点击的样本比率在总体比率附近 ±0.04 以内的概率。

b. 欺诈性点击的样本比率大于 0.45 的概率。

62. 洛丽·杰弗里是大学教材主要出版商的一名销售代表，她的工作很出色。历史数据显示，在她的电话销售中教材被采用的可能性达到 25%。观察她一个月的电话销售记录，并将销售电话的结果组成一个样本。假设数据的统计分析显示，比率的标准误差为 0.062 5。

a. 在这项分析中，样本容量为多大？也就是说，在一个月里杰弗里打了多少个销售电话？

b. 令 $\bar{p}$ 代表在这个月期间杰弗里电话销售中教材被采用的样本比率，求 $\bar{p}$ 的抽样分布。

c. 利用 $\bar{p}$ 的抽样分布，求在一个月内杰弗里电话销售中教材被采用的比率不低于 30% 的概率。

64. 据美国南加州大学安奈伯格称，美国人平均每周在家中的上网时间为 17.6 小时。假定美国人每周在家中上网时间的标准差为 5.1 小时。佛罗里达州立大学计划选取 85 020 名佛罗里达州居民组成一个随机样本，研究佛罗里达州居民的互联网使用情况。

a. 根据题目中已给出的美国总体数据（美国人每周在家上网时间的总体均值为 17.6 小时，总体标准差为 5.1 小时），求 85 020 名佛罗里达州居民组成的样本均值的抽样分布。

b. 根据（a）中抽样分布，求 85 020 名佛罗里达州居民组成的样本均值在总体均值附近 ±3 分钟以内的概率为多少？

c. 假定 85 020 名佛罗里达州居民组成的样本中每周在家上网时间的样本均值与总体均值的差异不超过 3 分钟。你如何解读上述结果？

66. 美国广播公司（ABC）新闻报道中称，58%的美国驾驶员承认曾超速行驶。假定有一种新型卫星技术可以即时测量美国道路上的车辆速度，确定车辆是否超速行驶。最近一个周二下午的美国东部时间下午六点，随机选取 20 000 辆车组成一个随机样本，用这种卫星技术测速。

a. 在这项调查中，美国公路上车辆超速的样本比率的抽样分布是什么？

b. 求超速的样本比率 $\bar{p}$ 在总体比率附近 ±1% 以内的概率。

c. 假定超速的样本比率 $\bar{p}$ 与总体比率的差异大于 1%，对这一结果你如何解释？

案例　Marion Dairies 公司

Marion Dairies 公司决定挺进酸奶市场。公司谨慎地从生产、配送、销售一款单一口味的酸奶开始。初次涉足酸奶市场，公司大获成功，名为 Blugurt 的蓝莓口味酸奶的销售超出预期。在消费者对产品的的百分制评分中，100 分为最受欢迎，0 分为最不受欢迎，Blugurt 得分的均值达到 80，标准差为 25。Marion Dairies 公司以往的经验表明，对产品评分高于 75 分的消费者会考虑购买这种产品，而对产品评分达到或者低于 75 分的消费者不会考虑购买这种产品。

受到蓝莓口味酸奶成功热销的鼓舞，Marion Dairies 公司的经理现在考虑推出第二种口味的产品，要求销售部门扩大生产线，生产一款名为 Strawgurt 的草莓口味酸奶。高级经理关心的是，Strawgurt 能否提高公司的市场份额，吸引那些不喜欢 Blugurt 的潜在消费者。也就是说，推出新产品是为了提高市场份额，而不是挤占 Blugurt 已有的销售量。销售部门建议选取 50 名消费者组成一个简单随机样本，让他们品尝 Blugurt 和 Strawgurt 这两种口味的酸奶，并按照百分制为产品评分。如果消费者组成的样本中 Blugurt 得分的均值不高于 75，那么公司的高级经理认为样本可用于评估 Strawgurt 是否能够吸引那些不喜欢 Blugurt 的潜在消费者。

管理报告

准备一份管理报告说明下列问题。

1. 在 Marion Dairies 公司的消费者组成的简单随机样本中，计算 Blugert 得分的均值达到或超过 75 分的概率。

2. 如果市场部门将样本容量增加到 150，在 Marion Dairies 公司的消费者组成的简单随机样本中，Blugert 得分的均值达到或超过 75 分的概率是多少？

3. 在 Marion Dairies 公司的消费者组成的简单随机样本中，为什么在这两种样本容量下，Blugert 得分的均值达到或超过 75 分的概率是不一样的？请向 Marion Dairies 公司的高级经理解释说明。

第 8 章
区间估计

CHAPTER

8

实践中的统计

Food Lion [⊖]

北卡罗来纳州，索尔兹伯里

Food Lion 食品城创立于 1957 年，是美国大型连锁超市之一，在美国东南部和大西洋中部地区的 11 个州中有 1 300 家连锁店。公司销售的产品超过 24 000 种，提供在全美和各地区进行广告宣传的名牌商品，其中由 Food Lion 特别供给的具有自主商标的高品质产品在数量上逐年增加。Food Lion 通过高效的运作，比如标准化的存储方式、仓库的创新设计、高效能的设备以及与供应商的同步数据，来确保物美价廉。Food Lion 承诺，未来将一如既往地保持持续的创新、发展、价格领先和对顾客的优质服务。

在这样一个库存密集型的企业中，公司决定采取后进先出（LIFO）的库存计价法。该方法将当期成本与当期收益相配比，从根本上降低了价格剧烈变化对损益的影响。另外，在通货膨胀时期，LIFO 库存计价方法可以减少净收益，从而减少所得税。

Food Lion 有七座存货库房，分别存放杂货、纸/家居、宠物、保健和化妆品、奶制品、烟草和酒类。Food Lion 为每个库房建立了 LIFO 指数。例如，杂货存货库房的 LIFO 指数为 1.008，说明最近一年当中由于通货膨胀，致使公司以当期成本计价的杂货库存价值增加了 0.8%。

对每个存货库房，LIFO 指数要求对每种产品的年末存货按当年年末成本和上一年年末成本分别计价。为避免在全部的 1 200 个存储点中对存货逐一进行计数而浪费财力和时间，Food Lion 选取 50 个存储点组成一个随机样本，年末仅对这些样本存储点中的库存进行实地盘存。每个存储点根据每种产品的当年成本和上一年成本构造 LIFO 指数。

去年，保健和化妆品存货库房的 LIFO 指数的抽样估计值为 1.015。在 95% 的置信水平下，抽样估计中 Food Lion 计算得到的边际误差为 0.006。于是，总体 LIFO 指数的置信水平 95% 的区间估计为（1.009，1.021），可以证明这一精度是很不错的。

在本章中你将学习如何计算与抽样估计相联系的边际误差，以及如何使用这些信息构造并解释总体均值和总体比率的区间估计。

在第 7 章中，我们发现点估计量是用于估计总体参数的样本统计量。例如，样本均值 $\bar{x}$ 是总体均值 μ 的点估计量，样本比率 $\bar{p}$ 是总体比率 p 的点估计量。因为我们不可能期望点估计量能给出总体参数的精确值，所以经常在点估计上加减一个被称为**边际误差**（marginal of error）的值来计算**区间估计**（interval estimate）。区间估计的一般形式如下：

$$点估计 \pm 边际误差$$

区间估计的目的在于，提供基于样本得出的点估计值与总体参数值的接近程度方面的信息。

在本章中，我们将说明如何对总体均值 μ 和总体比率 p 进行区间估计。总体均值的区间估计的一般形式为：

$$\bar{x} \pm 边际误差$$

类似地，总体比率的区间估计的一般形式为：

$$\bar{p} \pm 边际误差$$

在计算这些区间估计时，$\bar{x}$ 和 $\bar{p}$ 的抽样分布起着非常重要的作用。

8.1　总体均值的区间估计：σ 已知情形

为了对总体均值进行区间估计，必须利用总体标准差 σ 或者样本标准差 s 计算边际误差。在大多数的应用中 σ 是未知的，于是 s 用于计算边际误差。但是在一些应用中，我们在抽样前可以根据大量有关的历史数据估计总

⊖　感谢 Food Lion 公司的税务主管 Keith Cunningham 和税务会计 Bobby Harkey，他们为"实践中的统计"提供了本案例。

体标准差。比如，在质量控制应用中，若假定生产过程是正常运行或者"控制之中"，则可以看作总体标准差是已知的，我们称这种情形为 σ **已知**（σ known）。在本节中，我们举例说明在 σ 已知情形下如何构造区间估计。

Lloyd 百货公司每周选择 100 名顾客组成一个简单随机样本，目的在于了解他们每次购物的消费额。令 x 表示每次购物的消费额，样本均值 $\bar{x}$ 是 Lloyd 全体顾客每次购物消费额的总体均值 μ 的点估计。Lloyd 公司的这项周度调查已经进行了许多年。根据历史数据，Lloyd 假定总体标准差已知，为 $\sigma = 20$ 美元，并且历史数据还显示总体服从正态分布。

最近一周，Lloyd 调查了 100 名顾客（$n = 100$），得到样本均值 $\bar{x} = 82$ 美元。每次购物消费额的样本均值是总体均值 μ 的点估计。在下面的讨论中，我们将介绍如何计算估计的边际误差，以及如何建立总体均值的区间估计。

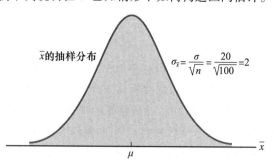

图 8-1　100 名顾客的简单随机样本中，消费额的样本均值的抽样分布

8.1.1　边际误差和区间估计

在第 7 章中，我们发现可以利用 $\bar{x}$ 的抽样分布计算 $\bar{x}$ 在 μ 附近一定范围内的概率。在 Lloyd 公司的例子里，历史数据表明消费额总体服从标准差 $\sigma = 20$ 的正态分布。因此，利用第 7 章的知识可知，$\bar{x}$ 的抽样分布服从标准误差 $\sigma_{\bar{x}} = \sigma/\sqrt{n} = 20/\sqrt{100} = 2$ 的正态分布，该抽样分布如图 8-1 所示 ⊖。因为抽样分布说明 $\bar{x}$ 的值如何分布在总体均值 μ 附近，所以 $\bar{x}$ 的抽样分布提供了关于 $\bar{x}$ 与 μ 之间可能存在的差别的信息。

查标准正态概率表后我们发现，任何正态分布随机变量都有 95% 的值在均值附近 ±1.96 个标准差以内。因此，当 $\bar{x}$ 的抽样分布是正态分布时，一定有 95% 的 $\bar{x}$ 的值在均值 $\mu \pm 1.96\sigma_{\bar{x}}$ 以内。在 Lloyd 公司的例子里，我们已知 $\bar{x}$ 的抽样分布是正态分布并且标准误差 $\sigma_{\bar{x}} = 2$。因为 $1.96\sigma_{\bar{x}} = 1.96 \times 2 = 3.92$，所以在 $n = 100$ 的样本容量下，$\bar{x}$ 的所有值中有 95% 落在总体均值 μ 附近 ±3.92 以内（见图 8-2）。

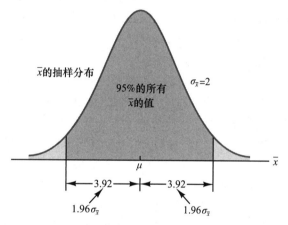

图 8-2　$\bar{x}$ 的抽样分布：样本均值在 $\mu \pm 3.92$ 以内的区域

在前文中，总体均值 μ 的区间估计的一般形式为 $\bar{x} \pm$ 边际误差。在 Lloyd 公司的例子里，假定令边际误差等于 3.92，利用 $\bar{x} \pm 3.92$ 计算 μ 的区间估计。为了解释这一区间估计，我们抽取三个不同的简单随机样本，每一个样本由 100 名 Lloyd 公司的顾客组成，考虑得到的三个 $\bar{x}$ 值。第一个样本的样本均值如图 8-3 所示。在这种情形下，图 8-3 表明 $\bar{x}_1 \pm 3.92$ 构建的区间包含了总体均值 μ。如果第二个样本均值 $\bar{x}_2$ 如图 8-3 所示，现在考虑将会发生什么。虽然样本均值与第一个样本均值不同，但我们看到 $\bar{x}_2 \pm 3.92$ 构建的区间仍包括总体均值 μ。但是，如果第三个样本值 $\bar{x}_3$ 如图 8-3 所示，这时又会怎样呢？在这种情形下，$\bar{x}_3 \pm 3.92$ 构建的区

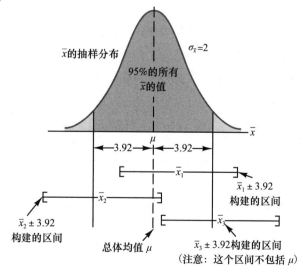

图 8-3　抽取的样本均值分别为 $\bar{x}_1$、$\bar{x}_2$ 和 $\bar{x}_3$ 时所构造的区间

⊖　我们利用消费额总体服从正态分布这一事实，得出 $\bar{x}$ 的抽样分布服从正态分布的结论。如果总体不是服从正态分布，则我们可以根据中心极限定理及样本容量 $n = 100$ 得出 $\bar{x}$ 的抽样分布近似服从正态分布。图 8-1 给出了在这两种情形下 $\bar{x}$ 的抽样分布。

间不包括总体均值 μ。此时，由于 $\bar{x}_3$ 落在抽样分布的上侧，偏离 μ 的距离超过 3.92，所以 $\bar{x}_3 \pm 3.92$ 构建的区间不包含总体均值 μ。

在图 8-3 中，阴影区域内的任一样本均值 $\bar{x}$ 所构造的区间均包含总体均值 μ。由于所有样本均值中有 95% 落在此阴影区域中，因此 $\bar{x} \pm 3.92$ 所构建的所有区间中有 95% 的区间包含总体均值 μ。

在最近一周，Lloyd 的质量保证部门对 100 名顾客进行了调查，得到消费额的样本均值 $\bar{x}=82$。利用 $\bar{x} \pm 3.92$ 构造区间估计，我们得到 82 ± 3.92。因此，根据最近一周的数据，μ 的区间估计为 $82-3.92=78.08$ 到 $82+3.92=85.92$。因为利用 $\bar{x} \pm 3.92$ 构造的所有区间中有 95% 包括总体均值，所以我们说有 95% 的把握相信区间（78.08，85.92）包括总体均值 μ。我们称这个区间是在 95% 的**置信水平**（confidence level）下建立的，其中数值 0.95 称作**置信系数**（confidence coefficient），区间（78.08，85.92）称作 95% **置信区间**（confidence interval）[⊖]。

边际误差由 $z_{\alpha/2}(\sigma/\sqrt{n})$ 给出，下面是 σ 已知情形下总体均值区间估计的一般形式。

总体均值的区间估计：σ 已知情形

$$\bar{x} \pm z_{\alpha/2}\frac{\sigma}{\sqrt{n}} \tag{8-1}$$

$1-\alpha$ 为置信系数；$z_{\alpha/2}$ 表示标准正态概率分布上侧面积为 $\alpha/2$ 时的 z 值。

在 Lloyd 公司的例子中，我们利用式（8-1）构造 95% 的置信区间。对于一个 95% 的置信区间，置信系数 $1-\alpha=0.95$。于是，$\alpha=0.05$。查标准正态概率表，上侧面积为 $\alpha/2=0.05/2=0.025$ 时对应的 $z_{0.025}=1.96$。Lloyd 公司的样本均值 $\bar{x}=82$，$\sigma=20$，样本容量 $n=100$。我们得到：

$$82 \pm 1.96\frac{20}{\sqrt{100}} \qquad 82 \pm 3.92$$

于是，利用式（8-1），当边际误差为 3.92 时，95% 的置信区间为从 $82-3.92=78.08$ 到 $82+3.92=85.92$。

虽然 95% 是经常使用的置信水平，但也可以考虑采用其他的置信水平，比如 90% 和 99%。表 8-1 给出了最常用的置信水平下的 $z_{\alpha/2}$ 值。利用这些值和式（8-1），对于 Lloyd 问题，90% 的置信区间为：

$$82 \pm 1.645\frac{20}{\sqrt{100}} \qquad 82 \pm 3.29$$

表 8-1　最常用的置信水平下的 $z_{\alpha/2}$ 值

置信水平	α	$\alpha/2$	$z_{\alpha/2}$
90%	0.10	0.05	1.645
95%	0.05	0.025	1.960
99%	0.01	0.005	2.576

因此，在 90% 的置信水平下，边际误差为 3.29，置信区间为从 $82-3.29=78.71$ 到 $82+3.29=85.29$。类似地，99% 的置信区间为：

$$82 \pm 2.576\frac{20}{\sqrt{100}} \qquad 82 \pm 5.15$$

于是，在 99% 的置信水平下，边际误差为 5.15，置信区间为从 $82-5.15=76.85$ 到 $82+5.15=87.15$。

比较 90%、95% 和 99% 的置信水平的结果，我们看到要想达到较高的置信水平，必须加大边际误差，即加大置信区间的宽度。

8.1.2　应用中的建议

如果总体服从正态分布，式（8-1）所给出的置信区间是精确的。换言之，如果利用式（8-1）反复计算 95% 的置信区间，则得到的置信区间中恰好有 95% 的区间包含总体均值。如果总体不服从正态分布，则式（8-1）所给出的置信区间是近似的。在这种情形下，近似的程度依赖于总体的分布和样本容量。

在绝大部分应用中，当利用式（8-1）建立总体均值的区间估计时，样本容量 $n \geqslant 30$ 已经足够。然而，如果

⊖　这一段内容解释了 95% 置信区间的意义。

总体分布不服从正态分布但是大致对称，则样本容量至少为 15 才能得到置信区间一个好的近似。仅当分析人员坚信或者愿意假设总体分布至少近似正态分布时，才可以在更小的样本容量下利用式（8-1）。

注释和评论

1. 本节所讨论的区间估计方法是在总体标准差 σ 已知的假设下进行的。σ 已知意味着在估计总体均值时，我们进行抽样之前可以利用历史数据或者其他信息得到总体标准差 σ 的一个好的估计。所以，从技术上讲，我们并不能认为 σ 在实际中是确定已知的。这只是意味着，我们在进行抽样之前得到了总体标准差的一个好的估计，于是不必利用同一样本同时估计总体均值和总体标准差。

2. 在区间估计的表达式（8-1）中，样本容量 n 出现在分母上。于是，实际应用中当某一样本容量产生的区间太宽时，我们可以考虑增大样本容量。由于 n 出现在分母上，增大样本容量可以使边际误差减小，使区间变窄，精度提高。为了达到所希望的精度，如何确定简单随机样本容量的方法将在第 8.3 节中讨论。

练 习

方法

2. 一个简单随机样本由 50 项组成，样本均值 $\bar{x} = 32$，总体标准差 $\sigma = 6$。
   - a. 求总体均值的 90% 的置信区间。
   - b. 求总体均值的 95% 的置信区间。
   - c. 求总体均值的 99% 的置信区间。

4. 已知总体均值的 95% 的置信区间为（152，160）。如果 $\sigma = 15$，则研究中选用的样本容量是多大？

应用

6. 全球商务旅行协会（GBTA）对旅行中住宿、租车和餐饮方面每天的旅行税进行了研究，试图评价各个城市的每日总旅行税。关于芝加哥商务旅行的研究结果存放在名为 TravelTax 的文件中。假设已知总体标准差为 8.50 美元，试求芝加哥每日旅行税的总体均值的区间估计，取 95% 的置信水平。

8. 研究表明，按摩疗法对健康保健益处颇多并且不是太贵。每次按摩 1 小时，10 次按摩费用组成一个样本，平均费用为 59 美元。按摩费用的总体标准差为 $\sigma = 5.50$ 美元。
   - a. 如果想要计算边际误差，则需要对总体做出怎样的假设？
   - b. 在 95% 的置信水平下，边际误差是多少？
   - c. 在 99% 的置信水平下，边际误差是多少？

10. 各类医疗保健费用都在上升。据报道，在过去 5 年中，辅助生活设施的月租金均值增加了 17%，达到 3 486 美元。假设租金均值是根据 120 种设施组成的样本估计得出的，并且根据以往的研究，假定总体标准差 $\sigma = 650$ 美元。
    - a. 求月租金总体均值的 90% 置信区间估计。
    - b. 求月租金总体均值的 95% 置信区间估计。
    - c. 求月租金总体均值的 99% 置信区间估计。
    - d. 当置信水平增大时，置信区间的宽度如何变化？这合理吗？为什么？

8.2 总体均值的区间估计：σ 未知情形

在建立总体均值的区间估计时，我们通常并没有关于总体标准差的一个好的估计。在这种情形下，我们必须利用同一样本估计 μ 和 σ 两个未知参数。这属于 **σ 未知**（σ unknown）的情形。当利用 s 估计 σ 时，边际误差和总体均值的区间估计都是以 **t 分布**（t distribution）的概率分布为依据进行的。虽然 t 分布的数学推导以假设抽样总体服从正态分布为依据，但是研究表明在许多总体分布显著偏离正态分布的情形下，利用 t 分布的效果还是相当不错的。当总体分布不是正态分布时，在本节稍后我们给出应用 t 分布的建议。

t 分布 [⊖] 是由一类相似的概率分布组成的分布族，某个特定的 t 分布依赖于称为 **自由度**（degrees of freedom）

⊖ 当时 William Sealy Gosset 是牛津大学的一名数学系硕士研究生，笔名 "student"，他在爱尔兰的都柏林为 Guinness Brewery 工作时在小容量材料和温度的试验中发现了 t 分布。

的参数。当自由度分别为 1，2，3，…时，有且仅有唯一的 t 分布与之相对应。随着自由度的增大，t 分布与标准正态分布之间的差别变得越来越小。图 8-4 给出了自由度分别为 10 和 20 时的 t 分布与标准正态分布的关系。我们注意到，随着自由度的增大，t 分布的变异幅度减小，与标准正态分布也越来越相似。我们还注意到，t 分布的均值为 0。

我们给 t 加上下标以表明其在 t 分布上侧的面积。例如，就像我们用 $z_{0.025}$ 表示在标准正态概率分布该值上侧的面积为 0.025 一样，我们用 $t_{0.025}$ 表示在 t 分布该值上侧的面积为 0.025。一般地，用 $t_{\alpha/2}$ 表示在 t 分布中 $t_{\alpha/2}$ 上侧的面积为 $\alpha/2$（见图 8-5）。

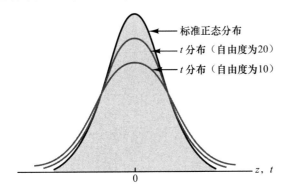

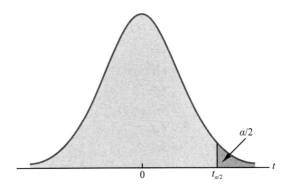

图 8-4　比较自由度为 10 和 20 的 t 分布与标准正态分布　　　图 8-5　上侧面积或概率为 $\alpha/2$ 的 t 分布

表 8-2 是 t 分布表的一部分。表中的每一行分别与某一自由度的 t 分布相对应。例如，对自由度为 9 的 t 分布，$t_{0.025} = 2.262$。类似地，对自由度为 60 的 t 分布，$t_{0.025} = 2.000$。随着自由度的持续增大，$t_{0.025}$ 趋向于 $z_{0.025} = 1.96$ [⊖]。实际上，标准正态分布的 z 值可以在 t 分布表中自由度为无穷的那一行（记作 ∞）找到。当自由度超过 100 时，自由度为无穷的那一行可以用于近似实际的 t 值。换句话讲，当自由度大于 100 时，标准正态的 z 值是对 t 值的一个好的近似。

表 8-2　t 分布表的部分值

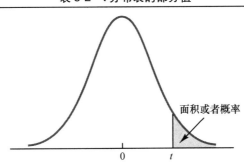

自由度	上侧面积					
	0.20	0.10	0.05	0.025	0.01	0.005
1	1.376	3.078	6.314	12.706	31.821	63.656
2	1.061	1.886	2.920	4.303	6.965	9.925
3	0.978	1.638	2.353	3.182	4.541	5.841
4	0.941	1.533	2.132	2.776	3.747	4.604
5	0.920	1.476	2.015	2.571	3.365	4.032
6	0.906	1.440	1.943	2.447	3.143	3.707

⊖　随着自由度的增大，t 分布越来越接近正态分布。

（续）

自由度	上侧面积					
	0.20	0.10	0.05	0.025	0.01	0.005
7	0.896	1.415	1.895	2.365	2.998	3.499
8	0.889	1.397	1.860	2.306	2.896	3.355
9	0.883	1.383	1.833	2.262	2.821	3.250
⋮	⋮	⋮	⋮	⋮	⋮	⋮
60	0.848	1.296	1.671	2.000	2.390	2.660
61	0.848	1.296	1.670	2.000	2.389	2.659
62	0.847	1.295	1.670	1.999	2.388	2.657
63	0.847	1.295	1.669	1.998	2.387	2.656
64	0.847	1.295	1.669	1.998	2.386	2.655
65	0.847	1.295	1.669	1.997	2.385	2.654
66	0.847	1.295	1.668	1.997	2.384	2.652
67	0.847	1.294	1.668	1.996	2.383	2.651
68	0.847	1.294	1.668	1.995	2.382	2.650
69	0.847	1.294	1.667	1.995	2.382	2.649
⋮	⋮	⋮	⋮	⋮	⋮	⋮
90	0.846	1.291	1.662	1.987	2.368	2.632
91	0.846	1.291	1.662	1.986	2.368	2.631
92	0.846	1.291	1.662	1.986	2.368	2.630
93	0.846	1.291	1.661	1.986	2.367	2.630
94	0.845	1.291	1.661	1.986	2.367	2.629
95	0.845	1.291	1.661	1.985	2.366	2.629
96	0.845	1.290	1.661	1.985	2.366	2.628
97	0.845	1.290	1.661	1.985	2.365	2.627
98	0.845	1.290	1.661	1.984	2.365	2.627
99	0.845	1.290	1.660	1.984	2.364	2.626
100	0.845	1.290	1.660	1.984	2.364	2.626
∞	0.842	1.282	1.645	1.960	2.326	2.576

8.2.1 边际误差和区间估计

在第 8.1 节中，我们在 σ 已知情形下给出总体均值的区间估计为：

$$\bar{x} \pm z_{\alpha/2} \frac{\sigma}{\sqrt{n}}$$

在 σ 未知情形下，为了计算 μ 的区间估计，用样本标准差 s 估计 σ，用 t 分布中的值 $t_{\alpha/2}$ 代替 $z_{\alpha/2}$。于是，边际误差为 $t_{\alpha/2} \frac{s}{\sqrt{n}}$。利用该边际误差，当 σ 未知时，总体均值区间估计的一般公式如下所示。

总体均值的区间估计：σ 未知情形

$$\bar{x} \pm t_{\alpha/2} \frac{s}{\sqrt{n}} \tag{8-2}$$

式中，s 为样本标准差；$1-\alpha$ 为置信系数，自由度为 $n-1$ 的 t 分布中，$t_{\alpha/2}$ 上侧的面积恰好等于 $\alpha/2$。

因为用 s 作为总体标准差 σ 的估计值，所以在式（8-2）中与 t 值对应的自由度为 $n-1$。样本标准差的公式为：

$$s = \sqrt{\frac{\sum (x_i - \bar{x})^2}{n-1}}$$

自由度是计算 $\sum (x_i - \bar{x})^2$ 时所用到的信息中独立信息的个数。在计算 $\sum (x_i - \bar{x})^2$ 时，用到如下 n 条信息：$(x_1 - \bar{x})$，$(x_2 - \bar{x})$，$\cdots$，$(x_n - \bar{x})$。在第 3.2 节中，我们已经证明了对于任何数据集 $\sum (x_i - \bar{x}) = 0$。因此，$(x_i - \bar{x})$ 中只有 $n-1$ 项是独立的，即如果我们知道了 $n-1$ 个值，则由所有 $(x_i - \bar{x})$ 值之和为 0，可以确定余下的值。于是，与 $\sum (x_i - \bar{x})^2$ 所联系的自由度的个数为 $n-1$，因此式（8-2）中 t 分布的自由度为 $n-1$。

为演示 σ 未知情形下区间估计的方法，我们设计一项研究用于估计美国家庭信用卡债务的总体均值。由 $n=70$ 个家庭组成样本，其信用卡余额数据如表 8-3 所示。在这种情况下，没有关于总体标准差 σ 的先验估计，因此必须利用样本数据同时估计总体均值和总体标准差。利用表 8-3 的数据，计算得到样本均值 $\bar{x} = 9\,312$ 美元和样本标准差 $s = 4\,007$ 美元。在 95% 的置信水平和自由度为 $n-1=69$ 的情形下，查表 8-2 可得 $t_{0.025}$ 的值，即位于自由度为 69 的行和上侧概率为 0.025 的列上的 t 值，$t_{0.025} = 1.995$。

表 8-3　样本中 70 个家庭的信用卡余额数据　　　　　　　　　　（单位：美元）

9 430	14 661	7 159	9 071	9 691	11 032
7 535	12 195	8 137	3 603	11 448	6 525
4 078	10 544	9 467	16 804	8 279	5 239
5 604	13 659	12 595	13 479	5 649	6 195
5 179	7 061	7 917	14 044	11 298	12 584
4 416	6 245	11 346	6 817	4 353	15 415
10 676	13 021	12 806	6 845	3 467	15 917
1 627	9 719	4 972	10 493	6 191	12 591
10 112	2 200	11 356	615	12 851	9 743
6 567	10 746	7 117	13 627	5 337	10 324
13 627	12 744	9 465	12 557	8 372	
18 719	5 742	19 263	6 232	7 445	

我们利用式（8-2）计算信用卡余额的总体均值的区间估计：

$$9\,312 \pm 1.995\left(\frac{4\,007}{\sqrt{70}}\right) \qquad 9\,312 \pm 955$$

总体均值的点估计为 9 312 美元，边际误差为 955 美元，95% 的置信区间为 9 312−955 = 8 357 美元至 9 312+955 = 10 267 美元。于是，我们有 95% 的把握认为对于全部家庭的总体，信用卡余额的均值介于 8 357~10 267 美元。

附录 8A 和附录 8B 描述了如何利用 JMP 和 Excel 求总体均值的置信区间。在家庭信用卡余额的研究中，70 个家庭中信用卡余额的样本均值为 9 312 美元，样本标准差为 4 007 美元，均值的标准误差的估计为 479 美元，95% 置信区间为（8 357，10 267）。

8.2.2　应用中的建议

如果总体服从正态分布，式（8-2）所给出的置信区间是精确的，并且适用于任何样本容量。如果总体不服从正态分布，则式（8-2）所给出的置信区间是近似的。在这种情形下，近似的程度依赖于总体分布和样本容量。

在绝大部分应用中，当利用式（8-2）建立总体均值的区间估计时，样本容量 $n \geqslant 30$ 已经足够大。然而，如果总体分布严重偏斜或者包含异常点，绝大部分统计学家建议将样本容量增加到 50 或者更大。[⊖] 如果总体的分布不是正态分布但是大致对称，则在样本容量为 15 时便能得到置信区间的一个好的近似。仅当分析人员坚信或者

⊖　如果总体分布严重偏斜或者包含异常点，需要更大的样本容量。

愿意假设总体分布至少近似正态分布时，才可以在更小的样本容量下使用式（8-2）。

8.2.3 利用小样本

在下面的例子中，我们在小样本容量下考虑如何构建总体均值的区间估计。正如所强调的那样，在断定区间估计方法能否给出可以接受的结果时，对总体分布的了解至关重要。

Scheer Industries 考虑使用一种新型的计算机辅助程序来培训员工维修机器。为了对这种程序有一个全面的评估，生产负责人要求对维修工完成该计算机辅助培训所需时间的总体均值进行估计。

选取 20 名员工组成一个样本，样本中的每名员工都完成了培训计划。每名维修工培训所用的时间数据如表 8-4 所示。图 8-6 是样本数据的直方图。根据直方图，我们认为总体的分布是怎样的呢？首先，样本数据不能支持我们得出总体服从正态分布的结论。但是，我们也没有发现任何偏斜或者异常点方面的证据。因此，根据上一节的提示，我们的结论是对于这 20 名员工组成的样本，以 t 分布为依据进行区间估计是可行的。

计算样本均值和样本标准差，得到：

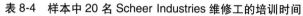

表 8-4　样本中 20 名 Scheer Industries 维修工的培训时间
（单位：天）

52	59	54	42
44	50	42	48
55	54	60	55
44	62	62	57
45	46	43	56

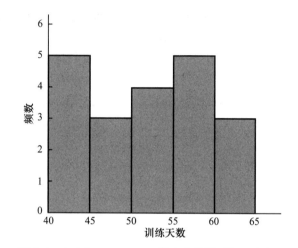

图 8-6　在 Scheer Industries 样本中培训时间的直方图

$$\bar{x} = \frac{\sum x_i}{n} = \frac{1\,030}{20} = 51.5（天）\qquad s = \sqrt{\frac{\sum (x_i - \bar{x})^2}{n-1}} = \sqrt{\frac{889}{20-1}} = 6.84（天）$$

对于 95% 的置信水平和自由度 $n-1 = 19$，$t_{0.025} = 2.093$。式（8-2）给出总体均值的区间估计为

$$51.5 \pm 2.093\left(\frac{6.84}{\sqrt{20}}\right) \qquad 51.5 \pm 3.2$$

总体均值的点估计为 51.5 天，边际误差为 3.2 天，95% 的置信区间为 51.5-3.2 = 48.3 到 51.5+3.2 = 54.7。

利用样本数据的直方图了解总体分布时，并不总能得到令人信服的结论，但是在许多情形下，它给出了仅有的可利用的信息。通常，利用直方图结合分析人员的部分判断，来确定是否可以利用式（8-2）进行区间估计。

8.2.4 区间估计方法小结

我们给出了总体均值的区间估计的两种方法：对于 σ 已知情形，式（8-1）利用标准正态分布和 σ 来计算边际误差并进行区间估计；对于 σ 未知情形，式（8-2）利用样本标准差 s 和 t 分布来计算边际误差并进行区间估计。

图 8-7 是对这两种情形下区间估计方法的小结。在绝大部分应用中，样本容量 $n \geqslant 30$ 已经足够大。然而，如果总体服从或者近似服从正态分布，则可以采用更小的样本容量。对于 σ 未知情形，如果总体分布严重偏斜或者包含异常点，建议将样本容量增加到 $n \geqslant 50$。

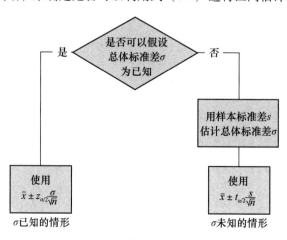

图 8-7　总体均值的区间估计方法小结

注释和评论

1. 当 σ 已知时，对所有容量为 n 的样本边际误差是相同的，为 $z_{\alpha/2}(\sigma/\sqrt{n})$。当 σ 未知时，边际误差 $t_{\alpha/2}(s/\sqrt{n})$ 随样本的变化而变化。这是由于样本标准差 s 依赖于抽取的样本。s 越大边际误差越大，s 越小边际误差越小。

2. 如果总体分布是偏斜的，置信区间的估计将如何变化？当总体分布偏向右侧时，数据中大的值将分布拉向右侧。在这种偏斜下，样本均值 $\bar{x}$ 和样本标准差 s 是正相关的。较大的 s 与较大的 $\bar{x}$ 值相对应，于是当 $\bar{x}$ 大于总体均值时，s 将大于 σ。这种偏斜使得边际误差 $t_{\alpha/2}(s/\sqrt{n})$ 大于 σ 已知情形的边际误差 $z_{\alpha/2}(\sigma/\sqrt{n})$。与使用 σ 的真值相比，大的边际误差所对应的置信区间将以更大的可能性将总体均值 μ 包括在内。但是，当样本均值 $\bar{x}$ 小于总体均值时，$\bar{x}$ 和 s 的相关性使得边际误差较小。在这种情形下，与 σ 已知从而可用相比，较小的边际误差所对应的置信区间将以更小的可能性将总体均值 μ 包括在内。出于这种原因，我们建议在总体分布严重偏斜时采用更大的样本容量。

练 习

方法

12. 下面各种情形下，t 值为多少？

    a. 自由度为 12，上侧面积为 0.025。

    b. 自由度为 50，下侧面积为 0.05。

    c. 自由度为 30，上侧面积为 0.01。

    d. 自由度为 25，两个 t 值之间面积为 90%。

    e. 自由度为 45，两个 t 值之间面积为 95%。

14. 一个简单随机样本的样本均值为 22.5，$n=54$，样本标准差为 4.4。

    a. 求总体均值的 90% 置信区间。

    b. 求总体均值的 95% 置信区间。

    c. 求总体均值的 99% 置信区间。

    d. 当置信水平增大时，边际误差和置信区间如何变化？

应用

16. 40 家企业的债券组成一个样本，到期年数和获利的数据存放在名为 CorporateBonds 的文件中。

    a. 求企业债券到期年数的样本均值和样本标准差。

    b. 求到期年数的总体均值的 95% 置信区间估计。

    c. 求企业债券获利的样本均值和样本标准差。

    d. 求企业债券获利的总体均值的 95% 置信区间估计。

18. 年龄越大的人通常越难找工作。美国退休人员协会 (AARP) 报道了年龄 55 岁及以上的人找工作时所耗费的时间 (单位：周)。数据存放在名为 JobSearch 的文件中。

    a. 求年龄 55 岁及以上的人找工作时所耗费时间的总体均值的点估计。

    b. 在 95% 的置信水平下，边际误差是多少？

    c. 估计均值的 95% 置信区间。

    d. 讨论样本数据的偏斜程度。若再次展开研究，你有何建议？

20. 美国汽车保险费的平均值达到每年 1 503 美元。网站给出的密歇根州的年保险费 (单位：美元) 数据如下。

1 905	3 112	2 312	2 725	2 545
2 981	2 677	2 525	2 627	2 600
2 370	2 857	2 962	2 545	2 675
2 184	2 529	2 115	2 332	2 442

假设总体近似服从正态分布，试求：

    a. 密歇根州汽车每年保险费均值的点估计。

    b. 密歇根州汽车每年保险费均值的 95% 置信区间。

    c. 密歇根州汽车每年保险费均值的 95% 置信区间中包含全国汽车保险费均值吗？你如何解释密歇根州每年保险费均值和全国汽车每年保险费的均值之间的关系？

22. 漫威公司的电影《银河护卫队》在 2014 年美国劳动节周末的前两天上映，其票房收入打破北美纪录，达到 9 430 万美元。由 30 家电影院组成一个样本，其票房销售收入 (单位：美元) 存放在名为 Guardians 的文件中。

    a. 求每家电影院票房销售收入均值的 95% 置信区间并解释这个结果。

    b. 电影票的价格是每张 8.11 美元，试估计每家影院的平均观影人数。

c. 该部影片已经在 4 080 家影院上映，估计观看

《银河护卫队》的观众总人数和周末的票房总收入。

8.3 样本容量的确定

在前两节的应用建议中，当总体不服从正态分布时，我们重点讨论了样本容量对得到好的置信区间的作用。在本节中，我们重点介绍与样本容量有关的另一个问题，说明如何确定足够的样本容量以达到所希望的边际误差 ⊖。为理解这一方法如何实施，我们回到第 8.1 节的 σ 已知情形。根据式 (8-1)，区间估计为：

$$\bar{x} \pm z_{\alpha/2} \frac{\sigma}{\sqrt{n}}$$

$z_{\alpha/2}(\sigma/\sqrt{n})$ 是边际误差。于是，我们看到值 $z_{\alpha/2}$、总体标准差 σ 和样本容量 n 共同确定了边际误差：一旦选择了置信系数 $1-\alpha$，$z_{\alpha/2}$ 就确定了。然后，如果 σ 的值已知，我们就可以确定达到希望的边际误差所需的样本容量 n。以下是用于计算所需样本容量 n 的公式。

令 E 代表希望达到的边际误差：

$$E = z_{\alpha/2} \frac{\sigma}{\sqrt{n}}$$

解出 $\sqrt{n}$，得到：

$$\sqrt{n} = \frac{z_{\alpha/2} \cdot \sigma}{E}$$

将上式两边平方，得到样本容量的如下表达式。

总体均值区间估计中的样本容量 ⊜

$$n = \frac{(z_{\alpha/2})^2 \cdot \sigma^2}{E^2} \tag{8-3}$$

在给定的置信水平下，样本容量能达到希望的边际误差。

在式 (8-3) 中，E 值是使用者可接受的边际误差，$z_{\alpha/2}$ 可直接由区间估计中所用到的置信水平确定。虽然不同的使用者有各自的偏好，但 95% 的置信水平仍是最常见的选择 ($z_{0.025} = 1.96$)。

最后，式 (8-3) 要求总体标准差 σ 的值必须是已知的。但是，即使 σ 是未知的，只要我们能给出 σ 的初始值或计划值，仍可以使用式 (8-3)。在实践中，可选择以下方法之一来确定 σ 的值 ⊜。

(1) 根据以前研究中的数据计算总体标准差的估计值作为 σ 的计划值。

(2) 利用实验性研究，选取一个初始样本，以初始样本的标准差作为 σ 的计划值。

(3) 对 σ 值进行判断或最优猜测。例如，我们可以分别估计总体的最大值和最小值，两者之差是对数据极差的估计。一般建议将极差除以 4 作为标准差 σ 的粗略估计，从而最终得到一个可以接受的 σ 的计划值。

下面我们举例说明如何利用式 (8-3) 来确定样本容量。对美国汽车租赁成本的已有调查研究发现，租赁一辆中型汽车的平均费用大约为每天 55 美元。假定该项研究的组织者想要进行一项新的调查，对在美国一辆中型汽车的租赁费用的总体均值进行估计。在新研究的设计中，当项目负责人估计每天租赁费用的总体均值时，设定置信水平为 95%，边际误差为 2 美元。

该负责人已设定边际误差 $E = 2$，在 95% 的置信水平下，$z_{0.025} = 1.96$，因此在计算所需的样本容量时，仅需要已知总体标准差 σ 的计划值。此时，分析人员回顾先前研究中的样本数据发现，每天租赁费用的样本标准差为

⊖ 如果在抽样之前就选定了所希望的边际误差，则采用本节的方法可确定需要多大的样本容量，使得所要求的边际误差得到满足。

⊜ 式 (8-3) 给出的是满足所要求的边际误差所需的最优样本容量，但是可以根据分析者的判断来确定是否将最终增大样本容量。

⊜ 在确定样本容量之前必须设定总体标准差 σ 的计划值，这里讨论了得到 σ 的计划值的三种方法。

9.65 美元。将 9.65 作为 σ 的计划值，得到：

$$n = \frac{(z_{\alpha/2})^2 \cdot \sigma^2}{E^2} = \frac{1.96^2 \times 9.65^2}{2^2} = 89.43$$

因此，在新研究中为达到项目负责人所指定的边际误差 2 美元，样本至少应该选取 89.43 笔中型汽车租赁业务。当计算得到的样本容量不是整数时，建议取下一位整数为样本容量 ⊖。因此，建议样本容量为 90 笔中型汽车租赁业务。

练 习

方法

24. 估计一组数据的极差为 36，试求：

    a. 总体标准差的计划值是多少？

    b. 在 95% 的置信水平下，当边际误差为 3 时应选取多大的样本容量？

    c. 在 95% 的置信水平下，当边际误差为 2 时应选取多大的样本容量？

应用

26. 据美国能源信息协会（US EIA）报道，普通汽油的平均价格为每升 0.78 美元。US EIA 每周更新其对汽油均价的估计。假定每升普通汽油价格的标准差为 0.07 美元，若在 95% 的置信水平下，按如下边际误差报道油价时，应该选取多大的样本容量？

    a. 所期望的边际误差为 0.03 美元。

    b. 所期望的边际误差为 0.02 美元。

    c. 所期望的边际误差为 0.01 美元。

28. 许多医学专业人员认为，食用过多的红肉会增加罹患心脏病和癌症的风险。假定我们想要做一项后续研究，确定一名普通美国人每年消费的牛肉数量。在对每年牛肉人均消费量的总体均值进行置信区间估计时，想要边际误差为 1.35 千克。取总体标准差的计划值为 11.35 千克，在下列情形下，你建议选取多大的样本容量？

a. 构建牛肉消费量均值的 90% 置信区间。

b. 构建牛肉消费量均值的 95% 置信区间。

c. 构建牛肉消费量均值的 99% 置信区间。

d. 当边际误差固定不变时，增大置信水平将使样本容量如何变化？你建议采用 99% 的置信区间吗？为什么？

30. 在过去几年中，人们特别是年轻人表现出不愿驾驶的趋势。在过去 8 年中，16~34 岁年龄段人中每人每年驾车旅行的公里数从 16 580 下降到 12 720。假设目前的标准差为 3 200 公里。假定你要进行一个调查，对目前 16~34 岁年龄段人中每人每年驾车的公里数进行区间估计，若边际误差为 160 公里，则目前的调查中应采用多大的样本容量（取 95% 的置信水平）？

8.4 总体比率

本章章首我们给出总体比率 p 的区间估计的一般形式为：

$$\bar{p} \pm 边际误差$$

在计算区间估计的边际误差时，$\bar{p}$ 的抽样分布至关重要。

在第 7 章中，我们已经证明了当 $np \geq 5$ 和 $n(1-p) \geq 5$ 时，$\bar{p}$ 的抽样分布近似服从正态分布。图 8-8 给出了 $\bar{p}$ 的抽样分布的正态近似。$\bar{p}$ 的抽样分布的均值是总体比率 p，$\bar{p}$ 的标准差为

$$\sigma_{\bar{p}} = \sqrt{\frac{p(1-p)}{n}} \tag{8-4}$$

由于 $\bar{p}$ 的抽样分布服从正态分布，如果在总体比率的区间估计

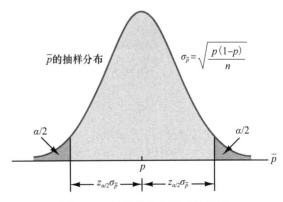

图 8-8 $\bar{p}$ 的抽样分布的正态近似

⊖ 式（8-3）给出的是满足所希望的边际误差所需要的最小样本容量。如果计算得到的样本容量不是整数，则建议取下一位整数为样本容量，这时的边际误差比所要求的边际误差略小。

中选择 $z_{\alpha/2}\sigma_{\bar{p}}$ 作为边际误差，则所得到的区间中有 $100(1-\alpha)\%$ 的可能性将真实的总体比率包含在内。但是，由于 p 未知，在计算边际误差时不能直接使用 $\sigma_{\bar{p}}$。于是，我们需要估计 p，用 $\bar{p}$ 代替 p。在总体比率的区间估计中，边际误差为：

$$\text{边际误差} = z_{\alpha/2}\sqrt{\frac{\bar{p}(1-\bar{p})}{n}} \tag{8-5}$$

总体比率的区间估计的一般公式如下。

总体比率的区间估计[一]

$$\bar{p} \pm z_{\alpha/2}\sqrt{\frac{\bar{p}(1-\bar{p})}{n}} \tag{8-6}$$

$1-\alpha$ 为置信系数；$z_{\alpha/2}$ 为标准正态分布上侧面积为 $\alpha/2$ 时的 z 值。

下面的例子说明了如何计算总体比率的边际误差和区间估计。美国对 900 名女子高尔夫运动员进行了一项全国性调查，以便掌握女子高尔夫运动员如何看待她们在高尔夫球场上所受到的待遇。调查显示，有 396 名女子高尔夫运动员对开球时间的合理性感到满意。于是，女子高尔夫运动员中对开球时间的合理性感到满意的总体比率的点估计为 $396/900=0.44$。根据式（8-6）并取置信水平为 95%，可得：

$$\bar{p} \pm z_{0.025}\sqrt{\frac{\bar{p}(1-\bar{p})}{n}}$$

$$0.44 \pm 1.96\sqrt{\frac{0.44(1-0.44)}{900}}$$

$$0.44 \pm 0.0324$$

因此，边际误差为 0.032 4，总体比率的 95% 置信水平的区间估计为（0.407 6，0.472 4）。若用百分数来表示，调查结果使我们可以认为在 95% 的置信水平下，全部女子高尔夫运动员中对开球时间的合理性感到满意的比率在 40.76%~47.24%。

样本容量的确定

下面我们进一步考虑在给定的精度水平下，应选取多大的样本容量来估计总体比率。总体比率的区间估计中确定样本容量的原理，与第 8.3 节中总体均值的区间估计中样本容量的确定完全类似。

与总体比率的区间估计相联系的边际误差为 $z_{\alpha/2}\sqrt{\bar{p}(1-\bar{p})/n}$，它由 $z_{\alpha/2}$、样本比率 $\bar{p}$ 和样本容量 n 共同确定。样本容量越大，则边际误差越小，精度越高。

令 E 代表所希望达到的边际误差，则：

$$E = z_{\alpha/2}\sqrt{\frac{\bar{p}(1-\bar{p})}{n}}$$

对该方程关于 n 求解，得到边际误差为 E 时所需样本容量的公式：

$$n = \frac{(z_{\alpha/2})^2\bar{p}(1-\bar{p})}{E^2}$$

注意，此时由于抽样前 $\bar{p}$ 是未知的，因此上式并不能用于计算达到预期的边际误差所需要的样本容量。于是，计算中我们需要一个 $\bar{p}$ 的计划值。令 p^* 表示 $\bar{p}$ 的计划值，则式（8-7）可用于计算边际误差为 E 时所需的样本容量。

总体比率区间估计的样本容量

$$n = \frac{(z_{\alpha/2})^2 p^*(1-p^*)}{E^2} \tag{8-7}$$

[一] 在求比率的区间估计时，边际误差是 $z_{\alpha/2}\sqrt{\bar{p}(1-\bar{p})/n}$。

实践中，可选择如下方法来确定计划值 p^*。

（1）用以前相同或类似样本的样本比率来代替。

（2）利用实验性的研究，选取一个初始样本，以该样本的样本比率作为计划值 p^*。

（3）使用判断或最优猜测作为 p^* 值。

（4）如果上述方法均不适用，则取计划值 $p^* = 0.5$。

我们仍回到对女子高尔夫运动员的调查中去。假设公司想通过一项新的调查，来估计目前女子高尔夫运动员中对开球时间的合理性感到满意的总体比率。在 95% 的置信水平和边际误差为 0.025 的条件下，调查组织者对总体比率进行估计时应选取多大的样本容量？由 $E = 0.025$ 和 $z_{\alpha/2} = 1.96$，我们还需要计划值 p^* 方能回答所需样本容量的问题。将上一次的调查结果 $\bar{p} = 0.44$ 作为计划值 p^*，根据式（8-7），有：

$$n = \frac{(z_{\alpha/2})^2 p^*(1-p^*)}{E^2} = \frac{1.96^2 \times 0.44 \times (1 - 0.44)}{0.025^2} = 1\,514.5$$

因此，为达到所要求的边际误差，样本容量至少应为 1 514.5 人。我们取下一个整数，则为达到所要求的边际误差，建议由 1 515 名女子高尔夫运动员组成一个样本。

在选择计划值 p^* 时，我们所推荐使用的第四种方法为取 $p^* = 0.5$。在没有其他信息可用时，p^* 通常取此值。

式（8-7）的分子表明样本容量与数值 $p^*(1-p^*)$ 成正比，$p^*(1-p^*)$ 的值越大则样本容量越大。表 8-5 给出了 $p^*(1-p^*)$ 的一些可能值，当 $p^* = 0.5$ 时，$p^*(1-p^*)$ 的值达到最大。因此，当我们不能确定计划值取何值时，由 $p^* = 0.5$ 所计算得到的样本容量最大。实际上，出于保险的原则，我们建议使用最大的样本容量。如果能够证明样本比率不是计划值 0.5，则边际误差比预期的要小。因此，取 $p^* = 0.5$ 计算出的样本容量足以保证达到希望的边际误差。

表 8-5　$p^*(1-p^*)$ 的一些可能值

p^*	$p^*(1-p^*)$	
0.1	$0.1 \times 0.9 = 0.09$	
0.3	$0.3 \times 0.7 = 0.21$	
0.4	$0.4 \times 0.6 = 0.24$	
0.5	$0.5 \times 0.5 = 0.25$	← $p^*(1-p^*)$ 的最大值
0.6	$0.6 \times 0.4 = 0.24$	
0.7	$0.7 \times 0.3 = 0.21$	
0.9	$0.9 \times 0.1 = 0.09$	

在对女子高尔夫运动员调查的例子中，当取计划值 $p^* = 0.5$ 时样本容量为：

$$n = \frac{(z_{\alpha/2})^2 p^*(1-p^*)}{E^2} = \frac{1.96^2 \times 0.5 \times (1 - 0.5)}{0.025^2} = 1\,536.6$$

因此建议采用稍大的样本容量，选取 1 537 名女子高尔夫运动员组成样本。

注释和评论

1. 在估计总体比率时，边际误差几乎总是小于或等于 0.10。在诸如盖洛普和哈里斯所进行的全美范围的公众民意调查中，边际误差一般为 0.03 或 0.04。根据这样的边际误差，由式（8-7）所给出的样本容量一般都是足够大的，满足条件 $np \geqslant 5$ 和 $n(1-p) \geqslant 5$，从而可以用正态分布近似 $\bar{x}$ 的抽样分布。

2. 二项分布也可以用来精确计算比率的区间估计，这种方法比正态近似法的精度和功效都更强。但是正态近似法的计算更为简单，并且随着样本容量的增大，采用正态近似法计算得到的置信区间的精度和功效也不断提高。

练　习

方法

32. 800 个个体组成一个简单随机样本，样本比率为 $\bar{p} = 0.7$。

　a. 求总体比率的 90% 置信区间。

　b. 求总体比率的 95% 置信区间。

34. 在 95% 的置信水平下，边际误差为 0.03 时，为了估计总体比率，应采用多大的样本容量？假设不能根据历史数据得到计划值 p^*。

应用

36. 据美国消费者新闻与商业频道（CNBC）的统计报告，没上保险的机动车数量令人吃惊。与 CNBC 的报道一致，抽样结果显示在 200 辆机动车中有 46 辆没有上保险。

    a. 试求机动车没有上保险的比率的点估计。

    b. 建立总体比率的 95% 置信区间。

38. 据《特许经营商业评论》称，所有特许食品经营中超过 50% 的经营者年利润低于 50 000 美元。由 142 家休闲餐厅组成的一个样本显示，去年有 81 家的利润低于估计的 50 000 美元。

    a. 求去年休闲餐厅中利润低于 50 000 美元的餐厅所占比率的点估计。

    b. 试求边际误差，并给出去年休闲餐厅中利润低于 50 000 美元的餐厅所占比率的 95% 置信区间。

    c. 若想要使得边际误差为 0.03，则需要多大的样本容量？

40. 企业多年来一直与不断增长的医疗保健费用做斗争。最近，由于医疗保健品的通货膨胀较低和雇员支付较大比例的医疗保健福利金，医疗保健费用的增长速度放缓。最近，一项调查显示，与去年相比，今年美国 52% 的雇主要求员工分担更多的医疗保健费用。假设调查中样本是由 800 家公司组成的，计算边际误差，并在 95% 的置信水平下，建立今年雇主要求员工分担更多医疗保健费用的公司所占比率的置信区间。

42. 6 月，对 491 名潜在选民就总统大选进行了一项民意调查。本次民意调查的主要目的是，估计潜在选民中每位候选人的支持率。假设计划值 $p^* = 0.50$，取置信水平为 95%。

    a. 对 $p^* = 0.50$，6 月的民意调查中计划的边际误差为多少？

    b. 临近 11 月大选前夕，希望达到更高的精确度和更小的边际误差。假设对总统大选期间所进行的调查要求满足如下边际误差，则每次调查中建议选取多大的样本容量？

调查时间	边际误差	调查时间	边际误差
9 月	0.04	11 月初	0.02
10 月	0.03	大选前一天	0.01

8.5　大数据和置信区间

　　置信区间是对总体参数进行估计的实用工具。现在，我们考虑大数据对均值和比率的区间估计的影响，仍回到 PenningtonDailyTimes. com（PDT）在线新闻服务的数据收集问题。PDT 的主要收入源于广告销售，PDT 管理者关心的是 PDT 网站用户的登录时长以及网站的广告点击量。

8.5.1　大数据和置信区间的精度

　　对式（8-2）和式（8-6）的综述表明，随着样本容量的增大，总体均值 μ 和总体比率 p 的置信区间变得越来越窄。因此，随着样本容量的增大，潜在的抽样误差是不断下降的。下面以 PDT 在线新闻服务为例说明在给定的置信水平下区间的变窄程度。

　　潜在的广告客户愿意在访问时间较长的网站上发布广告，并向其支付一定的广告费用。因此，消费者登录 PDT 网站的时长会对 PDT 的广告收入产生重大影响。假定 PDT 的管理者想要估计消费者登录 PDT 网站时长的均值的 95% 置信区间。表 8-6 给出了当 $s = 20$ 时，在 95% 的置信水平下，随着样本容量的增大，边际误差的下降情况。

　　假定 PDT 的管理者除了估计消费者登录 PDT 网站时长，还想要估计网站的登录者点击某广告的比率的 95% 置信区间。表 8-7 给出了当样本比率 $\bar{p} = 0.51$ 时，在 95% 的置信水平下，随着样本容量的增大，总体比率的区间估计的边际误差的下降情况。

　　PDT 的例子给出了样本容量和区间估计之间的精度关系。由表 8-6 和表 8-7 可见，在给定的置信水平下，边际误差随着样本容量的增大而减小。如果登录 PDT 网站的用户时长样本均值为 84.1 秒，总体均值的 95% 置信区间估计在 $n = 10$ 时为（69.792 86，98.407 14），在 $n = 100\,000$ 时缩短为（83.976 04，84.223 96），在 $n = 1\,000\,000$ 时缩短为（84.098 76，84.101 24）。类似地，如果网站访问者点击一款广告的样本比率为 0.51，总体比率的 95%

置信区间估计在 $n=10$ 时为（0.200 16，0.819 84），在 $n=100\ 000$ 时缩短为（0.506 90，0.513 10），在 $n=1\ 000\ 000$ 时缩短为（0.509 97，0.510 03）。在这两个例子中，随着样本容量变得极端大，边际误差都变得极端小，置信区间变得极端窄。

表 8-6　不同样本容量 n 下总体均值的区间估计的边际误差，取 95% 的置信水平

样本容量	标准误差 $t_{\alpha/2}s_{\bar{x}}$	样本容量	标准误差 $t_{\alpha/2}s_{\bar{x}}$
10	14. 307 14	1 000 000	0. 039 20
100	3. 968 43	10 000 000	0. 012 40
1 000	1. 241 09	100 000 000	0. 003 92
10 000	0. 392 04	1 000 000 000	0. 001 24
100 000	0. 123 96		

表 8-7　不同样本容量 n 下总体比率的区间估计的边际误差（$p=0.51$，95% 的置信水平）

样本容量	标准误差 $z_{\alpha/2}\sigma_{\bar{p}}$	样本容量	标准误差 $z_{\alpha/2}\sigma_{\bar{p}}$
10	0. 309 84	1 000 000	0. 000 98
100	0. 097 98	10 000 000	0. 000 31
1 000	0. 030 98	100 000 000	0. 000 10
10 000	0. 009 80	1 000 000 000	0. 000 03
100 000	0. 003 10		

8.5.2 大数据对置信区间的影响

去年用户登录 PenningtonDailyTime.com 网站时长的样本均值为 84 秒。假定 PDT 想要评估自去年以来总体均值是否发生了变化。现在，PDT 从网站上收集由 1 000 000 人组成的一个新样本，计算得到这些用户登录 PDT 网站的时长的样本均值 $\bar{x}=84.1$ 秒。总体标准差 $s=20$ 秒，标准误差 $s_{\bar{x}}=s/\sqrt{n}=0.020\ 0$。而样本容量足够大，可以保证样本均值的抽样分布是正态分布。于是总体均值的 95% 置信区间估计为

$$\bar{x} \pm t_{\alpha/2}s_{\bar{x}} = 84.1 \pm 0.039\ 2 = (84.060\ 80, 84.139\ 20)$$

由此，PDT 能得到什么结论？PDT 的样本均值 84.1 秒与去年的总体均值 84 秒相比是有差异的，原因可能来自三方面：抽样误差、非抽样误差、自去年以来总体均值确实发生了改变。总体均值的 95% 置信区间估计并不包括去年用户登录 PDT 网站的时长均值（84 秒），这表明 PDT 新样本的均值与去年的均值（84 秒）的差异不能完全归结为抽样误差。非抽样误差是一种可能的解释，随着将非抽样误差引入到样本数据中，统计推断的结果变得越来越不可靠，因此我们应该对非抽样误差进行研究。如果 PDT 能够确定样本数据中只有很少或者几乎没有非抽样误差，对于这种数量上的不同，剩下的合理解释只能是自去年以来总体均值确实发生了改变。

如果 PDT 得出结论：样本提供的证据是可靠的，总体均值自去年以来发生了改变，管理者还必须考虑样本均值与去年均值之间差异的潜在影响。如果登录 PenningtonDailyTime.com 网站时长的 0.1 秒差异会对 PDT 网站的广告收入有重要影响，那么这一结果对 PDT 就有实际的业务意义。否则，这 0.1 秒的差异就没有**实际意义**（practical significance）。

置信区间是相当有用的，但是与其他统计方法一样，只有运用得当时它才是有效的。随着样本容量增大，区间估计变得越来越精确，当样本容量极端大时，我们会得到极端精确的估计。然而，不论结果多么精确，除非样本与非抽样误差相对无关，否则区间估计都不能准确反映待估参数。因此，当使用区间估计时，我们要谨慎考虑样本是不是来自总体的随机样本，这点尤为重要。

练习

44. 假定从去年发生错误的联邦所得税申报单中选取 10 001 份组成一个样本，已经存放在文件 FedTaxErrors 中。正数代表少扣税额，负数代表多扣税额。

   a. 对于去年发生错误的联邦所得税申报单，求误差的样本均值。

   b. 在 95% 的置信水平下，求边际误差。

   c. 根据 a 和 b 中的结果，求在去年发生错误的联邦所得税申报单中平均误差的 95% 置信区间。

46. 最近，对互联网使用者就他们常用的网络浏览器的满意度进行了网上评级调查。102 519 名受访者中有 65 120 人认为其常用的网络浏览器令他们非常满意。

   a. 求对常用的网络浏览器非常满意的人所占比率的点估计。

   b. 在 95% 的置信水平下，求边际误差。

   c. 根据 a 和 b 中的结果，求对常用的网络浏览器非常满意的人所占比率的 95% 置信区间。

小 结

在本章我们给出了对总体比率和总体均值进行区间估计的方法。点估计量可能是也可能不是总体参数的好的估计。利用区间估计可以对估计的精确程度予以度量。总体均值和总体比率的区间估计都采用如下形式：点估计±边际误差。

在两种情形下，我们分别介绍了总体均值的区间估计。在 σ 已知情形下，抽样前利用历史数据以及其他信息对 σ 进行了估计。于是，在根据新的样本数据进行分析时，可以假设 σ 已知。在 σ 未知情形下，利用样本数据同时估计总体均值和总体标准差。最终究竟选择哪一种区间估计方法，依赖于分析人员认为何种方法能给出对 σ 的最佳估计。

在 σ 已知情形下，基于假设的 σ 值并利用标准正态分布进行区间估计。在 σ 未知情形下，基于样本标准差 s 并利用 t 分布进行区间估计。在这两种情形下，所得到的区间估计的质量取决于总体的分布和样本容量。如果总体服从正态分布，则即使在小样本时这两

种情形所得到的区间估计也是精确的。如果总体不服从正态分布，则所得到的区间估计都是近似的。样本容量越大，近似程度越好。与正态分布相比，总体的偏斜程度越大，要想得到更好的近似，需要的样本容量也越大。在第 8.1 节和第 8.2 节中，对达到好的近似应使用多大的样本容量提出了实践应用的建议。在大多数情况下，30 或更大的样本容量将保证能给出置信区间的一个好的近似。

总体比率的区间估计的一般形式为 $\bar{p}$±边际误差。在实际应用中，对总体比率进行区间估计时，通常要求样本容量为大样本。因此，区间估计是依据标准正态分布进行的。

在开展一项抽样计划之前，通常先设定一个希望达到的边际误差。我们说明如何选择足够大的样本容量来达到所希望的精度。最后，我们讨论了样本容量极端大的情况会如何影响均值及比率的置信区间的精度。

关键术语

confidence coefficient　置信系数　用小数形式表示的置信水平。比如，95%置信水平的置信系数为 0.95。

confidence interval　置信区间　区间估计的另一种叫法。

confidence level　置信水平　与区间估计相联系的置信水平。例如，在使用区间估计方法得到的全部区间中，如果有 95% 的区间包含总体参数，则称区间估计是在 95% 的置信水平下构建的。

degrees of freedom　自由度　t 分布的参数，当 t 分布用于计算总体均值的区间估计时，其自由度为 $n-1$，其中 n 是样本容量。

interval estimate　区间估计　总体参数估计值的一个区间，确信该区间将参数值纳入其中。在本章中，区间估计的形式是点估计±边际误差。

margin of error　边际误差　为了建立总体参数的区间估计，从点估计值加上或减去的值。

practical significance　实际意义　统计推断结果对业务决策有实际影响。

t distribution　t 分布　一类概率分布，当总体标准差 σ 未知而用样本标准差 s 对其进行估计时，该分布用于建立总体均值的区间估计。

σ known　σ 已知　在进行抽样之前，若历史数据或者其他信息给出了总体标准差的一个好的近似，称这种情形为 σ 已知。在区间估计中计算边际误差时用的是这个已知的 σ 值。

σ unknown　σ 未知　在进行抽样之前，更普遍的情形是没有信息可用于估计总体标准差 σ，称这种情形为 σ 未知。这时，在区间估计中计算边际误差时用的是样本标准差 s。

重要公式

总体均值的区间估计：σ 已知

$$\bar{x} \pm z_{\alpha/2} \frac{\sigma}{\sqrt{n}} \tag{8-1}$$

总体均值的区间估计：σ 未知

$$\bar{x} \pm t_{\alpha/2} \frac{s}{\sqrt{n}} \tag{8-2}$$

总体均值的区间估计中的样本容量

$$n = \frac{(z_{\alpha/2})^2 \cdot \sigma^2}{E^2} \qquad (8\text{-}3)$$

总体比率的区间估计

$$\overline{p} \pm z_{\alpha/2} \sqrt{\frac{\overline{p}(1-\overline{p})}{n}} \qquad (8\text{-}6)$$

总体比率区间估计的样本容量

$$n = \frac{(z_{\alpha/2})^2 p^*(1-p^*)}{E^2} \qquad (8\text{-}7)$$

补充练习

48. 对 54 名贴现票据经纪人的一个抽样调查显示，交易股价 50 美元的股票，手续费的均值为 33.77 美元/百股。这样的调查每年都会进行，根据可得的历史数据，假定已知总体标准差为 15 美元。

   a. 利用样本数据，求与 95% 置信区间相对应的边际误差。

   b. 当交易股价 50 美元的股票时，求每百股手续费的均值的 95% 置信区间。

50. 美国 50 岁及以上年龄的人口达 9 200 万，他们掌握了整个可支配收入的 50% 以上。据美国退休人员协会估计，这一年龄段的人中饭店就餐和外卖的年人均消费为 1 873 美元。假定样本由 80 名民众组成，并且样本标准差为 550 美元。

   a. 当置信水平为 95% 时，边际误差为多大？

   b. 求饭店就餐和外卖的消费额的总体均值的 95% 置信区间。

   c. 估计美国 50 岁及以上年龄的人对于饭店就餐和外卖的消费是多少？

   d. 如果饭店就餐和外卖的消费额是右偏的，那么你预计消费额的中位数是大于还是小于 1 873 美元？

52. 对年龄 65 岁以下的人雇主会给其上私人健康保险，卫生保健成本研究所跟踪这些受益人的卫生保健支出。研究所将每人每年处方药费用的数据存放在名为 DrugCost 的数据文件中。请借助 Excel 分析数据并回答下列问题。

   a. 求每年处方药费用的 90% 置信区间。

   b. 求每年每人付现费用的 90% 置信区间。

   c. 求没有发生处方药费用的人所占比率的点估计。

   d. 在 a 和 b 的区间估计中，哪一个边际误差更大？为什么？

54. 对某种型号的汽车进行了一项里程测试。如果希望达到的边际误差为 0.4 公里/升，则测试中应选取多少辆汽车？取置信水平为 98%，并假设里程预测试表明标准差为 1 公里/升。

56. 《商业周刊》的年度薪酬调查（Annual Pay Survey）公布了首席执行官（CEO）的年薪及奖金的数据。在一个初始样本（单位：1 000 美元）中，标准差为 675 美元。如果我们想要对年薪和奖金的总体均值进行估计，设定边际误差为 100 000 美元，那么应由多少名 CEO 组成样本？（注意：由于数据单位是 1 000 美元，所以边际误差 $E = 100$，取置信水平为 95%。）

58. 《今日美国》/CNN/盖勒普对 369 名在职父母进行的一项调查显示，他们当中有 200 人承认由于工作原因与子女相处的时间太少。

   a. 对于由在职父母组成的总体，求由于工作原因与子女相处时间太少的父母所占比率的点估计。

   b. 当置信水平为 95% 时，边际误差为多少？

   c. 对于由在职父母组成的总体，求由于工作原因与子女相处时间太少的父母所占比率的 95% 置信区间。

60. 在大选前夕，拉斯姆森民调对俄亥俄州 750 名可能投票的选民进行调查。经济形势被认为是选民投票的重要决定因素。除其他因素之外，调查发现有 165 名受访者认为经济形势好或者非常好，有 315 人认为经济形势差。

   a. 试求俄亥俄州选民中认为经济形势好或者非常好的人所占比率的点估计。

   b. 构建俄亥俄州选民中认为经济形势好或者非常好的人所占比率的 95% 置信区间。

   c. 构建俄亥俄州选民中认为经济形势差的人所占比率的 95% 置信区间。

   d. 在 b 和 c 中，哪一个置信区间更宽？为什么？

62. 一家著名的银行信用卡公司想要估计在月末账户有余额并产生利息的信用卡持卡人所占比率。假定希望达到的边际误差为 0.03，取置信水平为 98%。

   a. 如果预期持卡人中大约有 70% 在月末账户有余

额，则应该抽取多大容量的样本？

b. 如果不能指定总体比率的计划值，则应该选取多大容量的样本？

64. 航空公司时刻表和价格是商务旅行者选择航班时要考虑的重要因素，但是《今日美国》的调查发现，商务旅行者将航空公司的经常性旅客优惠政策列为最重要的因素。在一个由 $n=1\,993$ 名商务旅行者组成的样本中，有 618 人将航空公司的经常性旅客优惠政策列为最重要的因素。

a. 求商务旅行者总体在选择航班时，将航空公司的经常性旅客优惠政策列为最重要的因素的人所占比率的点估计。

b. 求总体比率的 95% 置信区间估计。

c. 当置信水平为 95%，边际误差为 0.01 时，应选取多大的样本容量？你认为《今日美国》的调查能达到这种精度吗？为什么？

66. PayScale 最近的一项调查发现，美国工人中有 46% 未能充分就业，大约为 2 200 万人。这些工人要么只是部分时间工作，要么工作岗位和他们的技能或者受教育程度不匹配。假定上周从这些工人中选取 28 585 人组成一个随机样本，他们工作时间（单位：小时）的调查数据存放在文件 UnderEm-

ployed 中。

a. 求未充分就业的美国工人工作时间的样本均值。

b. 在 99% 置信水平下，求边际误差。

c. 根据 a 和 b 中的结果，求美国未充分就业的工人平均工作时间（单位：小时）的 99% 置信区间。

d. 如果一年前同期美国未充分就业的工人平均工作时间为 35.6 小时，根据 c 中置信区间你对上周的样本能得出什么结论？

68. The Infrastructure Report Card 报道称，去年美国 614 387 座桥梁中有 9.1% 存在结构缺陷，加利福尼亚州有超过 1 300 座桥梁因这类原因而坍塌。加利福尼亚州桥梁的结构缺陷情况与全美国相比是怎样的？考虑一个由加利福尼亚州 8 749 座桥梁组成的随机样本，其中 490 座桥梁存在结构缺陷。

a. 求美国加利福尼亚州桥梁中结构有缺陷的样本比率。

b. 在 90% 置信水平下，求边际误差。

c. 根据 a 和 b 中的结果，求加利福尼亚州桥梁中结构有缺陷的比率的 90% 置信区间。

d. 根据 c 中置信区间你对加利福尼亚州的桥梁能得出什么结论？

案例 8-1 *Young Professional* 杂志

Young Professional 杂志面向的读者是刚毕业的大学生，这些大学毕业生正处在他们职业生涯的头 10 年。在过去两年中，杂志的发行相当成功。目前出版商感兴趣的问题是，如何扩大杂志的广告客户基础。潜在的广告客户不断地询问 *Young Professional* 杂志订阅人的特征和兴趣方面的问题。为了收集这方面的信息，杂志进行了一次调查以便获取订阅人的概况资料。调查结果将用于帮助杂志选择感兴趣的文章，并向做广告的人提供订阅人的概况。你身为杂志社的一名新雇员，被要求帮助分析调查结果。

以下是部分调查问题：

1. 您的年龄？

2. 您是男性_____ 女性_____。

3. 未来两年您是否有购买房产的计划？是_____ 否_____

4. 除家庭投资之外，您或者您家庭的成员进行理财投资的总金额大约是多少？

5. 去年您共进行了多少次的股票/债券/共同基金交易？

6. 您家中接入互联网宽带了吗？是_____ 否_____

7. 您去年的家庭总收入是多少？

8. 您有子女吗？是_____ 否_____

对这些问题的回答存放在名为 Professional 的文件中。表 8-8 列示的是文件的一部分，包括调查中前 5 个受访者的回答。

表 8-8 *Young Professional* 杂志的部分调查结果

年龄	性别	购买房产	投资额/美元	交易次数	宽带接入	家庭收入/美元	子女
38	女	否	12 200	4	是	75 200	有
30	男	否	12 400	4	是	70 300	有
41	女	否	26 800	5	是	48 200	无
28	女	是	19 600	6	否	95 300	无
31	女	是	15 100	5	否	73 300	有
⋮	⋮	⋮	⋮	⋮	⋮	⋮	⋮

管理报告

准备一份管理报告对调查结果进行汇总。除了统计汇总之外，讨论杂志应该如何利用这些结果来吸引需要登广告的人。你还可以建议刊物的编辑如何利用这些调查结果来判断读者对哪些话题更感兴趣。你的报告应该陈述如下问题，但又不必局限于这些领域。

1. 利用恰当的描述统计量对数据进行汇总。

2. 求订阅人年龄均值和家庭收入均值的置信区间，取置信水平为 95%。

3. 求订阅人家中有宽带接入的比率的 95% 置信区间。求有子女的订阅人所占比率的 95% 置信区间。

4. 对在线代理商而言，*Young Professional* 杂志是一个好的广告途径吗？根据统计数据判断你的结论。

5. 对销售幼儿教育软件和计算机游戏的企业来说，该杂志是刊登广告的好地方吗？

6. 谈谈你认为 *Young Professional* 杂志的读者会对哪些类型的文章感兴趣。

案例 8-2　Gulf Real Estate Properties 公司

Gulf Real Estate Properties 公司是佛罗里达西南部的一家房地产公司。公司在广告中称自己是"地产专家"。公司对销售进行监督，搜集有关房屋地点、定价、售价和每套售出花费天数等信息。如果房屋位于墨西哥湾，称之为看得见海湾的房屋；如果房屋位于墨西哥湾附近的其他海湾或者高尔夫球场，则称之为看不见海湾的房屋。佛罗里达州那不勒斯的多重上市服务系统（MLS）给出了最近售出的 40 套看得见海湾的房屋和 18 套看不见海湾的房屋的样本数据，如表 8-9 所示，价格以 1 000 美元计。

管理报告

1. 对 40 套看得见海湾的房屋，用适当的描述性统计量对三个变量中的每个变量进行汇总。

2. 对 18 套看不见海湾的房屋，用适当的描述性统计量对三个变量中的每个变量进行汇总。

3. 比较你的汇总结果，讨论有助于房地产代理商了解地产市场的各种统计结果。

4. 对看得见海湾的房屋，求售价的总体均值以及售出花费天数的总体均值的 95% 置信区间，解释你的结果。

5. 对看不见海湾的房屋，求售价的总体均值以及售出花费天数的总体均值的 95% 置信区间，解释你的结果。

6. 假定分公司经理要求在 40 000 美元的边际误差下对看得见海湾的房屋的售价均值进行估计，在 15 000 美元的边际误差下对看不见海湾的房屋的售价均值进行估计。取置信水平为 95%，则应选取多大的样本容量？

7. Gulf Real Estate Properties 公司刚刚签订了两份新的售房合同：一套定价 589 000 美元的看得见海湾的房屋，一套定价 285 000 美元的看不见海湾的房屋。请估计这两套房子最终的售价以及售出花费天数。

表 8-9 Gulf Real Estate Properties 公司的销售数据

看得见海湾的房屋			看不见海湾的房屋		
定价/1 000 美元	售价/1 000 美元	销售时间/天	定价/1 000 美元	售价/1 000 美元	销售时间/天
495.0	475.0	130	217.0	217.0	182
379.0	350.0	71	148.0	135.5	338
529.0	519.0	85	186.5	179.0	122
552.5	534.5	95	239.0	230.0	150
334.9	334.9	119	279.0	267.5	169
550.0	505.0	92	215.0	214.0	58
169.9	165.0	197	279.0	259.0	110
210.0	210.0	56	179.0	176.5	130
975.0	945.0	73	149.9	144.9	149
314.0	314.0	126	235.0	230.0	114
315.0	305.0	88	199.8	192.0	120
885.0	800.0	282	210.0	195.0	61
975.0	975.0	100	226.0	212.0	146
469.0	445.0	56	149.9	146.5	137
329.0	305.0	49	160.0	160.0	281
365.0	330.0	48	322.0	292.5	63
332.0	312.0	88	187.5	179.0	48
520.0	495.0	161	247.0	227.0	52
425.0	405.0	149			
675.0	669.0	142			
409.0	400.0	28			
649.0	649.0	29			
319.0	305.0	140			
425.0	410.0	85			
359.0	340.0	107			
469.0	449.0	72			
895.0	875.0	129			
439.0	430.0	160			
435.0	400.0	206			
235.0	227.0	91			
638.0	618.0	100			
629.0	600.0	97			
329.0	309.0	114			
595.0	555.0	45			
339.0	315.0	150			
215.0	200.0	48			
395.0	375.0	135			
449.0	425.0	53			
499.0	465.0	86			
439.0	428.5	158			

案例 8-3 Metropolitan Research 有限公司

Metropolitan Research 有限公司是一家消费者研究组织,它负责设计有关调查对消费者所使用的大量产品和服务进行评估。在某一项特定研究中,Metropolitan Research 调查消费者对底特律地区某个主要制造商所生产的汽车性能的满意程度。对该制造商生产的一款正常尺寸的汽车向用户的问卷调查显示,有许多人抱怨车辆初期传动系统不佳。为了更好地了解传动系统的问题,Metropolitan Research 以底特律地区一个传动修理企业提供的实际传动系统维修记录为样本进行研究。以下为 50 辆汽车的传动系统出现故障时所行驶的实际里程的数据（单位：公里）。

136 913	52 468	95 679	124 596	52 347	103 121	52 235	96 382	63 271	144 232
151 598	187 936	149 407	102 069	105 558	138 150	103 526	99 723	109 409	96 246
163 746	154 100	195 255	111 935	119 510	107 800	64 362	115 959	40 331	124 051
112 504	57 380	119 750	108 128	190 576	86 081	127 584	103 851	139 682	187 077
60 870	143 750	118 006	137 228	222 225	85 924	137 708	132 350	124 760	142 876

管理报告

1. 利用适当的描述性统计量对传动系统失灵的数据进行汇总。

2. 对曾经出现过传动系统失灵的汽车总体，求出现传动系统问题时行驶里程均值的 95% 置信区间，并对该区间估计做出管理上的解释。

3. 对于一些汽车曾发生过的初期传动系统失灵，你的统计结果说明了什么？

4. 如果想要在 8 000 公里的边际误差下估计出现传动系统失灵时所行驶里程的均值，则研究者应选取多大的样本容量？取置信水平为 95%。

5. 为了更全面地对该传动系统失灵做出评价，你还需要收集一些什么信息？

第 9 章

假设检验

CHAPTER

9

实践中的统计 [一]

John Morrell 有限公司
俄亥俄州，辛辛那提市

John Morrell 公司于 1827 年创建于英国，是美国历史上最悠久的连续经营的肉类制造商。它是一家全资独立管理的子公司，隶属于弗吉尼亚州的 Smithfield 食品公司。John Morrell 公司为顾客提供一系列经过加工的肉制品和新鲜的猪肉产品，其产品包括以下 12 个地区品牌：John Morrell、E-Z-Cut、Tobin's First Prize、Dinner Bell、Hunter、Kretschmar、Rath、Rodeo、Shenson、Farmers Hichory Brand、Iowa Quality 和 Peyton's。每个地区品牌都在消费者中拥有很高的品牌认知度和忠诚度。

John Morrell 公司的市场研究部门在管理中提供各类产品的最新信息，并将其与同类品牌的竞争产品进行对比。在最近的研究中，该部门将公司生产的炖牛肉与其他两家主要竞争对手的类似牛肉制品进行了比较。在这三种产品的对比检验中，样本中的消费者根据口感、外观、香味和整体偏好，对产品进行评价。

公司关注的一个问题是，消费者总体中是否有超过 50% 的人偏爱其生产的炖牛肉。令 p 表示偏爱 John Morrell 产品的总体比率，研究中的假设检验是：

$$H_0 : p \leq 0.50 \qquad H_a : p > 0.50$$

原假设 H_0 表示，偏爱 John Morrell 产品的总体比率小于或等于 50%。如果样本数据支持拒绝 H_0，从而接受备择假设 H_a，则 John Morrell 公司会得出研究结论：通过三种产品的比较，消费者总体中超过 50% 以上的人偏爱其产品。

在一项独立的口感检验研究中，来自辛辛那提、密尔沃基和洛杉矶的 224 名消费者组成一个样本，其中有 150 人选择 John Morrell 公司生产的炖牛肉为自己最喜爱的食品。利用统计假设检验方法，原假设 H_0 被拒绝。研究提供统计证据支持 H_a，得出的结论是消费者总体中超过 50% 以上的人偏爱 John Morrell 公司的产品。

总体比率的点估计 $\bar{p} = 150/224 = 0.67$。因此，样本数据支持食品杂志的广告，认为在三种产品的口味比较中，John Morrell 公司生产的炖牛肉"在竞争中受欢迎程度为 2 : 1"。

在本章我们将介绍如何提出假设，如何像 John Morrell 公司那样进行检验。通过分析样本数据，我们可以确定是否拒绝一个假设。

在第 7 章和第 8 章中，我们说明了如何利用样本对总体参数进行点估计和区间估计。在本章中，我们将继续讨论在统计推断中如何利用假设检验来确定是否应拒绝关于总体参数值的说法。

在假设检验中，我们首先对总体参数做一个尝试性的假设，该尝试性的假设被称为**原假设**（null hypothesis），记作 H_0。然后，定义另一个与原假设的内容完全对立的假设，称之为**备择假设**（alternative hypothesis），记作 H_a。假设检验的过程就是根据样本数据对这两个对立的假设 H_0 和 H_a 进行检验。

本章说明如何对总体均值和总体比率进行假设检验。我们首先通过举例说明建立原假设和备择假设的方法。

9.1 原假设和备择假设的建立

原假设和备择假设可能并不总是显而易见的，必须谨慎地构造适当的假设，从而使得假设检验的结论能够提供研究者或者决策者所需要的信息 [二]。在确定如何表述假设时，假设检验具体应用于何种情况非常重要。所有假设检验的应用都包括搜集样本并利用样本结果提供下结论的依据。在确定原假设和备择假设时，关键的问题是考虑搜集样本的目的是什么，我们想要得出怎样的结论。

在本章的开篇，我们说原假设 H_0 是关于总体参数（比如总体均值或者总体比率）的一个尝试性的假设。备

[一] 感谢 John Morrell 公司市场营销部的副总经理 Marty Butler，他为"实践中的统计"提供了本案例。

[二] 正确表达假设是需要通过实践来学习的。可以预见，在选择合适的假设 H_0 和 H_a 时，最初可能会有一些困惑。本节的例子试图对此提供一些应用指南。

择假设 H_a 是与原假设对立的一种说法。在有些情形下，更易于首先确定备择假设，然后再确定原假设。而在另一些情形下，则更易于首先确定原假设，然后再确定备择假设。在下面的例子中，我们将说明这些情况。

9.1.1 将研究中的假设作为备择假设

许多假设检验的应用都是试图搜集证据来支持研究中的假设。在这些情形下，通常最好从备择假设开始，然后得到研究者希望支持的结论。考虑某种汽车，在城市行驶时目前达到的燃油效率为 10 公里/升。某产品研究小组专门设计了一种新型的燃油喷射系统来提高每升燃油的效率。产品研究小组要对这种新型燃油喷射系统进行控制实验，寻找统计依据得出结论：新型燃油喷射系统的燃油效率超过了目前所使用系统的燃油效率。

制造一批这种新型燃油喷射系统，将它们安装在要检测的汽车上，并且满足研究控制的驾驶条件。计算这些汽车每升燃油行驶里程的样本均值，并据此在假设检验中判断是否可以得出结论：新型燃油喷射系统的平均效率超过了 10 公里/升。令燃油效率的总体均值为 μ，则研究中的假设 $\mu>10$ 是备择假设。由于目前燃油喷射系统的平均效率为 10 公里/升，因此我们尝试性地假定新型燃油喷射系统并不比目前的系统好，即选择 $\mu \leqslant 10$ 为原假设。原假设和备择假设分别为：

$$H_0 : \mu \leqslant 10 \qquad H_a : \mu > 10$$

如果根据抽样结果得出拒绝 H_0 的结论，则可以做出 $H_a : \mu>10$ 的推断。结论从统计上支持研究者，认为新型燃油喷射系统提高了每升燃油的平均行驶里程，因而可以考虑将此种新型燃油喷射系统投入生产。然而，如果抽样结果得出不能拒绝 H_0 的结论，则研究者不能断定新型燃油喷射系统是否一定优于目前的系统。因此，若从省油的角度来看，没有依据表明生产新型燃油喷射系统的汽车是合理的，也许应该进行更深入的研究和检验。[⊖]

企业只有不断开发比已有产品和方法更优的新产品、新方法和新系统等，方能成功地保持竞争力。在接纳一项新事物之前，我们希望通过研究来判定是否有统计依据支持我们得出新方法确实更好的结论。在这种情形下，通常将研究中的假设表述为备择假设。例如，认为一种新型教学方法优于目前的方法，则备择假设为新方法更好，原假设为新方法不比老方法好。比如，为促销而开展一项新的销售奖励促进计划，则备择假设为新的奖励计划能够促进销售，原假设为新的奖励计划不能促进销售。再比如，为了比已有药物更好地降低血压，研制出一种新型药物，则备择假设为新型降压药优于已有药物，原假设为新药并不比已有药物具有更好的降压效果。在这些情形下，若拒绝原假设 H_0，则为研究中的假设提供了统计上的支持。在本章以及本书的其余部分，我们还将看到许多研究中假设检验的例子。

9.1.2 将受到挑战的假说作为原假设

当然，不是所有的假设检验都是涉及研究的假设。在下面的讨论中，我们考虑假设检验的另一个应用。我们从一种信念或假定开始，即从有关总体参数值的说法是真实的开始。然后，我们将利用假设检验对这种假定提出怀疑，并确定是否有统计证据支持得出假定不正确的结论。在这种情形下，首先确立原假设是有益的。原假设 H_0 表述了对总体参数值的信念或者假说；在备择假设 H_a 中，认为这种信念或者假说不正确。

作为一个例子，考虑某种软饮料产品的制造商所遇到的情况。瓶装软饮料的标签上注明，每瓶为 2 000 毫升。我们认为瓶装软饮料的标签是正确的，即瓶内灌装量的总体均值至少为 2 000 毫升。除非有其他理由，我们通常假设标签上的标注是正确的，但可以对制造商的说法提出质疑。因此，在关于每瓶饮料量的总体均值的假设检验中，我们会从假设标签是正确的开始，设定原假设为 $\mu \geqslant 2\,000$[⊖]。挑战这种假说，意味着标签是不正确的，饮料分量不足，将这种质疑表述为备择假设 $\mu<2\,000$。于是，原假设和备择假设分别为：

$$H_0 : \mu \geqslant 2\,000 \qquad H_a : \mu < 2\,000$$

政府监督部门肩负着保证商标标注有效的义务，其选取一些瓶装软饮料组成样本，计算罐装量的样本均值，

⊖ 如果样本数据提供了足够的证据表明可以拒绝原假设，那么可以得出结论认为所研究的假设为真。

⊖ 制造商的产品信息通常被假设为真，并将此设为原假设。如果拒绝原假设，则得出该信息不正确的结论。

并据此进行随后的假设检验。如果抽样结果使得我们得到拒绝 H_0 的结论，则推断 H_a：$\mu < 2\,000$ 为真。根据这一统计证据，监督部门可以得出结论：标签不正确，产品分量不足。考虑采取适当的强制措施促使制造商生产的产品达到标签上的标准。但是，如果抽样结果表明不能拒绝 H_0，则不能拒绝"制造商的标签是正确的"这一假设。在这种结论之下，监督部门不需要采取任何行动。

下面我们从制造商的角度重新考虑瓶装软饮料的灌装问题。设计的软饮料的装瓶标准为标签标注的 2 000 毫升。制造商不想让产品分量不足，因为这会导致来自消费者或监管部门的投诉。然而，制造商也不想让产品超量，因为灌入过量的软饮料会增加不必要的成本。企业的目标是调整装瓶操作，使得每瓶饮料容量的总体均值恰好为标签标注的 2 000 毫升。

虽然企业的目标如此，但是生产操作中时常会出现失控。如果发生失控，那么在我们的例子中，将会发生软饮料灌装不足或者灌装过量。无论发生哪一种情形，企业都需要对此了解并加以纠正，重新将瓶装操作调整到设计的 2 000 毫升。在应用假设检验时，我们依然会从假设生产线运行正常开始，设定原假设为 $\mu = 2\,000$ 毫升，挑战该假设的备择假设为 $\mu \neq 2\,000$，即会发生软饮料灌装不足或者灌装过量。在厂商的假设检验中，原假设和备择假设分别为：

$$H_0:\mu = 2\,000 \qquad H_a:\mu \neq 2\,000$$

假如软饮料制造商利用质量控制方法定期从灌装生产线上抽取一部分瓶装软饮料组成样本，计算每瓶灌装量的样本均值。如果抽样结果使得我们得到拒绝 H_0 的结论，则推断 H_a：$\mu \neq 2\,000$ 为真。我们的结论是，灌装操作运行不正常，需要对生产流程进行调整，以恢复到每瓶饮料容量的总体均值为 2 000 毫升的状态。但是，如果抽样结果表明不能拒绝 H_0，则不能拒绝"制造商的装瓶操作运行正常"这一假设。这时不需要采取任何行动，生产操作继续进行。

在关于软饮料制造的例子中，上述两种假设检验的形式说明研究者或者决策者的观点不同，原假设和备择假设也随之不同。在正确地建立假设时，重要的是，要了解假设检验具体应用于何种情况，从而使得构建的假设能够提供研究者或者决策者所需要的信息。

9.1.3　原假设和备择假设形式的小结

本章中的假设检验涉及两个总体参数——总体均值和总体比率。根据不同情况，总体参数的假设检验采取以下三种形式之一：其中两个原假设用不等号（$\geq$ 或 $\leq$），第三个原假设用等号。对于总体均值的假设检验，我们令 μ_0 代表假定值并且必须采用以下三种形式[⊖]之一进行假设检验。

$$H_0:\mu \geq \mu_0 \qquad H_0:\mu \leq \mu_0 \qquad H_0:\mu = \mu_0$$
$$H_a:\mu < \mu_0 \qquad H_a:\mu > \mu_0 \qquad H_a:\mu \neq \mu_0$$

前面两种形式被称为单侧检验，其原因我们稍后将明白；第三种形式被称为双侧检验。

在许多情况下，关于 H_0 和 H_a 的选择并非显而易见，必须通过判断来选择。当然，正如前面的形式所显示的那样，表达式中的等号部分（不论是 $\geq$、$\leq$ 还是 $=$）总是出现在原假设中。在选择 H_0 和 H_a 的适当形式时，记住将检验试图建立的结果设为备择假设，因此询问使用者是否正在寻找支持 $\mu < \mu_0$，$\mu > \mu_0$ 或 $\mu \neq \mu_0$ 的证据，有助于我们确定 H_a。下面设计的习题让我们练习如何在总体均值的假设检验中选取假设的适当形式。

练 习

2. 一名汽车销售经理正在考虑采取一种新的奖励计划提高销售量。目前，销售量的均值为每月 14 辆汽车。经理想通过调研知道新的奖励计划能否增加销售量。为了收集有关新计划的数据，允许被选入样本的销售人员在为期一个月的时间内在销售中采用新的奖励计划。

a. 在这种情况下，建立合适的原假设和备择假设。

b. 若不能拒绝 H_0，请对所做的结论进行评述。

⊖ 这里给出了假设 H_0 和 H_a 的三种可能的形式，注意等号总是出现在原假设 H_0 中。

c. 若能拒绝 H_0，请对所做的结论进行评述。

4. 由于改变生产方法所耗费的时间和成本都很大，因此在一种新方法实施之前，制造负责人必须使管理人员确信，其推荐的制造方法能降低成本。目前生产方法的平均成本是每小时 220 美元。一项研究将测量样本生产期间新方法的成本。

a. 对该项研究，建立恰当的原假设和备择假设。

b. 当 H_0 不能被拒绝时，对所做的结论进行评述。

c. 当 H_0 能被拒绝时，对所做的结论进行评述。

9.2 第一类错误和第二类错误

原假设和备择假设是关于总体的两种不同观点。要么原假设 H_0 为真，要么备择假设 H_a 为真，但是两者不可能同时为真。理想的假设检验方法应该是，当 H_0 为真时接受 H_0，当 H_a 为真时拒绝 H_0。但是，由于假设检验是基于样本信息得到的，不可能得出的结论总是正确的，因此我们必须考虑发生误差的可能性。表 9-1 列示了假设检验中可能发生的两类错误。

表 9-1 的第一行说明当得出接受 H_0 的结论时可能发生的情况。这时，如果 H_0 为真，则该结论正确，如果 H_a 为真，那么发生了**第二类错误**（type II error），即当 H_0 为假时，我们却接受了 H_0。表 9-1 的第二行说明当做出拒绝 H_0 的结论时可能发生的情况。这时，如果 H_0 为真，那么发生了**第一类错误**（type I error），即当 H_0 为真时，我们却拒绝了 H_0。显然，如果 H_a 为真，则拒绝 H_0 是正确的。

表 9-1 假设检验中的正确与错误结论

		总体情况	
		H_0 是真的	H_a 是真的
结论	接受 H_0	结论正确	第二类错误
	拒绝 H_0	第一类错误	结论正确

回忆在第 9.1 节讨论的假设检验的例子。一个汽车生产研究小组开发了一种新型燃油喷射系统，该系统能提高汽车燃油的效率。在目前所用系统下，汽车燃油的效率为 10 公里/升，建立如下形式的假设检验：

$$H_0 : \mu \leq 10 \qquad H_a : \mu > 10$$

备择假设 $H_a : \mu > 10$ 表明，研究者正致力于寻找样本证据支持结论，新型燃油喷射系统能使汽车燃油效率的总体均值超过 10 公里/升。

在这个应用中，第一类错误是指 H_0 为真时却拒绝了 H_0，即研究者认为新型燃油喷射系统提高了燃油效率（$\mu > 10$），而实际情况却是新系统并不比目前所使用的系统好。反之，第二类错误是指 H_0 为假时却接受了 H_0，即研究者认为新型燃油喷射系统的效率并不比目前的好（$\mu \leq 10$），而实际情况却是新系统提高了每升燃料汽车的行驶里程。

对于每升燃料行驶里程的假设检验，原假设是 $H_0 : \mu \leq 10$。假定原假设为真并且等号成立，即 $\mu = 10$。当原假设为真并且以等式形式出现时，犯第一类错误的概率被称为检验的**显著性水平**（level of significance）。于是，对于每升燃料汽车行驶里程的假设检验而言，显著性水平是当 $\mu = 10$ 时拒绝 $H_0 : \mu \leq 10$ 的概率。出于这个概念的重要性，下面我们重新叙述显著性水平的定义。

显著性水平

当原假设为真并且以等式形式出现时犯第一类错误的概率称为检验的显著性水平。

用希腊字母 α（阿尔法）表示显著性水平，一般取 α 为 0.05 和 0.01。

在实践中，由负责假设检验的人设定显著性水平。通过选择 α 控制犯第一类错误的概率。如果犯第一类错误的成本很高，则选择小的 α 值。如果犯第一类错误的成本不高，则通常选择较大的 α 值。在应用中，一般将只控制第一类错误的假设检验称为显著性检验，许多假设检验的应用都属于这一类型。

在假设检验的大多数应用中，虽然对发生第一类错误的概率进行了控制，但通常并没有控制发生第二类错误的概率。因此，如果决定接受 H_0，我们并不能确定该决策有多大的可信度。由于显著性检验中第二类错误的发生具有不确定性，因此通常统计学家建议我们在叙述中采用"不能拒绝 H_0"而不采用"接受 H_0"这种说法。采用

"不能拒绝 H_0"这种说法意味着我们对判断或行动持保留意见。实际上，不直接接受 H_0，使统计学家规避了发生第二类错误的风险。不论何时，只要未对发生第二类错误的概率加以确定或控制，我们就不能得出接受 H_0 的结论。在这种情形下，只能得出两种可能的结论：不能拒绝 H_0 或拒绝 H_0。[⊖]

虽然在假设检验中通常没有控制第二类错误，但是第二类错误确实是可以控制的。在第 9.7 节和第 9.8 节中，我们将介绍确定和控制第二类错误发生概率的方法。如果能够对第二类错误进行适当的控制，那么基于"接受 H_0"的结论所采取的措施就是恰当的。

注释和评论

美国乔治·梅森大学的经济学教授兼联合专栏作家沃尔特·威廉姆斯（Walter Williams）指出，在决策中第一类错误或第二类错误发生的可能性经常存在（*The Cincinnati Enquirer*，2005 年 8 月 4 日）。他认为美国食品与药物管理局（FDA）在药品准入程序中具有犯这些错误的风险。对某种药物，FDA 必须确定是否准许其用于诊疗。第一类错误意味着，FDA 准许一种并非安全有效的药物投入使用。而第二类错误意味着，FDA 不允许一种安全有效的药物用于诊疗。无论做出何种决策，发生重大损失的可能性都是不能忽视的。

练　习

6. 在容量为 3 升的橙汁容器上，标签标明橙汁脂肪含量的均值不超过 1 克。对标签上的说明进行假设检验，回答下列问题。

   a. 建立适当的原假设和备择假设。

   b. 在这种情况下，第一类错误是什么？这类错误的后果是什么？

   c. 在这种情况下，第二类错误是什么？这类错误的后果是什么？

8. 如果假设检验支持我们得出新的生产方法能够降低每小时操作成本的结论，则将采用这种新的生产方法。

   a. 如果目前生产方法的平均成本为每小时 220 美元，建立合适的原假设和备择假设。

   b. 在这种情况下，第一类错误是什么？这类错误的后果是什么？

   c. 在这种情况下，第二类错误是什么？这类错误的后果是什么？

9.3　总体均值的检验：σ 已知情形

在第 8 章中，我们曾说如果在应用中可以根据历史数据或者其他信息在抽样前得到总体标准差的一个好的估计，则可看作 σ 是已知的。在这种情形下，出于应用的目的，总体标准差可以被认为是已知的。在本节中我们说明在 σ 已知情形下如何对总体均值进行假设检验。

在样本恰好选自服从正态分布的总体时，本节所介绍的方法是精确成立的。在没有理由可以假定总体服从正态分布的情形下，只有在样本容量足够大的时候，这些方法才是有效的。在本节末，我们将就总体分布和样本容量给出在实际应用中的一些建议。

9.3.1　单侧检验

总体均值的**单侧检验**（one-tailed test）有以下两种形式。

下侧检验　　　上侧检验

$H_0: \mu \geqslant \mu_0$　　　$H_0: \mu \leqslant \mu_0$

$H_a: \mu < \mu_0$　　　$H_a: \mu > \mu_0$

我们考虑一个下侧检验的例子。

⊖　如果样本数据与原假设 H_0 一致，则我们得出"不能拒绝 H_0"的结论。因为接受 H_0 有发生第二类错误的风险，所以我们更倾向于"不能拒绝 H_0"而不是"接受 H_0"。

美国联邦贸易委员会（FTC）定期设计统计调查，用以检验制造商的产品说明。例如，大号听装 Hilltop 咖啡的标签上标明装有 1.36 千克咖啡。FTC 知道 Hilltop 的生产线不可能精确地在每听中放入 1.36 千克咖啡，甚至无法保证所有听装咖啡重量的总体均值为 1.36 千克/听。当然，只要听装总体重量的均值至少为 1.36 千克/听，消费者的权益将得到保障。于是，FTC 把大号听装咖啡标签上的信息理解为 Hilltop 的承诺：听装咖啡重量的总体均值为 1.36 千克/听。我们将说明，FTC 如何通过下侧检验来验证 Hilltop 的承诺。

第一步是为检验提出原假设和备择假设。如果罐内装入咖啡重量的总体均值至少为 1.36 千克/听，那么 Hilltop 遵守了产品的承诺。这构成了检验的原假设。当然，如果罐内装入咖啡重量的总体均值少于 1.36 千克/听，那么 Hilltop 没有遵守对产品的承诺，这构成检验的备择假设。令 μ 代表听装咖啡重量的总体均值，得到如下形式的原假设和备择假设：

$$H_0: \mu \geq 1.36 \qquad H_a: \mu < 1.36$$

注意，总体均值的假定值 $\mu_0 = 1.36$。

如果样本数据表明，不能拒绝 H_0，则统计证据不支持我们得出生产商违背了标签上承诺的结论，从而不必对 Hilltop 采取任何措施。但是，如果样本数据表明能拒绝 H_0，则我们的结论是备择假设 $H_a: \mu < 1.36$ 为真。在这种情形下，可以得出听装咖啡重量不足的结论，并且有充足的理由投诉 Hilltop 违背了标签上的承诺。

假定选取 36 听咖啡组成一个随机样本，并且计算样本均值 $\bar{x}$ 作为总体均值 μ 的估计值。如果样本均值 $\bar{x}$ 小于 1.36 千克，则样本结果对原假设提出了质疑。我们想知道的是当样本均值 $\bar{x}$ 比 1.36 千克少多少的时候，我们才能断言差异明显，并且甘愿冒着犯第一类错误的风险（错误地）控告 Hilltop 公司违背了标签上的承诺。在这个问题中，一个关键的因素是决策者所选取的显著性水平。

正如上一节所提到的那样，用 α 表示显著性水平，它是原假设为真并且以等式形式出现时，拒绝 H_0 而发生第一类错误的概率。决策者必须事先指定一个显著性水平。如果发生第一类错误的成本很高，则应当选取较小的值作为显著性水平。如果发生第一类错误的成本不高，则可以适当选取较大的值为显著性水平。在 Hilltop 咖啡的研究中，FTC 检验程序的负责人做出如下说明："如果公司达到了其重量规格 $\mu = 1.36$ 的要求，则我们不会对 Hilltop 采取任何措施。但是，我们会以 1% 的可能性犯这类错误。"从该负责人的说明中可知，该假设检验设定的显著性水平 $\alpha = 0.01$。于是，我们必须设计一个假设检验，使得当 $\mu = 1.36$ 时犯第一类错误的概率为 0.01。

在 Hilltop 咖啡的研究中，通过确定原假设、备择假设和设定显著性水平，我们已经完成了进行每个假设检验时所需的前两步。现在我们准备完成假设检验的第三步：收集样本数据和计算检验统计量的值。

检验统计量 在 Hilltop 咖啡的研究中，FTC 前期的检验表明，可以假定总体标准差已知，为 $\sigma = 0.08$。另外，前期检验还表明，可以假定听装咖啡重量的总体服从正态分布。从第 7 章抽样分布的研究中我们知道，如果进行抽样的总体服从正态分布，则 $\bar{x}$ 的抽样分布也服从正态分布。因此，在 Hilltop 咖啡的研究中，$\bar{x}$ 的抽样分布服从正态分布，已知 $\sigma = 0.08$，样本容量 $n = 36$。图 9-1 给出当原假设为真并且以等式成立（即 $\mu = \mu_0 = 1.36$ ⊖）时 $\bar{x}$ 的抽样分布。注意，$\bar{x}$ 的标准误差 $\sigma_{\bar{x}} = \sigma/\sqrt{n} = 0.08/\sqrt{36} = 0.013$ ⊜。

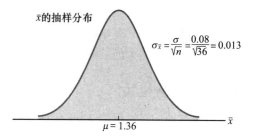

图 9-1 原假设以等式（$\mu = 1.36$）形式成立时，在 Hilltop 咖啡的研究中 $\bar{x}$ 的抽样分布

由于 $\bar{x}$ 的抽样分布服从正态分布，则

$$z = \frac{\bar{x} - \mu_0}{\sigma_{\bar{x}}} = \frac{\bar{x} - 1.36}{0.013}$$

的抽样分布是标准正态分布。$z = -1$ 表明 $\bar{x}$ 的值位于比均值的假定值小 1 个标准差的位置，$z = -2$ 表明 $\bar{x}$ 的值位于比均值的假定值小 2 个标准差的位置，依此类推。我们可以通过标准正态概率表得到对应任何 z 值的下侧概率。例如，$z = -3$ 的下侧面积为 0.001 3，从而所得 z 值小于

⊖ 在构造假设检验的抽样分布时，假定 H_0 是以等式形式成立的。

⊜ $\bar{x}$ 的标准误差就是 $\bar{x}$ 的抽样分布的标准差。

均值 3 个或 3 个以上标准差的概率为 0.001 3。因此，$\bar{x}$ 的值比总体均值的假定值 $\mu_0 = 1.36$ 小 3 个或 3 个以上标准差的概率为 0.001 3。如果原假设为真，这个结果是不大可能发生的。

在 σ 已知的情形下对总体均值进行假设检验，我们用标准正态随机变量 z 作为**检验统计量**（test statistic）来确定 $\bar{x}$ 是否偏离假定值 μ 足够远，从而有理由拒绝原假设。令 $\sigma_{\bar{x}} = \sigma / \sqrt{n}$，检验统计量如下。

总体均值假设检验的检验统计量：σ 已知情形

$$z = \frac{\bar{x} - \mu_0}{\sigma / \sqrt{n}} \tag{9-1}$$

下侧检验的关键问题在于，检验统计量 z 的值必须达到多小的时候，我们才能选择拒绝原假设。有两种方法可以解决这个问题：p-值法和临界值法。

p-值法　p-值法利用检验统计量 z 的值计算一个被称为 **p-值**（p-value）的概率。

p-值

p-值是一个概率值，它度量样本所提供的证据对原假设的支持程度。p-值越小说明拒绝原假设的证据越多。$^{\ominus}$

p-值用于确定是否拒绝原假设。我们看看如何计算和使用 p-值。利用检验统计量的值可以计算 p-值。用于计算 p-值的方法依赖于检验是下侧检验、上侧检验还是双侧检验。对于下侧检验，p-值是检验统计量小于或等于样本所给出的检验统计量的值的概率。在 σ 已知的情形下为了计算下侧检验的 p-值，我们必须得到标准正态曲线下在检验统计量的值左边部分的面积。在计算出 p-值以后，我们必须判断它是否小到足以拒绝原假设；正如我们将要说明的那样，这需要将计算出的 p-值与显著性水平进行比较。

我们现在计算 Hilltop 咖啡中下侧检验的 p-值。假定选取 36 听 Hilltop 咖啡组成一个样本，样本均值 $\bar{x} = 1.325$ 千克。$\bar{x} = 1.325$ 是否小到足以拒绝 H_0？因为这是一个下侧检验，p-值是标准正态曲线下在检验统计量的值左边部分的面积。利用 $\bar{x} = 1.325$，$\sigma = 0.08$ 和 $n = 36$，我们计算检验统计量 z 的值为：

$$z = \frac{\bar{x} - \mu_0}{\sigma / \sqrt{n}} = \frac{1.325 - 1.36}{0.08 / \sqrt{36}} = -2.63$$

从而，p-值为检验统计量 z 小于或等于 -2.63 的概率（标准正态曲线下在检验统计量的值下侧部分的面积）。

利用标准正态概率表，我们查得 $z = -2.63$ 下侧的面积为 0.004 3。图 9-2 给出了与 $\bar{x} = 1.325$ 相对应的检验统计量 $z = -2.63$ 和 p-值 $= 0.004\ 3$。p-值表明，当从 $\mu = 1.36$ 的总体进行抽样时，所得到的样本均值为 $\bar{x} = 1.325$（相应的检验统计量为 -2.63）或者更小的概率是很小的。这个 p-值没有支持原假设，但是它小到足以使我们拒绝 H_0 了吗？答案依赖于检验的显著性水平。

正如前面所说，FTC 检验的项目负责人选取 0.01 作为显著性水平。选择 $\alpha = 0.01$ 意味着在原假设以等式形式（即 $\mu_0 = 1.36$）成立时，负责人容许以 0.01 的概率拒绝原假设。在 Hilltop 咖啡的研究中，由 36 听咖啡组成一个样本，所得 p-值 $= 0.004\ 3$，这意味着当原假设以等式形式为真时，得到 $\bar{x} = 1.325$ 或者更小 $\bar{x}$ 的值的概率为 0.004 3。由于 0.004 3 小于或者等于 $\alpha = 0.01$，故我们拒绝 H_0，从而

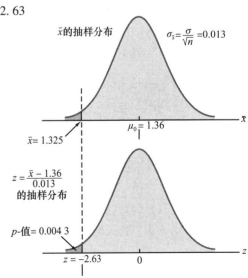

图 9-2　Hilltop 咖啡的研究中，当 $\bar{x} = 1.325$ 和 $z = -2.63$ 时求得的 p-值

$\ominus$　小的 p-值表明，当假设 H_0 为真时检验统计量的值并不常见。

在 0.01 的显著性水平下我们发现有足够的统计证据拒绝原假设。

我们现在可以陈述利用 p-值法确定是否可以拒绝原假设的基本规则。对于给定的显著性水平 α，p-值法的拒绝法则如下。

---

p-值法的拒绝法则

　　如果 p-值 $\leqslant \alpha$，则拒绝 H_0。

在 Hilltop 咖啡的检验中，p-值 $= 0.004\,3$，于是拒绝原假设。是否拒绝原假设需要将 p-值与 FTC 负责人选取的显著性水平进行比较。实测的 p-值 $= 0.004\,3$ 意味着对于任何 $\alpha \geqslant 0.004\,3$ 的情形，我们都将拒绝 H_0。因此，p-值也被称为实际显著性水平。

不同的决策者可能对发生第一类错误的成本有不同的看法，从而选择不同的显著性水平。将 p-值作为假设检验结果的一部分，决策者可以将报告的 p-值与各自的显著性水平进行比较，从而可对是否拒绝 H_0 做出各自不同的决定。

　　临界值法　临界值法要求我们首先确定被称为临界值的检验统计量的值。对于下侧检验，**临界值**（critical value）是确定检验统计量的值是否小到足以拒绝原假设的一个基准。在检验统计量的抽样分布中，与下侧面积 α（显著性水平）相对应的值是检验统计量的临界值。换句话说，临界值是使得我们拒绝原假设的检验统计量的最大值。我们回到 Hilltop 咖啡的例子中，看看如何使用临界值法。

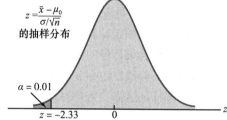

在 σ 已知的情形下，检验统计量 z 的抽样分布是标准正态分布。临界值是标准正态分布中与下侧面积 $\alpha = 0.01$ 相对应的检验统计量的值。利用标准正态概率表，我们发现 $z = -2.33$ 的下侧面积等于 0.01（见图 9-3）。如果由样本所得到的检验统计量的值小于或等于 -2.33，则相应的 p-值将小于或等于 0.01。在这种情况下，我们将拒绝原假设。从而，在 Hilltop 咖啡的研究中，在 0.01 的显著性水平下临界值的拒绝法则是：

图 9-3　Hilltop 咖啡的假设检验中的临界值等于-2.33

$$\text{如果 } z \leqslant -2.33 \text{，则拒绝 } H_0$$

在 Hilltop 咖啡的例子中，与 $\bar{x} = 1.325$ 相对应的检验统计量 $z = -2.63$。由于 $z = -2.63 < -2.33$，因此我们拒绝 H_0 并且得出结论认为 Hilltop 咖啡的分量不足。

我们可以将临界值法的拒绝法则推广到任意的显著性水平。下侧检验的拒绝法则如下。

下侧检验的拒绝法则：临界值法

$$\text{如果 } z \leqslant -z_\alpha \text{，则拒绝 } H_0$$

　　式中，$-z_\alpha$ 为临界值，即标准正态概率分布下侧的面积为 α 时对应的 z 值。

　　小结　假设检验的 p-值法与临界值法总是得出相同的拒绝结论，即每当 p-值小于等于 α 时，检验统计量的值将小于或等于临界值。p-值法的优点在于，p-值能够告诉我们结果有多么显著（实际显著性水平）。而如果使用临界值法，我们只能得到在规定的显著性水平下结果是否显著。

在本节的开头，我们说总体均值的单侧检验采用以下两种形式之一。

$$\begin{array}{cc} \text{下侧检验} & \text{上侧检验} \\ H_0: \mu \geqslant \mu_0 & H_0: \mu \leqslant \mu_0 \\ H_a: \mu < \mu_0 & H_a: \mu > \mu_0 \end{array}$$

我们通过对 Hilltop 咖啡的研究说明了如何进行下侧检验。用相同的思路我们可以进行上侧检验，仍然通过式（9-1）计算检验统计量。但是，对于上侧检验，p-值是检验统计量大于或等于样本所给出的检验统计量的值的概率。从而，为了在 σ 已知的情形下计算上侧检验的 p-值，我们必须利用标准正态分布求出 z 大于或等于检验统计量值的概率。采用临界值法时，如果检验统计量的值大于或等于临界值 z_α，则我们将拒绝原假设；换句话说，如果 $z \geq z_\alpha$，则拒绝 H_0。

单侧假设检验中 p-值的计算步骤总结如下。

> **计算单侧检验的 p-值**
> 1. 用式（9-1）计算检验统计量的值。
> 2. 下侧检验：根据标准正态分布，计算 z 小于或者等于检验统计量的值的概率（下侧面积）。
> 3. 上侧检验：根据标准正态分布，计算 z 大于或者等于检验统计量的值的概率（上侧面积）。

9.3.2 双侧检验

在假设检验中，关于总体均值的**双侧检验**（two-tailed test）的一般形式如下。

$$H_0 : \mu = \mu_0 \qquad H_a : \mu \neq \mu_0$$

在这一小节中，我们将介绍如何在 σ 已知情形下对总体均值进行双侧检验。我们以 MaxFlight 有限公司的假设检验为例。

高尔夫设备制造商如果想让其产品用于美国高尔夫球联合会（USGA）的赛事，则必须达到 USGA 制定的一套标准。MaxFlight 有限公司最近采用一种高科技制造工艺生产高尔夫球，其平均驱动距离达到 295 码[⊖]。然而，这种制造工艺有时会发生调控失常，导致所生产的高尔夫球的平均驱动距离不是 295 码。当平均驱动距离低于 295 码时，公司担心由于高尔夫球的平均驱动距离没有达到广告中宣传的那么远而使销售量减少。当球的平均驱动距离超过 295 码时，MaxFlight 的高尔夫球将因为超过 USGA 制定的击出和滚动距离总标准而被 USGA 拒绝。

MaxFlight 的质量控制程序定期选择 50 个高尔夫球组成样本来监控制造工艺，对每个样本进行假设检验，确定制造工艺是否失控。我们建立原假设和备择假设，从假定制造工艺仍然正常运行开始，即所生产的高尔夫球的平均驱动距离为 295 码，这个假定构成原假设。备择假设是平均距离不等于 295 码。令假设值 $\mu_0 = 295$，则 MaxFlight 假设检验的原假设和备择假设如下。

$$H_0 : \mu = 295 \qquad H_a : \mu \neq 295$$

如果样本均值明显小于 295 码或明显大于 295 码，则我们拒绝 H_0。此时，采取的矫正措施是调整制造工艺。如果样本均值 $\bar{x}$ 没有明显地偏离假定的均值 $\mu_0 = 295$，将不会拒绝 H_0，也不会采取任何矫正措施去调整制造工艺。

质量控制小组选择 $\alpha = 0.05$ 作为检验的显著性水平。在制造流程处于正常运行时，根据前期检验的数据，可以假定已知总体标准差为 $\sigma = 12$。样本容量 $n = 50$ 时，$\bar{x}$ 的标准误差为：

$$\sigma_{\bar{x}} = \frac{\sigma}{\sqrt{n}} = \frac{12}{\sqrt{50}} = 1.7$$

由于样本容量较大，根据中心极限定理（见第 7 章）可知，$\bar{x}$ 的抽样分布近似服从正态分布。图 9-4 是当假定总体均值 $\mu_0 = 295$ 时，MaxFlight 假设检验中 $\bar{x}$ 的抽样分布。

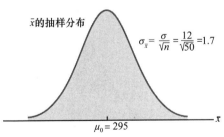

图 9-4 MaxFlight 假设检验中 $\bar{x}$ 的抽样分布

假定抽取 50 个高尔夫球组成一个样本，样本均值 $\bar{x} = 297.6$ 码。样本均值支持得出总体均值大于 295 码的结论。$\bar{x}$ 的值超过 295 码是否足够大，使得我们能够在 0.05 的显著性水平下拒绝 H_0？在上一节中，我们介绍了两种方法来回答这个问题：p-值法和临界值法。

p-值法 p-值是一个用于确定是否能够拒绝原假设的概率值。对于双侧检验，若检验统计量的值位于抽样分

⊖ 1 码 = 0.914 4 米。

布的两侧尾部，则支持拒绝原假设。对于双侧检验，p-值是一个概率值，用来衡量检验统计量的值与根据样本计算得出的检验统计量的值存在明显差异的程度。下面我们看看在 MaxFlight 假设检验中如何计算 p-值。

我们首先计算检验统计量的值。在 σ 已知的情形下，检验统计量 z 是一个标准正态随机变量。利用式（9-1）和 $\bar{x} = 297.6$，检验统计量的值为：

$$z = \frac{\bar{x} - \mu_0}{\sigma/\sqrt{n}} = \frac{297.6 - 295}{12/\sqrt{50}} = 1.53$$

为了计算 p-值，现在必须计算检验统计量的值与 $z = 1.53$ 不同的概率。显然，$z \geq 1.53$ 的任何值都与 $z = 1.53$ 不同。但是，因为这是一个双侧检验，所以 $z \leq -1.53$ 的任何值也都与样本中检验统计量的值不同。在图 9-5 中可见，这个例子中双侧检验的 p-值为 $P(z \leq -1.53) + P(z \geq 1.53)$。因为正态曲线是对称的，可以先计算标准正态曲线下 $z = 1.53$ 右侧区域的面积，然后再乘以 2 即得到 p-值。查标准正态概率表可得，$P(z < 1.53) = 0.937\,0$。从而，上侧面积 $P(z \geq 1.53) = 1.000\,0 - 0.937\,0 = 0.063\,0$，再乘以 2，我们得到 MaxFlight 双侧检验的 p-值为 $2 \times 0.063\,0 = 0.126\,0$。

接下来，我们将 p-值与显著性水平进行比较，看是否应该拒绝原假设。若取显著性水平 $\alpha = 0.05$，由于 p-值 = $0.126\,0 > 0.05$，故不能拒绝 H_0。因为原假设没有被拒绝，所以不必调整 MaxFlight 的制造工艺。

与单侧检验中 p-值的计算相比，双侧检验中 p-值的计算看上去似乎略为复杂。双侧假设检验 p-值的计算可简化为如下三个步骤。

> **双侧检验 p-值的计算**
>
> 1. 利用式（9-1）计算检验统计量的值。
> 2. 如果检验统计量的值位于上侧（$z>0$），计算 z 大于或者等于检验统计量值的概率（上侧面积）。如果检验统计量的值位于下侧（$z<0$），计算 z 小于或者等于检验统计量值的概率（下侧面积）。
> 3. 将步骤 2 所计算出的概率（面积）乘以 2 即求得 p-值。

临界值法　在结束这一节之前，我们看看如何将检验统计量 z 的值和临界值进行比较，从而对一个双侧检验做出假设检验决策。由图 9-6 可见，检验的临界值位于标准正态分布的上侧尾端和下侧尾端。取显著性水平 $\alpha = 0.05$ 时，每侧尾端临界值所对应的面积为 $\alpha/2 = 0.05/2 = 0.025$。查标准正态概率表可知，检验统计量的临界值 $-z_{0.025} = -1.96$ 和 $z_{0.025} = 1.96$。从而，利用临界值法，双侧检验的拒绝法则是：

如果 $z \leq -1.96$ 或者 $z \geq 1.96$，则拒绝 H_0

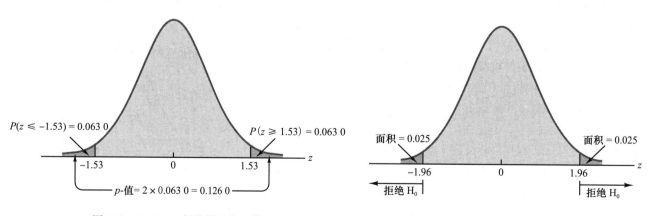

图 9-5　MaxFlight 假设检验的 p-值　　　　图 9-6　MaxFlight 假设检验的临界值

因为 MaxFlight 研究中检验统计量的值 $z = 1.53$，在 0.05 的显著性水平下统计证据不允许我们拒绝原假设。

9.3.3　小结与应用建议

我们给出了总体均值的下侧检验和双侧检验的例子。根据这些例子，我们现在可以将 σ 已知的情形下总体均值的假设检验方法汇总在表 9-2 中。注意，其中 μ_0 是总体均值的假设值。

本节两个例子中假设检验的步骤对于任何假设检验都是适用的。

表 9-2 总体均值假设检验的小结：σ 已知的情形

	下侧检验	上侧检验	双侧检验
假设	$H_0 : \mu \geqslant \mu_0$ $H_a : \mu < \mu_0$	$H_0 : \mu \leqslant \mu_0$ $H_a : \mu > \mu_0$	$H_0 : \mu = \mu_0$ $H_a : \mu \neq \mu_0$
检验统计量	$z = \dfrac{\bar{x} - \mu_0}{\sigma / \sqrt{n}}$	$z = \dfrac{\bar{x} - \mu_0}{\sigma / \sqrt{n}}$	$z = \dfrac{\bar{x} - \mu_0}{\sigma / \sqrt{n}}$
拒绝法则：p-值法	如果 p-值 $\leqslant \alpha$，则拒绝 H_0	如果 p-值 $\leqslant \alpha$，则拒绝 H_0	如果 p-值 $\leqslant \alpha$，则拒绝 H_0
拒绝法则：临界值法	如果 $z \leqslant -z_\alpha$，则拒绝 H_0	如果 $z \geqslant z_\alpha$，则拒绝 H_0	如果 $z \leqslant -z_{\alpha/2}$ 或者 $z \geqslant z_{\alpha/2}$，则拒绝 H_0

假设检验的步骤

步骤 1   提出原假设和备择假设。

步骤 2   指定检验中的显著性水平。

步骤 3   收集样本数据并计算检验统计量的值。

p-值法

步骤 4   利用检验统计量的值计算 p-值。

步骤 5   如果 p-值 $\leqslant \alpha$，则拒绝 H_0。

步骤 6   在应用中解读统计结论。

临界值方法

步骤 4   利用显著性水平确定临界值以及拒绝法则。

步骤 5   利用检验统计量的值以及拒绝法则确定是否拒绝 H_0。

步骤 6   在应用中解读统计结论。

对于实际应用中假设检验的样本容量问题，与我们在第 8 章 "区间估计" 中关于样本容量所给出的建议非常类似。在绝大多数应用中，当使用本节介绍的假设检验方法时，样本容量 $n \geqslant 30$ 就足够了。在样本容量小于 30 的情形下，则要特别关注抽样的总体分布。如果总体是正态分布，则我们所描述的假设检验方法是精确的，从而适用于任何样本容量。如果总体不是正态分布但至少大致上是对称的，则可以预期当样本容量 $n \geqslant 15$ 时仍能得到可信的结果。

9.3.4 区间估计与假设检验的关系

在第 8 章中我们介绍了如何估计总体均值的置信区间。在 σ 已知的情形下，总体均值的 $100(1-\alpha)\%$ 置信区间估计为

$$\bar{x} \pm z_{\alpha/2} \frac{\sigma}{\sqrt{n}}$$

在本章中，总体均值的双侧假设检验的形式如下。

$$H_0 : \mu = \mu_0 \qquad H_a : \mu \neq \mu_0$$

式中，μ_0 为总体均值的假设值。

假定我们沿用第 8 章所描述的方法构造总体均值的 $100(1-\alpha)\%$ 置信区间。在得到的全部置信区间中，有 $100(1-\alpha)\%$ 包含总体均值，有 $100\alpha\%$ 不包含总体均值。于是，每当置信区间不包含 μ_0 时，如果我们拒绝 H_0，那么我们在原假设为真（$\mu = \mu_0$）时以概率 α 拒绝了原假设。显著性水平是当原假设为真时拒绝原假设的概率。因

此，构造一个 $100(1-\alpha)\%$ 置信区间，并且当置信区间不包含 μ_0 时拒绝 H_0，等价于在显著性水平 α 下进行双侧假设检验。利用置信区间进行双侧假设检验的方法概括如下。

用置信区间的方法进行如下形式的假设检验

$$H_0 : \mu = \mu_0 \qquad H_a : \mu \neq \mu_0$$

1. 从总体中抽取一个简单随机样本，并利用样本均值 $\bar{x}$ 建立总体均值 μ 的置信区间。

$$\bar{x} \pm z_{\alpha/2} \frac{\sigma}{\sqrt{n}}$$

2. 如果置信区间包含假设值 μ_0，则不能拒绝 H_0；否则，拒绝 H_0。[⊖]

下面我们以 MaxFlight 的问题为例，说明如何运用置信区间方法进行假设检验。MaxFlight 的假设检验具有以下形式。

$$H_0 : \mu = 295 \qquad H_a : \mu \neq 295$$

假设检验中取显著性水平 $\alpha = 0.05$，我们抽取 50 只高尔夫球并计算驱动距离的样本均值 $\bar{x} = 297.6$ 码，已知总体标准差 $\sigma = 12$ 码。利用这些结果及 $z_{0.025} = 1.96$，得到总体均值的 95% 置信区间估计为：

$$\bar{x} \pm z_{\alpha/2} \frac{\sigma}{\sqrt{n}}$$

$$297.6 \pm 1.96 \frac{12}{\sqrt{50}}$$

$$297.6 \pm 3.3$$

或者

$$(294.3, \ 300.9)$$

根据这一结果，质量控制管理人员可在 95% 的置信水平下得出结论：高尔夫球驱动距离的总体均值介于 294.3~300.9 码。由于总体均值的假设值（$\mu_0 = 295$）落在该区间，因此假设检验得出结论：不能拒绝原假设 $H_0 : \mu = 295$。

注意，虽然上述讨论以及例子都是关于总体均值的双侧假设检验，但是置信区间与双侧假设检验之间的这种对应关系，对其他总体参数也是成立的。这种关系还可以扩展到总体参数的单侧检验中，只不过这时要求建立的是单侧置信区间。单侧置信区间在应用中较少遇到。

注释和评论

我们已经说明了如何利用 p-值。p-值越小，则拒绝 H_0 的证据越多，从而支持 H_a 的证据越多。下面是统计学家给出的一些用于解读 p-值时的指导意见。

- p-值小于 0.01——强有力的证据断定 H_a 为真。
- p-值介于 0.01~0.05——有力的证据断定 H_a 为真。
- p-值介于 0.05~0.10——弱的证据断定 H_a 为真。
- p-值大于 0.10——没有足够的证据断定 H_a 为真。

[⊖] 在置信区间方法的拒绝法则中，如果 μ_0 恰好位于 $100(1-\alpha)\%$ 置信区间的端点则拒绝 H_0；在 p-值法的拒绝法则中，如果 p-值 $\leq \alpha$ 则拒绝 H_0。在这方面，二者是一致的。对于双侧假设检验，如果置信区间不包括 μ_0，则拒绝原假设。

练 习

提示：下列习题有一些要求用 p-值法，另一些要求用临界值法。这两种方法将得到相同的假设检验结论。我们对这两种方法都提供了习题。在下一节以及其余各章中，我们更偏好使用 p-值法。你可以根据个人偏好选择其中任何一种方法。

方法

10. 考虑如下假设检验

$$H_0: \mu \leq 25 \qquad H_a: \mu > 25$$

一个容量为 40 的样本中，样本均值为 26.4。总体标准差为 6。

a. 计算检验统计量的值。

b. p-值是多少？

c. $\alpha = 0.01$ 时，你的结论是什么？

d. 临界值法的拒绝法则是什么？你的结论是什么？

12. 考虑如下的假设检验

$$H_0: \mu \geq 80 \qquad H_a: \mu < 80$$

利用一个容量为 100 的样本，总体标准差为 12。取 $\alpha = 0.01$，对下面的每种抽样结果计算相应的 p-值，并陈述你的结论。

a. $\bar{x} = 78.5$ b. $\bar{x} = 77$ c. $\bar{x} = 75.5$ d. $\bar{x} = 81$

14. 考虑如下的假设检验

$$H_0: \mu = 22 \qquad H_a: \mu \neq 22$$

利用一个容量为 75 的样本，总体标准差为 10。取 $\alpha = 0.01$，对下面的每种抽样结果计算相应的 p-值，并陈述你的结论。

a. $\bar{x} = 23$ b. $\bar{x} = 25.1$ c. $\bar{x} = 20$

应用

16. 在一项名为《大学毕业生信用卡使用情况》的研究报告中，认为大学毕业生信用卡余额的均值为 3 173 美元。这一数字达到历史新高，与 5 年前相比增加了 44%。假设目前要进行一项研究，确定是否可以得出结论认为毕业生信用卡余额的均值与报告中相比持续增大。根据已有的研究，令总体标准差为 $\sigma = 1\ 000$ 美元。

a. 提出原假设和备择假设。

b. 由 180 名大学毕业生组成一个样本，信用卡余额的样本均值为 3 325 美元，求 p-值。

c. 在 $\alpha = 0.05$ 的显著性水平下，你的结论是什么？

18. 据美国注册税务规划师协会报告，在报税季节美国注册会计师平均每周工作 60 小时。在有统一的所得税税率的州，注册会计师报税季期间每周的工作时间更短吗？通过假设检验来确定事实是否真的如此。

a. 提出假设，用于确定在有统一的所得税税率的州，注册会计师报税季期间每周工作时间的均值是否低于全美国平均水平。

b. 由样本得出，在有统一的所得税税率的州注册会计师报税季期间每周工作时间的均值是 55 小时。假定样本容量为 150，并且根据已有研究可以假定总体标准差 $\sigma = 27.4$。利用样本结果，计算假设检验的检验统计量和 p-值。

c. 在 $\alpha = 0.05$ 的显著性水平下，你的结论是什么？

20. 在美国东北部地区平均每人每年处方药支出为 838 美元。由美国中西部地区的 60 人组成的样本显示，平均每人每年处方药支出为 745 美元。取总体标准差为 300 美元，回答下列问题。

a. 提出假设确定样本数据是否支持得出结论：美国中西部地区每人每年处方药支出的总体均值比东北部地区低。

b. 检验统计量的值是多少？

c. p-值是多少？

d. 在 $\alpha = 0.01$ 的显著性水平下，你的结论是什么？

22. CNN 和 ActMedia 提供了一个专门的电视频道，向那些在超市收银台前等待结账的顾客播放新闻、短讯和广告。假定顾客在超市收银台前等待结账时间的总体均值为 8 分钟，并以此为依据决定电视节目的长度。由实际等待时间组成一个样本，并利用样本进行检验，从而判断实际等待时间的均值与假设的均值之间是否存在差异。

a. 提出这一应用的假设。

b. 由 120 名购物者组成一个样本，等待时间的均值为 8.4 分钟。假定总体标准差 $\sigma = 3.2$ 分钟，求 p-值。

c. 在 $\alpha = 0.05$ 的显著性水平下，你的结论是什么？

d. 计算总体均值的 95% 置信区间。它支持你的结论吗？

9.4 总体均值的检验：σ 未知情形

在本节我们说明在 σ 未知情形下如何对总体均值进行假设检验。由于 σ 未知情形与在抽样前无法对总体标准差进行点估计的情形相对应，因此必须利用样本同时估计 σ 和 μ。于是，在 σ 未知情形下对总体均值进行假设检验时，利用样本均值 $\bar{x}$ 估计 μ，用样本标准差 s 估计 σ。

在 σ 未知情形下，假设检验的步骤与第 9.3 节描述的的 σ 已知情形下的步骤相同。但是，由于 σ 未知，p-值和检验统计量的计算稍有不同。在 σ 已知情形下，检验统计量的抽样分布是标准正态分布。然而，在 σ 未知情形下，检验统计量的抽样分布是 t 分布。由于根据样本对 μ 和 σ 同时进行估计，t 分布的变异性更强。

我们在第 8.2 节中已经介绍过，在 σ 未知情形下，总体均值的区间估计基于被称为 t 分布的概率分布。在 σ 未知情形下，总体均值的假设检验仍然基于 t 分布。对于 σ 未知情形，检验统计量服从自由度为 $n-1$ 的 t 分布。

> **总体均值假设检验的检验统计量：σ 未知情形**
>
> $$t = \frac{\bar{x} - \mu_0}{s/\sqrt{n}} \tag{9-2}$$

在第 8 章中我们讲到，t 分布是在假设抽样总体服从正态分布下得到的。然而研究表明，在样本容量足够大的情形下，可以考虑适当放松这一假设。在本节末，我们将给出实际应用中关于总体分布和样本容量的一些建议。

9.4.1 单侧检验

在 σ 未知情形下，我们考虑关于总体均值单侧检验的例子。一本商务旅行方面的杂志想根据商务旅客总体的评分来划分跨大西洋通道的机场等级。评定标准中最低分为 0，最高分为 10。评分的总体均值超过 7 的机场将被认为是提供了优质服务的机场。杂志职员在每一个机场选取 60 名商务旅客组成一个样本，得到他们的评分数据。在伦敦希思罗机场的样本中，样本均值 $\bar{x}=7.25$ 分，样本标准差 $s=1.052$ 分。数据能否表明希思罗机场可以被认为是提供了优质服务的机场？

我们想要进行一个假设检验，当拒绝 H_0 时将会得出结论：希思罗机场评分的总体均值大于 7。因此，要求采用上侧检验，其中 $H_a:\mu>7$。上侧检验的原假设和备择假设如下。

$$H_0:\mu \leqslant 7 \qquad H_a:\mu > 7$$

检验中取显著性水平 $\alpha=0.05$。

利用式（9-2），$\bar{x}=7.25$，$\mu_0=7$，$s=1.052$ 和 $n=60$，检验统计量的值为：

$$t = \frac{\bar{x} - \mu_0}{s/\sqrt{n}} = \frac{7.25 - 7}{1.052/\sqrt{60}} = 1.84$$

t 分布的自由度为 $n-1=60-1=59$。由于该检验是一个上侧检验，因此 p-值 $=P(t \geqslant 1.84)$，即 t 分布曲线下统计量的值 $t=1.84$ 右侧的面积。

绝大多数教科书里提供的 t 分布表都没有详细到能使我们确定精确的 p-值的地步，比如与 $t=1.84$ 相对应的 p-值。例如，自由度为 59 的 t 分布给出了下面的信息。

上侧面积	0.20	0.10	0.05	0.025	0.01	0.005
t 值（自由度为 59）	0.848	1.296	1.671	2.001	2.391	2.662

$$t = 1.84$$

我们看到，$t = 1.84$ 介于 $1.671 \sim 2.001$。虽然该表不能给出精确的 p-值，但是"上侧面积"这一行中的数值说明 p-值一定大于 0.025 而小于 0.05。在 $\alpha = 0.05$ 的显著性水平下，我们根据这些信息足以做出拒绝原假设的决策，并且得到结论认为应该将希思罗机场评定为提供了优质服务的机场。

使用 t 分布表计算 p-值非常烦琐，并且只能给出近似的值。在希思罗机场的假设检验中 $t = 1.84$，利用 Excel 或者 JMP 所计算出的精确的 p-值为 $0.035\,4$。由于 $0.035\,4 < 0.05$，我们拒绝原假设并得出结论认为应该将希思罗机场评定为提供了优质服务的机场。

在 σ 未知情形下，使用临界值法同样可以得出原假设是否被拒绝的结论。自由度为 59 的 t 分布中，上侧面积 $\alpha = 0.05$ 对应的临界值为 $t_{0.05} = 1.671$，因此，使用临界值法的拒绝法则为：如果 $t \geq 1.671$，则拒绝 H_0。由于 $t = 1.84 > 1.671$，因此拒绝 H_0。希思罗机场被评定为提供了优质服务的机场。

9.4.2 双侧检验

作为 σ 未知情形下总体均值的双侧检验的例子，考虑 Holiday Toys 假设检验中所面临的问题。企业生产产品并通过 1 000 多家的零售商分销其产品。在为即将到来的冬季制订生产规模计划时，Holiday Toys 必须在知道零售层面的实际需求量前确定每种产品的生产数量。对本年度最重要的一种新款玩具，Holiday Toys 的市场负责人预计平均每家零售商的需求量为 40 个。在根据这一估计做出最后的生产决策之前，Holiday Toys 决定对 25 个零售商组成的样本进行调查，以便得到有关这种新款玩具需求量的更多信息。在向每个零售商提供有关这种新款玩具的特征、成本以及建议零售价格等方面的信息后，要求每个零售商给出一个预计的订货量。

令 μ 表示零售商订货量的总体均值，根据样本数据进行以下双侧假设检验。

$$H_0 : \mu = 40 \qquad H_a : \mu \neq 40$$

如果不能拒绝 H_0，那么 Holiday Toys 将继续根据市场负责人的估计制订生产计划，认为每家零售商订货量的总体均值为 40 个。然而，如果拒绝 H_0，那么 Holiday Toys 将会立即重新评估产品的生产计划。因为当零售商订货量的总体均值小于或者大于预计数量时，Holiday Toys 就要重新对其生产计划进行评价，所以采用双侧假设检验。由于没有历史数据可以利用（这是一种新产品），因此必须从样本数据出发用 $\bar{x}$ 和 s 估计总体均值 μ 和总体标准差。

由 25 家零售商组成一个样本，样本均值 $\bar{x} = 37.4$，标准差 $s = 11.79$。在利用 t 分布之前，分析人员绘制了样本数据的直方图了解总体分布的形状。样本数据的直方图表明，没有偏斜或者异常点存在，于是分析人员认为采用自由度 $n - 1 = 24$ 的 t 分布是合适的。利用式（9-2），$\bar{x} = 37.4$，$\mu_0 = 40$，$s = 11.79$ 和 $n = 25$，检验统计量的值为：

$$t = \frac{\bar{x} - \mu_0}{s / \sqrt{n}} = \frac{37.4 - 40}{11.79 / \sqrt{25}} = -1.10$$

由于这是一个双侧检验，因此 p-值是 t 分布曲线下 $t \leq -1.10$ 部分面积的 2 倍。自由度为 24 的 t 分布提供以下信息。

上侧面积	0.20	0.10	0.05	0.025	0.01	0.005
t 值（自由度 24）	0.857	1.318	1.711	2.064	2.492	2.797

$\uparrow$
$t = 1.10$

t 分布表只包含正值（对应于上侧面积）。然而，由于 t 分布是对称的，从而 $t = 1.10$ 右侧曲线下方的面积与 $t = -1.10$ 左侧曲线下方的面积相等。我们看到，$t = 1.10$ 介于 $0.857 \sim 1.318$。在"上侧面积"这一行中看到，$t = 1.10$ 右侧面积介于 $0.10 \sim 0.20$，乘以 2 后，p-值一定介于 $0.20 \sim 0.40$。在 $\alpha = 0.05$ 的显著性水平下，p-值大于 α。所以，我们不能拒绝 H_0，没有充分的证据可以得出结论：Holiday Toys 应在即将到来的冬季改变生产计划。

用 Excel 或者 JMP 计算出的 p-值为 $0.282\,2$。在 $\alpha = 0.05$ 的显著性水平下，因为 $0.282\,2 > 0.05$，所以不能拒绝 H_0。

检验统计量也可与临界值做比较来进行双侧假设检验。取 $\alpha = 0.05$，自由度为 24 的 t 分布中双侧检验的临界值为 $-t_{0.025} = -2.604$ 和 $t_{0.025} = 2.604$。检验统计量的拒绝法则为：

$$\text{如果 } t \leq -2.604 \text{ 或者 } t \geq 2.604 \text{，则拒绝 } H_0$$

因为检验统计量 $t = -1.10$，所以不能拒绝 H_0。这一结果说明在即将到来的季节里，Holiday Toys 应以期望值 $\mu = 40$ 为依据继续其生产计划。

9.4.3 小结与应用建议

表 9-3 给出了在 σ 未知情形下对总体均值进行假设检验的一个总结。其与 σ 已知情形的主要区别在于，计算检验统计量时用 s 代替 σ。因此，检验统计量服从 t 分布。

表 9-3　总体均值假设检验的小结：σ 未知情形

	下侧检验	上侧检验	双侧检验
假设	$H_0: \mu \geq \mu_0$ $H_a: \mu < \mu_0$	$H_0: \mu \leq \mu_0$ $H_a: \mu > \mu_0$	$H_0: \mu = \mu_0$ $H_a: \mu \neq \mu_0$
检验统计量	$t = \dfrac{\bar{x} - \mu_0}{s/\sqrt{n}}$	$t = \dfrac{\bar{x} - \mu_0}{s/\sqrt{n}}$	$t = \dfrac{\bar{x} - \mu_0}{s/\sqrt{n}}$
拒绝规则：p-值法	如果 p-值 $\leq \alpha$，则拒绝 H_0	如果 p-值 $\leq \alpha$，则拒绝 H_0	如果 p-值 $\leq \alpha$，则拒绝 H_0
拒绝规则：临界值法	如果 $t \leq -t_\alpha$，则拒绝 H_0	如果 $t \geq t_\alpha$，则拒绝 H_0	如果 $t \leq -t_{\alpha/2}$ 或者 $t \geq t_{\alpha/2}$，则拒绝 H_0

本节中假设检验方法的应用依赖于抽样总体的分布以及样本容量。如果总体是正态分布，则在任意样本容量下，本节所介绍的假设检验给出的都是精确的结果。如果总体不是正态分布，则这些方法是近似的。尽管如此，我们发现在大多数情形下，当样本容量 $n \geq 30$ 时都能给出满意的结果。如果总体近似服从正态分布，则在小样本容量下（比如 $n < 15$）仍可以得到满意的结果。当总体存在严重偏斜或者有异常点时，建议样本容量应在 50 以上。

练习

方法

24. 考虑以下假设检验

$$H_0: \mu = 18 \qquad H_a: \mu \neq 18$$

一个容量为 48 的样本中，样本均值为 $\bar{x} = 17$，样本标准差为 $s = 4.5$。

a. 计算检验统计量的值。

b. 根据 t 分布表计算 p-值的范围。

c. $\alpha = 0.05$ 时，你的结论如何？

d. 临界值法的拒绝法则是什么？你的结论如何？

26. 考虑以下假设检验

$$H_0: \mu = 100 \qquad H_a: \mu \neq 100$$

根据一个容量为 65 的样本，取 $\alpha = 0.05$，对如下每种抽样结果计算相应的 p-值，并给出你的结论。

a. $\bar{x} = 103$ 和 $s = 11.5$

b. $\bar{x} = 96.5$ 和 $s = 11.0$

c. $\bar{x} = 102$ 和 $s = 10.5$

应用

28. 一些股东在提出一项否决议案时，主张 CEO 的平均任期至少为 9 年。《华尔街日报》对企业的一项调查发现，CEO 任期的样本均值为 $\bar{x} = 7.27$ 年，标准差为 $s = 6.38$ 年。

a. 提出假设挑战这些股东主张的合理性。

b. 假设样本中有 85 家企业，假设检验的 p-值是多少？

c. 在 $\alpha = 0.01$ 的显著性水平下，你的结论是什么？

30. 据《时代周刊》报道，已婚男性用于照料子女时间的均值为每周 6.4 个小时。一个家庭护理方面的专业小组想要研究确定，本地区已婚男性每周用于照料子女的时间与报道中的均值 6.4 个小时是否有差异，假定你是该小组的一名成员。由 40 名已婚夫妇组成一个样本，并搜集丈夫每周用于照料子女时间的数据，样本数据存放在名为 ChildCare

的文件中。

a. 如果你所在的小组想要确定你所属地区已婚男性用于照顾子女的时间的总体均值，是否与《时代周刊》所报道的均值有差异，应该提出怎样的假设？

b. 样本均值和 p-值是多少？

c. 选取一个合适的显著性水平，据此你能得到怎样的结论？

32. 据全美汽车经销商联合会报告，二手汽车的平均价格为 10 192 美元。由堪萨斯二手车市场最近售出的 50 辆二手车组成一个样本，该市场的一名管理人员试图确定，堪萨斯二手车的平均价格与全美的平均水平是否存在差异。50 辆二手车的样本数据存放在名为 UsedCars 的文件中。

a. 提出假设确定该二手车市场的平均价格与全美的平均水平是否存在差异。

b. p-值是多少？

c. 在 $\alpha = 0.05$ 的显著性水平下，你的结论是什么？

34. 琼的 Nursery 公司专门为居民区的环境美化提供设计上的定制服务，需要依据种植的树木、灌木等数量来估计一个环境美化项目所需的人工成本。管理者估算认为，种植中型树木需要花费的人工成本为 2 小时。将上个月 10 次种植树木所花费的实际工作时间组成一个样本，其数据如下（单位：小时）。

$$1.7 \quad 1.5 \quad 2.6 \quad 2.2 \quad 2.4$$
$$2.3 \quad 2.6 \quad 3.0 \quad 1.4 \quad 2.3$$

在 0.05 的显著性水平下，检验植树所需时间的均值是否与 2 小时有差异。

a. 提出原假设和备择假设。

b. 计算样本均值。

c. 计算样本标准差。

d. p-值是多少？

e. 你的结论是什么？

9.5 总体比率

在本节中，我们说明如何对总体比率 p 进行假设检验。令 p_0 代表总体比率的假设值，关于总体比率的假设检验有以下三种形式。

$$H_0 : p \geq p_0 \qquad H_0 : p \leq p_0 \qquad H_0 : p = p_0$$
$$H_a : p < p_0 \qquad H_a : p > p_0 \qquad H_a : p \neq p_0$$

我们称第一种形式为下侧检验，称第二种形式为上侧检验，称第三种形式为双侧检验。

对总体比率进行假设检验基于样本比率 $\bar{p}$ 与总体比率的假设值 p_0 之间的差异。假设检验所使用的方法与对总体均值进行假设检验时所使用的方法相似，唯一的不同之处是，我们利用样本比率及其标准误差来计算检验统计量。然后，利用 p-值法或者临界值法确定是否拒绝原假设。

我们以 Pine Creek 高尔夫球场面临的情况为例。去年，Pine Creek 打球的人中有 20% 是女性。为了增加女性球员的比率，Pine Creek 推出了一项特别的促销活动，以吸引更多的女性参加高尔夫运动。在这种特定的促销活动实施一个月以后，高尔夫球场的管理者要求通过统计研究以确定其女性高尔夫球员所占比率是否上升。由于研究的目的是确定女性高尔夫球员所占比率是否上升，因此备择假设为 $H_a : p > 0.20$，上侧检验比较合适。Pine Creek 假设检验的原假设和备择假设如下。

$$H_0 : p \leq 0.20 \qquad H_a : p > 0.20$$

如果能够拒绝 H_0，则检验结果会对女性高尔夫球员所占比率上升的结论给予统计上的支持，从而说明促销活动是有效的。在进行假设检验时，球场管理者设定显著性水平 $\alpha = 0.05$。

假设检验的下一步是选取一个样本，并计算恰当的检验统计量的值。为了说明在 Pine Creek 上侧检验中这一步骤是如何进行的，我们从讨论总体比率假设检验的一般形式出发，说明如何计算检验统计量的值。$\bar{p}$ 是总体参数 p 的点估计量，$\bar{p}$ 的抽样分布是计算检验统计量的基础。

当原假设以等式形式为真时，$\bar{p}$ 的期望值等于假设值 p_0，即 $E(\bar{p}) = p_0$。$\bar{p}$ 的标准误差为：

$$\sigma_{\bar{p}} = \sqrt{\frac{p_0(1 - p_0)}{n}}$$

在第 7 章中我们曾说过，如果 $np \geqslant 5$ 并且 $n(1-p) \geqslant 5$，则 $\bar{p}$ 的抽样分布近似服从正态分布[⊖]。这时，在实践中认为

$$z = \frac{\bar{p} - p_0}{\sigma_{\bar{p}}} \tag{9-3}$$

服从标准正态概率分布，其中 $\sigma_{\bar{p}} = \sqrt{p_0(1-p_0)/n}$。对总体比率进行假设检验时，使用标准正态随机变量 z 为检验统计量。

总体比率假设检验的检验统计量

$$z = \frac{\bar{p} - p_0}{\sqrt{\dfrac{p_0(1 - p_0)}{n}}} \tag{9-4}$$

现在我们计算 Pine Creek 假设检验中的检验统计量。假设选取 400 名高尔夫球员组成一个随机样本，其中 100 人是女性。样本中女性高尔夫球员的比率为：

$$\bar{p} = \frac{100}{400} = 0.25$$

根据式（9-4），检验统计量的值为：

$$z = \frac{\bar{p} - p_0}{\sqrt{\dfrac{p_0(1 - p_0)}{n}}} = \frac{0.25 - 0.20}{\sqrt{\dfrac{0.2(1 - 0.2)}{400}}} = \frac{0.05}{0.02} = 2.50$$

由于 Pine Creek 假设检验是上侧检验，因此 p-值是 z 大于或者等于 2.50 的概率，即与 $z \geqslant 2.50$ 相对应区域的面积。利用标准正态概率表，得到 $z = 2.50$ 左侧的面积为 0.993 8。从而，Pine Creek 检验的 p-值为 $1.000\ 0 - 0.993\ 8 = 0.006\ 2$。图 9-7 给出了 p-值的计算过程。

球场管理者设定显著性水平 $\alpha = 0.05$。p-值 $= 0.006\ 2 < 0.05$，有充分的统计依据在 0.05 的显著性水平下拒绝 H_0。于是，检验给出统计上的依据支持得出结论，认为特定的促销活动能增加 Pine Creek 女高尔夫球运动员的比率。

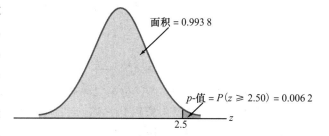

图 9-7　Pine Creek 假设检验中 p-值的计算

我们也可以采用临界值法做出是否拒绝原假设的决策，与正态概率分布上侧面积 0.05 相对应的临界值为 $z_{0.05} = 1.645$。因此，利用临界值法时的拒绝法则为如果 $z \geqslant 1.645$，则拒绝 H_0。由于 $z = 2.50 > 1.645$，因此拒绝 H_0。

我们再次发现，p-值法和临界值法得到的假设检验结论是相同的，但 p-值法提供了更多的信息。p-值 $= 0.006\ 2$ 表明，对任何大于或等于 0.006 2 的显著性水平，原假设都会被拒绝。

小结

对总体均值进行假设检验的方法和对总体比率进行假设检验的方法非常相似。虽然我们仅仅说明了如何对总体比率的上侧检验进行假设检验，但是类似的方法也适用于下侧检验和双侧检验。表 9-4 给出了对总体比率假设检验的一个小结。我们假定 $np \geqslant 5$ 并且 $n(1-p) \geqslant 5$，于是 $\bar{p}$ 的抽样分布近似服从正态概率分布。

⊖　在绝大多数对总体比率进行假设检验的实际应用中，样本容量是足够大的，从而可以利用正态近似。$\bar{p}$ 的精确抽样分布是离散型分布，$\bar{p}$ 取每个值的概率由二项分布给出。因此，在小样本情形下，当不能采用正态近似时，假设检验要稍微复杂一些。

表 9-4 总体比率假设检验的小结

	下侧检验	上侧检验	双侧检验
假设	$H_0 : p \geq p_0$ $H_a : p < p_0$	$H_0 : p \leq p_0$ $H_a : p > p_0$	$H_0 : p = p_0$ $H_a : p \neq p_0$
检验统计量	$z = \dfrac{\bar{p} - p_0}{\sqrt{\dfrac{p_0(1-p_0)}{n}}}$	$z = \dfrac{\bar{p} - p_0}{\sqrt{\dfrac{p_0(1-p_0)}{n}}}$	$z = \dfrac{\bar{p} - p_0}{\sqrt{\dfrac{p_0(1-p_0)}{n}}}$
拒绝法则：p-值法	如果 p-值 $\leq \alpha$，则拒绝 H_0	如果 p-值 $\leq \alpha$，则拒绝 H_0	如果 p-值 $\leq \alpha$，则拒绝 H_0
拒绝法则：临界值法	如果 $z \leq -z_\alpha$，则拒绝 H_0	如果 $z \geq z_\alpha$，则拒绝 H_0	如果 $z \leq -z_{\alpha/2}$ 或者 $z \geq z_{\alpha/2}$，则拒绝 H_0

注释和评论

我们也可以利用二项分布对比率进行精确的假设检验。这种方法比正态近似法更为精确和高效。但是，正态近似法的计算更为简便，并且随着样本容量的增大，利用正态近似法进行假设检验时的精度和功效也不断提高。

练习

方法

36. 考虑如下假设检验

$$H_0 : p \geq 0.75 \qquad H_a : p < 0.75$$

抽取 300 项组成一个样本，取 $\alpha = 0.05$，对下面的每种样本结果计算相应的 p-值，并陈述你的结论。

a. $\bar{p} = 0.68$ b. $\bar{p} = 0.72$

c. $\bar{p} = 0.70$ d. $\bar{p} = 0.77$

应用

38. 《消费者报告》的一项研究显示，有 64% 的超市购物者认为超市自有品牌与国家名牌一样好。某国家名牌番茄酱的制造商为了调查该研究结果对其产品是否适用，抽取超市购物者组成一个样本，并询问样本中的购物者是否认为超市自有品牌的番茄酱与国家名牌的番茄酱一样好。

     a. 提出假设确定超市购物者中认为超市自有品牌与国家名牌的番茄酱一样好的比率是否与 64% 有差异。

     b. 如果在由 100 名超市购物者组成的样本中，有 52 人认为超市自有品牌与国家名牌的番茄酱一样好，那么检验的 p-值是多少？

     c. 取 $\alpha = 0.05$ 时，你能得出怎样的结论？

     d. 国家名牌番茄酱的制造商对这个结论满意吗？请做出解释。

40. 去年，有 46% 的企业雇主会向员工赠送节日礼物。今年的一项调查中，有 35% 的雇主打算向员工赠送节日礼物。假定调查结果是根据 60 名雇主组成的一个样本得到的。

     a. 在今年的调查中有多少名雇主打算向员工赠送节日礼物？

     b. 假定样本中的雇主确实会像他们最初计划的那样向员工赠送节日礼物。请计算假设检验的 p-值，确定与去年相比雇主向员工赠送节日礼物的比率是否有所降低。

     c. 取显著性水平 $\alpha = 0.05$，你能够得出雇主赠送节日礼物的比率有所下降的结论吗？要想得到这样的结论，至少应该选取多大的显著性水平？

42. 据内华达大学物流管理中心报道，在美国售出的商品有 6% 会遭到退货。1 月，休斯敦一家百货公司抽取 80 件售出商品组成样本，发现其中 12 件遭到退货。

     a. 在休斯敦百货公司售出的商品中，求遭到退货的总体比率的点估计。

     b. 建立休斯敦百货公司售出商品的退货比率的 95% 置信区间。

     c. 休斯敦百货公司的退货比率与全国的退货比率存在显著差异吗？为你的答案提供统计上的支持。

44. 《读者文摘》称，近年来健康保险费用快速增长，其原因之一是医生医疗失当保险费用的增加。由于担心被起诉，医生也会进行更多（可能不必要的）预防性检查，仅仅是为了确保自己不会因为什么过错而获罪。这些预防性检查也会增加健康保险费用。《读者文摘》文章中的数据存放在名为

LawSuit 的文件中，可以用于估计年龄 55 岁以上的医生至少被起诉一次的比率。

a. 提出假设确定数据是否支持"55 岁以上的医生至少有一半曾经被起诉过"这一发现。

b. 利用 Excel 和名为 LawSuit 的数据文件，计算 55 岁以上医生至少被起诉一次的样本比率。假设检验的 p-值是多少？

c. 在 $\alpha = 0.01$ 的显著性水平下，你的结论是什么？

9.6 假设检验与决策

在本章的之前各节中，我们介绍的假设检验在应用中被称为显著性检验。在提出原假设和备择假设之后，我们选取样本，计算检验统计量的值和相应的 p-值。我们将 p-值与控制第一类错误概率的 α 相比，其中 α 被称作检验的显著性水平。如果 p-值 $\leqslant \alpha$，则我们得出结论"拒绝 H_0"，并称结果是显著的。否则，我们将得出"不能拒绝 H_0"的结论。在显著性检验中，我们控制了发生第一类错误的概率，但没有控制发生第二类错误的概率。因此，我们得出的结论是"不能拒绝 H_0"，而不是"接受 H_0"。因为后者会使我们在 H_0 为假时接收 H_0，从而承担发生第二类错误的风险。"不能拒绝 H_0"的结论从统计证据上讲是非结论性的，这通常意味着将决策或行动推迟，待经过更深入的研究和检验之后再做决策。

然而，如果假设检验的目的是当 H_0 为真时，做出一种决策；当 H_a 为真时，做出另一种决策，那么，不论是得出"拒绝 H_0"还是"不能拒绝 H_0"的结论，决策者都想要或者在某些情形下不得不做出决策。这时，统计学家往往建议控制发生第二类错误的概率。当同时控制发生第一类错误和第二类错误的可能性时，假设检验的结论是"接受 H_0"或者"拒绝 H_0"。对第一种情形，结论认为 H_0 为真；而在第二种情形下，结论认为 H_a 为真。对任何一种结论，都必须做出决策并采取相应的措施。

货物接收的抽样问题，就是假设检验在决策中一个很好的应用。第 20 章将对这一话题展开更加深入的讨论。例如，对供应商的一批电池，某质量控制管理人员必须决定是接收这批货物，还是因其质量差而将货物退还供应商。假定设计规格中要求供应商电池的平均使用寿命至少为 120 小时。为了评估这批货物的质量，我们选取 36 节电池组成样本进行检验，根据样本来决定是接收这批货物，还是因其质量差而将这批货物退还供应商。令 μ 代表这批电池使用寿命的均值（单位：小时），对总体均值建立如下形式的原假设和备择假设。

$$H_0 : \mu \geqslant 120 \qquad H_a : \mu < 120$$

如果拒绝 H_0，则得出备择假设为真的结论。这一结论表明，将这批货物退还给供应商是明智之举。但是，如果不能拒绝 H_0，决策者仍需确定采取某种措施。所以，当没有直接得出"H_0 为真"的结论，而仅仅是"不能拒绝 H_0"时，决策者将认为这批货物的质量符合标准而决定接收这批货物。

在这种决策中，我们建议将假设检验过程扩展，对发生第二类错误的概率予以控制。由于当不能拒绝 H_0 时，必须做出决策并采取措施，因此有关发生第二类错误的概率的信息对我们很有帮助。在第 9.7 节和第 9.8 节中，我们将说明如何计算发生第二类错误的概率，如何调整样本容量帮助控制发生第二类错误的概率。

9.7 计算第二类错误的概率

在本节中，我们说明在总体均值的假设检验中如何计算发生第二类错误的概率。以第 9.6 节中所描述的货物接收问题为例，我们对该过程进行演示。电池使用寿命均值的原假设和备择假设分别为 $H_0 : \mu \geqslant 120$ 和 $H_a : \mu < 120$。如果拒绝 H_0，则因电池使用寿命的均值小于标准所要求的 120 小时，而决定将这批货物退回供应商。如果不能拒绝 H_0，那么就决定接收这批货物。

假定假设检验时所采用的显著性水平 $\alpha = 0.05$，在 σ 已知的情形下，检验统计量为：

$$z = \frac{\bar{x} - \mu}{\sigma / \sqrt{n}} = \frac{\bar{x} - 120}{\sigma / \sqrt{n}}$$

根据临界值法以及 $z_{0.05} = 1.645$，下侧检验的拒绝规则为：

$$\text{如果 } z \leqslant -1.645, \text{ 则拒绝 } H_0$$

假定选取 36 节电池组成一个样本，根据已有的检验可以假定总体标准差已知，为 $\sigma = 12$ 小时。拒绝规则表明，当

$$z = \frac{\bar{x} - 120}{12 / \sqrt{36}} \leqslant -1.645$$

拒绝 H_0。上式关于 $\bar{x}$ 求解可知，当

$$\bar{x} \leqslant 120 - 1.645\left(\frac{12}{\sqrt{36}}\right) = 116.71$$

拒绝 H_0。这意味着，当 $\bar{x} > 116.71$ 时，我们将做出接收这批货物的决策。利用这些信息，我们可以计算发生第二类错误的概率。首先，当货物均值的真值小于 120 小时而我们却做出接受 $H_0 : \mu \geqslant 120$ 的决定时，我们就犯了第二类错误。因而，为了计算发生第二类错误的概率，我们必须选择一个小于 120 小时的 μ 值。例如，假定一批电池寿命的均值 $\mu = 112$ 小时，该批货物的质量差。那么，$\mu = 112$ 确实是真，但我们却接受了 $H_0 : \mu \geqslant 120$，因此发生第二类错误的概率是多少呢？它应该是当 $\mu = 112$ 时样本均值 $\bar{x}$ 大于 116.71 的概率。

图 9-8 给出了当均值 $\mu = 112$ 时 $\bar{x}$ 的抽样分布，其上侧阴影部分的面积为 $\bar{x} > 116.71$ 的概率。根据标准正态分布，当 $\bar{x} = 116.71$ 时

$$z = \frac{\bar{x} - \mu}{\sigma / \sqrt{n}} = \frac{116.71 - 112}{12 / \sqrt{36}} = 2.36$$

由标准正态概率表可知，当 $z = 2.36$ 时其上侧面积是 $1.000\,0 - 0.990\,9 = 0.009\,1$，$0.009\,1$ 是当 $\mu = 112$ 时发生第二类错误的概率。令 β 表示发生第二类错误的概率，可见当 $\mu = 112$ 时，$\beta = 0.009\,1$。从而，我们得出结论，如果总体均值为 112 小时，则发生第二类错误的概率仅为 $0.009\,1$。

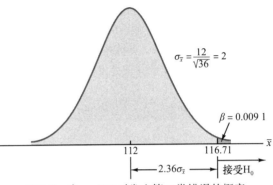

图 9-8　当 $\mu = 112$ 时发生第二类错误的概率

对其他小于 120 的 μ 值，我们可以重复该计算过程，求出每一个 μ 值下发生第二类错误的概率。例如，假定货物中电池使用寿命的均值 $\mu = 115$ 小时。由于当 $\bar{x} > 116.71$ 时，我们接受 H_0，因此当 $\mu = 115$ 时 z 值为：

$$z = \frac{\bar{x} - \mu}{\sigma / \sqrt{n}} = \frac{116.71 - 115}{12 / \sqrt{36}} = 0.86$$

查标准正态概率表可得，当 $z = 0.86$ 时，标准正态分布上侧面积为 $1.000\,0 - 0.805\,1 = 0.194\,9$。因此，当均值的真值 $\mu = 115$ 时，发生第二类错误的概率 $\beta = 0.194\,9$。

表 9-5 列出了当 μ 取某些小于 120 的值时发生第二类错误的概率。我们注意到，随着 μ 逐渐增加到 120，发生第二类错误的概率也随之增大，达到上限 $0.950\,0$。相反，随着 μ 值比 120 越来越小，发生第二类错误的概率也逐渐减小。不出所料，当总体均值的真值在原假设的值 $\mu = 120$ 附近时，发生第二类错误的概率很大，但是当总体均值的真值在远离原假设的值 $\mu = 120$ 的下方时，则发生第二类错误的概率很小。

表 9-5　货物接收假设检验问题中发生第二类错误的概率

μ 值	$z = \dfrac{116.71 - \mu}{12 / \sqrt{36}}$	发生第二类错误的概率（β）	功效（$1 - \beta$）
112	2.36	0.009 1	0.990 9
114	1.36	0.086 9	0.913 1
115	0.86	0.194 9	0.805 1
116.71	0.00	0.500 0	0.500 0
117	-0.15	0.559 6	0.440 4
118	-0.65	0.742 2	0.257 8
119.999	-1.645	0.950 0	0.050 0

当 H_0 为假时，得出拒绝 H_0 的正确结论的概率被称作检验的**功效**（power）。对于给定的 μ 值，功效为 $1 - \beta$，

○　正如表 9-5 所示，发生第二类错误的概率依赖于总体均值 μ 的值。对 μ_0 附近的 μ，发生第二类错误的概率很高。

即得出拒绝原假设正确结论的概率等于 1 减去发生第二类错误的概率。功效的值列示在表 9-5 中，根据这些值绘制与每一个 μ 值相对应的功效，所得曲线被称为**功效曲线**（power curve），如图 9-9 所示。注意，功效曲线渐近于原假设为假时的 μ 值。对任意一个 μ 值，功效曲线的高度代表了当 H_0 为假时得出拒绝 H_0 这个正确结论的概率。⊖

总之，对总体均值进行假设检验时，可以按照如下所给的流程逐步计算得到发生第二类错误的概率。

（1）确立原假设和备择假设。

（2）在显著性水平 α 下，根据临界值方法确定临界值并建立检验的拒绝规则。

（3）利用（2）中所得的拒绝规则，求解与检验统计量的临界值相对应的样本均值的取值。

（4）利用步骤（3）中的结果，得到接受 H_0 时所对应的样本均值的值，这些值构成了检验的接受域。

（5）对于满足备择假设的 μ 值，利用 $\bar{x}$ 的抽样分布和步骤（4）中的接受域，计算样本均值落在接受域的概率。这一概率值即在选定的 μ 值处发生第二类错误的概率。

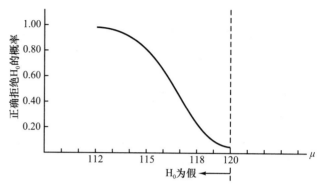

图 9-9　货物接收假设检验问题中的功效曲线

练习

方法

46. 考虑如下假设检验

$$H_0 : \mu \geq 10 \qquad H_a : \mu < 10$$

样本容量为 120，假定已知总体标准差 $\sigma = 5$，取 $\alpha = 0.05$。

a. 如果总体均值为 9，则根据样本均值我们得出不能拒绝 H_0 这个结论的概率为多大？

b. 如果实际的总体均值为 9，而我们却得出 $H_0 : \mu \geq 10$ 为真的结论，则这时会发生哪一类错误？

c. 如果实际的总体均值为 8，则发生第二类错误的概率为多少？

应用

48. Fowle 市场研究有限公司假定电话调查可在 15 分钟以内结束，并据此向顾客收费。如果调查所需时间超过该值，则需要加收额外费用。由 35 个调查电话组成一个样本，总体标准差为 4 分钟，利用样本均值检验原假设 $H_0 : \mu \leq 15$，取显著性水平为 0.01。

a. 你如何解释该问题中的第二类错误？它对公司有什么影响？

b. 当实际所用时间的均值 $\mu = 17$ 分钟时，发生第二类错误的概率是多少？

c. 当实际所用时间的均值 $\mu = 18$ 分钟时，发生第二类错误的概率是多少？

d. 画出该检验中功效曲线的一般形状。

50. *Young Adult* 杂志对其订阅者的年龄均值做出如下假设

$$H_0 : \mu = 28 \qquad H_a : \mu \neq 28$$

a. 在这种情况下，发生第二类错误意味着什么？

b. 假设已知总体标准差 $\sigma = 6$ 岁，样本容量为 100，取 $\alpha = 0.05$，则当 μ 值分别等于 26，27，29 和 30 时，接受 H_0 的概率为多大？

c. 当 $\mu = 26$ 时，功效为多少？这说明什么？

52. 参见习题 48。假定公司选取 50 次调查组成一个样本，重复（b）和（c）。随着样本容量的增加，发生第二类错误的概率将如何变化？

9.8　对总体均值进行假设检验时样本容量的确定

假定要对总体均值进行假设检验，检验中使用者事先指定显著性水平，以确定检验中发生第一类错误的概率。通过控制样本容量，使用者也可以控制发生第二类错误的概率。下面我们说明在总体均值的下侧检验中如何

⊖　有时，我们利用另一种被称为工作特征曲线的图形来给出发生第二类错误的概率的信息。工作特征曲线给出了接受 H_0 的概率，即当原假设为假时 μ 值及其相应的 β 值。由该图可以直接得出发生第二类错误的概率。

确定样本容量。

$$H_0 : \mu \geqslant \mu_0 \qquad H_a : \mu < \mu_0$$

图 9-10 的上半部分是当 H_0 为真并且 $\mu = \mu_0$ 时 $\bar{x}$ 的抽样分布。对于下侧检验，检验统计量的临界值记作 $-z_\alpha$。图上半部分中垂线 c 与 $\bar{x}$ 相对应。注意，如果当 $\bar{x} \leqslant c$ 时拒绝 H_0，则发生第一类错误的概率为 α。以 z_α 表示标准正态分布上侧面积为 α 时所对应的 z 值，可利用如下公式计算 c。

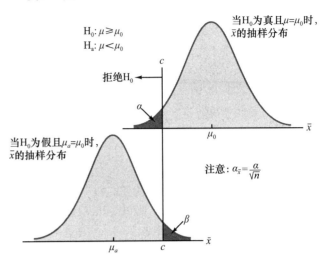

$$c = \mu_0 - z_\alpha \frac{\sigma}{\sqrt{n}} \qquad (9\text{-}5)$$

图 9-10 的下半部分为当备择假设 H_a 为真并且 $\mu = \mu_a < \mu_0$ 时 $\bar{x}$ 的抽样分布。深色阴影区域的面积 β 恰好是当 $\bar{x} > c$ 却接受了原假设时决策者发生第二类错误的概率。以 z_β 表示标准正态分布上侧面积为 β 时所对应的 z 值，可利用如下公式计算 c。

$$c = \mu_a + z_\beta \frac{\sigma}{\sqrt{n}} \qquad (9\text{-}6)$$

图 9-10 给定第一类错误（α）和第二类错误（β）水平下样本容量的确定

由于我们想要选取一个 c 值使得当拒绝 H_0 接受 H_a 时，发生第一类错误的概率等于选取的值 α，发生第二类错误的概率等于选取的值 β。因此，式（9-5）和（9-6）所给出的 c 值是相等的。于是，如下方程一定成立。

$$\mu_0 - z_\alpha \frac{\sigma}{\sqrt{n}} = \mu_a + z_\beta \frac{\sigma}{\sqrt{n}}$$

为了确定所需要的样本容量，下面我们首先求解 $\sqrt{n}$。

$$\mu_0 - \mu_a = z_\alpha \frac{\sigma}{\sqrt{n}} + z_\beta \frac{\sigma}{\sqrt{n}}$$

$$\mu_0 - \mu_a = \frac{(z_\alpha + z_\beta)\sigma}{\sqrt{n}}$$

和

$$\sqrt{n} = \frac{(z_\alpha + z_\beta)\sigma}{(\mu_0 - \mu_a)}$$

等式两边平方，即得到如下公式用于确定总体均值单侧假设检验的样本容量。

总体均值单侧假设检验的样本容量

$$n = \frac{(z_\alpha + z_\beta)^2 \sigma^2}{(\mu_0 - \mu_a)^2} \qquad (9\text{-}7)$$

式中，z_α 代表标准正态分布的上侧面积为 α 时对应的 z 值；z_β 代表标准正态分布的上侧面积为 β 时对应的 z 值；σ 为总体的标准差；μ_0 为原假设中样本均值的值；μ_a 为第二类错误中所采用的总体均值的值。

注意：双侧假设检验中，在式（9-7）中以 $z_{\alpha/2}$ 代替 z_α。

虽然式（9-7）的逻辑是用于如图 9-10 所示的假设检验的，但是对其他形式总体均值的单侧检验也成立。总体均值的双侧假设检验只需在式（9-7）中以 $z_{\alpha/2}$ 代替 z_α 即可。

我们仍采用第 9.6 节和第 9.7 节的货物接收例子。设计规格要求电池使用寿命的均值至少为 120 小时。如果 $H_0 : \mu \geqslant 120$ 被拒绝，则该批货物被拒收。我们假定质量控制管理人员要求第一类错误和第二类错误的可接受概率达到如下要求。

关于第一类错误的要求：如果货物中电池寿命的均值为 $\mu = 120$，那么甘愿冒 $\alpha = 0.05$ 的风险概率拒绝这批货物。

关于第二类错误的要求：如果货物中电池寿命的均值比规格要求少 5 小时（即 $\mu = 115$），那么甘愿冒 $\beta = 0.10$ 的风险概率接收这批货物。

如上要求是基于管理者的判断得到的。不同的人可能会对此概率做出不同的限制。但是，在确定样本容量之前，必须明确允许发生两类错误的概率的大小。

在例子中，$\alpha = 0.05$，$\beta = 0.10$。利用标准正态概率分布，有 $z_{0.05} = 1.645$，$z_{0.10} = 1.28$。从关于错误概率的要求中，我们已知 $\mu_0 = 120$，$\mu_a = 115$。最后，假定已知总体标准差 $\sigma = 12$。利用式（9-7），在货物接收的例子中，我们建议使用的样本容量为：

$$n = \frac{(1.645 + 1.28)^2 \times 12^2}{(120 - 115)^2} = 49.3$$

向上取整，建议选取的样本容量为 50。

当 $n = 50$ 时，由于发生第一类错误和发生第二类错误的概率已经控制在可接受的水平内，因此在假设检验中，质量控制管理者要在拒绝 H_0 和接受 H_0 之间做出判断。发生第一类错误和第二类错误的概率在已知允许范围内时，管理者进行相关推断。

我们可以观察到 α、β 和样本容量 n 之间的如下三种关系。

（1）当三者中有二者已知时，即可计算得到第三者。

（2）对于给定的显著性水平 α，增大样本容量将会减少 β。

（3）对于给定的样本容量，减小 α 将会使 β 增大，相反增大 α 将会使 β 减小。

当未对第二类错误的概率加以控制的时候，我们应该牢记第三条，它说明不能毫无必要地选择太小的显著性水平 α。对于给定的样本容量，选择较小的显著性水平意味着将使发生第二类错误的风险增大。缺乏经验的使用者通常认为假设检验中 α 的取值越小越好。当我们只关心第一类错误时，确实如此。但不利的是，较小的 α 值将增大发生第二类错误的概率。

练习

方法

54. 考虑如下假设检验

$$H_0 : \mu \geq 10 \qquad H_a : \mu < 10$$

样本容量为 120，总体标准差为 5，取 $\alpha = 0.05$。如果实际上总体均值为 9，发生第二类错误的概率为 0.291 2。假定当总体的实际均值为 9 时，研究者想要将发生第二类错误的概率减少到 0.10，则应该选取多大的样本容量？

应用

56. 在 Hilltop 咖啡的研究中（见第 9.3 节），假定项目负责人要求当实际重量少了 25 克（即 $\mu_a = 1.335$ 千克）时，Hilltop 不会遭到投诉的概率为 0.10，则应采用多大的样本容量？

58. Young Adult 杂志对其订阅者的年龄的均值建立如下假设

$$H_0 : \mu = 28 \qquad H_a : \mu \neq 28$$

如果实际的年龄均值为 29 岁，检验中管理者允许发生第二类错误的概率为 0.15，则应该选取多大的样本容量？假定 $\sigma = 6$，取显著性水平为 0.05。

9.9 大数据和假设检验

随着样本容量的增大，总体均值 μ 和总体比率 p 的置信区间变得越来越窄。原因在于，随着样本容量的增大，相应抽样分布的标准误差减小。现在，我们讨论本章前面讲过的假设检验与区间估计的关系。我们构造总体均值的 $100(1-\alpha)\%$ 区间估计，若 $100(1-\alpha)\%$ 区间估计不包括 μ_0，那么拒绝原假设 $H_0 : \mu = \mu_0$。因此，对于给定的显著性水平，随着样本容量的增大，当样本均值 $\bar{x}$ 和总体均值 μ_0 之间的差异比较小的时候就足以拒绝原假设 $H_0 : \mu = \mu_0$。当样本容量非常大的时候，只要样本均值 $\bar{x}$ 和假设中的总体均值 μ_0 之间存在一些微小的差异便可能拒绝原假设。

9.9.1　大数据、假设检验和 p-值

在本节中，我们详细阐述大数据如何影响假设检验和 p-值的大小。特别地，对于给定参数的点估计和假设值之间的差异，我们研究随着样本容量的增大，相应的 p-值如何快速减小。

考虑 PenningtonDailyTimes.com（PDT）在线新闻服务。PDT 的主要收入源于广告销售，潜在的广告客户愿意在访问时间较长的网站上发布广告，并向其支付一定的广告费用。为了提升新闻服务，PDT 的管理者想向潜在的广告客户承诺，与去年相比，今年 PenningtonDailyTimes.com 访问者的平均登录时长增加了，即多于 84 秒。为了检验原假设 $H_0: \mu \leqslant 84$，PDT 搜集样本跟踪 PDT 网站的访问者的登录时长。

样本均值为 84.1 秒，样本标准差 $s = 20$ 秒，表 9-6 中给出了检验统计量的 t 值和与原假设 $H_0: \mu \leqslant 84$ 对应的 p-值。在表 9-6 中，对于所有的样本，只要样本容量至少为 $n = 1\,000\,000$，该假设检验的 p-值实际上就等于 0。

PDT 的管理者还想向潜在的广告客户承诺，与去年相比，今年 PenningtonDailyTimes.com 访问者中点击广告的比率提高了。去年，PenningtonDailyTimes.com 访问者点击广告的比率为 0.50。PDT 搜集网站的访问者点击广告的信息，利用这些数据检验原假设 $H_0: p \leqslant 0.50$。

样本比率为 0.51，表 9-7 中给出了检验统计量的 z 值和与原假设 $H_0: p \leqslant 0.50$ 对应的 p-值。在表 9-7 中，对于所有的样本，只要样本容量至少为 $n = 100\,000$，该假设检验的 p-值实际上就等于 0。

由表 9-6 和表 9-7 可见，随着样本容量的增大，对于给定的点估计和参数的假设值之差，与之相对应的 p-值减小。因此，如果今年 PDT 网站访问者的登录时长的样本均值为 84.1 秒，那么当样本容量 $n \leqslant 100\,000$ 时，在 $\alpha = 0.01$ 时所有的样本均不能拒绝原假设 $H_0: \mu \leqslant 84$；当样本容量 $n \geqslant 1\,000\,000$ 时，在 $\alpha = 0.01$ 时所有的样本均拒绝原假设。

类似地，如果网站访问者点击广告的样本比率为 0.51，那么当样本容量 $n \leqslant 10\,000$ 时，在 $\alpha = 0.01$ 时所有的样本均不能拒绝原假设 $H_0: p \leqslant 0.51$；当样本容量 $n \geqslant 100\,000$ 时，在 $\alpha = 0.01$ 时所有的样本均拒绝原假设。在这两个例子中，随着样本容量变得极端大，对于给定的点估计和参数的假设值之差，与之相对应的 p-值变得极端小。

表 9-6　不同样本容量 n 下 t 检验统计量和 p-值（原假设 $H_0: \mu \leqslant 84$，样本均值 $\bar{x} = 84.1$ 秒）

样本容量 n	t	p-值
10	0.015 81	0.493 86
100	0.050 00	0.480 11
1 000	0.158 11	0.437 20
10 000	0.500 00	0.308 54
100 000	1.581 14	0.056 92
1 000 000	5.000 00	2.87E−07
10 000 000	15.811 39	1.30E−56
100 000 000	50.000 00	0.00E+00
1 000 000 000	158.113 88	0.00E+00

表 9-7　不同样本容量 n 下总体比率的 z 检验统计量和 p-值（原假设 $H_0: p \leqslant 0.50$；$\bar{p} = 0.51$）

样本容量 n	z	p-值
10	0.063 25	0.474 79
100	0.200 00	0.420 74
1 000	0.632 46	0.263 54
10 000	2.000 00	0.022 75
100 000	6.324 56	1.27E−10
1 000 000	20.000 00	0.00E+00
10 000 000	63.245 55	0.00E+00
100 000 000	200.000 00	0.00E+00
1 000 000 000	632.455 53	0.00E+00

9.9.2　大数据对假设检验的影响

假定 PDT 从网站搜集 1 000 000 名访问者组成一个样本，利用这些数据在 0.05 的显著性水平下检验原假设 $H_0: \mu \leqslant 84$ 和 $H_0: p \leqslant 0.50$。样本均值等于 84.1 秒，样本比率等于 0.51，如表 9-6 和表 9-7 所示，两个检验中原假设都被拒绝。因此，PDT 可以向潜在的广告客户承诺，其网站访问者所花费时长的均值大于 84 秒，访问者中点击广告的比率高于 0.50。这些结果说明，对于每一个假设检验，点估计和所要检验参数的假设值之间的差异，不能完全归结为抽样误差。不论样本容量有多大，只有能够确定样本中只有很少或者几乎没有非抽样误差时，假设

检验的结果才是可靠的。与没有非抽样误差的样本数据相比，如果数据搜集过程中引入了非抽样误差，那么发生第一类和第二类错误的可能性就更高。因此，在假设检验中要谨慎考虑样本是不是来自总体的随机样本，这点尤为重要。

如果 PDT 能够确定样本数据中只有很少或者几乎没有非抽样误差，对这些结果剩下的合理解释只能是原假设不成立。此时，PDT 及其网站广告客户还应该考虑点估计与要检验的参数的假设值在统计上的显著差异是否具有**实际意义**（practical significance）。虽然 PDT 网站访问者的平均登录时间增加了 0.1 秒在统计上是显著的，但这对于网站的潜在广告客户可能也并没有意义。类似地，虽然网站访问者点击广告的比率增加了 0.01，但这对于网站的潜在广告客户可能也并没有意义。PDT 需要确定这些统计上显著的差异是否对随后 PDT 及其广告客户的业务决策具有实际意义。

最后，没有商业决策会仅凭统计推断来进行，我们应该总是综合考虑统计意义和实际意义。当假设检验所依据的样本的容量极端大时，这一点尤为重要。因为此时，即使点估计和要检验的参数的假设值之间的差异非常小，但仍然是有统计意义的。在实际应用时，我们应该将统计推断提供的证据与从其他来源收集的信息结合起来考虑，以便做出最明智的决定。

注释和评论

1. 无论采用概率抽样技术还是非概率抽样技术，都可能产生非抽样误差。但是，非概率抽样技术（如方便抽样和判断抽样），因其选择样本数据的方式而使得样本数据具有非抽样误差。因此，概率抽样技术比非概率抽样技术往往更受欢迎。

2. 当抽取非常大的样本时，我们有理由相信样本容量至少是总体的 5%，即 $n/N \geqslant 5\%$。这种情况下，在计算用于置信区间和假设检验的抽样分布的标准误差时，我们有必要使用有限总体修正因子。

练习

60. 企业员工在工作日每天收发电子邮件的平均数量为 101.5，联邦政府工作人员想要确定，他们在工作日每天收发电子邮件的平均数量与企业员工相比是否存在差异。假定联邦政府工作人员随机选取去年的一个工作日，搜集 10 163 名联邦雇员收发商务电子邮件的信息，结果存放在名为 FedEmail 的文件中。检验联邦政府的假设，取 $\alpha = 0.01$。讨论结果的实际意义。

62. 美国薯条种植协会（APGA）想要检验"快餐中包含法式炸薯条的比率今年比去年提高了"这一说法是否成立。假定今年的 49 581 份快餐电子订单组成一个随机样本，其中有 31 038 份包括法式炸薯条。假如去年快餐订单中包括法式炸薯条的比率是 0.62，利用这些信息检验 APGA 的说法，取 $\alpha = 0.05$，讨论结果的实际意义。

小结

假设检验是一种统计方法，它利用样本数据来确定是否拒绝关于总体参数的说法。假设是关于总体参数的两种不同的说法，其中一个称作原假设（H_0），另一个称作备择假设（H_a）。第 9.1 节针对实际应用中最常发生的情况给出了建立假设的规则。

当根据历史数据或者其他信息可以假定总体标准差已知时，总体均值的假设检验过程以正态分布为依据。当 σ 未知时，用样本标准差 s 估计 σ，假设检验过程以 t 分布为依据。在这两种情形下，假设检验结果的质量依赖于总体分布的形式以及样本容量。如果总体服从正态分布，则即使在小样本的情形下，这两种假设检验方法也是适用的。但是，如果总体不服从正态分布，则需要较大的样本容量。第 9.3 节和第 9.4 节给出了有关样本容量的一般建议。在对总体比率进行假设检验时，假设检验中利用的检验统计量以标准正态分布为依据。

在所有上述情形下，都可以利用检验统计量的值来计算检验的 p-值。p-值是用于确定原假设是否被拒绝的一个概率值。当 p-值小于或者等于显著性水平 α 时，我们拒绝原假设。

我们也可以将检验统计量的值与临界值相比得出假设检验的结论。对于下侧检验，如果检验统计量的值小于或者等于临界值，则拒绝原假设。对于上侧检验，如果检验统计量的值大于或者等于临界值，则拒绝原假设。双侧检验包括两个临界值，一个位于抽样分布的上侧，一个位于抽样分布的下侧。在这种情形下，当检验统计量的值小于或等于下侧临界值或者检验统计量的值大于或等于上侧临界值时，则拒绝原假设。

作为假设检验方法的扩展，本章给出了关于第二类错误的分析。在第 9.7 节，我们介绍了如何计算发生第二类错误的概率；在第 9.8 节，描述了当同时控制发生第一类错误和第二类错误的概率时如何确定样本容量。最后，我们讨论了样本容量极其大的情况会如何影响均值及比率的假设检验。

关键术语

alternative hypothesis 备择假设 如果原假设被拒绝，则被认为是真的假设。

critical value 临界值 与检验统计量相比，用于确定是否拒绝 H_0 的值。

level of significance 显著性水平 当原假设为真并且以等式形式出现时发生第一类错误的概率。

null hypothesis 原假设 在假设检验的程序中，尝试性地假定为真的假设。

one-tailed test 单侧检验 假设检验的一种，当检验统计量的值落在抽样分布的某一侧时，拒绝原假设。

p-value p-值 一个概率值，当根据样本得出拒绝原假设的结论时，p-值是对证据充分程度的一种度量。p-值越小，则越有理由拒绝原假设 H_0。对于下侧检验，p-值是检验统计量小于或者等于样本所给出的检验统计量的值的概率。对于上侧检验，p-值是检验统计量大于或者等于样本所给出的检验统计量的值的概率。对于双侧检验，p-值是检验统计量与根据样本计算得出的检验统计量的值存在明显差异的概率。

power 功效 当 H_0 为假时做出拒绝 H_0 这一正确结论的概率。

power curve 功效曲线 对所有不满足原假设的总体参数值，功效曲线绘制出了拒绝 H_0 的概率。功效曲线给出了正确地拒绝原假设的概率。

practical significance 实际意义 统计推断结果对业务决策有实际影响。

test statistic 检验统计量 一种统计量，它的值用于确定是否拒绝原假设。

two-tailed test 双侧检验 假设检验的一种，当检验统计量的值落在抽样分布两侧的任一侧时，拒绝原假设。

type I error 第一类错误 当 H_0 为真，却拒绝了 H_0 时所犯的错误。

type II error 第二类错误 当 H_0 为假，却接受了 H_0 时所犯的错误。

重要公式

总体均值假设检验的检验统计量：σ 已知

$$z = \frac{\bar{x} - \mu_0}{\sigma / \sqrt{n}} \qquad (9\text{-}1)$$

总体均值假设检验的检验统计量：σ 未知

$$t = \frac{\bar{x} - \mu_0}{s / \sqrt{n}} \qquad (9\text{-}2)$$

总体比率假设检验的检验统计量

$$z = \frac{\bar{p} - p_0}{\sqrt{\dfrac{p_0(1 - p_0)}{n}}} \qquad (9\text{-}4)$$

总体均值单侧假设检验的样本容量

$$n = \frac{(z_\alpha + z_\beta)^2 \sigma^2}{(\mu_0 - \mu_a)^2} \qquad (9\text{-}7)$$

用 $z_{\alpha/2}$ 代替 z_α，即为双侧检验的公式。

补充练习

64. 某种产品的生产线上，产品充入重量的均值为 450 克。过多或过少都会导致严重的后果，并且一经发现就要求操作者立即关闭生产线对填充机进行重新调试。根据历史数据，假设总体标准差 $\sigma = 22.7$ 克。质量控制监督员每小时检验 30 件产品，并同时确定该生产线是否需要停产进行调整，取显著性水平 $\alpha = 0.05$。

a. 提出用于质量控制的假设检验。

b. 如果样本均值 $\bar{x} = 459$ 克，则 p-值是多少？你建议采取什么措施？

c. 如果样本均值 $\bar{x} = 445$ 克，则 p-值是多少？你建议采取什么措施？

d. 利用临界值法，求上述假设检验过程中的拒绝法则。重复（b）和（c）中的问题，你得到了相同的结论吗？

66. 美国年幼的孩子平均每天有 4 小时暴露在电视之下。当孩子正在进行其他活动时开着电视，对孩子的健康起反作用。研究中的假设是，低收入家庭的孩子开着电视做其他活动的时间的均值多于 4 小时/天。为了检验这一假设，搜集 60 名来自低收入家庭的儿童组成样本，发现孩子开着电视做其他活动的样本均值是 4.5 小时/天。

a. 提出假设检验研究中的假设。

b. 根据已有研究，你假定总体标准差 $\sigma = 0.5$ 小时。基于 60 名低收入家庭的孩子组成的一个样本，求 p-值。

c. 取显著性水平 $\alpha = 0.01$，你的结论是什么？

68. 英国国家统计局官方发布的数据显示，英国男性结婚的平均年龄为 30.8 岁。记者强调，这表明结婚年龄有持续推迟的趋势。选取 47 名最近刚刚成婚英国男性组成一个新样本，他们结婚时的年龄存放在名为 BritainMarriages 的文件中。数据是否表明英国男性结婚的平均年龄比 2013 年大？取 $\alpha = 0.05$，检验该假设。你的结论是什么？

70. 据佛罗里达 Gulf Coast 社区的商会广告称，该地点住宅房产的平均成本不超过 125 000 美元。假设由 32 处房产所组成的一个样本表明，其样本均值为 130 000 美元，样本标准差为 12 500 美元。在 0.05 的显著性水平下，检验广告的有效性。

72. 据 Expedia 称，52% 的美国人称他们在飞行中一般能够睡着。频繁坐飞机的人是否更容易在飞行中睡着？随机选取 510 人组成一个样本，这些人去年都至少飞行了 40 000 公里，其中 285 人说他们在飞行中能够睡着。

a. 利用假设检验的方法，确定频繁坐飞机的人更容易在飞行中睡着的结论是不是正确的，取 $\alpha = 0.05$。

b. 利用与（a）相同的假设检验方法，取 $\alpha = 0.01$，你能得出什么结论？

74. 千禧世代在成年初期仍依靠父母，与父母共同生活或者从父母那里得到资助。某家庭研究组织称，上一代人里 18~32 岁时仍依靠父母的人的比率不超过 30%。假定选取 400 名 18~32 岁的人组成一个样本，其中有 136 人仍然依靠父母。

a. 提出检验的假设，确定是否与上一代人相比千禧世代中依靠父母的比率更高。

b. 千禧世代中仍依靠父母的比率的点估计是多少？

c. 根据样本数据，求 p-值。

d. 假设检验的结论是什么？取显著性水平 $\alpha = 0.05$。

76. Myrtle 海滩的电台称，在纪念日的周末，至少有 90% 的旅馆和汽车旅店会客满。如果打算在周末去该风景点的话，电台建议听众提前预订。周六晚，一个由 58 家旅馆和汽车旅店组成的样本表明，其中 49 家贴出了无空房的招牌，9 家有空房间。在看了这一抽样结果后，你对广播电台的说法做何反应？统计检验中，取 $\alpha = 0.05$，求 p-值为多少？

78. 在建筑计划的投标中，Shorney 建筑公司假定每天每名建筑工人空闲时间的均值不超过 72 分钟。根据一个由 30 名建筑工人组成的样本对此假设进行检验。假设总体的标准差为 20 分钟。

a. 提出检验的假设。

b. 当空闲时间的总体均值为 80 分钟时，发生第二类错误的概率为多少？

c. 当空闲时间的总体均值为 75 分钟时，发生第二类错误的概率为多少？

d. 当空闲时间的总体均值为 70 分钟时，发生第二类错误的概率为多少？

e. 绘制该问题的功效曲线。

80. 用 $H_0: \mu = 120$ 和 $H_a: \mu \neq 120$ 来检验某一浴用肥皂生产过程是否达到了每批产量为 120 块的标准。检验中取显著性水平为 0.05，令标准差的计划值为 5。

a. 如果当产量的均值下降到每批 117 块时，企业将以 98% 的概率得出结论认为产量未达到标准，那么应采用多大的样本容量？

b. 在（a）中所得的样本容量下，当实际产量的均值分别为每批 117，118，119，121，122 和 123 块时，能以多大的概率得出该生产过程正常运行的结论？即在每种情形下，发生第二类错误的概率为多少？

82. NDC 科技的 MM710e 在线零食测量仪能够在包装之

前快速检测薯片表面颜色的深浅度。薯片的这一重要特征需要被严格控制，因为颜色太深的薯片是炸制过度，颜色太浅的薯片是炸制不足。现在，一家薯片生产商用 MM710e 对其生产的薯片进行质量评估，该生产商的目标是每 1 000 片薯片中炸制过度的片数少于 1。最近，从该生产商全国范围的设备生产线上随机选取 111 667 片薯片组成一个随机样本，MM710e 发现其中有 98 片炸制过度。利用检验假设确定是否样本数据达到了生产商炸制薯片的目标要求，取 $\alpha = 0.05$。

案例 9-1　Quality Associates 有限公司

Quality Associates 是一家为客户提供抽样和统计方法方面建议的咨询公司，这些建议可以用来监控客户的制造流程。在一个应用项目中，一名客户向 Quality Associates 提供了一个样本。该样本由制造流程正常运行时的 800 个观察值组成，样本标准差为 0.21。由于数据量大，假设总体标准差为 0.21。Quality Associates 建议持续不断地定期抽取容量为 30 的随机样本监测制造流程。通过对这些新样本的分析，客户可以迅速知道制造流程的运行状况是否令人满意。当制造流程的运行不能令人满意时，可以采取纠正措施予以解决。设计规格要求制造流程的均值为 12，Quality Associates 建议采用如下形式的假设检验。

$$H_0 : \mu = 12 \qquad H_a : \mu \neq 12$$

只要 H_0 被拒绝，就应马上采取纠正措施。

下表为第一天对制造流程采用这种新的统计控制方法时，每隔一小时收集的样本数据。这些数据存放在名为 Quality 的数据集中。

样本 1	样本 2	样本 3	样本 4	样本 1	样本 2	样本 3	样本 4
11.55	11.62	11.91	12.02	11.93	12.00	12.01	12.35
11.62	11.69	11.36	12.02	11.85	11.92	12.06	12.09
11.52	11.59	11.75	12.05	11.76	11.83	11.76	11.77
11.75	11.82	11.95	12.18	12.16	12.23	11.82	12.20
11.90	11.97	12.14	12.11	11.77	11.84	12.12	11.79
11.64	11.71	11.72	12.07	12.00	12.07	11.60	12.30
11.80	11.87	11.61	12.05	12.04	12.11	11.95	12.27
12.03	12.10	11.85	11.64	11.98	12.05	11.96	12.29
11.94	12.01	12.16	12.39	12.30	12.37	12.22	12.47
11.92	11.99	11.91	11.65	12.18	12.25	11.75	12.03
12.13	12.20	12.12	12.11	11.97	12.04	11.96	12.17
12.09	12.16	11.61	11.90	12.17	12.24	11.95	11.94
11.93	12.00	12.21	12.22	11.85	11.92	11.89	11.97
12.21	12.28	11.56	11.88	12.30	12.37	11.88	12.23
12.32	12.39	11.95	12.03	12.15	12.22	11.93	12.25

管理报告

1. 对每个样本在 0.01 的显著性水平下进行假设检验，并且确定如果需要的话，应该采取怎样的措施。给出每一检验的检验统计量和 p-值。

2. 计算 4 个样本中每个样本的标准差。假设总体标准差为 0.21 是否合理？

3. 计算样本均值 $\bar{x}$ 在 $\mu = 12$ 附近的一个范围，使得只要样本均值在这个范围内，则认为制造流程的运行状况是令人满意的。如果 $\bar{x}$ 超过上限或低于下限，则需采取纠正措施。在质量控制目标中，这类界限被称为上侧或下侧控制限。

4. 显著性水平增大意味着什么？如果增大显著性水平，哪种错误或误差会增加？

案例 9-2　Bayview 大学商科学生的道德行为

在全球经济衰退的 2008 年和 2009 年，有许多针对华尔街管理人员、财务经理和其他公司经理人职业道德的控告。当时，一篇文章认为不道德商业行为的部分根源在于商科学生中盛行欺骗行为（*Chronicle of Higher Education*，2009 年 2 月 10 日）。文中称有 56% 的商科学生承认他们在就学期间曾有过欺骗行为；而在非商科学生中，这一比率为 47%。

近年来，欺骗行为一直是 Bayview 大学商学院教务主任关注的一个问题。一些大学教学人员认为，Bayview 大学的欺骗行为比其他大学更为普遍；另一些大学教学人员认为，欺骗行为并不是学院的主要问题。为回复这些说法，教务主任委托对目前 Bayview 大学商科学生欺骗行为进行评估研究。作为研究的一部分，由 90 名本年即将毕业的商科学生组成一个样本，向他们分发匿名的调查问卷并请他们回答以下问题，得到与三类欺骗行为有关的数据。

在 Bayview 大学就学期间，你曾经将互联网上的内容拷贝作为自己的工作成果吗？

是的_____　　　　不是_____

在 Bayview 大学就学期间，你曾经在考试中抄袭他人的答案吗？

是的_____　　　　不是_____

在 Bayview 大学就学期间，你曾经将与其他学生合作的项目当作自己独立完成的吗？

是的_____　　　　不是_____

如果对这些问题的回答中有一项或者一项以上为"是的"，则认为学生具有欺骗行为。下面是搜集到的部分数据，整个数据集存放在名为 Bayview 的文件中。

学生	从互联网抄袭	考试中抄袭	将合作项目当作个人独立完成	性别
1	No	No	No	女
2	No	No	No	男
3	Yes	No	Yes	男
4	Yes	Yes	No	男
5	No	No	Yes	男
6	Yes	No	No	女
⋮	⋮	⋮	⋮	⋮
88	No	No	No	男
89	No	Yes	Yes	男
90	No	No	No	女

管理报告

请向大学教务处主任提交一份报告，总结评估 Bayview 大学商科学生的欺骗行为，报告包括如下内容。

1. 利用描述统计量对数据进行汇总并评论结果。

2. 在全体学生、男学生和女学生当中，分别求发生某种类型欺骗行为的学生所占比率的 95% 置信区间。

3. 进行假设检验，确定 Bayview 大学商科学生中发生欺骗行为的比率是否低于 *Chronicle of Higher Education* 报道的其他大学商科学生。

4. 进行假设检验，确定 Bayview 大学商科学生中发生欺骗行为的比率是否低于 *Chronicle of Higher Education* 报道的其他大学非商科学生。

5. 根据你对数据的分析，你对教务处主任有哪些建议？

第 10 章

两总体均值和比率的推断

CHAPTER

10

实践中的统计

美国食品与药物管理局

华盛顿特区

美国食品与药物管理局（U. S. Food and Drug Administration，FDA）的职责是通过其药物评估和研究中心（CDER）来保证药物的安全性和有效性。但 CDER 自己并不会对任何新药进行实际检验。试图推出新药的公司有责任对该药进行检验并提交有关该药安全性和有效性的证明，然后 CDER 的统计学家和科学家会对提交的证明进行审查。

为了使一种新药获得批准，公司进行了大量的统计研究来支撑他们的申请。制药业的检验过程通常包括三个阶段：①临床前检验。②长期使用及安全性检验。③临床效果检验。在每个相继的阶段，药物能通过严格检验的机会都在降低，但是进一步检验的费用却急剧增加。行业调查表明，研究开发一种新药平均需花费 2.5 亿美元，历时 12 年，因此在检验过程的早期剔除不成功的新药，以及识别出有开发前景以供进一步检验的新药就显得极为重要。

统计在药物研究中起到重要作用，因为政府规章非常严格而且执行严厉。在临床前检验中，一般通过两三个典型总体的统计研究，来确定一种新药是否可以长期使用以及继续进行安全性检验研究。总体可以由新药、一种控制药物以及一种标准药物组成。当将一种新药送往药理组进行药效评价（药物产生期望效果的能力）时，临床前检验过程就开始了。作为该过程的一部分，

需要一名统计学家设计一套用于检验新药的试验。该试验必须规定样本容量以及统计分析方法。在两总体研究中，一个样本用于获得有关新药（总体1）的药效的数据，第二个样本用于获得有关标准药物（总体2）的药效的数据。根据不同需要，新药及标准药物可能在诸如神经学、心脏病学及免疫学等学科进行检验。在大部分研究中，统计方法涉及新药总体与标准药物总体均值差异的假设检验。如果同标准药物相比，新药缺乏效力或产生了不良的效果，新药就要被拒绝并放弃做进一步检验。只有那些同标准药物相比显示出有前景的新药才会被送去长期使用及进行安全性检验。

在药物长期使用和安全性的检测程序中，临床试验的过程要进一步收集数据和进行多总体研究。为避免数据相关的偏差，FDA 要求在进行这些检验前就要确定统计方法。另外，为了避免人为偏差，某些临床试验是双重或三重保密的。也就是说，无论是受试者还是研究者都不知道何种药物分配给谁。如果新药品达到了相关标准药品的所有要求，一份新药的申请就会送达 FDA，并由该机构的统计学家及科学家严格地详细审阅。

在本章中，你将学习如何进行两个总体均值和比率的区间估计及假设检验，这些技术是通过分析独立随机样本及匹配样本来介绍给大家的。

在本章中，当考虑两个总体的均值之差或比率之差这一重要问题时，我们通过说明如何对两个总体进行区间估计和假设检验，来继续有关统计推断的讨论。[⊖]例如，我们可能要对男女两个总体的平均起薪的差异进行区间估计，或者对供应商 A 与 B 所生产的产品中次品的比率是否存在差异进行假设检验。当假定两个总体的标准差已知时，我们从说明如何进行两个总体均值之差的区间估计和假设检验开始有关统计推断的讨论。

10.1　两总体均值之差的推断：σ_1 和 σ_2 已知

令 μ_1 表示总体1的均值，μ_2 表示总体2的均值，我们将重点介绍两均值之差 $\mu_1-\mu_2$ 的统计推断。为了进行有关差异的统计推断，我们从总体1中抽取一个容量为 n_1 的简单随机样本，从总体2中抽取另一个容量为 n_2 的简单随机样本。由于这两个样本是相互独立抽取的，因此被称为**独立简单随机样本**（independent simple random samples）。在本节中，我们假定可用信息是在选取样本前，两个总体的标准差 σ_1 和 σ_2 可以被假设是已知的，我们称

⊖　在第8章和第9章中，我们介绍了对一个总体的均值和比率如何进行区间估计以及假设检验。

这种情形为 σ_1 和 σ_2 已知的情形。我们在下面的例子里说明，当 σ_1 和 σ_2 已知时，如何计算误差范围及如何进行两个总体均值之差的区间估计。

10.1.1 $\mu_1 - \mu_2$ 的区间估计

Greystone 百货公司在纽约州的布法罗经营两个商场：一个位于市区，另一个地处郊区购物中心。地区经理注意到在一个商场畅销的商品在另一个商场卖得不一定好。经理认为这种情形归因于这两个地区顾客人群的差异。顾客可能在年龄、受教育程度、收入等诸多方面存在差异。假定经理要求我们调查这两个商场的顾客平均年龄的差异。

我们定义总体 1 为在市区商场购物的所有顾客，总体 2 为在郊区商场购物的所有顾客。

$$\mu_1 = 总体 1 的均值（即在市区商场购物的所有顾客的平均年龄）$$
$$\mu_2 = 总体 2 的均值（即在郊区商场购物的所有顾客的平均年龄）$$

这两个总体的均值差是 $\mu_1 - \mu_2$。

为估计 $\mu_1 - \mu_2$，我们从总体 1 中抽取一个由 n_1 名顾客组成的简单随机样本，从总体 2 中抽取一个由 n_2 名顾客组成的简单随机样本，然后我们计算这两个样本均值。

$$\bar{x}_1 = n_1 \text{名市区顾客的简单随机样本的样本平均年龄}$$
$$\bar{x}_2 = n_2 \text{名郊区顾客的简单随机样本的样本平均年龄}$$

两总体均值之差的点估计量是两个样本均值之差。

两个总体均值之差的点估计量

$$\bar{x}_1 - \bar{x}_2 \tag{10-1}$$

图 10-1 给出了以两个独立简单随机样本为依据，用于估计两个总体均值之差的步骤示意图。

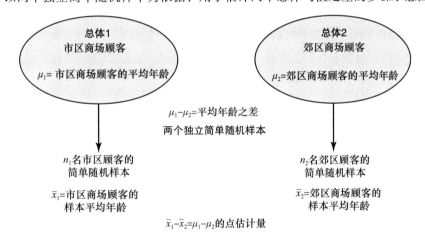

图 10-1　估计两总体的均值之差

与其他点估计量一样，点估计量 $\bar{x}_1 - \bar{x}_2$ 有一个描述估计量抽样分布变异性的标准误差。对于两个独立简单随机样本，$\bar{x}_1 - \bar{x}_2$ 的标准误差如下[⊖]。

$\bar{x}_1 - \bar{x}_2$ 的标准误差

$$\sigma_{\bar{x}_1 - \bar{x}_2} = \sqrt{\frac{\sigma_1^2}{n_1} + \frac{\sigma_2^2}{n_2}} \tag{10-2}$$

⊖　$\bar{x}_1 - \bar{x}_2$ 的标准误差就是 $\bar{x}_1 - \bar{x}_2$ 抽样分布的标准差。

如果两个总体都服从正态分布或者样本容量足够大，使得我们可利用中心极限定理得出 $\bar{x}_1$ 和 $\bar{x}_2$ 的抽样分布近似服从正态分布，那么 $\bar{x}_1 - \bar{x}_2$ 的抽样分布将服从均值为 $\mu_1 - \mu_2$ 的正态分布。

一般地，由一个点估计量±一个边际误差就可得出区间估计。在两个总体均值之差估计的例子中，区间估计的公式如下：

$$\bar{x}_1 - \bar{x}_2 \pm \text{边际误差}$$

如果 $\bar{x}_1 - \bar{x}_2$ 的抽样分布服从正态分布，我们可得出边际误差如下：[⊖]

$$\text{边际误差} = z_{\alpha/2} \sigma_{\bar{x}_1 - \bar{x}_2} = z_{\alpha/2} \sqrt{\frac{\sigma_1^2}{n_1} + \frac{\sigma_2^2}{n_2}} \tag{10-3}$$

于是，两总体均值之差的区间估计如下。

> **两总体均值之差的区间估计：σ_1 和 σ_2 已知**
>
> $$\bar{x}_1 - \bar{x}_2 \pm z_{\alpha/2} \sqrt{\frac{\sigma_1^2}{n_1} + \frac{\sigma_2^2}{n_2}} \tag{10-4}$$
>
> 式中，$1-\alpha$ 为置信系数。

我们再以 Greystone 为例，以先前顾客统计研究的数据为依据，两个总体标准差已知，分别为 $\sigma_1 = 9$ 岁和 $\sigma_2 = 10$ 岁。Greystone 顾客的两个独立简单随机样本收集来的数据给出了下面的结果。

	市区商场	郊区商场
样本容量	$n_1 = 36$	$n_2 = 49$
样本均值	$\bar{x}_1 = 40$ 岁	$\bar{x}_2 = 35$ 岁

利用式（10-1），我们得到两个总体平均年龄之差的一个点估计量为 $\bar{x}_1 - \bar{x}_2 = 40 - 35 = 5$ 岁。于是，我们认为市区商场的顾客平均年龄比郊区商场大 5 岁。现在我们利用式（10-4）来计算边际误差并给出 $\mu_1 - \mu_2$ 的区间估计。在 95% 的置信水平下，$z_{\alpha/2} = z_{0.025} = 1.96$，我们有：

$$\bar{x}_1 - \bar{x}_2 \pm z_{\alpha/2} \sqrt{\frac{\sigma_1^2}{n_1} + \frac{\sigma_2^2}{n_2}}$$

$$40 - 35 \pm 1.96 \sqrt{\frac{9^2}{36} + \frac{10^2}{49}}$$

$$5 \pm 4.06$$

因此，边际误差为 4.06 岁，两总体均值之差的 95% 的置信区间估计为 $5 - 4.06 = 0.94$ 岁到 $5 + 4.06 = 9.06$ 岁。

10.1.2 $\mu_1 - \mu_2$ 的假设检验

现在我们来讨论两个总体均值之差的假设检验。令 D_0 表示 μ_1 与 μ_2 之间假设的差，假设检验的三种形式如下：

$$H_0 : \mu_1 - \mu_2 \geqslant D_0 \qquad H_0 : \mu_1 - \mu_2 \leqslant D_0 \qquad H_0 : \mu_1 - \mu_2 = D_0$$
$$H_a : \mu_1 - \mu_2 < D_0 \qquad H_a : \mu_1 - \mu_2 > D_0 \qquad H_a : \mu_1 - \mu_2 \neq D_0$$

在许多应用中，$D_0 = 0$，以双侧检验为例，当 $D_0 = 0$ 时，原假设为 $H_0 : \mu_1 - \mu_2 = 0$。在这种情形下，原假设为 μ_1 与 μ_2 相等。拒绝 H_0 可推出 $H_a : \mu_1 - \mu_2 \neq 0$ 为真的结论，也就是说，μ_1 与 μ_2 不相等。

进行假设检验的一般步骤在这里也是适用的。[⊜]我们必须选择一个显著性水平，计算检验统计量，并求出 p-

⊖ 边际误差等于标准误差乘以 $z_{\alpha/2}$。

⊜ 第 9 章介绍了一个总体均值和一个总体比率假设检验的一般步骤。

值以决定是否应拒绝原假设。对于两个独立简单随机样本，我们发现式（10-2）给出了点估计量 $\bar{x}_1 - \bar{x}_2$ 的标准误差 $\sigma_{\bar{x}_1 - \bar{x}_2}$，并且当样本容量充分大时，$\bar{x}_1 - \bar{x}_2$ 服从正态分布。在这种情形下，当 σ_1 和 σ_2 已知时，两个总体均值之差的检验统计量如下所示。

$\mu_1 - \mu_2$ 的假设检验的检验统计量：σ_1 和 σ_2 已知

$$z = \frac{(\bar{x}_1 - \bar{x}_2) - D_0}{\sqrt{\dfrac{\sigma_1^2}{n_1} + \dfrac{\sigma_2^2}{n_2}}} \tag{10-5}$$

在下面假设检验的例子中，我们将演示如何使用这一检验统计量。

作为评价两个培训中心教育质量差异研究的一部分，对两个中心的学员进行了一次标准化考试。用考试平均分数的差来评估两个培训中心教育质量的差异。两个培训中心的总体均值如下：

$$\mu_1 = 在 A 中心培训的学员总体的平均考试分数$$

$$\mu_2 = 在 B 中心培训的学员总体的平均考试分数$$

我们从一个尝试性的假设开始讨论：两个培训中心的教育质量没有差异。因此，从平均考试分数的角度讲，原假设就是 $\mu_1 - \mu_2 = 0$。如果抽样证据拒绝该假设，我们就可以得出两总体平均考试分数有差异的结论。该结论表示两个培训中心教育质量不同并建议对产生这种差异的原因进行跟踪调查研究。对这一双侧检验，原假设和备择假设如下：

$$H_0: \mu_1 - \mu_2 = 0 \qquad H_a: \mu_1 - \mu_2 \neq 0$$

以前在各种情形下进行的标准化测试总能导致考试分数有近 10 分的标准差。于是，我们将利用这一信息假设总体标准差已知，且 $\sigma_1 = 10$ 和 $\sigma_2 = 10$。指定研究的显著性水平为 $\alpha = 0.05$。

从 A 培训中心抽取一个 $n_1 = 30$ 人的独立简单随机样本，从 B 培训中心抽取一个 $n_2 = 40$ 人的独立简单随机样本。样本均值分别为 $\bar{x}_1 = 82$，$\bar{x}_2 = 78$。这些数据是否表明两个培训中心的总体均值存在显著差异？为了回答这个问题，我们利用式（10-5）计算检验统计量。

$$z = \frac{(\bar{x}_1 - \bar{x}_2) - D_0}{\sqrt{\dfrac{\sigma_1^2}{n_1} + \dfrac{\sigma_2^2}{n_2}}} = \frac{(82 - 78) - 0}{\sqrt{\dfrac{10^2}{30} + \dfrac{10^2}{40}}} = 1.66$$

接下来我们计算双侧检验的 p-值，由于检验统计量 z 在上侧，我们首先计算 $z = 1.66$ 的右侧曲线下的面积。利用标准正态分布表，$z = 1.66$ 的左侧曲线下的面积为 0.951 5。因此，该分布上侧的面积为 1.000 0 - 0.951 5 = 0.048 5。由于这个检验是双侧检验，我们必须用 2 乘上侧面积，得到 p-值 = 2×0.048 5 = 0.097 0。遵循通常的法则，如果 p-值 $\leqslant \alpha$，则拒绝 H_0。我们看到，在 0.05 的显著性水平下，p-值 = 0.097 使我们不能拒绝 H_0。样本结果不能为我们提供足够的证据来断定两个培训中心的教育质量是不同的。

在本章中我们将利用 p-值法进行假设检验。但是，如果你愿意，也可使用检验统计量和临界值拒绝法则。当 $\alpha = 0.05$ 时，$z_{\alpha/2} = z_{0.025} = 1.96$。如果 $z \leqslant -1.96$ 或 $z \geqslant 1.96$，利用临界值法的拒绝法则就会拒绝 H_0。当 $z = 1.66$ 时，我们同样得出不拒绝 H_0 的结论。

在上面的例子中，我们讲述两个总体均值之差的双侧假设检验。我们也可以考虑下侧检验和上侧检验，这些检验使用的检验统计量与式（10-5）相同。对于这些单侧检验，p-值的计算步骤及拒绝法则与一个总体均值及一个总体比率的假设检验相同。

10.1.3　实用建议

在本节所给出的区间估计与假设检验的大部分应用中，随机样本都满足 $n_1 \geqslant 30$ 及 $n_2 \geqslant 30$，一旦其中之一或两者的样本容量都小于 30，总体的分布就需重点考虑。在一般情况下，当样本容量较小时，对分析者来说更为重要的是满足两个总体近似服从正态分布的合理假设。

练习

方法

2. 考虑下面的假设检验。

$$H_0 : \mu_1 - \mu_2 \leq 0 \qquad H_a : \mu_1 - \mu_2 > 0$$

下面的结果来自两个总体的两个独立随机样本。

样本 1	样本 2
$n_1 = 40$	$n_2 = 50$
$\bar{x}_1 = 25.2$	$\bar{x}_2 = 22.8$
$\sigma_1 = 5.2$	$\sigma_2 = 6.0$

a. 检验统计量的值是多少?

b. p-值是多少?

c. 对 $\alpha = 0.05$,假设检验的结论是什么?

应用

4. *Condé Nast Traveler* 杂志进行了一项年度调查,读者对他们最喜爱的豪华游轮进行评分。所有游轮按百分制评分,分值越高表示服务越好。由 37 艘载客量小于 500 人的游轮组成一个样本,平均得分为 85.36;由 44 艘载客量大于 500 人的游轮组成一个样本,平均得分为 81.40。假定载客量小于 500 人的游轮的总体标准差为 4.55,载客量大于 500 人的游轮的总体标准差为 3.97。

a. 载客量小于 500 人的游轮和载客量大于 500 人的游轮的总体平均得分之差的点估计是多少?

b. 对于 95% 的置信水平,边际误差是多少?

c. 两种载客量游轮的总体平均得分之差的 95% 的置信区间估计是多少?

6. 假设你负责组织一次商务会议。由于最近经济衰退预算削减,你需要为会议选择一个有最便宜酒店房间的城市。你将选择锁定在亚特兰大和休斯敦两个城市。在名为 Hotel 的文件中有亚特兰大和休斯敦酒店房间价格的样本,这些样本数据与 Smith 旅游研究(Smith Travel Research)报告的结果一致。因为有大量的关于这两个城市酒店房间价格的历史数据可用,因此亚特兰大房间价格的总体标准差假定为 20 美元,休斯敦房间价格的总体标准差假定为 25 美元。基于这些样本数据,你能得出亚特兰大酒店房间的平均价格比休斯敦低的结论吗?

8. 对于提供优质服务的公司,改善客户服务质量将有助于公司股票价格的上涨吗?"研究发现,当一个公司的满意度得分比上年度有所提高,并且高于全美平均水平(目前是 75.7 分)时,从长远来看,该公司的股票有一个优于大盘股市的良好机会。"下面是从美国消费者满意度指数得到的三家公司前两年第四季度的满意度得分。假设满意度得分以每家公司 60 名消费者的投票为依据。由于投票已经进行了好几年,因此在每一种情形下可将三个公司的标准差假定为 6 分。

公司	年份 1	年份 2
Rite Aid	73	76
Expedia	75	77
J. C. Penney	77	78

a. 在 $\alpha = 0.05$ 的显著性水平下,从年份 1 到年份 2 Rite Aid 公司满意度得分的增加在统计上是否显著?你的结论如何?

b. 在 $\alpha = 0.05$ 的显著性水平下,你是否能断定 Rite Aid 公司年份 2 的满意度得分高于 75.7 分的全美平均水平?

c. 在 $\alpha = 0.05$ 的显著性水平下,从年份 1 到年份 2 Expedia 公司满意度得分的增加在统计上是否显著?

d. 在给定标准差、样本容量和 α 数值的情况下进行假设检验时,从年份 1 到年份 2 满意度得分必须增加多少才会在统计上是显著的?

e. 利用(d)的结果来陈述,从年份 1 到年份 2 J. C. Penney 公司满意度得分的增加在统计上是否显著。

10.2 两总体均值之差的推断:σ_1 和 σ_2 未知

在本节,对两总体标准差 σ_1 和 σ_2 未知的情形,我们将延伸有关两总体均值之差统计推断的讨论。在这种情况下,我们用样本标准差 s_1 和 s_2 来估计未知的总体标准差。当我们利用样本标准差时,区间估计与假设检验的程序将建立在 t 分布而非标准正态分布的基础上。

10.2.1 $\mu_1 - \mu_2$ 的区间估计

在下面的例子里我们将介绍当 σ_1 和 σ_2 未知时, 如何计算边际误差以及如何建立两总体均值之差的区间估计。Clearwater 国家银行正在进行一项研究, 旨在确定其两个分行的客户支票账户余额之间的差异。从 Cherry Grove 分行抽取 28 个支票账户组成一个简单随机样本, 从 Beechmont 分行抽取 22 个支票账户组成另一个独立的简单随机样本。每个支票账户的当前余额被记录下来, 账户余额汇总如下:

	Cherry Grove	Beechmont
样本容量	$n_1 = 28$	$n_2 = 22$
样本均值	$\bar{x}_1 = 1\,025$ 美元	$\bar{x}_2 = 910$ 美元
样本标准差	$s_1 = 150$ 美元	$s_2 = 125$ 美元

Clearwater 国家银行打算估计 Cherry Grove 和 Beechmont 两个分行客户总体支票账户余额均值的差异。我们来计算这两个总体均值之差的边际误差和区间估计。

在第 10.1 节, 当标准差 σ_1 和 σ_2 已知时, 我们给出了下面的区间估计。

$$\bar{x}_1 - \bar{x}_2 \pm z_{\alpha/2}\sqrt{\frac{\sigma_1^2}{n_1} + \frac{\sigma_2^2}{n_2}}$$

当 σ_1 和 σ_2 未知时, 我们用样本标准差 s_1 和 s_2 来估计 σ_1 和 σ_2, 并用 $t_{\alpha/2}$ 代替 $z_{\alpha/2}$, 则两总体均值之差的区间估计表达式如下。

两个总体均值之差的区间估计: σ_1 和 σ_2 未知

$$\bar{x}_1 - \bar{x}_2 \pm t_{\alpha/2}\sqrt{\frac{s_1^2}{n_1} + \frac{s_2^2}{n_2}} \tag{10-6}$$

式中, $1-\alpha$ 为置信系数。

在该式中, 所用的 t 分布是近似分布, 但估计结果很好且应用相对简单。在应用式 (10-6) 的过程中遇到的唯一难题是确定 $t_{\alpha/2}$ 合适的自由度。统计软件包可自动计算合适的自由度, 所用公式如下。⊖

自由度: 两个独立随机样本的 t 分布

$$df = \frac{\left(\dfrac{s_1^2}{n_1} + \dfrac{s_2^2}{n_2}\right)^2}{\dfrac{1}{n_1 - 1}\left(\dfrac{s_1^2}{n_1}\right)^2 + \dfrac{1}{n_2 - 1}\left(\dfrac{s_2^2}{n_2}\right)^2} \tag{10-7}$$

我们继续以 Clearwater 国家银行为例, 来介绍如何应用式 (10-6) 来估计两个分行支票账户余额总体均值之差的 95% 置信区间。Cherry Grove 分行的样本数据是 $n_1 = 28$, $\bar{x}_1 = 1\,025$ 美元, $s_1 = 150$ 美元; Beechmont 分行的样本数据是 $n_2 = 22$, $\bar{x}_2 = 910$ 美元, $s_2 = 125$ 美元。$t_{\alpha/2}$ 的自由度计算如下:

$$df = \frac{\left(\dfrac{s_1^2}{n_1} + \dfrac{s_2^2}{n_2}\right)^2}{\dfrac{1}{n_1 - 1}\left(\dfrac{s_1^2}{n_1}\right)^2 + \dfrac{1}{n_2 - 1}\left(\dfrac{s_2^2}{n_2}\right)^2} = \frac{\left(\dfrac{150^2}{28} + \dfrac{125^2}{22}\right)^2}{\dfrac{1}{28 - 1}\left(\dfrac{150^2}{28}\right)^2 + \dfrac{1}{22 - 1}\left(\dfrac{125^2}{22}\right)^2} = 47.8$$

⊖ 当用 s_1 和 s_2 来估计 σ_1 和 σ_2 时, t 分布用于对两总体均值之差进行统计推断。

为得到一个较大的 t 值和更保守的区间估计，我们把非整的自由度取整为 47。查 t 分布表，自由度为 47，可得 $t_{0.025} = 2.012$。利用式（10-6），我们建立两总体均值之差的 95% 的置信区间如下：

$$\bar{x}_1 - \bar{x}_2 \pm t_{\alpha/2} \sqrt{\frac{s_1^2}{n_1} + \frac{s_2^2}{n_2}}$$

$$1\,025 - 910 \pm 2.012 \sqrt{\frac{150^2}{28} + \frac{125^2}{22}}$$

$$115 \pm 78$$

两分行支票账户余额总体均值之差的点估计值为 115 美元，边际误差为 78 美元，两总体均值之差的 95% 的置信区间估计为 115-78=37 美元到 115+78=193 美元。

10.2.2 $\mu_1 - \mu_2$ 的假设检验

现在我们来讨论总体标准差 σ_1 和 σ_2 未知时的两总体均值之差的假设检验。假设 μ_1 与 μ_2 之差可用 D_0 表示，在第 10.1 节，当 σ_1 和 σ_2 已知时，我们给出了下面的检验统计量。

$$z = \frac{(\bar{x}_1 - \bar{x}_2) - D_0}{\sqrt{\frac{\sigma_1^2}{n_1} + \frac{\sigma_2^2}{n_2}}}$$

检验统计量 z 服从标准正态分布。

当 σ_1 和 σ_2 未知时，我们用 s_1 作为 σ_1 的估计量，s_2 作为 σ_2 的估计量。当 σ_1 和 σ_2 未知时，我们用这两个样本标准差替代 σ_1 和 σ_2，可得以下的检验统计量。

$\mu_1 - \mu_2$ 的假设检验的检验统计量：σ_1 和 σ_2 未知

$$t = \frac{(\bar{x}_1 - \bar{x}_2) - D_0}{\sqrt{\frac{s_1^2}{n_1} + \frac{s_2^2}{n_2}}} \tag{10-8}$$

t 统计量的自由度由式（10-7）给出。

在下面的假设检验例子中，我们将说明这一检验统计量的用法。

设想开发一个新的计算机软件包，它有助于系统分析员减少设计、开发、实现信息系统所需要的时间。为评估新软件包的优点，抽取了 24 名系统分析员组成一个随机样本，发给每个分析员一张假定的信息系统的说明书。指定其中 12 名分析员使用现有技术来开发该信息系统，另外 12 名分析员先接受新软件包的培训，然后用新软件包来开发该信息系统。

在本研究中有两个总体：使用现有技术的系统分析员总体和使用新软件包的系统分析员总体。考虑完成该信息系统设计项目所需要的时间，总体均值如下：

μ_1——使用现有技术的系统分析员平均完成项目时间

μ_2——使用新软件包的系统分析员平均完成项目时间

负责评估新软件包的研究人员希望证明新软件包能使平均完成项目时间缩短。因此，研究人员要寻找证据来验证 μ_2 是小于 μ_1 的。在这种情形下，两总体均值之差 $\mu_1 - \mu_2$ 将大于 0。研究的假设 $\mu_1 - \mu_2 > 0$ 是作为备择假设提出来的。因此，假设检验为：

$$H_0: \mu_1 - \mu_2 \leq 0 \qquad H_a: \mu_1 - \mu_2 > 0$$

我们使用的显著性水平为 $\alpha = 0.05$。

假定 24 个系统分析员完成研究的时间如表 10-1 所示，利用式（10-8）给出的检验统计量，我们得到

$$t = \frac{(\bar{x}_1 - \bar{x}_2) - D_0}{\sqrt{\dfrac{s_1^2}{n_1} + \dfrac{s_2^2}{n_2}}}$$

$$= \frac{(325 - 286) - 0}{\sqrt{\dfrac{40^2}{12} + \dfrac{44^2}{12}}} = 2.27$$

利用式（10-7）计算自由度，我们得到

$$df = \frac{\left(\dfrac{s_1^2}{n_1} + \dfrac{s_2^2}{n_2}\right)^2}{\dfrac{1}{n_1 - 1}\left(\dfrac{s_1^2}{n_1}\right)^2 + \dfrac{1}{n_2 - 1}\left(\dfrac{s_2^2}{n_2}\right)^2}$$

$$= \frac{\left(\dfrac{40^2}{12} + \dfrac{44^2}{12}\right)^2}{\dfrac{1}{12 - 1}\left(\dfrac{40^2}{12}\right)^2 + \dfrac{1}{12 - 1}\left(\dfrac{44^2}{12}\right)^2} = 21.8$$

舍入后，我们将使用自由度为 21 的 t 分布表。t 分布表的这一行如下所示：

表 10-1　软件检验研究的完成时间数据与汇总统计

	现有技术/小时	新软件包/小时
	300	274
	280	220
	344	308
	385	336
	372	198
	360	300
	288	315
	321	258
	376	318
	290	310
	301	332
	283	263
汇总统计量		
样本容量	$n_1 = 12$	$n_2 = 12$
样本均值	$\bar{x}_1 = 325$ 小时	$\bar{x}_2 = 286$ 小时
样本标准差	$s_1 = 40$	$s_2 = 44$

上侧面积	0.20	0.10	0.05	0.025	0.01	0.005
t 值（自由度 21）	0.859	1.323	1.721	2.080	2.518	2.831

$$\uparrow$$
$$t = 2.27$$

对于上侧检验，p-值就是 $t = 2.27$ 的右侧曲线下的面积。从上面的结果可知，p-值处于 0.025 与 0.01 之间。因此，p-值小于 $\alpha = 0.05$，H_0 被拒绝。样本结果能使研究者得出结论 $\mu_1 - \mu_2 > 0$ 或 $\mu_1 > \mu_2$。于是，调查研究证实了新的软件包能减少平均完成项目时间。[一]

统计软件包能用来简化两总体均值之差的假设检验。如表 10-2 所示，样本输出结果比较了现有软件技术和新的软件包技术。表 10-2 显示检验统计值 $t = 2.27$ 及 p-值 $= 0.017$。注意，统计软件包利用了式（10-7）计算出这个分析的自由度是 21。

10.2.3　实用建议

本节介绍的区间估计与假设检验方法是一种实用的方法，并且可用于相对较小的样本容量。在大部分应用中，如果两个总体的样本容量 n_1 和 n_2 相等或接近相等，使得总样本容量 $n_1 + n_2$ 至少为 20，即使总体不是正态分布，我们也能期望得到非常好的结果。如果总体分布高度偏斜或含有异常点，我们建议使用较大的样本容量。只有当分析者认为总体分布近似服从正态分布时才可使用较小的样本容量。[二]

表 10-2　现有技术和新软件包之差的假设检验输出结果

	现有技术	新软件包
样本均值	325	286
样本方差	1 600	1 936
观测值	12	12
假设均值之差	0	
自由度	21	
检验统计量	2.272	
单侧 p-值	0.017	
单侧临界值	1.717	

[一]　应用 t 分布表，我们只能确定 p-值的一个范围，软件计算的精确 p-值 $= 0.017$。
[二]　无论是否可能，相同的样本容量 $n_1 = n_2$ 都是可取的。

注释和评论

当 σ_1 和 σ_2 未知时，另一种对两总体均值之差进行统计推断的方法以假设两总体的标准差相等（$\sigma_1 = \sigma_2 = \sigma$）为依据。在此假设下，将两个样本方差组合起来，得到合并的样本方差：

$$s_p^2 = \frac{(n_1 - 1)s_1^2 + (n_2 - 1)s_2^2}{n_1 + n_2 - 2}$$

检验统计量 t 变为：

$$t = \frac{(\bar{x_1} - \bar{x_2}) - D_0}{s_p \sqrt{\dfrac{1}{n_1} + \dfrac{1}{n_2}}}$$

并且自由度为 $n_1 + n_2 - 2$。在这里，p-值的计算及样本结果的解释与本节较早时讨论的步骤相同。

这个过程中的一个难题就是两总体标准差相等的假设通常难以验证，我们经常遇到的是不等的标准差。尤其当样本容量 n_1 和 n_2 相差很大时，应用合并步骤不可能提供满意的结果。

本节介绍的 t 检验方法并不需要总体标准差相等的假设，并且不论总体标准差相等与否都是适用的。在大部分的应用中，t 检验是我们推荐使用的较为一般的方法。

练 习

方法

10. 考虑下面的假设检验

$$H_0 : \mu_1 - \mu_2 = 0 \qquad H_a : \mu_1 - \mu_2 \neq 0$$

下面的结果来自两个总体的两个独立随机样本。

样本 1	样本 2
$n_1 = 35$	$n_2 = 40$
$\bar{x}_1 = 13.6$	$\bar{x}_2 = 10.1$
$s_1 = 5.2$	$s_2 = 8.5$

a. 检验统计量的值是多少？

b. t 分布的自由度是多少？

c. p-值是多少？

d. 若 $\alpha = 0.05$，你的结论是什么？

应用

12. 美国交通部（U. S. Department of Transportation）给出了 75 个最大的大都会区居民每天汽车行驶的公里数。假设由 50 名布法罗居民组成的简单随机样本，平均每天行驶 36.2 公里，标准差为每天 13.5 公里；由 40 名波士顿居民组成的独立简单随机样本，平均每天行驶 29.9 公里，标准差为每天 11.9 公里。

a. 布法罗居民和波士顿居民每天平均行驶的公里数之差的点估计是多少？

b. 两个总体均值之差的 95% 的置信区间是多少？

14. Tippie 商学院新近毕业班学生的薪金情况如下：

金融专业	商业分析专业
$n_1 = 110$	$n_2 = 30$
$\bar{x}_1 = 48\,537$ 美元	$\bar{x}_2 = 55\,317$ 美元
$s_1 = 18\,000$ 美元	$s_2 = 10\,000$ 美元

a. 提出假设，如果原假设被拒绝，我们可以得到结论：金融专业的毕业生薪金显著低于商业分析专业毕业生的薪金。显著性水平为 $\alpha = 0.05$。

b. 检验统计量的值是多少？

c. p-值是多少？

d. 你的结论是什么？

16. 美国大学理事会以学生父母所受的最高教育水平为依据，比较了 SAT 的分数。一项研究的假设是，父母受教育水平较高的学生，其 SAT 的平均分数也比较高。SAT 数学分数的总体平均分是 514 分。对于独立的学生样本，SAT 数学分数如下表所示。第一个样本是父母为大学毕业且拥有学士学位的学生的 SAT 数学分数。第二个样本是父母为高中毕业且没有大学学位的学生的 SAT 数学分数。

学生父母			
大学毕业		高中毕业	
485	487	442	492
534	533	580	478
650	526	479	425
554	410	486	485
550	515	528	390
572	578	524	535
497	448		
592	469		

a. 提出可以用来确定样本数据是否支持以下假设的假设：如果父母受教育程度较高，则学生数学总体平均分数也比较高。

b. 两总体平均分数之差的点估计是多少？

c. 计算假设检验的 p-值。

d. 在 $\alpha = 0.05$ 的显著性水平下，你的结论是什么？

18. 航空公司的成功很大程度上取决于为客户提供满意服务的能力。航空公司客户服务的一个考核指标是准点到达率。名为 Lateflights 的文件给出了 Delta 和 Southwest 这两个航空公司的航班延误时间（单位：分钟）的样本数据。

a. 建立能用来检验这两个航空公司延误航班的总体平均延误时间之差的假设。

b. 每个航空公司延误航班的样本平均延误时间是多少？

c. 在 $\alpha = 0.05$ 的显著性水平下，p-值是多少？你的结论是什么？

10.3　两总体均值之差的推断：匹配样本

假设一家制造企业的工人可用两种不同的方法完成一项生产任务。为了使产品的产量最大化，公司想确认总体完成生产任务平均时间较少的方法。令 μ_1 表示生产方法 1 总体完成生产任务的平均时间，μ_2 表示生产方法 2 总体完成生产任务的平均时间。在不知道哪种方法更好的条件下，我们暂时假设两种方法具有相同的平均完成生产任务时间。因此，原假设为 $H_0 : \mu_1 - \mu_2 = 0$。如果拒绝原假设，我们就可得出总体完成生产任务的平均时间不等的结论。在这种情况下，我们就可找出完成生产任务平均时间较少的方法。原假设和备择假设如下：

$$H_0 : \mu_1 - \mu_2 = 0 \qquad H_a : \mu_1 - \mu_2 \neq 0$$

在选择用于搜集生产时间数据及假设检验的抽样方法时，我们考虑两种选择方案：一种基于**独立样本**（independent sample），另一种基于**匹配样本**（matched sample）。

（1）独立样本设计：抽取工人的一个简单随机样本，样本中的每个工人使用生产方法 1；抽取工人的另一个独立的简单随机样本，样本中的每个工人使用生产方法 2。总体均值差的检验使用第 10.2 节的方法。

（2）匹配样本设计：抽取工人的一个简单随机样本，每个工人先用一种生产方法，然后用另一种生产方法。两种方法的次序被随机地指派给工人，一些工人先使用生产方法 1，其他工人先使用生产方法 2。每个工人提供一对数据值，一个数值是生产方法 1 的任务完成时间，另一个数值是生产方法 2 的任务完成时间。

在匹配样本设计中，两种生产方法在相似的条件下被检验（即由相同工人使用），因此这一设计产生的抽样误差往往比独立样本设计要小。这主要是因为在匹配样本设计中，两种生产方法被相同的工人使用，剔除了工人之间的差异。

为了演示分析匹配样本设计，现在我们利用匹配样本设计对两种生产方法的总体均值之差进行检验。现有 6 名工人组成一个随机样本。6 名工人完成生产任务时间的数据由表 10-3 给出。注意，每名工人提供一对数据值，每个数据值对应一种生产方法。我们还注意到，最后一列给出了样本中每名工人完成生产任务的时间之差 d_i。

分析匹配样本设计的关键是要意识到，我们仅考虑差值这一列。因此，我们有 6 个数据值（0.6, -0.2, 0.5, 0.3, 0.0 和 0.6）可用于分析两种生产方法的总体均值之差。

令 μ_d 表示工人总体数值之差的平均值。利用该符号，重新写出下面的原假设和备择假设。

$$H_0 : \mu_d = 0 \qquad H_a : \mu_d \neq 0$$

如果 H_0 被拒绝，我们可以得出总体完成生产任务的平均时间不等的结论。

表 10-3　匹配样本设计的任务完成时间

工人	方法 1 的完成时间/分	方法 2 的完成时间/分	完成时间的差（d_i）
1	6.0	5.4	0.6
2	5.0	5.2	-0.2
3	7.0	6.5	0.5
4	6.2	5.9	0.3
5	6.0	6.0	0.0
6	6.4	5.8	0.6

符号 d 提示我们，匹配样本给出的是差值的数据。表 10-3 中 6 个差值的样本均值与样本标准差如下：⊖

⊖ 除了符号 d 的使用外，样本均值与样本标准差的公式与本节前面用到的一样。

$$\bar{d} = \frac{\sum d_i}{n} = \frac{1.8}{6} = 0.30$$

$$s_d = \sqrt{\frac{\sum (d_i - d)^2}{n - 1}} = \sqrt{\frac{0.56}{5}} = 0.335$$

对于 $n=6$ 名工人的小样本，我们需要假设差值的总体服从正态分布。该假设对于运用 t 分布进行假设检验和区间估计是必要的。下面是自由度为 $n-1$ 的 t 分布的检验统计量。[一]

> **匹配样本假设检验的检验统计量**
>
> $$t = \frac{\bar{d} - \mu_d}{s_d / \sqrt{n}} \qquad (10\text{-}9)$$

在 $\alpha = 0.05$ 的显著性水平下，我们用式（10-9）来检验假设 $H_0 : \mu_d = 0$ 和 $H_a : \mu_d \neq 0$。将样本值 $\bar{d} = 0.30$，$s_d = 0.335$ 及 $n=6$ 代入式（10-9），我们可以计算出检验统计量的值。[二]

$$t = \frac{\bar{d} - \mu_d}{s_d / \sqrt{n}} = \frac{0.30 - 0}{0.335 / \sqrt{6}} = 2.20$$

现在我们计算双侧检验的 p-值。由于 $t = 2.20 > 0$，因此检验统计量位于 t 分布的上侧。$t = 2.20$，利用自由度 $= n-1 = 6-1 = 5$ 的 t 分布表，可以得到检验统计量右侧曲线下的面积。自由度为 5 的 t 分布表的信息如下：

上侧面积	0.20	0.10	0.05	0.025	0.01	0.005
t 值（自由度为 5）	0.920	1.476	2.015	2.571	3.365	4.032

$$\uparrow$$
$$t = 2.20$$

因此，我们看到右侧曲线下的面积介于 $0.05 \sim 0.025$。由于该检验为双侧检验，我们应将 0.05 和 0.025 增大一倍，从而得到 p-值介于 $0.10 \sim 0.05$ 的结论。p-值大于 $\alpha = 0.05$，因此原假设 $H_0 : \mu_d = 0$ 未被拒绝。利用统计软件和表 10-3 的数据，我们得到精确的 p-值 $= 0.080$。

另外，利用一个总体的方法[三]，我们能够得到两总体均值之差的区间估计。对于 95% 的置信水平，计算结果如下：

$$\bar{d} \pm t_{0.025} \frac{s_d}{\sqrt{n}}$$

$$0.30 \pm 2.571 \times \frac{0.335}{\sqrt{6}}$$

$$0.30 \pm 0.35$$

于是，边际误差为 0.35，两种生产方法的总体均值之差的 95% 置信区间为 $-0.05 \sim 0.65$ 分钟。

注释和评论

1. 在本节介绍的例子中，工人们首先用第一种生产方法完成生产任务，然后再用第二种生产方法。这个例子说明了在匹配样本设计中每个抽样元素（工人）提供了一对数据值。使用不同但"类似的"元素也能提供成对的数据值。例如，某地的一个工人可能与另一地的一个类似工人匹配（基于年龄、受教育程度、性

[一] 如果样本容量足够大，总体服从正态分布的假设就不必要了。第 8 章和第 9 章已经介绍了使用 t 分布的样本容量准则。

[二] 一旦计算出差值数据，匹配样本的 t 分布的步骤就与第 8 章和第 9 章中描述的一个总体的估计和假设检验的步骤一样。

[三] 第 8 章讨论了一个总体均值的区间估计。

别、经验等方面的类似）。这些成对的工人可以提供用于匹配样本分析的差值数据。

2. 用匹配样本设计方法进行两总体均值的统计推断一般比用独立样本方案更精确，因此这种方法是被推荐的。然而在某些应用中，这种匹配不能完成或者匹配的时间过长、费用过高，在这种情形下，我们还是应当使用独立样本设计方案。

练习

方法

20. 下面的数据取自两个总体的匹配样本。

元素	总体	
	1	2
1	11	8
2	7	8
3	9	6
4	12	7
5	13	10
6	15	15
7	15	14

a. 计算每个元素的差值。

b. 计算 $\overline{d}$。

c. 计算标准差 s_d。

d. 两总体均值之差的点估计是多少？

e. 建立两总体均值之差的 95% 置信区间。

应用

22. 由 25 家公司组成一个随机样本，该样本记录了第一季度初和第一季度末的每股股价。在第一季度，有多少股票起到了未来股市和经济指标的作用？利用名为 StockQuarter 的样本数据文件回答以下问题。

　　a. 设 d_i 表示第 i 家公司每股股价的变化，其中

$$d_i = \frac{\text{第一季度末每股价格} - \text{第一季度初每股价格}}{\text{第一季度初每股价格}}$$

　　利用这些差值的样本均值，估计每股股价在第一季度的变化率。

　　b. 在第一季度，每股股价总体平均变化的 95% 置信区间估计是多少？解释这个结果。

24. 全球商务旅行协会报告了本年度及上一年度国内商务旅行的机票价格。下表是这两个年度的 12 个航班及其国内机票价格的样本资料。

本年度/美元	上一年度/美元
345	315
526	463
420	462

（续）

本年度/美元	上一年度/美元
216	206
285	275
405	432
635	585
710	650
605	545
517	547
570	508
610	580

a. 提出假设并且检验：一年期的国内商务旅行机票的平均价格是否有了显著增长。p-值是多少？在 $\alpha = 0.05$ 的显著性水平下，你的结论是什么？

b. 每个年度的国内商务旅行机票的样本平均价格是多少？

c. 一年期的国内商务旅行机票价格的百分比变化是多少？

26. 由 20 名参加美国职业高尔夫球协会（PGA）比赛的高尔夫球员组成一个样本，他们在第一轮和第四轮（最后一轮）的杆数如下表所示。假设你想确定，对于一次 PGA 巡回赛，第一轮的平均杆数是否与第四轮（最后一轮）的平均杆数显著不同。最后一轮的比赛压力会使杆数上升吗，或者增强高尔夫球员的注意力反而会使杆数下降？

球员	第一轮	第四轮
Michael Letzig	70	72
Scott Verplank	71	72
D. A. Points	70	75
Jerry Kelly	72	71
Soren Hansen	70	69
D. J. Trahan	67	67
Bubba Watson	71	67
Reteif Goosen	68	75
Jeff Klauk	67	73
Kenny Perry	70	69
Aron Price	72	72
Charles Howell	72	70
Jason Dufner	70	73

球员	第一轮	（续）第四轮
Mike Weir	70	77
Carl Pettersson	68	70
Bo Van Pelt	68	65
Ernie Els	71	70
Cameron	70	68
Nick Watney	69	68
Tommy Armour	67	71

a. 在 $\alpha = 0.10$ 的显著性水平下，检验第一轮和第四轮的总体平均杆数在统计上是否存显著差异。p-值是多少？你的结论是什么？

b. 两总体均值之差的点估计是多少？哪一轮的总体平均杆数较少？

c. 两总体均值之差的 90% 置信区间估计的边际误差是多少？这一置信区间能用于检验（a）中的假设吗？请做出解释。

10.4 两总体比率之差的推断

令 p_1 表示总体 1 的比率，p_2 表示总体 2 的比率，下面我们来讨论两总体比率之差 $p_1 - p_2$ 的统计推断。为了对这个比率之差做出推断，我们选择两个独立的随机样本，这两个样本分别由总体 1 中的 n_1 个单位和总体 2 中的 n_2 个单位组成。

10.4.1 $p_1 - p_2$ 的区间估计

在下面的例子中，我们将介绍如何计算边际误差以及如何建立两总体比率之差的区间估计。

一家报税公司想要比较该公司两个地区办事处的工作质量。在每个办事处，随机抽取准备报税的申报单样本，并对申报单的准确性进行核实。该报税公司可以估计出每个办事处准备报税的申报单的出错比率，特别值得注意的是这些比率之差。

p_1——总体 1（办事处 1）的出错申报单的比率

p_2——总体 2（办事处 2）的出错申报单的比率

$\bar{p}_1$——总体 1 的简单随机样本的样本比率

$\bar{p}_2$——总体 2 的简单随机样本的样本比率

两总体比率之差为 $p_1 - p_2$，$p_1 - p_2$ 的点估计量如下。

两总体比率之差的点估计量

$$\bar{p}_1 - \bar{p}_2 \tag{10-10}$$

于是，两总体比率之差的点估计量是两个独立的简单随机样本的样本比率之差。

与其他的点估计量一样，如果我们重复地抽取两个独立的随机样本，则点估计量 $\bar{p}_1 - \bar{p}_2$ 有一个反映它所有可能值的抽样分布。这个抽样分布的均值为 $p_1 - p_2$，标准误差如下。

$\bar{p}_1 - \bar{p}_2$ 的标准误差

$$\sigma_{\bar{p}_1 - \bar{p}_2} = \sqrt{\frac{p_1(1 - p_1)}{n_1} + \frac{p_2(1 - p_2)}{n_2}} \tag{10-11}$$

如果样本容量足够大，使得 $n_1 p_1$，$n_1(1 - p_1)$，$n_2 p_2$ 和 $n_2(1 - p_2)$ 都大于或等于 5，则 $\bar{p}_1 - \bar{p}_2$ 的抽样分布近似服从正态分布。

如前所述，区间估计可由点估计加减边际误差得出。在两总体比率之差的估计中，区间估计将采取以下形式：

$$\bar{p}_1 - \bar{p}_2 \pm 边际误差$$

由于 $\bar{p}_1 - \bar{p}_2$ 的抽样分布近似服从正态分布，我们可用 $z_{\alpha/2}\sigma_{\bar{p}_1-\bar{p}_2}$ 作为边际误差。但是，因为两总体比率 p_1 和 p_2 未知，所以式（10-11）给出的 $\sigma_{\bar{p}_1-\bar{p}_2}$ 不能直接使用。我们用样本比率 $\bar{p}_1$ 与 $\bar{p}_2$ 来估计 p_1 和 p_2，得到的边际误差如下。

$$边际误差 = z_{\alpha/2}\sqrt{\frac{\bar{p}_1(1-\bar{p}_1)}{n_1} + \frac{\bar{p}_2(1-\bar{p}_2)}{n_2}} \tag{10-12}$$

两总体比率之差区间估计的一般形式如下。

两总体比率之差的区间估计

$$\bar{p}_1 - \bar{p}_2 \pm z_{\alpha/2}\sqrt{\frac{\bar{p}_1(1-\bar{p}_1)}{n_1} + \frac{\bar{p}_2(1-\bar{p}_2)}{n_2}} \tag{10-13}$$

式中，$1-\alpha$ 为置信系数。

回到报税公司的例子，我们得到两个办事处的独立简单随机样本的信息如下：

办事处 1	办事处 2
$n_1 = 250$	$n_2 = 300$
出错申报数 = 35	出错申报单数 = 27

两个办事处的样本比率如下：

$$\bar{p}_1 = \frac{35}{250} = 0.14$$

$$\bar{p}_2 = \frac{27}{300} = 0.09$$

两总体出错申报单比率之差的点估计为 $\bar{p}_1 - \bar{p}_2 = 0.14 - 0.09 = 0.05$。于是我们估计出办事处 1 的出错率比办事处 2 多 0.05 或 5%。

现在利用式（10-13）计算边际误差及两总体比率之差的区间估计。对于 90% 置信区间，$z_{\alpha/2} = z_{0.05} = 1.645$，于是有：

$$\bar{p}_1 - \bar{p}_2 \pm z_{\alpha/2}\sqrt{\frac{\bar{p}_1(1-\bar{p}_1)}{n_1} + \frac{\bar{p}_2(1-\bar{p}_2)}{n_2}}$$

$$0.14 - 0.09 \pm 1.645\sqrt{\frac{0.14 \times (1-0.14)}{250} + \frac{0.09 \times (1-0.09)}{300}}$$

$$0.05 \pm 0.045$$

于是，边际误差为 0.045，90% 的置信区间为（0.005，0.095）。

10.4.2　$p_1 - p_2$ 的假设检验

现在我们考虑两总体比率之差的假设检验。我们把重点放在两总体比率无差异的检验上。在这种情况下，假设检验有如下三种形式：[一]

$$\begin{array}{lll} H_0:p_1-p_2 \geqslant 0 & H_0:p_1-p_2 \leqslant 0 & H_0:p_1-p_2 = 0 \\ H_a:p_1-p_2 < 0 & H_a:p_1-p_2 > 0 & H_a:p_1-p_2 \neq 0 \end{array}$$

当我们假定作为一个等式的原假设 H_0 为真时，有 $p_1-p_2 = 0$，也就是说两总体比率是相等的，即 $p_1 = p_2$。

我们将以点估计量 $\bar{p}_1 - \bar{p}_2$ 的抽样分布作为检验统计量的基础。在式（10-11）中，我们已经给出 $\bar{p}_1 - \bar{p}_2$ 的标准

[一]　所有假设我们都考虑用 0 作为两个被关注量之间的差。

误差为

$$\sigma_{\bar{p}_1 - \bar{p}_2} = \sqrt{\frac{p_1(1 - p_1)}{n_1} + \frac{p_2(1 - p_2)}{n_2}}$$

在假定作为一个等式的 H_0 为真的情况下，总体比率相等且 $p_1 = p_2 = p$。这时，$\sigma_{\bar{p}_1 - \bar{p}_2}$ 变为

当 $p_1 = p_2 = p$ 时，$\bar{p}_1 - \bar{p}_2$ 的标准误差

$$\sigma_{\bar{p}_1 - \bar{p}_2} = \sqrt{\frac{p_1(1 - p_1)}{n_1} + \frac{p_2(1 - p_2)}{n_2}} = \sqrt{p(1 - p)\left(\frac{1}{n_1} + \frac{1}{n_2}\right)} \qquad (10\text{-}14)$$

由于 p 未知，我们合并或组合两个样本点估计量（$\bar{p}_1$ 和 $\bar{p}_2$），得到 p 的单一的点估计量如下。

当 $p_1 = p_2 = p$ 时，p 的合并估计量

$$\bar{p} = \frac{n_1\bar{p}_1 + n_2\bar{p}_2}{n_1 + n_2} \qquad (10\text{-}15)$$

这个 p 的**合并估计量**（pooled estimator of p）是 $\bar{p}_1$ 和 $\bar{p}_2$ 的加权平均值。

用 $\bar{p}$ 代替式（10-14）中的 p，我们可以得到 $\bar{p}_1 - \bar{p}_2$ 的标准误差的估计。检验统计量使用标准误差的这个估计。关于两总体比率之差的假设检验的检验统计量，其一般形式是点估计量除以 $\sigma_{\bar{p}_1 - \bar{p}_2}$ 的一个估计。

$p_1 - p_2$ 的假设检验的检验统计量

$$z = \frac{\bar{p}_1 - \bar{p}_2}{\sqrt{\bar{p}(1 - \bar{p})\left(\frac{1}{n_1} + \frac{1}{n_2}\right)}} \qquad (10\text{-}16)$$

该检验统计量适用于 $n_1 p_1$，$n_1(1 - p_1)$，$n_2 p_2$ 和 $n_2(1 - p_2)$ 全都大于或等于 5 的大样本情况。

我们仍以报税公司为例，并假设该公司希望应用假设检验来确定两个办事处之间的出错率是否不同。双侧检验的原假设和备择假设如下：

$$H_0 : p_1 - p_2 = 0 \qquad H_a : p_1 - p_2 \neq 0$$

如果 H_0 被拒绝，该公司就可以得出两个办事处出错率不同的结论。我们的显著性水平为 $\alpha = 0.10$。

根据先前收集的样本数据，从办事处 1 抽取 $n_1 = 250$ 份申报单，得到 $\bar{p}_1 = 0.14$；从办事处 2 抽取 $n_2 = 300$ 份申报单，得到 $\bar{p}_2 = 0.09$。接着计算 p 的合并估计量：

$$\bar{p} = \frac{n_1\bar{p}_1 + n_2\bar{p}_2}{n_1 + n_2} = \frac{250 \times 0.14 + 300 \times 0.09}{250 + 300} = 0.1127$$

利用这个合并估计量和样本比率之差，检验统计量的值如下：

$$z = \frac{\bar{p}_1 - \bar{p}_2}{\sqrt{\bar{p}(1 - \bar{p})\left(\frac{1}{n_1} + \frac{1}{n_2}\right)}} = \frac{0.14 - 0.09}{\sqrt{0.1127 \times (1 - 0.1127) \times \left(\frac{1}{250} + \frac{1}{300}\right)}} = 1.85$$

计算这一双侧检验的 p-值，我们首先注意到，$z = 1.85$ 位于标准正态分布的上侧。利用标准正态分布表，我们发现 $z = 1.85$ 的右侧曲线下的面积为 $1.0000 - 0.9678 = 0.0322$。对于双侧检验，将这个面积乘以 2，我们得到 p-值 $= 2 \times 0.0322 = 0.0644$。由于 p-值小于 $\alpha = 0.10$，我们在 0.10 的显著性水平下拒绝 H_0。于是，报税公司可以得出两个办事处出错率不同的结论。这个假设检验的结论与前面两个办事处总体出错率之差的区间估计为（0.005，0.095）是一致的，办事处 1 的出错率更高一些。

练习

方法

28. 考虑下面的取自两个总体的两个独立样本的数据。

样本 1	样本 2
$n_1 = 400$	$n_2 = 300$
$\bar{p}_1 = 0.48$	$\bar{p}_2 = 0.36$

a. 两总体比率之差的点估计是多少？

b. 建立两总体比率之差的 90% 置信区间。

c. 建立两总体比率之差的 95% 置信区间。

应用

30. 《商业周刊》/哈里斯调查就未来的经济前景向大公司的一些高级经理进行了一次问卷调查。一个问题是"你认为你的公司在未来 12 个月内，全日制雇员的人数会增加吗？"在这次调查中，400 名经理中有 220 人回答"是"，而在去年的调查中，400 名经理中有 192 人回答"是"。建立这两个时点比率之差的 95% 置信区间估计。你对该区间估计的解释是什么？

32. 世界海洋组织（一个致力于保护海洋生态系统的组织）的研究人员报告了一项研究成果。该成果表示，在美国零售店、杂货店、寿司吧所卖的 33% 的鱼被贴上了错误的标签。这种标签错位在不同的鱼类物种之间有差异吗？下面的数据显示了在金枪鱼和鲯鳅样本中被贴上不正确标签的数目。

	金枪鱼	鲯鳅
样本数	220	160
错误标签数	99	56

a. 被贴上错误标签的金枪鱼比率的点估计是多少？

b. 被贴上错误标签的鲯鳅比率的点估计是多少？

c. 给出被贴上错误标签的金枪鱼和鲯鳅比率之差的 95% 置信区间估计。

34. 油井开钻成本高昂，同时油井干涸也是一个困扰石油开发公司的大问题。美国国内石油和天然气生产商 Aegis Oil，LLC 在其网站上描述，像三维地震成像类的技术进步极大地减少了自己和其他石油开发公司所钻井的干涸数量（不出油）。下面的 2012 年和 2018 年所钻井的样本数据显示了每年所钻井中干涸的数量。

	2012	2018
开钻的井数	119	162
干涸的井数	24	18

a. 构建能用于检验是否 2012 年钻的井比 2018 年钻的井更可能发生干涸的原假设和备择假设。

b. 2012 年钻的井中发生干涸比率的点估计是多少？

c. 2018 年钻的井中发生干涸比率的点估计是多少？

d. 你的假设检验的 p-值是多少？在 $\alpha = 0.05$ 的显著性水平下，你能从你的结果中得出什么结论？

36. 劳动调研机构 Adecco 公司对男女工人进行抽样调查，问他们是否有望在今年获得加薪或晋升。假设抽取了男女工人各 200 名进行调查。男工人有 104 人、女工人有 74 人给出了肯定的回答，如果这一结果在统计上是显著的，你是否可以得出结论认为有较大比率的男工人期待今年将获得加薪或晋升？

a. 根据男女工人的总体比率，叙述假设检验。

b. 男女工人的样本比率各是多少？

c. 在 $\alpha = 0.01$ 的显著性水平下，p-值是多少？你的结论是什么？

小结

在本章中，我们讨论了对两个总体建立区间估计及进行假设检验的方法。首先，我们阐述了在抽取独立简单随机样本的情况下，如何进行关于两个总体均值之差的推断。我们首先考虑了假定总体标准差 σ_1 和 σ_2 已知的情况。标准正态分布 z 可用来建立区间估计和假设检验的检验统计量，之后，我们考虑了总体标准差未知并由样本标准差 s_1 和 s_2 估计的情形。在这种情况下，可用 t 分布来进行区间估计和作为假设检验的检验统计量。

其次我们讨论了匹配样本设计的两总体均值之差的统计推断。在匹配样本设计中，每个个体提供一对数据值，每一个总体有一个，之后在统计分析中利用这些成对数据值之差。由于在大多数情形下，匹配样本方法会提高估计的精确度，因此匹配样本设计通常优于独立样本设计。

最后，我们讨论了关于两个总体比率之差的区间估计与假设检验。用于分析两个总体比率之差的统计方法类似于分析两个总体均值之差的统计方法。

关键术语

independent simple random samples　**独立简单随机样本**　取自两个总体的样本，组成一个样本的元素与组成另一个样本的元素是独立选取的。

matched samples　**匹配样本**　一个样本的每个数据值与另一个样本的对应数据值相匹配的样本。

pooled estimator of p　**p 的合并估计量**　总体比率的一个估计量，它是两个独立样本的点估计量的加权平均数。

重要公式

两个总体均值之差的点估计量

$$\bar{x}_1 - \bar{x}_2 \tag{10-1}$$

$\bar{x}_1 - \bar{x}_2$ 的标准误差

$$\sigma_{\bar{x}_1 - \bar{x}_2} = \sqrt{\frac{\sigma_1^2}{n_1} + \frac{\sigma_2^2}{n_2}} \tag{10-2}$$

两个总体均值之差的区间估计：σ_1 和 σ_2 已知

$$\bar{x}_1 - \bar{x}_2 \pm z_{\alpha/2}\sqrt{\frac{\sigma_1^2}{n_1} + \frac{\sigma_2^2}{n_2}} \tag{10-4}$$

$\mu_1 - \mu_2$ 的假设检验的检验统计量：σ_1 和 σ_2 已知

$$z = \frac{(\bar{x}_1 - \bar{x}_2) - D_0}{\sqrt{\frac{\sigma_1^2}{n_1} + \frac{\sigma_2^2}{n_2}}} \tag{10-5}$$

两个总体均值之差的区间估计：σ_1 和 σ_2 未知

$$\bar{x}_1 - \bar{x}_2 \pm t_{\alpha/2}\sqrt{\frac{s_1^2}{n_1} + \frac{s_2^2}{n_2}} \tag{10-6}$$

利用两个独立随机样本的 t 分布的自由度

$$df = \frac{\left(\frac{s_1^2}{n_1} + \frac{s_2^2}{n_2}\right)^2}{\frac{1}{n_1 - 1}\left(\frac{s_1^2}{n_1}\right)^2 + \frac{1}{n_2 - 1}\left(\frac{s_2^2}{n_2}\right)^2} \tag{10-7}$$

$\mu_1 - \mu_2$ 的假设检验的检验统计量：σ_1 和 σ_2 未知

$$t = \frac{(\bar{x}_1 - \bar{x}_2) - D_0}{\sqrt{\frac{s_1^2}{n_1} + \frac{s_2^2}{n_2}}} \tag{10-8}$$

匹配样本假设检验的检验统计量

$$t = \frac{\bar{d} - \mu_d}{s_d / \sqrt{n}} \tag{10-9}$$

两总体比率之差的点估计量

$$\bar{p}_1 - \bar{p}_2 \tag{10-10}$$

$\bar{p}_1 - \bar{p}_2$ 的标准误差

$$\sigma_{\bar{p}_1 - \bar{p}_2} = \sqrt{\frac{p_1(1 - p_1)}{n_1} + \frac{p_2(1 - p_2)}{n_2}} \tag{10-11}$$

两总体比率之差的区间估计

$$\bar{p}_1 - \bar{p}_2 \pm z_{\alpha/2}\sqrt{\frac{\bar{p}_1(1 - \bar{p}_1)}{n_1} + \frac{\bar{p}_2(1 - \bar{p}_2)}{n_2}} \tag{10-13}$$

当 $p_1 = p_2 = p$ 时，$\bar{p}_1 - \bar{p}_2$ 的标准误差

$$\sigma_{\bar{p}_1 - \bar{p}_2} = \sqrt{p(1 - p)\left(\frac{1}{n_1} + \frac{1}{n_2}\right)} \tag{10-14}$$

当 $p_1 = p_2 = p$ 时，p 的合并估计量

$$\bar{p} = \frac{n_1\bar{p}_1 + n_2\bar{p}_2}{n_1 + n_2} \tag{10-15}$$

$p_1 - p_2$ 的假设检验的检验统计量

$$z = \frac{\bar{p}_1 - \bar{p}_2}{\sqrt{\bar{p}(1 - \bar{p})\left(\frac{1}{n_1} + \frac{1}{n_2}\right)}} \tag{10-16}$$

补充练习

38. Safegate Foods 公司正在重新设计其在全美各地超市的结账通道并提出了两种设计方案，在装有两种新系统的两家商店分别对顾客的结账时间进行了测试，得到了以下汇总数据。

系统 A	系统 B
$n_1 = 120$	$n_2 = 100$
$\bar{x}_1 = 4.1$ 分钟	$\bar{x}_2 = 3.4$ 分钟
$\sigma_1 = 2.2$ 分钟	$\sigma_2 = 1.5$ 分钟

在 0.05 的显著性水平下，检验两种系统的总体平均结账时间是否不同？哪一个系统更好？

40. 互助基金分为有佣金和无佣金两种类型。有佣金基金要求投资者以在基金中投资金额的一个百分比为依据，支付加盟费。无佣金基金则没有这个加盟费。一些金融顾问认为，由于有佣金的互助基金比无佣金的互助基金获得更高的平均收益率，因

此有佣金的互助基金支付额外费用可能是值得的。分别抽取 30 个有佣金的互助基金和 30 个无佣金的互助基金各组成一个样本。数据保存在名为 Mutual 的数据集文件中,采集了 5 年期基金的平均年收益率数据。

a. 写出 H_0 和 H_a,使得拒绝 H_0 会得出结论:5 年期的有佣金互助基金有较高的平均年收益率。

b. 用数据集 Mutual 中的 60 个互助基金进行假设检验,p-值是多少? 在 $\alpha = 0.05$ 的显著性水平下,你有何结论?

42. 在《一起出生,分开抚养:一项具有里程碑意义的明尼苏达州双胞胎研究》中,南希・西格尔通过研究一系列被分开抚养的双胞胎,讨论了明尼苏达大学生理学家的研究成果,明白了双胞胎之间存在的相似性与差异性。下表是几对同卵双胞胎(具有相同基因的双胞胎)的 SAT 批判性阅读分数,这类双胞胎中的其中一个在一个没有其他孩子(无兄弟姊妹)的家庭中长大,另外一个在有其他孩子(有兄弟姊妹)的家庭中长大。

无兄弟姊妹		有兄弟姊妹	
姓名	SAT 分数	姓名	SAT 分数
Bob	440	Donald	420
Matthew	610	Ronald	540
Shannon	590	Kedriana	630
Tyler	390	Kevin	430
Michelle	410	Erin	460
Darius	430	Michael	490
Wilhelmina	510	Josephine	460
Donna	620	Jasmine	540
Drew	510	Kraig	460
Lucinda	680	Bernadette	650
Barry	580	Larry	450
Julie	610	Jennifer	640
Hannah	510	Diedra	460
Roger GarrettG	630	Latishia	580
Garrett	570	Bart	490
Roger	630	Kara	640
Nancy	530	Rachel	560
Sam	590	Joey	610
Simon	500	Drew	520
Megan	610	Annie	640

a. 在无兄弟姊妹家庭中长大的双胞胎与在有兄弟姊妹家庭中长大的双胞胎之间 SAT 批判性阅读分数的平均差异是多少?

b. 给出在无兄弟姊妹家庭中长大的双胞胎与在有兄弟姊妹家庭中长大的双胞胎之间 SAT 批判性阅读分数的平均差异的 90% 置信区间估计。

c. 在显著性水平 $\alpha = 0.01$ 下,进行关于在无兄弟姊妹家庭中长大的双胞胎与在有兄弟姊妹家庭中长大的双胞胎之间 SAT 批判性阅读分数相等的假设检验。

44. 一家大型汽车保险公司抽取了单身与已婚男性保险客户的样本,并记录了他们在过去的 3 年内保险索赔的次数。

单身保险客户	已婚保险客户
$n_1 = 400$	$n_2 = 900$
保险索赔次数 = 76	保险索赔次数 = 90

a. 在 $\alpha = 0.05$ 的显著性水平下,检验单身与已婚保险客户的索赔率之间是否存在差异。

b. 建立两总体比率之差的 95% 置信区间。

46. 美国新闻研究所(American Press Institute)报道说,大约有 70% 的美国成年人使用电脑获取新闻。根据世代差异,你觉得在使用电脑获取新闻的美国成年人中,30 岁以下成年人的比率超过 30 岁及以上成年人的比率。随机抽取 30 岁以下和 30 岁及以上的美国成年人样本,对于问题"你会使用电脑获取新闻吗?"的回答数据保存在文件 ComputerNews 中。

a. 分别估计 30 岁以下和 30 岁及以上的美国成年人使用电脑获取新闻的比率。

b. 建立比率之差的 95% 的置信区间。

c. 根据你的发现,在使用电脑获取新闻的美国成年人中,30 岁以下成年人的比率是否超过 30 岁及以上成年人的比率?

案例　Par 公司

Par 公司是一家高尔夫球设备的主要制造商。管理人员认为引进某种耐磨损、寿命更长的高尔夫球会使 Par 公司的市场占有率增加。因此为了抗磨损,延长使用寿命,Par 的研究小组设计了一种带有涂层的新型高尔夫球。对涂层的测试已有获得成功的迹象。

一位研究者关注涂层对击球距离的影响。Par 公司希望新型耐磨的高尔夫球与目前使用的高尔夫球有相同的击球距离。为比较两种高尔夫球的击球距离，各取 40 只球来做距离测试。为了能将两种型号高尔夫球平均距离的差异归因于两种球制作方法的不同，检验是用机械击球装置来完成的。检验结果如下，其中距离按最接近的整数码测量。

型号		型号		型号		型号	
当前	新型	当前	新型	当前	新型	当前	新型
264	277	270	272	263	274	281	283
261	269	287	259	264	266	274	250
267	263	289	264	284	262	273	253
272	266	280	280	263	271	263	260
258	262	272	274	260	260	275	270
283	251	275	281	283	281	267	263
258	262	265	276	255	250	279	261
266	289	260	269	272	263	274	255
259	286	278	268	266	278	276	263
270	264	275	262	268	264	262	279

管理报告

1. 提出并介绍 Par 公司用于比较目前使用的和新型的高尔夫球击球距离的假设检验的基本原理。

2. 分析数据，得出假设检验的结论。检验的 p-值是多少？你对 Par 公司有何建议？

3. 对每种型号的数据给出描述性的统计汇总。

4. 每种型号的总体平均击球距离的 95% 置信区间是多少？两总体均值差的 95% 置信区间是多少？

5. 你认为需要更大的样本容量和对高尔夫球做更多的检验吗？请讨论。

第 11 章

总体方差的统计推断

CHAPTER 11

实践中的统计
美国审计总署[⊖]
华盛顿特区

美国审计总署（GAO）是联邦政府立法机关的一个独立的、非官方的审计机构。GAO 的稽查员们确定当前拟议的联邦计划的有效性。为了履行他们的职责，稽查员必须精通记录复审、立法调查以及统计分析技术。

在一个案例中，GAO 的稽查员们对一个净化全美河流湖泊的内务部计划进行研究。作为该计划的一部分，联邦政府的拨款要面向全美范围内的小城市。国会要求 GAO 确定该计划执行的效率。为此，GAO 检查了相关记录并走访了几家废物处理厂。

GAO 审计的目的之一是确认这些工厂的流出物（治理后的污水）达到一定的标准。另外，他们复查了样本的含氧量、pH 值和流出物中悬浮固体的数量。该计划的要求之一是在每个工厂进行日常的各种检验，并将收集的数据定期送往各州的工程部门。GAO 经过对数据的审查，得以确定流出物的各种特性是否在可接受的限度之内。

例如，仔细测定流出物的平均 pH 值。另外，需要复查上报的 pH 值的方差，对流出物总体的 pH 值的方差进行如下的假设检验。

$$H_0: \sigma^2 = \sigma_0^2 \qquad H_a: \sigma^2 \neq \sigma_0^2$$

在本检验中，σ_0^2 表示一个运行良好的工厂的 pH 值所预期的总体方差。对某个特定的工厂，原假设被拒绝了，进一步的分析表明该厂 pH 值的方差显著地小于正常值。

稽查员们到这个特定的工厂检查测量设备，并与该厂的管理者讨论有关统计数字。稽查员们发现因为操作员不知如何操作而并未使用测量设备。取而代之的是，某个工程师告诉操作员什么样的 pH 值是可接受的，然后操作员在没有做任何检验的情况下简单地记录了类似的数值。该厂异常低的方差导致拒绝 H_0。GAO 怀疑其他工厂也存在类似的问题，便建议对操作员进行培训，以达到改进收集污染控制数据方式的目的。

在本章中，你将学会如何对一个和两个总体方差进行统计推断。我们将介绍两种新的分布——χ^2 分布和 F 分布，这两种分布可以用于对总体方差进行区间估计及假设检验。

在本章中我们把讨论扩展到总体方差的统计推断问题。关于方差能够为重要决策提供信息的案例，考虑灌装液体洗涤剂的生产过程。该生产过程的灌装机械经过调整，使得每个容器的平均灌装量为 450 克。尽管 450 克的平均值是所期望的，但是灌装量的方差也是很关键的。这就是说，即使灌装机械严格地调整到 450 克的平均值，我们也不能指望每个容器的灌装量恰好是 450 克。抽取一些容器组成样本，我们可以计算出容器中液体灌装量的样本方差，这个数值可以作为灌装生产过程中容器灌装量的总体方差的一个估计值。如果样本方差适度，生产过程可以继续。然而，如果样本方差过大，即使均值恰好是 450 克，也可能会发生过度灌装或灌装不足的情况。在这种情形下，灌装机械将被调整以减少容器灌装量的方差[⊖]。

在第 11.1 节中，我们考虑一个总体方差的统计推断。随后，我们将讨论对两个总体的方差进行推断的步骤。

11.1 一个总体方差的统计推断

样本方差

$$s^2 = \frac{\sum (x_i - \bar{x})^2}{n - 1} \tag{11-1}$$

是总体方差 σ^2 的点估计。在用样本方差作为推断总体方差的基础时，$(n-1)s^2/\sigma^2$ 的抽样分布起到了很大的作用，

⊖ 感谢美国审计总署的 Art Foreman 先生和 Dale Ledman 先生，他们为"实践中的统计"提供了本案例。
⊖ 在许多制造业的应用中，控制过程的方差对保证产品质量是非常重要的。

这个抽样分布描述如下。

> **$(n-1)s^2/\sigma^2$ 的抽样分布**
> 从正态总体中任意抽取一个容量为 n 的简单随机样本，则
> $$\frac{(n-1)s^2}{\sigma^2} \tag{11-2}$$
> 的抽样分布服从自由度为 $n-1$ 的 χ^2 分布 $^{\ominus}$。

图 11-1 显示了 $(n-1)s^2/\sigma^2$ 的抽样分布的几种可能形式。

因为只要容量为 n 的简单随机样本取自正态总体，则 $(n-1)s^2/\sigma^2$ 的抽样分布就服从 χ^2 分布，所以我们可以利用 χ^2 分布对一个总体的方差建立区间估计和进行假设检验。

11.1.1　区间估计

为了阐述如何利用 χ^2 分布建立总体方差 σ^2 的置信区间估计，假定我们试图估计本章开始时提到的产品灌装过程的总体方差。抽取了 20 个容器组成一个样本，得到灌装量的样本方差 $s^2 = 2.016$。但是，我们知道由 20 个容器组成的样本，无法提供生产过程中容器灌装量的总体方差的精确值。因此，我们考虑对总体方差进行区间估计。

我们用符号 χ_α^2 表示 χ^2 分布右侧面积或概率为 α 的数值。例如，对图 11-2 所示的自由度为 19 的 χ^2 分布，$\chi_{0.025}^2 = 32.852$ 表明有 2.5% 的 χ^2 分布值落在 32.852 右侧；$\chi_{0.975}^2 = 8.907$ 表明有 97.5% 的 χ^2 分布值落在 8.907 的右侧。χ^2 分布的面积表或概率表很容易使用。参见表 11-1，可知自由度为 19 的 χ^2 分布的这些值是正确的（表中第 19 行）。

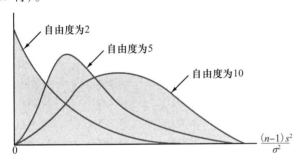

图 11-1　$(n-1)s^2/\sigma^2$ 的抽样分布（χ^2 分布）的例子

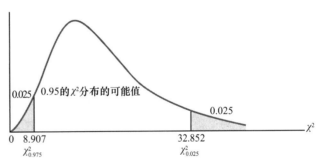

图 11-2　自由度为 19 的 χ^2 分布

表 11-1　χ^2 分布表节选

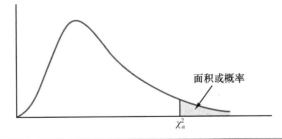

自由度	上侧面积							
	0.99	0.975	0.95	0.90	0.10	0.05	0.025	0.01
1	0.000	0.001	0.004	0.016	2.706	3.841	5.024	6.635
2	0.020	0.051	0.103	0.211	4.605	5.991	7.378	9.210

$\ominus$　χ^2 分布以取自正态总体的抽样为基础。

（续）

自由度	上侧面积							
	0.99	0.975	0.95	0.90	0.10	0.05	0.025	0.01
3	0.115	0.216	0.352	0.584	6.251	7.815	9.348	11.345
4	0.297	0.484	0.711	1.064	7.779	9.488	11.143	13.277
5	0.554	0.831	1.145	1.610	9.236	11.070	12.832	15.086
6	0.872	1.237	1.635	2.204	10.645	12.592	14.449	16.812
7	1.239	1.690	2.167	2.833	12.017	14.067	16.013	18.475
8	1.647	2.180	2.733	3.490	13.362	15.507	17.535	20.090
9	2.088	2.700	3.325	4.168	14.684	16.919	19.023	21.666
10	2.558	3.247	3.940	4.865	15.987	18.307	20.483	23.209
11	3.053	3.816	4.575	5.578	17.275	19.675	21.920	24.725
12	3.571	4.404	5.226	6.304	18.549	21.026	23.337	26.217
13	4.107	5.009	5.892	7.041	19.812	22.362	24.736	27.688
14	4.660	5.629	6.571	7.790	21.064	23.685	26.119	29.141
15	5.229	6.262	7.261	8.547	22.307	24.996	27.488	30.578
16	5.812	6.908	7.962	9.312	23.542	26.296	28.845	32.000
17	6.408	7.564	8.672	10.085	24.769	27.587	30.191	33.409
18	7.015	8.231	9.390	10.865	25.989	28.869	31.526	34.805
19	7.633	8.907	10.117	11.651	27.204	30.144	32.852	36.191
20	8.260	9.591	10.851	12.443	28.412	31.410	34.170	37.566
21	8.897	10.283	11.591	13.240	29.615	32.671	35.479	38.923
22	9.542	10.982	12.338	14.041	30.813	33.924	36.781	40.289
23	10.196	11.689	13.091	14.848	32.007	35.172	38.076	41.638
24	10.856	12.401	13.848	15.659	33.196	36.415	39.364	42.980
25	11.524	13.120	14.611	16.473	34.382	37.652	40.646	44.314
26	12.198	13.844	15.379	17.292	35.563	38.885	41.923	45.642
27	12.878	14.573	16.151	18.114	36.741	40.113	43.195	46.963
28	13.565	15.308	16.298	18.939	37.916	41.337	44.461	48.278
29	14.256	16.047	17.708	19.768	39.087	42.557	45.722	49.588
30	14.953	16.791	18.493	20.599	40.256	43.773	46.979	50.892
40	22.164	24.433	26.509	29.051	51.805	55.758	59.342	63.691
60	37.485	40.482	43.188	46.459	74.397	79.082	83.298	88.379
80	53.540	57.153	60.391	64.278	96.578	101.879	106.629	112.329
100	70.065	74.222	77.929	82.358	118.498	124.342	129.561	135.807

从图 11-2 中可以看出，有 0.95 或 95% 的 χ^2 分布值位于 $\chi^2_{0.975}$ 与 $\chi^2_{0.025}$ 之间。这就是说，满足条件 $\chi^2_{0.975} \leqslant \chi^2 \leqslant \chi^2_{0.025}$ 的 χ^2 分布值的概率为 0.95。

正如式（11-2）所述，$(n-1)s^2/\sigma^2$ 服从 χ^2 分布，因此我们可以用 $(n-1)s^2/\sigma^2$ 代替 χ^2，得到

$$\chi^2_{0.975} \leqslant \frac{(n-1)s^2}{\sigma^2} \leqslant \chi^2_{0.025} \tag{11-3}$$

实际上，由于 $(n-1)s^2/\sigma^2$ 的所有可能取值落在区间 $\chi^2_{0.975}$ 到 $\chi^2_{0.025}$ 的概率为 0.95 或 95%，于是根据式（11-3）可以得到区间估计。现在我们需要对式（11-3）做一些代数运算以获得总体方差 σ^2 的区间估计。由式（11-3）左边的不等式，我们得到：

$$\chi_{0.975}^2 \leqslant \frac{(n-1)s^2}{\sigma^2}$$

即

$$\sigma^2\chi_{0.975}^2 \leqslant (n-1)s^2$$

或

$$\sigma^2 \leqslant \frac{(n-1)s^2}{\chi_{0.975}^2} \tag{11-4}$$

对式 (11-3) 右边的不等式做类似处理，得到

$$\frac{(n-1)s^2}{\chi_{0.025}^2} \leqslant \sigma^2 \tag{11-5}$$

综合式 (11-4) 和式 (11-5)，我们得到

$$\frac{(n-1)s^2}{\chi_{0.025}^2} \leqslant \sigma^2 \leqslant \frac{(n-1)s^2}{\chi_{0.975}^2} \tag{11-6}$$

因为式 (11-3) 对于 95% 的 $(n-1)s^2/\sigma^2$ 的值成立，所以，式 (11-6) 给出了总体方差 σ^2 的 95% 置信区间估计。

我们回到求灌装量的总体方差的区间估计问题上来。由 20 个容器组成的样本的样本方差为 $s^2 = 2.016$。由于样本容量为 20，因此自由度为 19。如图 11-2 所示，我们已经知道 $\chi_{0.975}^2 = 8.907$，$\chi_{0.025}^2 = 32.852$，将这些数值代入式 (11-6)，可以得到总体方差的区间估计如下。

$$\frac{19 \times 2.016}{32.852} \leqslant \sigma^2 \leqslant \frac{19 \times 2.016}{8.907}$$

或

$$1.166 \leqslant \sigma^2 \leqslant 4.300$$

对上式开平方根，我们得到总体标准差的 95% 置信区间如下。 $^{\ominus}$

$$1.080 \leqslant \sigma \leqslant 2.074$$

以上我们说明了利用 χ^2 分布建立总体方差与总体标准差的区间估计的过程。应特别注意，由于使用 $\chi_{0.975}^2$ 和 $\chi_{0.025}^2$，因此区间估计的置信系数为 0.95。将式 (11-6) 推广到任意置信系数的情形，我们得到一个总体方差的区间估计如下。

一个总体方差的区间估计

$$\frac{(n-1)s^2}{\chi_{\alpha/2}^2} \leqslant \sigma^2 \leqslant \frac{(n-1)s^2}{\chi_{(1-\alpha/2)}^2} \tag{11-7}$$

式中，χ^2 值为基于自由度为 $n-1$ 的 χ^2 分布；$1-\alpha$ 为置信系数。

11.1.2　假设检验

用 σ_0^2 表示总体方差的假设值，关于总体方差有如下三种形式的假设检验。

$$H_0 : \sigma^2 \geqslant \sigma_0^2 \qquad H_0 : \sigma^2 \leqslant \sigma_0^2 \qquad H_0 : \sigma^2 = \sigma_0^2$$
$$H_a : \sigma^2 < \sigma_0^2 \qquad H_a : \sigma^2 > \sigma_0^2 \qquad H_a : \sigma^2 \neq \sigma_0^2$$

这三种形式与我们用于总体均值及比率的单侧和双侧假设检验的三种形式类似。 $^{\ominus}$

进行总体方差假设检验的步骤是，用总体方差的假设值 σ_0^2 和样本方差 s^2 来计算检验统计量 χ^2 的值。假设总体服从正态分布，则检验的统计量如下。

$\ominus$　对总体方差置信区间的上限和下限开平方根，就能得到关于总体标准差的置信区间估计。
$\ominus$　在第 9 章和第 10 章中，我们讨论了总体均值和比率的假设检验。

一个总体方差假设检验的检验统计量

$$\chi^2 = \frac{(n-1)s^2}{\sigma_0^2} \qquad (11\text{-}8)$$

式中，χ^2 分布的自由度为 $n-1$。

在计算出检验统计量 χ^2 的数值之后，可使用 p-值法或者临界值法来确定原假设是否被拒绝。

我们考虑如下例子，圣路易斯城市汽车公司鼓励其员工遵守时间，以在公众面前树立值得信赖的形象。作为一个规范制度，该公司要求各辆汽车的到站时间变化不大。就到站时间的方差而言，公司规定的标准是到站时间（以分钟计）的方差不超过 4。利用如下的假设检验，可以帮助公司确定到站时间的总体方差是否过大。

$$H_0:\sigma^2 \le 4 \qquad H_a:\sigma^2 > 4$$

如果尝试性地假设 H_0 为真，即我们假定到站时间的总体方差满足公司规定的标准。当样本证据表明总体方差超过规定的标准时，则我们拒绝 H_0。从这一点上说，H_0 被拒绝意味着必须采取进一步的措施以减小总体方差。我们使用 $\alpha=0.05$ 的显著性水平进行假设检验。

假定在某个市中心车站随机抽取了 24 辆公共汽车的到站时间组成一个样本，得到样本方差为 $s^2=4.9$。假设到站时间的总体分布近似服从正态分布，则检验统计量的数值如下。

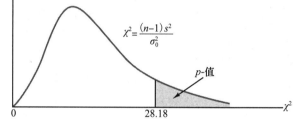

图 11-3　圣路易斯城市汽车公司例子的 χ^2 分布

$$\chi^2 = \frac{(n-1)s^2}{\sigma_0^2} = \frac{(24-1)\times 4.9}{4} = 28.18$$

自由度为 $n-1=24-1=23$ 的 χ^2 分布如图 11-3 所示。因为这是上侧检验，所以检验统计量 $\chi^2=28.18$ 右侧的曲线下的面积就是检验的 p-值。

同 t 分布表类似，χ^2 分布表同样没有包含足够的细节使我们能够得到精确的 p-值。但是，我们可以利用 χ^2 分布表得到 p-值的一个范围。例如，利用表 11-1，我们发现自由度为 23 的 χ^2 分布有如下信息。

上侧面积	0.10	0.05	0.025	0.01
χ^2 值（自由度为 23）	32.007	35.172	38.076	41.638

$\uparrow$
$\chi^2 = 28.18$

因为 $\chi^2=28.18<32.007$，所以上侧面积（p-值）大于 0.10。由于 p-值$>\alpha=0.05$，因此我们不能拒绝原假设，即样本不支持到站时间的总体方差变大这个结论。

直接从 χ^2 分布表很难得到精确的 p-值，但是计算机软件包可以帮助我们。我们能够得到 $\chi^2=28.18$ 对应的 p-值为 0.209 1。

同其他假设检验程序一样，我们也可以使用临界值法得出假设检验的结论。当 $\alpha=0.05$ 时，$\chi^2_{0.05}$ 给出了上侧检验的临界值。利用表 11-1，对于自由度为 23 的 χ^2 分布，得到 $\chi^2_{0.05}=35.172$。因此，对到站时间的拒绝法则如下：

$$如果\chi^2 \ge 35.172，则拒绝 H_0$$

因为检验统计量的数值 $\chi^2=28.18$，所以我们不拒绝原假设。

实践中，上侧检验最常用于关于总体方差的检验。当涉及到达时间、生产时间、灌装重量、零件尺寸等情形时，一般都要求较小的方差，而较大的方差则不可能被接受。在给出总体方差的最大容许值的情况下，我们可以检验原假设：总体方差小于或等于最大容许值；对立假设：总体方差大于最大容许值。根据这种检验的结构，一旦拒绝原假设，则显示总体方差过大，应该采取纠正措施。

同对总体均值和总体比率的检验一样，我们也可以进行其他形式的假设检验。我们通过考察某机动车辆管理处所面临的问题，来说明关于总体方差的双侧检验。历史上，申请驾驶执照的个人考试分数的方差为 $\sigma^2=100$。

现在考试采用了新型考题，该管理处的负责人希望新型考题的考分方差保持在原有水平。为评价新型考题考分的方差，提出下面的双侧假设检验。

$$H_0 : \sigma^2 = 100 \qquad H_a : \sigma^2 \neq 100$$

拒绝 H_0 表明方差发生了改变，因此为了使新型考题考分的方差保持原有水平，必须修订新型考题中的某些考题。一个由 30 名驾驶执照的申请者组成的样本将接受这种新型考题的考试。我们在 $\alpha = 0.05$ 的显著性水平下进行假设检验。

由 30 份新型考题的考分组成的样本方差为 $s^2 = 162$，检验统计量 χ^2 的数值如下：

$$\chi^2 = \frac{(n-1)s^2}{\sigma_0^2} = \frac{(30-1) \times 162}{100} = 46.98$$

现在我们来计算 p-值。利用表 11-1 和自由度为 $n-1 = 29$，我们得到如下信息：

上侧面积	0.10	0.05	0.025	0.01
χ^2 值（自由度为 29）	39.087	42.557	45.722	49.588

$$\uparrow$$
$$\chi^2 = 46.98$$

因此检验统计量的数值 $\chi^2 = 46.98$ 所对应的 χ^2 分布上侧面积介于 $0.01 \sim 0.025$。将这些数值加倍，得到双侧检验的 p-值介于 $0.02 \sim 0.05$。使用 JMP 和 Excel 可以得到精确的 p-值为 0.037 4。由于 p-值 $\leqslant \alpha = 0.05$，我们拒绝 H_0，得出新型考题考分的方差不同于以往考试分数的方差 $\sigma^2 = 100$。表 11-2 给出了一个总体方差假设检验步骤的汇总。

表 11-2　一个总体方差假设检验的汇总

	下侧检验	上侧检验	双侧检验
假设	$H_0 : \sigma^2 \geqslant \sigma_0^2$　$H_a : \sigma^2 < \sigma_0^2$	$H_0 : \sigma^2 \leqslant \sigma_0^2$　$H_a : \sigma^2 > \sigma_0^2$	$H_0 : \sigma^2 = \sigma_0^2$　$H_a : \sigma^2 \neq \sigma_0^2$
检验统计量	$\chi^2 = \frac{(n-1)s^2}{\sigma_0^2}$	$\chi^2 = \frac{(n-1)s^2}{\sigma_0^2}$	$\chi^2 = \frac{(n-1)s^2}{\sigma_0^2}$
拒绝法则：p-值法	如果 p-值 $\leqslant \alpha$，则拒绝 H_0	如果 p-值 $\leqslant \alpha$，则拒绝 H_0	如果 p-值 $\leqslant \alpha$，则拒绝 H_0
拒绝法则：临界值法	如果 $\chi^2 \leqslant \chi^2_{(1-\alpha)}$，则拒绝 H_0	如果 $\chi^2 \geqslant \chi^2_\alpha$，则拒绝 H_0	如果 $\chi^2 \leqslant \chi^2_{(1-\alpha/2)}$ 或 $\chi^2 \geqslant \chi^2_{\alpha/2}$，则拒绝 H_0

练习

方法

2. 由 20 个项目组成一个样本，样本标准差为 5。

　a. 计算总体方差的 90% 置信区间。

　b. 计算总体方差的 95% 置信区间。

　c. 计算总体标准差的 95% 置信区间。

应用

4. 亚马逊公司正在测试使用无人机交付的包裹。为了给出准确的时间窗口，交付时间的变化范围必须尽量小。考虑由 24 次无人机交付组成的一个样本，得出样本方差 $s^2 = 0.81$。

　a. 构建无人机交付时间的总体方差的 90% 置信区间。

　b. 构建总体标准差的 90% 置信区间估计。

6. 为了分析投资通用电气公司普通股相关的风险和收益，选取 8 个季度的总收益率作为一个样本，样本数据如下。总收益率（单位:%）是指股价变动加上已支付的季度红利。

20.0　　−20.5　　12.2　　12.6　　10.5　　−5.8

−18.7　　15.3

　a. 样本均值是多少？如何解释它？

　b. 计算度量通用电气季度收益率变异的样本方差和样本标准差。

　c. 构建总体方差的 95% 的置信区间。

　d. 构建总体标准差的 95% 的置信区间。

8. 考虑当道琼斯工业股票平均价格指数大涨 149.82 点的那一天，下表是 12 家公司当天股票价格变动的样本数据。

价格变动		价格变动	
公司	变动量/美元	公司	变动量/美元
Aflac	0.81	John. & John.	1.46
Atlice USA	0.41	Loews Cp	0.92
Bank of Am.	−0.05	Nokia	0.21
Diageo	1.32	SmpraEngy	0.97
Flour Cp	2.37	Sunoco	0.52
Goodrich	0.30	Tyson Food	0.12

a. 计算该天价格变动的样本方差。

b. 计算该天价格变动的样本标准差。

c. 构建总体方差和总体标准差的 95% 置信区间估计。

10. 《消费者报告》用百分制的消费者满意度得分来评价全国的主要连锁店。假设根据过去的经验,消费者满意度得分的总体标准差为 $\sigma = 12$。2012 年,在 40 个州拥有 432 家商铺的 Costco 是总体质量得到优秀的唯一一家连锁店。下面是 15 个 Costco 消费者满意度得分的样本数据。

95	90	83	75	95
98	80	83	82	93
86	80	94	64	62

a. Costco 消费者满意度得分的样本均值是多少?

b. 样本方差是多少?

c. 样本标准差是多少?

d. 构造一个可以判定总体标准差 $\sigma = 12$ 是否被 Costco 拒绝的假设检验。在显著性水平为 0.05 下,你的结论如何?

12. 《财富》杂志做了一项研究,发现其订阅者中拥有或租用车辆数量的方差为 0.94。假定 12 名另一份杂志的订阅者拥有或租用车辆的数据如下所示:2, 1, 2, 0, 3, 2, 2, 1, 2, 1, 0, 1。

a. 计算这 12 名订阅者拥有或租用车辆数量的样本方差。

b. 对假设 $H_0: \sigma^2 = 0.94$ 进行检验,以确定两份杂志订阅者拥有或租用车辆数的方差是否相同。在 0.05 的显著性水平下,你的结论如何?

11.2 两个总体方差的统计推断

在一些统计应用中,我们可能想比较两个不同生产工序生产出来的产品质量的方差、两种不同装配方法所需装配时间的方差或者两种加热装置温度的方差。在比较两个总体方差时,我们将使用两个独立随机样本收集的数据,其中一个来自总体 1,而另一个来自总体 2,两个样本方差 s_1^2 和 s_2^2 是推断总体方差 σ_1^2 和 σ_2^2 的基础。当两个正态总体的方差相等($\sigma_1^2 = \sigma_2^2$)时,样本方差之比 s_1^2/s_2^2 有如下的抽样分布。

> **当 $\sigma_1^2 = \sigma_2^2$ 时,s_1^2/s_2^2 的抽样分布**
>
> 从两个方差相等的正态总体中分别抽取容量为 n_1 和 n_2 的两个独立简单随机样本,则
>
> $$\frac{s_1^2}{s_2^2} \tag{11-9}$$
>
> 的抽样分布服从分子自由度为 $n_1 - 1$ 和分母自由度为 $n_2 - 1$ 的 F 分布。s_1^2 为取自总体 1 的容量为 n_1 的随机样本的样本方差,s_2^2 为取自总体 2 的容量为 n_2 的随机样本的样本方差。⊖

图 11-4 是分子和分母自由度均为 20 的 F 分布的曲线图形。我们能看出 F 分布是不对称的,而且 F 值永远不取负值。F 分布的形状依赖于分子和分母的自由度。

我们将用 F_α 表示 F 分布的上侧面积或概率为 α 时的值。例如,如图 11-4 所示,$F_{0.05}$ 表示对于分子和分母自由度都为 20 的 F 分布,其上侧面积为 0.05。$F_{0.05}$ 这个特定值可以从 F 分布表中查出,表 11-3 是其中的一部分。根据分子和分母自由度都为 20 以及相应的上侧面积为 0.05,我们查出 $F_{0.05} =$

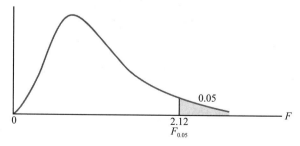

图 11-4 分子与分母自由度都为 20 的 F 分布

⊖ F 分布以取自两个正态总体的抽样为基础。

2.12。注意，对上侧面积为 0.10，0.05，0.025 和 0.01，从该表中可以查出对应的 F 值。

表 11-3　F 分布表节选

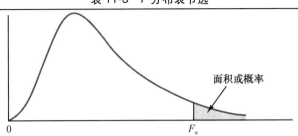

分母自由度		分子自由度				
	上侧面积	10	15	20	25	30
10	0.10	2.32	2.24	2.20	2.17	2.16
	0.05	2.98	2.85	2.77	2.73	2.70
	0.025	3.72	3.52	3.42	3.35	3.31
	0.01	4.85	4.56	4.41	4.31	4.25
15	0.10	2.06	1.97	1.92	1.89	1.87
	0.05	2.54	2.40	2.33	2.28	2.25
	0.025	3.06	2.86	2.76	2.69	2.64
	0.01	3.80	3.52	3.37	3.28	3.21
20	0.10	1.94	1.84	1.79	1.76	1.74
	0.05	2.35	2.20	2.12	2.07	2.04
	0.025	2.77	2.57	2.46	2.40	2.35
	0.01	3.37	3.09	2.94	2.84	2.78
25	0.10	1.87	1.77	1.72	1.68	1.66
	0.05	2.24	2.09	2.01	1.96	1.92
	0.025	2.61	2.41	2.30	2.23	2.18
	0.01	3.13	2.85	2.70	2.60	2.54
30	0.10	1.82	1.72	1.67	1.63	1.61
	0.05	2.16	2.01	1.93	1.88	1.84
	0.025	2.51	2.31	2.20	2.12	2.07
	0.01	2.98	2.70	2.55	2.45	2.39

　　下面我们介绍如何用 F 分布进行两个总体方差的假设检验。我们从检验两个总体方差相等开始，所做的假设如下。

$$H_0:\ \sigma_1^2 = \sigma_2^2 \qquad H_a:\sigma_1^2 \neq \sigma_2^2$$

我们尝试性地假设总体方差相等。如果 H_0 被拒绝，我们将得出两个总体方差不相等的结论。

　　进行这个假设检验的步骤是首先需要两个独立的随机样本，且一个样本来自一个总体，然后计算两个样本方差。我们将提供较大样本方差的总体记为总体 1。因此，对应总体 1 的样本容量为 n_1，样本方差为 s_1^2；对应总体 2 的样本容量为 n_2，样本方差为 s_2^2。在假设两个总体都服从正态分布的基础上，计算样本方差之比可以得到如下的 F 检验统计量。

总体方差 $\sigma_1^2 = \sigma_2^2$ 的假设检验的检验统计量

$$F = \frac{s_1^2}{s_2^2} \tag{11-10}$$

将样本方差较大的总体记为总体 1，则检验统计量服从分子自由度为 n_1-1，分母自由度为 n_2-1 的 F 分布。

　　因为进行检验的统计量 F 的分子是较大的样本方差 s_1^2，所以检验统计量的数值将出现在 F 分布的上侧，

表 11-3 只需要给出上侧面积或概率。如果我们不用这种方式构造检验统计量，可能需要用到下侧面积或概率，在这种情形下，将需要额外的计算或更完整的 F 分布表。现在我们考虑一个关于两个总体方差相等的假设检验例子。

Dullus 县立学校想更新明年校车服务的合同，必须从 Milbank 公司和 Gulf Park 公司这两个公共汽车公司中选择一个。我们将用到达时间或运送时间的方差作为衡量公共汽车公司服务质量的基本标准。较低的方差说明服务质量比较稳定且水平比较高。如果两个公司汽车到达时间的方差相等，Dullus 学校的管理者就会选择能提供较低价格的公司。然而，如果两个公司汽车到达时间的样本数据表明两个方差明显不等，管理者将优先考虑服务质量更好或方差更小的公司，对应的假设如下。

$$H_0: \sigma_1^2 = \sigma_2^2 \qquad H_a: \sigma_1^2 \neq \sigma_2^2$$

如果 H_0 被拒绝，则说明两个公司的服务质量不相同。我们在显著性水平 $\alpha = 0.10$ 下进行假设检验。

选择 Milbank 公司的 26 次到达时间组成一个样本，得到样本方差为 $s_1^2 = 48$；选择 Gulf Park 公司的 16 次到达时间组成另一个样本，得到样本方差为 $s_2^2 = 20$。由于 Milbank 公司的样本方差较大，我们将 Milbank 公司视为总体 1。利用式（11-10），检验统计量的数值为：

$$F = \frac{s_1^2}{s_2^2} = \frac{48}{20} = 2.40$$

相应的 F 分布的分子自由度为 $n_1 - 1 = 26 - 1 = 25$，分母自由度为 $n_2 - 1 = 16 - 1 = 15$。

同其他假设检验程序一样，我们可以使用 p-值法或临界值法得出假设检验的结论。从表 11-3 中得到分子自由度为 25，分母自由度为 15 的 F 分布上侧面积所对应的 F 值如下。

上侧面积	0.10	0.05	0.025	0.01
F 值（$df_1 = 25$，$df_2 = 15$）	1.89	2.28	2.69	3.28

↑
$F = 2.40$

因为 $F = 2.40$ 介于 $2.28 \sim 2.69$，因此 F 分布的上侧面积就介于 $0.025 \sim 0.05$。既然这是双侧检验，我们将上侧面积加倍，得到 p-值介于 $0.05 \sim 0.10$。对于这个检验，我们选择 $\alpha = 0.10$ 作为显著性水平，由于 p-值 $< \alpha = 0.10$，因此原假设被拒绝。这个结果导致我们得出两个公共汽车服务运送时间的方差不同的结论。因此 Dullus 学校的管理者就可以优先考虑服务更好或方差较小的 Gulf Park 公司。

我们利用统计软件可以得到检验统计量 $F = 2.40$ 对应的双侧 p-值为 0.081 1。由于 $0.0811 < \alpha = 0.10$，因此两个总体方差相等的原假设被拒绝。

在显著性水平 $\alpha = 0.10$ 下，用临界值法进行双侧假设检验。我们使用分布每一侧的面积 $\alpha/2 = 0.10/2 = 0.05$ 来选择临界值。因为利用式（11-10）计算的检验统计量的数值永远在分布的上侧，所以我们只需要确定上侧临界值。从表 11-3 中我们看到 $F_{0.05} = 2.28$。因此，尽管我们使用的是双侧检验，拒绝法则却可陈述如下。

如果 $F \geq 2.28$，则拒绝 H_0

因为 $F = 2.40 > 2.28$，所以我们拒绝 H_0，并得出两个公共汽车服务运送时间的方差不相等的结论。

涉及两个总体方差的单侧检验也是可能做到的。在这种情形下，我们用 F 分布来确定一个总体的方差是否显著大于另一个总体的方差。关于两个总体方差的单侧假设检验可永远写成上侧检验的形式。[⊖]

$$H_0: \sigma_1^2 \leq \sigma_2^2 \qquad H_a: \sigma_1^2 > \sigma_2^2$$

假设检验的这种形式永远讨论 F 分布的上侧 p-值和临界值。因此，只需要上侧 F 值，这简化了计算，且无须查 F 分布表。

我们通过考虑民意调查来说明使用 F 分布进行两个总体方差的单侧检验。由 31 名男性和 41 名女性组成的样本将用于研究他们对当前政治问题的态度。研究者想通过样本数据检验女性对政治问题的态度的方差是否比男性

⊖ 两个总体方差的单侧假设检验可以永远写成上侧检验的形式，这种方法消除了对下侧 F 值的需要。

要大。在前边给出的单侧假设检验的形式中，用总体 1 代表女性，用总体 2 代表男性，假设检验将表示如下。

$$H_0: \sigma^2_{women} \leq \sigma^2_{men} \qquad H_a: \sigma^2_{women} > \sigma^2_{men}$$

如果 H_0 被拒绝，研究者就能得到所需的统计支持，从而得出女性对政治问题的态度具有较大方差的结论。

由于用女性的样本方差作为分子而用男性的样本方差作为分母，因此 F 分布的分子自由度为 $n_1 - 1 = 41 - 1 = 40$，分母自由度为 $n_2 - 1 = 31 - 1 = 30$。我们使用显著性水平 $\alpha = 0.05$ 来进行假设检验。调查结果表明，女性的样本方差 $s^2_1 = 120$，男性的样本方差 $s^2_2 = 80$，则检验的统计量如下：

$$F = \frac{s^2_1}{s^2_2} = \frac{120}{80} = 1.50$$

我们发现对于分子自由度为 40，分母自由度为 30 的 F 分布有 $F_{0.10} = 1.57$。因为检验统计量 $F = 1.50 < 1.57$，上侧面积必然大于 0.10，所以，我们可以得出 p-值大于 0.10。利用统计软件得到 p-值为 0.125 6。由于 p-值 $> \alpha = 0.05$，不能拒绝 H_0，因此，样本结果不支持女性对政治问题态度的方差比男性大的结论。表 11-4 给出了两个总体方差假设检验的汇总。

表 11-4 两个总体方差假设检验的汇总

	上侧检验	双侧检验
假设	$H_0: \sigma^2_1 \leq \sigma^2_2$ $\quad H_a: \sigma^2_1 > \sigma^2_2$	$H_0: \sigma^2_1 = \sigma^2_2$ $\quad H_a: \sigma^2_1 \neq \sigma^2_2$
检验统计量	$F = \dfrac{s^2_1}{s^2_2}$	$F = \dfrac{s^2_1}{s^2_2}$
拒绝法则：p-值方法	如果 p-值 $\leq \alpha$，拒绝 H_0	如果 p-值 $\leq \alpha$，拒绝 H_0
拒绝法则：临界值法	如果 $F \geq F_\alpha$，则拒绝 H_0	如果 $F \geq F_{\alpha/2}$，则拒绝 H_0

注：总体 1 拥有较大的样本方差。

注释和评论

研究人员证实了 F 分布对于正态总体的假定是敏感的。只有当两个总体至少近似正态分布的假定是合理的，才能使用 F 分布。

练习

方法

14. 从总体 1 抽取 16 个项目组成一个样本，得到样本方差 $s^2_1 = 5.8$；从总体 2 抽取 21 个项目组成一个样本，得到样本方差 $s^2_2 = 2.4$。在显著性水平 0.05 下，检验下列假设。

$$H_0: \sigma^2_1 \leq \sigma^2_2 \qquad H_a: \sigma^2_1 > \sigma^2_2$$

a. 使用 p-值法，你有何结论？

b. 使用临界值法重复上述检验。

应用

16. 投资者通常用共同基金月回报率的标准差来度量基金的风险，有较大标准差的基金被认为比有较小标准差的基金更具风险。最近据报道 American Century Equity Growth 基金和 Fidelity Growth Discovery 基金的标准差分别为 15.0% 和 18.9%。假设这些标准差都是基于 60 个月的回报率组成的样本计算的。样本结果是否支持 Fidelity Growth Discovery 基金的总体方差比 American Century Equity Growth 基金大的结论？哪只基金更具风险？

18. 《巴伦周刊》搜集了 1 000 名顶级财政顾问的数据，美林和摩根士丹利有多名顾问名列其中。一个由 16 名美林顾问和 10 名摩根士丹利顾问组成的样本表明，顾问们管理着许多在资金总量上有很大方差的大账户。美林顾问们管理资金总量的标准差为 5.87 亿美元，摩根士丹利顾问管理资金总量的标准差为 4.89 亿美元。在显著性水平 $\alpha = 0.10$ 下进行一个假设检验，以确定两家公司管理的资金总量的总体方差是否有显著差异。对于两家公司在管理资金总量上的差异，你有何结论？

20. 根据 Romac 对薪金调查提供的资料，注册会计师事务所资深人员年薪的方差大约为 2.1，而注册会计师事务所管理人员年薪的方差大约为 11.1，薪金数据以1000美元计。假设薪金数据基于25名资深人员和26名管理人员组成的样本，检验假设二者薪金的总体方差相等。在显著性水平0.05下，你有何结论？

22. 一项研究假设在湿滑路面上汽车刹车距离的方差明显比干燥路面大。在调查研究中，以同样速度行驶的16辆汽车分别在湿滑路面和干燥路面上检测刹车距离。在湿滑路面上，刹车距离的标准差为9.76米；在干燥路面上，标准差为4.88米。

a. 在显著性水平0.05下，样本数据是否能够证明在湿滑路面上刹车距离的方差比干燥路面大的结论？p-值是多少？

b. 就驾驶安全性方面的建议而言，你的统计结论的含义是什么？

小 结

在本章我们介绍了可以用于进行总体方差推断的统计方法。在这个过程中，我们介绍了两种新的概率分布——χ^2 分布和 F 分布。χ^2 分布可以作为一个正态总体方差的区间估计和假设检验的基础。

我们阐述了在两个总体方差的假设检验中 F 分布的运用。特别地，我们说明了从两个方差相等（$\sigma_1^2 = \sigma_2^2$）的正态总体分别抽取容量为 n_1 和 n_2 的独立简单随机样本，其样本方差之比 s_1^2/s_2^2 的抽样分布服从分子自由度为 n_1-1 和分母自由度为 n_2-1 的 F 分布。

重要公式

一个总体方差的区间估计

$$\frac{(n-1)s^2}{\chi_{\alpha/2}^2} \leqslant \sigma^2 \leqslant \frac{(n-1)s^2}{\chi_{(1-\alpha/2)}^2} \qquad (11\text{-}7)$$

一个总体方差假设检验的检验统计量

$$\chi^2 = \frac{(n-1)s^2}{\sigma_0^2} \qquad (11\text{-}8)$$

总体方差 $\sigma_1^2 = \sigma_2^2$ 的假设检验的检验统计量

$$F = \frac{s_1^2}{s_2^2} \qquad (11\text{-}10)$$

补充练习

24. 平均而言，首次公开发行（IPO）股票的价格是折价的。标准差在折价-溢价指标中用于衡量其散布或变动情况。由13只在多伦多股票交易所交易的加拿大IPO组成一个样本，得到的样本标准差为14.95。构建折价-溢价指标的总体标准差的95%置信区间估计。

26. 部件变异性在滚珠轴承生产过程中至关重要。滚珠轴承尺寸的方差过大将导致滚动失败以及磨损过快，生产标准要求最大方差为0.0625厘米²。由15个滚珠组成一个样本，得到样本标准差为0.35厘米。

a. 在显著性水平 $\alpha = 0.10$ 下，确定样本是否表明最大容许方差已经被超出。

b. 计算滚珠总体方差的90%置信区间估计。

28. OrderUp公司为顾客提供网上订餐的送餐服务。OrderUp声称，其日常送餐的时间是始终如一的。一个由22次送餐时间所组成的样本，得到样本方差为1.5。在显著性水平 $\alpha = 0.10$ 下，检验以确定能否拒绝 $H_0: \sigma^2 \leqslant 1$。

30. 乘坐某航空公司航班的乘客数量的样本标准差为8名乘客。总体标准差的95%置信区间为 $5.86 \sim 12.62$ 名乘客。

a. 在该统计分析中，所用的样本容量是10还是15？

b. 假设一个由25个航班组成的样本，得到样本标准差为 $s = 8$ 名乘客，则总体标准差的置信区间将会有何变化？计算样本容量为25的 σ 的95%置信区间估计。

32. 修完一门大学财务会计课程的352名学生GPA的标准差为0.940。退选这门课程的73名学生GPA的标准差为0.797。这些数据是否表明，修完与退选财务会计课程的学生GPA的方差之间存在显著差异？取显著性水平为0.05（注：自由度为351和72的 $F_{0.025}$ 数值为1.466）。

34. 对两种新的装配方法进行检测，并报告装配时间的方差。在 $\alpha = 0.10$ 下，检验两个总体方差是否相等。

	方法A	方法B
样本容量	$n_1 = 31$	$n_2 = 25$
样本方差	$s_1^2 = 25$	$s_2^2 = 12$

案例 11-1　空军训练计划

空军电子学引导性教程采用一种个人化教学系统，每位学生观看讲座录像，然后得到程式化的教材。每位学生独立学习直至完成训练并通过考试。人们关心的问题是学生完成训练计划的速度的不同。有些学生能够相当快地完成程式化教材学习，而另一些学生在教材上需要花费较长的时间，甚至需要加班加点才能完成。学得较快的学生必须等待学得较慢的学生完成引导性教程后，才能一起进行其他方面的训练。

建议的替代系统是使用计算机辅助教学。在这种方法中，所有的学生观看同样的讲座录像，然后每位学生被指派到一个计算机终端来接受进一步的训练。在整个教程的自我训练过程中，由计算机指导学生独立操作。

为了比较建议的和当前的教学方法，刚入学的 122 名学生被随机地安排到这两种教学系统中。61 名学生使用当前程式化教材，而另外 61 名学生使用建议的计算机辅助方法，记录每位学生的学习时间（单位：小时）。下列数据存在名为 Training 的数据集中。

采用当前训练方法完成教程的时间/小时										
76	76	77	74	76	74	74	77	72	78	73
78	75	80	79	72	69	79	72	70	70	81
76	78	72	82	72	73	71	70	77	78	73
79	82	65	77	79	73	76	81	69	75	75
77	79	76	78	76	76	73	77	84	74	74
69	79	66	70	74	72					

采用建议的计算机辅助方法完成教程的时间/小时										
74	75	77	78	74	80	73	73	78	76	76
74	77	69	76	75	72	75	72	76	72	77
73	77	69	77	75	76	74	77	75	78	72
77	78	78	76	75	76	76	75	76	80	77
76	75	73	77	77	77	79	75	75	72	82
76	76	74	72	78	71					

管理报告

1. 利用适当的描述统计学方法汇总每种方法的训练时间数据。根据样本资料，你能观察到有何相似之处和差异？

2. 进行两种方法总体均值之差的假设检验[⊖]，讨论你的结论。

3. 计算每一种训练方法的标准差与方差。进行两种训练方法总体方差相等的假设检验，讨论你的结论。

4. 关于两种方法之间的差异，你能得到什么结论？你有何建议？请做出解释。

5. 对于将来要使用哪种训练计划，在做出最终决定之前你是否还需要其他数据或者检验？

案例 11-2　Meticulous Drill & Reamer 公司

Meticulous Drill & Reamer（MD&R）公司提供的服务之一是在硬质合金（如钢合金、碳化钨和钛）上钻精密孔。公司最近签了一项合同，要在大型碳钢合金圆盘上钻直径 3 厘米的孔，为了完成这项工作，公司需要购买一种特殊的钻机。MD&R 已排除了其他钻机，只考虑两种钻机：Davis Drills 公司的 T2005 和 Worth Industrial Tools 公司的 AZ100。两家生产商都同意 MD&R 公司使用 T2005 和 AZ100 一周，以确定其购买哪种钻机。在为期一周的试

⊖　我们在第 10 章讨论了两个总体均值之差的区间估计和假设检验。

验中，MD&R 公司使用这些钻机在一个大型碳钢合金盘上钻 31 个目标直径为 3 厘米的孔，然后测量每个孔的直径并记录结果。结果如下表所示，并存在名为 MerticulousDrills 的数据文件中。

孔直径 （单位：厘米）

T2005	AZ100	T2005	AZ100	T2005	AZ100
3.06	2.91	3.05	2.97	3.04	3.06
3.04	3.31	3.01	3.05	3.01	3.25
3.13	2.82	2.73	2.95	2.95	2.82
3.01	3.01	3.12	2.92	3.14	3.22
2.95	2.94	3.04	2.71	3.31	2.93
3.02	3.17	3.10	2.77	3.01	3.24
3.02	3.25	3.02	2.73	2.93	2.77
3.12	3.39	2.92	3.18	3.00	2.94
3.00	3.22	3.01	2.95	3.04	3.31
3.04	2.97	3.15	2.86		
3.03	2.93	2.69	3.16		

MD&R 在决定购买哪种型号的钻机时，需要同时考虑 T2005 和 AZ100 钻取孔的准确度（直径与 3 厘米的接近程度）和精度（直径的方差）。

管理报告

帮助 MD&R 进行评估时，考虑下面四个问题：

1. T1005 或 AZ100 中，哪台钻机钻的孔准确度更高？也就是说，哪种型号的钻机能钻出平均直径更接近 3 厘米的孔？

2. T1005 或 AZ100 中，哪台钻机钻的孔精度更高？也就是说，哪种型号的钻机钻出的孔有更小的方差？

3. 在 $\alpha = 0.05$ 下，进行 T1005 和 AZ100 精度相等（即方差相等）的假设检验。讨论你的发现。

4. 你向 MD&R 公司推荐哪种钻机？为什么？

第 12 章

多个比率的比较、独立性及拟合优度检验

CHAPTER 12

实践中的统计

联合劝募协会 [一]

纽约州，罗切斯特

罗切斯特地区的联合劝募协会（United Way）是一个非营利性组织，该组织致力于满足社区最重要的人类关怀需求，从而提高它所服务的 7 个县全部居民的生活质量。

每年春季，联合劝募协会/红十字会举行募捐活动，所得资金用于超过 200 个服务机构所提供的几百个服务项目。这些服务机构提供能满足人类各种需求的服务，如身体的、精神的、社会的，并且为各种年龄、背景和经济条件的人提供服务。

为进一步了解社区的慈善观念，罗切斯特地区的联合劝募协会决定进行一项调查。为了得到慈善观念的初步资料，他们走访了专业人员、服务人员和一般工人这些重点群体。根据这些资料，设计出调查问卷，问卷经过预调查、修订之后，分发给 440 个人。

联合劝募协会从搜集到的数据得到各种描述性统计量，包括频数分布和交叉分组表。分析该数据的一个重要部分是独立性 χ^2 检验，这些统计检验的一个用途是确定行政开支观念是否与职业独立。

独立性检验的假设为：

H_0：联合劝募协会行政开支观念与调查对象的职业独立。

H_a：联合劝募协会行政开支观念与调查对象的职业不独立。

调查中，两个问题提供了用于统计检验的分类型数据。其中一个问题得到了有关行政开支占资金比例的数据（10% 以下，11%~20% 及 21% 以上），另一个问题是调查对象的职业。

独立性检验导致原假设被拒绝，因此可以断定联合劝募协会的行政开支观念的确与调查对象的职业有关。实际的行政开支小于 9%，但是有 35% 的调查对象认为行政开支超过 21%。因此，很多人有不准确的行政开支观念。在这一群体中，生产线工人、售货员和专业技术人员比群体中其他人有更不准确的行政开支观念。

社区观念的研究帮助罗切斯特地区的联合劝募协会调整项目和筹集资金活动。在本章中，你将学会如何进行如上所述的检验。

在本章中，我们介绍三种假设检验方法，它们扩展了我们对总体进行统计推断的能力。[二]

本章进行的假设检验所使用的检验统计量都基于 χ^2 分布。在所有的情形中，数据都是分类型的。这些 χ^2 检验是多用途的，并由检验下列的应用扩充了假设。

（1）检验三个或多个总体比率的相等性。

（2）检验两个分类变量的独立性。

（3）检验一个总体的概率分布是否服从一个特殊的历史或理论的概率分布。

我们从考虑三个或多个总体比率的相等性开始。

12.1 三个或多个总体比率的相等性的检验

在本节中，我们展示如何使用检验统计量 χ^2，对三个或多个总体比率的相等性进行统计推断。[三] 使用如下记号：

$$p_1 \text{——总体 1 的总体比率}$$
$$p_2 \text{——总体 2 的总体比率}$$
$$\vdots$$
$$p_k \text{——总体 } k \text{ 的总体比率}$$

[一] 感谢联合劝募协会的市场营销顾问 Philip R. Tyler 博士，他为"实践中的统计"提供了本案例。

[二] 在第 9、10 和 11 章中，我们介绍了关于一个和两个总体的总体均值、比率和方差的假设检验的统计推断方法。

[三] 我们使用检验统计量 χ^2 与我们在第 9~11 章中使用正态检验统计量 z，检验统计量 t 和检验统计量 F 进行假设检验类似。

关于 k 个总体比率相等性的假设陈述如下：

$$H_0 : p_1 = p_2 = \cdots = p_k$$

$$H_a : \text{所有总体比率不全相等}$$

如果样本数据和 χ^2 检验计算结果表明 H_0 没有被拒绝，我们不能断定 k 个总体比率有差异。然而，如果样本数据和 χ^2 检验计算结果表明 H_0 被拒绝，我们有统计证据得出 k 个总体比率不全相等的结论；也就是说，一个或多个总体比率与其他总体比率不相等。我们可以进行进一步的分析，以得出哪个或哪些总体比率与其他总体比率有显著差异。我们用一个应用来说明 χ^2 检验。

像 J. D. Power and Associates 这样的组织，会以当前车主可能再次购买某款汽车的比率作为顾客汽车品牌忠诚度的指标。车主可能再次购买某款汽车的比率较大，则被认为有较大的顾客品牌忠诚度。假设在某次特殊的研究中，我们希望比较雪佛兰羚羊、福特 Fusion 和本田雅阁三种汽车的顾客品牌忠诚度。当三种汽车的车主构成研究的三个总体，感兴趣的三个总体比率如下：

p_1——雪佛兰羚羊车主总体可能再次购买羚羊的比率

p_2——福特 Fusion 车主总体可能再次购买 Fusion 的比率

p_3——本田雅阁车主总体可能再次购买雅阁的比率

假设陈述如下：

$$H_0 : p_1 = p_2 = p_3$$

$$H_a : \text{所有总体比率不全相等}$$

为了进行这个假设检验，我们首先从三个总体中的每一个总体抽取车主样本，从而我们将得到一个雪佛兰羚羊车主的样本、一个福特 Fusion 车主的样本和一个本田雅阁车主的样本。每一个样本提供的分类型数据表明回答者是否可能再次购买该品牌汽车。125 名雪佛兰羚羊车主、200 名福特 Fusion 车主和 175 名本田雅阁车主的样本数据汇总结果如表 12-1 所示。$^{\ominus}$ 表 12-1 中的两行对应的回答为"是"和"否"，3 列中的每一列对应于一个总体。汇总在表 12-1 中的 6 个单元格观察频数对应于可能再次购买的回答和三个总体的每一个组合。

表 12-1　3 个汽车车主总体可能再次购买汽车的样本结果（观察频数）

是否可能再次购买	汽车车主			合计
	雪佛兰羚羊	福特 Fusion	本田雅阁	
是	69	120	123	312
否	56	80	52	188
合计	125	200	175	500

利用表 12-1，我们看到 125 名雪佛兰羚羊车主中有 69 名表明，他们可能再次购买雪佛兰羚羊。200 名福特 Fusion 车主中有 120 名、175 名本田雅阁车主中有 123 名表明，他们可能再次购买同品牌的汽车。同时，综合 3 个样本，本研究的 500 名车主中有 312 名表明，他们可能再次购买同品牌的汽车。现在的问题是我们如何分析表 12-1 中的数据，以确定假设 $H_0 : p_1 = p_2 = p_3$ 是否被拒绝。

表 12-1 中的数据描述的是 3 个车主总体可能再次购买汽车的样本结果。在假设 H_0 为真时，我们能确定期望频数，就可以利用检验统计量 χ^2 来确定观察频数和期望频数之间是否存在显著差异。如果观察频数和期望频数之间存在显著差异，假设 H_0 将被拒绝，就有所有总体比率不全相等的证据。

表中 6 个单元格的期望频数基于以下基本原理。首先，我们假定总体比率相等的原假设为真，然后我们注意到在全部 500 名车主的样本中，总共有 312 名车主表明他们可能再次购买同品牌的汽车。因此，$312/500 = 0.624$

$\ominus$　在类似这样的研究中，对每一个总体我们常常使用相同的样本容量。在这个例子中，我们选择了不同的样本容量，以表明 χ^2 检验不局限于 k 个总体中每一个样本容量都相等的情形。

是可能再次购买同品牌汽车的车主的总样本比率。如果 $H_0: p_1 = p_2 = p_3$ 为真，0.624 将是每一种汽车车主总体回答可能再次购买的比率的最佳估计值。因此，如果 H_0 为真，我们将期望 125 名雪佛兰羚羊车主中有 $0.624 \times 125 = 78$ 名车主，表明他们可能再次购买羚羊。利用总样本比率 0.624，我们期望 200 名福特 Fusion 车主中有 $0.624 \times 200 = 124.8$ 名以及 175 名本田雅阁车主中有 $0.624 \times 175 = 109.2$ 名，分别回答他们可能再次购买相应的汽车品牌。

将这个方法推广，我们计算表中位于第 i 行和第 j 列的单元格的期望频数 e_{ij}。使用这个符号，现在重新考虑对可能再次购买的回答为"是"（第 1 行）的雪佛兰羚羊车主（第 1 列）的期望频数的计算，即期望频数 e_{11}。

注意回答为"是"的合计数为 312（第 1 行合计数），雪佛兰羚羊车主的样本容量为 125（第 1 列合计数），总样本容量为 500。遵循上一段的逻辑，我们可以得到：

$$e_{11} = \left(\frac{第 1 行合计数}{总样本容量} \right) \times 第 1 列合计数 = \left(\frac{312}{500} \right) \times 125 = 0.624 \times 125 = 78$$

由上面表达式的第一部分，我们得到：

$$e_{11} = \frac{第 1 行合计数 \times 第 1 列合计数}{总样本容量}$$

推广之，可以得到在假设 H_0 为真时，用于计算期望频数的公式如下。

在假定 H_0 为真时的期望频数

$$e_{ij} = \frac{第 i 行合计数 \times 第 j 列合计数}{总样本容量} \tag{12-1}$$

利用式（12-1），我们看到对本田雅阁车主（第 3 列）回答为"是"（第 1 行）的期望频数 $e_{13} = ($第 1 行合计数$) \times ($第 3 列合计数$)/$总样本容量 $= 312 \times 175 / 500 = 109.2$。利用式（12-1），得到的期望频数如表 12-2 所示。

表 12-2 如果 H_0 为真，3 个汽车车主总体可能再次购买的期望频数

是否可能再次购买	汽车车主			合计
	雪佛兰羚羊	福特 Fusion	本田雅阁	
是	78	124.8	109.2	312
否	47	75.2	65.8	188
合计	125	200	175	500

比较表 12-1 中的观察频数和表 12-2 中的期望频数的检验方法，涉及下列统计量 χ^2 的计算。

检验统计量 χ^2

$$\chi^2 = \sum_i \sum_j \frac{(f_{ij} - e_{ij})^2}{e_{ij}} \tag{12-2}$$

式中，f_{ij} 表示第 i 行和第 j 列的单元格的观察频数；e_{ij} 表示在假定 H_0 为真时第 i 行和第 j 列的单元格的期望频数。

注意：在涉及 k 个总体比率相等性的 χ^2 检验中，上述检验统计量服从自由度为 $k-1$ 的 χ^2 分布，其中每个单元格的期望频数都大于或等于 5。

再次查看表 12-2 中的期望频数，我们发现表中每个单元格的期望频数都大于 5。因此，我们进行检验统计量 χ^2 的计算。表 12-3 给出了计算检验统计量值的必要计算结果。这里我们得到检验统计量的数值为 $\chi^2 = 7.89$。

表 12-3　检验总体比率相等性的检验统计量 χ^2 的计算

是否可能 再次购买	汽车 车主	观察频 数（f_{ij}）	期望频 数（e_{ij}）	差 （$f_{ij}-e_{ij}$）	差的平方 （$f_{ij}-e_{ij}$）^{2}	差的平方除以期望频数 （$f_{ij}-e_{ij}$）$^2/e_{ij}$
是	雪佛兰羚羊	69	78.0	-9.0	81.00	1.04
是	福特 Fusion	120	124.8	-4.8	23.04	0.18
是	本田雅阁	123	109.2	13.8	190.44	1.74
否	雪佛兰羚羊	56	47.0	9.0	81.00	1.72
否	福特 Fusion	80	75.2	4.8	23.04	0.31
否	本田雅阁	52	65.8	-13.8	190.44	2.89
	合计	500	500			$\chi^2 = 7.89$

为了确定 $\chi^2 = 7.89$ 是否导致我们拒绝 $H_0: p_1 = p_2 = p_3$，你需要了解并参考 χ^2 分布值。表 12-4 显示了 χ^2 分布的一般形状，但要注意 χ^2 分布的形状依赖于其自由度的数值。该表显示了自由度为 1~15 的 χ^2 分布上侧面积分别为 0.10，0.05，0.025，0.01 和 0.005 的数值。这个 χ^2 分布表能够让你进行本章所介绍的假设检验。

表 12-4　χ^2 分布的节选值表

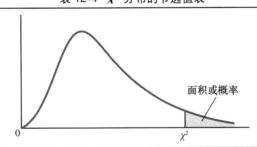

自由度	上侧面积				
	0.10	0.05	0.025	0.01	0.005
1	2.706	3.841	5.024	6.635	7.879
2	4.605	5.991	7.378	9.210	10.597
3	6.251	7.815	9.348	11.345	12.838
4	7.779	9.488	11.143	13.277	14.860
5	9.236	11.070	12.833	15.086	16.750
6	10.645	12.592	14.449	16.812	18.548
7	12.017	14.067	16.013	18.475	20.278
8	13.362	15.507	17.535	20.090	21.955
9	14.684	16.919	19.023	21.666	23.589
10	15.987	18.307	20.483	23.209	25.188
11	17.275	19.675	21.920	24.725	26.757
12	18.549	21.026	23.337	26.217	28.300
13	19.812	22.362	24.736	27.688	29.819
14	21.064	23.685	26.119	29.141	31.319
15	22.307	24.996	27.488	30.578	32.801

由于表 12-2 的期望频数基于假定 $H_0: p_1 = p_2 = p_3$ 为真，观察频数 f_{ij} 与期望频数 e_{ij} 一致，在式（12-2）中将得到 $(f_{ij}-e_{ij})^2$ 较小的数值。如果这样，检验统计量 χ^2 的数值将相对较小，且 H_0 不能被拒绝。如果观察频数与期望频数之间的差异较大，$(f_{ij}-e_{ij})^2$ 的数值以及检验统计量的数值将较大，这时，总体比率相等的原假设可能被拒绝。

因此，总体比率相等性的 χ^2 检验永远是一个上侧检验 $^\ominus$，当检验统计量位于 χ^2 分布的上侧时，得到 H_0 的拒绝域。

我们可以用适当的 χ^2 分布的上侧面积和 p-值法来确定原假设是否被拒绝。在汽车品牌忠诚度的研究中，三个车主总体表明适当的 χ^2 分布的自由度为 $k-1=3-1=2$。利用 χ^2 分布表的第 2 行，我们有如下结果：

上侧面积	0.10	0.05	0.025	0.01	0.005
χ^2 值（$df=2$）	4.605	5.991	7.378	9.210	10.597

$$\chi^2 = 7.89$$

我们看到 $\chi^2 = 7.89$ 的上侧面积介于 $0.025 \sim 0.01$，因此，相对应的上侧面积或 p-值必然介于 $0.025 \sim 0.01$。由于 p-值 $\leqslant 0.05$，我们拒绝 H_0 并得出三个总体比率不全相等，因此雪佛兰羚羊、福特 Fusion 和本田雅阁车主的品牌忠诚度存在差异。利用 JMP 或 Excel 程序，自由度为 2，$\chi^2 = 7.89$ 对应的 p-值 $= 0.019\,3$。

不使用 p-值法，我们可以使用临界值法得到相同的结论。对于 $\alpha = 0.05$ 和自由度为 2，检验统计量 χ^2 的临界值为 $\chi^2 = 5.991$。上侧检验的拒绝法则变为：

$$如果 \chi^2 \geqslant 5.991，则拒绝 H_0$$

由于 $7.89 \geqslant 5.991$，我们拒绝 H_0，因此 p-值法和临界值法得到相同的假设检验结论。

我们总结用于进行三个或多个总体比率相等性的 χ^2 检验的一般步骤如下。

对于 $k \geqslant 3$ 个总体，总体比率相等性的 χ^2 检验

1. 建立原假设与备选假设。

$$H_0 : p_1 = p_2 = \cdots = p_k$$
$$H_a : 所有总体比率不全相等$$

2. 从每一个总体中选择一个随机样本，并在表中记录 2 行 k 列的观察频数 f_{ij}。

3. 假定原假设为真，计算期望频数 e_{ij}。

4. 如果每一个单元格的期望频数 e_{ij} 都大于或等于 5，计算检验统计量：

$$\chi^2 = \sum_i \sum_j \frac{(f_{ij} - e_{ij})^2}{e_{ij}}$$

5. 拒绝法则：

$$p\text{-值法：} \quad 如果 \ p\text{-值} \leqslant \alpha，则拒绝 \ H_0$$
$$临界值法：\quad 如果 \ \chi^2 \geqslant \chi^2_\alpha，则拒绝 \ H_0$$

式中，χ^2 分布的自由度为 $k-1$，α 为检验的显著性水平。

多重比较方法

我们使用 χ^2 检验得到三个汽车车主总体的总体比率不全相等的结论。因此，有些总体比率之间存在差异，而且研究表明雪佛兰羚羊、福特 Fusion 和本田雅阁车主中顾客品牌忠诚度不全相同。为了说明总体比率之间存在的差异，我们先计算三个样本比率。

品牌忠诚度的样本比率

$$雪佛兰羚羊 \qquad \bar{p}_1 = 69/125 = 0.552\,0$$
$$福特 \ Fusion \qquad \bar{p}_2 = 120/200 = 0.600\,0$$
$$本田雅阁 \qquad \bar{p}_3 = 123/175 = 0.702\,9$$

$\ominus$　本节介绍的 χ^2 检验永远是一个单侧检验，H_0 的拒绝域在 χ^2 分布的上侧。

　　由于 χ^2 检验表明总体比率不全相等，因此，我们尝试性地确定哪些总体比率之间存在差异是合理的。为此，我们依靠用于对所有成对的总体比率进行统计检验的多重比较方法。接下来，我们讨论一种多重比较方法——著名的 **Marascuilo 方法**（Marascuilo procedure）。对所有成对的总体比率，这是一种相对简单的方法。我们将用汽车顾客品牌忠诚度的研究来说明这种多重比较检验方法所需要的计算。

　　第 1 步，我们计算研究中每一对总体的样本比率之差的绝对值。在三个汽车品牌忠诚度研究的总体中，我们比较总体 1 和 2、总体 1 和 3 以及总体 2 和 3 的样本比率如下：

雪佛兰羚羊与福特 Fusion

$$|\bar{p}_1 - \bar{p}_2| = |0.552\,0 - 0.600\,0| = 0.048\,0$$

雪佛兰羚羊与本田雅阁

$$|\bar{p}_1 - \bar{p}_3| = |0.552\,0 - 0.702\,9| = 0.150\,9$$

福特 Fusion 与本田雅阁

$$|\bar{p}_2 - \bar{p}_3| = |0.600\,0 - 0.702\,9| = 0.102\,9$$

　　第 2 步，我们选择显著性水平，并用下列表达式计算每一对比较值相对应的临界值。

k 个总体比率的 Marascuilo 成对比较方法的临界值

$$\mathrm{CV}_{ij} = \sqrt{\chi_\alpha^2}\sqrt{\frac{\bar{p}_i(1 - \bar{p}_i)}{n_i} + \frac{\bar{p}_j(1 - \bar{p}_j)}{n_j}} \tag{12-3}$$

　　式中，χ_α^2 为显著性水平为 α 且自由度为 $k-1$ 的 χ^2 值；$\bar{p}_i$ 和 $\bar{p}_j$ 分别为总体 i 和 j 的样本比率；n_i 和 n_j 分别为总体 i 和 j 的样本容量。

　　利用表 12-4 的 χ^2 分布表，根据 $k-1 = 3-1 = 2$ 的自由度和显著性水平 0.05，我们有 $\chi_{0.05}^2 = 5.991$。利用样本比例 $\bar{p}_1 = 0.552\,0$，$\bar{p}_2 = 0.600\,0$ 和 $\bar{p}_3 = 0.702\,9$，三个成对比较检验的临界值如下：

雪佛兰羚羊与福特 Fusion

$$\mathrm{CV}_{12} = \sqrt{5.991}\sqrt{\frac{0.552\,0 \times (1 - 0.552\,0)}{125} + \frac{0.600\,0 \times (1 - 0.600\,0)}{200}} = 0.138\,0$$

雪佛兰羚羊与本田雅阁

$$\mathrm{CV}_{13} = \sqrt{5.991}\sqrt{\frac{0.552\,0 \times (1 - 0.552\,0)}{125} + \frac{0.702\,9 \times (1 - 0.702\,9)}{175}} = 0.137\,9$$

福特 Fusion 与本田雅阁

$$\mathrm{CV}_{23} = \sqrt{5.991}\sqrt{\frac{0.600\,0 \times (1 - 0.600\,0)}{200} + \frac{0.702\,9 \times (1 - 0.702\,9)}{175}} = 0.119\,8$$

　　如果任何成对样本比率之差的绝对值 $|\bar{p}_i - \bar{p}_j|$ 超过其相对应的临界值 CV_{ij}，则在显著性水平 0.05 下，成对之差是显著的，因此我们得出相应的两个总体比率不同。成对比较方法的最后一步汇总在表 12-5 中。

表 12-5　汽车品牌忠诚度研究的成对比较检验

成对比较	$|\bar{p}_i - \bar{p}_j|$	CV_{ij}	如果 $|\bar{p}_i - \bar{p}_j| > \mathrm{CV}_{ij}$，则显著
雪佛兰羚羊与福特 Fusion	0.048 0	0.138 0	不显著
雪佛兰羚羊与本田雅阁	0.150 9	0.137 9	显著
福特 Fusion 与本田雅阁	0.102 9	0.119 8	不显著

　　从成对比较方法得出的结论是只有雪佛兰羚羊与本田雅阁的顾客品牌忠诚度之间呈现显著差异。我们的样本结果显示本田雅阁车主再次购买本田雅阁有较大的总体比率，因此，我们能够得出本田雅阁（$\bar{p}_3 = 0.702\,9$）比雪佛兰羚羊（$\bar{p}_1 = 0.552\,0$）具有更大的顾客品牌忠诚度。

研究结果对福特 Fusion 的品牌忠诚度没有定论。当与雪佛兰羚羊或本田雅阁相比较时，福特 Fusion 没有显示出显著差异。就顾客品牌忠诚度而言，较大的样本或许显示出福特 Fusion 与其他两种品牌的汽车之间有显著差异。对于多重比较方法，显示研究中某些成对比较的显著性，不显示其他成对比较的显著性是很常见的。

注释和评论

1. 在第 10 章中，我们使用标准正态分布和检验统计量 z 进行两个总体比率的假设检验。本节介绍的 χ^2 检验也可以用于进行两个总体比率相等的假设检验。在这两个检验方法下，检验的结果是相同的，而且检验统计量 χ^2 的数值是检验统计量 z 的数值的平方。第 10 章中方法的优点是它既可以用于关于两个总体比率的单侧检验，也可以用于双侧检验，而本节的 χ^2 检验只能用于双侧检验。练习中的第 6 题对两个总体比率相等的假设，给你一个使用 χ^2 检验的机会。

2. 在本节 k 个总体中的每一个都有两种回答结果："是"或"否"。事实上，每一个总体都服从二项分布，其参数 p 为回答"是"的总体比率。当 k 个总体中的每一个有 3 个或更多种可能的回答时，本节 χ^2 方法有一个扩展应用，这时，每一个总体服从多项分布。χ^2 计算的期望频数 e_{ij} 以及检验统计量 χ^2，与式（12-1）和式（12-2）相同。唯一不同的是原假设，原假设为所有总体回答变量的多项分布是相同的。k 个总体中的每一个都有 r 种回答，检验统计量 χ^2 的自由度为 $(r-1)(k-1)$。练习中第 8 题比较服从多项分布的三个总体，将给你一个使用 χ^2 检验的机会。

练习

方法

2. 参见练习 1 的观察频数。
   a. 计算每个总体的样本比率。
   b. 在显著性水平 0.05 下，使用多重比较方法确定哪些总体比率差异显著。

应用

4. Benson 制造厂考虑从三家不同的供应商处订购电子部件。就质量而言，有缺陷部件的比例或百分比可能由于供应商的不同而不同。为了评估供应商有缺陷部件的比例，Benson 从每个供应商中抽取一批次的 500 个部件组成一个样本，其中有缺陷部件和良好部件的数量如下：

部件	供应商		
	A	B	C
有缺陷	15	20	40
良好	485	480	460

   a. 建立一个可以用来检验三家供应商提供的有缺陷部件比率相等的假设。
   b. 在显著性水平 0.05 下进行假设检验，p-值是多少？你的结论如何？

c. 进行多重比较检验以确定是否存在最佳供应商，或是否有供应商因质量差而可能被淘汰。

6. 一家报税公司想比较该公司两个地区办事处的工作质量。⊖样本报税单中出错申报单数和正确申报单数的观察频数如下：

报税单	地区办事处	
	办事处 1	办事处 2
出错	35	27
正确	215	273

   a. 两个办事处出错申报单的样本比率是多少？
   b. 利用 χ^2 检验方法确定两个办事处的出错率的总体比率之间是否存在显著差异。在显著性水平 0.10 下，检验原假设 $H_0: p_1 = p_2$。p-值是多少？你的结论如何？（注：当有三个或多个总体时，我们通常使用比率相等的 χ^2 检验，但这个例子表明 χ^2 检验同样可以用于检验两个总体比率的相等性。）
   c. 在 10.2 节，使用了 z 检验。检验统计量 χ^2 或检验统计量 z 都可以用于检验假设。然而，当我们想要对两个总体比率进行推断时，我们通

⊖ 练习 6 说明假设两个总体比率相等时，可以使用 χ^2 检验。

常首选 z 检验方法。对于两个总体比率的推断，参见本节末的注释和评论，评价为什么检验统计量 z 能给使用者提供更多的选项。

8. 某工厂考虑从三个不同的供货商处购买部件。从供货商处收到的部件被分级为次要缺陷、主要缺陷和良好。从每个供货商得到的部件样本的检测结果如右表所示。注意对这些数据进行的检验不再是三个总体比率的检验，因为分类型回答变量有三个结果：次要缺陷、主要缺陷和良好。⊖

被检验的部件	供应商		
	A	B	C
次要缺陷	15	13	21
主要缺陷	5	11	5
良好	130	126	124

利用上述数据，进行假设检验，以确定三个供货商的缺陷部件的分布是否相同。使用本节所介绍的 χ^2 检验计算，不同的是具有 r 行和 c 列的表将导致检验统计量 χ^2 的自由度为 $(r-1)(c-1)$。在显著性水平 0.05 下，p-值是多少？你的结论如何？

12.2　独立性检验

χ^2 检验的一个重要应用是利用样本数据检验两个分类变量的独立性，为了这个检验，我们从一个总体中抽取样本，并记录两个分类变量的观测值。我们通过对分类变量 1 和分类变量 2 的每一对组合统计回答的个数来汇总数据。检验的原假设是两个分类变量独立。因此，这种检验被称为**独立性检验**（test of independence）。我们通过下面的例子来说明这种检验。

啤酒行业协会进行一次调查以确定饮酒者对淡啤酒、普通啤酒和黑啤酒的啤酒偏好。抽取了 200 名饮酒者组成一个样本，询问样本中每一个人以得到其对三种类型啤酒（淡啤酒、普通啤酒和黑啤酒）的偏好。在调查问卷最后，要求回答者提供包括性别（男性或女性）等大量的人口统计学信息。相关的研究问题是三种类型的啤酒偏好是否与饮酒者性别独立。如果两个分类变量——啤酒偏好和饮酒者性别独立，则啤酒偏好将不依赖于饮酒者性别，且可以期待男性和女性饮酒者对淡啤酒、普通啤酒和黑啤酒的偏好相同。然而，如果检验的结论是两个分类变量不独立，我们将有啤酒偏好与饮酒者性别有关，或啤酒偏好与饮酒者性别不独立的证据。因此，我们可以期待男性和女性饮酒者的偏好不同。这样，啤酒厂可以利用这个信息，对男性和女性不同的目标市场采用不同的推销策略。

这个独立性检验的假设如下：

H_0：啤酒偏好与饮酒者性别独立

H_a：啤酒偏好与饮酒者性别不独立

样本数据将汇总在一张二维表中，啤酒偏好（淡啤酒、普通啤酒和黑啤酒）作为一个变量，饮酒者性别（男性和女性）为另一个变量。因为研究的目的是确定男性和女性饮酒者的啤酒偏好之间是否存在差异，所以我们考虑将饮酒者性别作为解释变量。遵循实践中的惯例，将解释变量作为表格中数据的列变量；啤酒偏好是分类回答变量，显示为行变量。研究中 200 名饮酒者的样本结果汇总在表 12-6 中。

汇总的样本数据基于每个回答者的啤酒偏好和性别的组合。例如，在研究中喜欢淡啤酒的男性有 51 人，喜欢普通啤酒的男性有 56 人，等等。现在我们分析表中的数据，并检验啤酒偏好与饮酒者性别是否独立。

首先，我们选择了一个饮酒者的样本，分别对每一个变量进行数据汇总，将得到饮酒者总体特征的一些内在性质。对饮酒者性别这个分类变量，我们看到样本的 200 人中有 132 人是男性，这给出饮酒者总体中男性比率的估计值为 132/200 = 0.66 或 66%。同样，饮酒者总体中女性比率的估计值为 68/200 = 0.34 或

表 12-6　男性与女性饮酒者啤酒偏好的样本资料（观察频数）

啤酒偏好	饮酒者性别		合计
	男性	女性	
淡啤酒	51	39	90
普通啤酒	56	21	77
黑啤酒	25	8	33
合计	132	68	200

⊖　练习 8 说明当分类回答变量有三个或多个结果时，χ^2 检验也可以用于多项总体检验。

34%。因此，男性饮酒者与女性饮酒者人数之比近似为 2∶1。三种类型啤酒的样本比率或百分比如下：

偏好淡啤酒　　　　90/200 = 0.450 或 45.0%

偏好普通啤酒　　　77/200 = 0.385 或 38.5%

偏好黑啤酒　　　　33/200 = 0.165 或 16.5%

综合样本中的所有饮酒者，最常见的啤酒偏好是淡啤酒，最不常见的啤酒偏好是黑啤酒。

现在我们进行 χ^2 检验以确定啤酒偏好与饮酒者性别是否独立。这里的计算结果和所用的公式与 12.1 节中所用的 χ^2 检验相同。利用表 12-6 中第 i 行和第 j 列的观察频数 f_{ij}，在假定啤酒偏好与饮酒者性别独立的条件下，我们计算期望频数 e_{ij}。期望频数遵循 12.1 节同样的逻辑和所用的公式，因此第 i 行和第 j 列的期望频数 e_{ij} 为：

$$e_{ij} = \frac{\text{第 } i \text{ 行合计数} \times \text{第 } j \text{ 列合计数}}{\text{样本容量}} \tag{12-4}$$

例如，如果啤酒偏好与饮酒者性别独立，则 $e_{11} = (90 \times 132)/200 = 59.40$ 是男性中偏好淡啤酒的期望频数。因此，我们可以利用式（12-4）确定表 12-7 中的其他期望频数。

按照第 12.1 节 χ^2 检验方法，我们用下列表达式计算检验统计量 χ^2 的数值：

$$\chi^2 = \sum_i \sum_j \frac{(f_{ij} - e_{ij})^2}{e_{ij}} \tag{12-5}$$

对于 r 行和 c 列的表，χ^2 分布的自由度为 $(r-1)(c-1)$，且每个单元格的期望频数都大于或等于 5。因此，在这个应用中，我们将使用自由度为 $(3-1) \times (2-1) = 2$ 的 χ^2 分布。计算检验统计量 χ^2 的完整步骤汇总在表 12-8 中。

表 12-7　在啤酒偏好与饮酒者性别独立时的期望频数

啤酒偏好	饮酒者性别		合计
	男性	女性	
淡啤酒	59.40	30.60	90
普通啤酒	50.82	26.18	77
黑啤酒	21.78	11.22	33
合计	132	68	200

表 12-8　啤酒偏好与饮酒者性别独立的检验统计量 χ^2 的计算

啤酒偏好	性别	观察频数 (f_{ij})	期望频数 (e_{ij})	差 $(f_{ij}-e_{ij})$	差的平方 $(f_{ij}-e_{ij})^2$	差的平方除以期望频数 $(f_{ij}-e_{ij})^2/e_{ij}$
淡啤酒	男性	51	59.40	−8.40	70.56	1.19
淡啤酒	女性	39	30.60	8.40	70.56	2.31
普通啤酒	男性	56	50.82	5.18	26.83	0.53
普通啤酒	女性	21	26.18	−5.18	26.83	1.02
黑啤酒	男性	25	21.78	3.22	10.37	0.48
黑啤酒	女性	8	11.22	−3.22	10.37	0.92
	合计	200	200			$\chi^2 = 6.45$

我们可以使用自由度为 2 的 χ^2 分布的上侧面积和 p-值法，来确定啤酒偏好与饮酒者性别独立的原假设是否被拒绝。利用表 12-4 的 χ^2 分布表的第 2 行，我们有如下信息：

上侧面积	0.10	0.05	0.025	0.01	0.005
χ^2 值（$df=2$）	4.605	5.991	7.378	9.210	10.597

$$\uparrow$$
$$\chi^2 = 6.45$$

我们看到 $\chi^2 = 6.45$ 的上侧面积介于 0.025~0.05，所以相对应的上侧面积或 p-值必介于 0.025~0.05。由于 p-值 $\leqslant \alpha = 0.05$，我们拒绝 H_0 并得出啤酒偏好与饮酒者性别不独立的结论。用另一种说法陈述，研究显示可以期待男性和女性饮酒者的啤酒偏好不同。利用 JMP 或 Excel 程序，自由度为 2，$\chi^2 = 6.45$ 对应的 p-值为 0.039 8。

不使用 p-值法，我们可以使用临界值法得到相同的结论。对于 $\alpha = 0.05$ 和自由度为 2，检验统计量 χ^2 的临界值为 $\chi^2 = 5.991$。上侧检验的拒绝法则变为：

$$如果 \chi^2 \geqslant 5.991，\quad 则拒绝 H_0$$

由于 $6.45 \geqslant 5.991$，我们拒绝 H_0。因此，我们再次看到 p-值法和临界值法得到相同的假设检验结论。

现在我们有啤酒偏好与饮酒者性别不独立的证据，我们需要从数据中得到另外的内在特征，来评估这两个变量之间的关系。一种方法是分别计算男性和女性饮酒者啤酒偏好的概率。这些计算结果如下：

啤酒偏好	男性	女性
淡啤酒	$51/132 = 0.3864$ 或 38.64%	$39/68 = 0.5735$ 或 57.35%
普通啤酒	$56/132 = 0.4242$ 或 42.42%	$21/68 = 0.3088$ 或 30.88%
黑啤酒	$25/132 = 0.1894$ 或 18.94%	$8/68 = 0.1176$ 或 11.76%

男性和女性饮酒者三种类型啤酒偏好的条形图如图 12-1 所示。

对于啤酒偏好和饮酒者性别之间的关系，你能得到什么样的观察结果？对于样本中的女性饮酒者，最受欢迎的是淡啤酒，占 57.35%。对于样本中的男性饮酒者，最受欢迎的是普通啤酒，占 42.42%。同时女性饮酒者比男性饮酒者对于淡啤酒有更高偏好，而男性饮酒者对于普通啤酒和黑啤酒比女性饮酒者有更高偏好。通过图 12-1 这样的条形图，数据可视化有助于得到两个分类变量的内在关系。

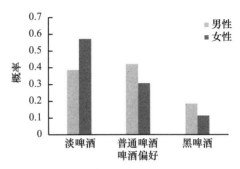

图 12-1　啤酒偏好与饮酒者性别的条形图

在结束讨论之前，我们汇总独立性检验的步骤如下。

两个分类变量独立性的 χ^2 检验

1. 建立原假设与备择假设。

$$H_0：两个分类变量独立$$
$$H_a：两个分类变量不独立$$

2. 从总体中选择一个随机样本，收集样本中每个个体对两个变量的数据。在表中记录 r 行和 c 列的观察频数 f_{ij}。

3. 假定原假设为真，计算期望频数 e_{ij}。

4. 如果期望频数 e_{ij} 都大于或等于 5[⊖]，计算检验统计量：

$$\chi^2 = \sum_i \sum_j \frac{(f_{ij} - e_{ij})^2}{e_{ij}}$$

5. 拒绝法则[⊖]：

$$p\text{-值法：如果 } p\text{-值} \leqslant \alpha，则拒绝 H_0$$
$$临界值法：如果 \chi^2 \geqslant \chi_\alpha^2，则拒绝 H_0$$

式中，χ^2 分布的自由度为 $(r-1)(c-1)$，α 为检验的显著性水平。

最后，如果独立的原假设被拒绝，像上述例子那样汇总概率有助于分析者确定两个分类变量存在的关联或相关性。

⊖　期望频数都大于或等于 5，对于 χ^2 检验是有效的。
⊖　χ^2 检验也是一个单侧检验，H_0 的拒绝域在自由度为 $(r-1)(c-1)$ 的 χ^2 分布的上侧。

练 习

方法

10. 下表给出了一个容量为 240 的样本的观察频数。在显著性水平 $\alpha = 0.05$ 下，检验行变量与列变量的独立性。

行变量	列变量		
	A	B	C
P	20	30	20
Q	30	60	25
R	10	15	30

应用

12. 德勤就业调查对人力资源主管进行了一次抽样调查，询问在接下来的 12 个月中他们的公司计划如何改变劳动力状况。一个分类回答变量有三个选项：公司计划雇用和增加员工的数量，公司计划不改变员工的数量，公司计划解雇和减少员工的数量。另一个分类变量显示公司是私立或公立的。180 家公司的样本数据汇总如下：

雇用计划	公司类型	
	私立	公立
增加员工数量	37	32
不改变员工数量	19	34
减少员工数量	16	42

a. 在显著性水平 0.05 下，进行独立性检验以确定接下来的 12 个月中雇用计划是否与公司类型独立。你的结论如何？

b. 讨论接下来 12 个月私立公司和公立公司雇用计划的不同。

14. 汽车质量调查询问了新车主大量关于他们新近购买汽车的问题。对车主询问的一个问题是其对车辆的评价，评价按一般、杰出和不寻常分类。另一个问题是询问车主的教育水平，教育水平按近似高中、高中毕业、近似大学和大学毕业分类。假设最近购买汽车的 500 名车主的样本数据如下：

质量评级	教育水平			
	近似高中	高中毕业	近似大学	大学毕业
一般	35	30	20	60
杰出	45	45	50	90
不寻常	20	25	30	50

a. 在显著性水平 0.05 下，进行独立性检验以确定新车主对汽车的质量评价是否与其教育水平独立。p-值是多少？你的结论如何？

b. 利用一般、杰出和不寻常的总的百分比，评论新车主对他们新近购买汽车的质量的评价。

16. 2013 年奥斯卡最佳女演员奖的竞争日益激烈，有多位表演出色的演员。被提名人是《刺杀本·拉登》中的杰西卡·查斯坦、《乌云背后的幸福线》中的詹妮弗·劳伦斯、《爱》中的艾曼纽·丽娃、《南方的野兽》中的奎文赞妮·瓦利斯、《海啸奇迹》中的娜奥米·沃茨。一项调查询问看过这五位被提名女演员的每一部电影的影迷，使其选择最应该获得 2013 年奥斯卡最佳女演员奖的人，回答如下：

	18~30 岁	31~44 岁	45~58 岁	58 岁以上
杰西卡·查斯坦	51	50	41	42
詹妮弗·劳伦斯	63	55	37	50
艾曼纽·丽娃	15	44	56	74
奎文赞妮·瓦利斯	48	25	22	31
娜奥米·沃茨	36	65	62	33

a. 这一调查的样本容量是多大？

b. 詹妮弗·劳伦斯凭借在《乌云背后的幸福线》中的表演获得了 2013 年奥斯卡最佳女演员奖，回答赞成詹妮弗·劳伦斯吗？

c. 在显著性水平 0.05 下，进行独立性检验以确定人们对获得奥斯卡最佳女演员奖的女演员的态度是否与回答者的年龄独立，你的结论如何？

18. 在辛迪加的电视节目中关于哪部影片最好，两位主持人经常给人造成强烈争执的印象。每部电影观感按"称赞""贬斥"或"褒贬皆有"来分类。两位主持人对 160 部电影的评价结果如下。

主持人 A	主持人 B		
	贬斥	褒贬皆有	称赞
贬斥	24	8	13
褒贬皆有	8	13	11
称赞	10	9	64

在显著性水平 0.01 下，用独立性检验分析数据。你的结论如何？

12.3 拟合优度检验

在本节中,我们使用 χ^2 检验来确定一个被抽样的总体是否服从某个特殊的概率分布。首先,我们考虑总体服从一个历史的多项概率分布的情形,并使用拟合优度检验来确定新的样本数据的总体分布与历史的分布相比较是否显示存在改变。然后,我们考虑假设总体服从正态概率分布的情形。在这种情况下,我们利用拟合检验来确定样本数据是否显示正态概率分布的假设适当还是不适当。这两个检验都被称为**拟合优度检验**(goodness of fit test)。

12.3.1 多项概率分布

对于**多项概率分布**(multinomial probability distribution)[⊖],总体中的每一个个体被分配到三个或多个类中的一个且仅一个。作为一个例子,考虑 Scott 市场调查公司进行的市场份额研究。在过去的一年中,公司 A 的市场份额稳定在30%,公司 B 稳定在50%,公司 C 稳定在20%。因为每一名顾客可以按照购买这些公司的产品来进行分类,所以我们得到一个三种可能结果的多项概率分布。三个结果中每一种的概率如下:

p_A——顾客购买公司 A 产品的概率

p_B——顾客购买公司 B 产品的概率

p_C——顾客购买公司 C 产品的概率

利用历史的市场份额,我们有多项概率分布[⊖]:$p_A = 0.30$,$p_B = 0.50$,$p_C = 0.20$。

公司 C 开发了一种"新型改进"产品,以取代当前市场上该公司所售产品。Scott 市场调查公司受雇于公司 C,目的是判断新产品是否使三家公司的市场份额发生了改变。特别地,Scott 市场调查公司将向一个顾客样本介绍公司 C 的新产品,然后询问顾客对于公司 A 产品、公司 B 产品及公司 C 新产品的偏好。基于样本数据,我们可以使用下列假设检验来确定公司 C 的新产品是否改变了三家公司的市场份额。

$$H_0: p_A = 0.30, \quad p_B = 0.50, \quad p_C = 0.20$$

$$H_a: 总体比率不是 \ p_A = 0.30, \quad p_B = 0.50, \quad p_C = 0.20$$

原假设基于市场份额的历史的多项概率分布。如果样本结果导致 H_0 被拒绝,则 Scott 市场调查公司有证据表明新产品的引进影响了市场份额。

我们假定 Scott 市场调查公司对 200 名顾客进行了调查,询问每一名顾客对于公司 A 产品、公司 B 产品及公司 C 新产品的购买偏好。200 份答卷的汇总结果如下:

观察频数		
公司 A 的产品	公司 B 的产品	公司 C 的新产品
48	98	54

现在我们进行拟合优度检验,来确定 200 名顾客的购买偏好与原假设是否相符。与其他 χ^2 检验一样,拟合优度检验基于样本的观察频数与原假设为真时期望频数的比较。因此,下一步就要在假设 $H_0: p_A = 0.30$,$p_B = 0.50$,$p_C = 0.20$ 为真时,计算 200 名顾客的期望购买偏好,由此得到期望频数如下。

期望频数		
公司 A 的产品	公司 B 的产品	公司 C 的新产品
200×0.30 = 60	200×0.50 = 100	200×0.20 = 40

注意每一类的期望频数是样本容量 200 与每一类的假设比率的乘积。

现在,拟合优度检验重点关注观察频数与期望频数之间的差异。观察频数与期望频数之间差异的大小可以借

⊖ 多项概率分布是二项概率分布每次试验有三个或多个结果的情形。

⊖ 多项概率分布的概率之和等于 1。

助以下检验统计量 χ^2 来衡量。

拟合优度的检验统计量 χ^2

$$\chi^2 = \sum_{i=1}^{k} \frac{(f_i - e_i)^2}{e_i} \tag{12-6}$$

式中，f_i 为第 i 类的观察频数；e_i 为第 i 类的期望频数；k 为类别个数。

注意：当所有类别的期望频数都大于或等于 5 时，检验统计量服从自由度为 $k-1$ 的 χ^2 分布。

我们继续 Scott 市场调查的例子，并利用样本数据来检验假设：多项总体市场份额的比率 $p_A = 0.30$，$p_B = 0.50$ 及 $p_C = 0.20$ 保持不变。我们在显著性水平 $\alpha = 0.05$ 下，用观察频数和期望频数来计算检验统计量的数值。由于期望频数都大于或等于 5，表 12-9 给出了检验统计量 χ^2 的计算结果。我们得到 $\chi^2 = 7.34$。

表 12-9 Scott 市场调查公司的市场份额研究中检验统计量 χ^2 的计算

类别	假设比率	观察频数 (f_i)	期望频数 (e_i)	差 ($f_i - e_i$)	差的平方 ($f_i - e_i)^2$	差的平方除以期望频数 ($f_i - e_i)^2 / e_i$
公司 A	0.30	48	60	−12	144	2.40
公司 B	0.50	98	100	−2	4	0.04
公司 C	0.20	54	40	14	196	4.90
合计		200				$\chi^2 = 7.34$

如果观察频数和期望频数之间差异很大，我们将拒绝原假设。因此，拟合优度检验总是上侧检验[⊖]，我们可以用检验统计量的上侧面积和 p-值法来确定原假设是否被拒绝。由于自由度为 $k-1 = 3-1 = 2$，利用表 12-4 的 χ^2 分布表的第 2 行，我们有如下信息：

上侧面积	0.10	0.05	0.025	0.01	0.005
χ^2 数值 ($df=2$)	4.605	5.991	7.378	9.210	10.597

↑
$\chi^2 = 7.34$

检验统计量 $\chi^2 = 7.34$ 介于 $5.991 \sim 7.378$，因此相应的上侧面积或 p-值必介于 $0.025 \sim 0.05$。由于 p-值 $\leqslant \alpha = 0.05$，我们拒绝 H_0 并得出公司 C 引进新产品将改变市场份额的结论，可以利用 JMP 或 Excel 程序，得到 $\chi^2 = 7.34$ 对应的 p-值为 0.025 5。

不用 p-值法，我们还可以使用临界值法得到相同的结论。由于 $\alpha = 0.05$ 和自由度为 2，则检验统计量的临界值为 $\chi^2_{0.05} = 5.991$，上侧检验的拒绝法则变为：

如果 $\chi^2 \geqslant 5.991$，则拒绝 H_0

由于 7.34>5.99，因此我们拒绝 H_0。p-值法和临界值法能得到假设检验相同的结论。

现在我们有公司 C 引进新产品将改变三个公司的市场份额的结论，我们有兴趣了解关于市场份额如何变动的更多信息。利用历史市场份额和样本数据，我们汇总数据如下：

公司	历史市场份额（%）	市场份额的样本数据
A	30	48/200 = 0.24 或 24%
B	50	98/200 = 0.49 或 49%
C	20	54/200 = 0.27 或 27%

历史市场份额和样本市场份额相比较的条形图如图 12-2 所示。数据可视化方法显示新产品将增加公司 C 的市

⊖ 拟合优度检验总是单侧检验，检验的拒绝域位于 χ^2 分布的上侧。

场份额，与其他两家公司相比，公司 C 市场份额的增加对公司 A 的影响比对公司 B 的影响要大。

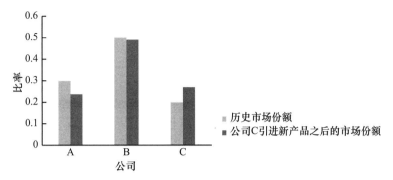

图 12-2 公司 C 引进新产品前后的市场份额的条形图

对假设的多项总体分布进行拟合优度检验可使用的一般步骤汇总如下。

多项概率分布的拟合优度检验

1. 建立原假设和备择假设。

H_0：总体服从 k 类中每类都有指定的概率的多项概率分布

H_a：总体不服从 k 类中每类都有指定的概率的多项概率分布

2. 选择一个随机样本，并记录每一类别的观察频数 f_i。

3. 假定原假设为真，由此确定每一类别的期望频数 e_i，e_i 等于样本容量与各类概率的乘积。

4. 如果每一类的期望频数 e_i 都大于或等于 5，计算检验统计量的数值。

$$\chi^2 = \sum_{i=1}^{k} \frac{(f_i - e_i)^2}{e_i}$$

5. 拒绝法则：

p-值法：如果 p-值 $\leq \alpha$，则拒绝 H_0

临界值法：如果 $\chi^2 \geq \chi_\alpha^2$，则拒绝 H_0

α 为检验的显著性水平。

12.3.2 正态分布

正态分布的拟合优度检验也是基于 χ^2 分布的应用，具体地，在总体服从正态分布的假设下，将样本数据的若干类别的观察频数同期望频数进行比较。因为正态分布是连续型的，我们必须修正定义类别的方式以及计算期望频数的方法。我们通过考察表 12-10 中 Chemline 公司求职者的测验数据，来阐述正态分布的拟合优度检验。

表 12-10 Chemline 公司随机选取 50 名求职者的能力测验分数

71	66	61	65	54	93	60	86	70	70	73	73
55	63	56	62	76	54	82	79	76	68	53	58
85	80	56	61	61	64	65	62	90	69	76	79
77	54	64	74	65	65	61	56	63	80	56	71
79	84										

Chemline 公司每年为其遍布美国的 4 家工厂招聘大约 400 名新雇员。人事部主管想知道测验分数总体是否呈现正态分布。如果呈现正态分布，则他可以根据这个分布评估具体分数，即可以迅速判断出前 20% 人的分数、后 40% 人的分数，等等。因此，我们试图检验测验分数总体服从正态分布的原假设。

首先，我们利用表 12-10 的数据估计原假设中要考虑的正态分布的均值和标准差。我们用样本均值 $\bar{x}$ 和样本标准差 s 作为正态分布均值和标准差的点估计，计算结果如下：

$$\bar{x} = \frac{\sum x_i}{n} = \frac{342\,1}{50} = 68.42$$

$$s = \sqrt{\frac{\sum (x_i - \bar{x})^2}{n-1}} = \sqrt{\frac{5\,310.036\,9}{49}} = 10.41$$

利用这些数值，我们提出关于求职者测验分数分布的假设如下：

H_0：测验分数总体服从均值为 68.42 和标准差为 10.41 的正态分布

H_a：测验分数总体不服从均值为 68.42 和标准差为 10.41 的正态分布

所假设的正态分布如图 12-3 所示。

由于正态分布是连续型的，我们必须采取不同的方法来定义类别。我们需要利用测验分数的区间来定义类别。

回顾以上关于每个区间或类别中期望频数至少为 5 的法则。我们定义测验分数的类别时，也必须使每一类的期望频数至少为 5。由于样本容量为 50，一种方法是将正态分布划分为 10 个等概率区间（见图 12-4）。我们可以期望每个区间或类别中有 5 个结果，关于期望频数至少为 5 的法则也满足了。[⊖]

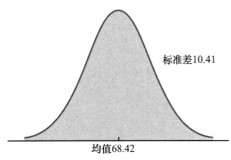

图 12-3 Chemline 公司求职者测验分数假设的正态分布

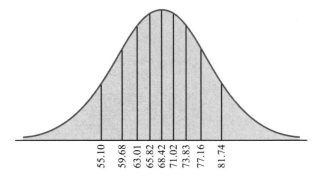

图 12-4 Chemline 公司例子的 10 个等概率区间的正态分布
注：每个区间的概率为 0.1。

我们进一步考察计算类别边界的方法。当假定为正态分布时，标准正态概率表可以用于确定这些边界。首先考虑最低 10% 的测验分数的分界值。根据标准正态概率表，我们得到该测验分数对应的 z 值为 -1.28。因此，分数 $x = 68.42 - 1.28 \times 10.41 = 55.10$ 是最低 10% 的分界值。对于最低 20% 的情形，我们得到 $z = -0.84$，于是 $x = 68.42 - 0.84 \times 10.41 = 59.68$。用这种方法处理整个正态分布，得到下列测验分数值。

百分比（%）	z 值	测验分数
10	-1.28	68.42 - 1.28×10.41 = 55.10
20	-0.84	68.42 - 0.84×10.41 = 59.68
30	-0.52	68.42 - 0.52×10.41 = 63.01
40	-0.25	68.42 - 0.25×10.41 = 65.82
50	0.00	68.42 + 0.00×10.41 = 68.42
60	+0.25	68.42 + 0.25×10.41 = 71.02
70	+0.52	68.42 + 0.52×10.41 = 73.83
80	+0.84	68.42 + 0.84×10.41 = 77.16
90	+1.28	68.42 + 1.28×10.41 = 81.74

⊖ 对于连续型概率分布，依据使每个区间中的期望频数至少为 5 的法则来建立区间。

这些区间的分界值或边界点已标注在图 12-4 中。

现在测验分数的类别或区间已定义好了，且已知每一类的期望频数为 5，我们可以回到表 12-10 的样本数据中来确定这些类别的观察频数，由此得出表 12-11 的结果。

利用表 12-11 中的计算结果，拟合优度检验的计算过程与前面完全一样。我们通过计算 χ^2 的数值来比较观察频数与期望频数。检验统计量 χ^2 的必要计算结果列在表 12-12 中，我们得到检验统计量的数值为 $\chi^2 = 7.2$。

为了确定 χ^2 的数值 7.2 是否大到足以拒绝 H_0，我们需要参考适当的 χ^2 分布表。利用拟合优

表 12-11　Chemline 公司求职者测验分数的观察频数和期望频数

测验分数区间	观察频数（f_i）	期望频数（e_i）
55.10 以下	5	5
55.10~59.68	5	5
59.68~63.01	9	5
63.01~65.82	6	5
65.82~68.42	2	5
68.42~71.02	5	5
71.02~73.83	2	5
73.83~77.16	5	5
77.16~81.74	5	5
81.74 以上	6	5
合计	50	50

度检验中计算自由度的法则，我们得到自由度为 $k-p-1 = 10-2-1 = 7$，这里有 $k = 10$ 个类别以及由样本估计的 $p = 2$ 个参数（均值与标准差）。[注]

表 12-12　Chemline 公司求职者例子的统计量 χ^2 的计算

测验分数区间	观察频数（f_i）	期望频数（e_i）	差（$f_i - e_i$）	差的平方（$f_i - e_i$）^{2}	差的平方除以期望频数（$f_i - e_i$）$^2/e_i$
55.10 以下	5	5	0	0	0.0
55.10~59.68	5	5	0	0	0.0
59.68~63.01	9	5	4	16	3.2
63.01~65.82	6	5	1	1	0.2
65.82~68.42	2	5	−3	9	1.8
68.42~71.02	5	5	0	0	0.0
71.02~73.83	2	5	−3	9	1.8
73.83~77.16	5	5	0	0	0.0
77.16~81.74	5	5	0	0	0.0
81.74 以上	6	5	1	1	0.2
合计	50	50			$\chi^2 = 7.2$

假设我们在显著性水平 0.10 下，检验测验分数服从正态分布的原假设。为了检验这个假设，我们需要根据自由度为 7 的 χ^2 分布确定 $\chi^2 = 7.2$ 的上侧面积，从而确定 p-值。利用表 12-4 的第 7 行，我们看到 $\chi^2 = 7.2$ 的上侧面积超过 0.10。因此，我们知道 p-值大于 0.10。利用 JMP 或 Excel 程序得到 $\chi^2 = 7.2$ 对应的 p-值为 0.408 4。由于 p-值 > 0.10，因此，Chemline 公司求职者测验分数服从正态分布的假设不能被拒绝。应用正态分布可以有助于解释测验分数。正态分布的拟合优度检验的步骤总结如下。

正态分布的拟合优度检验

1. 建立原假设和备择假设

$$H_0: 总体服从正态概率分布$$
$$H_a: 总体不服从正态概率分布$$

2. 抽取一个随机样本，并且
   a. 计算样本均值和样本标准差。

⊖　估计正态分布中的两个参数将导致 χ^2 检验的自由度减少 2。

b. 定义 k 个取值区间使得每个区间中的期望频数至少为 5。使用等概率区间是很好的方法。

c. 记录每个确定好的区间的数据值的观察频数 f_i。

3. 对于步骤 2（b）中确定的每个区间，计算发生次数的期望频数 e_i，即样本容量与正态随机变量落入每个区间的概率的乘积。

4. 计算检验统计量。

$$\chi^2 = \sum_{i=1}^{k} \frac{(f_i - e_i)^2}{e_i}$$

5. 拒绝法则：

p-值法：如果 p-值 $\leq \alpha$，则拒绝 H_0

临界值法：如果 $\chi^2 \geq \chi_\alpha^2$，则拒绝 H_0

式中，α 为显著性水平；自由度为 $k-p-1$，其中 p 是样本估计的分布参数的个数。在步骤 2（a）中，利用样本估计了均值和标准差。因此，$p=2$，自由度为 $k-2-1=k-3$。

练 习

方法

20. 以下数据被认为来自一个正态分布。在显著性水平 $\alpha=0.05$ 下，进行拟合优度检验，以检验这个假设。

17	23	22	24	19	23	18	22
20	13	11	21	18	20	21	
21	18	15	24	23	23	43	29
27	26	30	28	33	23	29	

应用

22. 玛氏公司生产一种在世界上受欢迎的糖果品牌——M&M。牛奶巧克力糖果有各种颜色，其中包括蓝色、褐色、绿色、橙色、红色和黄色。颜色的总比率是：蓝色 0.24，褐色 0.13，绿色 0.20，橙色 0.16，红色 0.13 和黄色 0.14。一次抽样研究打开几袋 M&M 牛奶巧克力糖果，得到颜色的数量结果如下。

蓝色	褐色	绿色	橙色	红色	黄色
105	72	89	84	70	80

在显著性水平 0.05 下，用样本数据检验假设：颜色的总比率如前所述。你的结论如何？

24. 美国公路交通安全局报道了一周中每天发生交通事故的百分比。假设 420 次交通事故的样本提供了如下数据：

星期日	星期一	星期二	星期三	星期四	星期五	星期六
66	50	53	47	55	69	80

a. 在显著性水平 0.05 下，进行假设检验以确定一周中每天发生交通事故的比率是否相同。你的结论如何？

b. 计算一周中每天发生交通事故的比率。哪天发生交通事故的比率最高？这合理吗？请讨论。

26. 某种产品的每周需求量被认为服从正态分布。在显著性水平 $\alpha=0.10$ 下，利用拟合优度检验以及下列数据检验这一假设。样本均值为 24.5，样本标准差为 3。

18	20	22	27	22	25	22	27	25
24	26	23	20	24	26			
27	25	19	21	25	26	25	31	29
25	25	28	26	28	24			

小 结

在本章我们介绍了对下列应用的假设检验：

1. 检验三个或多个总体比率的相等性。

2. 检验两个分类变量的独立性。

3. 检验一个总体的概率分布是否服从一个特殊的

历史或理论概率分布。

所有这些检验都适用于分类变量，且所有的检验都利用检验统计量 χ^2，该统计量基于观察频数与期望频数之间的差异。在每一种情形中，在原假设为真时，计算期望频数，这些 χ^2 检验都是上侧检验。观察频数与期望频数之间差异较大，将导致检验统计量 χ^2 的数值较大，则表明原假设应该被拒绝。

三个或多个总体比率相等性的检验基于从每一个总体独立抽取的随机样本。对每一个总体的两类回答，样本数据提供了每一类的个数。原假设是所有总体比率相等，原假设的拒绝域支持所有总体比率不全相等的结论。

两个分类变量的独立性检验利用来自总体的一个样本，数据显示两个分类变量的每一个组合的个数。原假设是两个变量独立，这个检验被称为独立性检验。如果原假设被拒绝，则有两个变量之间相关或依赖的统计证据。

利用拟合优度检验，来检验一个总体服从某个特殊的历史或理论概率分布的假设。我们阐述了服从多项概率分布和正态概率分布的应用。由于正态概率分布适用于连续型数据，因此对拟合优度检验需要的分类变量，通过设置数据值的区间来定义类别。

关键术语

goodness of fit test　拟合优度检验　一种用于检验一个总体概率分布服从一个特殊的历史或理论分布的 χ^2 检验。多项概率分布和正态概率分布被用来说明这种检验。

Marascuilo procedure　Marascuilo 方法　一种用于检验成对总体比率之间差异显著性的多重比较方法。当所有总体比率相等的原假设被拒绝时，这个检验有助于确定成对总体比率之间的差异。

multinomial probability distribution　多项概率分布　每一个结果属于三个或多个类别中的一个且仅一个的一种概率分布。多项概率分布将二项概率分布由每次试验的两个结果推广到三个或多个结果。

test of independence　独立性检验　一种用于检验两个分类变量独立性的 χ^2 检验。如果独立性假设被拒绝，则可以得出两个分类变量相关或依赖的结论。

重要公式

在假定 H_0 为真时的期望频数

$$e_{ij} = \frac{\text{第 } i \text{ 行合计数} \times \text{第 } j \text{ 列合计数}}{\text{总样本容量}} \quad (12\text{-}1)$$

检验统计量 χ^2

$$\chi^2 = \sum_i \sum_j \frac{(f_{ij} - e_{ij})^2}{e_{ij}} \quad (12\text{-}2)$$

Marascuilo 成对比较方法的临界值

$$CV_{ij} = \sqrt{\chi_\alpha^2} \sqrt{\frac{\bar{p}_i(1-\bar{p}_i)}{n_i} + \frac{\bar{p}_j(1-\bar{p}_j)}{n_j}} \quad (12\text{-}3)$$

拟合优度的检验统计量 χ^2

$$\chi^2 = \sum_{i=1}^{k} \frac{(f_i - e_i)^2}{e_i} \quad (12\text{-}6)$$

补充练习

28. Arconic 公司是航空电子和汽车工业用铝部件的生产商。在其达文波特工厂，一位工程师进行了一次质量控制检验，检查了三个班组生产的铝部件。设计的调查研究是为了确定三个班组部件良好的比率是否相同。样本数据如下：

产品质量	产品班组		
	一班	二班	三班
良好	285	368	176
有缺陷	15	32	24

a. 在显著性水平 0.05 下，进行检验以确定三个班组部件良好的比率是否相同。p-值是多少？你的结论如何？

b. 如果结论是总体比率不全相等，利用多重比较方法来确定哪些班组的质量不同。哪些班组需要改进生产部件的质量？

30. 皮尤研究中心进行的一项调查，询问人们更适合于在节奏较慢还是较快的地区生活。调查还询问了回答者的性别，考虑如下样本数据。

喜欢的生活节奏	性别	
	男性	女性
较慢	230	218
无偏好	20	24
较快	90	48

a. 在显著性水平 0.05 下，喜欢的生活节奏与性别是否独立？p-值是多少？你的结论如何？

b. 讨论男性与女性偏好之间的差异。

32. 弗吉尼亚州两个县紧急救护车呼叫次数的数据如下。一个县是城市型县，另一个县是乡村型县。在过去两年中，471 次救护车呼叫的一个样本给出了每次紧急呼叫的县的类型和星期。样本数据如下：

县的类型	星期						
	日	一	二	三	四	五	六
城市型县	61	48	50	55	63	73	43
乡村型县	7	9	16	13	9	14	10

在显著性水平 0.05 下，检验县的类型与星期的独立性。p-值是多少？你的结论如何？

34. 哈里斯民意测验追踪了那些至少关注一项运动的美国人最喜欢的运动。调查结果显示，被调查人员当中有 33% 认为他们最喜欢的运动是职业橄榄球，然后棒球是 15%、男子大学生橄榄球 10%、赛车 6%、男子职业篮球 5%、冰球 5% 及其他运动 26%。考虑一项调查，询问 344 名至少关注一项运动的大学本科生以确定他们最喜欢的运动，得到如下的结果：

职业橄榄球	棒球	男子大学生橄榄球	赛车	男子职业篮球	冰球	其他运动
111	39	46	14	6	20	108

在显著性水平 $\alpha = 0.05$ 下，大学生在他们最喜爱的运动方面是否与普通大众有所不同？

36. 一门大学课程期末考试成绩的随机样本如下：

55　85　72　99　48　71　88　70　59　98　80
74　93　85　74
82　90　71　83　60　95　77　84　73　63　72
95　79　51　85
76　81　78　65　75　87　86　70　80　64

在显著性水平 0.05 下，检验假设"考试成绩的总体分布为正态分布"是否应该被拒绝。

案例 12-1　两党议程变更

在 Zogby International 为 *Democrat and Chronicle* 进行的一次研究中，对 700 多位纽约人进行了民意测验，以判断纽约州政府是否正常运作。受访者被问及的问题涉及州议员的减薪、对说客的限制、州议员任期的限制，以及州公民是否能够将事项直接交给州议员进行投票表决。关于一些改革建议的成效，跨越所有人口和政治的界限，得到了选民的广泛支持。

假定对居住在纽约州西部地区的 100 个人进行了一次跟进调查。每位受访者的党派（民主党、独立党、共和党）以及对下列三个问题的回答被记录下来。

1. 因为每天的州预算都滞后，州议员是否应该减薪？
　　是＿＿＿　否＿＿＿

2. 是否应该对说客有更多的限制？
　　是＿＿＿　否＿＿＿

3. 是否应该对州议员需要服务的任期设定一个固定的年限？
　　是＿＿＿　否＿＿＿

回答用 1 代表"是"，用 2 代表"否"。完整的数据集可供使用，存在名为 **NYReform** 的文件中。

管理报告

1. 利用描述统计量汇总该研究中的数据。对调查涉及的三个问题的回答（是与否）与党派之间的独立性，你有何初步结论？

2. 对于问题 1，在显著性水平 $\alpha = 0.05$ 下，检验受访者的回答（是与否）与党派的独立性。

3. 对于问题 2，在显著性水平 $\alpha = 0.05$ 下，检验受访者的回答（是与否）与党派的独立性。

4. 对于问题 3，在显著性水平 $\alpha = 0.05$ 下，检验受访者的回答（是与否）与党派的独立性。

5. 改革建议是否得到了所有美国党派的支持？请解释。

案例 12-2　Fuentes Salty Snacks 公司

六个月前，Fuentes Salty Snacks 公司（简称 Fuentes）为其薯片系列引进了新的风味。在广泛的宣传活动的支持下，新口味的蜜饯培根味薯片在全美国范围内推出。Fuentes 的管理者深信，快速进入食品杂货店是成功推出新口味小吃产品的关键，同时管理者现在想确定 Fuentes 的蜜饯培根味薯片在美国各地食品杂货店的供应是否一致。市场营销部随机抽取了 8 个美国销售地区的 40 家食品杂货店的样本，这 8 个销售地区为：

- 新英格兰区（康涅狄格州、缅因州、马萨诸塞州、新罕布什尔州、罗得岛和佛蒙特州）
- 大西洋中部区（新泽西州、纽约州和宾夕法尼亚州）
- 中西部区（伊利诺伊州、印第安纳州、密歇根州、俄亥俄州和威斯康星州）
- 大平原区（艾奥瓦州、堪萨斯州、明尼苏达州、密苏里州、内布拉斯加州、北达科他州、俄克拉何马州、南达科他州）
- 南大西洋区（特拉华州、佛罗里达州、佐治亚州、马里兰州、北卡罗来纳州、南卡罗来纳州、弗吉尼亚州、西弗吉尼亚州和华盛顿特区）
- 深南部区（亚拉巴马州、阿肯色州、肯塔基州、路易斯安那州、密西西比州、田纳西州和得克萨斯州）
- 山区（亚利桑那州、科罗拉多州、爱达荷州、蒙大拿州、内华达州、新墨西哥州、犹他州和怀俄明州）
- 太平洋区（阿拉斯加州、加利福尼亚州、夏威夷州、俄勒冈州和华盛顿州）

市场营销部联系每家食品杂货店，询问店长商店目前是否有 Fuentes 的蜜饯培根味薯片。完整的数据存在文件 FuentesChips 中。

现在 Fuentes 的高级管理者希望利用这些数据评估 8 个美国销售地区中食品杂货店的蜜饯培根味薯片渗透程度是否一致。如果渗透程度不同，管理层还希望确定 Fuentes 的蜜饯培根味薯片渗透程度低于或高于预期的销售地区。

管理报告

准备一份管理报告解决以下问题。

1. 利用描述统计量汇总 Fuentes 研究的数据。根据描述统计量，关于 8 个美国销售地区中食品杂货店的蜜饯培根味薯片渗透程度，你有何初步结论？

2. 利用 Fuentes 研究中的数据，在 $\alpha=0.05$ 下，检验假设 8 个美国销售地区中目前有 Fuentes 的蜜饯培根味薯片的食品杂货店的比率相同。

3. 假设检验的结果是否提供了 Fuentes 的蜜饯培根味薯片渗透到 8 个美国销售地区的食品杂货店的证据？哪些地区的蜜饯培根味薯片渗透程度低于或高于预期？在 $\alpha=0.05$ 下，利用 Marascuilo 成对比较方法检验地区间的差异。

案例 12-3　Fresno Board 游戏公司

Fresno Board 游戏公司（简称 Fresno）在全美国范围内通过百货公司在线生产和销售多种不同类型的棋类游戏。Fresno 最受欢迎的游戏——Cabestrillo Cinco，是用 5 个色子玩的。Fresno 为这个游戏从 Box Car 公司购买了 25 年的色子，但公司目前正考虑转向 Big Boss Gaming 公司（BBG）购买。BBG 是一家新的供应商，提出更低的价格向 Fresno 出售色子。BBG 提供的色子能够节约成本，因而 Fresno 的管理层很感兴趣，但管理层也关注新供应商色子的质量。Fresno 以高度完整性而闻名，因此，管理层认为非常有必要确认包含在 Cabestrillo Cinco 中的色子是均匀的。

为了缓解 Fresno 的管理层对其生产的色子质量的担忧，BBG 允许 Fresno 的产品质量经理从其最近生产流水线中随机抽取 5 个色子。在 BBG 管理团队的几名成员观察下，Fresno 的产品质量经理将这 5 个随机选择的色子中的每一个掷 500 次，并记录每次的结果。这 5 个随机选择的色子的结果存放在文件 BBG 中。

Fresno 的管理层希望利用这些数据来评估这 5 个色子中的任何一个是否均匀；也就是说，一个结果发生的频率是否与其他结果发生的频率有差异？

管理报告

准备一份管理报告解决以下问题。

1. 利用描述统计量汇总 Fresno 产品质量经理搜集的数据。根据描述统计量，关于 5 个选择色子的均匀性，你有何初步结论？

2. 利用 Fresno 产品质量经理搜集的数据，在 $\alpha = 0.01$ 下，检验假设 5 个随机选择的色子中的第一个是均匀的，即 5 个随机选择的色子中的第一个的结果分布是 $p_1 = p_2 = p_3 = p_4 = p_5 = p_6$ 的多项分布。你的假设检验结果是否提供了 BBG 生产不均匀色子的证据？

第 13 章

实验设计与方差分析

CHAPTER

13

实践中的统计

Burke 市场营销服务公司 [一]

俄亥俄州，辛辛那提

Burke 市场营销服务公司是工业界最富有经验的市场研究机构之一。与世界上任何其他市场研究公司相比，Burke 每天都有更多的提议、更多的项目出笼。由于有当前美国最先进的科学技术的支撑，Burke 具备非常广泛的研究能力，可以为几乎所有市场营销问题提供答案。

在一项研究中，Burke 受聘于一家公司对儿童谷类食品的潜在新品种做出评价。为了保守商业秘密，我们称这家谷类食品制造商为 Anon 公司。Anon 产品开发者认为可能改善谷类食品味道的四个关键因素为以下四项。

（1）谷类食品中小麦与玉米的比例。

（2）甜味剂的类型：食糖、蜂蜜或人工增甜剂。

（3）有无果味香精。

（4）加工时间的长短。

Burke 设计了一个用于确定这四个因素对谷类食品味道将会产生什么影响的实验。例如，一种测试的谷类食品是在某个特定的小麦与玉米比例，甜味剂为食糖，加入果味香精和短加工时间条件下制成的；另一种测试的谷类食品是在小麦与玉米不同比例，但其他三个因素相同的条件下制成的，等等。由参加测试的几组儿童品尝这些谷类食品，并且对每种食品的味道进行评价。

方差分析是一种统计方法，我们使用这种方法来研究儿童品尝谷类食品的味道得到的数据。下面显示的是分析结果。

第一，谷类食品的成分及甜味剂的类型对味道的评价影响很大。

第二，果味香精事实上破坏了谷类食品的味道。

第三，加工时间对谷类食品的味道没有影响。

这些信息帮助 Anon 公司识别出可能生产出最佳味道谷类食品的因素。

Burke 进行的实验设计及随后的方差分析对生产谷类食品的设计方案很有裨益。在本章中，我们将看到这些方法是如何实现的。

在第 1 章我们提到，统计研究可以分为实验性研究与观测性研究两类。在实验性统计研究中，数据是通过实验产生的。一项实验首先要从确定一个我们感兴趣的变量开始。然后确定并控制一个或多个其他变量，这些其他变量与我们感兴趣的变量是相关的；与此同时，收集这些变量如何影响我们感兴趣的那一个变量的数据。

在观测性研究中，我们经常通过抽样调查，而不是控制一项实验来获取数据。一些好的设计原则仍然会得到使用，但严格控制一项实验性统计研究往往是不可能的。例如，在一项有关吸烟与肺癌之间关系的研究中，研究人员不可能为实验性研究的对象指定其是否有吸烟嗜好。研究人员仅限于简单地观察吸烟对那些曾经吸烟的人的影响，以及不吸烟对那些已经不吸烟的人的影响。

在本章中，我们介绍三种类型的实验设计：完全随机化设计、随机化区组设计以及析因实验。对于每一种实验设计，我们将要说明，方差分析（ANOVA）的统计方法如何能用于现有数据的分析。我们也可使用 ANOVA 来分析通过观测性研究得到的数据。例如，我们将会看到，当数据是通过一项观测性研究得到的时，用于完全随机化实验设计的 ANOVA 方法也适用于检验三个或三个以上总体均值的相等问题。在第 14 章我们将会看到，在分析涉及实验性研究与观测性研究两种类型数据的回归研究结果时，ANOVA 方法起到了关键的作用。 [二]

[一] 感谢 Burke 市场营销服务公司的罗纳德·塔特姆博士，他为"实践中的统计"提供了本案例。

[二] 罗纳德·A. 费雪（Ronald Alymer Fisher, 1890—1962）创立了被称为实验设计的统计学分支。他不仅在统计学领域卓有成就，而且还是遗传学领域的著名科学家。

在 13.1 节，我们将介绍实验性研究的基本原理，并且将说明如何将这些基本原理应用到完全随机化设计中。然后，在 13.2 节我们将要说明，如何应用 ANOVA 来分析完全随机化实验设计的数据。在后面的几节中，我们将讨论多重比较方法和另外两个有广泛应用的实验设计：随机化区组设计和析因实验。

13.1 实验设计和方差分析简介

作为实验性统计研究的例子，我们考虑 Chemitech 公司遇到的问题。Chemitech 公司开发了一种新的城市供水过滤系统。新过滤系统的部件需要从几家供应商处购买，然后由 Chemitech 公司设在南加州哥伦比亚市的工厂装配这些部件。公司的工程部负责确定新过滤系统的最佳装配方法。考虑了各种可能的装配方法后，工程部将范围缩小至三种方法：方法 A、方法 B 及方法 C。这些方法在新过滤系统装配步骤的顺序上有所不同。Chemitech 公司的管理人员希望确定，哪种装配方法能使每周生产的过滤系统的数量最多。[⊖]

在 Chemitech 公司的实验中，装配方法是独立变量或**因子**（factor）。因为对应于这个因子有三种装配方法，所以我们说这一实验有三个处理，每个**处理**（treatment）对应于三种装配方法中的一种。Chemitech 公司的问题是一个**单因子实验**（single-factor experiment）的实例，该问题只涉及一个定性因子（装配方法）。更为复杂的实验可能由多个因子组成，其中有些因子可能是定性的，有些因子可能是定量的。

三种装配方法或处理确定了 Chemitech 公司实验的三个总体。第一个总体是使用装配方法 A 的全体工人，第二个总体是使用装配方法 B 的全体工人，第三个总体是使用装配方法 C 的全体工人。注意对每个总体，因变量或**响应变量**（response variable）是每周装配的过滤系统的数量，并且该实验的主要统计目的是，确定三个总体（三种方法）每周所生产的过滤系统的平均数量是否相同。

假设从 Chemitech 公司生产车间的全体装配工人中抽取了三名工人组成一个随机样本。用实验设计的术语，三名随机抽取的工人是**实验单元**（experiment units）。我们将在 Chemitech 公司的问题中使用的实验设计称为**完全随机化设计**（completely randomized design）。这种类型的设计要求将每一种装配方法或处理随机地指派给一个实验单元或一名工人。例如，方法 A 可能被随机地指派给第二名工人，方法 B 被指派给第一名工人，方法 C 被指派给第三名工人。如同本例所解释的那样，随机化的概念是所有实验设计的一个重要原则。[⊖]

注意：这个实验对每个处理只会得到一个装配好的过滤系统的测度或数量。对于每种装配方法，为了得到更多的数据，我们必须重复或复制基本的实验过程。例如，假设我们不是只随机抽取 3 名工人，而是 15 名工人，然后对每一个处理随机地指派 5 名工人。因为每种装配方法都指派给 5 名工人，所以我们说得到了 5 个复制。复制的过程是实验设计的另一个重要原则。图 13-1 显示了 Chemitech 公司实验的完全随机化设计。

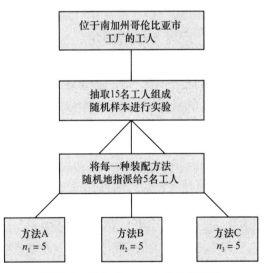

图 13-1 评价 Chemitech 公司装配方法实验的完全随机化设计

13.1.1 数据收集

一旦对实验设计感到满意，我们将进行收集和分析数据的工作。在 Chemitech 公司的例子中，工人们将接受如何按照指派给他们的装配方法工作的培训，然后使用这种方法开始装配新的过滤系统。在指派装配方法及培训

⊖ 因果关系在观测性研究中是很难被证实的，但是在实验性研究中很容易证实因果关系。
⊖ 随机化是将处理随机地指派给实验单元的过程。在罗纳德·A. 费雪以前，处理是以系统的方式或主观的方式被指派的。

工作都完成后，一周内每名工人装配的过滤系统的数量如表 13-1 所示。每一种装配方法所生产的过滤系统的样本均值、样本方差和样本标准差也列在表中。于是，使用装配方法 A 生产的过滤系统的样本均值是 62，使用装配方法 B 生产的过滤系统的样本均值是 66，使用装配方法 C 生产的过滤系统的样本均值是 52。从这些数据可以看出，装配方法 B 似乎比其他装配方法有更高的劳动生产率。

表 13-1　15 名工人生产的过滤系统的数量

	方法		
	A	B	C
	58	58	48
	64	69	57
	55	71	59
	66	64	47
	67	68	49
样本均值	62	66	52
样本方差	27.5	26.5	31.0
样本标准差	5.244	5.148	5.568

真正的问题是，观察到的三个样本均值之间的差异是否足够大，以致我们能够得出结论，对应于三种装配方法的总体均值是不同的。为了用统计术语来描述这一问题，我们引入下列符号。

μ_1——使用装配方法 A 每周生产的过滤系统的数量

μ_2——使用装配方法 B 每周生产的过滤系统的数量

μ_3——使用装配方法 C 每周生产的过滤系统的数量

尽管我们根本不可能知道 μ_1，μ_2 和 μ_3 的实际数值，但我们还是试图用样本均值来检验下面的假设。

$$H_0:\mu_1=\mu_2=\mu_3$$

$$H_a:总体均值不全相等$$

正如我们将要证明的那样，利用方差分析（ANOVA）这一统计方法可以确定，在三个样本均值之间观察到的差异是否足够大到可以拒绝 H_0。[⊖]

13.1.2　方差分析的假定

应用方差分析需要三个假定。

（1）**对每个总体，响应变量服从正态分布**[⊖]。这就意味着在 Chemitech 公司的实验中，对于每一种装配方法，每周生产的过滤系统的数量（响应变量）必须服从正态分布。

（2）**响应变量的方差，记为 σ^2，对所有总体都是相同的**。这就意味着在 Chemitech 公司的实验中，对于每一种装配方法，每周生产的过滤系统数量的方差必须是相同的。

（3）**观测值必须是独立的**。这就意味着在 Chemitech 公司的实验中，对于每名工人，每周生产的过滤系统的数量必须与任何其他工人每周生产的过滤系统的数量独立。

13.1.3　方差分析：概念性综述

如果三个总体均值相等，我们可以期望三个样本均值彼此之间很接近。事实上，三个样本均值相互越接近，我们推断总体均值不等的证据就越缺乏说服力。或者说，样本均值差异越大，我们推断总体均值不等的证据就越有说服力。换句话说，如果样本均值的变异性"小"，则支持 H_0；如果样本均值的变异性"大"，则支持 H_a。

如果原假设 $H_0:\mu_1=\mu_2=\mu_3$ 为真，则我们可以利用样本均值之间的变异性建立 σ^2 的一个估计。首先，我们注意到如果方差分析的假设成立并且原假设为真，则每一个样本都是来自均值为 μ，方差为 σ^2 的同一正态分布。在第 7 章中我们曾讲过，来自正态总体的容量为 n 的一个简单随机样本，其样本均值 $\bar{x}$ 的抽样分布仍然服从正态分布，其均值为 μ，方差为 σ^2/n。图 13-2 用图示说明了这一抽样分布。

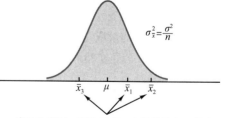

当 H_0 为真时，因为只有一个抽样分布，所以几个样本均值彼此之间是"相互接近的"

图 13-2　H_0 为真时 $\bar{x}$ 的抽样分布

⊖　若 H_0 被拒绝，我们不能得出总体均值全不相等的结论。拒绝 H_0 意味着至少两个总体的均值有不同的数值。

⊖　如果样本容量相等，方差分析对于违背总体服从正态分布的假定不敏感。

于是，如果原假设为真，我们可以把由表 13-1 得到的三个样本均值 $\bar{x}_1 = 62$，$\bar{x}_2 = 66$，$\bar{x}_3 = 52$，都认为是从图 13-2 所示的抽样分布中随机抽取的数值。在这种情况下，三个样本均值 $\bar{x}_1$、$\bar{x}_2$ 和 $\bar{x}_3$ 的均值与方差可以用来估计该抽样分布的均值与方差。例如，在 Chemitech 公司实验的例子中，当样本容量相等时，$\bar{x}$ 抽样分布的均值的最佳估计是三个样本均值的均值或算术平均数。在 Chemitech 公司实验的例子中，$\bar{x}$ 抽样分布的均值的一个估计值是（62+66+52）/3 = 60。我们称该估计值为总样本均值。$\bar{x}$ 抽样分布的方差 $\sigma_{\bar{x}}^2$ 的估计可以由三个样本均值的方差给出。

$$s_{\bar{x}}^2 = \frac{(62 - 60)^2 + (66 - 60)^2 + (52 - 60)^2}{3 - 1} = \frac{104}{2} = 52$$

由 $\sigma_{\bar{x}}^2 = \sigma^2/n$，解得

$$\sigma^2 = n\sigma_{\bar{x}}^2$$

于是

$$\sigma^2 \text{ 的估计值} = n \times (\sigma_{\bar{x}}^2 \text{ 的估计量}) = ns_{\bar{x}}^2 = 5 \times 52 = 260$$

所得结果 $ns_{\bar{x}}^2 = 260$ 被称为 σ^2 的处理间估计。

σ^2 的处理间估计的根据是原假设为真。在这种情形下，每个样本都来自同一个总体，并且 $\bar{x}$ 只有一个抽样分布。为了说明 H_0 为假时发生了什么，假定总体均值全不相同。注意，由于三个样本分别来自均值不同的三个正态分布，因此将导致有三个不同的抽样分布。图 13-3 表明在这种情形下，样本均值彼此之间不再像 H_0 为真时那样接近了。于是，$s_{\bar{x}}^2$ 将会变得比较大，从而使得 σ^2 的处理间估计也变得比较大。一般地，当总体均值不相等时，处理间估计将会高估总体方差 σ^2。

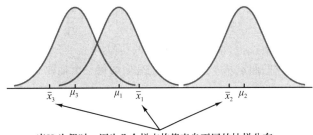

当H_0为假时，因为几个样本均值来自不同的抽样分布，所以它们彼此之间不再是相互接近的

图 13-3　H_0 为假时 $\bar{x}$ 的抽样分布

每个样本内部的变异也会对我们得到的方差分析的结论产生影响。当我们从每一个总体中抽取一个随机样本时，每个样本方差都给出了 σ^2 的一个无偏估计。因此，我们可以将 σ^2 的个别估计组合或合并成一个总的估计。用这种方法得到的 σ^2 的估计称为 σ^2 的合并估计或处理内估计。因为每个样本方差给出的 σ^2 的估计仅以每个样本内部的变异为依据，所以，σ^2 的处理内估计不受总体均值是否相等的影响。当样本容量相等时，σ^2 的处理内估计可以通过计算个别样本方差的算术平均值得到。对于 Chemitech 公司实验的例子，我们有

$$\sigma^2 \text{ 的处理内估计} = \frac{27.5 + 26.5 + 31.0}{3} = \frac{85}{3} = 28.33$$

在 Chemitech 公司实验的例子中，σ^2 的处理间估计（260）远大于 σ^2 的处理内估计（28.33）。事实上，这两个估计量的比值为 260/28.33 = 9.18。但是，我们回想起只有当原假设为真时，处理间估计方法才是总体方差 σ^2 的一个好的估计量；如果原假设为假，处理间估计方法将高估总体方差 σ^2。不过在这两种情形下，处理内估计都是总体方差 σ^2 的一个好的估计量。因此，如果原假设为真，则两个估计量应该很接近，并且它们的比值接近于 1。如果原假设为假，则处理间估计将大于处理内估计，并且它们的比值也将是大的。在下一节我们将说明，为了拒绝 H_0，这个比值必须达到多大。

总的说来，ANOVA 背后的逻辑以共同总体方差 σ^2 的两个独立的估计量为基础。σ^2 的一个估计量以样本均值之间的变异性为依据，σ^2 的另一个估计量以每个样本内部数据的变异性为依据。通过比较 σ^2 的这两个估计量，我们就能够确定总体均值是否相等。

注释和评论

1. 实验设计中的随机化与观测性研究中的概率抽样相类似。

2. 在许多医学实验中，潜在的偏差通过使用双盲（double-blind）的实验设计被排除。在这样的设计中，无论是应用处理的医生还是受试对象，都不知道应用的是哪一种处理。许多其他类型的实验也可以从这种类型

的设计中受益。

3. 对于一个完全随机化实验设计，我们在本节中给出了如何应用方差分析来检验 k 个总体均值相等的一个概念性的叙述。我们将看到，对于观测性或非实验性研究，也可以用同样的程序来检验 k 个总体均值相等的问题。

4. 在 10.1 节和 10.2 节中我们已经介绍了检验两个总体均值相等的假设的统计方法。ANOVA 也可以用来检验两个总体均值相等的假设。但在实践中，除非在处理三个或三个以上总体的均值问题时，我们通常不使用方差分析方法。

13.2 方差分析和完全随机化实验设计

在本节中，我们将说明对于一个完全随机化实验设计，如何应用方差分析来检验 k 个总体均值是否相等的问题。被检验的假设的一般形式为：

$$H_0: \mu_1 = \mu_2 = \cdots = \mu_k$$
$$H_a: k \text{ 个总体的均值不全相等}$$

式中，μ_k 代表第 k 个总体的均值。

我们假定从 k 个总体或处理中的每一个抽取一个容量为 n_j 的简单随机样本。对于得到的样本数据，令 x_{ij} 代表第 j 个处理的第 i 个观测值；n_j 代表第 j 个处理的观测值个数；$\bar{x}_j$ 代表第 j 个处理的样本均值；s_j^2 代表第 j 个处理的样本方差；s_j 代表第 j 个处理的样本标准差。

第 j 个处理的样本均值与样本方差的计算公式如下所示。

$$\bar{x}_j = \frac{\sum_{i=1}^{n_j} x_{ij}}{n_j} \tag{13-1}$$

$$s_j^2 = \frac{\sum_{i=1}^{n_j} (x_{ij} - \bar{x}_j)^2}{n_j - 1} \tag{13-2}$$

总样本均值，记为 $\bar{\bar{x}}$，等于所有观测值之和除以观测值的总个数，即

$$\bar{\bar{x}} = \frac{\sum_{j=1}^{k} \sum_{i=1}^{n_j} x_{ij}}{n_T} \tag{13-3}$$

式中

$$n_T = n_1 + n_2 + \cdots + n_k \tag{13-4}$$

若每个样本的容量是相等的，都为 n，则 $n_T = kn$；在这种情形下，式（13-3）简化为：

$$\bar{\bar{x}} = \frac{\sum_{j=1}^{k} \sum_{i=1}^{n_j} x_{ij}}{kn} = \frac{\sum_{j=1}^{k} \sum_{i=1}^{n_j} \frac{x_{ij}}{n}}{k} = \frac{\sum_{j=1}^{k} \bar{x}_j}{k} \tag{13-5}$$

换句话说，只要样本容量全相等，总样本均值恰好是 k 个样本均值的算术平均数。

在 Chemitech 公司实验的例子中，因为每个样本都是由 $n=5$ 个观测值组成的，所以总样本均值可利用式（13-5）求得。对于表 13-1 中的数据，我们得到下面的结果。

$$\bar{\bar{x}} = \frac{62 + 66 + 52}{3} = 60$$

因此，若原假设为真（$\mu_1 = \mu_2 = \mu_3 = \mu$），则总样本均值 60 为总体均值 μ 的最优估计值。

13.2.1 总体方差的处理间估计

在上一节中，我们介绍了 σ^2 的处理间估计的概念，并且说明了当样本容量相等时如何计算处理间估计。我

们称 σ^2 的这个估计量为**均方处理**（mean square due to treatments，MSTR）。计算 MSTR 的一般公式为：

$$\text{MSTR} = \frac{\sum_{j=1}^{k} n_j(\bar{x}_j - \bar{\bar{x}})^2}{k-1} \qquad (13\text{-}6)$$

式（13-6）中的分子被称为**处理平方和**（sum of squares due to treatments，SSTR）。分母 $k-1$ 表示与 SSTR 相联系的自由度。因此，均方处理也可以按以下公式计算。

均方处理

$$\text{MSTR} = \frac{\text{SSTR}}{k-1} \qquad (13\text{-}7)$$

式中

$$\text{SSTR} = \sum_{j=1}^{k} n_j(\bar{x}_j - \bar{\bar{x}})^2 \qquad (13\text{-}8)$$

若 H_0 为真，则 MSTR 给出了 σ^2 的一个无偏估计。但是，如果 k 个总体均值不相等，则 MSTR 就不是 σ^2 的无偏估计。事实上，在这种情形下，MSTR 将会高估总体方差 σ^2。

对于表 13-1 中的 Chemitech 公司实验的数据，我们得到下面的结果。

$$\text{SSTR} = \sum_{j=1}^{k} n_j(\bar{x}_j - \bar{\bar{x}})^2 = 5 \times (62-60)^2 + 5 \times (66-60)^2 + 5 \times (52-60)^2 = 520$$

$$\text{MSTR} = \frac{\text{SSTR}}{k-1} = \frac{520}{2} = 260$$

13.2.2 总体方差的处理内估计

在上一节中，我们介绍了 σ^2 的处理内估计的概念，并且说明了当样本容量相等时如何计算处理内估计。我们称 σ^2 的这个估计量为**均方误差**（mean square due to error，MSE）。计算 MSE 的一般公式为：

$$\text{MSE} = \frac{\sum_{j=1}^{k} (n_j-1)s_j^2}{n_T - k} \qquad (13\text{-}9)$$

式（13-9）中的分子被称为**误差平方和**（sum of squares due to error，SSE）。MSE 的分母是与 SSE 相联系的自由度。因此，MSE 的计算公式也可以表示成下面的形式。

均方误差

$$\text{MSE} = \frac{\text{SSE}}{n_T - k} \qquad (13\text{-}10)$$

式中

$$\text{SSE} = \sum_{j=1}^{k} (n_j-1)s_j^2 \qquad (13\text{-}11)$$

我们注意到 MSE 以每个处理内部的变异性为依据，不受原假设是否为真的影响。因此，MSE 永远给出 σ^2 的一个无偏估计。

对于表 13-1 中 Chemitech 公司实验的数据，我们得到下面的结果。

$$\text{SSE} = \sum_{j=1}^{k} (n_j-1)s_j^2 = (5-1) \times 27.5 + (5-1) \times 26.5 + (5-1) \times 31 = 340$$

$$\text{MSE} = \frac{\text{SSE}}{n_T - k} = \frac{340}{15-3} = \frac{340}{12} = 28.33$$

13.2.3 方差估计量的比较：F 检验

如果原假设为真，则 MSTR 与 MSE 给出 σ^2 的两个独立的无偏估计量。根据在第 11 章中曾介绍过的内容，我们知道对于正态总体，σ^2 的两个独立的估计量之比的抽样分布服从 F 分布。因此，如果原假设为真，并且 ANOVA 的假定得到满足，则 MSTR/MSE 的抽样分布服从分子自由度为 $k-1$，分母自由度为 n_T-k 的 F 分布。换句话说，如果原假设为真，则 MSTR/MSE 的值似乎应该从这个 F 分布中抽取。[1]

但是，如果原假设不成立，MSTR 高估了总体方差 σ^2，从而使得 MSTR/MSE 的值被夸大。因此，如果得到的 MSTR/MSE 的值太大，以至于不像是随机抽取自分子自由度为 $k-1$，分母自由度为 n_T-k 的 F 分布，则我们将拒绝 H_0。拒绝 H_0 的决定基于 MSTR/MSE 的值，于是用来检验 k 个总体均值是否相等的检验统计量如下。

> **k 个总体均值相等的检验统计量**
>
> $$F = \frac{\text{MSTR}}{\text{MSE}} \tag{13-12}$$
>
> 检验统计量服从分子自由度为 $k-1$，分母自由度为 n_T-k 的 F 分布。

现在我们回到 Chemitech 公司实验的例子，在 $\alpha = 0.05$ 的显著性水平下进行假设检验。检验统计量的值为：

$$F = \frac{\text{MSTR}}{\text{MSE}} = \frac{260}{28.33} = 9.18$$

分子自由度为 $k-1 = 3-1 = 2$，分母自由度为 $n_T-k = 15-3 = 12$。因为对于大的检验统计量的值，我们将拒绝原假设，所以 p-值是检验统计量的值 $F = 9.18$ 的 F 分布

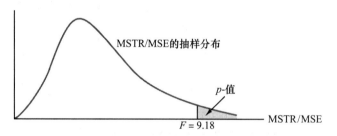

图 13-4 利用 MSTR/MSE 的抽样分布计算的 p-值

上侧曲线下方的面积。图 13-4 说明了 $F = \text{MSTR/MSE}$ 的抽样分布、检验统计量的值以及假设检验的 p-值，它是 F 分布上侧曲线下方的面积。

分子自由度为 2，分母自由度为 12 的 F 分布上侧曲线下方面积所对应的 F 值如下所示。

上侧曲线下方的面积	0.10	0.05	0.025	0.01
F 值（$df_1=2$, $df_2=12$）	2.81	3.89	5.10	6.93

$F = 9.18$

因为 $F = 9.18$ 大于 6.93，所以在 $F = 9.18$ 处上侧曲线下方的面积小于 0.01。于是，p-值小于 0.01。利用 JMP 或 Excel 可以精确地计算出 p-值 $= 0.004$。当 p-值 $\leqslant \alpha = 0.05$ 时，则拒绝 H_0。检验提供了充分的证据使我们能够断定，三个总体均值是不相等的。换句话说，方差分析支持结论：三种装配方法每周生产的过滤系统总体的平均数量是不同的。

如同其他的假设检验方法一样，我们也可以利用临界值法。当 $\alpha = 0.05$ 时，F 的临界值是分子自由度为 2，分母自由度为 12 的 F 分布上侧面积为 0.05 所对应的 F 值。从 F 分布表中，我们查出 $F_{0.05} = 3.89$。于是，对 Chemitech 公司实验的例子，适用于上侧检验的拒绝法则是：

$$如果 F \leqslant 3.89，则拒绝 H_0$$

因为 $F = 9.18$，所以我们拒绝 H_0，并且得出结论：三个总体的均值是不相等的。检验 k 个总体均值相等的完整过程概括如下。

---

[1] 我们已经在第 11.2 节中对 F 分布和 F 分布表的使用进行了介绍。

k 个总体均值相等的检验

$$H_0 : \mu_1 = \mu_2 = \cdots = \mu_k$$

$$H_a : k \text{ 个总体的均值不全相等}$$

检验统计量

$$F = \frac{\text{MSTR}}{\text{MSE}}$$

拒绝法则

p- 值法：　如果 p- 值 $\leq \alpha$，则拒绝 H_0

临界值法：　如果 $F \geq F_\alpha$，则拒绝 H_0

式中，F_α 是分子自由度为 $k-1$，分母自由度为 n_T-k 时，使 F 分布的上侧曲线下方面积为 α 的 F 值。

13.2.4　ANOVA 表

前面的计算结果可以很方便地用方差分析表或 **ANOVA 表**（ANOVA table）表示出来。一个完全随机化实验设计的 ANOVA 表的一般形式如表 13-2 所示。表 13-3 是 Chemitech 公司实验的 ANOVA 表。在列标题 "方差来源"中，与 "总计"相联系的平方和被称为总平方和（SST）。我们注意到，Chemitech 公司实验的结果意味着 SST = SSTR+SSE，并且总平方和的自由度是处理平方和的自由度与误差平方和的自由度之和。

表 13-2　完全随机化实验设计的 ANOVA 表

方差来源	平方和	自由度	均方	F	p-值
处理	SSTR	$k-1$	$\text{MSTR} = \frac{\text{SSTR}}{k-1}$	$\frac{\text{MSTR}}{\text{MSE}}$	
误差	SSE	n_T-k	$\text{MSE} = \frac{\text{SSE}}{n_T-k}$		
总计	SST	n_T-1			

表 13-3　Chemitech 公司实验的 ANOVA 表

方差来源	平方和	自由度	均方	F	p-值
处理	520	2	260.00	9.18	0.004
误差	340	12	28.33		
总计	860	14			

我们应该指出的是，如果我们将全部 15 个观测值看成一个数据集，那么 SST 除以它的自由度 n_T-1，恰好是该数据集的总的样本方差。如果我们把整个数据集作为一个样本，总平方和 SST 的计算公式为：

$$\text{SST} = \sum_{j=1}^{k} \sum_{i=1}^{n_j} (x_{ij} - \bar{\bar{x}})^2 \tag{13-13}$$

可以证明，我们从 Chemitech 公司实验的方差分析表中看到的结果也适用于其他问题，即 [⊖]

$$\text{SST} = \text{SSTR} + \text{SSE} \tag{13-14}$$

换句话说，SST 可以被分解为两个平方和：处理平方和与误差平方和。我们还注意到，SST 对应的自由度 n_T-1 也可以被分解为对应于 SSTR 的自由度 $k-1$ 与对应于 SSE 的自由度 n_T-k。方差分析可以被看作将总平方和及其自由度**分解**（partitioning）成它们对应的来源（处理与误差）的一个过程。这些平方和除以适当的自由度，可以给出方差的估计量，以及用于检验总体均值相等的假设的 F 值和 p-值。

⊖　方差分析可以被认为是将总平方和分解为不同成分的一种统计方法。

13.2.5 方差分析的计算机输出结果

利用计算机统计软件包,可以很容易地完成大样本容量或多个总体方差分析的计算。附录 13A、附录 13B 分别给出了利用 JMP 和 Excel 实现方差分析计算的必要步骤。在图 13-5 中,我们给出了 Chemitech 公司实验的统计软件输出结果。计算机输出的第一部分包含了我们熟悉的 ANOVA 表形式。比较图 13-5 与表 13-3,我们看到尽管它们的标题略微有些不同,但可利用的信息却是相同的。图 13-5 的列标题"Source"对应于表 13-3 的"方差来源"那一列,图 13-5 的行标题"Factor"则对应于表 13-3 的"处理"那一行,并且表 13-3 的"平方和"与"自由度"两列在图 13-5 中互换了位置。

Source	DF	Adj SS	Adj MS	F-Value	P-Value
Factor	2	520.0	260.00	9.18	0.004
Error	12	340.0	28.33		
Total	14	860.0			

Model Summary

S	R-sq	R-sq (adj)
5.322 91	60.47%	53.88%

Means

Factor	N	Mean	StDev	95% CI
Method A	5	62.00	5.24	(56.81, 67.19)
Method B	5	66.00	5.15	(60.81, 71.19)
Method C	5	52.00	5.57	(46.81, 57.19)

Pooled StDev = 5.322 91

图 13-5 Chemitech 公司实验的方差分析输出

注意:在图 13-5 中 ANOVA 表的下方,计算机的输出结果包含了各种装配方法的样本容量、样本均值和样本标准差。另外,还给出了每个总体均值的 95% 置信区间估计的图示。在建立这些置信区间估计时,用 MSE 作为 σ^2 的估计。于是,MSE 的平方根给出了总体标准差 σ 的最佳估计。在图 13-5 中,σ 的这个估计量用"Pooled StDev"表示,它约等于 5.323。为了详细解释这些区间估计是如何得来的,我们将以计算装配方法 A 的总体均值的 95% 置信区间估计为例,加以说明。

我们从第 8 章区间估计的学习中知道,总体均值的区间估计的一般形式为:

$$\bar{x} \pm t_{\alpha/2} \frac{s}{\sqrt{n}} \tag{13-15}$$

式中,s 为总体标准差 σ 的估计。因为 σ 的最佳估计是由"Pooled StDev"给出的,所以我们将数值 5.323 代入式(13-15)中的 s。t 值的自由度是 12,它就是误差平方和的自由度。于是,$t_{0.025} = 2.179$,我们得到:

$$62 \pm 2.179 \times \frac{5.323}{\sqrt{5}} = 62 \pm 5.19$$

因此,装配方法 A 的 95% 的置信区间是 $62 - 5.19 = 56.81$ 至 $62 + 5.19 = 67.19$。因为 Chemitech 公司实验的例子中三种方法的样本容量都相等,所以装配方法 B 与装配方法 C 的置信区间也可由各自的样本均值加减 5.19 构成。

13.2.6 k 个总体均值相等的检验:一项观测性研究

我们已经说明了对于一个完全随机化实验设计,怎样应用方差分析来检验 k 个总体均值是否相等的问题。重要的是要理解 ANOVA 也可以利用一项观测性研究得到的数据,来检验三个或三个以上总体均值是否相等的问题。作为一个例子,我们考虑 National Computer Product(NCP)公司的情况。

NCP 公司在位于亚特兰大、达拉斯以及西雅图的工厂生产打印机与传真机。为了考察在这些工厂中有多少员工了解质量管理方面的知识，管理人员从每个工厂抽取一个由 6 名员工组成的随机样本，并对他们进行质量意识考试。18 名员工的考试成绩列在表 13-4 中，每一组的样本均值、样本方差及样本标准差也在表中给出。管理人员希望利用这些数据来检验假设：三个工厂的平均考试成绩是相同的。

我们规定总体 1 为位于亚特兰大工厂的全体员工，总体 2 为位于达拉斯工厂的全体员工，总体 3 为位于西雅图工厂的全体员工。令

μ_1 = 总体 1 的平均考试成绩

μ_2 = 总体 2 的平均考试成绩

μ_3 = 总体 3 的平均考试成绩

尽管我们永远不可能知道 μ_1，μ_2，μ_3 的实际数值，但是我们仍然希望利用样本资料来检验下面的假设。

表 13-4　18 名员工的考试成绩

	工厂 1 亚特兰大	工厂 2 达拉斯	工厂 3 西雅图
	85	71	59
	75	75	64
	82	73	62
	76	74	69
	71	69	75
	85	82	67
样本均值	79	74	66
样本方差	34	20	32
样本标准差	5.83	4.47	5.66

$$H_0 : \mu_1 = \mu_2 = \mu_3$$

$$H_a : 总体均值不全相等$$

注意：对于 NCP 公司观测性研究进行的假设检验，与对于 Chemitech 公司的实验进行的假设检验是完全相同的。事实上，我们用于分析 Chemitech 公司实验的方差分析方法，也同样可以用来分析 NCP 公司的观测性研究得到的数据。[⊖]

即使在分析时使用同样的 ANOVA 方法，但值得注意的是，NCP 公司的观测性统计研究不同于 Chemitech 公司的实验性统计研究。进行 NCP 公司研究的人员无法控制如何将员工个人指派给工厂。也就是说，工厂已经处在正常的运转中，并且一名特定的员工已在三家工厂中的一家工作。NCP 公司所能做的就是从每一家工厂中抽取 6 名员工组成一个随机样本，并且实施质量意识考试。如果要归类为实验性研究，NCP 公司就必须随机地抽取 18 名员工，然后以随机的方式将每一名员工指派到三家工厂中的一家工作。

注释和评论

1. 总样本均值也可以按照 k 个样本均值的加权平均值来计算。

$$\bar{\bar{x}} = \frac{n_1 \bar{x}_1 + n_2 \bar{x}_2 + \cdots + n_k \bar{x}_k}{n_T}$$

在各个样本均值已给出的情况下，利用这个公式计算总样本均值比式 (13-3) 简单。

2. 如果每个样本都由 n 个观测值组成，则式 (13-6) 可以写作：

$$MSTR = \frac{n \sum_{j=1}^{k} (\bar{x}_j - \bar{\bar{x}})^2}{k-1} = n \left[\frac{\sum_{j=1}^{k} (\bar{x}_j - \bar{\bar{x}})^2}{k-1} \right] = n s_{\bar{x}}^2$$

注意，当我们引入 σ^2 的处理间估计的概念时，这个结果与我们在 13.2 节中介绍的式 (13-6) 是相同的。式 (13-6) 是上面结果在样本容量不等时的简单推广。

3. 若每个样本有 n 个观测值，则 $n_T = kn$；于是，$n_T - k = k(n-1)$，并且式 (13-9) 可以重写成如下形式。

$$MSE = \frac{\sum_{j=1}^{k} (n-1) s_j^2}{k(n-1)} = \frac{(n-1) \sum_{j=1}^{k} s_j^2}{k(n-1)} = \frac{\sum_{j=1}^{k} s_j^2}{k}$$

⊖　练习第 8 题将要求你利用方差分析程序来分析 NCP 公司的数据。

换句话说，若样本容量相同，则 MSE 恰好为 k 个样本方差的算术平均值。注意，当我们引入 σ^2 的处理内估计的概念时，上式与我们在第 13.1 节中的结果相同。

练 习

方法

2. 在一次完全随机化设计中，因子有 5 个水平，对于因子的每一个水平有 7 个实验单元。完成下面的 ANOVA 表。

方差来源	平方和	自由度	均方	F	p-值
处理	300				
误差					
总计	460				

4. 一个检验三个不同处理的输出水平的实验设计得到了下列结果：$SST = 400$，$SSTR = 150$，$n_T = 19$。建立 ANOVA 表，并且在 $\alpha = 0.05$ 的显著性水平下，对三个处理的平均输出水平之间有无显著差异进行检验。

6. 对于下面的完全随机化实验设计进行方差分析计算。在 $\alpha = 0.05$ 的显著性水平下，处理均值之间是否存在显著差异？

		处理	
	A	B	C
	136	107	92
	120	114	82
	113	125	85
	107	104	101
	131	107	89
	114	109	117
	129	97	110
	102	114	120
		104	98
		89	106
$\bar{x}_j$	119	107	100
s_j^2	146.86	96.44	173.78

应用

8. 参阅表 13-4 的 NCP 公司的数据，建立 ANOVA 表。在 $\alpha = 0.05$ 的显著性水平下，检验三家工厂的平均考试成绩之间是否存在显著差异。

10. 审计人员必须以自己的直接经验、间接经验或者两种经验的结合为依据，对一份审计报告的各个方面做出判断。一项研究要求审计人员对一份审计报告中出现的错误频率做出判断。将审计人员做出的判断与实际结果进行比较。假设从一项类似的研究中得到下面的数据，较低的分数表示较好的判断力。

直接经验	间接经验	两种经验的结合
17.0	16.6	25.2
18.5	22.2	24.0
15.8	20.5	21.5
18.2	18.3	26.8
20.2	24.2	27.5
16.0	19.8	25.8
13.3	21.2	24.2

在 $\alpha = 0.05$ 的显著性水平下，检验判断的依据是否影响判断的质量？你有何结论？

12. 《消费者报告》杂志对提供全方位服务的餐厅连锁店进行了 148 599 次访问，完成了餐厅客户的满意度调查。在研究中，其中一个变量是吃一顿饭的价格，即平均每人一次晚餐及饮料的金额，不包含小费。假设《太阳海岸时报》（*Sun Coast Times*）的一位记者对位于南卡罗来纳州默特尔海滩 Grand Strand 地区的餐厅进行一项类似的研究，她认为她的读者会感兴趣。该记者抽取了 8 家海鲜餐厅、8 家意大利风味餐厅和 8 家牛排餐厅组成一个样本。对 24 家抽取出来的餐厅进行调查，得到吃一顿饭的价格数据如下表所示。在 $\alpha = 0.05$ 的显著性水平下，检验三种类型的餐厅，吃一顿饭的平均价格之间是否存在显著差异。

意大利风味餐厅/ 美元	海鲜餐厅/ 美元	牛排餐厅/ 美元
12	16	24
13	18	19
15	17	23
17	26	25
18	23	21
20	15	22
17	19	27
24	18	31

13.3 多重比较方法

当我们应用方差分析方法检验 k 个总体均值是否相等时，拒绝原假设只能让我们得出 k 个总体的均值不全相等的结论。在某些情况下，我们希望再向前迈进一步，并确定在 k 个均值中到底哪几个均值之间存在差异。本节的目的是说明如何使用**多重比较方法**（multiple comparison procedures）在成对的总体均值之间进行统计比较。

13.3.1 Fisher 的 LSD 方法

假设方差分析给出的统计依据使得我们拒绝总体均值相等的原假设。在这种情况下，Fisher 的最小显著性差异（least significant difference，LSD）方法可以用来确定到底哪些均值之间存在差异。为了说明在对总体均值进行两两比较时如何使用 Fisher 的 LSD 方法，我们仍然回到 13.1 节介绍过的 Chemitech 公司实验的例子。利用方差分析，我们已经得出三种装配方法每周生产的过滤系统的平均数量不相同的结论。在这种情况下，进一步的问题是，尽管我们相信三种装配方法每周生产的过滤系统的平均数量有差异，但差异出现在哪两种装配方法之间呢？也就是说，是总体 1 和总体 2 的均值不同，还是总体 1 和总体 3 的均值不同，抑或总体 2 和总体 3 的均值不同。下面概括了对成对总体均值进行比较的 Fisher 的 LSD 方法。

Fisher 的 LSD 方法

$$H_0: \mu_i = \mu_j \qquad H_a: \mu_i \neq \mu_j$$

检验统计量

$$t = \frac{\bar{x}_i - \bar{x}_j}{\sqrt{MSE\left(\dfrac{1}{n_i} + \dfrac{1}{n_j}\right)}} \qquad (13\text{-}16)$$

拒绝法则

p-值法：如果 p-值 $\leqslant \alpha$，则拒绝 H_0

临界值法：如果 $t \leqslant -t_{\alpha/2}$ 或者 $t \geqslant t_{\alpha/2}$，则拒绝 H_0

式中，$t_{\alpha/2}$ 是自由度为 $n_T - k$ 时，使 t 分布的上侧面积为 $\alpha/2$ 的 t 值。

现在，我们在 $\alpha = 0.05$ 的显著性水平下，应用这一方法来判定总体 1（方法 A）和总体 2（方法 B）的均值之间是否存在显著的差异。由表 13-1 可知，方法 A 的样本均值为 62，方法 B 的样本均值为 66。由表 13-3 可知，MSE 的值为 28.33，它是 σ^2 的估计，并且自由度为 12。对于 Chemitech 公司的实验数据，检验统计量的值是：

$$t = \frac{62 - 66}{\sqrt{28.33 \times \left(\dfrac{1}{5} + \dfrac{1}{5}\right)}} = -1.19$$

因为这是一个双边检验，所以 p-值是 t 分布曲线下 $t = -1.19$ 下侧的面积的两倍。自由度为 12 的 t 分布表给出了下面的信息。

上侧曲线下方面积	0.20	0.10	0.05	0.025	0.01	0.005
t 值（自由度 $=12$）	0.873	1.356	1.782	2.179	2.681	3.055

$\uparrow$
$t = 1.19$

t 分布表仅仅包含 t 的正值。但是，因为 t 分布是对称的，所以我们能够求出 t 分布曲线下 $t = 1.19$ 右侧的面积，乘以 2 就能得到对应于 $t=-1.19$ 的 p-值。我们看到 $t=1.19$ 介于 0.873 和 1.356 之间，其所对应的面积介于 0.10 和 0.20 之间，将对应的面积变为两倍后，得到 p-值介于 0.20 和 0.40 之间。统计软件能给出精确的 p-值是 0.257 1。因为 p-值大于 $\alpha=0.05$，所以我们不能拒绝原假设。因此，我们不能得出结论：方法 A 每周生产的过滤系统总体的平均数量与方法 B 每周生产的过滤系统总体的平均数量是不同的。[⊖]

许多有实际经验的专业人员发现，通过判断样本均值之差的大小而决定是否拒绝 H_0 更容易些。在这种情形下，检验统计量为 $\bar{x}_i - \bar{x}_j$，检验可按以下步骤进行。

基于检验统计量 $\bar{x}_i - \bar{x}_j$ 的 Fisher 的 LSD 方法

$$H_0: \mu_i = \mu_j \qquad H_a: \mu_i \neq \mu_j$$

检验统计量

$$\bar{x}_i - \bar{x}_j$$

显著性水平 α 下的拒绝法则

如果 $|\bar{x}_i - \bar{x}_j| > LSD$，则拒绝 H_0

式中

$$LSD = t_{\alpha/2} \sqrt{MSE \left(\frac{1}{n_i} + \frac{1}{n_j} \right)} \tag{13-17}$$

对于 Chemitech 公司实验的例子，LSD 的值为：

$$LSD = 2.179 \sqrt{28.33 \times \left(\frac{1}{5} + \frac{1}{5} \right)} = 7.34$$

注意，当样本容量相等时，只能计算出一个 LSD 的值。在这种情形下，我们可以简单地将任何两个样本均值之差的大小与 LSD 的值做比较。例如，总体 1（方法 A）与总体 3（方法 C）的样本均值之差为 $62-52=10$，该差值比 7.34 大，这就意味着我们能够拒绝方法 A 与方法 C 每周生产的过滤系统总体的平均数量相等的原假设。类似地，由于总体 2 与总体 3 的样本均值之差为 $66-52=14>7.34$，因此我们也能够拒绝方法 B 与方法 C 每周生产的过滤系统总体的平均数量相等的原假设。实际上，我们的结论是，方法 A 和方法 B 这两种装配方法每周生产的过滤系统总体的平均数量与方法 C 每周生产的过滤系统总体的平均数量均不相同。

Fisher 的 LSD 方法也可用于建立两个总体均值之差的置信区间估计，一般步骤如下。

应用 Fisher 的 LSD 方法的两个总体均值之差的置信区间估计

$$\bar{x}_i - \bar{x}_j \pm LSD \tag{13-18}$$

式中

$$LSD = t_{\alpha/2} \sqrt{MSE \left(\frac{1}{n_i} + \frac{1}{n_j} \right)} \tag{13-19}$$

其中，$t_{\alpha/2}$ 是自由度为 $n_T - k$ 时，使 t 分布的上侧面积为 $\alpha/2$ 的 t 值。

如果式（13-18）的置信区间包含数值 0，则我们不能拒绝两个总体均值相等的原假设。但是，如果式（13-18）的置信区间不包含数值 0，则我们可以得出两个总体均值之间存在差异的结论。对于 Chemitech 公司实验的例子，前面已经得到 $LSD=7.34$（对应于 $t_{0.025}=2.179$）。于是，总体 1 与总体 2 均值之差的置信水平为 95% 的置信区间估计是 $(62-66) \pm 7.34 = -4 \pm 7.34$，为 -11.34 至 3.34。由于该区间包含数值 0，因此我们不能拒绝

⊖ 附录 E 给出了如何使用 Excel 或者 JMP 计算 p-值的步骤。

两个总体均值相等的假设。

13.3.2 第 I 类错误概率

我们开始讨论 Fisher 的 LSD 方法的前提是，方差分析为我们提供了拒绝总体均值相等的原假设的统计证据。在这种情形下，我们说明了如何使用 Fisher 的 LSD 方法来确定，总体均值之间的差异到底出现在哪些均值之间。在技术上，Fisher 的 LSD 方法被称为保护性或限制性 LSD 检验，因为只有当我们首先找到一个用于方差分析的显著的 F 值时，我们才使用 LSD 检验。为了弄清楚在多重比较检验中，这种区别为什么是重要的，我们需要解释一下比较方式的第 I 类错误概率与实验方式的第 I 类错误概率的区别。

在 Chemitech 公司实验的例子中，我们利用 Fisher 的 LSD 方法做了三个成对的两两比较。

检验 1	检验 2	检验 3
$H_0: \mu_1 = \mu_2$	$H_0: \mu_1 = \mu_3$	$H_0: \mu_2 = \mu_3$
$H_a: \mu_1 \neq \mu_2$	$H_a: \mu_1 \neq \mu_3$	$H_a: \mu_2 \neq \mu_3$

在每一种情形下，我们都使用 $\alpha = 0.05$ 的显著性水平。因此，对每个检验，如果原假设为真，则犯第 I 类错误的概率为 $\alpha = 0.05$，不犯第 I 类错误的概率就是 $1 - 0.05 = 0.95$。在讨论多重比较方法时，我们把这个第 I 类错误的概率（$\alpha = 0.05$）称为**比较方式的第 I 类错误概率**（comparisonwise type I error rate）。比较方式的第 I 类错误概率表示了与单个两两比较相联系的显著性水平。

现在我们考虑一个略为不同的问题。在进行三次成对的两两比较时，三次检验中至少一次犯第 I 类错误的概率是多少？为回答这个问题，我们注意到三次检验都不犯第 I 类错误的概率为 $0.95 \times 0.95 \times 0.95 = 0.8574$。[⊖] 因此，至少有一次犯第 I 类错误的概率为 $1 - 0.8574 = 0.1426$。这样当我们用 Fisher 的 LSD 方法进行三次成对的两两比较时，对应的犯第 I 类错误的概率已经不是 0.05，而是 0.1426。我们将这个错误概率称为总的或**实验方式的第 I 类错误概率**（experimentwise type I error rate）。为避免混淆，我们将实验方式的第 I 类错误概率记为 α_{EW}。

对于总体个数较多的问题，犯实验方式的第 I 类错误的概率就会变得比较大，例如对于有 5 个总体，10 个可能成对的两两比较的问题。在比较方式的第 I 类错误概率为 $\alpha = 0.05$ 时，如果我们利用 Fisher 的 LSD 方法检验所有可能成对的两两比较，则犯实验方式的第 I 类错误的概率将是 $1 - (1 - 0.05)^{10} = 0.40$。在这种情形下，有实际经验的专业人员将会寻求其他方法，以更好地控制犯实验方式的第 I 类错误的概率。

控制总的犯实验方式的错误概率的一种方法被称为 Bonferroni 修正方法，该方法在每一次检验中都使用一个较小的比较方式第 I 类错误概率。例如，如果我们想要检验 C 个成对的两两比较，并希望总的犯实验方式的第 I 类错误的最大概率为 α_{EW}，那么我们只要简单地使犯比较方式第 I 类错误的概率等于 α_{EW}/C 即可。在 Chemitech 公司实验的例子中，如果我们想要使用 Fisher 的 LSD 方法检验所有三个成对的两两比较，并且希望犯实验方式第 I 类错误的最大概率为 $\alpha_{EW} = 0.05$，那么我们只要将比较方式的第 I 类错误概率设为 $\alpha = 0.05/3 = 0.017$ 即可。对于有 5 个总体，10 种可能成对的两两比较的问题，Bonferroni 修正方法建议的比较方式第 I 类错误概率为 $0.05/10 = 0.005$。回忆第 9 章有关假设检验的讨论，对于固定的样本容量，减少犯第 I 类错误的概率将增加犯第 II 类错误的概率，而第 II 类错误是指当两个总体的均值实际上不相等时，却接受了两个总体均值相等的原假设。由于犯第 II 类错误的风险增加，因此许多有实际经验的专业人员不愿在一个比较低的犯比较方式第 I 类错误的概率下，进行单个的两两比较检验。

在这种情况下，还有几种其他方法，如 Tukey 方法与 Duncan 多重区域检验，也可用于解决这类问题。但是，究竟哪种方法是"最优的"，在统计学界存有较大争议。事实上，没有任何一种方法对所有类型的问题都是最优的。

⊖ 假设三次检验是独立的，因此我们可以简单地将各个概率连乘得到三个事件的联合概率。事实上，因为在每一次检验中都使用了均方误差 MSE，所以三次检验并不是独立的，所涉及的犯错误的概率比已经表明的更大。

练 习

方法

14. 下表的数据来自一个完全随机化设计，在下面的计算中设 $\alpha = 0.05$。

	处理 1	处理 2	处理 3
	63	82	69
	47	72	54
	54	88	61
	40	66	48
$\bar{x}_j$	51	77	58
s_j^2	96.67	97.34	81.99

a. 利用方差分析检验 3 个处理的均值之间是否存在显著的差异。

b. 利用 Fisher 的 LSD 方法确定哪些均值存在差异。

应用

16. 参阅第 15 题。利用 Fisher 的 LSD 方法，建立一个制造商 1 与制造商 2 的均值差的 95% 置信区间估计。

18. 为检验 4 台机器发生故障的时间（单位：小时）之间是否存在显著差异，我们得到的数据如右表所示。

a. 在 $\alpha = 0.05$ 的显著性水平下，4 台机器发生故障的总体平均时间之间如果有差异，是什么样的差异？

b. 在 $\alpha = 0.05$ 的显著性水平下，利用 Fisher 的 LSD 方法检验机器 2 与机器 4 发生故障的总体平均时间是否相等。

机器 1	机器 2	机器 3	机器 4
6.4	8.7	11.1	9.9
7.8	7.4	10.3	12.8
5.3	9.4	9.7	12.1
7.4	10.1	10.3	10.8
8.4	9.2	9.2	11.3
7.3	9.8	8.8	11.5

20. 美国职业棒球小联盟有 14 支 3-A 级球队，这些球队分为北区、南区和西区。14 支球队在参加国际联盟（International League）的比赛时，每场比赛的平均观众人数如下表所示。下表还给出了球队的其他统计资料："W"表示球队赢球，"L"表示球队输球，"PCT"表示球队赢球的比率。

a. 在 $\alpha = 0.05$ 的显著性水平下，检验 3 个地区每场比赛的平均观众人数是否存在显著差异。

b. 在 $\alpha = 0.05$ 的显著性水平下，利用 Fisher 的 LSD 方法，确定差异发生在哪些地区之间。

球队名称	地区	W	L	PCT	观众人数
Buffalo Bisons	北区	66	77	0.462	8 812
Lehigh Valley IronPigs	北区	55	89	0.382	8 479
Pawtucket Red Sox	北区	85	58	0.594	9 097
Rochester Red Wings	北区	74	70	0.514	6 913
Scranton-Wilkes Barre Yankees	北区	88	56	0.611	7 147
Syracuse Chiefs	北区	69	73	0.486	5 765
Charlotte Knights	南区	63	78	0.447	4 526
Durham Bulls	南区	74	70	0.514	6 995
Norfolk Tides	南区	64	78	0.451	6 286
Richmond Braves	南区	63	78	0.447	4 455
Columbus Clippers	西区	69	73	0.486	7 795
Indianapolis Indians	西区	68	76	0.472	8 538
Louisville Bats	西区	88	56	0.611	9 152
Toledo Mud Hens	西区	75	69	0.521	8 234

13.4　随机化区组设计

至此，我们已经讨论了完全随机化设计。回想一下，为检验处理均值之间的差异，我们计算 F 值时使用了比值：

$$F = \frac{\text{MSTR}}{\text{MSE}} \tag{13-20}$$

每当外部因素（实验中没有考虑到的因素）引起的差异使得式（13-20）中的分母 MSE 变大时，将会出现一个问题。在这种情况下，式（13-20）的 F 值将会变小。于是，其给我们发出的信号是处理均值之间不存在差异，而这样的差异事实上却是存在的。

在本节中，我们将介绍一种被称为**随机化区组设计**（randomized block design）[一]的实验设计。这种实验设计方法通过消除 MSE 项中来自外部的变异，以达到控制变异外部来源的目的。该设计方法为真实的误差方差给出了一个更好的估计，并且在查明处理均值之间的差异方面，我们得到了一个更加有效的假设检验方法。作为阐述这种实验设计方法的例子，我们考虑空中交通管理员的工作压力问题。

13.4.1　空中交通管理员工作压力测试

一项测试空中交通管理员的疲劳程度与工作压力的研究得到的结果是，建议改造并重新设计管理员工作站。考虑了工作站的若干设计方案后，三种最有可能减轻管理员工作压力的工作站具体方案被选出。关键问题是三种方案对管理员工作压力的影响程度有多大差异。为了回答这个问题，我们需要设计一个实验，它能在每种工作站方案下给出空中交通管理员工作压力的测度。

在完全随机化实验中，管理员的随机样本被指派给每种工作站方案。但是，管理员们认为在应对有压力的局面时，他们的感受是大不相同的。一名管理员认为是高压力，而对于另一名管理员来说可能是中等压力，甚至是低压力。因此，当考虑变异的组内来源（MSE）时，我们必须意识到该变异既包括随机误差，又包括管理员个人差异导致的误差。事实上，管理者期望空中交通管理员个人的变异性是 MSE 项的一个主要贡献者。

将个人差异的影响分离出来的一种办法是使用随机化区组设计。[二]这样的设计能识别出源自管理员个人差异的变异性，并将其从 MSE 项中剔除。随机化区组设计需要管理员的一个单样本，样本中每个管理员要分别在三种工作站方案下接受检验。用实验设计的术语，工作站是影响因子，管理员是区组[三]。与工作站因子有关的三个处理或三个总体对应三种工作站方案。为简化起见，我们称工作站为系统 A、系统 B 和系统 C。

随机化区组设计中的随机化是指，处理（系统）指派给管理员的顺序是随机的。如果每个管理员按照同样的顺序测试三个系统，任何观测到的系统间差异都可能归因于测试的顺序，而不是真正的系统差异。

为给出必要的数据，将三种工作站安装在俄亥俄州奥柏林的克利夫兰控制中心，随机选出 6 名管理员，并指派他们操作每个系统。对于参加研究的每一名管理员，其随后要进行一次面试和一次医学体检，面试和体检提供了每名管理员在每个系统内工作压力的度量，数据如表 13-5 所示。

表 13-6 是收集的管理员工作压力测试数据的汇总。该表不但包括了列合计（处理）与行合计（区组），而且包括了在 ANOVA 方法中计算平方和时会用到的一些样本均值。因为较低的工作压力测试值被认为比较好，所以样本数据看起来似乎支持系统 B，因

表 13-5　空中交通管理员工作压力测试的随机化区组设计

区组	处理		
	系统 A	系统 B	系统 C
管理员 1	15	15	18
管理员 2	14	14	14
管理员 3	10	11	15
管理员 4	13	12	17
管理员 5	16	13	16
管理员 6	13	13	13

[一] 当实验单元的差异较小时，完全随机化设计是有用的。如果实验单元的差异较大，通常利用**区组划分**（blocking）将实验单元划分成一些差异较小的组。

[二] 商务中的实验性研究通常包含具有高度差异性的实验单元，因此经常使用随机化区组设计。

[三] 实验设计中的区组划分与抽样中的分层类似。

为它的平均压力等级为 13.0。但是，通常的问题依然存在：对于三个系统，样本数据证明了总体的平均压力水平是不同的结论吗？也就是说，总体平均压力水平的差异在统计上显著吗？类似完全随机化设计方法，方差分析的计算可以用来回答这个统计问题。

表 13-6　空中交通管理员工作压力测试的压力数据汇总

区组	处理			行（区组）合计	区组均值
	系统 A	系统 B	系统 C		
管理员 1	15	15	18	48	$\bar{x}_{1.} = 48/3 = 16.0$
管理员 2	14	14	14	42	$\bar{x}_{2.} = 42/3 = 14.0$
管理员 3	10	11	15	36	$\bar{x}_{3.} = 36/3 = 12.0$
管理员 4	13	12	17	42	$\bar{x}_{4.} = 42/3 = 14.0$
管理员 5	16	13	16	45	$\bar{x}_{5.} = 45/3 = 15.0$
管理员 6	13	13	13	39	$\bar{x}_{6.} = 39/3 = 13.0$
列（处理）合计	81	78	93	252	$\bar{\bar{x}} = \dfrac{252}{18} = 14.0$
处理均值	$\bar{x}_{.1} = \dfrac{81}{6} = 13.5$	$\bar{x}_{.2} = \dfrac{78}{6} = 13.0$	$\bar{x}_{.3} = \dfrac{93}{6} = 15.5$		

13.4.2　ANOVA 方法

随机化区组设计的 ANOVA 方法要求我们将总平方和（SST）分解成三个部分：处理平方和（SSTR）、区组平方和（SSBL）和误差平方和（SSE）。该分解的公式如下：

$$SST = SSTR + SSBL + SSE \tag{13-21}$$

我们将这一平方和的分解汇总到表 13-7 所示的随机化区组设计的 ANOVA 表中，所使用的符号：k 代表处理的个数；b 代表区组的个数；n_T 代表总样本容量（$n_T = kb$）。

表 13-7　k 个处理、b 个区组的随机化区组设计的 ANOVA 表

方差来源	平方和	自由度	均方	F	p-值
处理	SSTR	$k-1$	$MSTR = \dfrac{SSTR}{k-1}$	$\dfrac{MSTR}{MSE}$	
区组	SSBL	$b-1$	$MSBL = \dfrac{SSBL}{b-1}$		
误差	SSE	$(k-1)(b-1)$	$MSE = \dfrac{SSE}{(k-1)(b-1)}$		
总计	SST	n_T-1			

注意： ANOVA 表还显示出，总自由度 n_T-1 如何被分解成处理的自由度 $k-1$、区组的自由度 $b-1$ 和误差项的自由度 $(k-1)(b-1)$ 的和。均方列表示的是平方和被自由度除，$F = MSTR/MSE$ 是用于检验处理均值之间差异显著性的 F 比。随机化区组设计的主要贡献是通过划分区组，将管理员个人的差异从 MSE 项中剔除，并且得到了一个在三种可供选择的工作站方案中压力差异的更有力的检验。

13.4.3　计算与结论

为了检验随机化区组设计中处理均值之间的差异，我们需要计算 F 统计量。为了计算 F 统计量，我们需要计算 MSTR 和 MSE。为了计算这两个均方值，我们必须首先计算 SSTR 和 SSE；此外，我们还要计算 SSBL 和 SST。为简化演示，我们分四步完成计算。除了 k，b，n_T 定义如前外，另外还使用了下列符号：x_{ij} 代表在区组 i 中对应于处理 j 的观测值；$\bar{x}_{.j}$ 代表第 j 个处理的样本均值；$\bar{x}_{i.}$ 代表第 i 个区组的样本均值；$\bar{\bar{x}}$ 代表总样本均值。

第 1 步：计算总平方和（SST）。

$$SST = \sum_{i=1}^{b} \sum_{j=1}^{k} (x_{ij} - \bar{\bar{x}})^2 \tag{13-22}$$

第 2 步：计算处理平方和（SSTR）。

$$SSTR = b \sum_{j=1}^{k} (\bar{x}_{\cdot j} - \bar{\bar{x}})^2 \tag{13-23}$$

第 3 步：计算区组平方和（SSBL）。

$$SSBL = k \sum_{i=1}^{b} (\bar{x}_{i\cdot} - \bar{\bar{x}})^2 \tag{13-24}$$

第 4 步：计算误差平方和（SSE）。

$$SSE = SST - SSTR - SSBL \tag{13-25}$$

对于表 13-6 中空中交通管理员的数据，根据这些计算步骤得到下面的平方和。

第 1 步：$SST = (15 - 14)^2 + (15 - 14)^2 + (18 - 14)^2 + \cdots + (13 - 14)^2 = 70$

第 2 步：$SSTR = 6 \times [(13.5 - 14)^2 + (13.0 - 14)^2 + (15.5 - 14)^2] = 21$

第 3 步：$SSBL = 3 \times [(16 - 14)^2 + (14 - 14)^2 + (12 - 14)^2 + (14 - 14)^2 + (15 - 14)^2 + (13 - 14)^2] = 30$

第 4 步：$SSE = 70 - 21 - 30 = 19$

这些平方和分别除以各自的自由度，得到如表 13-8 所示的对应均方值。

表 13-8　空中交通管理员工作压力测试的 ANOVA 表

方差来源	平方和	自由度	均方	F	p-值
处理	21	2	10.5	10.5/1.9 = 5.53	0.024
区组	30	5	6.0		
误差	19	10	1.9		
总计	70	17			

在 $\alpha = 0.05$ 的显著性水平下，我们进行假设检验。检验统计量的值是：

$$F = \frac{MSTR}{MSE} = \frac{10.5}{1.9} = 5.53$$

检验统计量分子的自由度是 $k - 1 = 3 - 1 = 2$，分母的自由度是 $(k-1)(b-1) = (3-1)(6-1) = 10$。因为我们仅对大的检验统计量值拒绝原假设，$p$-值是对应于 $F = 5.53$ 的 F 分布上侧曲线下方的面积。我们查 F 分布表，分子自由度为 2 和分母自由度为 10 的 $F = 5.53$ 介于 $F_{0.025} = 5.46$ 和 $F_{0.01} = 7.56$ 之间。于是，我们得知，F 分布上侧的面积或 p-值介于 0.01 和 0.025 之间。我们可以使用统计软件得到对应于 $F = 5.53$ 的精确的 p-值是 0.024。由于 p-值 $\leq \alpha = 0.05$，因此我们拒绝原假设 $H_0: \mu_1 = \mu_2 = \mu_3$，并且得出结论：对于三个可供选择的工作站，总体的平均压力水平是不同的。

关于随机化区组设计，我们可以做一些一般性的注释。本节所介绍的实验设计是一种完全的区组设计。"完全"一词表明，每一个区组都要从属于所有 k 个处理。就是说，所有管理员（区组）要在所有三个系统（处理）下接受测试。如果某些（但不是全部）处理被用于每个区组，这样的实验设计被称为不完全区组设计。关于不完全区组设计的讨论已经超出了本书的范围。

在空中交通管理员工作压力的测试中，我们要求每一名管理员要使用所有三个系统，这一要求保证了该设计为完全区组设计。但是，在某些情况下，区组的划分是在每个区组内使实验单元是"相似的"情况下实施的。例如，假设在空中交通管理员的一个预先测试中，管理员总体被分为若干个组，从极高的个人压力组到极低的个人压力组。在每一个压力分组中有三名管理员参加研究，这样我们就实现了区组划分，每个区组将由同一压力组的三名管理员组成。区组设计中的随机化就变成将每一区组中的三名管理员随机地指派给三个系统。

最后，我们要注意表 13-7 所示的 ANOVA 表给出的 F 值是为了检验处理的影响，而不是检验区组的影响。其原因在于实验是为了检验单一因素——工作站方案而设计的，基于个人压力差异的区组划分是为了从 MSE 项中剔除这种变异性而实施的。但是，该研究不是特别地为检验管理员个人压力差异而设计的。

有些统计分析员计算 $F = MSB/MSE$，并用该统计量检验区组的显著性。然后他们利用这一结果，作为在将来的实验中是否可以要求进行同样类型的区组划分的一个根据。然而，如果管理员个人压力差异成为研究的一个因子，那么应该使用不同的实验设计。有关第二个因子的结论，不应该作为实施区组显著性检验的一个依据。

注释和评论

因为有 b 个区组使得自由度减少了 $b-1$，所以随机化区组设计的误差自由度小于完全随机化设计的误差自由度。如果 n 很小，由于误差自由度的减少，区组的潜在影响可能被掩盖；当 n 很大时，这种影响被最小化了。

练 习

方法

22. 若一个随机化区组设计包含 5 个处理和 3 个区组，经计算，得到如下所示的数据：SST = 430，SSTR = 310，SSBL = 85。建立 ANOVA 表，并在 $\alpha = 0.05$ 的显著性水平下，检验是否存在显著性差异。

应用

24. 一位汽车经销商对调整一台小型发动机所需的时间（单位：分）进行了测试，以判断所需的调整时间是否与使用计算机控制的还是电子控制的发动机分析器有关。小型、中型和大型汽车发动机的调整时间是不同的，我们将三种类型的汽车作为实验的区组，得到的数据如下表所示。

汽车	分析器	
	计算机控制的	电子控制的
小型	50	42
中型	55	44
大型	63	46

在 $\alpha = 0.05$ 的显著性水平下，检验两种分析器所需的调整时间是否存在显著性差异。

26. 学习能力倾向测验（SAT）包括三个部分：评论性阅读、数学和写作。每一部分的满分为 800 分。由 6 名学生的 SAT 测试分数组成的样本数据如下表所示。

学生	评论性阅读	数学	写作
1	526	534	530
2	594	590	586
3	465	464	445
4	561	566	553
5	436	478	430
6	430	458	420

a. 在 $\alpha = 0.05$ 的显著性水平下，6 名学生的 SAT 测试成绩存在差异吗？

b. 哪一部分测试似乎使学生们有最大的忧虑？请做出解释。

13.5 析因实验

迄今为止，我们所讨论的实验设计使我们能够得出有关一个因子的一些统计结论。然而，在有些实验中，我们希望得到有关一个以上变量或因子的统计结论。**析因实验**（factorial experiment）是一种实验设计，该实验设计允许我们得到有关两个或两个以上因子同时存在的一些统计结论。之所以使用术语"析因"，是因为实验条件包括了所有可能的因子组合。例如，如果有因子 A 的 a 个水平，因子 B 的 b 个水平，那么实验将涉及收集 ab 个处理组合的数据。在本节中，我们将介绍两因子析因实验的分析。其基本方法可以推广到两个以上因子的析因实验。

作为两因子析因实验的一个例子，我们将考虑与管理类研究生入学考试（graduate management admissions test, GMAT）有关的一项研究。GMAT 是商学院的研究生院用来评价攻读该领域研究生课程的考生能力的标准化考试，其分数在 200~800，分数越高表明能力越强。

在试图提高学生的 GMAT 成绩时，著名的得克萨斯大学考虑提供下面三种 GMAT 辅导课程。

（1）3 小时复习课，内容覆盖了 GMAT 常考的题型。

（2）1 天的课程，内容覆盖了相关的考试内容，还要进行一次模拟考试并评定分数。

（3）10 周强化班，内容涉及发现每个考生的薄弱环节并设立个性化的提高课程。

因此，这项研究的一个因子就是 GMAT 辅导课程，该课程有三个处理：3 小时复习课、1 天的课程和 10 周强化班。在选择采取哪种辅导课程之前，我们将进行进一步研究以判断这三种被推荐的辅导课程是如何影响 GMAT 分数的。

通常参加 GMAT 考试的学生来自三种类型的院校：商学院、工学院以及艺术与科学学院。因此，在实验中值得关注的第二个因子就是学生本科所在的院校是否影响 GMAT 分数。本科院校这第二个因子也有三个处理：商学院、工学院以及艺术与科学学院。对于这一实验的析因设计有三个处理对应于因子 A——辅导课程，有三个处理对应于因子 B——本科院校，因此一共有 3×3＝9 种处理组合。这些处理组合或实验条件汇总于表 13-9 中。

假设对应于表 13-9 所示的 9 种处理组合的每一个，我们都选取两名学生组成一个样本：两名商学院学生参加 3 小时复习课，另两名参加 1 天的课程，还有两名参加 10 周强化班。此外，对于每种辅导课程，各有两名工学院的学生以及艺术与科学学院的学生参加。用实验设计的术语，每个处理组合容量为 2 的样本意味着我们有两个**复制**（replications）。使用更多数量的复制和更大容量的样本是件很容易的事情，但是为了说明这一方法，我们做出了使本例计算极小化的选择，因此只有两个复制。

这个实验设计要求从每一个本科院校准备读研究生的学生里随机地抽取 6 名学生。然后，每个本科院校的两名学生应该被随机地指派参加每种辅导课程，从而一共有 18 名学生参加了该项研究。

我们假定随机抽取的学生已经上完辅导课程，并且也已参加了 GMAT。他们的得分列于表 13-10 中。

我们对表 13-10 中的数据进行方差分析计算，计算结果可以给出下面问题的答案。

表 13-9　两因子 GMAT 实验的 9 种处理组合

因子 A：辅导课程	因子 B：本科院校		
	商学院	工学院	艺术与科学学院
3 小时复习课	1	2	3
1 天的课程	4	5	6
10 周强化班	7	8	9

表 13-10　两因子实验的 GMAT 分数

因子 A：辅导课程	因子 B：本科院校		
	商学院	工学院	艺术与科学学院
3 小时复习班	500	540	480
	580	460	400
1 天的课程	460	560	420
	540	620	480
10 周强化班	560	600	480
	600	580	410

- 主影响（因子 A）：辅导课程的不同对 GMAT 的成绩有影响吗？
- 主影响（因子 B）：本科院校的不同对 GMAT 的成绩有影响吗？
- 交互影响（因子 A 和 B）：一些本科院校的学生参加某种类型的辅导课程得到较好的 GMAT 成绩，而另一些本科院校的学生参加另一种类型的辅导课程得到较好的 GMAT 成绩吗？

术语交互作用（interaction）是指一种新的影响，因为我们应用了析因实验，所以现在可以研究这种新的影响了。如果交互作用的影响对于 GMAT 分数有显著作用，那么我们可以得到结论，辅导课程类型的影响取决于本科院校。

13.5.1　ANOVA 方法

两因子析因实验的 ANOVA 方法要求我们将总平方和（SST）分解为四个部分：因子 A 的平方和（SSA）、因子 B 的平方和（SSB）、交互作用的平方和（SSAB）和误差平方和（SSE）。分解公式如下：

$$SST = SSA + SSB + SSAB + SSE \tag{13-26}$$

平方和与自由度的分解汇总于表 13-11 中，表中使用了下面的符号：a 代表因子 A 的水平数；b 代表因子 B 的水平数；r 代表复制的个数；n_T 代表实验中观测值的总数；$n_T = abr$。

表 13-11　有 r 个复制的两因子析因实验的 ANOVA 表

方差来源	平方和	自由度	均方	F	p-值
因子 A	SSA	$a-1$	$\mathrm{MSA}=\dfrac{\mathrm{SSA}}{a-1}$	$\dfrac{\mathrm{MSA}}{\mathrm{MSE}}$	
因子 B	SSB	$b-1$	$\mathrm{MSB}=\dfrac{\mathrm{SSB}}{b-1}$	$\dfrac{\mathrm{MSB}}{\mathrm{MSE}}$	
交互作用	SSAB	$(a-1)(b-1)$	$\mathrm{MSAB}=\dfrac{\mathrm{SSAB}}{(a-1)(b-1)}$	$\dfrac{\mathrm{MSAB}}{\mathrm{MSE}}$	
误差	SSE	$ab(r-1)$	$\mathrm{MSE}=\dfrac{\mathrm{SSE}}{ab(r-1)}$		
总计	SST	n_T-1			

13.5.2　计算与结论

为了检验因子 A、因子 B 和交互作用的显著性，我们需要计算 F 统计量，为此我们需要计算 MSA，MSB，MSAB 和 MSE。为计算这 4 个均方，我们必须首先计算 SSA，SSB，SSAB 和 SSE；与此同时，我们还要计算 SST。为了简化表述，我们将计算分 5 步进行。除 a，b，r 和 n_T 如前定义外，我们还使用了下面的符号。

x_{ijk}——对应于因子 A 的处理 i 和因子 B 的处理 j 的第 k 次复制的观测值

$\bar{x}_{i.}$——处理 i（因子 A）的观测值的样本均值

$\bar{x}_{.j}$——处理 j（因子 B）的观测值的样本均值

$\bar{x}_{ij}$——对应于处理 i（因子 A）和处理 j（因子 B 的）组合的观测值的样本均值

$\bar{\bar{x}}$——所有 n_T 个观测值的总样本均值

第 1 步：计算总平方和。

$$\mathrm{SST}=\sum_{i=1}^{a}\sum_{j=1}^{b}\sum_{k=1}^{r}(x_{ijk}-\bar{\bar{x}})^2 \tag{13-27}$$

第 2 步：计算因子 A 的平方和。

$$\mathrm{SSA}=br\sum_{i=1}^{a}(\bar{x}_{i.}-\bar{\bar{x}})^2 \tag{13-28}$$

第 3 步：计算因子 B 的平方和。

$$\mathrm{SSB}=ar\sum_{j=1}^{b}(\bar{x}_{.j}-\bar{\bar{x}})^2 \tag{13-29}$$

第 4 步：计算交互作用的平方和。

$$\mathrm{SSAB}=r\sum_{i=1}^{a}\sum_{j=1}^{b}(\bar{x}_{ij}-\bar{x}_{i.}-\bar{x}_{.j}+\bar{\bar{x}})^2 \tag{13-30}$$

第 5 步：计算误差平方和。

$$\mathrm{SSE}=\mathrm{SST}-\mathrm{SSA}-\mathrm{SSB}-\mathrm{SSAB} \tag{13-31}$$

表 13-12 列出了实验所收集的数据和有助于我们计算平方和的各个合计。对于 GMAT 两因子析因实验，我们利用式（13-27）至式（13-31），计算的平方和如下所示。

第 1 步：$\mathrm{SST}=(500-515)^2+(580-515)^2+(540-515)^2+\cdots+(410-515)^2=82\,450$

第 2 步：$\mathrm{SSA}=3\times 2\times[(493.33-515)^2+(513.33-515)^2+(538.33-515)^2]=6\,100$

第 3 步：$\mathrm{SSB}=3\times 2\times[(540-515)^2+(560-515)^2+(445-515)^2]=45\,300$

第 4 步：$\mathrm{SSAB}=2\times[(540-493.33-540+515)^2+(500-493.33-560+515)^2+\cdots+$
$\qquad\qquad (445-538.33-445+515)^2]=11\,200$

第 5 步：$\mathrm{SSE}=82\,450-6\,100-45\,300-11\,200=19\,850$

表 13-12　两因子实验的 GMAT 汇总数据

处理组合合计		因子 B：本科院校			行合计	因子 A 平均值
		商学院	工学院	艺术与科学学院		
因子 A：辅导课程	3 小时复习课	500 $\underline{580}$ 1 080 $\bar{x}_{11}=\dfrac{1\ 080}{2}=540$	540 $\underline{460}$ 1 000 $\bar{x}_{12}=\dfrac{1\ 000}{2}=500$	480 $\underline{400}$ 880 $\bar{x}_{13}=\dfrac{880}{2}=440$	2 960	$\bar{x}_{1\cdot}=\dfrac{2\ 960}{6}=493.33$
	1 天的课程	460 $\underline{540}$ 1 000 $\bar{x}_{21}=\dfrac{1\ 000}{2}=500$	560 $\underline{620}$ 1 180 $\bar{x}_{22}=\dfrac{1\ 180}{2}=590$	420 $\underline{480}$ 900 $\bar{x}_{23}=\dfrac{900}{2}=450$	3 080	$\bar{x}_{2\cdot}=\dfrac{3\ 080}{6}=513.33$
	10 周强化班	560 $\underline{600}$ 1 160 $\bar{x}_{31}=\dfrac{1\ 160}{2}=580$	600 $\underline{580}$ 1 180 $\bar{x}_{32}=\dfrac{1\ 180}{2}=590$	480 $\underline{410}$ 890 $\bar{x}_{33}=\dfrac{890}{2}=445$	3 230	$\bar{x}_{3\cdot}=\dfrac{3\ 230}{6}=538.33$
列合计		3 240	3 360	2 670	9 270 ◀——合计	
因子 B 平均值		$\bar{x}_{\cdot1}=\dfrac{3\ 240}{6}=540$	$\bar{x}_{\cdot2}=\dfrac{3\ 360}{6}=560$	$\bar{x}_{\cdot3}=\dfrac{2\ 670}{6}=445$	$\bar{\bar{x}}=\dfrac{9\ 270}{18}=515$	

这些平方和与它们所对应的自由度相除，得到适用于检验两个主影响（辅导课程和本科院校）和交互作用影响的均方值。

由于任何中型到大型的析因实验涉及大量的计算，因此在实施方差分析的计算和用于假设检验推断的 p-值的计算时，计算机通常起着重要的作用。表 13-13 显示了 GMAT 两因子析因实验方差分析的输出结果。我们利用输出结果，在 $\alpha=0.05$ 的显著性水平下，对两因子的 GMAT 研究进行假设检验。用于检验三种辅导课程（因子 A）之间显著差异的 p-值是 0.299。因为 p-值 =0.299，大于 $\alpha=0.05$，所以对于三种辅导课程，GMAT 平均考试成绩不存在显著差异。但是，对于本科院校（因子 B）的影响，p-值 =0.005，小于 $\alpha=0.05$，于是，对于三种类型的本科院校，GMAT 平均考试成绩存在显著差异。

表 13-13　GMAT 两因子析因实验方差分析的输出

方差来源	自由度	平方和	均方	F	p-值
因子 A	2	6 100	3 050	1.38	0.299
因子 B	2	45 300	22 650	10.27	0.005
交互作用	4	11 200	2 800	1.27	0.350
误差	9	19 850	2 206		
总计	17	82 450			

最后，因为交互作用影响的 p-值 =0.350，大于 $\alpha=0.05$，所以不存在显著的交互作用影响。综上所述，这项研究没有理由让我们相信对于来自不同本科院校准备参加 GMAT 考试的学生，三种辅导课程在提高他们的 GMAT 成绩方面是不同的。

我们发现本科院校是一个显著的因子。查看表 13-12 中的计算，我们看到样本均值是商学院学生 $\bar{x}_{\cdot1}=540$，工学院学生 $\bar{x}_{\cdot2}=560$，艺术与科学学院学生 $\bar{x}_{\cdot3}=445$。我们可以对个别处理的均值进行检验。然而，观测三个样本均值后，我们可以期望商学院和工学院学生的 GMAT 分数没有显著区别。但是，艺术与科学学院学生的 GMAT 分数看起来要显著地低于其他院校的学生。也许这种看法会促使艺术与科学学院类的大学考虑其他的途径，以帮助这些学生准备 GMAT。

练 习

方法

28. 一项涉及因子 A 的两个水平与因子 B 的三个水平的析因实验得到下面的数据。

因子 A	因子 B		
	水平 1	水平 2	水平 3
水平 1	135	90	75
	165	66	93
水平 2	125	127	120
	95	105	136

在 $\alpha = 0.05$ 的显著性水平下,检验主影响与交互作用影响的显著性。

应用

30. 根据 2018 年的一项研究,用户从浏览移动设备上的网站到获取主要内容平均耗时为 14.6 秒,比 2017 年快了 20% 以上。灵敏度无疑是网站的一个重要特性,在移动设备上灵敏度更为重要。移动设备还需要考虑哪些网页设计因素能使其更易于被用户使用。除此之外,导航菜单的位置和所需的文本输入量在移动设备上也非常重要。对于导航菜单的位置和所需的文本输入量的不同组合,下面的数据是随机选择的学生(每个因素组合 2 人)执行预先指定的任务所用的时间(单位:秒)。

		所需的文本输入量	
		小	大
导航菜单的位置	右侧	8	12
		12	8
	中间	22	26
		14	30
	左侧	10	18
		18	14

利用析因设计的 ANOVA 方法,在 $\alpha = 0.05$ 的显著性水平下,检验导航菜单的位置和所需的文本输入量产生的显著影响。

32. 《消费者报告》杂志设计研究的一部分是要对混合动力汽车和具有同样配置的传统动力汽车进行比较。于是,该杂志对各种型号的混合动力、传统动力的汽车和 SUV 进行了测试。下面是《消费者报告》经过测试取得的 16 辆各种型号汽车油耗等级的数据,包括两辆混合动力小型汽车、两辆混合动力中型汽车、两辆混合动力小型 SUV、两辆混合动力中型 SUV 以及 8 辆具有同样配置的传统动力汽车。

品牌/型号	车型	动力类型	油耗/(千米/升)
Honda Civic	小型车	混合动力	15.7
Honda Civic	小型车	传统动力	11.8
Toyota Prius	小型车	混合动力	18.6
Toyota Corolla	小型车	传统动力	13.5
Chevrolet Malibu	中型车	混合动力	11.4
Chevrolet Malibu	中型车	传统动力	9.7
Nissan Altima	中型车	混合动力	13.5
Nissan Altima	中型车	传统动力	10.6
Ford Escape	小型 SUV	混合动力	11.4
Ford Escape	小型 SUV	传统动力	8.9
Sature Vue	小型 SUV	混合动力	11.8
Sature Vue	小型 SUV	传统动力	9.3
Lexus RX	中型 SUV	混合动力	9.7
Lexus RX	中型 SUV	传统动力	8.0
Toyota Highlander	中型 SUV	混合动力	10.2
Toyota Highlander	中型 SUV	传统动力	7.6

在 $\alpha = 0.05$ 的显著性水平下,检验车型、动力类型以及它们之间交互作用的显著影响。

小 结

在本章我们介绍了如何利用方差分析来检验若干个总体或处理之间的差异。我们引进了完全随机化设计、随机化区组设计和两因子析因实验。我们利用完全随机化设计和随机化区组设计,可以得出有关单个因子均值之间是否存在差异的结论。在随机化区组设计中,划分区组的主要目的是从误差项中剔除来自外部的变异。这样的区组划分给出了真实误差方差一个更好的估计,并且给出了确定该因子的总体或处理均值之间是否存在显著差异的一个更好的检验。

我们已经说明了,在方差分析和实验设计中使用的统计检验的基础是总体方差 σ^2 的两个独立的估计量。在单因子情形下,一个估计量以处理之间的差异为依据。这个估计量仅当均值 μ_1, μ_2, ⋯, μ_k 全相等时,给出 σ^2 的一个无偏估计量。σ^2 的第二个估计量以每个样本内部观测值的差异为依据。这个估计量总能给出 σ^2 的一个无偏估计量。为了确定总体或处理均值相等的原假设是否成立，我们通过计算 σ^2 的这两个估计量的比值（ F 统计量），建立了拒绝该原假设的法则。在所有讨论过的实验设计中，我们要按照不同的来源对平方和与自由度进行分解，从而使我们能够计算出适用于方差分析和检验的数值。我们还说明了 Fisher 的 LSD 方法和 Bonferroni 修正方法如何用于成对比较以判断在哪些均值之间存有差异。

关键术语

ANOVA table　ANOVA 表　一种用来汇总方差分析计算和结果的表。它包括显示方差来源、平方和、自由度、均方和 F 值的列。

blocking　区组划分　对所有的处理使用相同或相似的实验单元的过程。区组划分的目的是从误差项中删除来自外部的变异，因此给出了总体或处理均值之间是否存在差异的更有力的检验。

comparisonwise type I error rate　比较方式的第 I 类错误概率　与单个两两成对比较相联系的犯第 I 类错误的概率。

completely randomized design　完全随机化设计　处理被随机地指派给实验单元的一种实验设计。

experimental units 实验单元　实验中引起关注的研究对象。

experimentwise type I error rate　实验方式的第 I 类错误概率　若干个两两比较中至少有一个犯第 I 类错误的概率。

factor　因子　引起关注的自变量的另一个称谓。

factorial experiment　析因实验　一种实验设计方法，该方法允许我们得到有关两个或两个以上因子同时存在的统计结论。

interaction　交互作用　当一个因子的水平与另一个因子的水平相互作用时，对响应变量产生的影响。

multiple comparison procedures　多重比较方法　能用于在成对的总体均值之间进行统计比较的统计方法。

partitioning　分解　将总平方和与自由度分配给各组成部分的过程。

randomized block design　随机化区组设计　使用区组划分的一种实验设计。

replications　复制　在一个实验中每个实验条件的重复次数。

response variable　响应变量　引起关注的因变量的另一个称谓。

single-factor experiment　单因子实验　只涉及有 k 个总体或处理的一个因子的实验。

treatments　处理　因子的不同水平。

重要公式

完全随机化设计

处理 j 的样本均值

$$\bar{x}_j = \frac{\sum_{i=1}^{n_j} x_{ij}}{n_j} \qquad (13\text{-}1)$$

处理 j 的样本方差

$$s_j^2 = \frac{\sum_{i=1}^{n_j} (x_{ij} - \bar{x}_j)^2}{n_j - 1} \qquad (13\text{-}2)$$

总样本均值

$$\bar{\bar{x}} = \frac{\sum_{j=1}^{k} \sum_{i=1}^{n_j} x_{ij}}{n_T} \qquad (13\text{-}3)$$

$$n_T = n_1 + n_2 + \cdots + n_k \qquad (13\text{-}4)$$

均方处理

$$\text{MSTR} = \frac{\text{SSTR}}{k - 1} \qquad (13\text{-}7)$$

处理平方和

$$\text{SSTR} = \sum_{j=1}^{k} n_j (\bar{x}_j - \bar{\bar{x}})^2 \qquad (13\text{-}8)$$

均方误差

$$\text{MSE} = \frac{\text{SSE}}{n_T - k} \qquad (13\text{-}10)$$

误差平方和

$$\text{SSE} = \sum_{j=1}^{k} (n_j - 1) s_j^2 \qquad (13\text{-}11)$$

k 个总体均值相等的检验统计量

$$F = \frac{\text{MSTR}}{\text{MSE}} \qquad (13\text{-}12)$$

总平方和

$$SST = \sum_{j=1}^{k} \sum_{i=1}^{n_j} (x_{ij} - \bar{\bar{x}})^2 \qquad (13\text{-}13)$$

平方和分解

$$SST = SSTR + SSE \qquad (13\text{-}14)$$

多重比较方法

Fisher 的 LSD 方法的检验统计量

$$t = \frac{\bar{x}_i - \bar{x}_j}{\sqrt{MSE\left(\dfrac{1}{n_i} + \dfrac{1}{n_j}\right)}} \qquad (13\text{-}16)$$

Fisher 的 LSD

$$LSD = t_{\alpha/2} \sqrt{MSE\left(\dfrac{1}{n_i} + \dfrac{1}{n_j}\right)} \qquad (13\text{-}17)$$

随机化区组设计

总平方和

$$SST = \sum_{i=1}^{b} \sum_{j=1}^{k} (x_{ij} - \bar{\bar{x}})^2 \qquad (13\text{-}22)$$

处理平方和

$$SSTR = b \sum_{j=1}^{k} (\bar{x}_{.j} - \bar{\bar{x}})^2 \qquad (13\text{-}23)$$

区组平方和

$$SSBL = k \sum_{i=1}^{b} (\bar{x}_{i.} - \bar{\bar{x}})^2 \qquad (13\text{-}24)$$

误差平方和

$$SSE = SST - SSTR - SSBL \qquad (13\text{-}25)$$

析因实验

总平方和

$$SST = \sum_{i=1}^{a} \sum_{j=1}^{b} \sum_{k=1}^{r} (x_{ijk} - \bar{\bar{x}})^2 \qquad (13\text{-}27)$$

因子 A 的平方和

$$SSA = br \sum_{i=1}^{a} (\bar{x}_{i.} - \bar{\bar{x}})^2 \qquad (13\text{-}28)$$

因子 B 的平方和

$$SSB = ar \sum_{j=1}^{b} (\bar{x}_{.j} - \bar{\bar{x}})^2 \qquad (13\text{-}29)$$

交互作用平方和

$$SSAB = r \sum_{i=1}^{a} \sum_{j=1}^{b} (\bar{x}_{ij} - \bar{x}_{i.} - \bar{x}_{.j} + \bar{\bar{x}})^2 \qquad (13\text{-}30)$$

误差平方和

$$SSE = SST - SSA - SSB - SSAB \qquad (13\text{-}31)$$

补充练习

34. 一项完全随机化实验设计检验三种品牌纸巾的吸水能力。我们对相同规格的纸巾，每种品牌选取四小块进行检验，吸水性的等级数据如下表所示。在 $\alpha = 0.05$ 的显著性水平下，三种品牌纸巾的吸水能力存在差异吗？

纸巾品牌		
x	y	z
91	99	83
100	96	88
88	94	89
89	99	76

36. 美国环境保护署对全美各地城市空气中的污染物水平进行监测。臭氧污染水平使用一个取值范围为 0~500 的指数度量；指数分值越低表明健康风险越小，指数分值越高表明健康风险越大。四个城市（亚拉巴马州伯明翰、田纳西州孟菲斯市、阿肯色州小石城和密西西比州杰克逊）某年 10 天的臭氧污染峰值水平的数据如右表所示。

日期	亚拉巴马州伯明翰	田纳西州孟菲斯市	阿肯色州小石城	密西西比州杰克逊
1 月 9 日	18	20	18	14
1 月 17 日	23	31	22	30
1 月 18 日	19	25	22	21
1 月 31 日	29	36	28	35
2 月 1 日	27	31	28	24
2 月 6 日	26	31	31	25
2 月 14 日	31	24	19	25
2 月 17 日	31	31	28	28
2 月 20 日	33	35	35	34
2 月 29 日	20	42	42	21

在 $\alpha = 0.05$ 的显著性水平下，检验四个城市之间的平均臭氧污染水平是否存在显著差异。

38. 对一个新产品提出三种不同的装配方法，选择使用完全随机化实验设计方法来确定哪一种装配方法能使每小时装配的产品数量最多。随机抽取 30 名工人，并指定每人使用三种装配方法中的一种，每名工人装配的产品数量如下表所示。

	方法	
A	B	C
97	93	99
73	100	94
93	93	87
100	55	66
73	77	59
91	91	75
100	85	84
86	73	72
92	90	88
95	83	86

在 $\alpha=0.05$ 的显著性水平下，根据这些数据资料检验，是否能够得出每种方法装配的产品平均件数是相同的。

40. 一个研究机构用油耗来检测三种品牌汽油的性能特性。对于不同品牌的汽车，汽油表现出的性能特征不同，我们选择了五种品牌的汽车，并且在实验中把五种品牌的汽车看成是区组，即每种品牌的汽车都用三种品牌的汽油进行测试。实验结果（单位：公里/升）如下表所示。

汽车	汽油品牌		
	I	II	III
A	7.6	8.9	8.5
B	10.2	11.0	11.4
C	12.7	12.3	14.4
D	9.3	10.6	10.2
E	8.5	9.7	10.2

a. 在 $\alpha=0.05$ 的显著性水平下，三种品牌汽油每升行驶的平均里程数存在差异显著吗？

b. 利用完全随机化设计的 ANOVA 方法分析实验数据，将得到的结果与（a）中得到的结果进行比较。设法删除区组影响的优点是什么？

42. 一家高尔夫设备的主要制造商考虑新球杆的三种设计：设计 A、设计 B 和设计 C。每一种设计在用于制造球杆的头和杆的材料方面略有不同。公司想知道三种设计的总击球距离之间是否有差异。12名代表公司的美巡赛球员被要求测试每一种设计。热身之后，每一名球员按随机选择顺序，用每一种新设计进行了一次开球并记录总距离（单位：码），结果如下。

设计 A	设计 B	设计 C
306	323	320
279	313	289
293	318	314
277	288	282
281	286	287
272	312	283
297	326	332
271	306	284
279	325	294
323	319	289
301	307	293
289	309	285

在 $\alpha=0.05$ 的显著性水平下，检验三种设计的平均击球距离是否相同。

44. 一家制造公司设计了一个析因实验，以确定由两台机器生产的有缺陷零部件数量是否有差异，以及确定生产的有缺陷零部件数量是否还取决于每台机器的原材料的投料方式，即是用人工投料，还是用自动系统投料。生产的有缺陷零部件数量的统计资料如下表所示。在 $\alpha=0.05$ 的显著性水平下，检验机器、投料系统以及它们之间交互作用的显著影响。

	投料系统	
	人工	自动
机器 1	30	30
	34	26
机器 2	20	24
	22	28

案例 13-1　Wentworth 医疗中心

作为对 65 岁和 65 岁以上老人长期研究的一部分，位于纽约州北部地区的 Wentworth 医疗中心的社会学家和内科医生调查了地理位置和抑郁症之间的关系。抽取 60 名健康状况不错的人组成一个随机样本，其中 20 人居住在佛罗里达州，20 人居住在纽约州，20 人居住在北卡罗来纳州。对随机选中的每个人进行一次测量抑郁症的标准化检验，收集到的数据如下表所示，较高的检验分数表示有较高程度的抑郁症。这些数据被存放在名为 Medical1 的文件中。

研究的第二部分是考察地理位置与患有慢性病的 65 岁和 65 岁以上老人得抑郁症之间的关系，这些慢性病诸如关节炎、高血压和心脏病等。具有这种身体状况的老人也被抽取出60人组成一个随机样本，同样20人居住在佛罗里达州，20人居住在纽约州，20人居住在北卡罗来纳州。这项研究所记录的抑郁症程度的数据如下表所示。这些数据被存放在名为Medical2的文件中。

Medical1 的数据			Medical2 的数据		
佛罗里达州	纽约州	北卡罗来纳州	佛罗里达州	纽约州	北卡罗来纳州
3	8	10	13	14	10
7	11	7	12	9	12
7	9	3	17	15	15
3	7	5	17	12	18
8	8	11	20	16	12
8	7	8	21	24	14
8	8	4	16	18	17
5	4	3	14	14	8
5	13	7	13	15	14
2	10	8	17	17	16
6	6	8	12	20	18
2	8	7	9	11	17
6	12	3	12	23	19
6	8	9	15	19	15
9	6	8	16	17	13
7	8	12	15	14	14
5	5	6	13	9	11
4	7	3	10	14	12
7	7	8	11	13	13
3	8	11	17	11	11

管理报告

1. 利用描述统计学方法汇总这两部分研究的数据。关于抑郁症的得分，你的初步观测结果是什么？
2. 对于两个数据集使用方差分析方法，在每种情况下陈述需要进行检验的假设，你的结论是什么？
3. 在适当的地方使用单个处理方法的统计推断，你的结论是什么？

案例 13-2　销售人员的报酬

假设旧金山地区一个销售专业人员的地方分会对该组织的成员进行了一项调查。其目的是对于受雇的销售人员，无论销售场所是在室内还是户外，如果他们的资历与年薪之间存在某种关系的话，则对这种关系进行研究。在调查中，受访者被要求在三种资历水平中选定其中的一种：低（1~10年）、中（11~20年）和高（21或21年以上）。调查所得数据的一部分如下所示。完整的数据集由120组观测值组成，它们被存放在名为SalesSalary的文件中。

观测值	年薪/美元	销售场所	工作资历	观测值	年薪/美元	销售场所	工作资历
1	53 938	室内	中	10	54 768	室内	中
2	52 694	室内	中	⋮	⋮	⋮	⋮
3	70 515	户外	低	115	58 080	室内	高
4	52 031	室内	中	116	78 702	户外	中
5	62 283	户外	低	117	83 131	户外	中
6	57 718	室内	低	118	57 788	室内	高
7	79 081	户外	高	119	53 070	室内	中
8	48 621	室内	低	120	60 259	户外	低
9	72 835	户外	高				

管理报告

1. 用描述统计学方法汇总这些数据。

2. 不考虑销售人员的工作资历和销售场所，建立一个全体销售人员平均年薪的 95% 的置信区间估计。

3. 建立一个室内销售人员平均年薪的 95% 的置信区间估计。

4. 建立一个户外销售人员平均年薪的 95% 的置信区间估计。

5. 在 $\alpha = 0.05$ 的显著性水平下，暂时不考虑销售人员工作资历的影响，利用方差分析方法检验销售人员销售场所的显著差异。

6. 在 $\alpha = 0.05$ 的显著性水平下，暂时不考虑销售人员销售场所的影响，利用方差分析方法检验销售人员工作资历的显著差异。

7. 在 $\alpha = 0.05$ 的显著性水平下，检验销售人员的销售场所、工作资历和交互作用的显著差异。

案例 13-3　TourisTopia Travel 公司

TourisTopia Travel（Triple T）是一家在线旅行公司，专门为十人及以上的旅行者提供世界各地的旅行服务。Triple T 公司的市场营销主管目前负责公司网站主页的修订工作。主页的内容已经确定，剩下的工作主要涉及背景颜色（白色、绿色或粉色）和字体类型（Arial、Calibri 或 Tahoma）的选择。

Triple T 公司的信息技术团队已经设计了包含这些背景颜色和字体各种组合的主页原型，并且设计了计算机程序，这个程序可以将每位 Triple T 公司网站访问者随机引导到这些主页原型中的其中一个。Triple T 公司记录了三周内每位访问者访问的 Triple T 公司网站主页原型以及每次访问的时间（单位：秒），然后从每个主页原型中随机选择 10 位访问者，访问者的完整数据集存放在名为 TourisTopia 的数据文件中。

Triple T 公司希望利用这些数据来确定访问者访问 Triple T 公司网站的时间是否因背景颜色或字体的差异而不同，它还想知道访问者访问 Triple T 公司网站的时间是否因背景颜色或字体的组合不同而不同。

管理报告

1. 利用描述统计量汇总 Triple T 公司研究的数据。根据描述统计量，关于访问者访问 Triple T 公司网站的时间是否因背景颜色或字体的差异而不同，你的初步观测结论是什么？关于访问者访问 Triple T 公司网站的时间是否因背景颜色与字体的组合不同而不同，你的初步观测结论又是什么？

2. Triple T 公司使用的是观测性研究还是实验性研究？请解释。

3. 利用 Triple T 公司研究中的数据检验假设：对于三种背景颜色的主页原型，访问者的访问时间相同。方差分析模型中包括因子及交互作用，使用 $\alpha = 0.05$。

4. 利用 Triple T 公司研究中的数据检验假设：对于三种字体的主页原型，访问者的访问时间相同。方差分析模型中包括因子及交互作用，使用 $\alpha = 0.05$。

5. 利用 Triple T 公司研究中的数据检验假设：对于三种背景颜色与三种字体的九种组合的主页原型，访问者的访问时间相同。方差分析模型中包括因子及交互作用，使用 $\alpha = 0.05$。

6. 这些数据的分析结果是否提供了访问者访问 Triple T 网站的时间因背景颜色差异、字体差异、背景颜色与字体的组合不同而不同的证据？你有什么建议？

第 14 章

简单线性回归

CHAPTER

14

实践中的统计

联盟数据系统 [⊖]

得克萨斯州，达拉斯

在飞速发展的客户关系管理行业中，联盟数据系统（alliance date system，ADS）可为顾客提供交易代理、信贷服务和营销服务等一系列服务。ADS 有三大业务：LoyalthOne 业务、Epsilon 业务以及 Private Label Services 和 Credit 业务。LoyalthOne 业务提供客户忠诚度服务，例如顾客分析、创意服务、移动解决方案等。Epsilon 业务主要集中在利用交易数据进行营销分析，包括建立顾客数据库技术与构建预测模型。Private Lable Services 和 Credit 业务提供在其他业务中发生的信用卡处理、账单与支付处理以及对个体品牌零售商的集中服务。1996 年 ADS 在得克萨斯州普莱诺设立总部，现在有 20 000 名全职员工。

作为营销服务的手段之一，ADS 设计了直接邮寄服务和促销活动。由于它的数据库储存了超过 1 亿多名顾客消费习惯的信息，所以 ADS 把那些最有可能的顾客作为促销目标，通过直接向他们邮寄宣传品达到获得收益的目的。公司的分析发展部门运用回归分析方法，建立能度量并预测顾客对促销活动反应的模型。一些回归模型预测了顾客收到促销宣传品后购买商品的概率，另一些回归模型则预测了这些顾客购买商品所花费的金额。

在某一项特定的促销活动中，零售连锁店的目标是吸引新顾客。为了预测此项促销活动的效果，ADS 的分析师们从顾客信息数据库中选取了一个样本，向样本中的每一位顾客发放了促销宣传材料，然后将样本顾客对此项活动反馈的数据收集起来并加以处理。样本数据不但包括顾客由于促销活动而购买商品的金额，还包括各种各样有助于预测销售额的顾客特定变量。顾客特定变量是指顾客在过去 39 个月里从相关商店中赊购商品的总金额，该变量对预测顾客购买商品的金额将会起到很大的作用。ADS 的分析师们建立了购买商品的总金额与过去从相关商店中赊购商品的金额之间关系的估计的回归方程：

$$\hat{y} = 26.7 + 0.002\,05x$$

式中，$\hat{y}$ 代表购买商品的总金额；x 代表过去从相关商店中赊购商品的金额。

利用这一方程，我们能够预测出一位在过去 39 个月里从相关商店中赊购了 10 000 美元的顾客，对于直接向他们邮寄宣传品的反应将是消费 47.20 美元。在本章中，你将学会如何建立这种类型的估计的回归方程。

为了提高前述方程的预测能力，ADS 的分析师们建立的最终模型还包含了一些其他变量。比如，是否拥有一家银行的信用卡，估计的收入水平以及每次光顾商店的平均消费额度。在下一章里，我们将学习如何把这些额外的变量整合到多元回归模型中。

管理决策经常取决于对两个或多个变量之间关系的分析。例如，一位市场销售经理权衡了广告费用和销售收入之间的关系后，才可能尝试去预测一个给定水平的广告费用能带来多少销售收入。又如，一家公用事业公司可以利用白天最高气温与电力需求之间的关系，根据下个月白天最高气温的预报，来预测下个月的用电量。通常，一位管理人员要依靠直觉来判断两个变量之间的关系。但是，如果能取得数据，我们就能利用统计方法来建立一个表示变量之间相互关系的方程，我们将这一统计方法称为回归分析。

在回归术语中，我们把被预测的变量称为**因变量**（dependent variable），把用来预测因变量值的一个或多个变量称为**自变量**（independent variable）。例如，在分析广告费用对销售收入的影响时，市场销售经理想要预测销售收入使我们想到，应该用销售收入作为因变量，而用来帮助预测销售收入的广告费用应作为自变量。在统计符号上，y 代表因变量，x 代表自变量。

⊖ 作者感谢联盟数据系统分析发展部主任菲利普·克莱曼斯先生，他为"实践中的统计"提供了本案例。

在本章中，我们仅仅讨论最简单类型的回归分析，它只包括一个自变量和一个因变量，二者之间的关系可以用一条直线近似表示。这种回归分析被称为**简单线性回归**（simple linear regression）。包括两个或两个以上自变量的回归分析被称为多元回归分析。多元回归和涉及曲线关系的情形，将在第 15 章和第 16 章中介绍[⊖]。

14.1　简单线性回归模型

Armand 比萨饼连锁店是经营意大利食品的餐馆，它们分布在美国的 5 个州。Armand 比萨饼连锁店的最佳位置在大学校园附近。管理人员确信，这些连锁店的季度销售收入（用 y 表示）与学生人数（用 x 表示）是正相关的。也就是说，学生较多比学生较少的校园附近的连锁店有获得较大的季度销售收入的趋势。利用回归分析，我们能求出一个说明因变量 y 是如何依赖自变量 x 的方程。

14.1.1　回归模型和回归方程

在 Armand 比萨饼连锁店的例子中，总体是由所有的 Armand 比萨饼连锁店组成的。对于总体中的每一个连锁店，都有一个 x 值（学生人数）和一个对应的 y 值（季度销售收入）。描述 y 如何依赖于 x 和误差项的方程称为**回归模型**（regression model）。下面是用于简单线性回归的回归模型。

> **简单线性回归模型**
>
> $$y = \beta_0 + \beta_1 x + \varepsilon \tag{14-1}$$

式中，β_0 和 β_1 被称为模型的参数；ε 是一个随机变量，被称为模型的误差项。误差项说明了包含在 y 里，但不能被 x 和 y 之间的线性关系解释的变异性。

Armand 比萨饼连锁店总体还可以视为由若干个子总体组成的集合，每一个子总体都对应一个不同的 x 值。例如，一个子总体是由有 8 000 名学生的校园附近的所有 Armand 比萨饼连锁店组成的，另一个子总体是由有 9 000 名学生的校园附近的所有 Armand 比萨饼连锁店组成的，等等。每一个子总体都对应一个 y 值的分布。于是，位于有 8 000 名学生的校园附近的连锁店对应一个 y 值的分布，位于有 9 000 名学生的校园附近的连锁店对应另一个 y 值的分布，等等。y 值的每一个分布都有它自己的平均值或期望值。描述 y 的期望值 $E(y)$ 如何依赖于 x 的方程称为**回归方程**（regression equation）。对于简单线性回归情形，回归方程如下：

> **简单线性回归方程**
>
> $$E(y) = \beta_0 + \beta_1 x \tag{14-2}$$

简单线性回归方程的图形是一条直线。β_0 是回归直线的 y 轴截距，β_1 是斜率，对于一个给定的 x 值，$E(y)$ 是 y 的平均值或期望值。

对于简单线性回归方程，它所代表的各种可能的回归线实例如图 14-1 所示。图 14-1a 中的回归线表示 y 的平均值与 x 正相关，较大的 x 值，对应的 $E(y)$ 值也较大。图 14-1b 中的回归线表示 y 的平均值与 x 负相关，较大的 x 值，对应的 $E(y)$ 值则较小。图 14-1c 中的回归线表示 y 的平均值与 x 无关，即对于 x 的每一个值，y 的平均值 $E(y)$ 都是相同的。

⊖ 最先应用统计方法来研究两个变量之间关系的是弗朗西斯·高尔顿（Francis Galton，1822—1911）。他对父子身高之间的关系很感兴趣，并致力于此方面的研究。高尔顿的追随者——卡尔·皮尔逊（Karl Pearson，1857—1936）则通过 1 078 对受试者，分析了父子身高之间的关系。

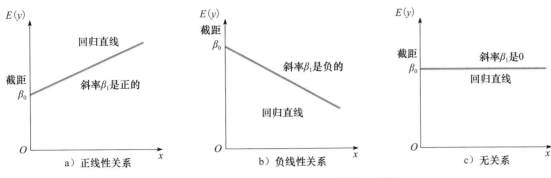

图 14-1　在简单线性回归中各种可能的回归线

14.1.2　估计的回归方程

如果总体参数 β_0 和 β_1 的值是已知的，那么对于一个给定的 x 值，我们能利用式（14-2）由给定的 x 计算 y 的平均值。遗憾的是，在实际中参数 β_0 和 β_1 的值常常是未知的，我们必须利用样本数据去估计它们。我们计算样本统计量 b_0 和 b_1 作为总体参数 β_0 和 β_1 的估计量。用样本统计量 b_0 和 b_1 替代回归方程中的未知参数 β_0 和 β_1，我们得到了**估计的回归方程**（estimated regression equation）。对于简单线性回归情形，估计的回归方程如下：

估计的简单线性回归方程

$$\hat{y} = b_0 + b_1 x \qquad\qquad (14\text{-}3)$$

图 14-2 给出了简单线性回归估计步骤的一个概要。[⊖]

估计的简单线性回归方程的图形被称作估计的回归线，b_0 是 y 轴截距，b_1 是斜率。在下一节，我们将说明如何利用最小二乘法计算估计的回归方程中 b_0 和 b_1 的值。

通常，对于 x 的一个给定值，$\hat{y}$ 是 y 的平均值 $E(y)$ 的一个点估计。于是，为了估计位于有 10 000 名学生的校园附近的所有 Armand 比萨饼连锁店季度销售收入的平均值或期望值，我们只需要将这 10 000 个值代入式（14-3）中的 x 即可。但是，在某些情形下，Armand 比萨饼连锁店的管理人员可能对预测某一家特定的连锁店的销售收入更感兴趣。例如，假定 Armand 比萨饼连锁店的管理人员希望预测位于有 10 000 名学生的 Talbot 大学附近的一家连锁店的季度销售收入。后面我们将会证明，对于 x 的一个给定值，y 的最优估计仍然由 $\hat{y}$ 给出。于是，为了预测位于 Talbot 大学附近的这家比萨饼连锁店的季度销售收入，Armand 比萨饼连锁店的管理人员仍然需要将这 10 000 个值代入式（14-3）中的 x。[⊜]

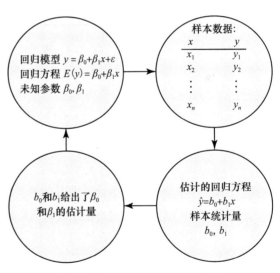

图 14-2　简单线性回归的估计步骤

注释和评论

1. 我们不能把回归分析看作在变量之间建立一个因果关系的过程。回归分析只能表明，变量是如何或者是以怎样的程度彼此联系在一起的。变量之间有关因果关系和相互影响的任何结论，必须建立在人们在应用时

⊖　β_0 和 β_1 的估计是一个统计过程，这个过程与在第 7 章中讨论过的 μ 的估计非常相似。β_0 和 β_1 是我们感兴趣的未知参数，b_0 和 b_1 是用于估计未知参数的样本统计量。

⊜　对于 x 的一个给定值，$\hat{y}$ 给出了两个值，一个是 y 的平均值 $E(y)$ 的一个点估计，另一个是 y 的一个个别值的预测值。

对大量信息判断的基础上。

2. 对于简单线性回归情形，回归方程是 $E(y)=\beta_0+\beta_1 x$。在更高级的回归分析教科书中，通常把回归方程写成 $E(y|x)=\beta_0+\beta_1 x$，这种写法强调了对于 x 的一个给定值，回归方程给出的是 y 的平均值。

14.2 最小二乘法

最小二乘法（least squares method）⊖是利用样本数据建立估计的回归方程的一种方法。为了说明最小二乘法，假定由位于大学校园附近的 10 家 Armand 比萨饼连锁店组成了一个样本，并对这个样本采集有关数据。对于样本中的第 i 个观测值或第 i 家连锁店，x_i 表示学生人数（单位：1 000 人），y_i 表示季度销售收入（单位：1 000 美元）。样本中 10 家 Armand 比萨饼连锁店的 x_i 和 y_i 的数值如表 14-1 所示。我们看到对于第 1 家连锁店，$x_1=2$，$y_1=58$，表示这家连锁店位于有 2 000 名学生的校园附近，它的季度销售收入为 58 000 美元。对于第 2 家连锁店，$x_2=6$，$y_2=105$，表示这家连锁店位于有 6 000 名学生的校园附近，它的季度销售收入为 105 000 美元。销售收入最多的连锁店是第 10 家连锁店，它位于有 26 000 名学生的校园附近，季度销售收入为 202 000 美元。

表 14-1　10 家 Armand 比萨饼连锁店的学生人数和季度销售收入数据

连锁店 i	学生人数/1 000 人 x_i	销售收入/1 000 美元 y_i	连锁店 i	学生人数/1 000 人 x_i	销售收入/1 000 美元 y_i
1	2	58	6	16	137
2	6	105	7	20	157
3	8	88	8	20	169
4	8	118	9	22	149
5	12	117	10	26	202

图 14-3 是表 14-1 中数据的散点图，横轴表示学生人数，纵轴表示季度销售收入。根据横轴上自变量 x 的值和纵轴上因变量 y 值，我们就可以绘制出回归分析的**散点图**（scatter diagram）。散点图使我们能从图形上观察数据，并且能对变量间可能存在的关系得出初步的结论。

从图 14-3 中我们能得出一些什么样的初步结论呢？位于学生人数比较多的校园附近的 Armand 比萨饼连锁店，销售收入似乎比较高。另外，从这些数据中可以发现，学生人数和季度销售收入之间的关系似乎能用一条直线近似地表示。实际上，在 x 和 y 之间存在一个正向的线性关系，因此我们选择用简单线性回归模型来表示季度销售收入与学生人数之间的关系。在这一选择的假定下，我们接下来的任务是利用表 14-1 中的样本数据，去确定估计的简单线性回归方程中 b_0 和 b_1 的值。对于第 i 家 Armand 比萨饼连锁店，估计的简单线性回归方程是：

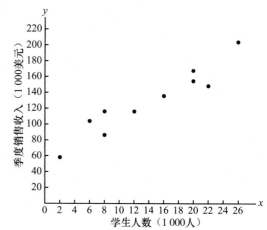

图 14-3　Armand 比萨饼连锁店的学生人数和季度销售收入的散点图

$$\hat{y}_i = b_0 + b_1 x_i \tag{14-4}$$

式中，$\hat{y}_i$ 代表第 i 家连锁店季度销售收入的估计值（1 000 美元）；b_0 代表估计的回归直线的 y 轴截距；b_1 代表估计的回归直线的斜率；x_i 代表第 i 家连锁店的学生人数（1 000 人）。

用 y_i 表示第 i 家连锁店季度销售收入的观测（实际）值，式（14-4）中 $\hat{y}_i$ 表示第 i 家连锁店季度销售收入的

⊖　在简单线性回归中，每一对观测值由两个值组成，一个是自变量的观测值，另一个是因变量的观测值。

预测值，样本中的每一家连锁店都将有一个季度销售收入的观测值 y_i 和一个季度销售收入的预测值 $\hat{y}_i$。为了使估计的回归直线能对样本数据有一个好的拟合，我们希望季度销售收入的观测值与季度销售收入的预测值之间的差要小。

最小二乘法 [注] 利用样本数据，通过使因变量的观测值 y_i 与因变量的预测值 $\hat{y}_i$ 之间的离差平方和达到最小的方法求得 b_0 和 b_1 的值。最小二乘法准则由式（14-5）给出。

最小二乘法准则

$$\min \sum (y_i - \hat{y}_i)^2 \tag{14-5}$$

式中，y_i 为对于第 i 次观测因变量的观测值；$\hat{y}_i$ 为对于第 i 次观测因变量的预测值。

微分学可以证明（见附录 14A），使式（14-5）达到最小的 b_0 和 b_1 的值能利用式（14-6）和式（14-7）求得。

估计的回归方程的斜率和 y 轴截距

$$b_1 = \frac{\sum (x_i - \bar{x})(y_i - \bar{y})}{\sum (x_i - \bar{x})^2} ^{[注]} \tag{14-6}$$

$$b_0 = \bar{y} - b_1 \bar{x} \tag{14-7}$$

式中，x_i 为对于第 i 次观测自变量的观测值；y_i 为对于第 i 次观测因变量的观测值；$\bar{x}$ 为自变量的样本平均值；$\bar{y}$ 为因变量的样本平均值；n 为总观测次数。

在 Armand 比萨饼连锁店的例子中，应用最小二乘法估计回归方程的一些必要计算在表 14-2 中列出。由于样本是由 10 家 Armand 比萨饼连锁店组成的，所以我们有观测次数 $n = 10$。因为式（14-6）和式（14-7）需要 $\bar{x}$ 和 $\bar{y}$，所以我们的工作从计算 $\bar{x}$ 和 $\bar{y}$ 开始。

表 14-2　Armand 比萨饼连锁店的最小二乘估计回归方程的计算

连锁店 i	x_i	y_i	$x_i - \bar{x}$	$y_i - \bar{y}$	$(x_i - \bar{x})(y_i - \bar{y})$	$(x_i - \bar{x})^2$
1	2	58	-12	-72	864	144
2	6	105	-8	-25	200	64
3	8	88	-6	-42	252	36
4	8	118	-6	-12	72	36
5	12	117	-2	-13	26	4
6	16	137	2	7	14	4
7	20	157	6	27	162	36
8	20	169	6	39	234	36
9	22	149	8	19	152	64
10	26	202	12	72	864	144
合计	140	1 300			2 840	568
	$\sum x_i$	$\sum y_i$			$\sum (x_i - \bar{x})(y_i - \bar{y})$	$\sum (x_i - \bar{x})^2$

$$\bar{x} = \frac{\sum x_i}{n} = \frac{140}{10} = 14$$

$$\bar{y} = \frac{\sum y_i}{n} = \frac{1\,300}{10} = 130$$

⊖　德国数学家高斯（1777—1855）提出了最小二乘法。

⊜　计算 b_1 的另一个公式是：

$$b_1 = \frac{\sum x_i y_i - (\sum x_i \sum y_i)/n}{\sum x_i^2 - (\sum x_i)^2/n}$$

当利用计算器计算 b_1 时，通常推荐用式（14-6）。

当利用计算器计算 b_1 时，中间计算过程应尽可能多地保留有效数字。我们建议至少应保留四位有效数字。

利用式（14-6）和式（14-7）以及表 14-2 中的资料，我们能计算 Armand 比萨饼连锁店估计的回归方程的斜率和 y 轴截距。斜率 b_1 的计算过程如下：

$$b_1 = \frac{\sum (x_i - \bar{x})(y_i - \bar{y})}{\sum (x_i - \bar{x})^2} = \frac{2\,840}{568} = 5$$

y 轴截距 b_0 的计算如下：

$$b_0 = \bar{y} - b_1 \bar{x} = 130 - 5 \times 14 = 60$$

于是，估计的回归方程是：

$$\hat{y} = 60 + 5x$$

这一方程在散点图上的图形如图 14-4 所示。估计的回归方程的斜率（$b_1 = 5$）是正的，也就是说，随着学生人数的增加，Armand 比萨饼连锁店的季度销售收入也增加。实际上，我们可以得出结论，学生人数每增加 1 000 人，Armand 比萨饼连锁店期望增加的季度销售收入将是 5 000 美元，即每增加 1 名学生，期望增加销售收入 5 美元（因为销售收入的计量单位是 1 000 美元，学生人数的计量单位是 1 000 人）。

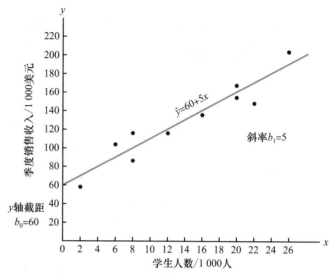

图 14-4　Armand 比萨饼连锁店估计的回归方程 $\hat{y} = 60 + 5x$ 的图示

如果我们相信，应用最小二乘法得到的估计的回归方程能充分地描述两个变量 x 和 y 之间的关系，那么对于一个给定的 x 值，利用估计的回归方程去预测 y 值将被认为是合理的。例如，有一家连锁店，它位于有 16 000 名学生的校园附近，如果我们想要预测这家连锁店的季度销售收入，那么我们应当计算：

$$\hat{y} = 60 + 5 \times 16 = 140$$

所以，对于这家 Armand 比萨饼连锁店，我们预测的季度销售收入是 140 000 美元。在下一节，我们将讨论利用估计的回归方程进行估计和预测合理性的评价方法。$^{\ominus}$

注释和评论

最小二乘法通过使因变量的观测值 y_i 与因变量的预测值 $\hat{y}_i$ 之间的离差平方和达到最小，得到了估计的回归方程。最小二乘法准则就是选择能与样本数据有最佳拟合方程的准则。如果利用某些其他准则，例如最小化 y_i 和 $\hat{y}_i$ 之间的绝对离差和，我们将得到一个不同的方程。在实践中，最小二乘法是应用最广泛的方法。

练习

方法

2. 已知两变量 x 和 y 的 5 组观测值。

x_i	3	12	6	20	14
y_i	55	40	55	10	15

a. 绘制出这些数据的散点图。

b. 根据在（a）中得出的散点图，这两个变量之间显示出什么关系？

c. 尝试着画一条穿过这些数据的直线，来近似反映 x 和 y 之间的关系。

d. 利用式（14-6）和式（14-7），计算 b_0 和 b_1 的值，建立估计的回归方程。

$\ominus$　在自变量取值范围以外，利用估计的回归方程进行预测时要特别谨慎。因为在这个范围以外，我们不能保证变量之间存在同样的关系。

e. 当 $x=10$ 时，利用估计的回归方程，预测 y 的值。

应用

4. 下表给出的是在 5 家零售贸易业公司中工作的女性职工所占的百分比，以及在每一家公司中由女性担任管理工作的百分比数据。

女性职工的百分比（%）	67	45	73	54	61
女性担任管理工作的百分比（%）	49	21	65	47	33

a. 以公司中女性职工所占的百分比为自变量，绘制出这些数据的散点图。

b. 根据在（a）中得出的散点图，这两个变量之间显示出什么关系？

c. 尝试在公司中女性职工所占的百分比和公司中女性担任管理工作的百分比之间建立一个近似的关系。

d. 计算 b_0 和 b_1 的值，建立估计的回归方程。

e. 如果一家公司的女性职工占 60%，试预测该公司由女性担任管理工作的百分比。

6. 美国国家橄榄球联盟记录了每名球员和每支球队各种表现的数据。为了调查传球对于一支球队能否获胜的重要作用，由 10 支美国国家橄榄球联盟的球队组成一个随机样本，每支球队在 2011 年赛季每次进攻的平均传球码数（Yds/Att）和比赛的获胜率（WinPct）数据如下表所示。

球队名称	Yds/Att	WinPct
Arizona Cardinals	6.5	50
Atlanta Falcons	7.1	63
Carolina Panthers	7.4	38
Chicago Bears	6.4	50
Dallas Cowboys	7.4	50
New England Patriots	8.3	81
Philadelphia Eagles	7.4	50
Seattle Seahawks	6.1	44
St. Louis Rams	5.2	13
Tmpa Bay Buccaneers	6.2	25

a. 用横轴表示每次平均传球码数，用纵轴表示比赛的获胜率，绘制出这些数据的散点图。

b. 根据在（a）中得出的散点图，这两个变量之间显示出什么关系？

c. 建立估计的回归方程，使这个方程在球队每次进攻的平均传球码数已知时，能用来预测球队

的获胜率。

d. 对估计的回归方程的斜率做出解释。

e. 如果在 2011 年赛季，Kansas City Chiefs 队的每次平均传球码数是 6.2，利用在（c）中建立的估计的回归方程预测该队的获胜率。（注：在 2011 年赛季，Kansas City Chiefs 队的比赛记录是 7 胜 9 负。）将你的预测结果与 Kansas City Chiefs 队的实际获胜率进行比较。

8. 美国个人投资者协会（AAII）的在线折扣经纪商调查，是根据协会会员与折扣经纪商的经验进行的一项调查工作。作为调查的一部分，要求 AAII 的会员对经纪商的执行速度能力做出评估，以及对电子交易提供一个整体满意度等级。可能的回答（分数）分别为无意见（0）、不满意（1）、比较满意（2）、满意（3）、非常满意（4）。根据每个受访者提供的分数，计算出加权平均数，得到每位经纪商的总分数。部分调查结果如下表所示（AAII website）。

经纪公司	速度	满意度
Scottrade, Inc.	3.4	3.5
Charles Schwab	3.3	3.4
Fidelity Brokerage Services	3.4	3.9
TD Ameritrade	3.6	3.7
E * Trade Financial	3.2	2.9
Vanguard Brokerage Services	3.8	2.8
USAA Brokerage Services	3.8	3.6
Thinkorswim	2.6	2.6
Wells Fargo Investments	2.7	2.3
Interactive Brokers	4.0	4.0
Zecco.com	2.5	2.5

a. 以执行速度为自变量，绘制出这些数据的散点图。

b. 根据在（a）中得出的散点图，这两个变量之间显示出什么关系？

c. 利用最小二乘法，建立估计的回归方程。

d. 对估计的回归方程的斜率做出解释。

e. 假定 Zecco.com 开发了新软件并提高了执行速度等级。如果新软件能将执行速度等级从目前的 2.5 提高到其他 10 个被调查的经纪公司的平均执行速度等级，请你预测 Zecco.com 的整体满意度等级是多少。

10. 2016 年 6 月一瓶 750 毫升红葡萄酒的拍卖价格和葡萄酒的年龄数据如下（WineX website）：

年龄	价格/美元	年龄	价格/美元
36	256	27	173
20	142	30	209
29	212	45	297
33	255	34	237
41	331	22	182

a. 以年龄为自变量，绘制出这些数据的散点图。

b. 参考（a）绘制出的散点图，这两个变量之间显示出什么关系？

c. 利用最小二乘法，建立估计的回归方程。

d. 对估计的回归方程的斜率做出解释。

12. 2016年6月，《雅虎财经》报道可口可乐的贝塔系数为0.82（雅虎财经网站）。单只股票的贝塔系数由简单线性回归确定，因变量是该股票的总回报率，自变量是股票市场（例如标准普尔500）的总回报率，回归方程的斜率称为该股票的贝塔系数。许多金融分析师喜欢通过计算股票的贝塔系数来衡量股票的风险。名为CocaCola的数据文件给出了2015年8月到2016年5月期间标准普尔500的月回报率和可口可乐公司的月回报率。

月份	标准普尔500回报率	可口可乐公司回报率
8	-3	3
9	8	6
10	0	1
11	-2	1
12	-5	0
1	0	0
2	7	8
3	0	-3
4	2	0
5	-5	-1

a. 以标准普尔500回报率为自变量，绘制出这些数据的散点图。

b. 参考（a）绘制出的散点图，标准普尔500回报率和可口可乐公司回报率这两个变量之间显示出什么关系？

c. 利用最小二乘法，建立估计的回归方程。

d. 对估计的回归方程的斜率（即贝塔系数）做出解释。

e. 你估计的贝塔值接近0.82吗？如果不接近，为什么你的估计会不一样？

14. 一家大型城市医院进行了一项研究，调查员工一年内未经批准缺席的天数和员工工作地点与家里距离（公里）之间的关系。选择10个员工作为样本，收集的数据如下表所示。

工作距离/公里	缺席天数
1	8
3	5
4	8
6	7
8	6
10	3
12	5
14	2
14	4
18	2

a. 绘制出这些数据的散点图，显示的线性关系合理吗？

b. 利用最小二乘法，建立估计的回归方程，将工作距离和缺席天数联系起来。

c. 如果员工距离医院5公里，预测缺席的天数。

14.3 判定系数

对Armand比萨饼连锁店的例子，我们求出了估计的回归方程是$\hat{y}=60+5x$，并用这个方程作为学生人数x和季度销售收入y之间线性关系的一个近似。现在摆在我们面前的问题是，估计的回归方程是否很好地拟合了样本数据。在这一节中，我们将说明**判定系数**（coefficient of determination）为估计的回归方程提供了一个拟合优度的度量。

对于样本中的第i次观测值，因变量的观测值y_i和因变量的预测值$\hat{y}_i$之间的离差称为**第i个残差**（i th residual）。第i个残差表示用$\hat{y}_i$去估计y_i的误差。于是，对于第i次观测值，它的残差是$y_i-\hat{y}_i$。这些残差或误差的平方和是一个用最小二乘法来极小化的量。这个量也称为误差平方和，记作SSE。

误差平方和

$$SSE = \sum (y_i - \hat{y}_i)^2$$

(14-8)

在应用估计的回归方程去预测样本中因变量的值时将产生一个误差，SSE 的数值就是对这一误差的度量。

对于 Armand 比萨饼连锁店的例子，我们在表 14-3 中给出了计算误差平方和所需要的过程。例如，对于第 1 家连锁店，自变量的值是 $x_1=2$，因变量的值是 $y_1=58$。利用估计的回归方程，我们求出第 1 家连锁店季度销售收入的预测值是 $\hat{y}_1=60+5\times2=70$。于是，对于第 1 家连锁店，用 $\hat{y}_1$ 去预测 y_1 的残差是 $y_1-\hat{y}_1=58-70=-12$。误差的平方是 $(-12)^2=144$，我们将它写在表 14-3 的最后一列。对样本中的每一家连锁店计算残差并平方后，我们对它们求和得到 SSE＝1 530。于是，对于 Armand 比萨饼连锁店的例子，SSE＝1 530 度量了用估计的回归方程 $\hat{y}=60+5x$ 预测季度销售收入所产生的误差。

表 14-3　Armand 比萨饼连锁店 SSE 的计算

连锁店 i	x_i＝学生人数 /1 000 人	y_i＝季度销售收入 /1 000 美元	季度销售收入预测值 $\hat{y}_i=60+5x_i$	误差 $y_i-\hat{y}_i$	误差平方 $(y_i-\hat{y}_i)^2$
1	2	58	70	−12	144
2	6	105	90	15	225
3	8	88	100	−12	144
4	8	118	100	18	324
5	12	117	120	−3	9
6	16	137	140	−3	9
7	20	157	160	−3	9
8	20	169	160	9	81
9	22	149	170	−21	441
10	26	202	190	12	144
					SSE＝1 530

现在假定在不知道学生人数的情况下，要求我们给出季度销售收入的一个估计值。在没有任何相关变量信息的情况下，对任意一个给定的连锁店，我们可以利用样本平均值作为这家连锁店季度销售收入的一个估计值。表 14-2 表明对于销售收入的样本数据，有 $\sum y_i=1\,300$。于是，对于由 10 家 Armand 比萨饼连锁店组成的样本，季度销售收入的平均值是 $\bar{y}=\sum y_i/n=1\,300/10=130$。利用样本平均值 $\bar{y}=130$ 预测样本中每一家连锁店的季度销售收入将产生离差，这些离差的平方和我们列在表 14-4 的最后一列。对于样本中的第 i 家连锁店，离差 $y_i-\bar{y}$ 给出了利用样本平均值 $\bar{y}$ 去预测季度销售收入所产生的误差的一个度量。这些离差对应的平方和被称为总的平方和，记作 SST。

总的平方和

$$SST = \sum (y_i - \bar{y})^2 \qquad (14-9)$$

在表 14-4 中，最后一列底部的和就是 Armand 比萨饼连锁店例子的总的平方和，它是 SST＝15 730。

在图 14-5 中，我们给出了估计的回归线 $\hat{y}=60+5x$ 和对应于 $\bar{y}=130$ 直线的图形。从图上我们注意到，样本点集聚在估计的回归线周围比集聚在直线 $\bar{y}=130$ 周围更紧密。例如，对于样本中的第 10 家连锁店，我们看到用 $\bar{y}=130$ 作为 y_{10} 的预测值比用 $\hat{y}_{10}=60+5\times26=190$ 作为 y_{10} 的预测值产生的误差大得多。我们可以把 SST 看作观测值在直线 $\bar{y}=130$ 周围集聚程度的度量，而把 SSE 看作观测值在回归线 $\hat{y}=60+5x$ 周围集聚程度的度量。⊖

为了度量在估计的回归线上的 $\hat{y}$ 值与直线 $\bar{y}$ 的偏离有多大，我们需要计算另一个平方和。这个平方和被称为回

⊖　因为 SST＝15 730，SSE＝1 530，所以估计的回归线对样本数据的拟合比直线 $y=\bar{y}$ 更好。

归平方和，记作 SSR。

表 14-4 Armand 比萨饼连锁店 SST 的计算

连锁店 i	x_i = 学生人数 /1 000 人	y_i = 季度销售收入 /1 000 美元	离差 $y_i - \bar{y}$	离差平方 $(y_i - \bar{y})^2$
1	2	58	−72	5 184
2	6	105	−25	625
3	8	88	−42	1 764
4	8	118	−12	144
5	12	117	−13	169
6	16	137	7	49
7	20	157	27	729
8	20	169	39	1 521
9	22	149	19	361
10	26	202	72	5 184
				SST = 15 730

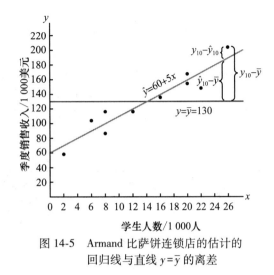

图 14-5 Armand 比萨饼连锁店的估计的 回归线与直线 $y = \bar{y}$ 的离差

回归平方和

$$SSR = \sum (\hat{y}_i - \bar{y})^2 \tag{14-10}$$

从上述讨论中，我们应该预期到 SST，SSR 和 SSE 三者之间是有联系的。事实上，这三个平方和之间的关系给出了统计学中最重要的一个结果。

SST，SSR 和 SSE 之间的关系[⊖]

$$SST = SSR + SSE \tag{14-11}$$

式中，SST 代表总的平方和；SSR 代表回归平方和；SSE 代表误差平方和。

式（14-11）表明，总的平方和能被分解成两部分：回归平方和与误差平方和。因此，如果已知这三个平方和中的任意两个，就能很容易地计算出第三个平方和。例如，在 Armand 比萨饼连锁店的例子中，我们已经知道 SSE = 1 530 和 SST = 15 730，所以从式（14-11）中解出 SSR，我们得到回归平方和是：

$$SSR = SST - SSE = 15\ 730 - 1\ 530 = 14\ 200$$

现在让我们看一下，如何利用这三个平方和 SST，SSR 和 SSE 为估计的回归方程给出一个拟合优度的度量。如果因变量的每一个值 y_i 都刚好落在估计的回归线上，那么估计的回归方程将给出一个完全的拟合。在这种情况下，对于每一个观测值，$y_i - \hat{y}_i$ 将等于 0，从而导致 SSE = 0。因为 SST = SSR + SSE，我们看到对于一个完全拟合，SSR 必须等于 SST，并且比值 SSR/SST 必须等于 1。比较差的拟合将导致 SSE 的值比较大。从式（14-11）中解出 SSE，我们得到 SSE = SST − SSR。因此，当 SSR = 0，从而使 SSE = SST 时，SSE 的值最大（即最差的拟合）。

比值 SSR/SST 将在 0 和 1 之间取值，我们利用这个比值对估计的回归方程的拟合优度做出评估。这个比值被称为判定系数，记作 r^2。

判定系数

$$r^2 = \frac{SSR}{SST} \tag{14-12}$$

⊖ 我们把 SSR 理解为 SST 的被解释的部分，把 SSE 理解为 SST 的未被解释的部分。

对于 Armand 比萨饼连锁店的例子，判定系数的值是：

$$r^2 = \frac{\mathrm{SSR}}{\mathrm{SST}} = \frac{14\,200}{15\,730} = 0.902\,7$$

如果用一个百分数表示判定系数，我们能把 r^2 理解为总平方和中能被估计的回归方程解释的百分比。对于 Armand 比萨饼连锁店的例子，在用估计的回归方程去预测季度销售收入时，我们可以断定总平方和的 90.27% 能被估计的回归方程 $\hat{y} = 60 + 5x$ 所解释。换句话说，季度销售收入变异性的 90.27% 能被学生人数和季度销售收入之间的线性关系所解释。对于估计的回归方程，我们应该对得到这样好的一个拟合效果而感到满意。

相关系数

在第 3 章中，作为两个变量 x 和 y 之间线性关系强度的描述性度量，我们介绍了**相关系数**（correlation coefficient）的概念。相关系数的数值总是介于 $-1 \sim +1$。若相关系数的数值等于 $+1$，则表示两个变量 x 和 y 之间存在完全正向的线性关系，即全部数据点都落在一条斜率为正的直线上；若相关系数的数值等于 -1，则表示两个变量 x 和 y 之间存在完全负向的线性关系，即全部数据点都落在一条斜率为负的直线上；若相关系数的数值接近于 0，则表示两个变量 x 和 y 之间不存在线性关系。

在第 3.5 节中，我们曾经给出过计算样本相关系数的公式。如果我们已经完成了回归分析，并且计算出了判定系数 r^2，那么我们就能用下面的公式计算样本相关系数。

样本相关系数

$$r_{xy} = (b_1\text{ 的符号})\sqrt{\text{判定系数}} = (b_1\text{ 的符号})\sqrt{r^2} \tag{14-13}$$

式中，b_1 为估计的回归方程 $\hat{y} = b_0 + b_1 x$ 的斜率。

如果估计的回归方程的斜率为正（$b_1 > 0$），那么样本相关系数的符号为正；如果估计的回归方程的斜率为负（$b_1 < 0$），那么样本相关系数的符号为负。

对于 Armand 比萨饼连锁店的例子，对应于估计的回归方程 $\hat{y} = 60 + 5x$，判定系数的数值是 0.902 7。因为估计的回归方程的斜率是正的，所以由式（14-13），我们得到的样本相关系数是 $+\sqrt{0.902\,7} = +0.950\,1$。由于样本相关系数 $r_{xy} = +0.950\,1$，所以我们可以得出结论，x 和 y 之间存在一个强的正向线性关系。

在两变量之间存在一个线性关系的情况下，判定系数和样本相关系数都给出了它们之间线性关系强度的度量。判定系数给出的测度数值在 $0 \sim 1$，而样本相关系数给出的测度数值在 $-1 \sim +1$。虽然样本相关系数的适用范围被限制在两变量之间存在线性关系的情况，但判定系数对非线性关系以及有两个或两个以上自变量的相关关系都适用。在这种意义上，判定系数有着更广泛的应用范围。

注释和评论

1. 在利用最小二乘法求出估计的回归方程和计算判定系数时，我们并没有对模型的误差项 ε 做出任何的概率假定，也没有对 x 和 y 之间关系的显著性进行统计检验。r^2 的数值比较大，只不过意味着最小二乘回归直线比较好地拟合了样本数据，也就是说，观测值比较紧密地围绕在最小二乘回归直线周围。但是仅仅利用 r^2，我们不能得出 x 和 y 之间的关系在统计上是否显著的结论。这样一个结论必须建立在进一步深入研究的基础上，包括对样本容量的研究和对最小二乘估计量适当的抽样分布性质的研究。

2. 在实际问题中，例如在社会科学问题中遇到的典型数据，尽管 r^2 的数值低于 0.25，通常也被认为是令人满意的。而在自然科学和生命科学问题中遇到的数据，经常会出现 r^2 的数值大于或等于 0.60。事实上，在某些情况下，我们有时还能遇到 r^2 的数值大于 0.90 的情形。在商务应用中，r^2 的数值将依据每一个应用的独特性质发生非常大的变化。

练 习

方法

16. 第 2 题的数据如下。

x_i	3	12	6	20	14
y_i	55	40	55	10	15

这些数据的估计的回归方程是 $\hat{y}=68-3x$

a. 计算 SSE, SST 和 SSR。

b. 计算判定系数 r^2。请对拟合优度做出评述。

c. 计算样本相关系数。

应用

18. 经《消费者报告》测试的 6 个立体声耳机的品牌、价格和整体评价得分的数据如下表所示（《消费者报告》网站）。整体评价得分是基于音质和降低环境噪声的效果而得到的。得分范围从 0（最低）到 100（最高）。根据这些数据得到的估计的回归方程是 $\hat{y}=23.194+0.318x$，其中 $x=$ 价格（美元），$y=$ 整体得分。

品牌	价格/美元	整体评价得分
Bose	180	76
Skullcandy	150	71
Koss	95	61
Phillips/O'Neill	70	56
Denon	70	40
JVC	35	26

a. 计算 SST, SSR 和 SSE。

b. 计算判定系数 r^2。请对拟合优度做出评述。

c. 样本相关系数的数值是多少？

20. *Bicycling* 是全球权威的自行车运动杂志，该杂志终年都对数以百计的自行车进行评论。其中，杂志的"公路赛车"栏目包含了对自行车的评论，而这些自行车的使用者主要是那些对自行车运动感兴趣的车手们。选择一辆比赛用自行车最重要的因素之一是车的重量。被该杂志评论的 10 辆公路比赛用自行车的重量（千克）和价格（美元）数据如下表所示（*Bicycling* website）。

品牌	重量/千克	价格/美元
FELT F5	8.1	2 100
PINARELLO Paris	7.3	6 250
ORBEA Orca GDR	6.8	8 370
EDDY MERCKX EMX-7	7.2	6 200
BH RCI Ultegra	7.8	4 000
BH Ultralight 386	6.0	8 600
CERVELO S5 Team	7.4	6 000
GIANT TCR Advanced 2	7.8	2 580
WILIER TRIESTINA Gran Turismo	8.0	3 400
SPECIALIZED S-Works Amira SL4	6.4	8 000

a. 利用这些数据，建立一个估计的回归方程，使该方程在一辆自行车重量已知的情形下，能用来估计该车的价格。

b. 计算 r^2。估计的回归方程对这些观测数据的拟合好吗？

c. 若一辆自行车的重量是 7 千克，预测该车的价格。

22. 利用下列数据去调查 6 个规模较小的汽车租赁公司服务车辆（1 000 辆）和年收入（100 万美元）之间的关系（*Auto Rental News* website）。

公司	服务车辆 /1 000 辆	年收入 /100 万美元
U-Save Auto Rental System, inc	11.5	118
Payless Car Rental System, inc	10.0	135
ACE Rent A Car	9.0	100
Rent-A-Wreck of America	5.5	37
Triangle Rent-A-Car	4.2	40
Affordable/Sensible	3.3	32

若 $x=$ 服务车辆（1 000 辆），$y=$ 年收入（100 万美元），则估计的回归方程是 $\hat{y}=-17.005+12.966x$。对于这些数据，$SSE=1\,043.03$。

a. 计算判定系数 r^2。

b. 估计的回归方程对这些数据的拟合好吗？请做出解释。

c. 样本相关系数的数值是多少？样本相关系数反映出在服务车辆和年收入之间存在强的还是弱的相关关系？

14.4　模型的假定

在进行回归分析时，我们首先要对描述因变量和自变量之间关系的模型做出一些假定。对于简单线性回归情况，假定回归模型是：

$$y = \beta_0 + \beta_1 x + \varepsilon$$

然后利用最小二乘法，分别求出模型参数 β_0 和 β_1 的估计值 b_0 和 b_1，得到估计的回归方程是：

$$\hat{y} = b_0 + b_1 x$$

我们已经知道，判定系数 r^2 的值是估计的回归方程拟合优度的度量。然而，尽管 r^2 有一个较大的数值，但是在对假定模型的合理性做出进一步的分析完成之前，我们还不能应用这个估计的回归方程。确定假定的模型是否合理的一个重要步骤，是要对变量之间关系的显著性进行检验。回归分析中的显著性检验是以对误差项 ε 的下列假定为依据进行的。

关于回归模型 $y=\beta_0+\beta_1 x+\varepsilon$ 的误差项 ε 的假定

1. 误差项 ε 是一个平均值或期望值为 0 的随机变量，即 $E(\varepsilon)=0$。

这就意味着因为 β_0 和 β_1 都是常数，所以有 $E(\beta_0)=\beta_0$ 和 $E(\beta_1)=\beta_1$。于是对于一个给定的 x 值，y 的期望值是：

$$E(y) = \beta_0 + \beta_1 x \qquad\qquad (14\text{-}14)$$

正如我们在前面已经指出的那样，称式（14-14）为回归方程。

2. 对所有的 x 值，ε 的方差都是相同的。我们用 σ^2 表示 ε 的方差。

这就意味着 y 关于回归直线的方差等于 σ^2，也就是说对所有的 x 值，y 的方差都是相等的。

3. ε 的值是相互独立的。

这就意味着对于一个特定的 x 值，它所对应的 ε 值与任何其他的 x 值所对应的 ε 值不相关。于是，对于一个特定的 x 值，它所对应的 y 值与任何其他的 x 值所对应的 y 值也不相关。

4. 对所有的 x 值，误差项 ε 是一个正态分布的随机变量。

这就意味着因为 y 是 ε 的一个线性函数，所以对所有的 x 值，y 也是一个正态分布的随机变量。

图 14-6 是对模型假定及其含义的一个说明。值得注意的是，从这个图形解释中可以看出，$E(y)$ 的值根据被考虑的具体 x 值的变化而变化。然而，不论 x 的值怎样变化，ε 和 y 的概率分布都是正态分布，并且具有相同的方差。在任一特定点上，误差项 ε 的具体数值依赖于 y 的实际值是大于还是小于 $E(y)$。

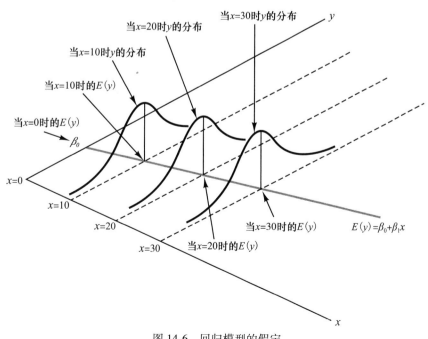

图 14-6　回归模型的假定

注：对于每一个 x 值，y 的分布都有相同的形状。

现在，我们必须记住，我们还曾经对变量 x 和 y 之间关系的形式做过一个假定或假设，即我们假定两变量 x 和 y 之间关系的主要部分是一条表示为 $\beta_0+\beta_1 x$ 的直线。我们还不能忽略这样一个事实，一些其他形式的模型例如 $y=\beta_0+\beta_1 x^2+\varepsilon$，或许可能是描述两变量 x 和 y 之间相关关系的一个更好的模型。

14.5　显著性检验

在一个简单线性回归方程里，y 的平均值或期望值是 x 的一个线性函数，即 $E(y)=\beta_0+\beta_1 x$。如果 β_1 的值是 0，$E(y)=\beta_0+0x=\beta_0$。在这种情况下，y 的平均值或期望值不依赖于 x 的值，因此我们的结论是两变量 x 和 y 之间不存在线性关系。换一种说法，如果 β_1 的值不等于 0，我们的结论是两变量 x 和 y 之间存在线性关系。于是，为了检验两变量之间是否存在一个显著的回归关系，我们必须进行一个假设检验，用来判定 β_1 的值是否等于 0。通常使用的检验方法有两种，这两种方法都需要知道回归模型误差项 ε 的方差 σ^2 的估计值。

14.5.1　σ^2 的估计

从回归模型和它的假定中，我们可以得出结论，ε 的方差 σ^2 也是因变量 y 的值关于回归直线的方差。回想一下，我们曾经将 y 的值关于估计的回归直线的离差称为残差。所以，残差平方和 SSE 是实际观测值关于估计的回归直线变异性的度量。我们用 SSE 除以它自己的自由度，得到**均方误差**（mean square error, MSE）。均方误差给出了 σ^2 的一个估计量。

因为 $\hat{y}_i=b_0+b_1 x_i$，所以 SSE 可以写成：

$$\text{SSE} = \sum (y_i - \hat{y}_i)^2 = \sum (y_i - b_0 - b_1 x_i)^2$$

每一个平方和都有一个与之相联系的数，这个数叫作自由度。统计学家已经证明，为了计算 SSE，必须估计两个参数（β_0 和 β_1），所以 SSE 的自由度是 $n-2$。于是，用 SSE 除以 $n-2$，就能计算出均方误差。MSE 是 σ^2 的一个无偏估计量。MSE 的值给出了 σ^2 的一个估计，我们用记号 s^2 表示。

> **均方误差（σ^2 的估计量）**
>
> $$s^2 = \text{MSE} = \frac{\text{SSE}}{n-2} \tag{14-15}$$

在第 14.3 节 Armand 比萨饼连锁店的例子中，我们已经得到 SSE＝1 530，于是 σ^2 的一个无偏估计值是：

$$s^2 = \text{MSE} = \frac{1\,530}{8} = 191.25$$

为了估计 σ，我们计算 s^2 的平方根，所得到的结果 s 被称为**估计的标准误差**（standard error of the estimate）。

> **估计的标准误差**
>
> $$s = \sqrt{\text{MSE}} = \sqrt{\frac{\text{SSE}}{n-2}} \tag{14-16}$$

对于 Armand 比萨饼连锁店的例子，$s=\sqrt{\text{MSE}}=\sqrt{191.25}=13.829$。在下面的讨论中，我们利用估计的标准误差，对两变量 x 和 y 之间的关系进行显著性检验。

14.5.2　t 检验

对于简单线性回归模型 $y=\beta_0+\beta_1 x+\varepsilon$，如果 x 和 y 之间存在一个线性关系，我们必须有 $\beta_1 \neq 0$。t 检验的目的是我们能否断定 $\beta_1 \neq 0$。我们将利用样本数据去检验下面的关于参数 β_1 的假设。

$$H_0: \beta_1 = 0 \qquad H_a: \beta_1 \neq 0$$

如果 H_0 被拒绝，我们将会得到 $\beta_1 \neq 0$ 的结论，于是两变量 x 和 y 之间存在一个统计上显著的关系；如果 H_0

没有被拒绝，我们将没有充分的理由来断定，两变量 x 和 y 之间存在一个统计上显著的关系。β_1 的最小二乘估计量 b_1 的抽样分布性质给出了假设检验的基础。

首先让我们考虑一下，如果在同样的回归研究中，我们使用了不同的随机样本将会出现什么情况。例如，在 Armand 比萨饼连锁店的例子中，假设我们使用了由另外 10 家连锁店组成的样本得到的季度销售收入数据。对这一新的样本进行回归分析，得到的估计的回归方程可能与我们前面得到的估计的回归方程 $\hat{y} = 60 + 5x$ 相类似，但是不可能得到完全相同的回归方程（截距恰好是 60，斜率恰好是 5）。实际上，最小二乘估计量 b_0 和 b_1 是样本统计量，它们有着自己的抽样分布。b_1 抽样分布的性质如下：

---

b_1 的抽样分布

期望值	$E(b_1) = \beta_1$	
标准差	$\sigma_{b_1} = \dfrac{\sigma}{\sqrt{\sum (x_i - \bar{x})^2}}$	（14-17）
分布形式	正态分布	

注意，b_1 的期望值等于 β_1，所以 b_1 是 β_1 的无偏估计量。

因为 σ 的值未知，为了求出 σ_{b_1} 的一个估计 s_{b_1}，我们将 σ 的估计 s 代入式（14-17），于是得到下面 σ_{b_1} 的估计。

---

b_1 的估计的标准差[○]

$$s_{b_1} = \frac{s}{\sqrt{\sum (x_i - \bar{x})^2}} \qquad (14\text{-}18)$$

对于 Armand 比萨饼连锁店的例子，$s = 13.829$。于是，利用表 14-2 给出的结果，$\sum (x_i - \bar{x})^2 = 568$，我们得到 b_1 的估计的标准差为：

$$s_{b_1} = \frac{13.829}{\sqrt{568}} = 0.5803$$

对于两个变量之间是否存在一个显著性关系的 t 检验的依据是，检验统计量

$$\frac{b_1 - \beta_1}{s_{b_1}}$$

是一个服从自由度为 $n=2$ 的 t 分布。如果原假设成立，则 $\beta_1 = 0$，并且 $t = b_1 / s_{b_1}$。

现在让我们在 $\alpha = 0.01$ 的显著性水平下，对 Armand 比萨饼连锁店的例子进行显著性检验。检验的统计量为：

$$t = \frac{b_1}{s_{b_1}} = \frac{5}{0.5803} = 8.62$$

从 t 分布表（表 B-2）中我们得到，当自由度为 $n-2 = 10-2 = 8$ 时，$t = 3.355$ 的 t 分布上侧面积是 0.005。于是对应于检验统计量 $t = 8.62$ 的 t 分布上侧面积一定小于 0.005。因为这是双侧检验，所以我们可以断定与 $t = 8.62$ 相联系的 p-值一定小于 2 倍的 0.005，即一定小于 $2 \times 0.005 = 0.01$。统计软件给出的 p-值 $= 0.000$。因为 p-值小于 $\alpha = 0.01$，所以我们拒绝 H_0，并且得到结论 β_1 显著不等于零。这一结果足以使我们断定，学生人数和季度销售收入之间存在一个显著的关系。[○] 对于简单线性回归情形，总结显著性 t 检验的步骤如下：

[○] b_1 的标准差 σ_{b_1} 也被称为 b_1 的标准误差。于是，s_{b_1} 给出了 b_1 的标准误差的一个估计。

[○] 本书配套光盘中的附录 14C 和附录 14D 说明了如何使用 JMP 和 Excel 计算 p-值。

简单线性回归显著性的 t 检验

$$H_0: \beta_1 = 0 \qquad H_a: \beta_1 \neq 0$$

检验的统计量

$$t = \frac{b_1}{s_{b_1}} \tag{14-19}$$

拒绝法则

p-值法：如果 p-值 $\leqslant \alpha$，则拒绝 H_0

临界值法：如果 $t \leqslant -t_{\alpha/2}$ 或者 $t \geqslant t_{\alpha/2}$，则拒绝 H_0

式中，$t_{\alpha/2}$ 自由度为 $n-2$ 时，使 t 分布的上侧面积为 $\alpha/2$ 的 t 值。

14.5.3 β_1 的置信区间

β_1 的置信区间的公式是：

$$b_1 \pm t_{\alpha/2} s_{b_1}$$

式中，b_1 为 β_1 的点估计量；$t_{\alpha/2} s_{b_1}$ 为边际误差。与这个置信区间相联系的置信系数是 $1-\alpha$；$t_{\alpha/2}$ 为自由度为 $n-2$ 时，使 t 分布的上侧面积为 $\alpha/2$ 的 t 值。

例如，对于 Armand 比萨饼连锁店的例子，假设我们希望建立一个 β_1 的 99% 置信区间估计。对于置信系数 $\alpha=0.01$ 和自由度 $n-2=10-2=8$，我们从表 B-2 中得到 $t_{0.005}=3.355$。于是，β_1 的 99% 置信区间是：

$$b_1 \pm t_{\alpha/2} s_{b_1} = 5 \pm 3.355 \times 0.580\,3 = 5 \pm 1.95$$

即为 $3.05 \sim 6.95$。

在对 β_1 的显著性进行 t 检验时，被检验的假设是：

$$H_0: \beta_1 = 0 \qquad H_a: \beta_1 \neq 0$$

作为可供选择的一种方法，对于 Armand 比萨饼连锁店的数据，在 $\alpha=0.01$ 的显著性水平下，我们可以使用 99% 置信区间得到假设检验的结论。因为 β_1 的假设值是 0，而 0 没有包括在置信区间（3.05，6.95）里，所以我们可以拒绝 H_0，并且可以断定在学生人数和季度销售收入之间存在一个在统计上显著的关系。在一般情况下，我们可以利用置信区间对 β_1 的任何双侧假设进行检验。如果 β_1 的假设值包括在置信区间里，则不拒绝 H_0；否则，拒绝 H_0。

14.5.4 F 检验

建立在 F 概率分布基础上的 F 检验，也可以用来对回归方程进行显著性检验。在仅有一个自变量的情况下，F 检验将得出与 t 检验同样的结论。即如果 t 检验表明 $\beta_1 \neq 0$，因而变量之间存在一个显著的关系，那么 F 检验也将表明变量之间存在一个显著的关系。但是，如果回归方程有两个或两个以上的自变量，F 检验仅仅能被用来检验回归方程总体的显著关系。

为了确定变量间的回归关系在统计上是否显著，我们所使用的 F 检验的基本原理是基于建立 σ^2 的两个独立的估计量。我们已经解释了 MSE 是 σ^2 的一个估计量。如果原假设 $H_0: \beta_1=0$ 成立，那么用回归平方和 SSR 除以它的自由度就给出了 σ^2 的另一个独立的估计量。这个估计量被称为来自回归的均方，简称均方回归，用 MSR 表示。在一般情况下，

$$\text{MSR} = \frac{\text{SSR}}{\text{回归自由度}}$$

对在本书中我们所研究的模型，回归自由度总是等于模型中自变量的个数。于是，

$$\text{MSR} = \frac{\text{SSR}}{\text{自变量的个数}} \tag{14-20}$$

因为在本章中，我们考虑的回归模型仅含有一个自变量，所以我们有 MSR = SSR/1 = SSR。对 Armand 比萨饼

连锁店的例子，MSR=SSR=14 200。

如果原假设 $H_0:\beta_1=0$ 成立，则 MSR 和 MSE 是 σ^2 的两个独立的估计量，并且 MSR/MSE 的抽样分布是服从分子的自由度为 1，分母的自由度为 $n-2$ 的 F 分布。所以当 $\beta_1=0$ 时，MSR/MSE 的值应接近于 1。但是，如果原假设 $H_0:\beta_1\neq0$ 不成立，MSR 将高估 σ^2，并且 MSR/MSE 的值将变得无穷大。于是，较大的 MSR/MSE 的值将导致拒绝 H_0，并且我们可以断定，两变量 x 和 y 之间的关系在统计上是显著的。

现在我们对 Armand 比萨饼连锁店的例子进行 F 检验。检验的统计量是：

$$F=\frac{\text{MSR}}{\text{MSE}}=\frac{14\,200}{191.25}=74.25$$

我们查出当分子的自由度为 1，分母的自由度为 $n-2=10-2=8$ 时，$F=11.26$ 的 F 分布上侧面积是 0.01。于是对应于检验统计量 $F=74.25$ 的 F 分布上侧面积一定小于 0.01，因此我们可以断定 p-值一定小于 0.01。统计软件显示出 p-值=0.000。因为 p-值小于 $\alpha=0.01$，所以我们拒绝 H_0，并且可以断定，在学生人数和季度销售收入之间存在一个显著的关系[一]。对于简单线性回归情形，概括显著性 F 检验的步骤如下：

简单线性回归显著性的 F 检验

$$H_0:\beta_1=0 \qquad H_a:\beta_1\neq0$$

检验的统计量

$$F=\frac{\text{MSR}}{\text{MSE}} \qquad\qquad (14\text{-}21)$$

拒绝法则

p-值法：如果 p-值$\leq\alpha$，则拒绝 H_0

临界值法：如果 $F\geq F_\alpha$，则拒绝 H_0

式中，F_α 是分子自由度为 1，分母自由度为 $n-2$ 时，使 F 分布的上侧面积为 α 的 F 值。[二]

在第 13 章中，我们已经详细讨论了方差分析（ANOVA）问题，并且指出了如何使用一个 ANOVA 表简练地概括方差分析的运算过程。一个类似的 ANOVA 表能用来概括回归显著性的 F 检验的计算结果。表 14-5 是简单线性回归 ANOVA 表的一般形式。表 14-6 是对 Armand 比萨饼连锁店例子进行 F 检验计算过程的 ANOVA 表。第 1 列中的回归、误差和总和是方差的三个来源；第 2 列中的 SSR，SSE 和 SST 是对应的三个平方和；第 3 列是这些平方和的自由度，SSR 为 1，SSE 为 $n-2$ 和 SST 为 $n-1$；第 4 列是两个均方 MSR 和 MSE 的值；第 5 列是统计量 $F=$MSR/MSE 的值；第 6 列是对应于第 5 列的 F 值的 p-值。几乎所有回归分析的计算机打印输出都包含了一张 ANOVA 表，而这张 ANOVA 表概括了显著性 F 检验的步骤[三]。

表 14-5　简单线性回归 ANOVA 表的一般形式

方差来源	平方和	自由度	均方	F	p-值
回归	SSR	1	$\text{MSR}=\dfrac{\text{SSR}}{1}$	$F=\dfrac{\text{MSR}}{\text{MSE}}$	
误差	SSE	$n-2$	$\text{MSE}=\dfrac{\text{SSE}}{n-2}$		
总和	SST	$n-1$			

表 14-6　Armand 比萨饼连锁店例子的 ANOVA 表

方差来源	平方和	自由度	均方	F	p-值
回归	14 200	1	$\dfrac{14\,200}{1}=14\,200$	$\dfrac{14\,200}{191.25}=74.25$	0.000
误差	1 530	8	$\dfrac{1\,530}{8}=191.25$		
总和	15 730	9			

[一]　对于简单线性回归情形，F 检验和 t 检验给出了同样的结果。

[二]　如果 H_0 不成立，MSE 仍然是 σ^2 的一个无偏估计量，而 MSR 高估 σ^2。如果 H_0 成立，MSE 和 MSR 都是 σ^2 的无偏估计量，在这种情况下，MSR/MSE 的值应接近于 1。

[三]　在每一个方差分析表中，总平方和是回归平方和与误差平方和之和；同时，总平方和的自由度是回归平方和的自由度与误差平方和的自由度之和。

14.5.5 关于显著性检验解释的几点注意

拒绝原假设 $H_0 : \beta_1 = 0$ 并且得出变量 x 和 y 之间存在显著性关系的结论，并不意味着我们能得出变量 x 和 y 之间存在一个因果关系的结论。只有当分析人员有理论上的充分证据，能够证明变量之间确实存在因果关系，我们才能认为变量之间存在这样一个因果关系的结论是合理的。在 Armand 比萨饼连锁店的例子中，我们能得出在学生人数 x 和季度销售收入 y 之间存在一个显著关系的结论，而且估计的回归方程 $\hat{y} = 60 + 5x$ 给出了这一显著关系的最小二乘估计结果。但是我们不能断定学生人数 x 的变化引起了季度销售收入 y 的变化，因为我们只不过识别了一个统计上显著的关系。这样一个因果关系结论的合理性，一方面要从理论上给予证实，另一方面要依靠分析人员出色的判断能力。Armand 比萨饼连锁店的管理人员觉得，学生人数的增长很可能是季度销售收入增长的一个原因。于是，显著性检验的结果能够使他们得出在学生人数和季度销售收入之间确实存在一个因果关系的结论⊖。

另外，我们只不过是拒绝了 $H_0 : \beta_1 = 0$ 和证实了变量 x 和 y 之间存在统计显著性关系，但这并不能让我们得出变量 x 和 y 之间存在线性关系的结论。我们仅仅能说明在 x 的样本观测值范围以内，x 和 y 是相关的，而且这个线性关系只是在 x 的样本观测值范围里，解释了 y 的变异性的显著部分。图 14-7 说明了这种情形。显著性检验的结果要求我们否定原假设 $H_0 : \beta_1 = 0$，并且得出了 x 和 y 之间存在显著关系的结论，但是图 14-7 表明，x 和 y 之间的关系实际上不是线性关系。虽然在 x 的样本观测值范围以内，估计的回归方程 $\hat{y} = b_0 + b_1 x$ 给出了变量 x 和 y 之间关系的一个很好的线性近似，但对这个范围以外的 x 值，线性关系并不明显。

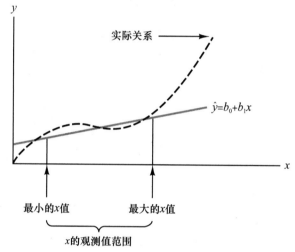

图 14-7 非线性关系的线性近似的例子

假设变量 x 和 y 之间存在一个显著的关系，利用估计的回归方程，对于 x 的样本观测值范围以内的 x 值进行预测，我们应该是完全有把握的。对于 Armand 比萨饼连锁店的例子，x 的样本观测值的取值范围为 $2 \sim 26$。除非我们有理由相信，超出这个范围模型仍是适宜的。在一般情形下，在自变量 x 的取值范围以外进行预测应十分小心谨慎。对于 Armand 比萨饼连锁店的例子，因为我们已经知道，在 $\alpha = 0.01$ 的显著性水平下，回归关系是显著的，所以对于有 $2\,000 \sim 26\,000$ 名学生的校园附近的连锁店，利用这个显著的回归关系来预测连锁店季度销售收入应该是完全有把握的。

注释和评论

1. 由于我们在第 14.4 节中对误差项做出了一些假定，才使得在本节中进行统计显著性检验成为可能。b_1 抽样分布的性质以及随后的 t 检验和 F 检验都是从这些假设直接得出的。

2. 不能混淆统计显著性与实际显著性，当样本容量非常大时，对于小的 b_1 值我们也能得到在统计上显著的结果。在这种情形下，要得出在实际中存在一个显著性关系的结论必须特别小心。

3. 变量 x 和 y 之间存在一个线性关系的显著性检验，也可以利用样本相关系数 r_{xy} 来完成。用 ρ_{xy} 表示总体相关系数，提出的假设如下。

$$H_0 : \rho_{xy} = 0 \qquad H_a : \rho_{xy} \neq 0$$

如果 H_0 被拒绝，那么就能得出变量 x 和 y 之间存在一个显著性关系的结论。有关这一检验的详细阐述在附录 14B 中给出。不过，利用相关系数进行显著性检验与本节前面介绍的 t 检验和 F 检验给出了同样的结果。所以，如果已经进行了 t 检验或 F 检验，那么就不必再利用相关系数进行显著性检验了。

⊖ 回归分析能用来识别变量之间是如何相互联系的，而不能用来作为变量之间存在一个因果关系的根据。

练习

方法

24. 第 2 题的数据如下。

x_i	3	12	6	20	14
y_i	55	40	55	10	15

a. 利用式（14-15）计算均方误差。

b. 利用式（14-16）计算估计的标准误差。

c. 利用式（14-18）计算 b_1 的估计的标准差。

d. 利用 t 检验，在 $\alpha=0.05$ 的显著性水平下，检验下面的假设。

$$H_0: \beta_1 = 0 \qquad H_a: \beta_1 \neq 0$$

e. 利用 F 检验，在 $\alpha=0.05$ 的显著性水平下，检验（d）中的假设。请用 ANOVA 表的格式表示所得到的结果。

应用

26. 在第 18 题中，经《消费者报告》测试的 6 个立体声耳机的价格（美元）和整体评价得分的数据如下表所示（《消费者报告》网站）。

品牌	价格/美元	整体评价得分	品牌	价格/美元	整体评价得分
Bose	180	76	Phillips/O'Neill	70	56
Skullcandy	150	71	Denon	70	40
Koss	95	61	JVC	35	26

a. 在 $\alpha=0.05$ 的显著性水平下，t 检验是否表明在价格和整体评价得分之间存在一个显著的关系？你的结论是什么？

b. 在 $\alpha=0.05$ 的显著性水平下，利用 F 检验，检验变量间的显著关系。你的结论是什么？

c. 对这些数据，编制 ANOVA 表。

28. 对第 8 题的等级评估数据，若设 $x=$ 执行速度的能力，$y=$ 电子交易的整体满意度，得到的估计的回归方程是 $\hat{y}=0.2046+0.9077x$。在 $\alpha=0.05$ 的显著性水平下，检验执行速度与整体满意度是否相关。编制 ANOVA 表，你的结论是什么？

30. 在美国汽车租赁市场中，公司在车队规模、地点数量和收入方面差异很大。用下面 6 家规模较小的汽车租赁公司的数据调查服务车辆（1 000 辆）和年收入（100 万美元）之间的关系（Auto Rental News website）。

公司	服务车辆/1 000 辆	年收入/100 万美元
U-Save Auto Rental System, inc.	3 700	87
Payless Car Rental System, inc.	2 500	84
ACE Rent A Car	2 800	82
Rent-A-Wreck of America	1 900	74
Triangle Rent-A-Car	1 000	73
Affordable/Sensible	800	69

若设 $x=$ 服务车辆（1 000 辆），$y=$ 年收入（100 万美元），得到的估计的回归方程是 $\hat{y}=-17.005+12.966x$。对于这些数据，SSE = 1043.03，SST = 10 568。通过这些结果能够得出服务车辆和年收入之间存在显著关系的结论吗？

14.6 应用估计的回归方程进行估计和预测

简单线性回归模型是我们对 x 和 y 之间关系所做的一个假定。然后，我们利用最小二乘法，得到了估计的简单线性回归方程。如果变量 x 和 y 之间存在一个显著的关系，并且判定系数表明估计的回归方程对样本数据的拟合是一个好的拟合，那么我们就能利用估计的回归方程进行估计和预测。

在 Armand 比萨饼连锁店的例子中，估计的回归方程是 $\hat{y}=60+5x$。在第 14.1 节的末尾，我们曾经说过，对于 x 的一个特定值，$\hat{y}$ 可以被用作 y 的平均值或期望值 $E(y)$ 的一个点估计，或者 $\hat{y}$ 也可以被用作 y 的一个个别值的预测值。例如，在 Armand 比萨饼连锁店的例子中，假定对于所有位于有 10 000 名学生的校园附近的连锁店，管理人员希望得到平均季度销售收入的一个点估计。利用估计的回归方程 $\hat{y}=60+5x$，对于 $x=10$（10 000 名学生），我们有 $\hat{y}=60+5\times10=110$。于是，对于位于有 10 000 名学生的校园附近的所有连锁店，平均季度销售收入的点估计值是 110 000 美元。在这种情况下，当 $x=10$ 时，我们用 $\hat{y}$ 作为 y 的平均值的点估计值。

对于 x 的一个特定值，我们也可以使用估计的回归方程来预测 y 的一个个别值。例如，在有 10 000 名学生的 Talbot 大学附近开了一家新的 Armand 比萨饼连锁店，管理人员希望预测该家连锁店的季度销售收入，于是我们计算$\hat{y}=60+5\times10=110$。因此，对这家新的连锁店，我们预测的季度销售收入为110 000美元。在这种情况下，当$x=10$时，我们用$\hat{y}$作为y的一个新观测值的预测值。

当我们使用估计的回归方程来估计y的平均值或者来预测y的一个个别值时，显然估计或预测都依赖于x的一个给定值。因此，当我们更深入地讨论有关估计和预测的问题时，下面的符号将有助于问题的阐述。

x^*表示自变量x的一个给定值

y^*表示当$x=x^*$时，因变量y的可能值，它是一个随机变量

$E(y^*)$表示当$x=x^*$时，因变量y的平均值或期望值

$\hat{y}^*=b_0+b_1x^*$表示当$x=x^*$时，$E(y^*)$的点估计值和y^*的一个个别值的预测值

为了说明这些符号的使用，假设对于所有位于有10 000名学生的校园附近的Armand比萨饼连锁店，我们要估计它们的平均季度销售收入。在这种情况下，$x^*=10$，对于所有$x^*=10$的Armand比萨饼连锁店，$E(y^*)$表示未知的平均季度销售收入。于是，$E(y^*)$的点估计值是$\hat{y}^*=60+5\times10=110$或110 000美元。但是，使用这些符号，$\hat{y}^*=110$也是有10 000名学生的Talbot大学附近一家新开的Armand比萨饼连锁店的季度销售收入的预测值。

14.6.1 区间估计

点估计值和预测值不能提供有关估计和（或）预测精度的任何信息。因此我们必须建立置信区间和预测区间。**置信区间**（confidence interval）是对于x的一个给定值，y的平均值的区间估计。**预测区间**（prediction interval）是对于x的一个给定值，对应y的一个新的观测值，也即对y的一个个别值进行预测的区间估计。虽然对于x的一个给定值，y的一个个别值的预测值和y的平均值的点估计值是相同的，但是这两种情况得到的区间估计是不同的。我们将要说明，预测区间的边际误差比较大。⊖我们首先说明如何建立一个y的平均值的区间估计。

14.6.2 y的平均值的置信区间

在一般情况下，我们不能期望估计值$\hat{y}^*$恰好等于$E(y^*)$。如果我们想要得出$\hat{y}^*$是如何接近真实的平均值$E(y^*)$的推断，我们将不得不估计$\hat{y}^*$的方差。我们用$s_{\hat{y}^*}^2$表示估计的$\hat{y}^*$的方差，它的计算公式是：

$$s_{\hat{y}^*}^2 = s^2\left[\frac{1}{n} + \frac{(x^*-\bar{x})^2}{\sum(x_i-\bar{x})^2}\right] \tag{14-22}$$

$\hat{y}^*$的估计的标准差由式（14-22）的平方根给出。

$$s_{\hat{y}^*} = s\sqrt{\frac{1}{n} + \frac{(x^*-\bar{x})^2}{\sum(x_i-\bar{x})^2}} \tag{14-23}$$

对Armand比萨饼连锁店的例子，第14.5节已给出了$s=13.829$的计算结果。因为$x^*=10$，$\bar{x}=14$和$\sum(x_i-\bar{x})^2=568$，我们利用式（14-23）得到：

$$s_{\hat{y}^*} = 13.829\sqrt{\frac{1}{10} + \frac{(10-14)^2}{568}} = 13.829\sqrt{0.128\ 2} = 4.95$$

置信区间的一般表达式如下：

$E(y^*)$的置信区间

$$\hat{y}^* \pm t_{\alpha/2}s_{\hat{y}^*} \tag{14-24}$$

式中，$1-\alpha$为置信系数；$t_{\alpha/2}$为自由度为$n-2$时，使t分布的上侧面积为$\alpha/2$的t值。⊜

⊖ 置信区间和预测区间都表明了回归结果的精度，比较窄的区间表明有一个比较高的精度。
⊜ 这个区间估计的边际误差是$t_{\alpha/2}s_{\hat{y}^*}$。

对于所有位于有 10 000 名学生的校园附近的 Armand 比萨饼连锁店，我们利用式（14-24）建立一个置信水平为 95% 的平均季度销售收入 $E(y^*)$ 的置信区间估计。对 $\alpha/2 = 0.025$，自由度为 $n-2 = 10-2 = 8$，我们得到 $t_{0.025} = 2.306$。因为 $\hat{y}^* = 110$，边际误差 $t_{\alpha/2}s_{\hat{y}^*} = 2.306 \times 4.95 = 11.415$，于是，置信水平为 95% 的置信区间估计是：

$$110 \pm 11.415$$

若以美元为单位，对于所有位于有 10 000 名学生的校园附近的 Armand 比萨饼连锁店，置信水平为 95% 的平均季度销售收入的置信区间是 110 000 美元 ± 11 415 美元。所以，当学生人数是 10 000 人时，置信水平为 95% 的平均季度销售收入的置信区间是（98 585 美元，121 415 美元）。

注意，当 $x^* - \bar{x} = 0$ 时，由式（14-23）给出的 $\hat{y}^*$ 的估计的标准差最小。在这种情形下，$\hat{y}^*$ 的估计的标准差为：

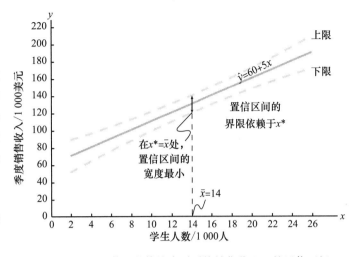

图 14-8　学生人数 x 的值给定时平均销售收入 y 的置信区间

$$s_{\hat{y}^*} = s\sqrt{\frac{1}{n} + \frac{(x^* - \bar{x})^2}{\sum(x_i - \bar{x})^2}} = s\sqrt{\frac{1}{n}}$$

这就是说，每当我们取 $x^* = \bar{x}$ 时，就能得到 y 的平均值最佳或最精确的估计量。事实上，x^* 偏离 $\bar{x}$ 愈远，差 $x^* - \bar{x}$ 就变得愈大，结果是 x^* 偏离 $\bar{x}$ 愈远，y 的平均值的置信区间就变得愈宽。这种情形如图 14-8 所示。

14.6.3　y 的一个个别值的预测区间

假设我们不对位于有 10 000 名学生的校园附近的所有 Armand 比萨饼连锁店估计平均季度销售收入，只希望预测位于有 10 000 名学生的 Talbot 大学附近的一家新 Armand 比萨饼连锁店的季度销售收入。如前所述，对应于自变量 x 的给定值 x^*，因变量 y 的值 y^* 的预测值是 $\hat{y}^* = b_0 + b_1 x^*$。对于位于 Talbot 大学附近的这家新连锁店，我们有 $x^* = 10$，对应的季度销售收入的预测值为 $\hat{y}^* = 60 + 5 \times 10 = 110$ 或 110 000 美元。注意，对于位于 Talbot 大学附近的这家新连锁店，该店的季度销售收入预测值与位于有 10 000 名学生的校园附近的所有 Armand 比萨饼连锁店的平均销售收入的点估计值是相同的。

为了建立预测区间，让我们首先确定当 $x = x^*$ 时，y 的一个预测值 $\hat{y}^*$ 的方差。这个方差由以下两部分组成。

1. y^* 关于平均值 $E(y^*)$ 的方差，它的估计量由 s^2 给出。

2. 利用 $\hat{y}^*$ 估计 $E(y^*)$ 的方差，它的估计量由 $s_{\hat{y}_p}^2$ 给出。

当 $x = x^*$ 时，因变量 y 的值 y^* 的预测值是 $\hat{y}^*$，我们用 s_{pred}^2 表示 y^* 的预测值 $\hat{y}^*$ 的估计的方差，它的计算公式是：

$$s_{\text{pred}}^2 = s^2 + s_{\hat{y}^*}^2 = s^2 + s^2\left[\frac{1}{n} + \frac{(x^* - \bar{x})^2}{\sum(x_i - \bar{x})^2}\right] = s^2\left[1 + \frac{1}{n} + \frac{(x^* - \bar{x})^2}{\sum(x_i - \bar{x})^2}\right] \qquad (14-25)$$

因此，y^* 的预测值 $\hat{y}^*$ 的估计的标准差为：

$$s_{\text{pred}} = s\sqrt{1 + \frac{1}{n} + \frac{(x^* - \bar{x})^2}{\sum(x_i - \bar{x})^2}} \qquad (14-26)$$

在 Armand 比萨饼连锁店的例子中，对于位于有 10 000 名学生的 Talbot 大学附近的这家新连锁店，与季度销售收入预测值相对应的估计的标准差为：

$$s_{\text{pred}} = 13.829\sqrt{1 + \frac{1}{10} + \frac{(10 - 14)^2}{568}} = 13.829\sqrt{1.128\,2} = 14.69$$

预测区间的一般表达式如下：

y^* 的预测区间

$$\hat{y}^* \pm t_{\alpha/2} s_{\text{pred}} \tag{14-27}$$

式中，$1-\alpha$ 为置信系数；$t_{\alpha/2}$ 为自由度为 $n-2$ 时，使 t 分布的上侧面积为 $\alpha/2$ 的 t 值。[注]

对于位于 Talbot 大学校园附近的这家新 Armand 比萨饼连锁店，利用 $t_{\alpha/2}=t_{0.025}=2.306$ 和 $s_{\text{pred}}=14.69$，我们能建立一个置信水平为 95% 的季度销售收入的预测区间。因为 $y^*=110$，边际误差 $t_{\alpha/2}s_{\text{pred}}=2.306\times14.69=33.875$，于是置信水平为 95% 的预测区间是：

$$110 \pm 33.875$$

若以美元为单位，这个预测区间是 110 000 美元±33 875 美元或者（76 124 美元，143 875 美元）。注意，位于 Talbot 大学校园附近的这家新 Armand 比萨饼连锁店的预测区间，与位于有 10 000 名学生的校园附近的所有 Armand 比萨饼连锁店的平均季度销售收入的置信区间（98 585 美元，121 415 美元）相比要宽一些。二者的区别说明了这样一个事实，我们能比预测 y 的一个个别值更精确地估计 y 的平均值。

当自变量的值 x^* 越接近 $\bar{x}$ 时，置信区间和预测区间就越精确。置信区间和较宽的预测区间的一般形状如图 14-9 所示。[注]

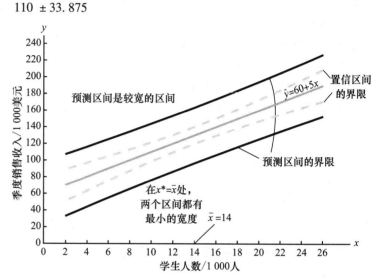

图 14-9　学生人数 x 的值给定时销售收入 y 的置信区间和预测区间

注释和评论

对于一个新的观测值，预测区间用来预测因变量的值。作为一个例子，考虑位于有 10 000 名学生的 Talbot 大学附近的一家新 Armand 比萨饼连锁店，我们说明如何对该连锁店的季度销售收入建立一个预测区间。实际上，对于表 14-1 Armand 比萨饼连锁店的样本数据，$x=10$ 并不是其中一个连锁店的学生人数，但这并不意味着不能对样本数据中的 x 值建立预测区间。但是对于组成表 14-1 数据的 10 家比萨饼连锁店，对其中任何一家建立季度销售收入的预测区间都是毫无意义的，因为我们已经知道了每一家连锁店的季度销售收入。换句话说，预测区间仅对新的事物才有意义，在这种情况下，它是对应于一个 x 的特定值的新观测值，而这个 x 的特定值可能等于也可能不等于样本中的 x 值。

练　习

方法

32. 第 1 题的数据如下。

x_i	1	2	3	4	5
y_i	3	7	5	11	14

a. 当 $x=4$ 时，利用式（14-23）估计 $\hat{y}^*$ 的标准差。

b. 当 $x=4$ 时，利用式（14-24）建立一个 y 的期望值的置信水平为 95% 的置信区间。

c. 当 $x=4$ 时，利用式（14-26）估计 y 的一个个别值的标准差。

d. 当 $x=4$ 时，利用式（14-27）建立一个 y 的一个个别值的置信水平为 95% 的预测区间。

[注]　这个预测区间的边际误差是 $t_{\alpha/2}s_{\text{pred}}$。

[注]　在一般情况下，置信区间的界限和预测区间的界限都是弯曲的。

34. 第 3 题的数据如下。

x_i	2	6	9	13	20
y_i	7	18	9	26	23

当 $x = 12$ 时，建立置信水平为 95% 的置信区间和预测区间。为什么这两个区间估计是不同的？

应用

36. 在第 7 题中，设 y = 对新客户账户的年销售额（1 000 美元），x = 工龄（年），由 10 名售货员组成了一个随机样本数据，得到估计的回归方程是 $\hat{y} = 80 + 4x$，$\bar{x} = 7$，$\sum (x_i - \bar{x})^2 = 142$，$s = 4.609\,8$。

　　a. 对于所有有 9 年工龄的售货员，建立一个置信水平为 95% 的平均年销售额的置信区间。

　　b. 公司正在考虑聘请有 9 年工龄的售货员 Tom

Smart，建立 Tom Smart 的一个置信水平为 95% 的年销售额的预测区间。

　　c. 讨论你在（a）和（b）中得到的答案的不同之处。

38. 参阅第 21 题，对于一个特定的制造业，利用产量和总成本数据，得到估计的回归方程为 $\hat{y} = 1\,246.67 + 7.6x$。

　　a. 公司的生产计划表明，下个月必须生产 500 件产品。下个月总成本的点估计值是多少？

　　b. 建立一个置信水平为 99% 的下个月总成本的预测区间。

　　c. 如果下月底的财务成本报表显示，在此期间的实际生产成本是 6 000 美元。公司管理人员对下个月发生这样高的总成本担忧吗？请加以讨论。

14.7　计算机解法

　　如果没有计算机的帮助，完成回归分析的计算可能要花费相当多的时间。在这一节，我们将讨论如何利用一个计算机软件包（如 JMP 或 Excel）来减轻计算的负担。

　　尽管信息的布局因计算机软件而异，但图 14-10 显示的信息非常典型。我们将使用如图 14-10 所示的结构来说明。$\ominus$ 请注意，你所使用的软件包在样式和输出数字的显示位数方面可能有所不同。

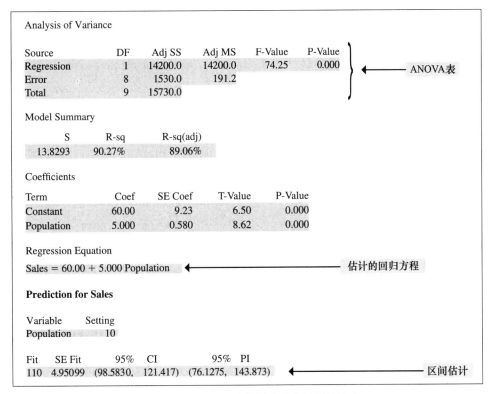

图 14-10　Armand 比萨饼连锁店问题的输出

　　$\ominus$　对于简单线性回归，Adj SS 和 Adj MS 与本章描述的 SS 和 MS 的数值相同。与第 15 章讨论的多元回归解释不同。

我们已经突出本章先前讨论的输出部分（没有突出的输出部分超出了本书的范围，但是可以在更高级的统计学课本中找到）。

打印出来的突出部分的解释如下。

1. ANOVA 表打印在标题"Analysis of Variance"的下面。表中 Error 表示变异的误差来源。注意，"DF"是自由度的缩写，对应 Regression 行和 Adj MS 列中，MSR 为 14 200，对应 Error 行和 Adj MS 列中，MSE 为 191.2。F 值是这两个值之比，为 74.25，对应的 p-值为 0.000。因为 p-值为零（保留小数点至第 3 位），所以我们可以断定，"Sales"和"Population"之间在统计上是显著的。

2. 在标题"Model Summary"的下面，不但给出了估计的标准差"s = 13.8293"，而且给出了有关拟合优度的信息。注意，"R-sq = 90.3%"是用百分数表示的判定系数。数值"R-sq(adj) = 89.06%"将在第 15 章中讨论。

3. 打印出来的表显示了系数 b_0 和 b_1 的值、每一个系数的标准差、每一个系数除以它的标准差得到的 t 值以及与 t 检验相联系的 p-值。这个出现在标题"Coefficients"的下面。因为 p-值为零（保留小数点至第 3 位），所以样本结果表明应拒绝原假设（$H_0 : \beta_1 = 0$）。另一种可供选择的检验方法是，我们将 8.62（位于 t 值列）与一个适当的临界值进行比较。这种 t 检验的步骤我们已经在第 14.5 节中做过叙述。

4. 打印出来的估计的回归方程为"Sales = 60.00 + 5.000 Population"。

5. 期望销售收入的置信水平为 95% 的置信区间估计，以及在有 10 000 名学生的校园附近的个体比萨饼连锁店的销售收入的置信水平为 95% 的预测区间估计，打印在 ANOVA 表的下面。正如我们在第 14.6 节中已经给出的那样，置信区间是（98.583 0，121.417），预测区间是（76.127 5，143.873）。

练 习

方法

40. 若 x 表示公寓住宅的年租金（1 000 美元），y 表示该公寓住宅的销售价格（1 000 美元），一家房地产公司的营销部门对 x 和 y 之间的关系进行回归分析。采集了近期出售的一些公寓住宅的数据，得到的计算机输出如下。

```
Analysis of Variance

SOURCE       DF      Adj SS
Regression    1      41587.3
Error         7
Total         8      51984.1

Predictor     Coef    SE Coef    T-Value
Constant     20.000   3.2213      6.21
X             7.210   1.3626      5.29

Regression Equation

Y = 20.0 + 7.21 X
```

a. 样本中有多少幢公寓住宅？

b. 写出估计的回归方程。

c. s_{b_1} 的值是多少？

d. 利用 F 统计量，在 $\alpha = 0.05$ 的显著性水平下，检验 x 和 y 之间关系的显著性。

e. 对年租金为 50 000 美元的一幢公寓住宅，估计它的销售价格。

42. 若回归模型的 x 表示在一家分店中工作的售货员人数，y 表示这家分店的年销售额（1 000 美元），对有关数据进行回归分析的计算机输出如下。

```
Analysis of Variance

SOURCE       DF      Adj SS     Adj MS
Regression    1      6828.6     6828.6
Error        28      2298.8       82.1
Total        29      9127.4

Predictor     Coef    SE Coef      T
Constant     80.0    11.333      7.06
X            50.0     5.482      9.12

Regression Equation

Y = 80.0 + 50.00 X
```

a. 写出估计的回归方程。

b. 对这一问题进行回归研究时涉及多少家分店？

c. 计算 F 统计量，在 $\alpha = 0.05$ 的显著性水平下，检验 x 与 y 之间关系的显著性。

d. 若孟菲斯分店有 12 名售货员，预测该分店的年销售收入。

44. 汽车大赛、优质驾校以及由汽车俱乐部经营的司机培训计划受人们喜爱的程度持续增长。所有这些活动的参加者都被要求必须佩戴经 Snell 纪念基金会认证的头盔。Snell 纪念基金会是一个非营利组织，该基金会致力于头盔安全标准的研究、培训、测试和新产品的开发。Snell 纪念基金会的专业头盔"SA"（Sports Application，体育运动专用）是专门为赛车运动设计的，这种头盔具有极强的耐冲击性和高防火性能。在选择头盔时，一个关键的因素是头盔的重量，因为较轻的头盔往往对颈部的压力较小。下表是 18 个"SA"头盔的重量和价格的统计数据。

头盔	重量/千克	价格/美元
Pyrotect Pro Airflow	1.81	248
Pyrotect Pro Airflow Graphics	1.81	278
RCi Full Face	1.81	200
RaceQuip RidgeLine	1.81	200
HJC AR-10	1.64	300
HJC Si-12	1.33	700
HJC HX-10	1.39	900
Impact Racing Super Sport	1.67	340
Zamp FSA-1	1.87	199
Zamp RZ-2	1.64	299

（续）

头盔	重量/千克	价格/美元
Zamp RZ-2 Ferrari	1.64	299
Zamp RZ-3 Sport	1.47	479
Zamp RZ-3 Sport Painted	1.47	479
Bell M2	1.79	369
Bell M4	1.76	369
Bell M4 Pro	1.53	559
G Force Pro Force 1	1.79	250
G Force Pro Force 1 Grafx	1.79	280

a. 以重量为自变量，绘制出这些数据的散点图。

b. 头盔的重量和价格这两个变量之间显现出什么关系？

c. 求出估计的回归方程，使这个方程在头盔的重量已知时，能用来预测头盔的价格。

d. 在 $\alpha = 0.05$ 的显著性水平下，检验这两个变量之间关系的显著性。

e. 估计的回归方程对观测数据的拟合好吗？请做出解释。

14.8 残差分析：证实模型假定

正如我们前面提到的，第 i 次观测的残差是因变量的观测值（y_i）与它的预测值（$\hat{y}_i$）之差。[○]

> **第 i 次观测的残差**
>
> $$y_i - \hat{y}_i \qquad (14\text{-}28)$$
>
> 式中，y_i 代表因变量的观测值；$\hat{y}_i$ 代表因变量的预测值。

换言之，第 i 次观测的残差是利用估计的回归方程去预测因变量的值 y_i 而产生的误差。对 Armand 比萨饼连锁店的例子，残差的计算列示在表 14-7 中。因变量的观测值在第二列，利用估计的回归方程 $\hat{y} = 60 + 5x$ 得到因变量的预测值在第三列，对应的残差在第四列。对这些残差进行分析将帮助我们确定，关于回归模型做出的那些假定是否成立。

表 14-7　Armand 比萨饼连锁店例子的残差

学生人数 x_i	销售收入 y_i	估计的销售收入 $\hat{y}_i = 60 + 5x_i$	残差 $y_i - \hat{y}_i$	学生人数 x_i	销售收入 y_i	估计的销售收入 $\hat{y}_i = 60 + 5x_i$	残差 $y_i - \hat{y}_i$
2	58	70	−12	16	137	140	−3
6	105	90	15	20	157	160	−3
8	88	100	−12	20	169	160	9
8	118	100	18	22	149	170	−21
12	117	120	−3	26	202	190	12

现在让我们重温一下关于 Armand 比萨饼连锁店例子的回归假定。假设简单线性回归模型为：

$$y = \beta_0 + \beta_1 x + \varepsilon \qquad (14\text{-}29)$$

○ **残差分析**（residual analysis）是确定假定的回归模型是否适宜的重要方法。

这个模型表示，我们假定季度销售收入（y）是学生人数（x）的一个线性函数加上一个误差项 ε。在第 14.4 节中，我们对误差项 ε 做出了以下假定。

1. $E(\varepsilon) = 0$。
2. 对所有的 x 值，ε 的方差都是相同的，用 σ^2 表示。
3. ε 的值是相互独立的。
4. 误差项 ε 服从正态分布。

这些假定对于利用 t 检验和 F 检验来确定 x 和 y 之间的关系是否显著，以及对于在第 14.6 节中所介绍的置信区间估计和预测区间估计，都提供了理论上的依据。如果关于误差项 ε 的假定显得不太可靠，那么有关回归关系的显著性假设检验和区间估计的结果可能会站不住脚。

残差提供了有关误差项 ε 的最重要的信息，因此，残差分析是确定误差项 ε 的假定是否成立的重要步骤。许多残差分析都是在对残差图形仔细考察的基础上完成的。在本节中，我们将讨论以下几种残差图。

1. 关于自变量 x 的值的残差图。
2. 关于因变量的预测值 $\hat{y}$ 的残差图。
3. 标准化残差图。
4. 正态概率图。

14.8.1　关于 x 的残差图

关于自变量 x 的**残差图**（residual plot）的做法是，用横轴表示自变量的值，用纵轴表示对应的残差值。每个残差都用图上的一个点来表示。对于每一个点，第一个坐标由 x_i 的值给出，第二个坐标由对应的第 i 个残差 $y_i - \hat{y}_i$ 的值给出。对于 Armand 比萨饼连锁店的例子，根据表 14-7 中的数据，可以绘制出关于 x 的残差图。对应 $x_1 = 2$ 和 $y_1 - \hat{y}_1 = -12$，第一个点的坐标是（2，-12）；对应 $x_2 = 6$ 和 $y_2 - \hat{y}_2 = 15$，第二个点的坐标是（6，15），等等。图 14-11 是得到的残差图。

在对这个残差图的结果进行解释之前，让我们首先考虑在任意一个残差图中可能观测到的某些一般的图形模式。图 14-12 给出了三个例子。如果假定对所有的 x 值，ε 的方差都是相同的，并且假定描述变量 x 和 y 之间关系的回归模型是恰当的，那么残差图给出的一个总体印象是，所有的散点都应落在一条水平带中间，如图 14-12a 所示。但是，如果对所有的 x 值，ε 的方差是不相同的，例如对于较大的 x 值，关于回归线的变异性也较大，如图 14-12b 所示，在这种情形下，就违背了

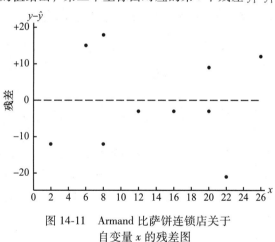

图 14-11　Armand 比萨饼连锁店关于自变量 x 的残差图

ε 有一个相同的常数方差的假定。另一种可能的残差图如图 14-12c 所示，在这种情形下，我们的结论是假定的回归模型不能恰当地描述变量之间的关系。这时我们应考虑曲线回归模型或者多元回归模型。

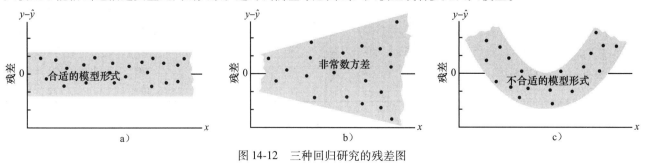

图 14-12　三种回归研究的残差图

现在让我们回到如图 14-11 所示的 Armand 比萨饼连锁店的残差图。这些残差看起来好像与图 14-12a 中水平

型的图形很相似。因此，我们的结论是残差图并没有提供足够的证据，使我们对 Armand 比萨饼连锁店回归模型所做的假定表示怀疑。这时，我们有信心得出结论，Armand 比萨饼连锁店的简单线性回归模型是合理的。

在对残差图进行有效的解释时，经验和好的判断能力永远是关键因素。一个残差图与在图 14-12 中所看到的三种类型之一恰好完全一致的情形是很少见的。然而，在弄清楚合理的残差图形模式与显示模型的假定应该受到质疑的残差图形模式之间的差别时，经常从事回归研究和经常考察残差图的分析人员将成为专家。在这里介绍的残差图是用来评价回归模型假定有效性的一种方法。

14.8.2　关于 $\hat{y}$ 的残差图

另一种残差图的做法是，用横轴表示因变量的预测值 $\hat{y}$，用纵轴表示对应的残差值。每个残差都用图上的一个点来表示。对于每一个点，第一个坐标由 $\hat{y}_i$ 的值给出，第二个坐标由对应的第 i 个残差 $y_i - \hat{y}_i$ 的值给出。对于 Armand 比萨饼连锁店的例子，根据表 14-7 中的数据，对应 $\hat{y}_1 = 70$ 和 $y_1 - \hat{y}_1 = -12$，第一个点的坐标是（70，−12）；对应 $\hat{y}_2 = 90$ 和 $y_2 - \hat{y}_2 = 15$，第二个点的坐标是（90，15），等等。图 14-13 是得到的残差图。注意，这个残差图图形模式与关于自变量 x 的残差图图形模式是相同的。它不是让我们对模型的假定产生怀疑的那种图形模式。对于简单线性回归，关于 x 的残差图和关于 $\hat{y}$ 的残差图给出了同样的图形模式。对于多元回归分析，因为有一个以上的自变量，所以关于 $\hat{y}$ 的残差图有着更广泛的应用。

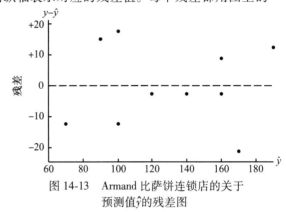

图 14-13　Armand 比萨饼连锁店的关于预测值 $\hat{y}$ 的残差图

14.8.3　标准化残差

许多由计算机软件包生成的残差图都利用了残差的标准化形式。就像我们在前面几章中看到的那样，一个随机变量减去它的平均值，然后除以它的标准差，就得到了一个标准化的随机变量。由于最小二乘法的性质，残差的平均值是零。于是，每个残差只要简单地除以它的标准差，就得到了**标准化残差**（standardized residual）。

我们能够证明，第 i 个残差的标准差取决于估计的标准误差 s 和对应的自变量 x_i 的值。

第 i 个残差的标准差$^{\ominus}$

$$s_{y_i - \hat{y}_i} = s\sqrt{1 - h_i} \tag{14-30}$$

式中，$s_{y_i - \hat{y}_i}$ 代表第 i 个残差的标准差；s 代表估计的标准误差。

$$h_i = \frac{1}{n} + \frac{(x_i - \bar{x})^2}{\sum (x_i - \bar{x})^2} \tag{14-31}$$

注意，因为在式（14-30）中出现 h_i，所以第 i 个残差的标准差依赖于 x_i。一旦计算出每个残差的标准差，我们就能将每个残差除以它所对应的标准差，计算出标准化残差。$^{\ominus}$

第 i 次观测的标准化残差

$$\frac{y_i - \hat{y}_i}{s_{y_i - \hat{y}_i}} \tag{14-32}$$

　$\ominus$　这个表达式实际上给出了第 i 个残差的标准差的一个估计，因为我们用 s 替代了 σ。
　$\ominus$　h_i 被称为第 i 次观测的杠杆率。我们在第 14.9 节中考虑有影响的观测值时，将对杠杆率做进一步的讨论。

表 14-8 给出了 Armand 比萨饼连锁店的例子的标准化残差的计算过程，$s=13.829$ 是以前计算的结果。图 14-14 是关于自变量 x 的标准化残差图。

表 14-8　Armand 比萨饼连锁店的标准化残差的计算

连锁店 i	x_i	$x_i-\bar{x}$	$(x_i-\bar{x})^2$	$\dfrac{(x_i-\bar{x})^2}{\sum(x_i-\bar{x})^2}$	h_i	$s_{y_i-\hat{y}_i}$	$y_i-\hat{y}_i$	标准化残差
1	2	-12	144	0.253 5	0.353 5	11.119 3	-12	-1.079 2
2	6	-8	64	0.112 7	0.212 7	12.270 9	15	1.222 4
3	8	-6	36	0.063 4	0.163 4	12.649 3	-12	-0.948 7
4	8	-6	36	0.063 4	0.163 4	12.649 3	18	1.423 0
5	12	-2	4	0.007 0	0.107 0	13.068 2	-3	-0.229 6
6	16	2	4	0.007 0	0.107 0	13.068 2	-3	-0.229 6
7	20	6	36	0.063 4	0.163 4	12.649 3	-3	-0.237 2
8	20	6	36	0.063 4	0.163 4	12.649 3	9	0.711 5
9	22	8	64	0.112 7	0.212 7	12.270 9	-21	-1.711 4
10	26	12	144	0.253 5	0.353 5	11.119 3	12	1.079 2
		合计	568					

注：残差数值的计算已在表 14-7 中完成。

标准化残差图能对随机误差项 ε 服从正态分布的假定提供一种直观的认识。如果这一假定被满足，那么标准化残差的分布看起来也应该服从一个标准正态概率分布[⊖]。于是，当查看标准化残差图时，我们应该期望看到，大约有 95% 标准化残差介于 $-2\sim+2$。从图 14-14 中我们看到，对于 Armand 比萨饼连锁店的例子，所有的标准化残差都落在 $-2\sim+2$。所以，根据对标准化残差图的分析，我们没有理由怀疑 ε 服从正态分布的假定。[⊖]

由于回归分析要求我们计算估计值 $\hat{y}$、残差和标准化残差，而这些计算又十分烦琐费力，所以大部分统计软件包作为可供选择的回归分析输出，都提供了这些值的计算结果。因此，我们能很容易地得到残差图。对于较大型的回归分析问题，为了绘制出我们在本节讨论的残差图，计算机软件包是唯一的实用工具。

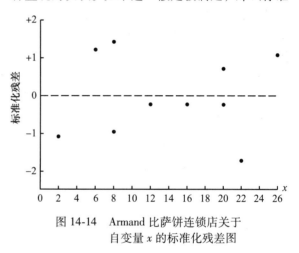

图 14-14　Armand 比萨饼连锁店关于自变量 x 的标准化残差图

14.8.4　正态概率图

确定误差项 ε 服从正态分布的假定成立的另一个方法是**正态概率图**（normal probability plot）。为了说明如何绘制一张正态概率图，我们首先介绍正态分数的概念。

假设我们从一个平均值为 0，标准差为 1 的标准正态概率分布中随机地抽取 10 个数值，并将这一抽样过程反复进行，然后把每个样本中的 10 个数值按从小到大的顺序排列。现在我们仅考虑每个样本中最小的数值。在反复进行的抽样过程中得到的最小值是一个随机变量，被称为一阶顺序统计量。

统计学家已经证明，来自标准正态概率分布的容量为 10 的样本，一阶顺序统计量的期望值为 -1.55。这个期望值被称为正态分数。对于样本容量 $n=10$ 的情形，有 10 个顺序统计量和 10 个正态分数（见表 14-9）。一般地，如果我们有一个由 n 个观测值组成的数据集，那么就有 n 个顺序统计量和 n 个正态分数。

现在让我们说明，对于 Armand 比萨饼连锁店的例子，怎样利用 10 个正态分数去确定标准化残差服从标准正态概率分布。我们从表 14-8 中 10 个标准化残差的排序着手。我们将 10 个正态分数和 10 个排好顺序的标准化残

⊖ 因为我们用 s 替代式（14-30）中的 σ，所以在严格的意义上，标准化残差的概率分布不再服从正态分布。但是在许多回归研究中，只要样本容量充分大，标准化残差的概率分布将能很好地近似服从正态分布。

⊖ 稍微偏离正态性，但不会对在回归分析中应用的统计检验产生很大的影响。

差放在一起，如表 14-10 所示。如果正态性的假定被满足，那么最小的标准化残差应接近最小的正态分数，下一个最小的标准化残差应接近下一个最小的正态分数，依此类推。如果我们用横轴表示正态分数，用纵轴表示对应的标准化残差做一张散点图，标准化残差近似服从正态分布，那么在图上标出的这些散点，应紧密围绕在通过坐标轴原点的 45°直线附近。这样的一张散点图被称为正态概率图。

表 14-9　$n = 10$ 的正态分数

顺序统计量	正态分数	顺序统计量	正态分数
1	-1.55	6	0.12
2	-1.00	7	0.37
3	-0.65	8	0.65
4	-0.37	9	1.00
5	-0.12	10	1.55

表 14-10　Armand 比萨饼连锁店的正态分数和排好顺序的标准化残差

正态分数	排好顺序的标准化残差	正态分数	排好顺序的标准化残差
-1.55	-1.711 4	0.12	-0.229 6
-1.00	-1.079 2	0.37	0.711 5
-0.65	-0.948 7	0.65	1.079 2
-0.37	-0.237 2	1.00	1.222 4
-0.12	-0.229 6	1.55	1.423 0

图 14-15 是 Armand 比萨饼连锁店例子的正态概率图。我们可以判断，从图上看到的这些散点与 45°直线偏离的模式，对于得出标准化残差是否来自一个标准正态概率分布的结论已经足够了。在图 14-15 中我们看到，这些散点都紧密地聚集在 45°直线附近。因此，我们能够得出结论，随机误差项服从标准正态概率分布的假定是合理的。一般地，较多的点紧密地聚集在 45°直线附近是支持正态性假定的有力证据。在正态概率图上，如果相对于 45°直线有较大的弯曲，那么残差不是来自一个标准正态概率分布的。正态分数和与此相联系的正态概率图，能很容易地利用统计软件包得到。

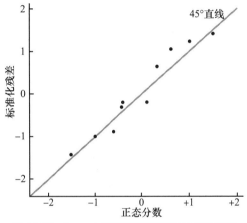

图 14-15　Armand 比萨饼连锁店的正态概率图

注释和评论

1. 我们利用残差和正态概率图来证实一个回归模型的假定。如果我们的检查表明一个或几个假定是不可靠的，那么我们就应该考虑一个不同的回归模型或者数据变换。当这些假定不成立时，一个合理适当的修正行为必须在好的判断力的基础上才能做出，来自有经验的统计学家的建议可能很宝贵。
2. 统计学家用来证实回归模型的假定成立的主要方法是残差分析。即使没有发现假定被违背，也并不一定意味着模型能给出一个好的预测。然而，如果有补充的统计检验支持显著性结论，并且有比较大的判定系数，那么我们利用估计的回归方程应该能够得到好的估计值和预测值。

练习

方法

46. 利用下面的数据进行回归研究。

观测次数	x_i	y_i	观测次数	x_i	y_i
1	2	4	6	7	6
2	3	5	7	7	9
3	4	4	8	8	5
4	5	6	9	9	11
5	7	4			

a. 对这些数据，建立估计的回归方程。
b. 绘制出残差图。关于误差项的假定你觉得被满足了吗？

应用

48. 参阅第 7 题，我们已经得到了一个关于售货员的工龄和年销售额的估计的回归方程。

a. 对这个问题，计算残差并绘制出残差图。
b. 根据残差图，关于随机误差项的假定你觉得合理吗？

14.9 残差分析：异常值和有影响的观测值

在第14.8节中，我们已经说明了如何利用残差分析来判定什么时候会发生违背回归模型假定的情形。在这一节中，我们将讨论在建立估计的回归方程时，如何利用残差分析去识别异常的观测值或特别有影响的观测值。本节将详细论述当出现这样的观测值时，我们应该采取的一些措施。

14.9.1 检测异常值

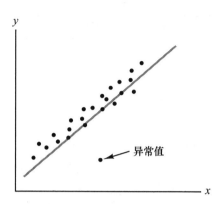

图14-16是一个只有一个**异常值**（outlier）的数据集的散点图，这个异常值是一个数据点（观测值），它与其余数据点所显示的趋势不吻合。异常值表示观测值是可疑的，并且值得我们认真地检查。这些异常值可能代表了错误的数据，倘若如此，我们应该修正这些数据。这些异常值也可能意味着出现了违背模型假定的情形，倘若如此，我们应该考虑其他形式的模型。最后，这些异常值可能仅仅是由于随机因素的影响而产生的不同寻常的数值，在这种情形下，我们应该保留这些异常值。

图14-16　有一个异常值的数据集的散点图

为了说明检测异常值的过程，我们考虑表14-11中的数据集，图14-17是该数据集的散点图。除了第四个观测值（$x_4 = 3$，$y_4 = 75$）以外，散点图的形状明显地提示我们，这些数据点存在一个负线性关系。事实上，根据散点图上其余数据点的散布格局，我们可以预期 y_4 要小得多，因此我们将对应的观测值确认为一个异常值。对于简单线性回归的情形，只要简单地检查散点图，我们往往就能探明异常值。

表14-11　说明异常值影响的数据集

x_i	y_i	x_i	y_i
1	45	3	45
1	55	4	30
2	50	4	35
3	75	5	25
3	40	6	15

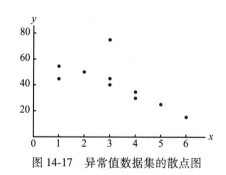

图14-17　异常值数据集的散点图

标准化残差也能用于识别异常值。如果一个观测值与散点图上其余数据点的散布格局有一个大的偏离（例如图14-16中的异常值），那么对应的标准化残差的绝对值也将是大的。许多计算机软件包能自动地识别标准化残差绝对值大的观测值。对表14-11的数据进行回归分析的输出如图14-18所示。其中包括回归方程，y 的预测值残差和标准化残差。输出的突出部分显示第四个观测值的标准化残差是2.67。因为误差项服从正态分布，所以大约有5%的标准化残差应小于-2或者大于+2。

在决定如何处理一个异常值时，首先我们应该核对这个异常值是不是一个有效的观测值。也许在最初记录数据时或是在将数据录入计算机文件时，已经产生了错误。例如，假定在核对表14-11中的异常值数据时，我们发现第四个观测值（$x_4 = 3$，$y_4 = 75$）出现了错误，于是将这个观测值修正为 $x_4 = 3$，$y_4 = 30$。图14-19是修正 y_4 的数值后得到的输出。我们看到，利用未经修正的数据对拟合优度有相当大的影响。而用修正后的数据，R^2 的数值从49.68%增加到83.8%，b_0 的值从64.96减少到59.24，回归线的斜率也从-7.33变成-6.95。识别出异常值使我们能够修正数据的误差并改善回归的效果。

14.9.2 检测有影响的观测值

有时一个或几个观测值会对我们得到的回归结果产生一个强影响。图14-20显示的是在简单线性回归情形下存在一个**有影响的观测值**（influential observation）的例子。在图中，估计的回归线有一个负斜率。但是，如果我们将有影响的观测值从数据集中删除，那么估计的回归线的斜率将从负值变为正值，y 轴截距将会变得比较小。显然，在确定估计的回归线时，这个观测值的影响要比任何其他观测值的影响大得多，而从数据集中删除任意一个其他的观测值，对估计的回归方程将只有很小的影响。

Analysis of Variance

Source	DF	Adj SS	Adj MS	F-Value	P-Value
Regression	1	1268.2	1268.2	7.90	0.023
Error	8	1284.3	160.5		
Total	9	2552.5			

Model Summary

S	R-sq	R-sq(adj)
12.670 4	49.68%	43.39%

Coefficients

Term	Coef	SE Coef	T-Value	P-Value
Constant	64.96	9.26	7.02	0.000
x	−7.33	2.6	−2.81	0.023

Regression Equation

$y = 64.96 - 7.33 x$

Observation	Predicted y	Residuals	Standard Residuals
1	57.6271	−12.6271	−1.0570
2	57.6271	−2.6271	−0.2199
3	50.2966	−0.2966	−0.0248
4	42.9661	32.0339	2.6816
5	42.9661	−2.9661	−0.2483
6	42.9661	2.0339	0.1703
7	35.6356	−5.6356	−0.4718
8	35.6356	−0.6356	−0.0532
9	28.3051	−3.3051	−0.2767
10	20.9746	−5.9746	−0.5001

图 14-18　异常值数据集回归分析的输出

Analysis of Variance

Source	DF	Adj SS	Adj MS	F-Value	P-Value
Regression	1	1139.66	1139.66	41.38	0.000
Error	8	220.34	27.54		
Total	9	1360.00			

Model Summary

S	R-sq	R-sq(adj)
5.24808	83.80%	81.77%

Coefficients

Term	Coef	SE Coef	T-Value	P-Value
Constant	59.24	3.83	15.45	0.000
x	−6.95	1.08	−6.43	0.000

Regression Equation

$y = 59.24 - 6.95 x$

图 14-19　修正后的异常值数据集的输出

当模型中仅存在一个自变量时，有影响的观测值能从散点图中被识别出来。一个有影响的观测值可能是一个异常值（即 y 值与趋势有相当大偏离的一个观测值），它也可能对应一个远离自变量 x 平均值的观测值（见图 14-20），或者它也可能是由于这两者的组合而产生的观测值（在某种程度上 y 值偏离了趋势，同时在某种程度上又是 x 的一个极端值）。

因为有影响的观测值对估计的回归方程可能有非常明显的影响，所以我们对这种观测值必须仔细检查。首先，我们应该查明在采集或者录入数据时，确保没有出现错误。如果出现了错误，我们应进行修正并求出一个新的估计的回归方程。如果一个有影响的观测值是有效的，我们应该为有这样一个观测值而感到幸运。因为这样一个有效的点，能帮助我们对模型是否合理有一个较好的理解，并且有助于我们得到一个比较好的估计的回归方程。图 14-20 中的数据集存在一个有影响的观测值。如果它是有效的观测值，那么将启发我们试着去得到自变量 x 的中间值的数据，从而使我们能更好地理解、认识 x 和 y 之间的关系。

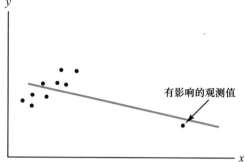

图 14-20　存在一个有影响的观测值的数据集

自变量是极端值的观测值被称为**高杠杆率点**（high leverage point）。图 14-20 中的有影响的观测值就是一个具有高杠杆率的点。我们可以根据自变量的值与它们的平均值距离的远近确定一个观测值的杠杆率。对于只有一个自变量的情形，我们用 h_i 表示第 i 次观测的杠杆率，它能利用式（14-33）计算出来。

第 i 次观测的杠杆率

$$h_i = \frac{1}{n} + \frac{(x_i - \bar{x})^2}{\sum (x_i - \bar{x})^2} \tag{14-33}$$

从式（14-33）中可以清晰地看出，与 x 的平均值 $\bar{x}$ 距离较远的 x_i，第 i 次观测的杠杆率较高。

作为标准回归分析输出的一部分，许多统计软件包都能自动地识别出高杠杆率的观测值。为了说明如何识别具有高杠杆率的观测值，我们考虑表 14-12 中的数据集。

图 14-21 是表 14-12 数据集的散点图。从图中可以清晰地看出，第 7 个观测值（$x=70$，$y=100$）是自变量 x 一个具有极端值的观测值。因此，我们将期待着它作为高杠杆率点被识别出来。对于这个观测值，我们利用式（14-33）计算出它的杠杆率如下。

$$
\begin{aligned}
h_7 &= \frac{1}{n} + \frac{(x_7 - \bar{x})^2}{\sum (x_i - \bar{x})^2} \\
&= \frac{1}{7} + \frac{(70 - 24.286)^2}{2\,621.43} \\
&= 0.94
\end{aligned}
$$

对于简单线性回归情形，如果杠杆率 $h_i > \min\{6/n, 0.99\}$（即 h_i 大于 $6/n$ 与 0.99 的较小者），那么这个观测值具有高杠杆率。对于表 14-12 中的数据集，$6/n = 6/7 = 0.86$，因为 $h_7 = 0.94 > 0.86$，所以我们将把第 7 个观测值识别为自变量 x 的值具有大的影响的观测值。

表 14-12　具有高杠杆率观测值的数据集

x_i	y_i	x_i	y_i
10	125	20	120
10	130	25	110
15	120	70	100
20	115		

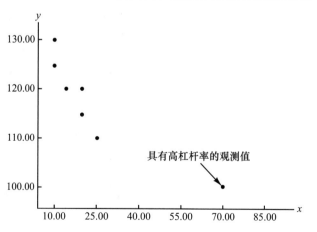

图 14-21　具有一个高杠杆率观测值的数据集的散点图

有影响的观测值是由于大的残差和高杠杆率的交互作用而产生的，我们要把它们检测出来会很困难。在确定一个观测值什么时候是有影响的观测值时，只要考虑到大的残差和高杠杆率这两个方面，我们就能得到便于使用的判断方法。其中一种度量被称为库克 D 统计量，我们将在第 15 章中加以讨论。

注释和评论

一旦一个观测值由于大的残差或高杠杆率被识别为潜在的有影响的观测值，我们就应该针对这个观测值对估计的回归方程的影响进行评估。较高级的教科书将对其诊断进行讨论。然而，如果人们不熟悉较高级教科书的内容，不管有没有这个观测值，都可以用一个简单的程序进行回归分析。这个方法将显示出观测值对分析结果的影响。

练习

方法

50. 考虑下面两个变量 x 和 y 的数据。

x_i	135	110	130	145	175	160	120
y_i	145	100	120	120	130	130	110

a. 计算这些数据的标准化残差。这些数据包含任何异常值吗？请做出解释。

b. 绘制出关于 $\hat{y}$ 的标准化残差图。这个残差图显示出任何异常值吗？

c. 绘制出这些数据的散点图。散点图表明在这些数据中存在任何异常值吗？在一般情况下，对于简单线性回归，这一发现意味着什么？

应用

52. Charity Navigator 是美国领先的独立慈善评估机构。10 个超大型慈善机构的总费用（单位：美元）、行政费用、筹款费用以及活动费用占总预算支出的比例数据如下表所示（Charity Navigator website）。行政费用包括管理费、行政人员及相关费用以及组织会议的费用。筹款费用是慈善机构花在募捐上的费用。活动费用是慈善机构花在策划活动方案和提供服务上的费用。由于四舍五入，这三个百分比之和不等于 100%。

慈善机构	总费用/美元	行政费用（%）	筹款费用（%）	活动费用（%）
American Red Cross	3 354 177 445	3.9	3.8	92.1
World Vision	1 205 887 020	4.0	7.5	88.3
Smithsonian Institution	1 080 995 083	23.5	2.6	73.7
Food For The Poor	1 050 829 851	0.7	2.4	96.8
American Cancer Society	1 003 781 897	6.1	22.2	71.6
Volunteers of America	929 158 968	8.6	1.9	89.4
Dana-Farber Cancer Institute	877 321 613	13.1	1.6	85.2
AmeriCares	854 604 824	0.4	0.7	98.9
ALSAC-St. Jude Children's Research Hospital	829 662 076	9.6	16.9	73.4
City of Hope	736 176 619	13.7	3.0	83.1

a. 用横轴表示筹款费用所占比例（%），用纵轴表示活动费用所占比例（%），绘制出这些数据的散点图。观察这些数据是否出现任何的异常值和（或）有影响的观测值。

b. 建立这些数据的估计的回归方程，使这个方程在筹款费用所占比例（%）已知时，能用来预测活动费用所占比例（%）。

c. 对于这个问题，估计的回归方程斜率的数值是否有意义？

d. 利用残差分析来确定是否存在任何的异常值和（或）有影响的观测值。简要概述你的发现和结论。

54. 下面是 30 个主要联盟棒球队的年收入（100 万美元）和估计的球队商业价值（100 万美元）数据（Forbes website）。

球队名称	年收入/100 万美元	球队商业价值/100 万美元
Arizona Diamondbacks	195	584
Atlanta Braves	225	629
Baltimore Orioles	206	618
Boston Red Sox	336	1 312
Chicago Cubs	274	1 000
Chicago White Sox	216	692
Cincinnati Reds	202	546
Cleveland Indians	186	559
ColoradoRockies	199	537
Detroit Tigers	238	643
Houston Astros	196	626
Kansas City Royals	169	457
Los Angeles Angels of Anaheim	239	718
Los Angeles Dodgers	245	1 615
Miami Marlins	195	520
Milwaukee Brewers	201	562
Minnesota Twins	214	578
New York Mets	232	811
New York Yankees	471	2 300
Oakland Athletics	173	468
Philadelphia Phillies	279	893
Pittsburgh Pirates	178	479

（续）

球队名称	年收入 /100 万美元	球队商业价值 /100 万美元
San Diego Padres	189	600
San Francisco Giants	262	786
Seattle Mariners	215	644
St. Louis Cardinals	239	716
Tampa Bay Rays	167	451
Texas Rangers	239	764
Toronto Blue Jays	203	568
Washington Nationals	225	631

a. 用横轴表示球队的年收入，用纵轴表示球队商业价值，绘制出这些数据的散点图。查看这张散点图，这些数据存在任何的异常值和（或）有影响的观测值吗？

b. 建立估计的回归方程，使这个方程在球队的年收入已知时，能用来预测球队商业价值。

c. 应用残差分析方法确定是否存在任何异常值和（或）有影响的观测值。简要地总结你的发现和结论。

14.10 实践建议：简单线性回归中的大数据和假设检验

在第 7 章中，我们观察到样本均值 $\bar{x}$［见式（7-2）］和样本比率 $\bar{p}$［见式（7-5）］的抽样分布的标准误差随着样本容量的增加而减小。在第 8 章和第 9 章中，我们观察到随着样本容量的增加，μ 和 p 有更窄的置信区间估计，检验假设 $H_0: \mu \leq \mu_0$ 和 $H_0: p \leq p_0$ 中有更小的 p-值。这些结论扩展到简单线性回归，随着样本容量的增加：

- 用来确定因变量和自变量之间是否存在显著关系的 t 检验的 p-值会变小；
- 与自变量有关联的参数斜率的置信区间会变窄；
- y 的平均值的置信区间会变窄；
- y 的个别值的预测区间会变窄。

因此，随着样本容量的增加，我们更倾向于否定因变量和自变量之间不存在关系的假设，得出它们之间存在关系的结论。随着样本容量的增加，与自变量有关联的参数斜率、y 的平均值和 y 的个别值的区间估计将变得更加准确。但是，这并不一定意味着随着样本容量的增加，结果会变得更加可靠。

无论用多大的样本来估计简单线性回归方程，我们必须关注数据中可能存在的非抽样误差，尤其要考虑是否对总体进行了随机抽样。如果用于检验自变量和因变量之间无关系假设的数据被非抽样误差破坏，则产生第一类或第二类错误的可能性会高于样本数据没有非抽样误差的情形。如果自变量和因变量之间的关系是统计显著性的，考虑简单线性回归方程的关系是否具有实际显著性也很重要。

尽管简单线性回归是非常强大的统计工具，但它提供的证据应与从其他来源收集的信息相结合，以做出最明智的决策。没有商务决策是仅仅根据简单线性回归做出的。非抽样误差有可能导致误导性结果，我们应该始终将实际显著性与统计显著性结合起来考虑。当根据一个非常大的样本进行假设检验时，此时的 p-值会非常小，将实际显著性与统计显著性结合起来考虑就显得尤为重要。如果运用得当，简单线性回归的推断可能是商务决策过程中的一个重要组成部分。

小 结

在这一章里，我们说明了回归分析如何用于确定一个因变量 y 怎样依赖一个自变量 x。在简单线性回归情形下，回归模型是 $y = \beta_0 + \beta_1 x + \varepsilon$。简单线性回归方程 $E(y) = \beta_0 + \beta_1 x$ 描述了 y 的平均值或期望值是如何依赖 x 的。我们利用样本数据和最小二乘法建立了估计的回归方程 $\hat{y} = b_0 + b_1 x$。实际上，b_0 和 b_1 是用来估计模型的未知参数 β_0 和 β_1 的样本统计量的。

作为估计的回归方程拟合优度的一个度量，我们介绍了判定系数的概念。判定系数是因变量 y 中的变异性能被估计的回归方程解释的部分所占的比例。我们还回顾了相关系数的概念，它是描述两变量之间线性相关强度的一个描述性度量。

我们讨论了回归模型及与其相联系的随机误差项 ε 的假定，并且介绍了建立在这些假定基础上的 t 检验和 F 检验。这两个检验都是判断两变量之间的关系在统计上是否显著的工具。我们说明了如何利用估计的回归方程建立 y 的平均值的置信区间估计和 y 的个别值的预测区间估计。

作为本章的结束，我们用一节篇幅介绍了回归问题的计算机解法，用两节篇幅介绍了利用残差分析验证模型的假定和识别异常值及有影响的观测值的方法，用一节篇幅介绍了使用大数据时的实践建议。

关键术语

ANOVA table　ANOVA 表　方差分析表，用于概括与显著性 F 检验相联系的计算。

coefficient of determination　判定系数　估计的回归方程拟合优度的度量。该系数可以理解为因变量 y 的变异程度被估计的回归方程解释的比例。

confidence interval　置信区间　对于一个给定的 x 值，y 的平均值的区间估计。

correlation coefficient　相关系数　两个变量之间线性关系强度的度量（前面在第 3 章中已讨论过）。

dependent variable　因变量　被预测或被解释的变量，用 y 表示。

estimated regression equation　估计的回归方程　利用最小二乘法，根据样本数据建立的回归方程的估计。对于简单线性回归情形，估计的回归方程是 $\hat{y} = b_0 + b_1 x$。

high leverage points　高杠杆率点　自变量的值是极端值的观测值。

independent variable　自变量　用于预测或解释的变量，用 x 表示。

influential observation　有影响的观测值　对回归结果有一个强影响或强作用的观测值。

i th residual　第 i 个残差　因变量的观测值与利用估计的回归方程得到的预测值之间的差。对于第 i 个观测值，第 i 个残差是 $y_i - \hat{y}_i$。

least squares method　最小二乘法　用于建立估计的回归方程的方法，其目标是式 $\sum (y_i - \hat{y}_i)^2$ 极小化。

mean square error　均方误差　随机误差项 ε 的方差 σ^2 的无偏估计量，用 MSE 或 s^2 表示。

normal probability plot　正态概率图　标准化残差关于正态分数值绘制出的散点图，能帮助我们确定随机误差项服从正态概率分布的假定是否成立。

outlier　异常值　与其余数据点所显示的趋势不吻合的数据点或观测值。

prediction interval　预测区间　对于一个给定的 x 值，y 的一个个别值的区间估计。

regression equation　回归方程　描述因变量 y 的平均值或期望值如何依赖自变量 x 的方程。对于简单线性回归情形，回归方程是 $E(y) = \beta_0 + \beta_1 x$。

regression model　回归模型　描述因变量 y 如何依赖自变量 x 和随机误差项的方程。对于简单线性回归情形，回归模型是 $y = \beta_0 + \beta_1 x + \varepsilon$。

residual analysis　残差分析　用于确定关于回归模型所做的假定是否成立的分析方法，也被用于识别异常值和有影响的观测值。

residual plot　残差图　残差的图形表示，用于确定关于回归模型所做的假定是否成立的一种图示方法。

scatter diagram　散点图　用横轴表示自变量，用纵轴表示因变量的二维数据图。

simple linear regression　简单线性回归　含有一个自变量和一个因变量，并且两个变量之间的关系用一条直线近似的回归分析。

standard error of the estimate　估计的标准误差　均方误差的平方根，用 s 表示。它是随机误差项 ε 的标准差 σ 的估计。

standardized residual　标准化残差　用残差除以其标准差得到的值。

重要公式

简单线性回归模型　$y = \beta_0 + \beta_1 x + \varepsilon$　(14-1)

简单线性回归方程　$E(y) = \beta_0 + \beta_1 x$　(14-2)

估计的简单线性回归方程　$\hat{y} = b_0 + b_1 x$　(14-3)

最小二乘法准则　$\min \sum (y_i - \hat{y}_i)^2$　(14-5)

估计的回归方程的斜率和 y 轴截距

$$b_1 = \frac{\sum (x_i - \bar{x})(y_i - \bar{y})}{\sum (x_i - \bar{x})^2}$$　(14-6)

$$b_0 = \bar{y} - b_1 \bar{x}$$　(14-7)

误差平方和　$SSE = \sum (y_i - \hat{y}_i)^2$　(14-8)

总的平方和　$SST = \sum (y_i - \bar{y})^2$　(14-9)

回归平方和　$SSR = \sum (\hat{y}_i - \bar{y})^2$　(14-10)

SST，SSR 和 SSE 之间的关系

$$SST = SSR + SSE$$　(14-11)

判定系数　$r^2 = \dfrac{SSR}{SST}$　(14-12)

样本相关系数　$r_{xy} = (b_1 \text{ 的符号}) \sqrt{\text{判定系数}}$

$$= (b_1 \text{ 的符号}) \sqrt{r^2} \qquad (14\text{-}13)$$

均方误差（σ^2 的估计量）

$$s^2 = \text{MSE} = \frac{\text{SSE}}{n-2} \qquad (14\text{-}15)$$

估计的标准误差 $\quad s = \sqrt{\text{MSE}} = \sqrt{\dfrac{\text{SSE}}{n-2}} \qquad (14\text{-}16)$

b_1 的标准差 $\quad \sigma_{b_1} = \dfrac{\sigma}{\sqrt{\sum (x_i - \bar{x})^2}} \qquad (14\text{-}17)$

b_1 的估计的标准差 $\quad s_{b_1} = \dfrac{s}{\sqrt{\sum (x_i - \bar{x})^2}} \qquad (14\text{-}18)$

t 检验的统计量 $\quad t = \dfrac{b_1}{s_{b_1}} \qquad (14\text{-}19)$

均方回归 $\quad \text{MSR} = \dfrac{\text{SSR}}{\text{自变量的个数}} \qquad (14\text{-}20)$

F 检验的统计量 $\quad F = \dfrac{\text{MSR}}{\text{MSE}} \qquad (14\text{-}21)$

$\hat{y}^*$ 的估计的标准差

$$s_{\hat{y}^*} = s \sqrt{\frac{1}{n} + \frac{(x^* - \bar{x})^2}{\sum (x_i - \bar{x})^2}} \qquad (14\text{-}23)$$

$E(y^*)$ 的置信区间 $\quad \hat{y}^* \pm t_{\alpha/2} s_{\hat{y}^*} \qquad (14\text{-}24)$

一个个别值的估计的标准差

$$s_{\text{pred}} = s \sqrt{1 + \frac{1}{n} + \frac{(x^* - \bar{x})^2}{\sum (x_i - \bar{x})^2}} \qquad (14\text{-}26)$$

y^* 的预测区间 $\quad \hat{y}^* \pm t_{\alpha/2} s_{\text{pred}} \qquad (14\text{-}27)$

第 i 次观测的残差 $\quad y_i - \hat{y}_i \qquad (14\text{-}28)$

第 i 个残差的标准差 $\quad s_{y_i - \hat{y}_i} = s \sqrt{1 - h_i} \qquad (14\text{-}30)$

第 i 次观测的标准化残差 $\quad \dfrac{y_i - \hat{y}_i}{s_{y_i - \hat{y}_i}} \qquad (14\text{-}32)$

第 i 次观测的杠杆率

$$h_i = \frac{1}{n} + \frac{(x_i - \bar{x})^2}{\sum (x_i - \bar{x})^2} \qquad (14\text{-}33)$$

补充练习

56. 对于 x 的一个给定值，y 的平均值的区间估计和对于 x 的一个给定值，y 的一个个别值的区间估计，请用你自己的话对两者之间的区别做出解释。

58. 道琼斯工业平均指数（DJIA）和标准普尔 500 指数（S&P 500）是用于度量股市整体变动趋势的测度。道琼斯工业平均指数以 30 家大型企业的价格变动为依据。标准普尔 500 指数是由 500 只股票组成的一个综合指数。有人说，标准普尔 500 指数是表现股市业绩的一个更好的测度，因为它的基础更广泛。去年 15 周道琼斯工业平均指数和标准普尔 500 指数的收盘价如下表所示（*Barron's* website）。

日期	DJIA	S&P 500
1 月 6 日	12 360	1 278
1 月 13 日	12 422	1 289
1 月 20 日	12 720	1 315
1 月 27 日	12 660	1 316
2 月 3 日	12 862	1 345
2 月 10 日	12 801	1 343
2 月 17 日	12 950	1 362
2 月 24 日	12 983	1 366
3 月 2 日	12 978	1 370
3 月 9 日	12 922	1 371
3 月 16 日	13 233	1 404

		（续）
日期	DJIA	S&P 500
3 月 23 日	13 081	1 397
3 月 30 日	13 212	1 408
4 月 5 日	13 060	1 398
4 月 13 日	12 850	1 370

a. 以 DJIA 为自变量，绘制出这些数据的散点图。

b. 建立一个估计的回归方程。

c. 在 $\alpha = 0.05$ 的显著性水平下，对两个变量之间的关系进行显著性检验。

d. 估计的回归方程对观测数据的拟合好吗？请做出解释。

e. 假定 DJIA 的收盘价是 13 500，预测 S&P 500 的收盘价。

f. 我们是否应该关注在（e）中用来预测 S&P 500 收盘价的 DJIA 收盘价 13 500，因为该数值已经超出了在建立估计的回归方程时使用的数据范围。

60. 近年来，高等教育最大的一个变化是远程网络大学教育的发展。在线教育数据库（Online Education Database）是一个独立机构，该机构的宗旨是制定一个经过认证的顶级远程网络学院的详细清单。下表给出了 29 所远程网络学院的保留率（%）和毕业率（%）的统计数据。

保留率（%）	毕业率（%）	保留率（%）	毕业率（%）
7	25	45	41
51	25	38	44
4	28	51	45
29	32	69	46
33	33	60	47
47	33	37	48
63	34	63	50
45	36	73	51
60	36	78	52
62	36	48	53
67	36	95	55
65	37	68	56
78	37	100	57
75	38	100	61
54	39		

a. 以保留率为自变量，绘制出这些数据的散点图。散点图显示出在这两个变量之间存在什么关系？

b. 建立估计的回归方程。

c. 在 $\alpha = 0.05$ 的显著性水平下，检验变量之间关系的显著性。

d. 估计的回归方程对观测数据的拟合好吗？

62. 在生产过程中，管理人员认为在检验过程中，装配线的速度（米/分）会影响发现次品数量的多少。为了验证这种说法，管理人员设计了一种装置，该装置能使同一批次产品，在装配线的各种速度下接受检验。收集到的数据如下表所示。

装配线的速度/（米/分）	被发现的次品数量	装配线的速度/（米/分）	被发现的次品数量
4	21	6	16
4	19	12	14
8	15	8	17

a. 建立被发现的次品数量关于装配线速度的估计的回归方程。

b. 在 $\alpha = 0.05$ 的显著性水平下，确定装配线的速度和被发现的次品数量之间是否相关。

c. 估计的回归方程对观测数据的拟合好吗？

d. 如果一条装配线的速度为 10 米/分，建立一个能预测次品平均数量的置信水平为 95% 的置信区间。

64. 对于一个大都市城区，当地交通管理部门想要确定公共汽车的使用时间和年维修费用之间是否存在某种关系。由 10 辆公共汽车组成一个样本，收集到的数据如下表所示。

公共汽车使用时间/年	年维修费用/美元	公共汽车使用时间/年	年维修费用/美元
1	350	3	550
2	370	4	750
2	480	4	800
2	520	5	790
2	590	5	950

a. 利用最小二乘法，建立估计的回归方程。

b. 在 $\alpha = 0.05$ 的显著性水平下，通过检验能否看出两变量之间存在一个显著的关系。

c. 最小二乘回归线对观测数据的拟合好吗？请做出解释。

d. 如果有一辆已使用了 4 年的特定的公共汽车，建立一个该公共汽车置信水平为 95% 的年维修费用的预测区间。

66. 对于个别股票，贝塔系数是由简单线性回归模型确定的。对于每一只股票，因变量是该股票的季度回报率（资本增值加上分红）减去可以从无风险投资中得到的回报率（用美国国库债券率作为无风险利率）。自变量是股票市场（S&P 500）的季度回报率（资本增值加上分红）减去无风险投资回报率。利用季度数据建立估计的回归方程，估计的回归方程的斜率（b_1）就是股票市场的贝塔系数。经常将市场贝塔系数的值视为对股票风险的度量。如果市场贝塔系数的值大于 1，表示这只股票的波动较市场的平均水平大；如果市场贝塔系数的值小于 1，表示这只股票的波动较市场的平均水平小。假设下面是 S&P 500 和 Horizon Technology 公司的 10 个季度的回报率与无风险回报率之差的统计数据。

S&P 500	Horizon	S&P 500	Horizon
1.2	-0.7	1.2	4.1
-2.5	-2.0	3.0	2.6
-3.0	-5.5	-1.0	2.0
2.0	4.7	0.5	-1.3
5.0	1.8	2.5	5.5

a. 建立估计的回归方程，使这个方程能用来预测 Horizon Technology 公司的市场贝塔系数。Horizon Technology 公司的市场贝塔系数是多少？

b. 在 $\alpha = 0.05$ 的显著性水平下，检验这两个变量之间的显著性关系。

c. 估计的回归方程对观测数据的拟合好吗？请做

出解释。

d. 根据施乐公司和 Horizon Technology 公司的市场贝塔系数值，比较这两只股票的风险。

68. 丰田凯美瑞是北美最畅销的车型之一。二手凯美瑞汽车的销售价格取决于许多因素，包括车型年份、行驶里程和车况。为了调查汽车行驶里程和销售价格之间的关系，由 19 辆已销售的 2007 年款凯美瑞汽车组成一个样本，它们的行驶里程和销售价格数据如下表所示（PriceHub）。

a. 以汽车行驶里程为横轴，汽车销售价格为纵轴，绘制出这些数据的散点图。

b. 根据在（a）中得出的散点图，这两个变量之间显示出什么关系？

c. 建立估计的回归方程，使这个方程在汽车行驶里程（单位：1 000 公里）已知时，能用来预测汽车销售价格（单位：1 000 美元）。

d. 在 $\alpha = 0.05$ 的显著性水平下，检验这两个变量之间的显著关系。

e. 估计的回归方程对观测数据的拟合好吗？请做出解释。

f. 请对估计的回归方程的斜率做出解释。

g. 假定你正在考虑购买一辆 2007 年款的凯美瑞二手车，该车已经行驶了 97 000 公里。利用在（c）中建立的估计的回归方程，预测这辆车的价格。这是你打算支付给经销商的价格吗？

行驶里程 /1 000 公里	价格 /1 000 美元	行驶里程 /1 000 公里	价格 /1 000 美元
35	16.2	177	8.3
47	16.0	45	12.5
58	13.8	95	11.1
76	11.5	109	15.0
101	12.5	109	12.2
124	12.9	146	13.0
117	11.2	68	15.6
140	13.0	105	12.7
148	11.8	177	8.3
163	10.8		

案例 14-1 测量股票市场风险

一只个别股票的风险或者波动性测度是过去几个时期总回报率（资本增值加上分红）的标准差。虽然计算标准差是一件容易的事情，但是作为标准市场指数（例如 S&P 500）的一个函数，并没有考虑到某一股票价格变化的范围。结果是，许多金融分析师更喜欢使用另一种被称为贝塔系数的风险测度。

一只个别股票的贝塔系数是由简单线性回归模型确定的。因变量是该股票的总回报率，自变量是股票市场的总回报率。[⊖] 对于这种情况下的问题，我们将利用 S&P 500 指数作为股票市场的总回报率的测度，并且利用月度数据建立一个估计的回归方程。估计的回归方程的斜率（b_1）就是股票的贝塔系数。名为 Beta 的文件提供了交易量大的 8 只普通股票和 S&P 500 的 36 个月度的总回报率（资本增值加上分红）数据。

股票市场的贝塔值始终为 1。因此，随着股票市场的上升和下跌，股票也将有一个接近于 1 的贝塔值。如果贝塔值大于 1，表示这只股票的波动较股票市场的平均水平大；如果贝塔值小于 1，表示这只股票的波动较股票市场的平均水平小。例如，如果一只股票的贝塔值是 1.4，这就意味着这只股票的波动较股票市场的平均水平高 40%；如果一只股票的贝塔值是 0.4，这就意味着这只股票的波动较股票市场的平均水平低 60%。

管理报告

你被指派来对这些股票进行风险特性分析。编写一份报告，该报告包括但不限于下面的项目。

1. 对每一只股票和 S&P 500，计算描述统计量，评论你的结果。哪一只股票的波动性最大？

2. 计算每一只股票的贝塔值。在一个上升的股票市场上，你预期哪一只股票将会有最好的业绩？在一个下跌的股票市场上，你预期哪一只股票的保值将会最佳？

3. 一只个别股票的回报率有多少能被股票市场解释？

⊖ 为了计算贝塔系数，各种模型使用了不同的方法。例如，一些模型在计算估计的回归方程以前，要从因变量和自变量中减去可以从无风险投资（例如国库券）中得到的回报率。有些模型还利用了股票市场总回报率的不同指数，例如利用纽约证券交易所综合指数的价值线（value line）计算贝塔系数。

案例 14-2 美国交通部

作为交通安全研究的一部分，美国交通部在由 42 个城市组成的样本中，收集了每 1 000 个有驾驶执照的司机发生死亡事故的车祸次数和有驾驶执照的司机中 21 岁以下者所占比例的数据。在一年期间收集的数据如下表所示。这些数据存放在名为 Safety 的文件中。

司机中 21 岁以下者所占比例（%）	每 1 000 个有驾照司机发生死亡事故的次数	司机中 21 岁以下者所占比例（%）	每 1 000 个有驾照司机发生死亡事故的次数	司机中 21 岁以下者所占比例（%）	每 1 000 个有驾照司机发生死亡事故的次数	司机中 21 岁以下者所占比例（%）	每 1 000 个有驾照司机发生死亡事故的次数
13	2.962	16	2.801	8	2.190	18	3.614
12	0.708	12	1.405	16	3.623	10	1.926
8	0.885	9	1.433	15	2.623	14	1.643
12	1.652	10	0.039	9	0.835	16	2.943
11	2.091	9	0.338	8	0.820	12	1.913
17	2.627	11	1.849	14	2.890	15	2.814
18	3.830	12	2.246	8	1.267	13	2.634
8	0.368	14	2.855	15	3.224	9	0.926
13	1.142	14	2.352	10	1.014	17	3.256
8	0.645	11	1.294	10	0.493		
9	1.028	17	4.100	14	1.443		

管理报告

1. 对这些数据给出数值的和图形的概述。

2. 利用回归分析方法研究发生死亡事故的车祸次数和司机中 21 岁以下者所占比例之间的关系。对你的研究结果进行讨论。

3. 从你的分析中，你能得到什么结论或提出什么建议吗？

案例 14-3 挑选一台傻瓜型数码相机

《消费者报告》杂志测试了 166 台不同的傻瓜型数码相机。基于如分辨率（单位：100 万像素）、重量（单位：克）、图像质量和易用性等诸多因素，该杂志对每台被测试的相机给出了一个总体得分。总分数范围为 0～100，分数越高表示整体测试结果越好。因为有许多选项，所以选择一台相机可能是一个艰难的过程，并且对于大多数消费者来说，价格肯定是一个关键问题。通过花更多的钱，消费者确实会得到一台优越的相机吗？像素常常被认为是衡量画面质量好坏的一个重要因素，那么像素较高的相机比像素较低的相机更贵吗？由《消费者报告》杂志测试的 13 台佳能和 15 台尼康超薄型数码相机的品牌、平均零售价（美元）、分辨率（100 万像素）、重量（克）以及总体得分数据如表 14-13 所示（《消费者报告》网站）。

表 14-13 28 台傻瓜型数码相机的数据

观测序号	品牌	价格/美元	分辨率/100 万像素	重量/克	分数	观测序号	品牌	价格/美元	分辨率/100 万像素	重量/克	分数
1	佳能	330	10	198	66	8	佳能	130	10	198	60
2	佳能	200	12	142	66	9	佳能	130	12	142	59
3	佳能	300	12	198	65	10	佳能	110	16	142	55
4	佳能	200	10	170	62	11	佳能	90	14	142	52
5	佳能	180	12	142	62	12	佳能	100	10	170	51
6	佳能	200	12	198	61	13	佳能	90	12	198	46
7	佳能	200	14	142	60	14	尼康	270	16	142	65

（续）

观测序号	品牌	价格 /美元	分辨率 /100 万像素	重量 /克	分数	观测序号	品牌	价格 /美元	分辨率 /100 万像素	重量 /克	分数
15	尼康	300	16	198	63	22	尼康	180	12	170	53
16	尼康	200	14	170	61	23	尼康	130	12	170	53
17	尼康	400	14	198	59	24	尼康	80	12	198	52
18	尼康	120	14	142	57	25	尼康	80	14	198	50
19	尼康	170	16	170	56	26	尼康	100	12	113	46
20	尼康	150	12	142	56	27	尼康	110	12	142	45
21	尼康	230	14	170	55	28	尼康	130	14	113	42

管理报告

1. 对这些数据给出数值概述。

2. 以总体得分为因变量，绘制三个散点图，一个以价格为自变量，一个以分辨率为自变量，一个以重量为自变量。这三个自变量中的哪一个似乎是总体得分的最佳预测变量？

3. 利用简单线性回归分析方法，建立一个估计的回归方程，使这个方程在相机的价格已知时，能用来预测相机的总体得分。对于这个估计的回归方程进行残差分析，并且讨论你的发现和结论。

4. 仅仅使用佳能相机的观测值进行数据分析。讨论简单线性回归的适用性，并且提出仅仅使用相机价格预测总体得分的建议。

案例 14-4 找到最合适的汽车价值

当你试图决定购买一辆汽车时，决定汽车实际价值的并不一定是你在初次购买时所花的钱数。相反，性能可靠并且不用花很多钱就能买到的汽车，往往代表了最合适的价值。但是，不管汽车的性能多么可靠，或者价钱多么便宜，它必须要有很好的操控能力。

为了度量汽车的价值，《消费者报告》杂志提出了一个被称为价值分数的统计量。价值分数是根据汽车车主五年的费用、汽车道路综合测试分数以及预测可靠性等级得出的。车主五年的费用是该车在第一个五年所产生的各项支出，包括折旧、燃油、维修及保养，等等。根据一辆车每年行驶 19 300 公里的全国平均水平，得到每公里平均费用作为车主五年费用的测度。道路测试分数是超过 50 次测试和评估的结果，并且以 100 分为满分来计算成绩，较高的分数表示有较好的性能、舒适性、便利性及燃油经济性。由《消费者报告》杂志所实施的道路测试中，得到最高分的是一辆雷克萨斯 LS 460L，为 99 分。预测可靠性等级（1 表示差，2 表示一般，3 表示好，4 表示很好，5 表示优秀）是基于《消费者报告》年度汽车调查的数据得到的。

价值分数为 1.0 的汽车被认为是"平均值"。价值分数为 2.0 的汽车被认为是比价值分数为 1.0 的汽车好两倍的汽车，价值分数为 0.5 的汽车被认为只有价值分数为 1.0 的汽车一半好的汽车，等等。20 辆被测试的家庭轿车数据，包括每一辆车的价格（美元）如下表所示。

汽车品牌和型号	价格/美元	费用/公里	道路测试分数	预测可靠性等级	价值分数
Nissan Altima 2. 5S(4-cyl.)	23 970	0. 37	91	4	1.75
Kia Optima LX(2.4)	21 885	0. 36	81	4	1.73
Subaru Legacy 2. 5i Premium	23 830	0. 37	83	4	1.73
Ford Fusion Hybrid	32 360	0. 39	84	5	1.70
Honda Accord LX-P(4-cyl.)	23 730	0. 35	80	4	1.62
Mazda6 i Sport(4-cyl.)	22 035	0. 36	73	4	1.60
Hyundai Sonata GLS(2.4)	21 800	0. 35	89	3	1.58
Ford Fusion SE(4-cyl.)	23 625	0. 35	76	4	1.55
Chevrolet Malibu LT(4-cyl.)	24 115	0. 35	74	3	1.48

（续）

汽车品牌和型号	价格/美元	费用/公里	道路测试分数	预测可靠性等级	价值分数
Kia Optima SX(2.0T)	29 050	0.45	84	4	1.43
Ford Fusion SEL(V6)	28 400	0.42	80	4	1.42
Nissan Altima 3.5 SR(V6)	30 335	0.43	93	4	1.42
Hyundai Sonata Limited(2.0T)	28 090	0.41	89	3	1.39
Honda Accord EX-L(V6)	28 695	0.42	90	3	1.36
Mazda6 s Grand Touring(V6)	30 790	0.46	81	4	1.34
Ford Fusion SEL(V6, AWD)	30 055	0.44	75	4	1.32
Subaru Legacy 3.6R Limited	30 094	0.44	88	3	1.29
Chevrolet Malibu LTZ(V6)	28 045	0.42	83	3	1.20
Chrysler 200 Limited(V6)	27 825	0.44	52	5	1.20
Chevrolet Impala LT(3.6)	28 995	0.42	63	3	1.05

管理报告

1. 对这些数据给出数值概述。

2. 利用回归分析方法建立一个估计的回归方程，使这个方程在汽车的价格已知时，能用来预测该车的价值分数。

3. 利用回归分析方法建立一个估计的回归方程，使这个方程在汽车车主五年费用（费用/公里）已知时，能用来预测该车的价值分数。

4. 利用回归分析方法建立一个估计的回归方程，使这个方程在汽车的道路测试分数已知时，能用来预测该车的价值分数。

5. 利用回归分析方法建立一个估计的回归方程，使这个方程在汽车的预测可靠性等级已知时，能用来预测该车的价值分数。

6. 从你的分析中，你能得出什么结论？

案例 14-5　七叶树溪乐园

七叶树溪乐园每年 5~10 月期间开放。其收入在很大程度上依赖于季度通票的销售。在每个季度开园之前，季度通票给乐园带来了可观的收入，并且季度通票持有者会对游乐园食物、饮料和新奇产品的销售有很大贡献。七叶树溪乐园的营销经理 Greg Ross 被要求制定有针对性的营销活动以增加季度通票的销售。

Greg Ross 有上个季度的数据，这些数据显示了七叶树溪乐园周边 80 公里以内每个邮政服务区内季度通票持有者的数量。她还从美国人口普查局网站上获得了每个邮政服务区内的总人口数。Greg Ross 认为给定一个邮政服务区内的总人口数，利用回归分析预测季度通票持有者数量是可行的。如果的确可能，她将对那些季度通票持有量低于预期值的特定区开展直接寄送邮件的活动。

管理报告

1. 计算描述性统计量并绘制这些数据的散点图，讨论你的发现。

2. 利用简单线性回归得到估计的回归方程。对于一个给定邮政服务区内的总人口数，再利用估计的回归方程去预测其季度通票持有者的数量。

3. 在 $\alpha = 0.05$ 的显著性水平下，检验这一关系的显著性。

4. 估计的回归方程拟合得好吗？

5. 利用残差分析去确定设定的回归模型是否合适。

6. 讨论能否或如何运用估计的回归方程去指导营销活动。

7. 对于预测邮政服务区内的季度通票持有者数量，还有哪些数据可能有用？

第 15 章

多元回归

CHAPTER

15

实践中的统计

84.51°公司 [⊖]

辛辛那提，俄亥俄

2015 年，克罗格公司购买了合资企业英国 dunnhumby 公司剩余的 50% 股权，创建了一家名为 84.51° 的新公司。企业以公司总部地理位置的经度命名。

84.51° 公司专门研究时下客户购买什么商品、分析购买这些商品的原因及其商业运行模式。公司将其研究成果转换成可执行的策略，这些策略为企业提高了销售量和可持续的忠诚度，最终提高了品牌价值和客户的认知度。84.51° 为一些声望很高的著名公司提供服务，包括：拜耳、达能、多乐、家乐氏、克罗格、乐购、可口可乐，通用电气、百事、宝洁、红牛和史莫克等。

公司的研究工作始于收集消费者的统计数据。这些数据来自客户的奖励或优惠卡购买记录，以及电子销售点的交易和传统的市场研究。数据的分析常常要将数以十亿计的数据点转换成有关消费者行为、喜好和生活方式的详细分析报告。这些分析报告有利于制订更有效的营销方案，包括定价、促销、广告、产品分类决策的战略建议。

研究人员使用被称为 logistic 回归的多元回归技术帮助他们分析以客户为基础的数据。使用 logistic 回归，建立一个估计的多元回归方程，该方程的形式如下所示。

$$\hat{y} = b_0 + b_1 x_1 + b_2 x_2 + \cdots + b_p x_p$$

因变量 $\hat{y}$ 是一位客户属于一个特定的客户群体的概率估计。自变量 x_1，x_2，$\cdots$，x_p 是客户实际购买行为的度量，可能包括购买的具体物品、购买物品的数量、购买物品的金额、周几购买、一天的什么时候购买，等等。分析有助于确认与预测客户群体最相关的自变量，更好地了解客户总体，能以更大的信心做进一步的分析。分析的重点在于了解顾客对商品开发、市场营销、直接营销方案等问题的态度，而这些问题与公司服务的客户群有极大的相关性。

在本章中，我们将介绍多元回归概念，并且说明如何将第 14 章介绍的简单线性回归概念扩展到多元回归的情形。另外，我们还将说明，对于多元回归问题如何使用计算机软件包的方法。在本章的最后一节，我们将通过一个例题介绍 logistic 回归，该例题说明了在市场营销研究中如何应用 logistic 回归方法。

在第 14 章中，我们介绍了简单线性回归问题，说明了它在建立描述两个变量之间关系的估计的回归方程中的应用。让我们回想一下，被回归方程预测的或者解释的变量称为因变量，用来预测或者解释因变量的变量称为自变量。在这一章中，我们将通过考虑两个或两个以上自变量的情形，来继续回归分析的学习。这一研究领域被称为**多元回归分析**（multiple regression analysis）。多元回归分析使我们能够考虑较多的因素，并且能得到比简单线性回归更好的预测结果。

15.1　多元回归模型

多元回归分析是研究因变量 y 如何依赖两个或两个以上自变量的问题。在一般情形下，我们将用 p 表示自变量的数目。

15.1.1　回归模型和回归方程

我们在第 14 章介绍的回归模型和回归方程概念对多元回归情形是同样适用的。描述因变量 y 如何依赖于自变量 x_1，x_2，$\cdots$，x_p 和一个误差项的方程被称为**多元回归模型**（multiple regression model）。我们首先假设多元回归模型的形式如下。

⊖　感谢 dunnhumby 公司解决方案高级副总裁 Paul Hunter 先生，他为"实践中的统计"提供了本案例。

> **多元回归模型**
>
> $$y = \beta_0 + \beta_1 x_1 + \beta_2 x_2 + \cdots + \beta_p x_p + \varepsilon \tag{15-1}$$

在多元回归模型中，β_0，β_1，β_2，$\cdots$，β_p 是参数，误差项 ε（希腊字母）是随机变量。对这一模型仔细观察后就会发现，y 是 x_1，x_2，$\cdots$，x_p 的线性函数（$\beta_0 + \beta_1 x_1 + \beta_2 x_2 + \cdots + \beta_p x_p$ 部分）加上一个误差项 ε。误差项说明了包含在 y 里，但不能被 p 个自变量的线性关系解释的变异性。

在第 15.4 节中，我们将讨论多元回归模型和 ε 的假定。假定之一是 ε 的平均值或期望值是零。由于这一假定，y 的平均值或期望值 $E(y)$ 等于 $\beta_0 + \beta_1 x_1 + \beta_2 x_2 + \cdots + \beta_p x_p$。描述 y 的平均值如何依赖于 x_1，x_2，$\cdots$，x_p 的方程被称为**多元回归方程**（multiple regression equation）。

> **多元回归方程**
>
> $$E(y) = \beta_0 + \beta_1 x_1 + \beta_2 x_2 + \cdots + \beta_p x_p \tag{15-2}$$

15.1.2 估计的多元回归方程

如果参数 β_0，β_1，β_2，$\cdots$，β_p 的值是已知的，在给定 x_1，x_2，$\cdots$，x_p 的值时，我们能利用式（15-2）计算 y 的平均值。遗憾的是，这些参数的值通常都是未知的，我们必须利用样本数据去估计它们。我们利用一个简单随机样本计算样本统计量 b_0，b_1，b_2，$\cdots$，b_p，将它们作为未知参数 β_0，β_1，β_2，$\cdots$，β_p 的点估计量。利用这些样本统计量，我们得到了下面的**估计的多元回归方程**（estimated multiple regression equation）。

> **估计的多元回归方程**
>
> $$\hat{y} = b_0 + b_1 x_1 + b_2 x_2 + \cdots + b_p x_p \tag{15-3}$$
>
> 式中，b_0，b_1，b_2，$\cdots$，b_p 是 β_0，β_1，β_2，$\cdots$，β_p 的估计值；$\hat{y}$ 代表因变量的预测值。

对于多元回归情形，估计步骤如图 15-1 所示 $^{\ominus}$。

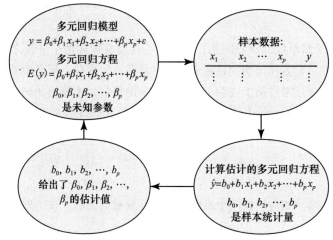

图 15-1　多元回归模型的估计步骤

15.2　最小二乘法

在第 14 章中，我们利用**最小二乘法**（least squares method）建立了估计的回归方程，这个方程最佳地近似了

$\ominus$　在简单线性回归情形中，b_0 和 b_1 是用于估计未知参数 β_0 和 β_1 的样本统计量。在多元回归类似的统计推断过程中，我们用 b_0，b_1，b_2，$\cdots$，b_p 表示用于估计未知参数 β_0，β_1，β_2，$\cdots$，β_p 的样本统计量。

因变量和自变量之间的直线关系。现在我们利用同样的方法来建立估计的多元回归方程。我们再次叙述最小二乘准则如下：

最小二乘法准则

$$\min \sum (y_i - \hat{y}_i)^2 \tag{15-4}$$

式中，y_i 代表对于第 i 次观测，因变量的观测值；$\hat{y}_i$ 代表对于第 i 次观测，因变量的预测值。

我们能利用估计的多元回归方程

$$\hat{y} = b_0 + b_1 x_1 + b_2 x_2 + \cdots + b_p x_p$$

计算因变量的预测值。

正如式（15-4）所显示的那样，最小二乘法是利用样本数据，通过使残差［即因变量的观测值（y_i）与因变量的预测值（$\hat{y}_i$）之间的离差］的平方和达到最小的方法求得 b_0，b_1，b_2，$\cdots$，b_p 的值。

为了估计简单线性回归方程 $\hat{y} = b_0 + b_1 x$，在第 14 章里，我们介绍了计算最小二乘估计量 b_0 和 b_1 的公式。对于样本容量相对较小的数据集，我们利用这些公式通过笔算就能计算出 b_0 和 b_1。可是在多元回归情形中，计算回归系数 b_0，b_1，b_2，$\cdots$，b_p 的公式将涉及矩阵代数的知识，这已经超出了本书的范围。所以，在介绍多元回归时，我们将把注意力集中到如何使用计算机软件包来得到估计的回归方程以及其他有关信息。重点将是如何解释计算机软件包的输出，而不是如何进行多元回归的计算。

15.2.1 一个例子：Butler 运输公司

作为多元回归分析的一个说明，我们将考虑 Butler 运输公司所面临的一个问题，它是一家位于南加利福尼亚地区的独立运输公司。Butler 运输公司的主要业务是遍及它所在地区的货物运送。为了制订最佳的工作计划表，公司的管理人员希望估计司机每天行驶的时间，如表 15-1 所示。

表 15-1　Butler 运输公司的原始数据

运输任务	x_1=行驶里程/公里	y=行驶时间/小时	运输任务	x_1=行驶里程/公里	y=行驶时间/小时
1	160	9.3	6	128	6.2
2	80	4.8	7	120	7.4
3	160	8.9	8	104	6.0
4	160	6.5	9	144	7.6
5	80	4.2	10	144	6.1

最初，公司的管理人员认为，司机每天行驶的时间与每天运送货物的行驶里程紧密相关。由 10 项运输任务组成的简单随机样本提供的数据如表 15-1 所示，散点图如图 15-2 所示。仔细观察这个散点图后，管理人员假设能利用简单线性回归模型 $y = \beta_0 + \beta_1 x_1 + \varepsilon$，来描述每天行驶的时间（$y$）与每天运送货物的行驶里程（$x_1$）之间的关系。我们利用最小二乘法估计未知参数 β_0 和 β_1，建立估计的回归方程为：

$$\hat{y} = b_0 + b_1 x_1 \tag{15-5}$$

在图 15-3 中，我们给出了利用表 15-1 中的数据进行简单线性回归得到的统计软件输出。估计的回归方程是：

$$\hat{y} = 1.27 + 0.042\,4 x_1$$

F 统计量的值为 15.81，它所对应的 p-值为 0.004，在 $\alpha = 0.05$ 的显著性水平下，表明 y 和 x_1 之间的关系是显著的；也就是说，由于 p-值比 $\alpha = 0.05$ 小，因此我们应该拒绝原假设 $H_0 : \beta_1 = 0$。注意，因为 t 统计量的值为 3.98，与它相联系的 p-值为 0.004，所以我们也可以得到同样的结论。于是我们能

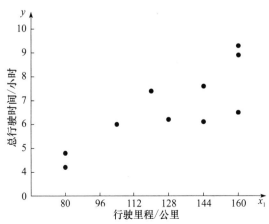

图 15-2　Butler 运输公司原始数据的散点图

够断定，每天行驶的时间与每天运送货物的行驶里程之间存在一个显著的关系；每天比较长的行驶时间与每天比较多的运送货物的行驶里程相对应。因为判定系数 $R^2 = 66.41\%$（用一个百分数表示），所以我们可以看出，运输车辆每天行驶时间变异性的 66.41% 能被运送货物的行驶里程的线性影响解释。这一结果还算不错，但是管理人员或许希望增加第二个自变量去解释因变量中剩余的变异性。

在试图确认另一个自变量时，管理人员觉得运送货物的次数也可能影响到行驶的总时间。Butler 运输公司增加了运送货物次数的数据，如表 15-2 所示。用每天运送货物的行驶里程 (x_1) 和运送货物的次数 (x_2) 作为自变量，计算机输出结果如图 15-4 所示。估计的回归方程是：

$$\hat{y} = -0.869 + 0.038\,21x_1 + 0.923x_2 \qquad (15\text{-}6)$$

在下一节中，我们将讨论如何利用多元判定系数，来度量我们得到的这个估计的回归方程对观测数据是一个好的拟合。在此之前，让我们先更仔细地考察一下在式（15-6）中的两个估计值 $b_1 = 0.038\,21$ 和 $b_2 = 0.923$。

表 15-2　用行驶里程 (x_1) 和运送货物的次数 (x_2) 作为自变量的 Butler 运输公司的数据

运输任务	x_1=行驶里程 /公里	x_2=运送货物 的次数	y=行驶时间 /小时
1	160	4	9.3
2	80	3	4.8
3	160	4	8.9
4	160	2	6.5
5	80	2	4.2
6	128	2	6.2
7	120	3	7.4
8	104	4	6.0
9	144	3	7.6
10	144	2	6.1

Analysis of Variance

Source	DF	Adj SS	Adj MS	F-Value	P-Value
Regression	1	15.871	15.8713	15.81	0.004
Error	8	8.029	1.0036		
Total	9	23.900			

Model Summary

S	R-sq	R-sq (adj)
1.00179	66.41%	62.21%

Coefficients

Term	Coef	SE Coef	T-Value	P-Value
Constant	1.27	1.40	0.91	0.390
Kilometers	0.0424	0.0107	3.98	0.004

Regression Equation

Time = 1.27 + 0.0424 Kilometers

图 15-3　含有一个自变量的 Butler 运输公司的输出

Analysis of Variance

Source	DF	Adj SS	Adj MS	F-Value	P-Value
Regression	2	21.6006	10.8003	32.88	0.000
Error	7	2.2994	0.3285		
Total	9	23.900			

Model Summary

S	R-sq	R-sq (adj)
0.573142	90.38%	87.63%

Coefficients

Term	Coef	SE Coef	T-Value	P-Value
Constant	−0.869	0.952	−0.91	0.392
Kilometers	0.03821	0.00618	6.18	0.000
Deliveries	0.923	0.221	4.18	0.004

Regression Equation

Time = −0.869 + 0.03821 Kilometers + 0.923 Deliveries

图 15-4　具有两个自变量的 Butler 运输公司的输出

15.2.2　关于回归系数解释的注释

现在我们得到了两个估计的回归方程，一个估计的回归方程是仅用每天运送货物的行驶里程作为自变量，另一个估计的回归方程包含了用运送货物的次数作为第二个自变量，可以对两个估计的回归方程之间的关系做出一些解释。在这两种情形下，b_1 的值是不同的。在简单线性回归情形中，我们把 b_1 看作当自变量变化一个单位时，因变量 y 变化程度的一个估计。在多元回归分析情形中，这一解释应稍微做些修改。也就是说，在多元回归分析情形中，我们对每一个回归系数有如下解释：当所有其他自变量都保持不变时，b_j 可以看作对应的自变量 x_i 变化一个单位时，因变量 y 变化程度的一个估计。在包括两个自变量的 Butler 运输公司的例子中，$b_1 = 0.038\,21$。于是，当运送货物的次数保持不变时，对应于运送货物行驶的里程每增加 1 公里，运送货物车辆期望增加的行驶时间的估计值是 0.038 21 个小时。类似地，因为 $b_2 = 0.923$，所以当运送货物行驶的里程保持不变时，对应于运送货物的次数每增加 1 次，运送货物车辆期望增加的行驶时间的估计值是 0.923 个小时。

练 习

注意：在设计本节和后面几节，解答包括数据在内的习题时，我们是借助于计算机软件包完成的。

方法

2. 对于因变量 y 和两个自变量 x_1 与 x_2，考虑下面的数据。

x_1	x_2	y	x_1	x_2	y
30	12	94	51	19	175
47	10	108	74	7	170
25	17	112	36	12	117
51	16	178	59	13	142
40	5	94	76	16	211

a. 利用这些数据，建立 y 关于 x_1 的估计的回归方程。如果 $x_1 = 47$，预测 y 的值。

b. 利用这些数据，建立 y 关于 x_2 的估计的回归方程。如果 $x_2 = 10$，预测 y 的值。

c. 利用这些数据，建立 y 关于 x_1 和 x_2 的估计的回归方程。如果 $x_1 = 47$，$x_2 = 10$，预测 y 的值。

应用

4. 一家鞋店建立了销售收入关于存货投资和广告费用的估计的回归方程如下。

$$\hat{y} = 25 + 10x_1 + 8x_2$$

式中，x_1 为存货投资（1 000 美元）；x_2 为广告费用（1 000 美元）；y 为销售收入（1 000 美元）。

a. 如果这家鞋店有存货投资 15 000 美元，广告预算费用为 10 000 美元，预测该家鞋店的销售收入。

b. 对估计的回归方程中的 b_1 和 b_2 做出解释。

6. 美国国家橄榄球联盟记录了每名球员和每支球队各种表现的数据。为了调查传球在球队获胜中发挥的重要作用，由 16 支美国国家橄榄球联盟的球队组成一个随机样本，某一赛季每支球队所属的联合会、每次进攻的平均传球码数（Yds/Att）、每次进攻被守方拦截的次数（Int/Att）和比赛的获胜率（Win%）数据如下表所示。

球队名称	所属联合会	Yds/Att	Int/Att	Win（%）
Arizona Cardinals	NFC	6.5	0.042	50.0
Atlanta Falcons	NFC	7.1	0.022	62.5
Carolina Panthers	NFC	7.4	0.033	37.5
Cincinnati Bengals	AFC	6.2	0.026	56.3

球队名称	所属联合会	Yds/Att	Int/Att	Win（%）
				（续）
Detroit Lions	NFC	7.2	0.024	62.5
Green Bay Packers	NFC	8.9	0.014	93.8
Houston Texans	AFC	7.5	0.019	62.5
Indianapolis Colts	AFC	5.6	0.026	12.5
Jacksonville Jaguars	AFC	4.6	0.032	31.3
Minnesota Vikings	NFC	5.8	0.033	18.8
New England Patriots	AFC	8.3	0.020	81.3
NewOrleans Saints	NFC	8.1	0.021	81.3
Oakland Raiders	AFC	7.6	0.044	50.0
San Francisco 49ers	NFC	6.5	0.011	81.3
Tennessee Titans	AFC	6.7	0.024	56.3
Washington Redskins	NFC	6.4	0.041	31.3

注：AFC 为美国美式橄榄球联合会，NFC 为国家美式橄榄球联合会。

a. 建立估计的回归方程，使这个方程在球队每次进攻的平均传球码数已知时，能用来预测比赛的获胜率。

b. 建立估计的回归方程，使这个方程在球队每次进攻被守方拦截的次数已知时，能用来预测比赛的获胜率。

c. 建立估计的回归方程，使这个方程在球队每次进攻的平均传球码数、每次进攻被守方拦截的次数已知时，能用来预测比赛的获胜率。

d. Kansas City Chiefs 队在比赛中每次进攻的平均传球码数是 6.2，每次进攻被守方拦截的次数是 0.036。利用在 (c) 中建立的估计的回归方程，预测该队的获胜率。（注：这个年赛季，Kansas City Chiefs 队的记录是 7 胜 9 负。）将你的预测结果与 Kansas City Chiefs 队实际比赛的获胜率进行比较。

8. *Conde Nast Traveler* 杂志金牌榜对排名前 20 位的小型豪华游轮评定了等级。根据 *Conde Nast Traveler* 杂志的年度"读者选择调查"（Readers' Choice Survey）结果，得到每一艘游轮的等级得分如下表所示。每个得分表示受访者按照一些标准，将一艘游轮评定为优秀或很好的比例，包括岸上观光和食品/餐饮。该表还给出了总得分和进行等级排序的游轮。*Seabourn Odyssey* 是排名第一的游轮，总得分为 94.4，其中得分最高的是食品/餐饮项，为 97.8。

游轮名称	总得分	岸上观光得分	食品/餐饮得分
Seabourn Odyssey	94.4	90.9	97.8
Seabourn Pride	93.0	84.2	96.7
National Geographic Endeavor	92.9	100.0	88.5
Seabourn Sojourn	91.3	94.8	97.1
Paul Gauguin	90.5	87.9	91.2
Seabourn Legend	90.3	82.1	98.8
Seabourn Spirit	90.2	86.3	92.0
Silver Explorer	89.9	92.6	88.9
Silver Spirit	89.4	85.9	90.8
Seven Seas Navigator	89.2	83.3	90.5
Silver Whisperer	89.2	82.0	88.6
National Geographic Explorer	89.1	93.1	89.7
Silver Cloud	88.7	78.3	91.3
CelebrityXpedition	87.2	91.7	73.6
Silver Shadow	87.2	75.0	89.7
Silver Wind	86.6	78.1	91.6
Sea Dream II	86.2	77.4	90.9
Wind Star	86.1	76.5	91.5
Wind Surf	86.1	72.3	89.3
Wind Spirit	85.2	77.4	91.9

a. 建立估计的回归方程，使这个方程在岸上观光得分已知时，能用来预测游轮的总得分。

b. 考虑增加食品/餐饮得分为自变量。建立估计的回归方程，使这个方程在岸上观光得分和食品/餐饮得分已知时，能用来预测游轮的总得分。

c. 对于一艘岸上观光得分为80分，食品/餐饮得分为90分的豪华游轮，预测该游轮的总得分。

10. 美国职业棒球大联盟由美国联盟和国家联盟的球队组成，收集了球队和球员各种各样的统计数据。经常用来评价投球表现的一些统计量如下所示。

ERA（投手责任失分率）：每九局比赛中，由于投手投球的责任造成对方得分的平均次数。投手责任失分是由投手所造成的失分，而由于防守失误使对方跑垒者上垒所失的分数不记为投手责任失分。

SO/IP：每局比赛投手使对方击球员三击未中出局的平均次数。

HR/IP：每局比赛投手被对方击球员本垒打的平均次数。

R/IP：每局比赛的投手平均责任失分。

由美国联盟的20名投手组成一个随机样本，上述这些统计量的数值如下表所示。

投手	球队名称	胜	负	ERA	SO/IP	HR/IP	R/IP
Verlander, J	DET	24	5	2.40	1.00	0.10	0.29
Beckett, J	BOS	13	7	2.89	0.91	0.11	0.34
Wilson, C	TEX	16	7	2.94	0.92	0.07	0.40
Sabathia, C	NYY	19	8	3.00	0.97	0.07	0.37
Haren, D	LAA	16	10	3.17	0.81	0.08	0.38
McCarthy, B	OAK	9	9	3.32	0.72	0.06	0.43
Santana, E	LAA	11	12	3.38	0.78	0.11	0.42
Lester, J	BOS	15	9	3.47	0.95	0.10	0.40
Hernandez, F	SEA	14	14	3.47	0.95	0.08	0.42
Buehrle, M	CWS	13	9	3.59	0.53	0.10	0.45
Pineda, M	SEA	9	10	3.74	1.01	0.11	0.44
Colon, B	NYY	8	10	4.00	0.82	0.13	0.52
Tomlin, J	CLE	12	7	4.25	0.54	0.15	0.48
Pavano, C	MIN	9	13	4.30	0.46	0.10	0.55
Danks, J	CWS	8	12	4.33	0.79	0.11	0.52
Guthrie, J	BAL	9	17	4.33	0.63	0.13	0.54
Lewis, C	TEX	14	10	4.40	0.84	0.17	0.51
Scherzer, M	DET	15	9	4.43	0.89	0.15	0.52
Davis, W	TB	11	10	4.45	0.57	0.13	0.52
Porcello, R	DET	14	9	4.75	0.57	0.10	0.57

a. 建立一个估计的回归方程，使这个方程在投手每局比赛使对方击球员三击未中出局的平均次数已知时，能用来预测每局比赛的投手平均责任失分。

b. 建立一个估计的回归方程，使这个方程在投手每局比赛被对方击球员本垒打的平均次数已知时，能用来预测每局比赛的投手平均责任失分。

c. 建立估计的回归方程，使这个方程在投手每局比赛使对方击球员三击未中出局的平均次数和被对方击球员本垒打的平均次数已知时，能用来预测每局比赛的投手平均责任失分。

d. A. J. Burnett 是 New York Yankees 队的一名投手，他在每局比赛中使对方击球员三击未中出局的平均次数是0.91，被对方击球员本垒打的平均次数是0.16。利用在（c）中建立的估计的回归方程，来预测该名投手在每局比赛中的平均责任失分。（注意：A. J. Burnett 在每局比赛中的实际平均责任失分为0.6。）

e. 假设有人建议在（c）中还使用 ERA（投手责任失分率）作为另一个自变量，你怎么看待这个建议？

15.3 多元判定系数

在简单线性回归情形中，我们已经说明了总的平方和能被分解为两部分：回归平方和及误差平方和。同样的方法也能应用到多元回归平方和的情形。

SST，SSR 和 SSE 之间的关系

$$\text{SST} = \text{SSR} + \text{SSE} \qquad (15\text{-}7)$$

式中，$\text{SST} = \sum(y_i - \bar{y})^2$ 代表总的平方和；$\text{SSR} = \sum(\hat{y}_i - \bar{y})^2$ 代表回归平方和；$\text{SSE} = \sum(y_i - \hat{y}_i)^2$ 代表误差平方和。

由于这三个平方和的计算非常困难，因此我们依靠计算机软件包得到这三个平方和的数值。对于具有两个自变量的 Butler 运输公司问题，图 15-4 输出的方差分析部分给出了这三个平方和的数值：SST = 23.900，SSR = 21.600 6 和 SSE = 2.299 4。当仅有一个自变量（每天运送货物的行驶里程）时，图 15-3 的输出给出了 SST = 23.900，SSR = 15.871 和 SSE = 8.029。在这两种情形下，SST 的值是相同的，因为它不依赖于 $\hat{y}$。但是当第二个自变量（运送货物的次数）进入模型后，SSR 增加而 SSE 减少。这就意味着估计的多元回归方程对观测数据给出了一个更好的拟合。

在第 14 章里，我们利用判定系数 $r^2 = \text{SSR}/\text{SST}$ 来度量估计的回归方程的拟合优度。我们将同样的概念应用到多元回归的情形。术语**多元判定系数**（multiple coefficient of determination）表示的是对估计的多元回归方程拟合优度的度量。我们用 R^2 表示多元判定系数，它的计算公式如下。

多元判定系数

$$R^2 = \frac{\text{SSR}}{\text{SST}} \qquad (15\text{-}8)$$

我们能把多元判定系数 R^2 理解为因变量 y 中的变异性能被估计的多元回归方程解释的比例。将这个比例乘以 100，我们就能把多元判定系数 R^2 理解为因变量 y 中的变异性能被估计的多元回归方程解释的百分比。

对于有两个自变量的 Butler 运输公司的例子，因为 SSR = 21.600 6，SST = 23.900，我们有：

$$R^2 = \frac{21.600\ 6}{23.900} = 0.903\ 8$$

所以，在运输车辆行驶时间 y 中变异性的 90.38%，能用运送货物的行驶里程和运送货物的次数作为自变量的估计的多元回归方程解释。在图 15-4 中我们看到，输出还给出了多元判定系数（表示为一个百分数），被表示为 R-sq = 90.38%。

对于仅有一个自变量，即每天运送货物的行驶里程（x_1）的估计的多元回归方程，图 15-3 给出了 R-sq 的值是 66.41%。于是，当运送货物的次数作为第二个自变量进入模型后，运输车辆行驶时间 y 的变异性中能被估计的多元回归方程解释的百分比由 66.41% 增加到 90.38%。在一般情形下，R^2 总是随着新的自变量不断地进入模型而增加[一]。

由于增加自变量将影响到因变量中的变异性被估计的回归方程解释的百分比，为了避免高估这一影响，许多分析学家提出用自变量的数目去修正 R^2 的值。用 n 表示观测值的数目，p 表示自变量的数目，**修正多元判定系数**（adjust multiple coefficient of determination）的计算公式如下。[一]

[一] 增加自变量将使预测误差变得比较小，从而减少误差平方和 SSE。因为 SSR = SST−SSE，当 SSE 变得比较小时，SSR 就变得比较大，从而使得 $R^2 = \text{SSR}/\text{SST}$ 增加。

[一] 如果模型增加一个自变量，即使这个增加的自变量在统计上并不显著，R^2 也将变得比较大。修正多元判定系数抵消了模型中自变量个数的影响。

修正多元判定系数

$$R_a^2 = 1-(1-R^2)\ \frac{n-1}{n-p-1}\tag{15-9}$$

对于 Butler 运输公司的例子，$n=10$，$p=2$，我们有

$$R_a^2 = 1-(1-0.903\ 8)\ \frac{10-1}{10-2-1}=0.876\ 3$$

于是，对于有两个自变量的多元判定系数进行修正后，我们得到的修正多元判定系数是 0.876 3。在图 15-4 中，这一数值（表示为一个百分数）也被输出给出，它被表示为 R-sq(adj)= 87.63%。

注释和评论

如果 R^2 的数值比较小，而模型所包含的自变量数目比较大时，修正多元判定系数可能取负值。在这种情形下，统计软件将把修正多元判定系数的数值调整为 0。

练习

方法

12. 第 2 题给出了因变量 y 和两个自变量 x_1，x_2 的 10 次观测结果，对这些数据我们计算出 SST = 15 182.9，SSR = 14 052.2。

a. 计算 R^2。

b. 计算 R_a^2。

c. 估计的回归方程是否解释了数据中的大部分变异性？请做出解释。

应用

14. 在第 4 题中，我们给出了销售收入关于存货投资和广告费用的估计的回归方程如下。

$$\hat{y}=25+10x_1+8x_2$$

通过对 10 家鞋店的一次统计调查，得到了用于建立模型的数据。对这些数据，我们计算出 SST = 16 000，SSR = 12 000。

a. 对于已给的估计的回归方程，计算 R^2。

b. 计算 R_a^2。

c. 估计的回归方程是否解释了数据中的大部分变异性？请做出解释。

16. 在第 6 题中，对于由 16 支美国国家橄榄球联盟的球队组成的一个随机样本，我们给出了这些球队在某一完整赛季每次进攻的平均传球码数（Yds/Att）、每次进攻被守方拦截的次数（Int/Att）和比

赛的获胜率（Win%）数据。

a. 如果仅仅利用球队每次进攻的平均传球码数（Yds/Att）作为自变量来预测球队比赛的获胜率，这样得到的估计的回归方程，能否给出一个好的拟合？

b. 如果利用球队每次进攻的平均传球码数（Yds/Att）、每次进攻被守方拦截的次数（Int/Att）两个自变量来预测球队比赛的获胜率，讨论这样得到的估计的回归方程的优点。

18. 在第 10 题中，我们已经得到了某一完整赛季美国联盟的 20 名投手组成的一个随机样本，以及有关这些投手的统计量。

a. 在第 10 题的（c）中，我们已经建立了一个估计的回归方程，该方程在投手每局比赛使对方击球员三击未中出局的平均次数和被对方击球员本垒打的平均次数已知时，能用来预测每局比赛的投手平均责任失分。R^2 和 R_a^2 的数值是多少？

b. 估计的回归方程对观测数据的拟合好吗？请做出解释。

c. 假定在（c）中，用投手责任失分率（ERA）作为因变量，来替代每局比赛的投手平均责任失分。利用 ERA 得到的估计的回归方程对观测数据的拟合好吗？请做出解释。

15.4 模型的假定

在第 15.1 节中，我们引入了式（15-10）形式的多元回归模型。

多元回归模型

$$y=\beta_0+\beta_1x_1+\beta_2x_2+\cdots+\beta_px_p+\varepsilon \tag{15-10}$$

在多元回归模型中，关于误差项 ε 的假定与简单线性回归模型的那些假定相似。

关于多元回归模型 $y=\beta_0+\beta_1x_1+\beta_2x_2+\cdots+\beta_px_p+\varepsilon$ 的误差项 ε 的假定

1. 误差项 ε 是一个平均值或期望值为零的随机变量，即 $E(\varepsilon)=0$。

这就意味着对于给定的 x_1，x_2，$\cdots$，x_p 的值，y 的期望值或平均值是：

$$E(y)=\beta_0+\beta_1x_1+\beta_2x_2+\cdots+\beta_px_p \tag{15-11}$$

式（15-11）就是我们在第 15.1 节中介绍的多元回归方程。在这个方程中，$E(y)$ 表示对于给定的 x_1，x_2，$\cdots$，x_p 的值，y 的所有可能出现的值的期望值或平均值。

2. 对于自变量 x_1，x_2，$\cdots$，x_p 所有的值，ε 的方差都是相同的。我们用 σ^2 表示 ε 的方差。

这就意味着对于自变量 x_1，x_2，$\cdots$，x_p 所有的值，y 关于回归线的方差也都等于 σ^2。

3. ε 的值是相互独立的。

这就意味着对于自变量 x_1，x_2，$\cdots$，x_p 的一组特定值，它所对应的误差项 ε 的值与自变量 x_1，x_2，$\cdots$，x_p 的任意一组其他值所对应的误差项 ε 的值不相关。

4. 误差项 ε 是一个服从正态分布的随机变量，它表示 y 的值和由 $\beta_0+\beta_1x_1+\beta_2x_2+\cdots+\beta_px_p$ 给出的 y 的期望值之间的离差。

这就意味着因为 β_0，β_1，β_2，$\cdots$，β_p 是常数，对于给定的 x_1，x_2，$\cdots$，x_p 的值，因变量 y 也是一个服从正态分布的随机变量。

为了对式（15-11）给出的关系式形式有更深入的了解，我们考虑下面含有两个自变量的多元回归方程。

$$E(y)=\beta_0+\beta_1x_1+\beta_2x_2$$

这个方程的图形是三维空间的一个平面。图 15-5 给出了这样一个图形的例子。注意，在图中，当 $x_1=x_1^*$，$x_2=x_2^*$ 时，ε 是 y 的实际观测值和 y 的期望值 $E(y)$ 之间的差。

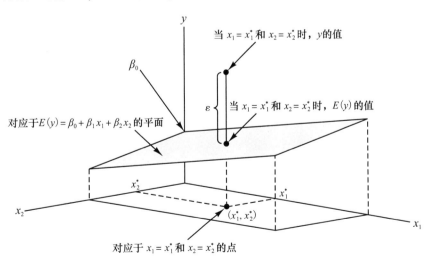

图 15-5　具有两个自变量的多元回归分析问题的回归方程图形

在回归分析中，我们经常用术语响应变量代替术语因变量。此外，因为多元回归方程生成一个平面或是一个曲面，所以我们把它的图形称为响应曲面。

15.5　显著性检验

在这一节我们将说明，如何对多元回归关系进行显著性检验。在简单线性回归情形中，我们应用 t 检验和 F 检验进行显著性检验。在简单线性回归情形中，这两个检验给出了同样的结论。也就是说，如果原假设被拒绝，我们的结论是 $\beta_1 \neq 0$。而在多元回归情形中，进行 t 检验和 F 检验的目的是不同的。

1. F 检验用于确定在因变量和所有自变量之间是否存在一个显著的关系，我们把 F 检验称为总体的显著性检验。

2. 如果 F 检验已经表明了模型总体的显著性，那么 t 检验可用来确定每一个单个的自变量是否为一个显著的自变量。对模型中每一个单个的自变量，都要单独地进行 t 检验，我们把每一个这样的 t 检验都称为单个的显著性检验。

在以下内容中，我们将对 F 检验和 t 检验加以解释，并将这两个检验应用于 Butler 运输公司的例子。

15.5.1　F 检验

在第 15.4 节中定义的多元回归模型是：

$$y = \beta_0 + \beta_1 x_1 + \beta_2 x_2 + \cdots + \beta_p x_p + \varepsilon$$

F 检验的假设与多元回归模型的参数有关。

$$H_0 : \beta_1 = \beta_2 = \cdots = \beta_p = 0$$

$$H_a : 至少有一个参数不等于零$$

如果原假设 H_0 被拒绝，那么我们就有足够的统计证据断定，至少有一个参数不等于零，并且因变量 y 和所有自变量 x_1，x_2，$\cdots$，x_p 之间的关系在总体上是显著的。如果原假设 H_0 没有被拒绝，我们就没有足够的理由认为 y 和 x_1，x_2，$\cdots$，x_p 之间存在一个显著的关系。

在叙述 F 检验的步骤之前，我们需要回忆一下均方的概念。均方是一个平方和除以它所对应的自由度。在多元回归情形中，总的平方和有 $n-1$ 个自由度，回归平方和 SSR 有 p 个自由度，误差平方和 SSE 有 $n-p-1$ 个自由度。因此，均方回归（MSR）是 SSR/p，均方误差（MSE）是 SSE/$(n-p-1)$。

$$\text{MSR} = \frac{\text{SSR}}{p} \tag{15-12}$$

和

$$\text{MSE} = \frac{\text{SSE}}{n-p-1} \tag{15-13}$$

根据在第 14 章中讨论的结果，MSE 给出了误差项 ε 的方差 σ^2 的一个无偏估计量。如果原假设 $H_0 : \beta_1 = \beta_2 = \cdots = \beta_p = 0$ 成立，MSR 也给出了 σ^2 的一个无偏估计量，并且 MSR/MSE 的值将接近于 1。但是，如果原假设 H_0 被拒绝，MSR 将高估 σ^2，这时 MSR/MSE 的值将变得比较大。为了确定需要多么大的 MSR/MSE 的值就能拒绝 H_0，我们利用这样一个事实：如果 H_0 成立并且有关多元回归模型的假定都成立，那么 MSR/MSE 的抽样分布是一个分子的自由度为 p，分母的自由度为 $n-p-1$ 的 F 分布。对于多元回归情形，显著性的 F 检验的步骤如下。

总体显著性的 F 检验

$$H_0 : \beta_1 = \beta_2 = \cdots = \beta_p = 0$$

$$H_a : 至少有一个参数不等于零$$

检验的统计量

$$F = \frac{\text{MSR}}{\text{MSE}} \tag{15-14}$$

拒绝法则

p-值法：如果 p-值 $\leqslant \alpha$，则拒绝 H_0

临界值法：如果 $F \geqslant F_\alpha$，则拒绝 H_0

式中，F_α 代表分子自由度为 p，分母自由度为 $n-p-1$ 时，使 F 分布的上侧面积为 α 的 F 值。

让我们将 F 检验应用于 Butler 运输公司的多元回归问题。因为有两个自变量，所以我们把检验的假设写成如下形式。

$$H_0:\beta_1=\beta_2=0$$

$$H_a:\beta_1,\ \beta_2\ 中至少有一个不等于零$$

图 15-6 是用每天运送货物的行驶里程（x_1）和运送货物的次数（x_2）作为自变量的多元回归模型的计算机输出。在输出的方差分析部分，我们看到 $\mathrm{MSR}=10.800\ 3$，$\mathrm{MSE}=0.328\ 5$。利用式（15-14），我们得到检验的统计量：

$$F=\frac{10.8}{0.328}=32.88$$

对于 $\alpha=0.01$ 的显著性水平，在图 15-6 的方差分析部分的最后一列我们看到 p-值 $=0.000$，因为 p-值小于 0.01，所以应该拒绝 H_0。换一种叙述方式，我们查到分子自由度为 2，分母自由度为 7 的 F 分布上侧分位数 $F_{0.01}=9.55$。因为 $32.88>9.55$，所以我们应该拒绝 $H_0:\beta_1=\beta_2=0$，并且得出结论：在每天行驶的时间 y 和每天运送货物的行驶里程 x_1、运送货物的次数 x_2 这两个自变量之间存在一个显著的关系。

前面已经提到，均方误差 MSE 给出了误差项 ε 的方差 σ^2 的一个无偏估计量。从图 15-6 中我们看到，σ^2 的估计量是 $\mathrm{MSE}=0.328\ 5$。MSE 的平方根是误差项 ε 标准差的估计。就像在第 14.5 节中所定义的那样，我们把这个标准差称为估计的标准误差，并且用 s 表示。因此我们有 $s=\sqrt{\mathrm{MSE}}=\sqrt{0.328\ 5}=0.573\ 1$。注意，图 15-6 的计算机输出列出了估计的标准误差的值。

Analysis of Variance

Source	DF	Adj SS	Adj MS	F-Value	P-Value
Regression	2	21.6006	10.8003	32.88	0.000
Error	7	2.2994	0.3285		
Total	9	23.900			

Model Summary

S	R-sq	R-sq (adj)
0.573142	90.38%	87.63%

Coefficients

Term	Coef	SE Coef	T-Value	P-Value
Constant	−0.869	0.952	−0.91	0.392
Kilometers	0.03821	0.00618	6.18	0.000
Deliveries	0.923	0.221	4.18	0.004

Regression Equation

Time $= -0.869 +0.03821$ Kilometers $+0.923$ Deliveries

图 15-6　以行驶里程（x_1）和运送货物的次数（x_2）为自变量的 Butler 运输公司的输出

表 15-3 是一般的方差分析表，它给出了多元回归模型 F 检验的结果。F 检验统计量的数值在表的最后一列，我们把它和分子自由度为 p，分母自由度为 $n-p-1$ 的 α 水平的 F 分布上侧分位数 F_α 进行比较，从而得出假设检验的结论。再次审视图 15-6 中的 Butler 运输公司的输出，我们很快发现方差分析表里包含了这些信息。此外，还给出了对应于 F 检验统计量的 p-值。

表 15-3　具有 p 个自变量的多元回归模型的 ANOVA 表

方差来源	平方和	自由度	均方	F
回归	SSR	p	$\mathrm{MSR}=\dfrac{\mathrm{SSR}}{p}$	$F=\dfrac{\mathrm{MSR}}{\mathrm{MSE}}$
误差	SSE	$n-p-1$	$\mathrm{MSE}=\dfrac{\mathrm{SSE}}{n-p-1}$	
总和	SST	$n-1$		

15.5.2　t 检验

如果 F 检验显示了多元回归关系在总体上是显著的，那么 t 检验就能帮助我们确定每一个单个参数的显著性问题。对于单个参数的显著性检验，t 检验的步骤如下。

单个参数显著性的 t 检验

对于任一个参数 β_i

$$H_0:\beta_i=0 \qquad H_a:\beta_i\neq0$$

检验的统计量

$$t=\frac{b_i}{s_{b_i}}\tag{15-15}$$

拒绝法则

p-值法：如果 *p*-值 $\leq \alpha$，则拒绝 H_0

临界值法：如果 $t \leq -t_{\alpha/2}$ 或者 $t \geq t_{\alpha/2}$，则拒绝 H_0

式中，$t_{\alpha/2}$ 是自由度为 $n-p-1$ 时，使 t 分布的上侧面积为 $\alpha/2$ 的 t 值。

在检验统计量的公式里，s_{b_i} 是 b_i 标准差的估计，s_{b_i} 的值是由计算机软件包提供的。

让我们将 t 检验用于 Butler 运输公司的多元回归问题。对于 t 统计量比值的计算，我们可以参考图 15-6 中的输出的有关部分。b_1，b_2，s_{b_1} 和 s_{b_2} 的值如下：

$$b_1 = 0.038\ 21 \qquad s_{b_1} = 0.006\ 18$$

$$b_2 = 0.923 \qquad s_{b_2} = 0.221$$

对于参数 β_1 和 β_2 的假设检验，我们利用式（15-15），就能得到检验的统计量。

$$t = 0.038\ 21/0.006\ 18 = 6.18$$

$$t = 0.923/0.221 = 4.18$$

注意，这两个 t 值和对应的 p-值都由图 15-6 的输出给出。对于显著性水平 $\alpha = 0.01$，给出的 p-值分别为 0.000 和 0.004，所以我们应该拒绝 $H_0: \beta_1 = 0$ 和 $H_0: \beta_2 = 0$。因此，这两个参数在统计上都是显著的。换一种叙述方式，对于显著性水平 $\alpha = 0.01$，我们查出自由度为 $n-p-1 = 10-2-1 = 7$ 的 t 分布的双侧分位数 $t_{0.005} = 3.499$。因为 $6.18 > 3.499$，所以我们应该拒绝 $H_0: \beta_1 = 0$。类似地，因为 $4.18 > 3.499$，所以我们应该拒绝 $H_0: \beta_2 = 0$。

15.5.3 多重共线性

在回归分析中，我们曾经使用自变量这个术语来表示用于预测或者解释因变量值的那些变量。但是这个术语并不意味着，这些自变量本身在某种统计意义上是独立的。相反，在多元回归问题中，大部分自变量在某种程度上是相互关联的。例如，在涉及两个自变量 x_1（每天运送货物的行驶里程）和 x_2（运送货物的次数）的 Butler 运输公司的例子中，我们可以把行驶里程看作因变量，把运送货物的次数看作自变量，来确定这两个变量本身是否是相关的。为此我们计算它们的样本相关系数 $r_{x_1 x_2}$，然后确定这两个变量相关的程度。样本相关系数计算的结果是 $r_{x_1 x_2} = 0.16$。于是，我们发现在这两个自变量之间存在某种程度的线性联系。在多元回归分析中，我们把自变量之间的相关性称为**多重共线性**（multicollinearity）。

为了对多重共线性的潜在影响给出一个更好的全面描述，我们考虑对 Butler 运输公司的例子做一些修改。我们不用 x_2 表示运送货物的次数，而用 x_2 表示消耗汽油的加仑数量。显然，x_1（每天运送货物的行驶里程）和 x_2 是相关的，即我们认为消耗汽油的数量依赖于行驶里程。因此，从逻辑上我们能认定 x_1 和 x_2 是高度相关的自变量。

假定我们已经建立了估计的回归方程 $\hat{y} = b_0 + b_1 x_1 + b_2 x_2$，并且 F 检验显示了多元回归关系在总体上是显著的。然后，假定我们进行关于 β_1 的 t 检验来断定 $\beta_1 \neq 0$ 是否成立。如果我们不能拒绝 $H_0: \beta_1 = 0$，这个结果是否意味着每天运送货物行驶的时间不依赖于行驶里程呢？不一定。它很可能意味着由于 x_2 已经在模型里，所以 x_1 对决定 y 的数值已经不再有显著的贡献了。在我们的例子里，这一解释是能够讲得通的。因为如果我们已经知道了消耗汽油的数量，在预测 y 的数值时，我们就不需要再增加更多的有关行驶里程的有用信息了。类似地，通过 t 检验可能导致我们得出 $\beta_2 = 0$ 的结论，由于 x_1 已经在模型里，所以我们也不再需要增加更多的有关消耗汽油数量的信息了。

综上所述，在对单个参数的显著性进行 t 检验时，由于多重共线性而带来的困难是，当多元回归方程总体显著性的 F 检验表明有一个显著的关系时，我们可能得出单个参数没有一个显著地不同于零的结论。只有当自变量之间的相关性非常小的时候，才有可能回避这个问题。

为了确定多重共线性是否对模型的估计产生十分严重的后果，统计学家已经提出了一些不同的检验方法。对于任何一个含有两个自变量的多元回归模型，如果它们的样本相关系数的绝对值大于 0.7，那么依照经验的检验方法，多重共线性有可能成为一个潜在的问题。还有一些更精确的检验方法，但这些方法已经超出了本书讨论的范围。

如果可能的话，我们应尽一切努力避免在模型中包含高度相关的自变量。但是，实际上我们很少有可能绝对坚持这一策略。决策者已经得到告诫，当他们有理由相信存在严重的多重共线性时，识别单个的自变量对因变量的影响将是一件非常困难的事情。

注释和评论

通常在对某个问题进行研究时，多重共线性对我们进行的回归分析，或者对计算机输出结果的解释都不会产生影响。但是，当存在严重的多重共线性时，即当两个或两个以上的自变量相互高度相关时，如果我们对单个参数进行 t 检验，并对 t 检验的结果进行解释，就可能出现困难。除了在本节说明的问题外，严重的多重共线性可能导致最小二乘估计出现错误的符号。也就是说，在模拟研究中，研究者设计了基本的回归模型，接着利用最小二乘法求出参数 β_0，β_1，β_2，…的估计值，但是在高度多重共线性的条件下，最小二乘估计值可能与被估参数有一个完全相反的符号。例如，真实的 β_2 可能是 $+10$，而它的估计值 b_2 却是 -2。于是，如果存在高度的多重共线性，我们对个别系数的符号是不信任的。

练 习

方法

20. 参阅第 2 题给出的数据，利用这些数据我们建立的估计的回归方程是：

$$\hat{y} = -18.37 + 2.01x_1 + 4.74x_2$$

这里 SST $= 15\,182.9$，SSR $= 14\,052.2$，$s_{b_1} = 0.247\,1$ 和 $s_{b_2} = 0.948\,4$。

a. 在 $\alpha = 0.05$ 的显著性水平下，检验 x_1，x_2 和 y 之间的显著性关系。

b. 在 $\alpha = 0.05$ 的显著性水平下，β_1 是显著的吗？

c. 在 $\alpha = 0.05$ 的显著性水平下，β_2 是显著的吗？

应用

22. 在第 4 题中，我们给出了销售收入关于存货投资和广告费用的估计的回归方程如下。

$$\hat{y} = 25 + 10x_1 + 8x_2$$

通过对 10 家鞋店的一次统计调查，得到了用于建立模型的数据，对这些数据，我们计算出 SST $= 16\,000$，SSR $= 12\,000$。

a. 计算 SSE，MSE 和 MSR。

b. 在 $\alpha = 0.05$ 的显著性水平下，利用 F 检验确定这些变量之间是否存在一个显著的关系。

24. 国家橄榄球联盟（NFL）记录了各种个人和团队的比赛数据。一部分数据显示在进攻上每一场比赛的传球距离的平均码数（进攻传球距离）、在防守上每一场比赛放弃距离的平均码数（防守放弃距离）、比赛获胜的概率，一个完整赛季的数据如下。

a. 建立一个估计的回归方程，使该方程在球队进攻传球距离和防守放弃距离已知时，能用来预测球队比赛获胜的概率。

b. 利用 F 检验来确定这些变量之间的关系在总体上的显著性。在 $\alpha = 0.05$ 的显著性水平下，你的结论是什么？

c. 利用 t 检验来确定每一个自变量的显著性。在 $\alpha = 0.05$ 的显著性水平下，你的结论是什么？

球队名称	进攻传球 距离/码	防守放弃 距离/码	获胜概率 （%）
Arizona	222.9	355.1	50.0
Atlanta	262.0	333.6	62.5
Baltimore	213.9	288.9	75.0
⋮	⋮	⋮	⋮
St. Louis	179.4	358.4	12.5
Tampa Bay	228.1	394.4	25.0
Tennessee	245.2	355.1	56.3
Washington	235.8	339.8	31.3

   ⊖ 对于有两个自变量的情形，可能产生多重共线性潜在影响的一个比较粗略的估计方法是：如果它们的样本相关系数大于 0.7 或者小于 -0.7。

   ⊜ 当自变量高度相关时，不可能确定任一特定的自变量对因变量的单独影响。

26. 在第 10 题中，由美国职业棒球大联盟的 20 名投手组成了一个随机样本，并且给出了这些投手的几个统计量数值。第 10 题的（c）建立了一个估计的回归方程，该方程在投手每局比赛使对方击球员三击未中出局的平均次数和被对方击球员本垒打的平均次数已知时，能用来预测每局比赛的投手平均责任失分。

a. 在 $\alpha=0.05$ 的显著性水平下，利用 F 检验确定这些变量之间关系的总体显著性。你的结论是什么？

b. 在 $\alpha=0.05$ 的显著性水平下，利用 t 检验确定每一个自变量的显著性。你的结论是什么？

15.6 应用估计的回归方程进行估计和预测

在多元回归分析中，估计 y 的平均值和预测 y 的一个个别值的步骤，与包含一个自变量的回归分析所进行的那些步骤类似。首先让我们回忆一下，在第 14 章中我们已经说明了对于 x 的一个给定值，y 的期望值的点估计和 y 的一个个别值的点估计是相同的。在两种情形下，我们都利用 $\hat{y}=b_0+b_1x$ 作为它们的点估计。

在多元回归分析中，我们应用同样的步骤，即将自变量 x_1，x_2，$\cdots$，x_p 的给定值代入估计的回归方程里，使用对应的 $\hat{y}$ 的值作为 y 的期望值和 y 的一个个别值的点估计。假定在 Butler 运输公司的例子里，我们希望利用含有 x_1（每天运送货物的行驶里程）和 x_2（运送货物的次数）两个自变量的估计的回归方程去建立两个区间估计。

1. 对于所有的运货汽车，在运送货物行驶 160 公里和运送货物 2 次的情形下，这些汽车平均行驶时间的置信区间。

2. 对于一辆特定的运货汽车，在运送货物行驶 160 公里和运送货物 2 次的情形下，该辆汽车行驶时间的预测区间。

利用估计的回归方程 $\hat{y}=-0.869+0.038\,21x_1+0.932x_2$，当 $x_1=160$ 和 $x_2=2$ 时，我们得到下面 $\hat{y}$ 的值。

$$\hat{y}=-0.869+0.038\,21\times160+0.932\times2=7.09$$

因此，在两种情形下，汽车行驶时间的点估计值大约等于 7 个小时。

为了建立 y 的平均值和 y 的一个个别值的区间估计，我们应用了与包含一个自变量的回归分析相类似的步骤。所需公式的推导已经超出了本书的范围，但是对于多元回归分析情形，一旦自变量 x_1，x_2，$\cdots$，x_p 的值被用户设定，计算机软件包往往就能提供这些区间估计。在 Butler 运输公司的例子中，对于我们所选取的 x_1 和 x_2 的数值，表 15-4 给出了置信水平为 95% 的置信区间和预测区间的上、下限的数值。这些数值都可以通过软件统计包得到。需要注意的是，y 的一个个别值的区间估计要比 y 的期望值的区间估计有更宽的范围。这一区别只不过反映了这样一个事实：对于给定的 x_1 和 x_2 的数值，我们估计所有运货汽车的平均行驶时间比我们预测一辆特定运货汽车的行驶时间要有更高的精确度。

表 15-4　Butler 运输公司的置信水平为 95% 的置信区间和预测区间

x_1 的数值	x_2 的数值	置信区间 下限	置信区间 上限	预测区间 下限	预测区间 上限
160	4	8.135	9.742	7.362	10.515
80	3	4.127	5.789	3.368	6.548
160	4	8.135	9.742	7.362	10.515
160	2	6.258	7.925	5.500	8.683
80	2	3.146	4.924	2.414	5.656
128	2	5.232	6.505	4.372	7.366
120	3	6.037	6.936	5.059	7.915
104	4	5.960	7.637	5.205	8.392
144	4	6.917	7.891	5.964	8.844
144	2	5.776	7.184	4.953	8.007
120	4	6.669	8.152	5.865	8.955

练习

方法

28. 参阅第 2 题给出的数据，利用这些数据我们建立的估计的回归方程是：

$$\hat{y}=-18.4+2.01x_1+4.74x_2$$

a. 当 $x_1=47$，$x_2=10$ 时，建立一个 y 的平均值的置信水平为 95% 的置信区间。

b. 当 $x_1=47$，$x_2=10$ 时，建立一个 y 的一个个别值的置信水平为 95% 的预测区间。

应用

30. 在第 24 题中，我们已经建立了国家橄榄球联盟中球队获胜的概率关于在球队进攻上每一场比赛的传球距离的平均码数和在防守上每一场比赛放弃距离的平均码数的估计的回归方程（ESPN）。

  a. 预测某一支球队在进攻上每一场比赛的传球距

离的平均码数为 225、在防守上每一场比赛放弃距离的平均码数为 300 时获胜的概率。

  b. 某球队在进攻上每一场比赛的传球距离的平均码数为 225、在防守上每一场比赛放弃距离的平均码数为 300 时，建立一个该球队获胜概率的置信水平为 95% 的预测区间。

15.7 分类自变量

到目前为止，我们所考虑的例子的自变量都是定量自变量，例如学生人数、运送货物行驶的距离、运送货物的次数等。但是，在许多情形中，我们必须利用**分类自变量**（categorical independent variables）处理问题，例如性别（男、女）、付款方式（现金、信用卡、支票），等等。这一节的目的是说明如何在回归分析中应用分类变量。为了应用和解释分类自变量，我们将考虑约翰逊过滤股份公司（Johnson Filtration，Inc）的管理人员所面临的一个问题。[⊖]

15.7.1 一个例子：约翰逊过滤股份公司

约翰逊过滤股份公司对遍布南佛罗里达州的水过滤系统提供维修保养服务。当顾客的水过滤系统出现故障时，他们就要与约翰逊公司联系，请求公司对他们的水过滤系统进行维修。为了估计服务时间和服务成本，约翰逊公司的管理人员希望对顾客的每一次维修请求预测必要的维修时间。所以，按小时计算的维修时间是因变量。管理人员认为，维修时间依赖两个因素：从最近一次维修服务至今水过滤系统已经使用的时间（单位：月）和需要维修的故障类型（机械的或电子的）。由 10 次维修服务组成一个样本，有关资料数据如表 15-5 所示。

表 15-5 约翰逊过滤公司例子的数据

维修服务请求	最近一次维修服务至今的时间/月	维修的故障类型	维修时间/小时	维修服务请求	最近一次维修服务至今的时间/月	维修的故障类型	维修时间/小时
1	2	电子	2.9	6	7	电子	4.9
2	6	机械	3.0	7	9	机械	4.2
3	8	电子	4.8	8	8	机械	4.8
4	3	机械	1.8	9	4	电子	4.4
5	2	电子	2.9	10	6	电子	4.5

我们用 y 表示按小时计算的维修时间，x_1 表示从最近一次维修服务至今的时间，仅仅利用 x_1 进行预测的回归模型是：

$$y = \beta_0 + \beta_1 x_1 + \varepsilon$$

我们利用统计软件建立了估计的回归方程，得到的输出如图 15-7 所示。估计的回归方程是：

$$\hat{y} = 2.147 + 0.304 x_1 \tag{15-16}$$

在 $\alpha = 0.05$ 的显著性水平下，对于 t（或 F）检验，p-值为 0.016，这就表明了维修时间显著地依赖于从最近一次维修服务至今使用的时间。R-sq = 53.42% 表明了 x_1 仅仅解释了维修时间变异性的 53.42%。

为了将故障的维修类型引入回归模型，我们定义下面的变量。

$$x_2 = \begin{cases} 0, & \text{如果故障的维修类型是机械的} \\ 1, & \text{如果故障的维修类型是电子的} \end{cases}$$

⊖ 自变量可以是分类变量，也可以是定量变量。

```
Analysis of Variance

Source          DF      Adj SS      Adj MS      F-Value     P-Value
Regression      1       5.596       5.5960      9.17        0.016
Error           8       4.880       0.6100
Total           9       10.476

Model Summary

      S       R-sq       R-sq (adj)
0.781022    53.42%         47.59%

Coefficients

Term                        Coef      SE Coef     T-Value     P-Value
Constant                    2.147     0.605       3.55        0.008
Months Since Last Service   0.304     0.100       3.03        0.016

Regression Equation

Repair Time (hours) = 2.147 + 0.304 Months Since Last Service
```

图 15-7　在约翰逊过滤公司的例子中用最近一次维修服务至今的时间（x_1）作为自变量的输出

在回归分析中，x_2 被称为**虚拟变量**（dummy variable）或指标变量。利用这个虚拟变量，我们能把多元回归模型写成如下形式：

$$y = \beta_0 + \beta_1 x_1 + \beta_2 x_2 + \varepsilon$$

表 15-6 是经过修订后包含了虚拟变量数值的数据集。图 15-8 中的输出表明了估计的多元回归方程是：

$$\hat{y} = 0.93 + 0.387\,6x_1 + 1.263x_2 \tag{15-17}$$

表 15-6　用虚拟变量表示维修故障类型（$x_2=0$ 表示机械的，$x_2=1$ 表示电子的）的约翰逊过滤公司例子的数据

维修服务请求	最近一次维修服务至今的时间（x_1）	维修的故障类型（x_2）	维修时间（y）	维修服务请求	最近一次维修服务至今的时间（x_1）	维修的故障类型（x_2）	维修时间（y）
1	2	1	2.9	6	7	1	4.9
2	6	0	3.0	7	9	0	4.2
3	8	1	4.8	8	8	0	4.8
4	3	0	1.8	9	4	1	4.4
5	2	1	2.9	10	6	1	4.5

```
Analysis of Variance

Source          DF      Adj SS      Adj MS      F-Value     P-Value
Regression      2       9.0009      4.50046     21.36       0.001
Error           7       1.4751      0.21073
Total           9       10.4760

Model Summary

      S       R-sq       R-sq (adj)
0.459048    85.92%         81.90%

Coefficients

Term                        Coef      SE Coef     T-Value     P-Value
Constant                    0.930     0.467       1.99        0.087
Months Since Last Service   0.3876    0.0626      6.20        0.000
Type of Repair              1.263     0.314       4.02        0.005

Regression Equation

Repair Time (hours) = 0.930 + 0.3876 Months Since Last Service + 1.263 Type of Repair
```

图 15-8　在约翰逊过滤公司的例子中用最近一次维修服务至今的时间（x_1）和维修类型（x_2）作为自变量的输出

在 $\alpha=0.05$ 的显著性水平下，与 F 检验（$F=21.36$）相联系的 p-值为 0.001，这就表明回归关系是显著的。在图 15-8 中，输出的 t 检验部分表明，从最近一次维修服务至今的时间（p-值 = 0.000）和维修的故障类型（p-值 = 0.005）这两个自变量在统计上都是显著的。另外，$R^2=85.92\%$ 和修正 $R^2=81.9\%$ 表明估计的回归方程很好地解释了维修时间的变异性。于是，对于各种不同类型的维修服务请求，在估计必要的维修时间时，估计的回归方程（15-17）是有帮助的。

15.7.2　解释参数

对于约翰逊过滤公司的例子，多元回归方程是：

$$E(y)=\beta_0+\beta_1 x_1+\beta_2 x_2 \tag{15-18}$$

当模型中存在一个分类变量时，为了弄清楚如何对参数 β_0，β_1 和 β_2 做出合理的解释，我们考虑 $x_2=0$（机械类型的故障）的情形。在已知故障类型是机械型时，用 $E(y \mid 机械)$ 表示故障维修时间的平均值或期望值，我们有：

$$E(y \mid 机械)=\beta_0+\beta_1 x_1+\beta_2 \times 0=\beta_0+\beta_1 x_1 \tag{15-19}$$

类似地，对于电子类型的故障（$x_2=1$），我们有：

$$E(y \mid 电子)=\beta_0+\beta_1 x_1+\beta_2 \times 1=\beta_0+\beta_1 x_1+\beta_2=(\beta_0+\beta_2)+\beta_1 x_1 \tag{15-20}$$

比较式（15-19）和式（15-20），我们看到无论是机械类型的故障还是电子类型的故障，平均维修时间都是 x_1 的线性函数。这两个方程的斜率都是 β_1，但是 y 轴截距不同。对于机械类型的故障，在式（15-19）中的 y 轴截距是 β_0；对于电子类型的故障，在式（15-20）中的 y 轴截距是 $(\beta_0+\beta_2)$。β_2 的解释是，它表示电子类型故障的平均维修时间与机械类型故障的平均维修时间之差。

如果 β_2 是正的，那么电子类型故障的平均维修时间将大于机械类型故障的平均维修时间；如果 β_2 是负的，那么电子类型故障的平均维修时间将小于机械类型故障的平均维修时间。最后，如果 $\beta_2=0$，那么电子类型故障与机械类型故障的平均维修时间之间没有差别，维修时间不依赖于水过滤系统的故障类型。

利用估计的多元回归方程 $\hat{y}=0.93+0.3876 x_1+1.263 x_2$，我们看到 0.93 是 β_0 的估计值，1.263 是 β_2 的估计值。于是，当 $x_2=0$（机械类型的故障）时，有：

$$\hat{y}=0.93+0.3876 x_1 \tag{15-21}$$

当 $x_2=1$（电子类型的故障）时，有：

$$\hat{y}=0.93+0.3876 x_1+1.263 \times 1=2.193+0.3876 x_1 \tag{15-22}$$

实际上，对维修的故障类型引入虚拟变量为我们提供了能用于预测维修时间的两个估计的回归方程，一个方程对应机械类型故障的维修时间，一个方程对应电子类型故障的维修时间。另外，因为 $b_2=1.263$，我们得知：电子类型故障的维修时间要比机械类型故障的维修时间平均多用了 1.263 个小时。

图 15-9 是根据表 15-6 的约翰逊过滤公司的维修数据画出的散点图。用纵轴表示按小时计算的维修时间（y），用横轴表示从最近一次维修服务至今的月数（x_1）。机械类型故障的维修时间的数据点用 M 表示，电子类型故障的维修时间的数据点用 E 表示。在散点图上画出了式（15-21）和式（15-22）的图形，这就从几何上表明了这两个方程能用于预测维修时间，一个对应机械类型故障的维修时间，一个对应电子类型故障的维修时间。

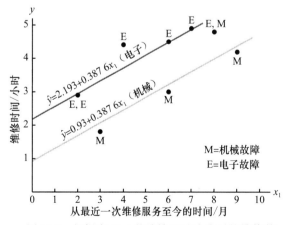

图 15-9　根据表 15-6 的约翰逊过滤公司的维修数据画出的散点图

15.7.3 更复杂的分类变量

因为对于约翰逊过滤公司的例子，分类变量只有两个水平（机械的和电子的），我们只需要很容易地定义一个虚拟变量就可以了，用0表示需要维修的故障类型是机械型的，用1表示需要维修的故障类型是电子型的。但是，当一个分类变量超过两个水平时，我们必须在定义虚拟变量和解释虚拟变量两方面谨慎行事。正如我们将要说明的那样，如果一个分类变量有 k 个水平，那么需要定义 $k-1$ 个虚拟变量，每一个虚拟变量或者取值为0，或者取值为1。[⊖]

例如，假定复印机制造商组织策划的销售区域是某一个特定州的 A、B 和 C 三个地区。管理人员希望利用回归分析方法帮助预测每周复印机的销售数量。用复印机的销售数量作为因变量，并且考虑几个自变量（销售人员的数量、广告费用支出，等等）。我们还假定管理人员相信，销售地区也是预测复印机销售数量的一个重要因素。因为销售地区是一个分类变量，它有 A、B 和 C 三个水平，所以我们将需要 3-1=2 个虚拟变量来表示销售地区。每一个虚拟变量被定义为如下形式。

$$x_1 = \begin{cases} 1, & \text{如果销售地区是 B} \\ 0, & \text{其他} \end{cases} \qquad x_2 = \begin{cases} 1, & \text{如果销售地区是 C} \\ 0, & \text{其他} \end{cases}$$

根据这个定义，我们有 x_1 和 x_2 的值如表15-7所示。

表 15-7

销售地区	x_1	x_2
A	0	0
B	1	0
C	0	1

对应于销售地区 A 的观测值，虚拟变量被定义为 $x_1=0$，$x_2=0$；对应于销售地区 B 的观测值，虚拟变量被定义为 $x_1=1$，$x_2=0$；对应于销售地区 C 的观测值，虚拟变量被定义为 $x_1=0$，$x_2=1$。

复印机销售数量的期望值 $E(y)$ 关于虚拟变量的回归方程将被写为：

$$E(y) = \beta_0 + \beta_1 x_1 + \beta_2 x_2$$

为了帮助我们理解参数 β_0，β_1 和 β_2 的意义，下面考虑回归方程的三种变化。

$$E(y \mid \text{销售地区 A}) = \beta_0 + \beta_1 \times 0 + \beta_2 \times 0 = \beta_0$$

$$E(y \mid \text{销售地区 B}) = \beta_0 + \beta_1 \times 1 + \beta_2 \times 0 = \beta_0 + \beta_1$$

$$E(y \mid \text{销售地区 C}) = \beta_0 + \beta_1 \times 0 + \beta_2 \times 1 = \beta_0 + \beta_2$$

于是，β_0 是地区 A 销售数量的平均值或期望值，β_1 是地区 B 销售数量的平均值和地区 A 销售数量的平均值之间的差，β_2 是地区 C 销售数量的平均值和地区 A 销售数量的平均值之间的差。

因为分类变量有 3 个水平，所以需要 2 个虚拟变量。但是，指定 $x_1=0$，$x_2=0$ 表示销售地区 A，指定 $x_1=1$，$x_2=0$ 表示销售地区 B，指定 $x_1=0$，$x_2=1$ 表示销售地区 C 却是任意的。例如，我们也能用 $x_1=1$，$x_2=0$ 表示销售地区 A，用 $x_1=0$，$x_2=0$ 表示销售地区 B，用 $x_1=0$，$x_2=1$ 表示销售地区 C。在这种情形中，β_1 能被解释为地区 A 销售数量的平均值和地区 B 销售数量的平均值之间的差，β_2 能被解释为地区 C 销售数量的平均值和地区 B 销售数量的平均值之间的差。

重点是要牢记：在多元回归分析中，如果一个分类变量有 k 个水平，那么需要在多元回归分析中定义 $k-1$ 个虚拟变量。于是，如果在销售地区的例子中还有第 4 个地区，我们不妨用 D 表示，那么有必要定义 3 个虚拟变量。例如，3 个虚拟变量可以被定义为如下形式。

$$x_1 = \begin{cases} 1, & \text{如果销售地区是 B} \\ 0, & \text{其他} \end{cases} \qquad x_2 = \begin{cases} 1, & \text{如果销售地区是 C} \\ 0, & \text{其他} \end{cases} \qquad x_3 = \begin{cases} 1, & \text{如果销售地区是 D} \\ 0, & \text{其他} \end{cases}$$

⊖ 如果一个分类变量有 k 个水平，我们必须用 $k-1$ 个虚拟变量来模拟这个分类变量。在定义和解释这些虚拟变量方面，我们必须谨慎行事。

练习

方法

32. 考虑一个回归方程，它包含一个因变量 y，一个定量自变量 x_1 和一个具有两个水平（水平 1 和水平 2）的分类自变量。

   a. 写出因变量 y 关于自变量 x_1 和分类变量的多元回归方程。

   b. 对应于分类变量水平 1，y 的期望值是多少？

   c. 对应于分类变量水平 2，y 的期望值是多少？

   d. 对你的回归方程中的参数做出解释。

应用

34. 管理部门提出下面的回归方程用于预测一家快餐店的销售收入。

$$y = \beta_0 + \beta_1 x_1 + \beta_2 x_2 + \beta_2 x_2 + \varepsilon$$

   式中，x_1 代表在 1 公里范围内竞争者的个数；x_2 代表在 1 公里范围内的居民人数（1 000 人）；

$$x_3 = \begin{cases} 1, & \text{提供免下车服务窗口} \\ 0, & \text{没有免下车服务窗口} \end{cases}$$

   y 代表销售收入（1 000 美元）。

   在调查了 20 家快餐店之后，建立了下面的估计的回归方程：

$$\hat{y} = 10.1 - 4.2x_1 + 6.8x_2 + 15.3x_3$$

   a. 通过为驾车者设置免下车服务窗口所带来的期望销售收入是多少？

   b. 若有一家快餐店，在 1 公里范围内有 2 个竞争者、8 000 名居民，并且没有为驾车者设置免下车服务窗口，预测这家快餐店的销售收入。

   c. 若有一家快餐店，在 1 公里范围内有 1 个竞争者、3 000 名居民，并且为驾车者设置了免下车服务窗口，预测这家快餐店的销售收入。

36. 这个问题是第 35 题所叙述情形的扩展。

   a. 建立估计的回归方程，使得该方程在从最近一次维修服务至今的时间、维修的故障类型以及由哪一位维修工完成维修服务已知的条件下，能用来预测维修时间。

   b. 在 $\alpha = 0.05$ 的显著性水平下，对在（a）中所建立的估计的回归方程，检验自变量和因变量之间是否存在一个显著的关系。

   c. 增加维修服务是由哪一位维修工完成的自变量 x_3，这个自变量在统计上显著吗？检验的显著性水平为 $\alpha = 0.05$。对于得到的结果，你能做出什么解释？

38. 美国心脏协会经过 10 年的研究，得到了有关脑卒中风险与年龄、血压、吸烟嗜好相关性的统计资料。假设这一研究的部分数据如下表所示。我们将病人在今后 10 年内发生脑卒中的概率（乘上 100）视为脑卒中的风险。我们用一个虚拟变量来定义病人是否为吸烟者，1 表示吸烟者，0 表示非吸烟者。

脑卒中风险	年龄	血压	是否吸烟	脑卒中风险	年龄	血压	是否吸烟
12	57	152	否	22	71	152	否
24	67	163	否	36	70	173	是
13	58	155	否	15	67	135	是
56	86	177	是	48	77	209	是
28	59	196	否	15	60	199	否
51	76	189	是	36	82	119	是
18	56	155	是	8	66	166	否
31	78	120	否	34	80	125	是
37	80	135	是	3	62	117	否
15	78	98	否	37	59	207	是

   a. 建立一个脑卒中风险关于人的年龄、血压和是否为吸烟者的估计的回归方程。

   b. 在脑卒中风险的估计的回归方程中，吸烟是一个显著的影响因素吗？检验的显著性水平为 $\alpha = 0.05$。对于得到的结果，请做出解释。

   c. Art Speen 是一位血压为 175 的 68 岁吸烟者，他在今后 10 年内发生脑卒中的概率是多少？对于这位病人，医生可以提出什么建议？

15.8　残差分析

在第 14 章中我们曾经指出，在画残差图和识别异常值时经常要用到标准化残差。对于第 i 次观测，标准化残差的一般公式如下：

第 i 次观测的标准化残差

$$\frac{y_i - \hat{y}_i}{s_{y_i - \hat{y}_i}} \qquad (15\text{-}23)$$

式中，$s_{y_i - \hat{y}_i}$ 表示第 i 次观测的残差的标准差。

第 i 次观测的残差的标准差的一般公式定义如下：

第 i 次观测的残差的标准差

$$s_{y_i - \hat{y}_i} = s\sqrt{1 - h_i} \qquad (15\text{-}24)$$

式中，s 代表估计的标准误差；h_i 代表第 i 次观测的杠杆率。

正如我们在第 14 章中陈述的那样，一次观测的**杠杆率**（leverage）是由自变量的观测值与这些观测值的平均值之间的距离有多远确定的。在多元回归情形中，对于第 i 次观测，计算 h_i，$s_{y_i - \hat{y}_i}$ 和标准化残差，如果用笔算是非常复杂的。但是，如果利用统计软件包，标准化残差可以很容易地从它的输出里得到。对于本章前面介绍的 Butler 运输公司的例子，表 15-8 列出了预测值、残差和标准化残差，我们通过利用统计软件包得到了这些数值。表中的预测值是根据估计的回归方程 $\hat{y} = -0.869 + 0.03821x_1 + 0.923x_2$ 计算出来的。

表 15-8　Butler 运输公司回归分析的残差和标准化残差

行驶里程（x_1）	运送货物的次数（x_2）	行驶时间（y）	预测值（$\hat{y}$）	残差（$y - \hat{y}$）	标准化残差
160	4	9.3	8.938 46	0.361 541	0.783 44
80	3	4.8	4.958 30	-0.158 304	-0.349 62
160	4	8.9	8.938 46	-0.038 460	-0.083 34
160	2	6.5	7.091 61	-0.591 609	-1.309 29
80	2	4.2	4.034 88	0.165 121	0.381 67
128	2	6.2	5.868 92	0.331 083	0.654 31
120	3	7.4	6.486 67	0.913 331	1.689 17
104	4	6.0	6.798 75	-0.798 749	-1.773 72
144	3	7.6	7.403 69	0.196 311	0.367 03
144	2	6.1	6.480 26	-0.380 263	-0.776 39

图 15-10 是 Butler 运输公司多元回归例子的标准化残差图，图中所使用的标准化残差和 y 的预测值 $\hat{y}$ 都可以从表 15-7 中得到。这个标准化残差图并没有表示出任何与众不同的情形。同时，所有的标准化残差都介于 -2 和 +2 之间。因此，我们没有理由怀疑误差项 ε 是正态分布的假定。最后，我们的结论是模型的假定都是合适的。

正态概率图也能用来确定误差项 ε 的分布是否服从正态分布的假定。正态概率图的绘图步骤和解释已经在第 14.8 节中讨论过。对于多元回归分析，同样的步骤也是适用的。而且，我们仍然利用一个统计软件包来完成计算任务并绘制出正态概率图。

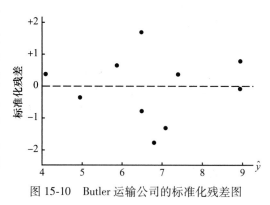

图 15-10　Butler 运输公司的标准化残差图

15.8.1　检测异常值

和其他数据相比较，**异常值**（outlier）是一个与众不同的观测值。换句话说，异常值与由其他观测值得出的散点图所显示的趋势不吻合。在第 14 章中，我们已经给出了一个异常值的例子，并且讨论了如何利用标准化残差去检测异常值。如果一个观测值的标准化残差的数值小于 -2 或者大于 +2，则将这个观测值识别为一个异常值。

对 Butler 运输公司例子的标准化残差（见表 15-7）应用这一规则，我们没有从数据集中检测出任何异常值。

一般来说，如果在数据集中存在一个或一个以上的异常值，将导致估计的标准误差 s 增加，从而使得第 i 次观测的残差的标准差 $s_{y_i-\hat{y}_i}$ 增加。因为在标准化残差公式（15-23）中的分母是 $s_{y_i-\hat{y}_i}$，所以标准化残差的数值将随着 s 值的增加而减少。最后的结果是，虽然一个残差可能超乎寻常得大，但由于在式（15-23）中有一个大的分母，从而可能使识别一个观测值为异常值的标准化残差规则失效。我们利用一种称为**学生化删除残差**（studentized deleted residual）的标准化残差，就能防止这种情形发生。

15.8.2 学生化删除残差和异常值

假设从数据集中删除第 i 次观测值，利用其余的 $n-1$ 次观测值建立一个新的估计的回归方程。设 $s_{(i)}$ 表示从数据集中删除了第 i 次观测值后得到的估计的标准误差。如果我们计算第 i 次观测的残差的标准差，用 $s_{(i)}$ 代替式（15-24）中的 s，那么我们在计算第 i 次观测的标准化残差时，式（15-23）利用了 $s_{y_i-\hat{y}_i}$ 的修正值，这样得到的标准化残差被称为学生化删除残差。如果第 i 次观测值是一个异常值，那么 $s_{(i)}$ 将小于 s。所以，第 i 次观测的学生化删除残差的绝对值将大于标准化残差的绝对值。在这种意义下，学生化删除残差可以检测出标准化残差不能检测出的异常值。

为了得到学生化删除残差，许多统计软件包提供了可选项。对于 Butler 运输公司的例子，我们利用统计软件可以得到学生化删除残差，并将结果列在表 15-8 中。我们能利用 t 分布来确定学生化删除残差是否表明存在异常值。

回想一下，我们用 p 表示自变量的个数，用 n 表示观测值的个数。如果我们从数据集中删除第 i 次观测值，那么数据集中余下的观测值还有 $n-1$ 个。在这种情形下，误差平方和的自由度是 $(n-1)-p-1$。对于 Butler 运输公司的例子，$n=10$，$p=2$，删除第 i 次观测值后，自由度是 $9-2-1=6$。在 $\alpha=0.05$ 的显著性水平下，有 6 个自由度的 t 分布的双侧分位数 $t_{0.025}=2.447$。如果第 i 次观测的学生化删除残差的数值小于 -2.447 或者大于 $+2.447$，我们就能断定第 i 次观测值是一个异常值。因为在表 15-9 中，学生化删除残差都没有超过这个界限，所以我们断定在这个数据集里不存在异常值。

表 15-9 Butler 运输公司的学生化删除残差

行驶里程 (x_1)	运送货物的次数 (x_2)	行驶时间 (y)	标准化残差	学生化删除残差
160	4	9.3	0.783 44	0.759 39
80	3	4.8	-0.349 62	-0.326 54
160	4	8.9	-0.083 34	-0.077 20
160	2	6.5	-1.309 29	-1.394 94
80	2	4.2	0.381 67	0.357 09
128	2	6.2	0.654 31	0.625 19
120	3	7.4	1.689 17	2.031 87
104	4	6.0	-1.773 72	-2.213 14
144	3	7.6	0.367 03	0.343 12
144	2	6.1	-0.776 39	-0.751 90

15.8.3 有影响的观测值

在回归分析中，有时自变量的观测值可能对回归结果有一个较强的影响。在第 14.9 节中，我们讨论了如何利用观测值的杠杆率将这种有较强影响的观测值识别出来。正如我们在标准化残差的讨论中所指出的那样，一个观测值的杠杆率 h_i 是自变量的观测值和这些观测值的平均值之间距离远近的度量。利用经验法则 $h_i>3(p+1)/n$ 识别出**有影响的观测值**（influential observations）。对于 Butler 运输公司的例子，自变量的个数是 $p=2$，观测值的个数是 $n=10$，杠杆率的临界值是 $3\times(2+1)/10=0.9$。利用统计软件得到的 Butler 运输公司例子的杠杆率数值如表 15-10 所示。因为 h_i 都不超过 0.9，所以在这个数据集里，我们没有检测出有影响的观测值。

表 15-10 Butler 运输公司的杠杆率和库克距离测度

行驶里程 (x_1)	运送货物的次数 (x_2)	行驶时间 (y)	杠杆率 (h_i)	库克距离测度 (D_i)
160	4	9.3	0.351 704	0.110 994
80	3	4.8	0.375 863	0.024 536
160	4	8.9	0.351 704	0.001 256
160	2	6.5	0.378 451	0.347 923
80	2	4.2	0.430 220	0.036 663
128	2	6.2	0.220 557	0.040 381
120	3	7.4	0.110 009	0.117 562
104	4	6.0	0.382 657	0.650 029
144	3	7.6	0.129 098	0.006 656
144	2	6.1	0.269 737	0.074 217

15.8.4 利用库克距离测度识别有影响的观测值

利用杠杆率识别影响的观测值时可能出现的一个问题是，一个观测值能被识别出来是一个有高杠杆率的观测值，但是根据得到的估计的回归方程，这个观测值未必是一个有影响的观测值。例如，表15-11是一个由8个观测值组成的数据集和它们对应的杠杆率（可以利用统计软件得到）。因为第8个观测值的杠杆率是0.91>0.75（杠杆率的临界值），所以这个观测值被识别出来是一个有影响的观测值。在得到最后的结论之前，让我们从不同的角度考虑这个问题。

表 15-11　利用杠杆率的临界值说明潜在问题的数据集

x_i	y_i	h_i	x_i	y_i	h_i
1	18	0.204 170	4	23	0.125 977
1	21	0.204 170	4	24	0.125 977
2	22	0.164 205	5	26	0.127 715
3	21	0.138 141	15	39	0.909 644

图15-11给出了与表15-11的数据集相对应的散点图。我们利用统计软件建立了这些数据的估计的回归方程如下：

$$\hat{y} = 18.2 + 1.39x$$

图15-11中的直线就是这个方程的图示。现在让我们从数据集中将观测值（$x = 15$，$y = 39$）删除，对剩余的7个观测值拟合一个新的估计的回归方程。这个新的估计的回归方程是：

$$\hat{y} = 18.1 + 1.42x$$

我们注意到，对于新的估计的回归方程和利用所有数据建立的估计的回归方程，这两个方程的y轴截距和斜率的数值没有显著的区别。尽管杠杆率准则将第8个观测值识别为一个有影响的观测值，但显然这个观测值对我们的估计结果影响很小。于是在某些情形下，仅仅利用杠杆率来识别有影响的观测值，可能导致错误的结论。

库克距离测度（Cook's distance measure）利用第i次观测的杠杆率h_i和第i次观测的残差（$y_i - \hat{y}_i$）来确定这个观测值是否是一个有影响的观测值。

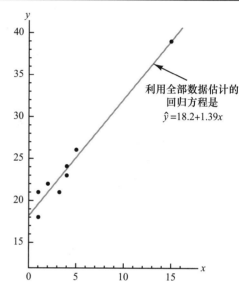

图 15-11　表 15-11 中数据集的散点图

注：如果点（15，39）被删除，估计的回归方程是 $\hat{y} = 18.1 + 1.42x$。

库克距离测度

$$D_i = \frac{(y_i - \hat{y}_i)^2}{(p+1) s^2} \left[\frac{h_i}{(1-h_i)^2} \right] \tag{15-25}$$

式中，D_i代表第i次观测的库克距离测度；$y_i - \hat{y}_i$代表第i次观测的残差；h_i代表第i次观测的杠杆率；p代表自变量的个数；s代表估计的标准误差。

如果一个观测值的残差和（或）杠杆率比较大，那么库克距离测度也将比较大，从而表明这个观测值是一个有影响的观测值。作为经验准则，如果$D_i > 1$，那么就表明第i次观测值是一个有影响的观测值，并应对这个观测值做进一步的考察。对于Butler运输公司的例子，表15-9的最后一列是库克距离测度。第8个观测值的库克距离测度$D_i = 0.650 029$，这个观测值应有最大的影响。但是根据$D_i > 1$的经验准则，在Butler运输公司的数据集中，我们并不需要关注这个最大影响的观测值。

注释和评论

1. 识别异常值和有影响的观测值的步骤预先向我们提出了警告，某些观测值可能对回归结果产生潜在的影响。我们对每一个异常值和有影响的观测值都要进行仔细检查。如果发现是数据的误差，那么应该对数据误差做出修正，并重新进行回归分析。一般来说，我们不应该将异常值和有影响的观测值从数据集中删除。除非有明显的证据表明，它们不是我们正在研究的总体元素，这时候我们就不应该再把它们包括在原始数据集中。

2. 为了确定库克距离测度 D_i 的值是否足够大，使得我们能得出第 i 次观测值是一个有影响的观测值的结论，我们还能将 D_i 的值与分子自由度为 $p+1$，分母自由度为 $n-p-1$ 的 F 分布的第 50 个百分位数（表示为 $F_{0.50}$）做比较。对应于显著性水平 $\alpha=0.50$ 的 F 分布表一定能实现这一检验。我们给出的经验准则（$D_i>1$）就是根据以下事实的：对于相当广泛的各种不同情形，F 分布表的值非常接近于 1。

练习

方法

40. 考虑两个变量 x 和 y 的数据如下。

x_i	22	24	26	28	40
y_i	12	21	31	35	70

a. 对这些数据，建立估计的回归方程。

b. 对这些数据，计算学生化删除残差。在 $\alpha=0.05$ 的显著性水平下，这些观测值中的哪一个能被认为是一个异常值？请做出解释。

c. 对这些数据，计算杠杆率。这些数据中存在有影响的观测值吗？请做出解释。

d. 对这些数据，计算库克距离测度。这些数据中存在有影响的观测值吗？请做出解释。

应用

42. 下面是 16 款流行的 GT 跑车的自重、马力和从开始启动加速至 400 米处时的速度数据。假设每一款 GT 跑车的价格也能得到，全部数据集如下表所示。

a. 建立一个估计的回归方程，使该方程在价格和马力已知时，能用来预测从开始启动加速至 400 米处时的速度。

b. 绘制关于 $\hat{y}$ 的标准化残差图。残差图是否证实了有关误差项 ε 的假定？请做出解释。

c. 对这些数据，检查异常值。你的结论是什么？

d. 是否存在有影响的观测值？请做出解释。

GT 跑车	价格/1 000 美元	自重/千克	马力	在 400 米处速度/（公里/小时）
Acura Integra Type R	25.035	1 169	195	145.9
Acura NSX-T	93.758	1 391	290	173.7
BMW Z3 2.8	40.900	1 290	189	150.0
ChevroletCamaro Z28	24.865	1 560	305	166.0
Chevrolet Corvette Convertible	50.144	1 472	345	164.3
Dodge Viper RT/10	69.742	1 506	450	187.0
Ford Mustang GT	23.200	1 464	225	147.5
Honda Prelude Type SH	26.382	1 380	195	144.3
Mercedes-Benz CLK320	44.988	1 470	215	149.6
Mercedes-Benz SLK230	42.762	1 372	185	148.5
Mitsubishi 3000GT VR-4	47.518	1 695	320	159.3
Nissan 240SX SE	25.066	1 298	155	136.1
Pontiac Firebird Trans Am	27.770	1 567	305	166.0
PorscheBoxster	45.560	1 734	201	150.0
Toyota Supra Turbo	40.989	1 590	320	168.9
Volvo C70	41.120	1 490	236	156.1

15.9　logistic 回归

在许多回归应用中，因变量仅能够被假定为两个离散值。例如，为了预测人们是否愿意使用某种信用卡，一家银行很想建立一个估计的回归方程。如果银行批准使用某种信用卡的申请，则因变量被赋值为 $y=1$；如果银行拒绝使用某种信用卡的申请，则因变量被赋值为 $y=0$。利用 logistic 回归，在被选取出来的自变量的一组特定值已知的条件下，我们能估计银行将批准使用某种信用卡申请的概率。

现在让我们考虑 logistic 回归的一个应用，该应用涉及 Simmons 商店正在使用的一种直接邮寄广告的促销手段。Simmons 拥有并且经营一家全国性的妇女服饰连锁商店。这家连锁店印制了 5 000 份成本昂贵的彩色商品目录，并且每份商品目录还赠送一张商家的优惠券，如果顾客购买 200 美元或 200 美元以上的商品，将给予 50 美元的折扣。因为商品目录的成本昂贵，所以 Simmons 只愿意将商品目录寄送给那些最有可能使用优惠券并购买 200 美元或 200 美元以上商品的顾客。

管理人员认为，在预测收到商品目录的顾客是否将使用优惠券并购买 200 美元或 200 美元以上的商品时，两个可能会有所帮助的变量是在 Simmons 商店的年消费支出和顾客拥有 Simmons 信用卡的情况。Simmons 进行了一项试验性的研究，随机样本由 50 名拥有 Simmons 信用卡的顾客和 50 名没有 Simmons 信用卡的其他顾客组成。对被随机抽取出来的 100 名顾客，Simmons 把商品目录送给他们中的每一位。在一个试验周期结束时，Simmons 记录下顾客是否使用了优惠券。前 10 名商品目录接受者的样本数据如表 15-12 所示。每一名顾客去年在 Simmons 商店的年消费支出以 1 000 美元为单位。信用卡的信息被赋值，如果顾客拥有 Simmons 信用卡，则被赋值为 1，否则为 0。优惠券的信息也被赋值，如果样本中的顾客使用了优惠券并购买了 200 美元或 200 美元以上的商品，则被赋值为 1，否则为 0。

表 15-12　Simmons 商店例子的部分样本数据

顾客	年消费支出 /1 000 美元	Simmons 信用卡	优惠券	顾客	年消费支出 /1 000 美元	Simmons 信用卡	优惠券
1	2.291	1	0	6	2.473	0	1
2	3.215	1	0	7	2.384	0	0
3	2.135	1	0	8	7.076	0	0
4	3.924	0	0	9	1.182	1	1
5	2.528	1	0	10	3.345	0	0

我们可以利用表 15-12 的数据建立一个多元回归模型，该模型能帮助 Simmons 预测，一名商品目录的接受者是否将使用优惠券并购买 200 美元或 200 美元以上的商品。我们用年消费支出和 Simmons 信用卡作为自变量，优惠券作为因变量。因为因变量仅可以被假定为两个值——0 或 1，所以无法应用常规的多元回归模型。这个例子说明在怎样的情形下应建立 logistic 回归这种类型的模型。下面我们将看到，如何利用 logistic 回归去帮助 Simmons 预测哪一种类型的顾客最有可能利用商店直接邮寄的促销优惠券。

15.9.1　logistic 回归方程

在许多方面，logistic 回归与普通回归是类似的。logistic 回归需要一个因变量 y 和一个或一个以上的自变量。在多元回归分析中，我们把 y 的平均值或期望值称为多元回归方程。

$$E(y) = \beta_0 + \beta_1 x_1 + \beta_2 x_2 + \cdots + \beta_p x_p \tag{15-26}$$

在 logistic 回归中，我们不但在实践上，而且在统计理论上也已经证明了下面的非线性方程较好地描述了 $E(y)$ 和 x_1，x_2，$\cdots$，x_p 之间的关系。

logistic 回归方程

$$E(y) = \frac{e^{\beta_0 + \beta_1 x_1 + \beta_2 x_2 + \cdots + \beta_p x_p}}{1 + e^{\beta_0 + \beta_1 x_1 + \beta_2 x_2 + \cdots + \beta_p x_p}} \tag{15-27}$$

如果因变量 y 的两个值被赋值为 0 或 1，那么在自变量 x_1，x_2，$\cdots$，x_p 的一组特定值已知的条件下，式（15-27）中 $E(y)$ 的值给出了 $y=1$ 的概率。由于 $E(y)$ 被解释为概率，所以通常将 **logistic 回归方程**（logistic regression equation）写成如下形式。

logistic 回归中的 $E(y)$ 被解释为概率

$$E(y) = P(y=1 \mid x_1, x_2, \cdots, x_p) \tag{15-28}$$

为了更好地理解 logistic 回归方程的特征，假定模型仅包括一个自变量 x，并且模型的参数值为 $\beta_0 = -7$，$\beta_1 = 3$。对应这些参数值，logistic 回归方程为：

$$E(y) = P(y=1 \mid x) = \frac{e^{\beta_0 + \beta_1 x}}{1 + e^{\beta_0 + \beta_1 x}} = \frac{e^{-7+3x}}{1 + e^{-7+3x}} \quad (15\text{-}29)$$

图 15-12 是式（15-29）的图示。注意，图形为一条 S 形曲线。$E(y)$ 的取值范围为 $0 \sim 1$。例如，当 $x=2$ 时，$E(y)$ 近似等于 0.27。要注意当自变量 x 的值变得愈来愈大时，$E(y)$ 的值逐渐地增加，并且愈来愈接近于 1；当自变量 x 的值变得愈来愈小时，$E(y)$ 的值逐渐地减少，并且愈来愈接近于 0。例如，当 $x=2$ 时，$E(y)=0.269$。还需要注意的是，当自变量

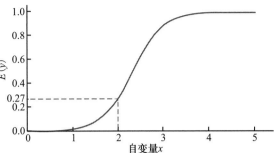

图 15-12　对于 $\beta_0 = -7$，$\beta_1 = 3$ 的 logistic 回归方程

x 的值从 2 增加到 3 时，表示概率的 $E(y)$ 的值增加得非常快。由于 $E(y)$ 的取值范围为 $0 \sim 1$ 和 $E(y)$ 为一条 S 形曲线这两个事实，就从理论上使式（15-29）非常适合做因变量的概率等于 1 的模型。

15.9.2　估计 logistic 回归方程

在简单线性回归和多元回归时，我们利用最小二乘法计算模型参数（β_0，β_1，β_2，$\cdots$，β_p）的估计量 b_0，b_1，b_2，$\cdots$，b_p。因为 logistic 回归方程具有非线性形式，因此计算估计量的方法要更复杂，并且超出了本书的范围。我们将利用计算机软件包求出这些估计量，得到下面的**估计的 logistic 回归方程**（estimated logistic regression equation）。

> **估计的 logistic 回归方程**
>
> $$\hat{y} = P(y=1 \mid x_1, x_2, \cdots, x_p) \text{ 的估计} = \frac{e^{b_0 + b_1 x_1 + b_2 x_2 + \cdots + b_p x_p}}{1 + e^{b_0 + b_1 x_1 + b_2 x_2 + \cdots + b_p x_p}} \quad (15\text{-}30)$$
>
> 式中，$\hat{y}$ 是在自变量 x_1，x_2，$\cdots$，x_p 的一组特定值已知时，给出了 $y=1$ 的概率的估计。

现在让我们回到 Simmons 商店的例子。在这个问题中，我们定义的变量如下所示。

$$y = \begin{cases} 0, & \text{如果顾客没有使用优惠券} \\ 1, & \text{如果顾客使用了优惠券} \end{cases}$$

$x_1 = $ 在 Simmons 商店的年消费支出（1 000 美元）

$$x_2 = \begin{cases} 0, & \text{如果顾客没有 Simmons 信用卡} \\ 1, & \text{如果顾客有 Simmons 信用卡} \end{cases}$$

于是，我们选择有两个自变量的 logistic 回归方程。

$$E(y) = \frac{e^{\beta_0 + \beta_1 x_1 + \beta_2 x_2}}{1 + e^{\beta_0 + \beta_1 x_1 + \beta_2 x_2}} \quad (15\text{-}31)$$

我们利用样本数据（见表 15-11）和统计软件计算模型参数 β_0，β_1，β_2 的估计值。[注]部分输出如图 15-13 所示。我们看到 $b_0 = -2.146$，$b_1 = 0.342$ 和 $b_2 = 1.099$。于是估计的 logistic 回归方程是：

$$\hat{y} = \frac{e^{b_0 + b_1 x_1 + b_2 x_2}}{1 + e^{b_0 + b_1 x_1 + b_2 x_2}} = \frac{e^{-2.146 + 0.342 x_1 + 1.099 x_2}}{1 + e^{-2.146 + 0.342 x_1 + 1.099 x_2}} \quad (15\text{-}32)$$

现在我们就能利用式（15-32）估计一种特定类型的顾客使用优惠券的概率。例如，对于去年的消费支出为 2 000 美元和没有 Simmons 信用卡的顾客，我们可以估计他们使用优惠券的概率。为此我们将 $x_1 = 2$，$x_2 = 0$ 代入式（15-32）中，得到：

⊖　在附录 15B 我们给出了如何使用 JMP 生成如图 15-13 所示的输出。

$$\hat{y} = \frac{e^{-2.146+0.342\times2+1.099\times0}}{1+e^{-2.146+0.342\times2+1.099\times0}} = \frac{e^{-1.642}}{1+e^{-1.462}} = \frac{0.2318}{1.2318} = 0.1882$$

于是，对于这种特定类型的顾客群体，他们使用优惠券的概率大约为 0.19。类似地，我们可以估计去年的消费支出为 2 000 美元和拥有 Simmons 信用卡的顾客使用优惠券的概率。为此，我们将 $x_1 = 2$，$x_2 = 1$ 代入式（15-32），得到：

$$\hat{y} = \frac{e^{-2.146+0.342\times2+1.099\times1}}{1+e^{-2.146+0.342\times2+1.099\times1}} = \frac{e^{-0.363}}{1+e^{-0.363}} = \frac{0.6956}{1.6956} = 0.4102$$

于是，对于这种特定类型的顾客群体，他们使用优惠券的概率大约为 0.41。这一结果显示出拥有 Simmons 信用卡的顾客，他们使用优惠券的概率要比没有 Simmons 信用卡的顾客大得多。但是，在推断出任何的结论之前，我们必须对得到的估计的 logistic 回归方程的统计显著性进行评估。

15.9.3 显著性检验

logistic 回归的显著性检验与多元回归的显著性检验相类似。首先，我们进行总体的显著性检验。对于 Simmons 商店的例子，总体的显著性检验如下。

$$H_0 : \beta_1 = \beta_2 = 0$$

$$H_a : 至少有一个参数不等于零$$

总体的显著性检验是根据 χ^2 检验统计量的值进行的。如果原假设成立，则 χ^2 统计量的抽样分布为服从自由度等于模型中自变量个数的 χ^2 分布。虽然 χ^2 统计量的计算超出了本书的范围，但是 χ^2 统计量的值和它所对应的 p-值已由图 15-13 中的 Significance Tests 的 Whole Model 行给出。我们从图 15-13 看到 χ^2 统计量的值是 13.63，它的自由度是 2，它的 p-值是 0.001。于是，在 $\alpha \geqslant 0.001$ 的任一显著性水平下，我们应该拒绝原假设，并且得到模型的总体是显著的结论。

如果 χ^2 检验表明模型的总体是显著的，那么我们就可以利用 χ^2 检验来确定每一个单个的自变量对模型总体是否有显著的作用。对于自变量 x_i，提出的假设是：

Significance Tests			
Term	Degrees of Freedom	χ^2	p-Value
Whole Model	2	13.63	0.0011
Spending	1	7.56	0.0060
Card	1	6.41	0.0013
Parameter Estimates			
Term	Estimate	Standard Error	
Intercept	−2.146	0.577	
Spending	0.342	0.129	
Card	1.099	0.44	
Odds Ratios			
Term	Odds Ratio	Lower 95%	Upper 95%
Spending	1.4073	1.0936	1.8109
Card	3.0000	1.2550	7.1730

图 15-13 Simmons 商店例子的 logistic 回归的部分输出

$$H_0 : \beta_i = 0 \qquad H_a : \beta_i \neq 0$$

对一个独立变量的显著性检验也取决于 χ^2 检验统计量的值。如果原假设成立，χ^2 的抽样分布遵循具有一个自由度的 χ^2 分布。图 15-13 中，Significance Tests 的 Spending 和 Card 行包含了每一个被估计的系数的 χ^2 值和对应的 p-值。假定我们在 $\alpha = 0.05$ 的显著性水平下，检验 Simmons 商店模型中自变量的显著性。对于自变量 x_1，χ^2 值是 7.56，对应的 p-值是 0.006。于是，在 $\alpha = 0.05$ 的显著性水平下，我们应该拒绝 $H_0 : \beta_1 = 0$。用类似的方法，我们也应该拒绝 $H_0 : \beta_2 = 0$，这是因为对应于 $\chi^2 = 6.41$ 的 p-值是 0.001 3。所以在 $\alpha = 0.05$ 的显著性水平下，两个自变量在统计上都是显著的。

15.9.4 管理上的应用

我们已经讨论了如何建立估计的 logistic 回归方程和如何检验它的显著性。现在让我们利用这些结果对 Simmons 商店通过邮寄商品目录进行促销的问题做出一个决策建议。对于 Simmons 商店，我们已经计算出了 $P(y = 1 \mid x_1 = 2, x_2 = 1) = 0.4102$ 和 $P(y = 1 \mid x_1 = 2, x_2 = 0) = 0.1881$。这些概率表明对于去年的消费支出为 2 000 美元的顾客，拥有

Simmons 信用卡增加了使用优惠券购买商品的概率。对去年的消费支出在 1 000~7 000 美元的两类顾客（一类拥有 Simmons 信用卡，另一类没有 Simmons 信用卡），我们在表 15-12 中看到了他们使用优惠券的估计的概率。Simmons 将如何利用这些信息，为顾客制定新的促销策略？假定 Simmons 只愿意将促销的商品目录邮寄给那些使用优惠券的概率等于或大于 0.40 的顾客。利用表 15-13 中估计的概率，Simmons 的促销策略应该包括以下两方面。

拥有 Simmons 信用卡的顾客：对去年的消费支出为 2 000 美元或 2 000 美元以上的每一位顾客都邮寄促销的商品目录。

没有 Simmons 信用卡的顾客：对去年的消费支出为 6 000 美元或 6 000 美元以上的每一位顾客都邮寄促销的商品目录。

表 15-13　Simmons 商店的估计的概率

	去年的消费支出/美元						
	1 000	2 000	3 000	4 000	5 000	6 000	7 000
拥有信用卡	0.330 7	0.410 2	0.494 8	0.579 6	0.659 9	0.732 0	0.793 6
没有信用卡	0.141 4	0.188 1	0.246 0	0.314 8	0.392 7	0.476 5	0.561 7

我们再留意一下估计的概率，我们看到对于没有 Simmons 信用卡，但是去年的消费支出为 5 000 美元的顾客，他们使用优惠券的概率是 0.392 7 [⊖]。于是，Simmons 或许觉得需要修订这一促销策略，即将那些虽然没有 Simmons 信用卡，但只要去年的消费支出为 5 000 美元或 5 000 美元以上的顾客也包括进来。

15.9.5　解释 logistic 回归方程

对一个回归方程做出解释涉及与我们建立方程要回答的商务问题有关的自变量。利用 logistic 回归，直接地解释自变量和 $y=1$ 的概率之间的关系非常困难，这是因为 logistic 回归方程是非线性方程。但是统计学家们已经证明，他们能利用一个被称为机会比率的概念间接地解释这一关系。

有利于一个事件发生的机会比（odds in favor of an event occurring）被定义为事件将要发生的概率与该事件将不会发生的概率的比。在 logistic 回归中，我们总是将感兴趣的事件设定为 $y=1$。于是在自变量的一组特定值已知时，有利于事件 $y=1$ 发生的机会比能按下式计算：

$$机会比 = \frac{P(y=1 \mid x_1, x_2, \cdots, x_p)}{P(y=0 \mid x_1, x_2, \cdots, x_p)} = \frac{P(y=1 \mid x_1, x_2, \cdots, x_p)}{1 - P(y=1 \mid x_1, x_2, \cdots, x_p)} \tag{15-33}$$

机会比率（odds ratio）度量了当一组自变量中只有一个自变量增加了一个单位时对机会比的影响。机会比率是两个机会比之商。其中，分子是当给定的一组自变量中一个自变量增加了一个单位时，$y=1$ 的机会比（$odds_1$）；分母是该组自变量的值都没有变化时，$y=1$ 的机会比（$odds_0$）。

机会比率

$$机会比率 = \frac{odds_1}{odds_0} \tag{15-34}$$

例如，假定我们想要将去年的消费支出为 2 000 美元并且拥有 Simmons 信用卡的顾客（$x_1=2$，$x_2=1$）使用优惠券的机会比，与去年的消费支出为 2 000 美元但没有 Simmons 信用卡的顾客（$x_1=2$，$x_2=0$）使用优惠券的机会比进行比较。我们感兴趣的是解释自变量 x_2 增加一个单位的影响。在这种情形下，可得：

$$odds_1 = \frac{P(y=1 \mid x_1=2, x_2=1)}{1 - P(y=1 \mid x_1=2, x_2=1)}$$

和

⊖　原文为 0.392 2，与表 15-13 中的数值不一致，译者改动后与表 15-13 中的数值保持一致。

$$\text{odds}_0 = \frac{P(y=1 \mid x_1 = 2, \ x_2 = 0)}{1 - P(y=1 \mid x_1 = 2, \ x_2 = 0)}$$

我们在前面已经得到，在 $x_1 = 2$，$x_2 = 1$ 时，$y = 1$ 的概率的估计值是 0.410 2；在 $x_1 = 2$，$x_2 = 0$ 时，$y = 1$ 的概率的估计值是 0.188 1。于是，

$$\text{odds}_1 \text{ 的估计值} = \frac{0.410\ 2}{1 - 0.410\ 2} = 0.695\ 6$$

$$\text{odds}_0 \text{ 的估计值} = \frac{0.188\ 1}{1 - 0.188\ 1} = 0.231\ 8$$

估计的机会比率是：

$$\text{估计的机会比率} = \frac{0.695\ 6}{0.231\ 8} = 3.00$$

于是，我们能够断定去年的消费支出为 2 000 美元并且拥有 Simmons 信用卡的顾客使用优惠券的机会比，是去年的消费支出同为 2 000 美元但没有 Simmons 信用卡的顾客使用优惠券的机会比的 3 倍。

当所有其他的自变量都保持不变时，我们能计算出每一个自变量的机会比率。但是所有其他的自变量取什么样的常数值却是无关紧要的。例如，如果用 3 000 美元代替去年 2 000 美元的消费支出（x_1），我们对 Simmons 信用卡变量（x_2）计算机会比率，我们还会得到相同的机会比率的估计值（3.00）。于是，我们能够断定拥有 Simmons 信用卡的顾客使用优惠券的机会比，是没有 Simmons 信用卡的顾客使用优惠券的机会比的 3 倍。

对于绝大多数统计软件，机会比率是标准输出。图 15-13 中，列标题"Odds Ratio"包含了每一个自变量的估计的机会比率。Spending（x_1）的估计的机会比率是 1.407 3，Card（x_2）的估计的机会比率是 3.000 0。我们已经说明了应该如何解释二进制的自变量 x_2 的估计的机会比率。现在让我们考虑如何解释连续型自变量 x_1 的估计的机会比率。

输出的列标题"Odds Ratio"下，数值 1.407 3 告诉我们去年消费支出为 3 000 美元的顾客使用优惠券的估计的机会比，是去年消费支出为 2 000 美元的顾客使用优惠券的估计的机会比的 1.407 3 倍。而且，这个解释对 x_1 的任何一个单位的变化都成立。例如，去年消费支出为 5 000 美元的顾客使用优惠券的估计的机会比，是去年消费支出为 4 000 美元的顾客使用优惠券的估计的机会比的 1.407 3 倍。但是，假定我们感兴趣的问题是，当自变量的增加超过一个单位时机会比的变化情况。注意，x_1 的取值范围是 1~7。输出的机会比率不能回答这个问题。为了回答这个问题，我们必须考察机会比率和回归系数之间的关系。

在一个变量的机会比率和它所对应的回归系数之间存在一个唯一的关系。在一个 logistic 回归方程中，每一个自变量都能表示成如下形式：

$$\text{机会比率} = e^{\beta_i}$$

为了说明这个关系，考虑在 Simmons 商店例子中的自变量 x_1。x_1 的估计的机会比率是：

$$\text{估计的机会比率} = e^{b_1} = e^{0.342} = 1.407$$

类似地，x_2 的估计的机会比率是：

$$\text{估计的机会比率} = e^{b_2} = e^{1.099} = 3.000$$

一旦我们求出了模型参数的估计值，利用自变量的机会比率和回归系数之间的关系，就能很容易地计算出机会比率的估计值。而且它也为我们提供了当连续型自变量的变化大于或小于一个单位时，研究机会比率变化的能力。

当一个自变量变化一个单位，而所有其他的自变量都保持不变时，一个自变量的机会比率描述了该自变量机会比的变化。假定我们想要考虑自变量的变化大于一个单位，比如 c 个单位时的影响。例如，假定在 Simmons 商店的例子中，我们想要将去年的消费支出为 5 000 美元（$x_1 = 5$）的顾客使用优惠券的机会比，与去年的消费支出为 2 000 美元（$x_1 = 2$）的顾客使用优惠券的机会比进行比较。在这种情形下，$c = 5 - 2 = 3$，对应的估计的机会比率是：

$$e^{cb_1} = e^{3 \times 0.342} = e^{1.026} = 2.79$$

这个结果表明去年的消费支出为 5 000 美元的顾客使用优惠券的估计的机会比，是去年的消费支出为 2 000 美元的

顾客使用优惠券的估计的机会比的 2.79 倍。换句话说，对于一个去年的消费支出增加 3 000 美元的顾客而言，使用优惠券的估计的机会比率是 2.79。

一般来说，机会比率使我们能够比较两个不同事件的机会比。如果机会比率的值是 1，那么两个事件的机会比是相同的。于是，如果正在考虑的自变量（例如 Simmons 信用卡的状态）对事件发生的概率有一个正影响，那么对应的机会比率将大于 1。大多数的统计软件都给出了机会比率的置信区间。图 15-13 的 Odds Ratios 对每一个机会比率都给出了置信水平为 95% 的置信区间。例如，x_1 的机会比率的点估计值是 1.407 3，置信水平为 95% 的置信区间是（1.093 6，1.810 9）。因为置信区间不包含数值 1，所以我们能够断定 x_1 对估计的机会比率有一个显著的影响。类似地，x_2 的机会比率的置信水平为 95% 的置信区间是（1.255，7.173）。因为这个区间也不包含数值 1，所以我们也能够断定 x_2 对估计的机会比率有一个显著的影响。

15.9.6 对数机会比变换

在有利于 $y=1$ 的机会比和 logistic 回归方程中 e 的指数之间，我们能够观察到一个有趣的关系。这个关系可以表示为：

$$\ln(\text{odds}) = \beta_0 + \beta_1 x_1 + \beta_2 x_2 + \cdots + \beta_p x_p$$

这个方程表明，有利于 $y=1$ 的机会比的自然对数是自变量的线性函数。我们称这个线性函数为**对数机会比**（logit）。我们用符号 $g(x_1, x_2, \cdots, x_p)$ 表示对数机会比。

> **对数机会比**
>
> $$g(x_1, x_2, \cdots, x_p) = \beta_0 + \beta_1 x_1 + \beta_2 x_2 + \cdots + \beta_p x_p \qquad (15\text{-}35)$$

用 $g(x_1, x_2, \cdots, x_p)$ 代替式（15-27）中的 $\beta_0 + \beta_1 x_1 + \beta_2 x_2 + \cdots + \beta_p x_p$，我们能将 logistic 回归方程写成如下形式。

$$E(y) = \frac{e^{g(x_1, x_2, \cdots, x_p)}}{1 + e^{g(x_1, x_2, \cdots, x_p)}} \qquad (15\text{-}36)$$

一旦我们估计出 logistic 回归方程的参数，我们就能计算出对数机会比的估计值。我们用符号 $\hat{g}(x_1, x_2, \cdots, x_p)$ 表示**估计的对数机会比**（estimated logit），从而得到：

> **估计的对数机会比**
>
> $$\hat{g}(x_1, x_2, \cdots, x_p) = b_0 + b_1 x_1 + b_2 x_2 + \cdots + b_p x_p \qquad (15\text{-}37)$$

于是，根据估计的对数机会比，估计的 logistic 回归方程是：

$$\hat{y} = \frac{e^{b_0 + b_1 x_1 + b_2 x_2 + \cdots + b_p x_p}}{1 + e^{b_0 + b_1 x_1 + b_2 x_2 + \cdots + b_p x_p}} = \frac{e^{\hat{g}(x_1, x_2, \cdots, x_p)}}{1 + e^{\hat{g}(x_1, x_2, \cdots, x_p)}} \qquad (15\text{-}38)$$

对于 Simmons 商店的例子，估计的对数机会比是：

$$\hat{g}(x_1, x_2) = -2.146 + 0.342 x_1 + 1.099 x_2$$

估计的 logistic 回归方程是：

$$\hat{y} = \frac{e^{\hat{g}(x_1, x_2)}}{1 + e^{\hat{g}(x_1, x_2)}} = \frac{e^{-2.146 + 0.342 x_1 + 1.099 x_2}}{1 + e^{-2.146 + 0.342 x_1 + 1.099 x_2}}$$

于是，由于在估计的对数机会比和估计的 logistic 回归方程之间存在唯一的关系，所以我们能计算 Simmons 商店的概率，这个概率可以通过用 $e^{\hat{g}(x_1, x_2)}$ 除以 $1 + e^{\hat{g}(x_1, x_2)}$ 得到。

注释和评论

1. 由于在模型中被估计的系数和对应的机会比率之间存在唯一的关系，因此，建立在 χ^2 统计量基础上的总体的显著性检验也是机会比率的总体显著性检验。另外，对模型单个参数显著性的 χ^2 检验也给出了对应的机会比率显著性的统计检验。

2. 在简单和多元回归情形中，我们利用判定系数来度量模型的拟合优度。在 logistic 回归情形中，没有单一的测度能给出类似的解释。拟合优度的讨论已经超出了我们关于 logistic 回归介绍性论述的范围。

练 习

应用

44. 参阅在本节中介绍的 Simmons 商店的例子。如果顾客使用优惠券购买了商品，则因变量被赋值为 $y=1$，否则，$y=0$。假定唯一能帮助我们预测顾客是否将使用优惠券的可得到的有用信息是顾客拥有信用卡的状况，如果顾客拥有 Simmons 信用卡，则自变量被赋值为 $x=1$，否则，$x=0$。

a. 写出 y 关于 x 的 logistic 回归方程。

b. 当 $x=0$ 时，如何解释 $E(y)$？

c. 对于表 15-12 中 Simmons 商店的数据，利用统计软件计算估计的对数机会比（estimated logit）。

d. 利用在（c）中得到的估计的对数机会比，计算没有 Simmons 信用卡的顾客使用优惠券购买商品的概率的估计值，以及计算拥有 Simmons 信用卡的顾客使用优惠券购买商品的概率的估计值。

e. 机会比率的估计值是多少？它的解释是什么？

46. Community Bank 想增加使用工资单直接存款的客户人数。管理部门正考虑一个新的销售计划，该计划将要求每一个部门的管理人员电话联系每一位目前没有使用工资单直接存款的客户。作为登记报名参加使用工资单直接存款计划的一种奖励，将为每一位有联系的客户提供两年的免费账目核对。由于新计划涉及时间和费用方面的问题，所以管理部门想把精力集中在登记报名参加使用工资单直接存款计划概率最高的那些客户身上。管理部门相信，客户支票账户上平均每月的余额可能有助于预测该客户是否参加使用工资单直接存款计划。为了查明这两个变量之间的关系，Community Bank 抽取了 50 位目前没有使用工资单直接存款的支票账户客户组成一个随机样本，然后利用这个样本来试验新的计划。样本数据给出了支票账户平均每月的余额（1 000 美元）和管理人员电话联系过的客户是否登记报名参加使用工资单直接存款计划（如果客户登记报名参加使用工资单直接存款计划，则被赋值 1，否则被赋值 0）。这些数据被存放在名为 Bank 的数据集中；部分数据

如下表所示。

a. 写出 y 关于 x 的 logistic 回归方程。

b. 对于 Community Bank 的数据，利用统计软件计算估计的 logistic 回归方程。

c. 在 $\alpha=0.05$ 的显著性水平下，利用 χ^2 检验统计量进行显著性检验。

d. 如果客户平均每月支票账户的余额为 1 000 美元，估计该客户将登记报名参加使用工资单直接存款计划的概率。

e. 假定 Community Bank 只希望与登记报名参加使用工资单直接存款计划概率大于或等于 0.5 的客户进行电话联系。要达到这个要求的概率水平，客户平均每月支票账户的余额应是多少？

f. 机会比率的估计值是多少？如何解释其含义？

客户	$x=$支票账户平均每月的余额/1 000 美元	$y=$直接存款
1	1.22	0
2	1.56	0
3	2.10	0
4	2.25	0
5	2.89	0
6	3.55	0
7	3.56	0
8	3.65	1
⋮	⋮	⋮
48	18.45	1
49	24.98	0
50	26.05	1

48. *Tire Rack* 杂志保持了一项独立的消费者调查工作，通过司机们的互相帮助，来分享他们长期使用轮胎的经验。对 68 条全季节轮胎的调查结果存放在名为 TireRatings 的文件中。对轮胎的性能特点使用下面的 10 分制评定等级。

优		良		好		一般		差	
10	9	8	7	6	5	4	3	2	1

标记为 Wet 的变量的数值是每条轮胎牵引性能的平均等级，标记为 Noise 的变量的数值是每条轮胎产生的噪声水平的平均等级。受访者还被要求使

用下面的 10 分制评定等级，表示他们是否会再次购买轮胎。

肯定		大概		可能		大概不会		绝对不	
10	9	8	7	6	5	4	3	2	1

标记为 Buy Again 的变量的数值是回答再次购买的平均值。为了达到这道习题的目的，我们建立下面的二进制因变量：

$$Purchase = \begin{cases} 1, & \text{如果变量 Buy Again 的值} \geq 7 \\ 0, & \text{如果变量 Buy Again 的值} < 7 \end{cases}$$

于是，如果 Purchase = 1，受访者大概或肯定会再次购买轮胎。

a. 如果 x_1 表示变量 Wet 的性能等级，x_2 表示变量 Noise 的性能等级，y 表示变量 Purchase，写出 y 关于 x_1 和 x_2 的 logistic 回归方程。

b. 利用统计软件计算估计的对数机会比。

c. 利用估计的对数机会比，对于变量 Wet 和 Noise 的性能等级都是 8 的一条特定的轮胎，计算一名顾客大概或肯定会再次购买该轮胎的概率的估计值。

d. 假设变量 Wet 和 Noise 的性能等级都是 7。这对一名顾客大概或肯定会再次购买具有这些性能等级的一条特定轮胎的概率会有什么影响？

e. 如果你是一家轮胎公司的 CEO，（c）和（d）中的结果告诉你什么？

15.10 实践中的建议：多元回归中的大数据和假设检验

我们在第 14 章中看到，在简单回归模型中，假设检验 $H_0: \beta_1 = 0$ 的 p-值随着样本容量的增大而减小。类似地，对于给定的置信水平，β_1 的置信区间、y 的均值的置信区间和单个 y 的预测区间随着样本容量的增大而变窄。这些结论推广到多元回归依然成立。

- F 检验的 p-值用于确定回归模型中被解释变量和所有自变量之间的关系是否显著，它随着样本容量的增大而减小。
- t 检验的 p-值用于确定回归模型中被解释变量和单个自变量之间的关系是否显著，它随着样本容量的增大而减小。
- 与每个自变量相联系的斜率参数的置信区间，随着样本容量的增大而变窄。
- y 的均值的置信区间随着样本容量的增大而变窄。
- y 的单个值的预测区间随着样本容量的增大而变窄。

因此，每个自变量的斜率参数的区间估计、y 的均值的置信区间和单个 y 的预测区间随着样本容量的增大变得更加精确。随着样本容量的增大，我们更容易拒绝假设"模型中因变量和一组自变量之间不存在关系"。即便存在严重的多重共线性，如果样本充分大，那些高度相关的自变量各自依然和因变量之间具有显著的关系。但这并不意味着这些结果随着样本容量的增大而变得更加可靠。

不论采用多大的样本估计多元回归模型，我们都必须对数据中潜在的非抽样误差予以关注。谨慎考虑样本是不是来自总体的随机样本，这点尤为重要。如果数据搜集过程中有非抽样误差，多元回归中假设检验的第一类和第二类错误发生的可能性都会比没有非抽样误差时高。并且，对于多重共线性可能导致的估计的斜率系数不正确问题，并不会随着样本容量的增大而改变。最后，应该重点考虑多元回归模型中统计上显著的关系在实际中是否有意义。

虽然多元回归是一个非常强大的统计工具，但是没有商业决策是仅仅依据多元回归的假设检验而做出的。非抽样误差有可能使得结果有误导性。如果出现严重的多重共线性，我们必须对估计出的斜率系数谨慎解读。我们应该始终综合考虑统计显著性和实际显著性。特别地，当假设检验是基于极大的样本进行时，p-值会相当小，这点尤为重要。我们应该将多元回归中假设检验提供的依据与从其他来源收集的信息结合起来考虑，以做出最明智的决策。

小 结

作为在第 14 章中介绍的简单线性回归分析的推广，在这一章里我们引入了多元回归分析的内容。多元回归分析能够使我们了解一个因变量是如何依赖两个或两个以上自变量的。回归方程 $E(y) = \beta_0 + \beta_1 x_1 +$

$\beta_2 x_2 + \cdots + \beta_p x_p$ 描述了因变量 y 的平均值或期望值如何依赖自变量 x_1，x_2，$\cdots$，x_p 的值。我们利用样本数据和最小二乘法建立了估计的回归方程 $\hat{y} = b_0 + b_1 x_1 + b_2 x_2 + \cdots + b_p x_p$。实际上，$b_0$，$b_1$，$b_2$，$\cdots$，$b_p$ 是用来估计模型的未知参数 β_0，β_1，β_2，$\cdots$，β_p 的样本统计量。

作为估计的回归方程拟合优度的一个度量，我们介绍了多元判定系数的概念。多元判定系数测定了在因变量 y 的变异性中，能被估计的回归方程解释的部分所占的比例。修正多元判定系数是一个类似的拟合优度的度量，它用自变量的个数对 R^2 进行调整，这样就可以避免由于增加较多自变量而产生的高估影响。

在这一章里我们还介绍了 F 检验和 t 检验，这两个检验都是判断变量间的关系在统计上是否显著的工具。F 检验用于确定因变量和所有自变量之间在总体上是否存在一个显著的关系。t 检验用于确定在回归模型中的其他自变量已知时，因变量和单个的自变量之间是否存在一个显著的关系。自变量之间的相关性被称为多重共线性，我们已经讨论过这一概念。

分类自变量这一节叙述了如何利用虚拟变量将分类数据与多元回归分析结合起来。残差分析这一节叙述了如何利用残差分析来证实模型的假设，检测异常值和识别有影响的观测值。在这一节里，我们还讨论了标准化残差、杠杆率、学生化删除残差和库克距离测度等问题。在 logistic 回归这一节里，我们讨论了在因变量可能仅有两个假定值的情形下如何建模。最后，我们讨论了大型数据集对多元回归在应用和解读上的意义。

关键术语

adjusted multiple coefficient of determination 修正多元判定系数 估计的多元回归方程拟合优度的度量，它用自变量的个数进行调整，这样就可以避免由于增加较多自变量而产生的高估影响。

categorical independent variable 分类自变量 使用分类数据的自变量。

Cook's distance measure 库克距离测度 建立在第 i 次观测的杠杆率和第 i 次观测的残差基础上的观测影响程度的度量。

dummy variable 虚拟变量 用于模拟分类自变量影响的变量。虚拟变量的取值可以仅为 0 或 1。

estimated logistic regression equation 估计的 logistic 回归方程 根据样本数据得到的 logistic 回归方程的估计，即 $\hat{y} = P(y = 1 \mid x_1, x_2, \cdots, x_p)$ 的估计 = $\dfrac{e^{b_0 + b_1 x_1 + b_2 x_2 + \cdots + b_p x_p}}{1 + e^{b_0 + b_1 x_1 + b_2 x_2 + \cdots + b_p x_p}}$。

estimated logit 估计的对数机会比 根据样本数据得到的对数机会比的估计，即 $\hat{g}(x_1, x_2, \cdots, x_p) = b_0 + b_1 x_1 + b_2 x_2 + \cdots + b_p x_p$。

estimated multiple regression equation 估计的多元回归方程 根据样本数据和最小二乘法得到的多元回归方程的估计，即 $\hat{y} = b_0 + b_1 x_1 + b_2 x_2 + \cdots + b_p x_p$。

influential observation 有影响的观测值 对回归结果有一个强影响的观测值。

least squares method 最小二乘法 用来建立估计的回归方程的方法。这个方法使残差（因变量的观测值 y_i 和因变量的估计值 $\hat{y}$ 之间的离差）的平方和极小化。

leverage 杠杆率 自变量的值与自变量的平均值之间距离远近的度量。

logistic regression equation logistic 回归方程 关于 $E(y)$ 的数学方程，而 $E(y)$ 是对于自变量 x_1，x_2，$\cdots$，x_p 的值的 $y = 1$ 的概率，即 $E(y) = P(y = 1 \mid x_1, x_2, \cdots, x_p) = \dfrac{e^{\beta_0 + \beta_1 x_1 + \beta_2 x_2 + \cdots + \beta_p x_p}}{1 + e^{\beta_0 + \beta_1 x_1 + \beta_2 x_2 + \cdots + \beta_p x_p}}$。

logit 对数机会比 有利于事件 $y = 1$ 发生的机会比的自然对数，即 $g(x_1, x_2, \cdots, x_p) = \beta_0 + \beta_1 x_1 + \beta_2 x_2 + \cdots + \beta_p x_p$。

multicollinearity 多重共线性 用于描述自变量之间相关性的术语。

multiple coefficient of determination 多元判定系数 估计的多元回归方程拟合优度的度量。它被理解为在因变量 y 的变异性中，能被估计的回归方程解释的部分所占的比例。

multiple regression analysis 多元回归分析 包含两个或两个以上自变量的回归分析。

multiple regression equation 多元回归方程 因变量的期望值或平均值与自变量的值之间关系的数学方程，即 $E(y) = \beta_0 + \beta_1 x_1 + \beta_2 x_2 + \cdots + \beta_p x_p$。

multiple regression model 多元回归模型 描述因变量 y 是如何依赖自变量 x_1，x_2，$\cdots$，x_p 和误差项 ε 的数学方程。

odds in favor of an event occurring 有利于事件发生的机会比 事件将要发生的概率与该事件将不会发

生的概率的比。

odds ratio 机会比率 当一组自变量中只有一个自变量增加了一个单位时，$y=1$ 的机会比（odds_1）除以该组自变量的值没有变化时 $y=1$ 的机会比（odds_0），即机会比率 $=\text{odds}_1/\text{odds}_0$。

outlier 异常值 与其他数据所显示的趋势不吻合的观测值。

studentized deleted residuals 学生化删除残差 通过从数据集中删除第 i 次观测值，然后完成回归分析和有关计算，得到一个修正的估计的标准误差，在修正的估计的标准误差的基础上得到的标准化残差。

重要公式

多元回归模型
$$y = \beta_0 + \beta_1 x_1 + \beta_2 x_2 + \cdots + \beta_p x_p + \varepsilon \quad (15\text{-}1)$$

多元回归方程
$$E(y) = \beta_0 + \beta_1 x_1 + \beta_2 x_2 + \cdots + \beta_p x_p \quad (15\text{-}2)$$

估计的多元回归方程
$$\hat{y} = b_0 + b_1 x_1 + b_2 x_2 + \cdots + b_p x_p \quad (15\text{-}3)$$

最小二乘法准则
$$\min \sum (y_i - \hat{y}_i)^2 \quad (15\text{-}4)$$

SST，SSR 和 SSE 之间的关系
$$\text{SST} = \text{SSR} + \text{SSE} \quad (15\text{-}7)$$

多元判定系数
$$R^2 = \frac{\text{SSR}}{\text{SST}} \quad (15\text{-}8)$$

修正多元判定系数
$$R_a^2 = 1 - (1 - R^2)\frac{n-1}{n-p-1} \quad (15\text{-}9)$$

均方回归
$$\text{MSR} = \frac{\text{SSR}}{p} \quad (15\text{-}12)$$

均方误差
$$\text{MSE} = \frac{\text{SSE}}{n-p-1} \quad (15\text{-}13)$$

F 检验统计量
$$F = \frac{\text{MSR}}{\text{MSE}} \quad (15\text{-}14)$$

t 检验统计量
$$t = \frac{b_i}{s_{b_i}} \quad (15\text{-}15)$$

第 i 次观测的标准化残差
$$\frac{y_i - \hat{y}_i}{s_{y_i - \hat{y}_i}} \quad (15\text{-}23)$$

第 i 次观测的残差的标准差
$$s_{y_i - \hat{y}_i} = s\sqrt{1 - h_i} \quad (15\text{-}24)$$

库克距离测度
$$D_i = \frac{(y_i - \hat{y}_i)^2}{(p+1)s^2}\left[\frac{h_i}{(1-h_i)^2}\right] \quad (15\text{-}25)$$

logistic 回归方程
$$E(y) = \frac{e^{\beta_0 + \beta_1 x_1 + \beta_2 x_2 + \cdots + \beta_p x_p}}{1 + e^{\beta_0 + \beta_1 x_1 + \beta_2 x_2 + \cdots + \beta_p x_p}} \quad (15\text{-}27)$$

估计的 logistic 回归方程
$$\hat{y} = P(y = 1 \mid x_1, x_2, \cdots, x_p) \text{ 的估计}$$
$$= \frac{e^{b_0 + b_1 x_1 + b_2 x_2 + \cdots + b_p x_p}}{1 + e^{b_0 + b_1 x_1 + b_2 x_2 + \cdots + b_p x_p}} \quad (15\text{-}30)$$

机会比率
$$\text{机会比率} = \frac{\text{odds}_1}{\text{odds}_0} \quad (15\text{-}34)$$

对数机会比
$$g(x_1, x_2, \cdots, x_p)$$
$$= \beta_0 + \beta_1 x_1 + \beta_2 x_2 + \cdots + \beta_p x_p \quad (15\text{-}35)$$

估计的对数机会比
$$\hat{g}(x_1, x_2, \cdots, x_p)$$
$$= b_0 + b_1 x_1 + b_2 x_2 + \cdots + b_p x_p \quad (15\text{-}37)$$

补充练习

50. 电子联营公司的人事主管建立了雇员对工作满意程度的测试成绩与工龄和工资率之间关系的估计的回归方程如下。

$$\hat{y} = 14.4 - 8.69x_1 + 13.5x_2$$

式中，x_1 为工龄（年）；x_2 为工资率（美元）；y 为工作满意程度的测试成绩（比较高的分数表示对工作的满意程度也比较高）。

a. 解释在这个估计的回归方程中的系数。

b. 对于有 4 年工龄，每小时的工资为 13 美元的一名雇员，预测他对工作满意程度的测试成绩。

52. 参阅第 49 题，Clearwater 大学招生办公室工作人员建立了该校学生大学毕业考试的 GPA 关于 SAT 的数学成绩和高中阶段的 GPA 的估计的回归方程如下：

$$\hat{y} = -1.41 + 0.023\,5x_1 + 0.004\,86x_2$$

式中，x_1 代表高中阶段的 GPA，x_2 代表 SAT 的数学成绩，y 代表大学毕业考试的 GPA。部分计算机输出如下。

回归方程是 $\hat{y} = -1.41 + 0.023\,5x_1 + 0.004\,86x_2$

预测量	系数	系数的标准差	T
常数	−1.405 3	0.484 8	＿＿＿
x_1	0.023 467	0.008 666	＿＿＿
x_2	＿＿＿	0.001 077	＿＿＿

S = 3.35   R-sq = ＿＿＿ %   R-sq(adj) = ＿＿＿ %

方差分析

来源	自由度	平方和	均方	F
回归	＿＿＿	1.762 09	＿＿＿	＿＿＿
误差	＿＿＿	＿＿＿	＿＿＿	
总的	9	1.880 00		

a. 计算输出中空缺的值。

b. 利用 F 检验，在 $\alpha = 0.05$ 的显著性水平下，确定变量间是否存在一个显著的关系。

c. 利用 t 检验，在 $\alpha = 0.05$ 的显著性水平下，检验 $H_0 : \beta_1 = 0$ 和 $H_0 : \beta_2 = 0$。

d. 估计的回归方程对观测数据的拟合好吗？请做出解释。

54. 在美国，Tire Rack 是处于领先地位的轮胎和车轮在线经销商。为了向客户提供令人满意的产品，该经销商进行了全面的测试，使这些产品均能满足客户对车辆、驾驶风格和驾驶条件的要求。此外，Tire Rack 还保持了一项独立的消费者调查工作，通过司机们的互相帮助，来分享他们长期使用轮胎的经验。下面是 18 项最高性能的夏季轮胎的调查等级分（等级分为 1~10，1 表示最差，10 表示最好）。变量"转向"评定的是轮胎的转向反应性等级；变量"胎面磨损"是根据司机的预期评定的轮胎胎面磨损速率等级；变量"再次购买"评定的是司机对轮胎的整体满意度，以及希望再次购买同样轮胎愿望的等级。

轮胎	转向	胎面磨损	再次购买
Goodyear Assurance TripleTred	8.9	8.5	8.1
MichelinHydroEdge	8.9	9.0	8.3
Michelin Harmony	8.3	8.8	8.2
Dunlop SP 60	8.2	8.5	7.9
Goodyear AssuranceComfor Tred	7.9	7.7	7.1
Yokohama Y372	8.4	8.2	8.9
Yokohama Aegis LS4	7.9	7.0	7.1
Kumho Power Star 758	7.9	7.9	8.3
Goodyear Assurance	7.6	5.8	4.5
Hankook H406	7.8	6.8	6.2
Michelin Energy LX4	7.4	5.7	4.8
Michelin MX4	7.0	6.5	5.3
Michelin Symmetry	6.9	5.7	4.2
Kumho 722	7.2	6.6	5.0
Dunlop SP 40 A/S	6.2	4.2	3.4
Bridgestone Insignia SE200	5.7	5.5	3.6
Goodyear Integrity	5.7	5.4	2.9
Dunlop SP20 FE	5.7	5.0	3.3

a. 建立一个估计的回归方程，使该方程在轮胎转向反应性等级已知时，能用来预测再次购买同样轮胎愿望的等级。在 $\alpha = 0.05$ 的显著性水平下，检验变量间是否存在一个显著的关系。

b. 在 (a) 中建立的估计的回归方程对观测数据的拟合好吗？请做出解释。

c. 建立一个估计的回归方程，使该方程在轮胎转向反应性等级和轮胎胎面磨损速率等级已知时，能用来预测再次购买同样轮胎愿望的等级。

d. 在 $\alpha = 0.05$ 的显著性水平下，检验增加的"胎面磨损"自变量是显著的自变量吗？

56. 下面是包含 45 只共同基金有关信息的数据集的一部分，这些共同基金是晨星基金 500（Morningstar Funds 500）的一部分。完整的数据集可以从名为 Mutual-Funds 的文件中得到。数据集包括以下 5 个变量。

基金类型：国内股本、国际股本和固定收益。

资产净值（美元）：2007 年 12 月 31 日的每股收盘价。

5 年平均收益率（%）：过去 5 年基金的平均年收率益。

费用比率（%）：每个会计年度从资产中扣除的基金费用的比例。

晨星排名：每一只基金的风险调整星级，晨星排名从最低的 1 星到最高的 5 星。

基金名称	基金类型	资产净值/美元	5年平均收益率（%）	费用比率（%）	晨星排名
Amer Cent Inc & Growth Inv	国内股本	28.88	12.39	0.67	2 星
American Century Intl. Disc	国际股本	14.37	30.53	1.41	3 星
American Century Tax-Free Bond	固定收益	10.73	3.34	0.49	4 星
American Century Ultra	国内股本	24.94	10.88	0.99	3 星
Ariel	国内股本	46.39	11.32	1.03	2 星
Artisan Intl Val	国际股本	25.52	24.95	1.23	3 星
Artisan Small Cap	国内股本	16.92	15.67	1.18	3 星
Baron Asset	国内股本	50.67	16.77	1.31	5 星
Brandywine	国内股本	36.58	18.14	1.08	4 星
⋮	⋮	⋮	⋮	⋮	⋮

a. 建立一个估计的回归方程，使该方程在基金类型已知时，能用来预测过去 5 年基金的平均收益率。在 $\alpha = 0.05$ 的显著性水平下，检验变量间关系的显著性。

b. 在 (a) 中建立的估计的回归方程对观测数据的拟合好吗？请做出解释。

c. 建立一个估计的回归方程，使该方程在基金类型、资产净值和费用比率已知时，能用来预测过去 5 年基金的平均收益率。在 $\alpha = 0.05$ 的显著性水平下，检验变量间关系的显著性。你觉得是否有变量应从估计的回归方程中删除？请做出解释。

d. 晨星排名是一个分类变量。因为数据中只包含四个星级（从 2 星到 5 星），所以利用下面的虚拟变量：

3StarRank = 1，如果是一只 3 星基金，否则，3StarRank = 0；

4StarRank = 1，如果是一只 4 星基金，否则，4StarRank = 0；

5StarRank = 1，如果是一只 5 星基金，否则，5StarRank = 0。

建立一个估计的回归方程，使该方程在基金类型、费用比率和晨星排名已知时，能用来预测过去 5 年基金的平均收益率。在 $\alpha = 0.05$ 的显著性水平下，删除任何不显著的自变量。

e. 对于一只费用比率为 1.05%，晨星排名为 3 星的国内股本基金，利用在 (d) 中建立的估计的回归方程预测该基金过去 5 年的平均收益率。

案例 15-1　消费者调查股份有限公司

消费者调查股份有限公司是一家独立的机构，该机构为各种类型的厂商调查消费者的态度和行为。在一项研究中，公司的客户要求对消费者的特点进行调查，其目的是预测消费者使用信用卡进行支付的数额。对于由 50 名消费者组成的一个样本，采集了有关年收入、家庭成员人数和年信用卡支付数额的统计资料。如下表所示的数据存放在名为 Consumer 的文件中。

年收入/1 000 美元	家庭成员人数	年信用卡支付数额/美元	年收入/1 000 美元	家庭成员人数	年信用卡支付数额/美元	年收入/1 000 美元	家庭成员人数	年信用卡支付数额/美元
54	3	4 016	21	2	2 448	62	3	4 705
30	2	3 159	44	1	2 995	64	2	4 157
32	4	5 100	37	5	4 171	22	3	3 579
50	5	4 742	62	6	5 678	29	4	3 890
31	2	1 864	21	3	3 623	39	2	2 972
55	2	4 070	55	7	5 301	35	1	3 121
37	1	2 731	42	2	3 020	39	4	4 183
40	2	3 348	41	7	4 828	54	3	3 730
66	4	4 764	54	6	5 573	23	6	4 127
51	3	4 110	30	1	2 583	27	2	2 921
25	3	4 208	48	2	3 866	26	7	4 603
48	4	4 219	34	5	3 586	61	2	4 273
27	1	2 477	67	4	5 037	30	2	3 067
33	2	2 514	50	2	3 605	22	4	3 074
65	3	4 214	67	5	5 345	46	5	4 820
63	4	4 965	55	6	5 370	66	4	5 149
42	6	4 412	52	2	3 890			

管理报告

1. 利用描述统计学的方法整理这些数据，对你的发现进行评述。

2. 首先用年收入作为自变量，然后用家庭成员人数作为自变量，分别建立估计的回归方程。哪一个自变量是更好地预测年信用卡支付数额的变量？讨论你的发现。

3. 用年收入和家庭成员人数作为自变量，建立估计的回归方程，讨论你的发现。

4. 对于年收入为 40 000 美元的三口之家，该家庭预测的年信用卡支付数额是多少？

5. 请对模型是否需要增加其他的自变量进行讨论。增加自变量可能会有什么帮助？

案例 15-2 预测 NASCAR 车手的奖金

Matt Kenseth 赢得了纳斯卡赛车（NASCAR，全美运动汽车竞赛协会的缩写）2012 年赛季最重要的比赛戴托纳 500。他的获胜并不令人意外，因为他在 2011 赛季的积分榜上以 2 330 分名列第四，落后于 Tony Stewart（2 403 分）、Carl Edwards（2 403 分）和 Kevin Harvick（2 345 分）。在 2011 年，Matt Kenseth 挣了 6 183 580 美元的奖金，因为他夺得三次首发（排位赛最快的车手），获得三场比赛的胜利，12 次进入前五名，20 次进入前十名。在 2011 年，NASCAR 的积分系统规定，第一名车手得到 43 个积分，第二名车手得到 42 个积分，直到第 43 名车手得到 1 个积分。另外，领先一圈的任何车手得到 1 个奖励积分，领先最多圈的车手得到额外的奖励积分，并且给比赛获胜者奖励 3 个积分。但是，一名车手在任何比赛中最多能够得到 48 个积分。表 15-14 是 2011 赛季前 35 名车手的数据（NASCAR website，2011 年 2 月 28 日）。

表 15-14 2011 赛季 NASCAR 成绩

车手	积分	首发	获胜	前五	前十	奖金/美元	车手	积分	首发	获胜	前五	前十	奖金/美元
Tony Stewart	2 403	1	5	9	19	6 529 870	Marcos Ambrose	936	0	1	5	12	4 750 390
Carl Edwards	2 403	3	1	19	26	8 485 990	Jeff Burton	935	0	0	2	5	3 807 780
Kevin Harvick	2 345	0	4	9	19	6 197 140	Juan Montoya	932	2	0	2	8	5 020 780
Matt Kenseth	2 330	3	3	12	20	6 183 580	Mark Martin	930	2	0	2	10	3 830 910
Brad Keselowski	2 319	1	3	10	14	5 087 740	David Ragan	906	2	1	4	8	4 203 660
Jimmie Johnson	2 304	0	2	14	21	6 296 360	Joey Logano	902	2	0	4	6	3 856 010
Dale Earnhardt Jr.	2 290	1	0	4	12	4 163 690	Brian Vickers	846	0	0	3	7	4 301 880
Jeff Gordon	2 287	1	3	13	18	5 912 830	Ragan Smith	820	0	1	2	5	4 579 860
Denny Hamlin	2 284	0	1	5	14	5 401 190	Jamie McMurray	795	1	0	2	4	4 794 770
Ryan Newman	2 284	3	1	9	17	5 303 020	David Reutimann	757	1	0	1	3	4 374 770
Kurt Busch	2 262	3	2	8	16	5 936 470	Boddy Labonte	670	0	0	1	2	4 505 650
Kyle Busch	2 246	1	4	14	18	6 161 020	David Gilliland	572	0	0	1	2	3 878 390
Clint Bowyer	1 047	0	1	4	16	5 633 950	Casey Mears	541	0	0	0	0	2 838 320
Kasey Kahne	1 041	2	1	8	15	4 775 160	Dave Blaney	508	0	0	1	1	3 229 210
A. J. Allmendinger	1 013	0	0	1	10	4 825 560	Andy Lally	398	0	0	0	0	2 868 220
Greg Biffle	997	3	0	3	10	4 318 050	Robby Gordon	268	0	0	0	0	2 271 890
Paul Menard	947	0	1	4	8	3 853 690	J. J. Yeley	192	0	0	0	0	2 559 500
Martin Truex Jr.	937	1	0	3	12	3 955 560							

管理报告

1. 假设你想使用车手获得首发的次数、获胜的次数、进入前五名的次数和进入前十名的次数这四个变量中的一个来预测该车手挣得的奖金（美元）。这四个变量中的哪一个能给出最佳的预测值？

2. 建立一个估计的回归方程，使该方程在车手获得首发的次数、获胜的次数、进入前五名的次数和进入前十名的次数已知时，能用来预测该车手挣得的奖金（美元）。对每一个自变量做单个的显著性检验。讨论你的发现和结论。

3. 建立两个新的自变量 Top 2-5 和 Top 6-10(Top 2-5 表示车手进入第 2~5 位的次数，Top 6-10 表示车手进入第 6~10 位的次数)。建立一个估计的回归方程，使该方程在车手获得首发的次数、获胜的次数、Top 2-5 和 Top 6-10 已知时，能用来预测该车手挣得的奖金（美元）。对每一个自变量做单个的显著性检验，讨论你的发现和结论。

4. 根据你的分析结果，为了预测车手的奖金（美元），你推荐哪个估计的回归方程？对该方程的估计的回归系数做出解释。

案例 15-3　找到最有价值的汽车

当你试图购买一辆汽车时，决定汽车实际价值的并不一定是你在初次购买时花了多少钱。相反，性能可靠并且不用花很多钱就能买到的汽车，往往代表了最合适的价值。但是，不管汽车的性能多么可靠，或者购买汽车的价格多么便宜，它还必须要有很好的操控能力。

为了度量汽车的价值，《消费者报告》杂志提出了一个被称为价值分数的统计量。价值分数是根据汽车车主五年的费用、汽车道路综合测试分数以及预测可靠性等级得出的。车主五年的费用是该车在第一个五年所产生的各项支出，包括折旧，燃油，维修及保养，等等。根据一辆车每年行驶 19 300 公里的全国平均水平，得到每公里平均费用作为车主五年费用的测度。道路综合测试分数是超过 50 次测试和评估的结果，并且以 100 分为满分来计算成绩，较高的分数表示有较好的性能、舒适性、便利性及燃油经济性。由《消费者报告》杂志所实施的道路测试中，得到最高分的是一辆雷克萨斯 LS 460L，为 99 分。预测可靠性等级（1 表示差，2 表示一般，3 表示好，4 表示很好，5 表示优秀）是基于《消费者报告》年度汽车调查的数据得到的。

价值分数为 1.0 的汽车被认为是"平均值"。价值分数为 2.0 的汽车被认为是比价值分数为 1.0 的汽车好两倍的汽车，价值分数为 0.5 的汽车被认为只有价值分数为 1.0 的汽车的一半好，等等。名为 CarValuede 的文件有三种规格轿车（13 辆小型轿车、20 辆家庭轿车和 21 辆高档轿车）的数据，包括每辆被测试轿车的价格（美元）（《消费者报告》网站）。由于加入了汽车规格的影响，所以考虑一个三水平（小型轿车、家庭轿车和高档轿车）的分类变量，我们需要利用两个虚拟变量如下：

$$家庭轿车 = \begin{cases} 1, & 如果是家庭轿车 \\ 0, & 否则 \end{cases}$$

$$高档轿车 = \begin{cases} 1, & 如果是高档轿车 \\ 0, & 否则 \end{cases}$$

管理报告

1. 以"费用/公里"为因变量，以"家庭轿车"和"高档轿车"为自变量建立一个估计的回归方程，讨论你的发现。

2. 以"价值分数"为因变量，以"费用/公里""道路综合测试分数""预测可靠性等级""家庭轿车"和"高档轿车"为自变量，建立一个估计的回归方程。

3. 在 $\alpha = 0.05$ 的显著性水平下，从（2）建立的估计的回归方程中删除不显著的自变量。删除不显著的自变量后，建立一个新的估计的回归方程。

4. 假设有人主张"小型车比大型车更具价值"。对于本例中的数据，变量"Small Sedans"代表小型车，变量"Upscale Sedans"代表大型车。你的分析支持这种说法吗？

5. 利用回归分析建立一个估计的回归方程，使该方程在道路综合测试分数已知时，能用来预测该车的价值分数。

6. 利用回归分析建立一个估计的回归方程，使该方程在预测可靠性等级已知时，能用来预测该车的价值分数。

7. 从你的分析中，你可以得出什么结论？

第 16 章

回归分析：建立模型

CHAPTER 16

实践中的统计

Monsanto 公司[⊖]

密苏里州，圣路易斯

Monsanto 公司始建于 1901 年，当时约翰·F. 奎尼（John F. Queeney）依靠 500 美元起家，在密西西比河边一座布满尘土的破旧仓库开始生产糖精。如今，该公司已经成为美国最大的化学公司之一，生产 1 000 多种产品，从工业化学制品到用于铺设现代运动场所需要的人工合成地面，应有尽有。Monsanto 公司也是一家世界性的跨国公司，在 65 个国家拥有生产设备、实验室、技术中心和营销机构。

Monsanto 公司的营养化学部生产和销售一种蛋氨酸补充剂，这一产品广泛用于肉鸡、猪、牛等家畜的饲料。由于肉鸡养殖业产量大且利润率低，因此需要营养价值尽可能高的有成本效益的肉鸡饲料。最优的饲料成分将可以满足在一个给定的喂食量上，使得幼鸡兼具快速的生长率和最终的高标准体重。Monsanto 公司的化学工业部门与饲养者们紧密合作，以生产出最优的肉鸡饲料。该公司最终的成功取决于发现了肉鸡饲料的最优配方，使得肉鸡的饲养成本与猪、牛等其他家畜的饲养成本相比，保持在更低的水平上。

Monsanto 公司运用回归分析方法模拟了肉鸡的体重 y 与饲料中加入的蛋氨酸数量 x 之间的关系。最初建立的估计的简单线性回归方程如下：

$$\hat{y} = 0.21 + 0.42x$$

这一估计的回归方程经检验在统计上是显著的，但是残差分析显示，曲线关系也许是描述肉鸡体重与饲料中加入的蛋氨酸数量之间关系的一个更适宜的模型。

Monsanto 公司经过进一步的研究发现，虽然少量的蛋氨酸可以提高肉鸡的体重，但是当其含量达到某一水平后，继续增加蛋氨酸的含量对肉鸡体重增长的作用就变得微乎其微了。事实上，当蛋氨酸含量的增加超出了营养需求量时，肉鸡的体重甚至会下降。下面估计的多元回归方程用于模拟肉鸡体重与饲料中加入的蛋氨酸数量之间的曲线关系。

$$\hat{y} = -1.89 + 1.32x - 0.506x^2$$

利用这一回归结果，Monsanto 公司能够确定在肉鸡饲料中需要添加蛋氨酸的最优数量。

在本章中，我们将通过对诸如 Monsanto 公司建模的例子，将回归分析的讨论扩展至非线性模型。此外，我们还要介绍一系列工具，这些工具有助于决定最佳回归方程中应该包含哪些自变量。

建立模型是一个复杂的过程，经过这一过程，我们就能得到描述因变量与一个或一个以上自变量之间关系的估计的回归方程。建模过程主要有两方面的问题，一是找到一个合适的描述变量之间关系的函数形式，二是选择模型应包含的自变量。在第 16.1 节中，我们将通过引入一般线性模型的概念，确立建模过程的基本框架。在第 16.2 节中，我们将介绍确定什么时候增加或者删除自变量的一般方法，为比较复杂的基本计算步骤提供依据。在第 16.3 节中，我们将考虑一个涉及 8 个自变量和 25 组观测值的大型回归问题。在第 16.4 节中，这个大型问题将用于说明变量选择过程，包括逐步回归过程、前向选择过程、后向消元过程和最佳子集回归过程等。在第 16.5 节中，我们将说明多元回归分析可以提供处理实验设计问题的另一种方法。在第 16.6 节中，我们将说明如何利用杜宾-瓦特森（Durbin-Watson）检验来检测序列相关或者自相关。

16.1 一般线性模型

假设我们采集了一个因变量 y 和 k 个自变量 x_1，x_2，$\cdots$，x_k 的观测数据。我们的目的是利用这些数据，建立一个估计的回归方程，这个方程给出了因变量和自变量之间一个最佳的关系。作为建立自变量之间更复杂关系的总体框架，我们介绍含有 p 个自变量的**一般线性模型**（general linear model）的概念。

[⊖] 感谢 Monsanto 公司营养化学部的两位高级研究专家 James R. Ryland 和 Robert M. Schisla，他们为"实践中的统计"提供了本案例。

一般线性模型

$$y = \beta_0 + \beta_1 z_1 + \beta_2 z_2 + \cdots + \beta_p z_p + \varepsilon \tag{16-1}$$

在式（16-1）中，每一个自变量 z_j（这里，$j=1$, 2, $\cdots$, p）都是 x_1, x_2, $\cdots$, x_k（我们已经采集了这些变量的数据）的函数。⊖在某种情形下，每一个自变量 z_j 可能仅仅是一个变量 x 的函数。最简单的情形是我们仅仅对一个变量 x_1 采集数据，并且希望利用直线关系去估计 y。在这种情形下，$z_1=x_1$，式（16-1）变为：

$$y = \beta_0 + \beta_1 x_1 + \varepsilon \tag{16-2}$$

式（16-2）恰好是第 14 章中介绍的简单线性回归模型，不同之处是将第 14 章模型的自变量 x 换成 x_1。在统计建模文献中，这个模型被称为具有一个预测变量的简单一阶模型。

16.1.1 模拟曲线关系

我们能用式（16-1）模拟形式更复杂的关系。为了说明如何做到这一点，我们考虑生产工业天平和实验室设备的 Reynolds 公司所面对的问题。Reynolds 公司的管理人员希望对公司销售人员工作年限的长短和电子实验室天平的销售数量之间的关系进行调研。表 16-1 给出了 15 名随机抽选的销售人员近期天平的销售数量和每一名销售人员被公司雇用的月数。图 16-1 给出了这些数据的散点图。散点图表明被公司雇用时间的长短和销售数量之间可能存在一个曲线关系。在考虑如何为 Reynolds 公司建立一个曲线关系之前，让我们首先考虑在图 16-2 中给出的与简单一阶模型对应的输出。估计的回归方程是：

Sales = 111.2 + 2.377Months

式中，Sales 代表电子实验室天平的销售数量；Months 代表销售人员被公司雇用的月数。

表 16-1　Reynolds 公司例子的数据

销售人员被公司雇用的月数	天平的销售数量
41	275
106	296
76	317
10	376
22	162
12	150
85	367
111	308
40	189
51	235
9	83
12	112
6	67
56	325
19	189

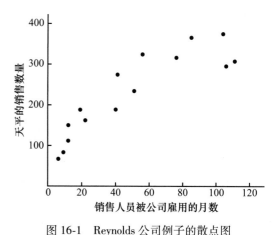

图 16-1　Reynolds 公司例子的散点图

图 16-3 是对应的标准化残差图。尽管计算机输出表明这个线性关系是显著的（p-值 = 0.000），并且线性关系解释了销售数量中的大部分变异性（R-sq = 78.12%），然而标准化残差图启发我们，仍然需要一个曲线关系。

为了说明这是一个曲线关系，我们令式（16-1）中的 $z_1 = x_1$，$z_2 = x_1^2$，于是得到模型：

$$y = \beta_0 + \beta_1 x_1 + \beta_2 x_1^2 + \varepsilon \tag{16-3}$$

这个模型被称为具有一个预测变量的二阶模型。为了建立与这个二阶模型相对应的估计的回归方程，我们使用的统计软件包不但需要表 16-1 中的原始数据，而且需要增加第二个自变量所对应的数据，即销售人员被公司雇用月数的平方。在图 16-4 中，我们给出了对应二阶模型的输出。估计的回归方程是：

⊖　如果你能写出形如式（16-1）的回归模型，那么就能应用在第 15 章中叙述的标准多元回归过程。

$$Sales = 45.3 + 6.34 Months - 0.03449 MonthsSq$$

式中，MonthsSq [⊖] 代表销售人员被公司雇用月数的平方。

```
Analysis of Variance

Source        DF      Adj SS      Adj MS      F-Value     P-Value
Regression     1      113783      113783       46.41        0.000
Error         13       31874        2452
Total         14      145657

Model Summary

    S       R-sq     R-sq (adj)
49.5158    78.12%      76.43%

Coefficients

Term         Coef     SE Coef     T-Value     P-Value
Constant     111.2       21.6        5.14       0.000
Months       2.377      0.349        6.81       0.000

Regression Equation

Sales = 111.2 + 2.377 Months
```

图 16-2 Reynolds 公司例子：一阶模型的输出

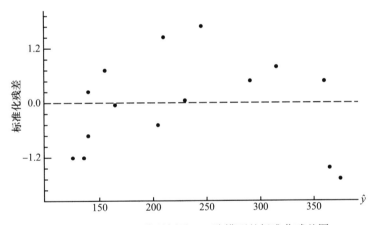

图 16-3 Reynolds 公司例子：一阶模型的标准化残差图

图 16-5 是对应的标准化残差图。这张图表明前面图 16-3 中的曲线模式图形已经被消除。在 $\alpha = 0.05$ 的显著性水平下，计算机输出表明模型在总体上是显著的（F 检验的 p-值是 0.000）。我们还注意到对应于自变量 MonthsSq 的 t 检验的 p-值（p-值 = 0.002）小于 0.05，因此我们的结论是，在含有自变量 Months 的模型中，增加的自变量 MonthsSq 是显著的。由于 R-sq(adj) = 88.59%，对由这个估计的回归方程给出的拟合我们应该是满意的。不过更重要的是，我们看到了在回归分析中运用曲线关系是多么容易。

显然，有许多类型的关系能用式（16-1）模拟。我们一直使用的回归方法不一定局限于线性关系或直线关系。在多元回归分析中，线性这个词在术语"一般线性模型"中指的仅仅是这样一个事实，$\beta_0, \beta_1, \cdots, \beta_p$ 全是一次幂，这并不意味着 y 和这些 x_i 之间存在着线性关系。实际上，在这一节中我们已经看到了如何利用式（16-1）模拟曲线关系的一个例子。

⊖ 将 Months 的数值平方，就能得到自变量 MonthsSq 的数据。

```
Analysis of Variance

Source          DF       Adj SS      Adj MS     F-Value    P-Value
Regression       2       131413      65706.5     55.36      0.000
Error           12        14244      1187.0
Total           14       145657


Model Summary

     S       R-sq      R-sq (adj)
34.4528     90.22%       88.59%


Coefficients

Term          Coef      SE Coef     T-Value    P-Value
Constant      45.3       22.8        1.99       0.070
Months        6.34       1.06        6.00       0.000
MonthsSq    −0.03449    0.00895     −3.85       0.002


Regression Equation

Sales = 45.3 + 6.34 Months −0.03449 MonthsSq
```

图 16-4 Reynolds 公司例子：二阶模型的输出

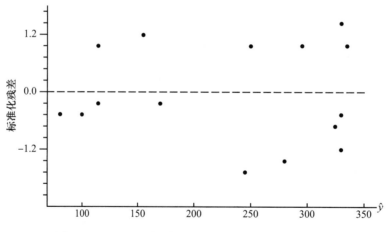

图 16-5 Reynolds 公司例子：二阶模型的标准化残差图

16.1.2 交互作用

如果原始数据集由因变量 y 和两个自变量 x_1，x_2 的观测值组成，在一般线性模型式（16-1）中，设 $z_1 = x_1$，$z_2 = x_2$，$z_3 = x_1^2$，$z_4 = x_2^2$ 和 $z_5 = x_1 x_2$，我们就能建立一个含有两个预测变量的二阶模型。我们得到的模型是：

$$y = \beta_0 + \beta_1 x_1 + \beta_2 x_2 + \beta_3 x_1^2 + \beta_4 x_2^2 + \beta_5 x_1 x_2 + \varepsilon \tag{16-4}$$

在这个二阶模型中，为了说明两个变量共同作用产生的潜在影响，我们增加了一个变量 $z_5 = x_1 x_2$。这种类型的影响被称为**交互作用**（interaction）。

为了解释交互作用的概念和交互作用意味着什么，让我们考察一下 Tyler Personal Care 为一种新的洗发产品进行的回归研究。Tyler 认为，对销售量有最大影响的两个因素是单位销售价格和广告费用。为了研究这两个变量对销售量的影响，在 24 家做试验的商店中，与价格为 2.00 美元、2.50 美元和 3.00 美元相对应的广告费用分别为 50 000 美元和 100 000 美元。我们将观测到的销售数量（单位：1 000 瓶）记录在表 16-2 中。

表 16-2 Tyler Personal Care 例子的数据

价格/美元	广告费用/1 000 美元	销售数量/1 000 瓶	价格/美元	广告费用/1 000 美元	销售数量/1 000 瓶
2.00	50	478	2.00	100	810
2.50	50	373	2.50	100	653
3.00	50	335	3.00	100	345
2.00	50	473	2.00	100	832
2.50	50	358	2.50	100	641
3.00	50	329	3.00	100	372
2.00	50	456	2.00	100	800
2.50	50	360	2.50	100	620
3.00	50	322	3.00	100	390
2.00	50	437	2.00	100	790
2.50	50	365	2.50	100	670
3.00	50	342	3.00	100	393

表 16-3 是这些数据的汇总。注意，对应销售价格为 2.00 美元，广告费用为 50 000 美元的样本平均销售数量是 461 000 瓶；对应销售价格为 2.00 美元，广告费用为 100 000 美元的样本平均销售数量是 808 000 瓶。因此，当价格为 2.00 美元保持不变时，广告费用分别为 50 000 美元和 100 000 美元，这时候的样本平均销售数量之差是 808 000-461 000 = 347 000 瓶。当产品的价格为 2.50 美元时，样本平均销售数量之差是 646 000-364 000 = 282 000 瓶。最后，当产品的价格为 3.00 美元时，样本平均销售数量之差是 375 000-332 000 = 43 000 瓶。显然，广告费用分别为 50 000 美元和 100 000 美元时，样本平均销售数量之差依赖于产品的销售价格。换句话说，当销售价格较高时，增加广告费用的影响将减少。上述观测结果提供了销售价格和广告费用这两个变量之间交互作用的证据。

表 16-3 Tyler Personal Care 例子的样本
平均销售数量（1 000 瓶）

		价格/美元		
		2.00	2.50	3.00
广告费用/美元	50 000	461	364	332
	100 000	808[①]	646	375

① 当价格为 2.00 美元和广告费用为 100 000 美元时，平均销售数量为 808 000 瓶。

为了给出交互作用的另一个观点，图 16-6 表示 6 种不同的价格与广告费用组合的样本平均销售数量。该图还表明了广告费用对样本平均销售数量的影响依赖于产品的价格水平，这让我们再一次看到了交互作用的影响。当两个变量之间存在交互作用时，我们不可能独立于其他变量之外，单独地考察一个变量对响应变量 y 的影响。换句话说，只有当我们考虑两个变量对响应变量的联合影响时，才能得出有意义的结论。

为了说明交互作用的影响，我们将利用下面的回归模型。

$$y = \beta_0 + \beta_1 x_1 + \beta_2 x_2 + \beta_3 x_1 x_2 + \varepsilon \quad (16-5)$$

式中，y 为销售数量（1 000 瓶）；x_1 为销售价格（美元）；x_2 为广告费用（1 000 美元）。

注意，式（16-5）反映出 Tyler 相信销售数量线性地依赖销售价格和广告费用（由 $\beta_1 x_1$ 和 $\beta_2 x_2$ 两

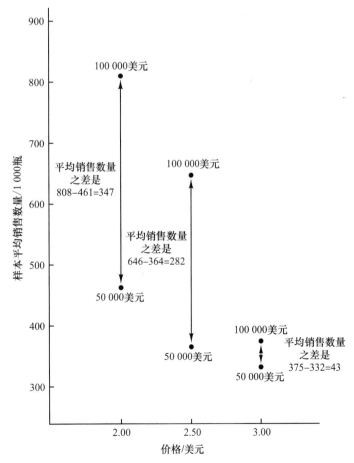

图 16-6 样本平均销售数量是价格和广告费用的函数

项说明），并且两个变量之间存在交互作用（由 $\beta_3 x_1 x_2$ 项说明）。

为了建立估计的回归方程，我们利用含有 3 个自变量（z_1，z_2 和 z_3）的一般线性模型。

$$y = \beta_0 + \beta_1 z_1 + \beta_2 z_2 + \beta_3 z_3 + \varepsilon \tag{16-6}$$

式中，z_1 取代 x_1；z_2 取代 x_2；z_3 取代 $x_1 x_2$。

图 16-7 是对应于 Tyler Personal Care 例子的交互作用模型的输出。得到估计的回归方程是：

Sales = −276 + 175Price + 19.68AdvExp − 6.08PriceAdv

式中，Sales 代表销售数量（1 000 瓶）；Price 代表销售价格（美元）；AdvExp 代表广告费用（1 000 美元）；PriceAdv $^{\ominus}$ 代表交互作用项（Price×AdvExp）。

因为模型在总体上是显著的（F 检验的 p-值是 0.000），对应于交互作用项 PriceAdv 的 t 检验的 p-值是 0.000，我们的结论是在已知产品销售价格和广告费用的线性影响下，交互作用是显著的。于是回归结果表明，广告费用对销售数量的影响依赖于产品销售价格。

16.1.3 涉及因变量的变换

在说明如何利用一般线性模型模拟自变量和因变量之间各种可能存在的关系时，我们把注意

Analysis of Variance

Source	DF	Adj SS	Adj MS	F-Value	P-Value
Regression	3	709316	236439	297.87	0.000
Error	20	15875	794		
Total	23	725191			

Model Summary

S	R-sq	R-sq (adj)
28.1739	97.81%	97.48%

Coefficients

Term	Coef	SE Coef	T-Value	P-Value
Constant	−276	113	−2.44	0.024
Price	175.0	44.5	3.93	0.001
Advert	19.68	1.43	13.79	0.000
PriceAdvert	−6.080	0.563	−10.79	0.000

Regression Equation

Sales = −276 + 175.0 Price + 19.68 Advert − 6.080 PriceAdvert

图 16-7　Tyler Personal Care 例子的输出

力集中到包含一个或一个以上自变量的变换上。涉及因变量 y 的变换问题往往是值得考虑的。为了解释什么时候应该对因变量进行变换，我们考虑表 16-4 中有关 12 辆汽车的能效（公里/升）和重量的数据。图 16-8 表明了这两个变量之间存在一个负的线性关系。所以我们利用一个简单一阶模型把这两个变量联系起来。图 16-9 是输出，得到估计的回归方程是：

$$\text{KMPL} = 23.8 - 0.010\,90\text{Weight}$$

式中，KMPL 为能效（公里/升）；Weight 为汽车的重量（千克）。

表 16-4　12 辆汽车的效能和重量

汽车重量/千克	KMPL/（公里/升）
1 040	12.1
960	12.3
990	14.4
1 112	11.8
921	14.0
1 228	11.1
1 207	10.1
957	12.9
1 466	7.6
1 460	8.2
1 639	6.0
1 312	8.8

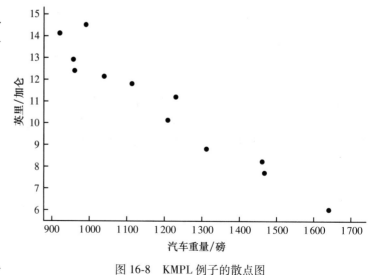

图 16-8　KMPL 例子的散点图

$\ominus$　将 Price 的每一个数值与对应的 AdvExp 的数值相乘，就能得到自变量 PriceAdv 的数据。

模型是显著的（F 检验的 p-值是 0.000），并且数据拟合得也非常好（R-sq＝93.47%）。如果一阶模型的误差项假设全都成立，残差图应该是一条水平的带状图形。

图 16-10 是模型的标准化残差图。我们从中没有看到这种模式。实际上，残差的变异性看来随着 $\hat{y}$ 值的增加而增加。换句话说，我们看到的是楔形模式，这被认为是存在非常数方差⊖的征兆。当显著性检验的基本假设看起来没有被满足时，我们不能证明得到的有关估计的回归方程统计显著性的任何结论都是合理的。

非常数方差问题通常能够被修正，修正的方法是对因变量做一个不同的比例变换。例如，用因变量的对数来代替原来的因变量，这样做的效果是压缩了因变量的数值，从而达到减少非常数方差影响的目的。大部分统计软件包都具有对数变换的功能，或者以 10 为底（常用对数）进行对数变换，或者以 e＝2.718 28… 为底（自然对数）进行对数变换。我们对 KMPL 问题的原始数据进行自然对数变换，并且建立 KMPL 的自然对数关于汽车重量的估计的回归方程。我们用 KMPL 的自然对数作为因变量，在输出中的标记为 LnKMPL，得到的回归结果在图 16-11 中。图 16-12 是对应的标准化残差图。

我们注意一下图 16-12 中的标准化残差图，现在我们已经看不到楔形图了。此外，没有一个观测值被识别出有一个大的标准化残差。用 KMPL 的自然对数作为因变量的模型在统计上是显著的，并且对观测数据给出了一个非常好的拟合。因此，我们推荐估计的回归方程是：

LnKMPL＝3.673-0.001 111Weight

对于一辆重量为 1 135 千克的汽车，为了估计它的 KMPL 功效，我们首先应求出 KMPL 的自然对数的估计值。

LnKMPL＝3.673-0.001 111×1 135＝2.412 0

然后通过求自然对数为 2.412 0 的反对数，我们得到 KMPL 的估计值。利用具有指数功能的计算器计算 e 的 2.412 0 次幂，我们得到 11.16 公里/升。

修正非常数方差问题的另一方法是用 1/y 作为因变量来代替原来的因变量 y。这种类型的变换被叫作倒数变换。例如，如果因变量是按公里/升来测量的，倒数变换将得到一个新的因变量，这个新

Analysis of Variance

Source	DF	Adj SS	Adj MS	F-Value	P-Value
Regression	1	73.188	73.1875	143.25	0.000
Error	10	5.109	0.5109		
Total	11	78.297			

Model Summary

S	R-sq	R-sq (adj)
0.714783	93.47%	92.82%

Coefficients

Term	Coef	SE Coef	T-Value	P-Value
Constant	23.80	1.10	21.55	0.000
Weight	−0.010900	0.000911	−11.97	0.000

Regression Equation

KMPL = 23.80 − 0.01090 Weight

图 16-9　KMPL 例子的输出

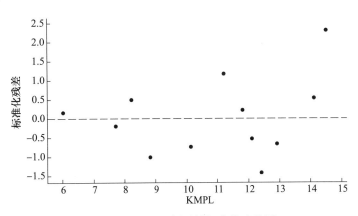

图 16-10　KMPL 例子的标准化残差图

Analysis of Variance

Source	DF	Adj SS	Adj MS	F-Value	P-Value
Regression	1	0.75978	0.759784	179.13	0.000
Error	10	0.04241	0.004241		
Total	11	0.80220			

Model Summary

S	R-sq	R-sq (adj)
0.0651266	94.71%	94.18%

Coefficients

Term	Coef	SE Coef	T-Value	P-Value
Constant	3.673	0.101	36.50	0.000
Weight	−0.001111	0.000083	13.38	0.000

Regression Equation

LnKMPL = 3.673 − 0.001111 Weight

图 16-11　KMPL 的例子：对数变换的输出

⊖ 在第 14 章和第 15 章中，我们详细给出了残差分析，其中就包括用残差图检测非常数方差。

的因变量的单位是升/公里。在一般情况下，除非对这两种变换都实际地试一试，否则没有方法能决定究竟是进行对数变换还是进行倒数变换效果更好。

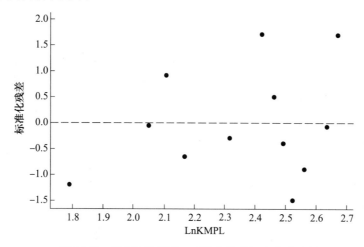

图 16-12　KMPL 的例子：对数变换的标准化残差图

16.1.4　内线性的非线性模型

参数 $(\beta_0, \beta_1, \cdots, \beta_p)$ 的幂次超过一次的模型被称为非线性模型。然而，对于指数模型情形，我们能对变量进行一个变换，将模型变换为形如式（16-1）的一般线性模型，从而使得我们能进行回归分析。指数模型与下面的回归方程有关。

$$E(y) = \beta_0 \beta_1^x \tag{16-7}$$

当因变量 y 随着 x 的增加，按一个不变的百分比，而不是一个固定的数量增加或减少时，适合应用这种回归模型。

作为一个例子，假设一种产品的销售收入 y 依赖于广告费用 x（1 000 美元），这个问题对应的指数模型如下所示。

$$E(y) = 500 \times (1.2)^x$$

于是，对于 $x = 1$，$E(y) = 500 \times (1.2)^1 = 600$；对于 $x = 2$，$E(y) = 500 \times (1.2)^2 = 720$；对于 $x = 3$，$E(y) = 500 \times (1.2)^3 = 864$。注意，在这种情形下，$E(y)$ 不是按一个固定的数量增加，而是按一个不变的百分比增加的，增长的百分比是 20%。

我们能通过对式（16-7）两边取对数 [⊖]，将这个非线性回归方程转化为一个线性回归方程。

$$\log E(y) = \log\beta_0 + x\log\beta_1 \tag{16-8}$$

注意，如果我们设 $y' = \log E(y)$，$\beta_0' = \log\beta_0$，$\beta_1' = \log\beta_1$，就能将式（16-8）写成：

$$y' = \beta_0' + \beta_1' x$$

显然，我们能利用简单线性回归的公式求出 β_0' 和 β_1' 的估计量。用 b_0' 和 b_1' 表示估计量，得到下面估计的回归方程。

$$\hat{y}' = b_0' + b_1' x \tag{16-9}$$

为了在已知 x 的值时，得到原来的因变量 y 的预测值，我们首先将 x 的值代入式（16-9）中并计算出 $\hat{y}'$。$\hat{y}'$ 的反对数就是我们要求的 y 的预测值或 y 的期望值。

许多非线性模型不能被转化为一个等价的线性模型，限制了其在商务和经济中的应用。此外，研究这种模型所必需的数学背景超出了这本书的范围。

⊖　对于方程（16-7）可以取任意底做对数变换，我们确定自然对数得到方程（16-8）。

练习

方法

2. 考虑两个变量 x 和 y 的以下数据。

x	9	32	18	15	26
y	10	20	21	16	22

a. 对这些数据建立一个形如 $\hat{y}=b_0+b_1x$ 的估计的回归方程。对这个方程是否适宜对 y 的值进行预测做出评述。

b. 对这些数据建立一个形如 $\hat{y}=b_0+b_1x+b_2x^2$ 的估计的回归方程。对这个方程是否适宜对 y 的值进行预测做出评述。

c. 当 $x=20$ 时，预测 y 的值。

应用

4. 公路管理部门进行了一项有关交通流量和车速之间关系的研究。假设模型的形式如下所示。

$$y=\beta_0+\beta_1x_1+\varepsilon$$

式中，y 代表交通流量（辆/小时）；x 代表车速（公里/小时）。

下面是在下班高峰期间对 6 个主要出城交通道口采集的数据。

交通流量 (y)	车速 (x)	交通流量 (y)	车速 (x)
1 256	55	1 335	70
1 329	65	1 349	80
1 226	50	1 124	40

a. 对这些数据建立一个估计的回归方程。

b. 在 $\alpha=0.01$ 的显著性水平下，检验 x 和 y 之间的显著关系。

6. 在一项有关应急服务交通工具的研究中，研究人员要调查提供应急服务交通工具的数量和行驶的平均距离之间的关系。下表给出了采集的数据。

应急服务交通工具的数量	行驶的平均距离/公里
9	1.66
11	1.12
16	0.83
21	0.62
27	0.51
30	0.47

a. 将处理应急服务交通工具需要行驶的平均距离视为因变量，对这些数据画出散点图。

b. 简单线性回归模型是不是一个适宜的模型？请做出解释。

c. 对这些数据，建立一个你认为能很好地解释这两个变量之间关系的估计的回归方程。

8. 克尔维特、法拉利和捷豹生产了各式各样持续升值的老爷车。根据马丁汽车收藏评估系统（Martin Rating System for Collectible Cars），可以得到下面 15 辆老爷车的稀有等级（1~20）和价格（单位：1 000 美元）的统计数据。

a. 以稀有等级为自变量，以价格为因变量，画出这些数据的散点图。简单线性回归模型是一个合适的模型吗？

b. 令 $x=$ 稀有等级，以 x 和 x^2 作为两个自变量，建立一个估计的多元回归方程。

c. 参考由式（16-7）给出的非线性关系。对这个模型，利用对数变换建立一个估计的回归方程。

d. 你推荐的估计的回归方程是在（b）中建立的还是在（c）中建立的？请做出解释。

年份	品牌	型号	稀有等级	价格/1 000 美元
1984	雪佛兰	克尔维特	18	1 600.0
1956	雪佛兰	克尔维特 265/225-hp	19	4 000.0
1963	雪佛兰	克尔维特 coupe（340-bhp 4-speed）	18	1 000.0
1978	雪佛兰	克尔维特 coupe Silver Anniversary	19	1 300.0
1960~1963	法拉利	250 GTE 2+2	16	350.0
1962~1964	法拉利	250 GTLLusso	19	2 650.0
1962	法拉利	250 GTO	18	375.0
1967~1968	法拉利	275 GTB/4 NARTSpyder	17	450.0
1968~1973	法拉利	365 GTB/4 Daytona	17	140.0

（续）

年份	品牌	型号	稀有等级	价格/1 000 美元
1962~1967	捷豹	E-type OTS	15	77.5
1969~1971	捷豹	E-type Series II OTS	14	62.0
1971~1974	捷豹	E-type Series III OTS	16	125.0
1951~1954	捷豹	XK 120 roadster（steel）	17	400.0
1950~1953	捷豹	XK C-type	16	250.0
1956~1957	捷豹	XKSS	13	70.0

16.2 确定什么时候增加或者删除变量

在这一节我们将说明，如何利用 F 检验来确定将一个或一个以上自变量增加到一个多元回归模型中是否适宜。这一检验的根据是，测定一个多元回归模型增加一个或一个以上自变量所得到的误差平方和减少的数量。首先我们将说明，怎样将这一检验应用到上一章介绍的 Butler 运输公司的例子中去。

在第 15 章中，我们用 Butler 运输公司的例子来说明多元回归分析的应用。我们回想一下，公司的管理人员希望利用运输车辆每天运送货物的行驶里程和次数这两个自变量建立一个估计的回归模型，并用这个模型去预测运输车辆全天的行驶时间。只用运输车辆运送货物的行驶里程 x_1 作为自变量，利用最小二乘法得到下面的估计的回归方程。

$$\hat{y} = 1.27 + 0.042\,4x_1$$

在第 15 章中我们已经给出了这个模型的误差平方和是 SSE=8.029。当运送货物的次数 x_2 作为第二个自变量增加到模型中时，我们得到下面的估计的回归方程。

$$\hat{y} = -0.869 + 0.038\,21x_1 + 0.923x_2$$

这个模型的误差平方和是 SSE=2.299 4。显然，增加 x_2 导致 SSE 的数量减少。我们希望回答的问题是，增加变量 x_2 是否导致了 SSE 的数量显著减少。

当模型中 x_1 是唯一的自变量时，我们用记号 SSE(x_1) 表示模型的误差平方和；当模型中有两个自变量 x_1，x_2 时，我们用记号 SSE(x_1, x_2) 表示模型的误差平方和，等等。因此，在仅包含自变量 x_1 的模型中，将 x_2 增加到模型中，引起 SSE 减少的数量是：

$$\text{SSE}(x_1) - \text{SSE}(x_1, x_2) = 8.029 - 2.299\,4 = 5.729\,6$$

我们通过 F 检验去确定这一数量上的减少是不是显著的。

F 统计量的分子是用 SSE 减少的数量除以增加到原模型中自变量的个数。这里仅有一个自变量 x_2 增加到模型中，于是 F 统计量的分子是：

$$\frac{\text{SSE}(x_1) - \text{SSE}(x_1, x_2)}{1} = 5.729\,6$$

得到的这个结果是模型每增加一个自变量，误差平方和 SSE 减少数量的度量。F 统计量的分母是包括全部自变量的模型的均方误差。对于 Butler 运输公司的例子，对应的模型含有两个自变量 x_1 和 x_2，于是 $p=2$，并且有：

$$\text{MSE} = \frac{\text{SSE}(x_1, x_2)}{n - p - 1} = \frac{2.299\,4}{7} = 0.328\,5$$

下面的 F 统计量给出了将自变量 x_2 增加到模型中，在统计上是否显著的检验。

$$F = \frac{\dfrac{\text{SSE}(x_1) - \text{SSE}(x_1, x_2)}{1}}{\dfrac{\text{SSE}(x_1, x_2)}{n - p - 1}} \tag{16-10}$$

这个 F 检验的分子自由度等于增加到模型中自变量的个数，分母自由度等于 $n-p-1$。

对于 Butler 运输公司的例子，我们得到：

$$F = \frac{\dfrac{5.729\,6}{1}}{\dfrac{2.299\,4}{7}} = \frac{5.729\,6}{0.328\,5} = 17.44$$

对于显著性水平 $\alpha = 0.05$，我们得到 $F_{0.05} = 5.59$。因为 $F = 17.44 > F_{0.05} = 5.59$，于是我们应该拒绝 x_2 在统计上是不显著的原假设；换句话说，在仅含有自变量 x_1 的模型中，增加自变量 x_2 到模型中将引起误差平方和显著地减少。

当我们想要检验仅增加一个自变量到模型中的显著性时，刚刚叙述的 F 检验得到的结果，也能通过使用在第 15.4 节中介绍的对单个参数的 t 检验得到。实际上，刚才计算的 F 统计量是用来检验单个参数显著性的 t 统计量的平方。

因为当模型仅增加一个自变量时，t 检验与 F 检验是等价的，所以我们现在能进一步说明，为了检验单个参数的显著性，可以适当地利用 t 检验。如果单个参数是不显著的，那么对应的变量就从模型中删除。但是，如果 t 检验显示，有两个或两个以上的参数是不显著的，那么基于 t 检验，从模型中删除的自变量永远不能超过一个；如果有一个变量从模型中被删除，那么最初不显著的第二个变量可能变成一个显著的变量。

我们现在着手考虑增加一个以上自变量即一组变量时，是否会引起误差平方和显著减少的问题。

16.2.1　一般情形

考虑以下含有 q 个自变量的多元回归模型，这里 $q < p$。

$$y = \beta_0 + \beta_1 x_1 + \beta_2 x_2 + \cdots + \beta_q x_q + \varepsilon \tag{16-11}$$

如果增加自变量 x_{q+1}，x_{q+2}，$\cdots$，x_p 到这个模型中，我们就得到一个含有 p 个自变量的多元回归模型。

$$y = \beta_0 + \beta_1 x_1 + \beta_2 x_2 + \cdots + \beta_q x_q + \beta_{q+1} x_{q+1} + \beta_{q+2} x_{q+2} + \cdots + \beta_p x_p + \varepsilon \tag{16-12}$$

为了检验增加的自变量 x_{q+1}，x_{q+2}，$\cdots$，x_p 在统计上是不是显著的，我们提出的原假设和备择假设叙述如下。

$$H_0 : \beta_{q+1} = \beta_{q+2} = \cdots = \beta_p = 0$$

$$H_a : 参数 \ \beta_{q+1}，\beta_{q+2}，\cdots，\beta_p \ 中至少有一个不等于零$$

下面的 F 统计量给出了检验增加的自变量 x_{q+1}，x_{q+2}，$\cdots$，x_p 在统计上是否显著的根据。

$$F = \frac{\dfrac{\mathrm{SSE}(x_1, x_2, \cdots, x_q) - \mathrm{SSE}(x_1, x_2, \cdots, x_q, x_{q+1}, \cdots, x_p)}{p - q}}{\dfrac{\mathrm{SSE}(x_1, x_2, \cdots, x_q, x_{q+1}, \cdots, x_p)}{n - p - 1}} \tag{16-13}$$

然后，将计算出的 F 统计量的值与分子自由度为 $p-q$，分母自由度为 $n-p-1$ 的 F 分布表的上侧分位数 F_α 进行比较。如果 $F > F_\alpha$，我们拒绝 H_0，并且可以得出结论：增加的这组自变量在统计上是显著的。注意，对于 $q = 1$，$p = 2$ 这种特殊情形，式（16-13）就简化为式（16-10）。

许多学生感到式（16-13）有些复杂。为了给出 F 统计量一个比较简单的表述，我们将自变量个数较少的模型称为简化模型，将自变量个数较多的模型称为完全模型。如果我们用 SSE（简化）表示简化模型的误差平方和，用 SSE（完全）表示完全模型的误差平方和，就能把式（16-13）的分子写成：

$$\frac{\mathrm{SSE}(简化) - \mathrm{SSE}(完全)}{增加的项数} \tag{16-14}$$

注意，式（16-14）中的分母"增加的项数"表示完全模型的自变量个数和简化模型的自变量个数之间的差。式（16-13）的分母是完全模型的误差平方和除以对应的自由度。换句话说，式（16-13）的分母是完全模型的均方误差。我们用 MSE（完全）表示完全模型的均方误差，有下式：

$$F = \frac{\dfrac{\mathrm{SSE}(简化) - \mathrm{SSE}(完全)}{增加的项数}}{\mathrm{MSE}(完全)} \tag{16-15}$$

为了说明这个 F 统计量的应用，假设我们有一个含有 30 个观测值的回归问题。第一个模型的自变量是 x_1，x_2 和 x_3，它的误差平方和为 150；第二个模型的自变量是 x_1，x_2，x_3，x_4 和 x_5，它的误差平方和为 100。增加两个自变量 x_4 和 x_5 到第一个模型上，会引起误差平方和显著地减少吗？

首先，我们注意到 SST 的自由度是 $30-1=29$，完全模型的回归平方和的自由度是 5（在完全模型中自变量的个数）。于是，完全模型的误差平方和的自由度是 $29-5=24$，因此 MSE（完全）$=100/24=4.17$。所以 F 统计量是：

$$F = \frac{\dfrac{150 - 100}{2}}{4.17} = 6.00$$

将这个计算出来的 F 统计量的值与分子自由度为 2，分母自由度为 24 的 F 分布表的值进行比较。在 $\alpha=0.05$ 的显著性水平下，我们查出 $F_{0.05}=3.40$。因为 $F(=6.00)>F_{0.05}(=3.40)$，所以我们的结论是增加的自变量 x_4 和 x_5 在统计上是显著的。

16.2.2 p-值的应用

我们还能利用 p-值准则来确定增加一个或一个以上自变量到一个多元回归模型中是否适宜。在上面的例子中我们已经说明，如果将两个自变量 x_4 和 x_5 增加到有三个自变量 x_1，x_2 和 x_3 的模型上时，怎样实施 F 检验来确定这一增加在统计上是显著的。对于这个例子，计算出的 F 统计量的值是 6.00，将 $F=6.00$ 与临界值 $F_{0.05}=3.40$ 进行比较，我们的结论是增加的自变量 x_4 和 x_5 在统计上是显著的。根据统计软件，分子自由度为 2，分母自由度为 24 的 F 统计量的值 $F=6.00$，与之相联系的 p-值 $=0.008<0.05$，于是我们也能得出结论，增加的两个自变量 x_4 和 x_5 在统计上是显著的。虽然从 F 分布表中直接查出 p-值是一件困难的事，但是统计软件包可以轻松计算出 p-值。

注释和评论

F 统计量的计算也能根据回归平方和的差来完成。为了说明这种计算形式的 F 统计量，首先，我们注意到：

$$\text{SSE（简化）} = \text{SST} - \text{SSR（简化）}$$
$$\text{SSE（完全）} = \text{SST} - \text{SSR（完全）}$$

所以

$$\text{SSE（简化）} - \text{SSE（完全）} = [\text{SST} - \text{SSR（简化）}] - [\text{SST} - \text{SSR（完全）}]$$
$$= \text{SSR（完全）} - \text{SSR（简化）}$$

于是

$$F = \frac{\dfrac{\text{SSR（完全）} - \text{SSR（简化）}}{\text{自变量增加的个数}}}{\text{MSE（完全）}}$$

练习

方法

10. 在含有 27 个观测值的回归分析中，我们已经建立了下面的估计的回归方程。

$$\hat{y} = 25.2 + 5.5x_1$$

对于这个估计的回归方程，SST $=1\,550$，SSE $=520$。

a. 在 $\alpha=0.05$ 的显著性水平下，检验 x_1 是不是显著的。

假设将自变量 x_2 和 x_3 增加到模型中，我们得到了下面的估计的回归方程。

$$\hat{y} = 16.3 + 2.3x_1 + 12.1x_2 - 5.8x_3$$

对于这个估计的回归方程，SST $=1\,550$，SSE $=100$。

b. 在 $\alpha=0.05$ 的显著性水平下，利用 F 检验去确定 x_2 和 x_3 对模型的显著性是否有作用。

应用

12. 美国女子职业高尔夫球协会（LPGA）保存了高尔夫球员参加 LPGA 巡回赛的成绩和奖金的统计资

料。在 2014 年 LPGA 巡回赛的赛事中，134 位高尔夫球员的年终成绩的统计资料保存在名为 LP-GA2014Stats 的文件中（LPGA website）。有关数据的描述如下所示。

Earnings（$ 1 000）是以 1 000 美元为单位的总奖金；

ScoringAvg. 是参加全部赛事的平均击球次数；

Greens in Reg. 是高尔夫球员能够标准杆上果岭次数的比例；

PuttingAvg. 是将标准杆上果岭的高尔夫球推杆入洞的平均杆数；

Drive Accuracy 是高尔夫球员在发球处将球击上球道次数的比率。

标准杆上果岭是指高尔夫球的任一部分触及果岭的推杆区域，并且使高尔夫球到达推杆区的杆数与标准杆的差至少是 2 杆。

a. 建立一个估计的回归方程，使这个方程在高尔夫球员将标准杆上果岭的高尔夫球推杆入洞的平均杆数已知时，能用来预测高尔夫球员参加全部赛事的平均击球次数。

b. 建立一个估计的回归方程，使这个方程在高尔夫球员能够标准杆上果岭次数的比例，将标准杆上果岭的高尔夫球推杆入洞的平均杆数以及高尔夫球员在发球处将球击上球道次数的比率已知时，能用来预测高尔夫球员参加全部赛事的平均击球次数。

c. 在 $\alpha = 0.05$ 的显著性水平下，检验在（b）中增加的两个自变量能够标准杆上果岭次数的比例和在发球处将球击上球道次数的比率，对在（a）中建立的估计的回归方程是否有显著的作用。请做出解释。

14. 美国心脏协会经过 10 年的研究，得到了有关脑卒中风险与年龄、血压和吸烟嗜好相关性的统计资料。这项研究的部分数据如下表所示。脑卒中风险被认为是一个人在未来的 10 年内发生脑卒中的概率（乘上 100）。对于吸烟嗜好变量，1 表示是一名吸烟者，而 0 表示是一名不吸烟者。

脑卒中风险	年龄	血压	吸烟嗜好
12	57	152	0
24	67	163	0
13	58	155	0
56	86	177	1
28	59	196	0
51	76	189	1
18	56	155	1
31	78	120	0
37	80	135	1
15	78	98	0
22	71	152	0
36	70	173	1
15	67	135	1
48	77	209	1
15	60	199	0
36	82	119	1
8	66	166	0
34	80	125	1
3	62	117	0
37	59	207	1

a. 建立一个估计的回归方程，使这个方程在年龄和血压已知时，能用来预测脑卒中风险。

b. 考虑增加两个自变量到（a）所建立的模型中，一个自变量是年龄和血压之间的交互作用，另一个自变量是一个人是否有吸烟嗜好。利用这四个自变量建立一个估计的回归方程。

c. 在 $\alpha = 0.05$ 的显著性水平下，通过检验是否可以看出增加交互作用和吸烟嗜好这两个自变量，对在（a）中建立的估计的回归方程有显著的作用。

16.3　大型问题的分析

在介绍多元回归分析时，我们广泛地应用了 Butler 运输公司的例子。在探讨介绍性的概念时，这个例子涉及的变量较少是一大优点，但是为了说明在建模过程中我们应该选择哪些变量进入模型，这个例子就显得困难了。为了给出将要在下一节详细论述的变量选择过程，我们引入由 8 个自变量、25 组观测值组成的一个数据集。得克萨斯州基督教大学市场营销系的 David W. Cravens 博士提供了这些数据，并允许我们使用这些数据，所以我们把这个数据集称为 Cravens 数据。〇

Cravens 数据是一家公司的数据，这家公司在一些销售区域销售产品，并且为每一个销售区域分别指定了独家

〇　详细内容参见 David W. Cravens, Robert B. Woodruff 和 Joe C. Stamper, "An Analytical Approach for Evaluating Sales Territory Performance", *Journal of Marketing*, 36（January 1972）: 31-37. Copyright 1972 American Marketing Association.

经销商。进行回归分析是为了确定预测（自）变量的变化是否能解释每一个销售区域的销售情况。由 25 个销售区域组成了一个随机样本，得到的数据如表 16-5 所示，变量的定义在表 16-6 中给出。

表 16-5　Cravens 数据

Sales	Time	Poten	AdvExp	Share	Change	Accounts	Work	Rating
3 669. 88	43. 10	74 065. 1	4 582. 9	2. 51	0. 34	74. 86	15. 05	4. 9
3 473. 95	108. 13	58 117. 3	5 539. 8	5. 51	0. 15	107. 32	19. 97	5. 1
2 295. 10	13. 82	21 118. 5	2 950. 4	10. 91	−0. 72	96. 75	17. 34	2. 9
4 675. 56	186. 18	68 521. 3	2 243. 1	8. 27	0. 17	195. 12	13. 40	3. 4
6 125. 96	161. 79	57 805. 1	7 747. 1	9. 15	0. 50	180. 44	17. 64	4. 6
2 134. 94	8. 94	37 806. 9	402. 4	5. 51	0. 15	104. 88	16. 22	4. 5
5 031. 66	365. 04	50 935. 3	3 140. 6	8. 54	0. 55	256. 10	18. 80	4. 6
3 367. 45	220. 32	35 602. 1	2 086. 2	7. 07	−0. 49	126. 83	19. 86	2. 3
6 519. 45	127. 64	46 176. 8	8 846. 2	12. 54	1. 24	203. 25	17. 42	4. 9
4 876. 37	105. 69	42 053. 2	5 673. 1	8. 85	0. 31	119. 51	21. 41	2. 8
2 468. 27	57. 72	36 829. 7	2 761. 8	5. 38	0. 37	116. 26	16. 32	3. 1
2 533. 31	23. 58	33 612. 7	1 991. 8	5. 43	−0. 65	142. 28	14. 51	4. 2
2 408. 11	13. 82	21 412. 8	1 971. 5	8. 48	0. 64	89. 43	19. 35	4. 3
2 337. 38	13. 82	20 416. 9	1 737. 4	7. 80	1. 01	84. 55	20. 02	4. 2
4 586. 95	86. 99	36 272. 0	10 694. 2	10. 34	0. 11	119. 51	15. 26	5. 5
2 729. 24	165. 85	23 093. 3	8 618. 6	5. 15	0. 04	80. 49	15. 87	3. 6
3 289. 40	116. 26	26 878. 6	7 747. 9	6. 64	0. 68	136. 58	7. 81	3. 4
2 800. 78	42. 28	39 572. 0	4 565. 8	5. 45	0. 66	78. 86	16. 00	4. 2
3 264. 20	52. 84	51 866. 1	6 022. 7	6. 31	−0. 10	136. 58	17. 44	3. 6
3 453. 62	165. 04	58 749. 8	3 721. 1	6. 35	−0. 03	138. 21	17. 98	3. 1
1 741. 45	10. 57	23 990. 8	861. 0	7. 37	−1. 63	75. 61	20. 99	1. 6
2 035. 75	13. 82	25 694. 9	3 571. 5	8. 39	−0. 43	102. 44	21. 66	3. 4
1 578. 00	8. 13	23 736. 3	2 845. 5	5. 15	0. 04	76. 42	21. 46	2. 7
4 167. 44	58. 44	34 314. 3	5 060. 1	12. 88	0. 22	136. 58	24. 78	2. 8
2 799. 97	21. 14	22 809. 5	3 552. 0	9. 14	−0. 74	88. 62	24. 96	3. 9

表 16-6　Cravens 数据的变量定义

变量名称	定　义
Sales	经销商总的信贷销售收入
Time	按月计算的经销商为公司从事销售业务的时间
Poten	市场潜力，销售区域的总销售数量[①]
AdvExp	销售区域的广告费用
Share	市场份额，过去 4 年的加权平均
Change	过去 4 年间市场份额的变化
Accounts	经销商指定的顾客可以赊购的商店数目[①]
Work	工作量；根据商店一年的零售和批发额计算的加权指数
Rating	根据八个方面的业绩对经销商综合排序，综合排序得分为 1~7 分

①为保护商业秘密，这些数据已被编成代码。

作为第一步，我们考虑每一对变量之间的样本相关系数。图 16-13 是利用统计软件得到的相关系数。注意，Sales 和 Time 之间的样本相关系数是 0.623，Sales 和 Poten 之间的样本相关系数是 0.598，等等。

	Sales	Time	Poten	AdvExp	Share	Change	Accounts	Work
Time	0.623							
Poten	0.598	0.454						
AdvExp	0.596	0.249	0.174					
Share	0.484	0.106	−0.21	0.264				
Change	0.489	0.251	0.268	0.377	0.085			
Accounts	0.754	0.758	0.479	0.200	0.403	0.327		
Work	−0.117	−0.179	−0.259	−0.272	0.349	−0.288	−0.199	
Rating	0.402	0.101	0.359	0.411	−0.024	0.549	0.229	−0.277

图 16-13　Cravens 数据的样本相关系数

我们观察一下自变量之间的样本相关系数，看到 Time 和 Accounts 之间的样本相关系数是 0.758。因此，如果我们用 Accounts 作为一个自变量，那么 Time 将不会对模型增加更多的解释能力。回忆一下在第 15.5 节中讨论多重共线性时的经验检验法则：对于任意两个自变量，如果样本相关系数的绝对值大于 0.7，那么多重共线性可能对估计结果产生影响。因此，如果可能的话，我们应该避免 Time 和 Accounts 这两个自变量同时出现在一个回归模型中。Change 和 Rating 之间的样本相关系数是 0.549，它也是比较高的，所以我们有理由对这两个自变量做进一步考虑。

让我们观察一下 Sales 和每一个自变量之间的样本相关系数，很快我们就能知道，哪些自变量是很好的预测变量。我们看到 Accounts 是 Sales 的一个最好的预测变量，因为它们之间的样本相关系数最高（0.754）。回想一下，对于一个自变量的情形，样本相关系数的平方是判定系数。于是，Accounts 能解释 Sales 中（0.754）^{2}×100 或者 56.85% 的变异性。接下来最重要的自变量是 Time、Poten 和 AdvExp，它们和 Sales 之间的样本相关系数都近似等于 0.6。

虽然存在潜在的多重共线性，但我们还是考虑利用全部 8 个自变量，建立一个估计的回归方程。统计软件包给出的计算结果如图 16-14 所示。8 个自变量的多元回归模型的修正判定系数是 88.31%。然而我们注意到，对于单个参数的 t 检验，在 $\alpha=0.05$ 的显著性水平下，当所有其他变量的影响已知时，仅有 Poten、AdvExp 和 Share 的

```
Analysis of Variance

Source        DF      Adj SS      Adj MS    F-Value   P-Value
Regression     8    38153712     4769214     23.66     0.000
Error         16     3225837      201615
Total         24    41379549

Model Summary

      S      R-sq    R-sq (adj)
449.015     92.20%     88.31%

Coefficients

Term          Coef    SE Coef    T-Value    P-Value
Constant      −1508       779      −1.94      0.071
Time           2.01      1.93       1.04      0.313
Poten       0.03721    0.00820      4.54      0.000
AdvExp       0.1510     0.0471      3.21      0.006
Share         199.0       67.0      2.97      0.009
Change          291        187      1.56      0.139
Accounts       5.55       4.78      1.16      0.262
Work           19.8       33.7      0.59      0.565
Rating            8        128      0.06      0.950

Regression Equation

Sales = −1508 + 2.01 Time + 0.03721 Poten + 0.1510 AdvExp + 1.99 Share + 291 Change
        + 5.55 Accounts + 19.8 Work + 8 Rating
```

图 16-14　包括全部 8 个自变量模型的输出

p-值是显著的。因此，我们或许倾向于研究仅仅利用这 3 个自变量而得到的模型。图 16-15 给出了利用这 3 个自变量得到的估计的回归方程的结果。我们看到估计的回归方程的修正判定系数是 82.74%，尽管它不如利用全部 8 个自变量得到的估计的回归方程那样好，但这个修正判定系数也是非常高的。

在可供使用的数据已知时，我们如何才能求得一个具有最佳效果的估计的回归方程呢？一个方法是计算所有可能的回归方程。也就是说，我们要建立 8 个单变量的估计的回归方程（每一个回归方程对应一个自变量），28 个两个变量的估计的回归方程（从 8 个变量中每次取 2 个的组合数），等等。对 Cravens 数据，总共有 255 个包含一个或一个以上自变量的不同的估计的回归方程可用于数据拟合。

现在，我们已经拥有一些更出色、更有效的统计软件包，它能计算出所有可能的回归方程。但是，这样一来就要涉及大量的计算，并且要求模型设计者审查大量的计算机输出结果，显然大部分的输出结果都与不好的模型相关。统计学家们更喜欢用系统的方法从全部自变量中选择一部分自变量，用这一部分自变量就能得到最优的估计的回归方程。在下一节，我们将介绍几个比较通用的方法。

Analysis of Variance

Source	DF	Adj SS	Adj MS	F-Value	P-Value
Regression	3	35130228	11710076	39.35	0.000
Error	21	6249321	297587		
Total	24	41379549			

Model Summary

S	R-sq	R-sq (adj)
545.515	84.90%	82.74%

Coefficients

Term	Coef	SE Coef	T-Value	P-Value
Constant	−1604	506	−3.17	0.005
Poten	0.05429	0.00747	7.26	0.000
AdvExp	0.1675	0.0443	3.78	0.001
Share	282.7	48.8	5.80	0.000

Regression Equation

Sales = −1604 + 0.05429 Poten + 0.1675 AdvExp + 282.7 Share

图 16-15　包括 3 个自变量 Poten、AdvExp 和 Share 模型的输出

16.4　变量选择方法

在这一节，我们将讨论 4 种**变量选择方法**（variable selection procedure）：逐步回归、前向选择、后向消元和最佳子集回归。已知所有可能的自变量的数据集，我们可以使用这 4 种方法去确认哪些自变量能给出最佳的回归模型。前 3 种方法都是反复迭代的方法，在每一步只增加或者删除一个自变量，并对新的回归模型进行评价。这一迭代过程连续不断地进行下去，直到结束准则表明用这种方法已不能找到一个更好的模型为止。最后一种方法（最佳子集回归）不是单变量一次性方法，这种方法要对包含不同自变量子集的回归模型进行评价。[⊖]

在逐步回归、前向选择和后向消元方法的每一步中，是增加一个自变量到回归模型中，还是从回归模型中删除一个自变量，选择自变量的准则是我们在第 16.2 节中介绍的 F 统计量。例如，假设我们考虑增加 x_2 到包含 x_1 的模型中或者从包含 x_1 和 x_2 的模型中删除 x_2。为了检验增加或者删除的自变量 x_2 在统计上是否显著，我们将提出的原假设和备择假设表示成如下形式：

$$H_0 : \beta_2 = 0 \qquad H_a : \beta_2 \neq 0$$

在第 16.2 节，我们给出了下面的 F 统计量［见式（16-10）］：

$$F = \frac{\dfrac{\text{SSE}(x_1) - \text{SSE}(x_1, x_2)}{1}}{\dfrac{\text{SSE}(x_1, x_2)}{n - p - 1}}$$

我们可以利用这个统计量作为一个准则，该准则能确定模型中 x_2 的存在是否会引起误差平方和有一个显著的减少。对应这个 F 统计量的 p-值也是一个准则，我们能利用这个准则来确定一个自变量是应该增加到回归模型中，还是应该从回归模型中删除。通常应用的拒绝法则是，如果 p-值 $\leqslant \alpha$，则拒绝 H_0。

⊖　变量选择方法在建模的最初阶段对我们特别有帮助，但是这些方法不能代替分析工作者的经验和其做出的判断。

16.4.1　逐步回归

逐步回归方法的每一步都是从确定已经在模型中的自变量是否应该被删除开始的。为此，首先对已经在模型中的每一个自变量计算 F 统计量和对应的 p-值。用于确定一个自变量是否应该从模型中被删除的显著性水平 α 被称为"离开的 α"。如果有自变量的 p-值大于"离开的 α"，则具有最大 p-值的自变量应该从模型中被删除，并且逐步回归方法开始新的一步。

如果没有自变量能从模型中被删除，那么逐步回归方法将试图使另一个自变量进入模型。为此，首先对没有在模型中的每一个自变量计算 F 统计量和对应的 p-值。为了确定一个自变量是否应该进入模型的显著性水平 α 被称为"进入的 α"。如果有自变量的 p-值小于或等于进入的 α，则具有最小 p-值的自变量将进入模型。按照这种方式将逐步回归过程继续进行下去，直到没有一个自变量能从模型中被删除，或者没有一个自变量能被增加到模型中为止。

图 16-16 给出了对 Cravens 数据应用逐步回归程序得到的结果，"离开的 α"和"进入的 α"的值都取作 0.05。进行 4 步以后，逐步回归程序结束。根据逐步回归程序得到的估计的回归方程是：

$$\hat{y} = -1\,442 + 0.038\,22\text{Poten} + 0.175\text{AdvExp} + 190.1\text{Share} + 9.21\text{Accounts}$$

```
Stepwise Selection of Terms

Candidate terms: Time, Poten, AdvExp, Share, Change, Accounts, Work, Rating

                    ----Step 1----      ----Step 2----      ----Step 3----      ----Step 4----
                    Coef      P         Coef     P          Coef      P         Coef      P
Constant            709                 50                  -327                -1442
Accountants         21.72     0.000     19.05    0.000      15.55     0.000     9.21      0.004
AdvExp                                  0.2265   0.000      0.2161    0.000     0.1750    0.000
Poten                                                       0.02192   0.019     0.03822   0.000
Share                                                                           190.1     0.001

S                   881.093             650.392             582.636             453.836
R-sq                56.85%              77.51%              82.77%              90.04%
R-sq (adj)          54.97%              75.47%              80.31%              88.05%
R-sq (pred)         43.32%              70.04%              76.41%              85.97%
Mallows' Cp         67.56               27.16               18.36               5.43

α-to-enter = 0.05, α-to-leave 0.05


Analysis of Variance

Source       DF      Adj SS        Adj MS        F-Value     P-Value
Regression   4       37260200      9315050       45.23       0.000
Error        20      4119349       205967
Total        24      41379549

Model Summary

     S        R-sq      R-sq (adj)
  453.836    90.04%      88.05%

Coefficients

Term         Coef      SE Ceof     T-Value     P-Value
Constant     -1442     424         -3.40       0.003
Poten        0.03822   0.00798     4.79        0.000
AdvExp       0.1750    0.0369      4.74        0.000
Share        190.1     49.7        3.82        0.000
Accounts     9.21      2.87        3.22        0.004

Regression Equation

Sales = -1442 + 0.03822 Poten + 0.1750 AdvExp + 190.1 Share + 9.21 Accounts
```

图 16-16　Cravens 数据的逐步回归输出

在图 16-16 中我们还注意到，$s = \sqrt{\text{MSE}}$ 从最佳单变量（仅含有一个自变量 Accounts）模型的 881.093，经过 4 步以后减少到 453.836。R-sq 的值从 56.85% 增加到 90.04%，并且被推荐的估计的回归方程的 R-sq(adj) 的值是 88.05%。[⊖]

综上所述，对于逐步回归方法的每一步，首先要考虑的是查看是否有哪个自变量能从当前的模型中被删除。如果没有一个变量能从模型中被删除，那么要查看是否有哪个不在当前模型中的自变量能增加到模型里。由于逐步回归方法的特性，一个自变量可能在回归过程的某一步进入模型，而在下一步这个自变量又可能从模型中被删除，但是在随后的某一步它又可能重新进入模型。当没有自变量能从模型中被删除或者没有自变量能进入到模型里时，逐步回归方法停止。

16.4.2　前向选择

前向选择方法从模型中没有自变量开始。这一方法使用与逐步回归为了确定一个变量是否应该进入模型同样的程序来增加变量，并且一次只能增加一个变量。然而，一旦一个自变量进入到模型中，前向选择方法就不允许再将这个变量从模型中删除。当不在模型中的每一个自变量的 p-值全都大于"进入的 α"时，则前向选择过程结束。

利用前向选择方法得到的估计的回归方程是：

$$\hat{y} = -1\,442 + 0.038\,22\text{Poten} + 0.175\text{AdvExp} + 190.1\text{Share} + 9.21\text{Accounts}$$

于是，对于 Cravens 数据，当"进入的 α"的值取 0.05 时，前向选择方法与逐步回归方法得到完全相同的估计的回归方程。

16.4.3　后向消元

后向消元方法从包含所有自变量的模型开始。这一方法使用与逐步回归为了确定一个变量是否应该从模型中被删除同样的程序来删除变量，并且一次只能删除一个变量。然而，一旦一个自变量从模型中被删除，后向消元方法就不允许这个自变量在下一步再重新进入模型。当模型中自变量的 p-值没有一个大于"离开的 α"时，则后向消元过程结束。

对于 Cravens 数据，当"离开的 α"的值取 0.05 时，利用后向消元方法得到的估计的回归方程是：

$$\hat{y} = -1\,312 + 3.82\text{Time} + 0.044\,4\text{Poten} + 0.152\,5\text{AdvExp} + 259.5\text{Share}$$

将使用后向消元方法得到的估计的回归方程与使用前向选择方法得到的估计的回归方程进行比较，我们看到在这两个方程中有 3 个自变量——AdvExp、Poten 和 Share 是共同的。然而，后向消元方法包含了自变量 Time，替代了前向选择方法的自变量 Accounts。

前向选择方法和后向消元方法是建模过程中的两个极端情形。前向选择方法从模型中没有自变量开始，并且每次只增加一个变量。而后向消元方法从包含所有自变量的模型开始，并且每次只删除一个变量。两种方法可能得到同样的估计的回归方程，但是，正如我们在 Cravens 数据的例子中所看到的那样，两种方法也可能得到不同的估计的回归方程。决定利用哪一个估计的回归方程将是留给我们讨论的话题。最后，其必须运用分析人员的判断力。我们接着要讨论的最佳子集模型的建立过程，在做出最终决策之前就给出了补充的建模信息。[⊖]

16.4.4　最佳子集回归

逐步回归、前向选择和后向消元都是通过每次增加或者删除一个自变量来选择回归模型的方法。对于一组已知的变量，没有一种方法能保证我们将得到最佳的模型。认真分析研究这些每次一个变量的单变量方法，为我们选择一个好的回归模型提供了有益的启示。

⊖ 在已知自变量个数的情况下，因为逐步回归方法并不考虑每一种可能的自变量组合子集，所以未必会选择具有最大 R-sq 值的估计的回归方程。

⊖ 前向选择方法和后向消元方法可能会得出不同的模型。

一些计算机软件包使用被称为"最佳子集回归"的程序，对于一组给定的自变量，最佳子集回归程序能使软件包的使用者得到最佳回归模型。图 16-17 是对 Cravens 数据集应用最佳子集回归程序得到的一部分计算机输出。 ⊖

在图 16-17 的输出中，我们可识别出两个最佳的单变量估计的回归方程，两个最佳的两变量估计的回归方程，两个最佳的三变量估计的回归方程，等等。对于任意一组预测变量，用于确定哪一个估计的回归方程最佳的准则是判定系数（R-sq）的数值。例如，因为 R-sq = 56.8%，所以得到了仅含有 1 个自变量 Accounts 的最佳的估计的回归方程；因为 R-sq = 77.5%，所以得到了含有 2 个自变量 AdvExp 和 Accounts 的最佳的估计的回归方程；因为 R-sq = 84.9%，所以得到了含有 3 个自变量 Poten、AdvExp 和 Share 的最佳的估计的回归方程。图 16-17 还给出了每个模型的均方误差根（RMSE），即均方误差的算术平方根，RMSE 越小，因变量的预测值和实际观测值的差异的平方越小。对于 Cravens 数据，含有 6 个自变量 Time、Poten、AdvExp、Share、Change 和 Accounts 的模型的 RMSE 最小，并且其判定系数 $R^2 = 92.03\%$，比含有 4 个自变量（Poten、AdvExp、Share 和 Accounts）的最佳模型的判定系数 $R^2 = 92.04\%$ 略小。在所有其他条件相同的情形下，一个包含较少自变量的比较简单的模型通常会受到人们的欢迎。

Model	Number	RSquare	RMSE
Accounts	1	0.5685	881.09
Time	1	0.3880	1049.33
AdvExp, Accounts	2	0.7751	650.39
Poten, Share	2	0.7461	691.11
Poten, AdvExp, Share	3	0.8490	545.52
Poten, AdvExp, Accounts	3	0.8277	582.64
Poten, AdvExp, Share, Accounts	4	0.9004	453.84
Time, Poten, AdvExp, Share	4	0.8960	463.93
Time, Poten, AdvExp, Share, Change	5	0.9150	430.22
Poten, AdvExp, Share, Change, Accounts	5	0.9124	436.75
Time, Poten, AdvExp, Share, Change, Accounts	6	0.9203	427.99
Poten, AdvExp, Share, Change, Accounts, Work	6	0.9165	438.20
Time, Poten, AdvExp, Share, Change, Accounts, Work	7	0.9220	435.66
Time, Poten, AdvExp, Share, Change, Accounts, Rating	7	0.9204	440.29
Time, Poten, AdvExp, Share, Change, Accounts, Work, Rating	8	0.9220	449.02

图 16-17 Cravens 数据的最佳子集回归的输出

16.4.5 做出最终的选择

到目前为止，对 Cravens 数据已经完成的分析为我们选择一个最终的模型做了很好的准备，但是在做出最终选择前，我们还应进行更多的分析。在选择模型时，我们希望残差图看起来要近似于一条水平带。我们假设残差满足这一要求，没有问题，并且希望使用最佳子集程序结果帮助我们选择模型。

最佳子集方法已经向我们表明了最佳的 4 变量模型包含了 4 个自变量，即 Poten、AdvExp、Share 和 Accounts。多于 4 个变量的模型对 R^2 的贡献微乎其微。这个最佳模型恰好也是利用逐步回归方法得到的包含 4 个自变量的模型。

从图 16-17 中我们看到，只包含 2 个自变量 Accounts 和 AdvExp 的模型也是一个不错的模型，它的 $R^2 = 75.5\%$。例如，如果市场潜力（Poten）这个自变量的度量很困难，那么我们宁愿选择一个比较简单的两变量模型。然而，如果数据很容易取得，并且要求销售收入有一个较高的预测精度，模型的设计者显然应该更喜欢包含全部 4 个自变量的模型。

⊖ 完整的最佳子集输出还包括 Mallows Cp 统计量的值。更高级的教科书会讨论这个统计量的应用。

注释和评论

1. 逐步回归方法要求"离开的 α"的值大于或等于"进入的 α"的值。这一要求是为了防止同一个变量在同一步中先从模型中被删除，然后再次进入模型。

2. 在我们应用这一节介绍的任一方法时，自变量的函数都可以用来生成新的自变量。例如，如果我们希望用 $x_1 x_2$ 表示模型中的交互作用，我们将利用自变量 x_1 和 x_2 的数据生成新的自变量 $z = x_1 x_2$ 的数据。

3. 每次只能增加或者删除一个变量的这些方法，都不能保证识别出最佳的回归模型。但是，这些方法都是得到好的模型的杰出方法，特别是当存在轻微的多重共线性时。

练习

应用

16. 一项研究提供了一些变量的数据，这些变量可能与制造业工人已经失业的周数有关。在研究中，因变量（Weeks）被定义为由于裁员，制造业工人已经失业的周数。在研究中用到的自变量如下所示。

Age	工人的年龄
Educ	受教育的年数
Married	虚拟变量。如果已婚，取值为1；否则，取值为0
Head	虚拟变量。如果是户主，取值为1；否则，取值为0
Tenure	工龄
Manager	虚拟变量。如果从事管理工作，取值为1；否则，取值为0
Sales	虚拟变量。如果从事销售工作，取值为1；否则，取值为0

可供我们使用的数据保存在名为 Layoffs 的文件中。

a. 建立最佳的单变量的估计的回归方程。

b. 利用逐步回归方法建立最佳的估计的回归方程，"进入的 α"和"离开的 α"的值取 0.05。

c. 利用前向选择方法建立最佳的估计的回归方程，"进入的 α"的值取 0.05。

d. 利用后向消元方法建立最佳的估计的回归方程，"离开的 α"的值取 0.05。

e. 利用最佳子集回归方法建立最佳的估计的回归方程。

18. Jeff Sagarin 自 1985 年以来一直为《今日美国》杂志提供体育评级。在棒球比赛中，他预测的 RPG（分/场）统计量考虑到全部球员的进攻统计，并且他声称这是球员真实的进攻价值的最好度量。下面给出了纽约洋基队（New York Yankees）的 20 名球员在美国职业棒球大联盟最近一年赛季中的 RPG 和各种各样的进攻统计数据。列标题定义如下：RPG，预测每场比赛得分；H，安打；2B，二垒打；3B，三垒打；HB，本垒打；RBI，击球得分；BB，四坏球后安全上垒（步行）；SO，三击不中出局；SB，偷垒；CS，封杀偷垒；OBP，上垒率；SLG，长打率,；AVG，安打率。

设 RPG 统计量为因变量。

a. 建立最佳的单变量的估计的回归方程。

b. 利用本节介绍的方法，建立一个能用来预测球员 RPG 的最佳的多元估计的回归方程。

球员	RPG	H	2B	3B	HB	RBI	BB	SO	SB	CS	OBP	SLG	AVG
D Jeter	6.51	202	25	5	19	70	77	117	14	5	0.389	0.450	0.309
H Matsui	6.32	192	45	3	23	116	63	78	2	2	0.367	0.496	0.305
A Rodriguez	9.06	194	29	1	48	130	91	139	21	6	0.421	0.610	0.321
G Sheffield	6.93	170	27	0	34	123	78	76	10	2	0.379	0.512	0.291
R Cano	5.01	155	34	4	14	62	16	68	1	3	0.320	0.458	0.297
B Williams	4.14	121	19	1	12	64	53	75	1	2	0.321	0.367	0.249
J Posada	5.36	124	23	0	19	71	66	94	1	0	0.352	0.430	0.262
J Giambi	9.11	113	14	0	32	87	108	109	0	0	0.440	0.535	0.271

（续）

球员	RPG	H	2B	3B	HB	RBI	BB	SO	SB	CS	OBP	SLG	AVG
T Womack	2.91	82	8	1	0	15	12	49	27	5	0.276	0.280	0.249
T Martinez	5.08	73	9	0	17	49	38	54	2	0	0.328	0.439	0.241
M Bellhorn	4.07	63	20	0	8	30	52	112	3	0	0.324	0.357	0.210
R Sierra	3.27	39	12	0	4	29	9	41	0	0	0.265	0.371	0.229
J Flaherty	1.83	21	5	0	2	11	6	26	0	0	0.206	0.252	0.165
B Crosby	3.48	27	0	1	1	6	4	14	4	1	0.304	0.327	0.276
M Lawton	5.15	6	0	0	2	4	7	8	1	0	0.263	0.250	0.125
R Sanchez	3.36	12	1	0	0	2	2	3	0	1	0.326	0.302	0.279
A Phillips	2.13	6	4	0	1	4	1	13	0	0	0.171	0.325	0.150
M Cabrera	1.19	4	0	0	0	0	0	2	0	0	0.211	0.211	0.211
R Johnson	3.44	4	2	0	0	0	1	4	0	0	0.300	0.333	0.222
F Escalona	5.31	4	1	0	0	2	1	4	0	0	0.375	0.357	0.286

16.5　实验设计的多元回归方法

在第 15.7 节中，我们已经讨论了虚拟变量在多元回归分析中的应用。在这一节我们将说明，在多元回归方程中如何使用虚拟变量得到解决实验设计问题的另一种方法。在第 13 章中我们已经介绍了 Chemitech 公司的完全随机化设计。为了说明实验设计的多元回归方法，我们将对 Chemitech 公司应用这一方法。[○]

让我们回忆一下，Chemitech 公司开发了一种新的城市供水过滤系统。新过滤系统的部件需要从几家供应商处购买，然后由 Chemitech 公司设在南加州哥伦比亚市的工厂装配这些部件。有三种不同的装配方法，分别称为方法 A、方法 B 和方法 C。Chemitech 公司的管理人员想要确定，哪种装配方法能使每周生产的过滤系统数量最多。

抽取 15 名工人组成一个随机样本，并且对每一种装配方法随机地指派 5 名工人。每名工人装配的过滤系统数量如表 16-7 所示。

三种装配方法所生产的过滤系统的样本均值如下所示。

表 16-7　15 名工人生产的过滤系统数量

装配方法 A	装配方法 B	装配方法 C
58	58	48
64	69	57
55	71	59
66	64	47
67	68	49

装配方法	平均生产的过滤系统数量
A	62
B	66
C	52

虽然方法 B 似乎能够比其他方法带来更高的生产率，但我们的问题是观测到的三个样本均值的差异是否足以使我们断定，对应于三种装配方法的总体均值是不同的。

为了用回归方法处理这一问题，我们从定义虚拟变量开始，这里的虚拟变量表示使用的是哪一种装配方法。因为 Chemitech 问题有三种装配方法或处理，所以我们需要定义两个虚拟变量。一般情况下，如果被研究的因素有 k 个不同的水平或处理，那么我们需要定义 $k-1$ 个虚拟变量。对于 Chemitech 实验，我们定义的两个虚拟变量 A 和 B 如表 16-8 所示。

○　在第 13 章公司的例子中，我们已经介绍了实验设计中完全随机化设计的具体应用。

我们可以利用虚拟变量将每周生产的过滤系统数量 y 与工人使用的装配方法联系起来。

$$E(y) = 每周生产的过滤系统的期望值 = \beta_0 + \beta_1 A + \beta_2 B$$

于是，如果我们对使用方法 C 的一名工人每周装配的过滤系统的期望值感兴趣，我们的程序指定虚拟变量 A 和 B 的数值，使得 A = B = 0。那么多元回归方程可化简为：

$$E(y) = \beta_0 + \beta_1 \times 0 + \beta_2 \times 0 = \beta_0$$

我们能把 β_0 看作使用方法 C 的一名工人每周装配的过滤系统的期望值。换句话说，β_0 是使用方法 C 的一名工人每周装配的过滤系统的平均值。

接下来，我们考虑使用其他装配方法的多元回归方程的形式。对于装配方法 A，虚拟变量的值是 A = 1 和 B = 0，于是有：

$$E(y) = \beta_0 + \beta_1 \times 1 + \beta_2 \times 0 = \beta_0 + \beta_1$$

对于装配方法 B，我们令 A = 0 和 B = 1，于是有：

$$E(y) = \beta_0 + \beta_1 \times 0 + \beta_2 \times 1 = \beta_0 + \beta_2$$

我们看到，$\beta_0 + \beta_1$ 是使用方法 A 的一名工人每周装配的过滤系统的平均值，$\beta_0 + \beta_2$ 是使用方法 B 的一名工人每周装配的过滤系统的平均值。

现在我们希望估计系数 β_0、β_1 和 β_2 的值，并且对于每一种方法，要求给出每周装配的过滤系统平均值的估计。表 16-9 是由 A、B 和 y 的 15 组观测值组成的样本数据。图 16-18 是对应的多元回归输出。我们看到，β_0、β_1 和 β_2 的估计值是 $b_0 = 52$，$b_1 = 10$ 和 $b_2 = 14$。于是，对于每一种方法，每周装配的过滤系统平均值的最佳估计如下所示：

装配方法	$E(y)$ 的估计值
A	$b_0 + b_1 = 52 + 10 = 62$
B	$b_0 = 52 + 14 = 66$
C	$b_0 = 52$

注意，从回归分析中得到的每一种装配方法生产的过滤系统平均值的估计，与前面给出的样本均值是相同的。

现在让我们来看看如何才能利用多元回归分析的输出，对这三种装配方法生产的过滤系统平均值之间的区别进行 ANOVA 检验。首先我们注意到，如果在这些平均值之间没有区别，那么有：

$$方法 A 的 E(y) - 方法 C 的 E(y) = 0$$
$$方法 B 的 E(y) - 方法 C 的 E(y) = 0$$

因为对于方法 C，$E(y)$ 等于 β_0，对于方法 A，$E(y)$ 等于 $\beta_0 + \beta_1$，所以方法 A 与方法 C 之间的差等于 $(\beta_0 + \beta_1) - \beta_0 = \beta_1$。又因为对于方法 B，$E(y)$ 等于 $\beta_0 + \beta_2$，

表 16-8 Chemitech 问题的虚拟变量

A	B	
1	0	观测值与方法 A 有关
0	1	观测值与方法 B 有关
0	0	观测值与方法 C 有关

表 16-9 Chemitech 问题完全随机化设计的输入数据①

A	B	y
1	0	58
1	0	64
1	0	55
1	0	66
1	0	67
0	1	58
0	1	69
0	1	71
0	1	64
0	1	68
0	0	48
0	0	57
0	0	59
0	0	47
0	0	49

① 数据文件 Chemitech2 含有来自数据文件 Chemitech 的数据，这些数据重新组合用于线性回归分析。

Analysis of Variance

Source	DF	Adj SS	Adj MS	F-Value	P-Value
Regression	2	520.0	260.00	9.18	0.004
Error	12	340.0	28.33		
Total	14	860.0			

Model Summary

S	R-sq	R-sq (adj)
5.32291	60.47%	53.88%

Coefficients

Term	Coef	SE Coef	T-Value	P-Value
Constant	52.00	2.38	21.84	0.000
A	10.00	3.37	2.97	0.012
B	14.00	3.37	4.16	0.001

Regression Equation

$$Y = 52.00 + 10.00\,A + 14.00\,B$$

图 16-18 Chemitech 问题的完全随机化设计的多元回归输出

所以方法 B 与方法 C 之间的差等于 $(\beta_0+\beta_2)-\beta_0=\beta_2$。我们将得到结论如果 $\beta_1=0$ 和 $\beta_2=0$，那么三种装配方法没有差异。于是，检验三种装配方法均值差异的原假设可以叙述如下。

$$H_0:\beta_1=\beta_2=0$$

假设显著性水平是 $\alpha=0.05$。我们还记得为了检验这种类型的回归关系显著性的原假设，我们利用总体显著性的 F 检验。在图 16-18 的输出中，对应于 $F=9.18$ 的 p-值是 0.004。因为 p-值$=0.004<\alpha=0.05$，所以我们拒绝原假设 $H_0:\beta_1=\beta_2=0$，并且得到结论三种装配方法的均值是不同的。因为 F 检验表明，多元回归关系是显著的，所以可以进行 t 检验来确定个别参数 β_1 和 β_2 的显著性。在 $\alpha=0.05$ 的显著性水平下，输出的 p-值分别是 0.012 和 0.001，这就表明我们可以拒绝 $H_0:\beta_1=0$ 和 $H_0:\beta_2=0$。于是，两个参数在统计上是显著的，从而我们也可以得出这样的结论，方法 A 与方法 C 的均值是不同的，以及方法 B 与方法 C 的均值是不同的。

练 习

方法

20. 考虑包括 A、B、C 和 D 四种处理的一个完全随机化设计。写出一个能用来分析该完全随机化设计数据的多元回归方程，对所有的变量给出定义。

22. 对于因素 A 有 2 水平，因素 B 有 3 水平的一个两因素设计，写出一个能用来分析该两因素设计数据的多元回归方程，对所有的变量给出定义。

应用

24. 对于 4 种不同的涂料，广告介绍它们的干燥时间是相同的。为了证实制造商的说法，对每一种涂料检测 5 个样本。对于每一个样本，记录从涂上第一道涂料后经过充分干燥直到可以再涂第二道涂料的时间（单位：分钟）。得到的数据如下表所示。

涂料 1	涂料 2	涂料 3	涂料 4
128	144	133	150
137	133	143	142
135	142	137	135
124	146	136	140
141	130	131	153

a. 在 $\alpha=0.05$ 的显著性水平下，检验 4 种不同涂料的平均干燥时间是否存在显著差异。

b. 对于涂料 2，你估计的平均干燥时间是多少？从计算机输出中得到的平均干燥时间是多少？

26. 在杂志上刊登广告的尺寸大小和广告的设计方案，可能会影响收到邮购商品广告目录的人数（单位：1 000 人）。为了检验这种影响，一家经营邮购商品广告目录的公司设计了一种因子实验。考虑 3 种广告的设计方案和 2 种刊登广告的尺寸，得到的数据如下表所示。在 $\alpha=0.05$ 的显著性水平下，检验因广告的设计方案、刊登广告的尺寸以及它们之间的交互作用而产生的显著影响。

方案	广告尺寸	
	小	大
A	8	12
	12	8
B	22	26
	14	30
C	10	18
	18	14

16.6　自相关性和杜宾-瓦特森检验

通常，在工商管理和经济学的回归研究中，所利用的数据是按时间顺序采集的。我们用 y_t 表示 y 在时期 t 的值，而 y_t 的值又常常要依赖于 y 在以前时期的值。在这种情形下，我们说在数据中存在**自相关性**（autocorrelation），也叫**序列相关**（serial correlation）。如果 y 在 t 期的值依赖于 y 在 $t-1$ 时期的值，我们就说在数据中存在一阶自相关性；如果 y 在 t 期的值依赖于 y 在 $t-2$ 时期的值，我们就说在数据中存在二阶自相关性，等等。

回归模型的假定之一是模型的误差项是独立的。但是，当数据存在自相关性时，其违背了这一假定。在一阶自相关性情形中，t 时期的误差项 ε_t 将依赖于 $t-1$ 时期的误差项 ε_{t-1}。一阶自相关性的两种情形如图 16-19 所示。

图 16-19a 是存在正自相关性的情形；图 16-19b 是存在负自相关性的情形。当存在正自相关性时，如果在一个时期有一个正的残差，我们期待着在下一个时期跟着也是一个正的残差；如果在一个时期有一个负的残差，我们期待着在下一个时期跟着也是一个负的残差，等等。当存在负自相关性时，如果在一个时期有一个正的残差，我们期待着在下一个时期跟着也是一个负的残差，然后又是一个正的残差，等等。

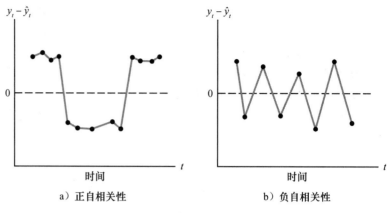

图 16-19　一阶自相关性的两个数据集

当数据存在自相关性时，如果我们根据假设的回归模型进行统计显著性检验，就有可能发生严重的错误。因此，重要的工作是能检测出自相关性的存在并能做出适当的修正。我们将说明如何利用杜宾-瓦特森统计量来检测一阶自相关性。

假设误差项 ε 的值是不独立的，并且它们相互依赖的方式如下：

$$\varepsilon_t = \rho \varepsilon_{t-1} + z_t \tag{16-16}$$

这里，ρ 是一个绝对值小于 1 的参数，z_t 是一个平均值为 0，方差为 σ^2 的独立正态分布的随机变量。从式（16-16）中我们看到，如果 $\rho = 0$，那么误差项 ε_t 之间不相关，并且每一个误差项 ε_t 的平均值都是 0，方差都是 σ^2。在这种情形下，不存在自相关性，回归模型的假定被满足。如果 $\rho > 0$，则存在正自相关性；如果 $\rho < 0$，则存在负自相关性。这两种情形都违背了回归模型误差项的假定。

自相关性的**杜宾-瓦特森检验**（Durbin-Watson test）利用残差来确定 $\rho = 0$ 是否成立。为简化杜宾-瓦特森检验统计量的记号，我们用 $e_i = y_i - \hat{y}$ 表示第 i 个残差。杜宾-瓦特森检验统计量的计算公式如下：

杜宾-瓦特森检验统计量

$$d = \frac{\sum_{i=2}^{n} (e_i - e_{i-1})^2}{\sum_{i=1}^{n} e_i^2} \tag{16-17}$$

如果残差的相邻值彼此之间相距比较近（正自相关性），那么杜宾-瓦特森检验统计量的值将是比较小的。如果残差的相邻值彼此之间相距比较远（负自相关性），那么杜宾-瓦特森检验统计量的值将是比较大的。

杜宾-瓦特森检验统计量的取值范围介于 0~4，并且其间还有两个值表明了不存在自相关性的范围。杜宾和瓦特森给出了一个临界值表，这个表能用来确定什么时候杜宾-瓦特森检验统计量的值表示存在自相关性的。对于显著性水平 $\alpha = 0.05$，表 16-10 给出了检验自相关性假设的下界和上界（d_L 和 d_U）；n 表示观测值的个数。检验的原假设始终是不存在自相关性的。

$$H_0 : \rho = 0$$

检验正自相关性的备择假设是：

$$H_a : \rho > 0$$

检验负自相关性的备择假设是：

$$H_a : \rho < 0$$

也允许进行双边检验。在这种情形下，备择假设是：

$$H_a : \rho \neq 0$$

表 16-10　杜宾-瓦特森自相关性检验的临界值

	1		2		3		4		5	
$n^{①}$	d_L	d_U	d_L	d_U	d_L	d_U	d_L	d_U	d_L	d_U
15	1.08	1.36	0.95	1.54	0.82	1.75	0.69	1.97	0.56	2.21
20	1.20	1.41	1.10	1.54	1.00	1.68	0.90	1.83	0.79	1.99
25	1.29	1.45	1.21	1.55	1.12	1.66	1.04	1.77	0.95	1.89
30	1.35	1.49	1.28	1.57	1.21	1.65	1.14	1.74	1.07	1.83
40	1.44	1.54	1.39	1.60	1.34	1.66	1.29	1.72	1.23	1.79
50	1.50	1.59	1.46	1.63	1.42	1.67	1.38	1.72	1.34	1.77
70	1.58	1.64	1.55	1.67	1.52	1.70	1.49	1.74	1.46	1.77
100	1.65	1.69	1.63	1.72	1.61	1.74	1.59	1.76	1.57	1.78

$\alpha = 0.05$ 的 d_L 和 d_U 的显著点自变量的个数

注：表中的值是自相关性的单侧杜宾-瓦特森检验的临界值。对于自相关性的双侧检验，显著性水平应增加 1 倍。
① 中间的 n 值，为线性插值。

图 16-20 说明了如何利用表 16-10 中的 d_L 和 d_U 值去检验自相关性。图 16-20a 说明了正自相关性的检验。如果 $d < d_L$，我们的结论是存在正自相关性。如果 $d_L \leq d \leq d_U$，我们的结论是杜宾-瓦特森检验不能确定是否存在正自相关性。如果 $d > d_U$，我们的结论是没有存在正自相关性的任何证据。

图 16-20b 说明了负自相关性的检验。如果 $d > 4 - d_L$，我们的结论是存在负自相关性。如果 $4 - d_U \leq d \leq 4 - d_L$，我们的结论是杜宾-瓦特森检验不能确定是否存在负自相关性。如果 $d < 4 - d_U$，我们的结论是没有存在负自相关性的任何证据。

图 16-20c 说明了双侧检验。如果 $d < d_L$ 或者 $d > 4 - d_L$，则拒绝 H_0，我们的结论是存在自相关性。如果 $d_L \leq d \leq d_U$ 或者 $4 - d_U \leq d \leq 4 - d_L$，我们的结论是杜宾-瓦特森检验不能确定是否存在自相关性。如果 $d_U < d < 4 - d_U$，我们的结论是没有存在自相关性的任何证据。

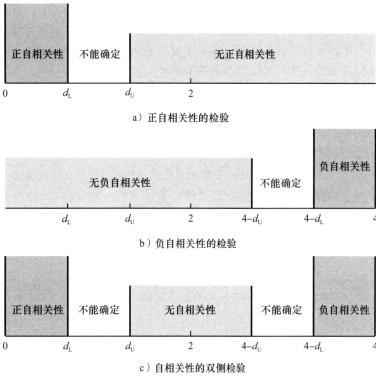

a）正自相关性的检验

b）负自相关性的检验

c）自相关性的双侧检验

图 16-20　利用杜宾-瓦特森统计量对自相关性的假设检验

如果显著的自相关性被识别出来，我们应考虑假设的回归模型是否遗漏了一个或几个重要的自变量，而这些遗漏的自变量对因变量有显著的时序影响。如果没有这样的自变量被识别出来，那么可以在模型中引入一个度量观测次数的自变量（例如，对于第一次观测，这个变量的值可以为 1，对于第二次观测，这个变量的值可为 2，等等），这样做将有助于消除或者减少自相关性。当这些消除或减少自相关性的尝试不起作用时，我们对因变量或者自变量进行适当的变换可能是有帮助的。有关这种变换的讨论能在更高级的回归分析教科书中找到。

注意，杜宾-瓦特森临界值表列出的最小样本容量为 15。理由是当样本容量比较小时，检验通常是缺乏说服力的。事实上，许多统计学家认为，为了使检验能得到合理的结论，样本容量至少应该为 50。

练 习

应用

28. 参看表 16-5 中的 Cravens 数据集。在第 16.3 节中我们已经得到了含有变量 Accounts、AdvExp、Poten 和 Share 的估计的回归方程，该方程的修正判定系数为 88.1%。在 $\alpha = 0.05$ 的显著性水平下，应用杜宾-瓦特森检验来确定是否存在正自相关性。

小结

在这一章中，我们讨论了模型设计者用来识别最佳估计的回归方程的几个概念。首先，我们介绍了一般线性模型的概念，并利用这个概念说明如何将关于回归参数（β_0, β_1, β_2, $\cdots$, β_p）是线性的模型推广到处理曲线关系和交互作用。然后，我们讨论了如何利用与因变量有关的变换去说明处理误差项非常数方差的问题。

回归分析的众多应用经常要考虑有较多自变量的情形。为了使回归模型增加自变量或者从回归模型中删除自变量，我们介绍了基于 F 统计量的一般方法。

接着，我们引入了包含 25 个观测值和 8 个自变量的大型问题。我们看到在处理一个大型问题时，遇到的难点是找出一个自变量的最佳子集。为了找出自变量的这个最佳子集，我们讨论了一些变量选择方法：逐步回归、前向选择、后向消元和最佳子集回归。

在第 16.5 节中，我们将讨论的内容加以扩展，即如何通过建立多元回归模型得到解决方差分析和实验设计问题的另一种方法。作为本章的结束，我们用一个残差分析的应用来说明自相关性的杜宾-瓦特森检验。

关键术语

autocorrelation　自相关性　当模型误差项在连续时间点上相关时，在误差项中出现的相关性。

Durbin-Watson test　杜宾-瓦特森检验　确定一阶自相关性是否存在的检验。

general Linear model　一般线性模型　形如 $y = \beta_0 + \beta_1 z_1 + \beta_2 z_2 + \cdots + \beta_p z_p + \varepsilon$ 的模型，式中每一个自变量 z_j, $j = 1$, 2, $\cdots$, p 都是变量 x_1, x_2, $\cdots$, x_k 的函数，而这些变量 x_1, x_2, $\cdots$, x_k 的数据已经被收集。

interaction　交互作用　两个自变量共同作用的影响。

serial correlation　序列相关　即自相关性。

variable selection procedures　变量选择方法　对回归模型选择一个自变量子集的方法。

重要公式

一般线性模型

$$y = \beta_0 + \beta_1 z_1 + \beta_2 z_2 + \cdots + \beta_p z_p + \varepsilon \tag{16-1}$$

增加或删除 $p-q$ 个变量的 F 检验统计量

$$F = \frac{\dfrac{\text{SSE}(x_1, x_2, \cdots, x_q) - \text{SSE}(x_1, x_2, \cdots, x_q, x_{q+1}, \cdots, x_p)}{p-q}}{\dfrac{\text{SSE}(x_1, x_2, \cdots, x_q, x_{q+1}, \cdots, x_p)}{n-p-1}} \tag{16-13}$$

一阶自相关性

$$\varepsilon_t = \rho \varepsilon_{t-1} + z_t \tag{16-16}$$

杜宾-瓦特森检验统计量

$$d = \frac{\sum_{i=2}^{n}(e_i - e_{i-1})^2}{\sum_{i=1}^{n} e_i^2} \tag{16-17}$$

补充练习

30. 《消费者报告》杂志检测了 19 款不同品牌和型号的公路型自行车、健身型自行车和舒适型自行车。公路型自行车是为喜爱远程公路骑行旅行的人设计的；健身型自行车是为经常参加体育锻炼或每天需要上下班的人设计的；舒适型自行车通常是为在平坦的路面上做休闲游的人设计的。19 款被检测自行车的类型、重量（千克）和价格（美元）的统计资料如下所示。

品牌和型号	类型	重量/千克	价格/美元
KleinRAªve v	公路型	9.1	1 800
Giant OCR Composite 3	公路型	10	1 800
Giant OCR 1	公路型	10	1 000
Specialized Roubaix	公路型	9.6	1 300
Trek Pilot 2.1	公路型	9.6	1 320
Cannondale Synapse 4	公路型	9.6	1 050
LeMond Poprad	公路型	10	1 350
Raleigh Cadent 1.0	公路型	10.9	650
Giant FCR 3	健身型	10.5	630
Schwinn Super Sport GS	健身型	10.5	700
Fuji Absolute 2.0	健身型	10.9	700
Jamis Coda Comp	健身型	11.8	830
Cannondale Road Warrior 400	健身型	11.4	700
Schwinn Sierra GS	舒适型	14.1	340
Mongoose Switchback SX	舒适型	14.6	280
GiantSedona DX	舒适型	14.6	360
Jamis Exploree 4.0	舒适型	15.9	600
Diamondback Wildwood Deluxe	舒适型	15.5	350
Specialized Crossroads Sport	舒适型	14.1	330

a. 以重量为自变量，价格为因变量，对这些数据绘制散点图。简单线性回归模型是一个合适的模型吗？

b. 设 $x=$ 重量，利用 x 和 x^2 作为两个自变量，建立一个估计的多元回归方程。

c. 定义两个自行车类型的虚拟变量如下。

Type-Fitness：如果自行车是健身型，取值为 1；否则，取值为 0。

Type-Comfort：如果自行车是舒适型，取值为 1；否则，取值为 0。

利用这两个虚拟变量建立一个估计的回归方程，使该方程在自行车类型已知时，能用来预测自行车的价格。请将得到的估计的回归方程与在（b）中得到的估计的回归方程进行比较。

d. 为了解释自行车类型与自行车重量之间可能存在的交互作用，建立一个新的估计的回归方程，使该方程在自行车的类型、重量以及重量与（c）中定义的每一个虚拟变量的交互作用已知时，能用来预测价格。估计的回归方程是自行车价格的最佳估计值吗？为什么？

32. 一项研究调查了审计滞后（delay）与描述客户和审计师的变量之间的关系，这里的审计滞后是指从公司的会计年度结束之日起到审计师完成审计报告之日止之间的时间长度。这项研究涉及的自变量如下。

Industry　虚拟变量：如果公司是一家工业公司，那么取值为 1；如果公司是一家储蓄和贷款银行或者保险公司，那么取值为 0。

Public　虚拟变量：如果公司是在有组织的证券交易所或者场外交易市场进行交易的，那么取值为 1；否则取值为 0。

Quality　内部控制的全面质量的测度，由审计师按 5 个等级做出评价，从"实际上没有实行质量控制"（1）到"优秀"（5）。

Finished　由审计师按 4 个等级做出评价的测度，1 表示"全部工作推迟到年底以后完成"，4 表示"绝大部分工作在年底前完成"。

假设由 40 家公司组成了一个样本，得到的数据如下表所示。

Delay	Industry	Public	Quality	Finished
62	0	0	3	1
45	0	1	3	3
54	0	0	2	2
71	0	1	1	2
91	0	0	1	1
62	0	0	4	4
61	0	0	3	2
69	0	1	5	2
80	0	0	1	1
52	0	0	5	3
47	0	0	3	2
65	0	1	2	3
60	0	0	1	3
81	1	0	1	2
73	1	0	2	2
89	1	0	2	1
71	1	0	5	4
76	1	0	2	2
68	1	0	1	2
68	1	0	5	2
86	1	0	2	2
76	1	1	3	1
67	1	0	2	3
57	1	0	4	2
55	1	1	3	2
54	1	0	5	2
69	1	0	3	3
82	1	0	5	1
94	1	0	1	1
74	1	1	5	2
75	1	1	4	3
69	1	0	2	2
71	1	0	4	4
79	1	0	5	2
80	1	0	1	4
91	1	0	4	1
92	1	0	1	4
46	1	1	4	3
72	1	0	5	2
85	1	0	5	1

a. 利用所有的自变量建立一个估计的回归方程。

b. 在（a）中建立的估计的回归方程对观测数据的拟合好吗？请做出解释。

c. 将 Delay 看作 Finished 的函数，绘制出它们的散点图。这个散点图表示在 Delay 和 Finished 之间存在一个什么样的关系？

d. 根据你对 Delay 和 Finished 之间关系的观察，建立一个可供选择的估计的回归方程，相对于在（a）中建立的估计的回归方程，它能够尽可能多地解释在 Delay 中的变异性。

34. 参阅第 31 题中的数据。

a. 建立一个以 Industry 和 Quality 为自变量，能用于预测 Delay 的估计的回归方程。

b. 根据在（a）中建立的估计的回归方程，将残差看作数据出现先后顺序的函数，绘制残差图。在数据中存在任何一种自相关性吗？请做出解释。

c. 在 $\alpha=0.05$ 的显著性水平下，检验数据中的正自相关性。

36. 曾经进行过的一项研究是调查顾客逛商店时的行为。顾客被分为以下三种类型：不爱逛商店的顾客、消遣性逛商店的顾客和特别喜爱逛商店的顾客。在这项研究中，对于每一位顾客，我们得到了他在商店里是否感到舒适惬意的一个度量。较高的得分表示顾客有较满意的舒适感。假设这项研究的数据如下表所示。在 $\alpha=0.05$ 的显著性水平下，对这三种类型的顾客在逛商店时舒适程度的差异进行检验。

不爱逛商店 的顾客	消遣性逛商店 的顾客	特别喜爱逛商店 的顾客
4	5	5
5	6	7
6	5	5
3	4	7
3	7	4
4	4	6
5	6	5
4	5	7

案例 16-1　职业高尔夫球协会巡回赛的统计分析

美国职业女子高尔夫球协会（LPGA）保存了球员参加 LPGA 巡回赛的成绩的统计资料。平均击球杆数通常被认为是在 LPGA 巡回赛中获得胜利的最重要的统计指标。为了研究平均击球杆数与发球距离、发球准确度、标准杆上果岭、沙坑救球和每轮比赛推杆入洞的平均次数等变量之间的关系，在 2012 年 LPGA 巡回赛中，140 位高尔夫球员的年终成绩的统计资料保存在名为 TourLPGA2012 的文件中（LPGA 网站）。数据集的每一行对应参加 LPGA 巡回赛的一位高尔夫球员。数据集中的变量描述如下。

Scoring Average：每轮比赛的平均击球杆数。

DrDist（发球距离）：DrDist 是每次发球实测的平均码数。在 LPGA 巡回赛中，发球距离是在每轮比赛的两个球洞上测量的。谨慎选择两个相反方向的球洞，以抵消风力的影响。待球处于静止状态后测量发球距离，而不管球是否在球道上。

DrAccu（发球准确度）：高尔夫球员在发球处将球击上球道次数的比率（不管是何种球杆）。发球准确度是对每个球洞测量的，但不包括标准杆是 3 杆的情形。

GIR（标准杆上果岭）：高尔夫球员能够标准杆上果岭次数的比率。如果按标准杆上果岭（GIR）规定的杆数击球后，高尔夫球的任一部分触及果岭的推杆区域，则认为是标准杆上果岭。标准杆上果岭规定的杆数被定义为比标准杆少 2 杆上果岭（若标准杆为 3 杆洞，则第 1 杆上果岭；若标准杆为 4 杆洞，则第 2 杆上果岭；若标准杆为 5 杆洞，则第 3 杆上果岭）。换句话说，如果高尔夫球员比标准杆少 2 杆上果岭的推杆区域，就认为其是标准杆上果岭。

Sand Saves（沙坑救球）：一旦高尔夫球落到靠近果岭的沙坑里，高尔夫球员能克服"地面的高低起伏"将球救出的比例（不考虑得分）。克服"地面的高低起伏"将球救出，表示球员用 2 杆或少于 2 杆将高尔夫球从靠近果岭的沙坑击入球洞。

PPR：每轮比赛推杆入球洞的平均次数。

管理报告

假设你被 LPGA 巡回赛的专员聘请，准备在 LPGA 巡回赛的年度会议上做数据分析的报告。专员问是否有可能利用这些数据来确定高尔夫球员的成绩，也就是确定高尔夫球员平均击球杆数的最佳预测值。利用在本章和第 15 章介绍的方法分析数据，准备一份报告总结你的分析，包括关键的统计结果、结论和建议。

案例 16-2　产自意大利皮埃蒙特地区的葡萄酒评级

Wine Spectator 杂志刊登的文章和评论涉及酿酒工业的各个方面，包括来自世界各地葡萄酒的评级。在最近一期，该杂志使用百分制对产自意大利皮埃蒙特地区的 475 瓶葡萄酒进行了检测和评级。下表是 *Wine Spectator* 杂志对送来检测的每一瓶酒，被评为经典的、优秀的、非常好、好、平庸还是不推荐的理由。

分数	等　级
95~100	经典的：极好的葡萄酒
90~94	优秀的：有出众的特性和风格的葡萄酒
85~89	非常好：有着特殊气质的葡萄酒
80~84	好：制作精良的、可信赖的葡萄酒
75~79	平庸：可以饮用的、可能有轻微瑕疵的葡萄酒
75 以下	不推荐

对大多数消费者而言，一个关键问题是，是否一瓶酒越贵越好。为了调查这个问题，我们从产自意大利皮埃蒙特地区送到 *Wine Spectator* 杂志检测的 475 瓶葡萄酒中，选取 100 瓶组成一个随机样本。样本中每一瓶酒的价格（美元）、*Wine Spectator* 分数和等级的数据均保存在名为 WineRatings 的文件中。

管理报告

1. 绘制一张表，按经典的、优秀的、非常好、好、平庸和不推荐将样本中的 100 瓶葡萄酒分类，并且表明每类葡萄酒的数量和平均价格。葡萄酒的价格和 *Wine Spectator* 等级之间是否显现出任何关系？你关于数据的最初结论在其他方面是否有引人注目之处？

2. 以价格为横轴，以 *Wine Spectator* 为纵轴，绘制散点图。葡萄酒的价格和 *Wine Spectator* 等级之间是否显现出线性关系？

3. 利用线性回归，建立一个估计的回归方程，使该方程在葡萄酒的价格已知时，能用来预测 *Wine Spectator* 的等级。

4. 利用一个二阶模型，建立一个估计的回归方程，使该方程在葡萄酒的价格已知时，能用来预测 *Wine Spectator* 的等级。

5. 将线性拟合模型与二阶拟合模型进行比较。

6. 作为二阶拟合模型的替代，利用葡萄酒价格的自然对数作为自变量，建立一个拟合模型。将这个拟合模型与二阶拟合模型进行比较。

7. 基于你的分析，你是否会认为一瓶酒付的钱越多，这瓶酒就越好？

8. 假设你打算为买一瓶酒最多花 30 美元。在本案例中，你是否会花比你的上限低得多的价格买一瓶酒？

第 17 章

时间序列分析及预测

CHAPTER

17

实践中的统计

内华达职业健康诊所[一]

内华达州，斯帕克斯

内华达职业健康诊所是位于内华达州斯帕克斯市的一家私人医疗诊所。该诊所已有 20 多年的历史，专门从事工业医疗，并且一直处于快速增长中。在 26 个月里，它的月营业额从 57 000 美元一直增长至超过 300 000 美元，直到其主要大楼被大火烧毁。

诊所的保险单包括实物财产和设备，也包括由于正常商业经营被打断而遭受的经济损失。确定实物财产和设备在火灾中的损失额，在受理保险索赔中并不是一件很困难的事情。但是，确定该诊所在 7 个月的重建期间内的经营损失则是一件相当复杂的事情，它涉及业主和保险公司之间的谈判。没有预先制定的规则可以用于计算，假如没有发生火灾，诊所的营业额"将会有多少"。为了估计收入损失，诊所利用一种预测方法来测算在 7 个月的停业期间可能实现的营业增长。火灾前营业额的历史数据将会成为预测模型的基础，该模型具有线性趋势和季节成分，这些成分将在本章中加以讨论。这个预测模型使诊所能准确估计所蒙受的损失，并且最终被保险公司接受。

本章的目的是介绍时间序列分析及预测。假设我们要提供公司的一种产品在来年的季度销售预测，生产计划、原材料的采购、库存策略和销售定额都将受到我们提供的季度预测的影响。因此，较差的预测将导致较差的计划并增加公司的生产成本。我们应该如何着手提供季度销售预测呢？对经济状况的好的判断、直觉和意识，可以给我们一个未来可能发生态势的粗略想法或"感觉"，但将这些感觉转化为能用来预测来年销售的数字是很困难的。

预测方法可分为定量和定性两种。定性方法通常利用专家判断来进行预测，当被预测变量的历史数据不适合或者难以获得时，可以使用该方法。当以下条件同时满足时，可以使用定量预测方法：①被预测变量过去的信息可用。②这些信息可以被量化。③过去的模式将会持续到未来的假定合理。在这种情形下，我们可以使用时间序列法或因果法来进行预测。在本章我们将专门关注定量预测方法[二]。

如果历史数据局限于被预测变量的过去值，这种预测方法被称为时间序列方法，历史数据被称为时间序列。时间序列分析的目的是在历史资料或时间序列中发现规律性的模式，然后将这个模式外推到未来。这种预测仅仅依赖于变量的过去值和（或）过去的预测误差。

因果预测方法的依据是，假定我们正预测的变量与其他一个或几个变量存在一个因果关系。在标准的回归分析中[三]，我们用一个或多个自变量来预测单个因变量的值。将回归分析作为预测工具，我们可以将想要预测的时间序列的值作为因变量。因此，如果我们能确定相关自变量或解释变量的一个合适的集合，或许就能够建立用于推测或预测时间序列的估计的回归方程。例如，由于许多产品的销售量受广告支出的影响，因此可用回归分析建立一个方程，来显示销售量和广告支出的关系。一旦确定了下一个时期的广告预算，我们将这个数值代入方程，可以得到下一个时期销售量的推测值或预测值。注意，如果使用时间序列方法进行预测，则不需要考虑广告支出，也就是说，时间序列方法仅仅依赖于过去的销售资料。

通过将时间视为自变量，将时间序列视为因变量，回归分析也可以用于时间序列方法。为了区分回归分析在两种情形下的应用，我们用术语截面回归和时间序列回归来表述。于是，时间序列回归是指自变量是时间的回归分析应用。在本章由于我们关注时间序列方法，因此，我们将不讨论因果预测方法的回归分析应用，在关于预测的高级教材中再讨论。

[一] 感谢为"实践中的统计"提供了本案例的内华达职业健康诊所业务主管 Bard Betz 和行政执行助理 Curtis Brauer。

[二] 预测仅仅是对将来可能发生情况的一种简单的判断。管理者必须学会接受这样一种事实，无论使用什么样的预测方法，他们都不可能获得理想的预测结果。

[三] 第 14 章、第 15 章、第 16 章全面覆盖了回归分析。

17.1　时间序列的模式

时间序列（time series）是一个变量在连续时点或连续时期上测量的观测值的序列。测量可以每隔一小时、一天、一周、一个月、一年或在任何其他规定的时间间隔上[一]进行。数据的模式是了解时间序列过去行为的重要因素。如果这种行为预计可以持续到未来，我们就可以用过去的模式来选择合适的预测方法。

为了确定数据中的基本模式，有效的第一步是绘制**时间序列图**（time series plot）。时间序列图是时间和时间序列变量之间关系的图形表述。时间位于横轴，时间序列变量位于纵轴。当观察时间序列图时，让我们回顾一下能被确认的数据模式的一些常见类型。

17.1.1　水平模式

当数据围绕着一个不变的均值上下波动时，则存在**水平模式**（horizontal pattern）。为了说明时间序列拥有水平模式，考虑表 17-1 中 12 周的数据。这些数据是佛蒙特州本宁顿的一个汽油批发商销售汽油的数量。时间序列的平均数或均值为每周 77 或 77 000 升。图 17-1 是这些数据的时间序列图。注意，这些数据围绕着样本均值 77 000 升上下波动。尽管呈现随机波动，但我们仍然说这些数据有水平模式。

表 17-1　汽油销售量的数据序列

周	销售量/1 000 升	周	销售量/1 000 升	周	销售量/1 000 升
1	68	5	72	9	88
2	84	6	64	10	80
3	76	7	80	11	60
4	92	8	72	12	88

术语**平稳时间序列**（stationary time series）[二]是指统计性质与时间独立的时间序列，特别地，其含义为：

1. 过程产生的数据有一个不变的均值。
2. 时间序列的变异性随时间的推移保持不变。

平稳时间序列的时间序列图总是显示水平模式。但仅仅观测到水平模式就得出时间序列是平稳的结论，并没有足够的证据。关于预测的更高级的教材讨论了确定时间序列是否平稳的步骤，并给出将一个不平稳的时间按序列转化为平稳序列的方法。

经营状况的改变常常导致有水平模式的时间序列移动到一个新的水平。例如，假设汽油批发商与佛蒙特州警方签署了一份合同，给佛蒙特州南部的警车加油。由于这个新合同，批发商希望看到从第 13 周开

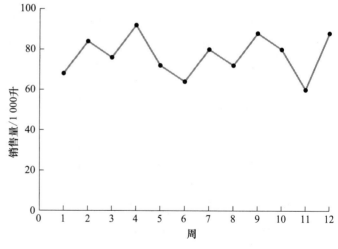

图 17-1　汽油销售量的时间序列图

始周销售量有大幅度的增加。表 17-2 给出了汽油销售量的原始时间序列以及签署了新合同后 10 周的销售量数据。图 17-2 是相应的时间序列图。注意，从第 13 周开始时间序列水平增加了，时间序列水平的改变使得选择一个合适的预测方法变得更为困难。选择能较好地适应时间序列水平改变的预测方法在许多实际应用中是一件重要的值得考虑的事情。

[一]　我们对时间序列的讨论仅限于时间序列的观测值来自等间隔的情形，时间序列的观测值来自不等间隔的情形超出本书的讨论范围。

[二]　平稳的正式定义见 G. E. P. Box, G. M. Jenkins 和 G. C. Reinsell, Time Series Analysis: Forecasting and Control, 3rd ed. Englewood Cliffs, NJ: Prentice Hall, 1994, p. 23.

表 17-2　获得佛蒙特州警方合同后汽油销售量的数据序列

周	销售量/1 000 升	周	销售量/1 000 升	周	销售量/1 000 升
1	68	9	88	17	112
2	84	10	80	18	128
3	76	11	60	19	120
4	92	12	88	20	116
5	72	13	124	21	136
6	64	14	136	22	132
7	80	15	124		
8	72	16	132		

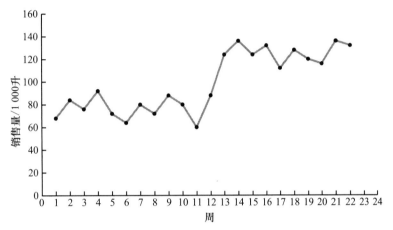

图 17-2　获得佛蒙特州警方合同后汽油销售量的时间序列图

17.1.2　趋势模式

尽管时间序列数据通常呈现随机起伏的状态，但在一段较长的时间内，它仍然呈现出逐步的改变或移动到相对较高或较低的值。如果时间序列图显示出这类形态特征，我们则称存在**趋势模式**（trend pattern）。趋势通常是长期因素影响的结果，例如人口总数的增加或减少、人口总体统计特征、工艺和顾客偏爱的变化等。

为了说明拥有趋势模式的时间序列，我们考虑某自行车制造厂过去 10 年自行车销售量的时间序列，如表 17-3 和图 17-3 所示。注意，第 1 年自行车的销售量为 21 600 辆，第 2 年自行车的销售量为 22 900 辆，…，第 10 年（最近 1 年）自行车的销售量为 31 400 辆。时间序列图直观地显示出，在过去 10 年中销售量有上下波动，但时间序列似乎总体是增长的或有向上的趋势。

表 17-3　自行车销售量的时间序列

年	销售量/1 000 辆
1	21.6
2	22.9
3	25.5
4	21.9
5	23.9
6	27.5
7	31.5
8	29.7
9	28.6
10	31.4

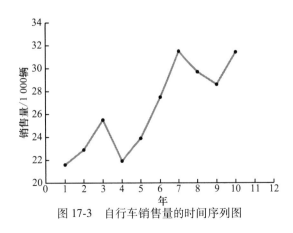

图 17-3　自行车销售量的时间序列图

自行车销售量时间序列的趋势呈现线性且随时间推移而增长，但是有时趋势能用其他类型的模式更好地描述。例如，表 17-4 给出了自从 10 年前公司的胆固醇药物获得 FDA 批准后销售收入的数据，图 17-4 是相应的时间序列图。时间序列以非线性的方式增长，即每年收入的变化率不以一个固定的数值增加。事实上，收入呈现指数形式的增长。当环比变化率从一个时期到下一个时期相对稳定时，这样的指数关系是适合的。

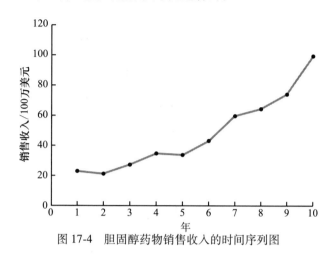

表 17-4　胆固醇药物销售收入的时间序列

年	销售收入/100 万美元
1	23.1
2	21.3
3	27.4
4	34.6
5	33.8
6	43.2
7	59.5
8	64.4
9	74.2
10	99.3

图 17-4　胆固醇药物销售收入的时间序列图

17.1.3　季节模式

时间序列的趋势是根据分析历史数据多年的移动来识别的。我们通过在连续的时间段观测同样的重复模式来确认季节模式。例如，一个游泳池制造商预期销售低谷在秋季和冬季，而销售高峰在春季和夏季。但是，铲雪设备和御寒衣物的制造商对产品销量的预期正好相反。毫无疑问，**季节模式**（seasonal pattern）是指在超过一年的周期内，由于季节的影响，时间序列呈现重复模式。尽管我们通常认为时间序列的季节变动是在一年内出现的，但在小于一年的时期内，时间序列数据也可能呈现季节模式。例如，每天的交通流量数据显示在一天内的“季节”情况，高峰流量在上下班期间，中等流量在白天和傍晚，小流量是从午夜到清晨。

作为季节模式的一个例子，我们考虑过去 5 年一家服装店的雨伞销售量。表 17-5 是时间序列，图 17-5 是相应的时间序列图。时间序列图没有显示销售量有长期趋势。事实上，如果不仔细观测数据，你可能会得出数据有水平模式的结论。但是，仔细检查时间序列图后，你会发现数据有一个规律，即第一季度和第三季度的销售量中等，第二季度的销售量最高，第四季度的销售量最低。因此，我们得出结论：存在季度的季节模式。

表 17-5　雨伞销售量的时间序列

年	季度	销售量	年	季度	销售量
1	1	125	3	3	113
	2	153		4	80
	3	106	4	1	109
	4	88		2	137
2	1	118		3	125
	2	161		4	109
	3	133	5	1	130
	4	102		2	165
3	1	138		3	128
	2	144		4	96

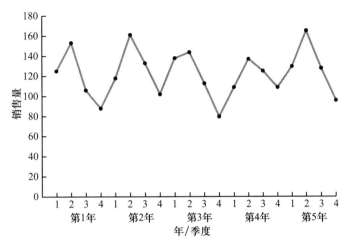

图 17-5　雨伞销售量的时间序列图

17.1.4　趋势与季节模式

有时，时间序列同时包含趋势模式和季节模式。例如，表 17-6 中的数据是某制造商过去 4 年的智能手机销售量，图 17-6 是相应的时间序列图。显然，其有增长趋势，但图 17-6 也显示出每年第二季度的销售量最低，第三季度和第四季度的销售量上涨。于是，我们得出智能手机销售量也存在季节模式。在这种情形下，我们需要用能同时处理趋势和季节性的预测方法。

表 17-6　智能手机销售量的季度时间序列

年	季度	销售量/1 000 台	年	季度	销售量/1 000 台
1	1	4.8	3	1	6.0
	2	4.1		2	5.6
	3	6.0		3	7.5
	4	6.5		4	7.8
2	1	5.8	4	1	6.3
	2	5.2		2	5.9
	3	6.8		3	8.0
	4	7.4		4	8.4

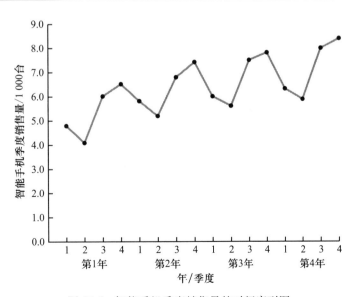

图 17-6　智能手机季度销售量的时间序列图

17.1.5 循环模式

如果时间序列图显示出持续时间超过一年的在趋势线上下交替的点序列，则存在**循环模式**（cyclical pattern）。许多经济时间序列存在循环行为，其观测值围绕着趋势线有规则地上下波动。通常，时间序列的循环成分归因于多年的经济周期。例如，温和的通货膨胀时期之后紧接着急剧的通货膨胀时期，导致时间序列通常会围绕着一条增长的趋势线（例如，关于房地产价格的时间序列）上下波动。经济周期的预测如果不是不可能的，也是极为困难的。因此，循环影响常常与长期趋势影响合并，被称为趋势循环影响。在本章我们不涉及在时间序列中有可能存在的循环影响。

17.1.6 选择预测方法

时间序列的基本模式是选择预测方法的重要因素。因此，当试图确定使用怎样的预测方法时，第一项工作应该是绘制时间序列图。如果我们发现水平模式，则需要选择适合这种模式的方法。类似地，如果我们观测到数据的趋势，则需要使用能有效地处理趋势的预测方法。下面两节将说明基本模式是水平模式（即没有趋势或季节影响存在）时所使用的方法。然后，我们考虑在数据中存在趋势和（或）季节影响时的适合方法。

17.2 预测精度

在本节我们首先对表 17-1 的汽油销售量时间序列，用所有预测方法中最简单的一种方法进行预测，即用最近一周的销售量作为下一周的预测值。例如，批发商第 1 周售出 68 000 升汽油，用这个值作为第 2 周的预测值。接着，我们用第 2 周的实际销售量 84 作为第 3 周的预测值，依此类推。用这种方法得到的预测值列在表 17-7 的预测值一列中。由于操作简单，故该方法常常被称为朴素预测法。

用朴素预测法得到的预测精度如何？为了回答这个问题，我们介绍几种测量预测精度的方法。这些方法用于确定一种预测方法如何能很好地再现已经得到的时间序列数据。对于已知数据，通过选择最佳精度的方法，我们希望增加获得未来时期更好预测的可能性。

与测量预测精度相关的重要概念是**预测误差**（forecast error），其定义为：

$$预测误差 = 实际值 - 预测值$$

例如，由于经销商第 2 周实际售出 84 000 升汽油，而用第 1 周销售量得到的预测值是 68 000 升，因此第 2 周的预测误差为：

$$第 2 周的预测误差 = 84 - 68 = 16$$

预测误差为正的事实表明预测方法对第 2 周的实际销售量估计不足。接下来，我们用第 2 周的实际销售量 84 作为第 3 周的预测值，因为第 3 周的实际销售量为 76，则第 3 周的预测误差为 76-84=-8。这时，负的预测误差表明第 3 周的预测值过高估计了实际数值。因此，误差可正可负，取决于预测值是太低还是太高。表 17-7 中预测误差一列是利用朴素预测法预测误差的完整汇总。

表 17-7 用最近的值作为下一期预测值时，预测及其预测精度测度的计算表

周	时间序列值	预测值	预测误差	预测误差的绝对值	预测误差的平方	百分数误差	百分数误差的绝对值
1	68						
2	84	68	16	16	256	19. 05	19. 05
3	76	84	−8	8	64	−10. 33	10. 53
4	92	76	16	16	256	17. 39	17. 39
5	72	92	−20	20	400	−27. 78	27. 78
6	64	72	−8	8	64	−12. 50	12. 50
7	80	64	16	16	256	20. 00	20. 00
8	72	80	−8	8	64	−11. 11	11. 11

（续）

周	时间序列值	预测值	预测误差	预测误差的绝对值	预测误差的平方	百分数误差	百分数误差的绝对值
9	88	72	16	16	256	18.18	18.18
10	80	88	−8	8	64	−10.00	10.00
11	60	80	−20	20	400	−33.33	33.33
12	88	60	28	28	784	31.82	31.82
		合计	20	164	2864	1.19	211.69

一个简单的预测精度的测度是预测误差[⊖]的均值或平均数。由表 17-7 可知，汽油销售量时间序列的预测误差之和为 20。因此，预测误差的均值或平均数为 20/11 = 1.82。注意，尽管汽油时间序列有 12 项，但计算平均误差时，我们用预测误差之和除以 11，因为只有 11 个预测误差。由于平均预测误差为正，所以这种方法有些估计不足。换句话说，观测值有大于预测值的倾向。由于正的和负的预测误差相互抵消，故平均误差应该很小。因此，平均误差不是预测精度的常用测度。

平均绝对误差（mean absolute error）是避免正负预测误差相互抵消的一种预测精度的测量，记为 MAE。正如其名，MAE 是预测误差绝对值的平均数。由表 17-7 可知，预测误差绝对值之和为 164，因此：

$$MSE = 预测误差绝对值的平均数 = \frac{164}{11} = 14.91$$

避免正负预测误差相互抵消的另一种测量方法是计算预测误差平方的平均数。这种预测精度的测度称为**均方误差**（mean squared error），记为 MSE[⊖]。由表 17-7 可知，误差平方之和为 2 864，因此：

$$MSE = 预测误差平方和的平均数 = \frac{2\,864}{11} = 260.36$$

MAE 和 MSE 的大小依赖于数据的测量尺度，因此，对不同时间间隔进行比较是很困难的。例如，对预测月汽油销售量的方法和预测周销售量的方法进行比较，或对不同时间序列进行比较都是困难的。为了对这些情况进行比较，我们需要考虑相对的或百分数误差的测度。**平均绝对百分数误差**（mean absolute percentage error），记为 MAPE，就是这样一种测度。为了计算 MAPE，首先我们必须计算每一个预测的百分数误差。例如，对应于第 2 周预测值 68 的百分数误差，是第 2 周的预测误差除以第 2 周的实际值再乘以 100%。第 2 周的百分数误差计算如下：

$$第 2 周的百分数误差 = \frac{16}{84} \times 100\% = 19.05\%$$

于是，第 2 周的预测误差是第 2 周观测值的 19.05%。百分数误差的完整汇总列在表 17-7 标记为百分数误差的一列中。在下一列我们还给出了百分数误差的绝对值。

由表 17-7 可知，百分数误差的绝对值之和为 211.69，因此：

$$MAPE = 百分数预测误差的绝对值的平均数 = \frac{211.69}{11} \times 100\% = 19.24\%$$

总之，用朴素（最近一期观测值）预测法，我们得到如下预测精度的测度：

$$MAE = 14.91$$
$$MSE = 260.36$$
$$MAPE = 19.24\%$$

这些预测精度的测度简单地度量了预测方法如何能很好地预测时间序列的历史数值。现在，假设我们想要预测未来时期（如第 13 周）的销售量。在这种情形下，第 13 周的预测值是第 12 周时间序列的实际销售量 88。这是第 13 周销售量的一个准确的估计值吗？很遗憾，没有解决未来时期预测精度的方法。但是，如果我们选择一种适用于历史数据的预测方法，而且相信历史模式可以持续到未来，那么我们应该得到最终被证实

⊖ 在回归分析中，残差是指因变量的观测值与估计值之间的差。预测误差与回归分析中的残差相似。
⊖ 在回归分析中，MSE 是残差平方和除以它的自由度。在预测中，MSE 是预测误差平方和的平均数。

是好的结果。

在结束本节之前，我们考虑表 17-1 的汽油销售量时间序列的另一种预测方法。假设我们用所有得到的历史数据的平均值作为下一期的预测值。我们开始建立第 2 周的预测值。因为对第 2 周只得到一个历史数据，因此第 2 周的预测值就是第 1 周的时间序列值，即第 2 周的预测值是 68 000 升。为计算第 3 周的预测值，我们计算第 1 周和第 2 周销售量的平均值，因此：

$$第 3 周的预测值 = \frac{68 + 84}{2} = 76$$

类似地，第 4 周的预测值为：

$$第 4 周的预测值 = \frac{68 + 84 + 76}{3} = 76$$

用这种方法得到的汽油时间序列的预测值在表 17-8 的预测值一列中。利用表 17-8 的结果，我们得到平均绝对误差、均方误差和平均绝对百分数误差的值如下：

$$MAE(平均绝对误差) = \frac{107.24}{11} = 9.75$$

$$MSE(均方误差) = \frac{1425.13}{11} = 129.56$$

$$MAPE(平均绝对百分数误差) = \frac{141.34}{11} \times 100\% = 12.85\%$$

表 17-8　用所有历史数据平均值作为下一期预测值时，预测及其预测精度测度的计算表

周	时间序列值	预测值	预测误差	预测误差的绝对值	预测误差的平方	百分数误差	百分数误差的绝对值
1	68						
2	84	68.00	16.00	16.00	256.00	19.05	19.05
3	76	76.00	0.00	0.00	0.00	0.00	0.00
4	92	76.00	16.00	16.00	256.00	17.39	17.39
5	72	80.00	-8.00	8.00	64.00	-11.11	11.11
6	64	78.40	-14.40	14.40	207.36	-22.50	22.50
7	80	76.00	4.00	4.00	16.00	5.00	5.00
8	72	76.57	-4.57	4.57	20.90	-6.35	6.35
9	88	76.00	12.00	12.00	144.00	13.64	13.64
10	80	77.33	2.67	2.67	7.11	3.33	3.33
11	60	77.60	-17.60	17.60	309.76	-29.32	29.33
12	88	76.00	12.00	12.00	144.00	13.64	13.64
		合计	18.10	107.24	1425.13	2.76	141.34

现在我们通过比较每一种方法的 MAE，MSE 和 MAPE 的值，来比较两种预测方法的精度。

	朴素预测法	过去数值平均数法
MAE	14.91	9.75
MSE	260.36	129.56
MAPE	19.24%	12.85%

对每一种测度，过去数值平均数法都比用最近一期观测值作为下一期预测值的方法提供了更准确的预测。一般地，如果时间序列基本上是平稳的，所有历史数据平均值法将永远提供最好的结果。

假设基本的时间序列是不平稳的，在第 17.1 节我们曾提到，经营状况的改变常常导致有水平模式的时间序列移动到一个新的水平。我们讨论汽油批发商与佛蒙特州警方签署了一份合同，给佛蒙特州南部的警车加油。表 17-2 给出了汽油销售量的原始时间序列以及签署了新合同后 10 周的销售量数据。图 17-2 是相应的时间序列图。注意，由此产生的时间序列第 13 周的水平改变了。当这种移动到新水平的情况出现时，用所有历史数据平均值法调整到时间序列的新水平需要很长时间。在这种情形下，简单的朴素方法对水平的改变调整迅速，因为它用最近一期的观测值作为预测值。

在比较不同预测方法时，预测精度的测度是一个重要因素。但是，我们需要小心，不能完全依赖它们。当选择预测方法时，对有可能影响预测的经营状况的良好判断和知识也应该仔细考虑。同时历史预测精度不是唯一的考虑因素，在时间序列未来有可能改变的情形下尤为如此。

在下一节我们将介绍对呈现水平模式的时间序列进行预测的更完善的方法。用这里介绍的预测精度的测度，我们将确定用下一节介绍方法得到的预测比用本节介绍的简单方法得到的预测更为准确。我们将介绍的这些方法能较好地适应时间序列改变到一个新水平的情形。预测方法快速适应水平改变的能力是重要的考虑因素，尤其是对短期预测情形。

练 习

方法

2. 参考第 1 题的时间序列数据。用所有历史数据平均值作为下一期预测值，计算下列预测精度的测度。

   a. MAE。

   b. MSE。

   c. MAPE。

   d. 第 7 周的预测值是多少？

4. 考虑下列时间序列数据：

月	1	2	3	4	5	6	7
数值	24	13	20	12	19	23	15

   a. 计算用最近一期数值作为下一期预测值的 MSE。8 月的预测值是多少？

   b. 计算用所有数值的平均值作为下一期预测值的 MSE。8 月的预测值是多少？

   c. 哪种方法提供了较好的预测？

17.3　移动平均法和指数平滑法

在本节我们将讨论适合有水平模式的时间序列的 3 种预测方法：移动平均法、加权移动平均法和指数平滑法。这些方法能很好地适应水平模式的水平数值的改变，比如我们看到的汽油销售量的扩展时间序列（见表 17-2 和图 17-2）。但是，当有明显的趋势、循环或季节影响时，这些方法未经修正是不适合的。由于每一种方法的目的都是"消除"时间序列的随机波动，因此它们都被称为平滑方法。这些方法易于使用，通常对短期预测，如下一个时期的预测，可以提供较高的精度水平。

17.3.1　移动平均法

移动平均法（moving average）使用时间序列中最近 k 期数据值的平均数作为下一个时期的预测值。在数学上，k 阶移动平均预测如下：

---

k 阶移动平均预测法

$$F_{t+1} = \frac{最近\ k\ 期数据值之和}{k} = \frac{Y_t + Y_{t-1} + \cdots + Y_{t-k+1}}{k} \tag{17-1}$$

式中，F_{t+1} 代表时间序列 $t+1$ 期的预测值；Y_t 代表时间序列 t 期的实际值。

术语移动的含义是，每次使用时间序列的新观测值，用它代替公式中最旧的观测值，从而计算出一个新的平均数。因此，当使用新观测值时，平均数将会改变或者移动。

为了说明移动平均法，我们回到表 17-1 和图 17-1 的汽油销售量数据。图 17-1 的时间序列图表明汽油销售量时间序列具有水平模式。因此，本节的平滑方法是适用的。

为了用移动平均法来预测时间序列，首先我们应选择移动平均法的阶或所包含的时间序列值的个数。如果仅仅考虑时间序列最近的值被认为是相关的，则应选择较小的 k 值；如果更多过去的值被认为是相关的，则较大的

k 值较好。在前面提到过，具有水平模式的时间序列随时间的推移能移动到一个新的水平。移动平均将适应序列的新水平，并重新给出 k 个时期的好的预测值。因此，较小的 k 值将更快地追踪时间序列的移动，而较大的 k 值将随着时间的推移更有效地消除随机波动。因此，以对时间序列态势的了解为依据的管理判断，是有助于选择一个合适的 k 值的。

为了说明如何用移动平均法预测汽油的销售量，我们使用 3 周移动平均（$k=3$）。首先我们用第 1~3 周的时间序列值的平均数作为第 4 周销售量的预测值。

$$F_4 = 第 1 \sim 3 周的平均数 = \frac{68 + 84 + 76}{3} = 76$$

因此，第 4 周汽油销售量的移动平均预测值为 76 或 76 000 升。因为第 4 周的实际值为 92，所以第 4 周的预测误差为 92-76=16。

接下来，我们用第 2~4 周时间序列值的平均数计算第 5 周销售量的预测值。

$$F_5 = 第 2 \sim 4 周的平均数 = \frac{84 + 76 + 92}{3} = 84$$

因此，第 5 周销售量的预测值为 84，预测误差为 72-84=-12。表 17-9 给出了汽油销售量时间序列的 3 周移动平均计算的全部汇总，图 17-7 是原始时间序列图和 3 周移动平均预测图。注意，移动平均预测图显示出已经消除了时间序列的随机波动。

表 17-9　3 周移动平均计算的汇总表

周	时间序列值	移动平均预测值	预测误差	预测误差的绝对值	预测误差的平方	百分数误差	百分数误差的绝对值
1	68						
2	84						
3	76						
4	92	76	16	16	16	17.39	17.39
5	72	84	-12	12	9	-16.67	16.67
6	64	80	-16	16	16	-25.00	25.00
7	80	76	4	4	1	5.00	5.00
8	72	72	0	0	0	0.00	0.00
9	88	72	16	16	16	18.18	18.18
10	80	80	0	0	0	0.00	0.00
11	60	80	-20	20	25	-33.33	33.33
12	88	76	12	12	9	13.64	13.64
	合计		0	96	92	-20.79	129.21

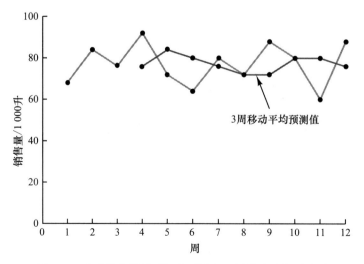

图 17-7　汽油销售量的时间序列图和 3 周移动平均预测图

为了预测第 13 周，即下一时期的销售量，我们简单地计算第 10 周、第 11 周和第 12 周时间序列的平均数。

$$F_{13} = 第 10 \sim 12 周的平均数 = \frac{80 + 60 + 88}{3} = 76$$

因此，第 13 周的预测值为 76 或 76 000 升汽油。

预测精度　在第 17.2 节我们讨论了 3 种预测精度的测度 MAE，MSE 和 MAPE。利用表 17-9 的 3 周移动平均的计算结果，3 种预测精度的测度分别为：

$$MAE = \frac{96}{9} = 10.67$$

$$MSE = \frac{1\,472}{9} = 163.56$$

$$MAPE = \frac{129.21}{9} \times 100\% = 14.36\%$$

在第 17.2 节我们还给出最近一期的观测值作为下一周的预测值（$k = 1$ 阶的移动平均）的结果为 MAE = 14.91，MSE = 260.36 和 MAPE = 19.24%[⊖]。因此，在每一种情况下，3 周移动平均方法都比简单地用最近一期的观测值作为预测值给出了更准确的预测。

为了确定使用不同的阶数 k 的移动平均数是否可以给出更准确的预测，我们建议用试验和误差来确定使 MSE 达到最小的 k 值。对汽油销售量时间序列，能够证明 MSE 的最小值对应于 $k = 6$ 阶的移动平均，MSE = 108.67。如果我们愿意假定对历史数据最合适的移动平均数的阶数对未来值也是最合适的，则用 $k = 6$ 阶的移动平均可以得到汽油销售量最准确的移动平均预测。

17.3.2　加权移动平均法

在移动平均法中，移动平均数计算中的每个观测值都使用相同的权重。一种称为**加权移动平均**（weighted moving average）的方法对此做了改变，即对每个数据值选择不同的权重，然后计算最近 k 期数据值的加权平均数作为预测值。在大多数情况下，最近时期的观测值得到最大的权重，而较远期的观测值的权重减少。让我们用汽油销售量时间序列来说明 3 周加权移动平均数的计算。我们指定最近时期观测值的权重为 3/6，第二近的观测值的权重为 2/6，第三近的观测值的权重为 1/6。用加权移动平均法，第 4 周的预测值计算如下：

$$第 4 周的预测值 = \frac{1}{6} \times 68 + \frac{2}{6} \times 84 + \frac{3}{6} \times 76 = 73.33$$

注意，加权移动平均法的权重之和应该等于 1[⊖]。

预测精度　为了使用加权移动平均法，我们首先应该选择加权移动平均数中所包含的数据值个数，然后对每个数据值选择权重。在一般情形下，如果我们相信最近的数据比过去的数据能更好地预测未来，则我们应该给较近的观测值更大的权重。但是，当时间序列的波动较大时，对每个数据值选择近似相等的权重也许是最好的方法。选择权重的唯一要求是它们的总和必须等于 1。为了确定数据值个数和权重的一个特殊组合是否比其他组合提供了更精确的预测，我们建议使用 MSE 作为预测精度的测度。即如果我们假定能最好地反映过去的这个组合也能最好地反映未来，我们将使用对历史时间序列的 MSE 达到最小的数据值个数和权重的组合，来预测时间序列下一个时期的数值。

17.3.3　指数平滑法

指数平滑法（exponential smoothing）也是利用过去的时间序列值的加权平均数作为预测值的。它是加权移动平均法的一个特例，即我们只选择一个权重——最近时期观测值的权重。其他数据值的权重可以自动推算出来，

⊖　在需要比较不同时间长度的预测方法时，如比较周销售量的预测与月销售量的预测，相对测度 MAPE 是首选。

⊖　$k = 3$ 阶的移动平均预测恰好是加权移动平均的特例，其每个权重都是 1/3。

并且随着观测值距离预测期越远，权重也变得越小。指数平滑法的基本方程如下：

指数平滑预测

$$F_{t+1} = \alpha Y_t + (1 - \alpha)F_t \tag{17-2}$$

式中，F_{t+1} 代表时间序列 $t+1$ 期的预测值；Y_t 代表时间序列 t 期的实际值；F_t 代表时间序列 t 期的预测值；α 代表平滑常数（$0 \leq \alpha \leq 1$）。

式（17-2）表明 $t+1$ 期的预测值是 t 期的实际值和预测值的加权平均数，t 期实际值的权重为**平滑常数**（smoothing constant）α，t 期预测值的权重为 $1-\alpha$。可以证明，任何时期的指数平滑预测值实际上是时间序列所有过去实际数据的一个加权平均数。让我们通过一个仅包含三个时期数据 Y_1，Y_2 和 Y_3 的时间序列来说明。

开始计算，我们令 F_1 等于时间序列 1 期的实际值，即 $F_1 = Y_1$。因此，2 期的预测值为：

$$F_2 = \alpha Y_1 + (1 - \alpha)F_1 = \alpha Y_1 + (1 - \alpha)Y_1 = Y_1$$

我们看到，2 期的指数平滑预测值等于时间序列 1 期的实际值。

3 期的预测值为：

$$F_3 = \alpha Y_2 + (1 - \alpha)F_2 = \alpha Y_2 + (1 - \alpha)Y_1$$

最后，将 F_3 的表达式代入 F_4 的表达式中，我们得到：

$$F_4 = \alpha Y_3 + (1 - \alpha)F_3 = \alpha Y_3 + (1 - \alpha)\left[\alpha Y_2 + (1 - \alpha)Y_1\right]$$
$$= \alpha Y_3 + \alpha(1 - \alpha)Y_2 + (1 - \alpha)^2 Y_1$$

现在我们看到，F_4 是前 3 个时间序列数值的加权平均数，Y_1，Y_2 和 Y_3 的系数或权重之和等于 1。在一般情形下，一个类似的结论可以表述为，任何预测值 F_{t+1} 是所有时间序列过去数值的加权平均数[⊖]。

尽管指数平滑法提供的预测值是过去所有观测值的加权平均数，但是并不需要保存过去所有的数据，以计算下一个时期的预测值。事实上，式（17-2）表明一旦选定了平滑常数 α 的值，我们仅仅需要两项信息就可计算预测值：t 期时间序列的实际值 Y_t 和 t 期的预测值 F_t。

为了说明指数平滑法，让我们再次考虑表 17-1 和图 17-1 中的汽油销售量时间序列。如上所述，开始计算时，我们设 2 期的指数平滑预测值等于时间序列 1 期的实际值。于是，因为 $Y_1 = 68$，我们得到 $F_2 = 68$。参考表 17-1 的时间序列数据，我们发现时间序列 2 期的实际值 $Y_2 = 84$。因此，2 期的预测误差为 $84 - 68 = 16$。

利用平滑常数 $\alpha = 0.2$ 继续进行指数平滑计算。我们可以得到 3 期的预测值如下：

$$F_3 = 0.2 \times Y_2 + 0.8 \times F_2 = 0.2 \times 84 + 0.8 \times 68 = 71.2$$

一旦得到时间序列 3 期的实际值 $Y_3 = 19$，我们就可以得到 4 期的预测值如下：

$$F_4 = 0.2 \times Y_3 + 0.8 \times F_3 = 0.2 \times 76 + 0.8 \times 71.2 = 72.16$$

继续进行指数平滑计算，我们得到如表 17-10 所示的周预测值。注意，我们没有给出第 1 周指数平滑预测值或预测误差，这是因为没有办法做出预测。对第 12 周，我们有 $Y_{12} = 88$，$F_{12} = 73.92$。我们能利用这些信息得到第 13 周的预测值为：

$$F_{13} = 0.2 \times Y_{12} + 0.8 \times F_{12} = 0.2 \times 88 + 0.8 \times 73.92 = 76.74$$

因此，第 13 周销售量的指数平滑预测值为 76.74 或 76 740 升的汽油。根据这个预测值，公司可以制订计划和做出决定。

图 17-8 是时间序列的实际值和预测值的图。尤其要注意的是，预测值"消除"了时间序列中的不规则或随机波动。

⊖ 指数平滑术语来自对历史数据进行加权的指数性质。

表 17-10　平滑常数 $\alpha=0.2$ 的汽油销售量时间序列的指数平滑预测和预测误差的汇总表

周	时间序列值	预测值	预测误差	预测误差的平方
1	68			
2	84	68.00	16.00	256.00
3	76	71.20	4.80	23.04
4	92	72.16	19.84	393.63
5	72	76.13	-4.13	17.06
6	64	75.30	-11.30	127.69
7	80	73.04	6.96	48.44
8	72	74.43	-2.43	5.90
9	88	73.95	14.05	197.40
10	80	76.76	3.24	10.50
11	60	77.41	-17.41	303.11
12	88	73.92	<u>14.08</u>	<u>198.25</u>
		合计	43.70	1 581.02

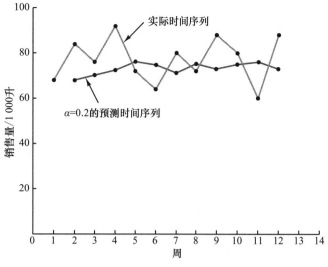

图 17-8　实际汽油销售量和平滑常数 $\alpha=0.2$ 的预测汽油销售量的时间序列图

预测精度　在前面的指数平滑计算中，我们使用的平滑常数 $\alpha=0.2$。尽管 α 取 0 和 1 之间的任何值都是可以接受的，但是有些 α 值得到的预测值要比其他 α 值更好。为了观察如何得到一个合适的 α 值，将基本指数平滑模型改写如下：

$$F_{t+1} = \alpha Y_t + (1-\alpha)F_t$$
$$F_{t+1} = \alpha Y_t + F_t - \alpha F_t$$
$$F_{t+1} = F_t + \alpha(Y_t - F_t) \tag{17-3}$$

因此，新的预测值 F_{t+1} 等于过去的预测值 F_t 加上一个调整值，这个调整值等于 α 乘以最近时期的预测误差 (Y_t-F_t)。即通过调整 t 期的预测值和一部分预测误差，我们就可以得到 $t+1$ 期的预测值。如果时间序列包含大量的随机波动，我们倾向于选择较小的平滑常数。这样选择的原因是大多数预测误差是由随机波动引起的，我们不希望对预测做出过度的反应和过快的调整。对随机波动相对较小的时间序列，预测误差更可能表示序列水平的改变。于是，选用较大的平滑常数的优点是迅速调整预测，这使得预测对改变的条件反应更迅速。

我们用来确定平滑常数 α 合理值的准则，与我们建议的确定包含在移动平均数计算中的阶数或数据时期个数的准则相同。也就是说，我们选择 MSE 达到最小的 α 值。对于 $\alpha=0.2$ 的汽油销售量指数平滑预测，表 17-10 给出了 MSE 的计算结果汇总。注意，预测误差平方项比周数少一项，这是因为我们没有过去的数据作为 1 期的预测值。预测误差平方和的值为 1 581.02，因此 MSE＝1 581.02/11＝143.73。就较小的 MSE 而言，不同的 α 值能否提供一个较好的结果呢？也许回答这个问题最简单的方法是用另一个 α 值来试验，然后将所得到的 MSE 与用平滑常数 $\alpha=0.2$ 得到的 MSE＝143.73 进行比较。

表 17-11 是用 $\alpha=0.3$ 得到的指数平滑预测结果，预测误差平方和的值为 1 645.81，因此 MSE＝1 645.81/11＝149.62。由于 MSE＝149.62，我们看到对当前数据集，使用平滑常数 $\alpha=0.3$ 得到的结果比使用平滑常数 $\alpha=0.2$ 得到的结果的预测精度要差。于是，我们倾向于选择原来的平滑常数 $\alpha=0.2$。对其他的 α 值，利用反复试验的计算方法，我们可以找到一个"好"的平滑常数值。这个数值可以用于指数平滑模型来预测未来。以后的数据，即我们得到时间序列的新观测值以后，将分析这个新搜集的时间序列数据，决定是否应调整平滑常数以得到更好的预测结果。

表 17-11　平滑常数 $\alpha=0.3$ 的汽油销售量时间序列的指数平滑预测和预测误差的汇总表

周	时间序列值	预测值	预测误差	预测误差的平方
1	68			
2	84	68.00	16.00	256.00
3	76	72.80	3.20	10.24

（续）

周	时间序列值	预测值	预测误差	预测误差的平方
4	92	73.76	18.24	332.70
5	72	79.23	-7.23	52.27
6	64	77.06	-13.06	170.56
7	80	73.14	6.86	47.06
8	72	75.20	-3.20	10.24
9	88	74.24	13.76	189.34
10	80	78.37	1.63	2.66
11	60	78.86	-18.86	355.70
12	88	73.20	<u>14.80</u>	<u>219.04</u>
		合计	32.14	1 645.81

注释和评论

1. 电子制表软件包是一种有效的辅助工具，可以用于选择指数平滑法中合适的 α 值。利用时间序列数据和电子制表软件包中的预测公式，你可以试验使用不同的 α 值，并用一个或多个预测精度的测度（MAE，MSE 或 MAPE）选择出预测误差最小的 α 值。

2. 我们在平稳时间序列的背景下讨论移动平均法和指数平滑法。这些方法也可以用于水平改变但没有呈现趋势或季节的非平稳时间序列的预测。较小 k 值的移动平均比较大 k 值的移动平均适应得更快。平滑常数接近于 1 的指数平滑模型比较小平滑常数的模型适应得更快。

练习

方法

6. 考虑下列时间序列数据：

月	1	2	3	4	5	6	7
数值	24	13	20	12	19	23	15

绘制时间序列图，数据呈现何种类型的模式？

a. 计算时间序列 3 个月移动平均预测值，计算 MSE 和 8 月的预测值。

b. 计算时间序列 $\alpha = 0.2$ 的指数平滑预测值。计算 MSE 和 8 月的预测值。

c. 比较 3 个月移动平均法和 $\alpha = 0.2$ 的指数平滑法，基于 MSE，哪种方法给出了更准确的预测？

d. 计算平滑常数 $\alpha = 0.4$ 的指数平滑预测值。基于 MSE，平滑常数是 0.2 还是 0.4 给出了更准确的预测？请解释。

8. 再次参见表 17-1 中的汽油销售量时间序列。

a. 令 1/2，1/3 和 1/6 分别为最近的、第二近和第三近的观测值权重，计算时间序列的 3 周加权移动平均数。

b. 计算（a）的加权移动平均数的 MSE。在加权移动平均数和不加权移动平均数中，你更倾向于哪一种方法？不加权移动平均的 MSE 为 10.22。

c. 假设允许你选择任何总和为 1 的权重。你是否总能找到这样一组权重，使得加权移动平均法的 MSE 指数比不加权移动平均法的 MSE 要小？请解释。

10. 对表 17-1 的数据，使用平滑常数 $\alpha = 0.2$，式（17-2）表明第 13 周汽油销售量的预测值为 $F_{13} = 0.2Y_{12} + 0.8F_{12}$。然而，第 12 周的预测值为 $F_{12} = 0.2Y_{11} + 0.8F_{11}$。因此，将这两个结果合并起来，第 13 周的预测值可以写为：

$$F_{13} = 0.2Y_{12} + 0.8 \times (0.2Y_{11} + 0.8F_{11})$$
$$= 0.2Y_{12} + 0.16Y_{11} + 0.64F_{11}$$

a. 根据 $F_{11} = 0.2Y_{10} + 0.8F_{10}$（对 F_{10} 和 F_9 类似），继续扩展 F_{13} 的表达式，直到它表示为过去数据值 Y_{12}，Y_{11}，Y_{10}，Y_9，Y_8 和第 8 期预测值为止。

b. 参阅过去数据值 Y_{12}，Y_{11}，Y_{10}，Y_9 和 Y_8 的系数或权重。对指数平滑法在得到新预测值时，是如何对过去数值分配权重的？你有什么样的观测结果？请将这个加权形式与移动平均法的加权形式进行比较。

应用

12. 下面是某个公司 AAA 级债券在连续 12 个月中的利率。

　　　9.5　9.3　9.4　9.6　9.8　9.7　9.8

　　　10.5　9.9　9.7　9.6　9.6

　　a. 绘制时间序列图，数据呈现何种类型的模式？

　　b. 计算时间序列的 3 个月和 4 个月的移动平均数。基于 MSE，3 个月或 4 个月的移动平均数是否提供准确的预测？请解释。

　　c. 下一个月的移动平均预测值是多少？

14. 下面是某种特定产品在过去 12 个月中销售量的时间序列。

月	销售量	月	销售量
1	105	7	145
2	135	8	140
3	120	9	100
4	105	10	80
5	90	11	100
6	120	12	110

　　a. 绘制时间序列图，数据呈现何种类型的模式？

　　b. 计算时间序列的 $\alpha=0.3$ 的指数平滑预测值。

　　c. 计算平滑常数 $\alpha=0.5$ 的指数平滑预测值。基于 MSE，对于平滑常数 0.3 和 0.5，哪个能提供更

准确的预测？

16. 美国人口普查局追踪每年各月新房销售价格的中位数。下面是 22 年间 4 月价格的中位数（美国人口普查局网站）。

年	价格 /1 000 美元	年	价格 /1 000 美元
1	130.0	12	175.2
2	121.0	13	187.1
3	120.0	14	189.5
4	127.0	15	222.3
5	129.0	16	236.3
6	134.0	17	257.0
7	140.0	18	242.5
8	150.0	19	246.4
9	148.0	20	219.2
10	159.9	21	208.3
11	162.6	22	224.7

　　a. 绘制时间序列图，数据呈现何种类型的模式？针对这个时间序列，对有可能导致时间序列图模式的一些因素进行讨论。

　　b. 指出 (a) 中绘制的时间序列图的模式，你是否认为本节所讨论的预测方法是计算预测值的合适方法？请解释。

　　c. 你会使用过去多少数据来预测第 23 年 4 月的数值？请解释。

17.4　趋势推测法

在本节我们介绍两种适合于具有趋势模式的时间序列的预测方法。首先，我们说明如何用简单线性回归预测具有线性趋势的时间序列。然后，我们演示如何用回归分析的曲线拟合功能预测具有曲线或非线性趋势的时间序列。

17.4.1　线性趋势回归

在第 17.1 节我们用表 17-3 和图 17-3 中的自行车销售量时间序列，来说明具有趋势模式的时间序列。让我们用这个时间序列来解释如何用简单线性回归预测具有线性趋势的时间序列。自行车销售量时间序列的数据再一次出现在表 17-12 和图 17-9 中。

表 17-12　自行车销售量时间序列

年	销售量/1 000 辆	年	销售量/1 000 辆	年	销售量/1 000 辆
1	21.6	5	23.9	9	28.6
2	22.9	6	27.5	10	31.4
3	25.5	7	31.5		
4	21.9	8	29.7		

尽管图 17-9 的时间序列图显示在过去 10 年有一些上下波动，但我们可能会认为，图 17-10 中的线性趋势对时间序列的长期变动提供了一个合理的近似。我们用简单线性回归的方法（见第 14 章）为自行车销售量时间序列建立一条线性趋势线。⊖

⊖　在第 14 章中，我们详细描述了简单线性回归。

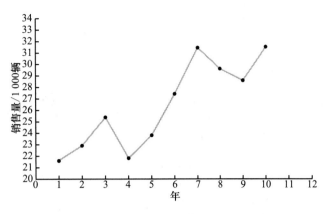

图 17-9　自行车销售量的时间序列图

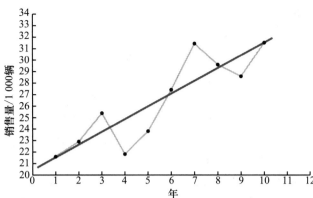

图 17-10　用线性函数描述自行车销售量的趋势

描述自变量 x 和因变量 y 之间直线关系的估计的回归方程为：

$$\hat{y} = b_0 + b_1 x$$

式中，$\hat{y}$ 是 y 的估计值或预测值，为了强调在这个预测中自变量是时间这一事实，我们将用 t 来代替 x，用 T_t 来代替 $\hat{y}$，以强调我们估计的是时间序列的趋势。因此，对时间序列的线性趋势，我们用如下估计的回归方程。

线性趋势方程

$$T_t = b_0 + b_1 t \tag{17-4}$$

式中，T_t 为 t 期线性趋势的预测值；b_0 为线性趋势线的截距；b_1 为线性趋势线的斜率；t 为期间。

在式（17-4）中，时间变量初始值 $t=1$ 对应于时间序列的第一个观察值（自行车销售量时间序列的第 1 年），$t=n$ 对应于时间序列的最近观察值（自行车销售量时间序列的第 10 年）。因此，对自行车销售量时间序列，$t=1$ 对应于最早的时间序列值，而 $t=10$ 对应于最近的年份。

式（17-4）中估计的回归系数（b_0 和 b_1）的计算公式如下。

计算线性趋势线的斜率和截距的公式⊖

$$b_1 = \frac{\sum\limits_{t=1}^{n}(t-\bar{t})(Y_t-\bar{Y})}{\sum\limits_{t=1}^{n}(t-\bar{t})^2} \tag{17-5}$$

$$b_0 = \bar{Y} - b_1 \bar{t} \tag{17-6}$$

式中，Y_t 为 t 期时间序列值；n 代表时期个数（观测值的个数）；$\bar{Y}$ 为时间序列的平均值；$\bar{t}$ 为 t 的平均值。

为了计算自行车销售量时间序列的线性趋势方程，我们利用表 17-12 中的信息计算 $\bar{t}$ 和 $\bar{Y}$。

$$\bar{t} = \frac{\sum\limits_{t=1}^{n} t}{n} = \frac{55}{10} = 5.5 \qquad\qquad \bar{Y} = \frac{\sum\limits_{t=1}^{n} Y_t}{n} = \frac{264.5}{10} = 26.45$$

⊖　b_1 的另一个公式是：

$$b_1 = \frac{\sum\limits_{t=1}^{n} tY_t - \sum\limits_{t=1}^{n} t \sum\limits_{t=1}^{n} Y_t}{\sum\limits_{t=1}^{n} t^2 - \left(\sum\limits_{t=1}^{n} t\right)^2 / n}$$

当使用计算器计算 b_1 时，往往会推荐这个形式。

利用这些数值和表 17-13 中的信息，我们可以计算自行车销售量时间序列的斜率和截距。

表 17-13　自行车销售量时间序列的线性趋势计算汇总表

t	Y_t	$t-\bar{t}$	$Y_t-\bar{Y}$	$(t-\bar{t})(Y_t-\bar{Y})$	$(t-\bar{t})^2$
1	21.6	-4.5	-4.85	21.825	20.25
2	22.9	-3.5	-3.55	14.425	12.25
3	25.5	-2.5	-0.95	2.375	6.25
4	21.9	-1.5	-4.55	6.825	2.25
5	23.9	-0.5	-2.55	1.275	0.25
6	27.5	0.5	1.05	0.525	0.25
7	31.5	1.5	5.05	7.575	2.25
8	29.7	2.5	3.25	8.125	6.25
9	28.6	3.5	2.15	7.525	12.25
10	31.4	4.5	4.95	22.275	20.25
合计	55	264.5		90.750	82.50

$$b_1 = \frac{\sum_{t=1}^{n}(t-\bar{t})(Y_t-\bar{Y})}{\sum_{t=1}^{n}(t-\bar{t})^2} = \frac{90.75}{82.5} = 1.1$$

$$b_0 = \bar{Y} - b_1\bar{t} = 26.45 - 1.1 \times 5.5 = 20.4$$

因此，线性趋势方程为：

$$T_t = 20.4 + 1.1t$$

斜率 1.1 表明在过去 10 年中，工厂的销售量每年大约平均增长 1 100 个单位。如果我们假定过去 10 年的销售量趋势对未来也是合适的，则趋势方程可用来预测时间序列的趋势成分。例如，将 $t=11$ 代入方程便可以得到下一年的趋势预测值 T_{11}，即：

$$T_{11} = 20.4 + 1.1 \times 11 = 32.5$$

因此，利用趋势推测，我们将预测出下一年的自行车销售量为 32 500 辆。

为了计算趋势推测预测方法的精度，我们将使用均方误差 MSE。表 17-14 给出了自行车销售量时间序列误差平方和的计算结果。因此，对自行车销售量时间序列，有：

$$\text{MSE} = \frac{\sum_{t=1}^{n}(Y_t-F_t)^2}{n} = \frac{30.7}{10} = 3.07$$

表 17-14　自行车销售量时间序列的线性趋势预测和预测误差的汇总表

年	销售量/1 000 辆 Y_t	预测值 F_t	预测误差	预测误差的平方
1	21.6	21.5	0.1	0.01
2	22.9	22.6	0.3	0.09
3	25.5	23.7	1.8	3.24
4	21.9	24.8	-2.9	8.41
5	23.9	25.9	-2.0	4.00
6	27.5	27.0	0.5	0.25
7	31.5	28.1	3.4	11.56
8	29.7	29.2	0.5	0.25
9	28.6	30.3	-1.7	2.89
10	31.4	31.4	0.0	0.00
			合计	30.70

在预测时，由于线性趋势回归与应用时间序列数据的标准回归分析程序相同，我们可以利用统计软件完成计算。图 17-11 是自行车销售量时间序列的计算机输出结果。

Regression Analysis: Sales Versus Year

Analysis of Variance

Source	DF	Adj SS	Adj MS	F-Value	P-Value
Regression	1	99.82	99.825	26.01	0.001
Error	8	30.70	3.837		
Total	9	130.52			

Model Summary

S	R-sq
1.95895	76.48%

Coefficients

Term	Coef	SE Coef	T-Value	P-Value
Constant	20.40	1.34	15.24	0.000
Year	1.10	0.216	5.10	0.001

Regression Equation

Sales = 20.40 + 1.10 Year

图 17-11　自行车销售量时间序列的回归输出结果

在图 17-11 的方差分析（ANOVA）表中，MSE 的值为：

$$\text{MSE} = \frac{\text{误差平方和}}{\text{自由度}} = \frac{30.7}{8} = 3.837$$

这个 MSE 值与我们前面计算的 MSE 值不同，这是因为误差平方和除以 8 而不是 10。于是，在回归输出中 MSE 不是预测误差平方的平均数。然而，大多数预测软件包计算 MSE 采用误差平方的平均数。因此，当我们用时间序列软件包建立趋势方程时，报告的 MSE 值可能与你利用一般回归方法得到的值略有不同。例如，在图 17-12 中，我们显示了利用时间序列方法得到计算机输出的图示部分。

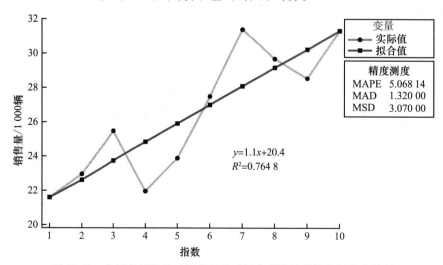

图 17-12　自行车销售量时间序列的时间序列线性趋势分析输出结果

17.4.2　非线性趋势回归

用线性函数来拟合趋势是很常见的。然而，正如我们前面所讨论的，有时时间序列有曲线或非线性趋势。作为一个例子我们考虑胆固醇药物前 10 年的销售收入（单位：100 万美元）。表 17-15 是时间序列，图 17-13 是相应的时间序列图。例如，第 1 年的收入是 23.1，第 2 年的收入是 21.3，依此类推。时间序列图显示有一个总体增长或向上的趋势，但是与自行车销售量时间序列不同，线性趋势似乎并不合适；相反，在拟合长期趋势时，似乎需要一个曲线函数。

表 17-15　胆固醇药物销售收入的时间序列

年（t）	销售收入/100 万美元
1	23.1
2	21.3
3	27.4
4	34.6
5	33.8
6	43.2
7	59.5
8	64.4
9	74.2
10	99.3

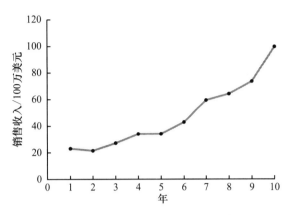

图 17-13　胆固醇药物销售收入的时间序列图

二次趋势方程（quadratic trend equation）考虑下面的二次趋势方程：

各种非线性函数能用来建立胆固醇时间序列的趋势估计。例如，

$$T_t = b_0 + b_1 t + b_2 t^2 \tag{17-7}$$

对于胆固醇时间序列，$t=1$ 对应于第 1 年，$t=2$ 对应于第 2 年，依此类推。

我们可以用标准线性回归程序计算 b_0，b_1 和 b_2 的值。有两个自变量年份和年份的平方，因变量是以 100 万美元计的销售收入。因此，第一个观测值是（1，1，23.1），第二个观测值是（2，4，21.3），第三个观测值是（3，9，27.4），依此类推。图 17-14 显示了二次趋势模型的多元回归输出结果。估计的回归方程为：

销售收入（100 万美元）= 24.18 − 2.11Year + 0.922YearSq

式中，Year 为 1，2，3，…，10；YearSq 为 1，4，9，…，100。

```
Regression Analysis: Revenue Versus Year, YearSq

Analysis of Variance

Source       DF      Adj SS      Adj MS      F-Value     P-Value
Regression    2     5770.13     2885.06      182.52       0.000
Error         7      110.65       15.81
Total         9     5880.78

Model Summary

      S         R-sq
3.97578       98.12%

Coefficients

Term         Coef     SE Coef     T-Value     P-Value
Constant    24.18        4.68        5.17       0.001
Year        −2.11        1.95       −1.08       0.317
YearSq      0.922       0.173        5.33       0.001

Regression Equation

Revenue = 24.18 − 2.11 Year + 0.922 YearSq
```

图 17-14　胆固醇药物销售收入时间序列的二次趋势回归的输出结果

使用标准多元回归程序需要我们计算年份的平方作为第二个自变量值。

指数趋势方程（exponential trend equation）　另一种用于模拟胆固醇时间序列的非线性模式，用指数模型来拟合这些数据。例如，考虑如下指数趋势方程：

$$T_t = b_0 e^{b_1 t} \tag{17-8}$$

为了更好地理解这个指数趋势方程，假设 $b_0 = 16.71$ 和 $b_1 = 0.1697$。然后，对于 $t = 1$，$T_1 = 16.71e^{0.1697 \times 1} = 19.80$；对于 $t = 2$，$T_1 = 16.71e^{0.1697 \times 2} = 23.46 = 28.8$；对于 $t = 3$，$T_1 = 16.71e^{0.1697 \times 3} = 27.80$。注意，$T_t$ 不像在线性趋势模型中那样以一个固定总量增长，而是以一个固定的百分比增长，在指数趋势模型中，乘法因子是 $e^{0.1697 \times 1} = 1.185$，即固定增长的百分比为 18.5%。

统计软件包有计算指数趋势方程并用这个方程进行预测的功能。有些软件只有线性趋势。我们对式（17-8）进行自然对数变换，可以应用等价的线性形式：$\ln T_t = \ln b_0 + b_1 t$。

在图 17-15 中，我们显示了胆固醇药物销售收入数据根据式（17-8）得到的指数趋势方程计算机输出的图形。

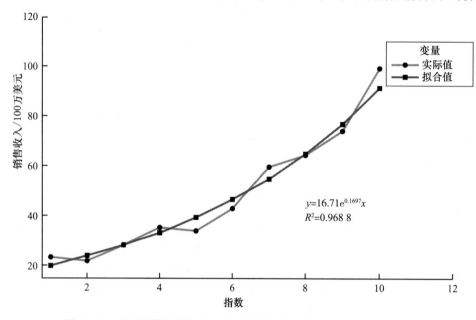

图 17-15　胆固醇药物销售收入时间序列的指数增长趋势分析输出结果

练习

方法

18. 考虑下面的时间序列：

t	1	2	3	4	5	6	7
Y_t	10	9	7	8	6	4	4

a. 绘制时间序列图，数据呈现何种类型的模式？

b. 建立这个时间序列的线性趋势方程。

c. $t = 8$ 的预测值是多少？

20. 考虑下面的时间序列：

t	1	2	3	4	5	6	7
Y_t	84	60	44	35	30	29	35

a. 绘制时间序列图，数据呈现何种类型的模式？

b. 利用统计软件，建立这个时间序列的二次趋势方程。

c. $t = 8$ 的预测值是多少？

应用

22. Seneca 儿童基金会（SCF）是一家为贫困儿童举办夏令营的当地慈善机构。近年来基金会主席致力于减少经常性支出的总额，主要因素是慈善机构被认为是独立机构。下面是 7 年间用于管理和筹集资金的费用占 SCF 募集到的总资金的比例数据。

年	时期（t）	费用（%）
1	1	13.9
2	2	12.2
3	3	10.5
4	4	10.4
5	5	11.5
6	6	10.0
7	7	8.5

a. 绘制时间序列图，数据呈现何种类型的模式？

b. 建立这个时间序列的线性趋势方程。

c. 预测第 8 年管理费用的比例。

d. 如果 SCF 保持当前减少管理费用的趋势，要达到小于或等于 5% 的水平需要多长时间？

24. 30 年固定不动产抵押贷款的平均利率（%）在过去 10 年的数据如下表所示（FreddieMac website）。

时期	利率（%）	时期	利率（%）
1	6.41	6	4.45
2	6.34	7	3.66
3	6.03	8	3.98
4	5.04	9	4.17
5	4.69	10	3.85

a. 绘制时间序列散点图，对这个时间序列，你认为线性趋势或二次趋势能提供更好的拟合吗？为什么？

b. 建立这个时间序列的线性趋势方程。利用线性趋势方程预测第 11 期的平均利率。

c. 建立这个时间序列的二次趋势方程。利用二次趋势方程预测第 11 期的平均利率。

d. 比较（b）和（c）的结果，你推荐哪个模型？为什么？

年	月	汇率
2007	10	7.501 9
2007	11	7.421 0
2007	12	7.368 2

（续）

年	月	汇率
2008	1	7.240 5
2008	2	7.164 4
2008	3	7.072 2
2008	4	6.999 7
2008	5	6.972 5
2008	6	6.899 3
2008	7	6.835 5

26. Giovanni 食品生产公司为遍及美国东部的公立中小学校生产和销售冷冻比萨饼。利用一个非常积极的营销战略，在过去 10 年间其年收入已经增加了近 1 000 万美元。日益激烈的竞争使得增长速度在过去几年已经放缓，10 年间的年收入（单位：100 万美元）如下。

年	收入	年	收入
1	8.53	6	17.21
2	10.84	7	18.37
3	12.98	8	18.45
4	14.11	9	18.40
5	16.31	10	18.43

a. 绘制时间序列的散点图，评价线性趋势的合理性。

b. 利用统计软件，建立用于预测销售量的二次趋势方程。

c. 利用（b）中建立的趋势方程，预测第 11 年的收入。

17.5　季节性和趋势

在本节我们演示如何对有季节模式的时间序列建立预测。在存在季节性的情形下，我们需要将其并入预测模型以确保预测的准确性。我们首先考虑没有趋势的季节性时间序列，然后讨论如何模拟有趋势的季节性。

17.5.1　没有趋势的季节性

作为一个例子，考虑过去 5 年某服装店的雨伞销售量。表 17-16 是时间序列，图 17-16 是相应的时间序列图。时间序列图没有显示销售量有长期趋势。事实上，如果不仔细观测数据，你可能会得出数据具有水平模式的结论，并用单一指数平滑法预测销售量。但是，仔细检查时间序列图就会发现数据存在模式，即第一季度和第三季度有中等销售量，第二季度的销售量最高，而第四季度往往有最低销售量。因此，我们得出存在季度季节模式的结论。

表 17-16　雨伞销售量时间序列

年	季度	销售量	年	季度	销售量
1	1	125	3	3	113
	2	153		4	80
	3	106	4	1	109
	4	88		2	137
2	1	118		3	125
	2	161		4	109
	3	133	5	1	130
	4	102		2	165
3	1	138		3	128
	2	144		4	96

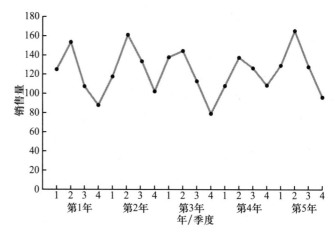

图 17-16　雨伞销售量的时间序列图

与标准回归分析中用虚拟变量处理分类自变量一样，⊖我们可以将季节作为一个分类变量，使用同样的方法去模拟具有季节模式的时间序列。回忆一下，当分类变量有 k 个水平时，需要 $k-1$ 个虚拟变量。因此，如果有 4 个季度，我们需要 3 个虚拟变量。例如，对雨伞销售量时间序列，季度是一个有 4 个水平的分类变量：第一季度、第二季度、第三季度和第四季度。因此，为了模拟雨伞销售量时间序列的季节影响，我们需要 4-1=3 个虚拟变量。将 3 个虚拟变量编码如下：

$$Qtr1 = \begin{cases} 1, & 第一季度 \\ 0, & 其他 \end{cases} \qquad Qtr2 = \begin{cases} 1, & 第二季度 \\ 0, & 其他 \end{cases} \qquad Qtr3 = \begin{cases} 1, & 第三季度 \\ 0, & 其他 \end{cases}$$

用 $\hat{Y}$ 表示销售量的估计值或预测值，与雨伞季度销售量相关的估计的回归方程的一般形式如下：

$$\hat{Y} = b_0 + b_1 Qtr1 + b_2 Qtr2 + b_3 Qtr3$$

表 17-17 是雨伞销售量时间序列以及虚拟变量的编码值。用表 17-17 中的数据，我们得到计算机输出部分结果如图 17-17 所示。得到的估计的多元回归方程是：

$$Sales = 95.00 + 29.00 Qtr1 + 57.00 Qtr2 + 26.00 Qtr3$$

我们能利用这个方程预测下一年的季度销售量。

第一季度：Sales = 95.0 + 29.0 × 1 + 57.0 × 0 + 26.0 × 0 = 124

第二季度：Sales = 95.0 + 29.0 × 0 + 57.0 × 1 + 26.0 × 0 = 152

第三季度：Sales = 95.0 + 29.0 × 0 + 57.0 × 0 + 26.0 × 1 = 121

第四季度：Sales = 95.0 + 29.0 × 0 + 57.0 × 0 + 26.0 × 0 = 95

表 17-17　具有虚拟变量的雨伞销售量时间序列

年	季度	Qtr1	Qtr2	Qtr3	销售量
1	1	1	0	0	125
	2	0	1	0	153
	3	0	0	1	106
	4	0	0	0	88
2	1	1	0	0	118
	2	0	1	0	161
	3	0	0	1	133
	4	0	0	0	102
3	1	1	0	0	138
	2	0	1	0	144
	3	0	0	1	113
	4	0	0	0	80

⊖　在第 15 章中，我们介绍了在回归模型中如何用虚拟变量处理分类自变量。

（续）

年	季度	Qtr1	Qtr2	Qtr3	销售量
4	1	1	0	0	109
	2	0	1	0	137
	3	0	0	1	125
	4	0	0	0	109
5	1	1	0	0	130
	2	0	1	0	165
	3	0	0	1	128
	4	0	0	0	96

有趣的是，我们注意到可以通过计算每个季度雨伞销售量的简单平均数得到下一年季度的预测值，如下面所示。

年	第一季度	第二季度	第三季度	第四季度
1	125	153	106	88
2	118	161	133	102
3	138	144	113	80
4	109	137	125	109
5	130	165	128	96
平均数	124	152	121	95

不仅如此，图 17-17 中的回归输出结果还给出了能评价预测准确性和确定结果显著性的附加信息。同时，对问题情况更复杂的类型，如涉及趋势和季节影响同时存在的时间序列，简单平均方法将无效。

17.5.2 季节性和趋势

现在让我们以第 17.1 节介绍的智能手机销售量时间序列为例，将回归方法扩展到季节影响和线性趋势同时存在的时间序列情形，并演示如何进行季度预测。表 17-18 是智能手机销售量的时间序列的数据，图 17-18 的时间序列图显示在每年第二季度销售量最低，在第三和第四季度销售量增长。因此，我们得出智能手机销售量存在季节模式。但是时间序列还有为了建立季度销售量的精确预测需要解释的一个上升的线性趋势。这是很容易处理的，只要将季节性的虚拟变量方法与我们在第 17.3 节讨论的处理线性趋势的时间序列回归方法结合起来就行。

Term	Coef	SE Coef	T-Value	P-Value
Constant	95.00	5.06	18.76	0.000
Qtr1	29.00	7.16	4.05	0.001
Qtr2	57.00	7.16	7.96	0.000
Qtr3	26.00	7.16	3.63	0.002

Regression Equation

Sales = 95.00 + 29.00 Qtr1 + 57.00 Qtr2 + 26.00 Qtr3

图 17-17 雨伞销售量时间序列的回归输出结果

表 17-18 智能手机销售量的时间序列

年	季度	销售量 /1 000 台	年	季度	销售量 /1 000 台
1	1	4.8	3	1	6.0
	2	4.1		2	5.6
	3	6.0		3	7.5
	4	6.5		4	7.8
2	1	5.8	4	1	6.3
	2	5.2		2	5.9
	3	6.8		3	8.0
	4	7.4		4	8.4

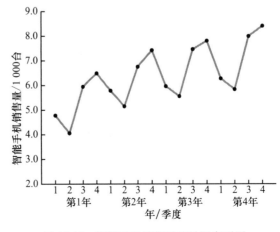

图 17-18 智能手机销售量的时间序列图

模拟智能手机时间序列的季度季节影响和线性趋势的多元回归方程的一般形式如下：

$$\hat{Y}_t = b_0 + b_1 Qtr1 + b_2 Qtr2 + b_3 Qtr3 + b_4 t$$

式中，$\hat{Y}_t$ 为 t 期销售量的估计值或预测值；Qtr1 = 1，如果对应于 t 期年份的第一季度，否则 Qtr1 = 0；Qtr2 = 1，如果对应于 t 期年份的第二季度，否则 Qtr2 = 0；Qtr3 = 1，如果对应于 t 期年份的第三季度，否则 Qtr3 = 0；t 为时期。

表 17-19 是智能手机销售量时间序列，包含虚拟变量的编码值和时期 t。用表 17-19 中的数据，我们得到图 17-19 的计算机输出结果。估计的多元回归方程为：

$$\text{Sales}(1\,000\ \text{台}) = 6.069 - 1.363 Qtr1 - 2.034 Qtr2 - 0.304 Qtr3 + 0.145\,6t \tag{17-9}$$

表 17-19　具有虚拟变量和时期的智能手机销售量时间序列

年	季度	Qtr1	Qtr2	Qtr3	时期	销售量/1 000 台
	1	1	0	0	1	4.8
1	2	0	1	0	2	4.1
	3	0	0	1	3	6.0
	4	0	0	0	4	6.5
	1	1	0	0	5	5.8
2	2	0	1	0	6	5.2
	3	0	0	1	7	6.8
	4	0	0	0	8	7.4
	1	1	0	0	9	6.0
3	2	0	1	0	10	5.6
	3	0	0	1	11	7.5
	4	0	0	0	12	7.8
	1	1	0	0	13	6.3
4	2	0	1	0	14	5.9
	3	0	0	1	15	8.0
	4	0	0	0	16	8.4

```
Analysis of Variance

Source        DF      Adj SS     Adj MS     F-Value    P-Value
Regression     4     21.2480    5.31200      113.16      0.000
Error         11      0.5164    0.04694
Total         15     21.7644


Model Summary

     S         R-sq
0.216664      97.63%


Coefficients

Term        Coef      SE Coef    T-Value    P-Value
Constant    6.069      0.162      37.35      0.000
Qtr1       −1.363      0.157      −8.66      0.000
Qtr2       −2.034      0.155     −13.11      0.000
Qtr3       −0.304      0.154      −1.98      0.073
t           0.1456     0.012      12.02      0.000


Regression Equation

Sales (1000s) = 6.069 − 1.363 Qtr1 − 2.034 Qtr2
                − 0.304 Qtr3 + 0.1456 t
```

图 17-19　智能手机销售量时间序列的回归输出结果

现在我们用式（17-9）来预测下一年销售量的季度预测值。下一年是智能手机销售量时间序列的第 5 年，即时期为 17，18，19 和 20。

时期 17（第 5 年第一季度）的预测值为：

$$Sales（1\,000 台）= 6.069-1.363×1-2.034×0-0.304×0+0.145\,6×17=7.18$$

时期 18（第 5 年第二季度）的预测值为：

$$Sales（1\,000 台）= 6.069-1.363×0-2.034×1-0.304×0+0.145\,6×18=6.66$$

时期 19（第 5 年第三季度）的预测值为：

$$Sales（1\,000 台）= 6.069-1.363×0-2.034×0-0.304×1+0.145\,6×19=8.53$$

时期 20（第 5 年第四季度）的预测值为：

$$Sales（1\,000 台）= 6.069-1.363×0-2.034×0-0.304×0+0.145\,6×20=8.98$$

于是，考虑智能手机销售量季节影响和线性趋势，第 5 年季度销售量的估计值为 7 180，6 660，8 530 和 8 980。

估计的多元回归方程中的虚拟变量实际上给出了 4 个（每个季度 1 个）估计的多元回归方程。例如，如果对应于时期 t 的第一季度，则季度销售量的估计值为：

第一季度：$Sales = 6.069-1.363×1-2.034×0-0.304×0+0.145\,6t=4.71+0.145\,6t$

类似地，如果对应于时期 t 的第二季度、第三季度和第四季度，则季度销售量的估计值为：

第二季度：$Sales = 6.069-1.363×0-2.034×1-0.304×0+0.145\,6t=4.04+0.145\,6t$

第三季度：$Sales = 6.069-1.363×0-2.034×0-0.304×1+0.145\,6t=5.77+0.145\,6t$

第四季度：$Sales = 6.069-1.363×0-2.034×0-0.304×0+0.145\,6t=6.07+0.145\,6t$

每个季度预测方程趋势线的斜率都为 0.145 6，表明每个季度的销售量大约增长 146 台。唯一不同的是 4 个方程的截距不一样。例如，第一季度方程的截距是 4.71，而第四季度方程的截距是 6.07。因此，4.71-6.07 = -1.36，即第一季度的销售量较第四季度的销售量少 1 360 台。换句话说，方程（17-9）中虚拟变量 Qtr1 的估计的回归系数是第一季度与第四季度销售量之差的估计值。类似地，可以解释虚拟变量 Qtr2 的估计的回归系数-2.03，以及虚拟变量 Qtr3 的估计的回归系数-0.304。

17.5.3 基于月度数据的模型

在前面智能手机销售量的例子中，我们演示了如何用虚拟变量来说明时间序列的季度季节影响。由于分类变量季度有 4 个水平，故需要 3 个虚拟变量⊖。然而，许多商务问题用月度而不是季度进行预测。对月度数据，季节是一个有 12 个水平的分类变量，因此需要 12-1 = 11 个虚拟变量。例如，11 个虚拟变量编码如下：

$$Month1 = \begin{cases} 1, & 1 月 \\ 0, & 其他 \end{cases}, Month2 = \begin{cases} 1, & 2 月 \\ 0, & 其他 \end{cases}, \cdots, Month11 = \begin{cases} 1, & 11 月 \\ 0, & 其他 \end{cases}$$

除了这些变化，处理季节性的多元回归方法是一样的。

练习

方法

28. 考虑下面的时间序列：

季度	年份 1	年份 2	年份 3
1	71	68	62
2	49	41	51
3	58	60	53
4	78	81	72

a. 绘制时间序列图，数据呈现何种类型的模式？

b. 用下面的虚拟变量建立一个解释数据中季节影响的估计的趋势方程：如果为第一季度，Qtr1 = 1，否则为 0；如果为第二季度，Qtr2 = 1，否则为 0；如果为第三季度，Qtr3 = 1，否则为 0。

c. 计算下一年的季度预测值。

应用

30. 过去三年中大学教材的季度销售量（销售的册数）

⊖ 当一个分类变量（如季节）有 k 个水平时，需要 $k-1$ 个虚拟变量。

数据如下：

季度	年份 1	年份 2	年份 3
1	1 690	1 800	1 850
2	940	900	1 100
3	2 625	2 900	2 930
4	2 500	2 360	2 615

a. 绘制时间序列图，数据呈现何种类型的模式？

b. 用下面的虚拟变量建立一个解释数据中季节影响的估计的趋势方程：如果为第一季度，Qtr1 = 1，否则为 0；如果为第二季度，Qtr2 = 1，否则为 0；如果为第三季度，Qtr3 = 1，否则为 0。

c. 计算下一年的季度预测值。

d. 令 $t = 1$ 表示第 1 年第一季度的观测值，$t = 2$ 表示第 1 年第二季度的观测值，…，$t = 12$ 表示第 3 年第四季度的观测值。用（b）定义的虚拟变量和 t，建立一个解释时间序列中季节影响和线性趋势估计的回归方程。基于数据中的季节影响和线性趋势，计算下一年的预测值。

32. South Share 建筑公司沿着纽约长岛南岸建立永久性码头和防波堤。尽管公司成立仅有 5 年，但收入却从经营第 1 年的 308 000 美元增长到最近一年的 1 084 000 美元。下面是季度收入数据（单位：1 000 美元）。

季度	年份 1	年份 2	年份 3	年份 4	年份 5
1	20	37	75	92	176
2	100	136	155	202	282
3	175	245	326	384	445
4	13	48	48	82	181

a. 绘制时间序列图，数据呈现何种类型的模式？

b. 用下面的虚拟变量建立一个解释数据中季节影响的估计的趋势方程：如果为第一季度，Qtr1 = 1，否则为 0；如果为第二季度，Qtr2 = 1，否则为 0；如果为第三季度，Qtr3 = 1，否则为 0。基于数据中的季节影响，计算第 6 年的季度销售

收入的预测值。

c. 令 Period = 1 表示第 1 年第一季度的观测值，Period = 2 表示第 1 年第二季度的观测值，…，Period = 20 表示第 5 年第四季度的观测值。用（b）中定义的虚拟变量和 Period，建立一个解释时间序列中季节影响和线性趋势估计的回归方程。基于数据中的季节影响和线性趋势，计算第 6 年的季度销售收入的预测值。

34. 下面是佛罗里达州南部一个 6 个单元的公寓 3 年的草坪月维护费用（单位：美元）。

月份	年份 1	年份 2	年份 3
1	170	180	195
2	180	205	210
3	205	215	230
4	230	245	280
5	240	265	290
6	315	330	390
7	360	400	420
8	290	335	330
9	240	260	290
10	240	270	295
11	230	255	280
12	195	220	250

a. 绘制时间序列图，数据呈现何种类型的模式？

b. 建立一个用于解释数据中季节影响和线性趋势的估计的回归方程。用下面的虚拟变量来解释数据中的季节影响：如果为 1 月，Jan = 1，否则为 0；如果为 2 月，Feb = 1，否则为 0；如果为 3 月，Mar = 1，否则为 0；…，如果为 11 月，Nov = 1，否则为 0。注意，用这个编码方法，当 11 个虚拟变量的值都为 0 时，对应于 12 月费用的观测值。

c. 基于线性趋势和季节双重影响计算下一年的月度预测值。

17.6 时间序列分解法

在本节我们关注**时间序列分解**（time series decomposition）的问题。用时间序列分解法可以将一个时间序列分隔或分解出季节、趋势和不规则成分。当用这种方法进行预测时，其主要应用是获得对时间序列的一个更好的了解。许多商务和经济时间序列由政府机构（如人口普查局和劳工统计局）保存和出版，这些机构用时间序列分解来建立消除季节影响的时间序列。

了解时间序列的真实状况常常依赖于使用消除季节影响的数据。例如，我们或许有兴趣了解我们地区的电力消耗是否正在增长。假设我们了解到，9 月份的电力消费量比 8 月份减少了 3%。使用这些资料时必须相当谨慎，

因为每当存在季节影响时，如果数据没有消除季节影响，这样的比较可能会使人误解。9月份的电力消费量比8月份减少了3%的事实，可能仅仅是与空调使用减少有关的季节影响，而并不是因为用电量的长期减少。事实上，在调整季节影响之后，我们甚至可能发现用电量是增加的。许多其他时间序列如失业率统计、房屋销售量和零售额，都受到很强的季节影响。在对这些数据做出长期趋势的判断之前，消除季节影响是非常重要的。

时间序列分解方法假设时间序列 t 期的实际值 Y_t，是趋势成分、季节成分和不规则或误差成分这三个成分的函数。如何将这三个成分组合起来产生时间序列的观测值，取决于我们假定用加法模型还是用乘法模型来更好地描述它们之间的关系。

加法分解模型（additive decomposition model）的形式如下：

$$Y_t = \text{Trend}_t + \text{Seasonal}_t + \text{Irregular}_t \tag{17-10}$$

式中，Trend_t 为 t 期的趋势值；Seasonal_t 为 t 期的季节值；Irregular_t 为 t 期的不规则值。

在加法模型中，三个成分的值简单加在一起得到时间序列的实际值 Y_t，不规则或误差成分⊖说明时间序列中不能被趋势和季节成分解释的变异性。

加法模型适合季节影响不依赖于时间序列水平的情形。第 17.5 节包含季节和趋势影响的回归模型是一个加法模型。如果前期季节影响的规模与后期季节影响的规模相同，则加法模型是合适的。然而，如果季节影响随时间发生改变，由于长期线性趋势随着销售量的增加而逐渐变大，则应该使用乘法模型⊖。许多商务与经济时间序列都遵循这种模式。

乘法分解模型（multiplicative decomposition model）的形式如下：

$$Y_t = \text{Trend}_t \times \text{Seasonal}_t \times \text{Irregular}_t \tag{17-11}$$

式中，Trend_t 为 t 期的趋势值；Seasonal_t 为 t 期的季节值；Irregular_t 为 t 期的不规则值。

在这个模型中，趋势、季节和不规则成分相乘可以得到时间序列的值。趋势用被预测项目的单位来度量，但是季节和不规则成分按相对量来度量，数值大于 1.00 表明其影响在趋势之上，而数值小于 1.00 表明其影响在趋势之下。

由于这种方法在实践中常常使用，因此，对于如何建立趋势和季节成分的估计而对时间序列分解的讨论，我们将只限定于乘法模型。我们以第 17.5 节介绍的智能手机销售量时间序列为例进行说明。表 17-18 是季度销售量数据，图 17-18 是相对应的时间序列图。在演示如何用乘法模型分解时间序列后，我们将说明如何将季节指数和趋势成分重新组合起来进行预测。

17.6.1　计算季节指数

图 17-18 显示每年的第二季度销售量最小，第三和第四季度的销售量开始增加。因此，我们推断智能手机销售量时间序列存在季节模式。确定每个季度的季节影响所使用的计算程序是先计算移动平均数，然后从数据中剔除组合在一起的季节和不规则影响，留给我们的时间序列只包含趋势和移动平均没有剔除的随机波动。

由于我们所使用的数据是季度时间序列，因此在每一次移动平均数的计算中，我们使用4项数据。前4个季度的智能手机销售量的移动平均数是：

$$\text{第一个移动平均数} = \frac{4.8 + 4.1 + 6.0 + 6.5}{4} = \frac{21.4}{4} = 5.35$$

注意，前4个季度的移动平均数正好是时间序列第 1 年的平均季度销售量。继续移动平均数的计算，加上第 2 年第一季度的数值5.8，去掉第 1 年第一季度的数值4.8，得到第二个移动平均数为：

$$\text{第二个移动平均数} = \frac{4.1 + 6.0 + 6.5 + 5.8}{4} = \frac{22.4}{4} = 5.60$$

同理，第三个移动平均数为 $(6.0+6.5+5.8+5.2)/4 = 5.875$。

⊖　不规则成分与我们在第 14 章中讨论的简单线性回归模型中的误差项 ε 相对应。
⊜　人口普查局使用了一个与该局消除季节影响后的时间序列相结合的乘法模型。

在对整个时间序列进行移动平均数计算之前，我们再回到第一个移动平均数的计算，得到5.35。5.35这个数字正好是第1年的平均季度销售量。当我们回顾5.35这个计算结果时，发现它对应于移动平均数的所有季度的"中间"。但是，请注意，因为是4个季度的移动平均数，不存在中间季度，因此，5.35应该对应于2.5季度，即第二季度的后半部分和第三季度的前半部分。同样，如果我们考察下一个移动平均数为5.60，它对应的中间季度为3.5，即第三季度的后半部分和第四季度的前半部分。

我们计算出的两个移动平均数并不能直接对应于时间序列的原始季度，因此，我们可以通过计算两个移动平均数的平均数来解决这个难题。既然第一个移动平均数的中心是2.5季度（季度的一半或前半个季度），第二个移动平均数的中心是3.5季度（季度的一半或后半个季度），则两个移动平均数的中心为3季度，这应该是它精确的位置。这个移动平均数被称为中心化移动平均数。因此，第三季度的中心化移动平均数为（5.35+5.60）/2 = 5.475，同样，第四季度的中心化移动平均数为（5.60+5.875）/2 = 5.738。表17-20是智能手机销售量数据的移动平均数和中心化移动平均数的全面汇总。

表 17-20 智能手机销售量时间序列的中心化移动平均数的计算

年	季度	销售量/1 000 件	4 个季度的移动平均数	中心化移动平均数
1	1	4.8		
	2	4.1		
			5.350	
	3	6.0		5.475
			5.600	
	4	6.5		5.738
			5.875	
2	1	5.8		5.975
			6.075	
	2	5.2		6.188
			6.300	
	3	6.8		6.325
			6.350	
	4	7.4		6.400
			6.450	
3	1	6.0		6.538
			6.625	
	2	5.6		6.675
			6.725	
	3	7.5		6.763
			6.800	
	4	7.8		6.838
			6.875	
4	1	6.3		6.938
			7.000	
	2	5.9		7.075
			7.150	
	3	8.0		
	4	8.4		

表17-20的中心化移动平均数能告诉我们时间序列的什么问题呢？图17-20是时间序列实际值和中心化移动平均数的时间序列图。要特别注意，中心化移动平均数是如何"消除"时间序列的季节和不规则波动影响的。中心化移动平均数描绘数据中的趋势和没有被平滑数据的移动平均剔除掉的随机波动。

前面我们介绍的乘法分解模型为：

$$Y_t = \text{Trend}_t \times \text{Seasonal}_t \times \text{Irregular}_t$$

方程两边同时除以趋势成分 Trend_t，我们可以识别出时间序列中季节-不规则[⊖]的组合影响为：

⊖ 季节-不规则值常常被称为时间序列被剔除趋势的数值。

第 17 章 时间序列分析及预测 | 469

$$\frac{Y_t}{\text{Trend}_t} = \frac{\text{Trend}_t \times \text{Seasonal}_t \times \text{Irregular}_t}{\text{Trend}_t}$$

$$= \text{Seasonal}_t \times \text{Irregular}_t$$

例如，第 1 年第三季度的趋势值为 5.475（中心化移动平均数），因此 6.0/5.475 = 1.096 是季节-不规则的组合值。表 17-21 汇总了整个时间序列的季节-不规则值。

表 17-21　智能手机销售量时间序列的季节-不规则值

年	季度	销售量/1 000 台	中心化移动平均数	季节-不规则值
1	1	4.8		
	2	4.1		
	3	6.0	5.475	1.096
	4	6.5	5.738	1.133
2	1	5.8	5.975	0.971
	2	5.2	6.188	0.840
	3	6.8	6.325	1.075
	4	7.4	6.400	1.156
3	1	6.0	6.538	0.918
	2	5.6	6.675	0.839
	3	7.5	6.763	1.109
	4	7.8	6.838	1.141
4	1	6.3	6.938	0.908
	2	5.9	7.075	0.834
	3	8.0		
	4	8.4		

下面考虑第三季度的季节-不规则值 1.096，1.075 和 1.109。季节-不规则值大于 1.00 表明影响在趋势估计之上，而数值小于 1.00 表明影响在趋势估计之下。因此，在第三季度，3 个季节-不规则值表现出高于平均水平的影响。因为季节-不规则值每年的波动主要是由随机误差引起的，所以，我们可以取其平均数以消除不规则的影响，从而得到第三季度季节影响的估计值。

$$第三季度的季节影响值 = \frac{1.096 + 1.075 + 1.109}{3} = 1.09$$

我们将 1.09 称为第三季度的季节指数。表 17-22 汇总了关于智能手机销售量时间序列的季节指数的计算结果。4 个季度的季节指数分别为 0.93，0.84，1.09 和 1.14。

表 17-22 中季节指数的解释提供了关于智能手机销售量季节成分的一些观测结果。最佳销售季度是第四季度，其销售水平高出趋势估计 14%，最差或最少的销售季度是第二季度，其季节指数为 0.84，表明其销售水平低于趋势估计 16%。季节成分很明显地对应着智能手机销售量的直观期望，即在第三季度新学年开始及假期（第四季度）时，手机销售量增加。

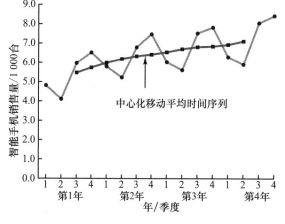

图 17-20　智能手机销售量时间序列和中心化移动平均数

表 17-22　智能手机销售量时间序列的季节指数的计算

季度	季节-不规则成分的数值			季节指数
1	0.971	0.918	0.908	0.93
2	0.840	0.839	0.934	0.84
3	1.096	1.075	1.109	1.09
4	1.113	1.156	1.141	1.14

在取得季节指数时，对季节指数做最后的调整有时是必要的。乘法模型要求平均季节指数等于 1.00，因此，

表 17-22 中的 4 个季节指数之和必须等于 4.00。换句话说，季节影响在一年内必须是持平的。在我们这个例子中，季节指数的平均数等于 1.00，因此它不需要调整。对于其他情形，有时或许需要进行微调。对季节指数进行调整是用每个季节指数乘以季度总和再除以未调整的季节指数之和。例如，对于季度数据，每个季节指数乘以 4 再除以未调整的季节指数之和。为了获得合理的季节指数，有些练习需要进行这种调整。

17.6.2　消除季节影响的时间序列

剔除了季节影响的时间序列被称为**消除季节影响的时间序列**（deseasonalized time series），用季节指数剔除时间序列中季节影响的过程称为消除时间序列的季节影响。[⊖]利用乘法分解模型，我们用每一个观测值除以相应的季节指数来消除时间序列的季节影响。乘法分解模型为：

$$Y_t = \text{Trend}_t \times \text{Seasonal}_t \times \text{Irregular}_t$$

因此，当时间序列的每个观察值 Y_t 除以相应的季节指数时，剩下的数据只包含趋势和随机波动（不规则成分）。表 17-23 汇总了消除季节影响的智能手机销售量的时间序列，图 17-21 是消除季节影响的时间序列图。

表 17-23　消除季节影响的智能手机销售量的时间序列值

年	季度	时期	销售量/1 000 台	季节指数	消除季节影响的销售量
1	1	1	4.8	0.93	5.16
	2	2	4.1	0.84	4.88
	3	3	6.0	1.09	5.50
	4	4	6.5	1.14	5.70
2	1	5	5.8	0.93	6.24
	2	6	5.2	0.84	6.19
	3	7	6.8	1.09	6.24
	4	8	7.4	1.14	6.49
3	1	9	6.0	0.93	6.45
	2	10	5.6	0.84	6.67
	3	11	7.5	1.09	6.88
	4	12	7.8	1.14	6.84
4	1	13	6.3	0.93	6.77
	2	14	5.9	0.84	7.02
	3	15	8.0	1.09	7.34
	4	16	8.4	1.14	7.37

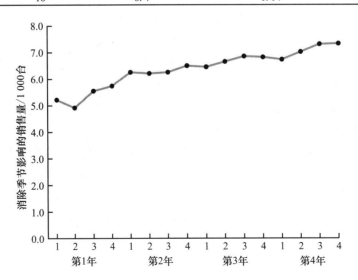

图 17-21　消除季节影响的智能手机销售量的时间序列图

[⊖] 调整季节变异后的经济时间序列常常刊登在一些出版物上，如《当代商业纵览》《华尔街日报》和《商业周刊》。

17.6.3　利用消除季节影响的时间序列确定趋势

图 17-21 中消除季节影响的智能手机销售量时间序列图显示有一个向上的线性趋势。为了确定这个趋势，我们使用第 17.4 节介绍的同样方法，用一个线性趋势方程来拟合消除季节影响的时间序列。唯一不同的是，我们使用消除季节影响的数据而不是原始数据。

我们记得对线性趋势，估计的回归方程可以表示为：

$$T_t = b_0 + b_1 t$$

式中，T_t 是 t 期线性趋势的预测值；b_0 是线性趋势线的截距；b_1 是趋势线的斜率；t 是期间。

在第 17.4 节我们给出了计算 b_0 和 b_1 的公式。为了用一条线性趋势线拟合表 17-23 的消除季节影响的数据，在计算 b_0 和 b_1 时，唯一的变化是我们用消除季节影响的时间序列值代替观测值 T_t。

图 17-22 是利用回归分析来估计消除季节影响的智能手机销售量时间序列趋势线的计算机输出结果。估计的线性趋势方程为：

消除季节影响的智能手机销售量 = 5.104 + 0.147 6t

```
Analysis of Variance

Source        DF      Adj SS      Adj MS      F-Value     P-Value
Regression     1      7.4089      7.40893     157.05      0.000
Error         14      0.6604      0.04717
Total         15      8.0694

Model Summary

       S       R-sq      R-sq(adj)
0.217197     91.82%       91.23%

Coefficients

Term         Coef     SE Coef    T-Value     P-Value
Constant     5.104    0.114      44.81       0.000
t            0.1476   0.0118     12.53       0.000

Regression Equation

Deseasonalized Sales = 5.104 + 0.1476 t
```

图 17-22　消除季节影响的智能手机销售量时间序列的回归输出结果

斜率 0.147 6 表明在过去的 16 个季度中，消除季节影响之后，公司每个季度的销售量大约平均增长 148 台。如果我们假设过去 16 个季度销售的趋势依然适用于未来，则这个方程可用来建立未来季度的趋势推测。例如，将 $t = 17$ 代入方程，可以得到下一个季度消除季节影响的趋势推测值 T_{17}。

$$T_{17} = 5.104 + 0.147\,6t = 7.613$$

因此，利用消除季节影响的数据，下一个季度（时期 17）的线性趋势预测值为 7 613 台智能手机。类似地，下 3 个季度（时期 18，19 和 20）的消除季节影响的趋势预测值分别为 7 761，7 908 和 8 056 台智能手机。

17.6.4　季节调整

当趋势和季节成分同时存在时，建立预测的最后一步就是用季节指数调整消除季节影响的趋势推测值。再回到智能手机销售量的例子，我们已经得到未来 4 个季度的消除季节影响的趋势推测值，现在我们需要用季节影响来调整预测值。第 5 年第一季度（$t = 17$）的季节指数为 0.93，因此，我们用消除季节影响的趋势预测值（$T_{17} = 7\,613$）乘以季节指数 0.93，得到该季度的预测值。于是，该季度的预测值为 7 613×0.93 = 7 080（台）。表 17-24 给出了 17~20 季度的预测值。销售最高的第四季度的预测值为 9 184 台，销售最低的第二季度的预测值为 6 519 台。

表 17-24 智能手机销售量时间序列的季度预测值

年	季度	消除季节影响的趋势预测值	季节指数	季度预测值
5	1	7 613	0.93	7 613×0.93 = 7 080
	2	7 761	0.84	7 761×0.84 = 6 519
	3	7 908	1.09	7 908×1.09 = 8 620
	4	8 056	1.14	8 056×1.14 = 9 184

17.6.5 根据月度数据的模型

在前面智能手机销售量的例子中，我们利用季度数据来说明季节指数的计算。然而，许多商务问题使用的是月度而不是季度的预测。在这种情况下，本节介绍的方法只要做微小的修改就可以使用：首先，用12个月的移动平均数代替4个季度的移动平均数；其次，计算12个月的季节指数，而不是4个季度的季节指数。除此之外，计算和预测方法都是一样的。

17.6.6 循环成分

在数学上，式（17-11）的乘法模型可以扩展到包括循环成分。

$$Y_t = \text{Trend}_t \times \text{Cyclical}_t \times \text{Seasonal}_t \times \text{Irregular}_t \tag{17-12}$$

循环成分同季节成分一样，可以表示为趋势的百分比。正如第17.1节所述，循环成分归因于时间序列的多年循环。它与季节成分类似，只是所经历的时间周期更长一些。但是，由于所涉及的时间长度，要获得足够的相关数据来估计循环成分常常是困难的。另一个困难是循环的周期长短不一。由于从长期趋势影响中确定和（或）分离循环影响如此困难，因此在实践中常常将这些影响合并，称之为趋势-循环组合成分。我们不再对循环成分做进一步的讨论，在预测方法的专业教材中有这方面的内容。

注释和评论

1. 有许多不同的计算季节指数的方法。在本节我们通过平均对应的季节-不规则值计算每一个季节指数。另一种是用季节-不规则值的中位数作为季节指数。

2. 在消除时间序列的季节影响之前，我们常常需要做日历调整。例如，如果时间序列是月销售量数值，则2月份的销售量数值可能比其他月份的数值小，这仅仅是因为2月份的天数少。为了避免这个因素，我们首先用每个月的销售数值除以该月的天数，得到日销售量的平均数。因为每个月平均大约有365/12 = 30.416 7（天），然后我们用日销售量的平均数乘以30.416 7，得到调整的月销售量数值。对于本章的例题和练习，你可以认为已经进行了必要的日历调整。

练习

方法

36. 参考第35题。
   a. 用第35题（c）中的调整季节指数来消除时间序列的季节影响。
   b. 用统计软件计算消除季节影响数据的线性趋势回归方程。
   c. 计算第4年的消除季节影响的季度趋势预测值。
   d. 用季节指数调整（c）中消除季节影响的季度趋势预测值。

应用

38. 下面是佛罗里达州南部一个6个单元的公寓在3个年份的草坪月维护费用（单位：美元）。

月份	年份1	年份2	年份3
1	170	180	195
2	180	205	210
3	205	215	230
4	230	245	280
5	240	265	290

（续）

月份	年份 1	年份 2	年份 3
6	315	330	390
7	360	400	420
8	290	335	330
9	240	260	290
10	240	270	295
11	230	255	280
12	195	220	250

a. 绘制时间序列图，数据呈现何种类型的模式？

b. 确定佛罗里达州南部公寓 3 年的草坪月维护费用的每月的季节指数，用 12 个月的移动平均数计算。

c. 确定消除时间序列的季节影响。

d. 计算消除季节影响数据的线性趋势方程。

e. 计算消除季节影响的趋势预测值，然后用季节指数调整趋势预测值，从而得到第 4 年每月费用的预测值。

40. 电能的消耗量用千瓦时（kW·h）来度量。某地公用事业公司主动提供一个需要商业客户参与的电力供应中断程序。如果客户参与该程序，则电费将会得到优惠。但是如果公司要求他们减少用电量，他们必须同意这一要求。Timko Produces 公司在星期四中午 12 点减少用电量。为了确定节省的用电量，公用事业公司必须估计 Timko 公司在不停电时的用电量。停电时间从中午 12 点到晚上 8 点。停电前 72 小时的 Timko 公司用电数据是可以得到的。

时间段	星期一	星期二	星期三	星期四
上午 0~4 点	—	19 281	31 209	27 330
上午 4~8 点	—	33 195	37 014	32 715
上午 8~12 点	—	99 516	119 968	152 465
下午 12~4 点	124 299	123 666	156 033	
下午 4~8 点	113 545	111 717	128 889	
下午 8~12 点	41 300	48 112	73 923	

a. 在 24 小时期间内是否存在季节影响？

b. 计算 4 小时期间的季节指数。

c. 利用季节指数调整的趋势来估计 Timko 公司在停电期间的正常用电量。

小　结

在本章我们介绍了时间序列分析和预测的基本方法。首先，我们说明了通过绘制时间序列图来确定时间序列的基本模式。数据模式可分为几种，包括水平模式、趋势模式和季节模式。我们以时间序列所呈现的这些模式为依据，讨论了预测方法。

对一个具有水平模式的时间序列，我们说明了如何用移动平均法和指数平滑法进行预测。移动平均法计算过去数据值的平均数，然后用这个平均数作为下一个时期的预测值。在指数平滑法中，我们用时间序列过去数值的加权平均数来计算预测值。当水平模式移动到不同的水平，并且继续保持水平模式时，这些方法也同样适用。

在确定使用什么预测方法时，一个重要的因素涉及方法的准确性。我们讨论了三种预测精度的测度：平均绝对误差（MAE）、均方误差（MSE）和平均绝对百分数误差（MAPE）。每一种测度的目的是，确定某种特定的预测方法在多大程度上能再现已取得的时间序列数据。通过选择对已知数据有最佳精度的方法，我们期望增加获得未来时期更好预测值的可能性。

对于只有长期线性趋势的时间序列，我们说明了如何用简单时间序列回归来进行趋势推测。对于具有曲线或非线性趋势的时间序列，我们介绍了多元回归能用来拟合数据的二次趋势方程或指数趋势方程。

对于具有季节模式的时间序列，我们介绍了在多元回归模型中如何使用虚拟变量，用于建立有季节影响的估计的回归方程。然后，通过介绍如何将处理季节性的虚拟变量方法和处理线性趋势的时间序列回归方法组合起来，我们将回归方法扩展到同时拥有季节和线性趋势影响的时间序列。

在本章的最后一节中，我们介绍了如何用时间序列分解将一个时间序列分隔或分解为季节和趋势成分，然后得到消除季节影响的时间序列。我们介绍了如何计算一个乘法模型的季节指数，如何用季节指数得到消除季节影响的时间序列，以及如何对消除季节影响的数据使用回归方程来估计趋势成分。当趋势和季节成分同时存在时，建立预测的最后一步是用季节指数调整趋势推测值。

关键术语

additive decomposition model　加法分解模型　在加法分解模型中，时间序列 t 期的实际值是趋势成分值、季节成分值和不规则成分值之和。

cyclical pattern　循环模式　如果时间序列图显示出持续时间超过一年的在趋势线上下交替的点序列，则存在循环模式。

deseasonalized time series　消除季节影响的时间序列　剔除了季节影响的时间序列，其方法是将每一个原始时间序列观测值除以相应的季节指数。

exponential smoothing　指数平滑法　用过去时间序列值的加权平均数作为预测值的一种预测方法。它是加权移动平均方法的特殊情形，我们只选择一个权重——最近时期观测值的权重。

forecast error　预测误差　时间序列实际值与预测值之间的差。

horizontal pattern　水平模式　当数据围绕着一个不变的均值上下波动时，则存在水平模式。

mean absolute error（MAE）　平均绝对误差　预测误差绝对值的平均数。

mean absolute percentage error（MAPE）　平均绝对百分数误差　百分数预测误差绝对值的平均数。

mean squared error（MSE）　均方误差　预测误差平方和的平均数。

moving average　移动平均法　用时间序列中最近 k 期数据值的平均数作为下一个时期预测值的一种预测方法。

multiplicative decomposition model　乘法分解模型　在乘法分解模型中，时间序列 t 期的实际值是趋势成分值、季节成分值和不规则成分值的乘积。

seasonal pattern　季节模式　如果时间序列图在连续的时期内呈现重复模式，则存在季节模式。连续的时期常常指一年的周期，这也是季节模式名称的由来。

smoothing constant　平滑常数　指数平滑模型中的参数，在计算预测值时，它是最近时间序列数值的指定权重。

stationary time series　平稳时间序列　统计性质与时间独立的时间序列。平稳时间序列过程产生的数据有一个不变的均值，而且时间序列的变异性随时间的推移保持不变。

time series　时间序列　一个变量在连续时点或连续时期上测量的观测值序列。

time series decomposition　时间序列分解　用于将一个时间序列分隔或分解出季节和趋势成分的时间序列方法。

time series plot　时间序列图　它是时间和时间序列变量之间关系的图形表述。时间位于横轴，时间序列变量位于纵轴。

trend pattern　趋势模式　如果时间序列图在一段较长的时间内呈现出逐步的改变，或移动到相对较高的或较低的值，则存在趋势模式。

weighted moving average　加权移动平均法　对时间序列最近 k 期数据值选择不同的权重，然后计算加权平均数的一种预测方法。权重之和必须等于 1。

重要公式

k 阶移动平均预测法

$$F_{t+1} = \frac{最近\ k\ 期数据值之和}{k}$$

$$= \frac{Y_t + Y_{t-1} + \cdots + Y_{t-k+1}}{k} \tag{17-1}$$

指数平滑预测

$$F_{t+1} = \alpha Y_t + (1-\alpha)F_t \tag{17-2}$$

线性趋势方程

$$T_t = b_0 + b_1 t \tag{17-4}$$

式中

$$b_1 = \frac{\sum_{t=1}^{n}(t-\bar{t})(Y_t-\bar{Y})}{\sum_{t=1}^{n}(t-\bar{t})^2} \tag{17-5}$$

$$b_0 = \bar{Y} - b_1 \bar{t} \tag{17-6}$$

二次趋势方程

$$T_t = b_0 + b_1 t + b_2 t^2 \tag{17-7}$$

指数趋势方程

$$T_t = b_0 e^{b_1 t} \tag{17-8}$$

加法分解模型

$$Y_t = \text{Trend}_t + \text{Seasonal}_t + \text{Irregular}_t \tag{17-10}$$

乘法分解模型

$$Y_t = \text{Trend}_t \times \text{Seasonal}_t \times \text{Irregular}_t \tag{17-11}$$

补充练习

42. 下表是 9 个季度中一个投资组合中股票所占比例。

季度	股票所占比例（%）	季度	股票所占比例（%）
第 1 年第一季度	29.8	第 2 年第二季度	31.5
第 1 年第二季度	31.0	第 2 年第三季度	32.0
第 1 年第三季度	29.9	第 2 年第四季度	31.9
第 1 年第四季度	30.1	第 3 年第一季度	30.0
第 2 年第一季度	32.2		

a. 绘制时间序列图，数据呈现何种类型的模式？

b. 用指数平滑法来预测这个时间序列，分别考虑用平滑常数 $\alpha = 0.2$，0.3 和 0.4。哪一个平滑常数能提供更准确的预测？

c. 第 3 年第二季度投资组合中股票所占比例的预测值是多少？

44. 包含在名为 GrudeCost 的数据文件中的数据显示了美国每桶原油的炼油成本（单位：美元）（Energy Information Administration website）。

a. 绘制时间序列图，数据呈现何种类型的模式？

b. 计算这个时间序列的线性趋势方程。用线性趋势方程预测时期 49 的原油成本。

c. 计算这个时间序列的二次趋势方程。用二次趋势方程预测时期 49 的原油成本。

d. 利用 MSE，哪个方法对历史数据提供更准确的预测？

46. 艾奥瓦州达文波特的 Mayfair 百货商店由于密西西比河洪水造成的损失，被迫在 7~8 月停业。该商店正试图确定由此而损失的销售额。1~6 月的销售额数据如下。

月份	销售额/1 000 美元	月份	销售额/1 000 美元
1	185.72	4	210.36
2	167.84	5	255.57
3	205.11	6	261.19

a. 利用 $\alpha = 0.4$ 的指数平滑法预测 7 月和 8 月的销售额（提示：用 7 月的预测值作为 7 月的实际销售额来预测 8 月的销售额）。使用指数平滑法，对未来超过一个时期的预测进行评论。

b. 利用趋势推测法预测 7 月和 8 月的销售额。

c. 以 7 月和 8 月所损失的销售额 240 000 美元为依据，Mayfair 的保险公司提出了一个理赔方案。这个数据合理吗？如果不合理，你认为合理的理赔总额应为多少？

48. Costello 音乐公司开业至今已有 5 年。在这期间，钢琴的销售量从第一年的 12 架增加到最近的 76 架。公司的老板 Fred Costello 想预测来年的钢琴销售量。有关的历史资料如下。

年份	1	2	3	4	5
销售量	12	28	34	50	76

a. 绘制时间序列图，数据呈现何种类型的模式？

b. 建立这个时间序列的线性趋势方程。该公司每年实现的销售量平均增加多少？

c. 预测第 6 年和第 7 年的销售量。

50. 参见第 49 题的 Costello 音乐公司的问题。

a. 用时间序列分解方法，计算 4 个季度的季节指数。

b. 什么时候 Costello 音乐公司会经受最大的季节影响？这个季节影响合理吗？请解释。

52. Hudson Marine 公司提供船舶销售、服务和维护。船用拖车是其最畅销的产品之一。下表是过去 7 年中每年船用拖车的销售量数据。

年份	1	2	3	4	5	6	7
销售数量	35	50	75	90	105	110	130

a. 绘制时间序列图，是否呈现出线性趋势？

b. 用统计软件建立这个时间序列的线性趋势方程。

c. 利用（b）中所建立的线性趋势方程，计算第 8 年的年销售量预测值。

54. 参见第 53 题的 Hudson Marine 问题。

a. 计算这个时间序列的中心化移动平均数。

b. 绘制能同时显示中心化移动平均数和原始时间序列的时间序列图。讨论原始时间序列和中心化移动平均时间序列之间的差异。

c. 计算 4 个季度的季节指数。

d. 什么时候 Hudson Marine 公司会经受最大的季节影响？这个季节影响合理吗？请解释。

案例 17-1　预测食品和饮料的销售

佛罗里达州迈尔斯堡附近卡普蒂瓦岛上的 Vintage 饭店由 Karen Payne 拥有并经营，饭店刚刚经营了 3 年。作为一家专门烹饪海鲜的高档餐饮企业，自从 Karen 的饭店开业以来，她一直在为 Vintage 树立声誉。经过 Karen 及其员工的努力，她的饭店已经成为岛上最好的且营业额增长最快的饭店之一。

为了更好地规划饭店未来的发展，Karen 需要建立一个系统以提前一年预测食品和饮料每个月的销售额。表 17-25 是开业前 3 年的食品和饮料的销售总额数据。

表 17-25　Vintage 饭店的食品和饮料的销售总额　　　　（单位：1 000 美元）

月份	第 1 年	第 2 年	第 3 年
1	242	263	282
2	235	238	255
3	232	247	265
4	178	193	205
5	184	193	210
6	140	149	160
7	145	157	166
8	152	161	174
9	110	122	126
10	130	130	148
11	152	167	173
12	206	230	235

管理报告

对 Vintage 饭店的销售额数据进行分析，请为 Karen 准备一份报告，该报告总结了你的发现、预测和建议，包括：

1. 时间序列图。对时间序列的基本模式做出评论。

2. 数据的季节性分析。计算每个月的季节指数，并对季节性的高销售月和低销售月做出评论。季节指数是否有直观上的意义？请讨论。

3. 消除时间序列的季节影响。消除季节影响的时间序列是否呈现出任何趋势？

4. 利用时间序列分解法，预测第 4 年 1~12 月的销售额。

5. 利用虚拟变量回归法，预测第 4 年 1~12 月的销售额。

6. 报告的附录给出你的计算汇总表和图。

假设第 4 年 1 月份的销售额为 295 000 美元，你的预测误差是多少？如果这个误差比较大，Karen 可能会对你的预测值和实际销售额之间的差异产生疑惑，你将如何消除她对预测方法的怀疑？

案例 17-2　预测损失的销售额

当 8 月 31 日飓风侵袭时，Carlson 百货商店遭受了严重的损失。商店被迫关闭了 4 个月（9~12 月），目前，Carlson 正和保险公司就停业期间所损失的销售总额进行谈判。必须解决的两个关键性问题是：①如果没有遭到飓风的侵袭，Carlson 将会有多少销售额。②由于商业活动的增加得到了额外的销售额，Carlson 是否有权获得任何赔偿。该县得到了超过 80 亿美元的联邦灾难救济金和保险金，导致百货商店销售额和其他众多的商业活动的增加。

表 17-26 是 Carlson 遭到飓风袭击之前 48 个月的销售额。表 17-27 是该县所有百货商店遭到飓风袭击之前 48 个月的销售总额，同时也给出了其在 Carlson 百货商店停业的 4 个月中的销售总额。Carlson 的管理人员要求你分析这些数据，并且估计 Carlson 百货商店 9~12 月损失的销售额。他们同时要求你确定，在同一时期是否存在由于飓风而产生的额外销售额。如果存在的话，Carlson 除了得到正常销售额的补偿外，还有权得到额外销售额的补偿。

表 17-26　Carlson 百货商店的销售额　（单位：10 亿美元）

月份	年份 1	年份 2	年份 3	年份 4	年份 5
1		1.45	2.31	2.31	2.56
2		1.80	1.89	1.99	2.28
3		2.03	2.02	2.42	2.69
4		1.99	2.23	2.45	2.48
5		2.32	2.39	2.57	2.73
6		2.20	2.14	2.42	2.37
7		2.13	2.27	2.40	2.31
8		2.43	2.21	2.50	2.23
9	1.71	1.90	1.89	2.09	
10	1.90	21.30	2.29	2.54	
11	2.74	2.56	2.83	2.97	
12	4.20	4.16	4.04	4.35	

表 17-27　该县百货商店的销售额　（单位：10 亿美元）

月份	年份 1	年份 2	年份 3	年份 4	年份 5
1		46.80	46.80	43.80	48.00
2		48.00	48.60	45.60	51.60
3		60.00	59.40	57.60	57.60
4		57.60	58.20	53.40	58.20
5		61.80	60.60	56.40	60.00
6		58.20	55.20	52.80	57.00
7		56.40	51.00	54.00	57.60
8		63.00	58.80	60.60	61.80
9	55.80	57.60	49.80	47.40	69.00
10	56.40	53.40	54.60	54.60	75.00
11	71.40	71.40	65.40	67.80	85.20
12	117.60	114.00	102.00	100.20	121.80

管理报告

请为 Carlson 百货商店的管理人员准备报告，该报告总结了你的发现、预测和建议，包括：

1. 假如没有飓风袭击，估计 Carlson 的销售额。

2. 假如没有飓风袭击，估计全县百货商店的销售额。

3. 估计 Carlson 百货商店 9~12 月停业期间损失的销售额。

除此之外，利用全县百货商店 9~12 月的实际销售额和（2）的估计，对飓风产生额外销售额的提法，做出同意或反对的判断。

第 18 章
非参数方法

CHAPTER

18

实践中的统计

West Shell Realtors 公司[⊖]

俄亥俄州，辛辛那提

West Shell Realtors 公司成立于 1958 年，刚成立时只有一间办事处和三个营销人员。1964 年公司开始实施一项长期扩张方案，每年都有新的办事处加入。几年以后，West Shell Realtors 公司已经是大辛辛那提地区大型房地产经纪公司之一，而且在俄亥俄州西南部、印第安纳州东南部以及肯塔基州北部都设有办事处。

统计分析可以帮助房地产公司如 West Shell Realtors 监督其销售业绩。West Shell Realtors 公司的每个办事处及总公司每个月都编制业绩报表。有关总销售金额、已销售单元个数及每个单元平均售价的统计汇总数据，对于办事处经理和公司高层领导掌握公司的经营过程和难点所在至关重要。

除了对每个月的业绩进行总结之外，该公司还利用统计方法来指导公司的发展计划和战略。West Shell Realtors 公司正在执行一项有计划的扩张战略。每当一项扩张计划需要成立一个新的销售办事处时，办事处的选址问题就会成为公司关心的焦点。房屋销售价格、周转率和预计的销售量都是评价和比较办事处选址时需要考虑的数据。

例如，该公司选择了两个郊区——克利夫顿和罗斯劳尔作为新的办事处首选地点。比较两个地区时需要考虑很多因素，其中包括房屋销售价格。公司利用非参数统计方法来帮助确定这两个地区销售模式的不同之处。

公司从克利夫顿选取了 25 笔销售业务，从罗斯劳尔选取了 18 笔销售业务组成样本，然后选择曼-惠特尼-威尔科克森秩和检验法对销售价格的差异进行统计检验。在显著性水平 0.05 下，曼-惠特尼-威尔科克森检验并没有拒绝这两个地区销售价格相等这一原假设。于是，公司在地点选择过程中可以集中考察房屋销售价格以外的选择标准。

在本章中，我们将学习如何应用诸如曼-惠特尼-威尔科克森检验之类的非参数统计检验，同时还将讨论有关这些检验的正确解释。

到目前为止，本书的统计推断中所介绍的方法都是通常所知的**参数方法**（parametric method）。这些方法通常始于假定总体的概率分布服从正态分布，基于这个假定，统计学家可以得到用于推断一个或多个总体参数（例如总体均值 μ、总体标准差 σ）的抽样分布。例如，在第 9 章中，我们介绍了假定总体服从正态分布，其参数 μ 和 σ 未知情况下对总体均值进行统计推断的方法。用样本标准差 s 来估计总体标准差 σ，对总体均值进行推断的统计量服从 t 分布。因此，对正态总体均值可以用 t 分布确定置信区间和进行检验。

在本章中，我们将介绍用于对总体进行推断的**非参数方法**（nonparametric method）。非参数方法对总体概率分布形式的假定没有要求，因此非参数方法也被称为**无分布方法**（distribution-free method）。

绝大多数的参数统计方法要求数量型数据，而非参数方法则允许基于分类或品质型数据进行推断。用于非参数方法的计算一般与分类型数据有关。即使数据是数值型的，为进行非参数检验，我们也要将其转化为分类型数据。在本章的第 18.1 节，我们将演示如何用二项分布对两类数据以及总体中位数进行推断。在接下来的三节中，我们演示如何用秩-顺序数据对两个或多个总体进行非参数检验。最后一节，我们用秩-顺序数据对两个变量计算等级相关系数。

18.1 符号检验

符号检验（sign test）是假设检验中一种多用途的非参数方法，利用 $p = 0.50$ 的二项分布作为抽样分布。它对总体分布没有假定的要求。在本节我们将介绍符号检验的两个应用：一个是关于总体中位数的检验；另一个是两个匹配总体之差的检验。

⊖ 感谢 West Shell Realtors 公司的 Rodney Fightmaster，他为"实践中的统计"提供了本案例。

18.1.1 总体中位数假设检验

在本节中,我们将阐述如何用符号检验来对总体中位数进行假设检验。⊖如果我们考虑一个总体,其中没有任何一个数值恰好等于中位数,则中位数是中心趋势的度量,它将总体分成两部分,其中50%的值大于中位数,另外50%的值小于中位数。当总体是偏斜分布时,作为总体中心位置的最佳度量,中位数也常常优于平均数。符号检验提供了检验总体中位数假设的非参数方法。

为了阐明符号检验,我们考虑 Lawler 食品连锁店中 Cape May 薯片的周销售额。根据制造商估计每个食品店的周销售额中位数应为450美元,Lawler 的经理做出销售新薯片产品的决定。在销售该产品3个月后,Lawler 的经理要求进行周销售额总体中位数的假设检验。

$$H_0: \text{中位数} = 450$$

$$H_a: \text{中位数} \neq 450$$

表18-1是随机抽取的10个 Lawler 食品店一周的销售额数据。在符号检验中,我们将每一个样本观测值与总体中位数的假设值进行比较。如果观测值大于假设值,我们用加号表示;如果观测值小于假设值,我们用减号表示;如果观测值恰好等于假设值⊖,则我们应该将它从样本中剔除,并且在一个较小的样本容量中进行分析,只使用被标记为加号或减号的观测值。它将样本数据转化为加号或减号,因此,这种非参数方法被命名为符号检验。

我们考虑表18-1中的样本数据。第一个观测值485大于假设的中位数450,记为加号;第二个观测值562大于假设的中位数450,记为加号,依此类推。表18-2是10个样本观测值对应的加号或减号数据,注意有7个加号和3个减号。

表 18-1　Cape May 薯片在10个 Lawler 食品店的周销售额

商店编号	周销售额/美元
56	485
19	562
36	415
128	860
12	426
63	474
39	662
84	380
102	515
44	721

表 18-2　周销售额总体中位数符号检验的 Lawler 样本数据

商店编号	周销售额/美元	符号	商店编号	周销售额/美元	符号
56	485	+	63	474	+
19	562	+	39	662	+
36	415	−	84	380	−
128	860	+	102	515	+
12	426	−	44	721	+

加号和减号的分配适合应用二项分布,样本容量 $n = 10$ 是试验的次数,每次试验有两个可能的结果加号或减号,而且试验是独立的。令 p 表示加号的概率,如果总体中位数为450,则 $p = 0.50$,即总体中应该有50%的加号和50%的减号。因此,就二项概率 p 而言,总体中位数的符号检验的假设如下。

$$H_0: \text{中位数} = 450$$

$$H_a: \text{中位数} \neq 450$$

其转化为下面关于二项概率 p 的假设。

$$H_0: p = 0.50$$

$$H_a: p \neq 0.50$$

如果 H_0 没有被拒绝,我们不能得出 $p \neq 0.5$ 的结论,进而我们不能得出总体中位数 $\neq 450$ 的结论。然而,如果 H_0 被拒绝,我们能得出 $p \neq 0.5$,进而我们能得出总体中位数 $\neq 450$。

由于已知 $n = 10$ 个食品店或 $n = 10$ 次试验且 $p = 0.50$,我们得到在假设 H_0 为真的条件下加号个数的二项分布

⊖　在第9章中,我们阐述了如何利用假设检验来对总体均值进行检验。

⊖　观测值等于假设值将被剔除,只对具有加号或减号的观测值进行分析。

概率值，这些概率值如表 18-3 所示。图 18-1 是这个二项概率分布的图形表示。

表 18-3　$n=10$，$p=0.50$ 的二项概率

加号个数	概率
0	0.0010
1	0.0098
2	0.0439
3	0.1172
4	0.2051
5	0.2461
6	0.2051
7	0.1172
8	0.0439
9	0.0098
10	0.0010

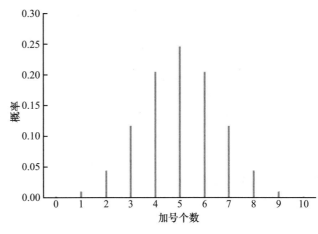

图 18-1　$n=10$，$p=0.50$ 的加号个数的二项抽样分布

下面我们演示如何用二项分布进行总体中位数的假设检验。我们使用 0.10 为检验的显著性水平。由于样本数据中观测到的加号个数为 7，位于二项分布的上侧，我们计算加号大于或等于 7 的概率，即加号个数为 7，8，9 或 10 的概率。将表 18-3 中的这些概率相加，我们得到 0.1172+0.0439+0.0098+0.0010=0.1719。由于是双侧假设检验，将这个上侧概率加倍，得到 p-值为 $2\times0.1719=0.3438$。由于 p-值$>\alpha$，所以我们不能拒绝假设 H_0。对于二项概率，我们不能拒绝 H_0：$p=0.50$，因此我们不能拒绝总体中位数为 450 的假设。

在本例中，总体中位数的假设检验是一个双侧检验，但是关于总体中位数的符号检验也可能是单侧的。例如我们所用的假设是上侧检验，因此，原假设和备择假设可表示如下。

$$H_0：中位数 \leqslant 450$$
$$H_a：中位数 > 450$$

相应的 p-值等于样本中加号个数大于或等于 7 的二项概率。这个单侧 p-值等于 0.1172+0.0439+0.0098+0.0010=0.1719。如果转化为下侧检验的例子，p-值将是加号个数小于或等于 7 的概率。

我们刚才介绍了 $p=0.50$ 的二项分布的应用。当样本容量等于或小于 20 时，用二项概率能计算 p-值。对于较大的样本容量，我们根据二项分布的正态分布近似来计算 p-值，这使得计算变得迅速且容易。下面的例子阐明符号检验的大样本应用。

一年前新建住宅价格的中位数为 236 000 美元。但是，当前经济低迷，房地产公司用当前住宅销售的样本数据，来确定今年新建住宅价格的总体中位数是否比一年前有所下降。

新建住宅价格的总体中位数的假设检验如下。

$$H_0：中位数 \geqslant 236 000 美元$$
$$H_a：中位数 < 236 000 美元$$

我们在显著性水平 0.05 下进行这一检验。

对于由 61 所最近新建住宅组成的一个样本，22 所住宅的价格高于 236 000 美元，38 所住宅的价格低于 236 000 美元，还有 1 所住宅的价格恰好等于 236 000 美元。剔除价格等于假设中位数价格 236 000 美元的那所住宅后，符号检验有 22 个加号、38 个减号，样本容量为 60。

总体中位数大于或等于 236 000 美元的原假设表示成二项分布的假设为 H_0：$p\geqslant0.5$。如果 H_0 为真，我们期望加号个数为 $0.50\times60=30$（所）住宅。样本结果表明有 22 个加号位于二项分布的下侧，则 p-值是当 $p=0.50$ 时，加号个数小于或等于 22 的概率。虽然计算 0，1，2，…，22 的二项概率的精确值并求和是可能的，但我们用二项

　当样本容量小于或等于 20 时，附录 B 的表 B-5 可以查到具体的二项概率。用 Excel 或 Minitab 可以得到任何样本容量的二项概率。

分布的正态分布近似使计算变得很容易。对这个近似，正态分布的均值和标准差如下所示。

当 H_0：$p=0.50$ 时，加号个数的抽样分布的正态近似

$$均值：\mu = 0.50n \tag{18-1}$$

$$标准差：\sigma = \sqrt{0.25n} \tag{18-2}$$

分布形式：当 $n>20$ 时，近似正态分布。

对于 $n=60$ 和 $p=0.50$，利用式（18-1）和式（18-2），加号个数的抽样分布能近似为一个正态分布，其中：

$$\mu = 0.50n = 0.50 \times 60 = 30$$

$$\sigma = \sqrt{0.25n} = \sqrt{0.25 \times 60} = 3.873$$

现在我们用正态分布近似加号个数小于或等于 22 的二项概率。我们在进行近似之前，需要牢记二项分布是离散型的，而正态分布是连续型的。因此，为解决这一问题，用区间（21.5，22.5）上的正态概率来计算个数为 22 的二项概率。22 加上减去的 0.5 被称为连续性校正因子。于是，计算加号个数小于或等于 22 的 p-值，近似为服从均值 $\mu=30$，标准差 $\sigma=3.873$ 的正态随机变量 x 小于或等于 22.5 的概率，图 18-2 是这个 p-值的图示。

利用正态分布，我们得到 p-值如下：

$$p\text{-值} = P(x \leq 22.5) = P\left(z \leq \frac{22.5 - 30}{3.873}\right)$$

$$= P(z \leq -1.94)$$

利用正态分布表，我们看到 $z=-1.94$ 的累积概率提供的 p-值=0.026 2。由于 0.026 2<0.05，所以我们拒绝原假设，并且得出结论，新建住宅价格中位数低于一年前的中位数价格 236 000 美元。

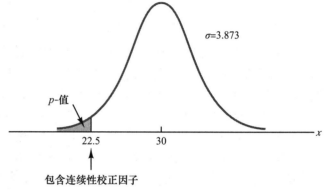

图 18-2 新建住宅价格中位数的符号检验中 p-值的正态分布近似

注释和评论

1. 用来说明总体中位数的假设检验的例子涉及周销售额和住宅价格数据，这些变量的概率分布类型通常是非对称的，而且大多数常常是右偏的。在这种情形下，总体中位数而非总体均值成为中心位置的首选测度。一般地，当总体非对称时，总体中位数的非参数符号检验通常是较合适的统计检验。

2. 符号检验通常提供相似但结果不同的变形。在第 18.1 节中，我们使用的是依据正态近似的检验。JMP 对单侧检验使用精确的二项检验，对双侧检验使用 χ^2 近似。当样本容量增加时，第 18.1 节中正态近似检验与 JMP 使用的任何一个检验结果都十分相似。

18.1.2　匹配样本的假设检验

在第 10 章中，我们介绍了匹配样本实验设计，n 个实验单位中的每一个提供一对观测值，其中一个来自总体 1，另一个来自总体 2。使用数量型数据并且假设匹配观测值之差服从正态分布，则可以使用 t 分布对两个总体均值之差进行推断。

在接下来的例子中，我们用非参数符号检验来分析匹配样本数据。与 t 分布方法不同（其要求数量型数据，且假定二者之差服从正态分布），符号检验既能分析分类型数据，也能分析数量型数据，并且对二者之差的分布没有假定。市场调查要求 n 个潜在消费者比较两个品牌的产品（如咖啡、软饮料或洗涤剂）是匹配样本的典型设计。不需要得到每个消费者对品牌偏好的数值测度，只要求每个消费者陈述其品牌偏好，我们考虑下面的例子。

阳光海岸农场生产一种名为"柑橘谷"的橙汁。柑橘谷的主要竞争对手是名为"热带橘"的橙汁饮品。在消

费者对这两种品牌偏好的比较中，14 名消费者面对的两种橙汁产品都没有标出品牌，每一名消费者第一次品尝的品牌都是随机选择的。如果消费者更偏好柑橘谷，则用加号来表示；如果消费者更偏好热带橘，则用减号来表示；如果消费者对两种产品的偏好无差异，则没有符号表示。表 18-4 是参与研究的 14 名消费者的偏好数据。

表 18-4　阳光海岸农场口味检测的偏好数据

消费者	偏好的品牌	符号	消费者	偏好的品牌	符号
1	热带橘	−	8	热带橘	−
2	热带橘	−	9	热带橘	−
3	柑橘谷	+	10	无偏好	
4	热带橘	−	11	热带橘	−
5	热带橘	−	12	柑橘谷	+
6	无偏好		13	热带橘	−
7	热带橘	−	14	热带橘	−

在剔除了对两种品牌的产品无偏好的两名消费者后，$n = 12$ 名消费者能表达出对两种品牌之一的偏好，因此数据转化为有 2 个加号和 10 个减号的符号检验。令 p 表示消费者总体中偏好柑橘谷的所占的比例，我们想要检验对两种品牌的偏好没有差异的假设表示如下。

$$H_0: p = 0.50$$
$$H_a: p \neq 0.50$$

如果 H_0 没有被拒绝，我们不能表明消费者对两种品牌的偏好存在差异。然而，如果 H_0 被拒绝，我们就可以认为消费者对两种品牌的偏好存在差异。该检验的显著性水平为 0.05。

我们将进行本节先前所述的符号检验。加号个数的抽样分布服从 $p = 0.50$ 和 $n = 12$ 的二项分布。我们得到加号个数的二项概率，如表 18-5 所示。在假设 H_0 为真的条件下，我们期望有 $0.50n = 0.50 \times 12 = 6$ 个加号。由于样本中只有两个加号，结果在二项分布的下侧。为计算双侧检验的 p-值，我们先计算加号个数小于或等于 2 的概率，然后加倍。利用表 18-5 中 0，1 和 2 的二项概率，p-值 $= 2 \times (0.000\,2 + 0.002\,9 + 0.016\,1) = 0.038\,4$，由于 $0.038\,4 < 0.05$，所以我们拒绝假设 H_0，口味检测提供证据表明消费者对两种品牌的橙汁的偏好存在差异。我们有必要向阳光海岸农场提出建议，因为竞争对手热带橘产品更受青睐，因此阳光海岸农场应该寻求处理此问题的战略。

表 18-5　$n = 12$，$p = 0.50$ 的二项概率

加号个数	概率	加号个数	概率	加号个数	概率
0	0.000 2	5	0.193 4	10	0.016 1
1	0.002 9	6	0.225 6	11	0.002 9
2	0.016 1	7	0.193 4	12	0.000 2
3	0.053 7	8	0.120 8		
4	0.120 8	9	0.053 7		

与符号检验的其他使用情形类似，根据实际应用也可能使用单侧检验。另外，当样本容量变大时，正如本节先前所述，二项分布的正态分布近似可使计算变得很容易。在阳光海岸农场匹配样本的符号检验中使用的是分类型数据，匹配样本的符号检验也可以使用数量型数据。如果匹配数据二者之差不服从正态分布且是偏态分布，匹配样本的符号检验尤其有意义。此时，正的差值记为加号，负的差值记为减号，差值为 0 将从样本中剔除。符号检验的计算过程同前所述。

练习

方法

2. 10 个人参加了两种品牌的产品口味测试。样本结果显示，7 个人偏好品牌 A，2 个人偏好品牌 B，1 个人没有陈述偏好。在显著性水平 $\alpha = 0.05$ 下，对两

个品牌偏好的差异进行显著性检验。你的结论如何？

应用

4. 最大的 50 只股票型共同基金资产净值的中位数为 150 亿美元。由最大的 50 只债券型共同基金中的 10

只组成一个样本，其数据如下（单位：亿美元）。

债券型基金	资产净值
Fidelity Intl Bond	61
Franklin CA TF	117
American Funds	224
Vanguard Short Term	96
PIMCO：Real Return	49
T Rowe Price New Income	69
Vanguard GNMA	150
Oppenheimer Intl Bond	66
Dodge & Cox Income	145
iShares：TIPS Bond	96

在显著性水平 $\alpha = 0.05$ 下，利用中位数能否得出结论，债券型共同基金的资产净值小于股票型共同基金？

a. 检验的假设是什么？

b. p-值是多少？你的结论如何？

6. 美国家庭年收入的中位数是 56 200 美元。下面是居住在伊利诺伊州芝加哥的 50 个家庭组成的样本数据（单位：1 000 美元）。在显著性水平 $\alpha = 0.05$ 下，利用样本数据能否得出结论，居住在芝加哥的家庭年收入的中位数大于 56 200 美元？你的结论如何？

66.3	60.2	49.9	75.4	73.7
65.7	61.1	123.8	57.3	48.5
74.0	146.3	92.2	43.7	86.9
59.7	64.2	56.2	48.9	109.6
39.8	60.9	79.7	42.3	52.6
60.9	43.5	61.7	54.7	95.2
70.4	43.8	57.8	83.5	56.5
51.3	42.9	87.5	43.6	67.2
48.7	79.1	61.9	53.4	56.2
57.0	49.6	109.5	42.1	74.6

8. 皮尤研究中心进行的一项调查是询问成年人，他们理想的生活地区是节奏较快还是较慢的地区。最初 16 名回答者的样本中有 4 人喜欢生活节奏较快的地区，11 人喜欢生活节奏较慢的地区，1 人无所谓。

a. 利用这些数据能否得出结论，人们对生活节奏较快和较慢的偏好之间存在差异？在显著性水平 $\alpha = 0.05$ 下，你的结论如何？

b. 考虑 16 人的样本，喜欢生活节奏较快的比例是多少？喜欢生活节奏较慢的比例是多少？你对该研究有何建议？

10. 尼尔森媒体研究表明，嘻哈帝国和生活大爆炸是黄金时间收视率最高的两个电视节目。假设一项地方电视台偏好的调查要求 750 个被调查者说出他们喜欢的黄金时间电视节目，其中 330 个人选择了嘻哈帝国，270 个人选择了生活大爆炸，还有 150 个人选择了其他的电视节目。在显著性水平 $\alpha = 0.05$ 下检验假设：对嘻哈帝国和生活大爆炸两个电视节目的偏好不存在差异。你的结论如何？

18.2 威尔科克森符号秩检验

在第 10 章中，我们介绍了匹配样本实验设计，n 个实验单位中的每一个提供一对观测值，其中一个来自总体 1，另一个来自总体 2。该实验的参数检验要求数量型数据，而且假定配对观测值之差服从正态分布，则可以利用 t 分布对两个总体均值之差进行推断。

威尔科克森符号秩检验（Wilcoxon signed-rank test）是分析匹配样本实验数据的非参数方法。检验使用数量型数据，但不要求假定配对观测值之差服从正态分布，只需要假定配对观测值之差具有对称分布⊖。即使两个总体的形态相同，关注点是确定两个总体的中位数是否有差异。用下面的例子来说明威尔科克森符号秩检验。

考虑某个制造企业正在尝试确定两种生产方法在完成任务时间上是否存在差异。使用匹配样本实验设计，随机选择 11 个工人的 2 次完成任务时间，1 次使用方法 A，1 次使用方法 B。工人首先使用的生产方法是随机挑选的。两种方法的完成任务时间以及差异数据如表 18-6 所示。正的差异表明方法 A 需要更多的时间，而负的差异则表明方法 B 需要更多的时间。这些数据是否表明两种方法在完成任务时间上存在显著差异呢？如果我们假设数据的差异具有对称分布，但不需要正态分布，可以应用威尔科克森符号秩检验。

⊖ 如果二者之差的总体分布是偏斜分布，则推荐使用第 18.1 节介绍的匹配样本的符号检验。

表 18-6　完成生产任务的时间（分钟）

工人	方法 A	方法 B	差	工人	方法 A	方法 B	差
1	10.2	9.5	0.7	7	10.6	10.5	0.1
2	9.6	9.8	-0.2	8	10.0	10.0	0.0
3	9.2	8.8	0.4	9	11.2	10.6	0.6
4	10.6	10.1	0.5	10	10.7	10.2	0.5
5	9.9	10.3	-0.4	11	10.6	9.9	0.8
6	10.2	9.3	0.9				

特别地，我们用威尔科克森符号秩检验对两种方法完成任务时间的中位数之差进行检验[⊖]，假设如下。

$$H_0: 方法 A 的中位数 - 方法 B 的中位数 = 0$$
$$H_a: 方法 A 的中位数 - 方法 B 的中位数 \neq 0$$

如果无法拒绝 H_0，我们将不能得出两种方法完成任务时间的中位数存在差异。但是，如果 H_0 被拒绝，则我们可以得出两种方法在完成任务时间的中位数上存在差异。我们在显著性水平 0.05 下进行检验。

威尔科克森符号秩检验的第一步剔除差异为 0[⊜] 的工人 8，然后计算剩下 10 个工人差的绝对值，如表 18-7 的第 3 列所示。接下来将差的绝对值由低到高进行排序，如表 18-7 的第 4 列所示。工人 7 的最小绝对差 0.1 的秩被定为 1，工人 2 的第二小绝对差 0.2 的秩被定为 2，这种对绝对差的排秩将一直继续下去，直到工人 6 的最大绝对差 0.9 的秩被赋为 10 为止。工人 3 和工人 5 有相同的绝对差 0.4，0.4 的秩被定为平均秩[⊜]3.5。与此同时，工人 4 和工人 10 有相同的绝对差 0.5，0.5 的秩被定为平均秩 5.5。

一旦确定了绝对差的秩，这些秩将被赋予工人原始差的符号，负的符号秩列在第 5 列，正的符号秩列在第 6 列（见表 18-7）。例如，工人 1 的差是 0.7（见第 2 列），其绝对差的秩为 8（见第 4 列），因此，工人 1 的秩在第 6 列中是正的符号，秩为 8。工人 2 的差为 -0.2，其绝对差的秩为 2，因此，工人 2 的秩在第 5 列中是负的符号，秩为 -2。继续这个过程直到产生如表 18-7 所示的负的和正的符号秩为止。

表 18-7　完成生产任务时间的绝对差的秩和符号秩

工人	差	差的绝对值	秩	符号秩 负	符号秩 正
1	0.7	0.7	8		8
2	-0.2	0.2	2	-2	
3	0.4	0.4	3.5		3.5
4	0.5	0.5	5.5		5.5
5	-0.4	0.4	3.5	-3.5	
6	0.9	0.9	10		10
7	0.1	0.1	1		1
8	0.0	0.0			
9	0.6	0.6	7		7
10	0.5	0.5	5.5		5.5
11	0.8	0.8	9		9
				正的符号秩之和	$T^+ = 49.5$

令 T^+ 表示正的符号秩之和，这里 $T^+ = 49.5$。为了进行威尔科克森符号秩检验，我们将用 T^+ 作为检验的统计量。如果两个总体中位数相等且匹配数据对的个数大于或等于 10，T^+ 的抽样分布近似于如下的正态分布。

⊖　本节的例子所用的观点是两总体的形态相同，如果它们仅仅是位置上不同，就总体中位数而言，也能陈述威尔科克森符号秩检验的假设。

⊜　剔除差为 0 的情况，分析继续在差不为 0 的容量更小的样本中进行。

⊜　相同的绝对差被定为它们秩的平均值。

> **威尔科克森符号秩检验中 T^+ 的抽样分布**
>
> $$\text{均值：} \mu_{T^+} = \frac{n(n+1)}{4} \tag{18-3}$$
>
> $$\text{标准差：} \sigma_{T^+} = \sqrt{\frac{n(n+1)(2n+1)}{24}} \tag{18-4}$$
>
> 分布形式：当 $n \geq 10$ 时，近似正态分布。

在剔除了差为 0 的观测值（工人 8）后，我们得到 $n=10$ 对匹配数据。因此，利用式（18-3）和式（18-4），我们有：

$$\mu_{T^+} = \frac{n(n+1)}{4} = \frac{10 \times 11}{4} = 27.5$$

$$\sigma_{T^+} = \sqrt{\frac{n(n+1)(2n+1)}{24}} = \sqrt{\frac{10(10+1)(20+1)}{24}} = \sqrt{\frac{2\,310}{24}} = 9.810\,7$$

图 18-3 是检验统计量 T^+ 的抽样分布。

对于两种方法完成任务时间的中位数相等的假设，让我们计算其双侧 p-值。由于检验统计量 $T^+ = 49.5$ 在抽样分布的上侧，则我们计算上侧概率 $P(T^+ \geq 49.5)$。由于正的符号秩之和 T^+ 是离散型的，而正态分布是连续型的，所以我们用连续性校正因子得到最好的近似。因此，$T^+ = 49.5$ 的离散概率近似为区间（49，50）上的正态概率。$T^+ \geq 49.5$ 的概率近似为：

$$P(T^+ \geq 49.5) = P\left(z \geq \frac{49-27.5}{9.810\,7}\right) = P(z \geq 2.19)$$

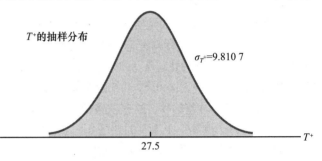

T^+ 的抽样分布

$\sigma_{T^+} = 9.810\,7$

27.5

T^+

图 18-3　完成任务时间例子中 T^+ 的抽样分布

利用标准正态分布表和 $z = 2.19$，我们看到双侧 p-值为 $2 \times (1 - 0.985\,7) = 0.028\,6$。由于 p-值 ≤ 0.05，所以我们拒绝 H_0，故得两种方法在完成任务时间的中位数上不相等的结论。由于 T^+ 在抽样分布的上侧，我们得到方法 A 导致较长的完成时间的结论。我们期待管理部门认定，方法 B 是较快或较好的生产方法。

单侧威尔科克森符号秩检验也是可能的。例如，如果最初我们找到统计证据证实方法 A 完成任务时间的中位数较长，方法 B 完成任务时间的中位数较短，我们可以用如下的上侧假设检验。

$$H_0: \text{方法 A 的中位数} - \text{方法 B 的中位数} \leq 0$$
$$H_a: \text{方法 A 的中位数} - \text{方法 B 的中位数} > 0$$

拒绝 H_0 将得出方法 A 完成任务时间的中位数较长，方法 B 完成任务时间的中位数较短。下侧假设检验也是可能的。

最后一点，在第 18.1 节中我们演示了符号检验如何用于一个总体中位数和匹配样本的假设检验。在本节我们说明了对匹配样本使用威尔科克森符号秩检验。然而，威尔科克森符号秩检验也可以用于一个总体中位数的非参数检验，该检验除了要求总体分布对称之外对分布无其他假定。如果假定合适，威尔科克森符号秩检验是总体中位数的首选非参数检验。但是，如果总体是偏斜分布，则首选第 18.1 节介绍的符号检验。对于威尔科克森符号秩检验，总体中位数的观测值和假设值之间的差用于取代配对观测值之间的差，除此之外，计算过程如本节所述。练习第 17 题要求用威尔科克森符号秩检验对一个对称总体的中位数进行假设检验。

注释和评论

1. 一个总体中位数的威尔科克森符号秩检验基于假定总体分布对称。由于这个假定，总体中位数等于总体均值，因此，威尔科克森符号秩检验也可以用于一个对称总体均值的检验。

2. 威尔科克森符号秩检验方法通常提供相似但结果不同的变形。在第 18.2 节中，我们使用的是依据正态近

㊀　威尔科克森符号秩检验可以用于检验对称总体中位数的假设，如果总体是偏斜分布，则首选第 18.1 节介绍的符号检验。

似的检验。当 $n \leqslant 20$ 时，JMP 使用精确的威尔科克森符号秩检验；当 $n > 20$ 时，使用 t 分布近似。当样本容量增加时，第 18.2 节使用正态近似与 JMP 使用 t 分布近似的检验结果十分相似。

练　习

应用

在下面涉及配对之差的练习中，我们认为比较的总体有近似相同的形态，并且配对之差的分布近似对称的假设合理。

12. 对燃料添加剂进行检验，以确定它们对轿车每升行驶里程数的影响。对 12 辆车使用两种燃料添加剂进行检验，检测结果如下。在显著性水平 $\alpha = 0.05$ 下，用威尔科克森符号秩检验来确定，两种添加剂每升行驶里程数的中位数之间是否存在显著差异。

车辆	添加剂 1	添加剂 2	车辆	添加剂 1	添加剂 2
1	8.51	7.64	7	6.84	7.28
2	9.97	9.21	8	7.85	6.34
3	9.32	9.55	9	9.25	8.47
4	8.10	7.22	10	10.25	8.95
5	8.98	8.98	11	9.82	9.64
6	10.48	10.07	12	10.58	10.03

14. 随机抽取了 11 个机场，搜集了过去两年的航班正点率，数据如下表所示。在显著性水平 $\alpha = 0.05$ 下，检验两年航班正点率的中位数是否存在差异。你的结论如何？

机场	正点率 两年前	正点率 去年
Boston Logan	71.78	69.69
Chicago O'Hare	68.23	65.88
Chicago Midway	77.98	78.40
Denver	78.71	75.78
Fort Lauderdale	77.59	73.45

机场	正点率 两年前	正点率 去年
Houston	77.67	78.68
Los Angeles	76.67	76.38
Miami	76.29	70.98
New York（JFK）	60.39	62.84
Orange	79.91	76.49
Washington（Dulles）	75.55	72.42

（续）

16. 2015 年 4 月，加利福尼亚州 Rancho Mirage 的观澜湖乡村俱乐部举行了 LPGA 的安娜激励赛。下面是随机选取的 13 位高尔夫球员第一轮和第二轮的杆数。在显著性水平 $\alpha = 0.05$ 下，确定高尔夫球员在锦标赛中第一轮和第二轮杆数的中位数是否存在显著差异，你的结论如何？

高尔夫球员	第一轮	第二轮
Brittany Lang	73	72
Amy Anderson	74	70
Meena Lee	71	73
Juli Inkster	69	75
Ha Na Kang	72	72
Haeji kang	71	74
Ai Miyazato	68	74
Stephanie Meadow	76	68
Catriona Matthew	71	69
Sandra Gal	75	68
Caroline Masson	72	73
Suzann Pettersen	76	68
Mo Martin	74	72

18.3　曼-惠特尼-威尔科克森检验

在第 10 章中，我们介绍了利用两个独立样本进行两个总体均值之差的假设检验方法，其中一个样本来自总体 1，另一个来自总体 2。参数检验要求数量型数据，且假定总体都服从正态分布。当总体标准差 σ_1 和 σ_2 未知时，用样本标准差 s_1 和 s_2 作为 σ_1 和 σ_2 的估计量，并且利用 t 分布对两个总体均值之差进行推断。

在本节我们介绍一种基于两个独立样本的两个总体之间差异的非参数方法。非参数方法的优点是它既可以使用顺序型数据[⊖]，也可以使用数量型数据，而且不需要假定总体服从正态分布。检验的形式由曼、惠特尼和威尔科克森联合提出，因而它被称为曼-惠特尼检验和威尔科克森秩和检验。这些检验是等价的，并且提供同样的结

⊖　顺序型数据是可以被排序的分类型数据，顺序尺度已在第 1 章的第 1.2 节中详细讨论过。

论。在本节我们将这个非参数检验称为**曼-惠特尼-威尔科克森检验**（Mann-Whitney-Wilcoxon test，MWW）。

我们以陈述原假设和备择假设的最一般形式开始 MWW 检验，假设如下。

$$H_0: 两个总体相同$$

$$H_a: 两个总体不相同$$

两个总体不相同的备择假设需要做一些说明。如果 H_0 被拒绝，我们用检验得出结论总体不相同，并且总体 1 与总体 2 相比，倾向于提供较小或者较大的数值。图 18-4 是总体 1 比总体 2 提供较小数值的情形。注意，并非所有来自总体 1 的数值都比来自总体 2 的小。然而，图形准确地表明 H_a 是正确的，即两个总体不相同，而且总体 1 比总体 2 提供较小的数值。在双侧检验中，我们考虑备择假设为提供较小或者较大数值的总体。单侧检验可能提出的备择假设是，总体 1 与总体 2 相比提供较小或者较大的数值。

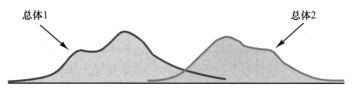

图 18-4　两个总体不相同且总体 1 倾向于提供较小数值的情形

首先我们通过对小样本秩-顺序数据来说明 MWW 检验。这里将使你了解如何计算秩和统计量，以及该统计量如何用于确定是否拒绝两个总体相等的原假设。在本节的稍后部分，我们将介绍基于正态分布的大样本近似，它将简化 MWW 检验所需的计算量。

我们考虑有 20 个电影银幕放映厅的 Showtime 电影院员工的工作表现。回顾员工的表现后，影院经理在影院的年终报告中给所有 35 名员工从最好（等级 1）到最差（等级 35）排序。了解到兼职员工主要是大学生和高中生，地区经理想了解在工作表现方面大学生与高中生相比是否存在显著差异。对于在影院工作的大学生总体和高中生总体，假设陈述如下。

$$H_0: 大学生总体和高中生总体的工作表现相同$$

$$H_a: 大学生总体和高中生总体的工作表现不同$$

我们在显著性水平 0.05 下进行检验。

我们从在 Showtime 电影院工作的学生中挑选了 4 名大学生组成一个随机样本，而另一个随机样本由 5 名高中生组成。影院经理给所有 35 名员工的综合表现排序也有样本中每一名员工的记录，如表 18-8 所示。选取的第一位大学生在经理的年终表现报告中排在第 15 位，选取的第二位大学生在经理的年终表现报告中排在第 3 位，等等。

表 18-8　在 Showtime 电影院工作的大学生样本和高中生样本的表现排序

大学生	经理的排名	高中生	经理的排名
1	15	1	18
2	3	2	20
3	23	3	32
4	8	4	9
		5	25

MWW 过程的下一步是对混合的样本数据由低到高进行排序。由于总共有 9 名学生，我们将表 18-8 中的表现排名数据[一]从 1 到 9 排序，大学生 2 的最小值 3 得到的秩为 1，大学生 4 的第二小值 8 得到的秩为 2，高中生 3 的最大值 32 得到的秩为 9。9 名学生的混合样本排秩结果列在表 18-9 中。

表 18-9　在 Showtime 电影院工作的 9 名学生混合样本的排秩

大学生	经理的排名	秩	高中生	经理的排名	秩
1	15	4	1	18	5
2	3	1	2	20	6
3	23	7	3	32	9
4	8	2	4	9	3
		秩和 14	5	25	8
					秩和 31

接下来是分别求出每一个样本的秩和，如表 18-9 所示。MWW 过程可以使用任何一个样本的秩和。然而，在 MWW 检验的应用中，我们遵循实践中常用的方式使用第一个样本，即 4 名大学生样本。MWW 检验的第一个样

───────────────

[一]　在本例中的数据说明 MWW 检验如何用于顺序（秩-顺序）数据，练习第 25 题给出了这类数据的另一个应用。

本的秩和用统计量 W 表示，因此，由表18-9我们得到 $W=4+1+7+2=14$。

让我们来考虑，为什么秩和能帮助我们在两个假设 H_0：两个总体相同，H_a：两个总体不相同之间做出选择。令 C 表示大学生，H 表示高中生，假设 9 名学生的秩有下面的顺序：4 名大学生有 4 个最低秩。

秩	1	2	3	4	5	6	7	8	9
学生	C	C	C	C	H	H	H	H	H

注意，这个排列或顺序分开了两个样本，所有的大学生都比高中生有较低的秩。有很强的迹象表明两个总体不相同，在这种情况下，大学生的秩和 $W=1+2+3+4=10$。

现在我们考虑 4 名大学生有 4 个最高秩。

秩	1	2	3	4	5	6	7	8	9
学生	H	H	H	H	H	C	C	C	C

注意，这个排列或顺序也分开了两个样本，但是此时所有的大学生都比高中生有较高的秩。有很强的迹象表明两个总体不相同，在这种情况下，大学生的秩和 $W=6+7+8+9=30$。于是我们看到，4 名大学生的秩和必定介于 $10\sim30$。W 的值接近于 10 就意味着大学生比高中生得到较低的秩，而 W 的值接近 30 则意味着大学生比高中生得到较高的秩。这两个极端值表明两个总体不相同。然而，如果两个总体相同，我们期望 C 和 H 的顺序交错，因此，秩和 W 将接近于两个极端值的平均值，即接近 $(10+30)/2=20$。

假定两个总体相同，我们用计算机程序计算 9 名学生的所有可能的顺序。对每一个顺序，我们计算大学生的秩和。图 18-5 是 W 的精确抽样分布的概率分布图形。表 18-10 给出 W 的可能值以及对应的精确概率。虽然我们不要求能得到这个精确抽样分布，但我们将用它检验两个总体是相同的假设。

如同用其他抽样分布一样，让我们用表 18-10 中 W 的抽样分布计算检验的 p-值。表 18-9 显示 4 名大学生的秩和为 $W=14$，由于这个 W 值位于抽样分布的下侧，所以我们先计算下侧概率 $P(W\leqslant14)$，因此，我们有：

$$P(W\leqslant14)=P(10)+P(11)+P(12)+P(13)+P(14)$$
$$=0.0079+0.0079+0.0159+0.0238+0.0397=0.0952$$

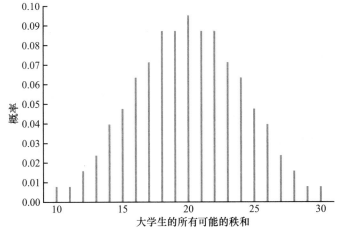

图 18-5　大学生样本秩和的精确抽样分布

表 18-10　大学生样本秩和的精确抽样分布的概率

W	概率	W	概率
10	0.0079	21	0.0873
11	0.0079	22	0.0873
12	0.0159	23	0.0714
13	0.0138	24	0.0635
14	0.0397	25	0.0476
15	0.0476	26	0.0397
16	0.0635	27	0.0238
17	0.0714	28	0.0159
18	0.0873	29	0.0079
19	0.0873	30	0.0079
20	0.0952		

双侧 p-值 $=2\times0.0952=0.1904$，在显著性水平 $\alpha=0.05$ 下，由于 p-值 >0.05，因此 MWW 检验的结论是，我们不能拒绝大学生总体与高中生总体是相同的原假设，即 4 名大学生样本和 5 名高中生样本不能提供两个总体存在差异的统计证据。这是对判断提出怀疑的理想时刻，在得出最终结论之前需要考虑用大样本做进一步的研究。

MWW 检验的许多应用涉及较大的样本而非前面出现的例子。对于这些应用，我们使用基于正态分布的 W 抽样分布的一个大样本近似。事实上我们注意到，对于如此少的样本容量 4 和 5，图 18-5 中 W 的抽样分布显示出非常好的正态分布近似。我们将利用前面的例子使用的混合样本秩方法，但用正态分布近似而非 W 的精确抽样分布来计算 p-值，并得出结论。

我们通过考察第三国民银行的情况来说明应用正态分布近似进行 MWW 检验。银行经理监控两个分行的支票账户余额，并想确定两个分行账户余额的总体是否相同。银行经理抽取了两个独立的账户余额样本，其中分行 1 的样本容量为 $n_1 = 12$，分行 2 的样本容量为 $n_2 = 10$，数据如表 18-11 所示。

同前面的做法一样，MWW 检验的第一步是将混合数据由小到大进行排序[⊖]。对表 18-11 中的 22 个混合观测值，我们发现最小值（分行 2 的账户 6）为 750 美元，把它的秩定为 1；第二小值（分行 2 的账户 5）为 800 美元，把它的秩定为 2，第三小值（分行 1 的账户 7）为 805 美元，把它的秩定为 3，依此类推。在对混合数据进行排秩时，我们可能会发现有两个或多个数值是相同的，在这种情形下，将相等数值在混合数据集中所处位置的平均秩赋予它们。例如，分行 1 的账户 6 和分行 2 的账户 4，它们的余额都是 950 美元。当混合数据从小到大进行

表 18-11　第三国民银行两个分行的账户余额

分行 1		分行 2	
账户	余额/美元	账户	余额/美元
1	1 095	1	885
2	955	2	850
3	1 200	3	915
4	1 195	4	950
5	925	5	800
6	950	6	750
7	805	7	865
8	945	8	1 000
9	875	9	1 050
10	1 055	10	935
11	1 025		
12	975		

排序时，两个 950 美元在混合数据集中的位置是 12 和 13。因此，这两个账户被定为平均秩 $(12+13)/2 = 12.5$。表 18-12 是混合账户余额样本的秩。

表 18-12　混合账户余额样本的秩

分行	账户	余额	秩	分行	账户	余额	秩
2	6	750	1	1	6	950	12.5
2	5	800	2	2	4	950	12.5
1	7	805	3	1	2	955	14
2	2	850	4	1	12	975	15
2	7	865	5	2	8	1 000	16
1	9	875	6	1	11	1 025	17
2	1	885	7	2	9	1 050	18
2	3	915	8	1	10	1 055	19
1	5	925	9	1	1	1 095	20
2	10	935	10	1	4	1 195	21
1	8	945	11	1	3	1 200	22

现在我们回到两个单独的样本，并从表 18-12 中得出每一个账户余额的秩。这些结果列在表 18-13 中。下一步是求出每个样本的秩和，样本 1 为 169.5 和样本 2 为 83.5。正如前文所述，我们遵循使用样本 1 的秩和作为检验统计量 W 的方法，因此，我们得到 $W = 169.5$。当两个样本的容量都大于或等于 7 时，W 的抽样分布可以用正态分布近似。在假定原假设为真和总体相同的条件下，检验统计量 W 的抽样分布如下所述。

表 18-13　来自第三国民银行两个样本数据的混合秩

分行 1			分行 2		
账户	余额/美元	秩	账户	余额/美元	秩
1	1 095	20	1	885	7
2	955	14	2	850	4
3	1 200	22	3	915	8
4	1 195	21	4	950	12.5
5	925	9	5	800	2
6	950	12.5	6	750	1
7	805	3	7	865	5
8	945	11	8	1 000	16
9	875	6	9	1 050	18
10	1 055	19	10	935	10
11	1 025	17		秩和	83.5
12	975	15			
	秩和	169.5			

⊖　用手工对混合样本排秩需要一些时间，计算机程序可以用于排秩，既快速又有效率。

相同总体的 W 的抽样分布

$$\text{均值：} \mu_W = n_1(n_1 + n_2 + 1)/2 \tag{18-5}$$

$$\text{标准差：} \sigma_W = \sqrt{n_1 n_2 (n_1 + n_2 + 1)/12} \tag{18-6}$$

分布形式：当 $n_1 \geq 7$ 且 $n_2 \geq 7$ 时，近似正态分布。

在样本容量 $n_1 = 12$ 和 $n_2 = 10$ 的情况下，利用式（18-5）和式（18-6），得到抽样分布的均值和标准差为：

$$\mu_W = 1/2 \times n_1 \times (n_1 + n_2 + 1) = 1/2 \times 12 \times (12 + 10 + 1) = 138$$

$$\sigma_W = \sqrt{1/12 \times n_1 \times n_2 \times (n_1 + n_2 + 1)} = \sqrt{1/12 \times 12 \times 10 \times (12 + 10 + 1)} = 15.165\,8$$

图 18-6 是 W 的抽样分布所使用的正态分布。

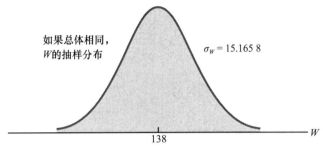

图 18-6　第三国民银行例子中 W 的抽样分布

我们继续进行 MWW 检验，并在显著性水平 $\alpha = 0.05$ 下得出结论。由于统计量 W 是离散型的，正态分布是连续型的，所以我们对正态分布近似再次使用连续性校正因子。由于 $W = 169.5$ 在抽样分布的上侧，我们用如下的 p-值计算：

$$P(W \geq 169.5) = P\left(z \geq \frac{169 - 138}{15.165\,8}\right) = P(z \geq 2.04)$$

使用标准正态分布表和 $z = 2.04$，双侧 p-值为 $2 \times (1 - 0.979\,3) = 0.041\,4$。由于 p-值 ≤ 0.05，所以拒绝 H_0，并得出两个分行的账户余额总体不相同的结论。检验统计量 W 的上侧值表明分行 1 的账户余额总体有较大的倾向。

最后，MWW 检验的一些应用使其适合于假定两个总体具有相同的形态[⊖]，即使总体不同，也仅仅是分布位置上的移动。如果两个总体具有相同的形态，假设检验可以根据两个总体中位数之差来陈述。中位数之间的任何差异可以理解为一个总体与另一个总体相比的位置移动，在这种情况下，关于两个总体中位数的 MWW 检验的三种形式如下。

双侧检验	下侧检验	上侧检验
H_0：中位数$_1$ － 中位数$_2$ = 0	H_0：中位数$_1$ － 中位数$_2 \geq 0$	H_0：中位数$_1$ － 中位数$_2 \leq 0$
H_a：中位数$_1$ － 中位数$_2 \neq 0$	H_a：中位数$_1$ － 中位数$_2 < 0$	H_a：中位数$_1$ － 中位数$_2 > 0$

练习

应用

18. 对两种燃料添加剂进行检验以确定它们对汽油行驶里程的影响。对于添加剂 1，我们检验了 7 辆汽车；对于添加剂 2，我们检验了 9 辆汽车。下面的数据是使用两种添加剂所得到的每升汽油行驶里程数。在显著性水平 $\alpha = 0.05$ 下，用 MWW 检验，来确定两种添加剂对汽油行驶里程的影响是否存在显著差异。

添加剂 1	添加剂 2
7.3	7.9
7.8	7.5
8.1	9.0
7.1	8.9

⊖ 如果能得出两个总体具有相同的形态的假定，MWW 检验就变成了关于两个总体中位数之差的检验。

（续）

添加剂 1	添加剂 2
7.7	9.3
7.9	7.9
7.4	8.4
	8.8
	8.5

20. 拥有同等学力的男性和女性的收入差异正在缩小，但是收入并没有达到接近的程度。具有学士学位的 7 名男性和 7 名女性的收入数据如下表所示（单位：1 000 美元）。

男性	35.6	80.5	50.2	67.2	43.2	54.9	60.3
女性	49.5	40.4	32.9	45.5	30.8	52.5	29.8

a. 男性收入的中位数是多少？女性呢？

b. 在显著性水平 $\alpha = 0.05$ 下，对总体分布相同的假设进行检验，你的结论如何？

22. 《彭博商业周刊》每年公布全世界最大的 1 000 家公司的统计数据。一家公司的市盈率（P/E）是这家公司股票的当前价格除以最近 12 个月的每股收益。下表列出了 10 家日本公司和 12 家美国公司的市盈率。美国公司和日本公司的市盈率之间是否存在显著差异？使用 MWW 检验和 $\alpha = 0.01$ 来支持你的结论。

日本		美国	
公司	市盈率	公司	市盈率
Sumitomo Corp.	153	Gannet	19
Kinden	21	Motorola	24

（续）

日本		美国	
公司	市盈率	公司	市盈率
Heiwa	18	Schlumberger	24
NCP Japan	125	Oracle	43
Suzuki Motor	31	Gap	22
Fuji Bank	213	Winn-Dixie	14
Sumitomo Chemical	64	Ingersoll-Rand	21
Seibu Railway	666	American Electric	14
Shiseido	33	Hercules	21
Toho Gas	68	Fribune	38
		Anthem	15
		Northern States Power	14

24. 某一特定品牌的微波炉在达拉斯的 10 家商场和圣安东尼奥的 13 家商场中标价如下。在显著性水平 $\alpha = 0.05$ 下，检验该微波炉的价格在两个城市之间是否相同（单位：美元）。

达拉斯	圣安东尼奥
445	460
489	451
405	435
485	479
439	475
449	445
436	429
420	434
430	410
405	422
	425
	459
	430

18.4 克鲁斯卡尔-沃利斯检验

在本节我们将假设检验的非参数方法扩展到 3 个或 3 个以上总体的情形。当我们使用数量型数据并假定总体服从标准差相等的正态分布时，我们考虑第 13 章的参数检验。以每个总体的独立随机样本为依据，我们用 F 分布来检验各总体之间的差异。

非参数的**克鲁斯卡尔-沃利斯检验**（Kruskal-Wallis test）的依据是对来自 k 个总体的 k 个独立随机样本的分析。这个方法既可使用顺序型数据，也可使用数量型数据，并且不需要假定总体服从正态分布。原假设和备择假设的一般形式如下。

H_0：所有总体是相同的

H_a：并非所有总体都是相同的

如果 H_0 被拒绝，我们将认为总体之间存在差异，与其他总体相比较，一个或多个总体提供较小或较大的数值。我们用下面的例子来阐述克鲁斯卡尔-沃利斯检验。

威廉姆斯制造公司从 3 所不同的大学招聘管理工作人员。最近该公司的人事主管开始审核管理人员的年度业绩报告，试图确定毕业于这 3 所大学的管理人员的业绩评分是否存在差异。从大学 A 毕业的 7 名管理人员、从大学 B

毕业的 6 名管理人员、从大学 C 毕业的 7 名管理人员的 3 个独立样本的业绩分数据如表 18-14 所示。每名管理人员的
总体业绩分在 0~100，其中 100 是最高的业绩分。假设我们想检验 3 个管
理人员总体的业绩分是否存在差异，我们使用的显著性水平为 0.05。

克鲁斯卡尔–沃利斯检验的第 1 步是对混合样本数据从低到高进行
排序。利用表 18-14 中的 20 个观测值，大学 B 的第 4 名管理人员的最低
业绩分 15 得到的秩为 1，大学 A 的第 5 名管理人员的最高业绩分 95 得
到的秩为 20。表 18-15 显示了业绩分数和它们相应的秩。注意，并列的
业绩分 60，70，80 和 90，我们定义其秩为平均秩。表 18-15 还给出了 3
个样本中每一个的秩和。

表 18-14　20 名威廉姆斯员工的业绩分

大学 A	大学 B	大学 C
25	60	50
70	20	70
60	30	60
85	15	80
95	40	90
90	35	70
80		75

表 18-15　3 个样本的混合秩

大学 A	秩	大学 B	秩	大学 C	秩
25	3	60	9	50	7
70	12	20	2	70	12
60	9	30	4	60	9
85	17	15	1	80	15.5
95	20	40	6	90	18.5
90	18.5	35	5	70	12
80	15.5		秩和 27	75	14
	秩和 95				秩和 88

克鲁斯卡尔–沃利斯检验的统计量利用 3 个样本的秩和，其计算公式如下。

克鲁斯卡尔–沃利斯检验的统计量

$$H = \left[\frac{12}{n_T(n_T+1)}\sum_{i=1}^{k}\frac{R_i^2}{n_i}\right] - 3(n_T+1) \tag{18-7}$$

式中，k 代表总体的个数；n_i 代表样本 i 中观测值的个数；$n_T = \sum_{i=1}^{k} n_i$ 代表所有样本的观测值总数；R_i 为
样本 i 的秩和。

克鲁斯卡尔和沃利斯已经证明，在各个总体相同的原假设下，H 的抽样分布可以近似服从自由度为 $k-1$ 的 χ^2
分布。如果 k 个总体的每个样本容量都大于或等于 5，则这种近似是可以被普遍接受的。如果这个统计量 H 的值
非常大，则总体相同的原假设将被拒绝。因此，克鲁斯卡尔–沃利斯检验总是表示成一个上侧检验。对表 18-15 中
的样本数据，检验统计量的计算结果如下。

样本容量为：

$$n_1 = 7 \qquad n_2 = 6 \qquad n_3 = 7$$

并且

$$n_T = \sum_{i=1}^{3} n_i = 7 + 6 + 7 = 20$$

利用每一个样本的秩和，克鲁斯卡尔和沃利斯检验的统计量为：

$$H = \left[\frac{12}{n_T(n_T+1)}\sum_{i=1}^{k}\frac{R_i^2}{n_i}\right] - 3(n_T+1) = \frac{12}{20 \times 21}\left[\frac{95^2}{7} + \frac{27^2}{6} + \frac{88^2}{7}\right] - 3 \times (20+1) = 8.92$$

我们现在利用 χ^2 分布表来确定检验的 p-值。根据自由度为 $k-1 = 3-1 = 2$，我们看到 $\chi^2 = 7.378$ 对应的 χ^2 分布的
上侧面积为 0.025，而 $\chi^2 = 9.21$ 对应的 χ^2 分布的上侧面积为 0.01。由于 $H = 8.92$ 介于 7.378 和 9.21 之间，因此，
我们可以得出 χ^2 分布上侧面积在 0.01 和 0.025 之间。由于这是上侧检验，我们可以得到 p-值在 0.01 和 0.025 之
间。利用 JMP 或 Excel 可以得出检验的精确 p-值。由于 p-值 $\leq \alpha = 0.05$，我们拒绝 H_0 并得出 3 个总体不全相同的
结论。对毕业于 3 所大学的管理人员，其业绩分的 3 个总体是不同的，并且差异显著地依赖于大学。由于毕业于

大学 B 的管理人员的样本秩和相对较低，所以公司有理由减少从大学 B 招聘员工，或者在做出录用决定之前至少需要对毕业于大学 B 的毕业生进行更加深入的考核。

最后，我们注意到在克鲁斯卡尔-沃利斯检验的一些应用中，做出总体有相同的形态的假定可能是合适的，如果有所不同，也仅仅是一个或多个总体在位置上的移动。如果假定 k 个总体具有相同的形态，假设检验可以根据总体中位数来表述。[一]因此，克鲁斯卡尔-沃利斯检验的假设可写成如下形式。

$$H_0: 中位数_1 = 中位数_2 = \cdots = 中位数_k$$

$$H_a: 并非所有的中位数都相等$$

注释和评论

本节的例子使用员工业绩分的数量型数据进行克鲁斯卡尔-沃利斯检验。如果 20 名员工的业绩分数据是顺序等级，这个检验也能使用。在这种情况下，我们可以直接应用原始数据，将数量型数据转变为秩-顺序数据这一步骤就没有必要了，练习第 30 题说明了此情形。

练习

应用

26. 由 15 名消费者组成的一个样本对下面三种不同产品给出了以下评分。五名消费者被随机指定去检验和评价一种产品。利用克鲁斯卡尔-沃利斯检验和显著性水平 $\alpha = 0.05$，来确定这三种产品的评分之间是否存在显著差异。

产品		
A	B	C
50	80	60
62	95	45
75	98	30
48	87	58
65	90	57

28. 每周进行三天每次 40 分钟的下列运动之一，可以使体重下降。下面的样本数据为三种不同的运动在 40 分钟内所消耗的卡路里数据。这些数据是否表明三种运动所消耗的卡路里数量是不同的？在显著性水平 0.05 下，你的结论如何？

游泳	网球	自行车
408	415	385
380	485	250

		（续）
游泳	网球	自行车
425	450	295
400	420	402
427	530	268

30. 一家大公司将其许多一流经理送去管理技能培训班学习。有四家不同的管理发展中心提供这种培训班。人力资源总监想要了解这四家中心所提供的培训质量是否不同。从每一家培训中心随机抽取 5 名员工组成样本，然后将这些员工按管理技能用 1~20 进行排秩。秩 1 表明员工有最好的管理技能，排秩如下所示。利用显著性水平 $\alpha = 0.05$ 检验这四家中心所提供的培训是否存在显著不同。

课程			
A	B	C	D
3	2	19	20
14	7	16	4
10	1	9	15
12	5	18	6
13	11	17	8

18.5 秩相关

在第 3 章介绍的皮尔逊积矩相关系数是两个数量型数据变量之间线性关系的度量。在本节中，当使用顺序或排秩数据时，我们给出两个变量之间联系的相关性度量，**斯皮尔曼秩相关系数**正是为这一目的而提出来的。

一　如果能得出总体具有相同的形态的假定，克鲁斯卡尔-沃利斯检验就变成了关于 k 个总体中位数的检验。

斯皮尔曼秩相关系数

$$r_s = 1 - \frac{6 \sum\limits_{i=1}^{n} d_i^2}{n(n^2 - 1)} \tag{18-8}$$

式中，n 为样本中观测值的个数；x_i 为对于第一个变量的第 i 个观测值的秩；y_i 为对于第二个变量的第 i 个观测值的秩；$d_i = x_i - y_i$。

让我们说明斯皮尔曼秩相关系数的应用。一家公司想确定那些在雇用时预期会成为较好推销员的人是否能够真正拥有良好的销售业绩。为了研究这个问题，人事主管仔细回顾了现有销售队伍中 10 名成员原来的求职面试报告、学习记录和推荐信。审核之后，这位主管根据这 10 个人在聘用期成功的潜力进行排序，最有潜力的秩为 1。然后又收集每一位推销员聘用前两年的实际销售业绩。根据每一位推销员的实际销售业绩，得到 10 名推销员实际销售业绩的第二次排秩。表 18-16 给出了以销售潜力和实际销售业绩为依据的排秩。

让我们来计算表 18-16 中数据的斯皮尔曼秩相关系数，计算过程汇总在表 18-17 中。我们首先计算每一位推销员两个秩之间的差 d_i 列在第 4 列，d_i^2 的和为 44 列在第 5 列。这个值和样本容量 $n = 10$ 用于计算秩相关系数 $r_s = 0.733$，如表 18-17 所示。

表 18-16　销售潜力与两年实际销售数据

推销员	潜力排秩	两年销售量/个	两年销售量排秩
A	2	400	1
B	4	360	3
C	7	300	5
D	1	295	6
E	6	280	7
F	3	350	4
G	10	200	10
H	9	260	8
I	8	220	9
J	5	385	2

斯皮尔曼秩相关系数的取值范围是 $-1.0 \sim +1.0$，而且它的解释与数量型数据的皮尔逊积矩相关系数相似。秩相关系数接近于 $+1.0$，意味着两个变量之间有很强的正相关关系；秩相关系数接近于 -1.0，意味着两个变量之间存在很强的负相关关系；秩相关系数为 0，意味着两个变量之间没有相关关系。在本例中，$r_s = 0.733$ 表明销售潜力的秩和实际销售业绩的秩之间存在正相关关系。聘用期间潜力的秩较高的推销员在前两年实际销售业绩的排秩也比较高。

表 18-17　销售潜力与实际销售业绩的斯皮尔曼秩相关系数的计算表

推销员	$x_i =$ 销售潜力排秩	$y_i =$ 销售业绩排秩	$d_i = x_i - y_i$	d_i^2
A	2	1	1	1
B	4	3	1	1
C	7	5	2	4
D	1	6	5	25
E	6	7	1	1
F	3	4	1	1
G	10	10	0	0
H	9	8	1	1
I	8	9	1	1
J	5	2	3	9
				$\sum d_i^2 = 44$

$$r_s = 1 - \frac{6 \sum d_i^2}{n(n^2 - 1)} = 1 - \frac{6 \times 44}{10 \times (100 - 1)} = 0.733$$

此时，我们可能希望利用样本秩相关系数 r_s 来推断总体的秩相关系数 ρ_s。为此，我们检验下面的假设。

$$H_0 : \rho_s = 0 \qquad H_a : \rho_s \neq 0$$

在假定原假设为真和总体的秩相关系数为 0 的条件下，用来进行检验的检验统计量 r_s 的抽样分布如下。

r_s 的抽样分布

$$\text{均值：} \mu_{r_s} = 0 \tag{18-9}$$

$$\text{标准差：} \sigma_{r_s} = \sqrt{\frac{1}{n-1}} \tag{18-10}$$

分布形式：$n \geqslant 10$ 时，近似服从正态分布。

销售潜力与销售业绩的样本秩相关系数为 $r_s = 0.733$。由式（18-9）我们有 $\mu_{r_s} = 0$，由式（18-10）我们有 $\sigma_{r_s} = \sqrt{1/(10-1)} = 0.333$。由于 r_s 的抽样分布近似服从正态分布，标准正态随机变量 z 成为检验的统计量，而且

$$z = \frac{r_s - \mu_{r_s}}{\sigma_{r_s}} = \frac{0.733 - 0}{0.333} = 2.20$$

利用标准正态分布表和 $z = 2.20$，我们看到双侧 p-值为 $2 \times (1 - 0.986\,1) = 0.027\,8$。在显著性水平 $\alpha = 0.05$ 下，由于 p-值 $\leqslant \alpha$，因此总体秩相关系数为 0 的原假设被拒绝。检验结果表明聘用期间的销售潜力与实际销售业绩之间存在显著的秩相关关系。

注释和评论

1. 斯皮尔曼秩相关系数与应用于秩-等级数据的皮尔逊积矩相关系数是相同的。在附录 18A 和 18B 中，我们演示了如何利用 JMP 和 Excel 相关系数工具来计算斯皮尔曼秩相关系数。

2. 有几个用于检验原假设是总体秩相关系数为 0 的检验统计量。这些变形通常提供相似但不相同的结果。在第 18.5 节中，我们使用的是依据正态近似的检验统计量，而 JMP 使用 t 分布近似。当样本容量增加时，第 18.5 节使用正态近似与 JMP 使用 t 分布近似的检验结果十分相似。

练习

方法

32. 考虑下列 10 个个体所组成的样本的排秩数据。

个体	x	y	个体	x	y
1	10	8	6	2	7
2	6	4	7	8	6
3	7	10	8	5	3
4	3	2	9	1	1
5	4	5	10	9	9

a. 计算数据的斯皮尔曼秩相关系数。

b. 在显著性水平 $\alpha = 0.05$ 下，检验秩相关的显著性。你的结论如何？

应用

34. 下面是 11 个州以每名学生费用（1 为最高，11 为最低）和师生比（1 为最低，11 为最高）为依据的排秩数据。

州	每名学生费用	师生比
亚利桑那	9	10
科罗拉多	5	8
佛罗里达	4	6
爱达荷	2	11
艾奥瓦	6	4
路易斯安那	11	3
马萨诸塞	1	1

州	每名学生费用	师生比
		（续）
内布拉斯加	7	2
北达科他	8	7
南达科他	10	5
华盛顿	3	9

a. 每名学生费用与师生比之间的秩相关系数是多少？请讨论。

b. 在显著性水平 $\alpha = 0.05$ 下，每名学生费用与师生比之间是否存在显著相关关系？

36. 一个职业高尔夫球员样本的击球距离和击球杆数的排秩结果如下。这些高尔夫球员的击球距离和击球杆数之间的秩相关系数是多少？在显著性水平 $\alpha = 0.10$ 下，检验相关系数的显著性。

职业高尔夫选手	击球距离	击球杆数
Fred Couples	1	5
David Duval	5	6
Ernie Els	4	10
Nick Faldo	9	2
Tom Lehman	6	7
Justin Leonard	10	3
Davis Love III	2	8
Phil Mickelson	3	9
Greg Norman	7	4
Mark O' Meara	8	1

小　结

在本章中，我们给出了几种被归类为非参数方法的统计程序。因为非参数方法不仅可以应用于数量型数据，而且可以应用于分类型数据，同时也不要求对总体分布的假设，所以它们扩展了统计分析研究对象问题的范围。

符号检验是检验一个总体中位数或匹配样本的非参数方法。数据必须汇总成两个类别，其中一个记为加号，另一个记为减号。当可以用的是数量型数据时，威尔科克森符号秩检验分析来自两个总体的匹配样本。它对配对观测值之差的分布没有假设，只需要假定配对观测值之差是对称的。威尔科克森符号秩检验用于确定配对总体中位数之差是否为零。该检验也可以用于对称总体中位数进行推断。

曼–惠特尼–威尔科克森检验是一种基于两个独立随机样本，用于检验两个总体间差异的非参数方法。它是和两个总体均值之差的参数 t 检验相对应的方法。从两个混合样本的数据中得到混合秩，用第 1 个样本的秩和作为 MWW 检验的统计量。在许多应用中，样本容量充分大，足以用带有连续性校正因子的正态分布近似来进行假设检验。如果对总体的分布没有假定，MWW 方法可以检验两个总体是否相同。如果假定两个总体具有相同的形态，检验给出了关于两个总体中位数之间差异的推断。

克鲁斯卡尔–沃利斯检验将 MWW 检验扩展到三个或多个总体，它是和检验三个或多个正态总体均值间差异的 ANOVA 参数检验相对应的非参数方法。克鲁斯卡尔–沃利斯检验不需要对总体的分布有任何假定，并且使用 k 个总体相同的原假设。如果假定总体具有相同的形态，检验给出了关于 k 个总体中位数之间差异的推断。在本章的最后一节中，我们介绍了斯皮尔曼秩相关系数，它是以秩–顺序数据为依据的两个变量相关性的一种度量。

关键术语

distribution-free method　无分布方法　对总体概率分布没有假定的统计方法。

Kruskal-Wallis test　克鲁斯卡尔–沃利斯检验　以来自每个总体独立样本的分析为依据的三个或三个以上总体之间差异的一种非参数检验方法，原假设为所有总体相同。如果假定总体具有相同的形态，检验给出了关于多个总体中位数之间差异的推断。

Mann-Whitney-Wilcoxon（MWW）test　曼–惠特尼–威尔科克森（MWW）检验　以来自每个总体的独立样本为依据的两个总体之间差异的一种非参数统计检验方法，原假设是两个总体相同。如果假定总体具有相同的形态，检验给出了关于两个总体中位数之间差异的推断。

nonparametric method　非参数方法　对总体概率分布的形式没有假设要求的统计方法，通常也称为无分布方法。一些方法既可以使用分类型数据，也可以使用数量型数据。

parametric method　参数方法　通常从总体概率分布服从正态分布的假定开始的统计方法，然后推导出检验统计量的抽样分布，并用来对总体的一个或多个参数（如总体均值 μ 或总体标准差 σ）进行推断。

sign test　符号检验　对总体中位数的假设，或为了确定基于匹配样本的两个总体之间差异的一种非参数统计检验方法。数据汇总成两个类别，其中一个记为加号，另一个记为减号，$p = 0.50$ 的二项分布是检验统计量的抽样分布。

Spearman rank-correlation Coefficient　斯皮尔曼秩相关系数　以秩–顺序数据为依据的两个变量之间联系的相关性度量。

Wilcoxon signed-rank test　威尔科克森符号秩检验　以匹配样本为依据的两个总体中位数之差的一种非参数检验方法。该方法使用数量型数据，并假定配对观测值之差的分布是对称的。配对观测值之差的数据可以用于对两个总体的中位数进行推断。该检验也可以对一个对称总体的中位数进行推断。

重要公式

符号检验：正态近似

$$均值：\mu = 0.50n \tag{18-1}$$

$$标准差：\sigma = \sqrt{0.25n} \tag{18-2}$$

威尔科克森符号秩检验：正态近似

$$\text{均值：} \mu_{T^+} = \frac{n(n+1)}{4} \quad (18-3)$$

$$\text{标准差：} \sigma_{T^+} = \sqrt{\frac{n(n+1)(2n+1)}{24}} \quad (18-4)$$

曼−惠特尼−威尔科克森检验：正态近似

$$\text{均值：} \mu_W = n_1(n_1 + n_2 + 1)/2 \quad (18-5)$$

$$\text{标准差：} \sigma_W = \sqrt{n_1 n_2 (n_1 + n_2 + 1)/12} \quad (18-6)$$

克鲁斯卡尔−沃利斯检验的统计量

$$H = \left[\frac{12}{n_T(n_T + 1)} \sum_{i=1}^{k} \frac{R_i^2}{n_i} \right] - 3(n_T + 1) \quad (18-7)$$

斯皮尔曼秩相关系数

$$r_s = 1 - \frac{6 \sum_{i=1}^{n} d_i^2}{n(n^2 - 1)} \quad (18-8)$$

补充练习

38. 一项调查询问了如下问题：你赞同还是反对给予将子女送入私立学校的家庭提供来自国家税收的代金券或者减税？在接受调查的 2 010 人中，有 905 人赞同进行这种资助，有 1 045 人反对进行这种资助，还有 60 人没有表明观点。在显著性水平 $\alpha = 0.05$ 下，这些数据是否能够表明人们对将子女送入私立学校的家庭给予资助存在分歧？

40. 请来 12 名家庭主妇估计两种型号冰箱的零售价格，下面是她们估计的零售价格。利用这些数据和显著性水平 0.05，就家庭主妇对零售价格的看法，确定两种型号冰箱之间是否存在差异。

家庭主妇	型号 1/美元	型号 2/美元
1	850	1 100
2	960	920
3	940	890
4	900	1 050
5	790	1 120
6	820	1 000
7	900	1 090
8	890	1 120
9	1 100	1 200
10	700	890
11	810	900
12	920	900

42. 以下数据是两条生产线上所生产的产品重量。在显著性水平 $\alpha = 0.05$ 下，检验两条生产线所生产的产品重量是否存在差异。

生产线 1	生产线 2	生产线 1	生产线 2
13.6	13.7	13.3	14.4
13.8	14.1	13.6	14.8
14.0	14.2	12.9	14.5
13.9	14.0	14.4	14.3
13.4	14.6		15.0
13.2	13.5		14.9

44. 由 20 名已在一家公司工作了三年的工程师组成样本，对这些工程师按管理潜力进行排秩。其中有一些工程师已经参加过公司的管理培训课程，另一些人参加了当地大学的短期管理培训课程，剩下的则没有参加过任何培训课程。利用下面的排秩数据，在显著性水平 $\alpha = 0.025$ 下，检验三组工程师管理潜力的显著差异。

未参加培训	公司课程培训	短期课程培训
16	12	7
9	20	1
10	17	4
15	19	2
11	6	3
13	18	8
	14	5

46. 下面是 15 名学生的统计学课程期中和期末考试成绩的排秩样本数据。计算这些数据的斯皮尔曼秩相关系数，并在显著性水平 $\alpha = 0.10$ 下，检验显著相关性。p-值是多少？你的结论如何？

秩		秩	
期中	期末	期中	期末
1	4	9	6
2	7	10	9
3	1	11	14
4	3	12	15
5	8	13	11
6	2	14	10
7	5	15	13
8	12		

案例　RainOrShine. Com

RainOrShine. Com 是一家在线提供天气预报信息的公司。该机构正在组织一个气象项目，以提高观众对恶劣天气的理解。作为该项目的一部分，RainOrShine. Com 希望能够提醒观众关注美国致命雷击数量存在季节性差异的情况。

为了检验可能的季节性差异，RainOrShine. Com 从国家气象局收集数据。国家气象局维护着一个提供有关每月雷击死亡信息的在线数据库。因为只有月份数据可用，所以 RainOrShine. Com 定义了如下四个季节。

季节	月份
冬季	1~3 月
春节	4~6 月
夏季	7~9 月
秋季	10~12 月

RainOrShine. Com 从国家气象局收集的 2008~2017 年各季节雷击死亡人数的数据如下表所示。

年	冬季	春季	夏季	秋季
2017	0	4	12	0
2016	2	9	28	1
2015	0	17	11	0
2014	0	8	17	1
2013	0	8	15	0
2012	1	5	22	1
2011	0	6	19	1
2010	0	11	17	1
2009	1	15	18	1
2008	2	12	15	0

1. 根据这些数据，RainOrShine. Com 应该提醒观众，在美国致命雷击数量存在季节性差异吗？显著性水平 $\alpha = 0.05$。

2. 如果数据支持在美国致命雷击数量存在季节性差异，哪个季节是致命雷击最常见的季节？

3. 你关注 RainOrShine. Com 对季节的定义吗？解释原因。

第 19 章

决策分析

CHAPTER

19

实践中的统计

俄亥俄爱迪生公司[一]
俄亥俄州，阿克伦城

俄亥俄爱迪生公司（Ohio Edison Company）是 FirstEnergy 公司旗下的一个经营性公司。俄亥俄爱迪生公司及其子公司宾夕法尼亚电力公司，为俄亥俄州的中部、东北部和宾夕法尼亚西部的 100 多万客户提供电力服务。大部分电力是由燃煤发电厂提供的。由于需要加强对污染的控制，俄亥俄爱迪生公司开始着手实施一项在大多数发电厂替换现有污染控制设备的计划。

俄亥俄爱迪生公司最大的一个发电厂为了满足二氧化硫新的排放标准，决定先在该厂四个较小的部门试验烧低硫煤，并安装纤维网过滤器以控制微粒的排放。纤维网过滤器通过数以千计的织物袋过滤出微粒，其功能与家用真空吸尘器大致相同。

该发电厂三个较大的部门被认为可能烧的是中高硫煤。初期的研究范围限定在这三个较大部门的控制微粒设备的选择上：纤维网过滤器与静电除尘器（静电除尘器通过一个强电场，使悬浮的微粒经过一个通气道排出去）。影响最终选择的不确定因素有：空气质量法律法规的可能解释方式，空气质量法律法规潜在的未来变化，以及建设成本的波动。

由于问题的复杂性，影响决策因素的高度不确定性，以及对公司成本的影响，俄亥俄爱迪生公司在选择过程中应用了决策分析。人们用决策树的方法对这个问题进行图形化描述。用来评价决策树结果的是三个较大部门在剩余期限内每年的收益目标。收益目标是为了弥补安装新的污染控制设备增加的成本而向使用客户收取的费用。通过决策树分析可以得到以下结论。

- 静电除尘器年收益目标的期望值大约比纤维网过滤器少 100 万美元。
- 与静电除尘器相比，纤维网过滤器的高收益目标有较高的概率。
- 静电除尘器获得较低年度收益目标的概率约为 0.8。

这些结果使得俄亥俄爱迪生公司的生产部门选择静电除尘器受到了质疑。尽管这些决策结果还未被实施，但微粒控制决策主要以资本费用为依据，即决策判断有利于选择纤维网过滤器设备。也有人认为应该用决策分析来选择预期收益目标和风险都较低的设备。

在本章中，我们将介绍俄亥俄爱迪生公司所采用的决策分析的方法论。重点将说明，在未来事件不确定或充满风险的条件下，决策分析如何帮助我们选出最佳的决策方案。

在一个决策者面临几种决策方案，并且在未来事件不确定或充满风险的条件下，决策分析可用来选择一个最佳的决策策略。我们通过考虑涉及几个合理选项的决策问题和合理的可能未来事件，开始决策分析的研究。我们引入支付表为决策问题提供一个框架。然后我们引入决策树以说明问题的连续性。决策树用来分析更为复杂的问题以及确定决策的最佳顺序，这称为最佳决策策略。在最后一节，我们说明如何利用贝叶斯定理来计算决策树的分枝概率[二]。

19.1　问题的形成

决策分析过程的第一步是问题的形成。我们从问题的叙述开始，然后明确决策方案、可能发生的不确定的未来事件（也称为偶然事件）、每个决策方案和每个偶然事件的**结果**（consequences）。让我们从讨论匹兹堡发展公司（PDC）的一个建设项目开始。

PDC 购买了一块地产，用以建造一座新的豪华综合公寓大楼。从这里可以俯瞰匹兹堡市区和金三角壮观的景色——在金三角，阿勒格尼河与莫农格希拉河汇合成俄亥俄河。PDC 计划每套公寓售价在 300 000～1 400 000

　　[一]　感谢俄亥俄爱迪生公司的 Thomas J. Madden 和 M. S. Hyrnick，他们为"实践中的统计"提供了本案例。
　　[二]　第一次介绍贝叶斯定理是在第 4 章中。

美元。

PDC 委托设计了三种不同规模的工程初始建筑图样：一种是 30 套公寓、一种是 60 套公寓、一种是 90 套公寓。该项目盈利与否取决于综合大楼的规模以及与公寓需求相关的偶然事件。PDC 决策问题的表述是：在公寓需求不确定的条件下，选择新的豪华公寓项目的建筑规模，以实现利润最大化。

很显然，这个问题的决策就是选择综合公寓大楼的最佳规模。PDC 有如下三个决策方案：

d_1——有 30 套公寓的小型综合大楼

d_2——有 60 套公寓的中型综合大楼

d_3——有 90 套公寓的大型综合大楼

影响最佳决策方案选择的一个因素就是与公寓需求相关的偶然事件的不确定性。当被问及公寓的可能需求时，PDC 的董事会承认有众多的可能性，但管理层会充分考虑两种可能的偶然事件的结果：强需求和弱需求。

在决策分析中，一个偶然事件的可能结果被称为**自然状态**（states of nature）。根据自然状态的定义可知，可能的自然状态有且仅有一种会发生。对于 PDC 公司来说，与公寓需求相关的偶然事件有两种自然状态：

s_1——对公寓的强需求

s_2——对公寓的弱需求

管理层必须首先选择一个决策方案（综合大楼的规模），然后选择一个自然状态（对公寓的需求），最后确定发生的某种结果。在这个例子中，结果是 PDC 的利润。

19.1.1　支付表

考虑到三个决策方案和两种自然状态，PDC 公司应该选择哪一种规模的综合大楼呢？为了回答这个问题，PDC 需要知道与每个决策方案和每种自然状态相关的结果。在决策分析中，我们把一个决策方案和一种自然状态的特定组合所产生的结果称为一个**支付**（payoff）。所有决策方案和自然状态组合的支付构成的表称为**支付表**（payoff table）[⊖]。

表 19-1　PDC 公寓项目支付表

（单位：100 万美元）

决策方案	自然状态	
	强需求 s_1	弱需求 s_2
小型综合大楼，d_1	8	7
中型综合大楼，d_2	14	5
大型综合大楼，d_3	20	−9

由于 PDC 希望选择一个能够带来最大利润的综合大楼规模，因此利润被视为结果。表 19-1 是以 100 万美元为单位的利润支付表。请注意，例如，如果建造一座中型综合大楼，并且需求是强需求，那么就会实现 1 400 万美元的利润。我们用符号 V_{ij} 表示在第 i 种决策方案和第 j 种自然状态的支付。在表 19-1 中，$V_{31}=20$ 表示，如果决定建造一座大型综合大楼（d_3）和发生强需求自然状态（s_1），那么会实现 2 000 万美元的利润。类似地，$V_{32}=-9$ 表示，如果决定建造一座大型综合大楼（d_3）和发生弱需求的自然状态（s_2），那么会导致 900 万美元的亏损。

19.1.2　决策树

决策树（decision tree）用图形表示决策过程的连续性。图 19-1 给出了 PDC 问题的决策树，展示了随着时间的推移将发生的自然或逻辑的进展。首先，PDC 必须做出一个关于综合大楼规模（d_1，d_2 或 d_3）的决策。决策执行后，自然状态 s_1 或 s_2 将会发生。决策树每个末端的数字表示与一个特定结果相关的支付。例如，最上端的支付 8 意味着：如果 PDC 建造一座小型综合大楼（d_1）并且在强需求

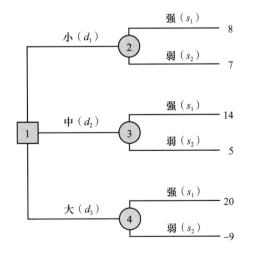

图 19-1　PDC 公寓大楼项目的决策树（支付的单位：100 万美元）

⊖　支付可以用利润、成本、时间、距离或所分析的决策问题的任何其他合适的度量形式表示。

（s_1）的情况下，预期的利润为 800 万美元。下一个支付 7 意味着：PDC 建造一座小型综合大楼（d_1）并且在弱需求（s_2）的情况下，预期的利润为 700 万美元。可见，决策树用图形表示了不同决策方案和自然状态组合下的六种可能支付结果。

图 19-1 中的决策树有四个**节点**（nodes），用数字 1~4 编号，代表决策和偶然事件。方框用来描述**决策节点**（decision nodes），圆圈用来描述**机会节点**（chance nodes）。因此，节点 1 是一个决策节点，节点 2、3、4 是机会节点。由决策节点延伸出的**分枝**（branches）对应的是决策方案；每个机会节点延伸出来的分枝对应的是自然状态。支付显示在自然状态分枝的末端。现在我们转向这样一个问题：决策制定者如何运用支付表或决策树中的信息选择最佳的决策方案？在本章的后几节中我们介绍了几种替代方法。

注释和评论

1. 在解决一个复杂问题时，第一步是把这个问题分解成一系列较小的子问题。决策树提供了有用的方法，说明一个问题如何被分解，以及决策过程的连续性。
2. 人们常常从不同的角度来看待同样的问题，因此，关于决策树发展的讨论可能会对这个问题产生其他的见解。

19.2　概率决策

一旦我们规定了决策方案和偶然事件的自然状态，我们就可以集中精力确定自然状态的概率。古典方法、相对频数方法或分配概率的主观方法都可以用来确定这些概率[⊖]。在确定了合适的概率之后，我们将介绍如何运用**期望值法**（expected value approach）来确定问题的最佳或建议的决策方案。

19.2.1　期望值法

我们通过定义一个决策方案的期望值开始我们的讨论。假设

　　N——自然状态的个数

　　$P(s_j)$——自然状态 s_j 的概率

由于在 N 种自然状态中有且仅有一种自然状态能够发生，因此概率必须满足两个条件[⊖]：

$$对所有自然状态\ P(s_j) \geqslant 0 \tag{19-1}$$

$$\sum_{j=1}^{N} P(s_j) = P(s_1) + P(s_2) + \cdots + P(s_N) = 1 \tag{19-2}$$

决策方案 d_j 的**期望值**（expected value，EV）如下。

> **期望值**
>
> $$EV(d_i) = \sum_{j=1}^{N} P(s_j) V_{ij} \tag{19-3}$$
>
> 式中，V_{ij} 为决策方案 d_i 和自然状态 s_j 的支付值。

简言之，一个决策方案的期望值就是该决策方案支付的加权和。一个支付的权重就是相关自然状态的概率，即支付发生的概率。让我们回到 PDC 问题上，来看看期望值法是如何应用的。

PDC 对豪华高层综合大楼的潜力持乐观态度。假定这种乐观态度导致强需求（s_1）的初始主观概率的评估值为 0.8，相应的弱需求（s_2）的初始主观概率的评估值为 0.2。于是，有 $P(s_1) = 0.8$，$P(s_2) = 0.2$。利用表 19-1 的支付值和式（19-3），我们计算出三个决策方案的期望值如下：

　⊖　这些分配概率的方法已在第 4 章中讨论过。
　⊖　自然状态的概率必须满足第 4 章中所介绍的分配概率的基本要求。

$$EV(d_1) = 0.8 \times 8 + 0.2 \times 7 = 7.8$$
$$EV(d_2) = 0.8 \times 14 + 0.2 \times 5 = 12.2$$
$$EV(d_3) = 0.8 \times 20 + 0.2 \times (-9) = 14.2$$

因此，利用期望值法，我们发现大型综合公寓大楼的收益期望值为1 420万美元，是推荐的方案。

用于确定具有最佳期望值的决策方案的计算可以方便地通过决策树来展示。具有自然状态分枝概率的PDC问题的决策树如图19-2所示。我们通过决策树的逆向计算，首先计算出在每个机会节点的期望值，即在每个机会节点，我们对每个可能的支付用发生概率加权。如图19-3所示，通过加权计算，我们得到节点2、3、4的期望值。

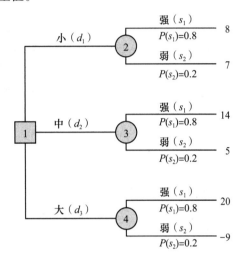

图19-2 具有自然状态分枝概率的PDC决策树　　　　　图19-3 利用决策树来实施期望值法

由于决策者控制了从决策节点1延伸出来的分枝，并且我们正在试图使期望利润最大化，所以节点1的最佳决策方案就是d_3。于是，决策树分析得出期望值为1 420万美元的d_3方案是一个推荐方案。注意，我们利用期望值法和支付表也可得出这个推荐方案。

其他的决策问题实质上可能比PDC问题更加复杂，但是如果给出决策方案和自然状态的数量合理，你就可以利用决策树法。首先，绘出由决策节点、机会节点和描述问题连续性的分枝构成的决策树。如果你用期望值法，下一步就是决定每种自然状态的概率及计算每个机会节点的期望值。最后选择具有最佳期望值的机会节点的决策分枝。与这一分枝相联系的决策方案是推荐的决策[○]。

19.2.2 完全信息的期望值

假定PDC有机会进行一次市场调研，该调研有助于评估买家对公寓大楼项目的兴趣，并能为管理层提供完善自然状态概率评估的信息。为了确定这些信息的潜在价值，我们从假定这项研究能够提供关于自然状态的完全信息开始，也就是说，我们假定PDC做出一个决策之前，有把握确定哪一种自然状态即将发生。运用这些完全信息，我们将制定一个决策策略，一旦PDC知道哪种自然状态会发生，就按照这个策略执行。一个决策策略不过是一个决策规则，该决策规则在新的信息可使用后，即可提供可选择的决策方案。

为了有助于PDC确定决策策略，我们复制了PDC支付表，如表19-2所示。注意，如果PDC确实知道自然状态s_1会发生，最佳决

表19-2 PDC公寓项目支付表
（单位：100万美元）

决策方案	自然状态	
	强需求 s_1	弱需求 s_2
小型综合大楼，d_1	8	7
中型综合大楼，d_2	14	5
大型综合大楼，d_3	20	-9

○ 计算机软件包有助于创建更为复杂的决策树。

策方案就是支付为 2 000 万美元的 d_3。类似地，如果 PDC 确实知道自然状态 s_2 会发生，最佳决策方案就是支付为 700 万美元的 d_1。因此，如果完全信息是可以使用的，我们就可以描述 PDC 的最优决策策略如下：

如果自然状态 s_1 发生，则选择 d_3，PDC 得到 2 000 万美元支付

如果自然状态 s_2 发生，则选择 d_1，PDC 得到 700 万美元支付

这个决策策略的期望值是多少？要计算完全信息条件下的期望值，让我们回到自然状态的初始概率：此时 $P(s_1) = 0.8$，$P(s_2) = 0.2$。于是，完全信息表明自然状态 s_1 的概率为 0.8，并且最优的决策方案 d_3 将获利 2 000 万美元。类似地，自然状态 s_2 的概率为 0.2，其最优决策方案 d_1 将获利 700 万美元。因此，运用式（19-3），以完全信息为依据的决策策略的期望值就是 0.8×20+0.2×7=17.4（百万美元），我们把期望值 1 740 万美元称为完全信息条件下的期望值（EVwPI）。

在本节前面，我们说明了利用期望值法所推荐的决策是期望值为 1 420 万美元的决策方案 d_3。由于这个决策建议和期望值的计算没有完全信息的帮助，所以我们把 1 420 万美元称为无完全信息条件下的期望值（EVwoPI）。

完全信息条件下的期望值是 1 740 万美元，无完全信息条件下的期望值是 1 420 万美元，因此，这个完全信息的期望值（EVPI）就是 1 740−1 420=320（万美元）。换言之，如果有关自然状态的完全信息是可以使用的，那么 320 万美元表示能获得的额外期望值。一般而言，一次市场调研并不会提供"完全"信息；然而，如果是一次好的市场调研，收集的信息的价值可能占 320 万美元的相当大的比例。考虑 EVPI 为 320 万美元，PDC 可能会认真考虑把市场调研作为获得更多自然状态信息的途径[⊖]。

一般来说，**完全信息的期望值**（expected value of perfect information，EVPI）的计算如下：

完全信息的期望值

$$EVPI = \left| EVwPI - EVwoPI \right| \qquad (19\text{-}4)$$

式中，EVPI 为完全信息的期望值；EVwPI 为自然状态的完全信息条件下的期望值；EVwoPI 为自然状态的无完全信息条件下的期望值。

注意式（19-4）中绝对值的作用。对于最小化问题，信息有助于减少或降低成本，于是完全信息条件下的期望值小于等于无完全信息条件下的期望值。在这个例子中，EVPI 是 EVwPI 和 EVwoPI 之差的幅度，或如式（19-4）中所示，EVPI 是 EVwPI 和 EVwoPI 之差的绝对值。

练习

方法

2. 决策者面临四个决策方案及四种自然状态，利润支付表如下。

决策方案	自然状态			
	s_1	s_2	s_3	s_4
d_1	14	9	10	5
d_2	11	10	8	7
d_3	9	10	10	11
d_4	8	10	11	13

决策者得到如下的概率评估信息：$P(s_1) = 0.5$，$P(s_2) = 0.2$，$P(s_3) = 0.2$ 和 $P(s_4) = 0.1$。

a. 利用期望值法确定最优解决方案。

b. 假设支付表中的项目是成本。利用期望值法确定最优决策。

应用

4. Myrtle 航空快递公司决定提供从克利夫兰到 Myrtle 海滩的直邮服务。管理层必须在新型喷气式飞机的全价服务与小容量短途往返客机的折扣服务之间做出选择。显然，最优的决策取决于市场对 Myrtle 航空快递公司所提供服务的反应。从克利夫兰到 Myrtle 海滩的两种可能服务需求水平是强需求和弱需求，管理层根

⊖ 在选择一个决策方案前，PDC 了解市场接受水平的价值为 320 万美元。

据两种需求估计了每一种服务类型的利润贡献。下表是估计的季度利润（单位：1 000 美元）。

服务	服务需求	
	强需求	弱需求
全价	960	-490
折扣价	670	320

a. 要做出的决策是什么？偶然事件是什么？这个问题的结果是什么？有多少个决策方案？这个偶然事件有多少个结果？

b. 假定 Myrtle 航空快递公司的管理层认为强需求的概率是 0.7，弱需求的概率是 0.3。利用期望值法确定一个最优决策。

c. 假定强需求的概率是 0.8，弱需求的概率是 0.2，利用期望值法得出的最优决策是什么？

6. 一份 2017 年的调酒师调查将纽约州的芬格湖地区列为最受欢迎的葡萄酒产区。芬格湖葡萄园通常专门种植生产白葡萄酒的葡萄，如 Chardonnay 和 Riesling。Seneca Hill 葡萄酒厂买了一块土地，其目的是建立一个新的葡萄园。管理层考虑在新葡萄园里种植两种不同品种的白葡萄：Chardonnay 葡萄和 Riesling 葡萄。Chardonnay 葡萄可用来生产 Chardonnay 干白葡萄酒，Riesling 葡萄可用来生产 Riesling 半干白葡萄酒。从新葡萄的种植到收获大约需要四年时间。这段时间跨度产生了未来需求的极大不确定性，并使关于种植葡萄类型的决策变得困难。考虑三种可能：只种植 Chardonnay 葡萄、只种植 Riesling 葡萄和同时种植两种葡萄。为了实现计划目标，Seneca Hill 葡萄酒厂的管理层决定，充分考虑每种葡萄酒两种可能的需求：强需求和弱需求。每一种葡萄酒有两种可能的需求，因此需要估计出四种概率。借助行业刊物一些预测的帮助，管理层做出了如下的概率估计。

Chardonnay 需求	Riesling 需求	
	弱需求	强需求
弱需求	0.05	0.5
强需求	0.25	0.2

收入预测显示，如果 Seneca Hill 葡萄酒厂仅种植 Chardonnay 葡萄且对 Chardonnay 葡萄酒的需求为弱需求，则年利润为 20 000 美元；如果仅种植 Chardonnay 葡萄且对 Chardonnay 葡萄酒的需求为强需求，则年利润为 70 000 美元。如果仅种植 Riesling 葡萄且对 Riesling 葡萄酒的需求为弱需求，则年利润为 25 000 美元；如果仅种植 Riesling 葡萄且对 Riesling 葡萄酒的需求为强需求，则年利润为 45 000 美元。如果同时种植两种葡萄，年预期利润如下表所示（单位：美元）。

Chardonnay 需求	Riesling 需求	
	弱需求	强需求
弱需求	22 000	40 000
强需求	26 000	60 000

a. 要做出的决策是什么？偶然事件是什么？结果是什么？确定决策方案及偶然事件的可能结果。

b. 绘制出决策树。

c. 利用期望值法提出建议：为使期望年利润最大化，Seneca Hill 葡萄酒厂应选择哪种方案？

d. 假定对 Chardonnay 葡萄酒的需求为强需求时，管理层关心的是概率估计。在这种情况下，有些人认为对 Riesling 葡萄酒的需求也可能是强需求。假设对 Chardonnay 葡萄酒的需求为强需求，并且对 Riesling 葡萄酒的需求为弱需求的概率为 0.05；对 Chardonnay 葡萄酒的需求为强需求，并且对 Riesling 葡萄酒的需求也为强需求的概率为 0.4。当对 Chardonnay 葡萄酒为弱需求时，假设概率仍为 0.05 和 0.5，在这一变化下，应如何推荐决策方案？

e. 管理队伍中的其他成员预计 Chardonnay 葡萄酒市场在将来某一时刻达到饱和状态后，会引起价格的下降。假定当对 Chardonnay 葡萄酒的需求为强需求，并且仅种植 Chardonnay 葡萄时，年预计利润将降到 50 000 美元。利用最初的概率估计，判断这些变化将如何影响最优决策。

19.3 样本信息的决策分析

在期望值法的应用中，我们说明了自然状态的概率信息如何影响期望值计算和决策建议。通常情况下，决策者对自然状态已经有初步概率或**先验概率**（prior probability）的估计值，这个概率估计值是当时使用的最好的概率值。但是，为了做出最佳决策，决策者可能需要寻求自然状态的额外信息。这些新信息可用以修正或更新先验概率，使得决策者能够在自然状态更准确的概率基础上做出最终决策。在大多数情形下，我们通过实验设计提供自然状态的**样本信息**（sample information），能得到自然状态的额外信息。原料取样、产品测试，以及市场调研是有助于管理层修正或更新自然状态概率的实验（或研究）范例。这些修正过的概率被称为**后验概率**（posterior probability）。

我们回到 PDC 问题上，假定管理层正考虑进行一项为期六个月的市场调研计划，以便更深入地了解 PDC 公寓项目的潜在的市场接受度。管理层预计，市场调研将提供以下两种结论中的一种。

（1）有利报告：相当数量的被调查者表示对购买 PDC 公寓有兴趣。

（2）不利报告：极少数的被调查者表示对购买 PDC 公寓有兴趣。

19.3.1 决策树

样本信息条件下的 PDC 问题的决策树显示了决策与偶然事件的逻辑顺序，如图 19-4 所示。首先，PDC 管理层必须决定是否进行市场调研。若进行市场调研，在市场调研报告有利和不利的条件下，PDC 管理层必须准备做出两种不同的关于公寓项目规模的决策。

在图 19-4 中，方框是决策节点，圆圈是机会节点。在每个决策节点，决策树的分枝取决于做出的决策。在每个机会节点，决策树的分枝取决于概率或可能性。例如，决策节点 1 表示 PDC 必须首先做出是否进行市场调研的决策。如果进行市场调研，机会节点 2 意味着有利报告分枝和不利报告分枝不受 PDC 控制，而由偶然性决定。节点 3 是决策节点，表示在市场调研报告有利条件下，PDC 必须做出建造小型、中型还是大型综合大楼的决策。结点 4 是决策节点，表示在市场调研报告不利条件下，PDC 必须做出建造小型、中型还是大型综合大楼的决策。节点 5 也是决策节点，表示在没有市场调研的情况下，PDC 必须做出建造小型、中型还是大型综合大楼的决策。节点 6～14 是机会节点，表示强需求或弱需求的自然状态分枝取决于偶然性。

决策树的分析和最优策略的选择要求我们知道相应于所有机会节点的分枝概率。PDC 给出了如下的分枝概率[一]。

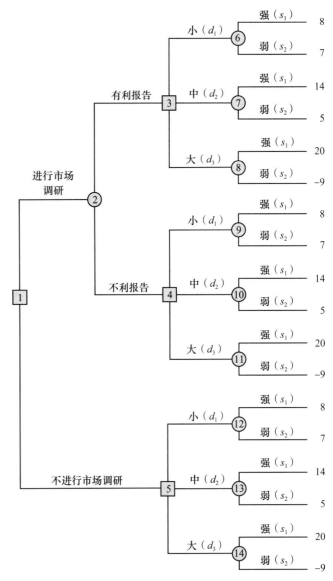

图 19-4 包括市场调研的 PDC 决策树

如果进行市场调研：

$$P(\text{有利报告}) = P(F) = 0.77$$
$$P(\text{不利报告}) = P(U) = 0.23$$

如果市场调研报告是有利的：

[一] 我们将在 19.4 节中介绍如何获得这些概率。

$$P(\text{有利报告下的强需求}) = P(s_1 \mid F) = 0.94$$

$$P(\text{有利报告下的弱需求}) = P(s_2 \mid F) = 0.06$$

如果市场调研报告是不利的：

$$P(\text{不利报告下的强需求}) = P(s_1 \mid U) = 0.35$$

$$P(\text{不利报告下的弱需求}) = P(s_2 \mid U) = 0.65$$

如果不进行市场调研，先验概率是适用的：

$$P(\text{强需求}) = P(s_1) = 0.80$$

$$P(\text{弱需求}) = P(s_2) = 0.20$$

分枝概率显示在图 19-5 的决策树上。

19.3.2 决策策略

决策策略（decision strategy）是由一系列的决策与偶然结果构成的，这里的决策选择取决于尚未确定的偶然事件的结果。用于确定最优决策策略的方法以对决策树进行逆推为依据，其步骤如下：

（1）在机会节点，用每个分枝末端的支付与相应分枝概率相乘来计算期望值。

（2）在决策节点，选择通向最佳期望值的决策分枝，这个期望值就是该决策节点的期望值。

对机会节点 6~14 的期望值进行逆推演算，得到的结果如下：

$$EV(\text{节点 }6) = 0.94 \times 8 + 0.06 \times 7 = 7.94$$

$$EV(\text{节点 }7) = 0.94 \times 14 + 0.06 \times 5 = 13.46$$

$$EV(\text{节点 }8) = 0.94 \times 20 + 0.06 \times (-9) = 18.26$$

$$EV(\text{节点 }9) = 0.35 \times 8 + 0.65 \times 7 = 7.35$$

$$EV(\text{节点 }10) = 0.35 \times 14 + 0.65 \times 5 = 8.15$$

$$EV(\text{节点 }11) = 0.35 \times 20 + 0.65 \times (-9) = 1.15$$

$$EV(\text{节点 }12) = 0.80 \times 8 + 0.20 \times 7 = 7.80$$

$$EV(\text{节点 }13) = 0.80 \times 14 + 0.20 \times 5 = 12.20$$

$$EV(\text{节点 }14) = 0.80 \times 20 + 0.20 \times (-9) = 14.20$$

在计算了这些机会节点期望值之后，简化的决策树如图 19-6 所示。

接下来我们移至决策节点 3，4 和 5。在每个节点，我们都选择通向最佳期望值的决策方案分枝。例如，在决策节点 3，我们有三种选择：EV（节点 6）= 7.94 的小型综合大楼方案分枝选项，EV（节点 7）= 13.46 的中型综合大楼方案分枝选项，以及 EV（节点 8）= 18.26 的大型综合大楼方案分枝选项。于是，我们选择大型综合大楼决策方案分枝，节点 3 的期望值为 EV（节点 3）= 18.26。

对于决策节点 4，我们从节点 9，10 和 11 中选取最佳期望值，最佳决策方案为中型综合大楼方案分枝，决策节点 4 的期望值为 EV（节点 4）= 8.15。对于决策节点 5，我们从节点 12，13 和 14 中选取最佳期望值，最佳决策方案为大型综合大楼方案分枝，决策节点 5 的期望值为 EV（节点 5）= 14.20。在决策节点 3，4 和 5 选择了最佳决策后，简化的决策树如图 19-7 所示。

现在，机会节点 2 的期望值计算如下：

$$EV(\text{节点 }2) = 0.77EV(\text{节点 }3) + 0.23EV(\text{节点 }4)$$
$$= 0.77 \times 18.26 + 0.23 \times 8.15 = 15.93$$

这个计算结果把决策树简化为仅包含由节点 1 引出的两个决策分枝的决策树（见图 19-8）。

最后，通过在节点 2 与节点 5 中选择最佳期望值，我们能在决策节点 1 上做出决策。这一决策方案是进行市场调查研究，其总期望值为 15.93。

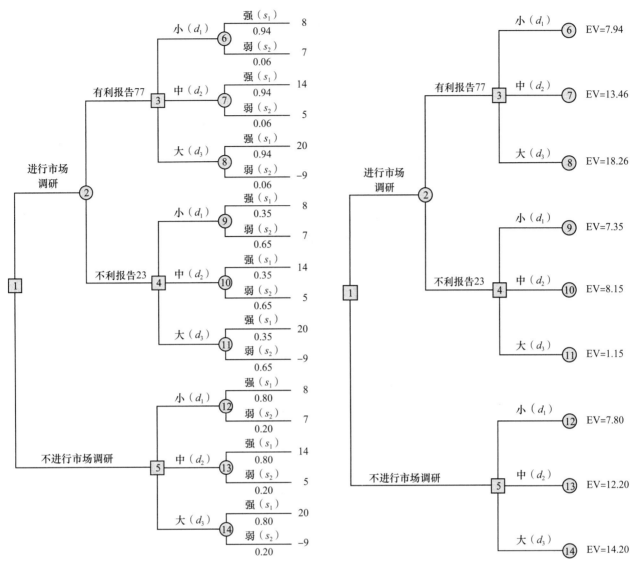

图 19-5 带有分枝概率的 PDC 决策树   图 19-6 计算了节点 6~14 的期望值之后的 PDC 决策树

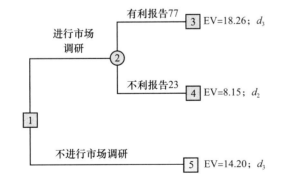

图 19-7 在节点 3，4 和 5 选择了最佳决策后的 PDC 决策树   图 19-8 简化至两个决策分枝的 PDC 决策树

PDC 的最优决策是进行市场调研，然后实施的决策策略如下：

如果市场调研报告有利，则建造大型的公寓综合大楼；

如果市场调研报告不利，则建造中型的公寓综合大楼。

PDC 的分析说明了决策树是可用于分析更为复杂的顺序决策问题的方法。首先，要绘制一个由决策节点、机会节点和用来描述问题顺序状态的分枝组成的决策树，确定所有偶然结果发生的概率。然后，对决策树进行逆推，计算所有机会节点的期望值，并且在所有决策节点里选择最佳决策分枝。最佳决策分枝的顺序就决定了这个问题的最优决策策略。

19.3.3 样本信息的期望值

在 PDC 问题中，市场调研可用于确定最优决策策略的样本信息。与市场调研相关的期望值为 1 593 万美元。在第 19.2 节中，我们已经说明：如果不进行市场调研，则最佳期望值是 1 420 万美元。于是，我们可以得出结论：1 593−1 420＝173（万美元），这个差额就是**样本信息的期望值**（expected value of sample information，EVSI）。换句话说，进行市场调研会使 PDC 的期望值增加 173 万美元[注]。一般而言，样本信息的期望值如下。

> **样本信息的期望值**
>
> $$EVSI = |EVwSI - EVwoSI| \qquad (19\text{-}5)$$
>
> 式中，EVSI 为样本信息的期望值；EVwSI 为自然状态的样本信息条件下的期望值；EVwoSI 为自然状态的无样本信息条件下的期望值。

注意式（19-5）中绝对值的作用，对于最小化问题，样本信息条件下的期望值总是小于等于无样本信息条件下的期望值。在这种情形下，EVSI 就是 EVwSI 与 EVwoSI 之差的幅度，因此，如式（19-5）所示，通过计算差的绝对值，我们可以用一个公式来处理最大化和最小化问题。

练 习

方法

8. 考虑如图 19-5 所示的 PDC 决策树的一个变化。首先，公司必须决定是否进行市场调研。如果进行市场调研，结果可能有利（F），也可能不利（U）。假设仅有两种决策方案 d_1 和 d_2 及两种自然状态 s_1 和 s_2，利润的支付表如下。

决策方案	自然状态	
	s_1	s_2
d_1	100	300
d_2	400	200

a. 绘出决策树。

b. 应用如下概率，最优决策策略是什么？

$$P(F) = 0.56 \quad P(s_1 \mid F) = 0.57$$
$$P(s_1 \mid U) = 0.18 \quad P(s_1) = 0.40$$
$$P(U) = 0.44 \quad P(s_2 \mid F) = 0.43$$
$$P(s_2 \mid U) = 0.82 \quad P(s_2) = 0.60$$

应用

10. Dante 公司正在考虑对一座新的综合办公大楼的合同投标。图 19-9 是公司分析人员绘制的决策树。在节点 1，公司必须决定是否投标合同。准备投标

的费用是 200 000 美元。从节点 2 引出的上端分枝表示：若公司投标，赢得合约的概率为 0.8，如果投标成功，公司将不得不支付 2 000 000 美元成为项目的合伙人。节点 3 表示：在大楼建造之前公司考虑进行一项市场调研来预测对办公大楼的需求。这项调研费用为 150 000 美元。节点 4 是一个机会节点，表示市场调研的可能结果。

节点 5，6 和 7 类似，都是决策节点，表示 Dante 公司可以选择建造办公大楼或者把项目的开发权卖给另外的开发商。如果是高需求，建造综合大楼的决策会获得 5 000 000 美元的收入；如果是中需求，收入为 3 000 000 美元。如果 Dante 公司选择卖掉项目的开发权，转让所得收入估计为 3 500 000 美元。节点 4，8 和 9 的概率是以市场调研的预估结果为依据而得到的。

a. 通过计算最上端的两个结果的支付 2 650 000 美元与 650 000 美元，验证决策树末端显示的 Dante 公司的利润目标。

b. Dante 公司的最优决策策略是什么？这个项目的期望利润是多少？

c. 在 Dante 公司改变其进行调研的决策之前，市场调研的成本应为多少？

⊖ EVSI＝173 万美元意味着 PDC 最多愿意支付 173 万美元用于市场调研。

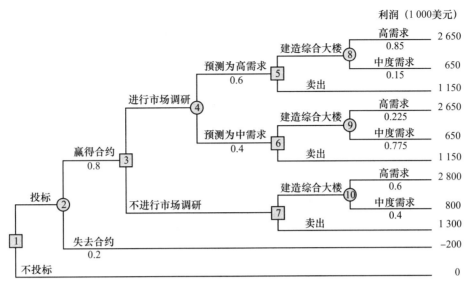

图 19-9 Dante 公司的决策树

12. Martin 服务站正在考虑为即将来临的冬季引入扫雪业务。Martin 可以为该站的皮卡购买一套扫雪车刀刃装置，也可以购买一辆重型扫雪车。在对情况进行分析之后，Martin 认为如果降雪量大的话，任何一种方案都是有利的投资；如果降雪量一般，所得利润较低；如果降雪量很小，就会出现亏损。损益情况如下表所示：

决策方案	自然状态		
	降雪量大 s_1	降雪量一般 s_2	降雪量小 s_3
刀刃装置，d_1	3 500	1 000	-1 500
新扫雪车，d_2	7 000	2 000	-9 000

自然状态概率为：$P(s_1) = 0.4$，$P(s_2) = 0.3$ 和 $P(s_3) = 0.3$。假定 Martin 决定到 9 月才做最终决策。估计 9 月正常寒冷（N）与反季寒冷（U）的有关概率如下：

$$P(N) = 0.8 \quad P(s_1 \mid N) = 0.35$$
$$P(s_1 \mid U) = 0.62 \quad P(U) = 0.2$$
$$P(s_2 \mid N) = 0.30 \quad P(s_2 \mid U) = 0.31$$
$$P(s_3 \mid N) = 0.35 \quad P(s_3 \mid U) = 0.07$$

a. 绘制出这个问题的决策树。

b. 如果 Martin 在 9 月之前做出决策，那么建议的决策是什么？期望值是多少？

c. 完全信息价值的期望值是多少？

d. 如果在确定 9 月的天气状况后再做决定，Martin 的最优决策策略是什么？这个决策策略的期望值是多少？

19.4 利用贝叶斯定理计算分枝概率

在第 19.3 节中，我们已经在问题的描述中详细说明了 PDC 决策树机会节点的分枝概率，而没有涉及确定这些概率的计算。在本节中我们将说明如何应用**贝叶斯定理**[⊖]（Bayes' theorem）来计算决策树的分枝概率。

图 19-10 再次显示了 PDC 决策树。F 表示有利的市场调研报告；U 表示不利的市场调研报告；s_1 表示强需求（自然状态 1）；s_2 表示弱需求（自然状态 2）。

在机会节点 2，我们需要知道分枝概率 $P(F)$ 和 $P(U)$。在机会节点 6，7 和 8，我们需要知道在有利的市场调研报告条件下自然状态 1 和自然状态 2 的分枝概率 $P(s_1 \mid F)$ 和 $P(s_2 \mid F)$。由于 $P(s_1 \mid F)$ 和 $P(s_2 \mid F)$ 是基于样本信息结果的条件概率，因而被称为后验概率。在机会节点 9，10 和 11，我们需要知道分枝概率 $P(s_1 \mid U)$ 和 $P(s_2 \mid U)$。注意，在这些也是后验概率，表示在不利的市场调研报告下两种自然状态的概率。最后，在机会节点 12，13 和 14，我们需要知道，如果不进行市场调研自然状态的概率 $P(s_1)$ 和 $P(s_2)$。

———————————

⊖ 贝叶斯定理在第 4 章中介绍过。

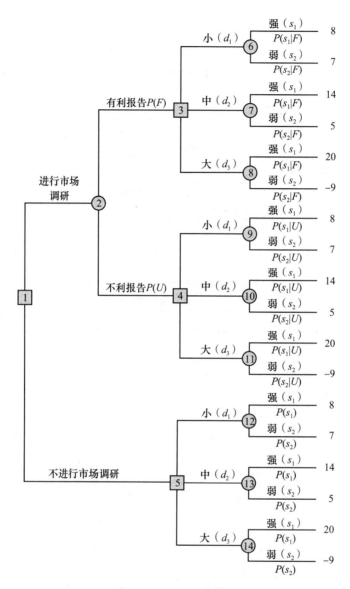

图 19-10　PDC 的决策树

在概率的计算过程中，我们需要知道 PDC 对两种自然状态的评估概率 $P(s_1)$ 和 $P(s_2)$，即前面所说的先验概率。另外，我们必须知道，在给定每种自然状态下的市场调研结果（样本信息）的**条件概率**（conditional probability）。例如，我们需要知道，在对 PDC 项目强需求的条件下有利的市场调研报告的条件概率。注意，在给定自然状态 s_1 时，F 的条件概率记为 $P(F|s_1)$。为了计算概率，我们需要知道，在给定所有自然状态条件下的所有样本结果的条件概率，即 $P(F|s_1)$、$P(F|s_2)$、$P(U|s_1)$ 和 $P(U|s_2)$。在 PDC 问题中，我们假定如下表的条件概率的评估是可以使用的。

自然状态	市场调研	
	有利，F	不利，U
强需求，s_1	$P(F|s_1) = 0.90$	$P(U|s_1) = 0.10$
弱需求，s_2	$P(F|s_2) = 0.25$	$P(U|s_2) = 0.75$

注意，前面的概率评估为市场调研提供了一个合理的可信度。如果真实的自然状态为 s_1，则有利的市场调研报告的概率为 0.90，而不利的市场调研报告的概率为 0.10。如果真实的自然状态为 s_2，则有利的市场调研报告的

概率为 0.25，而不利的市场调研报告的概率为 0.75。在自然状态 s_2 条件下有利的市场调研报告的概率为 0.25 可能产生误导，其理由是，当一些潜在购买者最初听说新公寓大楼项目时，他们可能会夸大对这个项目的真实兴趣。而随即面临签订购买合同和支付订金时，潜在的买家最初的良好反应可能迅速变为"不要了，谢谢"。

在下面的讨论中，我们把按表格计算的方法作为概率计算的一种简便方法。表 19-3 汇总了以有利的市场调研报告（F）为依据的 PDC 问题的计算。建立此表的步骤如下。

步骤 1：在第 1 列填写自然状态，第 2 列填写自然状态的先验概率，第 3 列填写给定自然状态下有利的市场调研报告（F）的条件概率。

步骤 2：在第 4 列中，用第 2 列的先验概率值与第 3 列相应的条件概率值相乘计算**联合概率**（joint probabilities）。

步骤 3：加总第 4 列的联合概率得出有利的市场调研报告的概率 $P(F)$。

步骤 4：用第 4 列的联合概率除以 $P(F) = 0.77$ 得到修正概率或后验概率，$P(s_1 \mid F)$ 和 $P(s_2 \mid F)$。

如表 19-3 所示，获得有利的市场调研报告的概率是 0.77。另外，$P(s_1 \mid F) = 0.94$ 和 $P(s_2 \mid F) = 0.06$。特别要注意：有利的市场调研报告将提供一个公寓大楼项目需求为强需求（s_1）的修正概率或后验概率 0.94。

表 19-3　以有利的市场调研报告为依据的 PDC 公寓项目的分枝概率

自然状态 s_j	先验概率 $P(s_j)$	条件概率 $P(F \mid s_j)$	联合概率 $P(F \cap s_j)$	后验概率 $P(s_j \mid F)$
s_1	0.8	0.9	0.72	0.94
s_2	0.2	0.25	0.05	0.06
	1.0		$P(F) = 0.77$	1.00

按表格计算概率方法要求对每个可能的样本信息结果重复进行计算。表 19-4 表示以不利的市场调研报告为依据的 PDC 问题的计算。注意，得到不利的市场调研报告的概率为 $P(U) = 0.23$。如果获得的是不利的市场调研报告，强市场需求（s_1）的后验概率为 0.35，弱市场需求（s_2）的后验概率为 0.65。表 19-3 与表 19-4 的分枝概率显示在图 19-5 的决策树中。

表 19-4　以不利的市场调研报告为依据的 PDC 公寓项目的分枝概率

自然状态 s_j	先验概率 $P(s_j)$	条件概率 $P(U \mid s_j)$	联合概率 $P(U \cap s_j)$	后验概率 $P(s_j \mid U)$
s_1	0.8	0.10	0.08	0.35
s_2	0.2	0.75	0.15	0.65
	1.0		$P(U) = 0.23$	1.00

本节的讨论说明了决策树中各分枝概率之间的基本关系。如果没有确定这些变化如何改变 $P(U)$，$P(F)$ 及后验概率 $P(s_1 \mid F)$，$P(s_2 \mid F)$，$P(s_1 \mid U)$ 和 $P(s_2 \mid U)$，就设定不同的先验概率 $P(s_1)$ 和 $P(s_2)$ 是不合适的㊀。

练习

方法

14. 假设已知一个具有三种自然状态 s_1，s_2 和 s_3 的决策情况。先验概率为 $P(s_1) = 0.2$，$P(s_2) = 0.5$ 和 $P(s_3) = 0.3$。考虑样本信息 I，$P(I \mid s_1) = 0.1$，$P(I \mid s_2) = 0.05$ 和 $P(I \mid s_3) = 0.2$。计算修正概率或后验概率 $P(s_1 \mid I)$，$P(s_2 \mid I)$ 及 $P(s_3 \mid I)$。

16. 为了节省费用，Rona 和 Jerry 同意上下班拼车。Rona 倾向于走稍远但较为顺畅的 Queen City 林荫大道。Jerry 更愿意走高速路，但他同意在高速路堵塞时，走 Queen City 林荫大道。下面的支付表给出了估计的上下班单程时间（单位：分钟）。

决策方案	自然状态	
	高速路顺畅, s_1	高速路堵塞, s_2
Queen City 林荫大道, d_1	30	30
高速路, d_2	25	45

㊀ 练习第 14 题要求计算后验概率。

基于他们对交通问题的经验，Rona 和 Jerry 一致认为高速路堵塞的概率为 0.15。

另外，他们还认为天气可能会影响高速路的交通情况。令 C 代表晴天，O 代表阴天，R 代表雨天。

应用如下条件概率：

$P(C \mid s_1) = 0.8$ $P(O \mid s_1) = 0.2$ $P(R \mid s_1) = 0.0$

$P(C \mid s_2) = 0.1$ $P(C \mid s_2) = 0.3$ $P(C \mid s_2) = 0.6$

a. 利用修正概率的贝叶斯定理计算各种天气状况的概率，并计算在给定天气状况条件下，高速路顺畅 s_1 或堵塞 s_2 的条件概率。

b. 绘制出这个问题的决策树。

c. 最优决策策略是什么？期望的上下班时间是多少？

小 结

当决策者面临一个不确定且风险重重的未来事件时，决策分析可用来确定一个建议的决策方案或最优决策策略。如果已知不确定事件及可能结果或支付的信息，决策分析的目的是确定最佳决策方案或最优决策策略。不确定的未来事件被称为偶然事件，且偶然事件的结果被称为自然状态。

我们介绍了如何运用支付表和决策树来构造一个决策问题，并描述了决策、偶然事件及结果之间的关系。给出自然状态的概率估计后，我们介绍了如何利用期望值法来确定建议的决策方案或决策策略。

如果偶然事件的样本信息是有用的，就能做出一系列的决策。首先我们要决定是否要获取样本信息。如果这个决策的答案是肯定的，那么就必须以具体的样本信息为依据，选择一个最优决策策略。在这种情况下，决策树与期望值法可以用来决定最优决策策略。

关键术语

Bayes' theorem 贝叶斯定理 一个能利用样本信息来修正先验概率的定理。

branch 分枝 表示从决策节点的方案到机会节点的结果的一段线。

chance event 偶然事件 影响与决策相关的决策结果或支付的不确定的未来事件。

chance nodes 机会节点 表示一个不确定事件将要发生的节点。

conditional probabilities 条件概率 一个事件在已知（可能的）相关事件结果的条件下的概率。

consequence 结果 当选定决策方案且偶然事件发生时所获得的结果。对结果的度量通常称为支付。

decision nodes 决策节点 表示要制定决策的节点。

decision strategy 决策策略 一个策略，包括为决策问题提供最优解的一系列决策和偶然结果。

decision tree 决策树 显示决策制定过程连续性的决策问题的图形。

expected value (EV) 期望值 对于一个机会节点，它是支付的加权平均值。权重就是自然状态的概率。

expected value approach 期望值法 以每一决策方案的期望值为依据选择决策方案的方法。建议的方案是具有最佳期望值的方案。

expected value of perfect information (EVPI) 完全

信息的期望值 能准确地告知决策者哪种自然状态会发生的信息的期望值（即完全信息）。

expected value of sample information (EVSI) 样本信息的期望值 以样本信息为依据的最优策略的期望值与没有任何样本信息的"最佳"期望值之间的差。

joint probabilities 联合概率 样本信息与一个具体自然状态同时发生的概率。

node 节点 一个影响图示或决策树的交叉点或结合点。

payoff 支付 决策结果的度量，例如利润、成本或时间等。决策方案与自然状态的每一个组合都有一个对应的支付（结果）。

payoff table 支付表 决策问题的支付的列表表示。

posterior (revised) probabilities 后验（修正）概率 以样本信息为依据，修正了先验概率后的自然状态的概率。

prior probabilities 先验概率 获得样本信息前自然状态的概率。

sample information 样本信息 通过更新或修正自然状态概率的研究或实验而获得的新信息。

states of nature 自然状态 影响决策方案支付的偶然事件的可能结果。

重要公式

期望值

$$EV(d_i) = \sum_{j=1}^{N} P(s_j) V_{ij} \qquad (19-3)$$

完全信息的期望值

$$EVPI = \left| EVwPI - EVwoPI \right| \qquad (19-4)$$

样本信息的期望值

$$EVSI = \left| EVwSI - EVwoSI \right| \qquad (19-5)$$

补充练习

18. 一个投资者打算在七种共同基金中选择一种作为来年的投资。下表给出了这些基金五个典型一年期的收益率，假设这五个一年期收益率中的某一个将在来年再次发生。A 年、B 年、C 年、D 年和 E 年为共同基金决策的自然状态。

互助基金	自然状态				
	A 年	B 年	C 年	D 年	E 年
大盘混合型基金	35.3	20.0	28.3	10.4	-9.3
中盘混合型基金	32.3	23.2	-0.9	49.3	-22.8
小盘混合型基金	20.8	22.5	6.0	33.3	6.1
能源/资源行业基金	25.3	33.9	-20.5	20.9	-2.5
保健行业基金	49.1	5.5	29.7	77.7	-24.9
技术行业基金	46.2	21.7	45.7	93.1	-20.1
房产行业基金	20.5	44.0	-21.1	2.6	5.1

a. 假定经验丰富的金融分析师对这五种自然状态进行了评审并给出如下概率：0.1，0.3，0.1，0.1 和 0.4。利用期望值方法，哪个是推荐的共同基金？该基金的期望年收益率是多少？投资这个建议的共同基金，最低和最高的年收益率是多少？

b. 一个保守的投资者注意到，小盘混合型基金是唯一一个不可能亏损的基金。实际上，如果选择小盘混合型基金，投资者至少保证能得到 6% 的收益。该基金的预期年收益率是多少？

c. 考虑 a 和 b 中所推荐的基金，哪个基金的风险更高？为什么？风险较高的共同基金预期年收益率也比较高吗？

d. 你会向这个投资者推荐哪个基金？请解释原因。

20. Hemmingway 公司正在考虑一个 500 万美元的研发（R&D）项目，利润预测显示这一项目有成功的希望，但 Hemmingway 的董事长有些担心，因为该研发项目成功的概率只有 0.5。董事长也知道，即使这个项目成功了，公司将需要耗资 2 000 万美元建造一个新厂来生产新产品。如果建造新工厂，对新产品的需求不确定，利润能否实现也不确定。如果这个研发项目成功了，另一个选择是公司以 2 500 万美元的估价出让产品的生产权，这样就不用花费 2 000 万美元建立新厂。

决策树如图 19-11 所示，各种结果的预期利润显示在分枝末端。例如，在高需求情况下预期收入为 5 900 万美元，减去该研发项目的成本（500 万美元）和建新厂的成本（2 000 万美元），最后的利润为 5 900-500-2 000＝3 400（万美元）。偶然事件的概率也显示在分枝上。

a. 分析决策树以确定该公司是否应该投资这个研发项目。如果投资该项目，并且成功了，那么公司应该怎么做？你的策略的期望值是多少？

b. 如果公司考虑出让产品的生产权，出让价格是多少？

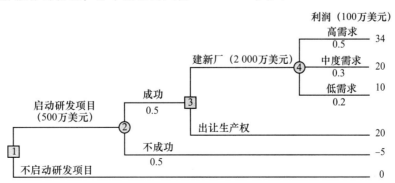

图 19-11　Hemmingway 公司的决策树

案例 19-1 诉讼辩护策略

约翰·坎贝尔是曼哈顿建筑公司的一名雇员，他在维修 Eastview 公寓大楼的一个屋顶时跌落摔伤了背部。在诉讼中他对 Eastview 公寓的业主道格·雷诺兹提出 1 500 000 美元的伤害赔偿金。约翰声称，屋顶早已部分腐烂，如果雷诺兹先生事先告诉曼哈顿建筑公司这一问题，就能避免他从屋顶上跌落摔伤。雷诺兹先生向他的保险公司——联合保险公司通知了这起诉讼事件。联合保险公司必须为雷诺兹先生辩护，并且决定就该诉讼要采取的行动。

根据双方的证言及一系列讨论，约翰·坎贝尔提出接受 750 000 美元的赔偿。于是，一种选择就是联合保险公司付给约翰 750 000 美元解决索赔问题。联合保险公司也在考虑和约翰还价到 400 000 美元，以期待约翰会接受较少数额的赔款，避免进行审判所浪费的时间和成本。联合保险公司的初步调查表明，约翰受到了严重的伤害。联合保险公司担心的是，约翰可能会拒绝他们的讨价还价并要求陪审团审判。联合保险公司的律师花了一些时间研究他们还价到 400 000 美元时约翰的可能反应。

律师的结论是，对还价到 400 000 美元时约翰的可能反应，有以下三种结果：①约翰接受该还价，该诉讼结案。②约翰拒绝还价并选择由陪审团决定赔偿金额。③约翰会还价到 600 000 美元。如果约翰进行讨价还价，联合保险公司决定不再还价。他们要么接受约翰 600 000 美元的还价，要么参加审判。

如果该诉讼由陪审团审判，联合保险公司考虑了三种可能结果：①陪审团拒绝约翰的赔偿主张，联合保险公司将无须支付任何赔偿金；②陪审团支持约翰，判定给他 750 000 美元的赔偿金；③陪审团断定约翰受到严重伤害，判定给他 1 500 000 美元的全额赔偿金。

作为联合保险公司处理案件的策略，主要考虑的是：约翰对联合保险公司还价到 400 000 美元的反应的概率，以及三种可能审判结果的概率。联合保险公司的律师认为：约翰接受 400 000 美元还价的概率为 0.1，他拒绝 400 000 美元还价的概率为 0.4，约翰自己还价到 600 000 美元的概率为 0.5。如果案件起诉到法院，联合保险公司的律师认为：陪审团判定给约翰的赔偿金为 1 500 000 美元的概率为 0.3，750 000 美元的概率为 0.5，拒绝约翰的赔偿主张的概率为 0.2。

管理报告

对联合保险公司面临的问题进行分析，并准备一份调研结果和建议的报告。它必须包括以下项目：

1. 决策树。
2. 对于联合保险公司是否应该接受约翰最初提出的 750 000 美元的索赔，提出建议。
3. 如果联合保险公司决定还价到 400 000 美元，其应该遵循怎样的决策策略？
4. 概述你所建议的策略的风险。

案例 19-2 地产购买策略

海景发展公司总裁格伦·福尔曼正在考虑提交一份购买地产的投标书，该地产将在县进行税务法拍，密封投标拍卖。格伦的初步判断是提交 500 万美元的投标。根据经验，格伦估计 500 万美元的出价将有 0.2 的概率成为最高出价，并确保该地产成为海景发展公司的财产。当前日期为 6 月 1 日，该地产的密封投标必须在 8 月 15 日前提交，中标将在 9 月 1 日宣布。

如果海景发展公司提交的是最高出价并获得该地产，公司计划建造一座豪华综合公寓大楼并出售。但是，一个复杂的因素是该房地产目前仅限于独户住宅。格伦认为，在 11 月的选举中，公民投票可以及时进行。公民投票通过将改变房地产的分区，并允许建造公寓大楼。

密封投标的程序要求提交的投标书中附带一张占投标金额 10% 的保证支票。如果投标被拒绝，保证金将被退还。如果投标被接受，保证金是该地产的首期付款。但是，如果投标被接受，并且投标人在 6 个月内没有跟进购买并履行剩余的财务义务，保证金将被没收。在这种情况下，县政府将把地产出售给下一个出价最高的人。

为了确定海景发展公司是否应提交 500 万美元的投标书，格伦进行了一些初步分析。初步分析工作提供了分区变更的全民公投将获得批准的评估概率为 0.3，并得出如果建造公寓大楼将产生的成本和收入的估计值，如下表所示。

成本和收入的估计值

来自出售公寓大楼的收入	15 000 000 美元
成本	5 000 000 美元
建造费用	8 000 000 美元

如果海景发展公司获得该地产，并且在 11 月分区变更被拒绝，格伦相信公司最好的选择是不购买该地产。在这种情况下，海景发展公司将被没收 10% 的投标保证金。

因为分区公投获得批准的可能性是决策过程中的一个重要因素，所以格伦建议公司聘请一家市场调查机构对选民进行调查。这项调查将更好地估计分区变更的全民公投获得批准的可能性。过去曾与海景发展公司合作过的市场调查公司同意以 15 000 美元的价格进行这项调研。市场调研公司将于 8 月 1 日提供调研结果，那样海景发展公司可以考虑拒绝购买该地产。在考虑之前为海景进行研究的市场调查服务记录后，格伦对市场调查信息的准确性进行了以下概率估计：

$$P(A \mid s_1) = 0.9 \qquad P(N \mid s_1) = 0.1$$
$$P(A \mid s_2) = 0.2 \qquad P(N \mid s_2) = 0.8$$

式中，A 表示分区变更被批准的预测，N 表示分区变更未被批准的预测，s_1 表示分区变更被选民批准，s_2 表示分区变更被选民拒绝。

管理报告

对海景发展公司面临的问题进行分析，并准备一份调研结果和建议的报告。你的报告应包括以下项目：

1. 显示决策问题逻辑序列的决策树。
2. 如果没有市场调查信息，你建议海景发展公司怎么做？
3. 如果进行市场调查，海景发展公司应该遵循怎样的决策策略？
4. 海景发展公司是否应该聘请市场调查公司，以及市场调查公司提供的信息是否有价值？

将你分析的详细信息作为报告的附录。

第 20 章
指　　数

CHAPTER

20

实践中的统计
美国劳工部、劳工统计局
华盛顿特区

美国劳工部通过其下属的劳工统计局编纂并发布了各类指数及其他统计资料，以此作为反映美国商业和经济活动的晴雨表。例如，劳工统计局编纂和出版了消费者价格指数（CPI）、生产者价格指数（PPI）以及各类工人的平均工作时间与收入等资料。在劳工统计局编制的指数中，应用最广泛的是消费者价格指数，它常常被用于测量通货膨胀。

2015 年 4 月美国劳工统计局的报告显示，经过季节调整后，消费者价格指数在 3 月份上涨了 0.2%。而同一时期，消费者价格指数组成部分的食品类指数实际上是下降的。但是，同为消费者价格指数组成部分的能源和住房指数大大抵消了食品类指数的下降，是消费者价格指数上涨的主要因素。汽油和燃料油价格的上涨，使得能源指数上涨了 1.1%。

劳工统计局还报告了经过季节调整后的生产者价格指数在 2015 年 3 月份上涨了 0.2%，这是在 2 月份下降 0.5% 和 1 月份下降 0.8% 后的上涨。生产者价格指数用于测量商品和服务的价格变动，也常常被看作消费者价格指数变动的导向指标。在 3 月份，绝大部分上涨归因于商品指数上涨了 0.3%，同样在 3 月份，服务价格上涨了 0.1%。

在本章我们将介绍各种指数的计算，例如消费者价格指数、生产者价格指数等，并对它们加以说明。

美国政府每个月都发布各类指数，编制这些指数是为了帮助居民了解当前的商业和经济状况。这些指数中被广为了解和运用的是消费者价格指数（CPI）。顾名思义，消费者价格指数是消费者为购买物品支付的价格变动的指示器。特别地，消费者价格指数可以度量一段时间内的价格变动，方便与不同年份的名义价格进行比较。给定一个开始时期，也称为基期，其指数为 100，消费者价格指数就能对报告期的消费价格与基期的消费价格进行比较。例如，消费者价格指数为 125，意味着报告期的消费价格整体上比基期大约提高 25%。尽管只有少数居民能确切理解这个数字的含义，但他们的确知道这个指数，知道该数值的增加意味着价格的上涨。

虽然消费者价格指数可能是最为著名的指数，但是还有许多其他政府和私人机构的指数，它们也可以帮助我们度量和理解如何将一个时期的经济状况和另一个时期的经济状况进行比较。本章的目的就在于阐述广为使用的几种指数。我们通过编制一些简单的指数，可以对如何计算指数有一个更好的理解。

20.1　价比

价格指数最简单的形式，就是一个给定商品项目的报告期单价与基期单价的简单对比。例如，表 20-1 是 2000~2017 年每升普通汽油的成本资料。为了方便与其他年份的加以比较，每升汽油的现实成本数据可转化为一个价比（price relative），即将每一时期的单价表示为基期单价的一个百分数。

表 20-1　每升汽油的名义价格和以 2000 年为基期的价比

年份	每升价格/美元	价比（以 2000 年为基期）	年份	每升价格/美元	价比（以 2000 年为基期）
2000	0.40	（0.40/0.40）×100＝100.0	2009	0.64	（0.64/0.40）×100＝160.0
2001	0.39	（0.39/0.40）×100＝97.5	2010	0.75	（0.75/0.40）×100＝187.5
2002	0.37	（0.37/0.40）×100＝92.5	2011	0.95	（0.95/0.40）×100＝237.5
2003	0.42	（0.42/0.40）×100＝105.0	2012	0.97	（0.97/0.40）×100＝242.5
2004	0.50	（0.50/0.40）×100＝125.0	2013	0.95	（0.95/0.40）×100＝237.5
2005	0.61	（0.61/0.40）×100＝152.5	2014	0.91	（0.91/0.40）×100＝227.5
2006	0.69	（0.69/0.40）×100＝172.5	2015	0.67	（0.67/0.40）×100＝167.5
2007	0.75	（0.75/0.40）×100＝187.5	2016	0.59	（0.59/0.40）×100＝147.5
2008	0.87	（0.87/0.40）×100＝217.5	2017	0.67	（0.67/0.40）×100＝167.5

$$t \text{ 期的价比} = \frac{t \text{ 期的价格}}{\text{基期的价格}} \times 100 \tag{20-1}$$

根据表 20-1 的资料，以 2000 年为基期，我们可以算出 2000~2017 年每升普通汽油的价比，将它们列在表 20-1 的第三列中。通过了解价比，任何时期的价格就很容易与基期的价格进行比较。例如，2001 年的价比为 97.5，表明汽油价格在 2001 年比 2000 年下降 2.5%；类似地，2003 年的价比为 105.0，表明汽油价格在 2003 年比 2000 年上涨 5%。就像普通汽油等现象一样，价比在了解和解释经济与商业状况随时间的变动方面是很有帮助的。

20.2 综合物价指数

尽管价比能用来解释单个商品项目的价格随时间的变动情况，但我们通常更感兴趣的是一组商品项目整体上的价格变动。例如，我们想要一个指数来全面测量生活费用随时间变动的情况。我们希望这个指数以各种生活用品的价格变动为依据，包括食品、住房、服装、交通运输和医疗保健等。**综合物价指数**（aggregate price index）就是为了度量一组商品项目的综合变动而编制的。

以普通汽车运行费用的一组分类项目为例，我们考虑综合物价指数的编制。为了方便起见，我们只考虑汽油、润滑油、轮胎和保险费用四个项目。

表 20-2 是 2000 年和 2017 年上述四个项目的汽车运行费用的资料。以 2000 年为基期的四个项目的综合物价指数，将给我们一个 2000~2017 年普通汽车运行费用变动情况的测度。

未加权综合物价指数是报告期（如 2017 年）单价之和与基期（如 2000 年）单价之和的对比。令 P_{it} 表示 t 期第 i 种商品的单价，P_{i0} 表示基期第 i 种商品的单价，则未加权 t 期的综合物价指数 I_t 可表示为：

表 20-2 汽车运营费用指数的数据[①]

商品项目	单价/美元		数量权数
	2000 年	2017 年	
每升汽油	0.40	0.67	3 785
每升润滑油	1.27	4.49	14
轮胎	130.00	150.00	2
保险费用	835.00	1 100.00	1

①汽车以每年行驶 24 000 公里为依据，轮胎的使用量以轮胎的寿命 48 000 公里为依据。

$$I_t = \frac{\sum P_{it}}{\sum P_{i0}} \times 100 \tag{20-2}$$

式中，$\sum$ 表示对一组商品项目中所有的项目求和。

2017 年（$t = 2017$）的普通汽车运行费用的未加权综合物价指数为：

$$I_{2017} = \frac{0.67 + 4.49 + 150.00 + 1\,100.00}{0.40 + 1.27 + 130.00 + 835.00} \times 100 = \frac{1\,255.16}{966.67} \times 100 = 129.8$$

根据未加权综合物价指数，我们看到普通汽车运行费用的价格在 2000~2017 年上涨了 29.8%。但值得注意的是，汽车运行费用的未加权综合物价指数近似于一个复合物价指数，它严重受单价高的商品项目的影响。因此，像汽油、润滑油这些单价较低的商品项目，就受到像轮胎、保险费用这些单价较高的商品项目的制约。汽车运行费用的未加权综合物价指数就会受轮胎和保险费用价格变动的很大影响。

由于未加权综合物价指数受一个或多个高价商品项目的影响，因此，这种形式的综合指数的应用并不广泛。当商品项目的使用量不同时，加权综合物价指数给出了一个更好的对比方法。[⊖]

加权综合物价指数（weighted aggregate price index）的原理是对一组商品项目中的每一个商品项目，依据其重要性进行加权。在大多数情况下，商品的使用量是测量其重要性的最好尺度。因此，对一组商品项目组合中的每一个项目，需要有其使用量的资料。表 20-2 以一辆每年大约行驶 24 000 公里的具有代表性的中型汽车为依据，给出了各项汽车运行费用的年使用量信息。表中列出的数量权数表明该车行驶情况的年期望使用量。

令 Q_i 表示第 i 个商品项目的使用量，则 t 期的加权综合物价指数公式为：

$$I_t = \frac{\sum P_{it}Q_i}{\sum P_{i0}Q_i} \times 100 \tag{20-3}$$

⊖ 如果每一个商品项目的使用量相同，未加权综合物价指数相当于权数相等的加权综合指数。但在实践中，各个商品项目的使用量相同这种情况很少出现。

式中，$\sum$ 表示对一组中所有的商品项目求和。

应用到汽车运行费用问题时，加权综合物价指数是 2017 年总运行费用与 2000 年总运行费用的对比。

令 $t = 2017$，根据表 20-2 中的数量权数，我们可以得出 2017 年汽车运行费用的加权综合物价指数为：

$$I_{2017} = \frac{0.67 \times 3\,785 + 4.49 \times 14 + 150.00 \times 2 + 1\,100.00 \times 1}{0.40 \times 3\,785 + 1.27 \times 14 + 130.00 \times 2 + 835.00 \times 1} \times 100 = \frac{3\,998.81}{2\,626.78} \times 100 = 152.2$$

从这个加权综合物价指数中，我们可以得到汽车运行费用的价格在 2000~2017 年上涨了 52.2%。

显然，与未加权综合物价指数相比，加权综合物价指数更准确地反映了 2000~2017 年汽车运行费用的价格变动。考虑到汽油的使用量能抵消保险费用较小的增长速度，因此，在反映汽车运行费用增速方面，加权综合物价指数比未加权综合物价指数有较大增长。一般地，以使用量为权数的加权综合物价指数比较适合于编制一组商品项目的价格指数。

在加权综合物价指数公式（20-3）中，我们注意到数量 Q_i 没有显示时间的第 2 个下标，其原因是数量 Q_i 被看成是固定的，而且不像价格那样随时间的变动而变动。固定权数或数量是被指数设计者指定的，其水平被认为是具有代表性的使用量。一旦 Q_i 得到确定，它们在编制指数的各个时期内就保持不变。计算 2017 年以外其他年份的指数，还需要搜集新的价格资料 P_{it}，但权数 Q_i 保持不变。

以基期的使用量为权数是固定权数的加权综合物价指数的一个特殊情形。在这种情形下，$Q_i = Q_{i0}$，其中下标 0 表示基期。因此式（20-3）变为：

$$I_t = \frac{\sum P_{it} Q_{i0}}{\sum P_{i0} Q_{i0}} \times 100 \tag{20-4}$$

以基期数量为权数的加权综合物价指数被称为**拉斯贝尔指数**（Laspeyres index）。

另一个确定权数的方法是每个时期修正数量权数。每年计算指数时所用的数量为 Q_{it}，使用这些数量为权数的 t 期加权综合物价指数为：

$$I_t = \frac{\sum P_{it} Q_{it}}{\sum P_{i0} Q_{it}} \times 100 \tag{20-5}$$

注意，对基期（0 期）和 t 期用相同的数量加权。然而，若权数是以 t 期而不是基期的使用量为依据，则加权综合物价指数被称为**派许指数**（Paasche index）。以报告期的使用量为权数是其优点，但这种计算综合指数的方法也有两个缺点：一是通常使用量 Q_{it} 必须每年重新确定，因此增加了搜集资料的时间和成本；二是每年必须重新计算前一年的指数，以反映新的数量权数的效果。正是由于这些缺点，拉斯贝尔指数的应用更为广泛。汽车运行费用指数是以基期数量为权数计算的，因此它是拉斯贝尔指数。若使用 2017 年的使用量资料，我们可以得到派许指数。的确，由于汽车的节能性提高，汽油的使用量将会降低，因此派许指数就会不同于拉斯贝尔指数。

练习

方法

2. 某个商品项目 2018 年的成本为 10.75 美元。以 2001 年为基期，价比为 132。

    a. 17 来来该商品项目成本上升或下降的百分比是多少？

    b. 2001 年该商品项目的成本是多少？

应用

4. 按"后进先出"的存货估价法，以纳税为目的建立存货的价格指数。数量权数依赖于年末的存货水平。以年初的单价为基期价格，对年末的总库存额建立加权综合指数。对后进先出存货估价法，需要建立什么类型的加权综合物价指数？

产品	年末库存量	单价/美元	
		年初	年末
A	500	0.15	0.19
B	50	1.60	1.80
C	100	4.50	4.20
D	40	12.00	13.20

20.3　根据价比计算综合物价指数

在第 20.1 节我们给出了价比的定义，阐明如何根据报告期和基期的单价计算价比。现在我们希望说明，如何像第 20.2 节编制综合物价指数那样，根据一组商品项目中每一个商品项目价比的信息，直接计算综合物价指数。由于未加权指数的局限，我们只讨论加权综合物价指数。我们仍以上一节的汽车运行费用指数为例，所需的四种费用的资料列在表 20-2 中。

令 w_i 是适用于第 i 个商品项目价比的权数，则加权平均物价指数的一般形式为

$$I_t = \frac{\sum \frac{P_{it}}{P_{i0}} w_i}{\sum w_i} \times 100 \tag{20-6}$$

适当选择式（20-6）中的权数，将使我们能根据价比计算加权综合物价指数。适当选择使用量和基期价格的乘积为权数[注]，即

$$w_i = P_{i0} Q_i \tag{20-7}$$

将式（20-7）的权数 w_i 代入式（20-6）中，则加权平均物价指数可表示为

$$I_t = \frac{\sum \frac{P_{it}}{P_{i0}} P_{i0} Q_i}{\sum P_{i0} Q_i} \times 100 \tag{20-8}$$

对式（20-8）进行化简，可得加权平均物价指数的一个等价表达式为

$$I_t = \frac{\sum P_{it} Q_i}{\sum P_{i0} Q_i} \times 100$$

因此，我们看到以 $w_i = P_{i0} Q_i$ 为权数的加权平均物价指数，与第 20.2 节介绍的式（20-3）的加权综合物价指数完全相同。在式（20-7）中使用基期数量（即 $Q_i = Q_{i0}$），可以导出拉斯贝尔指数；在式（20-7）中使用报告期数量（即 $Q_i = Q_{it}$），可以导出派许指数。

让我们回到汽车运行费用的资料，利用式（20-6）和式（20-7）的权数，将得到的计算结果列在表 20-3 中。指数 152.2 表明汽车运行费用增长了 52.2%。这与第 20.2 节计算的加权综合物价指数的增长幅度相同。

表 20-3　根据加权价比计算的汽车运行费用指数（2000~2017 年）

商品项目	2000 年单价 P_{i0}/美元	2017 年单价 P_{it}/美元	价比 $(P_{it}/P_{i0}) \times 100$	数量 Q_i	权数 $w_i = P_{i0} Q_i$	加权价比 $(P_{it}/P_{i0})\ w_i \times 100$
每升汽油	0.40	0.67	167.50	3 785	1 514	253 595
每升润滑油	1.27	4.49	353.54	14	17.78	6 286
轮胎	130.00	150.00	115.38	2	260	30 000
保险费用	835.00	1 100.00	131.74	1	835	110 000
					2 626.78	399 881

$$I_{2017} = \frac{399\ 881}{2\ 626.78} = 152.2$$

练习

方法

6. 右表是三个商品项目的价比、基期价格和使用量，计算报告期中三个商品项目的加权综合物价指数。

商品项目	价比	基期 价格	基期 使用量
A	150	22.00	20
B	90	5.00	50
C	120	14.00	40

[注]　价格与数量的单位应该一致，即如果给的是每箱的价格，则数量就应为箱数，而不应为其他的单位。

应用

8. 计算第 5 题（位于光盘）中的 R&B 饮料产品的价比。

利用价比加权平均物价指数证明：这种方法给出了与加权综合物价指数方法相同的指数。

20.4　一些重要的价格指数

我们已经介绍了用于计算单个商品项目或一组商品项目的价格指数。现在我们来考虑度量商业和经济状况的一些重要的价格指数。特别地，我们将考虑消费者价格指数、生产者价格指数和道琼斯平均指数。

20.4.1　消费者价格指数

消费者价格指数（consumer price index，CPI），由美国劳工统计局每个月定期公布，是美国生活费用水平的基本度量。[一] 用于编制这个指数的商品项目组由 400 个商品项目构成一个购物篮，购物篮包括食品、住房、服装、交通运输和医疗保健等商品项目。消费者价格指数[二] 是固定权数的加权综合物价指数。通过对全美城市家庭的定期调查，可以获得购物篮中每个商品项目的权数。

1982~1984 年的消费者价格指数为 100，2018 年 5 月的消费者价格指数为 250.5，这意味着以 1982~1984 年为基期，目前购物篮中货物和服务的消费价格上升了 150.5%。图 20-1 是 1960~2016 年的消费者价格指数时间序列。从该图上可以看出，消费者价格指数反映出 20 世纪 70 年代后期到 80 年代初期是通货膨胀剧烈的时期。

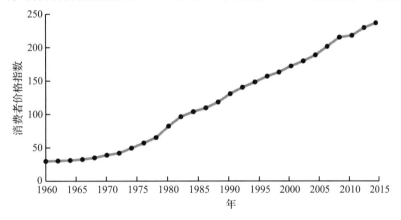

图 20-1　1960~2016 年的消费者价格指数（基期 1982~1984 年 = 100）

20.4.2　生产者价格指数

生产者价格指数（producer price index，PPI），也是由美国劳工统计局每个月定期公布的，它用于度量美国初级市场每个月的价格变动。[三] 生产者价格指数依据每种产品在非零售市场上首次交易时的价格来计算，其中包括在市场上进行交易的所有日用品。这项统计调查涵盖了原材料、在每个加工阶段上制造和加工的产品，也包括制造业、农业、林业、渔业、采矿业和电力以及公共事业等各行业的出口产品。这个指数的一个常见的用途是作为消费者价格和生活费用未来趋势的一个领先指标。生产者价格指数的增长将导致生产价格上涨，而这种上涨通过较高的零售价格，最终传递给消费者。

生产者价格指数中各个商品项目权数的依据是货物的价值，是根据拉斯贝尔方法计算的加权平均物价指数。假设 1982 年的生产者价格指数为 100，2018 年 5 月的生产者价格指数为 195.9。

[一]　消费者价格指数包括服务费（例如，医生和牙医的账单）以及与购买和使用每种商品直接相关的所有税费。
[二]　劳工统计局实际上公布了两个消费者价格指数：一是所有城市消费者的消费者价格指数（CPI-U）；二是对城市工薪阶层和文职人员的修正的消费者价格指数（CPI-W）。其中城市消费者的消费者价格指数的应用比较广泛，它由《华尔街日报》定期发布。
[三]　生产者价格指数只是对本国产品价格变动的测度，进口产品不包括在内。

20.4.3 道琼斯平均指数

道琼斯平均指数（Dow Jones averages）[一]是用来反映普通股票价格趋势和波动变化的指数。最著名的道琼斯平均指数是道琼斯工业平均指数（DJIA），它是根据30家大公司的普通股票价格计算出来的。它是这些股票价格的总和与一个数相除得到的，这个数因为该指数公司拆股和股票转换而需要不断调整修订。道琼斯工业平均指数不像我们已学过的其他价格指数，不能表示为基期价格的一个百分数。表20-4是2018年7月计算道琼斯工业平均指数所使用的30家具体公司。

道琼斯平均指数还有20种交通运输股票指数和15种公用事业股票指数。道琼斯平均指数每天都会被计算出来，并在《华尔街日报》和其他金融出版物上发布。

表20-4 道琼斯工业平均指数所使用的30家公司（2018年7月）

3M	高盛	辉瑞
美国运通	家得宝	宝洁
苹果公司	IBM	旅行者
波音	英特尔	迪士尼
卡特彼勒	强生	联合健康
雪佛龙	摩根大通	联合科技
思科	麦当劳	威瑞森
可口可乐	默克制药	Visa
杜邦	微软	沃博联
埃克森美孚	耐克	沃尔玛

20.5 根据物价指数减缩一个数列

许多随时间变动的商业和经济数列，例如公司销售额、工业销售额和库存等都是以美元计量的。随着时间的推移，这些数列经常呈现出不断增长的模式，这种增长通常解释为与这些活动相关的实物量增长。例如，库存总金额（美元）上升10%，可能被解释为库存实物总量增加了10%。如果一个时间数列以美元计量，这样的解释可能会引起误导，因为总金额的变动包含价格和数量两种。因此，在一段时间内，当价格的变动显著时，如果我们不调整时间数列以消除价格变动的影响，则总金额的变动就不可能反映数量的变动。

例如，1976~1980年建筑业的支出总额增长了大约75%。该数字表明建筑业的增长态势很好。但是，房子的价格上升迅猛，有时甚至超过75%。事实上，当建筑业的支出总额增长时，在不断有新房开工的情况下，建筑业却保持相对稳定，甚至是下降的。为了正确地理解1976~1980年的建筑业状况，我们需要用一个价格指数来调整总支出数列，以消除价格上涨带来的影响。每当我们对一个时间数列进行调整，以消除价格上涨的影响时，我们就说正在减缩时间数列[二]。

对于个人的收入和工资，我们常常听到有关"实际工资"[三]或工资的"购买力"等问题的讨论。这些概念都以减缩小时工资的想法为依据。例如，图20-2是2010~2014年电工的小时工资曲线，从图上可以看到工资有明显的上涨趋势，从每小时24.91美元增加到每小时26.21美元。对小时工资这样的上涨幅度，电工是否满意？应该根据他们工资的购买力是否增长来回答这个问题。如果对2010年每小时工资24.91美元的购买力与2014年每小时工资26.21美元的购买力进行比较，我们将能更好地判断工资的相对增加情况。

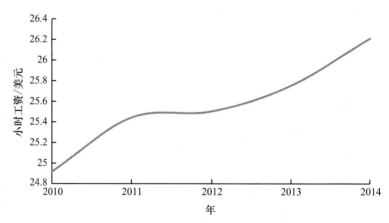

图20-2 电工实际的小时工资

表20-5列出了2010~2014年的小时工资率与消费者价格指数（以1982~1984年=100）。利用这些数据，我们将表明如何利用消费者价格指数来减缩小时工资指数。每年的小时工资率除以当年相应的消费者价格指数的数值，再

[一] 查尔斯·亨利·道于1884年7月3日在"*Customer's Afternoon Letter*"上首次发表了他的股票平均指数。最初的指数包括11只股票，其中9只是铁路股票。1928年10月1日首次公布了可比的道琼斯工业平均指数。

[二] 对时间数列进行减缩可以消除通货膨胀的影响。

[三] 实际工资比现实工资更能测量购买力。的确，许多劳工合同都要求工资依据生活费用的变动加以调整。

乘以 100，就得到了减缩的数列。表 20-6 给出了电工减缩后的小时工资指数，图 20-3 显示了减缩的或实际的工资曲线。

表 20-5　2010~2014 年电工的小时工资和消费者价格指数

年份	小时工资/美元	消费者价格指数（CPI）	年份	小时工资/美元	消费者价格指数（CPI）
2010	24.91	218.1	2013	25.75	233.0
2011	25.44	224.9	2014	26.21	236.7
2012	25.50	229.6			

资料来源：美国劳工统计局。消费者价格指数以 1982~1984 年 = 100 计算。

表 20-6　2010~2014 年电工小时工资的减缩数列

年份	减缩后的小时工资/美元	年份	减缩后的小时工资/美元
2010	$(24.91/218.1) \times 100 = 11.42$	2013	$(25.75/233.0) \times 100 = 11.05$
2011	$(25.44/224.9) \times 100 = 11.31$	2014	$(26.21/236.7) \times 100 = 11.07$
2012	$(25.50/229.6) \times 100 = 11.11$		

对于 2010~2014 年电工的实际工资或购买力，工资的减缩数列能说明什么问题呢？根据基期的价格（以 1982~1984 年 = 100），小时工资率在这段时间内是下降的。在消除了通货膨胀的影响之后，我们发现工人的购买力四年间下降了 0.35 美元，图 20-3 很清晰地反映出这一点。因此，用物价指数来减缩一个时间数列的优点是，我们对实际货币正在发生的变动有一个更清楚的描述。

一个随着时间推移的数列进行减缩的方法，在计算国内生产总值上有重要应用。国内生产总值是一个国家生产的全部产品和服务的总价值。显然，如果不用价格指数减缩国内生产总值，随着时间的推移，国内生产总值将会随着价格的上涨而增长。因此，要调整产品和服务的总价值，以反映生产和销售的产品、服务的

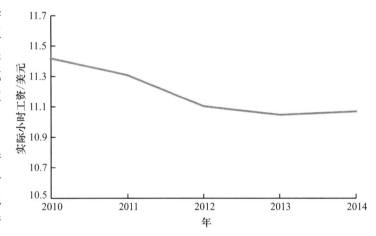

图 20-3　2010~2014 年电工实际的小时工资

实际数量的变动，国内生产总值就必须用一个价格指数来减缩计算。这一方法同实际工资的计算方法类似。

练习

应用

10. 注册护士每小时的平均工资在 2007 年为 30.04 美元，2017 年为 35.36 美元。消费者价格指数在 2007 年为 207.3，2017 年为 245.1，回答下列问题。

　a. 减缩注册护士 2007 年与 2017 年的小时工资率，并求出实际工资率。

　b. 对于注册护士，2007~2017 年名义小时工资变动的百分比是多少？

　c. 对于注册护士，2007~2017 年实际小时工资变动的百分比是多少？

12. 美国人口普查局追踪从制造业到零售业的产品总值。计算机和电子产品连续三年的总产值以及这些月份的消费者价格指数和生产者价格指数如下表所示。

年	制造业的总产值/10 亿美元	消费者价格指数	生产者价格指数
第一年	29.1	216.0	173.4
第二年	33.3	218.4	180.2
第三年	32.9	226.9	192.5

　a. 用消费者价格指数减缩计算机和电子产品的总产值。

　b. 用生产者价格指数减缩计算机和电子产品的总产值。

　c. 你认为消费者价格指数和生产者价格指数哪一个更适合于减缩这些总产值？为什么？

20.6 物价指数：其他注意事项

在前面几节中，我们描述了几种计算物价指数的方法，讨论了一些重要的物价指数应用，并且介绍了用物价指数来减缩时间数列的步骤。但为了加深对编制物价指数及其用途的了解，我们还必须考虑一些其他问题。这些问题将在本节进行讨论。

20.6.1 商品项目的选择

物价指数的首要目的在于测量指定的一类商品项目、产品等的价格随时间推移而发生的变动。由于同类商品的项目很多，所以不能以这一类中所有的商品项目为依据来编制指数。因此，我们必须选用一个具有代表性的商品项目样本。我们搜集被抽取的商品项目的价格和数量资料，希望它们能较好地反映指数所要描述的所有商品项目的价格变动情况。例如，对于消费者价格指数，在正常购买的商品项目总体中，一名消费者要考虑的商品项目总数可能超过 2 000 种，但是消费者价格指数仅以 400 种商品的价格为依据。消费者价格指数中具体商品项目的选择不是一件简单的事情。它是通过对用户购买模式的调查以及良好的判断力，来选择进入样本的 400 种商品项目的，而不能用简单随机抽样来选择。

在最初的商品项目选定之后，每当购买模式发生改变时，我们还必须定期对指数中的商品项目进行再审查与修订。于是，在编制和再修订指数之前，必须解决的问题是指数应包含哪些商品项目。

20.6.2 基期的选择

许多指数都是以某个特定时间为基期，以基期值为 100 来编制的。因此，指数的所有未来值都与基期值息息相关。然而，对一个指数来说，什么样的基期才是合适的呢？这是一个难以回答的问题，需要根据指数编制者的判断来回答。

2011 年美国政府编制的许多指数都以 1982 年为基期。作为一个普遍的准则，基期不应与报告期离得太远。例如，对大多数人来说，以 1945 年为基期计算的消费者价格指数是难以理解的，因为人们不熟悉 1945 年的生活情况。因此，许多指数的基期需要定期调整为较近的时期。在 1988 年，消费者价格指数的基期从 1967 年调整为 1982~1984 年的平均数，生产者价格指数目前以 1982 年为基期（即以 1982 年＝100）。

20.6.3 品质的改变

物价指数的目的是测量价格随时间的推移而发生的变动。理想的做法是搜集相同的商品项目在几个不同时期内的价格资料，然后计算指数。一个基本假设是在每一个时期，相同商品项目的价格是确定的。一种产品因时间推移而发生品质改变时，就可能出现问题。例如，一个制造商年复一年地发生使用廉价的原料，减少产品的功能等问题，可能会改变产品的品质。在接下来的年份里，该产品的价格可能上升，但这个价格所对应的产品品质却在下降。因此，某种商品项目的实际价格可能上涨得比定价显示的要高。对于一种品质下降的商品项目，即使可能调整指数，调整起来也是困难的。

品质的重大改变也能引起产品价格的上涨，因此在计算指数时，应该删除因品质改变而导致价格上涨的部分。但是，当一种商品项目因品质提高而导致价格上涨时，即使可能调整指数，调整起来也是困难的。

虽然在编制物价指数时，通常的做法是忽视微小的品质改变，但是重大的品质改变必须考虑，因为随着时间的积累，它们可以改变产品的性能。如果产品的性能发生了改变，指数就必须为此加以修订。在某些情况下，该产品可能会从指数的计算中删除。

但是，在某些情况下，伴随着品质的重大改变的是价格的下降，这个极为典型的情形体现在 20 世纪 90 年代以及 21 世纪早期的个人电脑案例上。

20.7　物量指数

除了前面几节所描述的物价指数以外，其他类型的指数也是有用的。特别地，指数的另一个应用是测定物量随时间的推移而发生的变动。这种类型的指数被称为**物量指数**（quantity index）。

回顾第20.2节中所讨论的加权综合物价指数，为了计算 t 期的指数，我们需要基期的单价（P_0）和 t 期的单价（P_t）。式（20-3）给出加权综合物价指数的公式为：

$$I_t = \frac{\sum P_{it} Q_i}{\sum P_{i0} Q_i} \times 100$$

分子 $\sum P_{it} Q_i$ 表示 t 期各个指数项目固定数量的总价值，分母 $\sum P_{i0} Q_i$ 表示基期各个指数项目相同数量的总价值。

加权综合物量指数的计算与加权综合物价指数的计算类似。对每一种商品项目在基期和 t 期的数量进行测量，分别用 Q_{i0} 和 Q_{it} 表示第 i 种商品项目在基期和 t 期的数量。然后，对数量用一个固定的价格、增加值或其他因素进行加权。产品的"增加值"是销售额减去投入的购买成本，则 t 期的加权综合物量指数的计算公式为：

$$I_t = \frac{\sum Q_{it} w_i}{\sum Q_{i0} w_i} \times 100 \tag{20-9}$$

在有些物量指数中，使用第 i 种商品项目基期的价格（P_{i0}）为权数，这种情形下的加权综合物量指数为：

$$I_t = \frac{\sum Q_{it} P_{i0}}{\sum Q_{i0} P_{i0}} \times 100 \tag{20-10}$$

物量指数也可以用物量比的加权形式来计算，这种方法的物量指数公式为：

$$I_t = \frac{\sum \dfrac{Q_{it}}{Q_{i0}} Q_{i0} p_i}{\sum Q_{i0} p_i} \times 100 \tag{20-11}$$

这个公式是第20.3节中加权平均物价指数公式（20-8）的数量表现形式。

由美国联邦储备局编制的**工业生产指数**（industrial production index）可能是最著名的物量指数，它以2012年为基期，且每个月发布一次。编制该指数是为了度量各类制造业生产水平的数量变动，但不包括采矿业和公用事业。2018年5月该指数为107.3。

练习

方法

14. 下表是三个商品项目第一年和第五年的销售量及第一年的销售价格数据，计算第五年的销售量的加权综合指数。

商品项目	销售量		单价/美元
	第一年	第五年	第一年
A	350	300	18.00
B	220	400	4.90
C	730	850	15.00

应用

16. 下表是一个汽车销售商第一年和第八年销售三种型号汽车的销售量数据，计算物量比并利用物量比编制第八年的加权综合物量指数。

型号	销售量		第一年平均售价/美元
	第一年	第八年	
Sedan	200	170	15 200
Sport	100	80	17 000
Wagon	75	60	16 800

小 结

在商业和经济环境中，价格指数和物量指数是价格和数量变动的重要测度。价比是某一商品项目报告期与基期单价之比再乘以100。如果价比为100，则说明报告期的价格与基期的价格没有差别。编制综合物价指数是对一组给定商品项目或产品的全部价格变动进行综合度量。通常，一个加权综合物价指数中的商品项目被它们的使用量加权。加权综合物价指数也可以利用指数中商品项目的使用量，用对价比进行加权的方法来计算。

消费者价格指数和生产者价格指数是两个应用广泛的指数，它们分别以1982~1984年和1982年为基期。道琼斯工业平均指数是另一个应用广泛的物价指数，它是30家大公司的普通股票价格的加权和。和许多其他指数不同，它不能表示为基期数值的百分数。

物价指数经常用于减缩一些随时间推移而变动的经济系列。我们介绍了如何用消费者价格指数减缩每小时的工资，从而得到实际工资指数。选择指数中所包含的商品项目，选择指数的基期以及因品质改变而进行的调整，是编制指数时重要的其他注意事项。物量指数的讨论较为简单扼要，工业生产指数作为一个重要的物量指数而被提及。

关键术语

aggregate price index　综合物价指数　根据一组商品项目的价格而得出的一种复合物价指数。

consumer price index（CPI）　消费者价格指数　每个月定期发布的一种物价指数，它利用购物篮中商品和服务的价格变动来度量消费价格随时间的推移而发生的变动。

Dow Jones averages　道琼斯平均指数　为显示普通股票价格趋势与波动变化而设计的一种综合物价指数。

industrial production index　工业生产指数　旨在度量工业产品实物量或工业生产水平随着时间的推移而变动的一种物量指数。

Laspeyres index　拉斯贝尔指数　以每一种商品项目的基期数量作为权数的加权综合物价指数。

nominal price　名义价格　一种产品在生产时的价格，也称为当前价格。

Paasche index　派许指数　以每一种商品项目的报告期数量作为权数的加权综合物价指数。

price relative　价比　一个给定商品项目的一种物价指数，它用该商品项目报告期的单价与基期的单价对比再乘以100来计算。

producer price index（PPI）　生产者价格指数　每月发布一次的一种物价指数，旨在度量初级市场上销售的商品（即在非零售市场上首次购买某种商品）的价格变动情况。

quantity index　物量指数　旨在度量物量随时间的推移而变动的一种指数。

weighted aggregate price index　加权综合物价指数　对一组商品项目的价格，依据各自的重要性进行加权而得到的一种复合物价指数。

重要公式

t 期的价比

$$t \text{ 期的价比} = \frac{t \text{ 期的价格}}{\text{基期的价格}} \times 100 \qquad (20\text{-}1)$$

t 期的未加权综合物价指数

$$I_t = \frac{\sum P_{it}}{\sum P_{i0}} \times 100 \qquad (20\text{-}2)$$

t 期的加权综合物价指数

$$I_t = \frac{\sum P_{it} Q_i}{\sum P_{i0} Q_i} \times 100 \qquad (20\text{-}3)$$

加权平均物价指数

$$I_t = \frac{\sum \dfrac{P_{it}}{P_{i0}} w_i}{\sum w_i} \times 100 \qquad (20\text{-}6)$$

式（20-6）的权数

$$w_i = P_{i0} Q_i \qquad (20\text{-}7)$$

加权综合物量指数

$$I_t = \frac{\sum Q_{it} w_i}{\sum Q_{i0} w_i} \times 100 \qquad (20\text{-}9)$$

补充练习

18. Nickerson 制造公司的四种产品的运输数量和费用资料如下。

产品	基期数量 第一年	单位平均运费/美元	
		第一年	第五年
A	2 000	10.50	15.90
B	5 000	16.25	32.00
C	6 500	12.20	17.40
D	2 500	20.00	35.50

a. 计算每种产品的价比。

b. 计算反映四年来运输费用变动的加权综合物价指数。

20. Boran 证券经纪人有限公司选择四只股票来编制反映股票市场行情的指数。以第一年为基期，四只股票第三年 1 月及 3 月的每股价格如下表所示。基期的数量以四只股票的历史数量为基础。

股票	行业	第一年 数量	每股价格/美元		
			第一年 基期	第三年 1 月	第三年 3 月
A	石油	100	31.50	22.75	22.50
B	计算机	150	65.00	49.00	47.50
C	钢铁	75	40.00	32.00	29.50
D	房地产	50	18.00	6.50	3.75

以第一年为基期，计算第三年 1 月和 3 月的 Boran 指数，该指数告诉你有关股票市场生产的情况，对此你有何评论？

22. 假设在第一年平均一个男用剃须刀需配备一个剃刀手柄和 17 个刀片，第一年至第十一年的价比如下表所示。根据第十一年加权价比编制男用剃须刀费用指数。

商品项目	第一年平均 使用量	基期价格 /美元	第一年至 第十一年价比
剃刀手柄	1	7.46	126.9
刀片	17	1.90	153.7

24. 精算师是精通风险数学的分析师。精算师常常受雇于保险公司，并负责设置保险费用。下表是四年间精算师的中位数年薪，同时给出了每一年的消费者价格指数。以消费者价格指数减缩年薪数据为不变价，以不变价评论年薪的变化。

年份	中位数年薪 /1 000 美元	消费者价格指数
1	84 810	215.3
2	87 210	214.5
3	87 650	218.1
4	91 060	224.9

26. Williams Sonoma 是一家销售厨具的消费品零售公司，该公司的三种不同玻璃产品在两个不同年份的产量和产值资料如下表所示。根据这些资料，计算加权综合物量指数。评论该物量指数的含义。

产品	数量		产值 /美元
	第一年	第五年	
A	800	1 200	30.00
B	600	500	20.00
C	200	500	25.00

第 21 章

质量管理的统计方法

CHAPTER

21

实践中的统计

陶氏化学公司[一]

得克萨斯州，弗里波特

1940 年，陶氏化学公司（Dow Chemical Company）在得克萨斯州墨西哥湾沿岸购买了 800 英亩[二]的土地，用以建造一个镁生产设施。如今那片厂址已经扩展到超过 5 000 英亩，该公司也成为世界上最大的石油化工复合型企业之一。得克萨斯州陶氏化学公司的产品包括镁、苯乙烯、塑料、胶粘剂、溶剂、乙二醇和氯气等。有些产品制造出来仅仅是为了用于其他产品的生产，例如，很多产品成为医药、牙膏、狗粮、水管、冰箱、奶桶、垃圾袋、洗发水和家具等产品的必要基础性原料。

得克萨斯州陶氏化学公司的镁产量占全世界总产量的 30% 以上。镁是一种极轻的金属，用于生产从网球拍到衣物箱以及镁合金轮胎等各类产品。该公司的镁技术部门是首先利用统计质量管理方法培训其技术人员和管理人员的部门，统计质量管理最初的一些成功应用出现在化学处理过程之中。

干燥剂的生产是其中一个应用。在这个应用中，他们按一定周期抽取产品组成样本，计算每个样本的平均值，并且将其记录在 $\bar{x}$ 控制图上。利用这种控制图，陶氏化学公司的分析家可以监控产品的生产过程，随时预警过程的非正常运转。一个实例是分析家开始观察样本均值的数值，该数值显示有一次过程的运转在它的设计范围之外。经过对控制图和运转情况的进一步观察，分析家发现差异可以追溯到某个操作人员。对该操作人员重新培训后，通过记录的 $\bar{x}$ 控制图，分析家可以看到过程的质量已经有了重大的改进。

陶氏化学公司在任何使用统计质量管理的地方都可以取得质量上的大幅度改进。公司每年节约成本数十万美元，并且不断地发现新的应用。

在本章中，我们将阐述陶氏化学公司所使用的 $\bar{x}$ 控制图是如何构造的。控制图是统计质量控制的一部分，它被称为统计过程控制。我们也将讨论以样本为根据来决定接收或者拒绝一组项目的质量管理方法。

美国质量协会（American Society for Quality，ASQ）对质量是这样定义的：“质量是产品或服务的所有性质和特征，这些性质和特征使得该产品或服务能够满足特定的需要。”换句话说，质量可以测量产品或服务满足顾客需要的程度。很多企业意识到在全球经济竞争的今天，它们必须追求高水平的质量。因此，对质量的检验和维护有必要在方法上加以重视。

今天，作为高绩效组织基础的顾客驱动视角改变了质量问题的范围，从简单地排除生产线上的缺陷产品到建立运用广泛的公司战略。扩大质量的范围自然导致**全面质量**（total quality，TQ）的概念的产生。

全面质量是以人为本的管理系统，其目的在于不断降低实际成本以持续提升顾客满意度。全面管理是一种全面系统的方法（不是一个单独的领域或工作项目）和高水平战略的组成部分。它横跨职能与部门运转，从上到下包括全体员工，通过前向后向延展将质量管理扩展到供应链与消费链领域。全面质量强调学习和适应并将持续改变作为组织成功的关键。[三]

不管全面质量在不同组织中是如何实现的，它主要依据三个基本原理：以顾客和股东为中心，将参与精神与团队合作贯穿于整个组织，以不断改进和学习为中心。在本章第 1 节中，我们简要介绍质量管理的三个框架：马尔科姆·鲍德里奇国家质量奖、ISO 9000 标准和六西格玛质量水平。在后两节中，我们介绍两种用于检测过程的统计工具：统计过程控制和接受抽样。

㊀ 感谢陶氏化学公司镁技术部门经理 Clifford B. Wilson，他为“实践中的统计”提供了本案例。

㊁ 1 英亩 ≈ 4 047 平方米。

㊂ J. R. Evans, W. M. Lindsay. The Management for Quality and High Performance (Cincinnati, Oh：Cengage-Learning, 2016)，p.16。

21.1　理念和框架

在 20 世纪初期，质量管理实践仅限于检验已完成的产品并剔除有缺陷的项目。但是这一切的改变归功于一位名为沃尔特·A. 休哈特（Walter A. Shewhart）的年轻工程师的开拓性成就。1917 年从加利福尼亚大学物理系获得博士学位后，休哈特博士加入西部电话公司，在工程检验部工作。1924 年休哈特博士编写了今天众所周知的过程控制基本原理的一套准则备忘录，他的备忘录包含了被公认为统计控制图的图表。之后，休哈特博士在贝尔电话实验室继续从事他的质量工作直到 1956 年退休。他将统计学、工程学、经济学等学科融合在一起，从而改变了工业历史的进程。休哈特博士是公认的统计质量控制之父，也是美国质量管理协会的首批名誉会员。

还有两个人对质量有重大影响，其中一人是休哈特博士的学生之一 W. 爱德华·戴明（W. Edwards Deming）博士[一]，另一人是约瑟夫·朱兰（Joseph Juran）博士。在第二次世界大战后不久，他们在质量管理方面曾帮助过日本人。尽管质量是每个人的工作，但是戴明博士强调，注重质量必须由管理者领导。他提出了对管理者至关重要的 14 个职责要点。例如，戴明认为管理者必须结束对大量检验的依赖，必须终止仅凭价格就做出商业行为的做法，必须寻求在所有生产过程和服务中的不断改进，必须培养团队合作精神，必须消除数量化的目标、口号和确定数量定额的工作标准。最重要的是管理者必须创造一个工作环境，在这个环境中，产品能够满足质量和生产率的标准。

朱兰为质量下了一个简单的定义，质量必须与实用性相匹配。朱兰的质量方法关注三个质量过程：质量计划、质量控制和质量改进。与戴明在组织中开展重大文化变革的理念相比，朱兰的方案旨在当前的组织系统提高工作质量。但在关注高级管理人员的需要，强调持续改进与培训的重要性以及质量控制技术的使用等方面，两种基本原理是相似的。

在质量改进运动中，许多学者发挥了重要作用，包括菲利普·B. 克劳士比、A. V. 费根鲍姆、石川馨、田口玄一等人。专门关注质量的专业教材详细论述了他们的贡献。涉及质量活动的所有人的贡献定义了最佳实践，并产生了众多奖项和认证项目，其中最重要的几个项目是美国的马尔科姆·鲍德里奇国家质量奖、ISO 9000 标准和六西格玛质量水平。

21.1.1　马尔科姆·鲍德里奇国家质量奖

由美国总统颁发的马尔科姆·鲍德里奇国家质量奖授予在七个方面表现杰出的组织：①领导；②战略策划；③客户和市场；④测量、分析和信息管理；⑤人类资源；⑥流程管理；⑦经营成果。美国国会于 1987 年通过了奖励计划，以表彰在质量方面做出成就的美国组织，以此提高人们把质量作为竞争优势的意识。该奖项以美国商务部[二]前部长马尔科姆·鲍德里奇命名，他于 1981 年任职，直至 1987 年去世。

自 1988 年首次颁奖以来，马尔科姆·鲍德里奇国家质量奖（BNQP）在深度和影响力方面逐渐拓展。自 1988 年以来，该奖项已经分发了超过 400 万册准则手册。摩托罗拉公司执行副总裁鲍勃·巴内说："我们申请这个奖，不是为了获奖，而是为了得到鲍德里奇主考官的评价。这个评价是全面、专业和富有洞察力的……今天，无论在世界何地，它都是最有经济效益的、有价值的商业活动。"

21.1.2　ISO 9000

ISO 9000 是由 5 个国际标准组成的一个系列标准，由设在瑞士日内瓦的国际标准化组织（ISO）于 1987 年颁布。公司可以利用这些标准帮助确定，维持一个有效的质量一致性体系需要从哪些方面着手。例如，标准描述一个有效质量体系的必要性，定期测量和检测设备使其符合标准的必要性，以及维持一个令人满意的质量记录体系的必要性。ISO 9000 标准确定一家公司是否遵守其质量体系[三]。总之，ISO 9000 认证覆盖的标准不到鲍德里奇质

　　[一]　第二次世界大战之后，W. 爱德华·戴明博士成为日本工业顾问。他说服日本高层管理者使用统计质量控制方法。
　　[二]　美国商务部的国家标准和技术研究院（NIST）管理马尔科姆·鲍德里奇国家质量项目，可以从 NIST 的网站上得到更多的信息。
　　[三]　ISO 9000 标准周期性进行修订，以改进标准的质量。

量奖标准的 10%。

21.1.3 六西格玛

在 20 世纪 80 年代后期，摩托罗拉认识到改进其产品和服务质量的必要性。他们的目标是达到非常高的质量水平，每百万产品出现缺陷的机会不超过 3.4。这个质量水平被称为六西格玛质量水平，达到这个质量目标创造的方法被称为**六西格玛**（six sigma）。

一个组织可以承担两类六西格玛方案：

- DMAIC（define，measure，analyze，improve and control，即界定、测量、分析、改进和控制）帮助重新设计已存在的过程。
- DFSS（六西格玛设计）用于设计新产品、过程或服务。

重新设计已存在的过程和新过程中，六西格玛着重强调统计分析和仔细测量。今天，在帮助组织的经营业绩和过程质量达到鲍德里奇水平方面，六西格玛已经成为一个主要工具。许多鲍德里奇的主考官视六西格玛为完成鲍德里奇改进方案的理想方法。

六西格玛线和每百万个机会中的缺陷数　在六西格玛术语中，缺陷是指传递给消费者的任何错误或误差。六西格玛过程定义质量性能为百万个机会中的缺陷数（dpmo）。正如我们前面所指出的，六西格玛要求的质量水平不超过 3.4 个 dpmo。为了阐明如何测量这个质量水平，我们考虑 KJW 包装公司的情形。

KJW 公司经营一条填装谷物箱的生产线。填装过程的均值为 $\mu=481.5$ 克，标准差为 $\sigma=3.0$ 克。另外，假设填装重量服从正态分布，填装重量的分布如图 21-1 所示。假设管理人员认为 463.5~499.5 克是填装过程可以接受的质量限。因此，小于 463.5 克或大于 499.5 克的谷物箱被认为是有缺陷的。利用 Excel [⊖]，可以看到 99.999 999 8% 的谷物箱，其填装重量在 $481.5-6\times3.0=463.5$（克）和 $481.5+6\times3.0=499.5$（克）之间。换句话说，只有 0.000 000 2% 的谷物箱填装重量小于 463.5 克或大于 499.5 克。因此在填装过程中发现有缺陷的谷物箱极为罕见，在 1 000 万箱中平均只有 2 箱存在缺陷。

摩托罗拉早期在六西格玛上的工作使其确信，过程均值平均而言可以移动高达 1.5 个标准差。例如，假设 KJW 的过程均值增加 1.5 个标准差或 $1.5\times3.0=4.5$（克），根据这个移动，填装重量正态分布的中心将变为 $\mu=481.5+4.5=486$（克）。因为过程均值 $\mu=481.5$ 克，所以得到谷物箱超过 499.5 克的概率非常小。但是，如果过程均值移动到 $\mu=486$，这个概率将如何变化？图 21-2 显示了这种情况，上质量限 499.5 在新的过程均值 $\mu=486$ 克

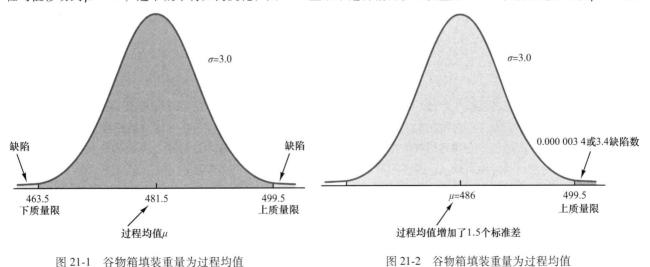

图 21-1　谷物箱填装重量为过程均值
　　　　$\mu=481.5$ 的正态分布

图 21-2　谷物箱填装重量为过程均值
　　　　$\mu=486$ 的正态分布

⊖　利用 Excel，NORM. S. DIST（6，TRUE）-NORM. S. DIST（-6，TRUE）= 0.999 999 998。

右侧的 4.5 个标准差。利用这个均值以及 Excel，我们发现一箱重量大于 499.5 克的概率为 0.000 003 4。因此，如果过程均值向上移动 1.5 个标准差，则大约有 1 000 000×0.000 000 34 = 3.4（个）谷物箱超过上线 499.5 克。在六西格玛术语中，我们说过程的质量水平是每百万缺陷机会为 3.4。如果 KJW 的管理人员认为 463.5 克~499.5 克对填装过程是可以接受的质量限，则 KJW 填装过程被认为是一个六西格玛过程。于是，如果过程均值停留在目标值 μ = 481.5 克的 1.5 个标准差之内，则可以期待每百万谷物箱中最多只有 3.4 箱存在缺陷。

要达到和维持六西格玛质量水平，组织必须强调监控和维持质量。质量保证是指为了达到和维持质量，由某个组织制定政策、步骤和准则的整套系统。质量保证有两个重要功能：质量工程和质量控制。质量工程的目标包括产品设计和生产过程设计的质量，也包括在生产之前确定质量问题。**质量控制**（quality control）包括一系列的检验和测量以确定是否满足质量标准。如果没有满足质量标准，则可以通过修正或预防措施来达到和维持质量的一致性。在下面两节中，我们将介绍在质量控制中所使用的两种统计方法。第一种方法是统计过程控制，利用控制图的图形显示来监控生产过程。其目的是确定过程能否继续或者是否应采取修正措施，以达到预期的质量水平。第二种方法是接受抽样，在必须根据样本中发现的质量问题，决定接受或拒绝一组项目时使用这种方法。

21.1.4　服务业中的质量

虽然质量控制主要应用于制造业，但是对以提供服务为主的商业，质量控制也是非常重要的。提供服务的商业例子有医疗保健服务商、法律事务所、旅店、航空公司、饭店和银行。服务业是美国经济的一个非常重要的组成部分。事实上，美国大量的非农业雇员从事于服务业。

服务业中的质量不是关注测量生产过程的缺陷，而是关注消费者满意度和消费者体验的提升。通常，由于留住一个消费者比获得一个新消费者的成本要低，因此，设计提升消费者服务的质量控制过程对服务业至关重要。消费者满意度是任何服务型企业成功的关键。

服务业与制造业有很大的不同，它影响到质量的测量和保证。提供的服务常常是无形的（如住宅顾问的建议）。由于消费者满意度非常主观，因此测量服务的质量是很有挑战性的。通过测量诸如提供服务的及时性以及进行消费者满意度调查可以监控质量。这是一些干洗店保证一小时的服务，以及汽车服务中心、航空公司和饭店请求你填写有关你服务体验的调查问卷的原因。这也是企业使用顾客积分卡的原因。通过追踪你的购买行为，其可以更好地了解顾客的欲望和需求，随之提供更好的服务。

医疗保健服务的质量管理也变得越来越重要。许多在医院和医疗诊所发生的错误都是可以预防的。医疗错误可能导致高昂的成本，并对患者造成不良后果。医疗保健管理人员已开始关注质量管理项目，以改进患者疗效，降低保健成本。

21.2　统计过程控制

在本节我们通过货物的连续生产过程来考虑质量控制程序。以产品生产量的抽样和检验为依据，企业可以做出是继续生产过程还是调整生产过程的决定，使得项目或正在生产的商品达到可接受的质量标准。⊖

尽管在制造和生产经营中会执行严格的高标准，但是机械设备会不可避免地磨损，振动将使机械设备的装置难以调整，购买的原材料可能有缺陷，操作人员也可能有失误。所有这些因素可能导致低质量产品的产生。幸运的是，监控生产的程序是行之有效的，能比较早地检测出低质量的产品，生产过程因而得到调整或修正。

如果生产的产品在质量上的变异来源于**可指出的原因**（assignable causes），比如工具的磨损、错误的机器安装、劣质的原材料或者操作人员的失误等，则应该立即调整或修正生产过程。如果变异来源于所谓的**一般原因**（common causes），比如在原料、温度和湿度等方面随机出现的差异，生产者可能无法控制，生产过程也不需要调整。统计质量控制的主要目标是确定产品的质量变异是来源于可指出的原因还是一般原因。

无论何时发现可指出的原因，我们的结论是，生产过程处于失控状态。在这种情况下，我们应该采取纠正措

⊖　持续改进是全面质量管理活动的重要概念之一，控制图的最重要的应用是改进过程。

施将生产过程重新调整到可以接受的质量水平。但是，如果生产过程中的产品变异仅仅来源于一般原因，我们的结论是，生产过程处于统计控制状态，或简单地说处于在控状态。在这种情况下，我们没有必要进行改变或者调整[⊖]。

原假设 H_0 表示生产过程处于在控状态，备择假设 H_a 表示生产过程处于失控状态。表 21-1 表明如何对继续在控状态过程和调整失控状态过程做出正确的决定。但是，同其他假设检验程序一样，第一类错误（调整一个在控状态过程）和第二类错误（允许一个失控状态过程继续）也都有可能发生。

表 21-1　统计过程控制的结果

结论	生产过程的状态	
	H_0 为真 过程在控	H_0 为伪 过程失控
继续过程	正确结论	第二类错误 （允许一个失控状态过程继续）
调整过程	第一类错误 （调整一个在控状态过程）	正确结论

21.2.1　控制图

控制图（control chart）[⊖] 对确定产品中的质量变异是来源于一般原因（在控）还是来源于可指出的原因（失控），提供了一个做出决策的基础。无论任何时候，一旦检测出失控状态，调整或其他纠正措施将使过程重新回到在控状态。

控制图根据它所包含数据的类型进行分类。如果根据长度、重量或温度等变量来测量产品质量，则可以使用 $\bar{x}$ **控制图**（$\bar{x}$ chart）。在这种情况下，根据在产品样本中得到的均值来确定继续或调整生产过程。为了介绍所有控制图的一些一般性的概念，我们先考虑 $\bar{x}$ 控制图的一些特征。

图 21-3 显示了 $\bar{x}$ 控制图的一般结构。控制图的中心线表示在控状态过程的均值，垂直线表示要研究变量的测量尺度。每次从生产过程中抽取一个样本，计算出样本均值 $\bar{x}$，然后将表示 $\bar{x}$ 值的数据点标在控制图上。

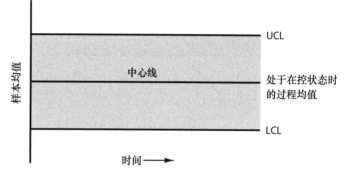

图 21-3　$\bar{x}$ 控制图的结构

记为 UCL 和 LCL 的两条线，对确定过程是处于在控状态还是失控状态非常重要，它们分别被称为控制上限和控制下限。当过程处于在控状态时，$\bar{x}$ 的值位于上下控制限之间的概率很大。位于控制限之外的数值给出强有力的统计证据证明过程处于失控状态，应该采取纠正措施。

随着时间的推移，越来越多的数据点被添加到控制图上。数据点的顺序是从左向右，与抽取样本过程的顺序相同。事实上，每当在控制图上标出一个点，就表示我们在进行一次假设检验来确定过程是否处于在控状态。

除 $\bar{x}$ 控制图外，可供使用的其他控制图还有用来监测样本中测量值极差的 **R 控制图**（R chart），样本中缺陷比例的 **p 控制图**（p chart）和样本中缺陷项目数量的 **np 控制图**（np chart）。对每一种情况，控制图都与图 21-3 的 $\bar{x}$ 控制图类似，有一条 LCL、一条中心线和一条 UCL。这些控制图的主要区别是纵轴的测量尺度不同。例如，p 控制图的测量尺度是样本中有缺陷项目的比例，而不是样本均值。在接下来的讨论中，我们将阐述 $\bar{x}$ 控制图、R 控制图、p 控制图以及 np 控制图的结构和使用。

⊖　过程控制程序与本书第 9 章讨论过的假设检验程序密切相关。控制图为处于在控状态过程假设提供了一个持续的检验。

⊖　用连续尺度测量的数据所构造的控制图被称为变量控制图，$\bar{x}$ 控制图就是一个变量控制图。

21.2.2 $\bar{x}$ 控制图：过程的均值和标准差已知

为了阐述 $\bar{x}$ 控制图的结构，让我们考虑 KJW 包装公司的情形。我们记得，KJW 经营一条填装谷物箱的生产线。当生产过程运转正常，即系统处于在控状态时，平均填装重量为 $\mu = 481.5$ 克，并且过程的标准差为 $\sigma = 3.0$ 克。另外，假设填装重量服从正态分布，如图 21-4 所示。

对于一个处于在控状态的过程，正如第 7 章中介绍的那样，$\bar{x}$ 的抽样分布可以用来确定 $\bar{x}$ 值所期望的变异性。让我们首先简单复习一下 $\bar{x}$ 的抽样分布的性质。我们记得，$\bar{x}$ 的期望值或均值等于 μ，μ 是在生产线处于在控状态时的平均填装重量。对容量为 n 的样本，$\bar{x}$ 的标准差（也被称为均值的标准误差）的计算公式为：

$$\sigma_{\bar{x}} = \frac{\sigma}{\sqrt{n}} \tag{21-1}$$

另外，因为填装重量服从正态分布，所以对于任何容量的样本，$\bar{x}$ 的抽样分布也服从正态分布。因此，$\bar{x}$ 的抽样分布服从均值为 μ，标准差为 $\sigma_{\bar{x}}$ 的正态分布，如图 21-5 所示。

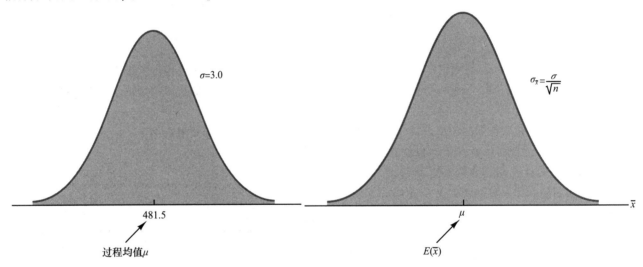

图 21-4　谷物纸箱填装重量的正态分布　　　　图 21-5　对于 n 箱填装的一个样本，重量 $\bar{x}$ 的抽样分布

如果过程处于在控状态，$\bar{x}$ 的抽样分布可用于确定什么样的 $\bar{x}$ 值是可以接受的。质量控制的通常做法是对位于均值上下 3 个标准差之间的任何 $\bar{x}$ 值都认为是可以接受的。回顾正态概率分布的学习，大约 99.7% 的正态分布随机变量的数值位于其均值 ±3 个标准差之间。因此，如果 $\bar{x}$ 的数值位于区间 $(\mu - 3\sigma_{\bar{x}}, \mu + 3\sigma_{\bar{x}})$，我们将假设过程处于在控状态。因此，$\bar{x}$ 控制图的控制限如下。

> **$\bar{x}$ 控制图的控制限：过程的均值和标准差已知**
>
> $$UCL = \mu + 3\sigma_{\bar{x}} \tag{21-2}$$
> $$LCL = \mu - 3\sigma_{\bar{x}} \tag{21-3}$$

再次考虑 KJW 包装公司的例子，图 21-4 是填装重量的过程分布，图 21-5 是 $\bar{x}$ 的抽样分布。假设有一个质量控制检查员定期抽取 6 箱作为样本，并且用填装重量的样本均值来确定生产过程是处于在控状态还是失控状态。根据式（21-1），我们得到均值的标准误差为 $\sigma_{\bar{x}} = \sigma/\sqrt{n} = 3.0/\sqrt{6} = 1.22$。因此，在过程均值等于 481.5 的情况下，控制限为 $UCL = 481.5 + 3 \times 1.22 = 485.16$，$LCL = 481.5 - 3 \times 1.22 = 477.84$。图 21-6 是在每 10 小时期间所抽取的 10 个样本结果的控制图。为了便于阅读，样本标号 1~10 列在控制图的横轴。

注意图 21-6 中第 5 个样本的均值，有强有力的证据表明过程处于失控状态。第 5 个样本的均值在 LCL 下方，存在产品变异性的可指出的原因，并出现填装不足的情形。因此，我们在这个点上应该采取纠正措施，以使过程重新回到在控状态。$\bar{x}$ 控制图上的其他点都位于控制上下限之间的事实，表明纠正措施是成功的。

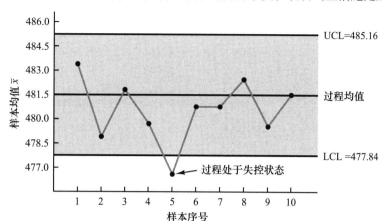

图 21-6 谷物箱填装过程的 $\bar{x}$ 控制图

21.2.3 $\bar{x}$ 控制图：过程的均值和标准差未知

在 KJW 包装公司的例子中，我们介绍了在过程的均值和标准差已知时如何构造 $\bar{x}$ 控制图。在大多数情况下，必须利用样本来估计过程的均值和标准差，而样本是从在控状态的过程中抽取的。例如，KJW 公司在控状态的 10 天里，每天早晨和下午各抽取 5 箱谷物组成一个随机样本。对每一子组或样本，计算样本均值和样本标准差，然后用样本均值和样本标准差的总平均数作为控制图的过程均值和过程标准差。[⊖]

在实践中，最常见的是用极差代替标准差来监测过程的变异性，因为极差容易计算。极差可以提供过程标准差很好的估计，因此，极差可以用于构造 $\bar{x}$ 控制图的控制上限和控制下限，而且计算量很少。为了阐明控制图的构造，让我们考虑 Jensen 计算机用品公司所面临的问题。

Jensen 计算机用品供应（JCS）公司生产直径为 8.9 厘米的固态硬盘，并刚刚完成对生产过程的调整使其处于在控状态。假设在生产过程开始的第一个小时抽取 5 个硬盘组成一个随机样本，在第二个小时抽取 5 个硬盘组成一个随机样本，依此类推，直到抽取了 20 个样本为止。表 21-2 给出了每一个样本的硬盘直径的样本均值 $\bar{x}_j$ 和极差 R_j。

由总样本均值给出过程均值 μ 的估计值。

总样本均值

$$\bar{\bar{x}} = \frac{\bar{x}_1 + \bar{x}_2 + \cdots + \bar{x}_k}{k}$$

(21-4)

式中，$\bar{x}_j$ 表示第 j 个样本的均值，$j = 1, 2, \cdots, k$；k 为样本个数。

表 21-2 Jensen 计算机用品公司问题的数据

样本序号	观测值					样本均值 $\bar{x}_j$	样本极差 R_j
1	8.904 2	8.911 8	8.926 6	8.892 3	8.897 6	8.906 5	0.034 3
2	8.86	8.911 6	8.860 5	8.953 5	8.897 9	8.896 7	0.093 5
3	8.863 8	8.864 1	8.888 7	8.923	8.882 1	8.884 3	0.059 2
4	8.928 9	8.920 5	8.887 2	8.864 6	8.848 6	8.890 0	0.080 3
5	8.905	8.918 7	8.892 8	8.832 3	8.839 5	8.877 7	0.086 4

⊖ 对过程的均值和变异性两方面都保持控制是很重要的。

（续）

样本序号		观测值			样本均值 $\bar{x}_j$	样本极差 R_j
6	8.884 2	8.880 1	8.902 7	8.893 6	8.905 2	8.893 2	0.025 1
7	8.867 1	8.867 9	8.883 9	8.847 1	8.901 2	8.873 4	0.054 1
8	8.887 7	8.852 7	8.846 8	8.911 1	8.913 9	8.882 4	0.067 1
9	8.915 1	8.931 1	8.947 9	8.879 3	8.89 11	8.912 9	0.068 6
10	9.859 5	8.893 8	8.913 9	8.915 9	8.927 1	8.902 0	0.067 6
11	8.859 8	8.861 3	8.925 8	8.934 5	8.855 2	8.887 3	0.079 3
12	8.900 9	8.856 2	8.876 3	8.894 6	8.835 1	8.872 6	0.065 8
13	8.900 9	8.831 3	8.875 8	8.893 6	8.865 6	8.873 4	0.069 6
14	8.891	8.897 6	8.910 8	8.901 4	8.949 4	8.910 0	0.058 4
15	8.850 9	8.874 3	8.906 5	8.912 6	8.892 8	8.887 4	0.061 7
16	8.926 8	8.847 3	8.937 8	8.873 5	8.887 2	8.894 5	0.090 5
17	8.891	8.900 3	8.878 3	8.895 1	8.861 8	8.885 4	0.038 9
18	8.879 6	8.845	8.880 9	8.910 8	8.857 2	8.874 7	0.065 8
19	8.859	8.855 5	8.879 8	8.907 8	8.885 7	8.877 6	0.052 3
20	8.882 1	8.926 6	8.903 5	8.886 2	8.860 8	8.891 8	0.065 8

对表 21-2 的 JCS 数据，总样本均值为 $\bar{\bar{x}}=8.888\,7$。这个数值将作为 $\bar{x}$ 控制图的中心线。每一个样本的极差 R_j，是每一个样本的最大值与最小值之差。因此 k 个样本的平均极差计算公式如下。

平均极差

$$\bar{R} = \frac{R_1 + R_2 + \cdots + R_k}{k} \tag{21-5}$$

式中，R_j 表示第 j 个样本的极差，$j=1, 2, \cdots, k$；k 为样本个数。

对表 21-2 中的 JCS 数据，平均极差为 $\bar{R}=0.064\,2$。

前面我们已经表明，$\bar{x}$ 控制图的控制上下限是：

$$\bar{\bar{x}} \pm 3\frac{\sigma}{\sqrt{n}} \tag{21-6}$$

因此，为了构造 $\bar{x}$ 控制图的控制限，我们需要估计过程的均值 μ 和标准差 σ。μ 的估计是 $\bar{\bar{x}}$，σ 的估计可以使用极差数据建立。⊖

已经证明，过程标准差 σ 的一个估计量为平均极差除以 d_2，d_2 是一个依赖于样本容量 n 的常数。即

$$\sigma \text{ 的估计量} = \frac{\bar{R}}{d_2} \tag{21-7}$$

表 21-3 的《美国检验与材料学会数据描述和控制图分析手册》（*American Social for Testing and Materials Manual on Presentation of Data and Control Chart Analysis*）给出了 d_2 的数值。例如，当 $n=5$ 时，$d_2=2.326$，因此 σ 的估计值为平均极差除以 2.326。如果我们将 $\sigma=\bar{R}/d_2$ 代入式（21-6），则 $\bar{x}$ 控制图的控制限可以写为：

$$\bar{\bar{x}} \pm 3\frac{\bar{R}/d_2}{\sqrt{n}} = \bar{\bar{x}} \pm \frac{3}{d_2\sqrt{n}}\bar{R} = \bar{\bar{x}} \pm A_2\bar{R} \tag{21-8}$$

注意，$A_2=3/(d_2\sqrt{n})$ 是一个仅依赖于样本容量的常数。表 21-3 给出 A_2 的数值，对 $n=5$，$A_2=0.577$。因此，$\bar{x}$ 控制图的控制限为：

⊖ 总样本均值 $\bar{\bar{x}}$ 给出 μ 的估计值，样本极差用来建立 σ 的估计。

$$8.888\ 7\ \pm 0.577 \times 0.064\ 2 = 8.888\ 7\ \pm 0.037\ 0$$

因此，UCL = 8.926，LCL = 8.852。

表 21-3　$\bar{x}$ 和 R 控制图的因子

样本容量 n	d_2	A_2	d_3	D_3	D_4
2	1.128	1.88	0.853	0	3.267
3	1.693	1.023	0.888	0	2.574
4	2.059	0.729	0.880	0	2.282
5	2.326	0.577	0.864	0	2.114
6	2.534	0.483	0.848	0	2.004
7	2.704	0.419	0.833	0.076	1.924
8	2.847	0.373	0.820	0.136	1.864
9	2.97	0.337	0.808	0.184	1.816
10	3.078	0.308	0.797	0.223	1.777
11	3.173	0.285	0.787	0.256	1.744
12	3.258	0.266	0.778	0.283	1.717
13	3.336	0.249	0.770	0.307	1.693
14	3.407	0.235	0.763	0.328	1.672
15	3.472	0.223	0.756	0.347	1.653
16	3.532	0.212	0.750	0.363	1.637
17	3.588	0.203	0.744	0.378	1.622
18	3.64	0.194	0.739	0.391	1.608
19	3.689	0.187	0.734	0.403	1.597
20	3.735	0.18	0.729	0.415	1.585
21	3.778	0.173	0.724	0.425	1.575
22	3.819	0.167	0.720	0.434	1.566
23	3.858	0.162	0.716	0.443	1.557
24	3.895	0.157	0.712	0.451	1.548
25	3.931	0.153	0.708	0.459	1.541

资料来源：Reprinted with permission from Table 27 of ASTM STP 15D, *ASTM Manual on Presentation of Data and Control Chart Analysis*, Copyright ASTM International, 100 Barr Harbor Drive, West Conshohocken, PA19428.

图 21-7 是 Jensen 计算机用品公司问题的 $\bar{x}$ 控制图。中心线为总样本均值 $\bar{\bar{x}} = 8.888\ 7$，控制上限（UCL）为 8.926，控制下限（LCL）为 8.852。$\bar{x}$ 控制图显示了 20 个样本均值随时间变动的散布情况。由于所有 20 个样本均值都在控制限内，所以我们确认抽样期间过程的均值处于在控状态。

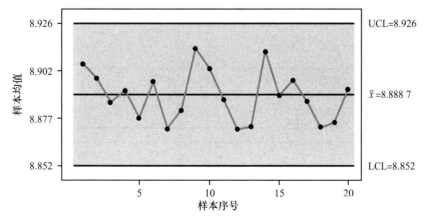

图 21-7　Jensen 计算机用品公司问题的 $\bar{x}$ 控制图

21.2.4 *R* 控制图

现在让我们考虑可以用来控制一个过程变异性的极差控制图（*R* 控制图）。为了构造 *R* 控制图，我们需要将样本的极差看作一个有自己的均值和标准差的随机变量。平均极差 $\overline{R}$ 给出了这个随机变量均值的一个估计值。进一步可以证明，极差标准差的估计是：

$$\hat{\sigma}_R = d_3 \frac{\overline{R}}{d_2} \tag{21-9}$$

式中，d_2 和 d_3 是依赖于样本容量的常数，表 21-3 给出了 d_2 和 d_3 的数值。于是，*R* 控制图的 UCL 是：

$$\overline{R} + 3\,\hat{\sigma}_R = \overline{R}\left(1 + 3\frac{d_3}{d_2}\right) \tag{21-10}$$

LCL 是：

$$\overline{R} - 3\,\hat{\sigma}_R = \overline{R}\left(1 - 3\frac{d_3}{d_2}\right) \tag{21-11}$$

如果我们令

$$D_4 = 1 + 3\frac{d_3}{d_2} \tag{21-12}$$

$$D_3 = 1 - 3\frac{d_3}{d_2} \tag{21-13}$$

我们可以将 *R* 控制图的控制限写为：

$$\text{UCL} = \overline{R}D_4 \tag{21-14}$$

$$\text{LCL} = \overline{R}D_3 \tag{21-15}$$

表 21-3 也给出了 D_3 和 D_4 的数值。注意，对于 $n=5$，有 $D_3=0$，$D_4=2.114$。因此，根据 $\overline{R}=0.642$，控制限是：

$$\text{UCL} = 0.0642 \times 2.114 = 0.136$$
$$\text{LCL} = 0.0642 \times 0 = 0$$

图 21-8 是 Jensen 计算机用品公司问题的 *R* 控制图，控制图的中心线是 20 个样本极差的总平均数 $\overline{R}=0.0642$。UCL 为 0.136，LCL 为 0.000。*R* 控制图表示了 20 个样本极差随时间变动的散布情况。因为所有 20 个样本的极差都在控制限之内，所以我们确定抽样期间过程的变异性处于在控状态[⊖]。

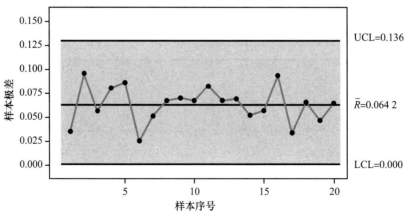

图 21-8　Jensen 计算机用品公司问题的 *R* 控制图

⊖ 如果 *R* 控制图显示过程处于失控状态，将无法解释 $\overline{x}$ 控制图，直到 *R* 控制图表明过程的变异性处于在控状态。

21.2.5　p 控制图

现在让我们考虑，通过项目是否有缺陷来度量产品质量的情况。以样本中发现的有缺陷项目的比例 $\bar{p}$ 为依据，来确定继续还是调整生产过程。利用有缺陷项目比例的数据构造的控制图被称为 p 控制图。

为了说明 p 控制图的结构，让我们考虑邮局使用自动邮件分拣机的情况。这些自动化机器扫描邮件上的邮政编码，然后将它们送到合适的邮递线路上去。即使机器运转正常，依然有一些邮件会被送到错误的邮递线路上去。假设当机器运转正常或处于在控状态时，有 3% 的邮件被误投。因此，在过程处于在控状态时，错误投递的比例 p 是 0.03。

对于一个处于在控状态的过程，$\bar{p}$ 的抽样分布可以用来确定 $\bar{p}$ 值所期望的变异性[⊖]。我们记得 $\bar{p}$ 的期望值或均值等于 p，即在过程处于在控状态时缺陷项目的比例。对于容量为 n 的样本，$\bar{p}$ 的标准差（又称为比例的标准误差）的计算公式是：

$$\sigma_{\bar{p}} = \sqrt{\frac{p(1-p)}{n}} \qquad (21\text{-}16)$$

当样本容量充分大时，$\bar{p}$ 的抽样分布可以近似服从正态分布。对于 $\bar{p}$，当下面两个条件得到满足时，就可以认为样本容量充分大。

$$np \geqslant 5 \qquad n(1-p) \geqslant 5$$

因此，当样本容量充分大时，$\bar{p}$ 的抽样分布可以近似服从均值为 p，标准差为 $\sigma_{\bar{p}}$ 的正态分布。这个分布如图 21-9 所示。

为了建立 p 控制图的控制限，我们遵循建立 $\bar{x}$ 控制图的控制限的相同步骤，即在过程处于在控状态时，控制图的控制限设置在缺陷项目比例的上下 3 个标准差或标准误差处。于是，我们得到如下的控制限。

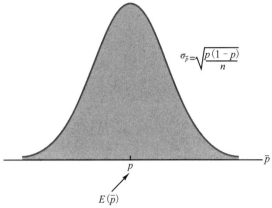

图 21-9　$\bar{p}$ 的抽样分布

P 控制图的控制限

$$\text{UCL} = p + 3\sigma_{\bar{p}} \qquad (21\text{-}17)$$

$$\text{LCL} = p - 3\sigma_{\bar{p}} \qquad (21\text{-}18)$$

对于 $p = 0.03$，样本容量 $n = 200$，利用式（21-16），得到标准误差为：

$$\sigma_{\bar{p}} = \sqrt{\frac{0.03 \times (1 - 0.03)}{200}} = 0.012\,1$$

因此，控制限为 UCL = 0.03 + 3 × 0.012 1 = 0.066 3，LCL = 0.03 - 3 × 0.012 1 = -0.006 3。每当式（21-18）给出 LCL 为负值时，在控制图上令 LCL = 0。

图 21-10 是邮件分拣过程的控制图。所标出的点是从分拣过程抽取的邮件样本中发现的样本缺陷比例。所有的点都在控制限之内，因此没有任何证据表明分拣过程处于失控状态。

对于一个处于在控状态的过程，如果缺陷项目的比例未知，则我们首先应该用样本数据来估计它。例如，假设从一个处于在控状态的过程中抽取 k 个容量都为 n 的不同样本，然后确定每个样本缺陷项目的比例。将所有搜集到的数据看作一个大样本，我们计算所有数据的缺陷项目比例，然后用这个数据估计 p，即在过程处于在控状态时观测到的有缺陷项目的比例。注意，p 的这个估计值也使我们能估计比例的标准误差，从而可以建立控制上下限。

⊖　抽样分布在第 7 章中讨论过。

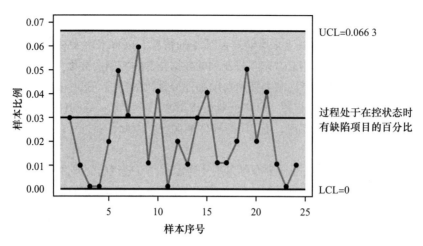

图 21-10　邮件分拣过程中有缺陷项目比例的 p 控制图

21.2.6　np 控制图

np 控制图是针对样本中有缺陷项目的个数而构造的控制图。在这种情况下，n 为样本容量，p 为当过程处于在控状态时所观测到的有缺陷项目的概率。当样本容量充分大时，即 $np \geqslant 5$ 并且 $n(1-p) \geqslant 5$，在一个容量为 n 的样本中观测到的有缺陷项目数的分布可以近似服从均值为 np，标准差为 $\sqrt{np(1-p)}$ 的正态分布。因此，对邮件分拣的例子，$n=200$，$p=0.03$，在一个由 200 个邮件组成的样本中，观测到有缺陷项目数可以近似服从均值为 $200 \times 0.03=6$，标准差为 $\sqrt{200 \times 0.03 \times 0.97}=2.4125$ 的正态分布。

当过程处于在控状态时，np 控制图的控制限为观测到的有缺陷项目的期望数的上下 3 个标准差。于是，我们可以得到如下的控制限。

> **np 控制图的控制限**
>
> $$UCL = np + 3\sqrt{np(1-p)} \tag{21-19}$$
> $$LCL = np - 3\sqrt{np(1-p)} \tag{21-20}$$

对于邮件分拣过程的例子，$p=0.03$，$n=200$，控制限是 $UCL=6+3 \times 2.4125=13.2375$，$LCL=6+3 \times 2.4125=-1.2375$。当 LCL 为负值时，在控制图上令 LCL=0。因此，如果被投送到错误线路的邮件超过 13 件，我们可以断定过程处于失控状态。

np 控制图提供的信息与 p 控制图所提供的信息相同。唯一的区别是，np 控制图是观测到的有缺陷项目数的分布图，而 p 控制图是观测到的有缺陷项目比例的分布图。因此，如果我们以 p 控制图为依据得出某个特定过程处于失控状态的结论，那么我们也能以 np 控制图为依据得出该过程处于失控状态的结论。

21.2.7　控制图的解释

根据控制图中点的位置和分布模式，我们可以确定一个过程是否处于统计控制状态，而且错判的概率很小。过程有可能处于失控状态的主要标志是数据点落在控制限之外，例如图 21-6 中的第 5 个点。发现这样的点是过程处于失控状态的统计证据，在这种情况下，应该尽可能地采取纠正措施。

除了数据点位于控制限之外，某些在控制限之内的数据点的分布模式也可能是质量控制问题的预警信号。例如，假设所有的数据点都在控制限之内，但是大多数的点都位于中心线的一侧。这种分布模式可能说明设备出现了问题或原材料有了变化，抑或是出现了其他质量变化的可指出的原因。我们应该对生产过程进行仔细检查，以确定质量是否发生了变化。

在控制图中看到的另一种模式是随着时间的推移而发生的逐渐变化或趋势。例如，由于工具的磨损使制造零件的尺寸逐渐偏离设计的水平，温度或湿度的逐渐变化，设备的整体老化，污垢的堆积或者操作人员的疲劳等，这些也可能使控制图出现一个趋势模式。若连续 6~7 个数据点呈现单调上升或者单调下降的趋势，就应该引起注意，即使这些数据点都在控制限之内⊖。当这种模式出现时，就应该检查生产过程以防备质量上可能出现的变化或转变，并采取必要的纠正措施。

注释和评论

1. 因为 $\bar{x}$ 控制图的控制限依赖于平均极差的数值，所以这些控制限没有太多的意义，除非过程的变异性处于在控状态。在实践中，通常在构造 $\bar{x}$ 控制图之前构造 R 控制图，如果 R 控制图表明过程的变异性处于在控状态，则构造 $\bar{x}$ 控制图。

2. np 控制图根据有缺陷的数量来监控过程。摩托罗拉的六西格玛质量水平设置的生产目标是，每百万次操作缺陷不超过 3.4 次。这个目标意味着 $p = 0.000\,003\,4$。

练 习

方法

2. 从一个处于在控状态的过程中抽取容量为 5 的 25 个样本，所有搜集到的数据总和为 677.5 千克。

   a. 当过程处于在控状态时，过程均值的一个估计值是多少？

   b. 如果样本容量为 5，构造这个过程的 $\bar{x}$ 控制图。假设当该过程处于在控状态时，过程的标准差为 0.05，过程的均值为（a）中的估计值。

4. 从一个过程中抽取 20 个样本，每个样本的容量都为 8，结果为 $\bar{\bar{x}} = 28.5$，$\bar{R} = 1.6$。计算这个过程的 $\bar{x}$ 控制图和 R 控制图的上下控制限。

应用

6. 一个质量控制过程可以检测每箱洗涤剂的重量。控制限设为 UCL = 2 603.6 克，LCL = 597.0 克。对抽样和检测过程，样本容量为 5。这个制造过程的过程均值和过程标准差为多少？

8. 在生产过程正常运转或处于在控状态的几个星期中，为检测断裂强度抽取了 20 个样本，每个样本中有 150 包合成纤维网球线。在检测的 3 000 包中，有 141 包未能符合制造商规格。

   a. 当系统处于在控状态时，过程的有缺陷比例的估计值是多少？

   b. 计算 p 控制图的上下控制限。

   c. 如果检验了一个 150 包网球线的新样本，其中 12 包有缺陷，根据（b）的结果，应该得出什么结论？在这种情况下，是否出现可指出的原因？

   d. 计算 np 控制图的上下控制限。

   e. 利用（d）中的结果回答（c）中的问题。

   f. 在这种情况下，哪一个将是首选的控制图？请解释。

21.3 接受抽样

在接受抽样中，我们感兴趣的项目可能是正在进货的原材料或外购的零部件，以及来自总装线的制成品。假设我们希望以指定产品的质量特性为依据，决定是否接受或拒绝一组产品项目。在质量控制术语中，一组项目被称为一批（lot）。接受抽样（acceptance sampling）是一种统计方法，该方法能使我们将接受、拒绝的决定建立在检测从一批中抽取项目样本的基础上。

图 21-11 是接受抽样的程序。在收到一批产品之后，从中抽取一个项目样本进行检测，将抽测的结果与指定的质量特性进行比较。如果质量特性得到满足，则接受这批产品，并送往生产线或交付给客户。如果拒绝这批产

⊖ 即使所有的数据点都在上下控制限之内，过程也有可能处于失控状态。样本数据点的趋势可能在中心线上下异常长期运动，也可能显示过程处于失控状态。

品，管理人员必须做出如何处置这批产品的决定。在一些情况下，可能决定保留这批产品，但是应该剔除无法接受或者不符合规定的项目；在另一些情况下，可能将这批产品退给供应商，且所有费用均由供应商支付，额外的工作量和费用记在供应商名下，这将激励供应商提供高质量的产品。最后，如果拒绝批次中有制成品，则这些制成品必须报废或者返工，以达到可接受的质量标准。

接受抽样统计程序的依据是第9章介绍的假设检验方法。原假设与备择假设的陈述如下。

$$H_0：高质量批$$
$$H_a：低质量批$$

表21-4是假设检验程序的结果[⊖]。注意，正确的决定对应接受一个高质量批，或者拒绝一个低质量批。但是，同其他假设检验程序一样，我们需要注意犯第一类错误（拒绝一个高质量批）或第二类错误（接受一个低质量批）的可能性。

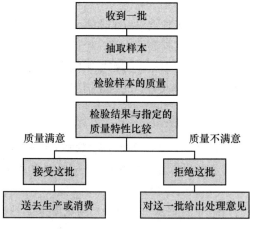

图 21-11　接受抽样的程序

表 21-4　接受抽样的结果

决定	批的状态	
	H_0 为真	H_0 为伪
	高质量批	低质量批
接受该批	正确结论	第二类错误 （接受一个低质量批）
拒绝该批	第一类错误 （拒绝一个高质量批）	正确结论

第一类错误的概率对一批产品的生产者造成了风险，因此被称为**生产者风险**（producer's risk）。例如，生产者风险为 0.05，这意味着被错误地拒绝一个高质量批的可能性为 5%。第二类错误的概率对一批产品的消费者造成了风险，因此被称为**消费者风险**（consumer's risk）。例如，消费者风险为 0.10，这意味着错误地接受一个低质量批的可能性为 10%，并且这个低质量批被用于生产或卖给消费者。接受抽样程序的设计者可以控制生产者风险和消费者风险的规定值。为了说明如何确定风险值，我们考虑 KALI 有限公司所面临的问题。

21.3.1　KALI 有限公司：接受抽样的实例

KALI 有限公司是一家生产家电的公司，该公司在市场上销售各种产品。但是，KALI 并不能制造其产品所用的每一个部件，因此，需要直接从供应商处购买一些部件。例如，KALI 购买的一个部件是用在家庭空调器上的超载保护器，它是一种保护装置，能在空调器过热时关闭压缩机。如果超载保护器运转不正常，则空调压缩机有可能受到严重损坏。因此，KALI 很关注超载保护器的质量。保证质量的一种方法是检测所收到的每一个部件，这种方法被称为百分之百检验法。但是，为了确保一个超载保护器正常运行，就必须对部件进行长时间的、费用昂贵的检验，而且 KALI 不可能检测收到的每一个超载保护器。

作为替代方法，KALI 利用接受抽样方案来检测超载保护器的质量。接受抽样方案要求 KALI 的质量控制检查员从每批产品中抽取样本并进行检验。如果在样本中发现极少有缺陷的产品，则该批可能是高质量，应该接收。但是，如果在样本中发现大量有缺陷的产品，则该批可能是低质量，应该拒收。

一个接受抽样方案包含样本容量 n 和接收准则 c。**接收准则**（acceptance criterion）是在样本中发现有缺陷项目仍然可以接收该批的最大数量。例如，对 KALI 公司的问题，我们假设从装运的产品或批中每次抽取 15 个项目组成样本。此外，假设质量控制人员表示，仅在没有发现有缺陷项目的情况下才接收该批。在这种情况下，由质

⊖　假设检验在第 9 章中介绍过。

量控制人员建立的接受抽样方案为 $n=15$，$c=0$。

这个接受抽样方案对质量控制人员来说是很容易实施的。质量控制人员只需要抽取 15 个项目组成样本，并对每一个项目进行检验，根据下面的决策规则得出结论。

- 如果没有发现有缺陷项目，则接收该批。
- 如果发现一个或一个以上有缺陷项目，则拒收该批。

在实施接受抽样方案之前，质量控制人员希望评估该方案的风险或错误概率。只有当生产者风险（第一类错误）和消费者风险（第二类错误）都控制在一个合理的水平时，这个方案才能得以实施。

21.3.2　计算接收一批的概率

分析生产者风险和消费者风险的关键是"如果……，那么……"类型的分析，即我们将假设已知一批中有缺陷项目的百分比，对于给定的抽样方案，计算接收这批的概率。通过改变假设有缺陷项目的百分比，我们可以检验抽样方案关于两类风险的影响。

假设我们已经收到大批量的超载保护器，且其中 5% 的超载保护器有缺陷。对有 5% 缺陷项目的装运产品或批，$n=15$，$c=0$ 的抽样方案将使我们接收这批的概率是多大？因为每个被检测的超载保护器要么有缺陷，要么没有缺陷，而且批的容量很大，因此，对于容量为 15 的样本，有缺陷项目数服从一个二项分布$^{\ominus}$。二项概率函数如下。

接受抽样的二项概率函数

$$f(x) = \frac{n!}{x! \ (n-x)!} p^x (1-p)^{(n-x)} \tag{21-21}$$

式中，n 为样本容量；p 为批中有缺陷项目的比例；x 为样本中有缺陷项目的数量；$f(x)$ 为样本中有 x 个有缺陷项目的概率。

对 KALI 的接受抽样方案，$n=15$。于是，对有缺陷项目为 5%（$p=0.05$）的一批，我们有：

$$f(x) = \frac{15!}{x! \ (15-x)!} 0.05^x (1-0.05)^{(15-x)} \tag{21-22}$$

利用式（21-22），$f(0)$ 为 0 个超载保护器有缺陷，并且接收该批的概率。在式（21-22）中，由于 $0! = 1$，因此有：

$$f(0) = \frac{15!}{0! \ 15!} 0.05^0 (1-0.05)^{(15-0)} = \frac{15!}{0! \ 15!} 0.05^0 0.95^{15} = 0.95^{15} = 0.463\ 3$$

我们现在知道，对 $n=15$，$c=0$ 的抽样方案，有缺陷项目为 5% 的一批，接收的概率为 0.463 3。因此，有缺陷项目为 5% 的一批，拒收的概率相应的为 $1-0.463\ 3 = 0.536\ 7$。

使用 Excel 的 BINOM. DIST 函数可以使这些二项概率的计算简单化。利用这个函数，我们能确定如果有缺陷项目为 10%，对于 $n=15$，$c=0$ 的抽样方案，接收这批的概率为 0.205 9。如果有缺陷项目分别为 1%，2%，3%，…，对于 $n=15$，$c=0$ 的抽样方案，接收这批的概率汇总如表 21-5 所示。

根据表 21-5 的概率，将接收一批的概率和批中有缺陷项目的百分比绘成图 21-12。这个图形或曲线被称为 $n=15$，$c=0$ 接受抽样方案的**抽样特性曲线**（operating characteristic，OC）。

或许我们应该考虑其他抽样方案，它们有不同的样本容量 n 或不同的接收准则 c。首先考虑样本容量仍保持 15 不变，但是接收准则从

表 21-5　对 KALI 问题 $n=15$，$c=0$ 的
接收一批的概率

批中有缺陷的百分比	接收一批的概率
1	0.860 1
2	0.738 6
3	0.633 3
4	0.542 1
5	0.463 3
10	0.205 9
15	0.087 4
20	0.035 2
25	0.013 4

　$\ominus$　二项概率函数在第 5 章中介绍过。

$c=0$ 增加为 $c=1$ 的情形，即如果在样本中发现 0 个或 1 个有缺陷部件，我们将接收该批。对于有缺陷项目为 5%（$p=0.05$）的一批，可以利用式（21-21）的二项概率函数或 Excel 的 BINOM.DIST 函数，计算 $f(0)=0.4633$，$f(1)=0.3658$。因此，对 $n=15$，$c=1$ 的抽样方案，接收有缺陷项目为 5% 的一批的概率为 0.4633+0.3658=0.8291。

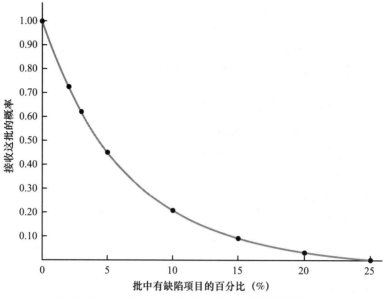

图 21-12 $n=15$，$c=0$ 的接受抽样方案的抽样特性曲线

继续这样的计算，我们得到图 21-13。该图是 KALI 公司问题的四种接受抽样方案的抽样特性曲线。分别考虑容量为 15 和 20 的样本，我们注意到无论批中有缺陷项目的比例如何，$n=15$，$c=1$ 的抽样方案给出接收该批的概率最大。$n=20$，$c=0$ 的抽样方案给出接收该批的概率最小，但该方案也给出了拒绝该批的概率最大。

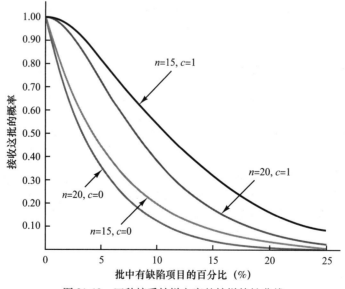

图 21-13 四种接受抽样方案的抽样特性曲线

21.3.3 选择接受抽样方案

现在我们已经知道如何使用二项分布，根据一个给定的有缺陷项目的比例来计算接收一批的概率。对于正在研究的应用，我们已经选好 n 和 c 的数值来确定所需要的接受抽样方案。为了制订这个方案，管理人员必须对批中有缺陷项目的比例指定两个数值。一个数值 p_0 用于控制生产者风险，另一个数值 p_1 用于控制消费者风险。

我们使用如下记号：

α——生产者风险，拒收有缺陷项目比例为 p_0 的一批的概率

β——消费者风险，接受有缺陷项目比例为 p_1 的一批的概率

假设对 KALI 公司的问题，管理人员规定 $p_0 = 0.03$，$p_1 = 0.15$。从图 21-14 的 $n = 15$，$c = 0$ 的抽样特征曲线中，我们看到 $p_0 = 0.03$ 给出的生产者风险大约为 $1 - 0.63 = 0.37$，$p_1 = 0.15$ 给出的消费者风险大约为 0.09。因此，如果管理人员愿意承受拒收有缺陷项目比例为 3% 的一批的概率为 0.37（生产者风险），同时承受接收有缺陷项目比例为 15% 的一批的概率为 0.09（消费者风险），则 $n = 15$，$c = 0$ 的接受抽样方案是可以接受的。

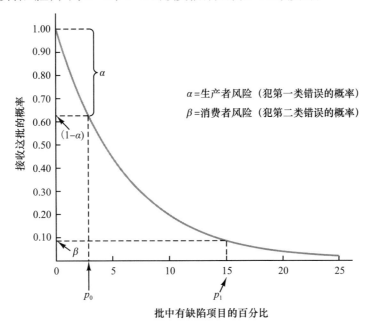

图 21-14　$n = 15$，$c = 0$，$p_0 = 0.03$，$p_1 = 0.15$ 的抽样特性曲线

但是，假如管理人员要求生产者风险 $\alpha = 0.10$，消费者风险 $\beta = 0.19$。我们看到，$n = 15$，$c = 0$ 的抽样方案有一个比消费者预期的更小的风险，但这也有一个不可接受的大的生产者风险。$\alpha = 0.37$ 的事实表明，当一批只有 3% 的项目有缺陷时，错误地拒收该批的概率为 37%。由此可见生产者风险过高，我们应该考虑其他的接受抽样方案。

利用 $p_0 = 0.03$，$\alpha = 0.10$，$p_1 = 0.15$ 和 $\beta = 0.20$，图 21-13 表明 $n = 20$，$c = 1$ 的接受抽样方案最接近于同时满足生产者风险和消费者风险的需要[1]。

正如本节所介绍的，在决定抽样方案时，我们需要结合预期的生产者风险和消费者风险，考虑一些计算或抽样特性曲线。幸运的是，我们已经出版了一些抽样方案表。例如，美国军用标准表（MIL-STD-105D）在设计接受抽样方案时提供了很多有用的信息。列在本书参考文献中关于质量控制的较高级教材介绍了这些表的使用方法。较高级的教材也讨论了抽样成本在确定最优抽样方案中的作用。

21.3.4　多重抽样方案

我们介绍 KALI 公司问题的接受抽样程序是单样本方案。它之所以被称为单样本方案，是因为仅仅用了一个样本或一个抽样阶段。在确定了样本中有缺陷项目的个数后，就必须得出接收或拒收该批的结论。另一种可供选择的抽样方案是**多重抽样方案**（multiple sampling plan），它涉及两个或多个抽样阶段。在每一个阶段有三种可能的结论：停止抽样并接收该批，停止抽样并拒收该批或者继续抽样。尽管这些做法比较复杂，但是对于同样的 α 和 β 的概率，多重抽样方案的总样本容量往往比单样本抽样方案要小。

――――――――――――――――――

[1]　本节后的练习第 13 题将要求你对 $n = 20$，$c = 1$ 的接受抽样方案，计算生产者风险和消费者风险。

图 21-15 是两阶段或双重抽样方案的流程。首先选择 n_1 个项目组成第一个样本，如果有缺陷项目的数量 $x_1 \leqslant c_1$，则接收该批；如果 $x_1 \geqslant c_2$，则拒收该批；如果 x_1 介于 c_1 和 c_2 之间（即 $c_1 < x_1 < c_2$），则选择 n_2 个项目组成第二个样本。由第一个样本有缺陷项目的数量 x_1 和第二个样本有缺陷项目的数量 x_2，可以确定有缺陷项目的总数 $x_1 + x_2$。如果 $x_1 + x_2 \leqslant c_3$，则接收该批；否则拒收该批。双重抽样方案的建立更加困难，因为样本容量 n_1 和 n_2 及接收准则 c_1，c_2 和 c_3 必须同时满足生产者和消费者所预期的双重风险。

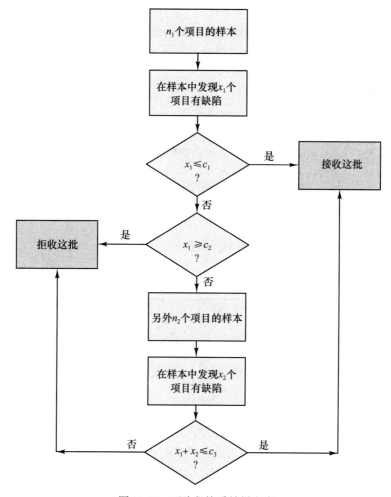

图 21-15　两阶段接受抽样方案

注释和评论

1. 接受抽样与百分之百检测相比有以下优点：①通常费用较少；②由于搬运的产品数量少，损坏较少；③需要的检验人员较少；④如果必须使用破坏性检验，接受抽样是唯一可行的方法。

2. 对于接受抽样，使用二项分布的依据是假设批容量较大。如果批容量较小，超几何分布是合适的分布。

3. 在 MIL-ST-105D 的抽样表中，p_0 被称为可接受质量水平（AQL）。在一些抽样表中，p_1 被称为批容许缺陷百分数（LTPD）或拒绝质量水平（RQL）。许多出版的抽样方案也使用了一些质量指数，如无差异质量水平（IQL）和平均出厂质量界限（AOQL）。在本书参考文献中列出的更高等级的教材给出了这些质量指数的全面讨论。

4. 在本节中我们介绍了接受抽样方案。在这些方案中，被抽中的每一个项目分为有缺陷和无缺陷。在变量抽样方案中，我们抽取一个样本并测量它的质量特性。例如，对黄金珠宝质量的检测可以是检测它的含金量。计算样本统计量，例如样本中黄金的平均含量，并将它与一个允许值进行比较，来确定是接受还是拒收该批产品。

练 习

方法

10. 对 $n=25$，$c=0$ 的接受抽样方案，计算接收缺陷率为 2% 的一批的概率。如果缺陷率为 6%，接受该批的概率为多少？

12. 对 $n=20$，$c=1$ 的接受抽样方案，重复第 11 题的计算。当接收准则 c 的数值增加时，生产者风险会出现什么变化？请解释。

应用

14. 为了检验刚刚装运的原材料，制造商正在考虑容量为 10，15 和 19 的样本。利用二项概率选择一个抽样方案，要求满足：当 $p_0=0.05$ 时，生产者风险为 $\alpha=0.03$；当 $p_1=0.30$ 时，消费者风险为 $\beta=0.12$。

小 结

在本章中，我们讨论了统计方法如何用来帮助进行质量控制。首先我们介绍了一些质量管理项目，如马尔科姆·鲍德里奇国家质量奖，ISO 9000 标准和六西格玛质量水平。然后我们介绍了作为图示法的 $\bar{x}$，R，p 和 np 控制图来检测生产过程。对每种控制图确定各自的控制限，定期抽取样本，并将数据点描绘在控制图上。当数据点位于控制限之外时，则表明过程处于失控状态，必须采取纠正措施。在控制限之内的数据点模式也能指出潜在的质量控制问题，纠正措施的建议可能是必要的。

我们还讨论了被称为接受抽样的技术，根据接受抽样程序抽取并检验一个样本。样本中有缺陷项目的个数提供了接收或拒收一批的根据。为了控制生产者风险（第一类错误）和消费者风险（第二类错误），可以调整样本容量和接收准则。

关键术语

acceptance criterion　接收准则　在样本中发现有缺陷项目仍然可以接收该批的最大数量。

acceptance sampling　接受抽样　通过在样本中发现有缺陷项目的数量来决定是接受还是拒绝一批的统计方法。

assignable causes　可指出的原因　由于诸如工具的磨损、错误的机器安装、低质的原材料或者操作人员的失误等，使得过程的产品出现变异性。一旦发现产品变异性的可指出的原因，就应采取纠正措施。

common causes　一般原因　由于随机性，使得过程的产品出现正常的或自然的变异性。当产品变异性来源于一般原因时，不需要采取纠正措施。

consumer's risk　消费者风险　接受一个低质量批的风险，也称为第二类错误。

control chart　控制图　用于帮助确定一个过程是处于在控状态还是失控状态的一种图形工具。

lot　批　一组项目，比如正在进货的原材料或外购的零部件，以及来自总装线的制成品。

multiple sampling plan　多重抽样方案　利用不止一个样本或一个抽样阶段的接受抽样方案。根据在样本中发现的有缺陷项目的数量来决定是接收该批，拒收该批，还是继续抽样。

np chart　np 控制图　根据有缺陷项目的数量来检测一个过程的产品质量时所使用的控制图。

operating characteristic（OC）curve　抽样特性曲线　显示接收一批概率为批中有缺陷项目百分比的函数的图形。这条曲线可以用于确定，某个特定的接受抽样方案是否同时满足生产者风险和消费者风险的要求。

p chart　p 控制图　根据缺陷率来检测一个过程的产品质量时所使用的控制图。

producer's risk　生产者风险　拒绝一个高质量批的风险，也称为第一类错误。

quality control　质量控制　确定是否达到质量标准的一系列检查和测量行为。

R chart　R 控制图　根据一个变量的极差来检测一个过程的产品质量时所使用的控制图。

six sigma　六西格玛　用测量和统计分析得到一个高质量水平的方法，它使得每百万产品出现缺陷的机会不超过 3.4。

total quality（TQ）　全面质量　通过不断改进和学习的策略以提高消费者满意度和降低实际成本的一种全面系统的方法。

$\bar{x}$ chart　$\bar{x}$ 控制图　根据一个变量如长度、重量、温度等的均值来检测一个过程的产品质量时所使用的控制图。

重要公式

均值的标准误差

$$\sigma_{\bar{x}} = \frac{\sigma}{\sqrt{n}} \qquad (21\text{-}1)$$

$\bar{x}$ 控制图的控制限：过程的均值和标准差已知

$$\text{UCL} = \mu + 3\sigma_{\bar{x}} \qquad (21\text{-}2)$$

$$\text{LCL} = \mu - 3\sigma_{\bar{x}} \qquad (21\text{-}3)$$

总样本均值

$$\bar{\bar{x}} = \frac{\bar{x}_1 + \bar{x}_2 + \cdots + \bar{x}_k}{k} \qquad (21\text{-}4)$$

平均极差

$$\bar{R} = \frac{R_1 + R_2 + \cdots + R_k}{k} \qquad (21\text{-}5)$$

$\bar{x}$ 控制图的控制限：过程的均值和标准差未知

$$\bar{\bar{x}} \pm A_2 \bar{R} \qquad (21\text{-}8)$$

R 控制图的控制限

$$\text{UCL} = \bar{R} D_4 \qquad (21\text{-}14)$$

$$\text{LCL} = \bar{R} D_3 \qquad (21\text{-}15)$$

比例的标准误差

$$\sigma_{\bar{p}} = \sqrt{\frac{p(1-p)}{n}} \qquad (21\text{-}16)$$

p 控制图的控制限

$$\text{UCL} = p + 3\sigma_{\bar{p}} \qquad (21\text{-}17)$$

$$\text{LCL} = p - 3\sigma_{\bar{p}} \qquad (21\text{-}18)$$

np 控制图的控制限

$$\text{UCL} = np + 3\sqrt{np(1-p)} \qquad (21\text{-}19)$$

$$\text{LCL} = np - 3\sqrt{np(1-p)} \qquad (21\text{-}20)$$

接受抽样的二项概率函数

$$f(x) = \frac{n!}{x!(n-x)!} p^x (1-p)^{(n-x)} \qquad (21\text{-}21)$$

补充练习

16. 从一个处于在控状态的生产过程中抽取 20 个容量为 5 的样本，得到如下的样本均值资料。

95.72	95.24	95.18	95.44	95.46	95.32
95.40	95.44	95.08	95.50		
95.80	95.22	95.56	95.22	95.04	95.72
94.82	95.46	95.60	95.78		

a. 根据这些数据，当过程处于在控状态时，均值的估计值是多少？

b. 假设过程的标准差 $\sigma = 0.50$，构造该生产过程的控制图，假设过程的均值为（a）中的估计值。

c. 这 20 个样本的均值是否表明过程处于失控状态？

18. 抽取 25 个容量为 5 的样本，得到 $\bar{\bar{x}} = 5.42$，$\bar{R} = 2.0$。计算 $\bar{x}$ 和 R 控制图的控制限，并估计过程的标准差。

20. 下面是搜集到的 Master Blend Coffee 的生产过程数据。数据显示的是 1.5 千克听装咖啡的填装重量。利用这些数据构造 $\bar{x}$ 和 R 控制图。对生产过程的质量可以得出什么结论？

样本	观测值				
	1	2	3	4	5
1	1.53	1.54	1.54	1.56	1.56
2	1.57	1.54	1.53	1.56	1.55
3	1.53	1.52	1.56	1.56	1.55

（续）

样本	观测值				
	1	2	3	4	5
4	1.55	1.54	1.55	1.55	1.54
5	1.55	1.53	1.53	1.54	1.54
6	1.54	1.55	1.57	1.52	1.53
7	1.53	1.53	1.54	1.55	1.54
8	1.56	1.54	1.54	1.54	1.54
9	1.55	1.55	1.54	1.54	1.55
10	1.53	1.56	1.54	1.55	1.54

22. 1 200 个零售商店的管理人员从中心供应仓库每月做两次进货订单。过去的经验表明，4% 的订单至少有 1 个错误，如产品装运错误、装运数量错误，以及漏装了已经预订的产品。每个月抽取 200 份订单组成随机样本，并进行准确性检验。

a. 构造这种情况的控制图。

b. 下面是 6 个月中至少有 1 个错误的订单数：10，15，6，13，8 和 17。将这些数据绘在控制图上。对于订单过程，你的控制图说明了什么问题？

24. 设计的接受抽样方案为 $n = 15$，$c = 1$，生产者风险为 0.075。

a. p_0 的值是 0.01，0.02，0.03，0.04 或 0.05 吗？这个值意味着什么？

b. 如果 $p_1 = 0.25$，则这个方案的消费者风险是多少？